Michael Mayer

Strafrechtliche Produktverantwortung bei Arzneimittelschäden

Ein Beitrag zur Abgrenzung der Verantwortungsbereiche im Arzneiwesen aus strafrechtlicher Sicht

Springer

Autor
Dr. Michael Mayer
Graurheindorfer Straße 143
53117 Bonn
MMayer.Mail@web.de

ISBN 978-3-540-75834-1 e-ISBN 978-3-540-75835-8

DOI 10.1007/978-3-540-75835-8

Veröffentlichungen des Instituts für Deutsches, Europäisches und Internationales Medizinrecht, Gesundheitsrecht und Bioethik der Universitäten Heidelberg und Mannheim ISSN 1617-1497

Bibliografische Information der Deutschen Nationalbibliothek
Die Deutsche Nationalbibliothek verzeichnet diese Publikation in der Deutschen Nationalbibliografie; detaillierte bibliografische Daten sind im Internet über http://dnb.d-nb.de abrufbar.

Herstellung: LE-TEX Jelonek, Schmidt & Vöckler GbR
Einbandgestaltung: WMX Design GmbH, Heidelberg

Gedruckt auf säurefreiem Papier

9 8 7 6 5 4 3 2 1

springer.com

Veröffentlichungen des Instituts
für Deutsches, Europäisches und Internationales Medizinrecht,
Gesundheitsrecht und Bioethik
der Universitäten Heidelberg und Mannheim 31

Herausgegeben von
Thomas Hillenkamp, Lothar Kuhlen, Adolf Laufs, Eibe Riedel,
Jochen Taupitz (Geschäftsführender Direktor)

Meinen Eltern

Vorwort

Die vorliegende Arbeit wurde im Sommersemester 2007 von der Juristischen Fakultät der Ruprecht-Karls-Universität Heidelberg als Dissertation angenommen. Die Druckfassung ist auf dem Stand von Mai 2007.

Meinem verehrten Doktorvater Professor Dr. Dr. h.c. *Thomas Hillenkamp* bin ich in vielerlei Hinsicht zu Dank verpflichtet. Zum einen hat er die Entstehung der Dissertation durch seine stete Gesprächsbereitschaft gefördert und zügig das Erstgutachten erstellt. Zum anderen hat er aber auch durch seinen mitreißenden Vorlesungsstil gleich zu Beginn des Studiums sowie in den von ihm angebotenen medizinstrafrechtlichen Seminaren mein Interesse am Strafrecht, speziell dem Medizinstrafrecht, geweckt. Hierfür sowie für die schönen Jahre, die ich als Mitarbeiter an seinem Lehrstuhl verbringen durfte, bin ich ihm zutiefst verbunden.

Herrn Professor Dr. *Lothar Kuhlen* danke ich für die bereitwillige Übernahme der Zweitbegutachtung und die angesichts des Umfangs der Arbeit keineswegs selbstverständliche zeitnahe Erstellung des Zweitberichts.

Den Herausgebern der Schriftenreihe des Instituts für Deutsches, Europäisches und Internationales Medizinrecht, Gesundheitsrecht und Bioethik der Universitäten Heidelberg und Mannheim (IMGB) danke ich für die freundliche Aufnahme des Werkes.

Zahlreiche Freunde und Kollegen haben mich auf dem Weg der Promotion unterstützend begleitet und auf die unterschiedlichste Weise ihren Teil zur Vollendung der Arbeit beigetragen. Stellvertretend danke ich Frau *Isabell Ludewig*, Frau Dr. *Katrin Schubert* sowie Herrn Staatsanwalt Dr. *Hendrik Schwitters*, die die mühevolle Aufgabe des Korrekturlesens übernommen und durch ihre kritischen Anmerkungen die Arbeit nicht unwesentlich bereichert haben.

Mein besonderer Dank gilt *Hanna Kayser*, die mit mir Höhen und Tiefen der Promotion durchlebt und mir stets zur Seite gestanden hat, nicht selten unter Zurückstellung ihrer eigenen Wünsche. Ohne diesen Rückhalt wäre die Arbeit in der vorliegenden Form niemals zustande gekommen.

Von ganzem Herzen danke ich schließlich meinen Eltern, *Ursula* und *Walter Mayer*, für das in mich gesetzte Vertrauen, für alles, was sie mir ermöglicht haben, für ihren Beistand, für die mir auf so vielfältige Art und Weise zuteil gewordene Unterstützung und nicht zuletzt dafür, dass sie mir immer wieder Mut gemacht haben, wenn es nötig war. Ihnen ist dieses Werk gewidmet.

Bonn, im August 2007 *Michael Mayer*

Inhaltsverzeichnis

Abkürzungen

a. A.	anderer Ansicht
a. F.	alte Fassung
A & R	Arzneimittel und Recht
A/ZusR	Der Arzt/ Zahnarzt und sein Recht
Abs.	Absatz
AG	Amtsgericht; Aktiengesellschaft
AkdA	Arzneimittelkommission der deutschen Apotheker
AkdÄ	Arzneimittelkommission der deutschen Ärzteschaft
Alt.	Alternative
AMG	Arzneimittelgesetz
AMGVwV	Allgemeine Verwaltungsvorschrift zur Durchführung des Arzneimittelgesetzes
amtl.	amtlich
Amtsbl.	Amtsblatt
AnwBl	Anwaltsblatt
ApoBetrO	Apothekenbetriebsordnung
ApoG	Apothekengesetz
Art.	Artikel
ArztR	Arztrecht
ASI	Arzneimittelschnellinformationen
AT	Allgemeiner Teil
AWG	Außenwirtschaftsgesetz
BayObLG	Bayerisches Oberstes Landesgericht
BB	Betriebsberater
Begr.	Begründung
BfArM	Bundesinstitut für Arzneimittel und Medizinprodukte
BGB	Bürgerliches Gesetzbuch
BGBl.	Bundesgesetzblatt
BGesundhBl	Bundesgesundheitsblatt
BGH	Bundesgerichtshof
BGHSt	Entscheidungen des Bundesgerichtshofes in Strafsachen
BGHZ	Entscheidungen des Bundesgerichtshofes in Zivilsachen
BJM	Bundesjustizministerium
BMG	Bundesministerium für Gesundheit
BOÄ	Berufsordnung für Ärzte
BPI	Bundesverband der Pharmazeutischen Industrie e.V.
BR	Bundesrat
BT	Besonderer Teil; Bundestag
BtMG	Betäubungsmittelgesetz
BVerfG	Bundesverfassungsgericht

BVerfGE	Entscheidungen des Bundesverfassungsgerichts
BVerwG	Bundesverwaltungsgericht
BVerwGE	Entscheidungen des Bundesverwaltungsgerichts
BW	Baden-Württemberg
bzgl.	bezüglich
bzw.	beziehungsweise
ca.	zirka
CWÜAG	Ausführungsgesetz zum Chemiewaffenübereinkommen
d. h.	das heißt
D/L	Deutsch/Lippert
DÄ	Deutsches Ärzteblatt
ders.	derselbe
dies.	dieselbe(n)
Diss.	Dissertation
DM	Deutsche Mark
DMW	Deutsche Medizinische Wochenschrift
DÖV	Die Öffentliche Verwaltung
DVBl	Deutsches Verwaltungsblatt
DvH	Deklaration von Helsinki
e.V.	eingetragener Verein
EG	Europäische Gemeinschaft
EMEA	European Medicines Evaluation Agency
ES	Entscheidungssammlung Produkthaftung (hrsg. von Joachim Schmidt-Salzer)
etc.	et cetera
EthikMed	Ethik in der Medizin
EU	Europäische Union
EU	Europäische Union
evtl.	eventuell
f.	folgende
ff.	fortfolgende
FS	Festschrift
FG	Festgabe
GA	Goltdammer's Archiv für Strafrecht
GCP	Good Clinical Practice
GCP-V	Verordnung über die Anwendung der Guten Klinischen Praxis bei der Durchführung von klinischen Prüfungen mit Arzneimitteln zur Anwendung am Menschen
gem.	gemäß
GG	Grundgesetz
GKV	Gesetzliche Krankenversicherung
GmbH	Gesellschaft mit beschränkter Haftung
GMP	Good Manufacturing Practice
GroßhBetrV	Betriebsverordnung für Arzneimittelgroßhandelsbetriebe
GrS	Großer Senat
Hrsg.	Herausgeber
i. E.	im Ergebnis
i. S. d.	im Sinne des/der
i. S. v.	im Sinne von

i. V. m.	in Verbindung mit
ICH	International Conference on Harmonisation of Technical Requirements for Registration of Pharmaceuticals for Human Use
JA	Juristische Arbeitsblätter
JGG	Jugendgerichtsgesetz
JR	Juristische Rundschau
Jura	Juristische Ausbildung
JuS	Juristische Schulung
JW	Juristische Wochenschrift
JZ	Juristenzeitung
KBV	Kassenärztliche Bundesvereinigung
KHuR	Krankenhaus und Recht
KMR	Kommentar zur Strafprozessordnung (hrsg. von Bernd von Heintschel-Heinegg/ Heinz Stöckel)
KritV	Kritische Vierteljahresschrift für Gesetzgebung und Rechtswissenschaft
LG	Landgericht
LK	Leipziger Kommentar
LMG	Lebensmittelgesetz
m. E.	meines Erachtens
m. w. N.	mit weiteren Nachweisen
MBO	Musterberufsordnung
MBOÄ	Musterberufsordnung für Ärzte
MDR	Monatsschrift für Deutsches Recht
MedKlin	Medizinische Klinik
MedR	Medizinrecht
Mio.	Million(en)
MMW	Münchner Medizinische Wochenschrift
MPG	Medizinproduktegesetz
MschrKrim	Monatsschrift für Kriminologie
MüKo	Münchener Kommentar
n. F.	neue Fassung
NJW	Neue Juristische Wochenschrift
NK	Nomos Kommentar
Nr.	Nummer
NStZ	Neue Zeitschrift für Strafrecht
NStZ-RR	Neue Zeitschrift für Strafrecht – Rechtsprechungsreport
NuR	Natur und Recht
NVwZ	Neue Zeitschrift für Verwaltungsrecht
OLG	Oberlandesgericht
öStGB	Österreichisches Strafgesetzbuch
OVG	Oberverwaltungsgericht
OWiG	Gesetz über Ordnungswidrigkeiten
PatR	Patienten Rechte
PEI	Paul-Ehrlich-Institut
PharmBetrV	Betriebsverordnung für pharmazeutische Unternehmer
PharmInd	Pharmazeutische Industrie
PharmR	Pharmarecht

PHi	Produkthaftung international
PKW	Personenkraftwagen
R/L	Ratzel/Lippert
RdM	Recht der Medizin
resp.	respektive
Rev. DvH	Revidierte Deklaration von Helsinki
RPG	Recht und Politik im Gesundheitswesen
S.	Seite
S/S	Schönke/Schröder
SED	Sozialistische Einheitspartei Deutschlands
SGB V	Sozialgesetzbuch 5. Buch
SK	Systematischer Kommentar
StA	Staatsanwaltschaft
StGB	Strafgesetzbuch
StPO	Strafprozessordnung
StraFo	Strafverteidiger-Forum
StV	Strafverteidiger
u. a.	und andere; unter anderem
UPR	Umwelt- und Planungsrecht
USA	United States of America
usw.	und so weiter
v. a.	vor allem
VersR	Versicherungsrecht
VerwArch	Verwaltungsarchiv
vgl.	vergleiche
VwVfG	Verwaltungsverfahrensgesetz
WHG	Wasserhaushaltsgesetz
WiB	Wirtschaftsrechtliche Beratung
WissR	Wissenschaftsrecht
wistra	Wirtschaftsstrafrecht
WiVerw	Wirtschaft und Verwaltung
WRP	Wettbewerb in Recht und Praxis
z. B.	zum Beispiel
ZBR	Zeitschrift für Beamtenrecht
ZfBR	Zeitschrift für deutsches und internationales Bau- und Vergaberecht
zfs	Zeitschrift für Schadensrecht
ZfW	Zeitschrift für Wasserrecht
ZGR	Zeitschrift für Unternehmens- und Gesellschaftsrecht
zit.	zitiert
ZRP	Zeitschrift für Rechtspolitik
ZStW	Zeitschrift für die gesamte Strafrechtswissenschaft

§ 1 Einführung

„Pillen-Gau für den Pharmariesen."[1] – „Ein Medikamententest wird zum Fiasko."[2] Mit Schlagzeilen wie diesen ist die Gefährlichkeit von Arzneimitteln in jüngster Vergangenheit wieder verstärkt in das Blickfeld der Öffentlichkeit gerückt. Nachdem schon im Jahre 1998 die Firma *Roche* ihr Arzneimittel *Posicor* und im Jahre 2000 die Firma *Pfizer* das vom übernommenen Arzneimittelhersteller *Warner-Lambert* produzierte Präparat *Rezulin* vom Markt nehmen musste, sorgte in Deutschland die Marktrücknahme des Cholesterinsenkers *Lipobay* durch die *Bayer AG* im August 2001 für großes öffentliches Aufsehen.[3] Ein Jahr nach dem Desaster belief sich die offizielle Zahl der *Lipobay*-Opfer auf 104 Patienten.[4] Die *Contergan*-Katastrophe, welche Anfang der 1960er Jahre die Gefahr von Arzneimittelschäden erstmals in das Bewusstsein der Öffentlichkeit rief und zu einem bis heute andauernden Misstrauen gegenüber der pharmazeutischen Industrie geführt hat, verursachte gar den Tod von 2.500 Neugeborenen, weitere 4.500 erlitten schwerste Missbildungen. Ein ähnliches Ausmaß nahm Mitte der 1980er Jahre der Skandal um HIV-infizierte Blutkonserven und Blutgerinnungspräparate an, in dessen Verlauf sich eine Vielzahl überwiegend hämophiler Patienten mit dem HI-Virus infizierte, von denen an die 6.000 später an AIDS starben.[5] Der jüngste Zwischenfall datiert aus dem Frühjahr 2006. Am 13. März wurde im Londoner Northwick-Park-Krankenhaus im Rahmen einer klinischen Arzneimittelstudie sechs Personen ein bislang nur an Affen getesteter Wirkstoff gegen Multiple Sklerose und Leukämie injiziert, der innerhalb kürzester Zeit bei den Probanden einen Totalausfall aller lebenswichtigen Organe wie Herz, Niere, Lunge und Leber hervorrief.[6]

Nach Auskunft des Bundesministeriums für Gesundheit sterben heutzutage mehr Menschen an den Folgen unerwünschter Arzneimittelwirkungen als im Straßenverkehr. So treten jährlich ca. 210.000 Fälle schwerwiegender Nebenwirkungen auf, von denen 70.000 zu Behandlungen auf Intensivstationen führen und 16.000 tödlich enden.[7] Allein die Einnahme von Rheumamitteln kostet in Deutschland jedes Jahr schätzungsweise 1.500 Menschen das Leben, durch *Aspi-*

---

1 *Der Spiegel* vom 13.08.2001, S. 156.

2 *DIE ZEIT* vom 12.04.2006, S. 37.

3 Siehe hierzu *DIE ZEIT* vom 23.04.2001, S. 25.

4 *DIE ZEIT* vom 01.08.2002, S. 27.

5 Hart, MedR 1995, S. 61 ff.

6 Siehe hierzu *Der Spiegel* vom 20.03.2006, S. 98, sowie *DIE ZEIT* vom 23.03.2006, S. 41.

7 So der Pharmakologe *Peter Schönhöfer* in *DIE ZEIT* vom 12.06.2003, S. 28.

rin sterben jährlich Hunderte Menschen an inneren Blutungen.[8] Etwa 6% aller Krankenhauseinweisungen gehen zu Lasten von unerwünschten Arzneimittelwirkungen.[9]

Das vermehrte Auftreten von Arzneimittelschäden ist nicht zuletzt Folge der zunehmenden industriellen Arzneimittelfertigung. Wurden bis in das Hochmittelalter hinein Arzneimittel in Europa noch von den Heilkundigen selbst hergestellt, begann im 12. Jahrhundert mit Gründung erster apothekenähnlicher Betriebe in Sizilien und Spanien die Trennung von Medizinern und Pharmazeuten, welche schließlich in den 1231 verkündeten Medizinalartikeln der „Constitutio Requi Siciliae" des Hohenstaufenkaisers Friedrich II., die dem Arzt untersagte, selbst eine Apotheke zu führen oder mit einem Apotheker gemeinsame Sache zu machen, sowie in der um 1300 erlassenen ersten deutschen Apothekenordnung ihren rechtlichen Niederschlag fand.[10] Als zu Beginn des 19. Jh. mit der Synthese des Harnstoffs erstmals die künstliche Herstellung einer organischen Verbindung gelang, war die Grundlage für die Synthese weiterer Stoffe gelegt, die als Arzneimittel Bedeutung erlangen sollten, deren Herstellung aber in den Kleinbetrieben der Apotheken nicht mehr möglich war. Die Folge dieser Entwicklung war, dass der Grundsatz der Selbstherstellung von Arzneimitteln durch den Apotheker, der bis zum 18. Jh. noch uneingeschränkt bestanden hatte, gesetzlich zunehmend gelockert wurde. Es bildeten sich infolgedessen die ersten pharmazeutischen Betriebe, die aber zunächst nur die Apotheken mit Rohstoffen belieferten, wo sie analytisch kontrolliert und weiterverarbeitet wurden. Das Medikament kam fortan als Industrieprodukt zum Einsatz, das jederzeit in nahezu gleicher Qualität zur Verfügung stand.[11] Nach dem 2. Weltkrieg entwickelte sich der Arzneimittelmarkt explosionsartig. Ende der 1950er Jahre hatte sich der Schwerpunkt der Herstellung von Arzneimitteln zunehmend von den Apotheken auf die pharmazeutische Industrie verlagert. Durch die Fortschritte der industriellen Produktionsmöglichkeiten und der medizinischen bzw. pharmazeutischen Wissenschaft verbreiterte sich die pharmazeutische Produktpalette. Seither steht in der Pharmazie nicht mehr die Gewinnung eines Arzneimittels aus natürlichen Stoffen in Apotheken, sondern die industrielle Fertigung chemisch-synthetischer Arzneimittel im Vordergrund.[12] Heute existieren in Deutschland ca. 500 pharmazeutische Unternehmen sowie 200 vornehmlich im Forschungsbereich tätige BioMed-Betriebe.[13] Diese stellten im Jahre 2004 pharmazeutische Produkte im Wert von rund 21 Milliarden Euro her.[14] Die Zahl der verkehrsfähigen Arzneimittel in der Bundesrepublik Deutschland beläuft sich auf etwa 52.000.[15]

---

8 *DIE ZEIT* vom 16.08.2001, S. 1.

9 *Scheu*, In dubio, S. 681 f. m. w. N.

10 Zur Entwicklung des Pharmaziewesens vertiefend *Wagner*, Delinquenz, S. 42 ff. m. w. N.

11 *Hägele*, Arzneimittelprüfung, S. 74 m. w. N.

12 *Deutsch*, VersR 2004, S. 937, 942; *Krudop-Scholz*, Ärztliche Aufklärung, S. 27.

13 *BPI*, Pharma-Daten 2005, S. 6.

14 *BPI*, Pharma-Daten 2005, S. 8.

15 *BPI*, Pharma-Daten 2005, S. 44.

Die zunehmende industrielle Produktion unterschiedlichster Arzneimittel führt in Verbindung mit dem Übergang von Naturheilmitteln zu vorwiegend chemisch-synthetischen, immer tiefer in den menschlichen Organismus eindringenden Medikamenten zwangsweise zu einer erhöhten Gefahr von Arzneimittelschäden.[16] Mit der ständigen Verfügbarkeit von Arzneimitteln für nahezu jede Befindlichkeitsstörung nahm deren Einsatz in der Medizin rapide zu. Der Griff des Arztes zum Rezeptblock, das Begehren des Patienten nach Verordnung eines schnell wirkenden Medikaments ist zum Normalfall geworden, so dass die Arzneimittelbehandlung heute die häufigste Art der Patiententherapie darstellt.[17]

Bei all den Risiken, die die Anwendung von Arzneimitteln mit sich bringt, darf indes nicht vergessen werden, dass die in den letzten 100 Jahren entwickelten Arzneimittel eine der größten Wohltaten unserer Zeit sind. Allein durch die Entdeckung der Antibiotika in der ersten Hälfte des 20. Jahrhunderts und deren allgemeine Anwendung verloren viele akute Infektionskrankheiten ihren Status als Massenerkrankung und Massentodesursache.[18] Verfolgt man die Berichterstattung über vermeintliche „Arzneimittel-Skandale" bzw. „Pharmakatastrophen" und die Hysterie, welche diese auslösen, fühlt man sich mitunter an die Worte von Goethes Faust erinnert. „Und niemand fragte, wer genas!"[19] Indes ist es bis heute nicht gelungen, Arzneimittel zu entwickeln, die ausschließlich die therapeutisch erwünschten Wirkungen im menschlichen Organismus hervorrufen. Dass Arzneistoffe nicht zu vermutende, erwünschte oder unerwünschte Wirkungen haben, ist ebenso bekannt, wie für sie der Satz des *Paracelsus* „Dosis sola facit venenum" Geltung beansprucht. Der Eingriff in den Stoffwechsel des Körpers bleibt ein gewagtes, wenngleich inzwischen vieltausendfach gelungenes Experiment. Die pharmazeutische Industrie ist, wie jede Technik, janusköpfig, die Grenze zwischen zulässigem und verbotenem Verhalten daher oftmals schwierig zu erkennen. Umso wichtiger ist die Erarbeitung der wissenschaftlichen Grundsätze, die hierbei die Richtung weisen können. Dazu will die vorliegende Untersuchung einen Beitrag leisten.

A. Thematische Begriffsklärung

Zunächst gilt es jedoch, die zentralen Begrifflichkeiten der hier erörterten Thematik näher zu beleuchten und hierdurch zugleich den Gegenstand der Untersuchung zu konkretisieren.

---

16 *Deutsch/Spickhoff*, Medizinrecht, Rn. 806; *Günther*, NJW 1972, S. 309; *Hohm*, Nachmarktkontrolle, S. 80 f.; *Vogel*, Produkthaftung, S. 18.

17 *Bergmann*, Haftung, S. 115; *Günther*, NJW 1972, S. 309; *Hart*, MedR 1991, S. 300; *Loose*, Strafrechtliche Grenzen, S. 89; *Madea*, Arzneimittelbehandlung, S. 28; *Madea/Staak*, Haftungsprobleme, S. 303;

18 *Neumeister*, Arzneimittel und Patient, S. 4.

19 *Goethe*, Faust I, Vor dem Tor, Vers 1048.

I. Strafrechtliche Produktverantwortung

Im Vordergrund steht hierbei der Terminus der strafrechtlichen Produktverantwortung.

1. Produktverantwortung

Während sich im Zivilrecht der Begriff der Produkthaftung als Fachterminus etabliert hat, finden sich im strafrechtlichen Schrifttum in Form der Begriffe Produktverantwortung,[20] Produkthaftung[21] und Produzentenhaftung[22] gleich mehrere Bezeichnungen für ein und denselben Sachverhalt. Der Begriff der strafrechtlichen Produkthaftung bezeichnet in Anlehnung an den ursprünglich aus dem zivilen Deliktsrecht stammenden Terminus Produkthaftung die Verantwortlichkeit für Schäden, die durch das Herstellen oder Inverkehrbringen fehlerhafter Produkte verursacht worden sind.[23] Auch wenn der Begriff den Sachverhalt, um den es hierbei geht, treffend umschreibt, erscheint es vorzugswürdig, im Strafrecht von Produktverantwortung, nicht Produkthaftung, zu sprechen, umfasst der zivilrechtliche Terminus der Haftung doch auch die verschuldensunabhängige Sachhaftung sowie die Haftung für fremde Schuld[24] und damit Konstellationen, die dem Strafrecht wesensfremd sind.[25] Die Bezeichnung Produzentenhaftung wiederum erweist sich als zu eng, da sie den Adressatenkreis strafrechtlicher Produktverantwortung voreilig auf den Personenkreis der Hersteller einengt und die Verantwortung der das Produkt an den Verbraucher herantragenden Händler sowie der Zulieferer von

---

20 Siehe *Böse*, wistra 2005, S. 41; *Deutscher/Körner*, wistra 1996, S. 292; *Hassemer*, Produktverantwortung; *Höhfeld*, Strafrechtliche Produktverantwortung; *Putz*, Strafrechtliche Produktverantwortlichkeit; *Schmidt-Salzer*, NJW 1988, S. 1937; *ders.*, NJW 1990, S. 2966; *ders.*, PharmR 1989, S. 20; *Schmucker*, Dogmatik; *Tiedemann*, FS Hirsch, S. 765.

21 *Bode*, FS BGH, S. 515; *Braum*, KritV 1994, S. 179; *Eichinger*, Produkthaftung; *Große Vorholt*, Behördliche Stellungnahmen; *Hoyer*, GA 1996, S. 160; *Kuhlen*, Fragen; *ders.*, FG BGH IV, S. 647; *ders.*, JZ 1994, S. 1142; *Kühne*, NJW 1997, S. 1951; *Nehm*, Produkthaftung; *Otto*, WiB 1995, S. 929; Samson, StV 1991, S. 182; *Schulz*, Kausalität; *ders.*, Perspektiven; *Schwartz*, Produkthaftung; *Spitz*, Produkthaftung; *Vogel*, FS Lorenz, S. 65; *ders.*, GA 1990, S. 241.

22 *Hilgendorf*, Produzentenhaftung.

23 *Alexander*, Strafrechtliche Verantwortlichkeit, S. 65; *Colussi*, Produzentenkriminalität, S. 20 f.; *Eichinger*, Produkthaftung, S. 6; *Hannes*, Vertrauensgrundsatz, S. 98; *Krekeler/Werner*, Unternehmer und Strafrecht, Rn. 1064; *Kuhlen*, FG BGH IV, S. 647; *Vogel*, Produkthaftung, S. 17; *Vogel*, FS Lorenz, S. 65 f.; *ders.*, GA 1990, S. 246.

24 Siehe Palandt-*Heinrichs*, Einl § 241 Rn. 8 f. m. w. N.

25 So auch *Colussi*, Produzentenkriminalität, S. 13 f., 16; *Eichinger*, Produkthaftung, S. 1; *Schmucker*, Dogmatik, S. 39 f. Da sich aber der Begriff der strafrechtlichen Produkthaftung in gewisser Weise etabliert hat und die dogmatischen Probleme, die mit den Begriffen schlagwortartig umrissen werden, letztlich identisch sind, werden die Termini Produkthaftung und Produktverantwortung im Rahmen dieser Arbeit synonym verwendet.

Produktbestandteilen außen vor lässt.[26] Auch diese soll jedoch Gegenstand der vorliegenden Untersuchung sein.

Zum Produkt wird eine Sache durch ihre Bestimmung zum wirtschaftlichen Austausch. Daher stellt die Beeinträchtigung von Rechtsgütern bei der Herstellung des Produkts keinen Fall der Produkthaftung dar,[27] weswegen derartige Betriebsstättenunfälle im Rahmen der vorliegenden Untersuchung nicht erörtert werden.

2. Strafrechtliches an der strafrechtlichen Produktverantwortung

Was das spezifisch Strafrechtliche an der strafrechtlichen Produktverantwortung anbelangt, ist zunächst zu konstatieren, dass Anknüpfungspunkt der Verantwortung wie im Zivilrecht das Merkmal der Pflichtverletzung ist. Im Deliktsrecht findet es sich als Verkehrssicherungspflicht im Rahmen des § 823 Abs. 1 BGB, im Strafrecht werden die inhaltlich gleichen Probleme im Bereich der Fahrlässigkeitsdogmatik als objektive Verletzung der im Verkehr erforderlichen Sorgfalt oder zur Begründung einer Garantenstellung nach § 13 StGB abgehandelt.[28] Erhebliche Unterschiede zwischen strafrechtlicher und zivilrechtlicher Produkthaftung bestehen aber im Hinblick auf deren Zweckrichtung, welche nicht zuletzt Auswirkung darauf hat, wann eine Pflichtverletzung vorliegt. Geht es im Strafrecht um individuelle Verantwortung und Schuld, gekoppelt mit einem sozialethischen Vorwurf, sorgt sich das Zivilrecht primär um einen angemessenen Schadensausgleich zwecks Wiederherstellung einer güterbezogenen Verteilungsgerechtigkeit.[29] Das Zivilrecht soll, mit anderen Worten, anders als das Strafrecht die Störung in der Güterordnung und gerade nicht diejenige in der Normenordnung beseitigen.[30] Dabei spielen Gesichtspunkte wie die wirtschaftliche Leistungsfähigkeit des Herstellers sowie die Versicherbarkeit des Schadensrisikos eine Rolle,[31] die für die strafrechtlich allein maßgebliche Frage der individuellen Schuld am Schadenseintritt gänzlich unerheblich sind.

Knüpft die strafrechtliche Sanktionsordnung demnach an das individuelle Fehlverhalten Einzelner an, so folgt hieraus, dass die strafrechtliche Produkthaftung im Gegensatz zur zivilrechtlichen über den Nachweis der Schadensursächlichkeit des Produkts eines bestimmten Herstellers hinaus stets des Nachweises bedarf, dass das zum Schaden führende Geschehen auf der Pflichtwidrigkeit einer konkreten natürlichen Person beruht.[32] Anders als das Zivilrecht kann sich das Strafrecht nicht mit einer Verantwortung des Herstellerunternehmens begnügen, sondern muss unternehmensintern die eine oder die mehreren Personen herausfiltern, die für den eingetretenen Schaden konkret (mit)verantwortlich sind.[33] Eine über die

---

26 *Colussi*, Produzentenkriminalität, S. 15; *Eichinger*, Produkthaftung, S. 1.

27 *Eichinger*, Produkthaftung, S. 4 f.; *Kuhlen* in: Achenbach/Ransiek, HWSt, II.

28 *Ransiek*, ZGR 1992, S. 206 f.

29 *Lege*, Rechtspflichten, S. 108; *Seelmann*, Garantenpflichten, S. 91.

30 *Vogel*, GA 1990, S. 257.

31 *Lege*, Rechtspflichten, S. 108; S/S-*Cramer/Sternberg-Lieben*, § 15 Rn. 223.

32 *Kuhlen* in: Achenbach/Ransiek, HWSt, II Rn. 7.

33 *Deutscher/Körner*, wistra 1996, S. 293; *Jungbecker*, Strafrechtliche Verantwortung, S. 160; *Kuhlen*, Fragen, S. 27; *Meier*, NJW 1992, S. 3194 f.

bußgeldrechtliche Verantwortung gemäß § 30 OWiG hinausgehende Unternehmensstrafe, wie sie etwa im anglo-amerikanischen, französischen, niederländischen und nunmehr auch österreichischen Recht[34] vorgesehen ist, kennt das deutsche Strafgesetzbuch nicht.[35] Strafrechtliche Produktverantwortung existiert somit nur in Form eines persönlichen Einstehenmüssens.[36] Die Voraussetzungen einer strafrechtlichen Produkthaftung erweisen sich daher als weit anspruchsvoller als die der zivilrechtlichen Produkthaftung.

II. Arzneimittel

Gegenstand der vorliegenden Untersuchung ist speziell die Produktverantwortung für Arzneimittel. Welche Güter als Arzneimittel anzusehen sind, ist mitunter nicht leicht zu beantworten. Schwierigkeiten bereitet insbesondere die Abgrenzung von den sonstigen Lebensmitteln.[37] Der Begriff des Arzneimittels ist in § 2 AMG für die Zwecke des Arzneimittel(straf)rechts abschließend legal definiert. Abweichend vom allgemeinen Sprachgebrauch sind Arzneimittel gemäß § 2 Abs. 1 AMG nicht nur alle Mittel, die zur Vorbeugung und Behandlung von Krankheiten an Mensch oder Tier angewendet werden, sondern auch alle Mittel, die Körperfunktionen beeinflussen sollen, wie prophylaktische, diagnostische und anästhetische Mittel, aber auch beispielsweise Aufputschmittel und Empfängnisverhütungsmittel.[38] Letztlich entscheidend ist die Zweckbestimmung des Präparats als Mittel zur Verhütung, Erkennung oder Heilung von Krankheiten bzw. zur Beeinflussung körperlicher Funktionen,[39] wobei der Gesetzgeber klargestellt hat, dass es hierbei im Wesentlichen auf die objektive Zweckbestimmung und allenfalls sekundär auf die vom jeweiligen Hersteller angegebene Zweckbestimmung ankommt.[40] Maßgeblich ist damit, für welchen Zweck ein Mittel nach der allgemeinen Verkehrsauffassung, nach der Ansicht eines beachtlichen Teils der Verbraucher oder – insbesondere bei neuen Mitteln – nach der Auffassung der Wissen-

---

34 Zum am 01.01.2006 in Kraft getretenen Verbandsverantwortlichkeitsgesetz und dessen strafrechtliche Konsequenzen für Krankenanstalten siehe *Pilz*, RdM 2006, S. 102 ff.

35 Zu den Gründen hierfür siehe S. 337 ff.

36 *Goll/Winkelbauer* in: von Westphalen, Produkthaftungshandbuch, § 46 Rn. 10; *Jungbecker*, Strafrechtliche Verantwortung, S. 160.

37 So namentlich bei Vitaminpräparaten, vgl. BGH NJW 2001, S. 2812 ff. m. w. N. Zur Unterscheidung von Arzneimitteln und Lebensmitteln detailliert *Fuhrmann*, Sicherheitsentscheidungen, S. 98 ff.

38 *Blasius et al.*, Arzneimittel, S. 51; *Deutsch/Spickhoff*, Medizinrecht, Rn. 841; *Körner*, Vorbem AMG Rn. 5; MüKo-StGB-*Freund*, § 2 AMG Rn. 6; *Ramsauer*, Arzneimittelversorgung, S. 47.

39 *Deutsch/Spickhoff*, Medizinrecht, Rn. 839; *Fuhrmann*, Sicherheitsentscheidungen, S. 80; *Räpple*, Arzneimittel, S. 24; *Rehmann*, § 2 Rn. 2; *Vogel*, Produkthaftung, S. 3.

40 *Blasius et al.*, Arzneimittel, S. 52; *Fuhrmann*, Sicherheitsentscheidungen, S. 80; *Kloesel/Cyran*, § 2 Anm. 1; MüKo-StGB-*Freund*, § 2 AMG Rn. 4 f.; *Rehmann*, § 2 Rn. 2; *Schmid* in: Müller-Gugenberger/Bieneck, WiStR, § 56 Rn. 91.

schaft bestimmt ist.[41] Die subjektive Zweckbestimmung des Herstellers, wie sie sich nach Aufmachung, Darreichungsform, Gebrauchsinformation und Werbung darstellt, gewinnt insoweit nur mittelbar Bedeutung, als Gebrauchsinformation bzw. Gestaltung und Bewerbung des Präparates die Verbrauchererwartung und damit die Verkehrsauffassung maßgeblich prägen.[42] Unmittelbare Relevanz besitzt die subjektive Zwecksetzung nur bei Mehrzweckstoffen[43] sowie neu entwickelten Präparaten, hinsichtlich derer sich noch keine Verkehrsauffassung gebildet hat.[44] Auf die Tauglichkeit des Präparats zur Erreichung des verfolgten Zwecks kommt es dagegen grundsätzlich nicht an.[45]

Gemäß § 2 Abs. 4 AMG gelten als Arzneimittel generell alle Produkte, die als Arzneimittel registriert oder zugelassen worden sind. Darüber hinaus stellt § 2 Abs. 2 AMG Gegenstände, welche nicht wie herkömmliche Arzneimittel verbraucht, sondern etwa im Wege der Körperberührung gebraucht werden, Arzneimitteln im Sinne des § 2 Abs. 1 AMG gleich. Grund für die Gleichstellung dieser sogenannten Fiktivarzneimittel ist, dass es im Ergebnis keinen Unterschied darstellen kann, ob ein Arzneimittel allein verbraucht oder in Verbindung mit einem Gegenstand, in dem es enthalten oder auf den es aufgebracht ist, angewendet wird.[46]

Das AMG differenziert nach der Art ihrer Herstellung verschiedene Arten von Arzneimitteln, die wiederum unterschiedlichen rechtlichen Regeln unterworfen sind. Während Rezepturarzneimittel im Sinne der §§ 21 Abs. 2 Nr. 1 AMG, 7 ApoBetrO im Einzelfall auf besondere Anforderung und Bestellung in der Apotheke individuell hergestellt werden, handelt es sich bei den sogenannten Fertigarzneimitteln gemäß § 4 Abs. 1 AMG um Arzneimittel, die im Voraus unter Anwendung eines industriellen Verfahrens außerhalb von Apotheken gewerblich hergestellt und in einer zur Abgabe an den Verbraucher bestimmten Packung in den Verkehr gebracht werden.[47] Davon zu unterscheiden ist wiederum die sogenannte Bulkware, d. h. Großpackungen, die an Krankenhäuser, Apotheken und

---

41 *Blasius et al.*, Arzneimittel, S. 52; *Fuhrmann*, Sicherheitsentscheidungen, S. 80; *Hägele*, Arzneimittelprüfung, S. 158 f.; *Hellmann/Beckemper*, WiStR, Rn. 733; *Kloesel/Cyran*, § 2 Anm. 9; *Körner*, Vorbem AMG Rn. 8; *Räpple*, Arzneimittel, S. 24 f.; *Rehmann*, § 2 Rn. 2; *Sander*, § 2 Erl. 1; *Wagner*, Delinquenz, S. 68 ff.

42 *Räpple*, Arzneimittel, S. 24 f.; *Rehmann*, § 2 Rn. 2; *Sander*, § 2 Erl. 1.

43 *Hägele*, Arzneimittelprüfung, S. 159 f.; *Rehmann*, § 2 Rn. 3; *Sander*, § 2 Erl. 1.

44 *Blasius et al.*, Arzneimittel, S. 52; *Hellmann/Beckemper*, WiStR, Rn. 733; *Räpple*, Arzneimittel, S. 25 f.; *Rehmann*, § 2 Rn. 2; *Sander*, § 2 Erl. 1.

45 *Blasius et al.*, Arzneimittel, S. 52; *Hellmann/Beckemper*, WiStR, Rn. 732; *Kloesel/Cyran*, § 2 Anm. 9; *Körner*, Vorbem AMG Rn. 11; *Rehmann*, § 2 Rn. 2; *Sander*, § 2 Erl. 1.

46 Vgl. *Deutsch/Spickhoff*, Medizinrecht, Rn. 842; MüKo-StGB-*Freund*, § 2 AMG Rn. 14; *Sander*, § 2 Erl. 26.

47 Dabei können Fertigarzneimittel weiter in Arzneimittelspezialitäten und Generika unterteilt werden. Während die Arzneimittelspezialitäten unter einer besonderen Bezeichnung in den Verkehr gebracht werden, werden Generika allein unter ihrer Wirkstoffbezeichnung bzw. einem nicht geschützten Freinamen vermarktet. Vgl. *Deutsch/Spickhoff*, Medizinrecht, Rn. 841; *Jenke*, Arzneimittel, S. 9.

andere Großverbraucher geliefert werden und aus denen später verbrauchergerecht abgepackt wird.[48]

III. Arzneimittelschäden

Der Begriff des Arzneimittelschadens, wie er im Rahmen der vorliegenden Arbeit Verwendung findet, deckt sich mit dem in § 5 Abs. 2 AMG enthaltenen Terminus der „schädlichen Wirkungen". Hierunter sind körperliche oder seelische Beschwerden, Leiden oder Schmerzen zu verstehen, die die in messbarer, fühlbarer oder sonst erkennbarer Weise durch ein Arzneimittel ausgelöst werden und den Gesundheitszustand oder die Arbeitskraft nach Intensität oder Dauer beeinträchtigen, ohne dass eine ernste oder langwierige Krankheit im engeren Sinne vorliegen muss.[49] Auslöser einer unerwünschten Arzneimittelreaktion können sowohl die eigentlichen Wirkstoffe als auch Hilfsstoffe sowie Verunreinigungen des Medikaments sein.[50]

Zu den schädlichen Wirkungen eines Arzneimittels zählen insbesondere dessen Neben- und Wechselwirkungen. Während der Begriff der Nebenwirkungen vor Inkrafttreten der 12. AMG-Novelle sämtliche unerwünschten, nicht zwingend schädlichen Begleiterscheinungen des bestimmungsgemäßen Arzneimittelgebrauchs umfasste, bezeichnet dieser nunmehr gemäß § 4 Abs. 13 AMG n. F. lediglich die bei bestimmungsgemäßem Gebrauch eines Arzneimittels auftretenden schädlichen unbeabsichtigten Reaktionen. Diesen sind gemäß § 4 Abs. 13 Satz 4 AMG die sogenannten Wechselwirkungen gleichgestellt. Darunter sind diejenigen Wirkungen eines Arzneimittels zu verstehen, die durch die gleichzeitige, vorangegangene oder nachfolgende Verabreichung anderer Arznei- oder auch Lebensmittel verursacht werden.[51] Dabei kann der Mechanismus der Interaktion verschieden ausgestaltet sein: Wirkstoffe mehrerer Medikamente können sich direkt kumulieren und so zu einer Überdosierung führen, können sich aber auch in unerwünschter Weise gegenseitig aufheben. Zudem kann ein Medikament durch Einwirkung auf den Organismus die Resorption, Verteilung, Metabolisierung oder Ausscheidung eines anderen Medikaments hemmen oder fördern.[52]

B. Rechtsprechung und Literatur

Die Frage der strafrechtlichen Produkthaftung für Arzneimittelschäden hat die Rechtsprechung bislang nur im Zusammenhang mit dem *Contergan*-Skandal be-

---

48 *Deutsch/Spickhoff*, Medizinrecht, Rn. 841; MüKo-StGB-*Freund*, § 4 AMG Rn. 3; *Jenke*, Arzneimittel, S. 8 f.

49 Vgl. *Scheu*, In dubio, S. 703; *Schnieders*, BGesundhBl 1985, S. 196; *Schnieders/Schuster*, PharmR 1983, S. 43.

50 *Vogel*, Produkthaftung, S. 10.

51 *Kloesel/Cyran*, § 22 Anm. 24; *Räpple*, Arzneimittel, S. 44.

52 *Vogel*, Produkthaftung, S. 8.

schäftigt. Der am 27. Mai 1968 vor der Großen Strafkammer des LG Aachen begonnene Strafprozess gegen sieben leitende Angestellte der Firma Chemie Grünenthal wegen des von dieser hergestellten thalidomidhaltigen Schlafmittels *Contergan* wurde jedoch eingestellt, nachdem sich Chemie Grünenthal bereit erklärt hatte, einen Versorgungsfonds für die geschädigten Neugeborenen einzurichten.[53] Das Verfahren ließ erstmals zentrale Fragen einer strafrechtlichen Produkthaftung deutlich hervortreten und gab Antworten darauf, die zum Teil bis heute ihre praktische Bedeutung nicht verloren haben.[54] Auch das staatsanwaltschaftlich betriebene Ermittlungsverfahren gegen die Firma Degussa wegen Inverkehrbringens zahntechnischer Amalgamprodukte wurde eingestellt, nachdem sich die Degussa AG bereit erklärt hatte, ein Amalgam-Forschungsprojekt zur Lösung medizinischer Fragen ins Leben zu rufen und mit einem Betrag von 1,2 Mio. DM zu unterstützen.[55] Zu strafrechtlichen Verurteilungen kam es in der Vergangenheit indes wegen der Verabreichung HIV- bzw. Hepatitis-C-infizierter Blutkonserven bzw. verunreinigten Blutplasmas.[56]

Weitet man den Blick auf andere Produkte aus, lassen sich dagegen gleich mehrere Entscheidungen finden, die nicht unwesentlich zur Herausbildung einer eigenen, vom Zivilrecht losgelösten Produkthaftung beigetragen haben.[57] Neben der Zwischenstecker-Entscheidung,[58] der Trinkmilch-Entscheidung[59] und der *Monza-Steel*-Entscheidung,[60] die sich mit den Konstruktions-, Fabrikations- und Produktbeobachtungspflichten des Herstellers befassten, sowie der Mandelbienenstichkuchen-Entscheidung,[61] welche die Frage der Verpflichtung des Herstellers zur Durchführung von Warn- und Rückrufaktionen zum Gegenstand hatte, sind vor allem das Lederspray-Urteil[62] des BGH vom 6. Juli 1990 und das Holzschutzmittel-Urteil[63] des BGH vom 2. August 1995 zu nennen, die als Marksteine für die weitere Entwicklung der strafrechtlichen Produktverantwortung anzusehen sind.

Dem Lederspray-Fall lag folgender Sachverhalt zugrunde: Eine GmbH stellte Ledersprays her und vertrieb diese über zwei Tochtergesellschaften. Im Herbst 1980 erhielt die Firma erste Meldungen über gesundheitliche Schäden, die beim Benutzen der Sprays aufgetreten waren. Trotz intensiver Nachforschung konnte jedoch kein Fabrikationsfehler festgestellt werden. Unter dem Eindruck weiterer Schadensmeldungen fand eine Sondersitzung der Geschäftsführung statt, auf der

---

53 Siehe den Einstellungsbeschluss des *LG Aachen*, JZ 1971, S. 507 ff.

54 *Kuhlen*, FG BGH IV, S. 648.

55 Siehe hierzu *Kuhlen*, FG BGH IV, S. 660 f.

56 *BGH* NJW 2000, S. 2754 ff.; *LG Göttingen* vom 23.06.1997, Az. 6 Ks 13/95; *LG Kassel* vom 18.12.2000, Az. 800 Js 20985/99 5 Kls.

57 Siehe die Urteilsübersicht bei *Höhfeld*, Strafrechtliche Produktverantwortung, S. 9 ff.; *Kuhlen* in: Achenbach/Ransiek, HWSt, II Rn. 9 ff.; *Schmid* in: Müller-Gugenberger/Bieneck, WiStR, § 56 Rn. 20 ff.

58 *BGH*, ES IV.4.

59 *BayObLG*, ES IV.12.

60 *LG München II*, ES IV.28.

61 *BGH* NStE Nr. 5 zu § 223 StGB.

62 *BGH*St 37, 106 ff.

63 *BGH*St 41, 206 ff.

beschlossen wurde, Warnhinweise auf allen Spraydosen anzubringen. Ein Rückruf wurde abgelehnt. Erst nach Intervention der Gesundheitsbehörden wurde die Produktion der Ledersprays eingestellt und eine Rückrufaktion durchgeführt. Der Wirkstoff, der die Körperschäden verursachte, konnte bis heute nicht isoliert werden. In dem anschließenden Strafverfahren wurden die Geschäftsführer der drei Firmen beschuldigt, die Benutzer der Sprays teils durch Unterlassen eines rechtzeitigen Rückrufs, teils durch Fortsetzen von Produktion und Vertrieb der Ledersprays körperlich verletzt zu haben. Die Angeklagten wurden wegen derjenigen Schäden, die noch vor der Sondersitzung aufgetreten waren, wegen fahrlässiger Körperverletzung verurteilt. In Bezug auf jene Schäden, die nach der Sondersitzung auftraten, lautete das Urteil auf vorsätzliche, gefährliche Körperverletzung.

Im Holzschutzmittel-Verfahren ging es um die gesundheitsschädlichen Wirkungen der Holzschutzmittel *Xylamon* und *Xyladecor*. Durch die Anwendung dieser Produkte sollen mehrere tausend Menschen Gesundheitsschäden erlitten haben. Sie klagten über Hautausschläge, Atemnot, Kreislaufstörungen, Chlorakne sowie Gedächtnis- und Sprachstörungen. Ein naturwissenschaftlich nachweisbarer Zusammenhang zwischen der Verwendung der Holzschutzmittel und den aufgetretenen Gesundheitsbeeinträchtigungen konnte jedoch nicht festgestellt werden. Der BGH hatte sich daher insbesondere mit Fragen des Kausalitätsnachweises auseinanderzusetzen, wozu er Ausführungen von grundsätzlicher, weit über den konkreten Fall hinausgehender Bedeutung machte.

Parallel zu dieser Entwicklung in der Rechtsprechung entfaltete sich in der Strafrechtswissenschaft mehr und mehr eine Diskussion über die Funktion des Strafrechts in der Risikogesellschaft. Der Begriff der Risikogesellschaft geht zurück auf den Soziologen *Ulrich Beck*, der damit Gesellschaften beschrieb, „die zunächst verdeckt, dann immer offensichtlicher mit den Herausforderungen der selbstgeschaffenen Selbstvernichtungsmöglichkeit allen Lebens auf dieser Erde konfrontiert werden“[64] und die „systematisch ihre eigene Bedrohung und Infragestellung in der Potenzierung und wirtschaftlichen Ausschlachtung der Risiken [produzierten]“.[65] In der Risikogesellschaft „droh[e] der Ausnahmezustand zum Normalzustand zu werden.“[66] Diese deutlich gestiegene gesellschaftliche Risikowahrnehmung, die nicht zuletzt Folge der rasant zunehmenden Technisierung der Produktionsprozesse mit den ihnen eigenen Gefahren war und ist,[67] ließ auch das juristische Schrifttum nicht unberührt und entfachte die Diskussion um Sinn und Unsinn eines präventiven Risikostrafrechts als Reaktion auf die Zunahme gesamtgesellschaftlicher Großgefahren.[68] Allen voran *Prittwitz*[69] und *Hilgendorf*[70] rezipierten den Begriff der Risikogesellschaft für die Problematiken des modernen Strafrechts. So setzte *Hilgendorf* die Empfindungen der Risikogesellschaft in di-

64 *Beck*, Gegengifte, S. 109.

65 *Beck*, Risikogesellschaft, S. 75.

66 *Beck*, Risikogesellschaft, S. 31.

67 *di Fabio*, Risikoentscheidungen, S. 54, 63.

68 Zum Begriff des Risikostrafrechts und seiner Ausprägungen siehe *Däbritz*, Humanerprobungen, S. 51 f.

69 *Prittwitz*, Risiko.

70 *Hilgendorf*, Produzentenhaftung.

rekten Bezug zu den Fragen einer strafrechtlichen Produkthaftung,[71] wie *Kuhlen* sie in seiner umfassenden Monographie[72] erstmals stellte und damit den Weg für eine bis heute dynamisch fortschreitende dogmatische Weiterentwicklung der strafrechtlichen Produktverantwortung bereitete, an der sich zahlreiche Autoren, darunter *Hassemer* und *Nehm*, in einer inzwischen kaum mehr zu überblickenden Flut von Monographien und Aufsätzen beteiligt haben.[73] Indes ist die strafrechtliche Produktverantwortung für Arzneimittel noch keiner eingehenden Untersuchung unterzogen worden.[74] Die vorliegende Arbeit will einen Beitrag dazu leisten, dies zu ändern.

C. Arzneimittelsicherheitsrecht

Bevor der Verantwortungsfrage im Fall des Auftretens von Arzneimittelschäden eingehend nachgegangen werden kann, bedarf es zunächst einer Zusammenstellung der Normen, die konkrete Verhaltensanweisungen für den Umgang mit Arzneimitteln enthalten, um im Sinne eines Arzneimittelsicherheitsrechts Arzneimittelschäden weitestgehend zu verhindern.

Das „Grundgesetz der Arzneimittelsicherheit"[75] ist das Arzneimittelgesetz (AMG), welches nach seinem Inkrafttreten im Mai 1961 am 24. August 1976 unter dem Eindruck der *Contergan*-Katastrophe in erheblich veränderter Form neu erlassen wurde und seitdem 14 Novellierungen erfahren hat. Dabei haben insbesondere die der Umsetzung der EG-Richtlinien 2001/20/EG,[76] 2001/83/EG[77] und 2004/27/EG[78] dienende 12. AMG-Novelle vom 5. August 2004[79] und 14. AMG-Novelle vom 5. September 2005[80] zu umfassenden Änderungen geführt.[81] Zentraler Zweck des AMG ist gemäß § 1 AMG die Gewährleistung einer ordnungsgemäßen Versorgung der Bevölkerung mit Arzneimitteln durch Sicherstellung der Qualität, Wirksamkeit und Unbedenklichkeit der im Verkehr befindlichen Präparate. Dementsprechend enthält das AMG eine umfangreiche Regelung des Arzneimittelverkehrs von der Herstellung und Erprobung eines Präparates bis zur Abgabe an den Verbraucher. Es ist Sonderpolizeirecht und Verbraucherschutzgesetz

71 Kritisch gegenüber einer Verknüpfung der beiden Gegenstände „Risikogesellschaft" und „strafrechtliche Produkthaftung" *Kuhlen*, GA 1994, S. 350.

72 *Kuhlen*, Fragen.

73 Siehe die Nachweise in Fn. 20 und 21.

74 Allein *Putz*, Strafrechtliche Produktverantwortlichkeit, widmet sich der hiesigen Thematik, wenngleich eher knapp und auf bestimmte Aspekte beschränkt.

75 *Glaeske/Greiser/Hart*, Arzneimittelsicherheit, S. 69.

76 Amtsbl. EG Nr. L 121, S. 34 ff.

77 Amtsbl. EG Nr. L 311, S. 67 ff.

78 Amtsbl. EG Nr. L 136, S. 34 ff.

79 BGBl. I S. 2031 ff.

80 BGBl. I S. 2570 ff.

81 Siehe die Neubekanntmachung des AMG vom 12. Dezember 2005, BGBl. I, S. 3395 ff.

in einem.[82] Ergänzt wird das AMG durch die Verordnungen über verschreibungspflichtige bzw. apothekenpflichtige Arzneimittel, die Allgemeine Verwaltungsvorschrift für die Durchführung des Arzneimittelgesetzes (AMGVwV), die Arzneimittelprüfrichtlinien sowie speziell für den Bereich der klinischen Prüfung die Verordnung über die Anwendung der Guten Klinischen Praxis bei der Durchführung von klinischen Prüfungen mit Arzneimitteln zur Anwendung am Menschen (GCP-V).

Neben das AMG treten das Apothekengesetz (ApoG) und die Betriebsverordnungen bzw. Berufsordnungen der einzelnen Verkehrskreise, namentlich die Betriebsverordnung für pharmazeutische Unternehmer (PharmBetrV), die Betriebsverordnung für Arzneimittelgroßhandelsbetriebe (GroßhBetrV), die Apothekenbetriebsordnung (ApoBetrO) sowie die Musterberufsordnung für Ärzte (MBOÄ).

Darüber hinaus existiert eine Reihe internationaler bzw. europäischer Regelungen wie die Revidierte Deklaration von Helsinki, eine Deklaration des Weltärztebundes zu ethischen Grundsätzen für die medizinische Forschung am Menschen, oder die Leitfäden der EG bzw. ICH[83] zur Good Clinical Practice (GCP) bzw. Good Manufacturing Practice (GMP).

D. Aufriss der zu erörternden Fragestellungen

Das Thema strafrechtlicher Produkthaftung berührt eine Vielzahl grundlegender strafrechtsdogmatischer Probleme und wirft zahlreiche, vielschichtige Fragen auf. Im Fall der Produktverantwortung für Arzneimittelschäden potenzieren sich die Schwierigkeiten nochmals, da zu den allgemeinen Problemen der strafrechtlichen Produkthaftung Streitfragen des Medizinstrafrechts hinzukommen.

Die Grundproblematik der strafrechtlichen Produktverantwortung besteht darin, dass Schadensverursachung und Schadenseintritt oft räumlich und zeitlich weit auseinanderliegen, verbunden durch eine Fülle von Zwischenakten einer Vielzahl von Personen.[84] Die Schwierigkeiten beginnen bereits bei dem Nachweis, dass ein bestimmter Gesundheitsschaden auf ein bestimmtes Arzneimittel zurückzuführen ist.[85] Der menschliche Körper ist ein zu komplexes Funktionssystem, als dass es der medizinischen Forschung bis heute gelungen wäre, die Wirkungsweise von Arzneimitteln im menschlichen Organismus restlos zu klären.[86] Des Weiteren stellt sich angesichts der Ambivalenz von Arzneimitteln als Wohltat und zugleich Quelle mitunter erheblicher Gesundheitsrisiken die Frage nach dem (straf)rechtlich tolerablen Risikomaß,[87] zumal aufgrund der gerade auf Veränderung der

---

82 *Fegert et al.*, ZRP 2003, S. 446.

83 International Conference on Harmonisation of Technical Requirements for Registration of Pharmaceuticals for Human Use.

84 *Hilgendorf*, Produzentenhaftung, S. 61; *ders.*, FS Weber, S. 34; *Schmid*, FS Keller, S. 652; *Seelmann*, Kollektive Verantwortung, S. 8.

85 *Kühne*, NJW 1997, S. 1951; *Schünemann*, GedS Meurer, S. 45.

86 *Vogel*, Produkthaftung, S. 9.

87 *Günther*, NJW 1972, S. 309.

menschlichen Körperfunktionen ausgerichteten Wirkungsweise von Pharmaka negative Gesundheitsbeeinträchtigungen letztlich vorprogrammiert sind. Gleichzeitig ist aber auch ein therapeutischer Nihilismus in Form der Verweigerung jeglicher Arzneimitteleinnahme keine sinnvolle Gefahrvermeidungsstrategie, weil der Verzicht auf die positiven Wirkungen des Arzneimittels ebenfalls das Eingehen einer Gefahr bedeutet.[88] Man kann daher in diesem Bereich nicht von einem „normalen Konsumrisiko", wie es mit jedem Produktgebrauch verbunden ist, sprechen.[89] Dies vor Augen kommt der Bestimmung der Sorgfaltspflichten des pharmazeutischen Unternehmers, aber auch des Arztes und Apothekers, essentielle Bedeutung zu, müssen diese doch der besonderen Schutzbedürftigkeit des Patienten Rechnung tragen, ohne zugleich überzogene Anforderungen zu stellen.

Ein weiteres zentrales Problem der strafrechtlichen Produktverantwortung im Allgemeinen, speziell aber auch der Arzneimittelhaftung, ist die Arbeitsteilung.[90] So stellt die Vermeidung von Arzneimittelschäden eine Gemeinschaftsaufgabe aller am Arzneimittelverkehr Beteiligten, vom pharmazeutischen Unternehmer über die zuständigen Behörden und den Arzt bis hin zum Patienten, dar, zu deren arbeitsteiligen Erfüllung jeder Einzelne seinen Beitrag leisten muss. Umgekehrt bedeutet dies, dass bei Eintritt eines Arzneimittelschadens die Schwierigkeit besteht, die hierfür konkret verantwortliche Person auszumachen.[91] Die Abgrenzung der Verantwortungsbereiche der verschiedenen Akteure ist ein besonderes Problem der ärztlichen Arzneimitteltherapie.[92] Besonders diffizil gestaltet sich die Schadenszurechnung innerhalb von Personenmehrheiten, namentlich Wirtschaftsunternehmen.[93] Diverse Formen der organisationsinternen Kooperation und Delegation erschweren nicht nur in beweisrechtlicher Hinsicht in erheblichem Maße die Zuschreibung individueller strafrechtlicher Verantwortlichkeit.[94] Die Individualisierung von Verantwortung als Essenz des Strafrechts wird dadurch auf eine harte Bewährungsprobe gestellt. Vor dem Hintergrund der Problematik, ob eine eigentlich für Einzelhandlungen entwickelte und zugeschnittene Strafrechtsdogmatik im Unternehmensbereich zu brauchbaren Ergebnissen führen kann, stellt sich letztlich gar die Frage nach einem (teilweisen) Rückzug des Strafrechts aus dem Bereich der Produktverantwortung.[95]

---

88 *Agneter*, Arzneimittelrisiken, S. 9.

89 *Koyuncu*, Haftungsdreieck, S. 9; *Räpple*, Arzneimittel, S. 74; *Wolter*, ZRP 1974, S. 262.

90 *Alexander*, Strafrechtliche Verantwortlichkeit, S. 40; *Dannecker*, GA 2001, S. 102; *Jungbecker*, Strafrechtliche Verantwortung, S. 160; *Schmidt-Salzer*, NJW 1996, S. 2; *Schünemann*, GedS Meurer, S. 42; *Schwartz*, Produkthaftung, S. 38.

91 *Koyuncu*, Haftungsdreieck, S. 12.

92 *Hart*, Arzneimitteltherapie, S. 45.

93 *Bosch*, Organisationsverschulden, S. 11; *Busch*, Umweltstrafrecht, S. 452; *Dannecker*, Fahrlässigkeit, S. 212; *Eidam*, Unternehmen und Strafe, S. 437 f.; *Kühne*, NJW 1997, S. 1951; *Rotsch*, Individuelle Haftung, S. 74; *ders.*, wistra 1999, S. 372.

94 *Kassebohm/Malorny*, BB 1994, S. 1361; *Mandry*, Beauftragte, S. 93; *Rüther*, KritV 1993, S. 241; *Schall*, Probleme, S. 101; *Spitz*, Produkthaftung, S. 56.

95 So etwa *Hassemer*, ZRP 1992, S. 383.

All diesen Fragestellungen soll im Folgenden nun eingehend nachgegangen werden. Dabei bedingt die Komplexität der einzelnen Probleme, von denen jedes für sich Gegenstand gleich mehrerer Monographien ist, hier und da Abstriche zu machen. So sind die zu einzelnen strittigen Gesichtspunkten vertretenen Auffassungen mitunter zu Meinungsrichtungen zusammenzufassen oder ohne vorherige abstrakte Darlegung in den eigenen Lösungsvorschlag einzuarbeiten, ohne dass hierdurch die eigenständige Bedeutung der im Detail oftmals divergierenden Anschauungen bestritten bzw. eine Geringschätzung der individuell-argumentativen Leistung ihrer teils auf tiefgreifende philosophische Wertungen rekurrierenden Urheber zum Ausdruck gebracht werden soll.

§ 2 Gegenstand der Untersuchung

A. Ziel der Arbeit

Ziel der Arbeit ist es, die strafrechtlichen Verantwortungsbereiche der am Verkehr mit Arzneimitteln beteiligten Personen voneinander abzugrenzen. Im Mittelpunkt soll hierbei die strafrechtliche Verantwortlichkeit des pharmazeutischen Unternehmers für Gesundheitsbeeinträchtigungen stehen, die durch die Einnahme eines von diesem hergestellten und in Verkehr gebrachten Medikaments auftreten. Neben der Identifikation der konkret verantwortlichen Unternehmensangehörigen gilt es mit Blick auf die Mitverantwortung von Ärzten, Apothekern und Gesundheitsbehörden, die diese bezüglich der Vermeidung von Arzneimittelschäden tragen, insbesondere zu untersuchen, in welchem Maß diese den pharmazeutischen Unternehmer von eigener Verantwortung befreit. Besonderes Augenmerk wird in diesem Zusammenhang auch darauf zu richten sein, inwieweit den das Arzneimittel konsumierenden Patienten eine Mitverantwortung am Eintritt einer arzneimittelbedingten Gesundheitsschädigung trifft und inwieweit dieses strafbarkeitsbegrenzende oder gar strafausschließende Wirkung entfaltet.

B. Thematische Eingrenzung

Die Ursachen für das Auftreten von Arzneimittelschäden sind mannigfaltig. Sie alle detailliert darzulegen und einer strafrechtlichen Bewertung zu unterziehen, ist schier unmöglich. Die vorliegende Untersuchung konzentriert sich dementsprechend auf die für die Praxis bedeutsamsten, weil am häufigsten auftretenden Konstellationen. Ausnahmefälle wie die bewusste Vergiftung mittels eines kontraindizierten oder überdosierten Arzneimittels, die ein Höchstmaß an krimineller Energie voraussetzen, oder sonstige Fälle, in denen Arzneimittel nicht als medizinische Mittel, sondern zweckentfremdet als hochwirksame Gifte verwendet werden, bleiben im Rahmen dieser Abhandlung folglich ebenso außen vor wie die Problematik der Verabreichung von Medikamenten zum Zwecke der Euthanasie. Darüber hinaus beschränkt sich die Untersuchung auf die Erörterung der strafrechtlichen Verantwortung für Arzneimittelschäden, die unmittelbar auf der Applikation bzw. Einnahme eines Arzneimittels beruhen. Damit werden namentlich diejenigen Gesundheitsschäden keiner näheren rechtlichen Würdigung unterzogen, die aus der Anwendung eines unschädlichen, aber therapeutisch unwirksamen, den Krankheitsverlauf nicht aufhaltenden Medikaments hervorgehen. Indem der ungebremste Krankheitsverlauf und die damit verbundenen Leiden letztlich darauf beruhen, dass im Vertrauen auf die Wirksamkeit des Präparates eine anderweitige wirksame Arzneimitteltherapie unterbleibt, ließe sich hier durchaus von Arzneimittelschäden im weiteren Sinne sprechen. Ähnliche Fragen stellen sich im Zusammenhang mit placebokontrollierten Arzneimittelstudien, bei denen einem Teil der Versuchsteilnehmer das womöglich hochwirksame Testpräparat vorenthalten und stattdessen ein wirkungsloses Placebo verabreicht wird. Insofern beschränkt sich die Untersuchung auch hier auf die durch das Testpräparat verursachten Gesundheitsschäden, spart also die Frage der Verantwortlichkeit für placebobedingte, das heißt durch die Vorenthaltung des Testpräparats entstandene Schäden aus.

Was die unterschiedlichen Arten von Arzneimitteln anbelangt, beschränkt sich die vorliegende Arbeit auf die Erörterung der Verantwortlichkeiten im Zusammenhang mit Herstellung und Vertrieb der sogenannter Fertigarzneimittel, wie sie in der medizinischen Praxis am häufigsten zur Anwendung kommen. Dabei soll zur Vermeidung von Verkomplizierungen der ohnehin schon facettenreichen Thematik für die Zwecke der Untersuchung davon ausgegangen werden, dass der pharmazeutische Unternehmer selbst die Arzneimittel herstellt, Hersteller und pharmazeutischer Unternehmer im Sinne des AMG somit identisch sind.

C. Gang der Erörterung

Der Aufbau der Arbeit orientiert sich an der vom BGH in Fällen der strafrechtlichen Produktverantwortung angewendeten organisationsbezogenen Betrachtungsweise, wie sie namentlich der Lederspray-Entscheidung zugrunde lag[1] und im Schrifttum sowohl auf Zustimmung,[2] aber auch Ablehnung[3] stieß. Sie soll im Folgenden kurz erläutert werden.

I. Organisationsbezogene Betrachtungsweise

Die organisationsbezogene Betrachtungsweise lässt sich methodisch dadurch charakterisieren, dass über das Vorliegen einzelner Strafbarkeitsvoraussetzungen in

---

1 *BGH*St 37, 106 ff. Siehe aber auch *BGH* NStZ 1997, S. 544 (545) und *BGH*St 43, 219 (231).

2 So z. B. *Böse*, NStZ 2003, S. 639; *Eichinger*, Produkthaftung, S. 119; *Höhfeld*, Strafrechtliche Produktverantwortung, S. 25; *Hüwels*, Gesetzesvollzug, S. 133; *Kuhlen*, Umweltstrafrecht, S. 97; *ders.*, FG BGH IV, S. 666; *Lege*, Rechtspflichten, S. 140; LK-*Steindorf*, Vor § 324 Rn. 57; *Nehm*, Produkthaftung, S. 19; *Pawlik*, ZStW 111 (1999), S. 348; *Sangenstedt*, Garantenstellung, S. 714 f.; *Schmidt-Salzer*, Produkthaftung, Rn. 1.080; *Spitz*, Produkthaftung, S. 386; prinzipiell ebenso *Schmucker*, Dogmatik, S. 48.

3 *Hassemer*, Produktverantwortung, S. 66; *Muñoz Conde*, FS Roxin, S. 624; *Puppe*, JR 1992, S. 30; *Rotsch*, Individuelle Haftung, S. 163; *ders.*, wistra 1999, S. 326; *Schall*, Probleme, S. 103; *Schlösser*, Soziale Tatherrschaft, S. 139; *Schünemann*, FG BGH IV, S. 626.

einem zweistufigen Verfahren geurteilt wird. In einem ersten Schritt wird zunächst das Verhalten der Organisation als solcher – etwa des Herstellerunternehmens oder der zuständigen Kontrollbehörde – genauer untersucht und geprüft, ob dieses einen Straftatbestand verwirklicht, wobei namentlich der Frage nachzugehen ist, ob das Verhalten der Organisation als positives Tun oder Unterlassen zu werten ist, ob dieses pflichtwidrig war und einen straftatbestandlichen Erfolg verursacht hat. In einem zweiten Schritt wird das ermittelte Ergebnis sodann den einzelnen Unternehmensmitarbeitern nach Maßgabe ihrer Stellung in der Organisation zugeordnet.[4]

Dass diese Vorgehensweise dem Strafrecht nicht fremd ist, zeigt § 14 StGB, welcher hinsichtlich der Qualifikation als tauglicher Straftäter ebenfalls den Schluss von einer Personenmehrheit auf die diese repräsentierenden Organe vorsieht.[5] Die organisationsbezogene Betrachtungsweise erweist sich darüber hinaus auch als durchaus sachgerechte Methode, da die einzelnen Organisationsmitglieder für ihr organisationsinternes Tätigwerden denklogisch nur dann strafrechtlich zur Verantwortung gezogen werden können, wenn dieses Tätigwerden auch als Strafunrecht nach außen tritt, sprich das dadurch ausgelöste Organisationshandeln, so wie es sich nach außen darstellt, objektiv betrachtet einen Straftatbestand verwirklicht.[6] Die die Organisation treffenden Pflichten lassen sich damit in gewisser Weise als das Maximum, den äußeren Rahmen dessen bezeichnen, was vom einzelnen Organisationsangehörigen verlangt werden kann.[7] Zudem liefert die organisationsbezogene Betrachtungsweise einen für arbeitsteilig strukturierte Verbände wie Einzelbetriebe gleichermaßen tauglichen Ansatz und trägt damit dem Gerechtigkeitsempfinden Rechnung, wonach aus der Arbeitsteilung, wie sie in modernen Wirtschaftsbetrieben praktiziert wird, im Vergleich zu Einzelunternehmern weder Vor- noch Nachteile erwachsen dürfen.[8] Denn aus Sicht des Betroffen macht es keinen Unterschied, ob die erlittene Rechtsgutseinbuße auf das Verhalten einer natürlichen, straffähigen Person oder die Betätigung eines an sich strafunfähigen juristischen Gebildes, bestehend aus vielen Personen, zurückgeht.[9]

Gegen die organisationsbezogene Vorgehensweise wird vor allem vorgebracht, dass sie sich im Wege eines Paradigmenwechsels vom individuellen Ansatz der traditionellen strafrechtlichen Zurechnungslehre verabschiede und zur Begründung der Strafbarkeit statt auf das individuelle Handeln einzelner Personen im Sinne singulär-situativer Entscheidungen ausschließlich auf systemische Prozesse abstelle, welche über einen längeren Zeitraum andauern, erst aus der Zeitdimension ihre Sinngebung erfahren und als Verhaltensbeiträge mehrerer Personen um-

---

[4] *Eichinger*, Produkthaftung, S. 117 f.; *Kuhlen*, Umweltstrafrecht, S. 93; *ders.*, JZ 1994, S. 1144; *ders.*, FG BGH IV, S. 663; *Kupjetz*, Absatzformen, S. 12; speziell für Behörden *Pawlik*, ZStW 111 (1999), S. 348; *Sangenstedt*, Garantenstellung, S. 714 f.

[5] So auch *Kuhlen*, Umweltstrafrecht, S. 95 Fn. 556; *Schmucker*, Dogmatik, S. 49.

[6] Ähnlich *Hüwels*, Gesetzesvollzug, S. 208; *Kuhlen*, JZ 1994, S. 1145; *Neudecker*, Kollegialorgane, S. 30; *Schmidt-Salzer*, Produkthaftung, Rn. 1.080; *Schmucker*, Dogmatik, S. 50.

[7] So auch *Neudecker*, Kollegialorgane, S. 30; *Schmidt-Salzer*, Produkthaftung, Rn. 1.088.

[8] *Schmucker*, Dogmatik, S. 49.

[9] *Schmucker*, Dogmatik, S. 49.

fassende Vorgänge gerade nicht kurzerhand einem einzigen Individuum zugeschlagen werden könnten.[10] Diese Kritik verkennt in ihrer Pauschalität jedoch, dass es sich bei der organisationsbezogenen Betrachtungsweise zunächst einmal nur um eine Methode, eine Denkstruktur handelt, mit der nicht zwingend materiellrechtliche Konsequenzen verbunden sind.[11] Ob letzteres der Fall ist, hängt maßgeblich davon ab, wie der zweite Zurechnungsschritt, also die Übertragung von Organisationsbefunden auf einzelne Organisationsmitglieder, konkretisiert wird.[12] Solange nur die der Gesamtorganisation obliegenden Pflichten hinreichend individualisiert und den einzelnen Organisationsangehörigen eindeutig zugeordnet werden können, trägt der pauschale Vorwurf einer dem Schuldprinzip widersprechenden Kollektivzurechnung letztlich nicht.[13] Ob und gegebenenfalls auf welche Weise diese Individualisierung durchführbar ist, ist aber eine im Rahmen der organisationsbezogenen Betrachtungsweise zu lösende und an späterer Stelle noch hinlänglich zu erörternde Problematik, die den Ansatz als solchen aber zunächst nicht in Frage stellt.

II. Konkrete Vorgehensweise

Bevor auf die Frage der strafrechtlichen Verantwortung eingegangen werden kann, gilt es aber in § 3 der Untersuchung zunächst, die Grundzüge des Arzneimittelwesens anhand der entsprechenden Normen des AMG darzulegen sowie die daran mitwirkenden Personen und Institutionen kurz vorzustellen, liegt in der Erfassung der den einzelnen Akteuren zukommenden Zuständigkeitsbereiche doch der Schlüssel für eine sachgerechte Abschichtung der diese in strafrechtlicher Hinsicht treffenden Verantwortung.

In Anbetracht der zentralen Rolle des pharmazeutischen Unternehmers im Arzneiwesen widmet sich § 4 danach unter Zugrundelegung der organisationsbezogenen Betrachtungsweise zunächst der Frage, unter welchen Voraussetzungen überhaupt eine „Verantwortlichkeit“ des pharmazeutischen Unternehmers – und damit auch der im Unternehmen beschäftigten Personen – in Betracht kommt.

Im Anschluss daran wird in § 5 der Frage nachgegangen, wie die Verantwortungsbereiche der verschiedenen am Arzneimittelverkehr beteiligten Personen und Institutionen voneinander abzugrenzen sind und welche strafrechtlichen Konsequenzen sich daraus für die einzelnen Akteure ergeben. Ausgehend von den Fundamentalprinzipien der strafrechtlichen Zurechnungslehre werden zunächst die Grundzüge der strafrechtlichen Erfassung arbeitsteiligen Zusammenwirkens sowohl in zwischenbetrieblicher als auch innerbetrieblicher Hinsicht dargelegt, bevor diese anschließend auf die arbeitsteilig zu erfüllende Gemeinschaftsaufgabe bestmöglicher Arzneimittelsicherheit übertragen werden. In Anbetracht der Tatsa-

---

10 *Heine*, Verantwortlichkeit, S. 159; *Rotsch*, Individuelle Haftung, S. 163 f.; *ders.*, wistra 1999, S. 326.

11 Vgl. *Kuhlen*, FG BGH IV, S. 666; *Schlösser*, Soziale Tatherrschaft, S. 134 f.; S/S-*Cramer/Sternberg-Lieben*, § 15 Rn. 223a.

12 *Kuhlen*, FG BGH IV, S. 666; *Schmucker*, Dogmatik, S. 50.

13 *von Freier*, Verbandsstrafe, S. 269.

che, dass die einzelnen Akteure des Arzneimittelwesens je nach Stadium des Arzneimittelverkehrs in unterschiedlicher Besetzung interagieren, so dass etwa der Apotheker für Fehler, die im Rahmen der klinischen Prüfung auftreten, offensichtlich keine Verantwortung trägt, für die kontraindizierte Abgabe eines nicht verschreibungspflichtigen Arzneimittels hingegen unter Umständen schon, während es beim Arzt gerade umgekehrt ist und der pharmazeutische Unternehmer in beiden Fällen als Straftäter in Frage kommt, erfolgt die Ermittlung der Verantwortungsbereiche primär fehlerquellenbezogen. Dabei werden zunächst die im regelmäßigen Arzneimittelverkehr auftretenden Fehlerquellen – Einnahme- bzw. Anwendungsfehler, kontraindizierte Medikamentenabgabe, Bedenklichkeit bzw. Mangelhaftigkeit des Präparats – erörtert und erst im Anschluss daran die speziellen Probleme im Bereich der klinischen Prüfung von Arzneimitteln behandelt.

§ 6 beschäftigt sich schließlich mit der Frage, inwieweit eine strafrechtliche Erfassung des Arzneimittelwesens kriminalpolitisch überhaupt sinnvoll und wünschenswert ist, bevor § 7 die Ergebnisse der Arbeit nochmals kurz zusammenfasst.

§ 3 Arzneimittelsicherheitssystem und Akteure

Arzneimittelsicherheit ist eine Gemeinschaftsaufgabe aller am Arzneimittelverkehr Beteiligten. Erreicht werden kann sie nur, wenn die in den unterschiedlichen Stadien des Arzneimittelverkehrs – von der Entwicklung und Herstellung über die Ausbietung und Abgabe bis hin zur Anwendung eines Arzneimittels – beteiligten Personen und Institutionen ihrer Verantwortung ordnungsgemäß nachkommen, sprich die ihnen jeweils spezifisch übertragenen Aufgaben gewissenhaft wahrnehmen.[1] Obliegt es etwa den bei der Herstellung von Arzneimitteln Zusammenwirkenden, Produktionsfehler zu vermeiden, trifft den Anwender des Medikaments wiederum die Verantwortung, dieses sorgfältig zu benutzen.

Vor diesem Hintergrund werden im Folgenden die einzelnen Phasen des Arzneimittelverkehrs sowie die am gesetzlichen Arzneimittelsicherheitssystem beteiligten Akteure näher beleuchtet, bilden Letztere doch zugleich den Kreis der für eingetretene Arzneimittelschäden potentiell strafrechtlich Verantwortlichen.

A. Stadien des Arzneimittelverkehrs

In Reaktion auf die folgenschweren Arzneimittelkatastrophen der Vergangenheit hat der Gesetzgeber die einzelnen Stadien des Arzneimittelverkehrs im AMG umfassenden und detaillierten Regelungen unterworfen. Zweck und zugleich Maßstab[2] der darin enthaltenen Bestimmungen ist die Erhöhung der Arzneimittelsicherheit im Sinne einer nachgewiesenen absoluten oder relativen Unschädlichkeit bzw. Freiheit von unbeabsichtigten Nebenwirkungen sowie eines gesicherten Nachweises der Wirksamkeit von Arzneimitteln.[3] Im Lichte der Ambivalenz von Arzneimitteln hat die gesetzliche Regelung des Arzneimittelverkehrs einerseits durch möglichst effektive Verhinderung der Vermarktung schädlicher Arzneimittel dem Sicherheitsinteresse der Bevölkerung Rechnung zu tragen, darf andererseits aber zugleich das Interesse der einschlägig erkrankten Personen, nicht voreilig und unbegründet ein wirksames Medikament vorenthalten zu bekommen, nicht gänzlich unberücksichtigt lassen.

Die dem Staat auf der Grundlage von Art. 2 Abs. 2 Satz 1 GG zufallende Schutzpflicht für Leben und Gesundheit der Bevölkerung, aber auch jedes Einzelnen, entfaltet insofern in beide Richtungen Wirkung und verpflichtet den Staat,

---

1 Vgl. *Hart*, MedR 1993, S. 207 f.

2 Siehe die Zielvorgaben des AMG in § 1.

3 *Kienle*, Arzneimittelsicherheit, S. 14.

durch Etablierung eines staatlich regulierten und kontrollierten Arzneimittelverkehrs beiden Interessen bestmöglich gerecht zu werden.[4]

I. Verfahrensabschnitte des Arzneimittelverkehrs im Überblick

Die Bestimmungen des AMG sehen sowohl ein System präventiver Maßnahmen als auch Eingriffskompetenzen der Arzneimittelüberwachungsbehörden nach Bekanntwerden von Arzneimittelrisiken vor. Das AMG hält als Instrumente der Arzneimittelsicherheit das Herstellungsrecht, das Prüfungsrecht, das Zulassungsrecht, das Pharmakovigilanzrecht, das Verschreibungs- und Vertriebsrecht und das Haftungsrecht bereit. Die in diesen Bereichen normierten Pflichten sind in den §§ 95 ff. AMG zudem straf- und bußgeldrechtlich abgesichert. Dabei dienen die Anforderungen des Zulassungsverfahrens der Sicherheit der stoffspezifischen Eigenschaften der Arzneimittelbestandteile. Im Herstellungsverfahren soll durch eine sachgerechte Organisation und validierte Methoden, namentlich obligatorische Kontrollen, eine gleich bleibende, reproduzierbare Qualität des Arzneimittels gewährleistet werden. Durch die Festlegung spezieller Vertriebswege werden Gefahren bei Abgabe von Medikamenten zu vermeiden gesucht. Die stete Überwachung der unterschiedlichen Arzneitätigkeiten intensiviert den durch die genannten Präventivmaßnahmen bewirkten Schutz, gewinnt aber vor allem im Nachmarkt nach Zulassung eines Präparates an Gewicht, indem hierdurch beim Auftreten unerwünschter Wirkungen die Hintergründe aufgeklärt, die Risiken abgeschätzt und zeitnah die nötigen Maßnahmen zur Risikoabwehr ergriffen werden können.[5]

Letztlich kann von einer Zweiteilung des Arzneimittelverkehrs in Vormarkt und Nachmarkt gesprochen werden.[6] Zwar bildet die präventive Vormarktkontrolle der Qualität, Wirksamkeit und Unbedenklichkeit des Arzneimittels den Kern des Arzneimittelsicherheitsrechts. Angesichts der Tatsache, dass mangels gezielter Forschung nach Nebenwirkungen, deren Bekanntwerden vielmehr Nebenfolge der Wirksamkeitsprüfung des Pharmakons ist, schädliche Arzneimittelwirkungen oft erst nach längerer Anwendung in einer größeren Population und damit erst nach Marktzulassung in signifikantem Ausmaß auftreten, kommt der Unbedenklichkeitsüberprüfung im Rahmen der Nachmarktkontrolle jedoch immense Bedeutung zu.[7]

---

[4] Vgl. *Deutsch*, Arzneimittelprüfung, S. 91; *Schroth* in: Kaufmann, Moderne Medizin, S. 51.

[5] Vgl. *Blasius et al.*, Arzneimittel, S. 209.

[6] *Di Fabio*, Risikoentscheidungen, S. 184; *Hart/Hilken/Merkel/Woggan*, Arzneimittelmarkt, S. 29; *Hasskarl/ Kleinsorge*, Arzneimittelprüfung, S. 3.

[7] Mitunter wird der Nachmarktkontrolle gar eine größere Bedeutung für die Arzneimittelsicherheit zugeschrieben als der Vormarktkontrolle durch die klinische Prüfung und die auf ihren Ergebnissen aufbauende Zulassung. So etwa *Glaeske/Greiser/Hart*, Arzneimittelsicherheit, S. 32 f.; *Hart/Hilken/Merkel/Woggan*, Arzneimittelmarkt, S. 79. Vor- und Nachmarktkontrolle gleich gewichtend *di Fabio*, Gefahrbegriff, S. 114 Fn. 10.

Das Arzneimittelsicherheitssystem lässt sich somit als „policy mix aus Planung, präventiver und reaktiver staatlicher Kontrolle [sowie straf- und] zivilrechtlicher Haftung“[8] klassifizieren.

II. Einzelne Phasen

Nach diesem kurzen Überblick soll nun auf die konkreten Regelungen der verschiedenen Stadien des Arzneimittelverkehrs eingegangen werden. Dabei erfolgt die Darstellung in chronologischer Reihenfolge, dem Ablauf in der Praxis entsprechend. Hierdurch entstehen allerdings teilweise Verwerfungen mit dem Gesetzestext, welcher etwa zur Erteilung der Zulassung den Nachweis der Herstellungserlaubnis erfordert, wenngleich die Herstellung im eigentlichen, großen Maße erst nach Erteilung der Zulassung des Arzneimittels am Markt beginnt. Die Verschränkung der einzelnen staatlichen Sicherheitsmaßnahmen zwingt daher unausweichlich dazu, an manchen Stellen Aspekte vorwegzunehmen bzw. an anderer Stelle auf spätere Erörterungen zu verweisen.

1. Entwicklung eines Arzneimittels

Der ersten Phase des Arzneimittelverkehrs, der Entwicklung, Erprobung und erstmaligen Anwendung neuer Arzneimittel am Menschen, widmen sich die Vorschriften des 6. Abschnitts des AMG (§§ 40-42a), die Anforderungen an die Durchführung so genannter klinischer Prüfungen von Arzneimitteln statuieren.

a. Begriff der klinischen Prüfung

Entbehrte das AMG lange Zeit einer genauen Definition der klinischen Prüfung, so dass ersatzweise auf die entsprechenden Definitionen in den vom Gesundheitsministerium herausgegebenen „Grundsätzen für die ordnungsgemäße Durchführung der klinischen Prüfung“[9], im 4. Abschnitt der Arzneimittelprüfrichtlinien und in Ziffer 1.12 der 1996 von der ICH erlassenen „Good Clinical Practice Guideline“ (ICH-GCP) zurückgegriffen werden musste, wurde im Zuge der 12. AMG-Novelle in § 4 Abs. 23 AMG eine explizite Definition in das AMG aufgenommen, die lautet:

> „Klinische Prüfung bei Menschen ist jede am Menschen durchgeführte Untersuchung, die dazu bestimmt ist, klinische oder pharmakologische Wirkungen von Arzneimitteln zu erforschen oder nachzuweisen oder Nebenwirkungen festzustellen oder die Resorption, die Verteilung, den Stoffwechsel oder die Ausscheidung zu untersuchen, mit dem Ziel, sich von der Unbedenklichkeit oder Wirksamkeit der Arzneimittel zu überzeugen.“

---

[8] *Köck*, Risiko-Information, S. 217 f.

[9] Zitiert bei *Kloesel/Cyran*, § 40 Anm. 10.

Die klinische Prüfung reicht daher von der Pilotstudie[10] über den therapeutischen Versuch mit wenigen Patienten bis zur breit angelegten klinisch kontrollierten Studie. Wesensmerkmal ist stets der Einsatz des Arzneimittels in einem Bereich, in dem (noch) kein sicheres Wissen über Ausgang, Wirkungen und Nebenfolgen der Anwendung existiert.[11] Insofern unterfallen auch zu Forschungszwecken durchgeführte Provokationstests von bereits zugelassenen Medikamenten außerhalb ihres zugelassenen Indikationsbereichs den §§ 40 ff. AMG.[12]

b. Geschichte der klinischen Prüfung

Die klinische Prüfung blickt auf eine relativ kurze Geschichte zurück. Zwar wurden bereits in Vorzeiten immer wieder neue Therapiemethoden getestet. Dies geschah jedoch nicht an freiwilligen Probanden, sondern unmittelbar am zu behandelnden Patienten, anhand dessen sich verändernder Konstitution Wirksamkeit, Nebenwirkungen und Kontraindikationen des Arzneimittels abgelesen wurden.[13] Die erste geplante Studie am Patienten fand 1758 unter der Leitung von *James Lind* statt, um Entstehung und Beeinflussung des Skorbuts zu ermitteln.[14] Doch erst das mit der rasanten Entwicklung der medizinischen und pharmazeutischen Wissenschaft in der zweiten Hälfte des 20. Jahrhunderts verbundene vermehrte Aufkommen chemisch-synthetischer Arzneimittel zwang zu einer exakten wissenschaftlichen Arzneimittelprüfung durch objektive und allgemein gültige Verfahren.[15] Heute beläuft sich die jährliche Zahl klinischer Prüfungen auf mehr als 1.300. Wenngleich aber die wissenschaftliche Analyse der Wirkstoffe recht gründlich erfolgte, verzichtete man zunächst auf die Herstellung experimenteller Bedingungen, wie sie für die Validität der Forschungsergebnisse indes unabdingbar sind. Erst in den 1960er Jahren wurde die Methode der kontrollierten klinischen Prüfung internationaler Standard.[16] Hat somit die Methodik der Forschung über die Jahre einen erheblichen Wandel erlebt, so ist die Legitimation der experimentellen Forschung am Menschen bis heute Gegenstand heftiger Diskussionen.[17] So lässt sich nicht vollends leugnen, dass der Prüfung eines Arzneimittels auf etwaige schädliche Wirkungen, der „Ruch anhaftet, Menschen zur Erkenntnisgewinnung zu instrumentalisieren und sie unbekannten Risiken auszusetzen“.[18]

---

[10] Die Pilotstudie ist dadurch gekennzeichnet, dass sie zeitlich vor einer klinisch kontrollierten Studie an wenigen Probanden oder Patienten durchgeführt wird, zumeist, um die Parameter oder die ärztliche Vertretbarkeit einer späteren Hauptstudie zu eruieren. Siehe *Gründel*, PharmR 2001, S. 107.

[11] *Bork*, Ethik-Kommissionen, S. 21; MüKo-StGB-*Freund*, §§ 40-42a AMG Rn. 7.

[12] *Kloesel/Cyran*, § 40 Anm. 1, 23.

[13] *Deutsch*, Klinische Forschung, S. 156; *Dölle*, Therapeutischer Versuch, S. 118; *Wölk*, Risikovorsorge, S. 22 f.

[14] Siehe hierzu *Kleinsorge*, Forschung, S. 45.

[15] Vgl. *Blasius et al.*, Arzneimittel, S. 64; *Hart/Hilken/Merkel/Woggan*, Arzneimittelmarkt, S. 45 f.; *Staak/Weiser*, Klinische Prüfung, S. 1.

[16] *Dölle*, Therapeutischer Versuch, S. 119; *Kienle/Burkhardt*, Wirksamkeitsnachweis, S. 13.

[17] *Czwalinna*, Forschungslegitimation, S. 11; *Deutsch*, Klinische Forschung, S. 156.

[18] *Di Fabio*, Risikoentscheidungen, S. 212.

c. Unverzichtbarkeit der klinischen Prüfung

So überrascht es nicht, dass nach den Geschehnissen im Zusammenhang mit der im Londoner Northwick-Park-Krankenhaus durchgeführten Prüfung des Wirkstoffs *TGN 1412*[19] die Debatte über Alternativen zur klinischen Humanforschung neu entbrannt ist. Die Tatsache, dass die klinische Prüfung am Menschen als wissenschaftliche Methode dennoch niemals ernsthaft in Frage gestellt wurde und wird, resultiert aus ihrer Unverzichtbarkeit für die Gewährleistung weitestgehender Arzneimittelsicherheit.[20] Grund hierfür ist einerseits das Wesen der Medizin, die als Erfahrungswissenschaft ihre theoretische Grundlagen allein aus der empirischen Datengewinnung im Rahmen experimenteller Versuchsanordnungen bezieht.[21] Andererseits reichen In-vitro- bzw. In-vivo-Versuche an Tieren für eine sichere Abschätzung der positiven und negativen Wirkungen der Prüfsubstanz auf den Menschen nicht aus, können die im Tierexperiment gefundenen Ergebnisse doch aufgrund der Eigenheit und Komplexität des menschlichen Körpers nicht ohne weiteres auf den Menschen übertragen werden.[22] Nebenwirkungen eines chemischen Stoffes, die beim Menschen auftreten, müssen sich nicht zwingend bereits im Tierversuch andeuten.[23] Somit muss die Erprobung von Arzneimitteln in der letzten Phase am Menschen erfolgen, will man nicht ganz auf eine der Volksgesundheit dienende präventive Arzneimittelprüfung verzichten.

Im Übrigen verböte sich ein solcher Verzicht bereits aus ethischen Gründen. Denn so wie die Prüfung von Arzneimitteln am Menschen ethische Bedenken aufwirft, widerspricht auch das Inverkehrbringen eines unzureichend geprüften Präparats ethischen Grundsätzen. Bedenkt man, dass die mit der Prüfung verbundenen Gefahren für den einzelnen Probanden durch strenge Anforderungen an den Versuchsablauf minimiert werden können und die Prüfung die Gesellschaft somit eine Vielzahl von Menschen vor vermeidbaren Schäden bewahrt, wird deutlich, dass auf klinische Arzneimitteltests nicht verzichtet werden kann.[24] Alles andere liefe auf direkte unkontrollierte Experimente an vielen Menschen hinaus.[25]

---

19 *DIE ZEIT* vom 23.03.2006, S. 41.

20 So auch *Schneider*, Kontrollierte Arzneimittelstudien, S. 19 f.; *Staak/Weiser*, Unterscheidung, S. 274. Letztere betonen zu Recht den Charakter der Krankheit als historischen Prozess, der nur einmal in exakt derselben Weise verläuft, weswegen dessen Gesetzmäßigkeiten durch auf „Krankheitsmodellen" basierenden Experimenten ermittelt werden müssen.

21 *Kleinsorge*, Forschung, S. 44; *Nagel/Gantner*, FS Schreiber, S. 753; *Schimikowski*, Experiment, S. 3; *Staak/Weiser*, Unterscheidung, S. 274. Dieser Umstand kommt auch in Ziffer A 4 der Revidierten Deklaration von Helsinki zum Ausdruck.

22 *Blasius et al.*, Arzneimittel, S. 65; *Hasskarl/Kleinsorge*, Arzneimittelprüfung, S. 30; *dies.*, Voraussetzungen, S. 28; *Herrmann/Schärer*, Aspekte, S. 129; *Keller*, MedR 1991, S. 15; *Rehmann*, § 40 Rn. 1; *Stock*, Probandenschutz, S. 27.

23 So war der besagte Wirkstoff *TGN 1412* zuvor intensiv in 500facher Dosis an Affen getestet worden, ohne dass ernsthafte Nebenwirkungen aufgetreten sind. Auch *Contergan* hatte sich zuvor im Tierversuch als unschädlich erwiesen.

24 Vgl. *Agneter*, Arzneimittelrisiken, S. 9; *Böth*, NJW 1967, S. 1496; *Kloesel/Cyran*, § 40 Anm. 1; *Messer*, PharmR 1983, S. 207; *Staak/Weiser*, Klinische Prüfung, S. 2 f.;

25 *Blasius et al.*, Arzneimittel, S. 65.

Aufgrund des die Volksgesundheit fördernden Effekts klinischer Prüfungen muss das Recht des Weiteren in Umsetzung der Pflicht des Staates aus Art. 2 Abs. 2 Satz 1 GG, sich schützend vor Gesundheit und Leben seiner Bürger zu stellen, präventive Arzneimitteltests zulassen. Deren Wert für die Allgemeinheit ist so hoch, dass Einzelnen, die sich freiwillig an derartigen Untersuchungen beteiligen, die damit verbundenen Risiken zugemutet werden können.[26]

Ganz unabhängig davon verpflichtet das Recht den Arzneimittelhersteller wie jeden anderen Warenproduzenten dazu, die eigenen Erzeugnisse vor deren Ausbietung auf ihre Unbedenklichkeit zu prüfen.[27] Dem Verbot des § 5 Abs. 1 AMG, keine bedenklichen Arzneimittel in den Verkehr zu bringen, kann der pharmazeutische Unternehmer aber nur durch vorherige umfassende Medikamententests gerecht werden. Was von einem gewissenhaften pharmazeutischen Unternehmer somit einerseits von Rechts wegen verlangt wird, kann andererseits nicht von Rechts wegen untersagt bzw. so strengen Regeln unterworfen werden, dass die Erfüllung der Pflicht unmöglich wird. Die Bestimmungen der §§ 40 ff. AMG zur klinischen Prüfung sind somit Konsequenz und zugleich Ausdruck der allgemeinen Verkehrssicherungspflicht des pharmazeutischen Unternehmers, alles ihm Mögliche und Zumutbare zu tun, um Gefährdungen durch das zu testende Arzneimittel zu vermeiden.[28]

Die klinische Forschung am Menschen ist aber auch wegen ihres unschätzbaren Wertes für die Entdeckung und Entwicklung neuer wirksamer Präparate, etwa gegen bislang unheilbare Krankheiten, unverzichtbar. Die großartigen Errungenschaften der modernen Medizin, die die Chancen jedes Einzelnen auf Bewahrung seines Lebens und seiner Gesundheit gegenüber früheren Zeiten vervielfacht haben und tagtäglich unzähligen Menschen diese Güter erhalten, wären ohne derartige Forschungsmaßnahmen am Menschen nicht möglich gewesen.[29] Ein Verbot klinischer Prüfungen zwecks Ausschaltung jeglichen damit verbundenen Risikos würde zum Stillstand der Forschung und zur Vernichtung der Chance auf Erschließung neuer therapeutischer Möglichkeiten führen.[30] Diese Chance leichtfertig auszuschlagen, widerspräche nicht nur der ärztlichen Ethik, sondern auch dem juristischen Schädigungsverbot, statuieren doch beide im Sinne des Grundsatzes „primum non nocere“ die Pflicht, alle möglichen und zumutbaren Maßnahmen zur Lebensrettung und Gesundheitsverbesserung zu ergreifen.[31] Angesichts der somit unstreitigen Notwendigkeit klinischer Prüfungen besteht in den Völkern europäi-

---

[26] *Schreiber*, Aspekte, S. 184; *Toellner*, Problemgeschichte, S. 14.

[27] *Hasskarl/Kleinsorge*, Arzneimittelprüfung, S. 3; *Ulsenheimer* in: Laufs/Uhlenbruck, Handbuch, § 148 Rn. 1. Siehe auch die Ausführungen auf S. 280.

[28] *Deutsch/Spickhoff*, Medizinrecht, Rn. 907.

[29] Amtliche Begründung, BT-Drs. 7/3060, S. 53 f.; *Böth*, NJW 1967, S. 1496; *Deutsch*, JZ 1980, S. 293; *Fischer*, Medizinische Versuche, S. 3; *Frölich*, Wirksamkeitsnachweis, S. 1; *Jonas*, Versuche, S. 143; *Malchow et al.*, PharmR 1982, S. 224; *Staak*, Humanexperiment, S. 208 f. passim; *Staak/Weiser*, Unterscheidung, S. 273; *Tiedemann*, ZRP 1991, S. 54.

[30] Siehe die Begründung des BT-Ausschusses für Jugend, Familie und Gesundheit, BT-Drs. 7/5091, S. 8 f.

[31] *Deutsch*, VersR 1999, S. 3; *Rössler* in: Dölle et al., Arzneimitteltherapie, S. 64.

scher Kultur und wissenschaftlich-technischer Zivilisation zu Recht Konsens über die prinzipielle Zulässigkeit, ja Gebotenheit wissenschaftlicher Arzneimittelerprobung am Menschen.[32]

d. Ziel und Zweck der klinischen Prüfung

Aus dem zuvor Erläuterten ergibt sich zugleich der mit der klinischen Prüfung verfolgte Zweck, der darin besteht, im Interesse der Arzneimittelsicherheit den Nachweis für die Wirksamkeit und Unbedenklichkeit eines Pharmakons zu erbringen und dadurch eine sachgerechte Entscheidung über dessen Zulassung gemäß §§ 22 II, 25 II 1 Nr. 2 AMG zu ermöglichen.

(A) Nachweis der Wirksamkeit und Unbedenklichkeit

Primärer Zweck der klinischen Prüfung ist somit, über die Behandlung des Einzelfalls hinaus mittels wissenschaftlicher Methoden Erkenntnisse über den therapeutischen Wert eines Arzneimittels, seine Wirksamkeit und Verträglichkeit zu sammeln, um auf der Grundlage dieser Daten eine verantwortbare Abwägung zwischen dem mit der Verwendung des Medikaments angestrebten therapeutischen Nutzen und den damit einhergehenden gesundheitlichen Risiken vornehmen zu können.[33] Im Mittelpunkt stehen daher neben der Wirksamkeit insbesondere die Toxizität, Pharmakokinetik[34] und Pharmakodynamik[35] der zu erprobenden Substanz.

(B) Voraussetzung der Marktzulassung

Durch das Aufzeigen der genannten Parameter fördert die klinische Prüfung zugleich die für die Marktzulassung eines Medikaments erforderlichen Daten zu Tage. Gemäß § 25 Abs. 2 Nr. 2 AMG ist eine ausreichende klinische Prüfung Voraussetzung für die Zulassung, für deren Erteilung gemäß §§ 22 Abs. 2 Nr. 3, 24 Abs. 1 S. 2 Nr. 3 AMG die Ergebnisse der Arzneimitteltests in Form eines wertenden Sachverständigengutachtens einzureichen sind.

Eine Ausnahme besteht lediglich für Arzneimittel, deren Wirkungen bereits bekannt sind. Bei diesen kann auf entsprechende Prüfungen verzichtet und stattdessen anderes wissenschaftliches Erkenntnismaterial vorgelegt werden, § 22 Abs. 3 AMG. Darüber hinaus kommt gemäß § 28 Abs. 3 AMG für Präparate, an deren unverzüglichem Inverkehrbringen aufgrund ihres großen therapeutischen Wertes

---

32 Vgl. *Toellner*, Problemgeschichte, S. 14.

33 Amtliche Begründung, BT-Drs. 7/3060, S. 53; *Deutsch* in: Dölle et al., Arzneimitteltherapie, S. 14; *Gründel*, PharmR 2001, S. 106; *Hägele*, Arzneimittelprüfung, S. 90; *Hasskarl*, Prüfungsprobleme, S. 70; *Lilie*, Forschung am Menschen, S. 10; *Ramsauer*, Arzneimittelversorgung, S. 31; *Rehmann*, § 40 Rn. 2; *Wagner*, Ethik, S. 153.

34 Unter Pharmakokinetik versteht man die Untersuchung des Schicksals des Wirkstoffs und seiner Metaboliten innerhalb des Organismus, was auch die Untersuchung der Resorption, Verteilung, Metabolisierung und Exkretion dieser Stoffe beinhaltet, vgl. Ziffer I 4.2.2 Anh. 1 RL 2001/83/EG.

35 Die Pharmakodynamik bezeichnet die Dosis-Wirkung-Relation und ihren zeitlichen Ablauf sowie die spezifische Wirkungsweise einer Substanz. Vgl. *Staak/Weiser*, Klinische Prüfung, S. 10.

ein starkes öffentliches Interesse besteht, eine so genannte Schnellzulassung vor Abschluss der Arzneimittelprüfung in Betracht.

(C) Absicherung des pharmazeutischen Unternehmers

Schließlich erfolgt die klinische Prüfung nicht zuletzt auch im Interesse des pharmazeutischen Unternehmers selbst, der auf diese Weise sowohl Erkenntnisse über die Wirtschaftlichkeit der Vermarktung des Medikaments als auch über den Grad der Gefahr schädlicher Wirkungen und einem womöglich drohenden Haftungsrisiko zu gewinnen sucht.[36]

e. Humanexperiment und Heilversuch

Charakteristisch für die Neulandmedizin ist die Distinktion zwischen dem rein wissenschaftlichen Humanexperiment und dem im Behandlungsinteresse des Patienten liegenden Heilversuch. Diese Differenzierung hat in Deutschland eine lange Tradition und lag bereits den Richtlinien des Reichsministers des Innern für neuartige Heilbehandlungen und wissenschaftliche Versuche am Menschen aus dem Jahre 1931 zugrunde.[37] Dabei ist zu berücksichtigen, dass sich die Bereiche der Heilbehandlung, des Heilversuchs und des Humanexperimentes durchaus überschneiden können und die daraus resultierenden Grauzonen eine eindeutige rechtliche Unterscheidung erschweren.[38]

(A) Humanexperiment

Allgemein steht die Bezeichnung Experiment für ein nach aufgestellten Regeln herbeigeführtes Geschehen, welches theoretische Überlegungen bestätigen oder Naturgesetze, die bisher nicht genügend bekannt waren, auffinden soll.[39] Dementsprechend fallen unter den Begriff des Humanexperiments nur solche Prüfungen, die aus rein wissenschaftlichen Gründen zur Gewinnung neuer Erkenntnisse vorgenommen werden und den Versuchspersonen keinen gesundheitlichen Gewinn bringen bzw. zumindest nicht unmittelbar auf individuelle Heilung, sondern allenfalls auf die Verbesserung der Volksgesundheit im Ganzen abzielen.[40]

---

[36] *Stock*, Probandenschutz, S. 146.

[37] Als grundlegend für die Abgrenzung von Heilversuch und Humanexperiment in heutiger Zeit gilt v. a. die *Thorotrast*-Entscheidung des *BGH* (BGHZ 20, 61), wo beide Kategorien begrifflich aufgezeigt und unterschieden werden.

[38] *Buchborn*, Therapiefreiheit, S. 21; *Held*, Strafrechtliche Beurteilung, S. 23; MüKo-StGB-*Freund*, §§ 40-42a AMG Rn. 16; *Staak*, MMW 1979, S. 514; *Stock*, Probandenschutz, S. 23.

[39] *Böth*, Humanexperiment, S. 22; *ders.*, NJW 1967, S. 1494 f.

[40] *Biermann*, Arzneimittelprüfung, S. 102; *Caasen*, Klinische Prüfung, S. 93; *Czwalinna*, Forschungslegitimation, S. 71; *Eser*, ZStW 97 (1985), S. 14; *ders.*, Humanexperiment, S. 200; *ders.*, Chirurg 1979, S. 217; *Held*, Strafrechtliche Beurteilung, S. 21; *Hirsch*, Heilversuch, S. 14; *Pabst* in: Kaufmann, Moderne Medizin, S. 54; *Staak*, Humanexperiment, S. 204; *Staak/Weiser*, Unterscheidung, S. 276; *Stock*, Probandenschutz, S. 23.

(B) Heilversuch

Beim Heilversuch – teilweise auch als therapeutische Forschung bezeichnet[41] – handelt es sich dagegen um ein Vorgehen, das unmittelbar darauf angelegt ist, neben einem möglichen wissenschaftlichen Erkenntnisgewinn die Krankheit eines Patienten unter Einsatz innovativer, im entsprechenden Indikationsgebiet noch nicht erprobter Mittel oder Verfahren festzustellen (Diagnose), zu behandeln (Therapie) oder zu verhindern (Prophylaxe). Der noch nicht vom Standard medizinischer Erkenntnisse zur Erreichung des entsprechenden Behandlungsziels umfassten Arzneimittelanwendung muss also eine konkrete therapeutische Zweckgebundenheit zum Wohl des Patienten, ein subjektives Heilinteresse des Behandelnden innewohnen.[42]

(C) Abgrenzungskriterium

Maßgebliches Abgrenzungskriterium ist somit die therapeutische Zielsetzung der klinischen Prüfung. Zwar ergibt sich aus der generellen – universalistisch oder partikularistisch verstandenen – Zweckgebundenheit der medizinischen Forschung, dass die erstmalige Anwendung eines neuen Präparates am Menschen immer auch den Zweck hat, ganz generell neue Therapiekonzepte zu entdecken. Jedoch tritt zu diesem generell therapeutischen Ziel beim Heilversuch eine konkrete Therapieabsicht zugunsten der Versuchsperson, eine Heilintention hinzu,[43] so dass der Heilversuch von seiner Zweckrichtung her mit der „normalen" Heilbehandlung übereinstimmt.[44] Der entscheidende Unterschied zwischen Heilversuch und Humanexperiment liegt folglich im subjektiven Bereich, im Motiv des Behandelnden.[45] Insofern kann beim Heilversuch von einer subjektiven Indikation der Medikation gesprochen werden.[46]

---

[41] So etwa bei *Taupitz*, Landesbericht Deutschland, S. 143.

[42] *Biermann*, Arzneimittelprüfung, S. 96, 102; *Czwalinna*, Forschungslegitimation, S. 71; *Hirsch*, Heilversuch, S. 13; *Staak/Weiser*, Unterscheidung, S. 277; *Stock*, Probandenschutz, S. 23.

[43] *Grahlmann*, Heilversuch, S. 25.

[44] *Fischer*, Medizinische Versuche, S. 42; *Lilie*, Forschung am Menschen, S. 3.

[45] *Bergmann*, Neulandmedizin, S. 244; *Fritz*, Therapie, S. 28; *Hägele*, Arzneimittelprüfung, S. 114, 118 f.; *Held*, Strafrechtliche Beurteilung, S. 19, 21; *Hirsch*, Heilversuch, S. 13 f.; *Kern/Laufs*, Aufklärungspflicht, S. 143; *Kreß*, Haftung, S. 6; *Krieter*, Grenzfälle, S. 167; *Kröger*, Rechtfertigung, S. 17; *Laufs*, Arztrecht, Rn. 677; *ders.* in: Laufs/Uhlenbruck, Handbuch, § 130 Rn. 7; *ders.*, Grundlagen, S. 84; *ders.*, MedR 2004, S. 585; *Schimikowski*, Experiment, S. 8; *Siebert*, MedR 1983, S. 217.

[46] *Grahlmann*, Heilversuch, S. 26. Dies natürlich nur, solange günstig verlaufende Vorversuche im Labor und an Tieren Hoffnung auf die Rettung des betreffenden Patienten machen und es an einer bewährten Standardtherapie fehlt. Demgegenüber sehen andere Autoren weniger die subjektive Heilintention als vielmehr die potentielle (objektive) Indikation der Heilbehandlung als entscheidendes Kriterium an, das den Heilversuch vom Humanexperiment unterscheide. So *Biermann*, Arzneimittelprüfung, S. 100. Dieser Ansatz erscheint jedoch fraglich, wenn man bedenkt, dass vor der erstmaligen Anwendung eines Arzneimittels am einschlägig Erkrankten, also vor dem ersten Heilversuch, allenfalls Verträglichkeitsbefunde und Daten über Veränderungen im tierischen

f. Abgrenzung der klinischen Prüfung zu ähnlichen Tätigkeiten

Im Folgenden soll die klinische Prüfung kurz von ähnlichen Tätigkeiten abgegrenzt werden, um den Bereich der klinischen Prüfung näher zu konkretisieren und von der gewöhnlichen Heilbehandlung sowie sonstigen versuchsweisen Behandlungsmethoden abzugrenzen.

(A) Abgrenzung zur „normalen" Heilbehandlung

Die klinische Prüfung muss zunächst von der „normalen" Heilbehandlung unterschieden werden. Dabei bereitet die Abgrenzung der Heilbehandlung vom Humanexperiment weit weniger Probleme als vom Heilversuch, wohnt letzterem doch wie der Heilbehandlung eine konkrete therapeutische Zielrichtung inne.

Unter Heilbehandlung versteht man diejenige ausschließlich am Interesse des einzelnen Patienten orientierte Behandlung, die üblicherweise von Ärzten des betreffenden Fachs angewendet wird. Charakteristisch ist insofern die medikamentöse Behandlung mit zugelassenen Standardpräparaten ohne jeglichen Forschungszweck.[47] Hingegen dient der Heilversuch, bei dem der Arzt den Standard verlässt und medizinisches Neuland betritt, sowohl der Therapie des konkreten Patienten als auch der Verbesserung der Heilkunde durch Gewinn neuer Erkenntnisse über das Arzneimittel und seine Einsatzmöglichkeiten.[48] Der Heilversuch und erst recht das Humanexperiment unterscheidet sich demnach von der „normalen" Heilbehandlung dadurch, dass der Bereich des Bewährten verlassen wird und objektiv der experimentelle Charakter überwiegt. Sie steht damit im Gegensatz zur Standardbehandlung.[49] Auf die Ungewissheit des Ausgangs der Arzneimitteltherapie als Abgrenzungskriterium kann nicht abgestellt werden, da die Medizin zahlreiche eingeführte Therapiemethoden mit zweifelhaftem Erfolg gebraucht, weshalb die Grenze nicht zwischen sicheren und unsicheren Methoden gezogen werden kann. Das Gegensatzpaar heißt somit nicht Versuch und Erfolg, sondern Versuchsbehandlung und Standardbehandlung.[50]

---

oder gesunden (!) menschlichen Organismus nach Einnahme des Präparates vorliegen, woraus sich aber gerade keine – auch keine potentielle – objektive Indikation ergeben kann. Hierfür bedarf es Aussagen über die therapeutische Wirksamkeit des Pharmakons, die aber erst durch Versuche an einschlägig Erkrankten und somit im Heilversuch gewonnen werden können. Zutreffend ist aber, dass eine völlig unbegründete, aus keinerlei präklinischen Tests abzuleitende Hoffnung des Arztes, mittels des Pharmakons die Gesundheit des konkreten Patienten verbessern zu können, nicht ausreicht. Erforderlich ist insofern eine durch die Ergebnisse bisheriger Erprobungen gestützte verobjektivierte Überzeugung des Arztes, den Patienten heilen zu können. Vgl. *Held*, Strafrechtliche Beurteilung, S. 19 f.; *Weißauer*, MMW 1979, S. 554.

47 *Kollhosser/Krefft*, MedR 1993, S. 94; *Staak*, Humanexperiment, S. 204; *Staak/Weiser*, Unterscheidung, S. 277.

48 *Staak*, Humanexperiment, S. 204; *Staak/Weiser*, Unterscheidung, S. 277.

49 *Biermann*, Arzneimittelprüfung, S. 86; *Bork*, Ethik-Kommissionen, S. 120; *Hägele*, Arzneimittelprüfung, S. 117; *Held*, Strafrechtliche Beurteilung, S. 17; *Keller*, MedR 1991, S. 13; *Stock*, Probandenschutz, S. 22.

50 *Biermann*, Arzneimittelprüfung, S. 86 f., 104; *Fritz*, Therapie, S. 25; *Krieter*, Grenzfälle, S. 167; *Laufs*, Arztrecht, S. 674; *ders.*, Grundlagen, S. 83; *ders.*, MedR 2004, S. 583;

(B) Abgrenzung zum Therapieversuch (compassionate use)

Zeichnet sich die klinische Prüfung somit durch den Einsatz einer neuen medikamentösen Therapiemethode aus, rückt die Frage nach dem Unterschied zum Therapieversuch oder „compassionate use", wie er im Zuge der 14. AMG-Novelle in § 21 Abs. 2 Nr. 6 AMG eine gesetzliche Regelung erfahren hat, in den Vordergrund. Unter dem „compassionate use", auch „named patient programme" oder „named patient supply" genannt, ist die Anwendung eines möglicherweise wirksamen, jedoch noch nicht zugelassenen Präparats im Einzelfall zu verstehen, welche aus Gründen des überwältigenden Mitleids bei Patienten in lebensbedrohlichen Situationen oder mit schwerwiegenden, mangels anerkannter Standardtherapie anderweitig nicht kurierbaren Erkrankungen vorgenommen wird.[51] Der Therapieversuch ist Ausdruck der ärztlichen Therapiefreiheit und dient keinerlei wissenschaftlichen Interessen, sondern zielt ausschließlich auf einen konkreten Therapieerfolg beim individuellen Patienten ab – wenngleich der Therapieversuch wie jede erstmalige Anwendung einer neuen Behandlungsmethode zwangsläufig immer auch einen (untergeordneten) Erkenntnisgewinn für die Medizin als solche mit sich bringt.[52] In dieser einzelfallbezogenen Zweckbindung des Therapieversuchs liegt zugleich der Unterschied zur klinischen Prüfung, dient diese doch der Gewinnung medizinischer Erkenntnisse über den Einzelfall hinaus.[53] Da die §§ 40 ff. AMG nicht generell die Anwendung neuer Substanzen am Patienten, sondern nur bei zugrunde liegender allgemeinwissenschaftlicher Forschungsintention – und damit aufgrund des Forscherdrangs gesteigerter Gefahren für die Versuchsteilnehmer– reglementieren, erfassen sie gerade nicht den Therapieversuch.[54] Die-

Laufs/Reiling, Ethik-Kommissionen, S. 21; *Lilie*, Forschung am Menschen, S. 5 f.; *Staak*, MMW 1979, S. 514; *Weißauer*, MMW 1979, S. 553 f.; a. A. *Loose*, Strafrechtliche Grenzen, S. 61, die weniger auf die Abgrenzung zwischen Standard- und Neulandbehandlung als vielmehr auf den Nutzen für den Patienten abstellt. Zu Begriff und Inhalt des ärztlichen Standards siehe *Däbritz*, Humanerprobungen, S. 33 ff.

51 *Blasius et al.*, Arzneimittel, S. 84; *BPI*, Durchführung, S. 12; *Freund*, PharmR 2004, S. 279; *Gründel*, PharmR 2001, S. 107. Allerdings ist die Terminologie nicht immer einheitlich. So sprechen etwa *Kollhosser/Krefft*, MedR 1993, S. 94, bei dem hier als Therapieversuch bezeichneten Vorgehen von einem Heilversuch. Ebenso *Bender*, MedR 2005, S. 512; *Deutsch*, VersR 2005, S. 1009 ff.; *Hart*, MedR 1994, S. 103 („individuelle(r) Heilversuch"); *Hirsch*, Heilversuch, S. 14; *Rehmann*, § 40 Rn. 2; *Taupitz*, Schutzmechanismen, S. 15. Hier soll aber dem (wohl) herrschenden Sprachgebrauch gefolgt werden, der Heilversuch und Therapieversuch begrifflich trennt und den Heilversuch als Unterfall der biomedizinischen Forschung der klinischen Prüfung zuordnet.

52 *Körner*, Vorbem AMG Rn. 53; *Kollhosser/Krefft*, MedR 1993, S. 94; *Schreiber/Schäfer*, A & R 2006, S. 118; *Stock*, Probandenschutz, S. 24.

53 *Böth*, Humanexperiment, S. 26; D/L-*Deutsch*, § 40 Rn. 6; *ders.*, VersR 2005, S. 1010; *Deutsch/Spickhoff*, Medizinrecht, Rn. 909; *Hennies*, ArztR 1996, S. 96; *Kienle*, MMW 1981, S. 495; *Kollhosser/Krefft*, MedR 1993, S. 95; *Sträter*, 5. AMG-Novelle, S. 70. Kritisch zur Heranziehung der (überwiegenden) Zweckrichtung des ärztlichen Handelns als maßgeblichem Abgrenzungskriterium MüKo-StGB-*Freund*, §§ 40-42a AMG Rn. 8.

54 *Caasen*, Klinische Prüfung, S. 97 ff.; *Deutsch*, VersR 2005, S. 1011; *Kloesel/Cyran*, § 40 Anm. 25; *Stock*, Probandenschutz, S. 22; *Wölk*, Risikovorsorge, S. 102.

ser unterfällt vielmehr den allgemeinen Regeln ärztlicher Heilbehandlung,[55] wobei allerdings aufgrund des erhöhten Gefahrengrades Modifikationen hinsichtlich des anzuwendenden Sorgfaltsmaßes erforderlich sind.[56] Die Grenze zur klinischen Prüfung ist aber überschritten, wenn nach mehreren erfolgreichen Therapieversuchen begonnen wird, weitere Erkenntnisse z. B. durch Bildung von Vergleichsgruppen planmäßig zu objektivieren.[57]

(C) Abgrenzung zum so genannten off-label-use

Das zum Therapieversuch Gesagte gilt entsprechend auch für den off-label-use, bei dem ein Arzneimittel aufgrund der ärztlichen Therapieentscheidung zum ausschließlichen Zweck der Heilung eines konkreten Patienten außerhalb des Indikationsgebietes, für das es zugelassen ist, angewendet wird, selbst wenn dadurch letztlich neue Therapiekonzepte zur Standardisierung der Behandlung ermittelt werden sollen (so genannte Therapieoptimierungsstudien).[58]

g. Methoden klinischer Prüfungen

Das Gesetz überlässt der medizinischen Wissenschaft die Wahl der konkreten Prüfmethode. Ziel und damit Maxime aller Methoden muss es aber sein, in wissenschaftlich anerkannter, unrichtige Daten und Irrtümer bei deren Interpretation weitestgehend ausschließender Weise Aufschluss über Unbedenklichkeit und Wirksamkeit eines Pharmakons zu liefern, ohne jedoch zugleich den ärztlichen Auftrag, den Patienten bestmöglich zu therapieren, zugunsten aussagekräftiger Datensammlung zu opfern.[59] Im Hinblick auf diese Anforderungen sind die gängigen Prüfmethoden kurz zu beleuchten und auf ihre Tauglichkeit zu prüfen.

(A) Kontrollierte und unkontrollierte Versuchsdurchführung

Die klinische Arzneimittelprüfung beruht weitgehend auf einem induktiven Vorgehen. Beobachtet und registriert werden die Veränderungen des Patienten bzw.

---

55 *Bender*, MedR 2005, S. 514; *Deutsch/Spickhoff*, Medizinrecht, Rn. 908; *Laufs* in: Laufs/Uhlenbruck, Handbuch, § 130 Rn. 35.

56 Siehe hierzu S. 532 f.

57 *Lippert/Strobel*, VersR 1995, S. 637; *Sander*, § 40 Erl. 4a; *Schreiber/Schäfer*, A & R 2006, S. 118; *Taupitz*, Schutzmechanismen, S. 16. Vgl. auch *Deutsch*, VersR 2005, S. 1013. In gewisser Weise willkürlich mutet dagegen die Ansicht *Benders*, MedR 2005, S. 515, an, die Schwelle vom individuellen Therapieversuch zur klinischen Prüfung als überschritten anzusehen, wenn mehr als zehn Patienten mit dem innovativen Präparat behandelt wurden. An der Willkürlichkeit ändert auch der Hinweis nichts, „eine Anzahl von Zehn [sei] für den Menschen kognitiv erfassbar, überschaubar und an den Fingern abzählbar", weshalb hier eine logisch zwingende Obergrenze zu ziehen sei.

58 *BPI*, Durchführung, S. 12; *Hart*, MedR 1994, S. 103; *Krych/Hiddemann*, PharmR 2004, S. 75; *Lippert/Strobel*, VersR 1995, S. 637; *Sander*, § 40 Erl. 4a; a. A. *Krüger*, KHuR 2005, S. 25, 137 f., der Therapieoptimierungsstudien als spezielle Ausprägungen der klinischen Prüfung klassifiziert.

59 Vgl. *Biermann*, Arzneimittelprüfung, S. 63; *Dölle*, Therapeutischer Versuch, S. 121; *Staak/Weiser*, Klinische Prüfung, S. 60.

dessen Organismus nach der Einnahme eines Arzneimittels.[60] In einer grundlegenden Unterscheidung können unkontrollierte und kontrollierte Versuche voneinander abgegrenzt werden.

Die unkontrollierte Prüfung zeichnet sich dadurch aus, dass das Arzneimittel an einer Gruppe von Personen angewendet wird und ihm allein auf Grundlage der Veränderungen des Zustandes dieser Personen entsprechende Wirkungen zugeschrieben werden. Trotz ihrer historischen Erfolge gilt die unkontrollierte Versuchsanordnung heute als unzureichend, um die Wirkungen eines Präparates verlässlich ermitteln zu können. Zu groß ist die Gefahr, wegen der Verschiedenartigkeit der Patienten, der stets mehr oder weniger unterschiedlichen ärztlichen Behandlungen und sonstiger nicht vergleichbarer Mitursachen falsche Schlussfolgerungen zu ziehen.[61] Allein die kontrollierte Versuchsanordnung und die Anwendung der Grundsätze experimenteller biostatistischer Forschung – Wiederholung, Zufallszuteilung und gegebenenfalls Blockbildung – generiert verlässliche, wissenschaftlich stichhaltige und begründbare Aussagen und gewährleistet, dass die beobachteten Veränderungen nicht dem natürlichen Krankheitsverlauf oder gar dem Zufall zuzuschreiben sind.[62] Dieser international anerkannten Tatsache trägt nunmehr auch Ziffer F 1 der Arzneimittelprüfrichtlinien Rechnung, die die Durchführung klinischer Prüfungen als kontrollierte Studien vorschreibt.

Der kontrollierte klinische Versuch beruht auf dem Grundsatz der Vergleichsprüfung. Dabei werden die Versuchsteilnehmer in mehrere – üblicherweise zwei – Gruppen aufgeteilt, von denen nur die eine, die so genannte Testgruppe, das zu prüfende Arzneimittel, die andere, die so genannte Kontrollgruppe entweder gar kein Medikament oder das bisherige Standardpräparat erhält. Durch Vergleich der Veränderungen, die bei den Angehörigen der verschiedenen Gruppen ausgemacht werden können, soll so der Netto-Effekt des neuen Medikaments ermittelt werden.[63] Wesentliche Voraussetzung hierfür ist, dass sich die beiden Populationen in der Verteilung der prognostischen Faktoren gleichen. Die Gruppen dürfen sich daher allein durch die Art der Behandlung unterscheiden, müssen aber bezüglich Alter und Geschlecht sowie Art, Dauer, Stadium und Schwere der Krankheit homogen sein.[64] Dies wiederum erfordert eine streng nach den Regeln des Zufalls

---

60 *Plagemann*, Wirksamkeitsnachweis, S. 44.

61 *Biermann*, Arzneimittelprüfung, S. 67; *Staak/Weiser*, Klinische Prüfung, S. 17;

62 *Bieck* in: Dölle et al., Arzneimitteltherapie, S. 53; *Biermann*, Arzneimittelprüfung, S. 68 m. w. N.; *Gugler*, Grundlagen, S. 21; *Hasskarl/Kleinsorge*, Arzneimittelprüfung, S. 38; *Jesdinsky*, Alternativen, S. 55; *Kriele*, NJW 1976, S. 358.

63 *Blasius et al.*, Arzneimittel, S. 80; *Hart/Hilken/Merkel/Woggan*, Arzneimittelmarkt, S. 46; *Hasskarl/Kleinsorge*, Arzneimittelprüfung, S. 38; *Krieter*, Grenzfälle, S. 172; *Windeler*, Konfliktbereiche, S. 70. Siehe auch *Biermann*, Arzneimittelprüfung, S. 68 ff.

64 *Biermann*, Arzneimittelprüfung, S. 70; *Dölle*, Therapeutischer Versuch, S. 121; *Hägele*, Arzneimittelprüfung, S. 95; *Hasskarl/Kleinsorge*, Arzneimittelprüfung, S. 38; *Losse*, Ethische Probleme, S. 24; *Staak/Weiser*, Klinische Prüfung, S. 18. Um Merkmale, deren Einfluss auf den Erfolg bekannt sind, zu eliminieren, kann zusätzlich eine Blockbildung (Stratifikation,) vorgenommen werden. Dadurch wird die relativ inhomogene Gesamtheit der Versuchspersonen in homogenere Untergruppen unterteilt. Vgl. *Held*, Strafrechtliche Beurteilung, S. 14.

vorgenommene Zuteilung der Versuchsteilnehmer zu den verschiedenen Gruppen (so genannte Randomisation), bietet doch letztlich nur diese Gewähr dafür, dass die Vielzahl unbekannter, für die zu beobachtenden Veränderungen mitursächlichen Störgrößen im menschlichen Organismus gleichmäßig auf die Gruppen verteilt und somit im Hinblick auf den Forschungsbefund eliminiert werden.[65] Zur Steigerung der Aussagekraft klinischer Prüfungen bietet sich zudem ein „crossover-Verfahren“ an, bei dem die Versuchspersonen nach einer Übergangsphase (wash out) die Gruppe wechseln.[66]

Als Vergleichsmöglichkeiten bieten sich der Vergleich mit einem Placebo,[67] mit der anerkannten Standardtherapie oder mit verschiedenen Dosen der Prüfsubstanz an.[68] Neben diesen experimentellen Vergleichsstudien kommt insbesondere in Fällen, in denen sich ein Humanversuch aus ethischen Gründen verbietet, ein historischer Vergleich durch prospektive oder auch retrospektive Studien, bei denen ein Arzneimittel durch Heranziehung bereits abgeschlossener oder noch laufender Behandlungsfälle vom Behandlungserfolg her beurteilt wird, in Betracht, dessen Aussagewert allerdings eher gering ist.[69] Besondere Bedeutung kommt dem Placeboversuch zu, bei dem die durch den natürlichen Krankheitsverlauf bzw. psychische Effekte verursachten Veränderungen am besten kenntlich gemacht werden können, wohingegen der Vergleich mit der Standardtherapie lediglich Wirkdifferenzen zu Tage fördert, nicht aber zwingend einen voll umfänglichen Wirksamkeitsnachweis erbringt.[70] Allerdings verbietet sich der Vergleich mit einer reinen Placebobehandlung dann, wenn eine wirksame Standardtherapie existiert und die medikamentöse Behandlung des Patienten geboten ist.[71]

(B) Offene und blinde Versuchsdurchführung

Weiterhin kann danach unterschieden werden, ob die kontrollierten Vergleichsstudien offen oder einfach bzw. mehrfach blind erfolgen.

Bei der offenen Versuchsanordnung sind Prüfpersonal, behandelnder Arzt und Patient über den gesamten Versuchsablauf, insbesondere über die jeweils ange-

---

65 *Biermann*, Arzneimittelprüfung, S. 71; *Hägele*, Arzneimittelprüfung, S. 95; *Hasskarl/Kleinsorge*, Arzneimittelprüfung, S. 39; *Hemmer* in: Kaufmann, Moderne Medizin, S. 66; *Jordan*, Therapiestudien, S. 107; *Kloesel/Cyran*, § 40 Anm. 20; *Sander*, § 40 Erl. 6c; *Staak/Weiser*, Klinische Prüfung, S. 19.

66 Vgl. *Held*, Strafrechtliche Beurteilung, S. 15; *Stock*, Probandenschutz, S. 31.

67 Bei einem Placebo handelt es sich um eine pharmakologisch indifferente Substanz und damit um ein Scheinmedikament unter dem Gesichtspunkt der Arzneimittelbehandlung. Vgl. *Staak/Weiser*, Klinische Prüfung, S. 21.

68 *Hägele*, Arzneimittelprüfung, S. 95; *Hart/Hilken/Merkel/Woggan*, Arzneimittelmarkt, S. 46; *Hasford/Selbmann*, Grundlagen, S. 67; *Hemmer* in: Kaufmann, Moderne Medizin, S. 65; *Staak/Weiser*, Klinische Prüfung, S. 18.

69 *Hasskarl/Kleinsorge*, Arzneimittelprüfung, S. 39; *Schnieders/Schuster*, PharmR 1983, S. 44 f.

70 Vgl. *Caasen*, Klinische Prüfung, S. 11 f.; *Jordan*, Therapiestudien, S. 91; *Staak/Weiser*, Klinische Prüfung, S. 23.

71 *Caasen*, Klinische Prüfung, S. 11 f.; *Gugler*, Grundlagen, S. 21 f. passim.

wandte Therapie genau informiert.[72] Ein derartiges Vorgehen ist mithin nur dann Erfolg versprechend, wenn eindeutig objektivierbare und psychisch nicht beeinflussbare Messparameter ermittelt werden.[73]

Um suggestiv bedingte Wirkungen verlässlich auszuschließen, bedarf es einer blinden Versuchsdurchführung.[74] Beim einfachen Blindversuch wissen die Patienten nicht, ob sie zur Test- oder zur Kontrollgruppe gehören.[75] Nach außen hin werden die Angehörigen beider Gruppen exakt gleich behandelt, indem alle vom behandelnden Arzt ein identisch aussehendes Präparat verabreicht bekommen. Dadurch werden suggestive Einflüsse auf Patientenseite deutlich verringert. Allerdings unterliegt der Arzt, der über die Gruppenangehörigkeit des einzelnen Patienten im Bilde ist, sowohl bei Vornahme der Behandlungen und Untersuchungen als auch bei der Befunderhebung selbst einer Suggestion, ist doch die Einstellung und Erwartungshaltung hinsichtlich des pharmakologisch wirksam therapierten Patienten bewusst oder unbewusst anders als in Bezug auf die Angehörigen der Testgruppe. Diese Suggestion hat wiederum Auswirkungen auf das Verhalten des Arztes gegenüber seinen Patienten und somit zugleich Rückwirkungen auf die Patienten selbst, denen dadurch für sie wahrnehmbar eine unterschiedliche Versorgung zuteil wird. Um sowohl die subjektiven Einflüsse des Arztes als auch die unwillkürlichen suggestiven Wirkungen der „Droge Arzt“ wirksam auszuschalten, muss auch dem Arzt die Gruppenangehörigkeit des jeweiligen Patienten verborgen bleiben. Man spricht in diesem Fall vom so genannten Doppelblindversuch.[76]

h. Verlauf klinischer Prüfungen

Der übliche Ablauf bei Erprobung eines neuen Arzneimittels ist international einheitlich in vier Phasen gegliedert und kann mittlerweile als gewohnheitsrechtlich anerkannt gelten. Die Phasen sind so angelegt, dass das Risiko möglichst klein und genau kontrollierbar ist. Ziel ist es, mit einer möglichst geringen Zahl von Versuchsteilnehmern eine möglichst große Menge an Informationen zu erhalten.[77] Dies bedarf zunächst umfassender präklinischer Prüfungen.

---

72 *Staak/Weiser*, Klinische Prüfung, S. 21.

73 *Blasius et al.*, Arzneimittel, S. 80; *Hasskarl/Kleinsorge*, Arzneimittelprüfung, S. 38.

74 Siehe zum Blindversuch insgesamt *Biermann*, Arzneimittelprüfung, S. 76 f.; *Blasius et al.*, Arzneimittel, S. 80; *Deutsch/Spickhoff*, Medizinrecht, Rn. 653.

75 *Kloesel/Cyran*, § 40 Anm. 20; *Körner*, Vorbem AMG Rn. 54; *Krieter*, Grenzfälle, S. 172; *Rehmann*, § 40 Rn. 3.

76 *Dölle*, Therapeutischer Versuch, S. 121; *Hemmer* in: Kaufmann, Moderne Medizin, S. 66; *Krieter*, Grenzfälle, S. 172; *Losse*, Ethische Probleme, S. 25; *Rahn*, Doppelblindversuch, S. 124; *Ramsauer*, Arzneimittelversorgung, S. 40; *Staak/Weiser*, Klinische Prüfung, S. 23 f. Daneben existiert auch der dreifache Blindversuch, bei dem nicht einmal das Laboratorium über die Gruppenzuteilung der einzelnen Versuchspersonen im Bilde ist. Auch darüber hinausgehende Mehrfach-Blindstudien bis hin zum „five way blind cross over“ werden diskutiert, von denen aber keine besseren Ergebnisse erwartet werden. Siehe diesbezüglich *Biermann*, Arzneimittelprüfung, S. 77; *Held*, Strafrechtliche Beurteilung, S. 15; *Staak/Weiser*, Klinische Prüfung, S. 25.

77 *Gugler*, Grundlagen, S. 16. Siehe für einen kurzen Abriss der einzelnen Phasen *Caasen*, Klinische Prüfung, S. 9 ff.; *Hägele*, Arzneimittelprüfung, S. 97 ff.; *Kleinsorge*, For-

(A) Präklinische Phase

Am Anfang des Entwicklungsweges steht die Suche nach einer wirksamen Substanz. Die pharmazeutische Industrie bedient sich hierzu des so genannten Screenings, eines Such- oder Testverfahrens, an dem in interdisziplinärer Weise präparativ tätige Chemiker, Pharmakologen, Biochemiker, Toxikologen, Analytiker, Galeniker und klinische Pharmakologen zusammenwirken, und bei dem potentielle neue Wirkstoffe an verschiedenen Versuchsmodellen, meist an isolierten Organen, Bakterien, Pilzen, Parasiten, Tumorzellen etc. auf bestimmte pharmakologische oder biologische Eigenschaften geprüft und anschließend die ermittelten Eigenschaften im Hinblick auf das anvisierte therapeutische Ziel bewertet werden, um letztlich zu entscheiden, ob eine weitergehende Entwicklung sinnvoll erscheint.[78]

Ist dies der Fall, wird die Substanz durch Versuche an Tieren oder isolierten Organpräparaten einer pharmakologisch-toxikologischen Untersuchung unterworfen, bei der unter Variation der Tierspezies das komplette Spektrum der biologischen Eigenschaften des neuen Wirkstoffs analysiert wird.[79] Primärer Zweck der pharmakologisch-toxikologischen Prüfung ist es, durch Beobachtung des biochemischen Verhaltens der Substanz im tierischen Organismus die schädlichen Wirkungen des Arzneimittels festzustellen und somit bereits vor der erstmaligen Erprobung des Arzneimittels am Menschen erste Anhaltspunkte über Verträglichkeit und Unbedenklichkeit, Nebenwirkungen und toxischen Dosisbereich sowie die möglichen Reaktionen des menschlichen Organismus auf das Präparat zu erhalten.[80]

(B) Phase I

Lassen die Ergebnisse des tierexperimentellen Teils der Arzneimittelentwicklung mit großer Wahrscheinlichkeit eine Steigerung der therapeutischen und diagnostischen Möglichkeiten beim Menschen bei zugleich verhältnismäßig geringen Gesundheitsrisiken erwarten, kommt es in Phase I zur erstmaligen Anwendung des Pharmakons am Menschen.

Die Maxime, Gesundheitsrisiken für die Versuchsteilnehmer möglichst gering zu halten, verlangt, dass die Arzneimittelprüfung zunächst an einer kleinen Zahl von Personen mit stabilem Organismus erfolgt. Folglich nehmen an dieser frühen Prüfungsphase in der Regel nur zwischen 10 und 50 freiwillige gesunde Probanden teil.[81] Da die Tests häufig in Einrichtungen der pharmazeutischen Unterneh-

---

schung, S. 49 ff.; *Laufs* in: Laufs/Uhlenbruck, Handbuch, § 130 Rn. 37 ff.; § 148 Rn. 4 ff.; *Ortwein*, Arzneimittel, S. 47 ff.; ausführlich *Schwarz*, Leitfaden, S. 48 ff.

78 *Blasius et al.*, Arzneimittel, S. 66; *Scheffold*, Haftungsfragen, S. 78 f.; *Staak/Weiser*, Klinische Prüfung, S. 6.

79 Auf den Inhalt der pharmakologisch-toxikologischen Prüfung näher eingehend *Biermann*, Arzneimittelprüfung, S. 51 ff.; *Blasius et al.*, Arzneimittel, S. 67.

80 *Ramsauer*, Arzneimittelversorgung, S. 29; *Sander*, § 22 Erl. 19, § 40 Erl. 6a; *Schnieders*, BGesundhBl 1985, S. 195 passim; *Staak/Weiser*, Klinische Prüfung, S. 6 ff. passim.

81 Dabei variieren die empfohlenen Zahlen von 10 (*Hart/Hilken/Merkel/Woggan*, Arzneimittelmarkt, S. 47; *Staak/Weiser*, Klinische Prüfung, S. 14) über 10-15 bzw. 20

men selbst oder in geeigneten Kliniken stattfinden,[82] handelt es sich hierbei meist um Angehörige der pharmazeutischen Firmen oder aber Studierende.[83] Die Beteiligung einschlägig Erkrankter verbietet sich regelmäßig aufgrund des ungewissen Gefahrenpotentials der Wirksubstanz, das durch Anwendung des Medikaments auf einen geschwächten, kranken Organismus nochmals gesteigert werden würde.

Ziel der Phase I ist es, die Übertragbarkeit der im Tierexperiment gewonnenen Erkenntnisse zu überprüfen. Angesichts der Beteiligung gesunder Probanden steht weniger die Wirksamkeit als vielmehr die Pharmakokinetik, insbesondere die Verträglichkeit des Arzneimittels sowie die Ermittlung der therapeutisch wirksamen und noch verträglichen maximalen Dosis im Vordergrund.[84] Die Phase-I-Prüfungen lassen sich daher als Verträglichkeits- und Dosisfindungsstudien bezeichnen. Da die Verabreichung des Medikaments ohne jeden therapeutischen Zweck erfolgt, stellt die Phase I der klinischen Prüfung ein Humanexperiment dar.[85]

(C) Phase II

In Phase II kommt es dann zur erstmaligen Anwendung des Präparates am Kranken. Die Studie tritt mit anderen Worten in den Bereich des Heilversuchs ein.[86] Die Zahl der beteiligten Patienten variiert zwischen 100 und 500.[87] Die Tests werden ausschließlich in Kliniken als kontrollierte Studien, häufig zur Ermöglichung aussagekräftiger Patientenzahlen auch multizentrisch in mehreren Krankenhäusern gleichzeitig durchgeführt.[88]

(*Deutsch/Spickhoff*, Medizinrecht, Rn. 915; *Gugler*, Grundlagen, S. 16 f.) bis zu 10-50 (*Hasskarl/Kleinsorge*, Arzneimittelprüfung, S. 24; *Rehmann*, § 40 Rn. 3; *Sander*, § 40 Erl. 6b; *Stock*, Probandenschutz, S. 29). Einzig entscheidend ist letztlich, dass einerseits nicht zu viele Personen unnötigerweise den Testrisiken ausgesetzt werden, andererseits aber die Zahl der Probanden groß genug ist, um verlässliche Daten zu erhalten.

82 *Deutsch/Spickhoff*, Medizinrecht, Rn. 915; *Hasskarl/Kleinsorge*, Arzneimittelprüfung, S. 23 f.; *Sander*, § 40 Erl. 6b.

83 *Bieck* in: Dölle et al., Arzneimitteltherapie, S. 51.

84 *Bieck* in: Dölle et al., Arzneimitteltherapie, S. 50; *Deutsch/Spickhoff*, Medizinrecht, Rn. 915; *Gugler*, Grundlagen, S. 16 f.; *Hart/Hilken/Merkel/Woggan*, Arzneimittelmarkt, S. 47; *Held*, Strafrechtliche Beurteilung, S. 15; *Ortwein*, Arzneimittel, S. 47; *Rehmann*, § 40 Rn. 3; *Sander*, § 40 Erl. 6b; *Staak*, MMW 1979, S. 514; *Staak/Weiser*, Klinische Prüfung, S. 12; *Stock*, Probandenschutz, S. 29.

85 *Biermann*, Arzneimittelprüfung, S. 103 passim; *Grahlmann*, Heilversuch, S. 23; *Hart*, MedR 1994, S. 95; *Scheffold*, Haftungsfragen, S. 82; *Schreiber*, Aspekte, S. 187 passim; *Staak/Weiser*, Klinische Prüfung, S. 27.

86 *Hart*, MedR 1994, S. 95; *Scheffold*, Haftungsfragen, S. 85.

87 Von bis zu 200 Patienten sprechen *Gugler*, Grundlagen, S. 17 f.; *Hart/Hilken/Merkel/Woggan*, Arzneimittelmarkt, S. 47; *Rehmann*, § 40 Rn. 3; *Sander*, § 40 Erl. 6b; *Staak/Weiser*, Klinische Prüfung, S. 14 f. Bis zu 500 Patienten sind es nach *Deutsch/Spickhoff*, Medizinrecht, Rn. 916; *Hasskarl/Kleinsorge*, Arzneimittelprüfung, S. 24; *Stock*, Probandenschutz, S. 30.

88 Vgl. *Biermann*, Arzneimittelprüfung, S. 56; *Deutsch/Spickhoff*, Medizinrecht, Rn. 916; *Gugler*, Grundlagen, S. 17 f.; *Hart/Hilken/Merkel/Woggan*, Arzneimittelmarkt, S. 47;

In Phase II soll ermittelt werden, ob sich der bislang beobachtete pharmakologische Effekt therapeutisch nutzen lässt. Die Phase-II-Prüfungen konzentrieren sich damit vornehmlich auf die Wirkungen des Arzneimittels hinsichtlich spezieller Krankheitssymptome, die pharmakodynamischen Wirkungen, die therapeutische Wirksamkeit im anvisierten Indikationsbereich sowie die Festlegung der angemessenen Dosis und Anwendungsdauer, aber auch auf eine Verifizierung der in Phase I attestierten Unbedenklichkeit durch Beobachtung von Nebenwirkungen, Wechselwirkungen und sonstigen Begleiterscheinungen bei einschlägig Erkrankten.[89]

(D) Phase III

Lässt sich in Phase II eine akzeptable therapeutische Breite des Arzneimittels feststellen, sind in Phase III weitere, unter den alltäglichen Bedingungen der praktischen Therapie stattfindende Studien zur Bestätigung der gewonnenen Ergebnisse notwendig. Dies erfordert eine entsprechend große Patientenzahl von wenigen Hundert bis mehreren Tausend,[90] wobei sich die Zusammensetzung der Versuchsteilnehmer an derjenigen zu orientieren hat, wie sie in der praktischen Therapie nach Zulassung des Pharmakons zu erwarten ist.[91] Aus diesem Grunde vollzieht sich die Prüfung in dieser Phase multizentrisch sowohl in Kliniken als auch in den Praxen niedergelassener Ärzte.[92] Dabei handelt es sich um Langzeitstudien zur chronischen Anwendung der Prüfsubstanz über einen ausreichend langen Zeitraum, die in der Regel randomisiert im Vergleich mit der Standardbehandlung vorgenommen werden.[93]

Nur unter diesen Bedingungen kann die Phase-III-Prüfung ihren Zweck erfüllen, die Prüfungsergebnisse – wie für die Marktzulassung des Präparates erforderlich – statistisch abzusichern und auf eine breitere, größere Aussagekraft besitzen-

---

Hasskarl/Kleinsorge, Arzneimittelprüfung, S. 24; *Lippert/Strobel*, VersR 1995, S. 638; *Rehmann*, § 40 Rn. 3; *Sander*, § 40 Erl. 6b; *Stock*, Probandenschutz, S. 30 f.

89 Vgl. *Bieck* in: Dölle et al., Arzneimitteltherapie, S. 53; *Blasius et al.*, Arzneimittel, S. 69; *Deutsch/Spickhoff*, Medizinrecht, Rn. 916; *Gugler*, Grundlagen, S. 17 f.; *Hart/Hilken/Merkel/Woggan*, Arzneimittelmarkt, S. 47; *Held*, Strafrechtliche Beurteilung, S. 15; *Lippert/Strobel*, VersR 1995, S. 638; *Sander*, § 40 Erl. 6b; *Staak/Weiser*, Klinische Prüfung, S. 14 f.; *Stock*, Probandenschutz, S. 30.

90 *Bieck* in: Dölle et al., Arzneimitteltherapie, S. 54; *Gugler*, Grundlagen, S. 19 f.; *Hart/Hilken/Merkel/Woggan*, Arzneimittelmarkt, S. 48; *Hasskarl/Kleinsorge*, Arzneimittelprüfung, S. 25; *Sander*, § 40 Erl. 6b; *Stock*, Probandenschutz, S. 32.

91 *Gugler*, Grundlagen, S. 19 f.

92 Vgl. *Bieck* in: Dölle et al., Arzneimitteltherapie, S. 54; *Blasius et al.*, Arzneimittel, S. 69 f.; *Deutsch/Spickhoff*, Medizinrecht, Rn. 918; *Gugler*, Grundlagen, S. 19 f.; *Hart/Hilken/Merkel/Woggan*, Arzneimittelmarkt, S. 48; *Hasskarl/Kleinsorge*, Arzneimittelprüfung, S. 25; *Sander*, § 40 Erl. 6b; *Staak/Weiser*, Klinische Prüfung, S. 15. Auch § 22 Abs. 2 Nr. 3 AMG spricht von klinischer oder sonstiger ärztlicher Erprobung.

93 Vgl. *Bieck* in: Dölle et al., Arzneimitteltherapie, S. 54; *Blasius et al.*, Arzneimittel, S. 69 f.; *Hasskarl/Kleinsorge*, Arzneimittelprüfung, S. 25; *Havemann*, Therapiestudien, S. 39 f.; *Lippert/Strobel*, VersR 1995, S. 638.

de Grundlage zu stellen.[94] Die große Patientenzahl ermöglicht vor allem genauere Aussagen über Art und Häufigkeit von Nebenwirkungen, namentlich seltenere Nebenwirkungen, die bisher wegen der relativ kleinen Stichproben statistisch nicht in Erscheinung treten konnten.[95] Zudem stehen regelmäßig Langzeitvergleiche mit anderen Arzneimitteln auf dem Prüfplan.[96]

(E) Phase IV

Nach erfolgreichem Abschluss der Phase III ist die klinische Prüfung im eigentlichen Sinn abgeschlossen, da die für die Marktzulassung des Arzneimittels erforderlichen Daten gesammelt sind. Die Prüfungen der Phase IV finden daher nach der Zulassung im so genannten Nachmarkt statt. Zeitlich ist die Phase IV nicht beschränkt. Sie reicht von der Ausbietung des Medikamentes so lange fort, bis sich das Medikament nicht mehr im Verkehr befindet.[97]

Die vierte Phase der Arzneimittelprüfung beinhaltet die aufmerksame und kritische Beobachtung des Medikaments auf unerwünschte Nebenwirkungen nach dessen Auslieferung und dient dem Nachweis der therapeutischen Wirksamkeit, Zuverlässigkeit und Unbedenklichkeit auch nach langfristiger Anwendung.[98] Dies ist notwendig, wenn man bedenkt, dass die Wirksamkeit – insbesondere bezüglich chronischer Krankheiten – häufig erst nach langfristiger Applikation in vollem Umfang erkennbar wird und (seltenere) Nebenwirkungen oft erst nach längerer Zeit auftreten bzw. wahrgenommen werden können.[99]

Da im Rahmen der Zulassung bereits der Nachweis therapeutischer Wirksamkeit geliefert wurde, der Einsatz des Arzneimittels in Phase IV somit regelmäßig objektiv indiziert ist und damit zur Heilbehandlung eingesetzt wird, liegt dieser Prüfungsabschnitt im Grenzbereich von klinischer Prüfung und gewöhnlicher Heilbehandlung. Es handelt es sich letztlich um die normale therapeutische Anwendung eines Arzneimittels, welche lediglich zusätzlich wissenschaftlich besonders ausgewertet wird. Unterscheidet sich die Phase-IV-Prüfung somit zwar nicht in der Anwendung des Medikaments von der Einzelfallbehandlung, so ist sie dennoch der klinischen Prüfung gemäß §§ 40 ff. AMG zuzuordnen, weil sie vorrangig auf den allgemeinen, über den Einzelfall hinausgehenden Erkenntnisgewinn ausgerichtet ist.[100]

---

94 *Biermann*, Arzneimittelprüfung, S. 57; *Hart/Hilken/Merkel/Woggan*, Arzneimittelmarkt, S. 48; *Hasskarl/Kleinsorge*, Arzneimittelprüfung, S. 25; *Sander*, § 40 Erl. 6b.

95 *Bieck* in: Dölle et al., Arzneimitteltherapie, S. 54; *Blasius et al.*, Arzneimittel, S. 69 f.; *Gugler*, Grundlagen, S. 18; *Staak/Weiser*, Klinische Prüfung, S. 15.

96 *Staak/Weiser*, Klinische Prüfung, S. 15.

97 *Biermann*, Arzneimittelprüfung, S. 61; *Hasskarl/Kleinsorge*, Arzneimittelprüfung, S. 26.

98 Vgl. *Deutsch/Spickhoff*, Medizinrecht, Rn. 918; *Hart/Hilken/Merkel/Woggan*, Arzneimittelmarkt, S. 48; *Held*, Strafrechtliche Beurteilung, S. 15; *Staak/Weiser*, Klinische Prüfung, S. 16; *Stock*, Probandenschutz, S. 33.

99 *Blasius et al.*, Arzneimittel, S. 82; *Hasskarl/Kleinsorge*, Arzneimittelprüfung, S. 26.

100 *Laufs* in: Laufs/Uhlenbruck, Handbuch, § 130 Rn. 39; *Walter-Sack*, MedR 1997, S. 506. Dies ergibt sich auch aus § 42 AMG a. F., der die §§ 40, 41 AMG a. F. bzgl. der Phase IV grundsätzlich für anwendbar erklärte. Daran ändert auch der Wegfall der

Die Erstreckung der strengen Voraussetzungen der §§ 40 ff. AMG auf die Phase IV ist aber nur bei einer gegenüber der „normalen" Heilbehandlung gesteigerten Schutzbedürftigkeit des Patienten gerechtfertigt, also dann, wenn über die im Einzelfall indizierte Behandlung hinaus zusätzliche diagnostische oder therapeutische Maßnahmen zum Zwecke der wissenschaftlichen Beobachtung des Präparates ergriffen werden und damit eine von der Heilbehandlung abgrenzbare, therapeutisch letztlich unnötige Gefahr entsteht.[101] Daher sind Phase-IV-Prüfungen sorgfältig von so genannten Anwendungsbeobachtungen (drug monitoring studies) zu unterscheiden.[102] Letztere stellen keine klinischen Prüfungen dar. Der Arzt macht zwar auch hier zusätzliche Aufzeichnungen über die routinemäßige Anwendung des Arzneimittels unter Praxisbedingungen und wertet diese systematisch aus, jedoch unterliegt der Patient keiner prüfungsbedingten Modifikation im diagnostischen und therapeutischen Vorgehen. Der pharmazeutische Unternehmer macht dem Arzt keine Vorgaben in Form eines Prüfplans, er schaut dem Arzt bei seiner Therapie gewissermaßen nur über die Schulter und bittet ihn aufzuschreiben, welche Beobachtungen bezüglich Wirksamkeit, unerwünschter Wirkungen usw. er bei der Anwendung des Produktes gemacht hat.[103] Besonderes Charakteristikum ist die Nichtbeeinflussung des behandelnden Arztes in Bezug auf Indikationsstellung sowie Wahl und Durchführung der Therapie im Einzelfall und die ausschließliche Orientierung der Arzneimittelapplikation an der therapeutischen Notwendigkeit.[104] Abgrenzungskriterium ist somit, ob Maßnahmen ergriffen werden, die durch das individuelle Behandlungsziel nicht gedeckt sind. Nur dann handelt es sich um klinische Prüfungen der Phase IV.[105] Anwendungsbeobachtungen unterfallen nicht den §§ 40 ff. AMG; sie sind lediglich gemäß § 67 Abs. 6 AMG dem Bundesinstitut für Arzneimittel und Medizinprodukte (BfArM) bzw.

Norm durch die 12. AMG-Novelle nichts, sollen dadurch doch lediglich in Umsetzung der Richtlinie 2001/20/EG die in § 42 AMG a. F. vorgesehenen Erleichterungen hinsichtlich der Anforderungen an Phase-IV-Prüfungen beseitigt werden. Siehe die amtliche Begründung zur 12. AMG-Novelle, BT-Drs. 15/2109, S. 32.

[101] Vgl. *Glaeske/Greiser/Hart*, Arzneimittelsicherheit, S. 146; *Stock*, Probandenschutz, S. 34 f.

[102] Dies verkennen *Biermann*, Arzneimittelprüfung, S. 61, *Kröll*, Ablauf, S. 4, und *Lippert*, FS Laufs, S. 985, wenn sie Phase-IV-Prüfungen und Anwendungsbeobachtungen begrifflich gleichsetzen. Zutreffend dagegen *Eser*, Internist 1982, S. 219. Die erforderliche Unterscheidung folgt nunmehr auch aus § 4 Abs. 23 AMG, der die klinische Prüfung begrifflich von nichtinterventionellen Maßnahmen abgrenzt.

[103] Vgl. *Blasius et al.*, Arzneimittel, S. 82 f.; *BPI*, Durchführung, S. 27; *Granitza/Kleist*, PharmR 1987, S. 98; *Hart/Hilken/Merkel/Woggan*, Arzneimittelmarkt, S. 55; *Heitz*, Arzneimittelsicherheit, S. 90; *Hennies*, ArztR 1996, S. 95; *Kleinsorge*, MedR 1987, S. 141; *Kloesel/Cyran*, § 67 Anm. 21; *Sander*, § 40 Erl. 6b; *ders.*, Phase IV, S. 90; *Sträter*, 5. AMG-Novelle, S. 71; *Walter-Sack*, MedR 1997, S. 506.

[104] *Blasius et al.*, Arzneimittel, S. 83; *Kloesel/Cyran*, § 67 Anm. 21; *Krüger*, KHuR 2005, S. 138. Ebenso *BPI*, Durchführung, S. 27; *Graf*, PatR 2003, S. 139; *Laufs* in: Laufs/Uhlenbruck, Handbuch, § 130 Rn. 39; *Sander*, § 40 Erl. 6b.

[105] *Glaeske/Greiser/Hart*, Arzneimittelsicherheit, S. 146; *Hart*, MedR 1993, S. 212; *ders.*, MedR 1994, S. 95; *Laufs* in: Laufs/Uhlenbruck, Handbuch, § 130 Rn. 39.

dem Paul-Ehrlich-Institut (PEI) sowie der Kassenärztlichen Bundesvereinigung (KBV) anzuzeigen.

i. Einschlägiges gesetzliches Regelwerk

Nachdem nun Begriff, Inhalt und Ablauf der klinischen Prüfung bekannt sind, ist im Folgenden auf das die Arzneimittelprüfung regelnde Normgefüge einzugehen. Dieses ist einerseits geprägt von der bereits dargelegten Notwendigkeit biomedizinischer Arzneimittelforschung am Menschen, andererseits aber auch von der jeder Forschung immanenten Gefahr des Irrtums oder Fehlschlags, die zum Schutz der Versuchsteilnehmer hohe Anforderungen an Zulässigkeit und Durchführung klinischer Prüfungen verlangt. Ist der Patient in der therapeutischen Situation ein Subjekt, dem der Arzt zum Zwecke der Heilung des Objekts „Krankheit" gegenübertritt, wechselt der Patient bei der Arzneimittelprüfung seine Rolle, wird Teil der Versuchsanordnung und damit zum Objekt. Als solches bedarf er eines rechtlich umfassend gesicherten, den Gefahren der Versuchsteilnahme adäquaten und die Menschenwürde wahrenden Schutzes.[106] Indem jedoch das mit der klinischen Prüfung angestrebte Ziel, die Risiken bei der späteren alltäglichen Anwendung des Arzneimittels zu minimieren, zwingend eine erschöpfende Evaluierung des Gefahrenpotentials impliziert und somit die Versuchsteilnehmer nicht unerheblichen Risiken aussetzt, treffen hier Forschungs- und Behandlungsinteressen von Ärzten und (pharmazeutischen) Unternehmen, individuelle und öffentliche Gesundheitsinteressen sowie Schutzinteressen von Patienten aufeinander.[107]

In diesem Spannungsfeld versuchen die §§ 40 ff. AMG durch umfassende Abwägung aller Belange – der Wissenschaft, der Allgemeinheit und der Versuchspersonen – einen interessengerechten Ausgleich zu schaffen. Während die §§ 40, 41 AMG die Zulässigkeitsvoraussetzungen klinischer Prüfungen statuieren, enthält § 42 AMG Anforderungen an das Genehmigungsverfahren bei der Ethik-Kommission und beim BfArM/PEI. Ergänzt werden die §§ 40 ff. AMG durch die am 12. August 2004 aufgrund der Ermächtigung in § 42 Abs. 3 AMG erlassene GCP-Verordnung (GCP-V).[108]

Dabei bauen die §§ 40 ff. AMG vornehmlich auf den Grundsätzen der Deklaration von Helsinki auf, deren Wertungen sie gewissermaßen rechtliche Verbindlichkeit verleihen. Die Deklaration wurde 1964 vom Weltärztebund in Helsinki erlassen und ist mittlerweile mehrmals, namentlich 1975 in Tokio und zuletzt 2000 in Edinburgh, revidiert worden. Der darin enthaltene Katalog ethisch begründeter Regeln für die Durchführung biomedizinischer Forschung stellt den international anerkannten Mindeststandard dar. Die Deklaration von Helsinki zählt zum so genannten „soft law". Sie ist nicht völkerrechtlich vereinbart und kann deshalb auch nicht ratifiziert und auf diese Weise in das deutsche Recht übernommen werden. Es handelt sich hauptsächlich um internationales Standesrecht.[109] Doch trotz ihrer

---

[106] *Kienle*, Arzneimittelsicherheit, S. 9 f.; *Staak/Weiser*, Klinische Prüfung, S. 3.

[107] Vgl. *Eser*, Internist 1982, S. 218; *Held*, Strafrechtliche Beurteilung, S. 11; *Hart*, MedR 1994, S. 94; *Schroth* in: Kaufmann, Moderne Medizin, S. 51; *Ulsenheimer*, Arztstrafrecht, Rn. 397.

[108] BGBl. I S. 2081 ff.

[109] *Deutsch*, Recht und Ethik, S. 20 f.; *ders.*, PharmR 2001, S. 205.

Unverbindlichkeit und Beschränkung auf abstrakte Minimalforderungen, die der Ergänzung und Präzisierung durch das nationale Recht bedürfen, besitzt die Deklaration von Helsinki große Bedeutung. Als wichtigstes Dokument ärztlicher Standesauffassung zur medizinischen Forschung am Menschen liefert sie den Maßstab für die bei der klinischen Prüfung anzuwendende Sorgfalt.

Ähnliche Regelungen wie die Deklaration von Helsinki enthält die 1990 vom europäischen Arzneispezialitätenausschuss (Committee for Proprietary Medicinal Products) vorgelegte und 1996 revidierte Empfehlung „Gute Klinische Praxis für die klinische Prüfung von Arzneimitteln in der Europäischen Gemeinschaft" (Good Clinical Practice) sowie die 1996 von der ICH erlassenen „Leitlinien zur Guten Klinischen Praxis" (Good Clinical Practice Guideline).[110] Beide sind zwar wie schon die Deklaration von Helsinki rechtlich nicht verbindlich, beschreiben jedoch maßgeblich den jeweils aktuellen Stand der Wissenschaft und Technik.

Von Relevanz sind darüber hinaus die als Rechtsverordnung ergehenden Arzneimittelprüfrichtlinien gemäß § 26 AMG. Bei diesen handelt es sich um antizipierte Sachverständigengutachten, die im Interesse der Rechtssicherheit den in § 25 Abs. 2 Satz 1 Nr. 2 AMG enthaltenen unbestimmten Rechtsbegriff des „jeweils gesicherten Stand[es] der wissenschaftlichen Erkenntnisse" konkretisieren und die Anforderungen an die analytische, pharmakologisch-toxikologische und klinische Prüfung von Arzneimitteln beschreiben, von deren Erfüllung das BfArM bzw. PEI die Erteilung der Marktzulassung abhängig macht.[111]

Nach diesem Überblick über die mit der klinischen Prüfung in Zusammenhang stehenden Normen sollen nun die zentralen Vorschriften der §§ 40 ff. AMG näher beleuchtet werden.

(A) Systematik der §§ 40, 41 AMG

Das Verhältnis der §§ 40, 41 AMG zueinander gestaltet sich kompliziert. Ausgangspunkt ist, dass § 40 AMG die unerlässlichen Voraussetzungen statuiert, unter denen eine klinische Prüfung beim Menschen durchgeführt werden darf, während § 41 AMG diese Voraussetzungen für die therapeutische Prüfung an Patienten unter Berücksichtigung der besonderen Situation des einschlägig Erkrankten teils in Form von Erleichterungen, teils durch Verschärfungen modifiziert.[112] So erfordert der Versuch am Kranken aufgrund des potentiellen Nutzens für den Versuchsteilnehmer einerseits Erleichterungen gegenüber dem mit keinerlei Gewinn für die Versuchsperson verbundenen Arzneimitteltest am Gesunden. Andererseits bedarf der Kranke mit Blick auf seine besondere Hilfsbedürftigkeit und situationsgebundene Abhängigkeit vom Arzt eines seine freie Selbstbestimmung wahrenden gesteigerten Schutzes in Form verschärfter Prüfungsanforderungen, die

[110] Im Folgenden EG-GCP bzw. ICH-GCP.

[111] Vgl. D/L-*Anker*, § 26 Rn. 3. Die Arzneimittelprüfrichtlinien gewinnen vor allem angesichts des in der Medizin besonders ausgeprägten Wissenschaftspluralismus an Bedeutung, verschaffen sie doch im Dschungel des medizinischen Schulenstreits ein gewisses Maß an Rechtssicherheit, indem sie den Stand der wissenschaftlichen Erkenntnisse zumindest für den Bereich des Arzneimittelrechts verbindlich wiedergeben.

[112] *Hägele*, Arzneimittelprüfung, S. 280; *Rehmann*, § 41 Rn. 1; *Stock*, Probandenschutz, S. 47.

der Gefahr der Ausnutzung dieser hilflosen Lage zum Zwecke der Forschung wirksam entgegentreten.[113] Allerdings dürfen die Zulässigkeitsvoraussetzungen wiederum nicht so streng ausfallen, dass sie die Arzneimittelerprobung an Kranken faktisch ausschließen, können bestimmte Feststellungen doch nur im Versuch mit Kranken getroffen werden. Zudem würde sich ein überzogener Schutz der Patienten letztlich zu deren Nachteil auswirken, da ihnen die erhoffte rettende Behandlung letztlich versagt bliebe.[114] Allerdings ergibt sich aus dem Gesagten, dass § 41 AMG nicht jedweden kranken Probanden erfasst, sondern lediglich solche Personen, die einschlägig erkrankt sind, das heißt an eben der Krankheit leiden, zu deren Therapie das Präparat gedacht ist.[115]

Festzuhalten ist, dass das Verhältnis der §§ 40, 41 AMG zueinander das einer unvollständigen Spezialität ist, bei der einzelne Teile der Generalnorm erhalten bleiben, während andere modifiziert werden oder überhaupt keine Anwendung finden.[116] Indem § 40 AMG die Voraussetzungen der klinischen Arzneimittelprüfung am gesunden Probanden beschreibt, regelt die Norm den Bereich des Humanexperiments, während § 41 AMG die Anforderungen an den Heilversuch beim Patienten spezifiziert.[117] Auf die einzelnen Phasen der klinischen Prüfung übertragen, erfasst § 40 AMG die an gesunden Testpersonen erfolgende Phase I, § 42 AMG die Phasen II und III.[118]

(B) Voraussetzungen der §§ 40, 41 AMG im Einzelnen

Wendet man sich den konkreten Voraussetzungen der §§ 40, 41 AMG zu, so stellt man fest, dass hier ganz unterschiedliche Schutzkriterien zusammenwirken, die im Sinne einer groben Dreiteilung in erstens objektive Gesichtspunkte, zweitens solche, die auf das individuelle Selbstbestimmungsrecht des Betroffenen ausgerichtet sind, und drittens verfahrensförmige Sicherungen unterteilt werden können.[119]

(I) Sitz des Sponsors

Als reine Ordnungsvorschrift im Hinblick auf die Frage der strafrechtlichen Produktverantwortung ohne spezifische Bedeutung ist die Zulässigkeitsvoraussetzung des § 40 Abs. 1 Satz 3 Nr. 1 AMG, wonach der Sponsor der klinischen Prüfung

---

[113] Vgl. *Biermann*, Arzneimittelprüfung, S. 347; *Eser*, Humanexperiment, S. 203; *Jahrmärker*, MedKlin 1990, S. 676; *Keller*, MedR 1991, S. 15; *Kienle*, Arzneimittelsicherheit, S. 10; *Laufs*, Arztrecht, Rn. 678.

[114] *Fischer*, Medizinische Versuche, S. 29 f.; *Held*, Strafrechtliche Beurteilung, S. 84.

[115] *Eser*, Internist 1982, S. 219; *Hägele*, Arzneimittelprüfung, S. 282; *Held*, Strafrechtliche Beurteilung, S. 39; *Sander*, § 41 Erl. 1; *Stock*, Probandenschutz, S. 47 f.

[116] D/L-*Deutsch*, § 41 Rn. 1. Siehe auch die amtliche Begründung zur 12. AMG-Novelle, BT-Drs. 15/2109, S. 30.

[117] Vgl. *Biermann*, Arzneimittelprüfung, S. 349; *Eser*, Internist 1982, S. 219; *Keller*, MedR 1991, S. 16; *Ulsenheimer*, Arztstrafrecht, Rn. 394; i. E. ebenso *Caasen*, Klinische Prüfung, S. 48.

[118] *Caasen*, Klinische Prüfung, S. 18; *Hasskarl/Kleinsorge*, Arzneimittelprüfung, S. 29; *Stock*, Probandenschutz, S. 47.

[119] *Lipp*, Selbstbestimmung, S. 187 f.; *Taupitz*, Schutzmechanismen, S. 21 f.

i.S.d. § 4 Abs. 24 AMG seinen Sitz innerhalb der EU bzw. des Europäischen Wirtschaftsraumes haben muss.

(II) Nutzen-Risiko-Abwägung

Von zentraler Relevanz ist dagegen die in § 40 Abs. 1 Satz 3 Nr. 2 AMG vorausgesetzte positive Nutzen-Risiko-Abwägung. Danach ist die klinische Prüfung eines Pharmakons nur legitim, wenn die voraussichtliche Bedeutung des Arzneimittels für die Heilkunde bzw. der potentielle Nutzen der Prüfung für die Versuchsperson in angemessenem Verhältnis zu den Gefahren steht, denen diese durch die Teilnahme ausgesetzt ist.[120] Hierin kommt die Erkenntnis zum Ausdruck, dass der Grundsatz des „nihil nocere", der Unverletzlichkeit der Person, zwar auch bei der klinischen Arzneimittelerprobung im Vordergrund steht, allerdings keine absolute Gültigkeit besitzt, sondern wie auch in anderen Lebensbereichen, etwa der Zulassung des Autoverkehrs oder der Verwendung von Atomenergie, dahingehend relativiert werden muss, dass zur Realisierung des mit der Tätigkeit verbundenen Nutzens für die Allgemeinheit entfernte Gefahren für die Rechtsgüter des Einzelnen – hier Leben, Körperintegrität und Gesundheit – zugelassen werden müssen.[121] Entscheidend für die Zulässigkeit der klinischen Prüfung ist demnach ein angemessenes Verhältnis von Vorteil und Gefahr, wobei die Abwägung für jeden einzelnen Versuchsteilnehmer individuell zu erfolgen hat.[122] Anknüpfungspunkt der Angemessenheit ist hierbei die zu bekämpfende Krankheit mit all ihren Symptomen und Folgen. Je schwerer die Krankheit und je aussichtsloser die existierenden Therapiemöglichkeiten sind, umso größer darf das mit der Prüfung verbundene Risiko sein und umso größer ist die Bedeutung des Arzneimittels für die Heilkunde im Fall seiner Wirksamkeit.[123]

Die Nutzen-Risiko-Abwägung nimmt als Wertentscheidung all diejenigen Werte in sich auf, die Grundlage der wissenschaftlichen, moralischen und rechtlichen Voraussetzungen eines vertretbaren versuchsweisen medizinischen Eingriffs am

---

[120] Der Bezug zum individuellen Nutzen des Versuchsteilnehmers wurde erst jüngst durch die 12. AMG-Novelle in Umsetzung von Art. 3 Abs. 2 lit. a der Richtlinie 2001/20/EG aufgenommen. Vorher war alleiniger Abwägungsfaktor die Bedeutung des Präparates für die Heilkunde. Worin der Nutzen liegt, bleibt angesichts der Tatsache, dass § 40 AMG die klinische Prüfung am gesunden Probanden erfasst, für den die Versuchsteilnahme mit keinerlei Gewinn für seine Gesundheit verbunden ist, fraglich. Zu denken wäre an den allgemeinen Nutzen, im Falle einer späteren eigenen Erkrankung vom neuen Medikament selbst profitieren zu können. Ebenso ist ein eigener Nutzen auch bei der einschlägigen Erkrankung einer nahe stehenden Person möglich, zu deren erfolgreichen Therapie der Proband hofft, einen Beitrag leisten zu können.

[121] *Deutsch*, PharmR 1982, S. 3; *Schreiber*, Aspekte, S. 185.

[122] Zwar bleibt die Bedeutung des Arzneimittels für die Heilkunde konstant gleich, jedoch können die Risiken für die einzelnen Testpersonen in Abhängigkeit von deren körperlichen Konstitution recht unterschiedlich ausfallen. Letzteres gilt auch für den jeweiligen Nutzen, den der Versuchsteilnehmer davonträgt. Vgl. MüKo-StGB-*Freund*, §§ 40-42a AMG Rn. 19 f.

[123] *Biermann*, Arzneimittelprüfung, S. 265; *Deutsch/Spickhoff*, Medizinrecht, Rn. 664; *Staak/Weiser*, Klinische Prüfung, S. 57; *Walter-Sack*, MedR 1997, S. 302.

Menschen sind. Insofern kann die Anforderung des § 40 Abs. 1 Satz 3 Nr. 2 AMG als Generalklausel der klinischen Prüfung angesehen werden. Die sonstigen Voraussetzungen der §§ 40, 41 AMG – mit Ausnahme des Einwilligungserfordernisses – sind letztlich allesamt Ausfluss und Konkretisierung der Vertretbarkeitsprüfung in § 40 Abs. 1 Satz 3 Nr. 2 AMG, indem sie Vorkehrungen gegen unnötige, leicht vermeidbare und damit per se unvertretbare Risiken treffen.[124]

Auch beim Heilversuch i.S.d. § 41 AMG stellt die Nutzen-Risiko-Abwägung das zentrale Kriterium dar. Zwar steht der Heilversuch aufgrund der ihm immanenten Heilintention der „normalen“ Heilbehandlung näher als das Humanexperiment, jedoch verbietet sich mangels objektiver Indikation der Arzneimittelanwendung eine vollständige Übertragung der allgemeinen, die Einwilligung letztlich als alleiniges zentrales Legitimationsinstrument statuierenden Regeln über den Heileingriff.[125] Die Ungewissheit und daraus resultierenden Gefahren beim Heilversuch erfordern einen über das Einwilligungserfordernis hinausgehenden Schutz der Versuchsteilnehmer, insbesondere angesichts des bereits angesprochenen Motivationsdrucks und der Wehrlosigkeit einschlägig erkrankter Testpersonen, wodurch der Patient als Leidender in seiner Willensfreiheit eingeschränkt ist und kaum anders kann, als seine Zustimmung zur Erprobung des neuen Medikaments zu erteilen. Diesem zusätzlichen Schutz dient die Bedingung eines angemessenen Nutzen-Risiko-Verhältnisses.[126] Um der speziellen Situation des Kranken Rechnung zu tragen, verlangt § 41 Abs. 1 Nr. 1 AMG im Gegensatz zu § 40 AMG eine therapeutische Indikation. Das individuelle Krankheitsbild des Patienten muss den Einsatz des Testpräparates medizinisch angezeigt erscheinen lassen.[127] Ging § 41 Nr. 1 AMG a. F. noch uneingeschränkt vom Grundsatz der therapeutischen Indi-

---

[124] Vgl. *Biermann*, Arzneimittelprüfung, S. 259; *Czwalinna*, Forschungslegitimation, S. 90; *Däbritz*, Humanerprobungen, S. 102; *Held*, Strafrechtliche Beurteilung, S. 40; *Schimikowski*, Experiment, S. 48. In diesem Sinne auch MüKo-StGB-*Freund*, §§ 40-42a AMG Rn. 12 f. *Hasskarl*, Prüfungsprobleme, S. 70, bezeichnet daher auch Vertretbarkeit, Einwilligung und Aufklärung als „rechtliche Trichotomie der Humanforschung“.

[125] So *Czwalinna*, Forschungslegitimation, S. 77; *Eser*, Humanexperiment, S. 199; *ders.*, Chirurg 1979, S. 217.

[126] *Taupitz*, Schutzmechanismen, S. 24. Siehe zum Verhältnis des Abwägungs- zum Einwilligungserfordernis S. 198 ff.

[127] Das Wort „angezeigt“ in § 41 Abs. 1 Nr. 1 AMG darf allerdings nicht als Erfordernis einer „echten“ Indikation verstanden werden, setzt diese doch die vorherige Abschätzbarkeit von Nutzen und Risiko auf Grundlage einschlägiger ärztlicher Erfahrungen voraus, die bei der Erprobung neuer Pharmaka aber gerade fehlt und durch die klinische Prüfung erst ermöglicht werden soll. Insbesondere kann dann nicht von einer Indikation im strengen Sinne gesprochen werden, wenn eine zumindest halbwegs erfolgreiche Standardtherapie existiert. Der Begriff „angezeigt“ ist daher vielmehr im Sinne von „bezweckt ist“, „dazu führt“ oder „wahrscheinlich macht“ zu verstehen, wofür die Ergebnisse der präklinischen Studien als Grundlage dienen. Verlangt wird letztlich eine potentielle therapeutische Indikation. Vgl. *Biermann*, Arzneimittelprüfung, S. 349; *Däbritz*, Humanerprobungen, S. 105 f.; *Fischer*, Medizinische Versuche, S. 43 ff.; *Held*, Strafrechtliche Beurteilung, S. 82; *Staak/Weiser*, Klinische Prüfung, S. 59.

kation aus und stellte daher allein auf den möglichen individuellen Nutzen für die jeweilige Versuchsperson ab, genügt nach § 41 Abs. 1 Nr. 2 AMG n. F. nunmehr auch ein so genannter Gruppennutzen. Ausreichend ist, dass der Versuchsteilnehmer zumindest der Gruppe derjenigen Personen angehört, die an der durch das neue Arzneimittel bekämpften Krankheit leiden.

Somit gestaltet sich Abwägung für Humanexperimente und Heilversuche recht unterschiedlich. Erfolgt die Abwägung bei Phase-I-Prüfungen an gesunden Probanden insofern eindimensional, als dem wissenschaftlichen Erkenntnisinteresse das Risiko einer Gesundheitsschädigung des Probanden gegenübersteht, verläuft sie bei der Erprobung an einschlägig Kranken mehrdimensional, da dem Risiko für den Patienten nicht nur das wissenschaftliche respektive öffentliche Interesse, sondern auch die Heilungs- oder Linderungserwartungen des Patienten gegenüberstehen, die Prüfung also gerade auch im Interesse des Patienten durchgeführt wird.[128] Angesichts dieses Interesses sind beim Heilversuch grundsätzlich höhere Risiken zulässig als beim Humanexperiment der Phase I. Das vertretbare Risikomaß orientiert sich dabei an der Schwere der zu heilenden Krankheit, ihrer Besserungserwartung und der mittels Standardbehandlung bestehenden Heilungschancen.[129]

Ein Problem, das die auf einer ex ante-Beurteilung[130] beruhende Abwägung von Nutzen und Risiko besonders schwierig und verantwortungsvoll macht, besteht in dem Mangel an Erfahrungswissen, auf das bei der Verabreichung des neuen Medikaments zurückgegriffen werden könnte. Zwar kann im Verlauf der Erprobung eines Arzneimittels auf immer aussagekräftigere Daten zurückgegriffen werden, weshalb die vor Beginn der Prüfung abstrakt und konkret hinsichtlich jedes einzelnen Teilnehmers vorgenommene Abwägung im Verlauf des Tests in angemessenen Abständen permanent wiederholt und aktualisiert werden muss.[131] Doch gerade am Anfang der klinischen Prüfung tappen Prüfer und behandelnde Ärzte zwar dank der präklinischen Versuche nicht völlig im Dunkeln, aber aufgrund deren beschränkten Übertragbarkeit doch im Dämmerlicht des Ungewissen. Dies erklärt den Rekurs auf vornehmlich ethische Forderungen als greifbare, allgemeingültige Risikominimierungsmaßnahmen in § 40 AMG: auf die Qualifikation des Forschers, das Prinzip des schonendsten Vorgehens, sorgfältiges Vorgehen und die Durchführung von Vorversuchen.[132]

---

[128] *di Fabio*, Risikoentscheidungen, S. 215; *Schreiber*, Aspekte, S. 183, 185; *ders.*, Nutzen-Risiko-Abwägung, S. 305.

[129] D/L-*Deutsch*, § 40 Rn. 8; *ders.* in: Dölle et al., Arzneimitteltherapie, S. 16.

[130] So neben anderen etwa *Fischer*, Medizinische Versuche, S. 15; *Freund*, MedR 2001, S. 68.

[131] *Biermann*, Arzneimittelprüfung, S. 263; *Blasius et al.*, Arzneimittel, S. 71; D/L-*Deutsch*, § 40 Rn. 8; *Glaeske/Greiser/Hart*, Arzneimittelsicherheit, S. 108 f.; *Rehmann*, § 40 Rn. 7; *Sander*, § 40 Erl. 21; *Staak*, Humanexperiment, S. 206; *Staak/Weiser*, Klinische Prüfung, S. 43 f. Diese positive Nutzen-Risiko-Bilanz muss somit in jedem Stadium der Durchführung der klinischen Prüfung gewährleistet sein. Unvertretbar gewordene Studien sind abzubrechen. Dies ergibt sich bereits aus der Wendung „wenn und solange" in § 40 Abs. 1 Satz 3 AMG.

[132] Vgl. *Held*, Strafrechtliche Beurteilung, S. 68.

Unstreitig ist jedoch beim Humanexperiment ein unvertretbares Risiko zu bejahen, wenn die Anwendung des Wirkstoffs zwangsläufig mit Schädigungen einhergeht, die nur im Krankheitsfall angesichts des zugleich therapeutischen Nutzens des Präparates einkalkuliert werden dürfen.[133] Ethisch unvertretbar sind zudem Studien, die keinen Erkenntnisgewinn erwarten lassen und daher keinen wissenschaftlichen Wert besitzen, würden die Versuchsteilnehmer hierbei unnötigen Risiken ausgesetzt. Bloß wiederholende Forschung ist daher ebenso unzulässig wie die Fortsetzung der Studie, obwohl diese bis dato schon hinreichende Ergebnisse mit eindeutiger Aussagekraft geliefert hat.[134] Allerdings hat sich Forschung grundsätzlich der Verifizierung zu stellen, zumal bereits des Öfteren die Wiederholung klinischer Versuche in anderen Kliniken zu abweichenden Ergebnissen geführt hat.[135] Die Abgrenzung von unnötig wiederholender und sinnvoll verifizierender Arzneimittelprüfung ist daher schwierig und hat je nach Lage des Einzelfalls zu erfolgen. Besondere Schwierigkeiten bereiten in diesem Zusammenhang so genannte „me too-Präparate", für deren Indikationsgebiet sich bereits genügend wirksame Mittel auf dem Markt befinden. Deren Bedeutung für die Heilkunde ist eher gering einzuschätzen, während die ungewissen Risiken im Vergleich zu denen der zugelassenen und daher bereits umfassend getesteten Medikamente eher hoch anzusetzen sind, so dass die Abwägung grundsätzlich negativ ausfallen müsste. Bei näherer Betrachtung ist eine solche Auslegung des § 40 I Satz 3 Nr. 2 AMG aber nicht haltbar. Zum einen müsste stets eine aufwendige Marktanalyse vorgenommen werden, zum anderen kann die Zulassung gemäß § 25 AMG nicht allein deshalb untersagt werden, weil aufgrund der Marktsättigung kein Bedürfnis für das neue Arzneimittel besteht. Beinhaltet die Zulassungsentscheidung aber keine Bedürfnisprüfung, kann eine solche auch nicht über die Vertretbarkeit einer klinischen Prüfung entscheiden. Es widerspräche den Grundsätzen einer systematischen Auslegung, bei der klinischen Prüfung, also in einem früheren Stadium, strengere Grundsätze als bei der endgültigen Zulassung anzulegen.[136]

(III) Einwilligung nach Aufklärung

Die zweite zentrale Legitimationsgrundlage der klinischen Prüfung ist die nach § 40 Abs. 1 Satz 3 Nr. 3, Abs. 2 AMG erforderliche Einwilligung des Versuchsteilnehmers.[137] Sie bildet das die paternalistische Nutzen-Risiko-Abwägung ergänzende individualistische Rechtfertigungselement und dient als strafrechtliches Vehikel zur Herbeiführung der Rechtmäßigkeit etwaiger Körperverletzungen.[138] Angesichts der fehlenden objektiven Indikation der Arzneimittelanwendung kommt ihr im Bereich des Arzneimitteltests besondere Bedeutung zu.

---

[133] *Hasskarl/Kleinsorge*, Arzneimittelprüfung, S. 30.

[134] *Deutsch/Spickhoff*, Medizinrecht, Rn. 666; *Stock*, Probandenschutz, S. 56.

[135] Siehe *Kriele*, NJW 1976, S. 358. Ebenso *Deutsch/Spickhoff*, Medizinrecht, Rn. 686.

[136] *Scholz/Stoll*, MedR 1990, S. 60; a.A. *Biermann*, Arzneimittelprüfung, S. 264.

[137] *Freund*, MedR 2001, S. 68; *Koch*, Arzneimittelrecht, S. 197; *Schreiber*, Aspekte, S. 189.

[138] *Deutsch/Spickhoff*, Medizinrecht, Rn. 927; *Hasskarl/Kleinsorge*, Arzneimittelprüfung, S. 30 f.

Entsprechend ihrer Funktion, eine autonome Entscheidung zum Ausdruck zu bringen, ist die Einwilligung gemäß § 40 Abs. 1 Satz 3 Nr. 3 lit. a AMG nur wirksam, wenn die Versuchsperson zuvor gemäß § 40 Abs. 2 AMG durch einen Arzt ausführlich über Wesen, Bedeutung und Tragweite der klinischen Prüfung aufgeklärt worden ist. Dieses Prinzip des „informed consent", das in § 3 Abs. 2b GCP-V näher definiert wird, gilt grundsätzlich sowohl für das Humanexperiment des § 40 AMG als auch den Heilversuch nach § 41 AMG. Der Versuchsteilnehmer soll dadurch in die Lage versetzt werden, Risiko und Nutzen abschätzen und einen entsprechenden Entschluss fassen zu können.[139]

Der Grundsatz des „informed consent" gerät dabei in Konflikt mit der Biostatistik, der es zum Zwecke des Aufbaus aussagekräftiger Datensammlungen eher entspräche, Personen ohne deren Wissen Therapiestudien zu unterwerfen bzw. sie zumindest über die randomisierte Zuteilung zu verschiedenen Versuchsgruppen im Unklaren zu lassen.[140] Wie dieser Konflikt vor dem Hintergrund, dass gemäß § 40 Abs. 1 Satz 3 Nr. 2 AMG nur Prüfungen von wissenschaftlichem Wert, sprich einer gewissen Aussagekraft, zulässig sind, gelöst werden kann und wie konkret aufzuklären ist, soll jedoch erst im Zusammenhang mit der Erörterung der Verantwortlichkeiten im Bereich der klinischen Prüfung näher dargelegt werden.[141]

Die einwilligende Person muss gemäß § 40 Abs. 1 Satz 3 Nr. 3 lit. a AMG grundsätzlich volljährig und zudem in der Lage sein, Wesen, Bedeutung und Tragweite der klinischen Prüfung zu erkennen.[142] Für Minderjährige bzw. Personen, denen die nötige Einsichtsfähigkeit fehlt, gelten gemäß §§ 40 Abs. 4, 41 Abs. 2 AMG bzw. § 41 Abs. 3 AMG Sonderregelungen, auf die hier nicht näher eingegangen werden kann, stellt die Erprobung von Arzneimitteln an diesen Personengruppen doch eine eigenständige Problematik dar, deren umfassende Erörterung angesichts ihrer Komplexität den Rahmen der vorliegenden Untersuchung sprengen würde.[143]

(IV) Ausschluss von Anstaltsangehörigen

Die Prüfung von Arzneimitteln darf zur Vermeidung des Missbrauchs eines so genannten besonderen Gewaltverhältnisses nicht an in einer Anstalt untergebrachten Personen durchgeführt werden.

---

[139] MüKo-StGB-*Freund*, §§ 40-42a AMG Rn. 23.

[140] *Hirsch*, Heilversuch, S. 15; *Krieter*, Grenzfälle, S. 172; *Laufs* in: Laufs/Uhlenbruck, Handbuch, § 130 Rn. 30 ff.; *Tiedemann/Tiedemann*, FS Schmitt, S. 141.

[141] Siehe dazu S. 621 ff.

[142] § 40 Abs. 4 AMG a. F. stellte insofern noch auf das formale Kriterium der Geschäftsfähigkeit ab. Damit sollte sichergestellt werden, dass die Einwilligung nur in Übereinstimmung mit einem wirksamen Behandlungs- oder Versuchsvertrag erfolgte. Vgl. *Stock*, Probandenschutz, S. 66.

[143] Es sei daher an dieser Stelle auf die einschlägige Literatur verwiesen, etwa *Eck*, Zulässigkeit medizinischer Forschung; *Fischer*, Medizinische Versuche, S. 34 ff., 63 ff.; *Laufs*, MedR 2004, S. 591 ff.; jeweils m. w. N.

(V) Mindestanforderungen an das Prüfpersonal

§ 40 Abs. 1 Satz 3 Nr. 5 AMG enthält gewisse Anforderungen an das Prüfpersonal und die Einrichtungen, in denen die Medikamententests stattfinden. Während § 40 Abs. 1 Satz 1 Nr. 4 AMG a. F. die Leitung der Prüfung durch einen Arzt mit zumindest zweijähriger Erfahrung in der klinischen Arzneimittelprüfung vorschrieb, verzichtet § 40 Abs. 1 Satz 3 Nr. 5 AMG nunmehr auf die ärztliche Approbation als zwingende Voraussetzung. Zudem enthält die neue Vorschrift des § 4 Abs. 25 AMG erstmals eine Definition des Prüfers, wobei zwischen Prüfer, Hauptprüfer und Leiter der klinischen Prüfung unterschieden wird. Festgehalten wurde daran, dass die zweijährige Erfahrung nur zur Leitung der Prüfung verlangt wird, das sonstige Prüfpersonal lediglich „angemessen" qualifiziert sein muss.

(VI) Pharmakologisch-toxikologische Untersuchung

§ 40 Abs. 1 Satz 3 Nr. 6 AMG formuliert das bereits angesprochene Erfordernis der präklinischen Durchführung einer dem jeweiligen Stand der wissenschaftlichen Erkenntnisse entsprechenden pharmakologisch-toxikologischen Prüfung des Testpräparats. Die Anforderungen an diese Vorprüfung gibt der 3. Abschnitt der Arzneimittelprüfrichtlinien in Übereinstimmung mit der Richtlinie 91/507/EWG wieder. Das Erfordernis der pharmakologisch-toxikologischen Voruntersuchung kann als klassischer Ausfluss der allgemeinen Verkehrssicherungspflicht des ordentlichen und gewissenhaften Arzneimittelherstellers betrachtet werden, da ein Verzicht hierauf die Versuchsteilnehmer einer unkalkulierten Gefahr aussetzen würde, ihre Durchführung aber umgekehrt mit nur geringem Mehraufwand an Zeit und Kosten verbunden ist.[144]

(VII) Instruktion des Prüfpersonals über die Ergebnisse der Vorklinik

Damit die klinische Prüfung dem Stand der wissenschaftlichen Erkenntnis entsprechend geplant und durchgeführt werden kann, ist das Prüfpersonal gemäß § 40 Abs. 1 Satz 3 Nr. 7 AMG über die Ergebnisse der pharmakologisch-toxikologischen Voruntersuchung in Kenntnis zu setzen. Der pharmazeutische Unternehmer als Sponsor der klinischen Prüfung i.S.d. § 4 Abs. 24 AMG benennt zu diesem Zweck regelmäßig einen Mitarbeiter zum so genannten Monitor, der die Zusammenarbeit mit dem Leiter der klinischen Prüfung und den Prüfärzten koordiniert. Im Rahmen des so genannten Studieninitiierungsbesuchs bespricht dieser mit dem Prüfungsleiter und dessen Mitarbeitern detailliert den Studienablauf und legt die bislang über das Präparat gesammelten Daten dar.[145]

(VIII) Probandenversicherung

Zur Sicherstellung einer ausreichenden Kompensation im Schadensfall verpflichtet § 40 Abs. 1 Satz 3 Nr. 8 AMG zum Abschluss einer Probandenversicherung i. S. d. § 40 Abs. 3 AMG.

---

144 Vgl. *Däbritz*, Humanerprobungen, S. 128; *Hasskarl/Kleinsorge*, Arzneimittelprüfung, S. 3.

145 Siehe *Kröll*, Ablauf, S. 7. Zur Person und Tätigkeit des Monitors detailliert S. 76 f.

(IX) Zustimmende Bewertung der zuständigen Ethik-Kommission

Zwingende Voraussetzung für die Durchführung einer klinischen Prüfung ist gemäß § 40 Abs. 1 Satz 2 schließlich, dass die zuständige Ethik-Kommission im Anschluss an das in § 42 Abs. 1 AMG und den §§ 7 ff. GCP-V geregelte Verfahren ihre Zustimmung erteilt. Eine Definition der Ethik-Kommission findet sich in § 3 Abs. 2c GCP-V. Dabei handelt es sich um ein unabhängiges Gremium aus Medizinern und medizinischen Laien, das zum Schutz der Versuchsteilnehmer und zur Stärkung des diesbezüglichen Vertrauens der Öffentlichkeit zu Prüfplan, Prüfer, Einrichtung und Prüfmethode sowie Aufklärung der Testpersonen Stellung nimmt.[146] Da die Versuchsteilnehmer jedoch zum Zeitpunkt der Planung des Vorhabens und der Einholung der für die Durchführung erforderlichen Genehmigung meist noch gar nicht feststehen, besitzt die Einschaltung der Ethik-Kommission letztlich nur den Charakter einer abstrakt-präventiven Kontrolle, die vorab bereits grundlegend die Interessen der erst später zu bestimmenden Probanden und Patienten wahren soll.[147]

Gerade hinsichtlich der Beteiligung der Ethik-Kommissionen an klinischen Prüfungen brachte die 12. AMG-Novelle weitreichende Änderungen mit sich. § 40 Abs. 1 Satz 2 AMG a. F. erforderte zwar ebenfalls eine zustimmende Bewertung der Ethik-Kommission, allerdings konnte nach § 40 Abs. 1 Satz 3 AMG a. F. auch bei einem ablehnenden Votum mit der Prüfung begonnen werden, sofern das BfArM/PEI nicht binnen 60 Tagen nach Eingang der Prüfungsunterlagen der Arzneimittelerprobung widersprach. Das BfArM/PEI besaß somit als letztentscheidende Kontrollinstanz die Kompetenz, sich über eine Ablehnung der Ethik-Kommission hinwegzusetzen und die klinische Prüfung abweichend zu bewerten.[148] Nach der Neuregelung kann das BfArM/PEI nun nicht mehr unabhängig vom Urteil der Ethik-Kommission entscheiden. Die Zustimmung der Ethik-Kommission ist zwingende Voraussetzung, ohne die eine Genehmigung der klinischen Prüfung nicht erteilt werden kann. Die klinische Prüfung steht somit unter einem doppelten Genehmigungsvorbehalt. Der damit verbundene Rollenwandel der Ethik-Kommission „vom berufsrechtlichen Beratungsgremium zu einer Patientenschutzinstitution mit Behördencharakter“[149] erforderte sowohl die in § 42 Abs. 1 AMG i. V. m. §§ 7 und 8 GCP-V vorgenommene Konkretisierung der Anforderungen an Kommission und Bewertungsverfahren als auch die Normierung eines Anspruchs auf das Prädikat „nihil obstat“, sofern keiner der in § 42 Abs. 1 Satz 7 AMG aufgezählten Versagungsgründe vorliegt. Zudem wird man aus dem teleologischen und systematischen Kontext der Gesetzesänderung nicht umhin können, dem Kommissionsvotum nunmehr Verwaltungsaktsqualität zuzuschreiben.[150]

§ 40 Abs. 1 Satz 2 AMG setzt i. V. m. § 8 Abs. 5 GCP-V die Anforderung des Art. 7 der Richtlinie 2001/20/EG um, wonach bei multizentrischen Prüfungen für

---

146 Zum genauen Umfang der Prüftätigkeit der Ethik-Kommissionen siehe S. 87 ff.

147 *Scheffold*, Haftungsfragen, S. 25.

148 Vgl. *Arndt*, PharmR 1996, S. 74; *Krieter*, Grenzfälle, S. 170; *Krüger*, KHuR 2005, S. 26, 139; *Sobota*, FS Steffen, S. 235.

149 So die amtliche Begründung zur 12. AMG-Novelle, BT-Drs. 15/2109, S. 32.

150 So auch *Deutsch*, MedR 2006, S. 415; *Meuser/Platter*, PharmR 2005, S. 396.

jeden Mitgliedstaat nur eine einzige Stellungnahme abgegeben werden darf. Für die Frage der Zulässigkeit einer klinischen Prüfung ist somit allein die Bewertung derjenigen Ethik-Kommission maßgeblich, die für den die Arzneimittelerprobung leitenden Prüfer zuständig ist. Dabei besteht Einigkeit, dass diese aus Gründen der Verfahrensökonomie und Verfahrenstransparenz vorgenommene Beschränkung auf ein einziges Votum weder den Sponsor noch die einzelnen Prüfer daran hindert, sich von mehreren Ethik-Kommissionen beraten zu lassen. Strittig ist dagegen, ob geradezu eine Pflicht besteht, neben der nach dem AMG zuständigen Kommission auch die jeweiligen lokalen, für die betreffende Prüfeinrichtung zuständigen Ethik-Kommission anzurufen, etwa weil diese allein Kenntnis von den Prüfbedingungen vor Ort haben kann. Da diese Problematik weniger einen Aspekt des Verfahrens, welches allein die Bewertung durch die zuständige Ethik-Kommission verlangt, betrifft, sondern vielmehr eine Frage der einzuhaltenden Sorgfalt darstellt, soll darauf erst später detailliert eingegangen werden.[151]

Damit die Ethik-Kommission eine sachgerechte Entscheidung treffen kann, hat der Sponsor im Genehmigungsverfahren gemäß § 42 Abs. 1 Satz 4 AMG i. V. m. § 7 GCP-V alle Angaben zu machen, die diese zur Bewertung benötigt. Während des Prüfungsverlaufs hat er dann wiederum jeden ihm bekannt gewordenen Verdachtsfall unerwarteter schwerwiegender Nebenwirkungen sowie jeden Sachverhalt, der eine erneute Überprüfung der Nutzen-Risiko-Bewertung erfordert, unverzüglich mitzuteilen, § 13 Abs. 2-4 GCP-V.

(X) Genehmigung des BfArM bzw. PEI

Neben dem Votum der Ethik-Kommission bedarf es nach § 40 Abs. 1 Satz 2 AMG einer Genehmigung der nach § 77 AMG zuständigen Bundesoberbehörde, bei Arzneimitteln also des BfArM bzw. PEI. Zu diesem Zweck hat der Sponsor wiederum gemäß § 42 Abs. 2 Satz 2 AMG i. V. m. § 7 GCP-V alle Angaben und Unterlagen vorzulegen, die das BfArM/PEI zur umfassenden Bewertung der Arzneimittelprüfung benötigt. Zudem muss er neben der Ethik-Kommission auch das BfArM/PEI gemäß § 13 Abs. 2-5 GCP-V über im Prüfungsverlauf auftretende unerwartete Ereignisse von einiger Schwere unterrichten.

Parallel zum Genehmigungsverfahren bei der Ethik-Kommission hat der Sponsor auch hier einen Anspruch auf die behördliche Genehmigung, sofern keiner der abschließenden Versagungsgründe des § 42 Abs. 2 Satz 3 AMG gegeben ist.

2. Zulassung des Inverkehrbringens eines Arzneimittels

Soll das Arzneimittel nach erfolgreicher Prüfung[152] auf den Markt gebracht werden, bedarf es hierzu gemäß § 21 AMG einer entsprechenden Zulassung. Das Zulassungsverfahren, wonach ein Arzneimittel nur bei hinreichendem Nachweis von Qualität, Wirksamkeit und Unbedenklichkeit in den Verkehr gebracht werden darf, stellt das Kernstück, die tragende Säule des Arzneimittelrechts dar, besitzt es

---

[151] Siehe S. 309.

[152] Diese dauert im Schnitt 8-12 Jahre – bei Gesamtkosten in Höhe von durchschnittlich 800 Mio. Euro und einer Erfolgsquote von 1:6.000. Siehe *BPI*, Pharma-Daten 2005, S. 17.

als Element präventiver Gefahrenabwehr doch eine Schlüsselfunktion bei der Gewährleistung bestmöglicher Arzneimittelsicherheit.

Die Idee eines gemeinsamen europäischen Binnenmarktes machte auch vor dem Arzneimittelwesen mit seinem Zulassungsverfahren nicht Halt. Zum einen erfuhr das deutsche Arzneimittelrecht durch eine Reihe harmonisierender Richtlinien maßgebliche Veränderungen, zum anderen wurden auf europäischer Ebene eigene Verfahren und Institutionen geschaffen. Folglich ist grundlegend zwischen den europäischen und dem rein nationalen Zulassungsverfahren zu unterscheiden. Infolge der Verordnung EG 2309/93 besteht seit 1995 ein EU-weites zentralisiertes Zulassungsverfahren, das für bestimmte innovative, namentlich gentechnologisch hergestellte Arzneimittel anwendbar ist und eine in allen Mitgliedstaaten geltende Verkehrsgenehmigung zum Gegenstand hat. Die für die Zulassungserteilung zuständige Behörde ist die in London ansässige European Medicines Evaluation Agency (EMEA). Neben diesem zentralen Verfahren existiert auch ein dezentrales Zulassungsverfahren, ein System gegenseitiger Anerkennung von auf nationaler Ebene erteilten Zulassungen seitens der Behörden der EU-Mitgliedstaaten.[153] Zudem wird gemäß § 37 AMG die Zulassung eines Arzneimittels durch die Kommission oder den Rat der EG der nationalen Zulassung gem. § 25 AMG gleichgestellt. Die vorliegende Untersuchung beschränkt sich indes auf das nationale Zulassungsverfahren, besitzt die EU bzw. EG doch keine eigene Strafgewalt und knüpfen die Normen des deutschen Strafrechts nur an Verstöße gegen die einschlägigen nationalen Regelungen an, wenngleich den europarechtlichen Vorgaben eine nicht zu unterschätzende Bedeutung bei der Auslegung der deutschen arzneimittelrechtlichen Vorschriften zukommt.

a. Gesetzliches Regelwerk im Überblick

Das nationale Zulassungsverfahren ist in den §§ 21 ff. AMG geregelt. § 21 AMG beschreibt den Umfang der Zulassungspflicht, indem er festlegt, welche Präparate der Marktzulassung bedürfen. § 25 AMG regelt als zentrale Vorschrift das gesamte Verfahren bis zur Zulassungserteilung und enthält darüber hinaus einen abschließenden Katalog der Gründe, die das BfArM/PEI berechtigen, die Zulassung zu versagen. Die §§ 22-24 AMG bestimmen den Mindestinhalt der beim BfArM/PEI einzureichenden Unterlagen, der darüber hinaus durch die Arzneimittelprüfrichtlinien i. S. d. § 26 AMG konkretisiert wird. Die Arzneimittelprüfrichtlinien richten sich nicht unmittelbar an den Antragsteller, sondern binden das BfArM/PEI bei der Beurteilung der einzureichenden Unterlagen und gewährleisten durch die Offenlegung der Entscheidungskriterien Einheitlichkeit und Vorhersehbarkeit der Zulassungsentscheidungen.

b. Wesen und Zweck des Zulassungsverfahrens

Das Zulassungsverfahren stellt eine Reaktion auf die Arzneimittelkatastrophen der Vergangenheit, insbesondere im Zusammenhang mit *Contergan*, dar. Es dient in

---

[153] Zum europäischen Zulassungssystem siehe ausführlich *Blasius et al.*, Arzneimittel, S. 142 ff.; D/L-*Anker*, Vor §§ 21 ff. Rn. 2; *Kloesel/Cyran*, § 21 Anm. 3; *Ortwein*, Arzneimittel, S. 57 f.; *Rehmann*, Vor § 21 Rn. 3 ff.; *Sander*, § 21 Erl. 14a.

erster Linie dem Schutz der Verbraucher, indem es vorschreibt, dass jedes Fertigarzneimittel erst nach sorgfältiger Prüfung und Erprobung auf Qualität, Wirksamkeit und Unbedenklichkeit auf den Pharmamarkt gelangen darf und dadurch die Öffentlichkeit vor vermeidbaren Risiken durch Inverkehrbringen unzureichend erprobter Präparate bewahrt.[154] Die gesetzlichen Vorschriften sind Ausdruck einer permanenten Gratwanderung. Denn das Zulassungsverfahren darf auch keine unverhältnismäßig hohe Barriere zwischen dem Patienten und der vom Arzneimittel erhofften Linderung seiner Leiden sein, sondern muss in angemessenem Umfang die Bereicherung der medizinischen Praxis durch neue, wertvolle Arzneimittel ermöglichen.[155] Nur so können auch die grundrechtlich geschützten Interessen der pharmazeutischen Industrie ausreichend Berücksichtigung finden.[156]

Im Hinblick auf die Klassifizierung von Arzneimitteln als abstrakt gefährliche Güter stellt die Pflicht zur erfolgreichen Absolvierung eines Zulassungsverfahrens, das seinen Abschluss durch die Zulassungsentscheidung in Form eines begünstigenden oder versagenden Verwaltungsaktes i. S. d. § 35 VwVfG findet, ein präventives Verbot mit Erlaubnisvorbehalt dar,[157] welches ein sozialadäquates und daher an sich zulässiges Verhalten in Anbetracht des damit verbundenen Gefahrenpotentials einer vorherigen behördlichen Kontrolle der Risikofaktoren unterwirft.[158] Sofern der pharmazeutische Unternehmer die Zulassungskriterien erfüllt, besitzt er dementsprechend einen Anspruch auf die Zulassung.[159]

c. Reichweite von Zulassungspflicht und Zulassungserteilung

Die Zulassungspflicht erfasst nach § 21 Abs. 1 AMG diejenigen Fertigarzneimittel i. S. d. § 4 Abs. 1 AMG, die zu den von § 2 Abs. 1 bzw. Abs. 2 Nr. 1 AMG erfassten Arzneimitteln zählen. Maßgebliches Kriterium der Zulassungspflichtigkeit ist dabei die nahe liegende Möglichkeit schädlicher Arzneimittelwirkungen, wie sie bei der Anwendung von Arzneistoffen mit (noch) nicht hinreichend bekanntem oder definiertem Wirkprofil stets latent vorhanden ist.[160]

§ 21 Abs. 2 AMG sieht diverse Ausnahmen von der grundsätzlichen Zulassungspflicht vor, etwa nach Nr. 1 für so genannte verlängerte Rezepturen und entsprechend Nr. 2 für Arzneimittel, die zur klinischen Prüfung bestimmt sind. Letzteres ist die logische Konsequenz daraus, dass im Vorfeld klinischer Prüfungen

---

154 Vgl. *Burow/Lüllmann*, Vorschläge, S. 15; D/L-*Anker*, § 21 Rn. 2; *Körner*, Vorbem AMG Rn. 55; *Schnieders*, BGesundhBl 1985, S. 194.

155 D/L-*Anker*, § 21 Rn. 2; *Rehmann*, Vor § 21 Rn. 2.

156 D/L-*Anker*, § 21 Rn. 2.

157 *di Fabio*, Risikoentscheidungen, S. 184; *Deutsch*, VersR 2004, S. 938; D/L-*Anker*, § 21 Rn. 4; *Deutsch/Spickhoff*, Medizinrecht, Rn. 863, 866; *Fuhrmann*, Sicherheitsentscheidungen, S. 75; *Hägele*, Arzneimittelprüfung, S. 169; *Hart/Hilken/Merkel/Woggan*, Arzneimittelmarkt, S. 29; *Heitz*, Arzneimittelsicherheit, S. 62; *Körner*, Vorbem AMG Rn. 55; *Papier*, Gebrauch, S. 8; *Ramsauer*, Arzneimittelversorgung, S. 26; *Rehmann*, Einf. Rn. 11; *Sander*, § 21 Erl. 1; *Schubert*, JuS 1983, S. 750; *Wahl*, FS Eser, S. 1247.

158 Vgl. *Maurer*, Allg. VwR, § 9 Rn. 51 ff. m.w.N. Zur Funktion der Zulassung siehe detailliert S. 323 ff.

159 Dies folgt aus dem numerus clausus der Versagungsgründe in § 25 Abs. 2 AMG.

160 Ebenso *Scheu*, In dubio, S. 688 f.

die für die Zulassungsentscheidung erforderliche hinreichende Informationsbasis noch nicht vorhanden ist, sondern gerade erst mit Hilfe der klinischen Prüfung – deren erfolgreiche Durchführung daher auch gemäß § 22 Abs. 2 AMG Zulassungsvoraussetzung ist – aufgebaut werden soll.[161] Auch homöopathische Arzneimittel unterliegen nicht der Zulassungspflicht; hier genügt gemäß §§ 38, 39 AMG die bloße Registrierung beim BfArM/PEI.[162] Schließlich dürfen Pharmaka von großem therapeutischem Wert nach § 28 Abs. 3 AMG auch ohne vorherige Durchführung einer umfassenden Arzneimittelprüfung im Wege der so genannten Schnellzulassung in Verkehr gebracht werden.

Zulassungspflicht und Zulassungserteilung sind daher primär produkt- und nicht etwa personenbezogen, wenngleich die Zulassung, wie sich aus § 21 Abs. 3 Satz 1 AMG und § 25 Abs. 3 AMG ergibt, dem Antragsteller und nur ihm erteilt wird.[163] Gegenstand der Zulassung ist dabei nicht das einzelne Präparat, sondern das entwickelte Arzneimittelmodell als solches, nach dessen Vorbild dann eine Vielzahl gleichartiger Präparate gefertigt werden soll. Aussagegehalt der Zulassung ist somit, dass alle Arzneimittel, die diesem Modell entsprechen, in Verkehr gebracht werden dürfen.[164] Dabei wird der Zulassungsbereich grundsätzlich vom pharmazeutischen Unternehmer selbst bestimmt, da die zuständige Behörde an den regelmäßig nur auf bestimmte Indikationsgebiete und Anwendungsformen gerichteten Zulassungsantrag gebunden ist.[165]

---

[161] Da als Abgabe an andere und somit nach § 4 Abs. 17 AMG als Fall des Inverkehrbringens i. S. d. § 21 Abs. 1 AMG aber letztlich auch die unentgeltliche Abgabe zum Zwecke der klinischen Prüfung zählt, war die ausdrückliche Normierung des Ausnahmetatbestandes notwendig.

[162] Dadurch wird der Tatsache Rechnung getragen, dass bei homöopathischen Arzneimitteln der Wirksamkeitsnachweis nach den Regeln der wissenschaftlichen Pharmakologie ihrer Natur nach schwer zu führen ist, zeichnen sie sich doch durch einen hohen Verdünnungsgrad des betreffenden Wirkstoffs auf. Vgl. die amtliche Begründung zur Neuregelung des AMG 1976, BT-Drs. 7/3060, S. 52. Als Arzneimittel unterliegen sie aber dennoch dem AMG und damit der Überwachung durch die zuständigen Landesbehörden, so dass den Belangen der Arzneimittelsicherheit genüge getan wird. Zur Arzneimittelüberwachung siehe S. 65 ff.

[163] *Deutsch/Spickhoff*, Medizinrecht, Rn. 886; *Kloesel/Cyran*, § 25 Anm. 5; *Rehmann*, § 25 Rn. 1. Da die Zulassung sich stets nur auf ein bestimmtes Arzneimittel eines bestimmten Herstellers bezieht, hebt *Rehmann*, Einf. Rn. 14, zutreffend hervor, dass die Frage nach der Personen- oder Produktbezogenheit der Zulassung letztlich nur dann Bedeutung gewinnt, wenn ein anderer als der Zulassungsinhaber das vom Originalhersteller stammende zugelassene Arzneimittel in den Verkehr bringen will, ohne dass ihm vom Zulassungsinhaber ein entsprechendes Mitvertriebsrecht eingeräumt wurde, also im Wesentlichen beim Parallel- oder Reimport.

[164] *Blasius et al.*, Arzneimittel, S. 155; *Ramsauer*, Arzneimittelversorgung, S. 24 f. Die Übereinstimmung des einzelnen Arzneimittelpräparats mit dem zugelassenen Arzneimittel-Modell ist nicht Gegenstand des Zulassungsverfahrens, sondern wird nach den Vorschriften über die Arzneimittelherstellung, §§ 13 ff., 54 f., 64 ff. AMG, überwacht.

[165] *Ehlers/Bitter*, PharmR 2003, S. 77; *Freund*, PharmR 2004, S. 278.

d. Gang des Zulassungsverfahrens

Das Zulassungsverfahren beginnt gemäß § 21 Abs. 3 Satz 1 AMG mit der Stellung eines entsprechenden Antrags durch den pharmazeutischen Unternehmer. Das Verfahren wird vom Beibringungsgrundsatz beherrscht, wie sich anhand des umfangreichen Katalogs der vorzulegenden Unterlagen in den §§ 22 bis 24 AMG unschwer erkennen lässt. Nach Eingang des Antrags beginnt das BfArM/PEI gemäß § 25a AMG im Rahmen einer Vorprüfung damit, die Unterlagen auf ihre Vollständigkeit zu kontrollieren und sich von der wissenschaftlich einwandfreien Prüfung des Präparates zu überzeugen. Bei Vollständigkeit beginnt das BfArM/PEI mit der inhaltlichen Bewertung. Da diese streng nach dem gesicherten Stand der wissenschaftlichen Erkenntnisse zu erfolgen hat, wird durch Beteiligung von Zulassungskommissionen und Aufbereitungskommissionen gemäß § 25 Abs. 6 und 7 AMG ein hohes Maß externen, das heißt außerhalb des BfArM/PEI liegenden Sachverstandes einbezogen und für die Entscheidung nutzbar gemacht.[166] Zwar ist das BfArM/PEI nicht an die Stellungnahmen der Kommissionen gebunden, muss aber eine abweichende Beurteilung begründen, um den Anschein zu widerlegen, es würde rein nach politischen Motiven entschieden.[167]

Die Zulassungsentscheidung trifft das BfArM/PEI gemäß § 25 Abs. 5 Satz 1 AMG letztlich allein auf Grundlage der eingereichten Unterlagen, deren Aussagegehalt nach dem in den Arzneimittelprüfrichtlinien konkretisierten Stand der wissenschaftlichen Erkenntnisse als Maßstab bewertet wird. Der Untersuchungsgrundsatz des § 24 Abs. 1 VwVfG gilt insofern nur sehr eingeschränkt. Das BfArM/PEI prüft nicht selbst die Arzneimitteleigenschaften, sondern bewertet lediglich die Aussagen der Unterlagen sowie die Plausibilität der aus ihnen gezogenen Schlussfolgerungen.[168] Diese eingeschränkte Prüfung resultiert aus der mangelnden Kapazität des BfArM/PEI zur umfangreichen Testung jedes einzelnen Präparats. Allerdings ist das BfArM/PEI keinesfalls gehindert, eigene wissenschaftliche Erkenntnisse – sei es aus eigenen Untersuchungen oder aus der wissenschaftlichen Auseinandersetzung mit den Zulassungsunterlagen für andere Arzneimittel – zu verwerten oder Sachverständige zu Rate ziehen, § 25 Abs. 5 Satz 2 AMG. Zur Absicherung seiner Entscheidung kann das BfArM/PEI gemäß § 25 Abs. 5 Satz 3 und 4 AMG die Richtigkeit bestimmter Angaben auch vor Ort überprüfen.

---

[166] Siehe hierzu *Burkhardt/Kienle*, Zulassung, S. 50 ff.; *Hart/Hilken/Merkel/Woggan*, Arzneimittelmarkt, S. 31, 71; *Kloesel/Cyran*, § 25 Anm. 100. Die Institution differenzierter und spezialisierter Zulassungskommissionen ist Ausdruck der Auseinandersetzung der besonderen Therapierichtungen mit den Paradigmen der Schuldmedizin und hilft, die Besonderheiten der verschiedenen Arzneimittel hinsichtlich Anwendungsgebieten, Stoffgruppen und Therapierichtungen angemessen zu berücksichtigen.

[167] *Murswieck*, Kontrolle, S. 152. Aus diesem Grund und in Anbetracht der großen Zahl der Fälle, in denen sich Kommissionsvotum und Zulassungsentscheidung entsprechen, kann durchaus von einer faktischen Bindungswirkung der Kommissionsbefunde gesprochen werden. So auch *Biermann*, Arzneimittelprüfung, S. 60; *Hart/Hilken/Merkel/Woggan*, Arzneimittelmarkt, S. 71.

[168] *Hägele*, Arzneimittelprüfung, S. 169; *Heitz*, Arzneimittelsicherheit, S. 67; *Plagemann*, Wirksamkeitsnachweis, S. 65

Hält das BfArM/PEI den Nachweis von Qualität, Wirksamkeit und Unbedenklichkeit des Arzneimittels für erbracht, erlässt es die Zulassung gemäß § 25 Abs. 1 AMG schriftlich unter Zuteilung einer Zulassungsnummer. Unter Umständen erfolgt lediglich eine Teilzulassung, wenn für eine einzelne beanspruchte Indikation der Wirksamkeitsnachweis als nicht erbracht angesehen wird oder die möglichen Nebenwirkungen im Verhältnis zur Schwere der Indikation als unvertretbar einzuordnen sind. Gemäß § 28 AMG kann die Zulassung zum Schutz der Patienten auch unter Auflagen erfolgen, wobei vor allem die Möglichkeit des § 28 Abs. 2a AMG, die Abgabe des Medikaments von der Verschreibung eines Facharztes abhängig zu machen, hervorzuheben ist. Nach § 28 Abs. 1 Satz 3 AMG können Auflagen auch nachträglich angeordnet werden, was speziell bei innovativen Arzneimitteln von Bedeutung ist, deren Risikopotential anfangs nicht überschaubar ist.

e. Zulassungsvoraussetzungen

In Folgenden gilt es, kurz auf die wesentlichsten, im Hinblick auf die strafrechtliche Verantwortung für Arzneimittelschäden relevanten Zulassungsvoraussetzungen einzugehen. Im Zentrum steht hierbei unbestritten die in § 1 AMG angesprochene Trias von Qualität, Wirksamkeit und Unbedenklichkeit.[169] Dem Erfordernis des Wirksamkeitsnachweises liegt die Überlegung zugrunde, dass die Behandlung mit unwirksamen Arzneimitteln denklogisch die Nichtbehandlung mit einem anderen, wirksamen Arzneimittel impliziert und damit eine Heilung verschleppt oder unter Umständen gar unmöglich wird.[170]

(A) Anforderungen an die Zulassungsunterlagen

Dementsprechend ist der pharmazeutische Unternehmer gemäß § 22 Abs. 1 AMG verpflichtet, in den einzureichenden Prüfungsunterlagen umfassende Angaben zur Wirkungsweise des Arzneimittels zu machen. So sind nach Nr. 5 diejenigen Wirkungen anzugeben, die bei der klinischen Prüfung des Präparates festgestellt wurden oder aufgrund seiner Zusammensetzung zu erwarten sind, namentlich Karzinogenität, Mutagenität und Teratogenität.[171] Gemäß Nr. 6 sind die Krankheitsbilder aufzuführen, zu deren Beseitigung, Linderung, Verhütung oder Erkennung sich das Arzneimittel in der klinischen Prüfung als wirksam erwiesen hat oder nach seiner Zusammensetzung aufgrund belegter anderweitiger klinischer Erfahrung als wirksam angesehen werden muss.[172] Nr. 7 bis 9 verpflichten den Antragsteller schließlich zur Mitteilung aller Gegenanzeigen, Neben- und Wechselwirkungen. Als Gegenanzeigen sind dabei die Umstände anzugeben, unter denen das Arzneimittel aus Gründen der Sicherheit nicht angewendet werden darf.[173]

---

169 Ebenso *Glaeske/Greiser/Hart*, Arzneimittelsicherheit, S. 70; *Lewandowski*, Zulassungsfragen, S. 79

170 *Gugler*, Grundlagen, S. 13; *Neumeister*, Arzneimittel und Patient, S. 5; *Ramsauer*, Arzneimittelversorgung, S. 24, 34.

171 Eingehend *Schönhöfer*, Risikoabschätzungen, S. 103.

172 *Kloesel/Cyran*, § 22 Anm. 20.

173 *Kloesel/Cyran*, § 22 Anm. 21. Zum Begriff der Neben- bzw. Wechselwirkungen siehe bereits S. 8.

Zusätzlich zu den Basisdaten des § 22 Abs. 1 AMG müssen gemäß § 22 Abs. 2 i. V. m. § 24 AMG insbesondere die Daten der analytischen Prüfung,[174] der pharmakologisch-toxikologischen Prüfung und der klinischen Prüfung in Form von diese bewertenden Sachverständigengutachten vorgelegt werden. Bei Präparaten, deren Wirkungen bereits bekannt oder zumindest abschätzbar sind, genügt nach § 22 Abs. 3 AMG mithin die analytische Prüfung in Verbindung mit der Vorlage entsprechenden wissenschaftlichen Erkenntnismaterials.

Schließlich ist, um die Übereinstimmung der Angaben im Zulassungsantrag mit denen auf dem Behältnis, der äußeren Umhüllung und in der Packungsbeilage zu gewährleisten, gemäß § 22 Abs. 7 AMG deren Wortlaut zusammen mit dem Entwurf der Fachinformation dem Zulassungsantrag beizufügen.

(B) Fehlen eines Versagungsgrundes

Des Weiteren darf – als negative Zulassungsvoraussetzung – keiner der in § 25 Abs. 2 und 3 AMG enumerativ aufgeführten Umstände der Marktzulassung des Arzneimittels entgegenstehen. Auf die wesentlichen Versagungsgründe soll im Folgenden kurz eingegangen werden. Dabei ist der Versagungsgrund unvollständiger Unterlagen gemäß § 25 Abs. 2 Satz 1 Nr. 1 AMG zunächst die logische (negative) Konsequenz der in den §§ 22 bis 24 AMG positiv festgelegten Anforderungen an die einzureichenden Dokumente. Entsprechendes gilt für den Versagungsgrund unzureichender Prüfung des Präparates, der das Pendant zu den Prüfungsanforderungen gemäß § 22 Abs. 2 AMG i. V. m. den nach § 26 AMG erlassenen Arzneimittelprüfrichtlinien darstellt. Die Vorschrift bezieht sich allein auf die Durchführung der Prüfung als solche, nicht auf die Aussagekraft der dadurch gefundenen Ergebnisse. Die Unzulänglichkeit der in grundsätzlich umfänglichen und ordnungsgemäß durchgeführten Prüfungen gewonnenen Daten bzgl. Qualität, Wirksamkeit und Unbedenklichkeit des Arzneimittels kann allerdings gemäß § 25 Abs. 2 Satz 1 Nr. 3-5 AMG die Zulassungserteilung verhindern. Dabei stützt sich das BfArM/PEI, was die Beurteilung der Aussagekraft der Prüfungen angeht, maßgeblich auf die dazu vorgelegten Sachverständigengutachten.

Fraglich ist, inwieweit der Aspekt der Marktsättigung die Bewertung der Unbedenklichkeit des Medikaments i. S. d. § 25 Abs. 2 Satz 1 Nr. 5 AMG beeinflusst, ist doch der Nutzen von Arzneimitteln, für deren Indikationsgebiet bereits eine ausreichende Anzahl von Medikamenten erhältlich ist, eher als gering einzuschätzen, mit der Folge, dass selbst geringe Anwendungsrisiken mitunter als unvertretbar anzusehen sind.[175] Indes stellt § 25 Abs. 2 Satz 1 Nr. 5 AMG anders als der

---

[174] Die analytische Prüfung bezieht sich auf die vom Antragsteller gewählte Herstellungsart des Arzneimittels und stellt eine physikalische, chemische, biologische oder mikrobiologische In vitro-Prüfung des Präparates, das mit dem vorgesehenen konkreten Verfahren hergestellt wurde, dar. Vgl. D/L-*Anker*, § 22 Rn. 8. Aus dem analytischen Gutachten muss hervorgehen, ob das Präparat die ordnungsgemäße Qualität aufweist und ob die vorgeschlagenen Kontrollmethoden zur Beurteilung der Qualität geeignet sind sowie dem Stand wissenschaftlicher Erkenntnisse entsprechen. Siehe *Kloesel/Cyran*, § 24 Anm. 15; *Ramsauer*, Arzneimittelversorgung, S. 29; *Rehmann*, § 24 Rn. 2.

[175] Zwar besteht Einigkeit darüber, dass das neue Präparat nicht im Sinne einer strengen Bedürfnisprüfung wirkungsvoller als die vorhandenen therapeutischen Alternativen

Wortlaut des § 40 Abs. 1 Satz 3 Nr. 2 AMG nicht auf den Nutzen des Arzneimittels für die Heilkunde, sondern nur auf das Verhältnis der schädlichen zu den positiven Wirkungen ab, so dass ein Marktverbot für Arzneimittel, die im Vergleich zu bereits zugelassenen Präparaten eine identische Wirksamkeit und Risikodimension aufweisen, letztlich abzulehnen ist.

f. Zulassungsdauer

Mit der Zulassung wird nicht per se die Genehmigung erteilt, das Arzneimittel zeitlich unbegrenzt in den Verkehr zu bringen. Vielmehr erlischt die Zulassung gemäß § 31 Abs. 1 Nr. 3 AMG automatisch nach fünf Jahren, sofern kein Antrag auf Verlängerung gestellt wird, dem gemäß § 31 Abs. 2 Satz 2 AMG eine komplett überarbeitete Fassung der Zulassungsunterlagen beizufügen ist. Unabhängig davon kann das BfArM/PEI im Fall des nachträglichen Eintritts eines Versagungsgrundes die Zulassung jederzeit gemäß § 30 AMG aufheben.

3. Herstellung eines Arzneimittels

Werden Arzneimittel zwar bereits zum Zwecke der klinischen Prüfung hergestellt, setzt der Herstellungsprozess in vollem Umfang doch erst nach der Prüfphase und Erteilung der Marktzulassung ein. Schließlich will auch der pharmazeutische Unternehmer durch die Forschungsergebnisse Erkenntnisse über die Wirkungen des Präparates erlangen, um herauszufinden, ob es vertretbar ist, das Produkt in großen Mengen auf den Markt zu geben.

Welche Tätigkeiten dem Begriff des Herstellens unterfallen, definiert das AMG abschließend in § 4 Abs. 14. Danach erfasst die Arzneimittelherstellung nicht nur die letzte Produktionsphase, in der das Arzneimittel seine endgültige Form erhält, sondern bereits die über die bloße Rohstoffherstellung hinausgehenden Vorstadien. Der umfassende Charakter des Herstellungsbegriffs dient dem Zweck, alle Produktionsschritte, deren ordnungsgemäße Ausführung für die Arzneimittelsicherheit von wesentlicher Bedeutung ist, der für die Herstellung insgesamt erforderlichen Erlaubnispflicht des § 13 Abs. 1 AMG zu unterwerfen und dadurch eine gewisse Qualität zu gewährleisten. Dies gilt namentlich für das Abpacken und Kennzeichnen der Arzneimittel, denn der Verbraucher kann am Präparat allein nicht erkennen, welche Wirkstoffe es enthält, für welche Indikation es in Betracht kommt, welche Dosierung ratsam ist oder welche Nebenwirkungen drohen.[176]

a. Person des Herstellers

Hersteller ist jede Firma, die an der Herstellung des Arzneimittels, auch der Wirkstoffe und der Halbfertigware, ganz oder teilweise an einzelnen Herstellungs-

---

sein muss, vgl. *Blasius et al.*, Arzneimittel, S. 113; *Fuhrmann*, Sicherheitsentscheidungen, S. 238; *Hart/Hilken/Merkel/Woggan*, Arzneimittelmarkt, S. 67. Jedoch wird teilweise gefordert, dass die Risiken im Vergleich zu denen der bereits zugelassenen Medikamente geringer sein müssten, um zu einem positiven Vertretbarkeitsurteil zu kommen. So *Hart/Hilken/Merkel/Woggan*, Arzneimittelmarkt, S. 69; *Kloesel/Cyran*, § 25 Anm. 8.

[176] Vgl. *Ramsauer*, Arzneimittelversorgung, S. 50; *Wagner*, Delinquenz, S. 71.

schritten beteiligt war. Demgemäß zählen hierzu auch diejenigen Firmen, die Arzneimittel in eine Darreichungsform bringen, verkapseln, abfüllen oder kennzeichnen.[177] Da insofern allen die faktische Einbindung in den Herstellungsprozess maßgeblich ist, muss der Hersteller mit dem pharmazeutischen Unternehmer, der das Medikament unter seinem Namen in Verkehr bringt, nicht identisch sein. Indes soll zur Vermeidung einer Verkomplizierung der Thematik für die Zwecke der vorliegenden Untersuchung die Personenidentität unterstellt werden.

b. Erlaubnispflichtigkeit des Herstellens

Wie bereits angedeutet, bedarf das gewerbs- oder berufsmäßige Herstellen von Arzneimitteln zum Zwecke der Abgabe an andere gemäß § 13 Abs. 1 AMG einer entsprechenden Erlaubnis. Erfasst wird jede entgeltliche, auf die Erzielung fortlaufender Einkünfte gerichtete und daher auf Dauer angelegte Herstellungstätigkeit, ohne Rücksicht darauf, ob die Produktion auf eigene oder – wie bei der Lohnherstellung – auf fremde Rechnung erfolgt.[178] Der Abgabezweck wiederum ist immer dann zu bejahen, wenn die Verfügungsgewalt über das Präparat vom Hersteller auf eine von diesem verschiedene Person übergeht, also nicht nur bei der unmittelbaren Abgabe an den Verbraucher, sondern auch bei der Auslieferung des Medikaments an Groß- oder Einzelhändler bzw. Apotheker.[179] Von der Erlaubnispflicht ausgenommen sind allerdings gemäß § 13 Abs. 2 AMG namentlich Apotheker, deren Tätigwerden bereits der Überwachung durch das ApoG und die ApoBetrO unterliegt.

Zuständig für die Erteilung der Herstellungserlaubnis ist nach § 13 Abs. 4 AMG die durch Landesrecht bestimmte Behörde. Dies ist regelmäßig der Regierungspräsident als so genannte Mittelbehörde. Die zuständige Behörde darf die Herstellungserlaubnis erst erteilen, wenn sie sich insbesondere durch eine Abnahmebesichtigung vergewissert hat, dass die gesetzlichen Voraussetzungen zur Erteilung vorliegen, § 2 AMGVwV. Andererseits besteht ein Anspruch auf die Erteilung, wenn keiner der in § 14 Abs. 1 AMG abschließend aufgezählten Versagungsgründe vorliegt. Dies gilt unabhängig davon, ob das betreffende Arzneimittel schon gemäß § 25 Abs. 1 AMG zum Markt zugelassen ist, bedarf doch bereits die Herstellung zum Zwecke der der Zulassung vorausgehenden und diese erst ermöglichenden klinischen Prüfung einer Erlaubnis. Umgekehrt beinhaltet die Marktzulassung keineswegs die Erlaubnis, das Pharmakon nach dem genehmigten Arzneimittelmodell herzustellen. Arzneimittelzulassung und Herstellungserlaubnis sind strikt voneinander zu trennen. Während bei der Zulassung das Medikament als solches unabhängig von den persönlichen Eigenschaften des Antragstellers überprüft wird, geht es bei der Erteilung der Herstellungserlaubnis um die Sachkunde und Zuverlässigkeit der Personen, die für die Herstellung verantwortlich sind, sowie um die Eignung der Herstelleranlagen.[180] Allerdings wird eine gewisse

---

[177] *Kloesel/Cyran*, § 22 Anm. 12a.

[178] D/L-*Ratzel*, § 13 Rn. 1; *Kloesel/Cyran*, § 13 Anm. 8 ff.; *Rehmann*, § 13 Rn. 2; *Sander*, § 13 Erl. 3.

[179] *Kloesel/Cyran*, § 13 Anm. 15.

[180] *Ramsauer*, Arzneimittelversorgung, S. 49.

Koordinierung beider Genehmigungsverfahren dadurch erreicht, dass im Zulassungsverfahren gemäß § 22 Abs. 4 AMG der Besitz einer Herstellungserlaubnis für das konkrete Medikament nachgewiesen werden muss.

c. Voraussetzungen der Herstellungserlaubnis

Die Voraussetzungen für die Erteilung der Herstellungserlaubnis ergeben sich im Umkehrschluss aus den Versagungsgründen des § 14 Abs. 1 AMG. § 14 Abs. 1 Nr. 1-5c AMG verlangt vom Hersteller zunächst eine bestimmte unternehmerische Organisations- und Verantwortungsstruktur. So müssen die einzelnen Produktionsabschnitte der Verantwortung einer konkret zu benennenden sachkundigen Person sowie eines Herstellungs- und Kontrollleiters unterstellt werden, die über die nötige Zuverlässigkeit und Sachkenntnis i. S. d. § 15 AMG verfügen und zur ständigen Erfüllung ihrer Obliegenheiten in der Lage sind. Nach § 14 Abs. 1 Nr. 6 AMG müssen die Räume und Einrichtungen so beschaffen sein, dass sie eine ordnungsgemäße Herstellung, Prüfung und Lagerung der Arzneimittel ermöglichen.[181] Im Sinne einer Generalklausel setzt § 14 Abs. 1 Nr. 6a AMG schließlich voraus, dass eine dem Stand von Wissenschaft und Technik entsprechende Herstellung und Prüfung gewährleistet ist.

d. Anforderungen an den Herstellungsprozess im Überblick

Über diese Anforderungen, die Wissenschaft und Technik an den Herstellungs- und Prüfprozess stellen, und die Regelungen, in denen diese zum Ausdruck kommen, soll im Folgenden ein erster Überblick gegeben werden.[182] So besteht neben der selbstverständlichen Pflicht zur sorgfältigen Herstellung des Arzneimittels gemäß § 5 PharmBetrV vor allem eine Verpflichtung zur umfassenden Qualitätskontrolle sowohl der Ausgangsstoffe als auch der produzierten Präparate, § 6 PharmBetrV. Die Kontrolltätigkeit umfasst die Überprüfung von Identität, Reinheit und Gehalt sowie der Erfüllung der pharmazeutisch-technologischen Qualitätsanforderungen.[183] Da Arzneimittelschäden aber auch aus der unsachgemäßen Anwendung eines an sich einwandfreien Medikaments resultieren können, ist daneben die sorgfältige Erstellung einer vollständigen und verständlichen Fach- bzw. Gebrauchsinformation gemäß §§ 11, 11a AMG sowie deren ständige Kontrolle und Anpassung an neue Erkenntnisse unabdingbare Voraussetzung eines auf umfassende Arzneimittelsicherheit ausgerichteten Herstellungsprozesses. Um einen solchen zu gewährleisten, obliegt dem Hersteller schließlich gemäß §§ 2 ff. PharmBetrV, für eine sachgerechte Organisation sowie angemessene personelle, räumliche und apparative Ausstattung des Betriebes Sorge zu tragen.

Somit beziehen sich die Anforderungen insgesamt auf vier Bereiche, die mit den Schlagworten Organisation, Fabrikation, Kontrolle und Information umschrieben werden können.

---

[181] Hieran zeigt sich die in § 16 AMG zum Ausdruck gebrachte Betriebsbezogenheit der Herstellungserlaubnis.

[182] Eine detaillierte Darstellung der einzelnen Pflichten erfolgt im Rahmen der Erörterung der den pharmazeutischen Unternehmer treffenden Sorgfaltspflichten, S. 280 ff.

[183] Näher *Blasius et al.*, Arzneimittel, S. 90; *Ortwein*, Arzneimittel, S. 71.

4. Vertrieb eines Arzneimittels

Ist das Arzneimittel einmal hergestellt, wird es vom pharmazeutischen Unternehmer auf den Weg zum Endverbraucher gebracht. Spielt die Phase des Vertriebs normalerweise nur eine untergeordnete Rolle in Bezug auf die Verursachung späterer produktbedingter Schadensereignisse, so gilt dies nicht für den Vertrieb von Pharmaka als Waren besonderer Art. Zum einen bedürfen Medikamente sowohl während des Transportes als auch hinsichtlich ihrer Lagerung einer besonders sachkundigen Handhabung, zum anderen sollte ihre Abgabe an den Endverbraucher zu dessen Schutz mit einer speziellen Beratung verbunden sein, so dass der Vertrieb zwingend über Personen zu erfolgen hat, die sowohl zum fachgerechten Umgang mit dem Arzneimittel als auch zur umfassenden Aufklärung über das Produkt befähigt sind.

Vor diesem Hintergrund regelt das AMG in den §§ 43 bis 47 sowohl die Vertriebswege für verschiedene Arzneimittelgruppen als auch die Bedingungen ihrer Abgabe an den Patienten. Abhängig vom Risikopotential eines Arzneimittels werden hier deutliche Unterschiede gemacht. So kann ein Präparat freiverkäuflich oder apothekenpflichtig, verschreibungspflichtig oder gar dem BtMG unterstellt sein.

Während die §§ 43 bis 46 AMG die Kriterien für die Apothekenpflicht eines Präparates formulieren, kanalisiert § 47 AMG den daraus folgenden Vertriebsweg vom pharmazeutischen Unternehmer bis zum Endverbraucher und sichert ihn – unter Zulassung einer Direktbelieferung in begründeten Ausnahmefällen – gegen Umgehung. Die Vorschrift verpflichtet den pharmazeutischen Unternehmer und den Großhändler hinsichtlich apothekenpflichtiger Arzneimittel grundsätzlich zur Einhaltung des Vertriebswegs über den Apotheker. Insofern ergänzen und verstärken sich die Regelungen der §§ 43 bis 47 AMG gegenseitig, bilden mithin ein geschlossenes System im Dienste der Anwendungssicherheit.

Der gesetzlich vorgeschriebene Vertriebsweg beschränkt die daran beteiligten Personen und Institutionen im Wesentlichen auf den pharmazeutischen Unternehmer bzw. Arzneimittelhersteller als Lieferant, den Arzneimittelgroßhändler i. S. d. § 4 Abs. 22 AMG als eigentlichen Vertreiber und Bindeglied zu den einzelnen Apotheken sowie den Apotheker als letztes Glied in der Vertriebskette, der das Medikament an den Patienten bzw. den applizierenden Arzt als Verbraucher und Adressat des Produktes abgibt.[184]

5. Abgabe eines Arzneimittels an den Patienten

Um sein Ziel, eine ordnungsgemäße Versorgung der Bevölkerung mit Arzneimitteln zu erreichen, muss das AMG schließlich auch Regelungen für die kontrollierte Abgabe derselben an den Patienten treffen. Aufgrund der generellen Gefährlichkeit pharmazeutischer Produkte für die Gesundheit des diese einnehmenden Patienten stellt die Abgabe eine verantwortungsvolle Tätigkeit dar. Die Abgabe eines Arzneimittels im weiteren, gemeinüblichen Sinn kann grundsätzlich auf zwei Arten erfolgen: erstens im Wege der direkten Applikation des Medikaments

---

[184] Zu den Beteiligten im Einzelnen S. 73 ff.

durch den behandelnden Arzt, zweitens durch Aushändigung des Präparats an den Patienten zum Zwecke der ambulanten Arzneimitteltherapie.

a. Selbstmedikation und ambulante Arzneimitteltherapie

Ausgehend vom Regelungsbereich des AMG, welches nicht die Arzneimitteltherapie als solche, sondern allein den Verkehr mit Arzneimitteln regulieren will, erfasst der Abgabebegriff des AMG lediglich den letztgenannten Fall, setzt mit anderen Worten die Überlassung der Verfügungsgewalt über das Medikament voraus.[185] Die unmittelbare ärztliche Applikation eines Arzneimittels stellt schon bei natürlicher Betrachtungsweise mangels Einräumung der tatsächlichen Sachherrschaft keinen Arzneimittelverkehr dar und kann daher auch nicht als Abgabe im Sinne eines „Gesetzes über den Verkehr mit Arzneimitteln" erachtet werden.[186] Zudem spricht auch der Inhalt der die Abgabe regelnden AMG-Normen gegen eine Subsumtion der ärztlichen Applikation unter den Abgabebegriff. So hätte die Gleichsetzung der Anwendung mit der Abgabe, die gemäß § 4 Abs. 17 AMG einen Unterfall des Inverkehrbringens darstellt, zur Folge, dass die Verabreichung durch den Arzt der Apothekenpflicht des § 43 Abs. 1 AMG zuwider liefe. Nur bei Ausklammerung der Anwendung aus dem Abgabebegriff bleibt die Möglichkeit der ärztlichen Applikation apothekenpflichtiger Arzneimittel bestehen, ist es doch dann der Arzt, der das Medikament als Endverbraucher anwendet.[187]

Dem Umstand, dass der Abgabe eines Medikaments zum Zwecke der Selbstmedikation bzw. ambulanten Arzneimitteltherapie, wie sie heutzutage den Regelfall darstellt, ein gegenüber der unmittelbaren Anwendung des Arzneimittels durch den Arzt erheblich gesteigertes Gefahrenpotential besitzt, weil das Risiko einer Fehlanwendung bzw. eines Missbrauchs des Arzneimittels insoweit erheblich höher ist, hat der Gesetzgeber namentlich durch zwei Instrumente Rechnung getragen: der Apothekenpflicht und der Verschreibungspflicht.

(A) Apothekenpflicht

Wie erwähnt enthält § 43 AMG den Grundsatz der Apothekenpflicht, wonach Arzneimittel außer in den Fällen der §§ 44 bis 45 AMG nur in Apotheken berufs- oder gewerbsmäßig für den Endverbrauch in den Verkehr gebracht werden dürfen. § 44 AMG sieht gesetzliche Ausnahmen vom Apothekenmonopol vor. Aufgrund der Regelung des § 43 Abs. 1 AMG und die Rechtfertigung des „natürlichen Mo-

---

[185] *Gründel*, PharmR 2001, S. 106; *Kloesel/Cyran*, § 13 Anm. 15; *Körner*, Vorbem AMG Rn. 94; *Räpple*, Arzneimittel, S. 36.

[186] So im Ergebnis bereits *RG*St 62, 369 (391); ebenso *Blasius et al.*, Arzneimittel, S. 188; *Körner*, Vorbem AMG Rn. 69; *Loose*, Strafrechtliche Grenzen, S. 102; MüKo-StGB-*Freund*, § 4 AMG Rn. 33; *Räpple*, Arzneimittel, S. 36 f. (insb. Fn. 102); a. A. das *OVG Münster*, NJW 1989, S. 792 ff., welches die Auffassung vertrat, dass die Injizierung eines Arzneimittels in den Körper eines Patienten die intensivste Form der Abgabe an diesen im Sinne eines Sich-Entäußerns sei.

[187] Vgl. *Kloesel/Cyran*, § 43 Anm. 21; *Räpple*, Arzneimittel, S. 37; *Rehmann*, § 43 Rn. 2; *Sander*, § 43 Erl. 3.

nopols" der Apotheken durch das BVerfG[188] hat die Apotheke als älteste Abgabestelle von Arzneimitteln bis heute nichts an Bedeutung eingebüßt.[189]

Die Formulierung „in Apotheken [...] in den Verkehr gebracht" bedeutet, dass das Arzneimittel die Apotheke körperlich berühren, also so in den Bereich der Apotheke verbracht werden muss, dass eine ordnungsgemäße, dem Apotheker nach § 12 ApoBetrO obliegende Prüfung durchgeführt werden kann.[190]

Durch die prinzipielle Monopolisierung der Arzneimittelabgabe beim Apotheker trifft diesen eine maßgebliche (Mit-)Verantwortung bei Arzneimittelschäden, die durch Anwendung eines Medikaments auftreten, das (zu diesem Zweck) nicht hätte abgegeben werden dürfen. Um Fehlerquellen im Umgang mit den Arzneimitteln zu verhindern und der enormen Verantwortung des Apothekers Rechnung zu tragen, bedarf der Betrieb einer Apotheke gemäß § 1 Abs. 2 ApoG der Erlaubnis, die nur an approbierte Apotheker von entsprechender Zuverlässigkeit erteilt wird, § 2 I Nr. 4 ApoG. Daneben enthält die ApoBetrO ausführliche Vorschriften über die Errichtung der Betriebsräume sowie über Abgabe und Lagerung von Arzneimitteln. Die Apothekenpflicht betrifft primär den Einzelhandel mit Fertigarzneimitteln, erfasst aber grundsätzlich jede Abgabe an eine das Arzneimittel verbrauchende Person und somit auch die Abgabe an den Arzt, der das Medikament als Endverbraucher am Patienten anwendet.[191]

(B) Verschreibungspflicht

Das zweite Instrument zur Steigerung der Anwendungssicherheit ist die Verschreibungspflicht. Davon erfasste Arzneimittel dürfen nur nach Vorlage einer ärztlichen Verschreibung an den Patienten als Endverbraucher abgegeben werden. Unter einer Verschreibung ist die schriftliche Anweisung des Arztes – in der Regel an den Apotheker – zu verstehen, ein bestimmtes oder mehrere bestimmte Arzneimittel an den Kunden abzugeben.[192] Eine ordnungsgemäße Verschreibung liegt nur vor, wenn der Arzt im Bereich des Zweiges der ärztlichen Wissenschaft verschreibt, in dem er approbiert ist.[193] Darüber hinaus kann die Zulassung eines Arzneimittels gemäß § 28 Abs. 2a AMG unter der Auflage erfolgen, dass das Medikament nur durch Ärzte bestimmter Fachrichtungen verschrieben werden darf.

Durch die Bindung der Arzneimittelabgabe an eine vorherige ärztliche Indikationsstellung und somit an den Behandlungsauftrag und die Kompetenz des Arztes wird die Überlassung von Arzneimitteln an den Patienten nochmals beschränkt und das Risiko einer kontraindizierten Arzneimittelabgabe deutlich gesenkt.[194]

---

188 *BVerfG*E 7, 377 ff.; 9, 73 ff.

189 Siehe nun aber die Entscheidung des *EuGH* im Fall *DocMorris*, C-322/01, sowie das am 1.1.2004 in Kraft getretene Gesetz zur Modernisierung der gesetzlichen Krankenversicherung, BGBl. 2003 I, S. 2190 (2253 f.), wodurch der Versandhandel mit Arzneimitteln prinzipiell zugelassen wird.

190 *Sander*, § 43 Erl. 6.

191 Vgl. *Kloesel/Cyran*, § 43 Anm. 7.

192 *Körner*, Vorbem AMG Rn. 68.

193 *Kloesel/Cyran*, § 48 Anm. 4.

194 Vgl. *Blasius et al.*, Arzneimittel, S. 199; D/L-*Lippert*, Vor §§ 43 ff. Rn. 2; § 48 Rn. 3; *Hart/Hilken/Merkel/Woggan*, Arzneimittelmarkt, S. 99 f.

Neben der präventiven ärztlichen Kontrolle bezweckt die Verschreibungspflicht auch eine gewisse ärztliche Überwachung der Reaktionen des Patienten auf die verordnete Therapie. Seltene unerwünschte Wirkungen oder besondere Reaktionen bei Risikopatienten, die nicht in die klinische Prüfung einbezogen wurden, können so vom Arzt als fachkundigem Beobachter gesammelt, bewertet und den mit der Erfassung von Arzneimittelrisiken befassten Stellen übermittelt werden.[195]

Nach Abschaffung der automatischen Verschreibungspflicht des § 49 AMG a. F. durch die 14. AMG-Novelle bestimmt sich die Verschreibungspflicht ausschließlich nach § 48 AMG und beschränkt sich demnach auf neue, bislang unbekannte Wirkstoffe und solche, die ohne ärztliche Überwachung die Gesundheit auch bei bestimmungsgemäßem Gebrauch gefährden. Voraussetzung ist jedoch stets, dass der betreffende Wirkstoff seitens des BMG in die Verordnung über verschreibungspflichtige Arzneimittel aufgenommen worden ist.

b. Ärztliche Applikation im Rahmen der Heilbehandlung

Neben der Selbstmedikation und der durch die Verschreibungspflicht kontrollierten Anwendung im Rahmen der ambulanten medikamentösen Behandlung kann ein Arzneimittel auch im Wege der unmittelbaren Applikation durch den Arzt im Rahmen der Heilbehandlung an den Patienten „abgegeben“ werden. Letztlich handelt es sich hierbei um einen gewöhnlichen ärztlichen Heileingriff, besitzt der Patient doch niemals die uneingeschränkte Verfügungsgewalt über das Medikament. Vielmehr wird die Therapie ausschließlich vom Arzt beherrscht, der den Patienten zwar in die Entscheidung über die Anwendung eines Präparates, über das „Ob“ der konkreten Behandlung, einbezieht, die Applikation als solche aber eigenhändig oder durch entsprechend geschultes Personal durchführt und somit vollständig kontrolliert. Inwiefern mit der größeren Beherrschbarkeit der Arzneimitteltherapie durch den Arzt eine Zunahme seiner Verantwortung verbunden ist, wird später noch ausführlich zu untersuchen sein.

6. Anwendung eines Arzneimittels durch den Patienten

Die letzte Phase des Arzneimittelverkehrs stellt – außer in den Fällen der unmittelbaren ärztlichen Applikation des Arzneimittels – die Einnahme des Medikaments durch den Patienten dar. Diese Phase gewinnt unter dem Gesichtspunkt der Arzneimittelsicherheit zunehmend an Bedeutung, da der Anteil der Selbstmedikation an der gesamten medikamentösen Behandlung von Krankheiten konstant gestiegen und die ambulante Arzneimitteltherapie heute als Regelfall zu erachten ist. In dem Maße, in dem die Eigenverantwortlichkeit der Therapiedurchführung zunimmt, weil diese und die sie flankierenden Maßnahmen (wie z. B. eine Diät) allein in der Hand des Patienten liegen, gewinnt die Mitarbeit des Patienten, seine Compliance, an Bedeutung.[196] Nicht nur vom Medikament allein, auch vom Vertrauen des Patienten zur Verordnung des Arztes, von der Befolgung der Therapieanweisungen, vom sachgerechten Umgang mit dem Arzneimittel und von der ex-

[195] *Blasius et al.*, Arzneimittel, S. 199; *Kramm*, BGesundhBl 1989, S. 480.

[196] Vgl. *Koyuncu*, Haftungsdreieck, S. 10.

akten Therapiedauer hängen dessen Wirkungen und Nebenwirkungen, hängt mithin die effektive Verhinderung von Arzneimittelschäden ab.

7. *Überwachung und Nachmarktkontrolle von Arzneimitteln*

In Ergänzung des präventiven Kontrollsystems, mittels dessen das AMG in allen Phasen des Arzneimittelverkehrs die Verursachung späterer Arzneimittelschäden zu vermeiden sucht, etabliert das AMG in Form einer fortlaufenden staatlichen Überwachung des Arzneimittelmarktes eine umfassende Nachmarktkontrolle im Anschluss an Zulassung und Inverkehrbringen des Medikaments. Die Zulassungsentscheidung stellt insofern lediglich eine Momentaufnahme, eine genuin vorläufige Gestattung entsprechend der zu diesem Zeitpunkt bestehenden Wissenslage, dar, die auf der Grundlage der mit der Zeit über das Präparat zusätzlich gewonnenen Erkenntnisse bzw. im Hinblick auf den medizinischen Fortschritt und die damit verbundenen neuen Behandlungsmöglichkeiten permanent überprüft und gegebenenfalls korrigiert wird.[197]

a. Erfordernis eines Systems der Nachmarktkontrolle

Das Erfordernis einer umfassenden Nachmarktkontrolle resultiert aus der unvermeidlichen Unvollkommenheit der Vormarktkontrolle. Trotz sorgfältigster Prüfung im Laboratorium sowie an gesunden bzw. einschlägig kranken Personen tritt das vollständige Risikopotential eines Arzneimittels regelmäßig erst nach seiner Freigabe im Rahmen der alltäglichen Anwendung in der ärztlichen Praxis zu Tage.[198] Zum einen bedingt die beschränkte Zahl der an der klinischen Prüfung beteiligten Personen im Vergleich zur erheblich größeren Zahl der im Nachmarkt mit dem Präparat therapierten Patienten eine gewisse Fehleranfälligkeit der Zulassungsentscheidung, wenn hierbei das bei einer geringen Zahl von Anwendungsfällen ermittelte Ergebnis auf die Vielzahl der künftigen Applikationen extrapoliert wird.[199] Zum anderen werden seltenere Nebenwirkungen, insbesondere wenn sie vom Zusammentreffen mit einer bestimmten körperlichen Konstitution abhängig sind, erst bei einem entsprechend großen Patientenstamm erkennbar.[200] Auch nur nach langfristigem Gebrauch eines Medikaments auftretende Nebenwirkungen sowie erst recht Wechselwirkungen können noch nicht umfassend in der Zulassungsentscheidung berücksichtigt werden.[201]

---

197 Vgl. *di Fabio*, Risikoentscheidungen, S. 184, 237; *Günther*, NJW 1972, S. 312; *Schnieders/Schuster*, PharmR 1983, S. 50. *Scheu*, In dubio, S. 681, 690, spricht daher von einem lebenslangen Sicherheitsmanagement mit laufender Nutzen-Risiko-Bewertung.

198 So auch im Fall von *Contergan*, welches sich in der ordnungsgemäß durchgeführten pharmakologisch-toxikologischen und klinischen Prüfung als unbedenklich erwies.

199 Vgl. *di Fabio*, Gefahrbegriff, S. 114 f., 237 f.; *Glaeske/Greiser/Hart*, Arzneimittelsicherheit, S. 32; *Jenke*, Arzneimittel, S. 18; *Plagemann*, Wirksamkeitsnachweis, S. 44.

200 *Blasius et al.*, Arzneimittel, S. 210; *Kloesel/Cyran*, § 62 Anm. 1; *Pfeiffer*, Fortschritt, S. 44; *Scheu*, In dubio, S. 681; *Schnieders*, Arzneimittelgesetz, S. 34; *Thiele*, BGesundhBl 1997, S. 11.

201 *Kloesel/Cyran*, § 62 Anm. 1; *Schnieders*, BGesundhBl 1985, S. 198.

b. Ziel und Zweck der Nachmarktkontrolle

Ziel der Nachmarktkontrolle ist vor diesem Hintergrund die Gewährleistung einer optimalen Arzneimittelsicherheit durch kontinuierliche Steigerung des Arzneimittelsicherheitsniveaus mittels einer neue Erkenntnisse und medizinische Neuentwicklungen berücksichtigenden, sich permanent aktualisierenden Nutzen-Risiko-Abwägung.[202] Die Nachmarktkontrolle zielt als notwendige Ergänzung des präventiven Zulassungsverfahrens auf Kompensation der Sicherheitsdefizite der Vormarktkontrolle und auf die Überprüfung der dort zur Unbedenklichkeit eines Arzneimittels getroffenen Aussagen ab.[203] Die Unbedenklichkeit, nicht die Wirksamkeit eines Präparates steht im Zentrum der Risikoüberwachung im Rahmen der so genannten Pharmakovigilanz.[204] Es gilt, bislang unbekannte unerwünschte Arzneimittelwirkungen bzw. Patientengruppen mit besonderem Risiko zu identifizieren, auszuwerten und den erkannten Gefahren durch geeignete, erforderliche und verhältnismäßige Maßnahmen zu begegnen.[205]

Darüber hinaus kommt der Nachmarktkontrolle eine Legitimationsfunktion, eine Konfliktbereinigungsfunktion und eine Versachlichungsfunktion zu. Erstere stellt auf die Bestätigung und den Fortbestand des Sicherheitsurteils über die zugelassenen Arzneimittel ab, während sich letztere beiden Funktionen auf die Verwerfung aufgekommener Sicherheitsbedenken und die Beilegung öffentlicher Dispute hinsichtlich eines Arzneimittels bezieht.[206]

c. System der staatlichen Nachmarktkontrolle im Überblick

Die kontinuierliche staatliche Kontrolle des Arzneimittelverkehrs folgt sowohl dem Personal- wie dem Sachprinzip. Die Überwachung bezieht sich zum einen auf pharmazeutische Betriebe und Einrichtungen, zum anderen auf die Personen, die Arzneimittel entwickeln, herstellen, prüfen, lagern und vertreiben. Insofern unterscheidet sie sich prinzipiell nicht von der Überwachung anderer Gewerbebetriebe. Die Besonderheit liegt in der ständigen Verarbeitung neuer Erkenntnisse und der permanent getroffenen, aktualisierten Risikoentscheidung bezüglich jedes einzelnen Präparates.[207] Dreh- und Angelpunkt bei der Erfüllung dieser Aufgabe ist das BfArM/PEI, dem als Zulassungsbehörde angesichts des nur vorläufigen Charakters der Zulassungsentscheidung die Kompetenz zukommen muss, das bei Zulassungserteilung unvollständige Wissen über Unbedenklichkeit und Wirksamkeit eines Arzneimittels zu ergänzen. Alle neuen Informationen über ein Präparat haben daher beim BfArM/PEI zusammenzulaufen, das gemäß § 62 AMG die einge-

---

202 *Di Fabio*, Risikoentscheidungen, S. 115, 238; *Glaeske/Greiser/Hart*, Arzneimittelsicherheit, S. 141; *Hart*, Arzneimitteltherapie, S. 56; *Schnieders*, Arzneimittelgesetz, S. 34; *ders.*, Arzneimittelzulassung, S. 136.

203 *Hohm*, Nachmarktkontrolle, S. 227.

204 *Glaeske/Greiser/Hart*, Arzneimittelsicherheit, S. 71, 141; *Hart/Hilken/Merkel/Woggan*, Arzneimittelmarkt, S. 106.

205 Vgl. *Hart*, MedR 1989, S. 17; *Hohm*, Nachmarktkontrolle, S. 227; *Mathias/Piper/Lasek*, Internist 1990, S. 449.

206 Siehe *Hohm*, Nachmarktkontrolle, S. 227 f.

207 *Ramsauer*, Arzneimittelversorgung, S. 56 f.; *Rehmann*, § 62 Rn. 1.

gangenen Meldungen auszuwerten und gegebenenfalls durch Warnhinweise[208] oder Korrektur seiner früheren Entscheidung darauf zu reagieren bzw. die von anderer Seite zu ergreifenden Abwehr- und Verhütungsmaßnahmen zu koordinieren hat. Dabei ist das BfArM/PEI mit Blick auf die Beobachtung, Sammlung und Auswertung von Arzneimittelrisiken maßgeblich auf die enge Zusammenarbeit aller am Arzneimittelverkehr Beteiligten angewiesen, da nur eine schnelle und umfassende Information über bekannt gewordene Zwischenfälle das BfArM/PEI in die Lage versetzt, angemessene Schutzvorkehrungen zu treffen.[209] Die effektive Nachmarktkontrolle erfordert demnach die Errichtung eines zentralen Risikoerfassungssystems, in das alle für die Arzneimittelsicherheit Verantwortung tragenden Personen und Institutionen eingebunden sind. Die Koordinierung der Risikoerfassung ist unverzichtbar, weil die einzelne Person oder Institution entsprechend ihrer Aufgabenstellung lediglich imstande ist, einen Ausschnitt aller Risiken zu erfassen, die Risiko-Nutzen-Bilanz aber nur in voller Kenntnis aller Beobachtungen sachgerecht getroffen werden kann.[210] Das AMG trägt diesem Umstand dadurch Rechnung, dass es in § 63 AMG das BMG verpflichtet hat, in Form einer allgemeinen Verwaltungsvorschrift einen Stufenplan zu erlassen, welcher detailliert die Sammlung und Erfassung von Arzneimittelrisiken, die Zusammenarbeit des BfArM/PEI mit den daran mitwirkenden Behörden und Stellen sowie das Verfahren nach Bekanntwerden von Arzneimittelrisiken regelt.[211] Danach sind an der Nachmarktkontrolle neben den Gesundheitsbehörden der Länder, den Arzneimittelkommissionen der Ärzteschaft bzw. Apotheker und dem Bundesverband der pharmazeutischen Industrie auch die Weltgesundheitsorganisation, die zentralen Arzneimittelbehörden der EG sowie die zuständigen Stellen der Mitgliedstaaten bzw. sonstiger Länder beteiligt.

Parallel zur Bundesaufsicht durch das BfArM/PEI überwachen die Länder gemäß § 64 AMG permanent den Arzneimittelverkehr in eigener Kompetenz. Während die Kontrolle und die entsprechenden Maßnahmen des BfArM/PEI die Verkehrsfähigkeit des Arzneimittels als solches betreffen und daher produktbezogen sind, erfolgt die Länderüberwachung als Ausfluss der den Ländern obliegenden Polizeitätigkeit personen- und betriebsstättenbezogen.[212]

---

208 Warnhinweise erlässt das BfArM/PEI primär in Form der so genannten Arzneimittelschnellinformationen (ASI), die bereits vor Erhärtung eines aufgekommenen Verdachts die medizinischen Fachkreise über erste Anhaltspunkte möglicher Risiken informieren und so gleichzeitig dazu animieren, durch gezielte Beobachtung und genaue Fallberichte zur Aufklärung des vermeintlichen Arzneimittelrisikos beizutragen.

209 *Schnieders*, Arzneimittelgesetz, S. 34 f. So auch Art. 101 der Richtlinie 2001/83/EG, wonach die Staaten der EG dafür Sorge zu tragen haben, dass die Angehörigen der Gesundheitsberufe vermutete Nebenwirkungen der für die Arzneimittelkontrolle zentral zuständigen Behörde melden.

210 *Kloesel/Cyran*, § 62 Anm. 4.

211 Bekanntmachung der Neufassung der Allgemeinen Verwaltungsvorschrift zur Beobachtung, Sammlung und Auswertung von Arzneimittelrisiken (Stufenplan) nach § 63 des Arzneimittelgesetzes (AMG) vom 10.5.1990, BAnz. Nr. 91 vom 16.5.1990.

212 *Glaeske/Greiser/Hart*, Arzneimittelsicherheit, S. 140.

d. Mechanismen staatlicher Nachmarktkontrolle im Einzelnen

Nach diesem Überblick über das staatliche Nachmarktkontrollsystem gilt es nun, die verschiedenen ineinander greifenden Kontrollmethoden genauer zu untersuchen und voneinander abzugrenzen.

(A) Befristung der Zulassung

Zu beginnen ist mit der bereits erwähnten Befristung der erteilten Marktzulassung auf grundsätzlich fünf Jahre, § 31Abs. 1 Nr. 3 AMG, worin die Notwendigkeit einer kontinuierlichen Überprüfung der Arzneimittelbewertung anhand neuer wissenschaftlicher Erkenntnisse zum Ausdruck kommt. Dem Antrag auf Verlängerung der Zulassung hat demnach auch eine aktualisierte Version der eingereichten Zulassungsunterlagen beizuliegen, auf dessen Grundlage das BfArM/PEI dann über die fortbestehende Verkehrsfähigkeit des Präparats entscheidet.

(B) Stufenplanverfahren

Der gemäß § 63 AMG als allgemeine Verwaltungsvorschrift erlassene Stufenplan sieht ein abgestuftes Verfahren zur Erfassung möglichst aller Verdachtsfälle von Arzneimittelrisiken und anschließender Auswahl der relevanten Meldungen aus der Masse der Mitteilungen vor. Der Stufenplan bildet das Kernstück der staatlichen Nachmarktkontrolle. Er institutionalisiert den erforderlichen unverzüglichen Informationsaustausch über Verdachtsfälle zwischen allen am Arzneimittelverkehr direkt oder indirekt beteiligten Personen, Institutionen und Behörden mit dem Ziel, unvertretbar schädliche Präparate durch koordinierte Maßnahmen in Zusammenarbeit mit den pharmazeutischen Unternehmern möglichst schnell und effektiv aus dem Verkehr zu ziehen.[213] Dadurch konkretisiert und ergänzt der Stufenplan das allgemeine Verkehrsverbot für bedenkliche Arzneimittel des § 5 AMG für die Marktphase in materiell-, verfahrens- und organisationsrechtlicher Hinsicht.[214]

Der Begriff des Stufenplanverfahrens resultiert aus der in Gefahrstufen unterteilten Vorgehensweise bei aufgekommenem Verdacht unerwünschter Arzneimittelwirkungen. Die Gefahrstufe I bezeichnet den gezielten Informationsaustausch, in den das BfArM/PEI nach Eingang einiger Meldungen bzw. sonstiger Informationen über potentielle Arzneimittelrisiken zunächst mit dem pharmazeutischen Unternehmen, dann aber auch mit den sonstigen Behörden und Stellen eintritt. Führt dieser Informationsaustausch zum begründeten Verdacht eines gesundheitlichen Risikos, ist die Gefahrenstufe II erreicht. In dieser beruft das BfArM/PEI

---

[213] Vgl. *Blasius et al.*, Arzneimittel, S. 216; *Fuhrmann*, Sicherheitsentscheidungen, S. 156; *Thiele*, BGesundhBl 1997, S. 12; *Wagner*, Arzneimittelsicherheit, S. 302. Vervollständigt wird der Informationsaustausch durch die in § 68 AMG geregelte Pflicht aller am Arzneimittelverkehr beteiligten Stellen und Behörden zur gegenseitigen Unterrichtung über die ihnen jeweils bekannt gewordene Verstöße gegen das AMG. Die im Interesse der Arzneimittelsicherheit gebotene Zusammenarbeit staatlicher Stellen mit dem pharmazeutischen Unternehmer findet ihren Ausdruck zudem in § 63b Abs. 6 AMG, wonach das BfArM/PEI verpflichtet ist, den pharmazeutischen Unternehmer über ihm durch Dritte mitgeteilte Arzneimittelzwischenfälle in Kenntnis zu setzen.

[214] *Hohm*, Nachmarktkontrolle, S. 228 f.

eine Sondersitzung ein, auf der unter Beteiligung des pharmazeutischen Unternehmers sowie der übrigen Behörden und Stellen und verschiedener Sachverständiger eine umfassende Absicherung und Bewertung der gesammelten Informationen erfolgen soll, um eine erneute Abwägung von Nutzen und Risiko des Arzneimittels vornehmen sowie bei Bestätigung des Bedenklichkeitsverdachts unverzüglich über die Einleitung angemessener Maßnahmen beraten und abschließend entscheiden zu können. Durch die Sondersitzung, auf der die einzelnen Beteiligten die Verdachtslage aus ihrem jeweils eigenen Blickwinkel bewerten, wird die Entscheidung über die zu ergreifenden Maßnahmen unter Berücksichtigung der unterschiedlichen Interessen pluralisiert und dadurch zusätzlich legitimiert.[215]

Damit enthält der Stufenplan im Wesentlichen zwei Regelungskomplexe. Zum einen etabliert er ein zentralisiertes, beim BfArM/PEI zusammenlaufendes Meldesystem zur Risikoerfassung, zum anderen nennt er in Nr. 8 den Katalog der möglichen Maßnahmen zur Risikoabwehr, die von den einzelnen Stellen und Behörden im gegenseitigen Einvernehmen und unter der Aufsicht des BfArM/PEI, welches das behördliche Vorgehen koordiniert sowie Fachkreise und Öffentlichkeit darüber informiert, ergriffen werden können. Der Stufenplan stellt demnach ein unter der Patronage des Staates stehendes, das Risikomanagement des pharmazeutischen Unternehmers ergänzendes Kooperationsmodell dar, das eine organisatorische und verfahrensrechtliche Rationalisierung der zu treffenden Risikoentscheidungen bezweckt.[216]

Als mögliche Risikoabwehrmaßnahmen i. S. d. Nr. 8 des Stufenplans kommen neben speziellen Anordnungen der zuständigen Bundesminister – etwa die Anordnung von Warnhinweisen oder die Unterstellung des Medikaments unter die Verschreibungspflicht bzw. unter das BtMG – und Maßnahmen seitens der Überwachungsbehörden der Länder, auf die im folgenden Abschnitt näher eingegangen wird, vor allem die Aufhebung der Marktzulassung bzw. die (nachträgliche) Anordnung von Auflagen für das weitere Inverkehrbringen durch das BfArM/PEI in Betracht, §§ 28, 30 AMG. Zudem kann das BfArM/PEI die Öffentlichkeit vor der Anwendung des Arzneimittels warnen.

(C) Betriebsstättenüberwachung durch die Länder

Die Überwachung der klinischen Prüfung, Herstellung, Lagerung und Ausbietung von Arzneimitteln durch die Landesbehörden ist in den §§ 64 ff. AMG i. V. m. § 5 AVwVAMG geregelt. Während § 64 Abs. 1 AMG die Überwachungsaufgabe umschreibt, enthält § 64 Abs. 4 AMG einen abschließenden Katalog der zur Aufgabenerfüllung erforderlichen Befugnisse. Die Überwachung dient der Gewährleistung eines dem jeweiligen Stand von Wissenschaft und Technik entsprechenden Arzneimittelverkehrs durch das Aufdecken betrieblicher Mängel – wie ungenügender Räume oder Einrichtungen, nicht ausreichend qualifizierten Personals oder auch organisatorischer Defizite – und das Ergreifen der zur Beseitigung eingetretener und zur Verhütung künftiger Sicherheitsmängel erforderlichen Maßnahmen nach § 69 AMG. Auf diese Weise soll i. S. d. § 64 Abs. 3 AMG die ständige Be-

---

[215] *Di Fabio*, Gefahrbegriff, S. 123.

[216] *Di Fabio*, Gefahrbegriff, S. 120; *ders.*, Risikoentscheidungen, S. 245.

achtung der arzneimittelrechtlichen Vorschriften des AMG und der diese ergänzenden Betriebsverordnungen und Richtlinien sichergestellt und ein Höchstmaß an Arzneimittelsicherheit erreicht werden.

Um diesem Anspruch zu genügen, statuiert das AMG in den §§ 64 ff. ein umfassendes Überwachungssystem, welchem Arzneimittelhersteller, Vertriebsunternehmer, Großhändler, Apotheken, Prüfeinrichtungen und Lagerhalter unterliegen. Gemäß §§ 64 Abs. 4, 65 AMG darf die zuständige Landesbehörde fragliche Einrichtungen betreten, Unterlagen sicherstellen oder Arzneimittelproben nehmen. Fördert die Überwachung einen Verstoß gegen arzneimittelrechtliche Bestimmungen zu Tage, hat die Überwachungsbehörde durch angemessene, dem Grundsatz der Verhältnismäßigkeit entsprechende Maßnahmen gemäß § 69 Abs. 1 AMG zu reagieren. Sie kann insbesondere das weitere Inverkehrbringen des Arzneimittels untersagen bzw. im Verkehr befindliche Präparate zurückrufen und sicherstellen lassen. Betrifft der Verstoß den Herstellungsvorgang, besteht darüber hinaus gemäß § 18 AMG die Möglichkeit, die erteilte Herstellungserlaubnis aufzuheben.

(D) Informations- und Anzeigepflichten pharmazeutischer Unternehmer

Die Nachmarktkontrolle wäre ein stumpfes Schwert im Kampf gegen Arzneimittelschäden, wenn sie nicht den pharmazeutischen Unternehmer zur Mitwirkung verpflichten würde. Im Interesse einer effektiven Überwachung des Arzneimittelverkehrs verpflichtet § 67 AMG die an der Prüfung, Herstellung und Ausbietung von Arzneimitteln Beteiligten vor Aufnahme ihrer Tätigkeit, die Landesbehörde hiervon in Kenntnis zu setzen.[217] Darüber hinaus kommt dem pharmazeutischen Unternehmer bei der Erfassung bislang unbekannter Risiken des Arzneimittelmodells eine entscheidende Rolle zu.[218] Durch das Anbringen des Firmennamens auf dem Medikament wird er in der Öffentlichkeit als für das Präparat Verantwortlicher und daher als primärer Ansprechpartner bei auftretenden Nebenwirkungen wahrgenommen, so dass der pharmazeutische Unternehmer oftmals als erster von Gesundheitsschäden im Zusammenhang mit der Arzneimittelanwendung erfährt. Das AMG trägt diesem Umstand in § 63b dadurch Rechnung, dass es den pharmazeutischen Unternehmer zur unverzüglichen Anzeige jedes Verdachtsfalls schwerwiegender Nebenwirkungen i. S. d. § 4 Abs. 13 Satz 2 AMG bzw. eines gravierenden Arzneimittelmissbrauchs gegenüber dem BfArM/PEI verpflichtet und ihn so in das staatliche Risikoerfassungssystem integriert.[219] Hinzu kommt die Pflicht, nach Erteilung der Zulassung dem BfArM/PEI regelmäßig einen aktualisierten Bericht über die Unbedenklichkeit des betreffenden Arzneimittels vorzulegen, der jeweils auf einer neueren Erkenntnissen angepassten Nutzen-Risiko-Abwägung beruht, § 63b Abs. 5 AMG. Hierdurch wird das BfArM/PEI in die La-

---

217 Eine Ausnahme von dieser Meldepflicht besteht, wenn die Behörde bereits auf anderem Wege, etwa durch Beantragung einer Herstellungserlaubnis, von der Betätigungsabsicht Kenntnis erlangt, vgl. § 67 Abs. 4 AMG.

218 *Murswieck*, Kontrolle, S. 193, bezeichnet die pharmazeutische Industrie als „wichtigste Datenquelle für die Nachmarktbeobachtung".

219 Siehe auch die 4. Bekanntmachung des BfArM/PEI zur Anzeige von Nebenwirkungen und Arzneimittelmissbrauch nach § 63b Abs. 1 bis 8 AMG vom 29.04.2005, welche die Anzeigepflichten des pharmazeutischen Unternehmers weiter konkretisiert.

ge versetzt, die Verkehrsfähigkeit des Pharmakons laufend zu überprüfen und über den Fortbestand der Marktzulassung zu entscheiden.

e. Nichtstaatliche Nachmarktkontrolle

Parallel und in Ergänzung zu diesem gesetzlich geregelten System der Nachmarktkontrolle, das die Initiierung, Leitung und Koordinierung der Risikoerfassung und Risikoabwehr staatlichen Stellen überträgt, existiert ein Bereich nichtstaatlicher Beobachtung des Arzneimittels. Maßgeblich beteiligt sind daran neben dem pharmazeutischen Unternehmer vor allem die Angehörigen der Heilberufe, sprich Ärzte und Apotheker.

(A) Produktüberwachung durch den pharmazeutischen Unternehmer

Vor dem Hintergrund, dass das Unbedenklichkeitsurteil, welches durch die Erteilung der Marktzulassung über ein Arzneimittel gefällt wird, nur vorläufigen Charakter besitzt, weil das Risikopotential des Medikaments regelmäßig noch nicht vollständig erfasst ist, trifft den pharmazeutischen Unternehmer, der durch Ausbietung des Arzneimittels eine potentielle Gefahrenquelle für die Gesundheit der dieses anwendenden Verbraucher schafft, die Pflicht, sein Produkt auch nach dem Inverkehrbringen auf bislang unbekannte schädliche Wirkungen zu beobachten.[220] Der Erfüllung dieser Pflicht dienen zum einen die gezielten Studien der (klinischen) Phase IV, zum anderen die ebenfalls bereits erwähnten Anwendungsbeobachtungen (drug monitoring studies). Letztere erfolgen auf der Basis eines Beobachtungsplans, der die zuvor vom pharmazeutischen Unternehmer ausgewählten Ärzte verpflichtet, über einen vereinbarten Zeitraum bestimmte Aufzeichnungen über die Anwendung des Arzneimittels bei einer festgelegten Anzahl bzw. Gruppe ihrer Patienten zu machen.[221]

(B) Spontanerfassungssystem

Neben dieser gezielten Beauftragung der Ärzte mit der Beobachtung der Wirkungen eines bestimmten Präparats kommt aber vor allem der so genannten Spontanerfassung von Arzneimittelrisiken große Bedeutung zu.[222] Das Spontanerfassungssystem beruht im Wesentlichen auf der freiwilligen und daher „spontanen" Entscheidung eines Arztes, Beobachtungen mitzuteilen, die er für mögliche unerwünschte Wirkungen eines Arzneimittels hält.[223] Die prinzipielle Freiwilligkeit beruht darauf, dass für die Angehörigen der Heilberufe anders als für den pharmazeutischen Unternehmer keine gesetzliche Pflicht zur Meldung von Arzneimittelzwischenfällen an staatliche Stellen besteht. Allerdings obliegt den Ärzten seit 1988 gemäß § 6 der Musterberufsordnung für die deutschen Ärztinnen und Ärzte

---

220 *Schubert*, JuS 1983, S. 751; *Stock*, Probandenschutz, S. 32. Zur Produktbeobachtungspflicht detailliert S. 289 ff.

221 *Ortwein*, Arzneimittel, S. 51; *Sander*, PharmInd 1988, S. 151.

222 Vgl. *Mathias/Piper/Lasek*, Internist 1990, S. 449.

223 *Kimbel/Müller-Oerlinghausen* in: Dölle et al., Arzneimitteltherapie, S. 292; *Mathias/Piper/Lasek*, Internist 1990, S. 449; *Stock*, Probandenschutz, S. 33.

(MBOÄ)[224] die satzungsrechtliche Berufspflicht, alle ihnen aus ihrer Verordnungstätigkeit bekannt gewordenen unerwünschten Arzneimittelwirkungen an die Arzneimittelkommission der deutschen Ärzteschaft zu melden. Entsprechendes gilt für Apotheker, die nach den Berufsordnungen der Landesapothekerkammern zur Information der Arzneimittelkommission der deutschen Apotheker, gemäß § 21 ApoBetrO aber unter Umständen auch zur Unterrichtung der zuständigen Behörde verpflichtet sind. Nach Auswertung der eingehenden Meldungen werden diese von den Arzneimittelkommissionen, die nach Nr. 2 des Stufenplans am staatlichen Risikoerfassungssystem beteiligt sind, an das BfArM/PEI weitergeleitet. Mitunter werden die Kommissionen aber auch selbst durch Information und Warnung tätig.[225] Daneben richtet sich eine Vielzahl der ärztlichen Meldungen auch direkt an den pharmazeutischen Unternehmer, der dann wiederum gemäß § 63b AMG zur Informationsweitergabe an das BfArM/PEI verpflichtet ist.[226]

Die zentrale Bedeutung der spontanen Berichterstattung beruht darauf, dass sie die Überwachung einer großen Patientenpopulation, unabhängig von deren Erkrankungshäufigkeit und von Verordnungsgewohnheiten ermöglicht.[227] Angesichts der zugleich leichten Realisierbarkeit der Spontanerfassung, die mit nur wenig Aufwand und nur geringen Kosten verbunden ist, ist es nicht überraschend, dass die ad hoc-Meldungen aus der medizinischen Praxis einen Großteil der in der Marktphase gewonnenen Arzneimitteldaten liefern. Allerdings dürfen die spontan mitgeteilten Informationen auch nicht überbewertet werden, da diesen keine systematischen Untersuchungen, sondern lediglich explorativ ausgewertete Beobachtungen zugrunde liegen, die für sich genommen einen Kausalzusammenhang zwischen Arzneimittel und Gesundheitsschaden nicht hinreichend belegen können. Zudem kann die erhöhte Aufmerksamkeit der Ärzte bei neu eingeführten Arzneistoffen zu Fehleinschätzungen führen, indem über deren potentielle Risiken weit häufiger berichtet wird, als dies bei vergleichbaren, aber bereits länger eingeführten Wirkstoffen geschieht.[228] Insofern fungiert das Spontanerfassungssystem eher als Signal- und Hypothesengenerator, der auf eine gewisse Häufigkeit des zeitlichen Zusammenfalls von Gesundheitsschäden mit der Einnahme eines bestimmten Pharmakons hinweist, dessen daraus ableitbaren Kausalhypothesen aber der weiteren Bestätigung etwa durch gezielte Untersuchungen oder auch durch retrospektive Studien bedürfen.[229] Trotz dieser Schwächen bleibt die Spontanerfassung aber

[224] Die Bestimmungen der MBOÄ wurden von den Landesärztekammern weitgehend unverändert in die jeweilige Berufsordnung übernommen. Siehe z. B. § 6 der Berufsordnung für die Ärzte des Landes Baden-Württem-berg (BOÄ BW).

[225] *Di Fabio*, Gefahrbegriff, S. 116 f.; *Körner*, Vorbem AMG Rn. 61; *Ramsauer*, Arzneimittelversorgung, S. 69.

[226] *Di Fabio*, Risikoentscheidungen, S. 241.

[227] *Mathias/Piper/Lasek*, Internist 1990, S. 451.

[228] *Mathias/Piper/Lasek*, Internist 1990, S. 452.

[229] *Glaeske/Greiser/Hart*, Arzneimittelsicherheit, S. 44; *Kimbel/Müller-Oerlinghausen* in: Dölle et al., Arzneimitteltherapie, S. 298; *Kloesel/Cyran*, § 62 Anm. 3; *Mathias/Piper/Lasek*, Internist 1990, S. 452; *Munter*, Arzneimittelkommissionen, S. 5; *Thiele*, BGesundhBl 1997, S. 11.

letzten Endes ein unentbehrliches Element zur Gewährleistung eines hohen Maßes an Arzneimittelsicherheit.

B. Verantwortliche Akteure des Arzneimittelverkehrs

Die Darlegung der einzelnen Stadien des Arzneimittelverkehrs hat gezeigt, dass jeweils zahlreiche Personen und Institutionen miteinander kooperieren, um das vom AMG bezweckte Ziel eines Höchstmaßes an Arzneimittelsicherheit zu erreichen. Die große Zahl der an der Gemeinschaftsaufgabe „Arzneimittelsicherheit" Zusammenwirkenden ist dabei weniger zwingende Folge der gesetzlichen Vorgaben als vielmehr der Komplexität der Sicherheitsaufgabe als solcher geschuldet, welcher das AMG nur durch entsprechende Ausdifferenzierung der Abläufe versucht, Rechnung zu tragen.

Die Arzneimittelsicherheit hängt bildlich gesprochen an einer Kette mit zahlreichen Gliedern. Diese reichen vom pharmazeutischen Unternehmer, seinem hauseigenen oder selbständigen, vertraglich in Dienst genommenen Labor, über den Leiter der klinischen Prüfung und die Prüfärzte, die interdisziplinär mit Experten besetzte, öffentlich-rechtliche Ethik-Kommission, das BfArM/PEI als zuständige Bundesoberbehörde, die Überwachungsbehörden der Länder, die unabhängigen Arzneimittelkommissionen der deutschen Ärzteschaft bzw. Apotheker bis hin zum Arzneimittelgroßhändler, Apotheker, verordnenden Arzt und schließlich mündigen Patienten mit seiner Obliegenheit zu Compliance bzw. Therapietreue.

I. Pharmazeutischer Unternehmer

Zentrale Rechtsfigur des AMG ist der pharmazeutische Unternehmer gemäß § 4 Abs. 18 AMG. Die große Zahl der an ihn adressierten Normen zeigt, dass ihm eine entscheidende Rolle bei der Vermeidung von Arzneimittelschäden zugeschrieben wird – sowohl im Nachmarkt, als auch im Vormarkt, wo er regelmäßig als Sponsor klinischer Arzneimittelprüfungen gemäß § 4 Abs. 24 AMG maßgeblichen Einfluss auf die Sicherheit der Versuchsteilnehmer besitzt. Bezüglich der Frage der Verantwortung für eingetretene Arzneimittelschäden interessiert vor dem Hintergrund der dem deutschen Strafrecht unbekannten Unternehmensstrafbarkeit aber vor allem, wem im Unternehmen die dem pharmazeutischen Unternehmer insgesamt abverlangten Sicherheitsaufgaben konkret übertragen sind.

1. Organisation von Wirtschaftsunternehmen im Allgemeinen

Aufschluss darüber bieten zunächst die allgemeinen betriebswirtschaftlichen Grundsätze zur ökonomisch sinnvollen Organisation eines Betriebes, bildet doch die Gewinnerzielung das Hauptanliegen jeder Unternehmung, so dass auch die Ausgestaltung der innerbetrieblichen Unternehmensstruktur primär wirtschaftlichen Gesichtspunkten folgt. Der Erfolg eines Unternehmens hängt maßgeblich von der effizienten Erledigung seiner Aufgaben ab. Ausgangspunkt jeder Unternehmensorganisation ist daher die Rationalisierung der Aufgabenerfüllung in Form der Arbeitsteilung. Die Gesamtaufgabe des Unternehmens wird in Teilaufgaben aufgespalten, die dann einzelnen Betriebsangehörigen zur Erledigung übertragen werden.[230] Dadurch wird der Knappheit an hinreichend qualifiziertem Personal und der Komplexität der Gesamtaufgabe, mit deren Ausführung eine Einzelperson überfordert wäre, Rechnung getragen. Die Beschränkung der individuellen Betätigung auf einen bestimmten Teilbereich führt zu einem Lernprozess im Sinne einer Spezialisierung. Diese verbessert die Qualifikation des Einzelnen und damit letztlich seine quantitative Leistung und die Qualität seiner Ausführungen.[231] Kein Unternehmen ist ohne das arbeitsteilige Zusammenwirken seiner Mitarbeiter konkurrenz- und existenzfähig. Gerade in einem technologisch hoch entwickelten Wirtschaftszweig wie der Pharmazie kann die umfangreiche Aufgabe „Arzneimittelsicherheit" nur durch Verteilung auf eine Vielzahl sich jeweils auf bestimmte Teilaspekte konzentrierender Personen ordnungsgemäß erfüllt werden.[232]

Die durch die Aufgabenteilung entstehenden spezialisierten Abteilungen müssen durch interne Koordinationsmechanismen miteinander verknüpft werden, um die arbeitsteilig erbrachten Teilleistungen aufeinander abzustimmen und sicherzustellen, dass die einzelnen Aufgabenträger weiterhin in die Gesamtunternehmung eingebunden und dieser verpflichtet bleiben.[233] Dies geschieht durch Festlegung von Entscheidungskompetenzen und Definition der für die Kompetenzausübung erforderlichen Weisungs- und Anordnungsrechte.[234] Hierdurch entsteht eine hie-

---

[230] *Kieser* in: Kieser/Oechsler, Unternehmungspolitik, S. 174; *Kieser/Walgenbach*, Organisation, S. 77; *Picot* in: Bitz et al., Betriebswirtschaftslehre, S. 45. Grundsätzlich sind drei Formen der Arbeitsteilung zu unterscheiden: die sachliche Teilung, wodurch die inhaltliche Komplexität einer Aufgabe bewältigt wird, indem diese in weniger komplexe Teilaufgaben zerlegt wird, die zeitliche Teilung, wodurch das Problem der knappen Arbeitszeit gelöst wird, und die personelle Aufgabenteilung, bei der die Aufgaben auf mehrere Aufgabenträger verteilt werden, um die bei Erfüllung einer Aufgabe auftretenden Beschränkungen der Ressourcen des Einzelnen zu überwinden. Die drei Formen treten jedoch in den meisten Fällen parallel auf.

[231] Vgl. *Picot* in: Bitz et al., Betriebswirtschaftslehre, S. 45 f. So schon *Adam Smith* 1776 in seinem Werk An Inquiry into the Nature and Causes of the Wealth of Nations: „Die Arbeitsteilung dürfte die produktiven Kräfte der Arbeit mehr als alles andere fördern und verbessern. Das gleiche gilt wohl für die Geschicklichkeit, Sachkenntnis und Erfahrung, mit der sie überall eingesetzt und verrichtet wird."

[232] *Dannecker*, Fahrlässigkeit, S. 211; *Jungbecker*, Strafrechtliche Verantwortung, S. 160.

[233] Vgl. *Kieser* in: Kieser/Oechsler, Unternehmungspolitik, S. 174; *Luhmann*, Organisation, S. 313; *Picot* in: Bitz et al., Betriebswirtschaftslehre, S. 69 f.; *Schünemann*, Unternehmenskriminalität, S. 34 m. w. N.

[234] Die formale Regelung von Entscheidungskompetenzen ist gegenüber einer unstrukturierten und improvisierten Aufgabenerfüllung zudem mit Effizienzvorteilen verbunden, wäre es doch z. B. außerordentlich zeitraubend, wenn bei Auftreten eines umfangreichen Koordinationsproblems jedes Mal aufs Neue festgestellt werden müsste, wer worüber zu entscheiden hat. Vgl. *Kieser* in: Kieser/Oechsler, Unternehmungspolitik, S. 176 f.

rarchische Organisation, in der die verschiedenen Betriebsangehörigen einander über-, unter- oder nebengeordnet sind.[235] Dabei zeichnet sich zunehmend eine Tendenz weg vom klassischen hierarchischen Liniensystem pyramidaler Struktur hin zu mehr kooperativen, dezentralen, den einzelnen Abteilungen größere Autonomie belassenden Organisationsmodellen ab.[236] Unabhängig davon lassen sich indes bei der Verteilung von Entscheidungsrechten stets zwei Grundkonzeptionen unterscheiden: die Delegation, bei der zwecks Entlastung der Unternehmensführung Entscheidungsbefugnisse auf untergeordnete Instanzen übertragen werden, und die Partizipation, bei der Abteilungen nachrangiger Ebenen in den Entscheidungsprozess mit einbezogen werden, um durch Rückgriff auf deren Sachwissen das Risiko von Fehlentscheidungen zu minimieren.[237] Die Wahl des konkreten Organisationsmodells hängt letztlich maßgeblich von der dem Unternehmen obliegenden Gesamtaufgabe ab.[238]

2. *Anforderungen des AMG an die Unternehmensorganisation*

Aufgrund des abstrakten, latent vorhandenen Risikopotentials von Arzneimitteln liegt es auf der Hand, dass die innerbetriebliche Organisation nicht allein nach rein wirtschaftlichen, auf Gewinnerzielung ausgerichteten Grundsätzen erfolgen kann, sondern verstärkt auch dem öffentlichen Sicherheitsinteresse Rechnung zu tragen hat. Deshalb stellt das AMG in zahlreichen Vorschriften Anforderungen an die Betriebsstruktur, die ökonomische Notwendigkeiten mit sicherheitsrechtlichen Aspekten verbinden. So enthält das AMG konkrete Vorgaben hinsichtlich der Schaffung und Besetzung bestimmter Schlüsselpositionen im Betrieb, die es im Folgenden darzulegen und zu erläutern gilt.

a. Sachkundige Person, Herstellungs-, Kontroll- und Vertriebsleiter

Schrieben §§ 14, 19 AMG a. F. noch zwingend eine Dreiteilung der Unternehmenstätigkeit durch Installation eines Herstellungs-, eines Kontroll- und eines Vertriebsleiters vor, so wurde im Zuge der Anpassung des AMG an bestehende europäische Vorschriften durch die 14. AMG-Novelle die so genannte sachkundige Person eingeführt, der gemäß §§ 14 Abs. 1 Nr. 1, 19 AMG die zentrale Rolle bei der Herstellung, Qualitätsprüfung und Freigabe von Arzneimitteln zukommt.[239] Indes wird hierdurch die klassische Dreiteilung keinesfalls aufgehoben. So sieht § 14 Abs. 1 Nr. 2 AMG weiterhin zwingend die Benennung eines Herstellungs- und eines Kontrollleiters vor, die einen Teil der Aufgaben der sachkundigen Person wahrzunehmen haben. Dass es sich hierbei nicht lediglich um ein rechtliches Muss, sondern auch um ein Gebot der Praxis handelt, liegt auf der

---

235 *Kieser/Walgenbach*, Organisation, S. 77 f.

236 *Alexander*, Strafrechtliche Verantwortlichkeit, S. 39; *Luhmann*, Organisation, S. 312 f.; *Otto*, Unternehmen, S. 7 f.; *Rotsch*, wistra 1999, S. 372; *Schünemann*, Unternehmenskriminalität, S. 34 m. w. N.

237 *Picot* in: Bitz et al., Betriebswirtschaftslehre, S. 74 ff..

238 Einen guten Überblick über einzelne Organisationsmodelle liefert *Picot* in: Bitz et al., Betriebswirtschaftslehre, S. 81 ff.

239 *Hasskarl/Ziegler*, PharmR 2005, S. 17.

Hand, kann eine Person allein doch kaum sämtlichen anfallenden Aufgaben gerecht werden. Aus diesem Grund wird auch weiterhin in jedem pharmazeutischen Unternehmen ein Vertriebsleiter vorhanden sein, obwohl dessen Existenz nun nicht mehr zwingend gesetzlich vorgeschrieben ist.

Zu den Aufgaben[240] des Herstellungsleiters zählen vor allem die Anordnung eines konkreten Herstellungsverfahrens sowie die Kontrolle der Einhaltung der die Herstellung, Lagerung und Kennzeichnung von Arzneimitteln betreffenden Vorschriften der PharmBetrV.[241]

Dem Kontrollleiter wiederum obliegt die Sicherstellung der notwendigen Kontrolle der Arzneimittel auf die erforderliche Qualität. Zu diesem Zweck hat er Art, Umfang, Dauer und Häufigkeit der Arzneimittelprüfungen festzulegen.[242] Von der Qualitätsprüfung sind allerdings die in § 22 Abs. 2 AMG genannten pharmakologisch-toxikologischen oder klinischen Prüfungen zu unterscheiden, deren Durchführung nicht in das Aufgabengebiet des Kontrollleiters fällt,[243] sondern Sache der Forschungs- und Entwicklungsabteilung ist.

Der Vertriebsleiter schließlich hat dafür Sorge zu tragen, dass die einschlägigen Vertriebsregeln des AMG eingehalten werden, namentlich der durch die §§ 43 ff., 47 AMG festgelegte Vertriebsweg gewahrt bleibt.[244] Da zu den zentralen Vertriebsbestimmungen auch § 5 AMG gehört, der das Inverkehrbringen bedenklicher Arzneimittel verbietet, unterfällt die Durchführung des Rückrufs bedenklicher Präparate ebenfalls der Leitung des Vertriebsleiters.[245]

b. Monitor

Da der pharmazeutische Unternehmer nicht nur bei der Herstellung und Ausbietung seiner Produkte, sondern bereits in Zusammenhang mit deren klinischer Erprobung zur Gewährleistung größtmöglicher Arzneimittelsicherheit verpflichtet ist, hat er entsprechend qualifiziertes Personal mit der Planung, Organisation, Verlaufskontrolle, Dokumentation und Auswertung klinischer Prüfungen zu betrauen.[246] Entscheidend ist hierbei vor allem die Benennung eines so genannten Monitors. Dieser hat die notwendigen Voraussetzungen für die klinische Prüfung zu schaffen, die Studie kontinuierlich zu überwachen, die korrekte Aufzeichnung aller Prüfdaten zu gewährleisten, unerwünschte Ereignisse rechtzeitig zu melden und sicherzustellen, dass sowohl der Prüfleiter als auch das an der Studie beteiligte Personal ausreichend über die rechtlichen Aspekte derartiger Arzneimittelstudien instruiert wurde.[247] Mit dem Monitoring steht und fällt die Qualität einer kli-

240 Hinsichtlich der Aufgaben der einzelnen Funktionsträger pharmazeutischer Unternehmen sei an dieser Stelle ergänzend auf die detaillierte Darstellung bei *Mandry*, Beauftragte, S. 128 ff., verwiesen.

241 *Blasius et al.*, Arzneimittel, S. 89; *Kloesel/Cyran*, § 14 Anm. 3; MüKo-StGB-*Freund*, §§ 13-20a AMG Rn. 8; *Rehmann*, § 14 Rn. 3.

242 *Blasius et al.*, Arzneimittel, S. 89; *Kloesel/Cyran*, § 14 Anm. 4; *Sander*, § 14 Erl. 3.

243 *Kloesel/Cyran*, § 14 Anm. 4.

244 *Kloesel/Cyran*, § 14 Anm. 5; MüKo-StGB-*Freund*, §§ 13-20a AMG Rn. 10.

245 *Blasius et al.*, Arzneimittel, S. 89.

246 *Schwarz*, Leitfaden, S. 95.

247 *Sander*, PharmInd 1988, S. 150; *Witte*, Monitoring, S. 188.

nischen Studie, kann ein schlechtes Monitoring doch eine optimal angelegte Prüfung mehr oder weniger entwerten.[248] Aus diesem Grund muss es sich beim Monitor um eine Person mit hervorragenden Fachkenntnissen handeln, wenngleich das Recht diesbezüglich keine expliziten Anforderungen stellt.

c. Stufenplanbeauftragter

Die Wahrnehmung der den pharmazeutischen Unternehmer treffenden Pflicht zur Überwachung der Arzneimittel im Nachmarkt obliegt gemäß § 63a AMG dem so genannten Stufenplanbeauftragten.[249] Dieser dient im Rahmen der kooperativ angelegten Nachmarktkontrolle als organisatorischer Anknüpfungspunkt bei der Erfassung von Arzneimittelrisiken, die in der Sphäre des pharmazeutischen Unternehmers bekannt werden und bildet somit eine Gelenkstelle zwischen dem Unternehmen und den staatlichen Überwachungsbehörden. Als integraler Bestandteil des im Stufenplan geregelten Risikoerfassungssystems und Koordinator der seitens des Unternehmens einzuleitenden Schutzmaßnahmen ist er primärer Ansprechpartner des BfArM/PEI bei der Abstimmung des staatlichen Handelns mit dem unternehmerischen Vorgehen. Dabei kommt ihm im Wesentlichen die Funktion zu, die behördliche Fremdüberwachung durch eine betriebsinterne Selbstüberwachung zu ergänzen und spürbar zu entlasten.[250] Insofern handelt es sich beim Stufenplanbeauftragten um einen Betriebsbeauftragten, wie er auch in anderen Bereichen, namentlich im Umweltrecht, zum Zwecke der Intensivierung der betrieblichen Selbstkontrolle gesetzlich vorgeschrieben ist. Der Gesetzgeber ging davon aus, dass die Bedingungen des modernen arbeitsteiligen Großbetriebes, die technische Kompliziertheit der Materie und der gesetzlichen Bestimmungen es erfordern, dass diese Eigenkontrolle einem besonderen Funktionsträger anvertraut und nicht lediglich von der Geschäftsleitung nebenbei wahrgenommen wird.[251] Indes bleibt der Stufenplanbeauftragte trotz der Einbeziehung in das staatliche Kontrollsystem als Angestellter oder freier Mitarbeiter ein Mann des Betriebes und ist nicht als verlängerter Arm der Überwachungsbehörde geschweige denn als sicherheitsrechtlicher Beliehener oder Sachwalter öffentlicher Interessen anzusehen.[252]

Die konkreten Aufgaben des Stufenplanbeauftragten ergeben sich aus § 63a Abs. 1 Satz 1 AMG und § 14 PharmBetrV. Dazu zählt neben der Erfüllung der Anzeigepflichten aus § 63b AMG die Sammlung von Meldungen über Arzneimittelrisiken, deren Bewertung sowie die Einleitung und Koordinierung der notwendigen innerbetrieblichen bzw. nach außen gerichteten Maßnahmen.[253] In Betracht kommen Maßnahmen zur Verbesserung der Qualität und ihrer Kontrolle, Produkt-

---

[248] So auch *Wiedey*, GCP, S. 238.

[249] Siehe bereits S. 68 ff.

[250] *Di Fabio*, Gefahrbegriff, S. 119; *ders.*, Risikoentscheidungen, S. 244; *Hohm*, Nachmarktkontrolle, S. 276; *ders.*, MedR 1988, S. 16

[251] *Böse*, NStZ 2003, S. 638.

[252] *Böse*, NStZ 2003, S. 638; *Hohm*, MedR 1988, S. 15; *Kuhlen*, Betriebsbeauftragte, S. 71; *Rehmann*, § 63a Rn. 2.

[253] MüKo-StGB-*Freund*, §§ 62-63b AMG Rn. 2. Näher zur Aufgabentrias des Stufenplanbeauftragten i. S. d. § 63a AMG *Hohm*, MedR 1988, S. 17 ff.

rückrufe sowie die Einschaltung der Behörden.[254] Soweit der Stufenplanbeauftragte hierzu nach der innerbetrieblichen Kompetenzverteilung nicht befugt ist, hat er gemäß § 15 PharmBetrV die entsprechenden Stellen über das erforderliche Vorgehen zu informieren. Neuerdings[255] kommen dem Stufenplanbeauftragten auch Aufgaben im Rahmen der klinischen Prüfung zu. So muss er gemäß § 14 Abs. 1a PharmBetrV in Zusammenarbeit mit dem Sponsor Beanstandungen systematisch aufzeichnen, überprüfen und wirkungsvolle systematische Vorkehrungen treffen, damit eine weitere Anwendung der Prüfpräparate – sofern notwendig – verhindert werden kann.

Da der Stufenplanbeauftragte als „Schaltzentrale im Rahmen der Durchführung von Risikoabwehr- und Vorbeugemaßnahmen“[256] ärztlich-therapeutische Gesichtspunkte im Unternehmen zur Geltung zu bringen hat, muss er nicht nur zuverlässig sein, sondern auch über entsprechende Sachkenntnis verfügen. Daher verlangt § 63a Abs. 2 AMG eine im Anschluss an ein Medizin-, Biologie- oder Pharmaziestudium abgelegte Prüfung sowie eine mindestens zweijährige Berufserfahrung bzw. einen dem § 15 AMG genügenden Qualifikationsnachweis.

d. Informationsbeauftragter

Gemäß § 74a AMG ist der pharmazeutische Unternehmer zudem zur Bestellung eines Informationsbeauftragten verpflichtet, der mit der wissenschaftlichen Information über die in den Verkehr gebrachten Arzneimittel des Unternehmens betraut wird. Hauptaufgabe des Informationsbeauftragten ist es, dafür Sorge zu tragen, dass Kennzeichnung, Packungsbeilage und Fachinformation dem Inhalt der Zulassung oder Registrierung entsprechen. Insofern kommt es zu Überschneidungen mit den Aufgaben des Herstellungs- und Vertriebsleiters, die ebenfalls für die korrekte Information über das vertriebene Produkt verantwortlich zeichnen. Von der Tätigkeit des Stufenplanbeauftragten unterscheidet sich diejenige des Informationsbeauftragten dadurch, dass dieser im Vorhinein, sozusagen ex ante, zur Vermeidung von Informationsmängeln tätig wird, während der Stufenplanbeauftragte ex post nach Eintritt eines Informationsfehlers zum Handeln aufgerufen ist.[257]

Nach § 74a Abs. 2 AMG muss auch der Informationsbeauftragte die zur Ausübung seiner Tätigkeit erforderliche Zuverlässigkeit und Sachkenntnis besitzen, kann diese doch nur auf Grundlage einer medizinischen, pharmazeutischen oder sonstigen naturwissenschaftlichen Ausbildung verantwortungsvoll ausgeübt werden. Die Qualifikationsanforderungen entsprechen dabei denjenigen, die an den Stufenplanbeauftragten gestellt werden.

---

254 *Rehmann*, § 63a Rn. 2; *Sander*, § 63a Erl. 4.

255 3. Verordnung zur Änderung der Betriebsverordnung für pharmazeutische Unternehmer vom 10.8.2004.

256 *Sander*, § 63a Erl. 4.

257 *Kloesel/Cyran*, § 74a Anm. 6. Zur genauen Abgrenzung der Aufgaben- und Verantwortungsbereiche von Informationsbeauftragtem, Vertriebsleiter und Stufenplanbeauftragtem siehe S. 578 ff.

e. Pharmaberater

Schließlich ist noch der Pharmaberater i. S. d. § 75 AMG zu nennen, der als zentrales Bindeglied zwischen dem pharmazeutischen Unternehmer und der Ärzteschaft fungiert. So führt er gemäß § 76 AMG direkte Gespräche mit den Angehörigen der Heilberufe, in denen er diese über das Arzneimittel und dessen Wirkungen fachlich informiert, sich zugleich aber auch über deren Erfahrungen bei der Anwendung des betreffenden Präparats erkundigt. Durch die Verpflichtung zur Weitergabe der ihm hierbei gemachten Mitteilungen über Nebenwirkungen, Gegenanzeigen oder sonstige Arzneimittelrisiken an die zuständigen Stellen im Unternehmen leistet der Pharmaberater einen entscheidenden Beitrag zur effektiven Mitwirkung des pharmazeutischen Unternehmers am Risikoerfassungssystem der §§ 62, 63 AMG und zur Erfüllung der diesem obliegenden umfassenden Produktbeobachtung.[258]

3. *Outsourcing*

Aus Gründen der Wirtschaftlichkeit lässt der pharmazeutische Unternehmer die ihm obliegenden Aufgaben teilweise nicht vollständig durch eigenes Betriebspersonal durchführen, sondern beauftragt damit externe Personen bzw. spezialisierte Unternehmen. Ein Beispiel hierfür stellt der Packmittelhersteller dar, der entweder als bloßer Zulieferer des pharmazeutischen Unternehmers lediglich die Behältnisse und äußeren Umhüllungen herstellt, die der pharmazeutische Unternehmer selbst kennzeichnet und befüllt, oder der als arzneimittelrechtlicher Hersteller i.S.d. § 4 Abs. 14 AMG die Kennzeichnung und Befüllung der Verpackung selbst vornimmt.[259] Da der Packmittelhersteller aber die Medikamente niemals unter seinem eigenen Namen in Verkehr bringt, scheidet er als pharmazeutischer Unternehmer aus, was zugleich bedeutet, dass nicht ihn, sondern den ihn beauftragenden pharmazeutischen Unternehmer die Verantwortung für die Unbedenklichkeit des Endproduktes im Ganzen trifft.[260]

4. *Wissenschaftliche Sachverständige i. S. d. § 24 AMG*

Eine entscheidende Rolle für die Arzneimittelsicherheit spielen auch die wissenschaftlichen Sachverständigen, die gemäß § 24 AMG die Ergebnisse der präklinischen und klinischen Prüfungen zu begutachten haben und durch eine positive Wertung den Weg zur Erteilung der Marktzulassung ebnen. Diese Sachverständigen können sowohl Angehörige des pharmazeutischen Unternehmens als auch betriebsfremde Experten sein. Als externe Sachverständige kommen insbesondere Hochschullehrer, Angehörige von Forschungs- oder Auftragsinstituten, Wissenschaftler, die bei der Prüfung mitgewirkt haben sowie Sachverständige, die von den Industrie- und Handelskammern amtlich bestellt sind, in Betracht.

---

258 *Fuhrmann*, Sicherheitsentscheidungen, S. 177; *Hasskarl*, NJW 1988, S. 2267; *Kloesel/Cyran*, § 76 Anm. 2; MüKo-StGB-*Freund*, §§ 77-93 AMG Rn. 6; *Sander*, § 76 Erl. 2.

259 *Wesch*, PharmR 1995, S. 2 f.

260 Zur strafrechtlichen Würdigung des Ousourcing ausführlich *Kupjetz*, Absatzformen, S. 209 ff. Zur konkreten Verantwortungsabgrenzung siehe S. 422 ff.

II. Bundesinstitut für Arzneimittel und Medizinprodukte

Die zweite zentrale Position im sicherheitsrechtlichen System des Arzneimittelverkehrs hat das Bundesinstitut für Arzneimittel- und Medizinprodukte (BfArM) inne, welches als Nachfolgeorganisation des Bundesgesundheitsamtes (BGA) maßgeblich für die Gewährleistung eines Höchstmaßes an Arzneimittelsicherheit durch Regulierung des Arzneimittelwesens verantwortlich ist. Gemäß § 77 Abs. 1 AMG ist das BfArM für den Verkehr jeglicher Humanarzneimittel zuständig, sofern nicht nach § 77 Abs. 2 AMG das Paul-Ehrlich-Institut (PEI) zuständig ist.

1. Aufgaben

Die Sicherheitsaufgaben des BfArM liegen sowohl im Vormarkt- als auch im Nachmarktbereich. Durch sorgfältige Prüfung der eingereichten Unterlagen hat das BfArM zum einen gemäß § 40 Abs. 1 Satz 2 AMG i. V. m. § 7, 9 GCP-V über die Genehmigung der klinischen Prüfung, zum anderen gemäß § 25 Abs. 1 AMG über die Marktzulassung eines Arzneimittels zu entscheiden. Im Nachmarkt trifft das BfArM die Pflicht, nach Eingang, Sammlung und Bewertung von Meldungen über mögliche Arzneimittelrisiken durch Koordination von Risikoabwehrmaßnahmen bzw. Aufhebung der erteilten Zulassung oder den Erlass risikominimierender Auflagen zur Vermeidung von Arzneimittelschäden beizutragen.[261]

2. Innerbehördliche Organisation

Die Effizienz der Tätigkeit des BfArM ist abhängig von einer guten personellen und sachlichen Ausstattung, der Kompetenz der Behördenbeschäftigten und einer funktionsfähigen Organisation des Aufgabenbereichs. Das BfArM verfügt insgesamt über eine Verwaltungsabteilung und neun Fachabteilungen, von denen fünf für die Erteilung von Arzneimittelzulassungen und eine speziell für die Pharmakovigilanz zuständig ist. Bei der Zulassungsabteilung 1 handelt es sich um eine allgemeine Abteilung, der bei Zulassungsanträgen, die keiner fachlich-inhaltlichen Bewertung durch die Zulassungsabteilungen 2-5 bedürfen, wie etwa bei Dubletten und Generika, eine Entlastungsfunktion gegenüber den Fachabteilungen zukommt. Die Zulassungsabteilungen 2-4 wiederum sind für jeweils bestimmte Therapierichtungen der Schulmedizin zuständig und mit erfahrenen, über viele Jahre Berufserfahrung verfügenden Wissenschaftlern der zur Beurteilung der Wirksamkeit, Sicherheit und pharmazeutischen Qualität von Arzneimitteln relevanten Disziplinen – Medizin, Pharmazie, Toxikologie – besetzt. Die Zulassungsabteilung 5 beschäftigt sich mit Arzneimitteln der besonderen Therapierichtungen, d. h. pflanzlichen, homöopathischen und anthroposophischen Präparaten.[262]

3. Externe Sachverständigengremien

Gemäß § 25 Abs. 5-7a AMG hat das BfArM bei seiner Zulassungsentscheidung mitunter die Voten externer Sachverständigengremien – der Zulassungskommis-

---

261 Siehe hierzu bereits S. 66 ff.

262 Weitere Informationen zur Organisation des BfArM unter www.bfarm.de.

sion und der Aufbereitungskommissionen – zu berücksichtigen. Sinn und Zweck dieser Kommitologie ist es, externen Sachverstand durch adäquate Verfahrensmodalitäten zu aktivieren und den einzelnen Therapierichtungen verstärkt Gehör zu gewähren.[263]

Die Mitglieder der Zulassungskommission werden gemäß § 25 Abs. 6 Satz 4 AMG vom Bundesgesundheitsministerium auf Vorschlag der pharmazeutischen Unternehmer und der Organisationen der Angehörigen der Heilkunde berufen. Der Kommission gehören Sachverständige aller medizinischen Fachbereiche an, die auf den jeweiligen Anwendungsgebieten, in der Stoffgruppe und in der Therapierichtung über entsprechende wissenschaftliche Kenntnisse und praktische Erfahrungen verfügen.[264] Da bei der Besetzung der Kommission jedoch den Besonderheiten des jeweiligen Arzneimittels Rechnung zu tragen ist, § 25 Abs. 6 Satz 5 AMG, variiert die Zusammensetzung der Kommission je nach zuzulassendem Präparat.

Die Aufbereitungskommissionen bestehen in der Regel aus neun Mitgliedern, jeweils einem Sachverständigen für experimentelle Pharmakologie und Toxikologie, für klinische Pharmakologie, für medizinische Statistik, für Pharmazie sowie fünf weiteren Sachverständigen aus dem praktisch-ärztlichen Bereich.

Die Voten der Kommissionen werden jeweils mit einfacher Mehrheit gefasst. Das BfArM ist zwar nicht an die Voten gebunden, angesichts des Umstandes, dass es aber niemals diejenige Fachkompetenz in den eigenen Reihen konzentrieren kann, die zur Beurteilung der verschiedensten Arzneinovitäten erforderlich wäre, jedoch zumindest faktisch in gewissem Maße davon abhängig. Der unabhängige, von Fall zu Fall zu berufende Sachverständige garantiert am ehesten die korrekte Beurteilung eines Präparates und schafft dadurch die Grundlage dafür, dass das BfArM die notwendigen Vorsorgemaßnahmen ergreift und seiner Sicherungsaufgabe vollumfänglich gerecht wird.[265]

III. Paul-Ehrlich-Institut

Das Paul-Ehrlich-Institut (PEI) ist anstelle des BfArM gemäß § 77 Abs. 2 AMG insbesondere zuständig für Impfstoffe, Sera und Blutzubereitungen. Die konkreten Aufgaben des PEI ergeben sich aus dem Gesetz über die Errichtung eines Bundesamtes für Sera und Impfstoffe vom 7. Juli 1972, wenngleich sich die Aufgaben mit der Fortschreibung des deutschen und europäischen Arzneimittelrechts erheblich weiterentwickelt haben. Entsprechend dem BfArM kommen dem PEI umfangreiche Aufgaben im Rahmen der klinischen Prüfung, der Arzneimittelzulassung wie auch der Nachmarktkontrolle zu. Hinzu kommt die staatliche Prüfung und Freigabe von Arzneimittelchargen gemäß § 32 AMG, die den weitaus größten

[263] *Plagemann*, Wirksamkeitsnachweis, S. 151.

[264] *Sander*, § 21 Erl. 14. *Deutsch/Spickhoff*, Medizinrecht, Rn. 874, sehen darin einen Fall des dem öffentlichen Sicherheitsinteresse nicht vollständig genügenden peer review und plädieren daher für eine Einbeziehung medizinischer Laien als Vertreter des Allgemeininteresses.

[265] *Plagemann*, Wirksamkeitsnachweis, S. 145.

Teil der Behördentätigkeit ausmacht. So erteilte das PEI im Jahr 2002 191 Zulassungen bei über 5.000 Chargenprüfungen im selben Zeitraum.

Auch das PEI ist in verschiedene Abteilungen aufgegliedert. So existiert neben einer Verwaltungsabteilung und sieben Fachabteilungen für die einzelnen Therapiebereiche eine Abteilung „Sicherheit von Arzneimitteln und Medizinprodukten". Diese wiederum beinhaltet unter anderem die Referate „Arzneimittelsicherheit" und „Klinische Prüfungen". Während letztere für die Koordination und Administration der Anträge auf Genehmigung klinischer Prüfungen zuständig ist, übernimmt erstere die Aufgabe der Registrierung und medizinischen Bewertung von Verdachtsfällen unerwünschter Arzneimittelwirkungen sowohl im Nachmarkt als auch in der Prüfphase sowie der Bewertung der aktualisierten Berichte über die Unbedenklichkeit von Arzneimitteln, was neben der wissenschaftlichen Beurteilung der Risiken auch die Einleitung von Risikoabwehrmaßnahmen umfasst.

IV. Ethik-Kommissionen

In der Phase der Arzneimittelerprobung tragen zudem die Ethik-Kommissionen aufgrund ihrer Kompetenz, über die Zulässigkeit der beantragten klinischen Prüfung zu entscheiden, Verantwortung für die Gesundheit der Versuchsteilnehmer. § 3 Abs. 2c GCP-V definiert die Ethik-Kommission entsprechend der Begriffsvorgaben in Art. 2 lit. k der Richtlinie 2001/20/EG als unabhängiges Gremium aus im Gesundheitswesen und in nichtmedizinischen Bereichen tätigen Personen, dessen Aufgabe es ist, den Schutz der Rechte, die Sicherheit und das Wohlergehen von Prüfungsteilnehmern zu sichern und diesbezüglich Vertrauen der Öffentlichkeit zu schaffen, indem es unter anderem zu dem Prüfplan, der Eignung der Prüfer und der Angemessenheit der Einrichtung sowie zu den Methoden, die zur Unterrichtung der Prüfungsteilnehmer und zur Erlangung ihrer Einwilligung nach Aufklärung benutzt werden und zu dem dabei verwendeten Informationsmaterial Stellung nimmt. Auf eine Kurzformel gebracht sind Ethik-Kommissionen somit unabhängige, interdisziplinär besetzte Gremien, die die klinische Forschung am Menschen auf ihre medizinische, rechtliche und ethische Vertretbarkeit prüfen.[266]

1. Geschichte und Entwicklung

Die Geschichte der Ethik-Kommissionen in Deutschland ist noch recht jung.[267] Ihr ideengeschichtlicher Ursprung ist in den USA zu suchen, wo es in der zweiten

266 *Bork*, Ethik-Kommissionen, S. 21; *Czwalinna*, Forschungslegitimation, S. 93; *Deutsch*, RPG 1995, S. 23; *Görlich/Schmedding*, Ethik-Kommissionen, S. 165; *Gramm*, WissR 1999, S. 210 f.; *Scheffold*, Haftungsfragen, S. 25; *Stock*, Probandenschutz, S. 80. Von den vielen ethischen Problemen in der Medizin greifen Ethik-Kommissionen somit nur den engen Bereich der klinischen Forschung heraus. Sie besitzen daher ein anderes Aufgabengebiet als etwa der Nationale Ethikrat, der die Bundesregierung in Fragen der Humangenetik und Biotechnologie berät.

267 Zu den Anfängen der Ethik-Kommission ausführlich *Bork*, Ethik-Kommissionen; *Deutsch/Spickhoff*, Medizinrecht, Rn. 719 ff.; *Stamer*, Ethik-Kommissionen.

Hälfte der 1960er Jahre als Reaktion auf vermehrt aufgetretenen Missbrauch von Patienten und Probanden zum Zweck der medizinischen Forschung zur Bildung so genannter Institutional Review Boards (IRB) kam.[268] Erst in der Folgezeit begann auch die Deutsche Forschungsgemeinschaft (DFG), mit ethischen Gutachterausschüssen zusammenzuarbeiten, und richtete 1971 und 1973 in Ulm, Göttingen und München die ersten Ethik-Kommissionen ein.[269]

Entscheidender Wegbereiter für die Bildung örtlicher Ethik-Kommissionen in Deutschland war jedoch die 1975 vom Weltärztebund in Tokio revidierte Deklaration von Helsinki, welche die Pflicht einführte, vor der Durchführung von Versuchen am Menschen das Versuchsprotokoll einem besonders berufenen unabhängigen Ausschuss zur Beratung, Stellungnahme und Orientierung zuzuleiten. Dadurch wurde die Anrufung einer Ethik-Kommission fester Bestandteil des internationalen ärztlichen Standesrechts. Auf Anregung der DFG sowie des Medizinischen Fakultätentages nahm die Bundesärztekammer diese Revidierte Deklaration von Helsinki zum Anlass, ihrerseits durch Beschluss vom 12.1.1979 eine Empfehlung über die Einrichtung von „Kommissionen zur Beratung und Beurteilung ethischer und rechtlicher Aspekte von Forschungen am Menschen" an die Landesärztekammern auszusprechen.

Den ersten Schritt hin zu einer rechtlich verbindlichen Beratungspflicht machte 1985 der 88. Deutsche Ärztetag, als er die MBOÄ um eine Soll-Vorschrift ergänzte, die es jedem klinisch forschenden Arzt nahe legte, die Hilfe eines bei der Ärztekammer oder einer medizinischen Fakultät eingerichteten Gutachterausschusses in Anspruch zu nehmen. 1988 schließlich wurde diese Sollbestimmung in eine entsprechende Mussformulierung umgewandelt. Da § 15 Abs. 1 MBOÄ jedoch kein unmittelbar geltendes Recht darstellt, statuierten die Landesärztekammern daneben eine standesrechtliche Pflicht zur Beratung durch eine Ethik-Kommission.[270] Zu einer formalgesetzlichen Konsultationspflicht kam es jedoch erst im Zuge der 5. AMG-Novelle vom 16.08.1994, welche die klinische Prüfung von Arzneimitteln von der vorherigen zustimmenden Bewertung durch eine Ethik-Kommission abhängig machte und dadurch dem gesellschaftlichen Misstrauen

---

268 Die IRBs hatten im Wesentlichen drei Wurzeln: erstens eine Untersuchung der Boston University Anfang der 60er Jahre, zweitens die im Jahre 1966 von *Henry Beecher* veröffentlichte Studie über die Ethik in der medizinischen Forschung (*Beecher*, Ethics and Clinical Research, 274 New England Journal of Medicine 1354 (1966)), in der er nachwies, dass von 100 in amerikanischen Fachzeitschriften publizierten Forschungsergebnissen 12 ethisch zu beanstanden waren, und drittens der Fall *Hyman v. Jewish Chronic Disease Hospital* aus dem Jahr 1964, in dem Patienten virulente Karzinomzellen subkutan injiziert worden waren, um ihre Abwehrreaktionen im Vergleich zu derjenigen gesunder Menschen zu testen, obwohl die Patienten lediglich in eine Untersuchung der Immunreaktion im Zusammenhang mit ihrer Krankheit eingewilligt hatten.

269 *Bork*, Ethik-Kommissionen, S. 35; *Laufs/Reiling*, Ethik-Kommissionen, S. 16; *Stamer*, Ethik-Kommissionen, S. 15 m. w. N.

270 Vgl. *Deutsch*, Ethik-Kommissionen, S. 40; *ders.*, VersR 1989, S. 141. In Baden-Württemberg sind Ethik-Kommissionen seit 1986 berufsrechtlich etabliert. Damals wurde in die BOÄ eine entsprechende Soll-Vorschrift aufgenommen, die 1995 in eine Muss-Vorschrift abgeändert wurde. Siehe § 15 Abs. 1 BOÄ BW.

gegen das bis dahin geltende System bloßer professioneller Selbstkontrolle Rechnung trug.[271] Als Folge der bundesgesetzlichen Regelung des AMG, welche eine nach Landesrecht gebildete Kommission verlangte, verpflichteten die Bundesländer, meist in Kammergesetzen,[272] die Landesärztekammer und die Universitäten des Landes, Ethik-Kommissionen einzurichten.

Mit dieser Übernahme der Ethik-Kommissionen in das System der staatlichen Überwachung von klinischen Prüfungen war ein Funktionswandel der Ethik-Kommissionen verbunden – vom allein dem ärztlichen Berufsethos verpflichteten und damit rein ethischen Beratungsgremium im Sinne einer standesärztlichen Selbstkontrolle zu einem rechtsanwendenden und rechtskonkretisierenden behördenähnlichen Instrument der Fremdkontrolle.[273] Von einem Partner des Arztes wurde sie zu einem Partner der Überwachungsbehörden, „hat damit gleichsam die Fronten gewechselt."[274] Diese Entwicklung hin zu einer im Verwaltungsverfahren bürokratisch mitentscheidenden Genehmigungsbehörde ist durch die 12. AMG-Novelle, wie bereits dargelegt, nochmals intensiviert worden, indem die Ethik-Kommission nunmehr klinische Prüfungen formell genehmigen muss.[275]

2. *Rechtfertigung und Notwendigkeit*

Ethik-Kommissionen sehen sich immer wieder dem Vorwurf ausgesetzt, sie würden den Pharmastandort Deutschland gefährden, weil sie die Forschung behinderten und den Fortschritt der Wissenschaft hemmten. Zugegebenermaßen mutet die Einbindung eines auf der Grundlage der Ethik[276] tätig werdenden Gremiums in einen Verwaltungsprozess und damit in eine rechtliche Entscheidung merkwürdig an, werden Recht und Moral in der modernen Gesellschaft doch gewöhnlich klar voneinander abgegrenzt und allein dem Recht die Vorgabe verbindlicher Maßstäbe zugewiesen.[277] Andererseits sind im Bereich der Medizin die zahlreichen ethischen Probleme unübersehbar, so dass sich gerade hier die jedem Rechtssystem immanente Frage nach dem Verhältnis von Recht und Ethik zueinander stellt.[278]

Rechtsordnung und Ethik stehen sich nicht konkurrierend gegenüber, sondern sind vielmehr miteinander verwandt. Einerseits liefert die Ethik die Grundlage für die Legitimität und Verbindlichkeit des Rechts, dessen Normen ohne ethische Fundierung und Internalisierung allenfalls Anpassung erzwingen, niemals aber zu positiver Respektierung der schutzbedürftigen Werte motivieren können.[279] So

---

271 Vgl. *Wölk*, EthikMed 2002, S. 254.

272 Siehe wiederum § 5 KammerG Baden-Württtemberg.

273 *Hägele*, Arzneimittelprüfung, S. 690; *Saliger*, Legitimation, S. 154; *Taupitz*, JZ 2003, S. 816; *Wölk*, EthikMed 2002, S. 265.

274 *Classen*, MedR 1995, S. 149.

275 Vgl. *Kollwitz*, Kontrolle, S. 20; *Koyuncu*, PHi 2005, S. 91; *Laufs*, Das deutsche Recht, S. 54; *ders.*, MedR 2004, S. 587.

276 Zum Begriff der Ethik *Görlich/Schmedding*, Ethik-Kommissionen, S. 164 m. w. N.

277 *Albers*, Institutionalisierung, S. 419.

278 Zu den wesentlichen Regeln medizinischer Ethik siehe *Deutsch*, Voraussetzungen, S. 14 f. sowie *Herrmann/Schärer*, Aspekte, S. 135 ff.

279 *Deutsch*, VersR 1987, S. 850; *Eser*, Humanexperiment, S. 195; *ders.*, Chirurg 1979, S. 216; *Hiebaum*, Urteilen, S. 116; *Staak*, Humanexperiment, S. 207.

läuft die Interpretation von Rechtsnormen auf die Konstruktion derjenigen Regeln hinaus, die ein vernünftiger Gesetzgeber mit dem von ihm gewählten Normwortlaut gemeint haben muss, so dass ethische Überlegungen über die Auslegung und Anwendung des Rechts stets mittelbar Eingang in die konkreten Rechtssätze finden.[280] Andererseits füllt das Recht die Lücken einer oftmals vagen und umstrittenen Moral und liefert feste, greifbare Maßstäbe, wo die Moral schweigt oder unklar ist.[281]

Angesichts der unüberschaubaren Vielzahl ethischer Regeln für die verschiedensten Lebenssachverhalte wird das Recht noch heute, zurückgehend auf die bekannte Formulierung von *Georg Jellinek*, als „ethisches Minimum" erachtet.[282] Das Recht enthält aber durchaus auch ethisch indifferente Vorschriften, so dass das Bild zweier konzentrischer Kreise letztlich nicht passt, richtigerweise von einer Verschränkung von Recht und Moral gesprochen werden muss.[283] Im Bereich des gesamten Gesundheits- und Medizinrechts, vor allem aber auf dem Gebiet der biomedizinischen Forschung, besteht jedoch aufgrund des Menschenwürdegehalts der Vorschriften und des starken Bezugs zu den Rechtsgütern Leben, Körper und Gesundheit als den Grundlagen menschlichen Seins ein hoher Grad an Homogenität zwischen rechtlicher und ethischer Normierung.[284] Ein Berührungspunkt des Rechts mit der Ethik ist namentlich in dem Konflikt der verschiedenen rechtlich abgesicherten Interessen im Zusammenhang mit der klinischen Prüfung von Arzneimitteln am Menschen begründet. Die ärztliche Vertretbarkeit derartiger Versuche kann nicht nach starren rechtlichen Regeln, sondern nur anhand der die Einmaligkeit und Besonderheit des einzelnen Falls berücksichtigenden ärztlichen Ethik beantwortet werden, zumal aufgrund des Neulandcharakters der Betätigung verbindliche rechtliche Vorgaben fehlen.[285]

Akzeptanz gewinnen ethische Prinzipien aber maßgeblich durch Einschaltung neutraler Dritter in die Beurteilung eines Vorgehens als ethisch oder unethisch. Hierauf beruht dann auch die Rechtfertigung und letztlich gar Notwendigkeit, klinische Prüfungen durch eine Ethik-Kommission prüfen zu lassen.[286] Dabei darf die Ethik-Kommission jedoch nicht als deus ex machina zu einem Feigenblatt für in Wahrheit ungelöste Probleme verkommen.[287] Innerhalb des durch das Recht ge-

[280] *Böth*, Humanexperiment, S. 61; *Held*, Strafrechtliche Beurteilung, S. 97; *Hiebaum*, Urteilen, S. 123.

[281] *Hiebaum*, Urteilen, S. 115.

[282] So etwa *Deutsch*, Voraussetzungen, S. 10.

[283] Vgl. *Held*, Strafrechtliche Beurteilung, S. 105; *Hiebaum*, Urteilen, S. 105.

[284] Vgl. *Gramm*, WissR 1999, S. 209; *Herrmann/Schärer*, Aspekte, S. 131; *Schreiber*, Ethik, S. 21; *Tiedemann*, ZRP 1991, S. 54 f.; *Wölk*, EthikMed 2002, S. 259 f.

[285] *Czwalinna*, Forschungslegitimation, S. 6, 90 f.; *Held*, Strafrechtliche Beurteilung, S. 97; *Wagner*, Ethik, S. 181 f.; *Wölk*, EthikMed 2002, S. 266.

[286] *Deutsch*, PharmR 1982, S. 3; *Rössler* in: Dölle et al., Arzneimitteltherapie, S. 65 passim.

[287] Für das grundsätzliche Primat des Rechts spricht vor allem die bereits angesprochene Vagheit und Divergenz ethischer Prinzipien. Einerseits kann daher die Ethik-Kommission kein Allheilmittel darstellen, andererseits zeigt sich daran gerade ihre Unentbehrlichkeit, ordnet und interpretiert sie doch die verschiedenen ethischen Postulate

steckten Rahmens kann und soll sie dem Forscher aber wertvolle Orientierung in spezifisch ethischen Problemlagen liefern.[288] Dies gilt vor allem für den oft als „ethisches Dilemma“ bezeichneten Interessenkonflikt, dem sich der Prüfarzt ausgesetzt sieht. Ihm obliegt als Arzt primär das ethische Gebot des Heilens und Helfens mit den effektivsten und zugleich unschädlichsten Mitteln, zu dem der gefährliche experimentelle Einsatz neuer Heilmethoden unter gleichzeitigem Verzicht auf erprobte und bewährte Mittel bzw. der Arzneimitteltest mit gesunden Probanden grundsätzlich im Widerspruch steht.[289] Zugleich schlägt in der Brust des Prüfarztes aber auch das Herz eines Forschers, dessen Handeln dem ethisch wünschenswerten Ziel einer generellen Verbesserung der Krankenversorgung durch Entwicklung innovativer Therapieformen zu dienen bestimmt ist.[290] Indem die Ethik-Kommission das ärztliche Gewissen weckt, leitet und schärft, wirkt sie mäßigend und korrigierend auf die medizinische Forschung ein. Sie verhindert die Durchführung unrealistischer therapeutischer Forschungsprojekte und sichert realistische Vorhaben im Interesse der Probanden und Patienten bestmöglich ab.[291] Neben dieser ermahnenden Wirkung besitzen Ethik-Kommissionen aber auch die Funktion der Erleichterung des ärztlichen Gewissens durch das Aufzeigen eines gangbaren Ausweges aus dem ethischen Konflikt zwischen dem Gebot des „nemimem laedere“ und dem Hippokratischen Gebot der Behandlung nach bestem Wissen und Gewissen, welche die Überprüfung einer innovativen Methode mit noch unbekanntem Wirksamkeits- und Risikopotential geradezu verlangt.[292] Während der Arzt mit der Vertretbarkeitsprüfung des § 40 Abs. 1 Satz 3 Nr. 2 AMG regelmäßig überfordert ist, ist die Ethik-Kommission als interdisziplinär besetztes Gremium prädestiniert, die widerstreitenden Interessen sachgerecht zu bewerten

für den speziellen Bereich der klinischen Forschung. In diesem Zusammenhang ist aber die Kritik von *Taupitz*, JZ 2003, S. 816, an dem durch die 12. AMG-Novelle vollzogenen Funktionswandel der Ethik-Kommission berechtigt. Indem das Gesetz das Prüfsiegel „ethisch vertretbar“ zur rechtlichen Voraussetzung klinischer Prüfungen macht, wandelt sich der Ethikdiskurs zwischen Forscher und interdisziplinärer Forschergemeinschaft zu einem Rechtsspruch, der die Ethik entgegen ihrer Vielschichtigkeit leicht auf ein „so und nicht anders“ reduziert.

288 *Freund*, MedR 2001, S. 65, 71; *Schreiber*, Aspekte, S. 194.

289 Vgl. *Czwalinna*, Forschungslegitimation, S. 5, 24; *Hägele*, Arzneimittelprüfung, S. 637 f.; *Herrmann/Schärer*, Aspekte, S. 131; *Staak/Weiser*, Klinische Prüfung, S. 26.

290 *Fischer*, Ethik-Kommissionen, S. 11.

291 Vgl. *Däbritz*, Humanerprobungen, S. 117; *Deutsch*, JZ 1980, S. 292; *ders.*, VersR 1999, S. 2; *Hasskarl/Kleinsorge*, Voraussetzungen, S. 29; *Laufs/Reiling*, Ethik-Kommissionen, S. 19; *Scheffold*, Haftungsfragen, S. 130; *Wiedey*, GCP, S. 227; *Wölk*, EthikMed 2002, S. 265.

292 Vgl. *Losse*, Ethische Probleme, S. 19; *Toellner*, Problemgeschichte, S. 3, 7 f., 15. Insofern besteht der Konflikt nicht nur aufgrund der Doppelfunktion des Prüfarztes als der Wissenschaft verpflichtetem Forscher und der Gesundheit des Patienten verpflichtetem Arzt (so wohl aber *Toellner*, Problemgeschichte, S. 8, 16; *Losse*, Ethikkommissionen, S. 266; *Czwalinna*, Forschungslegitimation, S. 5, 24), das Dilemma ist vielmehr bereits dem Beruf des Arztes als solchem immanent.

und eine in medizinischer, rechtlicher und ethischer Hinsicht tragbare Entscheidung zu treffen.[293]

Schließlich kommt den Ethik-Kommissionen in einer Zeit, in der der Medizin ein zunehmendes Defizit an Menschlichkeit vorgeworfen und der daher von Seiten der Öffentlichkeit mit Misstrauen und Furcht begegnet wird, eine nicht zu unterschätzende Mittlerrolle zwischen Wissenschaft und Allgemeinheit zu. Durch ihre transparenten, auf ethischen Prinzipien beruhenden Entscheidungen macht sie die Notwendigkeit und Vertretbarkeit der Arzneimittelprüfungen am Menschen auch für Dritte nachvollziehbar.[294] Die Tätigkeit der Ethik-Kommissionen ist daher nicht zuletzt eine „Dienstleistung für die Allgemeinheit".[295]

Bezüglich der eingangs dargelegten häufigen Kritik, Ethik-Kommissionen würden die Forschung hemmen, lässt sich somit festhalten: Ein sorgfältig geplantes, die Risiken abwägendes, die Interessen der Probanden bzw. Patienten und die gesetzlichen Bestimmungen beachtendes Forschungsvorhaben wird durch die Ethik-Kommissionen nicht behindert. Ihr Votum wird im Gegenteil dem Forscher den nötigen Rückhalt für seine Arbeiten auch der Öffentlichkeit gegenüber geben.[296] Allein unethische, unrealistische oder den rechtlichen Normen widersprechende Forschungsvorhaben werden erschwert, doch dies rechtfertigt wahrlich keine Kritik, sondern stellt vielmehr ein Plädoyer für die Ethik-Kommissionen dar.

3. Aufgaben

Das Aufgabengebiet der Ethik-Kommissionen ist zunächst auf die Prüfung der Zulässigkeit klinischer Arzneimittelforschung am Menschen beschränkt und erfasst weder sonstige ethische und rechtliche Zweifelsfragen noch die Therapie im Einzelfall.[297] Vor dem Hintergrund der oben dargestellten Verschränkung von Recht und Ethik stellen sie dabei nicht nur ethische[298] bzw. allein rechtliche Über-

---

[293] *Däbritz*, Humanerprobungen, S. 74; *Graf*, NJW 2002, S. 1774; *Rössler* in: Dölle et al., Arzneimitteltherapie, S. 65; *Schreiber*, Aspekte, S. 194; *Toellner*, Problemgeschichte, S. 14.

[294] Vgl. *Czwalinna*, Forschungslegitimation, S. 25; *Fischer*, Ethik-Kommissionen, S. 17; *Jahrmärker*, MedKlin 1990, S. 678; *Losse*, Aufgaben, S. 26, 30; *ders.*, Ethikkommissionen, S. 276; *ders.*, Ethische Probleme, S. 22, 27; *Rössler* in: Dölle et al., Arzneimitteltherapie, S. 63; *Toellner*, Problemgeschichte, S. 4, 11; *Wölk*, EthikMed 2002, S. 253.

[295] *Jahrmärker*, MedKlin 1990, S. 678; *Losse*, Aufgaben, S. 22; *Pfeiffer*, VersR 1994, S. 1380; *ders.*, Ethik-Kommissionen, S. 708; *Toellner*, Problemgeschichte, S. 16.

[296] Vgl. *Helmchen*, EthikMed 1995, S. 59; *Jahrmärker*, MedKlin 1990, S. 678.

[297] *Bork*, Ethik-Kommissionen, S. 122; *Deutsch*, Ethik-Kommissionen, S. 37; *ders.*, VersR 1989, S. 140; *Walter-Sack*, MedR 1997, S. 301. Entgegen *Laufs* in: Laufs/Uhlenbruck, Handbuch, § 130 Rn. 22, kommt ihnen somit nicht die Aufgabe zu, die Rechtsgemeinschaft auf prinzipielle Dissense und ungelöste ethische und rechtliche Grundfragen aufmerksam zu machen.

[298] So aber offensichtlich *Kleinsorge*, Zusammenarbeit, S. 57; *Deutsch/Lippert*, Ethikkommission, S. 31; nun aber a. A. *Deutsch*, MedR 1995, S. 484. Gegen eine Beschränkung auf rein ethische Überlegungen spricht, dass dies dem berechtigten Primärinteresse des Arztes, durch das Votum der Kommission rechtliche Sicherheit zu erlangen, wi-

legungen[299] an, sondern bewerten das betreffende Vorhaben sowohl auf dessen Vereinbarkeit mit den gesetzlichen Vorschriften der §§ 40 ff. AMG als auch mit ethischen Grundsätzen.[300] Dabei haben die Ethik-Kommissionen auch das wissenschaftliche Design der Studie zu bewerten, da nur bei einer sinnvollen, neue und aussagekräftige Erkenntnisse liefernden klinischen Prüfung die damit verbundenen Risiken für die Versuchsteilnehmer mit Blick auf den Gewinn für die Heilkunde ethisch vertretbar sind.[301]

Ethik-Kommissionen haben eine dreifache Aufgabe zu erfüllen. Vornehmste Aufgabe ist der Schutz der Probanden und Patienten vor unvertretbaren Versuchen und der damit verbundenen übermäßigen Gefahr einer körperlichen Verletzung. Daneben nehmen sie auch eine Schutzfunktion für den Forscher wahr, den sie davor zu bewahren versuchen, im Drang nach Wahrheit die Grenzen des Zulässigen zu überschreiten, zugleich aber durch Legitimierung des Vorhabens und Abbau des öffentlichen Misstrauens gegenüber klinischen Prüfungen vor Angriffen von außen schützen. Schließlich dienen Ethik-Kommissionen auch dem Schutz der Forschungseinrichtung. Durch Einrichtung einer institutionellen Ethik-Kommission als permanenter Kontrollinstanz kommt der Träger der Forschungseinrichtung seiner Pflicht nach, durch angemessene Organisation seines Betriebes für eine ständige Überwachung der Arzneimittelprüfung zu sorgen, sich des Ergreifens hinreichender Schutzmaßnahmen zu vergewissern und so die Versuchsteilnehmer speziell vor bedenklichen Vorhaben, aber auch generell vor den allen Forschungsprojekten immanenten Gefahren weitgehend zu schützen.[302] Damit vertreten die Ethik-Kommissionen keine einzelne Gruppe, sondern handeln im Interesse aller Beteiligten und Betroffenen sowie der Allgemeinheit.[303]

---

dersprechen würde und ihn in seinem Dilemma im Stich ließe. Vgl. *Eser/Koch*, DMW 1982, S. 444.

299 Einer Ethik-Kommission, die eine klinische Prüfung allein auf ihre Vereinbarkeit mit den gesetzlichen Regelungen der §§ 40 ff. AMG prüft, käme neben dem BfArM/PEI keine eigenständige Bedeutung zu, stattdessen käme es zu einer unsinnigen und daher unverhältnismäßigen Doppelprüfung.

300 Vgl. *Albers*, Institutionalisierung, S. 421; *Arndt*, PharmR 1996, S. 73; *Czwalinna*, MedR 1986, S. 309; *Hiebaum*, Urteilen, S. 104 ff.; *Pfeiffer*, FS Salger, S. 706; *Scholz/Stoll*, MedR 1990, S. 59.

301 *Czwalinna*, MedR 1986, S. 309; *Deutsch/Lippert*, Ethikkommission, S. 45; *Doppelfeld*, Ethik-Kommission, S. 342; *Helmchen*, EthikMed 1995, S. 60; *Lemmer*, Ethische Probleme, S. 72; MüKo-StGB-*Freund*, §§ 40-42a AMG Rn. 57; *Rössler* in: Dölle et al., Arzneimitteltherapie, S. 65. Gegen eine ins Detail gehende Prüfung der wissenschaftlichen Qualität *Deutsch*, RPG 1995, S. 20; *ders.*, VersR 1999, S. 5. Nach einer Untersuchung *Wilkenings*, MedR 2001, S. 303, machen medizinische Erwägungen zur wissenschaftlichen Qualität mit 25-35% gar den Schwerpunkt der Kommissionstätigkeit aus, gefolgt von juristischen Überlegungen (22%) und ethischen Beratungen (18%).

302 Ebenso von einer Funktionstrias ausgehend *Albers*, Institutionalisierung, S. 421; D/L-*Deutsch*, § 40 Rn. 18; *ders.*, Probandenschutz, S. 33; *ders.*, NJW 1995, S. 3023; *Laufs*, Arztrecht, Rn. 687; *ders.* in: Laufs/Uhlenbruck, Handbuch, § 130 Rn. 19; MüKo-StGB-*Freund*, §§ 40-42a AMG Rn. 55; *Wölk*, EthikMed 2002, S. 265.

303 *Freund*, KHuR 2005, S. 112.

4. Öffentlich-rechtliche und privatrechtliche Ethik-Kommissionen

In Deutschland bestehen Ethik-Kommissionen sowohl in öffentlich-rechtlicher Form an staatlichen Einrichtungen, insbesondere an Universitäten und bei den Landesärztekammern, als auch in privatrechtlicher Form als wirtschaftliche Unternehmen. So sind bei zahlreichen pharmazeutischen Unternehmen sowie privaten Arzneimittelprüfinstituten betriebsinterne Ethik-Kommissionen eingerichtet. Daneben existieren aber auch freie, ungebundene Kommissionen wie etwa die Freiburger Ethik-Kommission International (FEKI).[304]

Jedoch verlangte bereits § 40 Abs. 1 Satz 2 AMG a. F. das zustimmende Votum einer „nach Landesrecht gebildeten" Ethik-Kommission, so dass entsprechend den (Kammer-)Gesetzen der Länder, die eine Kommissionsbildung lediglich bei den Universitäten und Landesärztekammern vorsehen,[305] allein das Votum öffentlich-rechtlicher Ethik-Kommissionen für die arzneimittelrechtliche Zulässigkeit klinischer Prüfungen maßgeblich war. An diesem Monopol öffentlich-rechtlicher Kommissionen sollte sich nach dem Willen des Gesetzgebers auch durch die Neuregelung der §§ 40 ff. AMG im Zuge der 12. AMG-Novelle nichts ändern, im Gegenteil sollte durch das Erfordernis einer „nach Landesrecht zuständigen" Ethik-Kommission in § 42 Abs. 1 Satz 1 AMG die ausschließliche Zuständigkeit der Ethik-Kommissionen der Länder, Universitäten und Ärztekammern erhalten bleiben,[306] wenn auch die Frage, ob und in welcher Weise diese Monopolisierung gerechtfertigt werden kann, in der Literatur heftig umstritten ist.[307]

5. Zusammensetzung der Ethik-Kommissionen

Die rechtsverbindliche (Mit-)Entscheidung der Ethik-Kommissionen über so komplexe Vorgänge wie klinische Arzneimittelprüfungen wirft unweigerlich die Frage nach der Qualifikation ihrer Mitglieder, sprich ihrer Zusammensetzung auf. Die Regelung der Zusammensetzung, Zuständigkeit und Verfahrensweise der Ethik-Kommissionen liegt in der Hoheit der einzelnen Länder. Aus diesem Grund

---

304 Vgl. zu den verschiedenen Kommissionstypen *Deutsch*, Ethik-Kommissionen, S. 41 f.; *ders.*, VersR 1989, S. 141; *Deutsch/Spickhoff*, Medizinrecht, Rn. 722; *Laufs/Reiling*, Ethik-Kommissionen, S. 18; *Scheffold*, Haftungsfragen, S. 77.

305 Vgl. § 5 KammerG Baden-Württemberg.

306 Amtliche Begründung zur 12. AMG-Novelle, BT-Drs. 15/2109, S. 32. Selbstverständlich steht es dem pharmazeutischen Unternehmer oder dem Prüfpersonal frei, sich durch private Ethik-Kommissionen (zusätzlich) beraten zu lassen. Das von diesen abgegebene Votum stellt aber eine rein private ethische Äußerung ohne jedwede Konsequenz für die arzneimittelrechtliche Zulässigkeit der Arzneimittelprüfung dar.

307 Auf eine eingehende Erörterung der verschiedenen Positionen, namentlich der geltend gemachten verfassungsrechtlichen Aspekte, muss hier verzichtet werden, würde diese doch den Rahmen der vorliegenden Arbeit sprengen. Verwiesen sei insofern auf die einschlägige Literatur, z. B. *Pfeiffer*, FS Salger, S. 705; *ders.*, VersR 1991, S. 621 f.; *ders.*, ZRP 1998, S. 43 ff.; *Stamer*, Ethik-Kommissionen, S. 62 ff.; *Tiedemann*, ZRP 1991, S. 54 ff. Nach Etablierung der Ethik-Kommission als zweite Genehmigungsbehörde neben dem BfArM/PEI durch die 12. AMG-Novelle spricht jedoch mehr denn je dafür, einen öffentlich-rechtlichen Status der Ethik-Kommission zu verlangen.

fehlt es bisher an konkreten einheitlichen Vorgaben. § 3 Abs. 2c GCP-V ordnet lediglich die Beteiligung von „im Gesundheitswesen und in nichtmedizinischen Bereichen tätigen Personen“ an. Da die Ethik-Kommission das geplante Forschungsvorhaben wie dargelegt nach rechtlichen und ethischen Kriterien beurteilt und dabei auch maßgeblich die wissenschaftliche Qualität der Studie zu berücksichtigen hat, besteht generell Einigkeit, dass die Kommission interdisziplinär sowohl mit Medizinern verschiedener Fachrichtungen als auch mit Juristen und Theologen bzw. Philosophen besetzt sein muss.[308] So besitzen Mediziner zwar den erforderlichen Sachverstand, der auch für die (medizin-)ethische Würdigung des Forschungsprojekts unverzichtbar ist, allerdings fehlt ihnen die zur Bewertung schwieriger Fälle erforderliche philosophisch-ethische Qualifikation sowie das juristische Fachwissen, um sachgerecht darüber befinden zu können, ob die rechtlichen Anforderungen an die Vertretbarkeit des Vorhabens bzw. die informierte Einwilligung der Versuchsteilnehmer gewahrt sind.[309]

Abgesehen davon kann auch nur eine pluralistisch strukturierte Kommission den fehlenden gesellschaftlichen Konsens über Sinn und Zweck der modernen Medizin ersetzen und das öffentliche Misstrauen gegenüber der medizinischen Forschung abbauen. Erforderlich ist damit aber zugleich die Besetzung der Ethik-Kommissionen mit erfahrenen, allseits respektierten Persönlichkeiten von hohem wissenschaftlichen Rang, die sowohl das Vertrauen der Öffentlichkeit als auch die Anerkennung der medizinischen Fachkreise genießen.[310]

Dementsprechend schlug 1979 die Bundesärztekammer in Punkt 5 ihres Beschlusses vor, die Kommission mit fünf Mitgliedern zu besetzen, und auch der Arbeitskreis medizinischer Ethik-Kommissionen empfiehlt seit 1986 in § 2 seiner Verfahrensgrundsätze[311] eine Besetzung der Ethik-Kommission mit 5 Mitgliedern, unter denen zwei erfahrene Kliniker, ein auf dem Gebiet der theoretischen Medizin besonders erfahrener Arzt sowie ein möglichst auf den Bereich des Medizinrechts spezialisierter Jurist vertreten sein sollte.

---

308 Vgl. *Deutsch*, VersR 1999, S. 6; *Hägele*, Arzneimittelprüfung, S. 664; *Lemmer*, Ethische Probleme, S. 72; *Lilie*, Forschung am Menschen, S. 9; *Pfeiffer*, FS Salger, S. 709; *ders.*, VersR 1994, S. 1382; *Weißauer*, MMW 1979, S. 555. Zu Recht betont *Taupitz*, JZ 2003, S. 817 f., dass das Wesen der Ethik gerade im Ermitteln, Sichten und Beurteilen von nachvollziehbaren Gründen für Verbote und Gebote liegt, weswegen auch das Wesen der Ethik-Kommission in dem Zusammentragen und Zusammenführen von unterschiedlichen Gesichtspunkten durch verschiedenen Disziplinen angehörende Mitglieder besteht. Zur Entwicklung der Ethik-Kommission vom Modell des so genannten peer review über das des institutional review bis hin zum heutigen interdisziplinären Modell des community review siehe *Bork*, Ethik-Kommissionen, S. 47 f.; *Deutsch*, Grundlagen, S. 72 ff.; *ders.*, Ethik-Kommissionen, S. 43; *ders.*, VersR 1989, S. 142; *Deutsch/Lippert*, Ethikkommission, S. 37; *Deutsch/Spickhoff*, Medizinrecht, Rn. 731; *Stamer*, Ethik-Kommissionen, S. 8; *Wilkening*, MedR 2001, S. 302.

309 *Beller*, DÄ 1980, S. 404; *Czwalinna*, Forschungslegitimation, S. 87; *Gramm*, WissR 1999, S. 213; *Hart/Hilken/Merkel/Woggan*, Arzneimittelmarkt, S. 59.

310 *Czwalinna*, Forschungslegitimation, S. 6; *Losse*, Aufgaben, S. 27; *ders.*, Ethikkommissionen, S. 272.

311 Abgedruckt in: *BPI*, Durchführung, S. 119.

Die tatsächliche Zusammensetzung der deutschen Ethik-Kommissionen entspricht weitgehend diesen Anforderungen. Nach *Wilkening*[312] bestehen sie im Schnitt aus 8,6 Mitgliedern (wobei die Zahlen absolut von 5 bis 19 reichen), von denen 65% Mediziner aus durchschnittlich 5,5 Fachrichtungen sind. In fast jeder Kommission ist ein Jurist vertreten, ein Pharmakologe immerhin in ¾ der Gremien. Der Trend geht dabei zu immer größeren Kommissionen mit zunehmender Beteiligung von qualifizierten Nichtmedizinern. In Hamburg existieren so genannte gemischte Kommissionen, die zur Hälfte aus Laien bestehen.[313]

V. Klinisches Prüfpersonal

Verantwortung für das Ausbleiben von Arzneimittelschäden im Verlauf der klinischen Prüfung trägt selbstverständlich auch das medizinische Prüfpersonal. Zwar kann die Durchführung klinischer Prüfungen aufgrund ihrer Komplexität und ihres vielschichtigen Gefahrenpotentials niemals die Angelegenheit einer Einzelperson sein, sondern muss Vertretern verschiedener Disziplinen wie Pharmazie, klinischer Pharmakologie, Toxikologie, Medizin, Biometrie und Statistik als Gemeinschaftsaufgabe obliegen.[314] Dennoch lässt sich § 40 Abs. 1 Satz 3 Nr. 5 i. V. m. § 4 Abs. 25 AMG entnehmen, dass die Arzneimittelprüfung unter der Verantwortung einer im Vorhinein bestimmten Person zu erfolgen hat, um dadurch nicht zuletzt dem Interesse des pharmazeutischen Unternehmers als Sponsor Rechnung zu tragen, einen konkreten Ansprechpartner zu haben und so zugleich einen im Interesse der Versuchsteilnehmer liegenden reibungslosen Informationsfluss zwischen dem pharmazeutischen Unternehmer und dem Prüfpersonal zu ermöglichen. Kannte das AMG a. F. als verantwortliche Person nur den „Leiter der klinischen Prüfung", so differenziert § 4 Abs. 25 AMG n. F. in Abhängigkeit davon, von wie vielen Personen an wie vielen Prüfstellen das Arzneimittel erprobt wird, zwischen Prüfer, Hauptprüfer und Leiter der klinischen Prüfung.

Zu den Aufgaben des die Gesamtverantwortung tragenden Hauptprüfers bzw. Leiters der klinischen Prüfung gehört das Ergreifen all derjenigen Maßnahmen, die für eine der guten klinischen Praxis entsprechende Durchführung und Auswertung der Studie erforderlich sind. So hat er die Versuchsdurchführung hinsichtlich ihrer Übereinstimmung mit dem Prüfplan und den rechtlichen Vorschriften permanent zu überwachen, für eine dem körperlichen Zustand jedes Patienten entsprechende Behandlung zu sorgen und Gefahren für Leib, Leben und Gesundheit der Testpersonen bestmöglich auszuschalten. Sollten dennoch schwerwiegende unerwünschte Ereignisse auftreten, so hat er den Träger der Prüfeinrichtung und den Sponsor sowie gegebenenfalls die zuständigen staatlichen Stellen umgehend

312 *Wilkening*, MedR 2001, S. 302 f.

313 Zu den Besonderheiten des Hamburger Modells siehe ausführlich *Wilkening*, Hamburger Sonderweg.

314 *Vanderbeke*, Klinische Prüfung, S. 453.

darüber zu informieren.[315] Schließlich obliegt ihm – gemeinsam mit dem Monitor – die Auswertung der Studie.[316]

Zur ordnungsgemäßen Erfüllung seiner Aufgaben bedarf der Prüfungsleiter einer entsprechenden Qualifikation. Setzte § 40 Abs. 1 Satz 1 Nr. 4 AMG a. F. noch die ärztliche Approbation voraus, genügt nach § 40 Abs. 1 Satz 3 Nr. 5 i. V. m. § 4 Abs. 25 AMG n. F. ein Prüfer, Hauptprüfer oder Leiter der klinischen Prüfung, dessen Beruf aufgrund seiner wissenschaftlichen Anforderungen und der seine Ausübung voraussetzenden Erfahrungen in der Patientenbetreuung für die Durchführung von Forschungen am Menschen qualifiziert, solange er, wie schon bisher gefordert, zudem eine mindestens zweijährige Erfahrung in der klinischen Prüfung von Arzneimitteln nachweisen kann. In Bezug auf die übrigen an der klinischen Prüfung teilnehmenden, die medikamentöse Behandlung konkret vornehmenden Ärzte und das sonstige ärztliche Hilfspersonal enthält das AMG keine konkreten Qualifikationsvorgaben, allerdings sollte es sich auch hierbei nicht um Berufsanfänger handeln. Letztlich liegt es aber beim Prüfungsleiter, durch sorgfältige Auswahl, Anweisung und Überwachung des an der Versuchsdurchführung beteiligten Personals dafür Sorge zu tragen, dass fehlerhafte Behandlungen ausbleiben.

VI. Behandelnder Arzt

Während die bisher vorgestellten Personen und Institutionen Verantwortung dafür tragen, dass nur Arzneimittel in Verkehr gelangen, die sich allgemein als unbedenklich erwiesen haben, fällt die Wahl der richtigen Therapiemethode und somit auch die Auswahl und Anwendung eines geeigneten, für den konkreten Patienten unbedenklichen Präparates zur medikamentösen Behandlung einer bestimmten Krankheit in den ureigensten Aufgabenbereich des Arztes.[317] Neben die Arzneimittelsicherheit muss insofern die Anwendungssicherheit treten.[318] Der Arzt wird dadurch insbesondere bei rezeptpflichtigen Arzneimitteln zur Schlüsselfigur bei der Vermeidung von Arzneimittelschäden.[319]

Der zwischen pharmazeutischen Unternehmer und Patient geschaltete Arzt dient als Kontrollinstanz im jeweiligen Einzelfall. Da jeder Mensch auf die toxische Wirkung bestimmter Substanzen unterschiedlich reagiert, hat der behandelnde Arzt Gefahren und Nutzen des therapeutischen Einsatzes eines Medikaments bei jedem Patienten individuell zu bewerten. Er muss mit anderen Worten die abstrakte Nutzen-Risiko-Abwägung auf den konkreten Einzelfall übertragen und gegebenenfalls durch Anpassung der Dosierung und Anwendungsweise für eine po-

[315] Vgl. § 12 Abs. 4, 6 GCP-V.

[316] Siehe zu den Aufgaben des Prüfungsleiters *Biermann*, Arzneimittelprüfung, S. 280; *Hasskarl/Kleinsorge*, Arzneimittelprüfung, S. 32; *dies.*, Voraussetzungen, S. 33; *Staak/Weiser*, Klinische Prüfung, S. 39, 41.

[317] *Bergmann*, Neulandmedizin, S. 245; *Kienle*, Arzneimittelsicherheit, S. 21; *Kienzle*, Haftung, S. 149.

[318] *Glaeske/Greiser/Hart*, Arzneimittelsicherheit, S. 74; *Hart*, Arzneimitteltherapie, S. 55.

[319] *Bergmann*, Haftung, S. 115; *Koyuncu*, Haftungsdreieck, S. 1; *Pflüger*, Krankenhaushaftung, S. 182.

sitive Nutzen-Risiko-Bilanz sorgen.[320] Der behandelnde Arzt tritt sowohl in der klinischen Prüfphase eines Medikaments in Erscheinung als auch im Nachmarkt durch Verschreibung bzw. unmittelbare Applikation eines zugelassenen Präparates. Daneben gilt es zwischen niedergelassenen Ärzten und im Krankenhaus tätigen Ärzten zu unterscheiden.

Was die niedergelassenen Ärzte angeht, ist die Einzelpraxis noch immer die Regel. Bei dieser liegt die gesamte Verantwortung für Leistung, Struktur und Personal auf den Schultern des Arztes als Praxisinhaber. Indes ist die Qualität der ärztlichen Behandlung eine Angelegenheit aller daran beteiligten Personen und nur durch ein reibungsloses Zusammenwirken des Arztes mit hinreichend qualifizierten Arzthelfern und Arzthelferinnen zu gewährleisten.[321] Da die Arztpraxis ein (wenngleich besonderes) Unternehmen darstellt,[322] zeichnet sie sich ebenfalls durch eine von Delegation, Kooperation und Partizipation geprägte Organisationsstruktur aus. Insofern kann auf das bereits Gesagte verwiesen werden. Dagegen richtet sich die Verantwortung der in Krankenhäusern beschäftigten Ärzte maßgeblich nach der Krankenhausorganisation, auf deren typische Merkmale daher kurz eingegangen werden soll.

Die operative und administrative Leitung des gesamten Krankenhausbetriebes liegt in den Händen der Krankenhausleitung bzw. des Direktoriums. Der Aufbau der Klinik nach Leistungsbereichen – Pflegebereich, Versorgungsbereich, Behandlungsbereich und Verwaltungsbereich – bedingt eine klassische dreiköpfige Besetzung des Direktoriums mit einem leitenden Krankenhausarzt als Ärztlichem Direktor, einer leitenden Krankenpflegekraft als Krankenpflegedirektor und dem Leiter der Verwaltungs- und Versorgungsdienste als Verwaltungs- oder Betriebsdirektor.[323] Das Direktorium setzt die Beschlüsse des Krankenhausträgers bzw. dessen obersten Organs um und führt den laufenden Betrieb des Hauses, etwa durch die generelle Verteilung der bereitgestellten Personal- und Sachmittel, durch allgemeine Anweisungen sowie durch Anordnung bestimmter Qualitätssicherungsmaßnahmen.[324] Hinsichtlich des ärztlichen Personals weist das Krankenhaus eine streng hierarchische Aufgaben- und Kompetenzverteilung auf. Die Oberärzte und Assistenzärzte unterliegen den Weisungen der Chefärzte und leitenden Abteilungsärzte, die die zentrale organisatorische und therapeutische Verantwortung für die medizinische Patientenbetreuung in ihren jeweiligen Abteilungen tragen.[325] Noch stärker als die freie Arztpraxis trägt das Krankenhaus damit Züge eines Wirtschaftsunternehmens mit Unternehmensleitung, Abteilungsleitern und Ausführungskräften.

---

320 *Kienle*, Arzneimittelsicherheit, S. 42; *Plagemann*, Wirksamkeitsnachweis, S. 27; *Scheu*, In Dubio, S. 807.

321 Vgl. *Birkner*, Qualitätssicherung, S. 159.

322 Vgl. *BMG*, Qualitätsmanagement, S. 31.

323 Vgl. *Hempel/Empen*, FS Weißauer, S. 50; *Quaas/Zuck*, Medizinrecht, § 15 Rn. 3.

324 *Hempel/Empen*, FS Weißauer, S. 51; *Pflüger*, Krankenhaushaftung, S. 15.

325 *Pflüger*, Krankenhaushaftung, S. 16 ff. Siehe auch *Quaas/Zuck*, Medizinrecht, § 15 Rn. 3.

VII. Arzneimittelgroßhändler

Verantwortung für einen sicheren Arzneimittelverkehr trägt auch der in § 4 Abs. 22 AMG definierte Arzneimittelgroßhändler. Die Funktion des pharmazeutischen Großhandels liegt darin begründet, dass die durchschnittliche Offizin-Apotheke ca. 10.000 Arzneimittel auf Lager hat, es in Deutschland aber ca. 60.000 verschreibungspflichtige Fertigarzneimittel sowie ca. 30.000 Produkte aus dem Rand- und Nebensortiment gibt. Die Sicherstellung der Versorgung ist infolgedessen nur über den pharmazeutischen Großhandel im Wege einer apothekenübergreifenden Lagerhaltung möglich.[326] Dem Großhändler kommt als Bindeglied zwischen dem pharmazeutischen Unternehmer und dem einzelnen Apotheker die Aufgabe der Beschaffung, Lagerung, Abgabe oder Ausfuhr von Arzneimitteln zu, wofür er gemäß § 52a Abs. 1 AMG einer entsprechenden Erlaubnis seitens der zuständigen Landesbehörde bedarf.

VIII. Apotheker

Auch der Apotheker als maßgebliche Vergabestelle für Arzneimittel hat dem Auftreten von Arzneimittelschäden im Rahmen seiner Möglichkeiten vorzubeugen. Gemäß § 1 ApoG ist ihm die Sicherung der Arzneimittelversorgung der Bevölkerung überantwortet. § 43 AMG stärkt diese Position des Apothekers, indem er diesem von wenigen Ausnahmefällen abgesehen ein Monopol zur Abgabe von Pharmaka einräumt. Angesichts der immer stärkeren Verbreitung von Fertigarzneimitteln erschöpft sich die Versorgungsfunktion des Apothekers allerdings heutzutage oft darin, die für die medikamentöse Behandlung erforderlichen Arzneimittel an den Patienten oder – bei unmittelbarer Applikation – an den Arzt abzugeben. Zu diesem Zweck „müssen die zur Sicherstellung einer ordnungsgemäßen Arzneimittelversorgung notwendigen Arzneimittel vorrätig gehalten werden, und es muß gewährleistet sein, daß nicht vorgehaltene Arzneimittel kurzfristig beschafft werden können."[327]

Ist der Apotheker damit für einen der Bereiche, in denen Ursachen für spätere Arzneimittelschäden gesetzt werden können, ausschließlich zuständig, so ist er gehalten, Arzneimittelschäden infolge der Abgabe falscher oder fehlerhafter Medikamente im Rahmen seiner Möglichkeiten zu verhindern.[328] Konkret gehört es daher zu den Pflichten des Apothekers, die vorrätig gehaltenen Arzneimittel ordnungsgemäß zu lagern und gegebenenfalls zu bearbeiten, so dass der Patient das Medikament in qualitativ einwandfreiem Zustand erhält.[329] Zudem hat er dafür zu sorgen, dass das richtige Arzneimittel an den Patienten gelangt, indem er nur die verschriebenen Präparate in der richtigen Zusammensetzung, Dosis und Kennzeichnung abgibt bzw. im Fall der Selbstmedikation die geeigneten Arzneimittel auswählt und den Patienten gemäß § 20 ApoBetrO über die denkbaren Therapieal-

---

[326] *Quaas/Zuck*, Medizinrecht, § 42 Rn. 3.

[327] *BVerfG*E 94, 372 (374).

[328] Vgl. *Baltzer*, Apotheker, S. 95 f.

[329] *Koyuncu*, Haftungsdreieck, S. 178 f.

ternativen berät sowie vor den Gefahren eines unzweckmäßigen oder übermäßigen Arzneimittelgebrauchs warnt.[330] Der Apotheker erfüllt somit mehrere Funktionen. Er kann Arzneimittelproduzent, pharmazeutischer Unternehmer, Arzneimittelvorhalter und Arzneimittelverteiler sowie Berater und (Mit-)Behandler des Patienten sein. Allerdings ist es ihm nicht gestattet, Krankheiten und Leiden zu diagnostizieren, selbst wenn er diese im Gespräch mit dem Patienten erkennt und seine Arzneimittelempfehlung auf Grundlage der Angaben des Kranken trifft.[331] Die Beschränkung auf die Abgabe von Medikamenten, eventuell verbunden mit einer zusätzlichen Information über deren Wirkungen, macht den Apotheker aber nicht zum bloßen „Handlanger" von pharmazeutischem Unternehmer und Arzt. Als ausschließlich zur Arzneimittelabgabe berufene Person steht er ebenbürtig neben dem Arzt und ermöglicht dem Patienten durch sachgerechte, die ärztliche Aufklärung ergänzende Information und Beratung, im Sinne eines freiheitlichen Gesundheitswesens frei und selbstverantwortlich über seine Gesundheit zu entscheiden.[332]

IX. Patient

Schließlich kommt dem Patienten selbst maßgebliche Verantwortung im Umgang mit Arzneimitteln zu, ist er es doch, dem letztlich die Entscheidung darüber obliegt, welche Arzneimittel in welcher Menge und über welche Dauer in seinen Körper gelangen. Dies umso mehr, als die Arzneimitteltherapie regelmäßig ambulant erfolgt, der Arzt insofern kaum Einfluss auf deren ordnungsgemäße Durchführung hat, so dass der Heilerfolg maßgeblich von der sorgfältigen Anwendung des Arzneimittels durch den Patienten entsprechend der ärztlichen Vorgaben abhängt.[333] Aufgrund des Mitspracherechts des Patienten hinsichtlich der Therapieentscheidung sowie der Verlagerung der Therapiedurchführung in den Herrschaftsbereich des Patienten hat sich das ursprünglich paternalistische Arzt-Patienten-Verhältnis i. S. d. Hippokratischen Ethik zu einer partnerschaftlichen Beziehung zwischen Arzt und Patient gewandelt.[334] Patienten werden als wichtige Koproduzenten für ihre eigene Gesundheit angesehen. Der autonome, mündige Patient hat sich als rechtsdogmatisches und rechtspolitisches Leitbild durchgesetzt,[335] wenngleich eine vollständige Emanzipation des Patienten wegen des weit überlegenen Fachwissens des Arztes nicht möglich ist.[336]

---

330 Vgl. *Koyuncu*, Haftungsdreieck, S. 178. Mit zunehmender Selbstmedikation nimmt auch die Verantwortung des Apothekers zu, der nicht nur Ausgabestelle, sondern auch Berater ist und insofern Einfluss auf die Therapieentscheidung des Patienten nimmt. Vgl. *Stürzbecher*, Medikamentenabgabe, S. 167, laut dem 60% aller Arzneimittelabgaben aufgrund ärztlicher Verordnung erfolgen, 40% als Selbstmedikation.

331 *Stürzbecher*, Medikamentenabgabe, S. 168.

332 Vgl. *Baltzer*, Apotheker, S. 90 f., 99; *Stürzbecher*, Medikamentenabgabe, S. 170.

333 *Krudop-Scholz*, Ärztliche Aufklärung, S. 44 f.

334 Vgl. *Baltzer*, Apotheker, S. 90 f.; *Damm*, MedR 2002, S. 378; *Jahrmärker*, MedKlin 1990, S. 676; *Koyuncu*, Haftungsdreieck, S. 13; *Tag*, Verhältnis, S. 208, 218.

335 Siehe die Nachweise bei *Koyuncu*, Haftungsdreieck, S. 13. Kritisch *Damm*, MedR 2002, S. 375 ff., der paternalistische Rekonstruktionstendenzen hin zu einem verstärkt

Die stärkere Einbindung des Patienten in das Behandlungsgeschehen korrespondiert mit einer zunehmenden Verantwortung des Patienten für den Heilerfolg, die sich in Form vermehrter Mitwirkungspflichten niederschlägt.[337] Die Compliance des Patienten wird zum entscheidenden Faktor für den Heilerfolg. Eine unzureichende Compliance mindert nicht nur die therapeutische Wirksamkeit einer Behandlung, sondern kann auch schädliche Arzneimittelwirkungen hervorrufen.[338] Die Abhängigkeit des Heilerfolgs vom Patienten befreit den Arzt angesichts seines enormen Wissensvorsprungs aber ebenso wenig wie den pharmazeutischen Unternehmer von jeglicher Verantwortung, sondern verpflichtet diese vielmehr, den Patienten als Partner anzuerkennen und ihm als solchem die Risiken des Präparates zu vermitteln, so dass dieser eine vernünftige, eigenverantwortliche Entscheidung treffen kann.[339]

X. Überwachungsbehörden der Länder

Die Arzneimittelsicherheit in der Nachmarktphase ist vor allem Aufgabe der für die Überwachung des Arzneimittelverkehrs zuständigen Landesbehörden. Durch Kontrolle der pharmazeutischen Betriebsstätten und Produkte, Beschaffung der dafür benötigten Informationen, Sicherstellung schädlicher Präparate und Verhinderung des weiteren Inverkehrbringens bedenklicher Arzneimittel sowie durch die Beteiligung am staatlichen Risikoerfassungssystem leisten sie einen maßgeblichen Beitrag zur Arzneimittelsicherheit. Insofern tragen sie zugleich Verantwortung für die ordnungsgemäße Erfüllung ihrer Kontrollaufgabe und das Ausbleiben von Arzneimittelschäden infolge unzureichender Betriebs- oder Produktüberwachung.

Die Qualität der Überwachung hängt dabei entscheidend von der effektiven Organisation der zuständigen Behörde, ihrer guten personellen und sachlichen Ausstattung sowie der Sachkenntnis des Fachpersonals ab.[340] Daher erfordert § 7 AMGVwV als Qualifikationsnachweis die Approbation als Apotheker sowie für die Überwachung der Herstellungsbetriebe eine mindestens zweijährige einschlägige Berufserfahrung in einem Herstellungsbetrieb.

XI. Arzneimittelkommissionen

Schließlich trifft auch die Arzneimittelkommissionen der deutschen Ärzteschaft bzw. der deutschen Apotheker als Beteiligte am staatlichen Risikoerfassungssys-

---

auf das Patientenwohl abstellenden Fürsorgeprinzip wahrnimmt. In diesem Sinne etwa *Kalbhenn*, PatR 2005, S. 21 f.

336 So auch *Hart*, Arzneimitteltherapie, S. 44; *Katzenmeier*, Arzthaftung, S. 9; *Tag*, Verhältnis, S. 218.

337 *Hart*, Arzneimitteltherapie, S. 44; *Krudop-Scholz*, Ärztliche Aufklärung, S. 58.

338 Siehe *Linden* in: Dölle et al., Arzneimitteltherapie, S. 324.

339 Vgl. *Hasskarl*, NJW 1988, S. 2265.

340 *Glaeske/Greiser/Hart*, Arzneimittelsicherheit, S. 78 f.; *Kloesel/Cyran*, § 64 Anm. 3; *Rehmann*, § 64 Rn. 3.

tem im Rahmen der Pharmakovigilanz eine gewisse Verantwortung für die Vermeidung von Arzneimittelschäden.[341] Sie erfassen, dokumentieren und bewerten die ihnen von Ärzten bzw. Apothekern auf speziell konzipierten Formblättern gemeldeten schädlichen Arzneimittelwirkungen und geben sie an das BfArM/PEI zwecks Einleitung und Koordinierung der erforderlichen Maßnahmen weiter. Daneben liegt es in ihrem Ermessen, selbst durch regelmäßige Publikationen oder ad hoc-Informationen und Warnungen tätig zu werden.

Was die Zusammensetzung der Kommissionen anbelangt, müssen die Kommissionsmitglieder in Arzneimittelfragen fachlich ausgewiesen sein, wobei hinsichtlich der Ärzteschaft die einzelnen Fachgebiete ausreichend repräsentiert sein sollen.[342] Neben den ordentlichen Mitgliedern gehören den Kommissionen auch zahlreiche außerordentliche Mitglieder als Sachverständige an.[343]

341 Siehe zu den Arzneimittelkommissionen insgesamt *Munter*, Arzneimittelkommissionen.

342 Vgl. § 3 Abs. 1 des Statuts der Arzneimittelkommission der deutschen Ärztinnen und Ärzte.

343 So besteht die Arzneimittelkommission der deutschen Ärzteschaft aus 40 ordentlichen und 100 außerordentlichen Mitgliedern aus allen Bereichen der Medizin und Pharmazie.

§ 4 Der Arzneimittelproduzent im Strafrecht

Ist die Vermeidung von Arzneimittelschäden somit zwar wie gesehen eine allen am Arzneimittelverkehr Beteiligten gemeinsam obliegende Aufgabe, so richtet sich der Blick sowohl der Allgemeinheit als auch des Rechts[1] primär auf den pharmazeutischen Unternehmer, wenn es darum geht, die Verantwortung für eingetretene Gesundheitsschäden zuzuweisen. Grund hierfür ist, dass der pharmazeutische Unternehmer durch Entwicklung, Herstellung und Inverkehrbringen des Arzneimittels erst die schadensursächliche Gefahrenquelle schafft und maßgeblich Zusammensetzung und Ausgestaltung des Produkts Arzneimittel beeinflusst.

Bevor daher die Frage nach einer im Einzelfall gegebenen strafrechtlichen Verantwortung der übrigen im Arzneimittelverkehr involvierten Personen und Institutionen zu beantworten ist, erscheint es sachgerecht, zunächst zu untersuchen, unter welchen Voraussetzungen eine strafrechtliche Verantwortung des pharmazeutischen Unternehmers für sein Produkt „Arzneimittel" grundsätzlich in Betracht kommt. Unter Zugrundelegung der in § 2 erläuterten unternehmensbezogenen (zweistufigen) Betrachtungsweise soll hierbei zunächst der Frage der Verantwortlichkeit des Unternehmens als solchem nachgegangen werden.[2]

A. Voraussetzungen strafrechtlicher Verantwortung

Grundvoraussetzung jeder strafrechtlichen Verantwortung ist zunächst die Existenz einer entsprechenden Strafnorm, unter die das Geschehen subsumiert werden kann. Ist eine solche gegeben, muss im Rahmen der Erfolgsdelikte der eingetretene Erfolg, hier der Arzneimittelschaden, einer bestimmten Person objektiv zugerechnet werden können. Diese Zurechnung erfolgt in zwei Stufen: Zunächst ist die rein tatsächliche Frage zu beantworten, ob ein bestimmtes Verhalten den Erfolg verursacht hat, das heißt, ob ein dahingehender Kausalzusammenhang besteht. Im Anschluss daran ist im Sinne der Lehre von der objektiven Zurechnung zu klären, ob der Erfolg der für diesen ursächlich gewordenen Person normativ zugerechnet

---

1 Verwiesen sei an dieser Stelle nochmals auf die eingangs bereits erwähnten Darstellungen in der Presse, auf die bei produktbedingten Schädigungen vor allem den Produzenten ins Visier nehmende Rechtsprechung und nicht zuletzt auf das maßgeblich auf den pharmazeutischen Unternehmer ausgerichtete Regelwerk des AMG.

2 Dabei wird der im AMG auftauchende Begriff des pharmazeutischen Unternehmers im Folgenden als Bezeichnung für den pharmazeutischen Betrieb als juristische Person, sprich als Personenmehrheit, gebraucht.

werden kann.[3] Unter Umständen kann es diesbezüglich schwierig sein, das relevante, vorwerfbare Verhalten herauszuarbeiten, insbesondere zu ermitteln, ob der Vorwurf an ein Tun oder ein Unterlassen anknüpft. Dabei stellt sich zudem die Frage, ob ein Fall vorsätzlichen oder nur fahrlässigen Verhaltens vorliegt. Schließlich bleibt zu untersuchen, ob das Verhalten rechtswidrig war und im Sinne des Schulderfordernisses auch persönlich vorwerfbar ist, oder ob im Einzelfall nicht doch Rechtfertigungsgründe bzw. schuldausschließende oder schuldaufhebende Gesichtspunkte eine Bestrafung ausschließen.

B. Einschlägiges strafrechtliches Normengefüge

Verbote der Verbreitung gesundheitsgefährlicher Stoffe existieren schon seit alters her. Indes sucht man im StGB bis heute vergebens nach einem speziellen Recht strafrechtlicher Produktverantwortung. Anders als im Bereich der zivilrechtlichen Produzentenhaftung sah der Gesetzgeber offenbar keinen Anlass, den Gefahren, die dem Verbraucher durch riskante Produkte drohen, durch ein eigenständiges Produzentenstrafrecht zu begegnen. Statt dessen finden sich lediglich im Nebenstrafrecht, verteilt über die verschiedenen produktspezifischen Fachgesetze, Bestimmungen, die im Interesse des Verbraucherschutzes Anforderungen an die Herstellung von und den Verkehr mit Produkten stellen und Verstöße hiergegen als Straftaten oder Ordnungswidrigkeiten qualifizieren. So enthält auch das AMG in den §§ 95-97 eine Reihe von Straf- und Bußgeldvorschriften. Weil daneben aber auch § 314 StGB sowie bei Eintritt produktbedingter Gesundheitsverletzungen bzw. Todesfälle die allgemeinen Tötungs- und Körperverletzungstatbestände der §§ 211 ff., 223 ff. StGB zur Anwendung kommen können, zeichnet sich die strafrechtliche Produktverantwortung durch ein anfangs schwer zu durchdringendes „Rechtsgestrüpp"[4] aus, das es im Folgenden zu entwirren gilt.

I. Normen des AMG

Die Sanktionsvorschriften der §§ 95 ff. AMG zeichnen sich durch eine Differenzierung nach dem Schweregrad der Gefährdung aus: Während § 95 AMG diejeni-

[3] Siehe zu dieser zweistufigen Vorgehensweise *Jescheck/Weigend*, AT, § 28 I 2; *Köck*, Kausalität, S. 9; *Otto*, Jura 1992, S. 90 f.; *Pérez-Barberá*, ZStW 114 (2002), S. 625; *Roxin*, AT/1 § 11 Rn 2; SK-StGB-*Rudolphi*, Vor § 1 Rn 38; *Schulz*, Kausalität, S. 53; *Unger*, Kausalität, S. 27 f.; *Wessels/ Beulke*, AT, Rn 154; kritisch hierzu *Bosch*, Organisationsverschulden, S. 82 f.; NK-*Puppe*, Vor § 13 Rn. 80; *dies.*, AT/1, § 2 Rn. 1; *dies.*, Erfolgszurechnung, S. 30; *dies.*, NStZ 1983, S. 24; die strikte Trennbarkeit von Kausalität und objektiver Zurechnung ebenfalls in Frage stellend, wenngleich dennoch an der prinzipiellen Zweistufigkeit der Zurechnungsprüfung festhalten wollend *Frisch*, FS Gössel, S. 69 ff.; *Knauer*, Kollegialentscheidung, S. 115, 117.

[4] *Landry*, Inverkehrbringen, S. 119. Ähnlich MüKo-StGB-*Freund*, Vor §§ 95 ff. AMG Rn. 73.

gen vorsätzlichen sowie nach Abs. 4 fahrlässigen Zuwiderhandlungen gegen Regelungen des AMG unter Strafe stellt, die ein besonders hohes Gesundheitsrisiko hervorrufen, unterfallen der Strafnorm des § 96 AMG leichtere, geringere Risiken verursachende Gesetzesverstöße, die im Fall des lediglich fahrlässigen Handelns gemäß § 97 AMG gar nur als Ordnungswidrigkeiten geahndet werden.

1. Allgemeine Bemerkungen zu den Strafvorschriften des AMG

Der Umfang der Straf- und Ordnungswidrigkeitsbestimmungen, die das AMG in den §§ 95-97 AMG enthält, ist für sich genommen beträchtlich. Dies resultiert daraus, dass die Vorschriften keine selbständigen Straftatbestände mit eigenen (abstrakt formulierten) Merkmalen enthalten, sondern vielmehr auf die zahlreichen im AMG geregelten verwaltungsrechtlichen Gebots- und Verbotstatbestände verweisen und sich darin erschöpfen, den Verstoß gegen diese als strafwürdiges Unrecht zu qualifizieren und zu sanktionieren.[5] Sinn und Funktion der Vorschriften ist die Flankierung der verwaltungsgesetzlichen Vorgaben zwecks affirmativer Absicherung verwaltungsrechtlicher Entscheidungen und Stärkung des praktizierten Verwaltungsvollzugs.[6] Folge dieser Verweisungstechnik ist nicht nur eine Zersplitterung der §§ 95 ff. AMG in eine Vielzahl kleiner Sanktionstatbestände, sie führt zudem dazu, dass die §§ 95 ff. AMG aus sich heraus nicht verständlich sind, vielmehr stets die strafrechtsneutralen Verhaltensvorschriften des AMG herangezogen werden müssen.[7] Durch diese strenge Anbindung an das AMG sollen spezifische Probleme des allgemeinen Produktstrafrechts vermieden werden. Allerdings werden gegen diese Verweisungstechnik und die damit verbundene verwaltungsakzessorische Ausgestaltung der Strafgesetze verfassungsrechtliche Bedenken geltend gemacht, bedeute sie doch einen „Einbruch der Exekutive in die Konkretisierung strafrechtlichen Unrechts", der die Gefahr einer „Aushöhlung des Strafrechtsschutzes durch exekutive Erlaubnisse" begründe und zur Folge habe, dass „das Strafrecht nicht mehr imstande [sei], über seine eigene Geltung und die Grenzen dieser Geltung präzise und endgültig zu bestimmen".[8]

Dabei gilt es zunächst, zwei Ausprägungen der sogenannten Verwaltungsakzessorietät, die als Oberbegriff für die verschiedenen Formen der Bezugnahme des Strafrechts auf das Verwaltungsrecht und die darin zum Ausdruck kommende Subordination des Strafrechts unter das Primat des Verwaltungsrecht fungiert,[9] zu unterscheiden: die Verwaltungs*rechts*akzessorietät und die Verwaltungs*akts*akzessorietät.[10] Erstere ist gegeben, wenn der Inhalt eines Straftatbestandes durch eine

---

5 Vgl. D/L-*Tag*, §§ 95/96 Rn. 1, 4. Zu dieser Verweisungstechnik im Arzneimittelrecht und einer Regelung der Strafbarkeit mittels sogenannter "Blankettnormen" im Generellen detailliert MüKo-StGB-*Freund*, Vor §§ 95 ff. AMG Rn. 45 ff.

6 *Heine*, NJW 1990, S. 2426 f.

7 *Freund*, Verantwortlichkeit, S. 79; *Kühne*, NJW 1997, S. 1954.

8 *Hassemer*, FS Lenckner, S. 114.

9 Vgl. *Rogall*, GA 1995, S. 301. Kritisch gegenüber diesem als mehrdeutig und missverständlich empfundenen Sammelbegriff *Breuer*, DÖV 1987, S. 179.

10 Dabei geht es hier allein um den Aspekt der Verwaltungsakzessorietät im formellen Sinn und damit um die Frage, inwieweit eine Strafvorschrift nach Maßgabe ihrer Tatbe-

Rechtsnorm des Besonderen Verwaltungsrechts bestimmt wird, das Strafgesetz sich darauf beschränkt, durch Sanktionierung des Verstoßes gegen diese Rechtsnorm deren Befolgung sicherzustellen.[11] Dies ist in den §§ 95 ff. AMG der Fall. Von Verwaltungs*akts*akzessorietät ist dagegen dann die Rede, wenn eine Strafvorschrift, die einen selbständigen Tatbestand mit eigenen Tatbestandsmerkmalen formuliert, an die Existenz oder Nichtexistenz eines Verwaltungsakts anknüpft, indem das Fehlen einer entsprechenden, das Verhalten legitimierenden behördlichen Genehmigung explizites (negatives) Tatbestandsmerkmal und somit Strafbarkeitsvoraussetzung ist.[12] Die §§ 95 ff. AMG formulieren aber gerade keine eigenständigen Tatbestände, sondern verweisen pauschal auf die Verhaltensanforderungen des AMG. Die Frage der behördlichen Genehmigung wird hier nur mittelbar relevant, wenn die §§ 95 ff. AMG wie etwa im Fall des § 96 Nr. 5 AMG auf eine Rechtsnorm verweisen, wonach eine bestimmte Tätigkeit nur nach Erteilung und in Übereinstimmung mit einer diese gestattenden Genehmigung ausgeübt werden darf. Insofern ließe sich von einer „indirekten" oder „normvermittelten" Verwaltungsaktsakzessorietät sprechen.

Gegen die – unter Zugrundelegung der herkömmlichen Differenzierung – verwaltungs*rechts*akzessorische Ausgestaltung der Sanktionsnormen des AMG wird vor allem der Einwand erhoben, dass mangels tatbestandsmäßiger Umschreibung des strafbaren Verhaltens in der Strafvorschrift selbst dem rechtsstaatlichen Gebot des Art. 103 Abs. 2 GG nicht hinreichend Rechnung getragen werde. Art. 103 Abs. 2 GG enthält einen strengen Gesetzesvorbehalt, indem die abstrakt-generelle Festlegung der strafbaren Verhaltensweisen ausschließlich dem Gesetzgeber über-

---

standsfassung auf eine Norm des Verwaltungsrechts – verwaltungsgesetzliche Regelung oder Verwaltungsakt – verweist. Davon streng zu unterscheiden ist die Verwaltungsakzessorietät im materiellen Sinn, welche die Problematik betrifft, in welchem Umfang das Strafrecht an inhaltliche Vorgaben und dogmatische Grundsätze des Verwaltungsrechts gebunden ist. Vgl. *Rogall*, GA 1995, S. 304; *Schröder*, Personelle Reichweite, S. 158. Der materiellen Verwaltungsakzessorietät kommt unter dem Gesichtspunkt, ob hinsichtlich der strafrechtlichen Wirksamkeit von Verwaltungsakten allein auf deren verwaltungsrechtliche Wirksamkeit i. S. d. § 43 VwVfG (Verwaltungs*akts*akzessorietät) oder aber auf ihre materielle Verwaltungsrechtmäßigkeit (Verwaltungs*rechts*akzessorietät) abzustellen ist, vor allem im Zusammenhang mit der strafrechtlichen Relevanz (verwaltungs-)rechtswidriger behördlicher Genehmigungen – wie etwa auch der Arzneimittelzulassung und der Genehmigung klinischer Prüfungen – maßgebliche Bedeutung zu, so dass hierauf noch detailliert einzugehen sein wird. Siehe S. 548 ff.

11 *Breuer*, DÖV 1987, S. 179; *ders.*, JZ 1994, S. 1083 f.; *Fortun*, Genehmigung, S. 19; *Jünemann*, Rechtsmißbrauch, S. 21 f.; MüKo-StGB-*Schmitz*, Vor §§ 324 ff. Rn. 32; *Rogall*, GA 1995, S. 302; *Rühl*, JuS 1999, S. 521 f.; *Schall*, NJW 1990, S. 1265; *Scheele*, Bindung, S. 19; *Schröder*, Personelle Reichweite, S. 156 f.; SK-StGB-*Horn*, Vor § 324 Rn. 7.

12 *Breuer*, DÖV 1987, S. 179; *ders.*, NJW 1988, S. 2078; *ders.*, JZ 1994, S. 1083 f.; *Fortun*, Genehmigung, S. 22; *Kühl*, FS Lackner, S. 834; *Jünemann*, Rechtsmißbrauch, S. 22; *Rogall*, GA 1995, S. 303; *Schall*, NJW 1990, S. 1266; *Scheele*, Bindung, S. 22; *Schröder*, Personelle Reichweite, S. 157; SK-StGB-*Horn*, Vor § 324 Rn. 7.

lassen ist.[13] Vor diesem Hintergrund erscheint es bedenklich, wenn – wie zum Teil im AMG der Fall – die Exekutive mittels Erlasses oder Änderung einer Rechtsverordnung Inhalt und Weite eines Ge- oder Verbots, dessen Verletzung mit Strafe bedroht wird, konkretisiert. Da jedoch der Gesetzgeber i. S. d. Art. 80 GG in den betreffenden AMG-Vorschriften inhaltliche Vorgaben für die zu erlassenden Rechtsverordnungen macht und somit den Rahmen für den Bereich strafbaren Verhaltens vorgibt, ist die Letztverantwortung des Gesetzgebers für die generell-abstrakte Bestimmung strafbaren Verhaltens im Endeffekt gewahrt.[14] Was die hinreichende inhaltliche Bestimmtheit der Strafvorschriften angeht, ist davon auszugehen, dass die Verweisung auf konkrete (verwaltungsrechtliche) Verhaltensanforderungen dem Bestimmtheitsgebot besser entspricht als eine abstrakte Umschreibung derselben in Form eigenständiger Straftatbestände.[15] Dabei ist hinsichtlich derjenigen Vorschriften, die auf die Erteilung eines Verwaltungsakts in Form einer Genehmigung abstellen, zusätzlich zu bedenken, dass die Akte der Exekutive lediglich die bereits vom Gesetzgeber abstrakt statuierten Rechte und Pflichten einzelfallbezogen konkretisieren, so dass deren Inhalt weitgehend vorhersehbar, der Inhalt der Strafvorschrift damit zugleich hinreichend bestimmt ist.[16] Unter der Voraussetzung, dass die verwaltungsrechtlichen Ge- und Verbote selbst Art. 103 Abs. 2 GG genügen, ist es dem Gesetzgeber daher prinzipiell gestattet, verwaltungsrechtliche Pflichten und verwaltungsbehördliche Anordnungen mit Strafe zu bewehren. Ob er dies im jeweiligen Fachgesetz oder im Strafgesetzbuch selbst tut, steht ihm dabei frei.[17]

Die §§ 95 ff. AMG dienen wie die §§ 211 ff., 223 ff. StGB letztlich allesamt dem Schutz der Individualrechtsgüter Leben, körperliche Unversehrtheit und Gesundheit. Allerdings kommt es in den §§ 95 ff. AMG ersichtlich nicht auf im Einzelfall nachweislich eingetretene Rechtsgutsbeeinträchtigungen an, sondern es genügt die bloße Gefährdung einer unbestimmten Vielzahl von Menschen. Insofern ist der Individualrechtsgüterschutz lediglich Ausfluss, nicht aber unrechtskonstitutive Voraussetzung der Tatbestände des AMG, die als abstrakte Gefährdungsdelik-

---

13 Vgl. *BVerfG*E 75, 329 (341); MüKo-StGB-*Freund*, Vor §§ 95 ff. AMG Rn. 51.

14 Vgl. *Kühl*, FS Lackner, S. 835 f., der dies unter gewissen Einschränkungen für ausreichend erachtet. Im Ergebnis ebenso MüKo-StGB-*Schmitz*, Vor §§ 324 ff. Rn. 40. Auch das *BVerfG*, BVerfGE 75, 329 (346), hat die Bindung des Strafrechts an Entscheidungen der Verwaltung mit den Worten „Die Strafgerichte werden nicht unter Verstoß gegen den Gewaltenteilungsgrundsatz (Art. 20 Abs. 2 GG) an Entscheidungen der Verwaltung gebunden." als prinzipiell mit der Verfassung vereinbar anerkannt. Dagegen einen Verstoß gegen Art. 103 II GG bejahend MüKo-StGB-*Freund*, Vor §§ 95 ff. AMG Rn. 54.

15 So auch *Kühne*, NJW 1997, S. 1954; Ähnlich *Kühl*, FS Lackner, S. 838, 861. Kritisch dagegen D/L-*Tag*, §§ 95/96 Rn. 4.

16 *Breuer*, DÖV 1987, S. 179, spricht der Verwaltungsaktsakzessorietät im Vergleich zur Verwaltungsrechtsakzessorietät daher gar ein größeres Maß an Rechtssicherheit zu.

17 Vgl. *BVerfG*E 87, 399 (407); *Jünemann*, Rechtsmißbrauch, S. 25; *Marx*, Genehmigung, S. 142; *Winkelbauer*, Verwaltungsakzessorietät, S. 48. Ähnlich *Heghmanns*, Grundzüge, S. 172 f.

te[18] bereits im Vorfeld eines möglichen, aber noch nicht konkret eingetretenen Gesundheitsschadens eine Strafbarkeit statuieren.[19] Diese Vorverlagerung ist unerlässlich, ist die Gesundheitsgefährlichkeit von Arzneimitteln für den Konsumenten doch nicht erkennbar.[20]

Im Rahmen dieser Untersuchung kann aus Platzgründen nicht auf jede einzelne Ziffer der §§ 95 ff. AMG eingegangen werden. Teilweise ist dies auch gar nicht nötig, da viele der AMG-Vorschriften, auf die in den §§ 95 ff. AMG verwiesen wird, bereits im Rahmen der Darstellung des Arzneimittelverkehrs kurz thematisiert wurden. An dieser Stelle soll daher nur auf § 95 Abs. 1 Nr. 1 AMG vertieft eingegangen werden, der durch den Verweis auf die zentrale Vorschrift des § 5 AMG repräsentativ für alle Straf- und Bußgeldtatbestände ist. Die Norm stellt insofern einen Grundtatbestand dar, als letztlich allen in den §§ 95 ff. AMG geahndeten Gesetzesverstößen das Verbot des Inverkehrbringens unvertretbar schädlicher Arzneimittel zugrunde liegt, welches die einzelnen Ziffern der §§ 95 ff. AMG für die einzelnen Phasen und Bereiche des Arzneimittelverkehrs konkretisieren.

2. § 95 Abs. 1 Nr. 1 i. V. m. § 5 AMG

Gemäß § 95 Abs. 1 Nr. 1 AMG wird bestraft, wer entgegen § 5 AMG Arzneimittel in Verkehr bringt, bei denen nach dem jeweiligen Stand der wissenschaftlichen Erkenntnisse der begründete Verdacht besteht, dass sie bei bestimmungsgemäßem Gebrauch schädliche Wirkungen haben, die über ein nach den Erkenntnissen der medizinischen Wissenschaft vertretbares Maß hinausgehen. Der Unrechtsgehalt der Norm folgt auch hier nicht aus dem tatsächlichen Eintritt eines Gesundheitsschadens, sondern bereits aus der Gefährdung der Volksgesundheit als solcher durch Verbreitung von Arzneimitteln, deren Wirkungen mehr Schaden als Nutzen bringen.[21] Insofern stellt § 95 Abs. 1 Nr. 1 AMG ein gegen die Volksgesundheit und somit gegen die Allgemeinheit gerichtetes Delikt dar.[22]

Die objektiven Strafbarkeitsvoraussetzungen des § 5 AMG ergänzt § 95 AMG um das subjektive Erfordernis des Vorsatzes, wobei dolus eventualis[23] ausreicht und hinsichtlich der Komplexbegriffe „Arzneimittel" und „bedenklich" die Kenntnis ihrer Sinnbedeutung mittels Parallelwertung in der Laiensphäre genügt.[24] § 95 Abs. 4 AMG stellt darüber hinaus auch fahrlässiges Handeln unter Strafe.

Maßgeblich für die Frage der Strafbarkeit sind die Merkmale der Verbotsnorm des § 5 AMG, auf dessen Struktur und Inhalt daher näher einzugehen ist.[25]

---

18 *Jungbecker*, Strafrechtliche Verantwortung, S. 161; *Kühne*, NJW 1997, S. 1954; *Kuhlen* in: Achenbach/Ran-siek, HWSt, II Rn. 17.

19 Vgl. *Jungbecker*, Strafrechtliche Verantwortung, S. 160 f.; *Kühne*, NJW 1997, S. 1951; *Rosenau*, RPG 2002, S. 96; *Wagner*, Arzneimittel-Delinquenz, S. 223.

20 *Maurach/Schroeder/Maiwald*, BT/2, § 56 Rn. 14.

21 *Körner*, AMG § 95 Rn. 1; *Wagner*, Arzneimittel-Delinquenz, S. 86.

22 *Wagner*, Arzneimittel-Delinquenz, S. 229 f., 233.

23 Zur Vorsatzform des dolus eventualis siehe die Ausführungen auf S. 261 f.

24 *Sander*, § 95 Erl. 2.

25 Wenngleich im Rahmen dieser Untersuchung keine vollständige Kommentierung des § 5 AMG erfolgen kann, so sollen doch die wesentlichen Aspekte der Regelung he-

a. Inverkehrbringen von Arzneimitteln

Anknüpfungspunkt des Verbots gemäß § 5 AMG und damit zugleich Tathandlung des § 95 Abs. 1 Nr. 1 AMG ist das Inverkehrbringen von Arzneimitteln. Hinsichtlich der Arzneimitteleigenschaft eines Produktes kann auf das bereits Gesagte verwiesen werden. Der Begriff des Inverkehrbringens schließt gemäß § 4 Abs. 17 AMG nicht nur jedwede Abgabe an andere, sondern schon das darauf abzielende Vorrätighalten, Feilhalten oder Feilbieten ein. Nicht erfasst ist hingegen die Herstellung bedenklicher Arzneimittel als solche. Dies deshalb, weil bei der Produktion an sich unbedenklicher Arzneimittel regelmäßig Zwischenstadien erreicht werden, in denen Arzneimittel bedenkliche Wirkungen besitzen, die jedoch in Anbetracht der räumlichen Begrenzung der geschaffenen Gefahr auf den Betriebsbereich die Volksgesundheit in keiner Weise gefährden.[26]

b. Bedenklichkeit eines Arzneimittels

Zentrales Verbots- und Straftatbestandsmerkmal ist die Bedenklichkeit des in Verkehr gebrachten Arzneimittels im Sinne eines medizinwissenschaftlich begründeten Verdachts unvertretbar schädlicher Wirkungen bei bestimmungsgemäßer Einnahme des Präparates.

(A) Schädliche Wirkungen

Der Begriff der schädlichen Wirkungen deckt sich mit dem der Arzneimittelschäden, so dass auf die diesbezüglichen Ausführungen verwiesen werden kann. Unter schädlichen Wirkungen sind demnach all diejenigen messbar, fühlbar oder sonst eindeutig erkennbar durch ein Arzneimittel unmittelbar oder mittelbar[27] ausgelösten Reaktionen des menschlichen Organismus zu verstehen,[28] welche die Gesundheit nachteilig beeinflussen und insofern Krankheitswert besitzen, sei es unverzüglich oder auch erst in Form von Spätschäden.[29]

Entgegen dem *OVG Berlin*[30] setzt der Begriff der „schädlichen Wirkungen" keine erhebliche Intensität der Gesundheitsbeeinträchtigung voraus.[31] Zwar ließe sich eine derartige restriktive Auslegung auf den ultima ratio-Charakter des Strafrechts stützen, jedoch erscheint eine an der Funktion des Strafrechts orientierte normative Interpretation des Begriffs deshalb unsinnig, weil der Gesetzgeber an anderer Stelle, nämlich in Form des ausfüllungsbedürftigen Vertretbarkeitskriteriums, die Möglichkeit geschaffen hat, den verschiedenen Aufgaben des Zivil-, Straf- und Öffentlichen Rechts Rechnung zu tragen.[32] Zudem würde das Aus-

rausgestellt werden. Für darüber weiter gehende Informationen sei auf *Räpple*, Arzneimittel, verwiesen.

26 Vgl. *Kloesel/Cyran*, § 95 Anm. 2; i. E. ebenso *Wagner*, Arzneimittel-Delinquenz, S. 84.

27 *Sander*, § 5 Erl. 4.

28 *Räpple*, Arzneimittel, S. 42.

29 *Hansen-Dix*, PharmR 1989, S. 9; *Wagner*, Arzneimittel-Delinquenz, S. 75.

30 Siehe *OVG Berlin* PharmR 1988, S. 57 (58); 1988, S. 66 (66 f.); 1989, S. 160 (161 f.).

31 So auch *Hart/Hilken/Merkel/Woggan*, Arzneimittelmarkt, S. 84; *Kloesel/Cyran*, § 5 Anm. 16; MüKo-StGB-*Freund*, § 5 AMG Rn. 13; *Räpple*, Arzneimittel, S. 48, 56 f.

32 Vgl. *Fuhrmann*, Sicherheitsentscheidungen, S. 116 f.; *Hart*, MedR 1989, S. 18; *Kloesel/Cyran*, § 5 Anm. 16.

scheiden schädlicher Wirkungen geringen Grades, ohne gleichzeitige Nichtberücksichtigung einer eventuell nur minimalen Wirksamkeit des entsprechenden Präparates aufgrund der daraus resultierenden Asymmetrie der dem Vertretbarkeitsurteil zugrunde liegenden Bemessungsgrundlagen Nutzen und Risiko zu einer verkappten, dem Gesetzeszweck der Arzneimittelsicherheit zuwider laufenden Unbedenklichkeitspräjudizierung führen.[33]

(B) Bestimmungsgemäßer Gebrauch

Für das (Un-)Bedenklichkeitsurteil von Relevanz sind jedoch nur diejenigen schädlichen Wirkungen, die beim bestimmungsgemäßen Gebrauch des Arzneimittels auftreten. Mit dem Kriterium des bestimmungsgemäßen Gebrauchs grenzt das AMG typisierend die Risiko- und Verantwortungssphären des pharmazeutischen Unternehmers und der das Medikament anwendenden Ärzte bzw. Patienten ab. Dadurch beugt die Norm der Uferlosigkeit der Produzentenhaftung vor, ruft der bestimmungswidrige Gebrauch doch (fast) immer Arzneimittelschäden hervor.[34] Zugleich trägt das Abstellen auf den bestimmungsgemäßen Gebrauch dem Umstand Rechnung, dass ein bestimmungswidriger Gebrauch bei Arzneimitteln nicht wie bei sonstigen Produkten durch eine entsprechende Sicherungskonstruktion verhindert werden und der pharmazeutische Unternehmer nach Inverkehrgabe des Arzneimittels auf dessen tatsächliche Verwendung keinen Einfluss mehr nehmen kann.[35]

Als bestimmungsgemäß ist zunächst der empfohlene Gebrauch anzusehen, wie er sich der Verpackung, der Packungsbeilage, der an die Angehörigen der Heilberufe adressierten Fachinformation oder der Werbung entnehmen lässt.[36] Während sich nach einem Teil des Schrifttums der bestimmungsgemäße im vom pharmazeutischen Unternehmer ausdrücklich vorgegebenen Gebrauch erschöpfen soll,[37] fasst die herrschende Lehre auch eine davon abweichende, aber in der medizinwissenschaftlichen Literatur anerkannte – und daher regelmäßig ärztlich verordne-

---

33 Vgl. *Fuhrmann*, Sicherheitsentscheidungen, S. 117; *Glaeske/Greiser/Hart*, Arzneimittelsicherheit, S. 155; *Hart*, MedR 1989, S. 18.

34 *Fuhrmann*, Sicherheitsentscheidungen, S. 118; MüKo-StGB-*Freund*, § 5 AMG Rn. 6; *Putz*, Strafrechtliche Produktverantwortlichkeit, S. 32; *Räpple*, Arzneimittel, S. 57 f.; *Ramsauer*, Arzneimittelversorgung, S. 46; *Sander*, § 5 Erl. 5. Das Abstellen auf den bestimmungsgemäßen Gebrauch stellt letztlich eine Selbstverständlichkeit dar und wäre, wie noch zu zeigen sein wird, auch ohne explizite Normierung im Lichte der allgemeinen strafrechtlichen Grundsätze zur Verantwortungsabgrenzung in die Vorschrift hineinzulesen.

35 *Krüger*, PharmR 2004, S. 53.

36 *Besch*, Produkthaftung, S. 52; *Flatten*, MedR 1993, S. 464; *Foerste* in: von Westphalen, Produkthaftungshandlbuch, § 24 Rn. 98; *Franken*, A & R 2006, S. 156; *Fuhrmann*, Sicherheitsentscheidungen, S. 120; *Göben*, Arzneimittelhaftung, S. 77; *Heitz*, Arzneimittelsicherheit, S. 203; *Jenke*, Arzneimittel, S. 45 f.; *Körner*, Vorbem AMG Rn. 58; *Krüger*, PharmR 2004, S. 53; *Papier*, Gebrauch, S. 11 f.; *Putz*, Strafrechtliche Produktverantwortlichkeit, S. 32; *Samson/Wolz*, MedR 1988, S. 72; *Vogel*, Produkthaftung, S. 134.

37 *Krüger*, PharmR 2004, S. 55; *Ramsauer*, Arzneimittelversorgung, S. 46; *Ratajczak*, Begründeter Verdacht, S. 83; *Rehmann*, § 5 Rn. 3; *Wolter*, ZRP 1974, S. 262.

te – Anwendung sowie den in größerem Umfang praktizierten bzw. als nahe liegend konkret vorhersehbaren Fehlgebrauch darunter.[38] Denn in diesen Fällen kenne der pharmazeutische Unternehmer die abweichende Nutzung seines Produktes oder müsse zumindest mit ihr rechnen, so dass beim seinerseitigen Ausbleiben eines ausdrücklichen Verbots des betreffenden Gebrauchs von einer stillschweigenden Billigung desselben auszugehen sei.[39] Für letztere Auffassung sprechen sowohl Gründe eines optimalen Patientenschutzes als auch die Überlegung, dass der Produzent jederzeit in der Lage und angesichts der latenten Gefährlichkeit seines Produkts auch gehalten ist, einem absehbaren gefährlichen Fehlgebrauch durch explizite Untersagung entgegenzuwirken.[40] Hinzu kommt, dass auch die im Zusammenhang mit dem Arzneimittelbegriff erfolgte Abkehr vom subjektiven Bestimmungsrecht des Herstellers den Schluss nahe legt, auch in § 5 AMG auf die Sicht der einschlägigen Verkehrskreise abzustellen.[41]

Fraglich ist allerdings, ob ein solch extensives Verständnis des bestimmungsgemäßen Gebrauchs, wodurch zugleich der Bereich des nach § 95 Abs. 1 Nr. 1 AMG unter Strafe gestellten Verhaltens erweitert wird, nicht eine verbotene Analogie zu Lasten des pharmazeutischen Unternehmers als Täter darstellt.[42] Dies ist nicht der Fall. Von einer Analogie kann dort keine Rede sein, wo die Subsumtion eines Sachverhalts unter einen Straftatbestand das Ergebnis einer allgemeinen Rechtsgrundsätzen genügenden Normauslegung ist. Indem die Subsumtion des voraussehbaren, häufig praktizierten und daher eine bestimmte Verkehrsauffassung hervorbringenden abweichenden Arzneimitteleinsatzes unter das Merkmal des bestimmungsgemäßen Gebrauchs sowohl dem Patientenschutzzweck des § 1 AMG entspricht als auch die Wertung des § 2 AMG berücksichtigt, handelt es sich hierbei um eine sachgerechte teleologische Auslegung des § 5 AMG.

Dennoch kommt den Angaben des pharmazeutischen Unternehmers erhebliche Bedeutung zu, wenn man bedenkt, dass sich die Verkehrsanschauung primär an diesen ausrichtet.[43] Zudem ist der Bereich des bestimmungsgemäßen Gebrauchs

---

[38] *Besch*, Produkthaftung, S. 52 f.; *Dierks*, BGesundhBl. 2003, S. 460; *Franken*, A & R 2006, S. 156; *Glaeske/Greiser/Hart*, Arzneimittelsicherheit, S. 154; *Göben*, Arzneimittelhaftung, S. 78; *Hart/Hilken/Merkel/Woggan*, Arzneimittelmarkt, S. 83; *Heitz*, Arzneimittelsicherheit, S. 205; *Jenke*, Arzneimittel, S. 46; *Meyer/Grunert*, PharmR 2005, S. 206; MüKo-StGB-*Freund*, § 5 AMG Rn. 8 f.; *Papier*, Gebrauch, S. 12; *Plagemann*, WRP 1978, S. 783; *Räpple*, Arzneimittel, S. 64 f.; *Sander*, § 5 Erl. 5. In diesem Sinne auch Nr. 2.1 der 4. Bekanntmachung des BfArM/PEI zur Anzeige von Nebenwirkungen nach § 63b AMG.

[39] *Jenke*, Arzneimittel, S. 46; *Papier*, Gebrauch, S. 13; *Sander*, § 5 Erl. 5; *Vogel*, Produkthaftung, S. 135.

[40] Vgl. *Flatten*, MedR 1993, S. 464; *Kuhlen*, Fragen, S. 125; *Papier*, Gebrauch, S. 12;

[41] *Fuhrmann*, Sicherheitsentscheidungen, S. 128; *Räpple*, Arzneimittel, S. 63 f. Ebenfalls die Verkehrsauffassung als maßgebliches Kriterium erachtend *Körner*, Vorbem AMG Rn. 59.

[42] So *Hauke/Kremer*, PharmR 1992, S. 163 f.; *Jungbecker*, Strafrechtliche Verantwortung, S. 161.

[43] *Räpple*, Arzneimittel, S. 64. Vgl. schon die Ausführungen zum Arzneimittelbegriff, S. 6 ff.

eindeutig dann überschritten, wenn das Arzneimittel bestimmungswidrig, d. h. ausdrücklichen Herstellervorgaben zuwiderlaufend, angewendet wird, so dass sich der pharmazeutische Unternehmer durch explizit aufgeführte Ge- und Verbote vor Verantwortung schützen kann.[44] Bloße Verzichtsempfehlungen oder Warnungen reichen allerdings ebenso wenig aus wie für den Laien unverständliche, lückenhafte oder mehrdeutige Gebrauchsbeschränkungen.[45] Damit hängt die Verantwortlichkeit des pharmazeutischen Unternehmers, wie sich im Laufe der Untersuchung noch mehrmals zeigen wird, entscheidend von der Ausgestaltung der Fach- und Gebrauchsinformation ab.[46]

(C) Begründeter Verdacht

Ausgehend von den im *Contergan*-Verfahren gemachten Erfahrungen stellt § 5 AMG seit seiner Neufassung im Jahr 1976 nicht mehr wie noch die Vorgängerregelung des § 6 AMG 1961 auf die erwiesene Schadenseignung eines Arzneimittels ab, sondern lässt unter Verzicht auf einen naturwissenschaftlichen Nachweis des Kausalzusammenhangs zwischen Arzneimittelkonsum und Schaden den „begründeten Verdacht" der Schadenseignung genügen.[47] Die Vorschrift setzt die Bedenken der Rechtsprechung gegen § 6 AMG 1961 um und trägt der prinzipiellen Schwierigkeit des Kausalitätsnachweises[48] ebenso Rechnung wie der Tatsache, dass die wissenschaftliche Verifizierung des Schädlichkeitsverdachts – wenn überhaupt – nur durch langwierige empirische Untersuchungen erfolgen kann, während im Interesse eines wirksamen Verbraucherschutzes Risikoabwehrmaßnahmen bereits vor deren erfolgreichem Abschluss zulässig sein müssen.[49]

---

44 *Deutsch*, VersR 1979, S. 686; *Fuhrmann*, Sicherheitsentscheidungen, S. 133; *Jenke*, Arzneimittel, S. 46; *Krüger*, PharmR 2004, S. 55; *Papier*, Gebrauch, S. 13; *Sander*, § 5 Erl. 5; *Vogel*, Produkthaftung, S. 134 f.

45 *Göben*, Arzneimittelhaftung, S. 77 f.; *Vogel*, Produkthaftung, S. 136.

46 Eine hinreichend genaue Instruktion der Patienten hinsichtlich sowohl des empfohlenen als auch des unsachgemäßen Gebrauchs liegt vor allem auch deshalb im Interesse des pharmazeutischen Unternehmers, weil ansonsten ein nahe liegender Fehlgebrauch oder ein in der medizinischen Praxis etablierter abweichender Gebrauch den bestimmungsgemäßen Gebrauch des Arzneimittels so sehr erweitert, das letztlich die Vertretbarkeitsprüfung des § 5 Abs. 2 AMG, die auf der Grundlage des bestimmungsgemäßen Gebrauchs zu erfolgen hat, in Anbetracht des gefährlichen Fehlgebrauchs negativ ausfällt, das Medikament eventuell als bedenklich vom Markt genommen werden muss. Somit spricht für die weite Auslegung des „bestimmungsgemäßen Gebrauchs" auch die Tatsache, dass hierdurch der pharmazeutische Unternehmer bei der Erstellung der Packungsbeilage zu besonderer Sorgfalt angehalten wird, indem stets das Damoklesschwert des Arzneimittelverbots über ihm schwebt.

47 Vgl. BT-Drs. 7/3060, S. 45; *Hart*, Arzneimitteltherapie, S. 54; *Hart/Hilken/Merkel/Woggan*, Arzneimittelmarkt, S. 86; *Körner*, Vorbem AMG Rn. 58; *Plagemann*, WRP 1978, S. 781. Unzutreffend ist demgegenüber die Auffassung *Ratajczaks*, Begründeter Verdacht, S. 84, § 5 AMG fingiere einen Kausalzusammenhang.

48 Siehe dazu ausführlich § 4 C.

49 *Hart/Hilken/Merkel/Woggan*, Arzneimittelmarkt, S. 85; *Körner*, AMG § 95 Rn. 2; MüKo-StGB-*Freund*, Vor §§ 95 ff. AMG Rn. 39, 41.

Indes dürfen die Anforderungen an den begründeten Verdacht nicht zu gering sein, soll das Merkmal seine Funktion, den akzeptierten, jedem Arzneimittel schlechthin immanenten Schädlichkeitsverdacht vom konkreten Verdacht inakzeptabler Schädlichkeit abzugrenzen, erfüllen. Ein nach oberflächlicher Prüfung entstandener, auf bloßen Vermutungen beruhender vager Verdacht genügt daher nicht.[50] Von hinreichender Begründetheit des Verdachts kann nur dann die Rede sein, wenn ernstzunehmende Erkenntnisse oder Erfahrungen irgendwelcher Art auf eine gewisse Schädigungswahrscheinlichkeit hindeuten.[51]

Wann genau ein hinreichend wahrscheinlicher Ursache-Wirkungs-Zusammenhang zwischen Arzneimittelkonsum und aufgetretenen Gesundheitsschäden besteht, ist letztlich keine naturwissenschaftliche, sondern eine rein rechtlich normative Frage, deren Beantwortung dem Juristen vorbehalten bleibt.[52] Diesbezüglich besteht Uneinigkeit, ob das erforderliche Maß an Schadenswahrscheinlichkeit zum Umfang des drohenden Schadens und zum Rang der gefährdeten Rechtsgüter in Relation zu setzen ist, mit anderen Worten im Sinne einer gegenläufigen Proportionalität eine umso geringere Wahrscheinlichkeit genügt, je schwerwiegender die Gefahren für die Gesundheit sind.[53] Eine derart wertende Abwägung führt jedoch zu einer verschleierten Vertretbarkeitsprüfung, die dem Charakter des „begründeten Verdachts" als Existenz- und Tatsachenbehauptung widerspricht. Zudem würde die tatrichterliche Feststellung des begründeten Verdachts unvertretbarer schädlicher Wirkungen letztlich auf eine Abwägungs-Abwägung hinauslaufen, die in die Nähe einer Tautologie geriete.[54] Richtigerweise sind an die Begründetheit des Verdachts stets dieselben Anforderungen zu stellen und die Besonderheiten des Einzelfalls im Rahmen der Vertretbarkeitsprüfung zu berücksichtigen.

---

[50] *Kloesel/Cyran*, § 5 Anm. 12; MüKo-StGB-*Freund*, § 5 AMG Rn. 18; *Putz*, Strafrechtliche Produktverantwortlichkeit, S. 31; *Räpple*, Arzneimittel, S. 89; *Ratajczak*, Begründeter Verdacht, S. 86; *Rehmann*, § 5 Rn. 2; *Sander*, § 5 Erl. 2.

[51] So auch *Hart*, Arzneimitteltherapie, S. 54; *Hart/Hilken/Merkel/Woggan*, Arzneimittelmarkt, S. 85, 88; *Räpple*, Arzneimittel, S. 77 f.; *Schwerdtfeger*, Bindungswirkung, S. 32. Zu eng ist hingegen das Erfordernis anerkannter (medizin-)wissenschaftlicher Erkenntnisse, liefe dies doch in letzter Konsequenz wieder auf aufwendige Versuchsreihen und eine damit einhergehende unsachgemäße Verkürzung des Patientenschutzes hinaus. So aber *Deutsch* in: Dölle et al., Arzneimitteltherapie, S. 11; *di Fabio*, Risikoentscheidungen, S. 177, 258; *Körner*, Vorbem AMG Rn. 58; *Lewandowski*, PharmR 1983, S. 195; *Ratajczak*, Begründeter Verdacht, S. 87; *Rehmann*, § 5 Rn. 2; *Wagner*, Arzneimittel-Delinquenz, S. 76.

[52] *Hart/Hilken/Merkel/Woggan*, Arzneimittelmarkt, S. 80.

[53] *Di Fabio*, Risikoentscheidungen, S. 177 f. passim; *Glaeske/Greiser/Hart*, Arzneimittelsicherheit, S. 157; *Plagemann*, WRP 1978, S. 782; *Putz*, Strafrechtliche Produktverantwortlichkeit, S. 31; *Räpple*, Arzneimittel, S. 84, 86 f. passim; *Rehmann*, § 5 Rn. 2; *Schwerdtfeger*, Bindungswirkung, S. 32. Dabei wollen *Putz*, Strafrechtliche Produktverantwortlichkeit, S. 31 f., und *Räpple*, Arzneimittel, S. 87 f., zudem den (erwiesenen) therapeutischen Wert des in Frage stehenden Arzneimittels berücksichtigen.

[54] Vgl. *Hart/Hilken/Merkel/Woggan*, Arzneimittelmarkt, S. 87; *Ratajczak*, Begründeter Verdacht, S. 88, 90; *Scheu*, In Dubio, S. 773.

(D) Wissenschaftlicher Erkenntnisstand als Maßstab

Grundlage des begründeten Verdachts schädlicher Wirkungen bei bestimmungsgemäßem Gebrauch muss aber nach dem eindeutigen Wortlaut des § 5 Abs. 2 AMG stets der Stand der wissenschaftlichen Erkenntnisse sein. Der Verdacht muss dem aktuellen Erkenntnisstand Rechnung tragen, darf diesem insbesondere nicht widersprechen. Nicht erforderlich ist jedoch, dass der Verdacht selbst wissenschaftlich begründet ist, liefe dies doch de facto wieder auf einen Nachweis der Schadenseignung hinaus.[55]

Der Rekurs auf die Wissenschaftlichkeit soll zum einen die Vorhersehbarkeit behördlicher Entscheidungen und Maßnahmen, zum anderen die dynamische Anpassung derselben an die fortschreitende wissenschaftliche Entwicklung gewährleisten,[56] was in Anbetracht der in einer pluralistischen Gesellschaft jeder wissenschaftlichen Disziplin innewohnenden Meinungsdiversität nur begrenzt möglich ist.[57] Im Fall unterschiedlicher wissenschaftlicher Auffassungen streng nach dem Grundsatz „in dubio pro securitate" die Voraussetzungen des § 5 AMG als erfüllt anzusehen,[58] entspräche wohl dem verwaltungsrechtlichen Gebot bestmöglicher Arzneimittelsicherheit nach § 1 AMG am besten, widerspricht im Rahmen der Strafvorschrift des § 95 Abs. 1 Nr. 1 AMG aber dem Grundsatz „in dubio pro reo" und verbietet sich schließlich auch deshalb, weil auf diese Weise eventuell voreilig Präparate mit unbestrittenem therapeutischen Nutzen vom Markt genommen werden müssten.[59]

(E) Vertretbarkeitsprüfung

Das Herzstück des Bedenklichkeitsbegriffs ist die Vertretbarkeitsprüfung, entscheidet sie doch darüber, ob ein von der Arzneimittelanwendung mit hinreichender Wahrscheinlichkeit ausgehendes Gesundheitsrisiko im Hinblick auf den Nutzen, d. h. die therapeutische Wirksamkeit des Medikaments, akzeptabel ist. Angesichts der Tatsache, dass kein Arzneimittel frei von Nebenwirkungen ist, darf Unbedenklichkeit niemals mit Unschädlichkeit gleichgesetzt werden.[60] Weil der Volksgesundheit aber nicht damit gedient ist, jedes therapeutisch noch so wertvolle Präparat wegen der Gefahr möglicher Nebenwirkungen zu verbieten, ist für je-

---

55 Insofern widerspricht die Maßgeblichkeit des aktuellen wissenschaftlichen Erkenntnisstandes nicht der hier vertretenen Auffassung, wonach aus Gründen des Patientenschutzes für die Begründetheit des Verdachts Erkenntnisse jedweder Art ausreichen, auch wenn sie (noch) nicht wissenschaftlich anerkannt sind.

56 *Lewandowski*, PharmR 1980, S. 108; *Räpple*, Arzneimittel, S. 95.

57 Vgl. *Kriele*, NJW 1976, S. 356; *Letzel/Wartensleben*, PharmR 1989, S. 7; *Räpple*, Arzneimittel, S. 96.

58 So *Räpple*, Arzneimittel, S. 97.

59 Zur Frage, inwieweit das Abstellen auf den Erkenntnisstand der mitunter inhomogenen medizinischen Wissenschaft im Rahmen des § 95 Abs. 1 Nr. 1 AMG mit Art. 103 Abs. 2 GG vereinbar ist, siehe das die Vereinbarkeit bejahende Urteil des *BVerfG*, MedR 2000, S. 481. Zustimmend *Heine*, Lebensmittelstrafrecht, S. 156; *Rehmann*, § 95 Rn. 1.

60 *Hart*, Arzneimitteltherapie, S. 53; *ders.*, MedR 1991, S. 303; *Hart/Hilken/Merkel/Woggan*, Arzneimittelmarkt, S. 80; *Wagner*, Arzneimittelsicherheit, S. 295; *ders.*, Pharmaethik, S. 23.

des Pharmakon mittels einer umfassenden Nutzen-Risiko-Abwägung zu ermitteln, ob sich dessen Gefahrenpotential im Bereich des gesellschaftlich Tolerablen hält. Diese Abwägung gestaltet sich in der Praxis oftmals recht schwierig.[61] Da die Vertretbarkeitsprüfung letztlich das unzulässige unvertretbare Risiko vom legitimen Restrisiko abgrenzt, soll hierauf erst im Zusammenhang mit der Frage nach dem erlaubten Risiko vertieft eingegangen werden.[62]

II. Straftatbestände des StGB

Was die Frage der Strafbarkeit entsprechend den Bestimmungen des StGB angeht, ist vor Erörterung der einzelnen Tatbestandsvoraussetzungen zunächst kurz zu klären, ob und gegebenenfalls inwieweit die Vorschriften des StGB neben den §§ 95 ff. AMG überhaupt Anwendung finden können.

1. Konkurrenzverhältnis der Strafnormen des AMG und des StGB

Damit ist die Frage der Konkurrenzen zwischen den Normen des AMG und des StGB aufgeworfen. Konkurrenzfragen treten zunächst mit Blick auf § 314 Abs. 1 Nr. 1 StGB auf, der ein allgemeines Verbot, gesundheitsschädliche Waren in die Öffentlichkeit gelangen zu lassen, statuiert. Nach einer im Schrifttum vertretenen Meinung soll § 95 Abs. 1 Nr. 1 AMG als spezielle (privilegierende) Sondernorm für den Bereich des Arzneimittelverkehrs dem § 314 StGB vorgehen.[63] Richtigerweise sind jedoch die Vorschriften als einander flankierende und ergänzende Normen zu verstehen und daher in Tateinheit verwirklichbar.[64] Ein Vorrang der §§ 95 ff. AMG aus Gründen der Spezialität scheitert bei näherer Betrachtung der Regelungen daran, dass die Tatbestände der AMG-Vorschriften den Tatbestand des § 314 StGB gerade nicht, wie es die Spezialität voraussetzt, durch ein weiteres Merkmal enger begrenzen. Denn während sich § 95 Abs. 1 Nr. 1 AMG mit einem begründeten Verdacht schädlicher Wirkungen begnügt, erfordert § 314 StGB eine erwiesene Gesundheitsschädlichkeit der Ware.[65]

---

61 So verwundert es nicht, dass angesichts der Vielschichtigkeit der Abwägungsfaktoren die Vorschrift des § 95 Abs. 1 Nr. 1 AMG mitunter als konturenlos und im Lichte des Art. 103 Abs. 2 GG als zu unbestimmt angesehen wird. Indes ist das *BVerfG* dem Vorwurf der Unbestimmtheit mit überzeugender Begründung entgegengetreten. Siehe *BVerfG*E 75, 329 (341); 96, 68 (97 f.); *BVerfG* MedR 2000, S. 481; zustimmend *Hellmann/Beckemper*, WiStR, Rn. 739; *Sander*, § 5 Erl. 7; i. E. ebenso *Kloesel/Cyran*, § 5 Anm. 12, § 95 Anm. 1; *Körner*, AMG § 95 Rn. 1; *Rehmann*, § 5 Rn. 4.

62 Siehe S. 189 ff.

63 *Bruns*, FS Heinitz, S. 336 f.; *Horn*, NJW 1986, S. 157; *Maurach/Schroeder/Maiwald*, BT/2, § 56 Rn. 17; SK-StGB-*Wolters/Horn*, § 314 Rn. 28.

64 *Deutsch/Spickhoff*, Medizinrecht, Rn. 1146; *Eser*, Internist 1982, S. 222; LK-*Wolff*, § 319 a. F. Rn. 16; *Kindhäuser*, LPK, § 314 Rn. 9; NK-*Herzog*, § 314 Rn. 14; *Räpple*, Arzneimittel, S. 39; *Sander*, § 95 Erl. 8; *Tröndle/Fischer*, § 314 Rn. 15.

65 Vgl. *Deutsch*, MedR 1995, S. 484; *Gretenkordt*, Herstellen und Inverkehrbringen, S. 85.

Hinsichtlich der §§ 211 ff., 223 ff. StGB liegt aufgrund der unterschiedlichen Schutzrichtung ebenfalls ein echtes Konkurrenzverhältnis zu den §§ 95 ff. StGB vor. Dienen die genannten Normen des StGB dem unmittelbaren Schutz des einzelnen Menschen, sind die Strafvorschriften des AMG primär auf den Schutz der Allgemeinheit gerichtet. Der Schutz des Einzelnen ist dabei lediglich Reflex.[66]

2. § 314 StGB

Führt man sich vor Augen, dass sich der Bezug zur Produkthaftung vor allem dort ergibt, wo das Inverkehrbringen gefährlicher Gegenstände als solches bereits unter Strafe gestellt wird, ist zunächst auf § 314 StGB einzugehen, der das Beimischen gesundheitsschädlicher Stoffe zu Verbrauchs- oder Verkaufsgütern bzw. deren Vergiftung sowie das Inverkehrbringen solch vergifteter Güter mit Strafe bedroht.

a. Rechtsnatur und Bedeutung des § 314 StGB

Die Vorschrift richtet sich gleichermaßen an Produzenten und Händler von Ver- oder Gebrauchsgegenständen und ist auf die Chemie-, Arznei- und Lebensmittelindustrie geradezu zugeschnitten.[67] § 314 StGB verlangt weder einen Verletzungserfolg noch den Nachweis der Gefährdung bestimmter oder bestimmbarer Menschen. Strafgrund ist allein die Beeinträchtigung der Verbrauchersicherheit durch die dem Inverkehrbringen gesundheitsschädlicher Produkte allgemein innewohnende Gefährlichkeit. § 314 StGB ist demnach als abstraktes Gefährdungsdelikt zu qualifizieren,[68] das angesichts des erforderlichen Nachweises der abstrakten Schädigungseignung des in Frage stehenden Verhaltens auch als Eignungsdelikt bezeichnet werden kann.[69] Dabei schützt § 314 StGB anders als die §§ 211 ff., 223 ff. StGB nicht unmittelbar Leib, Leben und Gesundheit des Einzelnen, sondern lediglich mittelbar als Reflex des Schutzes der allgemeinen Volksgesundheit. § 314 StGB stellt insofern ein gemeingefährliches Sozialdelikt dar.[70]

---

66 Vgl. NK-*Herzog*, § 314 Rn. 14; *Wagner*, Arzneimittel-Delinquenz, S. 103. Fragwürdig erscheint hingegen, wie *Däbritz*, Humanerprobungen, S. 94, allein darauf abzustellen, dass das StGB schon aufgrund der strengen Orientierung am Rechtsgüterschutz neben den zum Teil die bloße Verletzung von Verfahrensvorschriften sanktionierenden Strafvorschriften des AMG Anwendung finden müsse. Diese Argumentation verkennt, dass auch die (Verfahrens-)Vorschriften des AMG, deren Verletzung die §§ 95 ff. StGB unter Strafe stellen, vornehmlich dem Schutz der Gesundheit der Arzneimittelkonsumenten dienen, die §§ 95 ff. AMG somit vergleichbar den Normen des StGB primär den Zweck eines effektiven Rechtsgüterschutzes verfolgen.

67 Vgl. *Kuhlen*, Fragen, S. 170; SK-StGB-*Wolters/Horn*, § 314 Rn. 3.

68 BT-Drs. 13/8587, S. 72; *Arzt/Weber*, BT, § 37 Rn. 98; *Bock*, Produktkriminalität, S. 50; *Geerds*, FS Tröndle, S. 244; *Gretenkordt*, Herstellen und Inverkehrbringen, S. 1; *Hilgendorf*, Produzentenhaftung, S. 165; *Horn*, NJW 1986, S. 153; *Joecks*, § 314 Rn. 2; *Kindhäuser*, LPK, § 314 Rn. 1; *Kuhlen*, Fragen, S. 155; *Landry*, Inverkehrbringen, S. 22; LK-*Wolff*, § 319 a. F. Rn. 1; *Lackner/Kühl*, § 314 Rn. 1; NK-*Herzog*, § 314 Rn. 2; SK-StGB-*Wolters/Horn*, § 314 Rn. 2; *Tröndle/Fischer*, § 314 Rn. 1.

69 Vgl. *Kuhlen*, Fragen, S. 155 ff.

70 *Arzt/Weber*, BT, § 37 Rn. 97; *Kindhäuser*, LPK, § 314 Rn. 1; *Landry*, Inverkehrbringen, S. 124. Unzutreffend *Gretenkordt*, Herstellen und Inverkehrbringen, S. 106, der

Der Stellenwert des § 314 StGB für den Bereich der strafrechtlichen Produktverantwortung wird recht unterschiedlich beurteilt. In Anbetracht seines spezifischen Bezugs zur Produkthaftung und der Erfassung sämtlicher Verbrauchs- und käuflich zu erwerbenden Gebrauchsartikel, könnte man – ausgehend vom Normwortlaut – in § 314 StGB *den* Prototyp strafrechtlicher Produktverantwortung schlechthin sehen. Dementsprechend schreiben einige Stimmen in der Literatur[71] der Vorschrift große Bedeutung zu und bezeichnen sie wegen des Verzichts auf einen Erfolgseintritt und der damit verbundenen Vorverlegung der Strafbarkeitsgrenze als „schweres Geschütz“[72] bzw. „Mine für die gesamte Verbrauchs- und Gebrauchsgüterwirtschaft (v. a. die chemische Industrie sowie die Arznei- und Lebensmittelwirtschaft).“[73] Andere Stimmen im Schrifttum wiederum messen der Norm nur geringes Gewicht bei,[74] spiele sie doch neben den Sonderregelungen des Nebenstrafrechts, wie z. B. den §§ 95 ff. AMG, keine Rolle und werde im Fall des Verletzungserfolgs von den §§ 211 ff., 223 ff. an Relevanz überboten. Auch in den einschlägigen Entscheidungen der Rechtsprechung wurde § 314 StGB bislang nur selten erörtert. Allerdings ist der Anwendungsbereich des § 314 StGB im Vergleich zu dem der Vorgängerregelung des § 319 StGB a. F. durch das 6. Strafrechtsreformgesetz aus dem Jahre 1998 erheblich erweitert worden, so dass § 314 StGB allein deshalb gesteigerte Bedeutung zukommt. Letztlich wurzelt die unterschiedliche Wertschätzung der Vorschrift aber vor allem in einem mitunter stark divergierenden Normverständnis, so dass eine abschließende Beurteilung des Stellenwerts des § 314 StGB erst im Anschluss an die Erörterung der einzelnen Tatbestandsmerkmale erfolgen kann.

b. Tatbestandsmerkmale des § 314 StGB

§ 314 Abs. 1 StGB setzt in seiner für den Bereich der strafrechtlichen Verantwortung für Arzneimittelschäden allein in Betracht kommenden Nr. 2 voraus, dass Gegenstände, die zum öffentlichen Verkauf oder Verbrauch bestimmt sind, vergiftet oder ihnen gesundheitsschädliche Stoffe beigemischt werden (1. Alt.) oder ver-

---

die Norm in der Verhaltensalternative des Vergiftens bzw. Beimischens gesundheitsschädlicher Stoffe als Allgemeindelikt, in der Alternative des Verkaufens, Feilhaltens oder sonstigen Inverkehrbringens aber als allein den jeweiligen Abnehmer des Gegenstandes schützendes Individualdelikt betrachtet. Bedenkt man, dass weder Produzent noch Hersteller nach Abgabe des Gegenstandes an einen Verbraucher auf den weiteren Umgang mit dem Gegenstand Einfluss haben und es daher durchaus passieren kann, dass der Gegenstand nicht nur einmal und nur vom Erstabnehmer genutzt wird, sondern mehrmals gebraucht oder an Dritte weitergegeben wird, schafft das erstmalige Inverkehrbringen ebenfalls eine Gefahr für einen noch unbestimmten Personenkreis und daher eine Gemeingefahr, so dass auch die 2. Verhaltensalternative des § 314 StGB ein Allgemeindelikt begründet.

71 Siehe etwa *Hilgendorf*, Produzentenhaftung, S. 170; *Joecks*, § 314 Rn. 10.

72 *Horn*, NJW 1986, S. 157.

73 *Horn*, NJW 1986, S. 153.

74 So etwa *Geerds*, FS Tröndle, S. 242, 252 f., 256; *Kuhlen*, Fragen, S. 158; LK-*Wolff*, § 319 a. F. Rn. 1; *Schwartz*, Produkthaftung, S. 30.

giftete oder mit gesundheitsschädlichen Stoffen vermischte Gegenstände verkauft, feilgehalten oder sonst in den Verkehr gebracht werden (2. Alt.).

(A) Bestimmung zum öffentlichen Verkauf oder Verbrauch

Demnach müssten Arzneimittel zunächst zum öffentlichen Verkauf oder Verbrauch bestimmte Gegenstände sein. Dies ist hinsichtlich der hier thematisierten Fertigarzneimittel unstreitig der Fall.[75] Zum einen besteht der Zweck ihrer Herstellung im späteren öffentlichen Verkauf, da sie einem unbestimmten, zahlenmäßig nicht begrenzten Personenkreis zum käuflichen Erwerb zugänglich gemacht werden sollen.[76] Insbesondere geht das Merkmal der Öffentlichkeit nicht dadurch verloren, dass Arzneimittel regelmäßig (nur) an bestimmte Personen, namentlich Arzneimittelgroßhändler und Apotheker, zum Zwecke der Weiterveräußerung an eine Vielzahl von Ärzten oder Patienten als Endverbraucher abgegeben werden sollen bzw. – bei apothekenpflichtigen Präparaten – gemäß §§ 43, 47 AMG sogar müssen.[77] Zum anderen sind Arzneimittel auch zum Verbrauch im Sinne eines vollständigen Aufbrauchens ihrer Substanz bestimmt, wobei der Kreis der potentiellen Konsumenten wiederum unbestimmt und unbegrenzt, der Verbrauch somit öffentlich ist.[78]

(B) Tatbestandsmäßiges Verhalten

Mit Produktion und Absatz gesundheitsschädlicher Gegenstände stellt § 314 StGB zwei recht verschiedene Verhaltensalternativen unter Strafe.

(I) Vergiften oder Beimischen gesundheitsschädlicher Stoffe (1. Alt.)

Vergiften oder Beimischen bezeichnet das Hervorrufen einer nicht mehr hinreichend kontrollierbaren Gefahrwirkung durch Herstellung eines (gemein)gefährlichen Tatobjekts im Wege menschlicher Einwirkung auf einen im Sinne des Verbraucherschutzes besonders schutzwürdigen Gegenstand.[79] Erforderlich ist mit anderen Worten lediglich das Verursachen der Entstehung eines vergifteten Gegenstandes durch Bearbeitung desselben, was zur Folge hat, dass nicht nur der eigenhändig Handelnde, sondern auch der aufgrund Handlungs-, Willens- oder Wissensherrschaft mittelbar Tätige als Täter in Betracht kommt.[80] Dabei soll es nach

---

75 Umgekehrt fehlt es den Rezepturarzneimitteln angesichts der Bestimmung für einen konkreten Patienten offensichtlich an der erforderlichen Bestimmung für den Verkauf an bzw. den Verbrauch durch die allgemeine Öffentlichkeit.

76 Vgl. *Bock*, Produktkriminalität, S. 51; *Gretenkordt*, Herstellen und Inverkehrbringen, S. 5; *Tröndle/Fischer*, § 314 Rn. 5.

77 Vgl. *Gretenkordt*, Herstellen und Inverkehrbringen, S. 7; LK-*Wolff*, § 319 a. F. Rn. 3; S/S-*Heine*, § 314 Rn. 7; SK-StGB-*Wolters/Horn*, § 314 Rn. 7.

78 Vgl. *Bock*, Produktkriminalität, S. 51; *Gretenkordt*, Herstellen und Inverkehrbringen, S. 5 f., 109; *Joecks*, § 314 Rn. 5; *Landry*, Inverkehrbringen, S. 17; LK-*Wolff*, § 319 a. F. Rn. 4; S/S-*Heine*, § 314 Rn. 8; SK-StGB-*Wolters/Horn*, § 314 Rn. 8; *Tröndle/Fischer*, § 314 Rn. 5.

79 S/S-*Heine*, § 314 Rn. 11.

80 *Geerds*, FS Tröndle, S. 245; *Gretenkordt*, Herstellen und Inverkehrbringen, S. 47, 51; *Joecks*, § 314 Rn. 7; SK-StGB-*Wolters/Horn*, § 314 Rn. 11.

allgemeiner Ansicht entgegen dem Wortlaut des § 314 StGB weder darauf ankommen, ob tatsächlich der zugesetzte Stoff der schädliche ist, die ungefährliche Substanz somit den Grundstoff bildet, noch darauf, in welchem Mischungsverhältnis die Bestandteile zueinander stehen.[81]

Demnach erfüllt die Produktion von Arzneimitteln als Waren, die stets mit mehr oder weniger schwerwiegenden, häufiger oder seltener auftretenden Nebenwirkungen behaftet sind, den Tatbestand des § 314 StGB, werden hierdurch doch gesundheitsschädliche Gegenstände geschaffen. Die Tatsache, dass die Herstellung von Pharmaka letztlich der Verbesserung des Gesundheitszustands dient, vermag hieran nichts zu ändern. Allerdings ist fraglich, ob § 314 StGB tatsächlich auch die gezielte Produktion erkannt gesundheitsschädlicher Gegenstände erfassen will, spricht der Wortlaut doch für eine Beschränkung des Tatbestandes auf diejenigen Fälle, in denen ein zunächst einwandfreies, für den öffentlichen Verkauf oder Verbrauch bestimmtes Produkt durch nachträgliche Manipulation vergiftet wird. Dann schiede die Herstellung von Medikamenten als von Beginn an gesundheitsschädlichen Gütern als taugliche Tathandlung aus.[82] Das *Reichsgericht*[83] vertrat hierzu die Auffassung, dass es allein darauf ankomme, dass durch Vermischung eines ungefährlichen mit einem gesundheitsschädlichen Stoff ein zum öffentlichen Verkauf oder Verbrauch bestimmtes Erzeugnis entstehe. Diese Rechtsprechung sah sich zahlreichen Angriffen aus dem Schrifttum ausgesetzt. Diese stützten sich vor allem auf einen Vergleich mit der Brunnenvergiftung in § 314 Abs. 1 Nr. 1 StGB, anhand derer eindeutig erkennbar sei, dass der Zweck der Norm die Verhinderung späterer Manipulation öffentlich zugänglicher, einwandfreier Güter sei.[84] Wie das Wasser in Nr. 1, so müsse auch zur Bejahung der Nr. 2 zunächst ein verkaufs- oder gebrauchsfertiges Produkt vorhanden sein, bevor es zur Vergiftung komme. Ein solches fertiges, zum öffentlichen Verkauf und Gebrauch bestimmtes Produkt setze aber zwingend einen bereits abgeschlossenen Herstellungsprozess voraus, da sich nur dann die entsprechende Bestimmung äußerlich hinreichend manifestiert habe.[85] Letzteres wiederum sei nötig, um eine den Tatobjekten der Nr. 1 vergleichbare Schutzbedürftigkeit der Gegenstände in Nr. 2 zu erreichen. Denn die besondere Schutzbedürftigkeit der Tatobjekte der Nr. 1 erkläre sich aus deren unmittelbaren Verfügbarkeit und somit eingeschränkten Kontrollierbarkeit, die hinsichtlich der Nr. 2 erst gegeben sei, wenn der Gegenstand in der vorgesehenen Form in den öffentlichen Verkauf etc. gelangen kann, nicht aber bereits in früheren Phasen gewerbsmäßiger Herstellungsprozesse.[86]

---

[81] So bereits *RG*St 67, 360 (361). Ebenso z. B. *Landry*, Inverkehrbringen, S. 20; LK-*Wolff*, § 319 a. F. Rn. 7; *Tröndle/Fischer*, § 314 Rn. 7.

[82] In diesem Sinne *Horn*, NJW 1986, S. 154, der andernfalls unabsehbare Konsequenzen für die gesamte chemische und pharmazeutische Industrie befürchtet. Ebenso *Landry*, Inverkehrbringen, S. 19 f., 126 f.

[83] *RG*St 67, 360 (361).

[84] *Horn*, NJW 1986, S. 154.

[85] *Bottke/Mayer*, ZfBR 1991, S. 235; S/S-*Heine*, § 314 Rn. 12.

[86] S/S-*Heine*, § 314 Rn. 12. Ebenfalls den Bereich der Herstellung als nicht von § 314 StGB erfasst ansehend *Gretenkordt*, Herstellen und Inverkehrbringen, S. 47; *Heine*, Lebensmittelstrafrecht, S. 150; *Lege*, Rechtspflichten, S. 16.

Allerdings ist nicht ganz einsichtig, warum Verbrauchsgüter, die als solche produziert werden, nicht schon zu diesem Zeitpunkt die erforderliche Verkaufsbestimmung in sich tragen sollen.[87] So entschied das *Reichsgericht*[88] zu Recht, dass etwa die Herstellung von mit Rattengift versetzten Broten in einer Bäckerei tatbestandlich erfasst sei, da von einem Bäcker oder dessen Personal berufsmäßig produzierte Backwaren nun einmal schon im Moment der Herstellung zum späteren öffentlichen Verkauf und Verbrauch bestimmt seien. Wird ein Gegenstand, der später der Öffentlichkeit zugänglich gemacht werden soll, durch Vermischung ungefährlicher und gesundheitsschädlicher Stoffe hergestellt, spricht somit nichts dagegen, eine Vergiftung oder Beimischung i. S. d. § 314 StGB anzunehmen.[89] Die Vorschrift dient dem Schutz der Verwender bestimmter Gegenstände vor Lebens- und Gesundheitsgefahren, so dass allein die Frage der Schädlichkeit des Produktes infolge menschlicher Einwirkung von Relevanz ist, unabhängig vom Zeitpunkt der Stoffzusetzung.[90]

Weiterhin ist dann aber zu überlegen, ob § 314 StGB nicht insoweit einer teleologischen Reduktion bedarf, als zumindest die Herstellung per se schädlicher Waren nicht mehr der Norm unterfällt.[91] Dagegen spricht aber der bereits angesprochene umfassende Verbraucherschutzcharakter des § 314 StGB. Zudem kann den Besonderheiten von Arzneimitteln und dem etwaigen Fehlen eines Handlungsunwertes über das Institut des erlaubten Risikos, im Rahmen der Fahrlässigkeitsprüfung oder auch im Wege der Verantwortungsabgrenzung im konkreten Einzelfall angemessen Rechnung getragen werden. Eine pauschale Reduktion des Anwendungsbereichs der Norm erweist sich daher als unsachgemäß.

(II) Verkaufen, Feilhalten oder sonstiges Inverkehrbringen (2. Alt.)

Mit der 2. Alt. werden sowohl der sein Produkt ausbietende Hersteller als auch die am Vertrieb bis zur Abgabe der Ware an den Endverbraucher beteiligten Personen erfasst. Der Begriff des Inverkehrbringens stellt, wie das Wort „sonst" signalisiert, den Oberbegriff der möglichen Tathandlungen dar, Verkaufen und Feilhalten sind lediglich Beispiele hierfür.[92] Unter Inverkehrbringen ist entsprechend der Ratio des § 314 StGB jede Übertragung der tatsächlichen Verfügungsgewalt auf einen anderen gemeint, die diesem einen beliebigen Umgang mit dem Gegenstand ermöglicht.[93] Da auch hier die Übertragung der Verfügungsgewalt nicht zwingend

---

87 So auch *Bock*, Produktkriminalität, S. 51 f.

88 *RG*St 21, 76 (77).

89 *Hilgendorf*, Produzentenhaftung, S. 168.

90 In diesem Sinne auch *RG*St 67, 360 (362); LK-*Wolff*, § 319 a. F. Rn. 7.

91 Sich für eine solche Tatbestandseinschränkung aussprechend *Bock*, Produktkriminalität, S. 51; LK-*Wolff*, § 319 a. F. Rn. 8; *Tröndle/Fischer*, § 314 Rn. 9. Gegen eine solche Reduktion *Bosch*, Organisationsverschulden, S. 507 f.; S/S-*Heine*, § 314 Rn. 6, 13

92 *Gretenkordt*, Herstellen und Inverkehrbringen, S. 65; LK-*Wolff*, § 319 a. F. Rn. 9; a. A. SK-StGB-*Wolters/Horn*, § 314 Rn. 18.

93 *Gretenkordt*, Herstellen und Inverkehrbringen, S. 61 m. w. N.; *Joecks*, § 314 Rn. 8; *Kindhäuser*, LPK, § 314 Rn. 6; *Landry*, Inverkehrbringen, S. 20 f.; *Lege*, Rechtspflichten, S. 14; LK-*Wolff*, § 319 a. F. Rn. 9; NK-*Herzog*, § 314 Rn. 7; S/S-*Heine*, § 314 Rn. 20; SK-StGB-*Wolters/Horn*, § 314 Rn. 21.

unmittelbar an den Endverbraucher erfolgen muss, der Gegenstand also auf dem Weg zu diesem durchaus mehrmals in Verkehr gebracht werden kann,[94] ändert auch der nach §§ 43, 47 AMG für Arzneimittel vorgeschriebene Vertriebsweg nichts daran, dass der pharmazeutische Unternehmer das Medikament in Verkehr bringt.

Auch wird die Auslieferung seitens des pharmazeutischen Unternehmers regelmäßig im Wege des Verkaufs, sprich der entgeltlichen Veräußerung erfolgen.[95] Ob ein Feilhalten, d. h. ein nach außen erkennbares Bereitstellen eines Gegenstandes zum Zwecke des Verkaufs,[96] gegeben ist, hängt vom konkreten Einzelfall ab. Nimmt man ein solches auch dann an, wenn die Waren zwar lediglich in einem allein Betriebsangehörigen zugänglichen Raum gelagert werden, die Lagerung aber von der Absicht getragen ist, die Waren– wenn auch über Zwischenhändler – an ein breites Publikum zu verkaufen,[97] ließe sich im Fall der versandfertigen Lagerung bedenklicher Arzneimittel zum Zwecke der alsbaldigen Auslieferung ein Feilhalten bejahen. Nicht erforderlich ist jedenfalls, dass das Arzneimittel unmittelbar einem breiten Publikum präsentiert wird.[98] Entscheidend ist allein, ob das Bereithalten im konkreten Fall bereits eine Gefahr für die Allgemeinheit darstellt.

Ist charakteristisches Merkmal der 2. Alt. somit die (beabsichtigte) Übertragung der Verfügungsgewalt, kommt als Täter nur in Betracht, wer – wie bei Arzneimitteln etwa der pharmazeutische Unternehmer – die Verfügungsgewalt über die Ware besitzt, weshalb § 314 Abs. 1 2. Alt. StGB ein echtes Sonderdelikt darstellt.[99]

(C) Gesundheitsschädlichkeit

Die wohl größten Probleme bereitet das Erfordernis der erwiesenen Gesundheitsschädlichkeit des Gegenstandes. Diese kann, anders als in § 224 Abs. 1 Nr. 1 StGB, gerade nicht anhand konkreter, zum Zeitpunkt der Tathandlung feststehender Umstände des Einzelfalls ermittelt werden. Denn im Moment des Herstellens bzw. Inverkehrbringens lässt sich noch nicht absehen, wer in welcher Art und Menge von dem betreffenden Gegenstand Gebrauch machen wird.[100] Da jedoch die Strafbarkeit im Zeitpunkt der Tathandlung feststellbar sein muss, bleibt nichts

---

94 *Gretenkordt*, Herstellen und Inverkehrbringen, S. 62.

95 Richtigerweise setzt das Verkaufen i. S. d. § 314 StGB über den Kaufvertragsschluss hinaus die tatsächliche Übergabe des Gegenstandes voraus, da erst dadurch eine Gefahr für den Käufer oder die von diesem belieferten Personen begründet wird. Vgl. *Gretenkordt*, Herstellen und Inverkehrbringen, S. 66; *Lege*, Rechtspflichten, S. 14; LK-*Wolff*, § 319 a. F. Rn. 9; NK-*Herzog*, § 314 Rn. 7.

96 *Kindhäuser*, LPK, § 314 Rn. 6; *Landry*, Inverkehrbringen, S. 21 f.; *Lege*, Rechtspflichten, S. 14; LK-*Wolff*, § 319 a. F. Rn. 9; *Lackner/Kühl*, § 314 Rn. 5; NK-*Herzog*, § 314 Rn. 7; *Tröndle/Fischer*, § 314 Rn. 8; SK-StGB-*Wolters/Horn*, § 314 Rn. 19.

97 So *Gretenkordt*, Herstellen und Inverkehrbringen, S. 67.

98 A. A. wohl S/S-*Heine*, § 314 Rn. 20.

99 *Gretenkordt*, Herstellen und Inverkehrbringen, S. 71; *Horn*, NJW 1986, S. 157; SK-StGB-*Wolters/Horn*, § 314 Rn. 23. Zur Frage, auf wen die Verfügungsgewalt innerbetrieblich verteilt ist und welche Unternehmensangehörigen daher konkret als Täter in Betracht kommen, siehe S. 578 ff.

100 LK-*Wolff*, § 319 a. F. Rn. 6; *Ohm*, Giftbegriff, S. 11.

anderes übrig, als der Beurteilung der Schädigungseignung die hypothetische Verwendung des jeweiligen Produkts zugrunde zu legen.[101] Diese wird sich bei Arzneimitteln primär nach den Angaben in der Gebrauchsanweisung richten, wenngleich in Rekurs auf das bereits Gesagte auch ein nahe liegender Fehlgebrauch einzukalkulieren ist. Maßgeblich für die Bewertung der Gesundheitsschädlichkeit ist damit auch bei § 314 StGB letztlich der bestimmungsgemäße Gebrauch.[102]

Was den hypothetischen Konsumenten, d. h. Patienten, anbelangt, kann nicht ohne weiteres auf eine durchschnittliche körperliche Konstitution der ins Auge gefassten Patientengruppe abgestellt werden.[103] Zum einen deshalb, weil es den Durchschnittspatienten schlechthin nicht gibt. Zum anderen steht die Produktverwendung auch Personen offen, die überdurchschnittlich empfindlich, sich dessen aber nicht bewusst sind und auch gar nicht sein können, fehlen ihnen doch die dafür erforderlichen Informationen wie Vergleichsdaten anderer Patienten. Sie nicht in das Schädlichkeitsurteil einzubeziehen und dadurch den ihnen bei Einnahme des als unschädlich klassifizierten Medikaments drohenden Gefahren quasi schutzlos auszusetzen, widerspräche der Ratio des § 314 StGB. Die Beurteilung der Gesundheitsschädlichkeit hat daher negative Wirkungen bei allen Personen in Betracht zu ziehen, die zum breiten gesundheitlichen Normalbereich zu zählen sind.[104]

Ein weiteres Problem ist die Frage der Berücksichtigung von Kumulationseffekten in Form von Wechselwirkungen. So vertrat *Kuhlen*[105] zur Vorgängerregelung des § 319 StGB a. F. angesichts deren gravierender Strafdrohung die Ansicht, die bloße Möglichkeit von Gesundheitsschäden durch kumulatives Zusammenwirken der Arzneimittelwirkstoffe mit denen anderer Pharmaka oder sonstiger Produkte reiche zur Bejahung der geforderten Gesundheitsschädlichkeit nicht aus. Dieser Auffassung ist jedoch m. E. durch die Neufassung des § 314 StGB der Boden entzogen. Da § 314 StGB, abweichend von § 320 StGB a. F., zwingend ein vorsätzliches Handeln verlangt, ist der pharmazeutische Unternehmer vor Strafe geschützt, wenn er die drohende Wechselwirkung nicht kennt, wovon in Anbetracht der Komplexität der im menschlichen Körper ablaufenden Prozesse vor deren erstmaligem Bekanntwerden regelmäßig auszugehen sein dürfte. Sind jedoch Kumulationseffekte bereits aufgetreten und weiß der pharmazeutische Unternehmer davon, ist die Vermarktung des Arzneimittels ohne entsprechende Warnhinweise Ausdruck nicht unerheblicher krimineller Energie, zu deren Ahndung das vorgesehene Strafmaß durchaus angemessen ist. Ein genereller Ausschluss des

[101] *Kuhlen*, Fragen, S. 159.

[102] *Bosch*, Organisationsverschulden, S. 508; *Gretenkordt*, Herstellen und Inverkehrbringen, S. 25; *Hilgendorf*, Produzentenhaftung, S. 166; *Horn*, NJW 1986, S. 154 f.; *Joecks*, § 314 Rn. 7; *Kuhlen*, Fragen, S. 160; *Landry*, Inverkehrbringen, S. 23; LK-*Wolff*, § 319 a.F. Rn. 8; *Lackner/Kühl*, § 314 Rn. 3; *Ohm*, Giftbegriff, S. 13; SK-StGB-*Wolters/Horn*, § 314 Rn. 9; S/S-*Heine*, § 314 Rn. 13.

[103] So aber *Ohm*, Giftbegriff, S. 13.

[104] Ebenso *Kuhlen*, Fragen, S. 160 f.

[105] *Kuhlen*, Fragen, S. 162 f.

§ 314 StGB bei wechselwirkungsbedingten Arzneimittelschäden ist daher abzulehnen.

Fraglich ist, ob das Merkmal der Gesundheitsschädlichkeit einen gewissen Schweregrad der drohenden Schäden voraussetzt, insbesondere weil durch Verzicht auf das Erfordernis der Eignung zur Gesundheitszerstörung im Zuge des 6. Strafrechtsreformgesetzes ein der tatbestandlichen Weite des § 314 StGB entgegenwirkendes Merkmal weggefallen ist. So will ein Teil des Schrifttums nur solche Gegenstände als gesundheitsschädlich i. S. d. § 314 StGB ansehen, deren Verwendung erheblich gefährlicher ist als deren Nichtbenutzung.[106] Demnach schieden Arzneimittel schon begrifflich aus § 314 StGB aus, wenn ihre Einnahme erhebliche therapeutische Wirkungen erwarten lässt und gleichzeitig nur geringwertige Nebenwirkungen drohen. Dass das Inverkehrbringen derart nützlicher Präparate regelmäßig nicht strafwürdig ist, liegt auf der Hand. Letztlich handelt es sich dabei aber – je nach Intensität der möglicherweise eintretenden Schäden – um einen Aspekt des erlaubten Risikos oder der konkreten Risikoübernahme durch den Konsumenten.[107] Eine pauschale Nichtberücksichtigung geringer Gesundheitsrisiken erscheint indes vorschnell, zumal die große Anzahl potentiell Geschädigter aus kriminalpolitischer Sicht gegen eine solche Erheblichkeitsschwelle spricht.[108]

Wie auch immer man den Begriff der Gesundheitsschädlichkeit interpretiert, Voraussetzung ist stets, dass diese nachgewiesen ist, d. h. das Präparat sich als (Mit-)Ursache für bestimmte Gesundheitsschäden herausgestellt hat.[109] Auf die Probleme, die sich im Zusammenhang mit dieser „generellen Kausalität“ eines Arzneimittels ergeben, soll aber, wie erwähnt, erst später[110] eingegangen werden.

c. Fazit

Aufgrund des gegenüber § 319 StGB a. F. erweiterten Anwendungsbereichs des § 314 StGB nimmt die Vorschrift eine zentrale Stellung im Normengefüge der strafrechtlichen Produktverantwortung ein, wenngleich sowohl der Nachweis des erforderlichen Vorsatzes als auch der Gesundheitsschädlichkeit im Sinne eines Kausalzusammenhangs zwischen Produktbenutzung und eingetretenem Schaden – wie noch zu zeigen sein wird – erhebliche Probleme bereitet.[111]

3. §§ 211 ff., 223 ff. StGB

Im Mittelpunkt der strafrechtlichen Produktverantwortung stehen aber letztlich ohnehin die allgemeinen Tötungs- und Körperverletzungstatbestände des StGB.[112]

---

[106] *Kuhlen*, Fragen, S. 161 f. passim. Für eine restriktive Auslegung ebenfalls *Kindhäuser*, LPK, § 314 Rn. 5.

[107] Siehe dazu ausführlich S. 188 ff., 311 ff.

[108] So vor allem *Landry*, Inverkehrbringen, S. 124.

[109] *Bottke/Mayer*, ZfBR 1991, S. 235; *Gretenkordt*, Herstellen und Inverkehrbringen, S. 31; SK-StGB-*Wolters/Horn*, § 314 Rn. 10.

[110] Siehe § 4 C.

[111] Aus diesem Grund schreibt *Bosch*, Organisationsverschulden, S. 510, der Norm nur geringe Bedeutung zu.

[112] *Nehm*, Produkthaftung, S. 8; *Schmidt-Salzer*, Produkthaftung, Rn. 1049.

Dies nicht nur, weil eine Bestrafung aufgrund der hohen Strafandrohungen besonders gravierend ist, sondern vielmehr deshalb, weil regelmäßig erst mit dem Eintritt konkreter Verletzungserfolge die Frage der Gesundheitsschädlichkeit eines Produkts i. S. d. § 314 StGB aufkommt und eine Strafbarkeit der Inverkehrgabe des Produkts nahe legt.[113]

a. Körperverletzungstatbestände

Grundtatbestand der Körperverletzungsdelikte ist § 223 StGB bzw. im Fall fahrlässigen Verhaltens § 229 StGB. Erforderlich ist demnach eine körperliche Misshandlung oder eine Gesundheitsschädigung. Körperliche Misshandlung ist jede üble, unangemessene Behandlung, welche das körperliche Wohlbefinden oder die körperliche Unversehrtheit mehr als unerheblich beeinträchtigt.[114] Unter einer Gesundheitsschädigung wiederum ist jedes Hervorrufen oder Steigern eines vom Normalzustand der körperlichen Funktionen des Opfers nachteilig abweichenden Zustands, d. h. einer, wenn auch nur vorübergehenden, pathologischen Verfassung, zu verstehen.[115] Zur schädlichen Einwirkung auf den Körper des Patienten kommt es letztlich erst durch die Einnahme des Arzneimittels seitens des Patienten bzw. die Verabreichung des Medikaments durch den behandelnden Arzt. Herstellen und Inverkehrbringen des Arzneimittels stellen hierzu lediglich Vorbedingungen, nicht aber selbst misshandelnde bzw. gesundheitsschädigende Verhaltensweisen dar. Indes kann dem pharmazeutischen Unternehmer unter bestimmten Umständen, auf die an späterer Stelle noch vertieft einzugehen sein wird, das Handeln des Arztes bzw. Patienten über die Figur der sogenannten mittelbaren Täterschaft zugerechnet werden, so insbesondere dann, wenn der Arzt bzw. Patient anders als der pharmazeutische Unternehmer über das Gefahrenpotential des betreffenden Präparats im Unklaren ist. Auch eine Unterlassungstäterschaft wegen vorwerfbaren Nichtverhinderns der (fortgesetzten) Arzneimittelanwendung und der damit einhergehenden Gesundheitsschäden kann im – im weiteren Verlauf der Untersuchung noch näher zu definierenden – Einzelfall zu bejahen sein. Eine strafbare Gesundheitsschädigung scheidet auch nicht deshalb a limine aus, weil sich der Patient bei Einnahme des Arzneimittels meist schon in einem krankhaften Zustand befindet, der mit Hilfe des Präparates ja gerade beseitigt werden soll. Denn es ist nicht von der Hand zu weisen, dass in Form von Nebenwirkungen neue, bislang nicht vorhandene Beschwerden verursacht werden können. Da zugleich der Begriff der körperlichen Misshandlung, wie bereits das *Reichsgericht* in einer grundlegenden Entscheidung[116] zutreffend klargestellt hat, nicht auf schlim-

---

[113] Vgl. *Kuhlen*, Fragen, S. 169.

[114] *Gössel/Dölling*, BT/1, § 12 Rn. 2; LK-*Lilie*, § 223 Rn. 6 m. w. N.; MüKo-StGB-*Joecks*, § 223 Rn. 4.

[115] *Gössel/Dölling*, BT/1, § 12 Rn. 19; *Joecks*, § 223 Rn. 9; *Küper*, BT, S. 164; LK-*Lilie*, § 223 Rn. 12 m. w. N.; *Lackner/Kühl*, § 223 Rn. 5; MüKo-StGB-*Joecks*, § 223 Rn. 25; NK-*Paeffgen*, § 223 Rn. 14; S/S-*Eser*, § 223 Rn. 5; SK-StGB-*Horn/Wolters*, § 223 Rn. 18; *Tröndle/Fischer*, § 223 Rn. 6. Zur Frage, inwieweit auch die Herbeiführung psychischer oder geistiger Krankheiten wie Depression oder Lustlosigkeit, erfasst ist, vgl. *Küper*, BT, S. 165 m. w. N.

[116] *RG*St 25, 375.

me oder verwerfliche Verhaltensweisen beschränkt ist, kommt eine Strafbarkeit gemäß § 223 StGB daher sowohl unter dem Gesichtspunkt der körperlichen Misshandlung als auch einer Gesundheitsschädigung in Betracht.

Sind die Voraussetzungen des § 223 StGB erfüllt, kommt stets auch § 224 Abs. 1 Nr. 1 StGB in Betracht, ganz gleich, ob man nebenwirkungsbehaftete Arzneimittel als Gifte, d. h. Stoffe, die unter bestimmten Bedingungen durch chemische oder chemisch-physikalische Wirkung die Gesundheit zu schädigen geeignet sind,[117] ansieht oder sie zu den sonstigen gesundheitsschädlichen Stoffen zählt.[118] Allerdings wohnt dem Begriff des Giftes insofern eine Wertung inne, als er nur solche Stoffe erfasst, die ausschließlich oder zumindest weit überwiegend der menschlichen Gesundheit abträglich sind, mithin per Saldo negativ wirken. Daher erscheint es angebracht, nur solche Arzneimittel als Gifte anzusehen, die eine negative Nutzen-Risiko-Bilanz aufweisen. Am Erfordernis der Beibringung werden im Normalfall keine Zweifel bestehen. Nach zutreffender Ansicht kann es diesbezüglich keinen Unterschied machen, ob der Stoff wie etwa bei Salben rein äußerlich auf den Körper aufgetragen oder in den Körper selbst hineingebracht wird, solange er nur seine schädliche Wirkung im Körperinneren konkret entfalten und dort Reaktionen auslösen kann.[119] Wenngleich der pharmazeutische Unternehmer das Medikament nicht selbst beibringt, sondern dies durch den behandelnden Arzt oder den Patienten selbst geschieht, so kommt auch hier wiederum eine Bestrafung als mittelbarer Täter oder aber Unterlassungstäter in Betracht. Jedoch muss auch hier eine Einschränkung dahingehend gemacht werden, dass der gesundheitsschädliche Stoff, das Arzneimittel, funktional zum Zweck der Schädigung gegen das Opfer, den Patienten, eingesetzt wird.[120] Nur dann genügt die Tatmodalität des § 224 Abs. 1 Nr. 1 StGB dem den Nr. 2 bis 5 eindeutig zu entnehmenden Erfordernis einer gegenüber § 223 StGB gesteigerten Gefährlichkeit der Vorgehensweise und rechtfertigt die gegenüber § 223 StGB erhöhte Strafdrohung des § 224 StGB. Bei erheblichen Nebenwirkungsrisiken kann zudem § 224 Abs. 1 Nr. 5 StGB einschlägig sein.

b. Tötungstatbestände

Kommt ein Patient durch Einnahme eines Arzneimittels zu Tode, ist auch eine Strafbarkeit des pharmazeutischen Unternehmers nach § 212 StGB oder § 222 StGB nicht auszuschließen. Selbst eine Verurteilung wegen Mordes gemäß § 211 StGB ist in besonders krassen Fällen möglich: zum einen unter dem Gesichtspunkt

---

117 *Joecks*, § 224 Rn. 7; *Kindhäuser*, LPK, § 224 Rn. 2; *Küper*, BT, S. 68; *Lackner/Kühl*, § 224 Rn. 1a; LK-*Lilie*, § 224 Rn. 8; MüKo-StGB-*Hardtung*, § 224 Rn. 9; NK-*Paeffgen*, § 224 Rn. 7; S/S-*Stree*, § 224 Rn. 2b; SK-StGB-*Horn/Wolters*, § 224 Rn. 8a ; *Tröndle/Fischer*, § 224 Rn. 3.

118 Für die Einordnung als Gift *Kindhäuser*, LPK, § 224 Rn. 2; NK-*Paeffgen*, § 224 Rn. 9; *Rengier*, BT/2, § 14 Rn. 5.

119 Vgl. *Joecks*, § 224 Rn. 12; *Kindhäuser*, LPK, § 224 Rn. 5; *Küper*, BT, S. 67; LK-*Lilie*, § 224 Rn. 12; *Lackner/Kühl*, § 224 Rn. 1a ; MüKo-StGB-*Hardtung*, § 224 Rn. 10; S/S-*Stree*, § 224 Rn. 2d ; SK-StGB-*Horn/Wolters*, § 224 Rn. 8b; *Tröndle/Fischer*, § 224 Rn. 6.

120 Vgl. *Tag*, Körperverletzungstatbestand, S. 427 f.

der Tötung mit gemeingefährlichen Mitteln, kann der pharmazeutische Unternehmer doch nach Auslieferung bedenklicher Pharmaka deren Abgabe an den Endverbraucher bzw. deren spätere Weitergabe im privaten Bereich und damit die von den Arzneimitteln ausgehenden Gefahren nicht mehr vollständig kontrollieren,[121] zum anderen in Form der Tötung aus Habgier, wenn dem pharmazeutischen Unternehmer der mit einem erkannt schädlichen Präparat zu erzielende Gewinn wichtiger ist als das Leben der der dieses konsumierenden Personen.[122]

c. Körperverletzung durch Heilbehandlungsnebenwirkungen?

Zweifel an einer Strafbarkeit des pharmazeutischen Unternehmers gemäß §§ 223 ff. StGB könnten sich aber daraus ergeben, dass dieser durch Herstellung und Inverkehrbringen von Medikamenten gerade die Gesundheit erkrankter Personen wiederherzustellen, sie zu heilen bezweckt und etwaige schädliche Wirkungen eines Arzneimittels lediglich unbeabsichtigte Nebenfolgen seiner therapeutischen Wirksamkeit sind. Bedenkt man, dass der pharmazeutische Unternehmer untechnisch gesprochen als Erfüllungsgehilfe des Arztes fungiert, bildet sein Tätigwerden in gewisser Weise eine maßgebliche Komponente der (ärztlichen) medikamentösen Heilbehandlung, deren strafrechtliche Würdigung eine der am heftigsten umstrittenen Fragen der Strafrechtswissenschaft darstellt.

(A) Relevanz der Frage der Strafbarkeit von Heilbehandlungsmaßnahmen

Der Problemkreis strafrechtlicher Verantwortung für Arzneimittelschäden vereint letztlich zwei Problemfelder in sich. Zu den bei jedem Erzeugnis auftretenden Schwierigkeiten strafrechtlicher Produkthaftung tritt bei Medikamenten die Frage nach der strafrechtlichen Handhabe von Heilbehandlungen hinzu. Während der pharmazeutische Unternehmer im Fall der Selbstmedikation unmittelbar an den Patienten herantritt und insofern als Heilbehandelnder erscheint, erfolgt im Fall der ärztlich verordneten bzw. durchgeführten Arzneimitteltherapie die Heilbehandlung zwar unmittelbar durch den Arzt, jedoch setzt dieser im Wesentlichen nur die therapeutischen Vorgaben des pharmazeutischen Unternehmers um, indem er diese auf den konkreten Einzelfall überträgt, so dass auch hier der pharmazeutische Unternehmer – wenngleich mittelbar – als Heilbehandelnder in Erscheinung tritt.

Dennoch ist zweifelhaft, ob die bislang allein im Zusammenhang mit ärztlichen Heilmaßnahmen erörterte Problematik der strafrechtlichen Würdigung von Heilbehandlungen auf die Tätigkeit pharmazeutischer Unternehmer übertragbar ist. So wird die Tatbestandslosigkeit der ärztlichen Heilbehandlung vor allem damit begründet, dass der Arzt primär altruistisch handle und sich sein Tun ausschließlich am Wohl des Patienten orientiere.[123] Dies trifft auf den pharmazeutischen Unternehmer nicht in demselben Maße zu, verfolgt er als Gewerbetreibender im Gegensatz zum freiberuflich tätigen und damit höheren Interessen zu dienen bestimmten

---

[121] Vgl. *Bock*, Produktkriminalität, S. 46; *Kuhlen* in: Achenbach/Ransiek, HWSt, II Rn. 17; S/S-*Eser*, § 211 Rn. 29.

[122] Vgl. *Bock*, Produktkriminalität, S. 46.

[123] *Eser*, FS Hirsch, S. 469.

Arzt vor allem wirtschaftliche, von Gewinnerzielung geprägte Interessen. Andererseits darf aber nicht unberücksichtigt bleiben, dass aufgrund intensiver, einen effektiven Patientenschutz bezweckender staatlicher Regulierung auf dem Gebiet des Arzneiwesens der Betrieb eines Gewerbes nach rein wirtschaftlichen Gesichtspunkten verhindert wird. Vielmehr ist der pharmazeutische Unternehmer mehr als andere Gewerbetreibende gehalten, das Wohl des späteren Konsumenten durch Gewährleistung bestmöglichen Schutzes vor Produktschäden in den Vordergrund seiner Tätigkeit zu stellen.[124] Daher erscheint es plausibel, ihn in derselben Weise zu behandeln wie den Arzt. Letztlich führt an der Frage der Strafbarkeit der (ärztlichen) Heilbehandlung aber schon deshalb kein Weg vorbei, weil die Mitwirkung des pharmazeutischen Unternehmers am therapeutischen Tätigwerden des Arztes durch Bereitstellung des betreffenden Arzneimittels, sei es in der klinischen Prüfphase oder im Nachmarkt, nur dann zur Strafbarkeit wegen aufgetretener Nebenwirkungen führen kann, wenn heilbehandlungsimmanente Nebenwirkungen überhaupt strafbares Unrecht darstellen.

Bei der Übertragung der Heilbehandlungsproblematik auf den Bereich der strafrechtlichen Verantwortlichkeit für Arzneimittelschäden ist jedoch ein wesentlicher Unterschied zwischen dem Heileingriff im klassischen Sinn, an dem sich der Streit um die rechtliche Würdigung medizinischen Handelns ursprünglich entzündete,[125] und der Arzneimitteltherapie zu beachten. So umfasst die Bezeichnung „Heileingriff" nach traditionellem Verständnis nur invasive Heilmethoden, bei denen der Arzt das Geschehen in Händen hält und aktiv steuert. Dies erklärt, weshalb im Mittelpunkt der Diskussion um die ärztliche Heilbehandlung von Beginn an zum einen der Gesichtspunkt der körperlichen Misshandlung, zum anderen die Frage der Erforderlichkeit einer rechtfertigenden Einwilligung des Patienten in das Tun des Arztes stand. Im Gegensatz dazu erfolgt die medikamentöse Behandlung, sofern das Arzneimittel nicht injiziert wird, non-invasiv dergestalt, dass der Patient das Arzneimittel regelmäßig selbst einnimmt, die gefährliche Handlung also selbst ausführt.[126] Insofern ist die Arzneimitteltherapie gerade keine üble Misshandlung, sondern drückt sich allenfalls in einer Gesundheitsschädigung aus.[127] Zudem ist fraglich, ob bzw. unter welchen Umständen es überhaupt auf eine Einwilligung ankommt, stellt sich das Geschehen doch womöglich vielmehr als Selbstgefährdung des Patienten in Form eines bewussten und freiwilligen Eingehens des mit der Heilbehandlung verbundenen Risikos dar.[128] Indes ändert dieser

---

[124] Verwiesen sei nur auf die zahlreichen gesetzlichen Anforderungen an die Ausgestaltung innerbetrieblicher Prozesse und Strukturen.

[125] Noch heute das Problem der ärztlichen Heilbehandlung darauf beschränkend *Tröndle/Fischer*, § 223 Rn. 9.

[126] Nicht zu thematisieren ist daher die Strafbarkeit der erfolgreichen, aber eigenmächtig vorgenommenen Heilbehandlung, da der Patient ja anders als im Fall eines (chirurgischen) Heileingriffs die Heilmaßnahme – sofern es sich nicht um zu injizierende Wirkstoffe (wie etwa Impfpräparate) handelt – eigenhändig durchführt, und auch einem Impfeingriff anders als der in Bewusstlosigkeit versetzte OP-Patient nicht schutzlos ausgeliefert ist.

[127] *Mitsch*, Strafrechtlicher Schutz, S. 16; *Schröder*, NJW 1961, S. 952.

[128] Siehe hierzu im Detail S. 311 ff.

Wesensunterschied der Behandlungsmethoden nichts an der Übertragbarkeit und Relevanz des Streitstands. Zum einen erscheint eine Beschränkung der Problematik auf Fälle der Substanzverletzung nicht sachgemäß, macht doch gerade die medikamentöse Therapie heutzutage den weit größten Teil ärztlichen Handelns aus, so dass sich die Frage der Strafbarkeit auch für die Verursachung von Arzneimittelschäden stellt, wenngleich losgelöst vom Begriff der Misshandlung unter dem Gesichtspunkt der Gesundheitsschädigung.[129] Zum anderen geht es bei der Diskussion um die rechtliche Würdigung der Heilbehandlung im Kern letztlich darum, ob die Heilbehandlung unter bestimmten Umständen per se als nicht tatbestandsmäßig zu erachten ist oder zur Straflosigkeit stets einer konkreten Zustimmung des Patienten, sei es in Form der (rechtfertigenden) Einwilligung oder der bewussten, tatbestandsausschließenden Risikoübernahme, bedarf.

(B) Allgemein anerkannte Grundsätze

Einigkeit besteht zunächst dahingehend, dass die Gesundheitsschäden verursachende und im Widerspruch zu den ärztlichen Kunstregeln durchgeführte Heilbehandlung grundsätzlich strafbar ist und allenfalls bei entsprechender wirksamer Zustimmung des Patienten straflos bleiben kann.[130] Die Frage der Tatbestandsmäßigkeit stellt sich daher nur dann, wenn eine Heilung ausbleibt bzw. diese mit Nebenwirkungen erkauft wird, die (medikamentöse) Behandlung aber der lex artis entspricht. Übertragen auf den hier zu untersuchenden Kontext ist dies der Fall, wenn Arzneimittel, obwohl sie vom pharmazeutischen Unternehmer den Vorschriften des AMG und der PharmBetrV entsprechend hergestellt und in Verkehr gebracht werden, letztlich zu Gesundheitsschäden führen.

Für diese Konstellationen ein Sonderstrafrecht nach dem Motto „Der Heilzweck salviert vom Recht“ zu schaffen, stößt auf einhellige Ablehnung,[131] obschon sicherlich geboten ist, den besonderen Konfliktlagen und der enormen Verantwortungs- und Entscheidungslast aufgrund der einerseits sozial nützlichen, andererseits aber auch gemeingefährlichen und daher ambivalenten Betätigung auf dem Gebiet der Medizin und Pharmazie angemessen Rechnung zu tragen.[132]

Darüber hinaus wird die bloße Heilintention als solche allgemein für nicht ausreichend erachtet, um eine Betätigung straflos zu stellen.[133] Indes kommt im Begriff der Heilbehandlung zum Ausdruck, dass für diese neben der medizinischen Indikation des Tätigwerdens die Heilabsicht schlechthin konstitutiv und damit zwingend notwendige Bedingung ist.[134] Dass der pharmazeutische Unternehmer

---

[129] So sieht auch der *BGH*, JR 2006, S. 67 (68), die Medikation mit aggressiven bzw. nicht ungefährlichen Arzneimitteln als einen ärztlichen Eingriff im weiteren Sinne an.

[130] *Grünwald*, Heilbehandlung, S. 128; *Mitsch*, Strafrechtlicher Schutz, S. 12. Zur Frage der Sittenwidrigkeit einer solchen Zustimmung S. 356 ff.

[131] Vgl. *RG*St 25, 375 (379); *Eser*, ZStW 97 (1985), S. 4; *Goller*, Heileingriff, S. 93; *Mitsch*, Strafrechtlicher Schutz, S. 11; MüKo-StGB-*Joecks*, § 223 Rn. 39.

[132] Vgl. *Ulsenheimer*, JR 1986, S. 250.

[133] *Böth*, Humanexperiment, S. 42; *Cramer*, FS Lenckner, S. 767; *Mitsch*, Strafrechtlicher Schutz, S. 17; *Stooss*, Operativer Eingriff, S. 62.

[134] Vgl. *BGH* NJW 1978, S. 1206; *Mitsch*, Strafrechtlicher Schutz, S. 18; *Tröndle/Fischer*, § 223 Rn. 9; *Ulsenheimer* in: Laufs/Uhlenbruck, Handbuch, § 138 Rn. 6.

auch zum Wohl der Patienten handelt, wurde bereits festgestellt. Auch das Erfordernis der medizinischen Indikation bereitet keine größeren Schwierigkeiten, sind Herstellen und Inverkehrbringen eines Präparates doch immer dann indiziert, wenn dieses nach dem jeweiligen medizinwissenschaftlichen Erkenntnisstand zur Therapie bestimmter Krankheiten geeignet und – im Sinne des § 5 AMG – unbedenklich erscheint.

(C) Problematik erfolgloser, lege artis durchgeführter Heilbehandlungen

Anhand dieser anerkannten Grundsätze ergibt sich im Umkehrschluss diejenige Konstellation, deren Beurteilung in der Medizin- und Rechtswissenschaft seit Jahrzehnten umstritten ist: die Gesundheitsschäden verursachende, aber medizinisch indizierte und in Einklang mit der lex artis zu Heilzwecken durchgeführte Heilbehandlung, wie sie im Fall der Herbeiführung von Gesundheitsschäden durch Einnahme von wirksamen und unbedenklichen, rechtsgetreu hergestellten und in Verkehr gebrachten Medikamenten vorliegt. Im Kern geht es darum, wie die Absurdität, einen heilend gedachten Eingriff als Körperverletzung zu qualifizieren, vermieden werden kann, ohne zugleich schutzwürdige Patienteninteressen preiszugeben.[135]

Ohne den Meinungsstand in seinen vielfältigen Nuancen hier voll darstellen zu können, sollen wenigstens die Hauptpositionen gewürdigt werden, die sich im Wesentlichen dadurch unterscheiden, dass einmal auf den einzelnen Akt, einmal auf das Gesamtgeschehen abgestellt wird.

(I) Einzelaktsbetrachtung der Rechtsprechung

Seit der Entscheidung des *Reichsgericht*s vom 31.05.1894[136] erachten die Gerichte in ständiger Rechtsprechung[137] jedwede im Rahmen einer Heilbehandlung hervorgerufene Substanzverletzung oder Gesundheitsschädigung als tatbestandsmäßige Körperverletzung, selbst wenn das Vorgehen medizinisch indiziert war, der lex artis entsprach und letzten Endes sogar das Hauptleiden heilte oder linderte, mithin erfolgreich war. Ein Ausschluss der Strafbarkeit komme nur in Betracht, wenn die Heilmaßnahme von der Zustimmung des Patienten gedeckt war. Für die Frage der Strafbarkeit des über den Arzt bzw. Patienten vermittelten Zuführens Gesundheitsschäden verursachender Arzneimittel käme es folglich darauf an, ob der Patient die womögliche Gesundheitsschädlichkeit sehenden Auges in Kauf nahm.

Diese Rechtsprechung stieß in der Literatur auf harsche Kritik, findet bis heute aber auch Zustimmung.[138] Weit überwiegend werden gegen diese Auffassung jedoch zu Recht Bedenken laut. Am wenigsten Gewicht kommt dabei dem Argument zu, der Arzt werde auf diese Weise mit einem Messerstecher (bzw. der

---

135 Vgl. *Hardwig*, GA 1965, S. 164 f.; *Kohlhaas*, Medizin und Recht, S. 111.

136 *RG*St 25, 375 ff.

137 So hat sich der BGH in *BGH*St 11, 111 (112), der rigorosen Auffassung des *Reichsgericht*s ausdrücklich mit der Bemerkung angeschlossen, es bestehe keine Veranlassung, „die hiergegen im Schrifttum geltend gemachten Einwände zu erörtern." Vgl. auch *BGH*St 16, 309 ff.; 43, 306 (308 f.); 45, 219 (221); *BGH* JR 2004, S. 469.

138 Siehe *Cramer*, FS Lenckner, S. 773 f.; *Mitsch*, Strafrechtlicher Schutz, S. 33; *Otto*, Jura 2004, S. 683; *Tröndle/Fischer*, § 223 Rn. 9.

pharmazeutische Unternehmer mit einem Giftmischer) gleichgesetzt, die ärztliche (bzw. pharmazeutische) Kunst hierdurch diskreditiert.[139] Denn die grundsätzliche Bejahung der Tatbestandsmäßigkeit ist nur ein erster Schritt bei der Bewertung eines Verhaltens, sagt aber für sich genommen noch nichts über dessen Unrechtscharakter aus.[140] Schwerer wiegt da schon der Einwand, das isolierte Abstellen auf den einzelnen körperverletzenden Akt ohne Berücksichtigung des insgesamt positiven Gepräges des Gesamtaktes reiße lebens- und praxisfremd die Heilbehandlung als einen einheitlichen und höchst komplexen Lebensvorgang willkürlich auseinander.[141] Gegen die Auffassung der Rechtsprechung spricht jedoch vor allem, dass sie das Selbstbestimmungsrecht des Patienten zu sehr in den Vordergrund rückt, so dass nicht mehr das Wohl, sondern der Wille des Patienten zum obersten Prinzip und Schutzgut erhoben wird. Dadurch wird der Unterschied zwischen Körperverletzungs- und Freiheitsdelikt de facto und mit Blick auf Art. 103 Abs. 2 GG auch in rechtsstaatlich bedenklicher Weise eingeebnet.[142]

(II) Gesamtbetrachtung seitens der Literatur

Die herrschende Literaturauffassung orientiert sich hingegen weniger an den einzelnen Akten, sondern stellt eine Gesamtbetrachtung der Heilbehandlung an, um deren sozialen Sinngehalt als Maßnahme zur Wiederherstellung oder Erhaltung des körperlichen Wohls sachgerecht zu erfassen, insbesondere den angestrebten Heilerfolg nicht unberücksichtigt zu lassen. Körperverletzung wird hiernach als Körperinteressenverletzung, d. h. Verletzung des Interesses am Wohlergehen oder subjektiven Wohlbefinden, verstanden. An einer solchen fehle es bei einer diesem Interesse gerade dienenden, das Wohl des Patienten insgesamt fördernden Heilbehandlung, mögen auch einzelne untergeordnete Interessen in Mitleidenschaft gezogen werden.[143] Für die Tätigkeit des pharmazeutischen Unternehmers hieße dies, dass gesundheitsschädliche Auswirkungen eines hergestellten und in Verkehr gebrachten Pharmakons – die Einhaltung der daran gestellten gesetzlichen Anforderungen vorausgesetzt – dann nicht von § 223 StGB erfasst wären, wenn das

---

139 *Bockelmann*, Strafrecht des Arztes, S. 62; *Maurach/Schroeder/Maiwald*, BT/1, § 8 Rn. 23.

140 Vgl. *Arzt/Weber*, BT, § 6 Rn. 96; *Eser*, FS Hirsch, S. 724; *Mitsch*, Strafrechtlicher Schutz, S. 22; *Schreiber*, FG BGH IV, S. 506.

141 *Tag*, Körperverletzungstatbestand, S. 194 f.; *dies.*, Verhältnis, S. 212. Ebenso *Beling*, ZStW 44 (1924), S. 220, 225, der die Ansicht, jedes Verletzen des Körpers eines anderen sei eine Körperverletzung, als Ergebnis einer abzulehnenden Wortjurisprudenz ansieht. A. A. dagegen *Arzt/Weber*, BT, § 6 Rn. 99; *Cramer*, FS Lenckner, S. 773; *Krey/Heinrich*, BT/1, Rn. 222; *Lenckner* in: Forster, Rechtsmedizin, S. 593; *Mitsch*, Strafrechtlicher Schutz, S. 21, die allesamt in der Gesundheit keinen positive und negative Veränderungen abwägenden und saldierenden Begriff sehen.

142 Vgl. *Eser*, FS Hirsch, S. 466; *von Gerlach* in: Kaufmann, Moderne Medizin, S. 17; *Gössel/Dölling*, BT/1, § 12 Rn. 73; *Knauer*, Ärztlicher Heileingriff, S. 13; LK-*Lilie*, Vor § 223 Rn. 3; LK-*Hirsch*, § 228 Rn. 14; MüKo-StGB-*Joecks*, § 223 Rn. 49; *Niese*, FS Schmidt, S. 366; *Schreiber*, FG BGH IV, S. 506 f.; S/S-*Eser*, § 223 Rn. 31.

143 *Beling*, ZStW 44 (1924), S. 220, 225; *Engisch*, ZStW 58 (1939), S. 5; *Ulsenheimer* in: Laufs/Uhlenbruck, Handbuch, § 138 Rn. 5.

Präparat insgesamt zur Verbesserung des Gesundheitszustandes beiträgt. Bleibt eine Steigerung des Wohlbefindens dagegen aus, werden zur Beurteilung eingetretener Gesundheitseinbußen, etwa in Form von Arzneimittelschäden, im Wesentlichen zwei Auffassungen vertreten: die Erfolgstheorie und die Handlungstheorie.

(1) Erfolgstheorie

Nach der Erfolgstheorie hat die Gesamtbetrachtung streng am Gesamterfolg der Heilbehandlung anzuknüpfen. Die Heilmaßnahme sei entsprechend der herbeigeführten Gesundheitsveränderung zu bewerten, so dass im Fall der Gesundheitsverschlechterung § 223 StGB anwendbar sei,[144] bei insgesamt verbessertem Gesundheitszustand mit der Behandlung verbundene (vorübergehende) Beeinträchtigungen des körperlichen Wohlergehens aber nicht den Tatbestand erfüllten.[145] Auf die Einhaltung der lex artis kommt es demnach nicht an; die erfolgreiche, aber contra legem durchgeführte Heilmaßnahme ist straflos, eine der Gesundheit abträgliche Therapie dagegen auch bei kunstgerechter Vornahme von § 223 StGB erfasst.[146]

Für die Frage der Verantwortlichkeit des pharmazeutischen Unternehmers für Arzneimittelschäden bedeutet dies, dass eine Strafbarkeit immer, aber auch nur dann in Betracht kommt, wenn das Medikament die Gesundheit des dieses konsumierenden Patienten per Saldo mehr geschädigt als zur Verbesserung des körperlichen Zustands beigetragen hat.

Allerdings erscheint eine auf den letzten Endes eingetretenen oder ausgebliebenen Heilbehandlungserfolg abstellende ex post-Betrachtung deshalb bedenklich, weil das Verbotensein des Verhaltens von künftigen Unwägbarkeiten abhinge, die sich zudem zum Großteil der Steuerbarkeit des „Täters" entziehen. [147] Augenfällig wird dies, wenn man bedenkt, dass die ordnungsgemäße Mitwirkung des Patienten unverzichtbare Voraussetzung jedweder Heilbehandlung ist. Im Fall des pharmazeutischen Unternehmers kommt erschwerend hinzu, dass dieser nicht in der Lage ist, die körperliche Konstitution eines jeden Arzneimittelkonsumenten zu überprüfen, von der aber wiederum maßgeblich sowohl der Therapieerfolg als auch Art und Ausmaß auftretender Nebenwirkungen abhängt. Es wäre ungerecht, dem Heilbehandelnden das Erfolgsrisiko auch bei kunstgerechter Vorgehensweise aufzubürden. Dies auch deshalb, weil zum Zeitpunkt der Handlung deren Tatbestandsmäßigkeit schlicht nicht feststellbar ist, dies aber zwingende Voraussetzung dafür ist, dass der Normadressat die rechtliche Bedeutung seines Wirkens erfassen

---

[144] Wobei es dann angesichts der Heilintention regelmäßig am Vorsatz fehlen soll und eine fahrlässige Körperverletzung ebenfalls ausscheide, wenn die Heilbehandlung lege artis erfolge. Vgl. *Kindhäuser*, BT/1, § 8 Rn. 25; LK-*Lilie*, Vor § 223 Rn. 5.

[145] So *Beling*, ZStW 44 (1924), S. 225 f. passim; *Bockelmann*, Strafrecht des Arztes, S. 66; *Joecks*, Vor § 223 Rn. 20 f.; LK-*Lilie*, § 223 Rn. 18; *Maurach/Schroeder/Maiwald*, BT/1, § 8 Rn. 24; MüKo-StGB-*Joecks*, § 223 Rn. 50 f.; *Schroeder*, Besondere Strafvorschriften, S. 19 f. passim; S/S-*Eser*, § 223 Rn. 32.

[146] *Beling*, ZStW 44 (1924), S. 228.

[147] Vgl. *Arzt/Weber*, BT, § 6 Rn. 100; *Eser*, ZStW 97 (1985), S. 7; *Held*, Strafrechtliche Beurteilung, S. 33; *Zipf*, FS Bockelmann, S. 582.

kann und so überhaupt erst in der Lage ist, sein Verhalten an den Strafgesetzen auszurichten.[148]

(2) Handlungstheorie

Ausgehend von diesen Bedenken gegen eine erfolgsbezogene Beurteilung der ärztlichen Heilbehandlung knüpft die Handlungstheorie an das Handeln als solches an und macht die Tatbestandslosigkeit einer Heilmaßnahme von der Beachtung der lex artis aus Sicht ex ante abhängig.[149] Im Vordergrund steht nicht der Erfolgs-, sondern der Handlungsunwert des Verhaltens. Folglich werden therapiebedingte Gesundheitsschäden dann nicht von § 223 StGB erfasst, wenn die Therapie als solche nach dem aktuellen wissenschaftlichen Erkenntnisstand grundsätzlich eine Gesundheitsverbesserung erwarten lässt, sprich medizinisch indiziert ist, und kunstgerecht, d. h. sorgfaltsgemäß durchgeführt wird. Einer Einwilligung des Patienten bedarf es daher nur, wenn die Heilbehandlung contra legem erfolgt[150] oder sich eine lex artis noch nicht herausgebildet hat, wie etwa auf dem Gebiet der Neulandmedizin.[151]

Für den pharmazeutischen Unternehmer hätte dies zur Konsequenz, dass er nicht für Arzneimittelschäden zur Verantwortung gezogen werden könnte, wenn das Medikament den rechtlichen Anforderungen entsprechend hergestellt und in Verkehr gebracht wird. Letzteres ist gemäß § 5 AMG aber auch dann der Fall, wenn das Präparat gewisse Gesundheitsrisiken birgt.

Gegen die mit der Alleinverbindlichkeit der lex artis verbundene Vernachlässigung des Patientenwillens wird vor allem das bereits erwähnte Argument der Gefahr eigenmächtiger Heilbehandlungen ins Feld geführt, der durch die §§ 239, 240 StGB nicht hinreichend Einhalt geboten werden könne. In der Tat ist es diese Strafbarkeitslücke, die die Rechtsprechung seit nunmehr über 100 Jahren an ihrer Rechtfertigungslösung festhalten lässt[152] und die einvernehmliche Herausnahme

---

148 *Kargl*, GA 2001, S. 549; *Tag*, Körperverletzungstatbestand, S. 194; *dies.*, Verhältnis, S. 214.

149 So z. B. *Eser*, ZStW 97 (1985) S. 6; *Grünwald*, Heilbehandlung, S. 136 ff.; *Held*, Strafrechtliche Beurteilung, S. 33; LK-*Lilie*, Vor § 223 Rn. 5; LK-*Hirsch*, § 228 Rn. 14; *Zipf*, FS Bockelmann, S. 583.

150 Eine Behandlung im Widerspruch zu anerkannten ärztlichen Regeln muss nicht stets verwerflich sein, sondern kann in besonderen Situationen nach Ausschöpfung aller anderen Möglichkeiten als letztes Mittel unter Umständen gar geboten sein. Andererseits sind der Einwilligung des Patienten durch § 228 StGB Grenzen gesetzt, so dass nicht jede Außenseitermethode mit noch so geringer Erfolgswahrscheinlichkeit aber umso höheren Risiken straflos bleibt.

151 Siehe S. 198 ff.

152 Ebenso sehen *Greiff*, Entkriminalisierung, S. 44; *Küpper*, BT/1, § 2 Rn. 43; LK-*Lilie*, Vor § 223 Rn. 6; *Niese*, FS Schmidt, S. 365; NK-*Paeffgen*, § 228 Rn. 58, im unzureichenden Schutz vor eigenmächtiger Heilbehandlung den eigentlichen und letztlich einzigen Grund für die Aufrechterhaltung der Rechtsprechung. Und auch *Rengier*, BT/2, § 13 Rn. 17; *Schroth*, BT, S. 90; *Tröndle/Fischer*, § 223 Rn. 9, begründen ihre Zustimmung zur Rechtsprechungsauffassung im Wesentlichen allein mit der anderenfalls fehlenden Strafbarkeit der durchaus strafwürdigen Behandlung entgegen dem Willen des

der Heilbehandlung aus dem Körperverletzungstatbestand verhindert. Allerdings droht seitens des pharmazeutischen Unternehmers, um dessen strafrechtliche Verantwortung es hier geht, gerade kein eigenmächtiges Vorgehen, stellt er doch die von ihm produzierten Arzneimittel nur zur Verfügung und überlässt deren Einnahme dem Patienten.

Insofern scheint alles dafür zu sprechen, dass Schäden durch rechtmäßig hergestellte und in Verkehr gebrachte Arzneimittel keine tatbestandsmäßigen Körperverletzungen sind.

(III) Subjektiv-objektives Verständnis des Körper- und Gesundheitsbegriffs

Nichtsdestotrotz ist der der Handlungstheorie immanente Paternalismus in Form der Unbeachtlichkeit des Patientenwillens bei gleichzeitiger Mystifizierung des Arztes als weise und im wohlverstandenen Interesse des Patienten handelnde Instanz in einer Zeit, in der der Patient zu Recht als mündiger, gleichberechtigter Partner und nicht länger als willfähriges Objekt medizinischer Vernunfthoheit angesehen wird, wenig überzeugend. Auch sind Gesundheit und körperliche Integrität keine absoluten Begriffe, sondern entscheidend von den Vorstellungen des Rechtsgutsträgers abhängig. Nur wenn der Patient Körper und Gesundheit einen gesteigerten Wert zuschreibt, korrespondiert damit ein Anspruch auf Achtung des bestehenden Interesses am Erhalt dieser Rechtsgüter.[153] Die persönliche Beziehung des Patienten zu seiner Gesundheit, der sorgfältige oder nachlässige Umgang mit dieser entsprechend des der eigenen Gesundheit individuell zuerkannten Wertes hat maßgeblich Einfluss auf die körperliche Verfassung. Körper, Seele und Geist bilden demnach letztlich eine Einheit. Das durch die §§ 223 ff. StGB geschützte Rechtsgut darf dann aber nicht auf die Gesundheit und körperliche Unversehrtheit im objektiv-biologischen Sinn reduziert werden. Erfasst ist vielmehr auch die damit untrennbar verbundene personale Verfügungsbefugnis über den eigenen biologischen Organismus im Sinne eines körperbezogenen Persönlichkeitsrechts.[154] Soweit die Berücksichtigung des Selbstbestimmungsrechts auf dessen untrennbar mit dem Handlungsobjekt Körper verbundenen Teil beschränkt bleibt, kann darin auch keine gegen Art. 103 Abs. 2 GG verstoßende Auswechslung des geschützten Rechtsguts gesehen werden.[155]

Ist die Verfügungsbefugnis demnach aber untrennbarer Bestandteil des Rechtsguts Gesundheit, kommt der Verfügungsbereitschaft in Form der Zustimmung des Patienten zur Heilbehandlung maßgebliche Bedeutung für die Frage der Tatbe-

---

Patienten. Dasselbe gilt für die zweispurige Lösung von *Horn* und *Wolters*, SK-StGB-*Horn/Wolters*, § 223 Rn. 35 ff., die im Fall eigenmächtiger Heilbehandlung § 223 StGB bejahen, ansonsten aber i. S. d. Erfolgstheorie auf das therapeutische Vorgehen insgesamt abstellen und die Frage der Strafbarkeit anhand der nach Abschluss der Behandlung zu verzeichnenden Gesundheitsveränderung beantworten wollen.

[153] Vgl. *Kargl*, GA 2001, S. 552 f. passim; *Kindhäuser*, BT/1, § 8 Rn. 28; *Riedelmeier*, Heileingriff, S. 62.

[154] Vgl. *Loose*, Strafrechtliche Grenzen, S. 25; *Riedelmeier*, Heileingriff, S. 65; *Tag*, Körperverletzungstatbestand, S. 65 f. passim, 88, 91; *dies.*, Verhältnis, S. 214 f.

[155] *Kargl*, GA 2001, S. 552 f. passim; a. A. LK-*Lilie*, Vor § 223 Rn. 4.

standsmäßigkeit heilbehandlungsbedingter Gesundheitsbeeinträchtigungen zu.[156] So ist eine Heilbehandlung dann und nur dann von vornherein als tatbestandsmäßige Gesundheitsschädigung auszuscheiden, wenn sie medizinisch indiziert ist, zum Zwecke der Heilung lege artis vorgenommen wird und der Patient seine Rechtsgüter Körper bzw. Gesundheit angesichts der Heilungschance, die die Therapie verspricht, den damit verbundenen Risiken bewusst aussetzt.

Dementsprechend ist auch das Zuführen von Arzneimitteln im Wege des Herstellens und Inverkehrbringens nur bei entsprechender Zustimmung zu den mit deren Einnahme einhergehenden Nebenwirkungsrisiken tatbestandslos.[157] Bedenkt man, dass zum Zeitpunkt der Produktion und Ausbietung des Arzneimittels und damit in dem Moment, in dem der pharmazeutische Unternehmer die als Anknüpfungspunkt für eine etwaige Strafbarkeit dienenden Vorbedingungen für die spätere Gesundheitsschädigung setzt, weder die späteren Konsumenten und potentiell Geschädigten feststehen, noch deren Einverständnis in die Behandlungsrisiken sicher ist, sieht man sich allerdings mit dem Problem konfrontiert, dass aus Sicht des pharmazeutischen Unternehmers im Moment des Tätigwerdens Ungewissheit über die Strafbarkeit des eigenen Tuns herrscht. Um in dieser Situation dem Aspekt der Rechtssicherheit sowie dem Charakter der Straftatbestände als Appellnormen gerecht zu werden, bedarf es daher einer Blickverschiebung weg vom einzelnen Patienten, hin zur potentiellen Patientenschaft und damit letztlich der Gesellschaft als solcher. Die erforderliche Zustimmung zu den Arzneimittelrisiken folgt insofern aus einer Disposition der Gesellschaft über die Gesundheit ihrer Angehörigen. Die der Zustimmung zugrunde liegende Entscheidung der Inkaufnahme bestimmter Gesundheitsrisiken in Anbetracht des therapeutischen Potentials eines Arzneimittels beruht auch hier auf dem Wert, der dem durch Heilung der vorhandenen Krankheit herbeigeführten Zustand völliger Gesundheit seitens der Allgemeinheit zuerkannt wird. Dieser gesellschaftliche Wertkonsens drückt sich in einer Abwägung von Chance und Bedeutung der Wiederherstellung vollständiger Gesundheit einerseits und den Risiken zusätzlicher Gesundheitsschäden andererseits aus. Maßgeblich ist mit anderen Worten, welches Risiko schädlicher Arzneimittelwirkungen die Gesellschaft bereit ist hinzunehmen und ihren Angehörigen aufzubürden, um ihnen zugleich die heilende Kraft des Medikaments zuteilwerden zu lassen. Damit mündet das Problem der Tatbestandsmäßigkeit der Heilbehandlung im Fall des Herstellens und Inverkehrbringens von Arzneimitteln letzten Endes in die Frage nach dem sogenannten erlaubten Risiko ein,[158] auf die

---

156 *Kindhäuser*, BT/1, § 8 Rn. 28; *ders.*, LPK, § 223 Rn. 12; *Tag*, Körperverletzungstatbestand, S. 197. Siehe in diesem Zusammenhang auch die Ausführungen zur deliktssystematischen Verortung der Einwilligung, S. 318 ff.

157 Im Ergebnis ebenso *Scheu*, Produktverantwortung, S. 119.

158 Dies bedeutet aber umgekehrt, dass die ärztliche Heilbehandlung nicht stets als „erlaubtes Risiko“ qualifiziert werden kann. So aber *Niese*, FS Schmidt, S. 369; *von Gerlach* in: Kaufmann, Moderne Medizin, S. 16 f.; *Zipf*, FS Bockelmann, S. 582 f. Wohl auch *Engisch*, ZStW 58 (1939), S. 6 f., 10 f.; *Gallas*, ZStW 67 (1955), S. 21. Dagegen spricht, dass die strafrechtliche Würdigung der ärztlichen Heilbehandlung eines konkreten Patienten einer Einzelfallbetrachtung zugänglich ist, so dass eine konkrete Einwilligung in die Tathandlung möglich und daher auch erforderlich ist, muss es doch dem Pa-

noch gesondert einzugehen sein wird.[159] Bis zu diesem Punkt kann jedenfalls festgehalten werden, dass die §§ 223 ff. StGB grundsätzlich die Produktion und Ausbietung von Arzneimitteln als taugliche Tathandlungen erfassen.

III. Zusammenfassung

Zusammenfassend lässt sich festhalten, dass eine Strafbarkeit des pharmazeutischen Unternehmers wegen Herstellens und Inverkehrbringens gesundheitsschädlicher Arzneimittel sowohl nach den Strafvorschriften des AMG, namentlich § 95 Abs. 1 Nr. 1 AMG, als auch nach den §§ 314, 211 ff., 223 ff. StGB in Betracht kommt.

C. Kausalität

Im Rahmen der §§ 211 ff., 223 ff. StGB ist sodann zu klären, ob der eingetretene Arzneimittelschaden dem pharmazeutischen Unternehmer objektiv zurechenbar ist. Wie bereits dargelegt, setzt dies zunächst einen Kausalzusammenhang zwischen einem bestimmten Verhalten des pharmazeutischen Unternehmers und der eingetreten Rechtsgutsverletzung voraus. Dabei ist zu beachten, dass dieser Ursachenzusammenhang stets entweder über den das Arzneimittel applizierenden Arzt oder den das Medikament einnehmenden Patienten vermittelt ist, sind diese es doch, die die unmittelbar zum Schaden führende Handlung vornehmen.

I. Zweistufigkeit der Verhaltenskausalität

Dabei hat die Prüfung der Kausalität grundsätzlich in zwei Stufen zu erfolgen:[160] Bevor auf die konkreten Ursachenbeziehungen im zu beurteilenden Einzelfall eingegangen werden kann, muss zunächst geklärt werden, ob zwischen der Anwendung des Arzneimittels einerseits und dem erlittenen Schaden andererseits eine empirische Gesetzmäßigkeit im Sinne der abstrakten Schadenseignung des Arzneimittels besteht. Nur wenn dieses nachweislich in der Lage ist, den betreffenden Schaden zu verursachen, kommt überhaupt eine Verantwortung des pharmazeutischen Unternehmers in Betracht.[161] Angesprochen ist damit der Aspekt der sogenannten „generellen Kausalität“.[162]

---

tienten überlassen bleiben, welchen Gesundheitsinteressen er den Vorzug geben will. Vgl. *Hardwig*, GA 1965, S. 165.

159 Siehe § 4 D.

160 Siehe *Beyer*, Arzneimittelhaftung, S. 17; *Bock*, Produktkriminalität, S. 59; *Hilgendorf*, FS Weber, S. 38; *ders.*, PharmR 1994, S. 305; *Otto*, WiB 1995, S. 930; *Vogel*, Produkthaftung, S. 12.

161 Vgl. *Bock*, Produktkriminalität, S. 67. Mithin handelt es sich hierbei nicht lediglich um eine Voraussetzung der §§ 211 ff., 223 ff. StGB, sondern auch einer Strafbarkeit gemäß

Ist diese zu bejahen, so ist in einem zweiten Schritt unter der Rubrik der konkreten Kausalität zweierlei zu prüfen: Erstens, ob sich der konkret zu würdigende Einzelfall unter das ermittelte generelle Kausalgesetz subsumieren lässt,[163] sprich die eingetretene Gesundheitsbeeinträchtigung auch tatsächlich aus der Anwendung des Medikaments herrührt und nicht etwa andere Ursachen hat. Und zweitens, ob der pharmazeutische Unternehmer diesen schädlichen Arzneimitteleinsatz im rechtlichen Sinne (mit-)verursacht hat.

II. Generelle Kausalität im Bereich der Produktverantwortung

Bereits die Feststellung der generellen Kausalität bereitet im Bereich der strafrechtlichen Produktverantwortung erhebliche Schwierigkeiten. So bringt es die immer schnellere Nutzbarmachung neuer technisch-wissenschaftlicher Entwicklungen in der modernen Güterproduktion mit sich, dass immer mehr Produkte in den Verkehr gelangen, deren generelle Auswirkungen auf menschliche Rechtsgüter (noch) nicht vollständig bekannt sind oder aber in der Wissenschaft kontrovers beurteilt werden.[164] So waren zwar sowohl im *Contergan*-Verfahren,[165] in dem das Problem der generellen Kausalität erstmals deutlich zu Tage trat, als auch im Lederspray-[166] und Holzschutzmittel-Verfahren[167] Indizien dafür vorhanden, dass irgendwelche Produktbestandteile Körperschäden verursachen können. Jedoch konnte trotz unbestreitbaren zeitlichen Zusammenhangs zwischen Produktbenutzung und Schadenseintritt nicht nachgewiesen werden, welche Substanzen dies sind und unter welchen Bedingungen diese schädigende Wirkung entfalten. Ein Grund hierfür ist die schier unglaubliche Komplexität des menschlichen Organismus, welche es nahezu unmöglich macht, einen naturgesetzlichen Zusammenhang zwischen Produktverwendung und Körperreaktion namhaft zu machen.[168]

Damit stellt sich die Frage, ob eine Rechtsgutsverletzung einem Produktverantwortlichen auch dann strafrechtlich zurechenbar ist, wenn ein naturgesetzlicher Zusammenhang zwischen Produktverwendung und Erfolgseintritt nicht belegt ist oder, wie etwa im Fall *Contergan*, von Teilen der Wissenschaft bestritten wird. Dieser soll im Folgenden unter Berücksichtigung der in der Strafrechtswissenschaft vertretenen Kausalitätslehren näher nachgegangen werden.

---

§ 314 StGB, verlangt diese doch, wie bereits erwähnt, eine erwiesene Gesundheitsschädlichkeit des in Verkehr gebrachten Gegenstands.

162 *Eichinger*, Produkthaftung, S. 189 f.; *Hilgendorf*, FS Lenckner, S. 701; *Otto*, Jura 1992, S. 94.

163 *Eichinger*, Produkthaftung, S. 189; *Hilgendorf*, FS Lenckner, S. 701; *ders.*, FS Weber, S. 38; NK-*Puppe*, Vor § 13 Rn. 82.

164 *Hassemer*, Produktverantwortung, S. 40; *Kuhlen*, Fragen, S. 64 f.

165 *LG Aachen*, JZ 1971, S. 507 ff.

166 *BGH*St 37, S. 106 ff.

167 *BGH*St 41, S. 206 ff.

168 Vgl. *Colussi*, Produzentenkriminalität, S. 4; *Staak*, Humanexperiment, S. 203; *ders.*, Unterscheidung, S. 274 f.; *Rotsch*, wistra 1999, S. 322.

1. Kausalitätsfeststellung im Strafrecht

Inwieweit eine Person strafrechtlich als kausal für einen eingetretenen Erfolg anzusehen ist, bestimmt sich zum einen danach, wie Kausalität materiellrechtlich definiert ist, und zum anderen danach, welche Anforderungen in prozessualer Hinsicht an den Nachweis dieser Kausalität im materiellen Sinn gestellt werden.[169] Dabei ist die prozessuale Beweiswürdigung grundsätzlich an das materiellstrafrechtliche Prüfprogramm gebunden,[170] so dass, will man eine rechtsstaatlich akzeptable, intersubjektiv nachvollziehbare prozessuale Kausalitätsfeststellung gewährleisten, der Begriff „Kausalität" schon im materiellen Strafrecht hinreichend klar und präzise festgelegt werden muss.[171]

2. Materiellrechtlicher Kausalitätsbegriff

Das vorherrschende strafrechtliche Kausalitätsverständnis ist bis heute vom naturwissenschaftlichen Weltbild der klassischen Physik des 19. Jahrhunderts geprägt, wonach jedes Ereignis in der Natur nach bestimmten Regeln zwingende Folge einer Ursache ist.[172] Kausalität im strafrechtlichen Sinn setzt danach die Existenz eines deterministischen Kausalgesetzes der Art „Immer wenn A, dann B." bzw. umgekehrt „Wenn nicht A, dann auch niemals B." voraus, mittels dessen sich der betreffende Sachverhalt – hier das Auftreten der Gesundheitsbeeinträchtigung – vollständig und unzweideutig deduktiv-nomologisch erklären lässt.[173]

Indes gehen die Auffassungen darüber, wann auf Grundlage dieses Kausalitätsverständnisses eine Kausalität im materiellrechtlichen Sinn als gegeben anzusehen ist, auseinander.

---

[169] *Dencker*, Kausalität, S. 47; *Fincke*, Versuchsmethoden, S. 39; *Horn*, Gefährdungsdelikte, S. 119; *Hilgendorf*, FS Lenckner, S. 701; *Peters*, FS Welzel, S. 416 f. Nach *Hassemer*, Produktverantwortung, S. 29, ist diese Trennung zwischen Begriff und Feststellung im Strafprozess gerade im Bereich der Produktverantwortung erforderlich, um eine begriffliche Präzisierung und hierdurch ein Mehr an Rechtsstaatlichkeit in Form der Bestimmtheit und Bestimmbarkeit der strafrechtlichen Verantwortung zu erwirken.

[170] *Heine*, JZ 1995, S. 652; ebenso *Ranft*, StPO, Rn. 1637. Diese Bindung des Richters an das materielle Recht stellt *Günther*, KritV 1997, 221 f., in Frage, erkennt aber, dass eine Eigenständigkeit des Prozesses gegenüber dem materiellen Recht keine wünschenswerte Alternative, sondern vielmehr eine Gefahr für ein rechtsstaatliches Strafrecht und Strafverfahren ist.

[171] *Hilgendorf*, FS Lenckner, S. 701; *Spitz*, Produkthaftung, S. 71.

[172] *Denicke*, Kausalitätsfeststellung, S. 23; *Rolinski*, FS Miyazawa, S. 487.

[173] Den Gegensatz zum deterministischen Kausalgesetz bildet die statistische Gesetzmäßigkeit, welche keine logisch zwingende Erklärung des Explanandums, sondern lediglich mehr oder weniger gefestigte Wahrscheinlichkeitshypothesen liefert. Der Argumentationsschritt, mit welchem sich ein einzelnes Ereignis aus einem explanans, das eine statistische Gesetzesaussage enthält, ableiten lässt, wird als induktiv bezeichnet. Siehe hierzu näher *Besch*, Produkthaftung, S. 151 ff.; *Mummenhoff*, Erfahrungssätze, S. 13 f.; *Röckrath*, NStZ 2003, S. 643; *Sofos*, Mehrfachkausalität, S. 34 ff.

a. Äquivalenztheorie

Seit nunmehr 130 Jahren wird zur Bestimmung der Kausalität auf die „conditio sine qua non"-Formel der alle Ursachen als gleichwertig erachtenden Äquivalenztheorie zurückgegriffen, welche die Kausalität im Wege eines hypothetischen Eliminationsverfahren zu ermitteln sucht.[174] Ursächlich im Sinne des Strafrechts ist danach jede Bedingung eines Erfolges, die nicht hinweggedacht werden kann, ohne dass der Erfolg entfiele.[175]

Gegen die conditio-Formel wird jedoch zu Recht vorgebracht, dass sie den Kausalzusammenhang, den zu ermitteln sie vorgebe, für ihre Anwendbarkeit bereits voraussetze.[176] Denn die Bedeutung des Hinwegdenkens einer Bedingung für den Kausalzusammenhang tritt nur dann zu Tage, wenn diese bereits als Bedingung identifiziert, der Kausalzusammenhang mithin bereits bekannt ist. Bei der conditio-Formel tritt somit das Definiendum im Definiens auf.[177] Daher ist es nicht möglich, mit ihrer Hilfe Auskunft über bisher nicht bekannte Kausalzusammenhänge – etwa zwischen Medikamenteneinnahme und Schadenseintritt – zu geben. Vielmehr ist die conditio-Formel lediglich ein heuristisches Prinzip zur Überprüfung bereits angewendeter Kausalgesetze.[178]

b. Lehre von der gesetzmäßigen Bedingung

Im Laufe des 20. Jahrhunderts wurde die conditio-Formel zunehmend durch die auf *Engisch*[179] zurückgehende Lehre von der gesetzmäßigen Bedingung verdrängt. Nach dieser soll es für die Kausalität einer Handlung darauf ankommen, ob sich an die Handlung zeitlich nachfolgende Veränderungen in der Außenwelt angeschlossen haben, die mit der Handlung gesetzmäßig verbunden waren und sich als

---

174 *Sofos*, Mehrfachkausalität, S. 46.

175 Statt vieler *Jescheck/ Weigend*, AT, § 28 I 3; *Hoyer*, GA 1996, S. 162; S/S-*Lenckner/Eisele*, Vorbem §§ 13 ff., Rn. 73. Siehe auch bereits *RG*St 1, 373 (374); *BGH*St 1, S. 332 (333).

176 *Beulke/Bachmann*, JuS 1992, S. 738; *Däbritz*, Humanerprobungen, S. 169; *Dencker*, Kausalität, S. 30; *Eichinger*, Produkthaftung, S. 189; *Erb*, JuS 1994, S. 450; *Hilgendorf*, FS Lenckner, S. 704 f.; *ders.*, PharmR 1994, S. 305; *Jescheck/Weigend*, AT, § 28 I 4; *Kindhäuser*, AT, § 10 Rn. 11; LK-*Jescheck*, Vor § 13 Rn. 55; *Murmann*, Nebentäterschaft, S. 148; *Putz*, Strafrechtliche Produktverantwortlichkeit, S. 6; *Röckrath*, Kausalität, S. 16; *Rolinski*, FS Miyazawa, S. 487; *Roxin*, AT/1, § 11 Rn. 12; *Schmucker*, Dogmatik, S. 64; S/S-*Lenckner/Eisele*, Vorbem §§ 13 ff., Rn. 74; *Schulz*, Perspektiven, S. 65; *ders.*, Kausalität, S. 54; *Spitz*, Produkthaftung, S. 69; *Stratenwerth/Kuhlen*, AT/I, § 8 Rn. 18; SK-StGB-*Rudolphi*, Vor § 1 Rn. 40; *Tröndle/Fischer*, Vor § 13 Rn. 16; *Wessels/Beulke*, AT, Rn. 156. *Maiwald*, Kausalität, S. 5, bezeichnet diese Erkenntnis als „Allgemeingut des strafrechtlichen Schrifttums".

177 *Vogel*, Norm und Pflicht, S. 147.

178 *Hilgendorf*, Produzentenhaftung, S. 124; *ders.*, FS Lenckner, S. 701; *ders.*, FS Weber, S. 36; *ders.*, NStZ 1994, S. 564; *ders.*, PharmR 1994, S. 305; *Kaufmann*, JZ 1971, S. 574; *Kuhlen*, Fragen, S. 35; MüKo-StGB-*Freund*, Vor §§ 13 ff. Rn. 306; *Sofos*, Mehrfachkausalität, S. 59; SK-StGB-*Rudolphi*, Vor § 1 Rn. 40.

179 *Engisch*, Kausalität, S. 21 ff.

tatbestandsmäßiger Erfolg darstellen.[180] Trotz der Einkleidung der Kausalitätsdefinition in eine subsumtionsfähige Formel unternimmt die Lehre von der gesetzmäßigen Bedingung im Gegensatz zur conditio-Formel erst gar nicht den Versuch, die Kausalität als ein unmittelbares logisches Bedingungsverhältnis zwischen Verhalten und Erfolg zu erfassen. Vielmehr setzt Kausalität nach dieser Lehre zwingend die Existenz eines abstrakten Gesetzes oder eines allgemeinen Erfahrungssatzes voraus, vermittels dessen im Wege der Subsumtion der konkrete Erfolg aus einem Verhalten in Verbindung mit anderen singulären Tatsachen logisch ableitbar ist.[181] Dementsprechend muss stets geprüft werden, ob in den Naturwissenschaften ein entsprechender gesetzmäßiger Zusammenhang anerkannt ist. Ist dies der Fall, braucht der Strafrechtler lediglich die konkreten Umstände des Einzelfalls unter das angegebene Kausalgesetz zu subsumieren. Entsprechen generelles Kausalgesetz und konkrete Einzelfallumstände einander, lässt sich das Tatbestandsmerkmal Kausalität bejahen.[182] Umgekehrt ist die Kausalität zu verneinen, wenn nach den Erkenntnissen der einschlägigen Naturwissenschaften ein gesetzmäßiger Zusammenhang zwischen Handlung und Erfolg eindeutig nicht besteht.

Als untauglich zur Kausalitätsbestimmung erweist sich die Lehre von der gesetzmäßigen Bedingung aber dort, wo die Naturwissenschaften keine klaren, sprich deterministischen Angaben machen können.[183] Denn wie die conditio-Formel trifft auch die Lehre von der gesetzmäßigen Bedingung keine Aussage über einen gesetzmäßigen Zusammenhang, sondern benötigt diesen zur Feststellung des Bedingungszusammenhangs bereits selbst.[184] Die Lehre von der gesetzmäßigen Bedingung hat gegenüber der Äquivalenztheorie allenfalls den pädagogischen Vorteil, dass sie diesen Umstand nicht verschleiert, sondern die Notwendigkeit eines Kausalgesetzes zur Kausalitätsermittlung offen ausspricht.[185]

c. Adäquanztheorie und Relevanztheorie

Auch mittels Adäquanztheorie bzw. Relevanztheorie lässt sich die Kausalität einer Bedingung nicht ermitteln, da beide Theorien lediglich Einschränkungen zu den bereits erörterten Kausalitätstheorien formulieren, letztlich aber ebenso wie diese bereits die Kenntnis des relevanten Kausalzusammenhangs voraussetzen.[186]

---

180 *Jescheck/Weigend*, AT, § 28 II 4; *Wessels/Beulke*, AT, Rn. 168a m. w. N.

181 *Brammsen*, Jura 1991, S. 535; *Deutscher/Körner*, wistra 1996, S. 294; *Eichinger*, Produkthaftung, S. 189; *Erb*, JuS 1994, S. 450; *Kaufmann*, JZ 1971, S. 572; *Kindhäuser*, AT, § 10 Rn. 12; *Otto*, WiB 1995, S. 930; *Puppe*, JR 1992, S. 31; *dies.*, ZStW 95 (1983), S. 293; *Struensee*, ZStW 102 (1990), S. 24.

182 *Hoyer*, GA 1996, S. 163; *Puppe*, JR 1992, S. 31.

183 *Puppe*, ZStW 95 (1983), S. 293; *dies.*, JR 1992, S. 31.

184 MüKo-StGB-*Freund*, Vor §§ 13 ff. Rn. 307; *Putz*, Strafrechtliche Produktverantwortlichkeit, S. 7; *Rotsch*, Individuelle Haftung, S. 91; S/S-*Lenckner/Eisele*, Vorbem §§ 13 ff. Rn. 75.

185 *Otto*, Jura 1992, S. 94. In diesem Sinne wohl auch *Kühl*, AT, § 4 Rn. 23, wenn er davon spricht, dass die Lehre von der gesetzmäßigen Bedingung im Fall der Nichtexistenz von Kausalgesetzen noch eher an ihre Grenzen stößt als die conditio-Formel. Dies aber m. E. nur deshalb, weil die conditio-Formel ihre Untauglichkeit besser kaschiert.

186 Vgl. *Baumann/Weber/Mitsch*, AT, § 14 Rn. 9; *Dencker*, Kausalität, S. 28.

d. Risikoerhöhungslehre

Ein weiteres Modell zur Bestimmung der Kausalität liefert die Risikoerhöhungslehre, welche die strafrechtliche Zurechnung eines Erfolges davon abhängig macht, ob die in den Erfolg umschlagende Gefahr gesteigert oder pflichtwidrig nicht vermindert wird.[187]

Die Risikoerhöhungslehre wird in zwei verschiedenen Ausprägungen vertreten: Zum einen als kausalitätsergänzende Zurechnungslehre, zum anderen als kausalitätsersetzende Theorie. Ganz überwiegend wird sie im erstgenannten Sinn verstanden und dient als additive Zurechnungsvoraussetzung lediglich der Beschränkung der uferlosen Weite der Äquivalenztheorie.[188] In dieser Ausprägung hilft das Risikoerhöhungsprinzip allerdings ebenfalls nicht über das Problem der generellen Kausalität hinweg. Gerade aus diesem Grund entwickelte *Schaffstein* ein kausalitätsersetzendes Verständnis der Risikoerhöhungslehre, indem er dieser die Aufgabe zuschrieb, gerade dort, wo ein Kausalzusammenhang zwischen Verhalten und Erfolg nicht existiert bzw. nicht eindeutig festgestellt werden kann, die alleinige Grundlage für die objektive Erfolgszurechnung zu bilden.[189] Das in dieser Weise propagierte Risikoerhöhungsprinzip sah sich jedoch von Anfang an scharfer Kritik ausgesetzt. So wies *Ulsenheimer* zu Recht darauf hin, dass sich mit jedem Pflichtverstoß eine Risikosteigerung verbinden lasse, sofern man der übertretenen Vorschrift nicht mangels Eignung zum Rechtsgüterschutz gänzlich die Existenzberechtigung absprechen wolle.[190] In Reaktion auf diesen berechtigten Einwand wurde die Risikoerhöhungslehre von ihren Anhängern dahingehend eingeschränkt, dass der Erfolg nicht schon bei jeder noch so entfernten Risikosteigerung zurechenbar sei, sondern nur dann, wenn der Täter dasjenige Risiko gesteigert hat, das sich auch im späteren Verletzungserfolg realisiert hat.[191] Dann aber bedarf es genau betrachtet doch wieder eines bereits identifizierten Bedingungszusammenhangs. Denn eine durch ein bestimmtes Verhalten geschaffene oder intensivierte Gefahr kann nur dann in einen Verletzungserfolg umschlagen, wenn das Verhalten generell geeignet ist, Erfolge dieser Art zu verursachen, mit anderen Worten zwischen Verhalten und Erfolg ein Kausalzusammenhang besteht. Hierüber lassen sich aber bei Nichtexistenz entsprechender Erfahrungssätze keine Aussagen treffen, so dass auch die Risikoerhöhungslehre letztlich ungeeignet ist, das Kausalitätsproblem aus sich selbst heraus zu lösen.

e. Zwischenergebnis

Keine der in der Strafrechtswissenschaft vertretenen materiellrechtlichen Kausalitätstheorien ist somit in der Lage, den von ihnen eingeforderten deterministischen Kausalzusammenhang aus sich selbst heraus zu bestimmen. Vielmehr setzen sie zur Ermittlung der Kausalität die Existenz eines entsprechenden deterministischen

[187] Siehe zur Risikoerhöhungslehre im Allgemeinen *Stratenwerth*, FS Gallas, S. 227 ff.

[188] So vor allem *Roxin*, AT/1, § 11 Rn. 93; daneben auch *Brammsen*, MDR 1989, S. 126; *Schünemann*, StV 1985, 230.

[189] *Schaffstein*, FS Honig, S. 170.

[190] *Ulsenheimer*, JZ 1969, S. 366.

[191] *Stratenwerth*, FS Gallas, S. 228, 234 ff.

Kausalgesetzes voraus. Folglich ist bei Fehlen eines allgemein anerkannten Kausalgesetzes eine Kausalität im materiellrechtlichen Sinn nicht herzuleiten.

3. Prozessualer Kausalitätsnachweis

Wie bereits eingangs dargestellt, vollzieht sich das Kausalitätsurteil letztlich auf zwei Stufen – der materiellrechtlichen und der prozessualen. Dann aber stellt sich die Frage, ob das geltende Prozessrecht trotz Nichtexistenz allgemein anerkannter zwingender Kausalgesetze und darauf beruhender Unmöglichkeit, Kausalität materiellrechtlich zu bejahen, gestattet, im Einzelfall einen Kausalzusammenhang anzunehmen.

a. Verortung der Problematik fehlender Kausalgesetze

Grundvoraussetzung hierfür ist allerdings, dass der Mangel an Erfahrungssätzen ein prozessuales und kein materiellrechtliches Problem darstellt, da nur dann die Regeln des Prozessrechts einschlägig sind. Die Verortung der Problematik gestaltet sich deshalb schwierig, weil das die generelle Kausalität begründende Kausalgesetz eine Sonderstellung zwischen Tatsache und Norm besitzt.[192]

(A) Materiellrechtliche Auffassung Kaufmanns

Nach *Armin Kaufmann* ist die Problematik ausschließlich materiellrechtlicher Natur. Zwar seien Erfahrungssätze grundsätzlich nur Indizien, die mittelbar den Nachweis eines Tatbestandsmerkmals ermöglichten, jedoch führe die Anwendung des Kausalgesetzes unmittelbar zur Feststellung des Tatbestandsmerkmals „Kausalität", welches als Blankett-Merkmal die Vielzahl der Kausalgesetze integriere. Dementsprechend seien die Kausalgesetze zugleich Bestandteil der das Kausalitätserfordernis enthaltenden Rechtsnorm.[193] Als solcher seien sie der subjektiven Überzeugungsbildung entzogen. Fehle es an einem objektiv gewissen Kausalgesetz, müsse der Richter daher in dubio pro reo freisprechen und dürfe nicht im Wege der freien, auf eine faktische Beweislastumkehr hinauslaufenden Beweiswürdigung den Zweifelsgrundsatz aushebeln.[194]

Dem kann jedoch nicht gefolgt werden. Zwar impliziert der Begriff der Ursache das den Ursachenzusammenhang beschreibende allgemeine Gesetz, ist deshalb aber noch lange kein Blankettbegriff, über dessen Inhalt nach Rechtsregeln zu entscheiden ist.[195] Die Verortung der Kausalgesetze im gesetzlichen Tatbestand ist bereits aus formellen Gründen zweifelhaft, weil der Richter in diesem Fall

---

192 *Braum*, KritV 1994, S. 181; *Günther*, KritV 1997, S. 212.

193 *Kaufmann*, JZ 1971, S. 574.

194 *Braum*, KritV 1994, S. 181; *Daxenberger*, Kumulationseffekte, S. 45 f.; *Kaufmann*, JZ 1971, S. 574; im Ergebnis ebenso *Lampe*, GedS Kaufmann, S. 189 ff., der aber die Seinsstruktur der Kausalität entgegen Kaufmann nicht naturwissenschaftlich-ontologisch, sondern anthropologisch begründet sieht. Ebenso *Frisch*, Zurechnung, S. 524, der in der materiellrechtlichen Verortung allerdings keinen Hinderungsgrund sieht, die Zurechnung im Einzelfall nicht auch aufgrund umstrittener Gesetzmäßigkeiten vorzunehmen.

195 NK-*Puppe*, Vor § 13 Rn. 88.

einen Sachverständigen zum Bestehen eines Tatbestandsmerkmals einer inländischen Rechtsnorm befragen würde, was dem Grundsatz iura novit curia widerspräche.[196] Noch weit schwerer wiegen die materiellen Bedenken gegen die Auffassung *Kaufmanns*. Nach dieser müsste der Richter Kausalgesetze im Wege der juristischen Auslegung feststellen. Ob ein Kausalgesetz besteht, ist aber eine rein empirische, prinzipiell mit erfahrungswissenschaftlichen Methoden zu beantwortende Tat- und keine Rechtsfrage.[197] Des Weiteren besteht die Funktion des juristischen Kausalbegriffs allein darin, rechtliche Verantwortung zuzuschreiben. Wenn es aber allein auf die Zuweisung konkreter Verantwortlichkeit ankommt, kann nicht die Gesamtheit der allgemeinen Kausalgesetze, sondern allein der konkrete Wirkzusammenhang ein ungeschriebenes Tatbestandsmerkmal und somit Teil des Obersatzes sein.[198] Letzten Endes liefe die Auffassung *Kaufmanns* zudem darauf hinaus, den empirischen Wissenschaften die Kompetenz zur Ausfüllung des Tatbestandsmerkmals Kausalität und damit zur Bestimmung des Inhalts von Strafgesetzen zu einzuräumen.[199] Zwar könnte man einwenden, dass bei komplizierten Sachverhalten der Tatrichter regelmäßig auf die Ausführungen von Sachverständigen angewiesen ist und diesen mangels eigener Sachkunde auch meist folgen wird. Allerdings besteht diesbezüglich ein entscheidender Unterschied: Während der Richter im Fall, dass die von den empirischen Wissenschaften postulierten Kausalgesetze Teil des gesetzlichen Tatbestandes sind, diese lediglich auslegen dürfte aber stets anzuwenden hätte, unterstehen Sachverständigengutachten als Beweismittel der freien richterlichen Beweiswürdigung i. S. d. § 261 StPO. Mag der Richter bei Existenz gesicherter wissenschaftlicher (Kausal-)Erkenntnisse auch in seiner freien Beweiswürdigung beschränkt sein, so ist durch die Entscheidung auf der Basis des § 261 StPO als Parlamentsgesetz der Parlamentsvorbehalt gewahrt, während eine Quasi-Rechtssetzung der empirischen Wissenschaften auf materiellrechtlicher Ebene auf eine verfassungswidrige Gesetzgebungskompetenz der wissenschaftlichen Fachkreise hinausliefe. Die materiellrechtliche Verortung der Kausalgesetze im Tatbestand ist daher abzulehnen.[200]

(B) Prozessuale Auffassung

Handelt es sich bei der Existenz eines Kausalgesetzes somit um eine im Rahmen der Beweiswürdigung zu erörternde Tatfrage, stellt die generelle Kausalität richtigerweise ein prozessuales Problem dar.[201] Allerdings wendet *Puppe* gegen eine

[196] *Bock*, Produktkriminalität, S. 67; *Maiwald*, Kausalität, S. 108; *Schulz*, Kausalität, S. 63; *Unger*, Kausalität, S. 96 f.

[197] *Colussi*, Produzentenkriminalität, S. 119.

[198] *Wohlers*, JuS 1995, S. 1022.

[199] *Bock*, Produktkriminalität, S. 68; *Colussi*, Produzentenkriminalität, S. 121; *Denicke*, Kausalitätsfeststellung, S. 47; *Günther*, KritV 1997, S. 216; *Lege*, Rechtspflichten, S. 68; *Puppe*, JZ 1994, S. 1150; *Schmucker*, Dogmatik, S. 69; *Unger*, Kausalität, S. 96.

[200] So auch *Colussi*, Produzentenkriminalität, S. 117; *Vogel*, FS Lorenz, S. 71.

[201] *Eichinger*, Produkthaftung, S. 197; *Kuhlen*, NStZ 1990, S. 567; *ders.*, FG BGH IV, S. 653; *Wohlers*, JuS 1995, S. 1022; hinsichtlich der Qualifizierung als Tatfrage ebenso NK-*Puppe*, Vor § 13 Rn. 88. die aber der Schlussfolgerung, es handele sich hierbei um ein im Rahmen der freien Beweiswürdigung zu lokalisierendes Problem, widerspricht.

Beurteilung der Kausalgesetzmäßigkeit eines Vorgangs im Wege der freien richterlichen Beweiswürdigung ein, dass forensisch beweisbar nur singuläre Tatsachen seien, die der Richter, sei es auch nur in Form der Aussage des Sachverständigen über dessen Beobachtungen, unmittelbar selbst wahrnehmen könne. Allgemeine theoretische Ansätze dagegen würden durch experimentelle und statistische Bestätigung sowie ihre Vereinbarkeit mit anderen theoretischen Sätzen bewiesen, weswegen auch der Sachverständige lediglich mittelbar über einen anderweitig geführten Nachweis des Kausalgesetzes berichte, dieses aber nicht selbst unmittelbar vor Gericht beweise.[202] Demzufolge sei die Übernahme solcher allgemeiner Sätze durch das Gericht nicht als Ergebnis einer freien Beweiswürdigung i. S. d. § 261 StPO zu verstehen, vielmehr sei das umstrittene Kausalgesetz, basierend auf der traditionellen Sichtweise, dass die Gültigkeit allgemeiner Gesetze unproblematisch sei und vom Sachverständigen nur glaubhaft dargelegt werden müsse, im Sinne des Prozessrechts eine offenkundige Tatsache.[203]

Nun ist aber die individuelle, als singuläre Tatsache anerkanntermaßen forensisch nachweisbare Kausalität nach der vorzugswürdigen Lehre von der gesetzmäßigen Bedingung schon rein terminologisch nicht vom einschlägigen generellen Kausalgesetz zu trennen. [204] Zudem ist nicht per se ausgeschlossen, dass der Sachverständige aus eigener Erfahrung, etwa als Mitarbeiter an einem wissenschaftlichen Experiment, berichtet.[205] Doch selbst wenn der Sachverständige nur mittelbar über die Erfahrung entsprechender (anderer) Fachwissenschaftler berichtet, scheidet er nicht als Mittel zum Beweis abstrakter Kausalgesetze aus. Denn auch sonst ist die prinzipielle Möglichkeit eines Tatsachenbeweises durch Zeugen vom Hörensagen, die über Aussagen und die darin zum Ausdruck kommenden Erfahrungen anderer Personen berichten, anerkannt.[206] Dann aber besteht kein Grund, warum nicht auch abstrakte Gesetzmäßigkeiten der Beweiswürdigung in foro zugänglich sein sollen.

b. Materielle Akzessorietät des prozessualen Kausalitätsnachweises

Doch mit der prozessualen Verortung der Problematik allein ist noch nichts gewonnen, da hiermit keine Aussage darüber getroffen ist, ob trotz Unmöglichkeit einer materiellrechtlichen Kausalitätsbestimmung die Kausalität im Einzelfall im Wege der freien richterlichen Beweiswürdigung bejaht werden kann. Dies erscheint zweifelhaft, wenn man sich in Erinnerung ruft, dass das materielle Recht das Prüfprogramm vorgibt, an dem sich der prozessuale Nachweis zu orientieren hat. Allerdings bedeutet dies zunächst einmal nur, dass der prozessuale Kausali-

---

202 NK-*Puppe*, Vor § 13 Rn. 88; *dies.*, JZ 1994, S. 1150.

203 NK-*Puppe*, Vor § 13 Rn. 88; *dies.*, Erfolgszurechnung, S. 41; *dies.*, AT/1, § 2 Rn. 19; *dies.*, JZ 1994, S. 1150; *dies.*, JZ 1996, S. 320; ähnlich *Besch*, Produkthaftung, S. 162 f.; *Günther*, KritV 1997, S. 216.

204 *Günther*, KritV 1997, S. 216; *Schulz*, Perspektiven, S. 78.

205 *Unger*, Kausalität, S. 100.

206 *Kühne*, StPO, Rn. 915; *Schmucker*, Dogmatik, S. 70; *Volk*, StPO, § 27 Rn. 28. Richtig ist aber, dass einem nur mittelbaren Beweis geringere Beweiskraft zukommt und deshalb gegebenenfalls auf Sachverständige mit eigener Erfahrung zurückzugreifen ist, sofern diese erreichbar sind.

tätsnachweis nicht ohne Rekurs auf entsprechende naturwissenschaftliche Erfahrungssätze erfolgen kann, sagt jedoch nichts darüber aus, ob diese Erfahrungssätze zwingend im naturwissenschaftlichen Sinn erwiesen bzw. zumindest einhellig anerkannt sein müssen, oder ob für den juristischen Kausalnachweis im Einzelfall ein Weniger an Aufklärung genügt.

(A) Erfordernis eines naturwissenschaftlichen Kausalitätsnachweises
Nach Ansicht *Kaufmanns* erschöpft sich die Überzeugungsbildung des Richters in der Überprüfung der Existenz eines anerkannten Erfahrungssatzes. Mit der Vergewisserung, ob ein entsprechendes naturwissenschaftliches Kausalgesetz besteht, sei die äußerste Grenze dessen erreicht, was der Richter zur Sicherung und Anerkennung einer umstrittenen naturwissenschaftlichen Aussage und somit zur Bildung der eigenen Überzeugung tun dürfe.[207]

Gegen diese Auffassung spricht jedoch, dass in diesem Fall von der richterlichen Überzeugungsbildung nichts mehr übrig bliebe. Zudem beruht eine derartige naturwissenschaftliche Akzessorietät der richterlichen Beweiswürdigung maßgeblich auf dem bereits als verfehlt zurückgewiesenen Gedanken, dass das Kausalgesetz selbst Bestandteil des Tatbestandsmerkmals „Kausalität" ist, da sich unter dieser Prämisse die vom Tatrichter vorzunehmende Auslegung der „Kausalität" zwangsweise auf die Prüfung des Vorhandenseins einschlägiger Kausalgesetze beschränkt. Eine naturwissenschaftliche Akzessorietät des prozessualen Kausalitätsnachweises ist daher abzulehnen.

(B) Kausalitätsnachweis durch subjektive richterliche Überzeugungsbildung
Nach zutreffender Ansicht unterliegt der Kausalitätsnachweis – wie die Feststellung anderer Tatbestandsmerkmale auch – demnach der freien subjektiven Überzeugungsbildung des Richters.[208] Zur Bejahung des Tatbestandsmerkmals „Kausalität" reicht es aus, wenn der Richter subjektiv durch nachvollziehbare, auf einer ausreichenden tatsächlichen Grundlage beruhende Schlussfolgerungen vom objektiven Vorliegen dieses Merkmals ausgeht.[209] Hierfür spricht zum einen, dass bei innerpsychischen Vorgängen die Kausalität einhellig bereits dann angenommen wird, wenn diese nach der eigenpsychischen Erfahrung des Beurteilers, der sich in die Situation des Beeinflussten hineinversetzt, einigermaßen plausibel ist, ohne dass es einer Verifizierung dieser Annahme durch allgemeine, naturwissenschaftliche Gesetze bedarf.[210] Hinzu kommt, dass das Abstellen auf die subjektive Überzeugung des Richters in § 261 StPO gerade dem Zweck dient, dem Richter zur gerechten Würdigung aller Umstände des Einzelfalls einen gewissen Freiraum einzuräumen und ihn nicht sklavisch an objektive, abstrakte Erfahrungssätze zu binden, die niemals allein Besonderheiten des konkret zu entscheidenden Falls Rechnung tragen können. Folglich kann der Richter trotz eines die generelle Kausalität betreffenden non liquet die Kausalität im konkreten Einzelfall für nachgewiesen

207 *Kaufmann*, JZ 1971, S. 574; ihm folgend *Bruns*, FS Maurach, S. 480.
208 *Braum*, KritV 1994, S. 181; *Deutscher/Körner*, wistra 1996, S. 295.
209 *Deutscher/Körner*, wistra 1996, S. 295 f.
210 Vgl. *Beulke/Bachmann*, JuS 1992, S. 739; *Puppe*, JZ 1994, S. 1148.

erachten, wenn er in freier Beweiswürdigung subjektiv die Gewissheit erlangt, dass eine generelle Kausalität – etwa die Eignung eines Arzneimittels zu Herbeiführung von Gesundheitsschäden der aufgetretenen Art – zu bejahen ist.[211]

Allerdings ist nicht von der Hand zu weisen, dass der materiellrechtliche Kausalitätsbegriff auf diese Weise seine Bedeutung fast vollständig einbüßt. Zwar muss sich der Richter an den materiellrechtlichen Vorgaben orientieren und diese seiner Überzeugungsbildung zugrunde legen, jedoch wird die strikte Definition der Kausalität dadurch prozessual „aufgeweicht", dass der Richter nach seiner „juristischen" Überzeugung den Kausalzusammenhang auch dann annehmen kann, wenn die Kausalität im streng begrifflichen Sinn mangels gesicherten (natur)gesetzmäßigen Bedingungszusammenhangs nicht gegeben bzw. zumindest umstritten ist.[212] Dieser Einwand ist aber nur dann bedeutsam, wenn eine strikte Trennung zwischen materiellrechtlichem Begriff und prozessualem Nachweis der Kausalität überhaupt sinnvoll ist.[213] Führt man sich vor Augen, dass in zahlreichen Wissensgebieten – allen voran den Naturwissenschaften – erst das Beweisverfahren, etwa in Form einer Reihe von Experimenten, Rückschlüsse auf das Vorliegen bestimmter Phänomene zulässt, ist diese strikte Trennung in der Rechtswissenschaft keineswegs selbstverständlich. Die Frage nach ihrem Sinn stellt sich insbesondere bei der Kausalität, deren begriffliche Definition bereits durch das Erfordernis eines naturgesetzlichen Bedingungszusammenhangs auf naturwissenschaftliche Erkenntnisse abstellt, andererseits der tatsächliche Nachweis den rechtlichen Wertungen des § 261 StPO unterliegt, so dass auf materiellrechtlicher wie auch auf prozessrechtlicher Ebene sowohl empirische als auch normative Elemente zu finden sind.[214] Somit bewegt sich die Kausalität in einem Grenzbereich, in dem eine Trennung zwischen normativem materiellrechtlichen Begriff und tatsächlichem prozessualem Nachweis nicht mehr streng durchführbar ist. Kausalität ist bereits begrifflich nicht ohne Nachweis des Ursache-Wirkung-Zusammenhangs denkbar, so dass in die Definition der Kausalität bereits Elemente der Beweiswürdigung einfließen.

Wird der strafrechtliche Kausalitätsbegriff aber somit maßgeblich von den Anforderungen an den juristischen Kausalnachweis geprägt, so spricht grundsätzlich nichts dagegen, Kausalität im strafrechtlichen Sinn letztlich dann zu bejahen, wenn diese nach den Regeln der freien Beweiswürdigung in rechtsstaatlich unbedenklicher Weise angenommen werden kann. In den Mittelpunkt rücken damit die Anforderungen an den juristischen Tatsachenbeweis, die im Folgenden näher zu beleuchten sind.

---

211 *Kuhlen*, NStZ 1990, S. 567.

212 In diesem Sinne *Struensee*, ZStW 102 (1990), S. 25 f., der betont, dass das Argument, die „Beweisbedürftigkeit" von Kausalgesetzen sei mit dem Charakter eines Tatbestandsmerkmals nicht vereinbar, die tatbestandliche Relevanz der Kausalität aufhebe. Kausalität käme danach als Tatbestandmerkmal nicht mehr vor.

213 Davon geht wohl *Schmucker*, Dogmatik, S. 63 und 73, aus, wenn sie dem BGH vorwirft, er habe unzulässigerweise begriffliche Definition und prozessuale Feststellung vermengt. Ebenfalls eine strikte Trennung bejahend *Braum*, KritV 1994, S. 181.

214 Vgl. *Volk*, NStZ 1996, S. 106.

c. Verschiedenheit juristischer und naturwissenschaftlicher Beweise

In ihren Entscheidungen zur strafrechtlichen Produktverantwortung hat die Rechtsprechung stets die Wesensverschiedenheit naturwissenschaftlicher und juristischer Beweise betont. So stellte das LG Aachen in seinem *Contergan*-Beschluss klar, dass „der für die strafrechtliche Beurteilung allein maßgebliche Beweis [...] erbracht [ist], wenn das Gericht von den zu beweisenden Tatsachen nach dem Inbegriff der Hauptverhandlung voll überzeugt ist. Dementsprechend beruht der strafrechtliche Beweis, der Eigenart geisteswissenschaftlichen Erkennens gemäß, nicht auf einem unmittelbar einsichtigen Denken, sondern auf dem Gewicht eines die Gründe abwägenden Urteils über den Gesamtzusammenhang des Geschehens."[215] Der *BGH* folgte dieser Leitlinie im sogenannten Holzschutzmittel-Verfahren und konkretisierte diese dahingehend, dass es nicht Aufgabe des Tatrichters sei, mit den Untersuchungsmethoden der Naturwissenschaften neue Erkenntnisse, insbesondere naturwissenschaftliche Erfahrungssätze, zu gewinnen oder zu widerlegen. Die Feststellung der für das Strafverfahren bedeutsamen Tatsachen, insbesondere der Nachweis von Kausalzusammenhängen, verlange keine absolute, von niemandem anzweifelbare naturwissenschaftliche Gewissheit. Es genüge vielmehr ein mit den Mitteln des Strafverfahrens gewonnenes, nach der Lebenserfahrung ausreichendes Maß an Sicherheit, das keinen vernünftigen Zweifel bestehen lasse. Dazu habe der Richter die naturwissenschaftlichen Erkenntnisse und andere Indiztatsachen in einer Gesamtwürdigung zu beurteilen.[216]

Dem ist uneingeschränkt zuzustimmen.[217] Denn während der Naturwissenschaftler positiv erklären muss, unter welchen Voraussetzungen etwas geschieht, muss der Strafrichter keine abstrakte naturwissenschaftliche Fachfrage beantworten, sondern einen konkreten Sachverhalt dahingehend untersuchen, ob unter Berücksichtigung aller erfassbaren Umstände des Einzelfalls ein Kausalzusammenhang und somit eine Zurechnung des tatbestandlichen Erfolgs in Betracht kommt. Allein die Zurechnung, nicht die wissenschaftliche Erklärung eines Ereignisses ist es, die den Juristen primär zu interessieren hat und an der sich seine Entscheidung orientieren muss.[218] Da sich im juristischen Wahrheitsbegriff ein empirischer Befund als Ausgangspunkt und Legitimationsgrundlage mit der daran anknüpfenden, an Rechtswerten orientierten und in diesem Sinne normativen Überzeugungsbildung des Richters i. S. d. § 261 StPO verknüpft, entsteht die Entscheidungsfreiheit des erkennenden Richters, Kausalität auch dort anzunehmen, wo die empirische Fachwissenschaft keinen zwingenden Schluss auf diese zulässt.[219] Insofern gibt sich der juristische Wahrheitsbegriff gemessen an naturwissenschaftlichen Kriterien mit einem geringeren Beweismaß zufrieden.

Ursache dessen ist, dass jede Wissenschaft entsprechend der ihr obliegenden Aufgaben ein unterschiedliches Beweismaß bei der Frage der Gültigkeit von Gesetzen anlegen kann und zur Erfüllung ihres Zwecks letzten Endes auch muss.

---

215 *LG Aachen* JZ 1971, S. 507 (510); zustimmend *Schmidt-Salzer*, Produkthaftung, Rn. 1.490.

216 *BGH*St 41, S. 206 (214 f.).

217 So auch L/R-*Gollwitzer*, § 261 Rn. 8; *Pfeiffer*, § 261 Rn. 1.

218 *Schmidt-Salzer*, NJW 1996, S. 7; *Schulz*, FS Lackner, S. 40.

219 *Schmidt-Salzer*, Produkthaftung, Rn. 1492; *Volk*, NStZ 1996, S. 106.

Dementsprechend ist zu berücksichtigen, dass sich der Tatrichter in einer gänzlich anderen Entscheidungssituation befindet als der zum Nachweis eines bestimmten Phänomens befragte Fachwissenschaftler. Während letzterer vor dem Hintergrund der den Naturwissenschaften innewohnenden Exaktheit gerade nicht voreilig auf ein Kausalgesetz schließen darf, sondern sich bis zur Gewinnung eindeutiger Erkenntnisse auf die Angabe von Wahrscheinlichkeiten und statistischen Relationen zu beschränken hat, ist der Tatrichter dazu aufgerufen, hic et nunc darüber zu urteilen, ob ein Kausalzusammenhang besteht oder nicht. Er kann mit seiner Entscheidung nicht zuwarten, sondern muss den konkreten Rechtsfall auf der Grundlage des gegenwärtig verfügbaren Erkenntnisstandes entscheiden.[220] In begrenzter Zeit, mit begrenzten Ressourcen und ohne unzulässige Eingriffe hat er die materielle Wahrheit so weit zu ermitteln, dass eine am materiellen Tatbestand ausgerichtete gerechte Entscheidung ermöglicht wird.[221]

Ist die Kausalität als solche zwar ein empirisch-tatsächliches Kriterium, welches in allen Wissenschaftsdiziplinen einheitlich zu interpretieren ist,[222] so hängt das erforderliche Maß an Gewissheit, dass ein bestimmtes Verhalten für einen eingetretenen Erfolg ursächlich war, folglich entscheidend von Sinn und Zweck des Strafrechts ab und stellt insofern eine normative Größe dar, deren Festlegung allein der Strafrechtswissenschaft vorbehalten ist. Indem das Strafrecht auf das friedliche Miteinander der Menschen unter wechselseitiger Achtung ihrer Rechtsgüter gerichtet ist, erweist es sich demnach als durchaus legitim, einen Kausalzusammenhang zwischen Verhalten und Rechtsgutsverletzung bereits auf der Basis bloßer, wenngleich naturwissenschaftlich abgesicherter, Kausalhypothesen zu bejahen, solange diese einen Kausalzusammenhang im Einzelfall mit hoher Wahrscheinlichkeit nahe legen.[223] Zutreffend hebt der *BGH* dementsprechend hervor, dass der Richter sich zwar nicht mit einer bloßen Wahrscheinlichkeit zufrieden geben dürfe, er dürfe und müsse sich aber in tatsächlich zweifelhaften Fällen mit einem für das praktische Leben brauchbaren Grad von Gewissheit begnügen, der den Zweifeln Schweigen gebiete, ohne sie völlig auszuschließen.[224]

---

220 Vgl. *Hamm*, StV 97, 162; *Spitz*, Produkthaftung, S. 441; *Volk*, NStZ 1996, S. 105.

221 *Schulz*, Kausalität, S. 74.

222 *Hilgendorf*, FS Lenckner, S. 702, 710; *ders.*, Jura 1995, S. 516; *Schmucker*, Dogmatik, S. 73; ebenso *Kleine-Cosack*, Kausalitätsprobleme, S. 53, die betont, dass es nur eine Kausalität, nämlich in Form der naturgesetzmäßige Beziehung zwischen zwei Ereignissen gebe, eine Art „juristische Kausalität" allenfalls im Rahmen der Lehre von der objektiven Zurechnung in Betracht komme.

223 Vgl. *Hamm*, StV 1997, S. 162; *Mummenhoff*, Erfahrungssätze, S. 43 f.; siehe auch *Stegmüller* I, S. 436.

224 *BGHZ* 53, S. 245 (256). Kritisch *Hassemer*, Produktverantwortung, S. 35, der hierzu anmerkt, „die Rechtsprechung nutz(e) die Tatsache, dass sich naturwissenschaftliche und juristische Methodologie unterscheiden, argumentativ aus, indem sie den Naturwissenschaften Objektivität der Kausalitätsfeststellung zuweis(e), um dem Richter Subjektivität reservieren zu können.

d. Wesen der freien richterlichen Beweiswürdigung

Erforderlich ist aber stets, dass das auf der Grundlage einer Kausalhypothese ergangene Kausalitätsurteil den rechtsstaatlichen Anforderungen an die freie Beweiswürdigung genügt.

(A) Grundsatz der freien richterlichen Beweiswürdigung im Allgemeinen

Das Wesen der freien Beweiswürdigung besteht darin, dass der Richter nicht an Beweisregeln, d. h. an gesetzliche Vorschriften über die Wirkung der Beweise, an Bestimmungen darüber, unter welchen Voraussetzungen eine Tatsache als bewiesen anzusehen sei, gebunden ist, sondern sich ein höchstpersönliches Urteil über die vorgetragenen Tatsachen zu bilden hat. [225] Hinreichend für die richterliche Überzeugung ist die Feststellung einer an Sicherheit grenzenden Wahrscheinlichkeit, ein solches nach der Lebenserfahrung ausreichendes Maß an Sicherheit, demgegenüber vernünftige Zweifel nicht mehr laut werden können.[226] Allerdings unterliegt der Richter bei der Überzeugungsbildung den strengen Regeln des strafprozessualen Beweisrechts, die ihm als Rahmen und Leitlinien auf dem Weg zu einer unparteiischen und dem Ideal der Wahrheit verpflichteten Überzeugungsbildung vorgegeben sind.[227]

(B) „In dubio pro reo" im Speziellen

Der wohl bedeutendste Grundsatz des strafprozessualen Beweisrechts, der mit der richterlichen Beweiswürdigung und der darauf beruhenden Überzeugungsbildung in Zusammenhang steht, ist der „in dubio pro reo"-Satz. Seine Anwendbarkeit im Verfahrensrecht ist ein Ausfluss des Rechtsstaatsprinzips, welches in Art. 20 GG und Art. 103 Abs. 2 GG in Form des Grundsatzes „nullum crimen, nulla poena sine lege" eine Bestrafung verbietet, solange nicht erwiesen ist, dass das Täterverhalten einen gesetzlichen Straftatbestand erfüllt.[228]

Die Aussage des „in dubio pro reo"-Satzes wird jedoch häufig missverstanden.[229] Der Zweifelssatz beinhaltet lediglich eine Entscheidungsregel des sachlichen Rechts, enthält mithin keine Beweisregel.[230] Er schreibt dem Richter lediglich vor, nur dann verurteilen zu dürfen, wenn er zu 100% von der Verwirklichung des angeklagten Straftatbestandes durch den Angeklagten überzeugt ist, sprich nach Würdigung der erhobenen Beweise keine bzw. allenfalls entfernte, rein theoretische Zweifel an der Strafbarkeit des Angeklagten hegt.[231] Der Zweifelssatz greift somit nicht bereits in die Beweiswürdigung ein, sondern ist erst bei einem non liquet anwendbar, wenn der Richter nach Ausschöpfung und Würdigung aller

---

[225] L/R-*Gollwitzer*, § 261 Rn. 41; *Roxin*, StPO, § 15 Rn. 13.

[226] *Kühne*, StPO, Rn. 947; *Louven*, MDR 1970, S. 295.

[227] *Kühne*, StPO, Rn. 946; *Roxin*, StPO, § 15 Rn. 21; *Volk*, StPO, § 18 Rn. 16.

[228] Siehe hierzu *Löffeler*, JA 1987, S. 77; *Ranft*, StPO, Rn. 1638; *Roxin*, StPO, § 15 Rn. 31.

[229] So z. B. von *Eichinger*, Produkthaftung, S. 197; *Maiwald*, Kausalität, S. 108 f.; *Schulz*, Perspektiven, S. 82; *ders.*, Kausalität, S. 64; *Spitz*, Produkthaftung, S. 444.

[230] So zutreffend *Colussi*, Produzentenkriminalität, S. 128; *Lege*, Rechtspflichten, S. 71; *Meyer-Goßner*, § 261 Rn. 26; *Pfeiffer*, § 261 Rn. 16; *Unger*, Kausalität, S. 102 m. w. N.

[231] Zur Unerheblichkeit abstrakter Zweifel vgl. *BGH* NStZ 1985, S. 15 und *Löffeler*, JA 1987, S. 77.

erreichbaren Beweise nicht von der Erfüllung des gesetzlichen Straftatbestandes durch den Angeklagten überzeugt ist. Die Anwendung des Zweifelssatzes ist der Beweiswürdigung somit zeitlich nachgeordnet.[232] Im vorgeschalteten Stadium der Sachverhaltsfeststellung, d. h. der Beweiswürdigung, steht es dem Richter gemäß § 261 StPO in den ihm durch das prozessuale Beweisrecht gesetzten Grenzen frei, welche tatsächlichen Schlussfolgerungen er aus dem von ihm erhobenen Beweis ziehen will. Im nachgeschalteten Stadium der Rechtsfolgensetzung, der Urteilsfindung, schreibt der Satz „in dubio pro reo" dem Richter dann vor, welche rechtlichen Schlussfolgerungen er aus den von ihm festgestellten Tatsachen ziehen soll.[233] Auch das BVerfG stellte in einer Entscheidung klar, dass der „in dubio pro reo"-Satz nichts über die Maßstäbe aussage, nach denen der Richter eine Tatsache für gewiss halten dürfe. Er sei deshalb nicht schon dann verletzt, wenn der Richter hätte zweifeln müssen, sondern erst, wenn er verurteilt, obwohl er zweifelte.[234] Steht die Überzeugung des Richters aber fest, fehlt es gerade an einem Zweifel, der zur Anwendung des „in dubio pro reo"-Satz verpflichten würde, mag auch die gebildete Überzeugung fragwürdig sein. Somit ist festzuhalten, dass dem Zweifelssatz hinsichtlich der Frage, wann der Richter trotz fehlenden naturwissenschaftlichen Kausalgesetzes einen Ursachenzusammenhang bejahen darf, keine Bedeutung zukommt.

(C) Erfordernis vollständiger subjektiver Gewissheit

Erforderlich aber auch ausreichend ist demgemäß, dass der Tatrichter subjektiv die vollständige Gewissheit gewonnen hat, dass die (generelle) Kausalität im objektiven (empirischen) Sinn vorgelegen hat. Der Richter muss folglich eine Art „überschießende Innentendenz"[235] aufweisen: während der Kausalzusammenhang objektiv mangels anerkannten, zwingende Schlussfolgerungen liefernden Kausalgesetzes allenfalls mit hoher Wahrscheinlichkeit besteht, muss dieser subjektiv in den Augen des Richters gewiss sein. Die objektiv unsichere Kausalitätsaussage fließt demnach in die juristische Beurteilung durch den Tatrichter ein[236] und wird durch dessen rechtliche Würdigung normativ zu einem juristischen Gesamturteil ergänzt. Umstritten ist indes, welche Anforderungen an die subjektive Gewissheit des erkennenden Richters zu stellen sind.

(I) Rein subjektive Theorie

Nach einer Auffassung soll allein die persönliche Überzeugung des Richters Grundlage des Urteils sein. Erforderlich sei lediglich eine vorbehaltlose, uneingeschränkte innere Überzeugung des Richters, die wiederum auf einem rational nicht

---

[232] *Hilgendorf*, FS Lenckner, S. 708; *Meyer-Goßner*, § 261 Rn. 26; *Pfeiffer*, § 261 Rn. 16; *Ranft*, StPO, Rn. 1639; *Unger*, Kausalität, S. 103.

[233] Vgl. *Hoyer*, ZStW 105 (1993), S. 523.

[234] *BVerfG* MDR 1975, S. 468 (469); ebenso *Deutscher/Körner*, wistra 1996, S. 298; *Volk*, StPO, § 18 Rn. 19; *ders.*, NStZ 1996, S. 105; *Wohlers*, JuS 1995, S. 1022.

[235] *Hoyer*, ZStW 105 (1993), S. 533.

[236] *Toepel*, Kausalität, S. 158.

auflösbaren psychischen, vom Gefühl beeinflussten inneren Vorgang beruhe und nicht das Ergebnis objektiv nachvollziehbarer Schlüsse sein müsse.[237]

Doch diese in der Französischen Revolution entwickelte und von den Hegelianern übernommene Lehre von der „conviction intime", die eine Wahrheitsermittlung durch subjektivistische Selbstbefragung, Ahnungen und Intuitionen sowie Hineinhorchen in sich selbst propagierte, wurde von Beginn an heftig kritisiert. So forderte bereits *von Savigny* eine Verobjektivierung der richterlichen Überzeugungsbildung durch bestimmte Regeln und die Pflicht zur Darlegung rationaler Gründe.[238] Aus heutiger Sicht kann auf eine intersubjektive Nachprüfbarkeit der Überzeugungsbildung noch weit weniger verzichtet werden, ist die Beweiswürdigung doch der revisionsrichterlichen Kontrolle weitgehend entzogen und hebelt eine rein subjektive willkürliche Überzeugungsbildung den im Anschluss an den Vorgang der Überzeugungsbildung eingreifenden Zweifelssatz de facto aus.[239] Somit ist die subjektive Überzeugung des Richters eine notwendige, nicht aber hinreichende Bedingung zur Kausalitätsbejahung.[240]

(II) Verobjektivierende Theorie

Zu folgen ist einer die Überzeugungsbildung verobjektivierenden Lehre, wonach die subjektive Gewissheit des Richters nur dann rechtsstaatlichen Anforderungen genügt, wenn diese auf einer tragfähigen Tatsachengrundlage und rational einsichtigen Schlussfolgerungen beruht.[241]

(1) Erfordernis der Verobjektivierung richterlicher Überzeugungsbildung

Angelegt ist das Erfordernis der Verobjektivierung bereits im Wesen des Überzeugungsbildungsprozesses als Erkenntnisprozess. Dessen Bestreben ist es, einen in der Vergangenheit liegenden Geschehensablauf zu rekonstruieren und rechtlich anhand der gegebenen Straftatbestände zu bewerten. Erkenntnis stützt sich indes im Wesentlichen auf zwei Säulen: dem Erfahrungswissen der Gesellschaft und den Gesetzen der Logik. Daher muss sich die richterliche Überzeugung im Endeffekt auf diese beiden Grundfesten zurückführen lassen. Geben Erfahrung und Logik somit den Rahmen vor, innerhalb dessen sich der Richter von einer Tatsache überzeugt zeigen darf, so ist er bei seiner Urteilsbildung nicht gänzlich frei, sondern nur insoweit, als die gewonnene Überzeugung mit wissenschaftlichen Er-

---

237 Vgl. *Alsberg*, JW 1929, S. 863.

238 *von Savigny*, GA Band 6, S. 485.

239 *Braum*, KritV 1994, S. 181; *Hilgendorf*, FS Lenckner, S. 700; *Roxin*, StPO, § 15 Rn. 15.

240 *Hamm*, StV 1997, S. 159; *Wohlers*, JuS 1995, S. 1022.

241 *Keller*, GA 1999, S. 256; *Kleine-Cosack*, Kausalitätsprobleme, S. 49; L/R-*Gollwitzer*, § 261 Rn. 42; *Putz*, Strafrechtliche Produktverantwortlichkeit, S. 11; *Schwartz*, Produkthaftung, S. 54 f.; *Unger*, Kausalität, S. 142. Ebenso SK-StPO-*Schlüchter*, § 261 Rn. 55, die betont, dass „freie" zugleich pflichtgemäße Überzeugungsbildung bedeute, der Richter aber nur dann pflichtgemäß vorginge, wenn er sich nicht nur auf seine Intuition verlasse, sondern diese so weit wie möglich rationalisiere.

kenntnissen, Erfahrungssätzen des täglichen Lebens und den Gesetzen der Logik vereinbar ist.[242]

(2) Bindung des Richters an naturwissenschaftliche Erkenntnisse

Die richterliche Überzeugungsbildung muss sich demgemäß zunächst an den Erkenntnissen der Naturwissenschaften orientieren. Dieser Aspekt verdient im Bereich der strafrechtlichen Produktverantwortung besondere Beachtung, beruht das Problem der „generellen Kausalität" doch gerade darauf, dass in der einschlägigen Fachwissenschaft entsprechende Erkenntnisse fehlen bzw. die Frage des Ursachenzusammenhangs uneinheitlich beurteilt wird.

(a) Bindung an wissenschaftlich anerkannte Erfahrungssätze

Einigkeit besteht zunächst dahingehend, dass bei wissenschaftlich nachweisbarer Existenz einer Tatsache für eine freie richterliche Feststellung und Überzeugungsbildung kein Raum bleibt.[243] Die vom Richter zu bildende Überzeugung ist vielmehr determiniert durch die zwingenden Erkenntnisse der Wissenschaft, da nur ein in Einklang mit den über die Naturgesetzmäßigkeiten Auskunft gebenden Naturwissenschaften ergehendes Urteil rechtsstaatlich legitimiert und für das Volk, in dessen Namen es ergeht, auch glaubwürdig ist.[244] Dies bedeutet, dass die normative Leistung, die der Tatrichter in Form der rechtlichen Bewertung der fachwissenschaftlichen Erkenntnisse vornimmt, in diesen Fällen generell und abstrakt bereits von der Rechtsordnung als solcher vollbracht wird.[245] Kann eine Tatsache mit Hilfe naturwissenschaftlicher Methoden nachgewiesen werden, verliert die persönliche Überzeugung des Richters an Wert, insbesondere dann, wenn die Tatsachenfeststellung das unmittelbar in foro Wahrnehmbare übersteigt.[246] In diesen Fällen darf der Richter nicht seine Überzeugung an die Stelle der einhelligen Meinung der Fachwissenschaft setzen, sondern muss den wissenschaftlich gesicherten Erkenntnissen in faktisch „unfreier" Beweiswürdigung folgen.[247]

---

242 Vgl. *BGH*St 41, S. 206 (215); *Deutscher/Körner*, wistra 1996, S. 297; *Kuhlen*, Fragen, S. 67 f.; *Maiwald*, Kausalität, S. 100; *Spitz*, Produkthaftung, S. 72; *Wohlers*, JuS 1995, S. 1023.

243 *BGH*St 10, 208 (211); *Besch*, Produkthaftung, S. 149 f. passim; *Kühne*, StPO, Rn. 948; *Putz*, Strafrechtliche Produktverantwortlichkeit, S. 11; *Roxin*, StPO, § 15 Rn. 22; *Schulz*, Perspektiven, S. 81.

244 Vgl. *Maiwald*, Kausalität, S. 104; ähnlich auch *Ranft*, StPO, Rn. 1631.

245 So zutreffend *Volk*, NStZ 1996, S. 106.

246 *BGH*St 41, S. 206 (215); *Hilgendorf*, FS Lenckner, S. 710.

247 *BGH*St 41, S. 206 (215); *Denicke*, Kausalitätsfeststellung, S. 29; *Hilgendorf*, FS Lenckner, S. 708; *ders.*, FS Weber, S. 39; *Kleine-Cosack*, Kausalitätsprobleme, S. 44; KMR-*Stuckenberg*, § 261 Rn. 32; *Kuhlen*, Fragen, S. 67 f.; *Lege*, Rechtspflichten, S. 68; L/R-*Gollwitzer*, § 261 Rn. 52; *Maiwald*, Kausalität, S. 106; *Mummenhoff*, Erfahrungssätze, S. 44; *Otto*, WiB 1995, S. 930; *Roxin*, StPO, § 15 Rn. 22; *Schulz*, Kausalität, S. 64; SK-StGB-*Rudolphi*, Vor § 1 Rn. 42c; *Volk*, GA 1973, S. 167; *ders.*, NStZ 1996, 106; *Wohlers*, JuS 1995, S. 1023.

Gleichzeitig gilt aber umgekehrt, dass der Richter mangels Kompetenz nicht befugt ist, in der Fachwissenschaft nicht existente Kausalgesetze zu postulieren.[248] Fehlt es nach einhelliger Ansicht der Fachwissenschaftler an einem Kausalgesetz, hat der Richter den Angeklagten mangels rational nachvollziehbarer Grundlage für eine Verurteilung freizusprechen.[249]

(b) Bindung bei wissenschaftlich umstrittenen Erfahrungssätzen

Bei der Problematik der „generellen Kausalität" kann sich die naturwissenschaftliche Ausgangslage jedoch insofern anders gestalten, als gerade keine einhellige Auffassung bezüglich des Kausalzusammenhangs zwischen Arzneimitteleinnahme und Schaden, weder im positiven noch im negativen Sinn, in den einschlägigen fachwissenschaftlichen Kreisen besteht. Vielmehr existiert zu der Beweiskraft eines bestimmten Indizes – etwa die vorherige Einnahme desselben Arzneimittels durch eine Reihe von identische Krankheitssymptome aufweisenden Personen – entweder überhaupt keine Kausalhypothese, oder es werden in der zuständigen Fachwissenschaft gleich mehrere divergierende Kausalhypothesen vertreten, von denen keine allgemeine Anerkennung gefunden hat bzw. eindeutig widerlegt werden konnte.

Hier stellt sich die Frage, inwieweit der Tatrichter gebunden ist, wenn in der Fachwissenschaft Stimmen sowohl für als auch gegen einen Kausalzusammenhang zu finden sind.

(aa) Auffassung der Rechtsprechung

Ausgehend von der Tatsache, dass bei einem Meinungsstreit in der Wissenschaft gerade kein das Gericht bindendes gesichertes und allgemein anerkanntes Erfahrungswissen existiert,[250] sah der *BGH* in seiner Holzschutzmittel-Entscheidung den Tatrichter nicht gehindert, „sich nach Anhörung von Sachverständigen auf Untersuchungsergebnisse zu stützen, die Gegenstand eines wissenschaftlichen Meinungsstreits sind. Die Pflicht zu umfassender Aufklärung [könne] sogar gebieten, sich auch über Methoden und Verfahren zu unterrichten, die noch nicht allg. anerkannt sind."[251] Voraussetzung sei lediglich, dass sich der Richter „mit den entgegenstehenden Meinungen auseinandersetz[e]" und „die für und gegen die noch nicht allgemein anerkannten Methoden und Ergebnisse sprechenden Gesichtspunkte mitberücksichtige,"[252] mithin in subjektivistischer Selbstkontrolle überprüfe, ob diese geeignet sind, bei ihm Zweifel an der Kausalität zu säen.[253] Zwar räumt der *BGH* ein, dass „die für einen konkreten Fall aufgrund einer Ge-

---

248 *Hilgendorf*, Produzentenhaftung, S. 119 f.; *Puppe*, AT/1, § 2 Rn. 21.

249 *Hilgendorf*, FS Lenckner, S. 708; SK-StGB-*Rudolphi*, Vor § 1 Rn. 42c; *Wohlers*, JuS 1995, S. 1023.

250 So auch *Colussi*, Produzentenkriminalität, S. 130; L/R-*Gollwitzer*, § 261 Rn. 10; *Kuhlen*, Fragen, S. 68; *ders.* in: Achenbach/Ransiek, HWSt, II Rn. 46; *Lege*, Rechtspflichten, S. 69; *Otto*, WiB 1995, S. 930 f.; *Unger*, Kausalität, S. 96.

251 *BGH*St 41, S. 206 (215); ebenso KMR-*Stuckenberg*, § 261 Rn. 33.

252 *BGH*St 41, S. 206 (214 f.).

253 Vgl. *Deutscher/Körner*, wistra 1996, S. 297.

samtwürdigung getroffene Feststellung über die Wirkung eines Stoffes inzidenter auch eine Aussage über dessen generelle Wirksamkeit [enthalte]." Jedoch entscheide der Tatrichter „nicht die wissenschaftlich umstrittene Frage über die Existenz eines Naturgesetzes, sondern erfüll[e] lediglich seine Aufgabe, unter Würdigung aller relevanten Indizien des konkreten Rechtsfalls auf der Grundlage des gegenwärtigen Wissensstandes zu entscheiden, wenn er sich bei der Beweiswürdigung nicht auf wissenschaftlich gesicherte Erfahrungssätze berufen kann."[254]

Diese Rechtsprechung des *BGH* sah sich jedoch von Beginn an heftiger Kritik ausgesetzt. Die unterschiedlichen vorgetragenen Einwände sollen daher im Folgenden erläutert und hinsichtlich ihrer Berechtigung kritisch gewürdigt werden.

(bb) Einwand experimenteller Verifizierbarkeit von Erfahrungssätzen

Zunächst wurde in der Strafrechtswissenschaft teilweise die Auffassung vertreten, ein Hinwegsetzen über den in den Naturwissenschaften ausgetragenen Meinungsstreit durch den Richter sei nicht erforderlich und insofern voreilig, als es möglich sei, die unterschiedlichen vertretenen Auffassungen durch empirische Experimente zu überprüfen und auf diese Weise deren Wahrheitsgehalt zu eruieren.[255]

Allerdings erscheint es keineswegs selbstverständlich und ist zudem wenig plausibel, einen Kausalzusammenhang zwischen Medikamentenkonsum und eingetretenem pathologischen Zustand nur dann anzunehmen, wenn die pharmakologischen und toxikologischen Wirkungen des Arzneimittels in einem klinisch kontrollierten Experiment nachgewiesen wurden.[256] Dass hierdurch die Anforderungen an die Beweisführung überspannt werden, zeigt sich vor allem daran, dass außerhalb der Produkthaftung, insbesondere in den Fällen psychisch vermittelter Kausalität, auf einen exakten, in naturwissenschaftliche Größen zu fassenden Kausalitätsnachweis verzichtet wird. Denn wer könnte exakt erklären, was in Geist und Körper des Angestifteten oder Tatmittlers vor sich geht, nachdem der Anstifter oder mittelbare Täter durch geistigen Kontakt auf diesen eingewirkt hat? Obwohl die genauen Abläufe im Köperinnern unbekannt sind, wird dennoch auf die Ursächlichkeit des einwirkenden Verhaltens für den späteren Eintritt des tatbestandlichen Erfolges ausgegangen, ohne dass dies in Rechtsprechung oder Lehre je beanstandet worden wäre.[257]

Hinzu kommt, dass man sich die Frage stellen müsste, mit wessen Hilfe man die unterschiedlichen Auffassungen denn experimentell überprüfen wollte. Dafür kommen nur die Wissenschaftler der betroffenen Fachdisziplin in Betracht, unter

---

254 Dieses und das vorstehende Zitat *BGH*St 41, S. 206 (216). Ebenso *Hilgendorf*, FS Lenckner, S. 717.

255 So etwa *Kaufmann*, JZ 1971, S. 573; ebenso *Denicke*, Kausalitätsfeststellung, S. 71, die die grundsätzliche Auffassung vertritt, unbewiesene Gesetzmäßigkeiten müssten prinzipiell einer genauen Überprüfung unterzogen werden (S. 82), da nur durch Experimente ein Höchstmaß an Sicherheit zu erreichen sei (S. 103).

256 So schon das *LG Aachen* in seinem *Contergan*-Beschluss, JZ 1971, S. 511.

257 Vgl. *Keller*, GA 1999, S. 268; KMR-*Stuckenberg*, § 261 Rn. 33; *Kuhlen*, FG BGH IV, S. 654 (Fn. 46); L/R-*Gollwitzer*, § 261 Rn. 52; *Puppe*, AT/1, § 2 Rn. 20; *dies.*, Erfolgszurechnung, S. 42 f.

denen die Sachfrage aber gerade umstritten ist, weil ihnen nicht zuletzt die Kenntnisse und Möglichkeiten fehlen, mittels welcher experimenteller Versuchsreihen die von ihnen vertretene Auffassung bestätigt und die Gegenauffassung falsifiziert werden könnte. Wären sie in der Lage, durch empirische Messungen der Wahrheit näher zu kommen, würden sie diese auch ohne ein entsprechendes Diktat seitens der Rechtswissenschaft durchführen. Somit bliebe allein möglich, auf Erkenntnisgewinne mittels im Laufe der Zeit verbesserten naturwissenschaftlichen Beweisverfahren zu hoffen. Jedoch könnte der Prozess der Erkenntnisgewinnung Jahre dauern. Damit liefe die Auffassung, einen fachwissenschaftlichen Disput durch empirische Forschung lösen zu wollen, de facto auf einen strafrechtlichen „Persilschein“ für komplexe Wirksubstanzen hinaus, deren naturwissenschaftliche Erklärung nicht oder erst nach längerer Zeit, in der die Substanz möglicherweise bereits zahlreiche Schäden verursacht hat, möglich ist. Der Vertrieb neuer, gefährlicher Substanzen wäre strafrechtlich nicht sanktionierbar, obwohl gerade bei innovativen Produkten das Risiko etwaiger Rechtsgutsverletzungen am größten ist.

Schließlich ist auch zu hinterfragen, ob mittels experimenteller Überprüfung überhaupt eindeutige Erkenntnisse gewonnen werden können, die den Richter von der Pflicht entheben, sich über naturwissenschaftliche Ungewissheiten hinwegzusetzen. Denn der Nutzen von Experimenten zur Ermittlung verlässlicher Wahrheiten ist begrenzt. Zum einen ist dieselbe Situation in allen Einzelheiten nie mittels eines späteren Experiments exakt rekonstruierbar.[258] Zum anderen ist die Methode der empirischen Wissenschaften zur Ermittlung allgemeiner Gesetze die der Induktion, bei der eine allgemeine Gesetzmäßigkeit aus beobachteten Einzelfällen abgeleitet wird, mit anderen Worten der Schluss vom Besonderen auf das Allgemeine erfolgt.[259] Ob die beobachteten Einzelfälle aber ein erschöpfendes Bild von dem in Frage stehenden Lebenssachverhalt liefern oder nur einen Teil desselben abdecken und daher zur vollständigen Erkenntniserlangung weitere, unter veränderten Umständen stattfindende Beobachtungen nötig wären, ist ebenso ungewiss wie der Punkt, ob tatsächlich alle die Einzelfälle prägenden Faktoren erkannt und nicht etwa ein unbekannter Aspekt übersehen worden ist, der für die gefundenen Ergebnisse in entscheidendem Maße (mit-)verantwortlich war. Folglich sind induktive Schlüsse vom besonderen auf das allgemeine Gesetz niemals zwingend,[260] induktiv gewonnene Kausalsätze daher stets nur mehr oder weniger gut bestätigte Hypothesen in Form mehr oder minder gewichtiger Wahrscheinlichkeitsannahmen, die zwar falsifiziert, nicht aber verifiziert werden können.[261]

Hinsichtlich der empirischen Erforschung vermeintlicher Arzneimittelnebenwirkungen besteht darüber hinaus noch ein weiteres Problem. Eine Verifikation der Schadensursächlichkeit eines Arzneimittels durch Humanexperimente ist von vornherein ausgeschlossen, da wissenschaftliche Studien, die allein der Bestäti-

---

258 *Staak*, Humanexperiment, S. 203; *Toepel*, Kausalität, S. 161.

259 *Kaufmann*, Rechtsphilosophie, S. 66; *Rotsch*, wistra 1999, S. 322.

260 *Besch*, Produkthaftung, S. 154; *Fincke*, Versuchsmethoden, S. 38 f.; *Popper*, Logik, S. 3; *Unger*, Kausalität, S. 151.

261 *Besch*, Produkthaftung, S. 154; *von Glahn*, AnwBl 2002, S. 576; *Mummenhoff*, Erfahrungssätze, S. 13 f.; *Popper*, Logik der Forschung, S. 3, 15; *Röckrath*, Kausalität, S. 54; *Wohlers*, JuS 1995, S. 1023.

gung von Nebenwirkungen dienen, schon bei bloßem Verdacht medikamentenbedingter schädlicher Folgen aus ethischen und rechtlichen Gründen unzulässig sind.[262] Die experimentelle Identifikation gesundheitsgefährlicher Produkte kann nur durch Tierversuche erfolgen, deren Aussagen aber wegen der Unterschiede zwischen Mensch und Tier geringere Beweiskraft besitzen und folglich noch weniger Rückschlüsse auf die nachzuweisende Kausalität im deterministischen Sinn zulassen. Der Einwand experimenteller Überprüfbarkeit trägt daher letztlich nicht.

(cc) Einwand des Verstoßes gegen den Grundsatz „in dubio pro reo"

Als weiterer Kritikpunkt an der Auffassung der Rechtsprechung wird geltend gemacht, dass ein Hinwegsetzen über das naturwissenschaftliche non liquet einen Verstoß gegen den Zweifelssatz darstelle. Existiere kein allgemeines naturwissenschaftliches Kausalgesetz, fehle es an einer hinreichenden rational nachvollziehbaren Grundlage für die Überzeugungsbildung des Richters, weswegen er in dubio pro reo von der für den Angeklagten günstigeren, den Kausalzusammenhang verneinenden Auffassung auszugehen und demgemäß freizusprechen habe.[263] Allerdings beruht dieser Einwand auf dem bereits dargelegten fehlerhaften Verständnis des Zweifelssatzes als Beweiswürdigungsregel anstatt einer erst im Anschluss an die Beweiswürdigung relevant werdenden Beweislastregel und ist dementsprechend zurückzuweisen.

(dd) Einwand der Inkompetenz des Richters zur Beurteilung der Streitfrage

Schließlich wird die Kompetenz des Richters, sich über die fachwissenschaftliche Unentschiedenheit hinwegzusetzen, generell in Frage gestellt.[264] Der Richter, der sich über das bestehende Meinungsbild in der Fachwissenschaft hinwegsetzt und gestützt auf eine der vertretenen Auffassungen die Kausalität bejaht, entscheide, obwohl ihm hierfür die fachliche Kompetenz fehle, zugleich über die Existenz des umstrittenen naturwissenschaftlichen Kausalgesetzes und wende damit das Recht falsch an.[265] Denn es sei unerklärlich, wie der Richter durch Gesamtwürdigung aller relevanten Indizien die Kausalität feststellen könne, wenn die weit kompetenteren Fachwissenschaftler hierzu gerade nicht in der Lage sind.[266] Zudem widerspräche es der Gesetzesbindung des Richters und folglich dem Rechtsstaatsprinzip in

---

262 *LG Aachen* JZ 1971, S. 507 (511); *Hasford/Selbmann*, Grundlagen, S. 76; *Jenke*, Arzneimittel, S. 153; *Ranft*, StPO, Rn. 1633.

263 *Kühne*, StPO, Rn. 950; *Maiwald*, Kausalität, S. 108 f.; *Schulz*, Perspektiven, S. 82; *Spitz*, Produkthaftung, S. 444.

264 *Horn*, Gefährdungsdelikte, S. 142; *Kaufmann*, JZ 1971, S. 573 f. passim; *Kleine-Cosack*, Kausalitätsprobleme, S. 50; *Otto*, Jura 1992, S. 94; *Putz*, Strafrechtliche Produktverantwortlichkeit, S. 11 f.; *Roxin*, StPO, § 15 Rn. 23; S/S-*Lenckner/Eisele*, Vorbem §§ 13 ff. Rn. 75.

265 *Frisch*, Zurechnung, S. 524; *Gretenkordt*, Herstellen und Inverkehrbringen, S. 32 f. passim; *Hilgendorf*, FS Weber, S. 39; *Kühne*, StPO, Rn. 950; *Mummenhoff*, Erfahrungssätze, S. 12; *Schmucker*, Dogmatik, S. 73, 78. Ebenso wohl auch *Däbritz*, Humanerprobungen, S. 172.

266 *Denicke*, Kausalitätsfeststellung, S. 61; *Kühne*, JZ 1997, S. 1952.

Form der Rechtssicherheit, wenn der Tatrichter bei unentschiedener naturwissenschaftlicher Frage den negativen Befund entweder akzeptieren und somit freisprechen könne oder sich auf der Grundlage einer der vertretenen Auffassungen eine Überzeugung von der Schuld des Angeklagten bilden könne.[267] Letztlich trage ein Irrtum des Richters hinsichtlich der Aussagekraft der erhobenen Beweise die Verurteilung, da der Richter vor dem objektiven Negativbefund der Nichtexistenz eines Kausalgesetzes die Augen verschließe und durch Überbewertung einer umstrittenen Auffassung zur Kausalitätsbejahung gelange.[268]

Doch auch dieser Einwand ist unberechtigt. So hebt *Kuhlen* zutreffend hervor, dass sich der Richter keineswegs eine größere empirische Kompetenz anmaße, wenn er dem konkreten Rechtsstreit ein vom naturwissenschaftlichen Befund des non liquet abweichendes Kausalitätsurteil zugrunde legt.[269] Denn der Richter entscheidet im Rahmen der Kausalitätsbewertung gerade nicht über die Gültigkeit eines Kausalgesetzes im naturwissenschaftlichen Sinn,[270] weil die Würdigung der strafrechtlichen Kausalität nun einmal gänzlich anderen Regeln folgt als die Beurteilung naturwissenschaftlicher Ursachenzusammenhänge. Dies beruht auf den bereits angesprochenen unterschiedlichen Anforderungen an juristische und naturwissenschaftliche Nachweise, wie sie aus den divergierenden Zielsetzungen beider Disziplinen und der Aufgabe des Richters, den konkreten Einzelfall hic et nunc entscheiden zu müssen, resultieren.[271] Die rechtsstaatlichen Anforderungen würden auf Kosten der Einzelfallgerechtigkeit und eines effektiven Rechtsgüterschutzes erheblich überspannt, wenn man den Richter darauf beschränkte, nur die fachwissenschaftlich gesicherten Kausalgesetze anzuwenden.[272]

(ee) Ergebnis

Zusammenfassend bleibt festzuhalten, dass ein naturwissenschaftliches non liquet den erkennenden Richter nicht daran hindert, den Kausalzusammenhang im konkret zu entscheidenden Einzelfall zu bejahen oder zu verneinen, solange das Kausalitätsurteil nur objektiv nachvollziehbar ist und insofern den rechtsstaatlichen Anforderungen an ein menschenwürdiges Strafrecht genügt.

(III) Verobjektivierung bei fehlendem Erfahrungswissen

Damit ist die entscheidende Frage nach der hinreichenden Verobjektivierung der Überzeugungsbildung bei fehlendem Erfahrungswissen aufgeworfen. Da sich der Richter gerade nicht auf das Urteil der Fachwissenschaft stützen kann, muss die notwendige Objektivität auf anderem Wege erreicht werden. Dem Richter stehen

---

[267] *Hoyer*, GA 1996, S. 166.

[268] *Hoyer*, ZStW 105 (1993), S. 533.

[269] *Kuhlen*, NStZ 1990, S. 567; *ders.*, Fragen, S. 69.

[270] So auch *Besch*, Produkthaftung, S. 164; *Colussi*, Produzentenkriminalität, S. 120; *Lege*, Rechtspflichten, S. 70.

[271] Vgl. *Colussi*, Produzentenkriminalität, S. 131; *Keller*, GA 1999, S. 260; S/S-*Lenckner*, Vorbem §§ 13 ff. Rn. 110.

[272] So auch NK-*Puppe*, Vor § 13 Rn. 89; *dies.*, AT/1, § 2 Rn. 21; *dies.*, JZ 1994, S. 1150; ähnlich *Schulz*, FS Lackner, S. 42.

dabei namentlich zwei Beweismethoden zur Verfügung, mittels derer er zur subjektiven Gewissheit gelangen kann: der Anscheinsbeweis und der Indizienbeweis.

(1) Beweislastumkehr und Anscheinsbeweis im Strafrecht

Die zivilrechtliche Judikatur kommt dem Geschädigten in Produkthaftungsfällen insofern entgegen, als sie ihn durch die Instrumente des Anscheinsbeweises und der Beweislastumkehr vor unüberwindbaren Beweisschwierigkeiten hinsichtlich der Kausalität bewahrt. Fraglich ist jedoch, ob diese ohne weiteres auch im Strafrecht zur Geltung gelangen können.

(a) Beweislastumkehr

Wie der Name schon sagt, wird durch eine Beweislastumkehr die Pflicht, die für die Urteilsfindung entscheidenden Tatsachen zu beweisen, auf die andere Partei übertragen. Im Zivilrecht führt dies dazu, dass von der Grundregel, eine Partei habe die für sie günstigen Tatsachen nachzuweisen, dahingehend abgewichen wird, dass das Nichtbestehen einer vorgetragenen anspruchsbegründenden Tatsache vom potentiellen Schuldner, also regelmäßig vom Beklagten, bewiesen werden muss.[273] Übertragen auf den Strafprozess würde eine Beweislastumkehr folglich bedeuten, dass nicht der Richter mittels der Beweisaufnahme die Schuld des Angeklagten nachweisen muss, sondern vielmehr der Angeklagte verpflichtet wäre, seine Nichtschuld zu beweisen. Hier kommt nun aber die in dubio pro reo-Maxime sowie die im Strafrecht geltende Unschuldsvermutung zum Tragen, welche einer solchen Beweislastumkehr einen Riegel vorschieben und diese für den Bereich des Strafrechts kategorisch ausschließen.[274]

(b) Anscheinsbeweis

Auf den Anscheinsbeweis ist dieser negative Befund nicht per se übertragbar, obwohl auch der Anscheinsbeweis, wonach bei einem nach der Lebenserfahrung typischen Geschehensverlauf die tatsächliche Vermutung besteht, dass der eingetretene Erfolg auf der diesem typischerweise zugrunde liegenden Ursache beruht,[275] eine Beweiserleichterung darstellt. Anders als die Beweislastumkehr enthält der Anscheinsbeweis aber keine dem Zweifelsgrundsatz zuwider laufende Beweisregel für den Fall des non liquet, sondern will gerade ein solches non liquet vermeiden.[276] Der Anscheinsbeweis ist damit Teil der dem Zweifelsgrundsatz vorgelagerten Überzeugungsbildung.

Indes kann die Frage, ob eine Übertragung des Anscheinsbeweises ins Strafprozessrecht zulässig ist,[277] letztlich dahinstehen, da der Anscheinsbeweis gerade

---

[273] Vgl. *Thomas/Putzo*, Vor § 284 Rn. 29 f. m. w. N.

[274] So zutreffend *Kuhlen*, Fragen, S. 39 f.; *ders.* in: Achenbach/Ransiek, HWSt, II Rn. 43

[275] Siehe *Thomas/Putzo*, § 284 Rn. 12 ff.

[276] Vgl. *Kuhlen*, Fragen, S. 41; *Volk*, GA 1973, S. 163. Um Verwechslungen vorzubeugen favorisiert *Hamm*, StV 1997, S. 162, den Begriff der „evidenten Kausalität".

[277] Eine Übertragung für zulässig erachtend *Kuhlen*, Fragen, S. 46 ff.; *Volk*, GA 1973, S. 165; eine Übertragung hingegen strikt ablehnend *Bottke/Mayer*, ZfBR 1991, S. 237; *Deutscher/Körner*, wistra 1996, S. 294; *Louven*, MDR 1970, S. 296; *Roxin*, StPO, § 15

nicht über das Problem fehlender Kausalgesetze hinweghilft. Wie der *BGH* zutreffend klarstellt, greift der Anscheinsbeweis nur dort, „wo es um typische Geschehensabläufe geht, bei denen die festgestellten Umstände nach den Regeln des Lebens und der Erfahrung des Üblichen und Gewöhnlichen in so starkem Maße den Schluss auf das Vorliegen anderer Umstände, insbesondere einer bestimmten Verursachung oder eines Verschuldens, aufdrängen, dass danach zunächst ohne weiteren Nachweis die volle richterliche Überzeugung von dem Vorliegen dieser anderen Umstände auch in dem zu beurteilenden Fall begründet wird."[278] Folglich setzt der Anscheinsbeweis besonders verlässliche Erfahrungssätze voraus, wonach ein bestimmtes Geschehen regelmäßig in ein und derselben Weise abläuft und deshalb als Regel formuliert werden kann. Im Hinblick auf die Schadenseignung eines als Auslöser der Gesundheitsbeeinträchtigung in Betracht kommenden Arzneimittels fehlt es aber regelmäßig an einem eben solchen Erfahrungswissen, so dass ein Anscheinsbeweis gerade nicht geführt werden kann.[279]

Scheidet der Anscheinsbeweis somit als Methode objektiv nachvollziehbarer Überzeugungsbildung aus, verbleibt allein noch die Möglichkeit, im Wege des Indizienbeweises zu einem sachgerechten Kausalitätsurteil zu kommen.

(2) Kausalitätsfeststellung durch Ausschluss von Alternativursachen

Als ein solcher (indirekter) Indizienbeweis kommt das von der Rechtsprechung in Produkthaftungsfällen angewendete Ausschlussverfahren in Betracht, mittels dessen der *BGH* sowohl im Lederspray-Verfahren als auch im Holzschutzmittel-Prozess den generellen Kausalzusammenhang bejahte.

(a) Auffassung der Rechtsprechung

So führte der *BGH* im Lederspray-Urteil zur Begründung der Schadensursächlichkeit des Ledersprays aus, dass dort, wo sich diese nicht aufgrund naturwissenschaftlichen Erfahrungswissens darlegen lasse, ein Nachweis auch durch Ausschluss aller anderen potentiellen Schadensursachen erfolgen könne. Einer genauen Kenntnis der Kette zwischen Schadensfaktor und Schaden bedürfe es insoweit nicht, weswegen sich insbesondere auch die Feststellung der genauen schadensursächlichen Wirksubstanz erübrige.[280] Die Bejahung der Kausalität setzt danach lediglich voraus, dass sich der Richter mit den anderen Möglichkeiten erschöpfend auseinandergesetzt und sie nachvollziehbar ausgeschlossen hat.

Rn. 16; *Schmidt-Salzer*, Produkthaftung, Rn. 1.547; *Schmucker*, Dogmatik, S. 81; *Tiedemann/Tiedemann*, FS Schmitt, S. 148.

278 *BGH* LM Nr. 45 zu § 256 ZPO.

279 *Unger*, Kausalität, S. 168.

280 *BGH*St 37, S. 106 (112).

(b) Kritik

Die Rechtsprechung des *BGH* stieß im Schrifttum neben Zustimmung[281] zu Recht überwiegend auf Kritik. Zwar ist dem *BGH* darin zuzustimmen, dass es auf die Kenntnis der genauen Wirksubstanz des Produktes nicht ankommen kann, solange nur der Nachweis für die Schadensursächlichkeit des Produktes als solchem erbracht ist.[282] Letzteres ist aber im Wege des Ausschlussverfahrens gerade nicht möglich, da ein Ausschlussverfahren, wie es die Rechtsprechung selbst für erforderlich hält, nicht durchführbar ist. Denn das von der Rechtsprechung propagierte Ausschlussverfahren stellt bei genauerem Hinsehen nichts anderes dar als eine Umformulierung, eine prozessuale Ausprägung des Eliminationsverfahrens der conditio-Formel.[283] Hier wie dort geht es um das Wegdenken möglicher Ursachen. Während auf materiellrechtlicher Ebene die Kausalität eines bestimmten Ereignisses untersucht wird, indem man es wegdenkt und so überprüft, ob der Erfolg auch dann aufgrund anderer Ursachen eingetreten wäre, werden im Rahmen des prozessualen Ausschlussverfahrens umgekehrt alle anderen potentiell erfolgsursächlichen Faktoren eliminiert, um hierdurch auf die Kausalität eines bestimmten Ereignisses zu schließen, dessen Ursächlichkeit positiv nicht festgestellt werden kann. Damit sieht sich das Ausschlussverfahren denselben Einwänden ausgesetzt wie die conditio-Formel. Fehlt es nämlich an einem positiven Kausalgesetz, mangelt es denklogisch auch an der Gewissheit, dass keine andere Ursache existiert, die den Erfolg ebenso herbeigeführt haben könnte. Die Elimination aller Ersatzursachen ist nichts anderes als die negative Umschreibung eines positiven Kausalgesetzes und kann folglich auch nicht ein Weniger an Wissen voraussetzen.[284] Ähnlich wie auf der materiellrechtlichen Ebene führt das Eliminationsverfahren in die Irre und verschleiert, dass ohne positive Kenntnis der generellen Kausalität ein Ursachenzusammenhang im konkreten Fall nicht herzuleiten ist. Wenn der *BGH* der Illusion verfällt, er könne auf diese Weise die generelle Kausalität feststellen, so liegt dies daran, dass er selbst – womöglich unbewusst – das Verfahren dahingehend einschränkt, dass „alle in Betracht kommenden" Alternativen ausgeschlos-

---

281 *Bock*, Produktkriminalität, S. 71; *Bosch*, Organisationsverschulden, S. 94; *Erb*, JuS 1994, S. 449; *Kindhäuser*, AT, § 10 Rn. 14; *Krekeler/Werner*, Unternehmer und Strafrecht, Rn. 1072; *Kuhlen*, NStZ 1990, S. 567; *ders.*, FG BGH IV, S. 653 f.; *ders.*, JZ 1994, S. 1145; *Nehm*, Produkthaftung, S. 10 ff.; *Ranft*, StPO, Rn. 1635; S/S-*Cramer/Sternberg-Lieben*, § 15 Rn. 223c; *Schulz*, Perspektiven, S. 83; *Vogel*, Norm und Pflicht, S. 153; *ders.*, FS Lorenz, S. 72 f.; *Wohlers*, JuS 1995, S. 1023 f.

282 Ebenso *Baumann/Weber/Mitsch*, AT, § 14 Rn. 48; D/L-*Tag*, §§ 95/96 Rn. 10; *Gretenkordt*, Herstellen und Inverkehrbringen, S. 112; *Hilgendorf*, Produzentenhaftung, S. 122; *ders.*, FS Weber, S. 41; *Krey*, AT/1, Rn. 277; *Kuhlen* in: Achenbach/Ransiek, HWSt, II Rn. 44; *Niemeyer* in: Müller-Gugenberger/Bieneck, WiStR, § 17 Rn. 14; *Unger*, Kausalität, S. 227; a. A. *Otto*, WiB 1995, S. 931 f.

283 *Braum*, KritV 1994, S. 184; *Rotsch*, Individuelle Haftung, S. 97; *Samson*, StV 1991, S. 183; *Spitz*, S. 443.

284 *Kühne*, NJW 1997, S. 1953; *Otto*, WiB 1995, S. 932; *Puppe*, AT/1, § 2 Rn. 8; *dies.*, JR 1992, S. 31; *Samson*, StV 1991, S. 183; *Schaal*, Gremienentscheidungen, S. 68 f.; *Schwartz*, Produkthaftung, S. 56 f. Ähnlich *Hilgendorf*, FS Weber, S. 41.

sen werden müssten.[285] Unter dieser Prämisse ist das Ausschlussverfahren zwar durchführbar, es taugt aber nicht zur Kausalitätsfeststellung, da dann auch die zu beweisende Kausalität eben nur in Betracht kommt.[286] Eine Kausalitätsfeststellung im Wege des Ausschlussverfahrens kann theoretisch nur dann gelingen, wenn sämtliche Umstände, die einen Schaden der aufgetretenen Art hervorrufen können, abschließend bekannt sind und eindeutig festgestellt werden kann, dass von diesen lediglich einer im konkreten Einzelfall vorlag.[287] Eine Kenntnis aller Schadensursachen ist aber nun einmal aufgrund der Begrenztheit menschlichen Wissens praktisch ausgeschlossen, so dass das Ausschlussverfahren de facto undurchführbar ist.[288]

Ein weiterer Grund, warum das Ausschlussverfahren wenig überzeugend ist, resultiert aus der Tatsache, dass das Kausalgesetz integraler Bestandteil des materiellrechtlichen Kausalitätsbegriffs ist und damit prozessual eine Haupttatsache darstellt.[289] Wie *Puppe*[290] zutreffend betont, muss eine Haupttatsache, ehe sie bewiesen wird, zunächst einmal behauptet und inhaltlich angegeben werden können. Es genügt nicht, wenn man aufgrund noch so überzeugender Indizien annimmt, es gebe eine Tatsache, die die Funktion der betreffenden Haupttatsache im Einzelfall übernimmt. Deshalb ist es unzureichend, im Strafprozess einen Kausalzusammenhang dadurch festzustellen, dass man aufgrund von Indizien wie dem Ausschluss alternativer Ursachen annimmt, es gebe irgendein allgemeines Gesetz, das die fragliche Ursache mit dem eingetretenen Erfolg verknüpft.[291] Denn ein dergestalt unvollständiger indirekter Beweis liefe wiederum auf eine Beweislastumkehr zu Lasten des Verdächtigen hinaus. Da das Kausalgesetz nämlich nicht namhaft gemacht werden kann, ist es dem Beschuldigten auch unmöglich, dieses zu erschüttern oder gar zu widerlegen, so dass er einer Verurteilung im Ergebnis nur dadurch entgehen kann, dass er dem Richter eine plausiblere Kausalhypothese liefert.[292]

(c) Ergebnis

Somit ist festzuhalten, dass das Ausschlussverfahren mangels faktischer Durchführbarkeit und Unmöglichkeit, das „ermittelte" Kausalgesetz namhaft machen zu können, den Anforderungen an eine rechtsstaatlich gebotene Verobjektivierung der richterlichen Überzeugungsbildung nicht gerecht wird. Ähnlich wie das Weg-

---

[285] *BGH*St 37, S. 106 (112).

[286] Ähnlich *Goll/Winkelbauer* in: von Westphalen, Produkthaftungshandbuch, § 47 Rn. 53; *Volk*, NStZ 1996, S. 108 f.; *Roxin*, AT/1, § 11 Rn. 18.

[287] So zutreffend *Samson*, StV 1991, S. 183. Ebenso *Denicke*, Kausalitätsfeststellung, S. 81; *Schmucker*, Dogmatik, S. 84 f.

[288] A. A. *Kuhlen*, FG BGH IV, S. 653, der in der aufgrund des rudimentären menschlichen Wissens bestehenden Möglichkeit, die wahre Schadensursache letztlich nicht in Betracht gezogen zu haben, eine rein theoretische Denkmöglichkeit sieht, welche eine Überzeugungsbildung im Sinne des § 261 StPO nicht ausschließe.

[289] Vgl. *Volk*, StPO, § 23 Rn. 2.

[290] NK-*Puppe*, Vor § 13 Rn. 84; *dies.*, Erfolgszurechnung, S. 37.

[291] *Puppe*, JZ 1994, S. 1149.

[292] *Puppe*, AT/1, § 2 Rn. 9; *dies.*, Erfolgszurechnung, S. 34; *dies.*, JZ 1996, S. 319; *Günther*, KritV 1997, S. 215.

denken des fraglichen Ereignisses im Rahmen der conditio-Formel kann auch die Untersuchung potentieller Alternativursachen allenfalls zur Überprüfung eines anderweitig ermittelten Kausalgesetzes dienen.[293]

An diesem Befund ändert entgegen der Ansicht des *BGH* im Holzschutzmittel-Urteil[294] auch der Umstand nichts, dass es vollkommen ausreicht, die Mitursächlichkeit des betreffenden Produkts zweifelsfrei festzustellen. Zwar setzt der Nachweis der Mitursächlichkeit insofern weniger voraus als derjenige der Alleinursächlichkeit, als das fragliche Ereignis lediglich notwendige, nicht aber hinreichende Bedingung für den Erfolgseintritt sein muss. Indes muss es nichtsdestotrotz Bedingung und als solche – sei es auch nur in Verbindung mit einem weiteren Ereignis – kausalgesetzlich mit dem Erfolg verbunden sein.[295]

e. Fazit

Folglich existiert kein Verfahren, mittels dessen bei Nichtexistenz eines anerkannten Kausalgesetzes in objektiver, rationaler und intersubjektiv nachvollziehbarer Weise die Kausalität eines Ereignisses festgestellt werden kann.

Geht man aber wie bereits dargelegt zutreffend davon aus, dass eine Verobjektivierung der freien richterlichen Beweiswürdigung zwingend erforderlich ist, um eine Aushöhlung des Grundsatzes in dubio pro reo zu verhindern, müsste demnach die Kausalität verneint werden. Das Strafrecht mit seinem traditionell deterministischen Kausalverständnis stößt im Bereich der Produkthaftung mangels Nachweisbarkeit der generellen Kausalität an seine Grenzen.

4. Entwicklung eines probabilistischen Kausalmodells

Zahlreiche Stimmen in der Literatur begnügen sich mit diesem unbefriedigenden Negativbefund und verweisen auf den Gesetzgeber, dem allein die Entscheidung zukomme, durch Schaffung eines Risikostrafrechts, etwa in Form verminderter Kausalitätsanforderungen, der Problematik der generellen Kausalität abzuhelfen.[296] Jedoch ist es Sache der Strafgerichte, die geltenden Strafgesetze auszulegen und anzuwenden. Element des gesetzlichen Tatbestandes ist aber nun einmal auch die Kausalität, so dass deren Interpretation ureigene Aufgabe der Rechtsprechung und der sie tragenden Rechtswissenschaft ist. Bedenkt man, dass sich das Weltbild der Naturwissenschaft im Laufe des 20. Jahrhunderts vom Modell eines strikten Determinismus zu einem Modell gewandelt hat, welches von der Indeterminiertheit bestimmter Lebensbereiche ausgeht, so stellt sich die Frage, ob nicht auch die Rechtsprechung und mit ihr die Rechtswissenschaft gehalten ist, vom traditionellen deterministischen Kausalitätsverständnis abzurücken und Kausalität auch auf

---

[293] So auch *Hilgendorf*, FS Lenckner, S. 714.

[294] *BGH*St 41, S. 206 (216).

[295] *Bosch*, Organisationsverschulden, S. 92; *Otto*, WiB 1995, S. 932; *Schmucker*, Dogmatik, S. 86.

[296] Siehe z. B. *Eichinger*, Produkthaftung, S. 198; *von Glahn*, AnwBl 2002, S. 577; *Günther*, KritV 1997, S. 223; *Kleine-Cosack*, Kausalitätsprobleme, S. 54; *Kühne*, StPO, Rn. 950; *ders.*, NJW 1997, S. 1953 f.

der Grundlage indeterministischer Kausalgesetze zu bejahen, sofern diese einen Kausalzusammenhang mit hoher Wahrscheinlichkeit nahe legen.

a. Modifikationsbedürftigkeit des Kausalitätsbegriffs

Die Ausführungen zum Problem der generellen Kausalität haben gezeigt, dass eine sachgerechte Lösung desselben nur durch Modifikation des materiellrechtlichen Kausalitätsbegriffs erfolgen kann,[297] da eine bloße Absenkung der prozessualen Anforderungen an den Kausalnachweis bei gleichzeitiger Aufrechterhaltung des materiellrechtlichen Erfordernisses absolut sicherer Kausalität auf die Etablierung einer rechtsstaatlich bedenklichen Überführungserleichterung hinausliefe.[298] Zudem ist *Spitz* beizupflichten, wenn er es als ehrlicher empfindet, das Tatbestandsmerkmal Kausalität so auszulegen, dass es den Zielen und Aufgaben des Strafrechts entspricht und trotzdem weitestmöglich in Einklang mit dem naturwissenschaftlichen Kausalitätsbegriff steht, als im Wege prozessualer Beweiserleichterungen quasi durch die Hintertür Verurteilungen auf der Basis bloßer Wahrscheinlichkeiten den Weg zu bereiten.[299]

Dabei ist der Schritt hin zu einem auf Wahrscheinlichkeitsgesetzen gestützten, probabilistischen Kausalmodell bei weitem nicht so groß, wie oft behauptet wird. Letztlich zeigen die Entscheidungen der Rechtsprechung, dass das, was prozessual verkappt geschieht, nichts anderes ist als eine heimliche Modifikation des Kausalitätsbegriffs weg von der Determination hin zur Probabilität.[300] Denn wenn sich ein generelles Kausalgesetz im deterministischen Sinn im Prozess nicht feststellen lässt, die Rechtsprechung aber mittels eines bestimmten Beweisverfahrens auch ohne die Existenz eines solchen Gesetzes die Kausalität unter Umständen bejaht, hat dies Auswirkungen auf das Tatbestandsmerkmal „Kausalität", welches nicht mehr im Sinne des traditionellen Verständnisses der Lehre von der gesetzmäßigen Bedingung aus einem generellen deterministischen Kausalgesetz abgeleitet werden kann.[301] Vielmehr tritt an die Stelle des deterministischen Kausalgesetzes eine auf Beobachtungen beruhende indeterministische, bloße statistische Wahrscheinlichkeiten liefernde Kausalhypothese.[302]

Nur der Verzicht auf ein deterministisches Kausalgesetz entbindet indes den Richter von dem Erfordernis, sich subjektiv von der Existenz eines solchen zu überzeugen, und schafft durch Übereinstimmung von objektiv erforderlicher hoher Wahrscheinlichkeit und subjektiv maximal erreichbarer hoher Wahrscheinlichkeit der Kausalität die Gewähr für eine objektivierte, rational nachvollziehbare und

[297] So bereits *Hassemer*, Produktverantwortung, S. 30, 40.

[298] Ähnlich *Däbritz*, Humanerprobungen, S. 172.

[299] *Spitz*, Produkthaftung, S. 440; ähnlich *Hoyer*, ZStW 105 (1993), S. 552; *Röckrath*, Kausalität, S. 55; *Roxin*, AT/1, § 11 Rn. 16; *Volk*, GA 1976, S. 170; *ders.*, NStZ 1996, S. 108. Ebenso eine Lösung über das materielle Recht prozessualen Beweiserleichterungen prinzipiell vorziehend *Hillenkamp*, Beweisprobleme, S. 242 f.

[300] Vgl. *Volk*, NStZ 1996, S. 108. Ebenso *Brammsen*, Jura 1991, S. 536, 538, der in der Strafrechtsprechung zur Produktverantwortung eine Umsetzung des materiellrechtlichen Prinzips der Risikoerhöhung sieht.

[301] Vgl. *Günther*, KritV 1997, S. 214.

[302] *Volk*, NStZ 1996, S. 109.

damit rechtsstaatlichen Anforderungen genügende Überzeugungsbildung des Richters. Dementsprechend mehren sich die Stimmen im Schrifttum, die eine materiellrechtliche Neudefinition der Kausalität verlangen.[303]

Die Modifikation des materiellrechtlichen Kausalitätsbegriffs hilft des Weiteren über ein oft nicht erkanntes oder in seiner Bedeutung unterschätztes Problem hinweg. Nur ein probabilistischer Kausalitätsbegriff trägt dem Umstand Rechnung, dass wir uns aufgrund der Begrenztheit menschlichen Wissens nie sicher sein können, ob ein Bereich indeterministisch ist oder uns nur die Möglichkeiten fehlen, den schwer zu entschlüsselnden Determinismus zu erkennen. Somit können die Wahrscheinlichkeitssaussagen eines Sachverständigen verschieden interpretiert werden: entweder als Aussagen über einen vollständig determinierten, aber nicht vollständig bekannten, oder über einen vollständig bekannten, aber nicht vollständig determinierten Bereich.[304] Stellten wir uns auf den Standpunkt, das Geschehen habe sich in einem nicht deterministischen Bereich abgespielt, könnten wir ohnehin nur mit Wahrscheinlichkeiten und Statistiken arbeiten. Nähmen wir im Gegenteil an, wir seien lediglich unfähig, die Determinierung zu erkennen, stellt sich die Frage, wie hoch die Wahrscheinlichkeit eines bestimmten Geschehensablaufs sein muss, um vernünftige Zweifel auszuschalten. Dies zeigt, dass letztlich in beiden Situationen mit Wahrscheinlichkeitsregeln gearbeitet werden muss.[305] Somit ist es nur konsequent, im Interesse des Einklangs von materiellem und prozessualem Recht bereits auf der Tatbestandsebene eine hohe Wahrscheinlichkeit ausreichen zu lassen.

Schließlich trägt ein probabilistischer Kausalbegriff auch der berechtigten Forderung nach Namhaftmachung des dem bejahten Kausalzusammenhang zugrunde liegenden Kausalgesetzes Rechnung, indem zwar keine deterministische, dafür aber eine probabilistische Gesetzmäßigkeit angegeben werden kann, unter die der konkrete Sachverhalt subsumierbar ist.

Zwar ist nicht zu leugnen, dass probabilistische Gesetze, die wie deterministische nicht verifiziert, im Gegensatz zu diesen aber auch nicht falsifiziert werden können,[306] mit zusätzlichen Problemen und Unsicherheitsfaktoren belastet sind. Dennoch verdient ihre Anwendung den Vorzug vor einer wie auch immer gearteten prozessualen Verklärung der Kausalitätsproblematik durch das Institut der freien richterlichen Beweiswürdigung, da in wissenschaftlichen Studien herausgearbeitete probabilistische Gesetze als systematische, intersubjektiv nachprüfbare Aussagen dem Gebot der Rechtssicherheit weit besser gerecht werden.[307]

---

303 So insbesondere *Hoyer*, GA 1996, S. 166; *ders.*, FS Rudolphi, S. 100. Diesem folgend *Hilgendorf*, FS Lenckner, S. 702; NK-*Puppe*, Vor § 13 Rn. 151.

304 NK-*Puppe*, Vor § 13 Rn. 139.

305 Zu diesem Ergebnis kommt auch NK-*Puppe*, Vor § 13 Rn. 139, die die Rechtswissenschaft insbesondere bei medizinischen Aussagen vor die Alternative gestellt sieht, entweder in weiten Bereichen auf jede Erfolgszurechnung und damit auf Haftung für Fahrlässigkeitsdelikte zu verzichten oder die Zurechnung auf Wahrscheinlichkeitserklärungen zu gründen.

306 *Kleine-Cosack*, Kausalitätsprobleme, S. 41; *Mummenhoff*, Erfahrungssätze, S. 39; *Röckrath*, Kausalität, S. 54; *Unger*, Kausalität, S. 152.

307 Vgl. *Hilgendorf*, FS Lenckner, S. 707; ähnlich auch *Toepel*, Kausalität, S. 155.

b. Rechtfertigung eines modernen Kausalbegriffs

Insofern spricht in der Tat einiges dafür, den Kausalitätsbegriff vom Dogma des Determinismus zu befreien und die hohe Wahrscheinlichkeit eines Bedingungszusammenhangs, gestützt auf eine probabilistische Gesetzmäßigkeit, als ausreichend anzusehen. Da dies jedoch im Widerspruch zur herkömmlichen Strafrechtsdogmatik steht, die sich im Laufe der Zeit entwickelt und durch kontroverse Debatten innerhalb der Strafrechtswissenschaft aus guten Gründen nach und nach gefestigt hat, stellt sich die Frage, ob und gegebenenfalls wie eine Abkehr von der traditionellen Strafrechtsdogmatik überhaupt gerechtfertigt werden kann.

(A) Naturwissenschaftliche Legitimation probabilistischer Kausalmodelle

Gestützt wird ein probabilistischer Kausalbegriff, wie bereits angedeutet, durch die Erkenntnisse der modernen Naturwissenschaften. Diese haben sich vom Laplace'schen Weltbild, wonach sich alle Ereignisse exakt (voraus-)berechnen lassen, abgewandt und konzedieren, dass Kausalprozesse oft zu vielschichtig und komplex sind, um die diese steuernden Kausalgesetze erfassen und exakt wiedergeben zu können.[308] Demnach existieren keine totalen, abgeschlossenen Erklärungen, die ein Ereignis in allen Einzelheiten erklären.[309] Vielmehr ist anerkannt, dass gerade nicht jedes Ereignis in dieser Welt auf ein vorhergehendes Ereignis zwingend folgt, dass nicht jedes Werden ein Bewirktwerden ist.[310]

Dies gilt auch und gerade für den Bereich der Medizin und Pharmakologie. Bei der Entwicklung von Gesundheitsbeeinträchtigungen ist schon lange anerkannt, dass diese nicht einem absoluten gesetzlichen Determinismus entspringt. Ob sich ein Gesundheitsschaden einstellt und wie der Immunapparat des Patienten darauf reagiert, hängt nach heutiger Erkenntnis nicht zuletzt auch von psychischen Faktoren sowie den Verhaltensweisen des Patienten und seiner Kontaktpersonen ab, so dass die Vorgänge im menschlichen Organismus aus heutiger Sicht keinen strikten Determinismen folgen.[311] Dies und nicht etwa der Mangel an Beweisen bedingt, dass niemals mit Gewissheit, sondern allenfalls mit hoher Wahrscheinlichkeit prognostiziert werden kann, ob der Patient ohne Einnahme eines bestimmten Arzneimittels nicht erkrankt bzw. gar verstorben wäre.[312]

Liegt es somit aufgrund der Abkehr der Naturwissenschaften von einem deterministischen Weltbild nahe, dass sich auch die Rechtswissenschaft bei der Beurteilung der Welt von einer deterministischen Kausalvorstellung freizumachen

---

308 Siehe hierzu *Stegmüller* I, S. 108; *Stratenwerth*, FS Gallas, S. 233; NK-*Puppe*, Vor § 13 Rn. 148; *dies.*, ZStW 95 (1983), S. 301; *dies.*, ZStW 99 (1987), S. 603. Ähnlich *Vogeler*, MedR 1984, S. 133.

309 *Hilgendorf*, PharmR 1994, S. 305; *Stegmüller* I, S. 112.

310 Siehe z. B. *Denicke*, Kausalitätsfeststellung, S. 23; *Maiwald*, Kausalität, S. 13 ff.; *Stegmüller* I, S. 108; a. A. *Kuhlen*, Fragen, S. 72, der die mangelnde Kenntnis strikter Kausalzusammenhänge nicht auf eine indeterminierte Welt, sondern allein auf die Vorläufigkeit unseres Wissens zurückführt.

311 *von Glahn*, AnwBl 2002, S. 574; NK-*Puppe*, Vor § 13 Rn. 138 m. w. N.; *dies.*, AT/1, § 2 Rn. 24; *Schaal*, Gremienentscheidungen, S. 69 f.

312 NK-*Puppe*, Vor § 13 Rn. 138; *dies.*, Erfolgszurechnung, S. 45; ebenso *Jordan*, Therapiestudien, S. 45 f.; *Ziethen*, Probabilistische Zurechnung, S. 91.

hat,[313] so ist es letztlich nichtsdestotrotz eine normativ nach Sinn und Zweck des Strafrechts zu treffende Entscheidung, ob probabilistische Gesetze für die Annahme eines Kausalzusammenhangs genügen sollen. So steht es der Rechtswissenschaft als eigenständiger Disziplin durchaus frei, am herkömmlichen Kausalitätsbegriff festzuhalten.[314] Für ein Festhalten am traditionellen Kausalverständnis wird mitunter vorgetragen, dass der Begriff der Wirkursache in der Alltagssprache tief verwurzelt ist und sich das Recht primär am Denken und Handeln des Soziallebens und nicht an den Erkenntnissen der Naturwissenschaften ausrichten müsse.[315] Diese Auffassung erscheint jedoch bedenklich. Zum einen würde das geltende Recht von den Naturwissenschaften nicht mehr verstanden, zum anderen verlöre das Recht mit der Abkehr von wissenschaftlichen Erkenntnissen seine Legitimationsgrundlage, die stets darin besteht, ausgehend von den tatsächlichen Gegebenheiten in der Welt ein System zu schaffen, in dem ein friedliches Miteinander der Menschen unter möglichst geringer Einschränkung persönlicher Freiheiten gewährleistet ist.[316] Allerdings argumentiert auch *Maiwald* zur Bestätigung seiner Auffassung mit dem Zweck des Strafrechts, Rechtsfrieden herzustellen. So sei Rechtsfrieden im Endeffekt nichts anderes als ein an Werten orientierter befriedeter Zustand. Ausschlaggebend seien dabei die Wertvorstellungen oder auch das Gerechtigkeitsempfinden der Allgemeinheit. Richterliche Urteile müssten überzeugend sein und eine solche Überzeugungskraft setze voraus, dass die gerichtliche Begründung verstanden werden könne. Dieses Verstehen müsse das Alltagsverstehen sein, sprich diejenige Kommunikation betreffen, die im Sozialleben vorgefunden werde.[317] Dem ist nicht zu widersprechen. Auch ist nicht zu leugnen, dass die Alltagssprache von einem naiven Determinismus geprägt ist, indem formuliert wird, dass ein Ereignis das andere bewirke. Indes lässt sich hieraus nicht auf das herrschende Alltagsverständnis schließen. Denn gerade in Bezug auf psychische Einwirkungen oder organische Abläufe im Inneren des Menschen herrscht auch in der Bevölkerung die Ansicht vor, dass die Verursachung im konkreten Einzelfall von psychischen Vorprägungen bzw. der aktuellen psychischen Verfassung der der Einwirkung ausgesetzten Person abhängt und somit stets nur eine mehr oder weniger hohe Wahrscheinlichkeit eines Ursache-Wirkung-Zusammenhangs besteht. Auch entspricht es dem Alltagsverständnis, dass sich Prozesse, an denen Menschen beteiligt sind, niemals mit absoluter Gewissheit vorhersagen lassen. Zudem wecken die Medien und die moderne Schulbildung in den Köpfen der

---

313 So *Knauer*, Kollegialentscheidung, S. 110.

314 Vgl. *Baumann/Weber/Mitsch*, AT, § 14 Rn. 6 f.; *Fincke*, Versuchsmethoden, S. 74; *Hilgendorf*, FS Lenckner, S. 702; *ders.*, Jura 1995, S. 516; *Schlüchter*, JA 1984, S. 677.

315 *Maiwald*, Kausalität, S. 84 ff.; *Roxin*, AT/1, § 11 Rn. 3; *Koriath*, Kausalität, S. 48 f.

316 Vgl. *Schmidhäuser*, FS Schmidt, S. 521 f.; ähnlich *Kleine-Cosack*, Kausalitätsprobleme, S. 50. Dieser Auffassung scheint auch *Lampe*, GedS Kaufmann, S. 212, zu sein, wenn er betont, dass es Gesetzmäßigkeiten gebe, die dem Recht vorgegeben seien und auf denen es aufbauen müsse, wenn es „richtiges Recht" sein wolle. Allerdings zieht er aus dieser zustimmungswürdigen Aussage nicht die logische Konsequenz, dass sich das Recht der naturwissenschaftlichen Erkenntnis „100%ige Gesetzmäßigkeiten gibt es nicht" anpassen muss.

317 *Maiwald*, Kausalität, S. 101 f. passim.

Menschen immer stärker die Überzeugung, dass die Welt nicht deterministischer Natur ist, so dass das vorherrschende alltägliche Kausalitätsverständnis wohl eher probabilistischer Natur sein dürfte.[318] Die Redewendung, ein Ereignis verursache das andere, ist daher genau betrachtet nichts anderes als eine der Bequemlichkeit geschuldete sprachliche Verkürzung des Umstandes, dass das betreffende Ereignis mit hoher Wahrscheinlichkeit das andere hervorgerufen hat.

Somit entspricht ein deterministisches Kausalmodell gerade nicht den Wertvorstellungen und Überzeugungen sowie dem darauf aufbauenden Gerechtigkeitsempfinden der Allgemeinheit. Die Aufrechterhaltung des klassischen Kausalitätsverständnisses trägt daher gerade nicht zum Rechtsfrieden bei.

(B) Legitimation durch die geübte Rechtspraxis

Für ein probabilistisches Kausalmodell spricht des Weiteren, dass die Rechtspraxis schon jetzt bei Geschehensabläufen, bei denen der Erfolg über einen Dritten herbeigeführt wird, de facto auf ein solches zurückgreift.[319] So ist etwa in Fällen psychisch vermittelter Kausalität die Rede davon, dass der Betrüger durch die Täuschung die Verfügung und der Anstifter durch Rat oder Tat den Tatentschluss „verursacht" habe, der Betrüger das Opfer und der Anstifter den Haupttäter nicht zu dem entsprechenden Verhalten determinieren, sondern lediglich motivieren.[320] In diesen Fällen den Ursachenzusammenhang zwischen Täuschung und Vermögensverfügung, zwischen Anstiftung und späterer Tat zu bejahen, obwohl keine Gesetzmäßigkeiten existieren bzw. bekannt sind, welche die psychischen Prozesse im Inneren des Opfers bzw. Angestifteten determinieren, heißt nichts anderes, als sich mit einem Weniger an Gewissheit, sprich mit Wahrscheinlichkeiten zufrieden zu geben. Recht hat daher *Kuhlen*, wenn er die Beschränkung des gesetzmäßigen Bedingungszusammenhangs auf deterministische Kausalgesetze als Traditionsbruch ablehnt, „weil es dazu zwingen würde, die einheitliche, auch die psychische Vermittlung umfassende Vorstellung von Kausalität aufzugeben."[321]

(C) Kriminalpolitische Legitimation

Schließlich sprechen auch kriminalpolitische Gründe für eine Modifikation des Kausalbegriffs. So ist die Hinwendung zu einer auf naturwissenschaftlichen Erkenntnissen und Beweisverfahren beruhenden Probabilität unter dem Aspekt eines effektiven Rechtsgüterschutzes geradezu geboten.[322] Dem muss letzten Endes auch die Strafrechtsdogmatik Rechnung tragen. Systematische Geschlossenheit und begriffliche Sauberkeit im Recht sind keine Werte an sich, sondern stehen vielmehr im Dienst zeitgerechter Antworten.[323] Die Festlegung auf einen strikten Determi-

---

318 So auch *Röckrath*, Kausalität, S. 55.

319 Vgl. *Hoyer*, GA 1996, S. 166; *Puppe*, ZStW 95 (1983), S. 293 f.

320 *Hoyer*, GA 1996, S. 166 f.; *ders.*, FS Rudolphi, S. 97; *Knauer*, Kollegialentscheidung, S. 103 ff.; *Puppe*, ZStW 95 (1983), S. 297; *dies.*, Erfolgszurechnung, S. 59.

321 *Kuhlen*, FG BGH IV, S. 652. Ähnlich *Otto*, Jura 1992, S. 95.

322 *Hoyer*, ZStW 105 (1993), S. 537.

323 *Hassemer*, Produktverantwortung, S. 23. Ähnlich *Kaufmann*, FS Jescheck, S. 251, der hervorhebt, dass jedes ernsthafte Systemkonzept insofern „teleologisch" sei, als sich die zugrunde liegende Dogmatik im Hinblick auf die gestellte Aufgabe zu entfalten hat und

nismus ist daher nicht unabänderlich. Sie beruht zwar auf der berechtigten Überlegung, dass hierdurch Zweifel an der Kausalität eines Verhaltens weitestmöglich vermieden werden, jedoch ist sie aufzugeben, wenn bessere, etwa kriminalpolitische Gründe für eine Modifikation der Strafrechtsdogmatik sprechen.[324] Ein Strafrecht, das nur legitim ist, wenn es geeignet ist, die mit ihm bezweckten Ziele zu erreichen, kann sich nicht aus grundsätzlichen Erwägungen gegen Funktionalisierungen wehren.[325]

Leitlinie bei der Wahl des Kausalbegriffs muss demnach vor allem die Schaffung eines leistungsfähigen Kausalmodells sein, welches sich nicht auf irreale Annahmen, sondern auf die tatsächlichen, in der Welt existenten Gegebenheiten stützt, daneben aber auch problematische Fallgestaltungen befriedigend zu lösen vermag und zugleich in der Praxis handhabbar ist.[326] All dies ist bei einem probabilistischen Kausalmodell aber unstreitig der Fall.

c. Bedenken gegen ein probabilistisches Kausalmodell

Allerdings wird gegen ein probabilistisches Kausalverständnis von Teilen des Schrifttums ins Feld geführt, dass hierdurch Erfolgsdelikte unzulässigerweise in Gefährdungsdelikte umgewandelt würden und auf diese Weise der gesetzgeberische Wille unterlaufen würde.[327] Mit demselben Einwand sah sich bereits die kausalitätsersetzende Risikoerhöhungslehre konfrontiert,[328] mit der das probabilistische Kausalitätsmodell oftmals in eins gesetzt wird.[329]

Aber bereits dieser Vergleich mit der kausalitätsersetzenden Risikoerhöhungslehre trägt nicht, wird durch das probabilistische Kausalmodell doch nicht (deterministische) Kausalität ersetzt, sondern zeitgemäß (indeterministisch) interpretiert. Darüber, wie Kausalität zu beurteilen ist, hat der Gesetzgeber indes keine Aussage getroffen geschweige denn diesbezüglich strikte Vorgaben gemacht. Jedoch spricht einiges dafür, dass dem Gesetzgeber mehr an einer den realen Gegebenheiten der Welt Rechnung tragenden Rechtspraxis gelegen ist als an einer in einem überkommenen Weltbild verwurzelten Strafrechtsdogmatik. Wenn sich daher ein bestimmter Lebensbereich als nicht vollständig determiniert erweist, so muss zur Bestrafung eine objektiv hohe Wahrscheinlichkeit genügen. Dafür, dass dies dem Willen des Gesetzgebers widerspricht, bestehen keine Anhaltspunkte.

---

nicht umgekehrt die Dogmatik als feste Gegebenheit die Bewältigung sich neu stellender Aufgaben verhindert.

324 *Volk*, NStZ 1996, S. 108.

325 *Prittwitz*, StV 1991, S. 438.

326 *Denicke*, Kausalitätsfeststellung, S. 45; *Hilgendorf*, FS Lenckner, S. 703; *Hoyer*, GA 1996, S. 178.

327 So explizit *Putz*, Strafrechtliche Produktverantwortlichkeit, S. 9. Ähnlich *Fincke*, Versuchsmethoden, S. 72.

328 Siehe z. B. *Prittwitz*, Risiko, S. 332 ff., 351.

329 So selbst *Puppe*, AT/1, § 2 Rn. 28. Ebenso *Knauer*, Kollegialentscheidung, S. 115; *Putz*, Strafrechtliche Produktverantwortlichkeit, S. 9; *Vogel*, Norm und Pflicht, S. 165.

d. Anforderungen an eine probabilistische Kausalität

Sprechen damit zahlreiche Gründe für ein probabilistisches Kausalmodell, so ist im Folgenden der Frage nachzugehen, wann auf der Grundlage dieses Modells ein Ursachenzusammenhang zu bejahen ist. Dass hierfür nicht jede noch so geringe Wahrscheinlichkeit ausreichen kann, liegt auf der Hand. Erforderlich ist vielmehr eine objektiv hohe, rational und intersubjektiv vermittelbare, vernünftige Zweifel ausräumende Wahrscheinlichkeit.[330]

Fraglich ist, inwieweit statistische Korrelationen, die in empirischen Studien ermittelt werden, zur Begründung einer hohen Wahrscheinlichkeit des Kausalzusammenhangs und somit zur Bejahung der probabilistischen Kausalität ausreicht.

Ein Gesichtspunkt, der gegen die Suffizienz statistischer Korrelationen sprechen könnte, ist die mangelnde Verifizier- und Falsifizierbarkeit der daraus hergeleiteten Kausalhypothesen. Zu Recht weist *Dencker* in diesem Zusammenhang darauf hin, dass sich Kausalaussagen nur dann auf Wahrscheinlichkeitsrelationen stützen ließen, wenn die statistischen Werte solide erarbeitet sind, signifikante Aussagen ermöglichen und andere ernstzunehmende Erklärungsmodelle ausschließen.[331] Die moderne Wahrscheinlichkeitstheorie verfügt indes über die erforderlichen Erkenntnisse, wie signifikant eine Häufigkeitszunahme bezogen auf die Gesamtzahl der zugrunde gelegten Beobachtungen sein muss, um mit praktischer Sicherheit eine bloße Zufallsvarianz, sprich eine stochastische Unabhängigkeit der Ereignisse ausschließen zu können.[332] Der Einwand, es bestünde die Gefahr, ein zufälliges zeitliches Aufeinandertreffen von Ereignissen fälschlicherweise mit einem Naturgesetz zu verwechseln,[333] ist im Kern sicherlich berechtigt. Zu bedenken ist aber, dass auch die herkömmlichen empirischen Gesetzmäßigkeiten im Endeffekt allein auf der Beobachtung eines zeitlichen Nacheinanders von bestimmten Ereignissen beruhen, aus dem im Wege der Induktion auf eine abstrakte Regel geschlossen wird. Da der Schluss von beobachteten Einzelfällen auf eine allgemeine Gesetzmäßigkeit aber wie gesehen nicht zwingend ist, enthalten empirische Gesetze niemals mehr als (Kausal-)Hypothesen in Form von Wahrscheinlichkeitsaussagen, so dass empirisch gewonnene „deterministische" Gesetzmäßigkeiten ebenso fehleranfällig sind wie probabilistische.[334] Der Einwand eines Fehlschlusses darf daher nicht zur pauschalen Ablehnung jeglicher statistisch begründeter Annahmen führen. Auch wird den modernen Wissenschaften unrecht getan, wenn zur Veranschaulichung der Problematik statistischer Korrelationen auf das häufig bemühte Bild des Trinkers zurückgegriffen wird, der unterschiedliche alkoholische Getränke, jeweils mit Wasser gemischt, zu sich nimmt und am Ende – logischerweise – das Wasser für seine Alkoholkrankheit verantwortlich macht.[335]

---

330 Siehe *Hoyer*, ZStW 105 (1993), S. 534 f. m. w. N. Ähnlich *Pérez-Barberá*, ZStW 114 (2002), S. 628 f.

331 *Dencker*, Kausalität, S. 36.

332 *Hoyer*, GA 1996, S. 169; *Stegmüller* I, S. 607.

333 *Denicke*, Kausalitätsfeststellung, S. 100; *Rolinski*, FS Miyazawa, S. 491.

334 Siehe *Stegmüller* I, S. 113, sowie *Maiwald*, Kausalität, S. 70 f., der bezweifelt, „ob der Empirismus wirklich ein vollständiges Bild unserer Welt zu geben imstande ist."

335 Siehe etwa *Schmucker*, Dogmatik, S. 67; ähnliche Beispiele bei *Denicke*, Kausalitätsfeststellung, S. 83.

Unbeachtet bleiben bei diesem Vergleich die subtilen Berechnungsmethoden, die der modernen Wissenschaft zur Vermeidung derartiger Fehlschlüsse bereits jetzt zur Verfügung stehen,[336] wodurch ein stark verzerrtes Bild und der Eindruck entsteht, bereits augenscheinliche Fehlschlüsse ließen sich nicht vermeiden.

Hängt die Tauglichkeit statistischer Relationen damit primär von ihrer wissenschaftlichen Fundiertheit ab, drückt sich objektive Wahrscheinlichkeit letzten Endes durch den Grad der Zustimmung zu einem statistischen Beweissatz in der jeweiligen Fachwissenschaft aus. Wie hoch diese Zustimmung sein muss, um strafrechtlich von einem Ursachenzusammenhang ausgehen zu dürfen, ist wiederum eine normative Entscheidung, welche sowohl dem Interesse an einem effektiven Rechtsschutz als auch der rechtsstaatlich gebotenen Unschuldsvermutung und dem Verbot der Bestrafung Unschuldiger Rechnung zu tragen hat.[337] Vor diesem Hintergrund schlägt *Hoyer* eine Zustimmungsquote von mindestens 96% vor.[338] Allerdings darf bezweifelt werden, ob eine derart starre, Allgemeinverbindlichkeit beanspruchende Festlegung auf eine konkrete Prozentzahl sinnvoll ist. Denn in verschiedenen Lebensbereichen können durchaus unterschiedlich hohe Anforderungen an einen effektiven Rechtsgüterschutz bestehen, so etwa in Abhängigkeit von der Wertigkeit der bedrohten Rechtsgüter oder davon, ob weitere Normen existieren, die dem Interesse am Schutz gefährdeter Rechtsgüter bereits Rechnung tragen. So ist etwa im Arzneimittelstrafrecht, wo mit § 95 Abs. 1 Nr. 1 i. V. m. § 5 AMG bereits eine Norm existiert, welche eine Strafbarkeit auch ohne Kausalnachweis ermöglicht, für eine hinzutretende Strafbarkeit nach dem StGB jedenfalls eine sehr hoher Zustimmungsgrad zu verlangen, welcher den von *Hoyer* geforderten 96% nahe kommen dürfte.

5. Ergebnis

Abschließend ist damit festzuhalten, dass das Problem der generellen Kausalität auf der Basis eines den realen Gegebenheiten angepassten probabilistischen Kausalmodells überwunden werden kann. Daher ist nicht per se ausgeschlossen, dass die generelle Eignung eines bestimmten Arzneimittels zur Verursachung eines konkreten Schadens, sprich die generelle Kausalität zwischen Arzneimittelanwendung und Gesundheitsbeeinträchtigung, bejaht werden kann.

III. Probleme bei der Ermittlung der konkreten Kausalität

In einem zweiten Schritt stellt sich dann die Frage nach der konkreten Kausalität im jeweiligen Einzelfall. Auch auf der Grundlage eines probabilistischen Kausalmodells bestimmt sich diese nach der Lehre von der gesetzmäßigen Bedingung durch Subsumtion des konkreten Geschehens unter das generelle Kausalgesetz, nur dass dieses eben nicht deterministischer, sondern probabilistischer Natur ist.[339]

---

336 In diesem Sinne auch *Knauer*, Kollegialentscheidung, S. 109 f.

337 Vgl. *Mummenhoff*, Erfahrungssätze, S. 75; *Volk*, GA 1976, S. 170 f. (Fn. 72).

338 *Hoyer*, ZStW 105 (1993), S. 543, 555.

339 Vgl. *Hilgendorf*, FS Weber, S. 38; *Pérez-Barberá*, ZStW 114 (2002), S. 617 f.

Jedoch kann sich die Subsumtion des konkreten Schadens unter das Kausalgesetz im Einzelfall als durchaus schwierig erweisen. So können aufgrund bestimmter Umstände Zweifel daran verbleiben, ob tatsächlich die Einnahme des Arzneimittels für den konkret eingetretenen Schaden ursächlich war. Dabei ist allerdings, wie bereits erwähnt, zu berücksichtigen, dass die Medikamenteneinnahme lediglich notwendige, nicht aber hinreichende Bedingung für den Erfolgseintritt sein muss. Insofern wird der Ursachenzusammenhang grundsätzlich nicht dadurch in Frage gestellt, dass das Arzneimittel lediglich in Kombination mit der Einnahme anderer Präparate schädliche Wirkungen hervorruft, reicht eine Mitursächlichkeit doch grundsätzlich aus. Ebenso unschädlich ist es, wenn der Kausalzusammenhang nur bei einem begrenzten Kreis von Menschen mit entsprechender konstitutioneller Bereitschaft nachgewiesen werden kann. So mag eine Schadensanlage des Patienten zwar den naturwissenschaftlichen Zusammenhang, nicht aber den juristischen beseitigen. Denn dem Richter geht es entsprechend seiner Aufgabe, rechtliche Verantwortung für ein bestimmtes Ereignis zuzuschreiben, nur um eine überhaupt bestehende, nicht eine bestimmt geartete Kausalität.[340]

Daneben können Fälle auftreten, in denen es fraglich erscheint, ob der eingetretene Arzneimittelschaden tatsächlich auf dem Unternehmensverhalten beruht. Dies gilt namentlich im Bereich des Unterlassens – etwa von Warnhinweisen oder eines Produktrückrufs –, kann hier die Kausalität doch nur aufgrund einer hypothetischen Betrachtungsweise beurteilt werden. Darauf wird im Rahmen der Erörterung der Reaktionspflichten des pharmazeutischen Unternehmers noch näher einzugehen sein, wirkt sich die Beantwortung der Kausalitätsfrage doch unmittelbar auf die Entscheidung aus, ob eine derartige Rückrufpflicht überhaupt anzuerkennen ist.[341]

Darüber hinaus ergeben sich Schwierigkeiten aus dem arbeitsteiligen Zusammenwirken mehrerer Personen oder Institutionen bei Herstellung und Inverkehrbringen eines Arzneimittels, ist es doch nicht immer einfach, die konkret ursächlich gewordene Person herauszufiltern. Die damit verbundenen Probleme der Erfolgszurechnung sollen aber im Rahmen der hier zunächst zu erörternden Frage, wann überhaupt eine strafrechtliche Verantwortung für Schäden durch fehlerhafte Arzneimittel in Betracht kommt, ausgeklammert und erst im Zusammenhang mit der Frage der Verantwortungsabgrenzung eingehend diskutiert werden.

IV. Problem fehlender Opferindividualisierung

Ein weiteres Problem im Rahmen der Kausalitätsprüfung besteht schließlich darin, dass sich wegen der Vielzahl und Individualität der sowohl bei der Erkrankung als auch bei der Heilung mitwirkenden Faktoren bei Vornahme der Tathandlung nicht mit Sicherheit ermitteln lässt, welche konkreten Personen durch das Inverkehrbringen des Arzneimittels womöglich zu Schaden kommen.[342] Angesprochen ist

340 *Kuhlen*, Fragen, S. 69 f., 72.

341 Siehe S. 296 ff.

342 Zu diesem Problem instruktiv *Tiedemann/Tiedemann*, FS Schmitt, S. 144 f.

damit der Gesichtspunkt der sogenannten statistischen Kausalität.[343] Sie steht in untrennbarem Zusammenhang mit der Zulassung einer probabilistischen generellen Kausalität, da beide dem Umstand Rechnung tragen, dass Vorgänge im Körperinneren nicht mit absoluter Gewissheit vorhergesagt werden können, mithin das Arzneimittel bei einer Person schädliche Folgen herbeiführen kann, während es bei einer anderen Person keinerlei Nebenwirkungen entfaltet oder zumindest keine längerfristigen Schäden verursacht. Das probabilistische generelle Kausalgesetz begründet zwar eine generelle Kausalität, lässt jedoch offen, ob eine bestimmte, konkrete, individualisierte Person tatsächlich durch das Arzneimittel geschädigt wurde. Es liefert nur eine Angabe darüber, dass die Schäden eines bestimmten Prozentsatzes der Personen, die das Arzneimittel einnahmen, mit hoher Wahrscheinlichkeit auf das Arzneimittel zurückzuführen sind.

Auf die Individualität des Opfers kommt es jedoch letztlich nicht an.[344] Die §§ 211 ff., 223 ff. StGB setzen lediglich voraus, dass es zum Tod bzw. zur Körperverletzung (irgend)eines Menschen kommt. Zwar mag es häufig erforderlich sein, über den gesetzlichen Wortlaut hinaus das Opfer zu konkretisieren, um die geforderte Kausalität nachzuweisen.[345] Gelingt ein solcher Nachweis aber auch ohne eine nähere Betrachtung des Erfolgssachverhalts, so ist der Tatbestand erfüllt, ohne dass es auf die Identifizierbarkeit des Opfers ankommt.[346] Der Verurteilung in Unkenntnis der Individualität der tatsächlich durch das Arzneimittel geschädigten Personen liegt genau genommen eine unechte Wahlfeststellung bzw. reine Tatsachenalternativität zugrunde.[347] Diese wird jedoch zu Recht als unbedenklich angesehen.[348] Denn es steht aufgrund des probabilistischen Kausalgesetzes fest, dass der Täter mit seiner Handlung einen bestimmten Erfolg bzw. eine bestimmte Anzahl von Erfolgen herbeigeführt hat. Dies genügt aber auch für den prozessual zu erbringenden Nachweis, soll dieser doch lediglich klären, ob der dem Täter gemachte Schuldvorwurf und die damit verbundene Strafe gerechtfertigt ist. Der gesetzliche Tatbestand droht bei Verursachung eines Erfolges der tatbestandlich umschriebenen Art eine bestimmte Strafe an. Ist der Nachweis erbracht, dass der Täter durch sein Verhalten einen oder eine (statistisch) bestimmte Anzahl derartiger Erfolge herbeigeführt hat, beeinträchtigt eine darauf gestützte Verurteilung die Rechtssicherheit im Strafverfahren nicht, selbst wenn die Ver-

---

[343] Während manche Autoren wie *Rolinski*, FS Miyazawa, S. 483 oder *Tiedemann/Tiedemann*, FS Schmitt, S. 144f., statistische und generelle Kausalität begrifflich gleichsetzen, unterscheiden andere Autoren wie z. B. *Lackner/Kühl*,, Vor § 13 Rn. 11, die beiden Aspekte. Im Folgenden soll der Begriff der statistischen Kausalität in Abgrenzung zur generellen Kausalität nur für das Problem fehlender Opferindividualisierung, welches erst im Rahmen der konkreten Kausalität relevant wird, verwendet werden.

[344] Im Ergebnis ebenso *Jordan*, Therapiestudien, S. 57. Vgl. *Ransiek*, Unternehmensstrafrecht, S. 25.

[345] *Kuhlen*, Fragen, S. 62; *Jordan*, Therapiestudien, S. 57.

[346] Dies ist im Rahmen des error in persona einhellig anerkannt.

[347] *Tiedemann/Tiedemann*, FS Schmitt, S. 146.

[348] Vgl. *BGHSt* 2, S. 351 (352 f.); *Joecks*, § 1 Rn. 17; *Tröndle/Fischer*, § 1 Rn. 25; *Ranft*, StPO, Rn. 1646; *Wessels/Beulke*, AT, Rn. 808.

urteilung in Unkenntnis des Umstandes erfolgt, bei welchen konkreten Personen der eingetretene Schaden auf der Einnahme des Arzneimittels beruht. Daran ändert auch der Umstand nichts, dass es sich bei den durch §§ 211 ff., §§ 223 ff. StGB geschützten Rechtsgütern um höchstpersönliche handelt. Denn sonst liefen diese Tatbestände immer dann leer, wenn eine größere Anzahl von Menschen verletzt bzw. getötet wird, ohne dass im Nachhinein exakt festgestellt werden kann, wessen Verletzung oder Tod gerade auf das Täterverhalten zurückzuführen ist, aber zugleich definitiv feststeht, dass das Täterverhalten in einigen Fällen kausal war. Die damit verbundenen Strafbarkeitslücken sind kriminalpolitisch nicht zu tolerieren.[349] Zudem ist es nicht Aufgabe des Strafrechts, erlittene Schäden in Form eines Schadensersatzes zu kompensieren, sondern Rechtsgüter möglichst effektiv zu schützen. Vor diesem Hintergrund genügt zur Rechtfertigung einer Bestrafung aber allein die Tatsache, dass ein Rechtsgut der tatbestandlich umschriebenen Art verletzt wurde, ohne dass es einer Individualisierung des Opfers bedarf.[350] Allerdings können sich Ungewissheiten hinsichtlich des verursachten Schadensumfangs, die mangels Feststellbarkeit der exakten Opferzahl bestehen, im Rahmen der Strafzumessung zugunsten des Täters auswirken.

V. Zusammenfassung

Zusammenfassend ist damit zu konstatieren, dass sowohl die generelle als auch die konkrete Kausalitätsfeststellung in Fällen strafrechtlicher Produktverantwortung erhebliche Schwierigkeiten bereitet. Allerdings kann dem Problem der generellen Kausalität auf Grundlage eines probabilistischen Kausalmodells wirksam begegnet werden. Für ein derartiges Kausalverständnis sprechen indes nicht nur kriminalpolitische Argumente, auch die Erkenntnisse der Wissenschaft sowie die bisherige Rechtspraxis im Umgang mit indeterministischen Lebenssachverhalten legen ein solches nahe. Die Schwierigkeiten des konkreten Kausalitätsnachweises wiederum werden dadurch entschärft, dass die bloße Mitursächlichkeit des Produkts – hier des Arzneimittels – genügt und eine Individualisierung der geschädigten Personen nicht erforderlich ist.

D. Normative Erfolgszurechnung und erlaubtes Risiko

In den Fällen, in denen von der generellen Schadenseignung des Arzneimittels sowie im Rahmen der Erfolgsdelikte der §§ 211 ff., 223 ff. StGB von der Kausalität der Arzneimitteleinnahme für die konkret eingetretenen Gesundheitsschäden ausgegangen werden kann, begründet dies allein weder bei den Erfolgsdelikten noch bei den abstrakten Gefährdungsdelikten bereits eine Strafbarkeit. Das bloße Abstellen auf die Kausalität hätte eine uferlose Ausdehnung der normierten Tatbe-

---

349 A. A. offenbar *Tiedemann*, NJW 1990, S. 2052; *Tiedemann/Tiedemann*, FS Schmitt, S. 150.

350 *Kuhlen*, Fragen, S. 60 f.; *ders.* in: Achenbach/Ransiek, HWSt, II Rn. 43.

stände zur Folge, lassen sich doch alle Ursachenzusammenhänge letztlich ad infinitum in die Vergangenheit zurückverfolgen.[351] Dementsprechend ist nach der sogenannten Lehre von der objektiven Zurechnung zwingende Voraussetzung einer Strafbarkeit die adäquate Schaffung bzw. Erhöhung einer rechtlich missbilligten Gefahr, die sich, was die Erfolgsdelikte der §§ 211 ff., 223 ff. StGB angeht, im tatbestandlichen Erfolg realisiert haben muss.[352]

Notwendig ist damit zunächst, dass der Handelnde im Sinne eines personalen Aktionszentrums Ursache für den Erfolg war.[353] Der Erfolg muss nicht nur kausale, sondern auch objektiv vorhersehbare, adäquate Folge des betreffenden Verhaltens sein. Das bloße Anstoßen unwahrscheinlicher, außergewöhnlicher Kausalverläufe kann nicht strafbar sein, will man menschliches Handeln nicht im Keim ersticken.[354] Die Strafbarkeit setzt vielmehr eine verhaltensbedingte messbare Gefahrerhöhung voraus, die weder als äußerer Zufall außerhalb aller prognostischen Erfahrung liegt noch lediglich Ausdruck der allgemeinen Lebensgefahr ist.[355]
An der Vorhersehbarkeit und somit Adäquanz des Erfolgseintritts mangelt es jedoch in den Fällen, in denen die Ursache für die Gesundheitsschäden in der Verwendung eines Produktes liegt, in aller Regel nicht. So bezeichnet der Terminus „strafrechtliche Produktverantwortung" gerade auch den Aspekt genereller Gefährlichkeit sowohl der Produktion als auch des in Verkehr gebrachten Produktes selbst.[356] Besonders evident ist diese Gefährlichkeit bei Arzneimitteln, sind bei diesen doch unerwünschte Nebenwirkungen auch bei ordnungsgemäßer Verwendung nicht unwahrscheinlich, ja entsprechen geradezu der allgemeinen Lebenserfahrung.[357]

Trotz dieser unausweichlichen Schädigungen verlangt das Recht nicht, die Herstellung von Arzneimitteln überhaupt zu unterlassen. Die Adäquanz der Risikoschaffung und Risikorealisierung ist zwar notwendige, nicht aber hinreichende Bedingung der Strafbarkeit. Erforderlich ist weiterhin, dass der Täter für das tatbestandlich geschützte Rechtsgut ein Risiko hervorgerufen hat, welches ebenso wie das ihm zugrunde liegende Verhalten gerade um der Vermeidung des konkreten Erfolges willen unter Strafe gestellt und insofern ausdrücklich rechtlich missbilligt ist.[358] Dieser Aspekt der rechtlichen Missbilligung wird gerade im Zusammenhang mit dem Inverkehrbringen von Arzneimitteln virulent, liefe eine rechtliche Missbilligung jedweder Nebenwirkung doch in Anbetracht der Tatsache, dass kein Medikament völlig frei von Nebenwirkungen ist, de facto auf ein generelles Vertriebsverbot für pharmazeutische Produkte hinaus. Da ein solches aber der Volksgesundheit erheblichen Schaden zufügen würde, steht außer Diskussion,

351 *von Glahn*, AnwBl 2002, S. 573; *Stree*, JuS 1985, S. 181.

352 *Busch*, Umweltstrafrecht, S. 473 f.; *Heinrich*, AT/1, Rn. 243; Kühl, AT, § 4 Rn. 43; *Kuhlen*, Fragen, S. 28; *Ransiek*, Unternehmensstrafrecht, S. 25; SK-StGB-*Rudolphi*, Vor § 1 Rn. 57; *Wolter*, GA 1977, S. 257.

353 *Maiwald*, FS Miyazawa, S. 477.

354 *Frisch*, Zurechnung, S. 35; *Wolter*, Zurechnung, S. 29.

355 *Gallas*, FS Bockelmann, S. 163; *Jakobs*, AT, 7/34; *Köhler*, AT, S. 184.

356 *Hilgendorf*, Produzentenhaftung, S. 89; *Lenckner*, FS Engisch, S. 499.

357 *Geerds*, FS Tröndle, S. 252; *Sieger*, VersR 1989, S. 1014; *Vogeler*, MedR 1984, S. 132.

358 SK-StGB-*Rudolphi*, Vor § 1 Rn. 62.

dass gewisse Nebenwirkungsrisiken um des Nutzens der einzelnen Präparate willen hingenommen werden müssen. Die Frage ist nur, wo die Grenze zwischen strafrechtlich zulässigem und strafrechtlich verbotenem Risiko verläuft. In den Mittelpunkt rückt damit das Institut des sogenannten erlaubten Risikos.[359]

I. Erlaubtes Risiko im Allgemeinen

Das Institut des erlaubten Risikos zählt trotz jahrzehntelanger Erörterung in der Rechtswissenschaft nach wie vor zu den umstrittensten Rechtsfiguren des Strafrechts. Bevor daher auf die spezielle Frage des zulässigen Nebenwirkungsrisikos eingegangen werden kann, bedarf es zunächst einiger genereller Bemerkungen zu Bedeutung und Funktion des erlaubten Risikos.

1. Grundlagen und Inhalt des erlaubten Risikos

Der Begriff des erlaubten Risikos ist sehr komplex. Nähert man sich dem Begriff „Risiko“ auf der Grundlage seiner Verwendung in der Alltagssprache, so beinhaltet die Entscheidung zur Eingehung eines Risikos den Entschluss, ein Gut der Gefahr eines Verlustes auszusetzen, um dafür die Möglichkeit zu erhalten, einen anderen angestrebten Zustand – in der Regel ein Hinzugewinnen eines anderen Gutes – zu erreichen.[360] Dieser Gedanke des Auf's-Spiel-Setzens wohnt auch dem strafrechtlichen erlaubten Risiko inne, bezeichnet dieses doch im weitesten Sinne das im Interesse des sozialen Nutzens von der Gemeinschaft tolerierte rechtsgutsgefährdende Risiko.[361]

a. Grundlagen des erlaubten Risikos

Grundlage der Lehre vom erlaubten Risiko ist die Erkenntnis, dass bestimmte Risiken aus volkswirtschaftlichen oder allgemein sozialen Gesichtspunkten hingenommen werden müssen, weil diese entweder im sozialen Kontakt schlechterdings unvermeidbar oder zur Erreichung erwünschter Zwecke notwendig sind.[362]

(A) Unmöglichkeit des Ausschlusses jeglicher Gefährdungen

Die aus dieser Erkenntnis resultierende Zurückhaltung des Strafrechts im Zusammenhang mit der Sanktionierung riskanter Verhaltensweisen, welche angesichts des Bestrebens nach möglichst umfassendem Rechtsgüterschutz auf den ersten Blick überraschen mag, trägt damit zunächst der Einsicht Rechnung, dass sich dort, wo Menschen miteinander interagieren, Gefährdungen auch bei Anwendung größter Sorgfalt niemals gänzlich ausschließen lassen.[363] Gerade vor dem Hinter-

---

[359] *Lenckner*, FS Engisch, S. 499; *Samson*, Modelle, S. 290; SK-StGB-*Rudolphi*, Vor § 1 Rn. 62.

[360] Vgl. *Große Vorholt*, Behördliche Stellungnahmen, S. 66.

[361] *Frisch*, Fahrlässigkeitsdelikt, S. 108; *Maurach/Zipf*, AT/1, § 28 Rn. 20.

[362] *Frisch*, Fahrlässigkeitsdelikt, S. 105 f.; *Gimbernat Ordeig*, ZStW 111 (1999), S. 325; LK-*Rönnau*, Vor § 32 Rn. 54; *Prittwitz*, Risiko, S. 283.

[363] So bereits *RG*St 30, 25 (27).

grund der zunehmenden Technologisierung der Gesellschaft und der damit verbundenen Verdichtung sozialer Interaktion liefe ein jegliches rechtsgutsgefährdendes Verhalten erfassendes Strafrecht auf eine unerträgliche Beschränkung der allgemeinen Handlungsfreiheit hinaus.[364] Nicht nur würde es das Arsenal möglicher Verhaltensweisen auf standardisierte gefahrlose Stereotypen beschränken, es würde vielmehr aufgrund der generellen Gefährlichkeit jeglichen menschlichen Tuns das gesamte wirtschaftliche und soziale Leben blockieren und den Menschen weitestgehend zur Untätigkeit verdammen.[365]

Sinn und Zweck strafrechtlicher Normen kann daher nur sein, dem einzelnen dasjenige Maß an Sorgfalt aufzuerlegen, das im gesellschaftlichen Leben erwartet werden muss und von allen mit Rücksicht auf die allgemeine Handlungsfreiheit zur Vermeidung unnötiger Rechtsgutsverletzungen billigerweise erwartet werden kann.[366] Dies erklärt, weshalb die Verwirklichung allgemeiner Lebensrisiken aus strafrechtlicher Sicht unbeachtlich ist, ist das allgemeine Lebensrisiko als Umschreibung der mit dem sozialen, zwischenmenschlichen Kontakt unweigerlich verbundenen Gefährdungen doch gerade Ausfluss der zu gewährleistenden allgemeinen Handlungsfreiheit.

(B) Soziale Nützlichkeit gefährlicher Verhaltensweisen

Daneben trägt das Strafrecht über das Institut des erlaubten Risikos dem Umstand Rechnung, dass gefährliche Handlungen oftmals einen erheblichen Nutzen für die Allgemeinheit mit sich bringen, ein pauschales Verbot dieser Handlungen daher per saldo mehr schaden denn nutzen würde. So kann das Strafrecht nicht dazu dienen, solche Risikohandlungen zu sanktionieren, deren Gefahren von der Allgemeinheit im Interesse der Realisierung übergeordneter Ziele der modernen, technologisierten Gesellschaft gemeinhin in Kauf genommen werden.[367] Insbesondere im Bereich der Güterproduktion bedarf das jeder Rechtsordnung immanente Gebot des neminem laedere einer Modifikation, geht es doch hier wie nirgendwo sonst um die Sicherung materieller Existenzbedürfnisse der Menschen.[368] Dies gilt auch und gerade für die Produktion wirksamer Arzneimittel, angesichts deren immensen Nutzens für die Allgemeinheit es bei der rechtlichen Kontrolle stets nur

---

364 Vgl. *Freund*, Verantwortlichkeit, S. 73; *Frisch*, Vorsatz, S. 140 Fn. 71; *Große Vorholt*, Behördliche Stellungnahmen, S. 99; LK-*Schroeder*, § 16 Rn. 159; *Luhmann*, Soziologie, S. 22; MüKo-StGB-*Duttge*, § 15 Rn. 134; *Oehler*, FS Eb. Schmidt, S. 233; *Schmucker*, Dogmatik, S. 56.

365 *Erb*, JuS 1994, S. 453; *Gössel*, FS Bengl, S. 36; *Hirsch*, ZStW 74 (1962), S. 95; *Jakobs*, AT, 7/35; *Kellner*, Einwilligung, S. 35; *Kindhäuser*, GA 1994, S. 216; *Köhler*, AT, S. 185; *Prittwitz*, Risiko, S. 289; *Ronzani*, Erfolg, S. 106; SK-StGB-*Samson*, Anh § 16 Rn. 19; *ders.*, Modelle, S. 289; *Schürer-Mohr*, Erlaubte Risiken, S. 66.

366 *Lenckner*, FS Engisch, S. 493; SK-StGB-*Samson*, Anh § 16 Rn. 19.

367 Vgl. *Dannecker*, Fahrlässigkeit, S. 219; *de Sousa Mendes/João Miranda*, FS Philipps, S. 330 f.; *Große Vorholt*, Behördliche Stellungnahmen, S. 102; *Quillmann*, Einwilligung, S. 67; *Schmidhäuser*, AT, 6/107; *Schünemann*, GedS Meurer, S. 46; *Zipf*, Risikoübernahme, S. 64.

368 Vgl. *Frisch*, Fahrlässigkeitsdelikt, S. 107; S/S-*Cramer/Sternberg-Lieben*, § 15 Rn. 144 f.; *Wolski*, Soziale Adäquanz, S. 89 f.

um eine Gefahrminimierung, um das Aufstellen verbindlicher Maßstäbe dafür, was zur Erreichung sozial wertvoller Effekte vernünftigerweise riskiert werden darf, gehen kann.[369]

Die soziale Nützlichkeit bemisst sich dabei nicht nach dem konkreten Einzelfall. Zwar gibt es Fälle, in denen nicht der soziale Nutzen für eine unbestimmte Vielzahl von Personen oder die Allgemeinheit entscheidend ist, sondern erst das sozial anerkannte Interesse des Gefährdeten selbst die Handlung als billigenswert erscheinen lässt. Zu denken ist etwa an die Vornahme einer lebenswichtigen Operation. Jedoch stellt namentlich das Herstellen und Inverkehrbringen wirksamer Arzneimittel eine bereits abstrakt sozialnützliche Tätigkeit dar, welche unabhängig von der Zustimmung des Einzelnen im Interesse der Allgemeinheit grundsätzlich zuzulassen ist. Der im Einzelfall womöglich drohende Schaden erscheint hier gemessen am Gewinn, den die Tätigkeit für das Gemeinschaftsleben bringt, hinnehmbar.

Die erforderliche soziale Nützlichkeit darf jedoch nicht mit der sozialen Üblichkeit einer Handlung gleichgesetzt werden. Ein Verhalten als erlaubt zu qualifizieren, weil es in quantitativer Hinsicht der normalen Handlungsweise entspricht, sein Wegfall quasi unvorstellbar ist, käme einer Resignation der Rechtsordnung vor den tatsächlichen Gegebenheiten gleich.[370] Zudem muss die soziale Üblichkeit nicht stets von einem entsprechenden sozialen Konsens getragen sein, der für eine rechtliche Erlaubnis von Risiken aber unabdingbar ist.[371] So wird von Teilen des Schrifttums zu Recht auf die in den letzten Jahrzehnten zunehmende Skepsis gegenüber einem ungebremsten, uneingeschränkten Fortschritt in Medizin und Technik hingewiesen, wodurch der vormals bestehende Grundkonsens über den Wert technisch-medizinischer Errungenschaften und wirtschaftlichen Wachstums zunehmend in Frage gestellt ist.[372]

Schließlich kann der soziale Nutzen auch niemals jegliches Rechtsgüter Dritter gefährdende Verhalten legitimieren. Sozial nützliche Handlungen sind nicht per se allein wegen ihres sozial erwünschten Effektes erlaubt, sondern nur dann, wenn das durch sie gesetzte Risiko durch entsprechende Sicherheitsmaßnahmen auf das unumgängliche Maß reduziert ist.[373] Erforderlich ist mit anderen Worten stets die Wahrung der im Verkehr erforderlichen Sorgfalt, wie sie durch Sicherheitsvorschriften, Verkehrsregeln etc. konkretisiert wird,[374] sind diese doch nichts anderes

---

369 *Große Vorholt*, Behördliche Stellungnahmen, S. 77; *Schmucker*, Dogmatik, S. 55.

370 *Frisch*, Fahrlässigkeitsdelikt, S. 108; *Schürer-Mohr*, Erlaubte Risiken, S. 74.

371 *Maurach/Zipf*, AT/1, § 17 Rn. 17; *Zipf*, Risikoübernahme, S. 78.

372 Vgl. *Samson*, Modelle, S. 295 f.; *Schürer-Mohr*, Erlaubte Risiken, S. 75 und 83 ff. Speziell in Bezug auf Arzneimittel *Hart*, Arzneimitteltherapie, S. 41; *Stürzbecher*, Medikamentenabgabe, S. 165.

373 *Dannecker*, Fahrlässigkeit, S. 219; *Fincke*, Versuchsmethoden, S. 11; *Kratzsch*, Verhaltenssteuerung, S. 380; *Rehberg*, Erlaubtes Risiko, S. 47; *Ronzani*, Erfolg, S. 106 f.; *Wagner*, Delinquenz, S. 87 f.. Ähnlich *Engisch*, Vorsatz, S. 291 f.; *Schünemann*, GedS Meurer, S. 40.

374 Zur Bedeutung derartiger Sondernormen für die Ermittlung der objektiven Sorgfaltspflicht siehe detailliert S. 274 ff.

als das Ergebnis der Abwägung von Nutzen und Risiken des betreffenden Handelns und damit ihrerseits Ausdruck der Sozialerforderlichkeit der Betätigung.[375]

Zusammenfassend bleibt indes festzuhalten, dass eine menschliche Gesellschaft, will sie „nicht auf dem Stande der Höhlenbewohner stehen bleiben und also die naturgegebenen Bedingungen einfach hinnehmen, mit jedem Fortschritt technischer Art und mit mancher wissenschaftlichen Entdeckung auch Gefahren eingehen muss, die im Einzelfall zur Verletzung und Tötung von Menschen und zur Zerstörung oder Beschädigung von Sachen führen können."[376] Vom Gesetzgeber mit Blick auf seine verfassungsrechtliche Schutzpflicht eine Regelung zu fordern, die mit absoluter Sicherheit jegliche Gefährdungen ausschließt, hieße die Grenzen menschlichen Erkenntnisvermögens zu verkennen[377] und würde durch Verhinderung jeglichen technischen, wissenschaftlichen oder medizinischen Fortschritts den Rückschritt aus der modernen, hochentwickelten Welt bedeuten.[378]

b. Maß des erlaubten Risikos

Besteht auch über die generelle Leitlinie, dass nur solche Risiken statthaft sein können, die sozial wertvolle Leistungen ermöglichen, weitgehend Einigkeit, so ist die Ermittlung des erlaubten Risikos, des Maßes der vom Recht tolerierten Gefährdung, freilich ein schwieriges Unterfangen, zumal bereits der Begriff der sozialen Notwendigkeit ein normativer ist und daher für sich gesehen bereits Auslegungsprobleme aufwerfen kann.[379] Wo die Grenze zu ziehen ist, hängt ganz entscheidend vom jeweiligen Lebenszusammenhang ab und ist – wie etwa die Regelungen des AMG für den Lebenssachverhalt des Arzneimittelverkehrs zeigen – teilweise ausdrücklich geregelt, bleibt teilweise aber auch der allgemeinen Verkehrsanschauung bzw. deren Konkretisierung durch die Gerichte überlassen.[380]

Dem jeweils erlaubten Risiko, das sich materiell am freiheitlich-rechtsstaatlichen Prinzip wechselseitig-allgemeiner Freiheit zu orientieren hat, liegt stets ein auf Erfahrungen beruhender gesellschaftlicher Konsens, eine aus einem Diskussionsprozess hervorgehende soziale Übereinkunft hinsichtlich der Bewertung bestimmter Risiken zugrunde.[381] Eine rechtsgutsgefährdende Handlung wahrt nur dann das Maß des Erlaubten, wenn ein herausgebildeter Konsens über die Akzeptanz der damit verbundenen Risiken besteht oder die Risiken – im Falle einer nicht abgeschlossenen Konsensbildung, wie dies bei Innovationsprodukten häufig der Fall ist – nach Maßgabe bestimmter, zur Bewertung derartiger Risiken eigens geschaffener Normen als tolerierbar gelten.[382]

---

[375] *Frisch*, Fahrlässigkeitsdelikt, S. 109; SK-StGB-*Samson*, Anh § 16 Rn. 20; *Schmidhäuser*, AT, 6/107, 112 f.; *Stratenwerth/Kuhlen*, AT/1, § 15 Rn. 20; *Wolski*, Soziale Adäquanz, S. 93.

[376] *Schmidhäuser*, AT, 6/108.

[377] *Schürer-Mohr*, Erlaubte Risiken, S. 66.

[378] *Quillmann*, Einwilligung, S. 65.

[379] *Kühl*, AT, § 4 Rn. 49; *Lenckner*, FS Engisch, S. 500; *Schürer-Mohr*, Erlaubte Risiken, S. 72.

[380] *Erb*, JuS 1994, S. 453.

[381] *Däbritz*, Humanerprobungen, S. 32, 56; *Köhler*, AT, S. 185 f.

[382] *Däbritz*, Humanerprobungen, S. 74.

Praktisch vollzieht sich die Bestimmung des erlaubten Risikos im Wege einer utilitaristischen Nutzen-Risiko-Bilanzierung, mittels derer die widerstreitenden Interessen in ein ausgewogenes Verhältnis zueinander gebracht werden.[383] Da Kosten und Nutzen keine der Rechtsordnung vorgegebenen Größen sind, sondern von den jeweils vorherrschenden rechts- und sozialpolitischen Anschauungen abhängen, stellt die Feststellung des erlaubten Gefahrenmaßes einen normativ wertenden Prozess dar.[384] Dabei sind in einem ersten Schritt Art und Umfang des mit der betreffenden Tätigkeit einhergehenden Risikos und Nutzens zu ermitteln. Maßgeblich ist hierbei insbesondere die Größe des drohenden Schadens sowie die Wahrscheinlichkeit des Schadenseintritts bzw. der Erreichung des mit der Handlung erstrebten positiven Zwecks. Aber auch die soziale Anerkennung des riskanten Verhaltens, die Möglichkeit der Risikominimierung durch Sicherheitsvorkehrungen und – speziell im Bereich der Produktverantwortung – die Auswirkung derartiger Sicherungsmaßnahmen auf die praktische Verwendbarkeit und Preisgestaltung des Produktes müssen Berücksichtigung finden.[385] In einem zweiten Schritt sind Nutzen und Risiko dann gegeneinander abzuwägen. Wie bei der Interessenabwägung im Rahmen des Notstandes findet eine vielfach gar nicht mehr als solche wahrgenommene, subtile Wertabwägung statt, die schließlich zu dem Ergebnis führt, dass die in Frage stehende Verhaltensweise zulässig ist oder nicht.[386]

2. *Abgrenzung des erlaubten Risikos von der Sozialadäquanz*

Im Zusammenhang mit der Erörterung erlaubter Risiken taucht regelmäßig der Begriff der Sozialadäquanz auf, dessen Verhältnis zum Begriff des erlaubten Risikos bis heute umstritten ist. Da der Schlüssel zum dogmatischen Verständnis des erlaubten Risikos und seiner weiteren Konkretisierung aber nicht zuletzt in einer sachgerechten Abgrenzung von der Sozialadäquanz liegt,[387] muss das Verhältnis beider Rechtsinstitute zueinander kurz beleuchtet werden, was zunächst erfordert, Wesen, Funktion und Inhalt der Sozialadäquanz zu ermitteln.

a. Begriff der Sozialadäquanz

Von *Welzel* im Jahre 1939 eingeführt, steht der Begriff „Soziale Adäquanz“ seither synonym für die strafrechtliche Irrelevanz eigentlich strafrechtserheblicher

[383] Vgl. LK-*Rönnau*, Vor § 32 Rn. 54; *Lenckner*, FS Engisch, S. 501; *Samson*, Modelle, S. 293; *Schürer-Mohr*, Erlaubte Risiken, S. 81. Kritisch gegenüber diesem etatistisch-utilitaristischen Ansatz *Haas*, Objektive Zurechnung, S. 204, 209, der hierin eine Denaturierung der individuellen Integrität potentiell Betroffener zu einem bloßen Verrechnungsposten erkennt. Ähnlich kritisch *Schürer-Mohr*, Erlaubte Risiken, S. 145 f.

[384] So auch *Samson*, Modelle, S. 293.

[385] Vgl. zu den das erlaubte Risikomaß beeinflussenden Faktoren *Dannecker*, Fahrlässigkeit, S. 219; *Eschweiler*, Selbstgefährdung, S. 102; *Lenckner*, FS Engisch, S. 500; LK-*Schroeder*, § 16 Rn. 162; *Samson*, Modelle, S. 293; *Schürer-Mohr*, Erlaubte Risiken, S. 81.

[386] *Engisch*, Vorsatz, S. 288; *Frisch*, Vorsatz, S. 139 f.; *Jakobs*, AT, 7/35; *Maiwald*, FS Jescheck, S. 412; *Schürer-Mohr*, Erlaubte Risiken, S. 80.

[387] So auch explizit *Maurach/Zipf*, AT/1, § 28 Rn. 23.

Verhaltensweisen.[388] Ähnlich der Herleitung des erlaubten Risikos begründete auch *Welzel* die Notwendigkeit eines strafbarkeitseinschränkenden Korrektivs mit dem Sinn und Zweck des Rechts: „Wollte das Recht ernsthaft alle Rechtsgutsverletzungen als objektives Unrecht verbieten, so würde jedes soziale Leben augenblicklich stillestehen müssen und wir hätten jene Museumswelt, die nur der Beschauung gewidmet wäre. Der Sinn des Rechts besteht nicht darin, daß es von unverletzt gedachten Rechtsgütern alle verletzende Einwirkungen abwehrt, sondern daß es von den unzähligen Funktionen, in denen das Rechtsgut wirkend und leidend darinsteht, die für ein sittlich-geordnetes Gemeinschaftsdasein Unverträglichen auswählt und verbietet. Es verbietet nicht jede Beeinträchtigung von Rechtsgütern [...], sondern es gewährt Schutz nur gegen bestimmt geartete Einwirkungen, die das Maß der notwendig vorauszusetzenden Beeinträchtigungen übersteigen, in welchen sich das geordnete Gemeinschaftsleben in lebendig-tätigen Funktionen vollzieht. ... Dann scheiden aber ... alle Handlungen für den Unrechtsbegriff aus, die sich funktionell innerhalb der geschichtlich gewordenen Ordnung des Gemeinschaftslebens eines Volkes bewegen.“[389] Danach unterfallen dem sozialadäquaten Verhalten all diejenigen Verhaltensweisen, die den im Interesse eines intakten Zusammenlebens anerkannten Sozialnormen, sprich den Wertvorstellungen der Rechtsgemeinschaft, entsprechen und aus diesem Grund trotz ihrer Subsumierbarkeit unter den Wortlaut eines Straftatbestandes letztlich kein strafrechtlich missbilligtes Verhalten darstellen können.[390]

Die Sozialadäquanz ist somit ein Beispiel für das Zusammenspiel juristischer und sozialwissenschaftlicher Betrachtungsweisen. Als Nahtstelle zwischen normativer Rechtswissenschaft und Rechtssoziologie fördert sie den soziologischen Hintergrund der Rechtsordnung zu Tage und unterstreicht die Interdependenz zwischen dem Recht und anderen sozialwirksamen Regulatoren.[391] Doch wenngleich die Sozialadäquanz stark von den gesellschaftlichen Gegebenheiten geprägt ist, so ist sie dennoch kein soziologischer, sondern ein rechtlicher Begriff, zumal das Maß dessen, was als sozialadäquat bezeichnet werden kann, vor dem Hintergrund der Funktionen des Rechts normativ gefiltert werden muss.[392]

b. Funktion der Sozialadäquanz

Dem Gedanken der Sozialadäquanz wohnt eine Verlagerung des Blickpunktes von der Einzelhandlung auf die Ontologie der Tatbestandstypik inne. Indem sie die typisierten Tatbestände in Einklang mit dem sozialen Leben der Gemeinschaft bringt bzw. hält, bildet sie gewissermaßen als Normalzustand sozialer Handlungsfreiheit die Folie zu den strafrechtlichen Tatbeständen, eine Vorstufe zu den diesen Normalzustand voraussetzenden und auf ihm aufbauenden Strafnormen.[393] Mit

---

388 *Wolski*, Soziale Adäquanz, S. 1.

389 *Welzel*, ZStW 58 (1939), S. 516 f.

390 *Ebert/Kühl*, Jura 1981, S. 226; *Zipf*, ZStW 82 (1970), S. 633 (640); *ders.*, Risikoübernahme, S. 78. Ähnlich *Otto*, AT, § 6 Rn. 68.

391 *Peters*, FS Welzel, S. 429; *Zipf*, ZStW 82 (1970), S. 654.

392 *Maurach/Zipf*, AT/1, § 17 Rn. 17; NK-*Paeffgen*, Vor §§ 32 bis 35 Rn. 37.

393 *Welzel*, Deutsches Strafrecht, S. 57; *Zipf*, ZStW 82 (1970), S. 637 f., 654. Ähnlich NK-*Paeffgen*, Vor §§ 32 bis 35 Rn. 37.

ihrer Hilfe werden Wortlaut und Sinn der Strafnorm zur Deckung gebracht, kann letzterer unter dem Aspekt eines im Dienste des friedlichen sozialen Miteinanders stehenden Rechtsgüterschutzes doch auch nur im Schutz vor solchen Verhaltensweisen bestehen, die das sozial gebilligte Maß an Gefährdung überschreiten.[394]

Zwar gelingt es dem Gesetzgeber in der Mehrzahl der Fälle, die sozialen Wertmaßstäbe in den daran anknüpfenden Strafvorschriften zum Ausdruck zu bringen. Probleme ergeben sich jedoch, wenn ein Straftatbestand zwar das in Frage stehende Verhalten, nicht aber die seine Sozialadäquanz begründenden Umstände erfasst. Schwierigkeiten bereiten insofern vor allem die bewusst abstrakt gehaltenen, auf viele Lebenssachverhalte anwendbaren Normen des Kernstrafrechts. Sie beruhen auf einer typisierenden, Ausnahmefälle ignorierenden Sichtweise des sozialen Lebens. Daraus erklärt sich die Gefahr, dass im Einzelfall der Rechts- und Sozialordnung entsprechende Verhaltensweisen formell strafrechtswidrig sind.[395] Da die Rechts- und Sozialgemeinschaft aber bestimmte Verhaltensweisen nicht einerseits als sozial erwünscht bzw. sozial üblich akzeptieren und andererseits in Anbetracht ihres Gefahrenpotentials unter Strafe stellen kann, besteht dahingehend Einigkeit, dass zur Begründung der Strafbarkeit neben der formellen auch eine materielle Strafrechtswidrigkeit im Sinne eines Verstoßes gegen die Wertvorstellungen der Rechtsgemeinschaft erforderlich ist.[396] Denn nur dann entspricht das Verhalten auch tatsächlich demjenigen, das der Gesetzgeber bei Erlass der Norm vor Augen hatte.[397]

Zusammenfassend lässt sich festhalten, dass die Sozialadäquanz als Korrektiv der aufgrund des Facettenreichtums menschlicher Verhaltensweisen notwendigerweise unzulänglichen Tatbestandstypisierung die gesetzliche Wertung, dass den im Tatbestand typisierten Handlungsweisen entsprechende Tätigkeiten generell strafwürdig sind, umkehrt und einzelne, atypische Geschehen aufgrund ihrer sozialen Billigung von der Strafbarkeit ausnimmt. Sie trägt damit den dynamischen Prozessen in der Rechts- und Sozialgemeinschaft Rechnung, indem sie die Strafvorschriften an die sie legitimierenden, sich ständig im Fluss befindenden Wertvorstellungen der Gesellschaft angleicht.

c. Dogmatische Verortung der Sozialadäquanz

„In der Lehre von der sozialen Adäquanz ist der deutschen Strafrechtsdogmatik ein Zwittergebilde entstanden, das bis heute um einen festen Standort in der Verbrechenslehre ringt." Mit diesen Worten beschreibt *Kienapfel*[398] treffend die Problematik der dogmatischen Verortung der Sozialadäquanz, die auch in der Zeit nach *Kienapfels* Publikation nicht an Virulenz verloren hat.

---

394 Vgl. *Ebert*, AT, S. 31; *Wolter*, Zurechnung, S. 331; *ders.*, GA 1996, S. 208 f.

395 Vgl. *Baumann/Weber/Mitsch*, AT, § 16 Rn. 34; *Maurach/Zipf*, AT/1, § 17 Rn. 14; *Schürer-Mohr*, Erlaubte Risiken, S. 76; *Zipf*, ZStW 82 (1970), S. 648.

396 Vgl. *Baumann/Weber/Mitsch*, AT, § 16 Rn. 34; *Gallas*, ZStW 67 (1955), S. 21; *Maurach/Zipf*, AT/1, § 17 Rn. 16; *Schaffstein*, ZStW 72 (1960), S. 393; *Schild*, JA 1978, S. 632; *Stratenwerth/Kuhlen*, AT/1, § 8 Rn. 30.

397 *Jescheck/Weigend*, AT, S. 252; *Roxin*, FS Klug, S. 304.

398 *Kienapfel*, Soziale Adäquanz, S. 88.

Nach zutreffender Ansicht stellt die Sozialadäquanz eines Verhaltens keinen Rechtfertigungsgrund,[399] sondern vielmehr einen bereits den Tatbestand ausschließenden Umstand dar.[400] Das Verständnis der Sozialadäquanz als Rechtfertigungsgrund beruht auf dem fehlerhaften Verständnis des Tatbestandes als wertneutraler Umschreibung strafbarer Handlungen, welches mit der Zielsetzung des Strafrechts, Rechtsgüter nicht absolut, sondern allein in einer auf die Notwendigkeiten des sozialen Zusammenlebens bezogenen Gebundenheit zu schützen, unvereinbar ist.[401] Halten sich sozialadäquate Handlungen im Rahmen der geschichtlich gewordenen Ordnung des Gemeinschaftslebens und tragen die gesetzlichen Tatbestände dieser Ordnung Rechnung, indem sie nur das daraus hinausfallende Verhalten erfassen, können sozialadäquate Tätigkeiten nicht tatbestandsmäßig und lediglich gerechtfertigt sein.[402] Vielmehr fehlt es aufgrund der Übereinstimmung mit der Rechts- und Sozialordnung von vornherein am Handlungsunrecht, an das eine Tatbestandserfüllung anknüpfen könnte.[403] In den Grenzen sozialadäquaten Verhaltens dürfen Gefährdungen als grundsätzlich hinzunehmende Risiken den potentiellen Opfern gewissermaßen im Allgemeininteresse aufoktroyiert werden. Liegt der Sozialadäquanz damit aber eine generalisierende, auf bestimmte sozialtypische Lebenssachverhalte bezogene Struktur zugrunde, so unterscheidet sie sich gerade hierdurch von den anerkannten Rechtfertigungsgründen, welche allesamt an den konkreten Umständen des Einzelfalls ausgerichtet sind.[404]

Ist die Sozialadäquanz somit deliktssystematisch der Tatbestandsebene zuzuweisen, so bildet sie rechtsdogmatisch ein Auslegungsprinzip zur teleologischen Reduktion zu weit gefasster Tatbestände.[405] Sie hebt kein vorhandenes Missbilligungsurteil auf, sondern schließt ein solches von vornherein aus. Deutlich wird

---

399 So aber *Gallas*, ZStW 67 (1955), S. 22; *Niese*, JZ 1956, S. 460; *Schmidhäuser*, AT, 6/102 ff.

400 *Ebert*, AT, S. 30 f.; *Eichinger*, Produkthaftung, S. 230; *Frisch*, Vorsatz, S. 140; *Joecks*, Vor § 13 Rn. 47; *Kaufmann*, FS Klug, S. 280; *Kellner*, Einwilligung, S. 38; *Kienapfel*, Soziale Adäquanz, S. 93; LK-*Rönnau*, Vor § 32 Rn. 48; *Hirsch*, ZStW 74 (1962), S. 86; NK-*Paeffgen*, Vor §§ 32 bis 35 Rn. 34; *Peters*, FS Welzel, S. 419; *Roeder*, Sozialadäquates Risiko, S. 17 ff.; *Schaffstein*, ZStW 72 (1960), S. 386; *Tröndle/Fischer*, Vor § 32 Rn. 12; *Welzel*, ZStW 58 (1939), S. 528; *ders.*, Deutsches Strafrecht, S. 56.

401 *Roxin*, FS Klug, S. 306 f.

402 *Hirsch*, ZStW 74 (1962), S. 80, 84.

403 Vgl. S/S-*Lenckner*, Vorbem §§ 32 ff., Rn. 107a; *Zipf*, Risikoübernahme, S. 80.

404 *Maurach/Zipf*, AT/1, § 17 Rn. 21; *Zipf*, Risikoübernahme, S. 78, 81; *ders.* ZStW 82 (1970), S. 645 f.

405 *Baumann/Weber/Mitsch*, AT, § 16 Rn. 35; *Dach*, Einwilligung, S. 23; *Dölling*, ZStW 96 (1984), S. 57; *Ebert*, AT, S. 30 f.; *Ebert/Kühl*, Jura 1981, S. 227; *Ensthaler*, Rechtsgutspreisgabe, S. 35; *Fiedler*, Fremdgefährdung, S. 83; *Geppert*, ZStW 83 (1971), S. 995; *Goller*, Heileingriff, S. 236; *Hillenkamp*, Vorsatztat, S. 162; *Kienapfel*, Soziale Adäquanz, S. 98; LK-*Rönnau*, Vor § 32 Rn. 52; *Hirsch*, Negative Tatbestandsmerkmale, S. 285 f., 289; *ders.*, ZStW 74 (1962), S. 132; *Meckel*, Haftung, S. 104; MüKo-StGB-*Frisch*, Vor §§ 13 ff. Rn. 142; *Otto*, AT, § 6 Rn. 71; *Quillmann*, Einwilligung, S. 68; *Roxin*, AT/1, § 10 Rn. 37; *Schürer-Mohr*, Erlaubte Risiken, S. 76; *Welzel*, Deutsches Strafrecht, S. 55; *Wolter*, Zurechnung, S. 61 f.; *ders.*, FS Pötz, S. 285.

dies am Beispiel der Definition der körperlichen Misshandlung, worunter nach allgemeiner Ansicht nur diejenigen üblen, unangemessenen Behandlungen fallen, welche das körperliche Wohlbefinden oder die körperliche Unversehrtheit erheblich, d. h. über das im sozialen Kontakt akzeptierte Maß hinaus, beeinträchtigt.

Dass die Sozialadäquanz in ihrer Eigenschaft als Tatbestandskorrektiv angesichts der fehlenden hinreichenden Bestimmbarkeit des im jeweiligen Lebensbereich Sozialadäquaten in Konflikt mit dem Bestimmtheitsgebot des Art. 103 Abs. 2 GG gerät und daher von Teilen des Schrifttums als schlagwortartige Generalklausel abgelehnt wird,[406] vermag nichts daran zu ändern, dass sie als Filter der zu weit geratenen Straftatbestände letztlich unverzichtbar ist.[407]

d. Sozialadäquanz als Unterfall des erlaubten Risikos

Die Ausführungen zur Sozialadäquanz machen deutlich, dass zwischen den Rechtsinstituten der Sozialadäquanz und dem erlaubten Risiko insofern eine Gemeinsamkeit besteht, als beide aus denselben Gründen bestimmte Handlungen aus dem Kreis strafrechtlich relevanter Verhaltensweisen herausnehmen und die damit einhergehenden Risiken straflos stellen. Daher stellt sich die berechtigte Frage, ob Sozialadäquanz und erlaubtes Risiko letzten Endes nur unterschiedliche Bezeichnungen für ein und denselben Rechtsgedanken darstellen oder trotz dieser Gemeinsamkeit auch Unterschiede bestehen, die eine Differenzierung zwischen beiden Rechtsinstituten rechtfertigen.

In diesem Zusammenhang ist zunächst zu berücksichtigen, dass unter dem Begriff des erlaubten Risikos üblicherweise verschiedene Konstellationen zusammengefasst werden. So muss streng zwischen unverbotenen „erlaubten" Risiken und gerechtfertigten „erlaubten" Risiken unterschieden werden. Zu den unverbotenen „erlaubten" Risiken zählen all diejenigen Gefährdungen, die als nicht tatbestandsmäßige Risiken von vornherein keinem strafrechtlichen Verbot unterfallen.[408] Hierunter fallen zunächst diejenigen Risiken, die aus den bereits erläuterten

---

[406] *Baumann/Weber/Mitsch*, AT, § 16 Rn. 35; *Bosch*, Organisationsverschulden, S. 475; *Kienapfel*, Soziale Adäquanz, S. 97; *Küpper*, GA 1987, S. 389; LK-*Rönnau*, Vor § 32 Rn. 52; NK-*Paeffgen*, Vor §§ 32 bis 35 Rn. 37; *Preuß*, Untersuchungen, S. 95 ff.; *Prittwitz*, JA 1988, S. 438; *Roxin*, FS Klug, S. 304; *Schimikowski*, Experiment, S. 40; *Schürer-Mohr*, Erlaubte Risiken, S. 77. Ebenso *Tag*, JR 1997, S. 52, die das Verdienst der sich mit der Sozialadäquanz befassenden Diskussionen darin sieht, die Sozialadäquanz weiter zu präzisieren bzw. vom Zurechnungsgedanken getragene Überlegungen zu erarbeiten, um so die bedenkliche Unbestimmtheit von *Welzels* Tatbestandskorrektiv mit stabileren Grundpfeilern zu versehen. Somit will wohl auch *Tag* nicht vollständig auf den Gedanken der Sozialadäquanz verzichten.

[407] So auch *Kaufmann*, FS Jescheck, S. 268; *Roxin*, FS Klug, S. 304, 310; *Schmidhäuser*, AT, 6/102. Ebenso den Gedanken der Sozialadäquanz heranziehend *BGHSt* 23, 226 (228); *OLG München* NStZ 1985, S. 549 (550). Siehe auch *Hassemer*, wistra 1995, S. 46, der die Lehre von der sozialen Adäquanz zwar als ein „Sammelsurium von Gemeinplätzen" bezeichnet, andererseits aber in der Lehre von der sozialen Adäquanz einen „ungeschliffenen Diamanten" sieht, „der [...] nach entsprechender Bearbeitung wertvolle Dienste leisten kann."

[408] Vgl. *Roxin*, AT/1, § 11 Rn. 66.

Gründen der sozialen Nützlichkeit bzw. Unvermeidbarkeit jeglicher Gefährdungen im Sinne eines allgegenwärtigen allgemeinen Lebensrisikos sinnvollerweise nicht strafrechtlich verboten sein können, in diesem Sinne also sozialadäquat sind.[409] Daneben existieren weitere unverbotene und daher „erlaubte“ Risiken. Zum einen sind dies solche, die zwar das allgemeine Grundrisiko überschreiten und insofern als sozialinadäquat zu klassifizieren sind, jedoch keine tatbestandsmäßige Sorgfaltsverletzung darstellen.[410] Zum anderen sind dies diejenigen sozialinadäquaten Risiken, die vor dem Hintergrund des im Strafrecht geltenden Eigenverantwortlichkeitsprinzips[411] nicht dem die Gefahr Schaffenden, sondern dem diese Gefahr bewusst und freiwillig eingehenden potentiellen Opfer zugerechnet werden.[412]

Unter das erlaubte Risiko fallen aber auch sozialinadäquate Gefahren, die infolge sorgfaltswidriger Herbeiführung einen Straftatbestand erfüllen, im Einzelfall aber ausnahmsweise gerechtfertigt, also im wahrsten Sinne des Wortes „erlaubt“ sind.[413] Es sind dies die Fälle der mutmaßlichen Einwilligung und der Wahrnehmung berechtigter Interessen i. S. d. § 193 StGB. Die Erlaubnis beruht hier auf dem Prinzip des überwiegenden Interesses, werden die gefährlichen Handlungen doch zum Wohle der mit ihnen verfolgten höherrangigen Interessen gebilligt.[414]

Vor dem Hintergrund dieser Vielschichtigkeit des erlaubten Risikos erweist sich die Gleichsetzung von Sozialadäquanz und erlaubtem Risiko, wie sie in der Rechtswissenschaft teilweise erfolgt,[415] als falsch. Denn das erlaubte Risiko erschöpft sich gerade nicht in den Konstellationen sozialadäquater Gefahrschaffung. Aus diesem Grund ist auch der Auffassung, das erlaubte Risiko sei ein spezieller Unterfall, eine Fallgruppe des allgemeinen Prinzips der Sozialadäquanz,[416] zu wi-

---

409 Vgl. *Tiedemann*, FS Hirsch, S. 776.

410 *Hirsch*, ZStW 74 (1962), S. 95; *Kindhäuser*, LPK, Vor § 13 Rn. 97.

411 Zum Eigenverantwortlichkeitsprinzip ausführlich S. 343 ff.

412 *Frisch*, Vorsatz, S. 144; *Hirsch*, ZStW 74 (1962), S. 95; *Krey/Heinrich*, BT/1, Rn. 122 ff.; *Meckel*, Haftung, S. 91; *Preuß*, Untersuchungen, S. 133, 160 f.; *Schmidhäuser*, AT, 6/114 ff.; *Schürer-Mohr*, Erlaubte Risiken, S. 117 f., 128.

413 *Geppert*, ZStW 83 (1971), S. 997; *Gössel*, FS Bengl, S. 37 f.; *Otto*, AT, § 8 Rn. 161; S/S-*Lenckner*, Vorbem §§ 32 ff. Rn. 100; *Maurach/Gössel/Zipf*, AT/2, § 43 Rn 44; *Schürer-Mohr*, Erlaubte Risiken, S. 28. Teilweise werden angesichts der Bedeutung des Wortes „erlaubt“ allein diese an sich tatbestandsmäßigen Risikohandlungen als „erlaubte Risiken“ anerkannt. Vgl. *Beulke/Bachmann*, JuS 1992, S. 741; *Eichinger*, Produkthaftung, S. 231; NK-*Paeffgen*, Vor §§ 32 bis 35 Rn. 24; *Otto*, AT, § 8 Rn. 161; S/S-*Lenckner*, Vorbem §§ 32 ff. Rn. 100.

414 *Eichinger*, Produkthaftung, S. 231, 303 f.; *Frisch*, Zurechnung, S. 76; *Hirsch*, ZStW 74 (1962), S. 99; *Oehler*, FS Eb. Schmidt, S. 240; SK-StGB-*Samson*, Anh § 16 Rn. 18.

415 So etwa von *Heinrich*, AT/2, Rn. 1035; *Kirchner*, Unterlassungshaftung, S. 130; *Köhler*, AT, S. 185; *Tiedemann*, FS Hirsch, S. 776; S/S-*Cramer/Sternberg-Lieben*, § 15 Rn. 146; *Spitz*, Produkthaftung, S. 365; *Stratenwerth/Kuhlen*, AT/1, § 8 Rn. 32; *Wessels/Beulke*, AT, Rn. 184. Ähnlich *Klug*, FS Eb. Schmidt, S. 260 f., der das Eingehen erlaubter Risiken als sozialadäquat, das Eingehen notwendiger Risiken als sozialkongruent bezeichnet.

416 *Niese*, JZ 1956, S. 460; *Roxin*, FS Klug, S. 310; *Schmidhäuser*, AT, 6/104; *Welzel*, ZStW 58 (1939), S. 518.

dersprechen. Vielmehr zeigt die Existenz erlaubter, aber sozialinadäquater Risiken, dass es sich gerade umgekehrt verhält.[417] Während das erlaubte Risiko als Formalbegriff lediglich den Befund mangelnder rechtlicher Missbilligung des Verhaltens – aus welchen Gründen auch immer – bezeichnet,[418] bildet die Sozialadäquanz neben der (mutmaßlichen) Einwilligung, dem verkehrsgerechten Verhalten sowie den Prinzipien der Eigenverantwortlichkeit und des überwiegenden Interesses einen jener Sachgesichtspunkte, welche die rechtliche Missbilligung ausschließen und insofern den Begriff des erlaubten Risikos inhaltlich ausfüllen.[419] Daher ist schließlich auch die Auffassung, das erlaubte Risiko stelle einen Gegenbegriff zur Sozialadäquanz dar, indem es lediglich sozialinadäquate, aber ausnahmsweise gerechtfertigte Verhaltensweisen erfasse, als verfehlt abzulehnen.[420]

Abschließend ist somit festzuhalten, dass das erlaubte Risiko als formaler Oberbegriff zahlreiche rechtlich tolerierte Risikohandlungen erfasst, von denen die sozialadäquaten Verhaltensweisen nur einen Teil darstellen, die Sozialadäquanz umgekehrt nur einer von zahlreichen Aspekten ist, die zur rechtlichen Erlaubnis gefährlicher Verhaltensweisen führen.

3. Dogmatische Verortung des erlaubten Risikos

Angesichts dieser Vielschichtigkeit des erlaubten Risikos bereitet dessen deliktssystematische Verortung erhebliche Schwierigkeiten. So verwundert es nicht, dass das erlaubte Risiko mal als Schuldausschließungsgrund, mal als Rechtfertigungsgrund und mal als Tatbestandsausschlussgrund angesehen wird.

Wie schon die Sozialadäquanz stellt auch das erlaubte Risiko keinen Schuldausschlussgrund dar.[421] Dagegen spricht zum einen der zum Teil generalisierende, mit der Schuld als individuellem Vorwurf unvereinbare abstrakte Charakter des erlaubten Risikos, zum anderen die befremdliche Konsequenz, gegen an sich erlaubtes Verhalten Notwehr zuzulassen.[422] Zudem beruht die Einordnung als Schuldmerkmal auf der inzwischen überholten Sichtweise von Vorsatz und Fahrlässigkeit als reinen Schuldformen.[423]

Die Einordnung des erlaubten Risikos als Rechtfertigungsgrund, wie sie von Teilen des Schrifttums vollzogen wird, beruht oftmals darauf, dass unter das erlaubte Risiko nur sozialinadäquate tatbestandsmäßige Risiken gefasst werden, die im Ausnahmefall nach dem Prinzip des überwiegenden Interesses gerechtfertigt

---

417 So auch *Krey*, ZStW 90 (1978), S. 196; *Preuß*, Untersuchungen, S. 97; *Prittwitz*, Risiko, S. 292.

418 In diesem Sinne auch *Wessels/Beulke*, AT, Rn. 283.

419 So explizit *Maiwald*, FS Jescheck, S. 408 ff. Zustimmend *Schürer-Mohr*, Erlaubte Risiken, S. 78. Ähnlich *Gallas*, ZStW 67 (1955), S. 21 f.; *Jescheck/Weigend*, AT, S. 253; LK-*Schroeder*, § 16 Rn. 161.

420 So aber *Eichinger*, Produkthaftung, S. 303; *Maurach/Zipf*, AT/1, § 28 Rn. 23, 25.

421 So aber *Kienapfel*, Erlaubtes Risiko, S. 21; *Roeder*, Sozialadäquates Risiko, S. 92 ff.

422 Vgl. *Schürer-Mohr*, Erlaubte Risiken, S. 153 ff.

423 Vgl. *Krey*, ZStW 90 (1978), S. 194; NK-*Paeffgen*, Vor §§ 32 bis 35 Rn. 33; *Rehberg*, Erlaubtes Risiko, S. 169; *Schürer-Mohr*, Erlaubte Risiken, S. 152; SK-StGB-*Samson*, Anh § 16 Rn. 18.

sind.[424] Nach der hier vertretenen Auffassung, wonach das erlaubte Risiko lediglich einen Formalbegriff darstellt, dessen ihn inhaltlich ausfüllende Sachgesichtspunkte auf verschiedenen Ebenen des Straftataufbaus Geltung beanspruchen, verbietet sich eine generelle Einordnung als Rechtfertigungsgrund. Gegen die Rechtfertigungslösung spricht zudem, dass die damit verbundene Trennung zwischen einer wertneutralen Deskription der geschaffenen Gefahr auf der Tatbestandsebene und der Bewertung dieser Gefahr erst im Rahmen der Rechtswidrigkeit der Werthaltigkeit der Straftatbestände als Verkörperung des für die jeweilige Deliktsart typischen Unwertgehalts widerspricht. Rechtsgüter werden strafrechtlich nicht absolut, sondern allein in einer auf die Notwendigkeiten gesellschaftlichen Zusammenlebens bezogenen Gebundenheit geschützt. Die Konzeption eines wertfreien Tatbestandes würde diesen seiner Appellfunktion und seines Charakters als Indiz der Rechtswidrigkeit berauben.[425] Verbieten die Straftatbestände folglich schon grundsätzlich nicht bestimmte riskante Verhaltensweisen, kann der Aspekt des erlaubten Risikos schwerlich als Rechtfertigungsgrund verstanden werden.[426] Hinzu kommt schließlich noch die Unvereinbarkeit des auf den konkreten Einzelfall abstellenden Charakters der Rechtfertigungsgründe mit den teilweise generalisierenden Aspekten des erlaubten Risikos,[427] so dass die Klassifizierung des erlaubten Risikos als Rechtfertigungsgrund aus mehreren Gründen ausscheidet.

So spricht letztlich vieles dafür, das erlaubte Risiko als Element des Tatbestandes anzusehen. Während nach einer Ansicht das erlaubte Risiko einen Aspekt bei der Ermittlung der Sorgfaltspflichtverletzung darstellt, indem es das Maß der ob-

---

[424] *Eichinger*, Produkthaftung, S. 303; *Gropp*, AT, § 6 Rn. 198; S/S-*Lenckner*, Vorbem §§ 32 ff. Rn. 94; SK-StGB-*Samson*, Anh § 16 Rn. 19; *Spitz*, Produkthaftung, S. 366. Allerdings wird vor dem Hintergrund, dass die Akzeptanz von Risiken schlechterdings nicht die Befugnis zur Herbeiführung der tatbestandlichen Rechtsgutsverletzung beinhaltet, das erlaubte Risiko teilweise als bloße Handlungsbefugnis angesehen, die anders als die herkömmlichen Rechtfertigungsgründe kein Eingriffsrecht gewähre und zudem eine vorherige pflichtgemäße Prüfung der Sachlage voraussetze. So S/S-*Lenckner*, Vorbem §§ 32 ff. Rn. 11, 19; *ders.*, FS Mayer, S. 180 f. Zustimmend *Gropp*, AT, § 6 Rn. 199 f; *Jescheck/Weigend*, AT, S. 401. Dieser Konzeption eines Rechtfertigungsgrundes minderer Güte kann jedoch nicht gefolgt werden. Wer eine Situation annimmt, in der ein auf dem Prinzip des überwiegenden Interesses beruhender Rechtfertigungsgrund bejaht werden kann, ist, wenn diese Annahme der Wirklichkeit entspricht, auch ohne Prüfung der Sachlage gerechtfertigt, anderenfalls nach den Regeln des Erlaubnistatbestandsirrtums zu behandeln. Ähnlich kritisch *Röttger*, Unrechtsbegründung, S. 54 Fn. 107; *Roxin*, AT/1, § 18 Rn. 2.

[425] Vgl. *Frisch*, Vorsatz, S. 140; *Gallas*, ZStW 67 (1955), S. 20, 23; *Kuhlen* in: Achenbach/Ransiek, HWSt, II Rn. 61; *Niese*, JZ 1956, S. 459; *Roxin*, AT/1, § 10 Rn. 36; *ders.*, FS Klug, S. 306 f.; *Schaffstein*, ZStW 72 (1960), S. 388 f., 393; *Stratenwerth/Kuhlen*, AT/1, § 8 Rn. 27.

[426] Ähnlich *Freund*, AT, § 2 Rn. 14; *Gössel*, FS Bengl, S. 37; *Jakobs*, AT, 7/39; *Wolter*, Zurechnung, S. 40.

[427] *Eichinger*, Produkthaftung, S. 304; *Jakobs*, AT, 7/40; *Köhler*, AT, S. 186; LK-*Rönnau*, Vor § 32 Rn. 58; MüKo-StGB-*Duttge*, § 15 Rn. 134; *Schürer-Mohr*, Erlaubte Risiken, S. 163; *Stratenwerth/Kuhlen*, AT/I, § 8 Rn. 27.

jektiv gebotenen Sorgfalt konkretisiert,[428] wertet die Gegenauffassung das erlaubte Risiko als Element der objektiven Zurechnung.[429] Letzteres erscheint vorzugswürdig. Zwar wirkt sich die rechtliche Billigung bestimmter Risiken durchaus auf das Maß der einzuhaltenden Sorgfalt aus, indem der Täter von der Pflicht zur Vermeidung jedweder Gefährdung befreit wird. Diese Sorgfaltsbeschränkung ist aber lediglich Reflex des gesamttatbewertenden Urteils rechtlicher Billigung, dessen dogmatische Heimat die objektive Zurechnung ist.[430] Hinzu kommt, dass es Konstellationen gibt, in denen ohne Zweifel ein sorgfaltswidriges, aber rechtlich nicht missbilligtes und somit erlaubtes Verhalten gegeben ist, wie etwa in den Fällen eigenverantwortlicher Selbstgefährdung. Folglich ist der Gesichtspunkt des erlaubten Risikos originär ein Problem der objektiven Zurechnung, das zugegebenermaßen auch auf andere Straftatelemente wie etwa die generelle Sorgfalt ausstrahlt.[431]

Letztlich scheidet aber angesichts der hier vertretenen Auffassung, wonach auch tatbestandsmäßige, aber im Ausnahmefall nach dem Prinzip des überwiegenden Interesses gerechtfertigte Gefährdungen unter den Begriff erlaubter Risiken fallen, eine generelle Verortung auf der Tatbestandsebene aus. Verbietet sich somit angesichts der Komplexität und Vielfalt erlaubter Risiken eine generelle deliktssystematische Einordnung, so kann nicht geleugnet werden, dass alle Fälle des erlaubten Risikos gewisse Gemeinsamkeiten aufweisen, wenn sie den Einzelnen von der Haftung für diejenigen von ihm geschaffenen Risiken entlasten, die einzugehen die Gesellschaft sich entschlossen hat bzw. die von ihr als den sozialen Ordnungsvorstellungen entsprechend gebilligt werden. Charakteristikum des erlaubten Risikos ist insofern die Beschränkung auf eine reine ex ante-Bewertung

---

428 *Brinkmann*, Vertrauensgrundsatz, S. 96 f.; *Eschweiler*, Selbstgefährdung, S. 97; *Große Vorholt*, Behördliche Stellungnahmen, S. 99 f.; *Herzberg*, JR 1986, S. 7; *Hilgendorf*, Produzentenhaftung, S. 132 f.; *Kellner*, Einwilligung, S. 36; *Kuhlen*, FG BGH IV, S. 656; LK-*Schroeder*, § 16 Rn. 159; *Maiwald*, FS Jescheck, S. 412; *ders.*, JuS 1984, S. 442; MüKo-StGB-*Duttge*, § 15 Rn. 133; *Prittwitz*, JA 1988, S. 439; *Rosenau*, RPG 2002, S. 99; S/S-*Cramer/Sternberg-Lieben*, § 15 Rn. 127, 145; *Schünemann*, JA 1975, S. 576, der bei der Ermittlung des einzuhaltenden Sorgfaltsmaßstabs durch Abwägung des Interesses an der gefährlichen Handlung und des Interesses an einem möglichst umfassenden Rechtsgüterschutz zwischen sozialadäquaten (sozialüblichen), sozialnützlichen und sozial-notwendigen Handlungen unterscheiden will; *Schürer-Mohr*, Erlaubte Risiken, S. 167; *Spitz*, Produkthaftung, S. 51 f.; *Wehrle*, Regressverbot, S. 89 f. Ebenso wohl auch *BGH*St 37, 106 (118). Im Ergebnis ebenso *Kindhäuser*, GA 1994, S. 216 f., 223.

429 *Jakobs*, Tun und Unterlassen, S. 27 f.; *Joecks*, Vor § 13 Rn. 47; *Kindhäuser*, AT, § 33 Rn. 33 f.; *ders.*, LPK, § 15 Rn. 65; *Kühl*, AT, § 4 Rn. 44; LK-*Rönnau*, Vor § 32 Rn. 57; MüKo-StGB-*Duttge*, § 15 Rn. 102; *Renzikowski*, Notstand und Notwehr, S. 184; *Roxin*, AT/1, § 11 Rn. 66; *Rudolphi*, FS Lackner, S. 866; *Schulz*, Kausalität, S. 43; *Wolter*, GA 1977, S. 265, der aber nunmehr kritisch zur Lehre von der objektiven Zurechnung steht, vgl. *ders.*, Zurechnung, S. 32 f., 352. Kritisch ebenfalls *Frisch*, GA 2003, S. 733 f.; *Preuß*, Untersuchungen, S. 28.

430 Vgl. *Küper*, FS Lackner, S. 273.

431 Ähnlich *Dach*, Einwilligung, S. 24; MüKo-StGB-*Duttge*, § 15 Rn. 106.

des Verhaltens als rechtlich nicht missbilligt und die damit einhergehende Aufhebung des Handlungsunwertes des Verhaltens,[432] unabhängig davon, ob – etwa bei tatsächlich erfolgreicher Rettung eines höherwertigen Rechtsgutes – aus ex post-Sicht auch der Erfolgsunwert entfällt. Insofern kann das erlaubte Risiko als allgemeines, das Recht im Ganzen durchdringendes Strukturprinzip angesehen werden, das an unterschiedlichen Stellen des Verbrechensaufbaus und in Verbindung mit verschiedenen Strafbarkeitsvoraussetzungen zur Geltung kommt.[433] Somit schlägt sich der Charakter als Formalbegriff, dessen heterogene ihn inhaltlich ausfüllende Sachgesichtspunkte mal auf der Tatbestandsebene, mal auf der Rechtswidrigkeitsebene relevant werden, auch auf die Verortung nieder, bestimmen doch allein diese Sachgesichtspunkte, auf welcher Stufe des Straftataufbaus dem Gedanken des erlaubten Risikos Rechnung zu tragen ist.[434] Hierin liegt nicht notgedrungen etwas Systemwidriges, solange abgrenzbar bleibt, in welchen Konstellationen das erlaubte Risiko die Tatbestandsmäßigkeit bzw. die Rechtswidrigkeit ausschließt.[435]

Allerdings besteht bei einem solchen Verständnis des erlaubten Risikos die Gefahr, dass die herkömmlichen dogmatischen Kategorien verwässert, ihre Grenzen verwischt und problematische Einzelfälle ohne nähere Beschäftigung mit ihrer dogmatischen Kategorisierung dem erlaubten Risiko zugeschrieben werden.[436] Jedoch kann einer solchen Entwicklung entgegengewirkt werden, wenn man materiellrechtliche Entscheidungen nicht pauschal auf das erlaubte Risiko stützt, sondern auf die diesem zugrunde liegenden Sachgesichtspunkte. Das erlaubte Risiko dient dann weniger als materiellrechtliches Kriterium, sondern vielmehr als Denkstruktur, die durch Hervorhebung der Gemeinsamkeiten der verschiedenen Sachgesichtspunkte einerseits widersprüchliche Entscheidungen beim Heranziehen unterschiedlicher Sachgesichtspunkte vermeidet, andererseits aber auch den Blick für die abweichenden Aspekte der einzelnen Sachgesichtspunkte schärft.

---

432 *Brinkmann*, Vertrauensgrundsatz, S. 96; *Hannes*, Vertrauensgrundsatz, S. 36; *Rehberg*, Erlaubtes Risiko, S. 60 f.; *Wagner*, Delinquenz, S. 87.

433 Nach S/S-*Lenckner*, §§ 32 ff. Rn. 107b ist das erlaubte Risiko nur ein Strukturprinzip für verschiedene Rechtfertigungsgründe. Fasst man jedoch, wie hier vertreten, auch die bereits die Tatbestandsmäßigkeit ausschließenden Fälle der Sozialadäquanz oder der eigenverantwortlichen Selbstgefährdung unter das erlaubte Risiko, ist diese Auffassung zu eng. Ähnlich wie hier *Dölling*, ZStW 96 (1984), S. 51. Ebenso *Wolski*, Soziale Adäquanz, S. 100, wenn sie die soziale Adäquanz, die sie weitgehend mit dem erlaubten Risiko gleichsetzt (S. 89 f.) als „Sammelbegriff für ein Konglomerat aus sozialen Ordnungsvorstellungen im weitesten Sinne“ bezeichnet und hierzu auch die Relevanz von Einverständnis, Einwilligung oder auch nur mutmaßlicher Einwilligung sowie sonstiger ungeschriebener Zurechnungsmaßstäbe zählt.

434 So wohl auch *Freund*, AT, § 2 Rn. 14, § 3 Rn. 44; *Kienapfel*, Erlaubtes Risiko, S. 22, 26 f; i. E. ähnlich *Roxin*, AT/1, § 18 Rn. 1.

435 So auch *Klug*, FS Eb. Schmidt, S. 256.

436 Vgl. *Preuß*, Untersuchungen, S. 26; *Schürer-Mohr*, Erlaubte Risiken, S. 147, die durchaus die Gefahren eines zahlreiche unterschiedliche Fälle erlaubter Risiken erfassenden „case law“ erkennt und daher für ein behutsames Vorgehen beim Rückgriff auf den Gedanken des erlaubten Risikos plädiert.

4. Kritik am Rechtsinstitut des erlaubten Risikos

Besteht zwar grundsätzlich Einigkeit, dass bestimmte riskante Verhaltensweisen aus dem Kreis strafwürdigen Unrechts ausscheiden müssen, so sieht sich das Rechtsinstitut des erlaubten Risikos in der Rechtswissenschaft nichtsdestotrotz zahlreichen Einwänden ausgesetzt.

a. Unbestimmtheit des erlaubten Risikomaßes

Hauptkritikpunkt ist dabei die Unbestimmtheit des erlaubten Risikomaßes. In Anbetracht der Unmöglichkeit, den Kreis der rechtlich gebilligten Risiken abschließend festzulegen, zeichne sich das Rechtsinstitut des erlaubten Risikos durch eine erhebliche Konturenlosigkeit aus,[437] welche es ermögliche, nach Gutdünken allein auf der Grundlage kriminalpolitischer Erwägungen über die Strafbarkeit eines Verhaltens zu urteilen. Das erlaubte Risiko stelle daher eine rechtstaatlich bedenkliche Floskel dar.[438]

Diese Kritik ist insofern berechtigt, als eine Individualisierung dahingehend, dass jeder Einzelfall allein nach den gegebenen Umständen beurteilt wird, dem Gebot der Rechtssicherheit widerspricht und willkürliche Urteile ermöglicht.[439] Aber gerade die unterschiedlichen Auffassungen darüber, welche Fälle dem erlaubten Risiko zuzurechnen sind, zeigen, dass Reichweite und Grenzen eines solchen Rechtsinstituts sehr vage sind, mithin die Gefahr besteht, dass ähnliche Fallkonstellationen im Hinblick auf das Rechtsinstitut unterschiedlich behandelt werden bzw. das erlaubte Risiko zum rechtsstaatlich bedenklichen, weil nicht ausreichend konturierten „Allzweckmittel" zur strafrechtlichen Bewältigung neu auftretender und bislang unbekannter Situationen wird.[440] Andererseits schafft das Rechtsinstitut des erlaubten Risikos als allgemeines Strukturprinzip gerade generelle Leitlinien, die bei der Entscheidung im konkreten Fall zugrunde gelegt werden können. Somit steigert es die Rechtssicherheit und wirkt einer strikt individuellen, nur den konkreten Einzelfall im Blick habenden Beurteilung entgegen. Letztlich gilt es, wie *Kienapfel* zutreffend feststellt, „eine Kompromissformel [zwischen Rechtsicherheit und Einzelfallgerechtigkeit] zu finden."[441] Aber einen eben solchen Kompromiss stellt das erlaubte Risiko gerade dar. Indem mit Hilfe des erlaubten Risikos einerseits generelle, die Rechtssicherheit erhöhende Leitlinien aufgestellt werden, andererseits die Kriterien des erlaubten Risikos zum Zwecke der Ermöglichung gerechter Ergebnisse im Einzelfall zugleich auf Kosten

---

437 *Hillenkamp*, NStZ 1981, S. 164; *Kienapfel*, Erlaubtes Risiko, S. 8 ff., der das erlaubte Risiko als „aporetisches Gebilde", als „potemkinsches Dorf" bezeichnet.

438 *Schmucker*, Dogmatik, S. 59. Ähnlich *Spitz*, Produkthaftung, S. 53, der von einem grundsätzlichen Orientierungsbedürfnis des Produktherstellers bezüglich des geforderten Sicherheitsgrades spricht.

439 Vgl. *Kienapfel*, Soziale Adäquanz, S. 100.

440 Vgl. *Maiwald*, FS Jescheck, S. 412; *Prittwitz*, Risiko, S. 281, 293, 318, der die „Aufblähung der unter dem Topos erlaubtes Risiko abgehandelten Rechtsprobleme" gar als „Ergebnis lebensweltfremder Abstraktions- und Systematisierungsbedürfnisse" bezeichnet.

441 *Kienapfel*, Soziale Adäquanz, S. 100.

der Rechtssicherheit dehnbar und flexibel sind, werden die widerstreitenden Interessen der Rechtssicherheit und der Einzelfallgerechtigkeit bestmöglich miteinander in Einklang gebracht. Und letztlich kann, wie bereits erwähnt, die Rechtsunsicherheit dadurch eingedämmt werden, dass nicht auf das erlaubte Risiko im Generellen, sondern auf die einzelnen darin aufgehenden Sachgesichtspunkte abgestellt wird, haben diese doch im Laufe der Zeit einen hohen Präzisionsgrad erreicht.

b. Unanwendbarkeit bei Vorsatztaten

Teilweise wird eine Straflosstellung unter dem Gesichtspunkt des erlaubten Risikos nur bei Fahrlässigkeitstaten für zulässig erachtet, bei vorsätzlichem Handeln hingegen als unsachgemäß abgelehnt. Indes geht eine Begrenzung des erlaubten Risikos auf fahrlässiges Handeln mit der Begründung, bei Vorsatz könnten die Fälle unverbotener Risiken über das Erfordernis der Tatherrschaft ausgeschieden werden,[442] fehl, kommt dem erlaubten Risiko doch erst im Rahmen der Frage nach der rechtlichen Missbilligung des geschaffenen Risikos Bedeutung zu und damit in den Fällen, in denen zuvor eine adäquate, sprich voraussehbare und menschlich beherrschbare, Herbeiführung des Erfolges bejaht wurde. Auch dem Argument, vorsätzliches Handeln überschreite grundsätzlich die Grenzen des erlaubten Risikos,[443] kann in seiner Pauschalität nicht gefolgt werden. Denn die Entscheidung, ob ein Verhalten trotz der mit ihm verbundenen Risiken vorgenommen werden darf, ist unabhängig davon, ob vorsätzlich oder fahrlässig gehandelt worden ist. Das bewusste Abzielen auf den tatbestandlichen Erfolg macht das Verhalten nicht zu einem gefährlichen – es ist bereits gefährlich, nicht aber gefährlicher und daher per se rechtlich missbilligenswert, nur weil der Täter ihre Realisierung wünscht.[444] Lässt sich auch nicht bestreiten, dass die praktische Relevanz des erlaubten Risikos bei Fahrlässigkeitsdelikten wesentlich größer ist,[445] so käme eine pauschale Versagung des Strafausschlusses unter dem Gesichtspunkt des erlaubten Risikos bei Vorsatztaten indes – von der inakzeptablen Besserstellung des aufgrund seines gröberen Moralempfindens Skrupelloseren abgesehen – einem rechtsstaatswidrigen Gesinnungsstrafrecht gleich.[446]

Somit ist das Überschreiten des erlaubten Risikos bei Vorsatz- wie bei Fahrlässigkeitstaten gleichermaßen zwingende Voraussetzung für die Erfüllung des objektiven Tatbestandes.[447] Eine Einschränkung muss allerdings in den Fällen ge-

---

442 So *Hirsch*, ZStW 74 (1962), S. 98.

443 *Rehberg*, Erlaubtes Risiko, S. 80, 84 f.; *Roeder*, Sozialadäquates Risiko, S. 34 f., 40: *Welzel*, ZStW 58 (1939), S. 520; *Zipf*, ZStW 82 (1970), S. 634 f.; a. A. *Kienapfel*, Erlaubtes Risiko, S. 12; *Tiedemann/Tiedemann*, FS Schmitt, S. 151; *Wolski*, Soziale Adäquanz, S. 93.

444 *Herzberg*, JR 1986, S. 7; *ders.*, JZ 1989, S. 475. Ähnlich *Prittwitz*, JA 1988, S. 439.

445 So auch *Erb*, JuS 1994, S. 453; *Hirsch*, ZStW 74 (1962), S. 94; *Jakobs*, AT, 7/40; *Kuhlen*, Fragen, S. 29; *Prittwitz*, JA 1988, S. 436; *Schmidhäuser*, AT, 6/108; *Maurach/Zipf*, AT/1, § 17 Rn. 22.

446 Vgl. *Frisch*, Vorsatz, S. 141.

447 Ebenso *Eschweiler*, Selbstgefährdung, S. 97, 101 f.; *Große Vorholt*, Behördliche Stellungnahmen, S. 101; *Jakobs*, AT, 7/39; *Kuhlen*, Fragen, S. 29; LK-*Rönnau*, Vor § 32

macht werden, in denen der Täter unter dem Deckmantel des erlaubten Risikos absichtlich Rechtsgüter Dritter verletzt, liegt hierin doch – vergleichbar der Notwehrprovokation – ein rechtsmissbräuchliches Verhalten, welches nichts mehr mit den Situationen gemein hat, die das erlaubte Risiko erfassen will.

c. Entbehrlichkeit als eigenständiges Rechtsinstitut

Schließlich wird das erlaubte Risiko von Teilen des Schrifttums als eigenständiges Rechtsinstitut mit der Begründung abgelehnt, dass die Fälle des erlaubten Risikos letztlich allesamt mit Hilfe der herkömmlichen dogmatischen Kategorien gelöst werden könnten.[448]

Ist eine Lösung über die gewöhnlichen Rechtfertigungsgründe, wie sie mitunter vertreten wird,[449] aber schon aufgrund des unterschiedlichen Charakters der einzelfallbezogenen Rechtfertigungsgründe und des generalisierenden erlaubten Risikos sowie der Indisponibilität und des absoluten Schutzes des Rechtsguts Leben äußerst zweifelhaft, haben die Ausführungen zum erlaubten Risikos darüber hinaus ja gerade gezeigt, dass nicht alle der darunter gefassten Konstellationen Rechtfertigungssituationen darstellen, mitunter vielmehr bereits ein Tatbestandsausschluss zu bejahen ist.

Auch der Gedanke der Risikoverringerung kann nicht zur Begründung der Straffreiheit aller dem erlaubten Risiko unterfallenden Konstellationen herangezogen werden. Denn nach zutreffender Ansicht kommt dieser Gedanke nur dann zum Tragen, wenn eine bereits bestehende Gefahrenlage gemindert wird, ohne dass zugleich eine neue, eigenständige (wenn auch in ihrer Intensität im Vergleich zur ursprünglichen Gefahr geringere) Gefahr geschaffen wird.[450] Zwar besteht gerade im hier interessierenden Fall der Arzneimittelabgabe aufgrund der Krankheit, an der der Patient leidet, eine Gefahrenlage für die Rechtsgüter Leben und Gesundheit, die durch das Medikament gemindert wird. Jedoch schafft das Medikament in Form seiner Nebenwirkungen neue, eigenständige Gefahren für eben diese Rechtsgüter. Zudem orientiert sich der Gedanke der Risikoverringerung am eingetretenen Erfolg, knüpft bei der Beurteilung des Geschehens also an eine ex post-Betrachtung an, so dass die Straflosigkeit des Inverkehrbringens eines Arzneimittels letztlich davon abhinge, ob dieses später tatsächlich heilende Wirkung entfaltet und den ursprünglich drohenden Erfolg abwendet. Da die Komplexität der Vorgänge im Körperinnern und die generelle Begrenztheit menschlichen Wissens eine vor der Medikamenteneinnahme geäußerte Prognose über die Heilwir-

Rn. 57; *Niese*, Streik, S. 31; *Röttger*, Unrechtsbegründung, S. 58, 60; *Stratenwerth/Kuhlen*, AT/1, § 8 Rn. 32 und § 15 Rn. 16.

448 So etwa *Brinkmann*, Vertrauensgrundsatz, S. 86; *Dach*, Einwilligung, S. 24; *Freund*, AT, § 2 Rn. 14; *Geppert*, ZStW 83 (1971), S. 995; *Kienapfel*, Erlaubtes Risiko, S. 28 f.; *Schmucker*, Dogmatik, S. 57; *Schürer-Mohr*, Erlaubte Risiken, S. 167.

449 So etwa von *Kienapfel*, Erlaubtes Risiko, S. 20; *Prittwitz*, Risiko, S. 274 f. Kritisch zu Recht *Kindhäuser*, GA 1994, S. 217 f.; *Krey*, ZStW 90 (1978), S. 197; *Maurach/Zipf*, AT/1, § 17 Rn. 20; *Preuß*, Untersuchungen, S. 160; *Zipf*, Risikoübernahme, S. 70, 73, 75 f.

450 S/S-*Lenckner*, Vorbem §§ 13 ff. Rn. 94; SK-StGB-*Rudolphi*, Vor § 1 Rn. 58; *Wessels/Beulke*, AT, Rn. 194 f.

kung eines Präparats im Sinne einer absoluten Gewissheit unmöglich macht, würde der Arzneimittelabgabe immer die Gefahr einer im Einzelfall gegebenen strafrechtlichen Relevanz anhaften. Diese Unsicherheit stünde im krassen Widerspruch zum Interesse sowohl der an der Abgabe beteiligten Personen als auch der Gesellschaft, auf deren Kosten die aus der Unsicherheit resultierende Zurückhaltung beim Inverkehrbringen an sich wirksamer Präparate ausgetragen werden würde.

In Betracht kommt allerdings eine Erfassung erlaubter Risiken über das Kriterium der generellen Sorgfaltspflicht.[451] Dagegen spricht jedoch das bereits eine Verortung des erlaubten Risikos als Element der Sorgfaltspflicht ausschließende Argument, dass sich die generelle Sorgfaltspflicht – wenngleich abstrakte Überlegungen anstellend – immer auf den konkreten Einzelfall bezieht, während das erlaubte Risiko insofern einen höheren Abstraktionsgrad aufweist, als es den Kreis sozial tolerierter gefährlicher Verhaltensweisen in bestimmten Lebensbereichen umfasst und gerade durch seinen gesamttatbewertenden Charakter, d. h. über die bloße Konkretisierung der Sorgfaltspflicht hinaus, besondere Bedeutung erlangt.

Somit ist es gerade der generalisierende Maßstab, der dem erlaubten Risiko eine eigenständige Funktion einbringt. Zum einen ermöglicht dieser, neu auftretende juristische Probleme zu bewältigen.[452] Zum anderen trägt er zur systematischen Durchdringung des Rechts bei und wirkt einer einzelfallbezogenen Rechtsfindung, insbesondere auch in bislang noch nicht strafrechtlich gewürdigten Lebensbereichen, entgegen, wenn er die gemeinsamen normativen Strukturen verschiedener Rechtsfiguren, genauer den Entfall des Handlungsunwertes ex ante riskanter, aber mit der sozialen Wertordnung in Einklang stehender Verhaltensweisen unabhängig von deren Rechtfertigung aus ex post-Sicht, herausstellt.[453] Der gegen diese Auffassung vorgetragene Einwand, die Erlaubnis eines Risikos könne nur anhand des konkreten Falles und mit Geltung allein für diesen ermittelt werden,[454] trägt in dieser Pauschalität nicht. Zwar ist zutreffend, dass dem erlaubten Risiko auch die von den Umständen des Einzelfalls abhängigen Konstellationen der Risikoübernahme unterfallen. Andererseits gehören zum erlaubten Risiko aber auch jene Konstellationen, in denen die Gefährdung unabhängig vom Einzelfall bereits auf der Grundlage eines gesellschaftlichen Konsenses akzeptiert wird und insofern nicht strafwürdig ist.[455] Es sind dies vor allem die Fälle sozialadäquater Risiken.

Damit bleibt festzuhalten, dass das erlaubte Risiko zwar keine eigenständige materiale Rechtsfigur darstellt, sondern als Formalbegriff verschiedene materiale

---

[451] So *Kienapfel*, Erlaubtes Risiko, S. 28; *Krey*, ZStW 90 (1978), S. 199; *Quillmann*, Einwilligung, S. 72; *Rehberg*, Erlaubtes Risiko, S. 127 f., 238.

[452] So auch *Deutsch*, FS Welzel, S. 246; NK-*Paeffgen*, Vor §§ 32 bis 35 Rn. 25; *Prittwitz*, Risiko, S. 279; *Schürer-Mohr*, Erlaubte Risiken, S. 208.

[453] Vgl. *Fiedler*, Fremdgefährdung, S. 82; *Kindhäuser*, GA 1994, S. 198; LK-*Rönnau*, Vor § 32 Rn. 58; *Maiwald*, FS Jescheck, S. 411, 424; *Prittwitz*, Risiko, S. 280; *Schürer-Mohr*, Erlaubte Risiken, S. 162 f.

[454] So *Jakobs*, AT, 7/36; *Kienapfel*, Erlaubtes Risiko, S. 28; *Weigend*, FS Nishihara, S. 201. Ähnlich wohl auch *Ransiek*, Unternehmensstrafrecht, S. 27, wenn er auf die Risikokenntnis und Risikoübernahme im Einzelfall abstellt.

[455] Vgl. *Bosch*, Organisationsverschulden, S. 480 ff.; *Däbritz*, Humanerprobungen, S. 32; MüKo-StGB-*Duttge*, § 15 Rn. 105.

Rechtsprinzipien für die rechtliche Akzeptanz riskanter Tätigkeiten in sich vereinigt. Hierdurch leistet es aber einen nicht unerheblichen Beitrag zur Systematisierung und Kategorisierung des Rechts und gewinnt nicht zuletzt wegen der damit verbundenen Harmonisierung rechtlicher Entscheidungen und der daraus folgenden Steigerung der Rechtssicherheit eigenständige Bedeutung.

II. Erlaubtes Risiko im Arzneimittelstrafrecht

Die soeben gewonnenen Erkenntnisse über den umstrittenen Begriff des erlaubten Risikos gilt es nun auf den Bereich des Arzneimittelwesens zu übertragen. Dabei sei an dieser Stelle noch einmal daran erinnert, dass zunächst nur der Frage eines generellen Ausschlusses strafrechtlicher Verantwortung für Schäden durch die Einnahme von Arzneimitteln nachgegangen werden soll, also gerade die Gesichtspunkte der Rechtfertigung aufgrund der Verfolgung höherwertiger Interessen oder der Risikoübernahme als einzelfallorientierte Aspekte ausgeklammert und erst im Rahmen der Problematik der Abgrenzung von Verantwortungsbereichen erörtert werden. Im Mittelpunkt steht im Folgenden mit anderen Worten das generell unverbotene, von vornherein nicht strafwürdige Risiko.

Ob und in welcher Weise dem Gedanken des erlaubten Risikos im Arzneimittelstrafrecht Geltung zukommt, bestimmt sich primär nach den das Arzneimittelwesen regelnden Normen. Denn der kompromisshafte, normative Konsens, der dem generell unverbotenen erlaubten Risiko zugrunde liegt, manifestiert sich in einer parlamentarischen Demokratie in den das Erlaubte für zahlreiche Lebensbereiche konkretisierenden Vorschriften des Gesetzgebers.[456] So laufen auch die bei Arzneimittelschäden einschlägigen Bestimmungen des AMG und StGB, so unterschiedlich sie im Einzelnen auch sind, letztlich auf das Gebot einer verantwortlichen Nutzen-Risiko-Entscheidung seitens der beteiligten Akteure hinaus.[457]

1. Erlaubtes Risiko im Arzneimittelgesetz

Um von einem kodifizierten erlaubten Risiko zu sprechen, müssen das entsprechende gefährliche Verhaltenssystem zunächst grundsätzlich normativ erfasst und die von den geregelten Verhaltensweisen ausgehenden Gefahren durch abstrakte Vorschriften zur Risikovermeidung oder zumindest Risikominderung eingedämmt werden.[458] Diesem Erfordernis ist der Gesetzgeber durch das Arzneimittelgesetz nachgekommen, stellt er in diesem doch bestimmte Anforderungen an das als prinzipiell gefährlich eingestufte[459] Herstellen und Inverkehrbringen von Arzneimitteln. Insbesondere die Tatsache, dass diese Tätigkeiten nicht ohne besondere Bewilligung in Form der Herstellungserlaubnis gemäß § 13 AMG bzw. der Markt-

---

456 MüKo-StGB-*Duttge*, § 15 Rn. 135. Ähnlich *Kindhäuser*, GA 1994, S. 223; *Maiwald*, FS Jescheck, S. 412.

457 *Lewandowski*, PharmR 1982, S. 132.

458 *Köhler*, AT, S. 185.

459 *Roxin*, AT/1, § 11 Rn. 67, hebt zu Recht hervor, dass die Normierung von Sicherheitsvorkehrungen zugleich die Anerkennung eines rechtlich relevanten Risikos beinhaltet.

zulassung gemäß § 25 AMG vorgenommen werden dürfen, zeigt, dass der Gesetzgeber die damit verbundenen Risiken nur bei Erfüllung bestimmter Kriterien für rechtlich hinnehmbar erachtet, die an der Handlung einerseits und am Rechtsgüterschutz andererseits bestehenden Interessen bereits abstrakt abgewogen und somit die Grenze des Erlaubten gezogen hat. Dabei sind mit der klinischen Prüfung und dem späteren Inverkehrbringen zwei grundsätzliche Regelungsbereiche zu unterscheiden, in denen sich das Maß des erlaubten Risikos nach jeweils eigenen Kriterien bemisst. Während sich die Erprobungsphase dadurch auszeichnet, dass noch keine Erkenntnisse über schädliche Wirkungen bei Menschen vorliegen, kann bei der rechtlichen Würdigung des Inverkehrbringens bereits auf die durch die klinische Prüfung gewonnenen Daten über etwaige Nebenwirkungen zurückgegriffen werden. Da das Moment der Unkenntnis in der Prüfphase insofern eine zusätzliche Erschwernis darstellt, soll im Folgenden zunächst auf das erlaubte Risiko in der Marktphase eingegangen werden, bevor dann, aufbauend auf den gewonnenen Erkenntnissen, das erlaubte Risiko im Rahmen der klinischen Prüfung ermittelt wird.

a. Erlaubtes Risiko beim Inverkehrbringen von Arzneimitteln

Nach dem AMG werden die Sicherheitsentscheidungen primär den pharmazeutischen Unternehmern (§ 5 AMG), den Zulassungsbehörden (§§ 25, 30 AMG) und den Überwachungsbehörden der Länder (§ 69 AMG) anvertraut.[460] Zentrale Norm ist bei alledem § 5 AMG, dessen generelle Aussage in ähnlicher Weise auch den anderen arzneimittelsicherheitsrechtlichen Normen zugrunde liegt und deren Inhalt prägt.[461] Das über § 95 Abs. 1 Nr. 1 AMG strafbewehrte Verbot des § 5 AMG, Arzneimittel, bei denen der begründete Verdacht unvertretbarer schädlicher Wirkungen besteht, in den Verkehr zu bringen, ist angesichts der dem Vertretbarkeitsurteil zugrunde liegenden Abwägung von Nutzen und Risiken des betreffenden Pharmakons[462] aber letztlich nichts anderes als die positivrechtliche Umschreibung des im Arzneimittelverkehr erlaubten Risikos.[463] Denn § 5 AMG, nach dessen Abs. 2 bestimmte schädliche Wirkungen von Arzneimitteln bei positiver Nutzen-Risiko-Bilanz angesichts ihres therapeutischen Potentials als unbedenklich hingenommen werden müssen, grenzt die rechtswidrige Arzneimittelgefahr vom zulässigen Restrisiko ab. Dabei geht es gerade nicht um das der prinzipiellen Begrenztheit menschlichen Wissens bezüglich der Vorgänge im Körperinnern entspringende Restrisiko, sondern vielmehr um dasjenige, welches erkennbar ist, um des medizinischen Nutzens des Präparates willen aber von Rechts wegen in Kauf genommen wird und in diesem Sinne erlaubt ist.[464] Insofern berücksichtigt die Norm im Rahmen des Vertretbarkeitsurteils sowohl das gesellschaftspolitische Er-

---

460 Siehe hierzu *Lewandowski*, PharmR 1980, S. 107.

461 Siehe etwa die Formulierung in § 25 Abs. 2 Nr. 5 AMG bzw. § § 40 Abs. 1 Satz 3 Nr. 2 AMG.

462 Siehe S. 110 f.

463 *Eichinger*, Produkthaftung, S. 232; *Horn*, FS Welzel, S. 724; *Kaufmann*, (Sonder-)Pflichtverletzungen, S. 38; *Spitz*, Produkthaftung, S. 375; *Tiedemann*, FS Hirsch, S. 776.

464 *Räpple*, Arzneimittel, S. 104 f.

fordernis der Arzneimittelzulassung im Generellen als auch das individuelle Interesse zum einen am Inverkehrbringen wirksamer Präparate, zum anderen an weitestmöglichem Schutz vor durch den Gebrauch von Arzneimitteln eintretenden Schäden.[465] § 5 AMG ist somit letztlich Ausdruck jener das erlaubte Risiko charakterisierenden sozialgestaltenden Risikovorsorge, die der zunehmenden Abhängigkeit der Gesellschaft von der umfassenden Versorgung durch industriell hergestellte Produkte sowie dem Bedürfnis Rechnung trägt, eine mögliche Verbesserung der Versorgung mit innovativen Produkten zu einem verantwortbar frühen Zeitpunkt allgemein zur Verfügung zu haben.[466] Zu diesem Zweck gewährt die Norm den an Arzneimittelherstellung und -vertrieb beteiligten Personen und Institutionen einen gewissen Schutz, um auf diese Weise die Entwicklung gesundheitsfördernder Medikamente anzuregen. Die Schutzrichtung entfaltet sich dabei in zweierlei Richtung. Zum einen befreit die Norm von Verantwortung für unerkannte unvertretbare schädliche Wirkungen, solange beim Prozess der Erkenntnisgewinnung nur die notwendige Sorgfalt eingehalten, d. h. der Stand der medizinischen Erkenntnisse berücksichtigt wurde. Zum anderen schließt die Norm eine Verantwortung für diejenigen schädlichen Wirkungen aus, die in Anbetracht des therapeutischen Wertes des Arzneimittels als vertretbar und insofern hinnehmbar klassifiziert wurden. Fällt das Vertretbarkeitsurteil des § 5 Abs. 2 AMG letztlich positiv aus, wird das Risiko schädlicher Nebenwirkungen durch den Gesetzgeber dem Patienten aufgebürdet.[467] Allerdings beseitigt der Befund „vertretbar" – dem Grundgedanken des erlaubten Risikos entsprechend – lediglich den Handlungsunwert des Inverkehrbringens von Arzneimitteln mit geringen Nebenwirkungen, hebt jedoch nicht den Unwert des im Einzelfall eintretenden Verletzungserfolges auf.

Indes ist zu berücksichtigen, dass die abstrakte Norm des § 5 AMG in engem Zusammenhang zu den übrigen Normen des AMG steht, welche die generelle Wertung des § 5 AMG für die einzelnen Phasen des Arzneimittelverkehrs konkretisieren und ergänzen. Dies gilt namentlich für diejenigen Vorschriften, die konkrete Anforderungen in Bezug auf das Inverkehrbringen von Medikamenten formulieren, so vor allem § 21 AMG und § 40 AMG, wonach das Inverkehrbringen sowohl in der Phase der klinischen Prüfung als auch der eigentlichen Vermarktung jeweils einer vorherigen behördlichen Genehmigung bedarf. Ruft man sich das oben allgemein zur Struktur des erlaubten Risikos Gesagte in Erinnerung, demzufolge ein erlaubtes Risiko nur dann in Betracht kommt, wenn alle möglichen und zumutbaren Vorkehrungen zur Minimierung der dem Verhalten anhaftenden Gefahr getroffen wurden, und erkennt man im Einholen der behördlichen Zustimmung als Instrument der Kontrolle und Billigung der riskanten Tätigkeit durch ein Expertengremium zu Recht eine eben solche Sicherungsmaßnahme, so folgt hieraus, dass das ungenehmigte Inverkehrbringen eines Pharmakons selbst dann kein erlaubtes Risiko darstellen kann, wenn es gemessen am Maßstab des § 5 Abs. 2 AMG unbedenklich sein sollte. Erlaubt riskant ist allein das behördlich genehmig-

---

465 *Kloesel/Cyran*, § 5 Anm. 31.

466 *Kloesel/Cyran*, § 5 Anm. 1.

467 *Sieger*, VersR 1989, S. 1014. Ähnlich *Jenke*, Arzneimittel, S. 51.

te Inverkehrbringen eines unbedenklichen Arzneimittels; Genehmigung und Unbedenklichkeit stellen insofern kumulative Voraussetzungen dar.

Grundlage des Unbedenklichkeitsurteils und der dieses gemäß § 25 Abs. 2 Satz 1 Nr. 5 AMG zum Ausdruck bringenden Genehmigung ist die Vertretbarkeitsprüfung des § 5 Abs. 2 AMG, deren Methode der Kosten-Nutzen-Bilanzierung das Arzneimittelrecht wie ein roter Faden durchzieht und der somit zentrale Bedeutung für die Frage zukommt, ob eine strafrechtliche Verantwortung für Arzneimittelschäden unter dem Aspekt des erlaubten Risikos generell ausgeschlossen ist. Daher ist im Folgenden auf Inhalt und gedanklichen Ablauf der Vertretbarkeitsprüfung näher einzugehen.

(A) Prinzip der Nutzen-Risiko-Bilanzierung

Die Methode zur Feststellung der Vertretbarkeit ist, wie bereits angesprochen, die der Risiko-Nutzen-Abwägung, welche in dem Vergleich und der anschließenden Bewertung des Schadensrisikos und des therapeutischen Nutzens besteht.[468] In Übereinstimmung mit dem zur Ermittlung des erlaubten Risikomaßes im Allgemeinen Gesagten kann das Abwägungsverfahren analytisch in zwei Verfahrensabschnitte unterteilt werden. In einem ersten Schritt müssen Nutzen und Risiko eines Arzneimittels sowohl qualitativ als auch quantitativ möglichst genau herausgearbeitet werden. Grundlage bilden hierbei gemäß § 5 Abs. 2 AMG die Erkenntnisse der medizinischen Wissenschaft, die als Aussagen über die Richtigkeit von Prüfmethoden oder Eigenschaften bzw. Wirkungen von Arzneimitteln, welche mittels abstrakter Denkvorgänge oder Erfahrungen mit Hilfe zielgerichteter Methoden gefunden werden, umschrieben werden können.[469] Individuelle Interessen und Sicherheitserwartungen des Einzelnen oder der Allgemeinheit spielen demnach keine Rolle.[470] In einem zweiten Schritt ist dann die eigentliche Bewertung des Arzneimittels in Form einer normativen Abwägung des ermittelten Nutzens und Risikos vorzunehmen und eine abschließende Entscheidung über die Vertretbarkeit der Arzneimittelrisiken zu treffen.[471] Indes lässt sich eine strikte Trennung der beiden Stadien nicht durchführen, fließen doch bereits in die Abschätzung des Nutzens und der Risiken normative Wertungen mit ein, wenn der Wahrscheinlichkeit der Erkrankung infolge der Medikamenteneinnahme und dem medizinischen

---

[468] *Besch*, Produkthaftung, S. 54; *Flatten*, MedR 1993, S. 465; *Hart/Hilken/Merkel/Woggan*, Arzneimittelmarkt, S. 88; *Jenke*, Arzneimittel, S. 52; *Kloesel/Cyran*, § 5 Anm. 31; *Räpple*, Arzneimittel, S. 105.

[469] *Czwalinna*, Forschungslegitimation, S. 88; *Samson/Wolz*, MedR 1988, S. 71; *Vogeler*, MedR 1984, S. 132; *Wagner*, Pharmaethik, S. 30. Auch hier wird das bereits bei der Frage der Kausalität thematisierte Problem der Existenz verschiedener wissenschaftlicher Auffassungen virulent, aufgrund deren teilweise divergierender Aussagen nicht von „[einheitlichen] Erkenntnissen der [gesamten] medizinischen Wissenschaft" i. S. d. § 5 Abs. 2 AMG gesprochen werden kann.

[470] *Jenke*, Arzneimittel, S. 56.

[471] *Besch*, Produkthaftung, S. 55; *Jenke*, Arzneimittel, S. 54; *Kloesel/Cyran*, § 5 Anm. 31; MüKo-StGB-*Freund*, § 5 AMG Rn. 21; *Räpple*, Arzneimittel, S. 106; *Samson*, Modelle, S. 295; *Samson/Wolz*, MedR 1988, S. 71; *Wagner*, Pharmaethik, S. 29; *Wolz*, Bedenkliche Arzneimittel, S. 71.

Nutzen des Präparats für die Gesundheit maßgebliche Bedeutung zukommt, „Krankheit" und „Gesundheit" aber selbst wertbehaftete Begriffe sind.[472]

(B) Faktoren der Nutzen-Risiko-Bilanzierung

Sowohl Nutzen als auch Risiko eines Arzneimittels beziehen sich auf die durch die Arzneimittelanwendung eintretenden Gesundheitsveränderungen. Dabei bestimmt sich das Risiko grundsätzlich nach der Wahrscheinlichkeit des Eintritts von Gesundheitsschäden, der Nutzen nach der Eignung des Präparates zur Verhinderung, Bekämpfung oder Verminderung einer Gesundheitsbeschädigung.[473]

(I) Therapeutischer Nutzen des Arzneimittels

Der Nutzen eines Arzneimittels ist gleichbedeutend mit seiner Wirksamkeit, d. h. seinem therapeutischen Wert, der sich wiederum aus der Summe der hinsichtlich des verfolgten Behandlungsziels erwünschten Wirkungen, die messbar, fühlbar oder sonst erkennbar durch die Arzneitherapie ausgelöst werden, ergibt.[474] Während sich der Wirksamkeitsgrad qualitativ danach bestimmt, ob die Medikamenteneinnahme zur Heilung des Patienten oder nur zur Besserung des Gesundheitszustandes, zur Lebensverlängerung oder zur Erleichterung der Symptomatik führt, spielt in quantitativer Hinsicht der Grad der Wahrscheinlichkeit, mit der die erwünschte Wirkung eintritt, die entscheidende Rolle.[475] Einen weiteren Faktor im Rahmen der Nutzenermittlung stellt die Schwere der Indikation und damit verbunden die Behandlungsbedürftigkeit der Erkrankung angesichts der hervorgerufenen physischen und psychischen Belastungen dar.[476] Daneben sind auch die therapeutische Breite des Präparats, die Einfachheit seiner Anwendung und schließlich auch seine Haltbarkeitsdauer maßgeblich.[477] Die Feststellung des Nutzens wird außer durch die Vielzahl der zu berücksichtigenden Faktoren vor allem durch die Existenz unterschiedlicher Arzneimittellehren, wie etwa der Phytotherapie, der Homöopathie und der anthroposophischen Medizin,[478] erschwert, da es hierdurch an einheitlichen Kriterien zur Bestimmung der Wirksamkeit eines Medikaments

---

472 *Däbritz*, Humanerprobungen, S. 71; *Wolz*, Bedenkliche Arzneimittel, S. 101 f.

473 *Di Fabio*, Risikoentscheidungen, S. 183.

474 *Besch*, Produkthaftung, S. 55 f.; *Hansen-Dix*, PharmR 1989, S. 11; *Heitz*, Arzneimittelsicherheit, S. 212; *Jenke*, Arzneimittel, S. 53; *Kloesel/Cyran*, § 5 Anm. 32; MüKo-StGB-*Freund*, § 5 AMG Rn. 21; *Rehmann*, § 5 Rn. 2; *Wolz*, Bedenkliche Arzneimittel, S. 71.

475 *Besch*, Produkthaftung, S. 56; *Jenke*, Arzneimittel, S. 53; *Wolz*, Bedenkliche Arzneimittel, S. 79.

476 *Hart/Hilken/Merkel/Woggan*, Arzneimittelmarkt, S. 88; *Kloesel/Cyran*, § 5 Anm. 32; *Wolz*, Arzneimittel, S. 80, insb. Fn. 34.

477 *Kloesel/Cyran*, § 5 Anm. 32; *Räpple*, Arzneimittel, S. 107 f. passim. *Wolz*, Bedenkliche Arzneimittel, S. 81, will in die Nutzenabschätzung auch das Suchtpotential des Arzneimittels einbeziehen. Richtigerweise stellt dieses aber einen Risikofaktor dar, der allerdings, wie *Wolz* zu Recht betont, nur dann Berücksichtigung finden darf, wenn die Suchtgefahr auch bei bestimmungsgemäßem Gebrauch besteht.

478 Siehe hierzu *Wolz*, Bedenkliche Arzneimittel, S. 73 ff.

fehlt und der Nutzen somit letztlich nur therapierichtungsintern ermittelt werden kann.[479]

(II) Arzneimittelrisiko

Als Risiko wird der Teil der abzuwägenden Größen umschrieben, der in § 5 Abs. 2 als „schädliche Wirkungen" bezeichnet wird.[480] Als „schädliche Wirkungen" wiederum kommen Neben- und Wechselwirkungen in Betracht.[481] Dabei setzt der Begriff der schädlichen Wirkungen, wie bereits erwähnt, entgegen dem *OVG Berlin*[482] keine erhebliche Intensität der Gesundheitsbeeinträchtigung voraus.

Quantitativ bestimmen sich die schädlichen Wirkungen nach der Häufigkeit ihres Auftretens. In qualitativer Hinsicht sind Art, Intensität und Dauer der Gesundheitsbeeinträchtigung maßgeblich. Dabei kommt dem Aspekt der Reversibilität und Rückbildungswahrscheinlichkeit ebenso Bedeutung zu wie der Möglichkeit des Gegensteuerns mittels eines Antidots, wobei letzteres entscheidend davon abhängt, ob Warnsymptome die schädlichen Wirkungen ankündigen oder der Schaden unvermittelt eintritt und somit nur geringe Chancen zum Ergreifen von Gegenmaßnahmen verbleiben.[483] Vereinfacht lässt sich das Arzneimittelrisiko folglich als Produkt aus Schadensgröße und Schadenswahrscheinlichkeit definieren.[484]

Erschwert wird die Erfassung der schädlichen Arzneimittelwirkungen schließlich dadurch, dass sie häufig nicht als solche erkannt, die auftretenden Symptome vielmehr der Krankheit des Patienten zugeschrieben werden. Insbesondere findet die bereits angesprochene Kausalitätsproblematik über den Begriff der „schädlichen Wirkungen" des Arzneimittels Eingang in die Nutzen-Risiko-Bilanz, weswegen das Arzneimittelrisiko niemals exakt, sondern nur probabilistisch wiedergegeben werden kann. Dies genügt jedoch dem von § 5 Abs. 2 AMG für die Bedenklichkeit eines Arzneimittels geforderten Verdacht schädlicher Wirkungen.

(C) Abwägungsvorgang im Rahmen der Nutzen-Risiko-Bilanzierung

Sind Nutzen und Risiken ermittelt, kommt es zum schwierigsten Teilstück der Vertretbarkeitsprüfung: der Abwägung. Dabei sind Intensität und Wahrscheinlichkeit der positiven und negativen Wirkungen einander gegenüberzustellen, um abschließend eine Entscheidung darüber treffen zu können, ob die drohenden schädlichen Wirkungen im Hinblick auf den therapeutischen Nutzen des Präparats als

---

479 *Wolz*, Bedenkliche Arzneimittel, S. 78.

480 *Wolz*, Bedenkliche Arzneimittel, S. 81.

481 D/L-*Deutsch*, § 5 Rn. 4.

482 *OVG Berlin* PharmR 1988, S. 57 (58); 1988, S. 66 (66 f.); 1989, S. 160 (161 f.).

483 Vgl. *Besch*, Produkthaftung, S. 56; *di Fabio*, Risikoentscheidungen, S. 178 ff.; *Hart/Hilken/Merkel/Woggan*, Arzneimittelmarkt, S. 88 f.; *Heitz*, Arzneimittelsicherheit, S. 216; *Jenke*, Arzneimittel, S. 53; *Kloesel/Cyran*, § 5 Anm. 33; *Räpple*, Arzneimittel, S. 108 f. passim; *Schwerdtfeger*, Bindungswirkung, S. 32; *Sieger*, VersR 1989, S. 1014; *Vogel*, Produkthaftung, S. 60; *Wolz*, Bedenkliche Arzneimittel, S. 81.

484 *Besch*, Produkthaftung, S. 56; *Fuhrmann*, Sicherheitsentscheidungen, S. 146; *Jenke*, Arzneimittel, S. 53; *Lewandowski*, PharmR 1983, S. 193; MüKo-StGB-*Freund*, § 5 AMG Rn. 21; *Räpple*, Arzneimittel, S. 108.

vertretbar hingenommen werden müssen.[485] Bewertung und Gewichtung von Nutzen und Risiken bereitet deshalb große Probleme, weil das Fernhalten eines wirksamen Medikaments vom Markt eine ebenso große Gefahr für die Gesundheit bedeuten kann wie die Zulassung eines Arzneimittels mit unerwünschten Nebenwirkungen, so dass die arzneimittelrechtliche Risikoentscheidung angesichts der am selben Rechtsgut orientierten Nutzen-Risiko-Bilanz in vielen Fällen nicht mit dem einfachen Grundsatz in dubio pro securitate operieren kann.[486]

Der Entscheidung über die Vertretbarkeit liegt stets eine generelle, d. h. abstrakte, vom Einzelfall losgelöste Abwägung zugrunde. Nicht das individuelle Krankheitsrisiko eines bestimmten Patienten, sondern Nutzen und Risiko für eine nach generellen Parametern bestimmte Patientengruppe bildet den Maßstab für die Unbedenklichkeitsbescheinigung, würde doch ansonsten ein äußerst seltenes Auftreten schwerwiegender schädlicher Wirkungen, wie es niemals vollständig ausgeschlossen werden kann, stets zur Unvertretbarkeit des Arzneimittels führen.[487] Letzteres würde der typologischen Abgrenzung der Aufgabenbereiche von Arzneimittelherstellung und individueller ärztlicher Betreuung nicht gerecht. Während es im Bereich des Arzthaftungsrechts auf die Erforderlichkeit und Vertretbarkeit im Einzelfall ankommt, ist im Bereich des Arzneimittelrechts die generelle Vertretbarkeit entscheidend. Fällt die generelle Nutzen-Risiko-Abwägung des § 5 Abs. 2 AMG positiv aus, so ist das Inverkehrbringen des Arzneimittels zulässig. Allein dem behandelnden Arzt obliegt die Verantwortung dafür, dass die Applikation des Arzneimittels auch im von ihm betreuten Einzelfall vertretbar ist.[488]

Des Weiteren hat die Abwägung indikationsbezogen zu erfolgen. Während bei einem Arzneimittel, das zur Heilung oder Linderung gravierender Erkrankungen beiträgt und daher einen hohen therapeutischen Nutzen besitzt, auch schwerwiegende Nebenwirkungen vertretbar sind, können diese bei der Therapie einer leichteren Krankheit nicht akzeptiert werden.[489]

Bei all dem ist zu berücksichtigen, dass es sich bei der Abwägung um einen normativen Vorgang handelt.[490] Zwar hat sich die Abwägung gemäß § 5 Abs. 2 AMG an den Erkenntnissen der medizinischen Wissenschaft zu orientieren. Diese

---

485 Vgl. *Besch*, Produkthaftung, S. 57; *Hart/Hilken/Merkel/Woggan*, Arzneimittelmarkt, S. 88 f.; *Kloesel/Cyran*, § 5 Anm. 35; *Wolz*, Bedenkliche Arzneimittel, S. 83.

486 *Di Fabio*, Risikoentscheidungen, S. 183.

487 *Jenke*, Arzneimittel, S. 55; *Sieger*, VersR 1989, S. 1015.

488 *Sieger*, VersR 1989, S. 1015. Zur Abgrenzung der Verantwortung von pharmazeutischem Unternehmer und behandelndem Arzt detailliert S. 497 ff., 515 ff., 524 ff.

489 *Besch*, Produkthaftung, S. 55; D/L-*Deutsch*, § 5 Rn. 4; *Deutsch/Spickhoff*, Medizinrecht, Rn. 865; *di Fabio*, Risikoentscheidungen, S. 179; *Flatten*, MedR 1993, S. 465; *Hansen-Dix*, PharmR 1989, S. 11; *Hellmann/Beckemper*, WiStR, Rn. 739; *Lewandowski*, PharmR 1983, S. 193; *Räpple*, Arzneimittel, S. 107; *Samson/Wolz*, MedR 1988, S. 72 passim; *Schnieders*, Arzneimittelgesetz, S. 20; *ders.*, Arzneimittelzulassung, S. 131; *Sieger*, VersR 1989, S. 1015; *Vogel*, Produkthaftung, S. 130; *Wagner*, Arzneimittelsicherheit, S. 295; *Wolz*, Bedenkliche Arzneimittel, S. 70.

490 *Glaeske/Greiser/Hart*, Arzneimittelsicherheit, S. 23; *Hart*, MedR 1989, S. 17; *Hart/Hilken/Merkel/Woggan*, Arzneimittelmarkt, S. 80; *Samson*, Modelle, S. 294; *Samson/Wolz*, MedR 1988, S. 71; *Wagner*, Pharmaethik, S. 31.

kann jedoch nur die Fakten über Nutzen und Risiken eines Präparates liefern, nicht aber ihrerseits Wertungen vornehmen, stellen diese doch keine wissenschaftlich begründbaren Inhalte dar. Wie schon im Rahmen der Kausalität gewinnt wiederum der Unterschied zwischen wissenschaftlichem Urteil und juristischer Entscheidung Bedeutung. Hier wie dort gilt, dass es allein dem Rechtsanwender vorbehalten ist, die von der Wissenschaft zur Verfügung gestellten Daten vor dem Hintergrund der Funktionen des Rechts normativ zu bewerten und den Inhalt der entsprechenden Norm zu konkretisieren. Dabei spielen nicht nur die medizinischen Erkenntnisse, sondern eine Vielzahl wertender Gesichtspunkte, vor allem soziale Sicherheitsüberlegungen und das Interesse an einem möglichst effektiven Gesundheitswesen, eine Rolle.[491] Ob auch wirtschaftliche Überlegungen mit einzubeziehen sind, ist umstritten,[492] angesichts der generalisierenden, auf den sozialen Nutzen für die Gemeinschaft abstellenden Perspektive des in § 5 AMG zum Ausdruck kommenden erlaubten Risikos aber zu bejahen. Denn das gesellschaftliche Interesse an einem leistungsfähigen Gesundheitswesen und einer umfassenden Gesundheitsvorsorge kann nur befriedigt werden, wenn sowohl die Entwicklung und Herstellung von Arzneimitteln wirtschaftlich lohnend ist als auch das Gesundheitswesen im Ganzen durch Zulassung preiswerterer, wenn auch im Vergleich zu anderen Medikamenten ein etwas höheres Gefährdungspotential aufweisender Präparate entlastet wird.

Ergebnis der Abwägung ist entweder die Bedenklichkeit oder Unbedenklichkeit des Arzneimittels. So kann ein Präparat generell bedenklich sein, weil die schädlichen Wirkungen den therapeutischen Nutzen per se überschreiten oder generell unbedenklich, weil der therapeutische Nutzen gegenüber den schädlichen Wirkungen überwiegt. Daneben kommt auch eine Unbedenklichkeit allein in Bezug auf bestimmte Indikationen oder Patientengruppen in Betracht.[493] Hinsichtlich der Bedenklichkeit lassen sich zwei grundsätzliche Bedenklichkeitsschwellen unterscheiden – die absolute Bedenklichkeit und die relative Bedenklichkeit.

Als absolut bedenklich gelten Arzneimittel, deren Nutzen-Risiko-Bilanz an sich bereits negativ ist, etwa weil das Präparat keine therapeutische Wirkung entfaltet oder mit hoher Wahrscheinlichkeit schädliche Wirkungen hervorruft, die in Relation zur zu behandelnden Erkrankung weit schwerwiegender sind.[494] Der Abwägungsvorgang bezieht sich hier allein auf das zu beurteilende Arzneimittel, wobei auch ein Vergleich zum Spontanverlauf der Krankheit ohne medikamentöse Behandlung, der sogenannten „Nullstrategie", anzustellen ist.[495]

---

491 *Besch*, Produkthaftung, S. 54 f.; *Czwalinna*, Forschungslegitimation, S. 88; *Jenke*, Arzneimittel, S. 57; *Wolz*, Bedenkliche Arzneimittel, S. 101 ff.

492 Gegen eine Berücksichtigung wirtschaftlicher Aspekte *Flatten*, MedR 1993, S. 465; *Vogel*, Produkthaftung, S. 133 f.; dafür hingegen *Burkhardt/Kienle*, Zulassung, S. 66; *Deutsch*, VersR 1979, S. 687; *Göben*, Arzneimittelhaftung, S. 80; *Tiedemann*, FS Hirsch, S. 777.

493 Vgl. zu den denkbaren Abwägungsergebnissen *Sieger*, VersR 1989, S. 1015.

494 *Fuhrmann*, Sicherheitsentscheidungen, S. 235; *Glaeske/Greiser/Hart*, Arzneimittelsicherheit, S. 155; *Jenke*, Arzneimittel, S. 54; *Räpple*, Arzneimittel, S. 111 f.

495 *Besch*, Produkthaftung, S. 57; *Hart/Hilken/Merkel/Woggan*, Arzneimittelmarkt, S. 88 f.; *Räpple*, Arzneimittel, S. 111; *Wolz*, Bedenkliche Arzneimittel, S. 84.

Die relative Bedenklichkeit eines Arzneimittels bestimmt sich dagegen stets in Relation zu anderen Wirkpräparaten. So ist ein Medikament relativ bedenklich, wenn die Nutzen-Risiko-Bilanz eines anderen Arzneimittels des gleichen Anwendungsgebietes positiver ist, der angestrebte therapeutische Erfolg daher auch auf andere, weniger riskante Weise erreicht werden kann.[496] Folglich muss zur Feststellung der Unbedenklichkeit stets auch hinsichtlich vorhandener Alternativtherapien eine vergleichende Nutzen-Risiko-Analyse durchgeführt werden.[497]

(D) Maßgebliche Kenntnis im Rahmen der Nutzen-Risiko-Bilanzierung

Da sich die pharmazeutische und medizinische Wissenschaft in einem fortwährenden Prozess der Erkenntnisgewinnung und der Entwicklung immer wirksamerer bzw. unschädlicherer Arzneimittel befinden, stellt sich im Rahmen der Vertretbarkeitsprüfung die im AMG nicht geregelte Frage, ob für die Bewertung eines Arzneimittels die wissenschaftlichen Erkenntnisse zum Zeitpunkt des Inverkehrbringens oder zu einem späteren Zeitpunkt maßgeblich sind. Relevant wird diese Frage vor allem in Fällen, in denen nach der Inverkehrgabe eines Medikaments neue Hinweise auf bislang unbekannte schädliche Wirkungen auftreten oder neue, weniger gesundheitsbeeinträchtigende Alternativpräparate vergleichbarer Wirksamkeit auf den Markt kommen. Während ein Teil der Rechtswissenschaft streng auf den Zeitpunkt des Inverkehrbringens abstellen will und insofern der Bewertung eines Arzneimittels – häufig in Abgrenzung des § 5 AMG von § 84 AMG – eine ex ante-Perspektive zugrunde legt,[498] ist richtigerweise eine differenzierende Sichtweise einzunehmen, wonach die Schädlichkeit eines Medikaments ex post nach dem aktuellen Erkenntnisstand zum gegenwärtigen Zeitpunkt, die Vertretbarkeit aber ex ante zum Zeitpunkt der Inverkehrgabe zu bestimmen ist.[499] Dabei ist nicht das erstmalige Inverkehrbringen des Präparates überhaupt, sondern das der Charge, welcher das konkret schadenstiftende Arzneimittel angehört, entscheidend, ist doch dem pharmazeutischen Hersteller eine ständige Beobachtung und Überprüfung des Arzneimittels abzuverlangen.[500] Somit sind zwar diejenigen schädlichen Arzneimittelwirkungen unbeachtlich, die zum Zeitpunkt der Zulassung bekannt waren und als vertretbar eingestuft wurden bzw. unbekannt waren, jedoch bei Kenntnis nicht zu einem Verkehrsverbot nach § 5 AMG geführt hätten.[501] Allerdings wird ein zunächst unbedenkliches Präparat bedenklich, wenn die

---

[496] *Besch*, Produkthaftung, S. 57 f.; *Fuhrmann*, Sicherheitsentscheidungen, S. 237; *Glaeske/Greiser/Hart*, Arzneimittelsicherheit, S. 155; *Jenke*, Arzneimittel, S. 54 f.; *Kloesel/Cyran*, § 5 Anm. 13; *Lewandowski*, PharmR 1983, S. 193 f.; *Räpple*, Arzneimittel, S. 111 f.; *Schwerdtfeger*, Bindungswirkung, S. 31; *Sieger*, VersR 1989, S. 1014; *Wagner*, Pharmaethik, S. 32; *Wolz*, Bedenkliche Arzneimittel, S. 80 (Fn. 35), 84.

[497] *Gretenkordt*, Herstellen und Inverkehrbringen, S. 141; *Rössler* in: Dölle u.a., Arzneimitteltherapie, S. 64.

[498] So etwa *Sieger*, VersR 1989, S. 1015, 1017.

[499] Ebenso *Göben*, Arzneimittelhaftung, S. 81 f.; *Heitz*, Arzneimittelsicherheit, S. 224 f.; *Jenke*, Arzneimittel, S. 59.

[500] D/L-*Deutsch*, § 5 Rn. 4; *Jenke*, Arzneimittel, S. 59. Siehe hierzu im Einzelnen S. 289 ff.

[501] *Besch*, Produkthaftung, S. 54; *Jenke*, Arzneimittel, S. 51 f.

zwischenzeitlich bekannt gewordenen schädlichen Wirkungen bei Bekanntheit im Zeitpunkt des Inverkehrbringens ein Verkehrsverbot begründet hätten oder zwischenzeitlich ebenso wirksame alternative Medikamente mit geringerem Gefährdungspotential entwickelt wurden.[502] Jedoch ist das Inverkehrbringen in diesem Zusammenhang nicht i. S. d. § 4 Abs. 17 AMG als das bloße Vorrätighalten erfassend zu verstehen, könnte das Arzneimittel doch sonst auch dann noch als unbedenklich vertrieben werden, wenn nach Fertigstellung während der Lagerung des Medikaments beim pharmazeutischen Hersteller schädliche Wirkungen hervortreten oder bessere Alternativpräparate auf den Markt gelangen.[503] Unter dem Inverkehrbringen i. S. d. für die Vertretbarkeitsprüfung maßgeblichen Zeitpunkts ist m. E. vielmehr die Entlassung des Arzneimittels aus dem Herrschaftsbereich des pharmazeutischen Unternehmers zu verstehen. Dagegen überdehnt *Besch*[504] die Anforderungen an den pharmazeutischen Unternehmer, wenn er für die Frage der Vertretbarkeit auf den Zeitpunkt der konkreten Anwendung des Arzneimittels durch den Patienten abstellen will. Zwar spräche hierfür der Gedanke des Verbraucherschutzes und der von *Besch* zutreffend herausgestellte Umstand, dass zwischen dem Inverkehrbringen und der konkreten Einnahme des Medikaments eine erhebliche Zeitspanne liegen kann. Als Anknüpfungspunkt für den Vertretbarkeitsmaßstab ist die Arzneimittelanwendung aber ungeeignet, hat der pharmazeutische Unternehmer doch keine Einwirkungsmöglichkeiten mehr auf sein Produkt und liegt es vielmehr in der Eigenverantwortung des Patienten, wenn er ein Medikament erst Monate oder Jahre später anwendet.[505] Somit findet das Prinzip der Eigenverantwortlichkeit[506] auch im Rahmen der Bestimmung des maßgeblichen Zeitpunkts für die Beurteilung der Vertretbarkeit schädlicher Nebenwirkungen Eingang in das Unbedenklichkeitskriterium des § 5 AMG.

(E) Modifikation des Abwägungsergebnisses

Fällt nach den zuvor erörterten Kriterien das Abwägungsergebnis zunächst negativ aus, kann die Unbedenklichkeit des Arzneimittels letztlich doch noch durch zusätzliche, das Arzneimittelrisiko senkende Vorsichtsmaßnahmen hergestellt werden. Als eine solche kommt – einen ausreichenden therapeutischen Nutzen des Präparats vorausgesetzt – die Anordnung der Verschreibungspflicht in Betracht, wodurch ein Arzt des betroffenen Fachgebiets als zwingende zusätzliche Kontrollinstanz etabliert wird.[507] Daneben kann auch die Einengung des „bestimmungsgemäßen Gebrauchs“ durch Beschränkung der Indikationsgebiete auf schwerwiegende Krankheitsbilder ein Zulassungsverbot verhindern, wenn im Verhältnis zu diesen die Risiken der Arzneimittelanwendung vertretbar erscheinen, während sie

---

502 *Besch*, Produkthaftung, S. 65; D/L-*Deutsch*, § 5 Rn. 4; *Jenke*, Arzneimittel, S. 59; MüKo-StGB-*Freund*, § 5 AMG Rn. 19; *Räpple*, Arzneimittel, S. 105.

503 So auch *Besch*, Produkthaftung, S. 65.

504 *Besch*, Produkthaftung, S. 65 f.

505 So auch *Jenke*, Arzneimittel, S. 61.

506 Siehe dazu S. 343 ff.

507 Vgl. *Kloesel/Cyran*, § 5 Anm. 34; LK-*Schroeder*, § 16 Rn. 199.

hinsichtlich schlichterer Erkrankungen, die ebenfalls mit Hilfe des Präparats therapiert werden könnten, unvertretbar sind.[508]

(F) Zusammenfassung
Zusammenfassend bleibt festzuhalten, dass § 5 AMG mittels Abwägung von Nutzen und Risiken eines Arzneimittels die erlaubten Arzneimittelrisiken von den unerlaubten abgrenzt, wobei der Vertretbarkeitsprüfung – dem Charakter des § 5 AMG als Ausdruck des einem generalisierenden Maßstab folgenden erlaubten Risikos entsprechend – eine Vielzahl komplexer Wertungsaspekte zugrunde liegt.

b. Erlaubtes Risiko bei der klinischen Erprobung von Arzneimitteln

Wendet man sich der Ermittlung des erlaubten Risikos im Rahmen der klinischen Arzneimittelprüfung zu, so kommt erschwerend hinzu, dass Nutzen und Risiko des Präparates noch nicht bekannt sind, sondern gerade erst erforscht werden sollen. Dadurch wird die Methode der Nutzen-Risko-Abwägung als maßgebliche Vorgehensweise zur Ermittlung des erlaubten Risikos im Bereich der Arzneimittelerprobung in Frage gestellt.

Wendet man sich den die klinische Prüfung regelnden §§ 40 ff. AMG zu, so stößt man in § 40 Abs. 1 Satz 3 Nr. 2 AMG auf eine Zulässigkeitsvoraussetzung, die § 5 Abs. 2 AMG recht ähnlich ist, wird danach doch gefordert, dass die vorhersehbaren Risiken gegenüber dem Nutzen für die Testperson und der voraussichtlichen Bedeutung für die Heilkunde ärztlich vertretbar sind. Somit stellt sich die Frage, ob § 40 Abs. 1 Satz 3 Nr. 2 AMG ebenfalls eine positivrechtliche Umschreibung des erlaubten Risikos ist.

Denkbar ist, dass die Vorschrift Ausdruck eines aus Gründen der Sozialadäquanz erlaubten Risikos ist, sofern man die Vorschrift dergestalt interpretiert, dass die Teilnahme des Einzelnen als ein in die Gemeinschaft eingeordnetes Wesen dann eine soziale Pflicht darstellt, wenn der durch die Prüfung zu erwartende Gewinn für die Heilkunde und damit für die Volksgesundheit die eventuell drohenden Risiken für die Gesundheit des Einzelnen überwiegt.[509] Allerdings fallen Arzneimittelprüfungen aus dem Rahmen der allgemeinen Ordnung des Gemeinschaftslebens heraus, erscheinen sie doch nicht als von vornherein unverdächtig.[510] Das ist allein schon deshalb so, weil es an einem entsprechenden sozialen Grundkonsens fehlt, wonach die medizinische Forschung mit Blick auf den durch sie erwarteten Fortschritt allgemein als besonders hochwertiges Gut angesehen wird. Ganz im Gegenteil wird, wie bereits dargelegt, der Forschung am Menschen zunehmend Skepsis und Misstrauen entgegengebracht.[511] Die Teilnahme an einem womöglich lebensgefährlichen Experiment als alltägliche Anforderung der Gesellschaft an ihre Mitglieder zu deuten, würde zudem auch das verfassungsrechtlich

---

508 *Samson/Wolz*, MedR 1988, S. 72.

509 Vgl. *Schimikowski*, Experiment, S. 39.

510 *Böth*, Humanexperiment, S. 56; *Held*, Strafrechtliche Beurteilung, S. 102; *Schimikowski*, Experiment, S. 40.

511 *Schimikowski*, Experiment, S. 1.

gewährleistete Recht des Einzelnen auf Leben, Gesundheit und körperliche Unversehrtheit konterkarieren.

Im Fall des Humanexperiments liegt vielmehr ein Sonderopfer des Probanden zugunsten der Allgemeinheit vor, da er als unmittelbar Risiko-Belasteter nicht zugleich unmittelbar in den Genuss des mit der Prüfung verbundenen Nutzens kommt.[512] Dieses Sonderopfer bedarf aber stets der Zustimmung des individuellen Probanden, es kann nicht durch einen – zumal sehr ungewissen – der Gesellschaft zugute kommenden Heilkundeerfolg im Sinne eines kollektiven Rechtfertigungselements legitimiert werden.[513]

Anders gestaltet sich die Situation beim Heilversuch, wo der Patient unmittelbar von der erwarteten therapeutischen Wirksamkeit des Testpräparates profitiert. Risiko-Belasteter und Nutznießer der Prüfung fallen hier nicht auseinander, so dass sich argumentieren ließe, es komme auf den Willen des Patienten nicht an, wenn ihm das Arzneimittel mehr nütze als schade. Dafür spräche auch die Systematik des § 40 Abs. 1 AMG, der die Zulässigkeitsvoraussetzung der Vertretbarkeit vor dem Zustimmungserfordernis nennt, worin teilweise eine Entscheidung des Gesetzgebers zugunsten eines auf der Professionalität des Prüfarztes beruhenden Paternalismus gesehen wird.[514] Eine derartige Unterordnung des Patientenwillens unter die ärztliche Vernunfthoheit widerspricht aber dem Leitbild des mündigen und gleichberechtigten Patienten und verkennt, dass dem Grundgesetz der Gedanke der Eigenverantwortung des Einzelnen und dessen Fähigkeit, verantwortungsvoll mit seinen Rechtsgütern umzugehen, zugrunde liegt, und nur in Ausnahmefällen der Staat verpflichtet und auch ermächtigt ist, den Einzelnen zu dessen Schutz besonderen Maßnahmen zu unterwerfen. Die Einwilligung des Patienten ist daher auch beim Heilversuch unverzichtbar,[515] die Berufung auf ein sozialadäquates erlaubtes Risiko scheidet daher in der Prüfphase insgesamt aus.

Kann § 40 Abs. 1 Satz 3 Nr. 2 AMG somit nicht als Umschreibung des erlaubten Risikos verstanden werden, ist unweigerlich die Frage nach der Bedeutung dieser Vorschrift aufgeworfen, wenn es doch ohnehin maßgeblich auf die Zustimmung des Versuchsteilnehmers ankommt. Dass das Selbstverfügungsrecht der Testperson nicht die einzige alles entscheidende Grundlage und zugleich Schranke klinischer Arzneimittelprüfungen sein kann, sondern darüber hinaus, wie vom Gesetz verlangt, zwingend eine Abwägung der Nutzen und Risiken erforderlich ist, wird deutlich, wenn man bedenkt, dass der unrechtsausschließenden Wirkung der Einwilligung durch § 216 StGB und § 228 StGB Grenzen gesetzt sind.[516] Diese besitzen auch im Bereich generell gefährlicher, mit unvorhersehbaren Risiken für Gesundheit oder gar Leben behafteter klinischer Prüfungen große Relevanz.[517] Die

---

512 Vgl. *Biermann*, Arzneimittelprüfung, S. 255, 284; *Schreiber*, Nutzen-Risiko-Abwägung, S. 311.

513 Vgl. *Biermann*, Arzneimittelprüfung, S. 256; *Grahlmann*, Heilversuch, S. 27.

514 Vgl. *Deutsch*, Voraussetzungen, S. 17; *ders.*, NJW 2001, S. 3362; *Schreiber*, Aspekte, S. 186.

515 *Däbritz*, Humanerprobungen, S. 155.

516 Hinsichtlich Inhalt und Anwendungsbereich dieser Normen siehe S. 356 ff.

517 Siehe *Däbritz*, Humanerprobungen, S. 160 f.; *Deutsch/Spickhoff*, Medizinrecht, Rn. 683; *Eser*, GedS Schröder, S. 209; *ders.*, Chirurg 1979, S. 219; *ders.*, ZStW 97

Einwilligungsschranke der Sittenwidrigkeit ist Ausdruck der bereits angesprochenen Ausnahme von der grundsätzlichen Dispositionsbefugnis über eigene Rechtsgüter in Fällen, in denen der Schutzverzicht offensichtlich sozialethischen Wertvorstellungen zuwiderläuft, die Preisgabe einer Verletzung der nach Art. 1 GG unantastbaren Menschenwürde gleichkäme. Dass diesem Gedanken gerade bei der Arzneimittelprüfung besonderes Gewicht zukommt, ist evident, würde eine allzu starke Betonung des informed consent doch eine vollständige Verlagerung der forschungsbedingten Risiken auf den Probanden bzw. Patienten ermöglichen, was angesichts dessen unzureichender medizinischer Kenntnisse und der daraus resultierenden Unfähigkeit, die drohenden Gefahren voll zu erfassen und richtig zu bewerten, rechtlich nicht toleriert werden kann.[518] Dies gilt umso mehr für den Heilversuch, wo der Staat in Ausübung seiner Schutzpflicht nach Art. 2 Abs. 2 Satz 1 GG gehalten ist, den Patienten davor zu bewahren, in Anbetracht seiner verzweifelten Situation selbst extrem gefährlichen Versuchen zuzustimmen.[519]

Ist die Zustimmung des Probanden bzw. Patienten demnach notwendige, aber für sich allein noch nicht hinreichende Bedingung,[520] so liegt die Bedeutung der Vertretbarkeitsprüfung des § 40 Abs. 1 Satz 3 Nr. 2 AMG darin, dass sie im Sinne eines kumulativ erforderlichen Unrechtsausschließungsgrundes die sozialethische Unbedenklichkeit einvernehmlicher Arzneimittelprüfungen sicherstellt. Das Einwilligungserfordernis bleibt als Ausfluss des Selbstbestimmungsrechts über die der Dispositionsbefugnis der Gesellschaft entzogenen Rechtsgüter Leben, Körper und Gesundheit vorrangige Zulässigkeitsvoraussetzung der klinischen Prüfung.[521] Legitimierende Wirkung kommt der Einwilligung aber nur dann zu, wenn sie sich auf eine Prüfung bezieht, die das in § 40 Abs. 1 Satz 3 Nr. 2 AMG umschriebene Maß des Vertretbaren nicht überschreitet.[522] Damit beantwortet die Vorschrift

---

(1985), S. 15; *Grahlmann*, Heilversuch, S. 31; *Lippert*, VersR 2001, S. 432. Zur Anwendbarkeit der §§ 216, 228 StGB bei bloßen Gefährdungen siehe S. 358 ff.

518 Vgl. *Czwalinna*, Forschungslegitimation, S. 79; *Däbritz*, Humanerprobungen, S. 103; *Eser*, ZStW 97 (1985), S. 12 f.; *Pfeiffer*, Ethik-Kommissionen, S. 708.

519 Im Lichte eines (paternalistischen) Schutzes des Versuchsteilnehmers vor sich selbst ist letztlich auch das Schriftfomerfordernis bzgl. der erteilten Einwilligung zu sehen. Vgl. *Hasskarl/Kleinsorge*, Voraussetzungen, S. 36; *Schimikowski*, Experiment, S. 19; *Taupitz*, Schutzmechanismen, S. 24. Zwar ist ein solches Schriftlichkeitserfordernis dem Strafrecht grundsätzlich fremd, weswegen auch dessen Strafbewehrung in § 96 Nr. 10 StGB zunächst fragwürdig erscheint, letztlich aber aus ähnlichen Erwägungen, wie sie den §§ 216, 228 StGB zugrunde liegen (siehe hierzu S. 357 f.), zu billigen. Zu einer Strafbarkeit gemäß §§ 223 ff. StGB führt der Verstoß gegen das Schriftformerfordernis bei Vorliegen einer an sich wirksam erteilten (mündlichen) Einwilligung indes nicht. Vgl. *Deutsch*, MedR 2006, S. 414.

520 *Eser*, GedS Schröder, S. 210; *ders.*, Chirurg 1979, S. 219 f.; *ders.*, ZStW 97 (1985), S. 24; *Pabst* in: Kaufmann, Moderne Medizin, S. 58; *Seelmann*, Paternalismus, S. 108; *Taupitz*, Schutzmechanismen, S. 24.

521 So auch *Biermann*, Arzneimittelprüfung, S. 255; *Held*, Strafrechtliche Beurteilung, S. 101.

522 Vgl. *Fischer*, Therapiestudien, S. 44; *Held*, Strafrechtliche Beurteilung, S. 65, 67; *Jahrmärker*, MedKlin 1990, S. 673.

letztlich die Frage, wie weit das Selbstbestimmungsrecht des Versuchsteilnehmers unter sozialethischen Gesichtspunkten reicht,[523] weswegen § 40 Abs. 1 Satz 3 Nr. 2 AMG als Konkretisierung des allgemeinen Sittlichkeitserfordernisses des § 228 StGB sowie der Autonomieschranke des § 216 StGB für den Bereich der klinischen Prüfung anzusehen ist.[524]

Zusammenfassend lässt sich festhalten, dass im Bereich der klinischen Arzneimittelprüfung ein Ausschluss der Strafbarkeit durch das Institut des abstrakten, d. h. unabhängig vom konkreten Einzelfall erlaubten Risikos nicht in Betracht kommt.[525] Erforderlich ist stets die Einwilligung der konkreten Testperson, deren Wirksamkeit aber wiederum auf gesellschaftlich tolerierte und in diesem Sinne erlaubte Versuchsdurchführungen beschränkt ist.

2. *Erlaubtes Risiko im Kernstrafrecht*

Ist somit für die Strafbarkeit nach § 95 Abs. 1 Nr. 1 AMG das Maß des erlaubten Risikos explizit in § 5 AMG geregelt, stellt sich die Frage nach den erlaubten Arzneimittelrisiken auch im Hinblick auf eine Strafbarkeit nach dem StGB.

a. Mangel einer kernstrafrechtlichen Regelung

Im Hinblick auf eine Strafbarkeit nach dem StGB stellt sich die Situation insofern anders dar, als es an einer positivrechtlichen Kodifizierung des gesetzlich zulässigen Maßes an Arzneimittelrisiken fehlt. Mehr noch als im AMG ist daher auf die eingangs erörterten allgemeinen Grundsätze des erlaubten Risikos zurückzugreifen.

Hierbei kommt zunächst dem Gedanken der Sozialadäquanz im Sinne einer restriktiven Auslegung der §§ 212 ff. und §§ 223 ff. StGB Bedeutung zu. Zwar kann dies nicht für den Bereich der klinischen Prüfung gelten, da – wie bereits erwähnt – eine Gesundheitsschädigung durch Einnahme eines gerade erst zu testenden und daher mit dem Risiko eines unerwartet hohen Gefährdungspotentials behafteten Präparates niemals ein sozialadäquates erlaubtes Risiko darstellen kann. Jedoch ließe sich durchaus argumentieren, dass bestimmte schädliche Wirkungen von bereits getesteten und zugelassenen Arzneimitteln angesichts der Unvermeidbarkeit jedweder Nebenwirkungen als Ausfluss des allgemeinen Lebensrisikos hinzuneh-

---

[523] *Held*, Strafrechtliche Beurteilung, S. 59.

[524] Vgl. *Biermann*, Arzneimittelprüfung, S. 255, 258; *Böth*, NJW 1967, S. 1495 f.; *Eser*, ZStW 97 (1985), S. 15; *Held*, Strafrechtliche Beurteilung, S. 67; *Niedermair*, Gute Sitten, S. 203; a. A. *Däbritz*, Humanerprobungen, S. 95, die, letztlich unzutreffend, betont, die der präventiven Gefahrenkontrolle dienenden Zulässigkeitsvoraussetzungen der §§ 40 ff. AMG könnten nicht mittels des der Sittlichkeitsbewertung zugrunde liegenden Anstandsgefühls beurteilt werden, dabei aber vergisst, dass die §§ 40 ff. AMG letztlich vor den Gefahren sozialethisch verwerflicher Forschungsmaßnahmen schützen und daher durchaus vom gesellschaftlichen Billigkeitsdenken ausgehen.

[525] So letztlich auch *Tiedemann/Tiedemann*, FS Schmitt, S. 150 f., die zwar ausgehend von einem weiten, die Fälle bewusster Verantwortungsübernahme im Einzelfall umfassenden Verständnis des erlaubten Risikos die Versuchsdurchführung als eben solches bezeichnen, jedoch nur dann, wenn alle (!) Anforderungen der §§ 40 ff. AMG, sprich auch das Einwilligungserfordernis, erfüllt sind.

men sind und daher aus dem Bereich der von den genannten Normen erfassten Risiken ausgeschieden werden müssen. Allerdings kann von einem allgemeinen sozialadäquaten Lebensrisiko nur dann gesprochen werden, wenn die betreffenden Gefahren sowohl qualitativ als auch quantitativ gering sind, d. h. weder Schaden noch Schadenseintrittswahrscheinlichkeit erheblich sind.[526] Angesichts des hohen Rangs der beeinträchtigten Rechtsgüter Leben und Gesundheit und der hohen Wahrscheinlichkeit einer Gesundheitsbeeinträchtigung durch die Einnahme eines Medikaments können Arzneimittelschäden daher gerade nicht als Realisierung eines allgemeinen Lebensrisikos erachtet werden.

Doch noch aus einem weiteren Grund scheidet der Aspekt der Sozialadäquanz aus. So ist die Regelung des § 5 AMG ein Indiz dafür, dass das Inverkehrbringen von Arzneimitteln nicht als per se sozialadäquat angesehen werden kann, sah sich der Gesetzgeber doch angesichts des ambivalenten Charakters von Pharmaka als einerseits nützlichen, andererseits aber mit erheblichen Gefahren verbundenen Waren in der Pflicht, definitive Kriterien für die rechtliche Billigung bestimmter Risiken aufzustellen.[527] Das Prinzip der Sozialadäquanz kann aber immer nur dann eigenständige Bedeutung erlangen, wenn in Bezug auf die in Frage stehende risikoträchtige Tätigkeit eine das Maß hinnehmbarer Gefährdungen dezidiert festlegende Rechtsvorschrift fehlt. Existiert eine Regelung und erweist sich das betreffende Verhalten in deren Lichte als rechtskonform,[528] so ist diesem damit zwar zugleich seine Sozialadäquanz bescheinigt. Der Sozialadäquanzgedanke tritt jedoch als obsolet hinter die allein maßgebliche Rechtskonformität zurück.[529]

b. Akzessorietät des Kernstrafrechts

Dann aber stellt sich die Frage, ob sich die Rechtskonformität des Verhaltens i. S. d. AMG unmittelbar auf eine Strafbarkeit nach dem StGB auswirkt. Mit anderen Worten: Fallen arzneimittelbedingte Gesundheitsschäden, die im Rahmen der nebenstrafrechtlichen Tatbestände des AMG als Realisierung des nach § 5 Abs. 2 AMG erlaubten Risikos keine Strafbarkeit begründen, als Verwirklichung einer grundsätzlich rechtlich gebilligten Gefahr auch aus den Tatbeständen der einschlägigen Normen des StGB heraus?

Hierfür spräche der Aspekt der grundsätzlich gebotenen Einheit der Rechtsordnung, wonach diese nicht mit widersprüchlichen Anforderungen an den Normadressaten herantreten darf. Dementsprechend wird teilweise das Kernstrafrecht in der Tat als akzessorisch angesehen. Dieses könne bei der Bestimmung der Strafbarkeit die konkreten Verhaltensanordnungen der Spezialnormen nicht ignorieren, sei es doch gerade Zweck des Strafrechts als Sekundärrecht, den speziellen primärrechtlichen Anforderungen zur Durchsetzung zu verhelfen.[530]

---

[526] *Brinkmann*, Vertrauensgrundsatz, S. 106; *Dannecker*, Fahrlässigkeit, S. 218.

[527] Vgl. *Roxin*, AT/1, § 11 Rn. 67; *Schild*, JA 1978, S. 632.

[528] Vgl. *Maurach/Zipf*, AT/1, § 17 Rn. 16; *Zipf*, Risikoübernahme, S. 78; *ders.*, ZStW 82 (1970), S. 638.

[529] Vgl. *Maurach/Zipf*, AT/1, § 17 Rn. 19; *Zipf*, ZStW 82 (1970), S. 637.

[530] *Dannecker*, Fahrlässigkeit, S. 221; *Frisch*, Zurechnung, S. 113; *ders.*, Verwaltungsakzessorietät, S. 17 f..; *Schwarz*, GA 1993, S. 321 f.; i. E. ebenso *Breuer*, NJW 1988, S. 2077; *Bruns*, FS Heinitz, S. 336 f.; *Heghmanns*, Grundzüge, S. 125; *Lüderssen*, FS

Eine derart strenge Akzessorietät der Normen des StGB ist jedoch abzulehnen. Zwar trifft es zu, dass das Kernstrafrecht als Sekundärrecht[531] vornehmlich der Effektuierung primärrechtlicher Vorgaben dient und insofern auch an primärrechtliche Wertungen anknüpft. Dabei beruht die gesetzgeberische Entscheidung zur kernstrafrechtlichen Sanktionierung eines Verhaltens aber durchaus auf eigenen Erwägungen und Gesichtspunkten, die sich nicht zwingend im Normzweck der entsprechenden primärrechtlichen Vorschrift erschöpfen müssen. Zudem ist das Strafrecht als eigenständige Rechtsordnung auch eigenen, mitunter abweichenden Maximen und dogmatischen Strukturen verpflichtet, die einer strengen Orientierung an außerstrafrechtlichen Anforderungen entgegenstehen.[532] Die Formel von der Einheit der Rechtsordnung darf gerade nicht dazu missbraucht werden, derartige Divergenzen einzuebnen und zu übergehen.[533] Demgemäß ist es durchaus möglich, dass das Kernstrafrecht von den primärrechtlichen Vorgaben abweichende Anforderungen an das gebotene Verhalten stellt, eine kernstrafrechtliche Verantwortung somit auch trotz Verneinung nebenstrafrechtlichen Unrechts gegeben sein kann.[534] Insofern stellen die außerstrafrechtlichen Normen allenfalls bloße Indizien, Beweisanzeichen für die Strafbarkeit bzw. Straflosigkeit dar, indem normgetreues Verhalten zwar regelmäßig, nicht aber per se kernstrafrechtliche Verantwortung ausschließt.[535]

Eser, S. 169; *Oehler*, FS Eb. Schmidt, S. 245; *Rehberg*, Erlaubtes Risiko, S. 215; *Winkelbauer*, NStZ 1986, S. 149.

531 *Kaufmann*, FS Henkel, S. 102; *Schünemann*, Grund und Grenzen, S. 223. Gegen die Sekundaritätsthese aber *Herzberg*, Unterlassung, S. 218 f., der insbesondere den in § 823 Abs. 2 BGB enthaltenen Verweis des Zivilrechts auf das Strafrecht zwecks ergänzender Pflichtschöpfung im Bereich des Vermögensschutzes als ureigenster Domäne des BGB als unvereinbar mit einem Sekundärcharakter des Strafrechts erachtet. Dem ist jedoch entgegenzuhalten, dass der Verweis des § 823 Abs. 2 BGB auf der Überlegung beruht, die insbesondere im Vertragsrecht enthaltenen ausdifferenzierten Regelungen zum Vermögensschutz nicht durch einen pauschalen deliktsrechtlichen Vermögensschutz auszuhebeln, gleichzeitig aber nicht solche Verhaltensweisen vom deliktischen Schadensausgleich auszunehmen, die derart verwerflich sind, dass selbst das Strafrecht hieran Sanktionen knüpft.

532 So kann im Ausnahmefall gar ein „Vorpreschen“ des Strafrechts geboten sein, wenn ein bestimmter Lebenssachverhalt primärrechtlich nicht handhabbar ist und es deshalb an entsprechenden Regelungen fehlt, das betreffende Verhalten aufgrund seiner Unvereinbarkeit mit der sozialen Werteordnung aber effektiv unterbunden werden muss. Vgl. etwa die Regelungen zum Schwangerschaftsabbruch, §§ 218 ff. StGB.

533 Vgl. *Grünewald*, Garantenpflichten, S. 132. Zur Frage der Orientierung des Strafrechts an außerstrafrechtlichen Vorgaben vgl. auch die Ausführungen zur Übertragbarkeit zivilrechtlicher Verkehrssicherungspflichten ins Strafrecht, S. 235 ff., 266 ff., sowie zur Anknüpfung an sogenannte „Sondernormen“ bei der Bestimmung der erforderlichen Sorgfalt im Rahmen der Fahrlässigkeitsprüfung, S. 274 ff.

534 Vgl. *Deutsch/Spickhoff*, Medizinrecht, Rn. 1146; S/S-*Heine*, § 314 Rn. 22.

535 Vgl. MüKo-StGB-*Duttge*, § 15 Rn. 135, 137. Ähnlich *Kindhäuser*, GA 1994, S. 206; LK-*Schroeder*, § 16 Rn. 163, 166; *Maurach/Gössel/Zipf*, AT/2, § 43 Rn. 50; *Preuß*, Untersuchungen, S. 96.

Dies spräche dafür, dass Arzneimittelschäden, die vertretbare Nebenwirkungen i. S. d. § 5 Abs. 2 AMG darstellen, nicht zwingend entsprechend der nebenstrafrechtlichen Wertung auch im Kernstrafrecht als Realisation eines erlaubten Risikos straflos bleiben.

Jedoch ist fraglich, ob die rein indizielle Bedeutung außerstrafrechtlicher Normen auch für den Fall gilt, dass die betreffende Norm keine konkreten Verhaltensanforderungen statuiert, sondern vielmehr in abstrakt-genereller Weise den Bereich rechtlich tolerierter Gefährdungen umschreibt, wie dies in § 5 AMG der Fall ist.[536] Denn während sich konkrete Verhaltensanforderungen maßgeblich am Ziel und den dogmatischen Grundlagen des jeweiligen Gesetzes bzw. Rechtsgebietes orientieren und damit nicht unbesehen in ein anderes, abweichenden Zielen und Prämissen verschriebenes Gesetz oder Rechtsgebiet übertragen werden dürfen, stellt das einzelfallunabhängige erlaubte Risiko als Ausdruck eines gesellschaftlichen Konsenses eine rechtsgebietsübergreifende Wertentscheidung hinsichtlich eines bestimmten Lebensbereichs dar, die dann erst in einzelnen, den speziellen Lebensbereich regelnden Gesetzen in konkrete Verhaltensanforderungen umgesetzt wird, welche gewährleisten sollen, dass die Risiken auf das unvermeidbare und daher erlaubte Maß beschränkt bleiben.

Aufgrund der umfassenden und vielschichtigen Vertretbarkeitsprüfung in § 5 Abs. 2 AMG stellt § 5 AMG eine solche universelle Wertentscheidung für den Verkehr mit Arzneimitteln dar. Folglich gewinnt § 5 AMG auch im Kernstrafrecht als Umschreibung des erlaubten Risikos Bedeutung. Allerdings ist zu beachten, dass sich die Risikoerlaubnis des § 5 AMG lediglich auf das Inverkehrbringen als solches bezieht, über die Erlaubnis der Anwendung des Arzneimittels im konkreten Einzelfall und der Mitwirkung hieran folglich keine Aussage trifft, fällt die individuelle Arzneimittelanwendung doch nicht in den Regelungsbereich des AMG. Dementsprechend scheidet bei Unbedenklichkeit des Arzneimittels i. S. d. § 5 AMG zwar stets eine Strafbarkeit nach § 314 StGB aus, nicht aber per se eine Strafbarkeit gemäß §§ 211 ff., 223 ff. StGB. Da diese Normen, wie bereits dargelegt, auch das körperbezogene Selbstbestimmungsrecht des Einzelnen schützen, bedarf es zur Straflosigkeit der Gesundheitsschädigung stets einer bewussten Übernahme des Risikos womöglicher Arzneimittelschäden. Eine Strafbefreiung unter dem Aspekt des erlaubten Risikos scheidet insoweit aus.

III. Zusammenfassung

Zusammenfassend ist daher festzuhalten, dass eine Strafbarkeit nur dann in Betracht kommt, wenn die Verwirklichung von Nebenwirkungsrisiken im späteren Arzneimittelschaden rechtlich missbilligt ist. Dies ist nicht der Fall, wenn das zum Schaden führende Verhalten als erlaubtes Risiko aus dem Tatbestand der einschlägigen Strafnormen ausscheidet. Ein solches erlaubtes Risiko liegt insbeson-

---

[536] Insofern unterscheidet sich die Problematik von der Frage, ob konkrete (zivilrechtliche) Verkehrssicherungspflichten ins Strafrecht übertragbar sind bzw. inwieweit konkrete Verhaltensanforderungen beinhaltende „Sondernormen" im Rahmen der Fahrlässigkeitsprüfung das Maß der gebotenen Sorgfalt konkretisieren.

dere dann vor, wenn das risikoträchtige Verhalten aufgrund seiner sozialen Nützlichkeit im überwiegenden Allgemeininteresse liegt. In Bezug auf das Inverkehrbringen von Arzneimitteln enthält § 5 Abs. 2 AMG eine explizite Kodifizierung des erlaubten Risikos, indem im Rahmen des Vertretbarkeitskriteriums Nutzen und Risiken eines Arzneimittels abstrakt gegeneinander abzuwägen sind. Das derart festgelegte zulässige Risikomaß hat nicht nur Auswirkungen auf eine Strafbarkeit gemäß § 95 Abs. 1 Nr. 1 AMG, sondern auch auf eine solche gemäß § 314 StGB. Eine Strafbarkeit gemäß §§ 211 ff., 223 ff. StGB scheidet hingegen bei genereller Unbedenklichkeit des Arzneimittels nicht per se aus, da § 5 Abs. 2 AMG lediglich mit Blick auf das Inverkehrbringen eines Arzneimittels, nicht jedoch dessen konkret-individuelle Anwendung im Einzelfall ein erlaubtes Risiko statuiert.

E. Strafbare Verhaltensweisen

Steht somit fest, dass strafrechtliche Verantwortung für Arzneimittelschäden ein erfolgskausales und das Maß erlaubter Risikoschaffung überschreitendes Verhalten voraussetzt, stellt sich die Frage, welche Verhaltensweisen konkret strafrechtliche Sanktionen nach sich ziehen können. Entsprechend der unternehmensbezogenen Betrachtungsweise ist dabei zunächst auf das „Verhalten" des Unternehmens, wie es nach außen in Erscheinung tritt, einzugehen.

Als unvertretbare Arzneimittelschäden verursachende Verhaltensweisen des pharmazeutischen Unternehmens kommen im Wesentlichen das Inverkehrbringen schädlicher Medikamente, das Ausbleiben eines Produktions- und Vertriebsstopps, die Nichterteilung erforderlicher Warnhinweise sowie das Imverkehrbelassen schädlicher Präparate in Betracht.[537] Diese Verhaltensweisen sind strafbar, wenn sie einem in einem Straftatbestand abstrakt umschriebenen Verhalten entsprechen. Die Tatbestände des StGB und AMG orientieren sich hinsichtlich des von ihnen jeweils erfassten Verhaltens an der grundlegenden dogmatischen Differenzierung zwischen aktivem Tun und Unterlassen einerseits sowie vorsätzlichem und fahrlässigem Verhalten andererseits. Für die Frage strafbaren Unternehmensverhaltens folgt daraus, dass zunächst zu analysieren ist, ob es sich bei den genannten Verhaltensweisen jeweils um ein Tun oder ein Unterlassen handelt und gegebenenfalls den normativen Gleichstellungserfordernissen begehungsgleichen Unterlassens Genüge getan ist, bevor dann in einem weiteren Schritt untersucht werden kann, unter welchen Umständen sie als fahrlässiges oder gar vorsätzliches Verhalten den entsprechenden Straftatbestand erfüllen.

I. Tun und Unterlassen als ontische Kategorien der Straftat

Strafrechtliche Verantwortung kann sowohl auf einem positiven Tun als auch auf einem Unterlassen beruhen. Zwar knüpft das Verbot des § 95 Abs. 1 Satz 1 Nr. 1

537 So auch *Schmucker*, Dogmatik, S. 95.

AMG wie die Verbote der einschlägigen Tatbestände des StGB dem Wortlaut nach allein an ein aktives Handeln an, jedoch stellt § 13 StGB klar, dass diese Delikte auch durch Unterlassen verwirklicht werden können.

1. Verschiedenartigkeit von Tun und Unterlassen

Wenngleich Tun und Unterlassen somit im Ergebnis gleichermaßen eine strafrechtliche Verantwortung begründen können, so rechtfertigt sich ihre strikte dogmatische Trennung doch aus der Wesensverschiedenheit beider Verhaltensformen, die sich letztlich in strukturellen Unterschieden zwischen Begehungs- und Unterlassungsdelikt niederschlägt.

Zwischen Begehung und Unterlassung besteht zunächst aus ontologischer Sicht ein diametraler Gegensatz:[538] Während das positive Tun als Freisetzung körperlicher Energie in der Außenwelt sinnlich wahrgenommen werden kann, ist das Unterlassen als Negation einer Energiefreisetzung der Sinneswahrnehmung entzogen.[539] Das Tun ist empirische Realität, das Unterlassen insofern ein schlichtes Nichts, das sich allein in der gleichzeitigen Enttäuschung einer konkreten Handlungserwartung vom reinen Nichtstun unterscheidet.[540]

Ist das logische Prius einer jeden Unterlassung damit aber eine enttäuschte Handlungserwartung, so wird deutlich, dass erst die Feststellung der Nichtvornahme einer bestimmten, sozialethisch oder von Rechts wegen geforderten Handlung dem Unterlassen (straf-)rechtliche Substanz verleiht, dieses somit stets der normativen Fundierung in Form eines der enttäuschten Erwartung Ausdruck verleihenden Unwerturteils bedarf.[541] Anders als das Tun kann es sich niemals in einem wertneutralen Geschehen erschöpfen.[542]

Für die Frage der Strafbarkeit folgt aus der heterogenen Qualität der Verhaltensformen eine unterschiedliche Struktur von Begehungs- und Unterlassungstat. Während Anknüpfungspunkt des Strafvorwurfs beim Begehungsdelikt die Zuwiderhandlung gegen eine Verbotsnorm durch Vornahme der verbotenen Handlung ist, besteht das Unrecht beim Unterlassungsdelikt in der Missachtung einer Gebotsnorm durch Nichtvornahme der gebotenen Handlung.[543]

---

538 *Freund*, Erfolgsdelikt, S. 22; S/S-*Stree*, § 13 Rn. 61.

539 *Güntge*, Begehen, S. 20 f.

540 Vgl. *Höhfeld*, Strafrechtliche Produktverantwortung, S. 21; *Jescheck/Weigend*, AT, S. 615; *Kühl*, AT, § 18 Rn. 27; SK-StGB-*Rudolphi*, Vor § 13 Rn. 1.

541 Vgl. *Haft*, AT, S. 176; *Hüwels*, Gesetzesvollzug, S. 122; *Güntge*, Begehen, S. 20 f. passim; *Köhler*, AT, S. 206; LK-*Jescheck*, Vor § 13 Rn. 92; *Otto/Brammsen*, Jura 1985, S. 532; *Schmucker*, Dogmatik, S. 93; S/S-*Stree*, Vorbem §§ 13 ff. Rn. 139; SK-StGB-*Rudolphi*, Vor § 13 Rn. 1; *Volk*, FS Tröndle, S. 221.

542 Zwar setzt die Strafbarkeit aktiven Tuns ebenfalls ein normatives Unwerturteil im Sinne enttäuschter Erwartungen der Rechtsgemeinschaft voraus, im Gegensatz zum Unterlassen aber eben nur zur Begründung des rechtlichen Tadels, nicht als Konstituens der Verhaltensform als solcher, stellt doch auch wertneutrales Handeln unstreitig ein Tun dar. Vgl. *Freund*, Erfolgsdelikt, S. 23; *Volk*, FS Tröndle, S. 221.

543 *Hilgendorf*, Produzentenhaftung, S. 105; *Höhfeld*, Strafrechtliche Produktverantwortung, S. 5; *Lege*, Rechtspflichten, S. 24; LK-*Jescheck*, Vor § 13 Rn. 90; *Rudolphi*, Gleichstellungsproblematik, S. 93.

2. Echte und unechte Unterlassungsdelikte

Das Strafrecht unterscheidet traditionell zwei strukturell verschiedene Formen von Unterlassungsstraftaten: die „echten“ Unterlassungsdelikte (delicta omissiva) und die „unechten“ Unterlassungsdelikte (delicta commisiva per omissionem).

a. Maßgebliches Abgrenzungskriterium

Die Abgrenzung der beiden Deliktsformen kann grundsätzlich auf drei Arten erfolgen: erstens formell anhand der gesetzlichen Regelung, zweitens normtheoretisch auf der Grundlage der Unterscheidung zwischen Erfolgs- und Tätigkeitsdelikten sowie drittens sachlogisch am Kriterium der Begehungsgleichheit.[544]

Die wohl herrschende Ansicht legt einen formellen Maßstab an und bezeichnet als echte Unterlassungsdelikte diejenigen, bei denen das Handlungsgebot im Gesetz ausdrücklich normiertes ist und zu denen es insoweit kein Gegenstück in Form eines Begehungsdelikts gibt, als unechte Unterlassungsdelikte folglich solche, die keine spezifische Ausgestaltung im Gesetz gefunden haben, sondern vielmehr auf einer in § 13 StGB geregelten Analogie zu den in den Begehungstatbeständen umschriebenen Handlungen beruhen.[545] Die Gegenauffassung stellt auf das Kriterium der Erfolgsbezogenheit ab und sieht den maßgeblichen Unterschied zwischen echten und unechten Unterlassungsdelikten darin, dass bei ersteren im Gegensatz zu letzteren eine Bestrafung wegen vollendeter Tat unabhängig vom Eintritt des schädlichen Erfolges erfolge.[546] Wieder andere knüpfen an das Merkmal der Begehungsgleichheit an, indem sie als unecht Unterlassungsweisen erachten, die hinsichtlich ihres Unrechtsgehalts der Tatbegehung durch aktives Tun entsprechen, als echt jene, die minderes Unrecht darstellen,[547] was sich nicht zuletzt auch am jeweiligen Strafrahmen zeigt.

Im Großen und Ganzen handelt es sich bei der Auseinandersetzung um das richtige Abgrenzungskriterium aber um eine für die Praxis wenig ergiebige Diskussion. Schlussendlich kommt es im Fall eines Unterlassens weniger auf die dogmatische Kategorisierung als vielmehr darauf an, ob dieses die Voraussetzungen eines speziellen Unterlassungsstraftatbestandes oder des § 13 StGB in Verbindung mit dem entsprechenden Begehungsstraftatbestand erfüllt.

b. Voraussetzungen echter und unechter Unterlassensdelikte

Aus diesem Grund sollen im Folgenden kurz die jeweiligen Voraussetzungen der echten bzw. unechten Unterlassungsstraftat skizziert werden.

---

[544] Vgl. *Schünemann*, ZStW 96 (1984), S. 302. Siehe auch *Roxin*, AT/2, § 31 Rn. 17 ff.

[545] *Eser/Burkhardt*, Strafrecht II, 25 A 3 f.; *Gropp*, AT, § 11 Rn. 2 ff.; *Haft*, AT, S. 178 f.; *Jakobs*, AT, 29/1; *Lege*, Rechtspflichten, S. 24; *Roxin*, AT/2, § 31 Rn. 16; S/S-*Stree*, Vorbem §§ 13 ff. Rn. 137. Kritisch zur rein äußerlich-formalen Abgrenzung LK-*Jescheck*, Vor § 13 Rn. 91, der die Gefahr der Vernachlässigung der zwischen den Deliktsformen bestehenden sachlichen Unterschiede befürchtet.

[546] So etwa SK-StGB-*Rudolphi*, Vor § 13 Rn. 10. Ähnlich *Busse*, Unterlassungsdelikte, S. 70, der zwischen echtes Unterlassen begründenden Verhaltenstatbeständen und unechtes Unterlassen konstituierenden Rechtsgutstatbeständen differenziert.

[547] *Otto*, AT, § 9 Rn. 16; *Schünemann*, ZStW 96 (1984), S. 303.

(A) Allgemeine Voraussetzungen strafbaren Unterlassens

Inbegriff des Unterlassens und damit Grundvoraussetzung jeglicher Unterlassungsstraftat ist, wie bereits erwähnt, die Nichtvornahme der zur Abwendung des tatbestandlichen Erfolges geeigneten und erforderlichen Handlung.[548] Während beim echten Unterlassungsdelikt die gebotene Handlung ausdrücklich gesetzlich normiert ist, muss diese im Fall unechten Unterlassens jeweils unter Berücksichtigung der konkreten Umstände des Einzelfalls ermittelt werden, wobei ein objektiver Maßstab anzulegen ist.[549]

Von Rechts wegen gefordert werden kann aber letztlich nur das, was dem Einzelnen in der konkreten Situation auch tatsächlich möglich und zumutbar ist.[550] So ist ein auf Ge- und Verboten beruhendes Rechtsgüterschutzkonzept nur dann sinnvoll und zu rechtfertigen, wenn der potentielle Normadressat aus objektiver Sicht überhaupt physisch-real in der Lage ist, die an ihn gestellte Verhaltensanforderung zu erfüllen. Dadurch rückt in der konkreten Gefahrensituation die individuelle Fähigkeit zu normgemäßem Verhalten in den Vordergrund.[551] Im Rahmen der Zumutbarkeitsprüfung sind die widerstreitenden Interessen einschließlich des Grades der ihnen drohenden Gefahren gegeneinander abzuwägen, so dass eine Strafbarkeit aufgrund Unzumutbarkeit ausscheidet, wenn das Gewicht des Interesses, das der Täter preisgeben soll, dem Gewicht des drohenden Erfolges entspricht.[552] Dabei ist jedoch ein strenger Maßstab anzulegen.

Während die Zumutbarkeit bei echten Unterlassungsdelikten ein Merkmal des gesetzlichen Straftatbestandes darstellt, ist die Verortung dieses Kriteriums im Rahmen unechter Unterlassungsdelikte umstritten. Richtigerweise ist der Aspekt der Zumutbarkeit auch hier bereits auf der Tatbestandsebene und nicht wie beim Begehungsdelikt erst im Bereich der Schuld strafausschließend zu berücksichtigen.[553] Das für eine Verortung auf der Schuldebene oftmals ins Feld geführte Ar-

---

548 *Hilgendorf*, Produzentenhaftung, S. 108; *Lege*, Rechtspflichten, S. 33.

549 Vgl. *Höhfeld*, Strafrechtliche Produktverantwortung, S. 22; *Lege*, Rechtspflichten, S. 35; *Wessel/Beulke*, AT, Rn. 708.

550 *Hilgendorf*, Produzentenhaftung, S. 108; *Lackner/Kühl*, § 13 Rn. 5; *Lege*, Rechtspflichten, S. 33.

551 Vgl. *Freund*, Erfolgsdelikt, S. 36 f.; *Güntge*, Begehen, S. 22; *Höhfeld*, Strafrechtliche Produktverantwortung, S. 22; *Köhler*, AT, S. 215; *Kühl*, AT, § 18 Rn. 30; *Lege*, Rechtspflichten, S. 35; LK-*Jescheck*, Vor § 13 Rn. 92, 95, § 13 Rn. 3; *Maiwald*, JuS 1981, S. 476; NK-*Wohlers*, § 13 Rn. 12; S/S-*Stree*, Vorbem §§ 13 ff. Rn. 141; SK-StGB-*Rudolphi*, Vor § 13 Rn. 2; *Tröndle/Fischer*, § 13 Rn. 14.

552 Vgl. *Haft*, AT, S. 183; *Lege*, Rechtspflichten, S. 37; MüKo-StGB-*Freund*, § 13 Rn. 95; S/S-*Stree*, Vorbem §§ 13 ff. Rn. 156; *Tröndle/Fischer*, § 13 Rn. 16.

553 So auch *Goll/Winkelbauer* in: von Westphalen, Produkthaftungshandbuch, § 47 Rn. 73; *Heinrich*, AT/2, Rn. 904; *Krey*, AT/2, Rn. 372; MüKo-StGB-*Freund*, § 13 Rn. 189; NK-*Wohlers*, § 13 Rn. 17; S/S-*Stree*, Vorbem §§ 13 ff. Rn. 155; *Stratenwerth/Kuhlen*, AT/1, § 13 Rn. 63. A. A. aber *Böhm*, Rechtspflicht, S. 103; *Eichinger*, Produkthaftung, S. 152; *Hellmann/Beckemper*, WiStR, Rn. 872; *Kindhäuser*, AT, § 36 Rn. 37; *Kühl*, AT, § 18 Rn. 33; SK-StGB-*Rudolphi*, Vor § 13 Rn. 31; *Wessels/Beulke*, AT, Rn. 739. Nach *Gropp*, AT, § 11 Rn. 52 ff., soll die Unzumutbarkeit des Handelns als sozialethische Opfergrenze die Rechtswidrigkeit des Unterlassens ausschließen. Da diese Auffas-

gument, § 13 StGB stelle das unechte Unterlassen doch gerade dem Begehungsdelikt gleich, bei dem der Zumutbarkeit aber nun einmal erst auf der Schuldebene Relevanz zukomme, überzeugt nicht.[554] Zwar kann das Unterlassen von Straftaten als prinzipiell zumutbar angesehen werden, weswegen die Zumutbarkeit rechtstreuen Verhaltens im Rahmen des Begehungsdelikts prinzipiell unterstellt werden darf und dementsprechend nicht als eigenes Merkmal in den Tatbestand Eingang finden muss. Ein aktives Handeln hingegen kann niemals pauschal ohne Rücksicht auf dessen Zumutbarkeit gefordert werden.[555] Allerdings gilt es zu differenzieren: Soweit es um das unter vergleichbaren Umständen jedermann Unzumutbare und damit um die Konkretisierung der Rechtspflicht, d. h. um ein Problem des Unrechtstatbestandes, geht, ist bereits die tatbestandsrelevante Handlungspflicht entsprechend einzuschränken. Ist eine Erfolgsabwendung danach grundsätzlich zumutbar, ist in einem nächsten Schritt zu prüfen, ob der konkreten Person aufgrund ihrer persönlichen Handlungssituation die Erfüllung feststehender Handlungspflichten individuell abverlangt werden kann. Insofern kommt der Unzumutbarkeit dann entschuldigende Wirkung zu.[556]

Demnach ist hinsichtlich der Frage einer etwaigen Unterlassungsstrafbarkeit des pharmazeutischen Unternehmers wie folgt vorzugehen: Zunächst ist anhand der konkreten Umstände des Einzelfalls aus dem Kreis der als Reaktion auf Produktgefahren typischerweise in Betracht kommenden Schadensabwehrmaßnahmen die in der konkreten Situation objektiv gebotene Handlungsweise zu identifizieren. Ergibt ein Vergleich des gebotenen mit dem tatsächlichen Verhalten des pharmazeutischen Unternehmers, dass dieser die an sich erforderliche Handlung unterlassen hat, so ist im nächsten Schritt zu prüfen, ob er dazu überhaupt physisch-real in der Lage war und ihm ein derartiges Tätigwerden darüber hinaus auch individuell zugemutet werden konnte. Nur wenn dies der Fall, kommt eine Unterlassungsstrafbarkeit in Betracht.

(B) Zusätzliche Strafbarkeitsvoraussetzungen unechten Unterlassens

Zur Bejahung einer Strafbarkeit wegen unechten Unterlassens müssen darüber hinaus die besonderen Anforderungen des § 13 Abs. 1 StGB erfüllt sein.

(I) Sonderverantwortlichkeit in Form der Garantenstellung

Beruht im Rahmen der Begehungsdelikte die objektive Zurechnung auf der Erfolgsverursachung, so kann im Fall unechten Unterlassens nicht allein auf die Möglichkeit der Erfolgsvermeidung abgestellt werden, um jedem Handlungsfähigen die Rechtsgutsverletzung als von ihm zu verantwortendes Unrecht vorzuwerfen. Eine derart weit gefasste Pflicht, überall helfend einzugreifen, wo immer es

---

sung jedoch letztlich aus dem abzulehnenden Verständnis der Sozialadäquanz als Rechtfertigungselement resultiert, kann sie im Ergebnis nicht überzeugen.

554 So aber *Baumann/Weber/Mitsch*, AT, § 15 Rn. 19; *Jescheck/Weigend*, AT, S. 635; LK-*Jescheck*, Vor § 13 Rn. 98.

555 S/S-*Stree*, Vorbem §§ 13 ff. Rn. 155. In diesem Sinne auch *Puppe*, AT/2, § 45 Rn. 10.

556 *Eser/Burkhardt*, Strafrecht II, 25 A 17; *Otto*, AT, § 9 Rn. 104 m. w. N.; *Stratenwerth/Kuhlen*, AT/1, § 13 Rn. 83.

not tut, widerspräche dem ultima ratio-Charakter des Strafrechts.[557] Vielmehr bedarf es eines besonderen Rechtsgrundes, um dem Einzelnen die Pflicht aufzuerlegen, zum Schutz fremder Rechtsgüter tätig zu werden und so das Unterlassen dem positiven Tun i. S. d. § 13 Abs. 1 StGB gleichzustellen.[558] Erforderlich ist daher, dass der Unterlassende im sozialen Leben eine Schutzfunktion für das gefährdete Rechtsgut ausübt und deshalb als Garant für den Nichteintritt des in seinen Verantwortungsbereich fallenden drohenden Erfolgs rechtlich einzustehen hat.[559] Insofern stellt das unechte Unterlassungsdelikt im Gegensatz zum korrespondierenden Begehungsdelikt, das regelmäßig von jedermann verübt werden kann, ein Sonderdelikt dar.[560] Der Garantenstellung entspringt die generelle Pflicht, bei Gefahren für das zu schützende Rechtsgut erfolgsabwendende Maßnahmen zu ergreifen, die sogenannte Garantenpflicht. Nach § 13 Abs. 1 StGB muss es sich hierbei um eine rechtliche, nicht rein moralische oder sozialethische Pflicht handeln, die allein doch zumindest auch um des bedrohten Rechtsguts willen besteht.[561] Art und Umfang der Garantenpflicht bestimmt sich nach dem Maß der zur Erfolgsverhinderung objektiv gebotenen Sorgfalt.[562]

(II) Modalitätenäquivalenz

Des Weiteren verlangt § 13 Abs. 1 2. Hs. StGB, dass das Unterlassen hinsichtlich seines Unrechtsgehalts der Verwirklichung des Straftatbestandes durch ein Tun

---

557 Vgl. *Jescheck/Weigend*, AT, S. 620.

558 *Hilgendorf*, Produzentenhaftung, S. 134; *Jescheck/Weigend*, AT, S. 620; *Joecks*, § 13 Rn. 6.

559 *Jescheck/Weigend*, AT, S. 620; *Kargl*, GA 1999, S. 460; *Kindhäuser*, LPK, § 13 Rn. 15; *Lackner/Kühl*, § 13 Rn. 6; LK-*Jescheck*, § 13 Rn. 4; *Otto*, AT, § 9 Rn. 17; *Roxin*, AT/2, § 31 Rn. 4; SK-StGB-*Rudolphi*, § 13 Rn. 21; S/S-*Stree*, § 13 Rn. 2; *Wessels/Beulke*, AT, Rn. 715.

560 Vgl. *Eichinger*, Produkthaftung, S. 141; *Gropp*, AT, § 11 Rn. 8; *Haft*, AT, S. 184; LK-*Jescheck*, § 13 Rn. 4; *Maurach/Gössel/Zipf*, AT/2, § 46 Rn. 54; NK-*Wohlers*, § 13 Rn. 29; S/S-*Stree*, § 13 Rn. 2; a. A. *Freund*, AT, § 6 Rn. 45, der ausgehend vom Erfordernis der Begehungsgleichheit unechten Unterlassens in § 13 Abs. 1 2. Hs. StGB die Garantenstellung nicht als Eigenheit des Unterlassungsdelikts ansieht, sondern sowohl bei Tun als auch Unterlassen eine „Sonderverantwortlichkeit" des Täters verlangt. Siehe auch MüKo-StGB-*Freund*, § 13 Rn. 46, 74, 79, 99. *Freund* ist zwar darin zuzustimmen, dass Strafe stets eine Sonderverantwortlichkeit des Täters erfordert, allerdings bedarf diese Sonderverantwortlichkeit im Fall des Unterlassens einer speziellen Begründung, während sie sich beim Begehungsdelikt unproblematisch aus der Erfolgsverursachung ergibt, so dass zumindest ein qualitativer Unterschied zwischen beiden Deliktsformen besteht, den auch *Freund*, MüKo-StGB, § 13 Rn. 79, letztlich nicht leugnet.

561 NK-*Wohlers*, § 13 Rn. 29; *Rudolphi*, Gleichstellungsproblematik, S. 94.

562 Vgl. *Braum*, KritV 1994, S. 184; *Fünfsinn*, StV 1985, S. 58; *Herzberg*, Arbeitsschutz, S. 229 f.; *Lackner/Kühl*, § 15 Rn. 54 m. w. N.; NK-*Wohlers*, § 13 Rn. 21 m. w. N.; *Schmucker*, Dogmatik, S. 103; *Spitz*, Produkthaftung, S. 27 f. Dagegen ist die Garantenstellung als Grund der Handlungspflicht unabhängig von den allein Art und Weise der Handlungspflicht regelnden Sorgfaltsanforderungen, die insofern den Verpflichtungsgrund bereits voraussetzen. Vgl. *Brammsen*, Garantenpflichten, S. 111.

entspricht. Bei schlichten Erfolgsdelikten, die keine spezielle Begehungsweise vorschreiben, ist diese Gleichstellung bereits durch die Garantenstellung gewährleistet, weswegen dem Gleichwertigkeitskriterium hinsichtlich der §§ 212., 222, 223, 229 StGB keine Bedeutung zukommt.[563] Inwieweit die Modalitätenäquivalenz im Rahmen der §§ 95 Abs. 1 Satz 1 Nr. 1 AMG, 314 StGB, eine Rolle spielt, wird an gegebener Stelle zu erörtern sein.

c. Echtes und unechtes Unterlassen im Arzneimittelstrafrecht

Wirft man einen Blick auf die Tatbestände, die zu einer strafrechtliche Verantwortung für Arzneimittelschäden führen können, zeigt sich, dass es sich bei diesen fast ausschließlich um Begehungstatbestände handelt. Dies gilt für § 95 Abs. 1 Satz 1 Nr. 1 AMG und § 314 StGB, die auf das Inverkehrbringen abstellen, in gleichem Maße wie für die §§ 211 ff., 212 ff. StGB. Die daneben im AMG enthaltenen echten Unterlassungsstraftatbestände der §§ 96 Nr. 6, 97 Abs. 2 Nr. 7, 24c, 27a, 30 AMG spielen dagegen als sich im bloßen Verstoß gegen bestimmte öffentlich-rechtliche Vorschriften erschöpfende Konkretisierungen des in § 95 Abs. 1 Satz 1 Nr. 1 AMG enthaltenen Verbots nur eine untergeordnete Rolle.

3. *Abgrenzung von Tun und Unterlassen*

Die Unterschiede zwischen Begehungs- und Unterlassungsdelikt, namentlich der Sonderdeliktscharakter des unechten Unterlassungsdelikts sowie die trotz Begehungsgleichheit des unechten Unterlassens mögliche Strafmilderung nach § 13 Abs. 2 StGB, zeigen, dass der Qualifizierung eines Verhaltens als positives Tun oder Unterlassen entscheidende Bedeutung zukommt, weswegen die präzise Abgrenzung der beiden Verhaltensformen voneinander letztlich unverzichtbar ist.[564]

---

[563] Vgl. *Höhfeld*, Strafrechtliche Produktverantwortung, S. 5; *Hoyer*, Strafrechtsdogmatik, S. 350; *Jakobs*, AT, 29/7; *Kühl*, AT, § 18 Rn. 2; *Kuhlen* in: Achenbach/Ransiek, HWSt, II Rn. 18; *Maurach/Gössel/Zipf*, AT/2, § 46 Rn. 54; SK-StGB-*Rudolphi*, § 13 Rn. 19; *Tröndle/Fischer*, § 13 Rn. 17; a. A. *Schwab*, Unterlassungen, S. 36 f.

[564] *Brammsen*, Unterlassungshaftung, S. 110 f.; *Krey*, AT/2, Rn. 318; *Kuhlen* in: Achenbach/Ransiek, HWSt, II Rn. 22; NK-*Wohlers*, § 13 Rn. 4; *Roxin*, AT/2, § 31 Rn. 69; *Walter*, ZStW 116 (2004), S. 556. Teilweise wird die Abgrenzung aber auch als unnötig bzw. das Wesentliche verdeckend abgelehnt, so etwa von *Hüwels*, Gesetzesvollzug, S. 123; NK-*Wohlers*, § 13 Rn. 5; *Ranisek*, Unternehmensstrafrecht, S. 31 ff.; *ders.*, ZGR 1992, S. 208; *Volk*, FS Tröndle, S. 223 f. Dies gelte namentlich für den Bereich der Produktverantwortung, sei die Zuordnung zu einer der Verhaltenskategorien doch angesichts der beliebig austauschbaren Organisation interner Betriebs- und Produktionsabläufe eher zufällig bzw. gar willkürlich. Allerdings gilt es zu bedenken, dass auf diesem Gebiet das Unterlassen häufig als eine Art Verdachtsstrafe für positives Tun dient, wenn die pflichtwidrige aktive Schadensverursachung nicht oder nur sehr schwer beweisbar ist, ein entsprechender Unterlassungsvorwurf dagegen mühelos konstruiert werden kann. Vgl. *Bosch*, Organisationsverschulden, S. 128 f.; *Hillenkamp*, FS Wassermann, S. 864 f.; *Lege*, Rechtspflichten, S. 27 f.; *Schneider*, NStZ 2004, S. 91; *Schünemann*, wistra 1982, S. 42; *Spitz*, Produkthaftung, S. 27. Der Gefahr einer uferlosen Ausdehnung der Unterlassungsstrafbakeit aus reinen Zweckmäßigkeitserwägungen kann aber gerade durch eine strikte Grenzziehung zwischen Tun und Unterlassen, wel-

a. Unterscheidung ontologischer und normativer Abgrenzung

Die Abgrenzung von Tun und Unterlassen erfolgt in zwei strikt voneinander zu trennenden Schritten. Dabei gilt es, zuerst die eigentliche Abgrenzung im Sinne einer vorrechtlich-ontologischen Unterscheidung vorzunehmen und zu fragen, ob eine bestimmte Verhaltensweise allein Elemente des Tuns oder Unterlassens enthält und sich somit bereits anhand der Wesensverschiedenheit der beiden Verhaltensformen eindeutig zuordnen lässt. Nur wenn dies nicht der Fall ist, das Verhalten vielmehr ambivalent ist, ist zu entscheiden, wie es normativ zu bewerten ist.[565]

Die ontologische Abgrenzung bereitet in der Regel keine größeren Probleme, kann hierbei doch – dem alltäglichen Verständnis von Tun und Unterlassen entsprechend – an das deutlich wahrnehmbare Kriterium der willentlich in die Außenwelt eingreifenden Körperbewegung angeknüpft werden.[566] Weit schwieriger gestaltet sich hingegen die normative Abgrenzung nach der Deliktsqualität ambivalenter Verhaltensweisen.

Als klassisches Beispiel ambivalenten Verhaltens dient seit Jahrzehnten die Fahrlässigkeit. Sie zeichne sich dadurch aus, dass dem aktiven Handeln in Form der damit einhergehenden Außerachtlassung der gebotenen Sorgfalt ein Unterlassungsmoment immanent sei.[567] Allerdings entschärft sich die Problematik, wenn

---

che ein beliebiges Umschwenken von der einen auf die andere Verhaltensform verhindert, wirkungsvoll begegnet werden. Zudem kommt der Unterscheidung zwischen Tun und Unterlassen, wie noch zu zeigen sein wird, gerade auch im Zusammenhang mit der Zurechnung des Unternehmensverhaltens zu den einzelnen Unternehmensangehörigen Bedeutung zu, so dass eine genaue Abgrenzung auch aus diesem Grund geboten ist.

565 *Stoffers*, Abgrenzung, S. 279 f.; *ders.*, JuS 1993, S. 25; *ders.*, GA 1993, S. 262; *ders.*, GA 1993, S. 274; *ders.*, Jura 1998, S. 581; *Struensee*, FS Stree/Wessels, S. 135. Vgl. auch *Böhm*, Rechtspflicht, S. 24. Abweichend *Hoyer*, Strafrechtsdogmatik, S. 48, 372 ff., der auf Basis seines alethischen Strafrechtsverständnisses die Differenz zwischen Begehungs- und Unterlassungsdelikt nicht in der ontischen Heterogenität der Verhaltensformen, sondern in der unterschiedlichen Abfassung der Strafnormen erblickt. Nach diesem alethischen Modell stellen die Strafnormen nicht strenge Ge- und Verbote, sondern bloße Geschäftsangebote dar. Die (Nicht-)Vornahme eines bestimmten Verhaltens sei lediglich notwendig, um eine Sanktion zu vermeiden. Jedes verpflichtende Tun-Sollen sei demnach auf ein nüchtern-geschäftsmäßiges Sein-Sollen zu reduzieren, so dass auch der Unterlassende durch Setzen des Geschäftsannahmetatbestandes in Form der Tatbestandsverwirklichung und damit Eingehen des gesetzlichen Handels letztlich eben handele. Ein solches alethisches Strafrechtsverständnis ist indes als bedenklich abzulehnen, unterstellt es doch sachlich-nüchtern die Rechtsgüter eines Menschen der rationalen Abwägungsentscheidung eines anderen, ohne die Verletzung fremder Rechtsgüter von vornherein als verwerflich zu deklarieren. Dadurch gäbe das Strafrecht entgegen seiner Zielrichtung Rechtsgüter Angriffen von außen preis und setzte sich in Widerspruch zur Menschenwürdegarantie des Grundgesetzes.

566 *Böhm*, Rechtspflicht, S. 17, 21; *Jakobs*, AT, 28/5; *Jescheck/Weigend*, AT, S. 603; *Höhfeld*, Strafrechtliche Produktverantwortung, S. 5; *Kühl*, AT, § 18 Rn. 13; *Kuhlen* in: Achenbach/Ransiek, HWSt, II Rn. 22; *Maurach/Gössel/Zipf*, AT/2, § 45 Rn. 30; *Röhl*, JA 1999, S. 898; *Roxin*, AT/2, § 31 Rn. 73.

567 So schon das *Reichsgericht* im Ziegenhaarfall, *RG*St 63, 211 ff., wo zu entscheiden war, ob hinsichtlich der von verseuchten Ziegenhaaren herrührenden Gesundheitsschä-

man sich vor Augen führt, dass die Unterlassung nur wesensnotwendiger Reflex des fahrlässigen aktiven Tuns ist, für sich aber unschädlich und demnach strafrechtlich unbeachtlich ist, geht allein hiervon doch noch keine Schädigungsgefahr aus.[568] Fahrlässiges Handeln ist im Kern gerade nicht ambivalent, eine Qualifizierung als Unterlassungsdelikt liegt daher fern.

In jüngster Zeit wurde daneben aber auch gerade der Bereich der strafrechtlichen Produktverantwortung als wesentlich durch ambivalentes Verhalten geprägter Lebenssachverhalt hervorgehoben. Dies weniger, weil der Fahrlässigkeit auf diesem Gebiet besonderes Gewicht zukommt, sondern vielmehr in Anbetracht der Tatsache, dass die Grenzen zwischen Tun und Unterlassen hier wegen der grundsätzlich freien Gestaltbarkeit der innerbetrieblichen Vorgänge fließend sind.[569] Darüber hinaus erhält die Frage der Abgrenzung durch die unternehmensbezogene Betrachtungsweise und die daraus resultierende zweistufige Verhaltensbestimmung, einmal auf der Ebene des Unternehmens, einmal auf der des einzelnen Unternehmensangehörigen, große Bedeutung. Ein Tun des Unternehmens kann durchaus auf einem Unterlassen des dafür innerbetrieblich Verantwortlichen beruhen und umgekehrt.[570] Daher ist es unerlässlich, sich auch im Rahmen der vorliegenden Untersuchung in der gebotenen Kürze mit den propagierten Abgrenzungskriterien auseinanderzusetzen, um daraus Rückschlüsse auf die Deliktsqualität der schädlichen Verhaltensweisen des pharmazeutischen Unternehmens zu ziehen.

b. Abgrenzung im Fall ambivalenter Verhaltensweisen

Wonach die normative Abgrenzung von Tun und Unterlassen erfolgen und an welches Verhalten letztlich für den Strafbarkeitsvorwurf angeknüpft werden soll, ist heftig umstritten. Unter den mannigfaltigen Lösungen, die zur Bewältigung der Abgrenzungsproblematik angeboten werden, haben sich jedoch im Wesentlichen drei herauskristallisiert, weswegen sich die folgende Erörterung auch auf diese be-

---

den auf das aktive Verteilen der Ziegenhaare oder das Unterlassen ihrer Desinfektion abzustellen sei. Siehe auch *Deutscher/Körner*, wistra 1996, S. 298; *Eichinger*, Produkthaftung, S. 141; *Hilgendorf*, Produzentenhaftung, S. 105 f.; *Jescheck/Weigend*, AT, S. 603; *Lege*, Rechtspflichten, S. 24 f.; NK-*Wohlers*, § 13 Rn. 6; *Röhl*, JA 1999, S. 900; *Spitz*, Produkthaftung, S. 29.

568 Vgl. *BGH* JR 2004, S. 33 (34); *Bock*, Produktkriminalität, S. 94; *Lackner/Kühl*, § 13 Rn. 3; *Maurach/Gössel/Zipf*, AT/2, § 45 Rn. 31; MüKo-StGB-*Freund*, § 13 Rn. 50; *ders.*, AT, § 6 Rn. 47; *Struensee*, FS Stree/Wessels, S. 155 f. Zu Recht weist *Stoffers*, Abgrenzung, S. 284 f. passim, darauf hin, dass bei vorsätzlicher Ausübung der betreffenden Handlung niemand einen Gedanken an ein Unterlassungsdelikt verschwenden würde und es befremdlich anmuten würde, die normative Einordnung eines Verhaltens von der inneren Tatseite abhängig zu machen.

569 *Bock*, Produktkriminalität, S. 87; *Goll/Winkelbauer* in: von Westphalen, Produkthaftungshandbuch, § 47 Rn. 4; *Höhfeld*, Strafrechtliche Produktverantwortung, S. 4 ff.; *Spitz*, Produkthaftung, S. 28.

570 Vgl. *Kuhlen*, Fragen, S. 26 f.; *ders.* in: Achenbach/Ransiek, HWSt, II Rn. 23. So kann etwa das Inverkehrbringen eines schädlichen Produktes durch das Unternehmen auf die Stimmenthaltung des Einzelnen im Rahmen der Beschlussfassung über einen etwaigen Rückruf und damit auf ein Unterlassen zurückzuführen sein.

schränken soll.[571] Nach der ersten hat sich die Deliktsform am normativen Kriterium des Schwerpunkts der Vorwerfbarkeit zu orientieren. Ein anderer, ontologischer Lösungsansatz stellt darauf ab, ob der tatbestandliche Erfolg durch positiven Energieeinsatz verursacht oder vielmehr durch Nichteinsatz von Energie ein anderweit ausgelöster Kausalverlauf nicht aufgehalten wurde. Eine dritte Auffassung schließlich verfährt nach dem Subsidiaritätsprinzip und zieht ein Unterlassen nur dann in Betracht, wenn eine Bestrafung wegen Tuns nicht möglich ist. Die im Folgenden vorzunehmende Beurteilung dieser Ansätze hat zuvörderst zu prüfen, ob das jeweils vorgebrachte Abgrenzungskriterium geeignet ist, die in § 13 Abs. 1 StGB normierten besonderen Anforderungen an das Unterlassungsdelikt plausibel zu machen.[572]

(A) Formel vom Schwerpunkt der Vorwerfbarkeit

Namentlich die Rechtsprechung fasst die Abgrenzungsproblematik als Wertungsfrage auf, die nicht nach rein äußeren oder formalen Kriterien, sondern unter Berücksichtigung des sozialen Handlungssinns nach dem Schwerpunkt der Vorwerfbarkeit zu entscheiden sei.[573] Die Formel vom Schwerpunkt der Vorwerfbarkeit, wonach maßgeblich ist, ob sich der strafrechtliche Vorwurf bei normativer Betrachtung eher gegen ein Unterlassen oder gegen ein Tun richtet, wird aber auch in der Rechtswissenschaft mit unterschiedlicher Nuancierung – mal mehr auf den Schwerpunkt des Täterhandelns, mal mehr den rechtlichen Vorwurf oder den sozialen Handlungssinn des Geschehens abstellend – vertreten.[574]

Allerdings sieht sich die Lehre zunehmender Kritik ausgesetzt. Einer der Haupteinwände ist, dass die Schwerpunktformel die Unterscheidung von Tun und Unterlassen nicht ermögliche, sondern diese in Wahrheit bereits voraussetze. Denn erst wenn bekannt sei, dass Tun und Unterlassen gegeben sind, könne entschieden werden, wogegen sich der Vorwurf richte.[575] Dem ist im Kern nicht zu widersprechen. Allerdings geht der Einwand insofern ins Leere, als es angesichts der zwingend in zwei Schritten vorzunehmenden Abgrenzung von Tun und Unterlassen gar nicht Aufgabe der Schwerpunktformel ist, auf ontologisch-begrifflicher Ebene eine Abschichtung der beiden Verhaltensformen zu ermöglichen, sondern vielmehr, als eine Art Konkurrenzregel ambivalente Verhaltensweisen einer Deliktsart zuzuordnen. Die Schwerpunkttheorie erhebt im Hinblick auf ihren rein normativen Charakter letztlich gar nicht den Anspruch, Tun und Unterlassen zu

---

571 Für einen Überblick über das Facettenreichtum der Abgrenzungslehren siehe *Stoffers*, Abgrenzung, sowie die Kurzdarstellungen bei *Engisch*, FS Gallas, S. 169 f. und *Lackner/Kühl*, § 13 Rn. 3.

572 *Hoyer*, Strafrechtsdogmatik, S. 350; *Kargl*, GA 1999, S. 461.

573 Vgl. *BGH*St 6, 46 (59); 40, 257 (265 ff.); *BGH* NStZ 1999, S. 607; *BGH* JR 2004, S. 33 (34).

574 Siehe statt vieler *Heinrich*, AT/2, Rn. 866; *Krey*, AT/2, Rn. 322; *Pfeiffer*, Jura 2004, S. 522; S/S-*Stree*, Vorbem §§ 13 ff. Rn. 158; *Schwab*, Unterlassungen, S. 30.

575 *Brammsen*, GA 2002, S. 195; *Gössel*, ZStW 96 (1984), S. 325; *Hoyer*, Strafrechtsdogmatik, S. 346; *Kargl*, GA 1999, S. 462; *Maurach/Gössel/Zipf*, AT/2, § 45 Rn. 6; *Samson*, FS Welzel, S. 585.

definieren,[576] ihre Unfähigkeit hierzu darf daher auch nicht gegen sie ins Feld geführt werden.

Jedoch werden weitere gewichtige Argumente gegen diese Lehre geltend gemacht. So stößt man in der Literatur häufig auf den Kritikpunkt, die Schwerpunkttheorie stütze sich auf eine unkontrollierbare Formel, welche die Dogmatik zugunsten vager Erwägungen auf der Grundlage eines unbestimmten Maßstabs, eines irrationalen Gefühlsurteils des Rechtsanwenders preisgebe.[577] Auch das von *Eb. Schmitt*[578] eingeführte Kriterium des sozialen Handlungssinns beseitige als bloße Umformulierung der Schwerpunktformel diese Unbestimmtheit nicht.[579]

In engem Zusammenhang mit den Bedenken gegen eine fortschreitende Normativierung, die sachliche Aspekte zu sehr in den Hintergrund dränge, steht schließlich der Vorwurf, die Schwerpunkttheorie nehme in einer oberflächlichen Globalprüfung das Ergebnis, das eine gründliche Deliktsprüfung erst aufdecken soll, bereits vorweg, werde der Schwerpunkt der Vorwerfbarkeit oder die soziale Sinnhaftigkeit eines Verhaltens doch wesentlich durch die Strafwürdigkeit dieses Verhaltens geprägt. Demzufolge könne die Feststellung, wogegen sich der Vorwurf letztlich richte, nicht am Anfang der rechtlichen Prüfung stehen, sondern stets erst deren Ergebnis nach Prüfung weiterer Deliktsmerkmale – wie etwa der das Maß an krimineller Energie erfassenden subjektiven Tatseite – darstellen.[580]

(B) Kriterium eines erfolgskausalen Energieeinsatzes

In Abkehr vom normativ-wertenden Ansatz der Schwerpunkttheorie rückt die Gegenauffassung die tatsächlichen Gegebenheiten der realobjektiven Außenwelt in den Vordergrund. Wurde anfangs noch alternativ auf den Energieeinsatz in eine bestimmte Richtung oder die kausale Herbeiführung eines in der Außenwelt wahrnehmbaren Erfolges abgestellt, so werden heute Energie- und Kausalitätsgedanke regelmäßig miteinander verknüpft.[581] Das Energiekriterium geht auf *En-*

---

576 So auch *Stoffers*, Abgrenzung, S. 54 f.; *ders.*, JuS 1993, S. 27; *Struensee*, FS Stree/Wessels, S. 137; *Welp*, Vorangegangenes Tun, S. 108.

577 *Bock*, Produktkriminalität, S. 102; *Brammsen*, GA 2002, S. 199; *Grunert*, Grenzen, S. 170 f.; *Höhfeld*, Strafrechtliche Produktverantwortung, S. 7 f.; *Jescheck/Weigend*, AT, S. 604 f.; *Joecks*, § 13 Rn. 15; *Kühl*, AT, § 18 Rn. 14; *Nepomuck*, StraFo 2004, S. 10; NK-*Wohlers*, § 13 Rn. 7; *Roxin*, ZStW 74 (1962), S. 418; *ders.*, AT/2, § 31 Rn. 80; *Stratenwerth/Kuhlen*, AT/1, § 13 Rn. 2; *Walter*, ZStW 116 (2004), S. 566.

578 *Eb. Schmidt*, Arzt im Strafrecht, S. 75 ff. 160 ff.

579 *Bock*, Produktkriminalität, S. 88; *Gössel*, ZStW 96 (1984), S. 325; *Maurach/Gössel/Zipf*, AT/2, § 45 Rn. 8; *Roxin*, ZStW 74 (1962), S. 418; *Stoffers*, Abgrenzung, S. 103; *Welp*, Vorangegangenes Tun, S. 106. Dies zeigt sich letztlich auch daran, dass die Rechtsprechung beide Kriterien in einem Atemzug nennt und unterschiedslos zur Begründung heranzieht.

580 *Böhm*, Rechtspflicht, S. 23; *Eser/Burkhardt*, Strafrecht II, 25 A 12; *Kindhäuser*, LPK, § 13 Rn. 69 ff.; *Kühl*, AT, § 18 Rn. 14; *Otto*, AT, § 9 Rn. 2; *Otto/Brammsen*, Jura 1985, S. 531; *Roxin*, ZStW 74 (1962), S. 417 ff.; *Schmucker*, Dogmatik, S. 97; *Stoffers*, Abgrenzung, S. 59 f.; SK-StGB-*Rudolphi*, Vor § 13 Rn. 6; *Winkemann*, Probleme, S. 53.

581 *Duttge*, JR 2004, S. 37; *Kindhäuser*, AT, § 35 Rn. 4; NK-*Wohlers*, § 13 Rn. 7; *Roxin*, AT/2, § 31 Rn. 78; SK-StGB-*Rudolphi*, Vor § 13 Rn. 7.

gisch[582] zurück, der das positive Tun durch das Aufwenden von Energie, das Unterlassen als Nichteinsetzen von Energie in einer bestimmten Richtung, geprägt sah – eine Unterscheidung, die noch heute in unveränderter Form in der Literatur zu finden ist.[583] Der Blick richtet sich demnach primär auf das Verhalten als solches. Im Gegensatz dazu geht die Kausalitätstheorie vom eingetretenen Erfolg aus und untersucht, ob dieser kausal auf einem konkreten Verhalten beruht. Dabei lassen sich zwei voneinander abweichende Ausprägungen unterscheiden. Die Kausalitätsthese im engeren Sinn klassifiziert nach dem Grundsatz „ex nihilo nihil fit" jedes kausale Verhalten als positives Tun, so dass eine Unterlassungstat nur dann denkbar ist, wenn der Täter nicht gesetzmäßige Bedingung des eingetretenen Erfolges war.[584] Die Kausalitätsthese im weiteren Sinn sucht dagegen gezielt nach einem positiven Tun, welches den Erfolg kausal herbeigeführt hat. Ist seitens des Täters kein solches gegeben oder scheitert die Strafbarkeit aus anderen Gründen, kommt ein Unterlassen in Betracht.[585] Im ersten Fall dient die Kausalität damit als Kriterium, das bereits auf ontologischer Ebene Tun und Unterlassen abgrenzt, im zweiten Fall hingegen wird die begriffliche Einordnung des Verhaltens als Tun oder Unterlassen bereits vorausgesetzt und allein darauf aufbauend die normative Frage nach der Deliktsqualität mit Hilfe der Kausalität beantwortet.

Unabhängig davon, dass der Kausalitätsgedanke nur beim vollendeten Delikt, nicht aber beim Versuch ohne Weiteres passt,[586] wird gegen den Kausalitätsansatz geltend gemacht, dass eine derart naturalistische Sichtweise zu sachwidrigen und kaum verständlichen Ergebnissen führe, weil die juristische Begriffsbildung hierdurch letztlich in die Hände der Naturwissenschaft gelegt werde, welche aber zur Erfassung des Wesentlichen, nämlich des Sinns und der sozialen Bedeutung des rechtlich zu würdigenden Verhaltens, inkompetent sei.[587] Angesichts dieser berechtigten Kritik sah sich wohl auch *Engisch* zur Klarstellung genötigt, der Energiebegriff sei nicht rein physikalisch zu verstehen, sondern habe als Ausdruck für eine Leistung oder Anstrengung einen sozial-sinnhaften Inhalt.[588] Mit der damit verbundenen Normativierung büßt die Kausalitätstheorie jedoch ihre Klarheit und Eindeutigkeit als schlagkräftigstes Argument ein und sieht sich dem Vorwurf der Unbestimmtheit ausgesetzt, zumal auch das Merkmal des Energieeinsatzes „in einer bestimmten Richtung" der Präzisierung durch Bezugnahme auf die strafrechtlich geschützten Rechtsgüter bedarf.[589]

---

582 *Engisch*, Kausalität, S. 29.

583 *Gössel*, ZStW 96 (1984), S. 327 f., 330; *Otto*, AT, § 9 Rn. 2; *Otto/Brammsen*, Jura 1985, S. 531; *Struensee*, FS Stree/Wessels, S. 143 ff. passim; *Welp*, Vorangegangenes Tun, S. 111 f..

584 *Samson*, FS Welzel, S. 595; *Stoffers*, Abgrenzung, S. 107; *ders.*, GA 1993, S. 265.

585 So etwa *Jescheck/Weigend*, AT, S. 603; LK-*Jescheck*, Vor § 13 Rn. 90; *Roxin*, ZStW 74 (1962), S. 415; SK-StGB-*Rudolphi*, Vor § 13 Rn. 7.

586 *Kindhäuser*, LPK, § 13 Rn. 69 ff.

587 *Krey*, AT/2, Rn. 322; *Kühl*, AT, § 18 Rn. 16; *Spendel*, FS Schmidt, S. 191 f.; *Stoffers*, Abgrenzung, S. 96 f. passim.

588 *Engisch*, FS Gallas, S. 171, 173. Vgl. auch *Samson*, FS Welzel, S. 587.

589 *Bock*, Produktkriminalität, S. 89; *Brammsen*, GA 2002, S. 203 ff.; *Höhfeld*, Strafrechtliche Produktverantwortung, S. 8; *Kargl*, GA 1999, S. 466; *Stoffers*, Abgrenzung, S. 97.

(C) These von der Subsidiarität des Unterlassens

Ähnlich der zunächst nach einem positiven Tun Ausschau haltenden Kausalitätsthese im weiteren Sinn, geht auch die Subsidiaritätstheorie vom Primat des Begehens aus. Sie lehnt eine einseitige Beurteilung eines Verhaltens als Tun oder Unterlassen ab und prüft in einem ersten Schritt jedes einzelne Verhaltensmoment unter allen rechtlichen Gesichtspunkten. Sollte sich ergeben, dass neben einem an sich strafbaren Unterlassen auch ein deliktisches Tun vorliegt, habe in einem zweiten Schritt das Unterlassungsdelikt als materiell subsidiär hinter das Begehungsdelikt zurückzutreten,[590] es sei denn, das Unterlassen wiege rechtlich schwerer, etwa weil es im Gegensatz zum Tun von Vorsatz getragen ist.[591] Damit folgt die Abgrenzung im Ergebnis allgemeinen Konkurrenzüberlegungen, wobei der Vorrang des Begehungsdelikts am Sondercharakter strafbaren Unterlassens festgemacht wird, der sich gerade auch an den besonderen Voraussetzungen des § 13 Abs. 1 StGB und der Strafminderungsmöglichkeit des § 13 Abs. 2 StGB zeige.[592]

(D) Stellungnahme

Ausgehend von der Erkenntnis, dass die Abgrenzung von Tun und Unterlassen zwingend in zwei Schritten – einmal ontologisch, einmal normativ – zu erfolgen hat, liefert die Subsidiaritätstheorie die überzeugendsten Ergebnisse.

Die Kausalitätstheorie im engeren Sinn eignet sich nur zur (regelmäßig unproblematischen) begrifflich-ontologischen Abgrenzung von Tun und Unterlassen, bietet aber keine Lösung für die Fälle ambivalenten Verhaltens an.[593] Zudem führt sie zu erheblichen Strafbarkeitslücken, indem sie bei Kausalität eines aktiven Tuns eine Anknüpfung an ein Unterlassen kategorisch ausschließt, selbst wenn das Tun mangels subjektiver Tatseite, Rechtswidrigkeit oder Schuld nicht strafbar ist. Die Kausalitätstheorie im weiteren Sinn dagegen gesteht die Untauglichkeit der Kausalität als umfassendes und allein maßgebliches Abgrenzungskriterium selbst ein, wenn sie im Fall der Straflosigkeit des an sich erfolgskausalen Tuns aus offensichtlich kausalitätsfremden Erwägungen dennoch eine Bestrafung wegen Unterlassens zulässt. Dies zeigt, dass die Abgrenzung keine rein empirisch zu lösende Frage ist, vielmehr einer wertenden Betrachtung bedarf.[594]

---

590 *Böhm*, Rechtspflicht, S. 24; *Eser/Burkhardt*, Strafrecht II, 25 A 15; *Gropp*, AT, § 11 Rn. 64; *Haft*, AT, S. 176 f.; *Kuhlen* in: Achenbach/Ransiek, HWSt, II Rn. 22; *Puppe*, AT/2, § 45 Rn. 15 f.; *Röhl*, JA 1999, S. 899; *Stratenwerth/Kuhlen*, AT/1, § 13 Rn. 2; *Tröndle/Fischer*, Vor § 13 Rn. 11; *Walter*, ZStW 116 (2004), S. 567, 571, 579. So auch *Roxin*, ZStW 74 (1962), S. 417, obwohl letztlich dem Kausalitätskriterium den Vorzug gebend. Im Ergebnis ebenso *Hoyer*, Strafrechtsdogmatik, S. 375, auf der Grundlage seines alethischen Strafrechtsmodells. Siehe auch *BGH*St 48, 77 (92 f.).

591 NK-*Wohlers*, § 13 Rn. 7; *Walter*, ZStW 116 (2004), S. 573.

592 *Gropp*, AT, § 11 Rn. 61 f.; *Puppe*, AT/2, § 46 Rn. 3; *Spendel*, FS Schmidt, S. 194; *Stoffers*, Abgrenzung, S. 324.

593 Dies erkennen auch ihre Anhänger, wie z. B. SK-StGB-*Rudolphi*, Vor § 13 Rn. 7, der im Problem ambivalenten Verhaltens aber keine Frage der Abgrenzung, sondern eine der Konkurrenz erblickt und dafür auf die allgemeinen Regeln zurückgreifen will.

594 So auch *Krey*, AT/2, Rn. 322; *Wessels/Beulke*, AT, Rn. 700.

Die Notwendigkeit einer Wertung zur Bestimmung der Deliktsform spricht eigentlich für die Schwerpunktformel. Ihr ist jedoch neben ihrer Unbestimmtheit entgegenzuhalten, dass sie ebenfalls zu unüberwindlichen Strafbarkeitslücken führt, wenn der Schwerpunkt der Vorwerfbarkeit nicht auf dem grundsätzlich strafbaren, sondern auf dem im Ergebnis straflosen Verhaltensmoment liegt.[595]

Letzteres wird durch den Subsidiaritätsansatz verhindert, werden hier doch Begehungs- und Unterlassungsdelikt getrennt geprüft und tritt die Unterlassungstat doch nur im Fall der Strafbarkeit wegen Begehens als subsidiär zurück. Die Subsidiaritätstheorie verbindet die Vorzüge des Kausalitätsansatzes und der Schwerpunktthese miteinander. Sie greift nicht von vornherein auf unbestimmte Wertmaßstäbe zurück, sondern prüft stattdessen primär, ob ein erfolgskausales Tun gegeben ist. Zugleich stützt sie sich nicht einseitig auf die Kausalität, weswegen sie bei fehlender Strafbarkeit des kausalen Tuns ohne Verleugnung der eigenen Prämissen eine Unterlassungsstraftat annehmen kann. Dabei beruht der Vorrang des Begehungsdelikts schlussendlich auf einer Wertung, nämlich der grundsätzlich größeren Schwere aktiver Tatbegehung. Knüpft auch die Subsidiaritätstheorie somit an den Schwerpunkt der Vorwerfbarkeit an, so tut sie dies doch in abstrakt-genereller und damit greifbarer, hinreichend bestimmter Form. Um sich nicht dem Einwand auszusetzen, fragwürdige Ergebnisse zu produzieren, wenn ein Unterlassen von nebensächlichen Handlungen begleitet ist,[596] ist in Ausnahmefällen, in denen entgegen der generellen Regel das Unterlassen schwerer wiegt als das Tun, vom strengen Subsidiaritätsgedanken abzuweichen.[597] Führt man sich vor Augen, dass die normative Abgrenzung der Deliktsqualität nach dem Subsidiaritätsansatz im Kern eine Konkurrenzentscheidung darstellt,[598] sind derartige Abweichungen aber zulässig. Auch nach den allgemeinen Konkurrenzregeln kann zur realitätsgerechten Erfassung der Täterschuld durch das Strafmaß im Einzelfall eine Ausnahme vom generellen Stufenverhältnis der Delikts- und Teilnahmearten geboten sein. Die damit einhergehende gewisse Unschärfe der Abgrenzung lässt sich nicht vermeiden, entspricht in ihrem Ausmaß aber derjenigen, die im Rahmen der §§ 52, 53 StGB seit jeher geduldet wird.

4. Tun und Unterlassen im Bereich der Arzneimittelverantwortung

Nachdem die Frage der Abgrenzungsmethode damit beantwortet ist, kann nun speziell für den Problemkreis der Arzneimittelverantwortung geklärt werden, ob die eingangs aufgezählten Verhaltensweisen des Unternehmens als Begehungs- oder Unterlassungstat zu werten sind.[599]

---

595 Vgl. *Schmucker*, Dogmatik, S. 97; *Stoffers*, Abgrenzung, S. 58; *ders.*, JuS 1993, S. 28.

596 S/S-*Stree*, Vorbem §§ 13 ff. Rn. 158; Ähnlich *Ranft*, JuS 1963, S. 344.

597 So auch *Haft*, AT, S. 177; *Kuhlen* in: Achenbach/Ransiek, HWSt, II Rn. 22.

598 Weswegen *Baumann/Weber/Mitsch*, AT, § 15 Rn. 27; *Struensee*, FS Stree/Wessels, S. 137 und *Welp*, Vorangegangenes Tun, S. 108, zu Recht darauf hinweisen, dass es eines Rückgriffs auf die Schwerpunktformel neben den allgemeinen, am Schuldgehalt der einzelnen Straftaten orientierten Konkurrenzregeln gar nicht bedarf.

599 Dies insbesondere auch deshalb, weil, wie noch ausführlich zu erörtern sein wird, der BGH in konsequenter Umsetzung der organisationsbezogenen Betrachtungsweise an-

a. Inverkehrbringen schädlicher Arzneimittel

Das klassische Beispiel für die Einordnung der Inverkehrgabe schädlicher Mittel ist der bereits angesprochene Ziegenhaarfall,[600] in dem verseuchtes Ziegenhaar zur Verarbeitung an Arbeiterinnen ausgegeben wurde, die sich daraufhin mit Milzbrand infizierten. Das *Reichsgericht* stellte auf den Schwerpunkt der Vorwerfbarkeit ab, sah diesen aber nicht in der Hingabe des Materials, sondern in dem vorausgehenden Unterlassen der Desinfektion. Die Entscheidung wurde zu Recht vehement kritisiert.[601] In der Folgezeit kam es zu einer Kehrtwende der Rechtsprechung. So setzte sich das *LG München II* im *Monza-Steel*-Fall,[602] im Anschluss an die Feststellung, dass die in den Verkehr gebrachten Reifen fehlerhaft waren und vor ihrer Auslieferung nicht in ausreichendem Maße getestet wurden, gar nicht mit der Frage eines strafbaren Unterlassens auseinander, sondern ging ohne Weiteres von einer aktiven Straftatbegehung in Form der Vermarktung der Reifen aus. Und auch der *BGH* nahm im Lederspray-Verfahren[603] nicht Bezug auf das Unterlassen zusätzlicher Sicherungs- und Prüfungsmaßnahmen, knüpfte vielmehr an die aktive Verkaufsfreigabe an.

Nach zutreffender, inzwischen wohl allgemein anerkannter Auffassung kommt im Fall der Inverkehrgabe eines fehlerhaften Produkts bzw. Arzneimittels damit grundsätzlich nur eine Begehungsstrafbarkeit in Betracht.[604] Die Sanktion kann sich hierbei sowohl aus den §§ 95 Abs. 1 Nr. 1 AMG, 314 StGB, die explizit auf das aktive Inverkehrbringen abstellen, als auch aus den §§ 211 ff., 223 ff. StGB ergeben.

b. Untätigkeit bei aufkommendem Verdacht der Schädlichkeit

Weitaus schwieriger gestaltet sich die Qualifizierung der Untätigkeit bei aufkommendem Verdacht unvertretbar schädlicher Wirkungen eines produzierten Arzneimittels. Wenngleich es auf den ersten Blick befremdlich anmutet, hinsichtlich eines Untätigbleibens auch nur einen Gedanken an eine Begehungsstrafbarkeit zu verlieren, so wecken die prinzipielle Subsidiarität der Unterlassungsstraftat sowie die Tatsache, dass Kehrseite des Untätigbleibens die ungeminderte Fortsetzung von Produktion und Vertrieb des betreffenden Medikaments ist, Bedenken an der pauschalen Qualifizierung des Untätigbleibens als Unterlassungstat.

Wegen des prinzipiellen Vorrangs der Begehungstat und der Tatsache, dass ohne vorheriges Herstellen und Inverkehrbringen die Gefahr eines schädlichen Pro-

---

hand der Qualität des Organisationsverhaltens entscheidet, ob der dafür verantwortliche Organisationsangehörige wegen Tuns oder Unterlassens strafbar ist.

600 *RG*St 62, 211 ff.

601 Statt vieler *Wessels/Beulke*, AT, Rn. 700 m. w. N.

602 *LG München II*, ES, IV.28.

603 *BGH*St 37, 106 ff.

604 *Bock*, Produktkriminalität, S. 92, 95, 102; *Lege*, Rechtspflichten, S. 24; *Molitoris*, PHi 1999, S. 217; *Spitz*, Produkthaftung, S. 29, 34. In Ausnahmefällen kann das Inverkehrbringen aber auch als Unterlassungstat zu qualifizieren sein, so z. B., wenn der pharmazeutische Unternehmer als Garant ein anderweitiges Inverkehrgelangen seines schädlichen Arzneimittels, namentlich durch eine eigene Vertriebsgesellschaft, nicht verhindert. Vgl. *Horn*, NJW 1977, S. 2335; *Schwartz*, Produkthaftung, S. 41 Fn. 82 m. w. N.

duktkontakts des Verbrauchers undenkbar ist,[605] kommt eine Unterlassungsstraftat überhaupt nur dann in Betracht, wenn nicht bereits das (zwingend) vorangegangene Tun den durch das spätere Untätigbleiben (quasi nochmals) verwirklichten Straftatbestand erfüllt. Denn die doppelte Bestrafung wegen aktiver Herbeiführung des Gesundheitsschadens durch das Ausliefern des Arzneimittels einerseits und Nichtabwendung des durch das Inverkehrbringen ausgelösten Schadenserfolgs andererseits würde dem Verbot ne bis in idem des Art. 103 Abs. 3 GG zuwiderlaufen.[606] Demnach beschränkt sich der Bereich strafbaren Unterlassens letztlich auf zwei Konstellationen. Erfasst werden zum einen diejenigen Fälle, in denen eine Begehungsstrafbarkeit ausscheidet, weil die Schädlichkeit des Produkts, hier des Arzneimittels, erst nachträglich erkennbar wird, der Produktfehler bei Entwicklung, Herstellung und Vertrieb des Produktes auch bei Anwendung der geforderten Sorgfalt nicht zu entdecken war.[607] Möglich ist eine Unterlassungsstrafbarkeit zum anderen aber auch dann, wenn das Inverkehrbringen unter Verkennung der bereits zu diesem Zeitpunkt ersichtlichen Bedenklichkeit des Arzneimittels bzw. im pflichtwidrigen Vertrauen auf ein Ausbleiben unvertretbarer Nebenwirkungen und damit fahrlässig erfolgt ist, das spätere Untätigbleiben indes von Vorsatz im Sinne einer billigenden Inkaufnahme sich abzeichnender schwerwiegender Gesundheitsschäden getragen ist. Denn in diesem Fall übertrifft der Unwertgehalt des Unterlassens das im vorangegangenen Tun verkörperte Unrecht, mit der Folge, dass das Unterlassen hier nicht als subsidiär zurücktritt.

Die Tatsache, dass sich die Schädlichkeit eines Medikaments aufgrund der immer komplexeren Zusammensetzung moderner Pharmaka sowie der Individualität des menschlichen Organismus bei gleichzeitig beschränkter Anzahl von Teilnehmern an der klinischen Prüfung oftmals erst nachträglich, unter Umständen gar erst Jahre nach dem Inverkehrbringen herausstellt, zeigt jedoch, dass trotz prinzipieller Subsidiarität das Unterlassungsdelikt gerade im Bereich der Arzneimittelproduktion besonderen Stellenwert besitzt.[608] Unter dem Schlagwort „Chargenproblem“[609] wird hier wie folgt unterschieden: Hinsichtlich solcher Präparate, die

---

[605] So auch *Schmucker*, Dogmatik, S. 96.

[606] Das Nichtverhindern des Erfolgseintritts stellt sich insofern als bloßes Unterlassen eines freiwilligen strafmildernden Rücktritts vom beendeten Versuch i. S. d. § 24 Abs. 1 Satz 1 2. Alt. StGB dar, welches ersichtlich nicht eigenständig strafbar sein kann. Alles andere liefe auf eine Sinn und Zweck des Rücktritts pervertierende strafschärfende Berücksichtigung des Auslassens einer Strafmilderungsmöglichkeit hinaus. Vgl. *Dencker*, FS Stree/Wessels, S. 170.

[607] Vgl. *Bock*, Produktkriminalität, S. 95; *Bruns*, FS Heinitz, S. 335; *Eichinger*, Produkthaftung, S. 141; *Molitoris*, PHi 1999, S. 217; *Nehm*, Produkthaftung, S. 14; *Schmid*, FS Keller, S. 656; *Schmucker*, Dogmatik, S. 102 f.

[608] *Bock*, Produktkriminalität, S. 102; *Eichinger*, Produkthaftung, S. 142; *Hoyer*, GA 1996, S. 174 f.; *Spitz*, Produkthaftung, S. 34.

[609] § 4 Abs. 16 AMG definiert den Begriff der „Charge“ als die in einem einheitlichen Herstellungsgang erzeugte Menge eines Arzneimittels. Im Zusammenhang mit der hier zu behandelnden Chargenproblematik bezeichnet der Begriff folglich die jeweilige, aus dem einheitlichen Produktionsprozess hervorgegangene Lieferungseinheit. Vgl. dazu *Bruns*, FS Heinitz, S. 333.

nach Bekanntwerden der Schädlichkeit (weiterhin) in Verkehr gebracht werden, liegt eine Begehungstat in Form des Inverkehrbringens erkannt schädlicher Arzneimittel vor, hinter die eine ebenfalls konstruierbare Unterlassungstat durch Nichtanordnung eines Produktions- und Vertriebsstopps als subsidiär zurücktritt[610] – es sei denn, das Untätigbleiben erfolgt im Gegensatz zum Inverkehrbringen vorsätzlich und weist insofern einen höheren Unwertgehalt auf. In Bezug auf diejenigen Arzneien, die bereits zuvor in Unkenntnis ihrer zu jener Zeit nicht erkennbaren Bedenklichkeit ausgeliefert wurden, kommt dagegen mangels Strafbarkeit des Inverkehrbringens als prinzipiell vorrangiger Begehungstat von vornherein nur eine Unterlassungstat wegen ausbleibender Warnung vor den Risiken des Medikaments bzw. unterlassenen Rückrufs der Präparate in Betracht. Diese Differenzierung liegt auch der Entscheidung des *BGH* im Lederspray-Verfahren zugrunde, der diesbezüglich ausführt, dass „tatbestandsmäßiges Verhalten durch positives Tun anzunehmen [sei], soweit Schäden durch die Verwendung solcher Sprays eintraten, die erst nach der [die Schädlichkeit der Sprays ans Licht bringenden] Sondersitzung der Geschäftsführung [...] produziert oder vertrieben worden waren. [...] Anders verhält es sich mit den weit zahlreicheren Fällen, in denen das jeweils schadensursächliche Lederspray zu dem für den Schuldvorwurf maßgeblichen Zeitpunkt zwar schon in den Handel gelangt war, den Verbraucher aber noch nicht erreicht hatte. In diesen Fällen [...] sind die Geschäftsführer allein unter dem Gesichtspunkt des (unechten) Unterlassungsdelikts für die entstandenen Schäden verantwortlich."[611] Im späteren Holzschutzmittel-Prozess[612] bestätigte der *BGH* seine Rechtsprechung, die auch im Schrifttum auf Zustimmung stieß.[613]

Somit stellt sich das Untätigbleiben des pharmazeutischen Unternehmers bei aufkommendem Verdacht der Bedenklichkeit eines Arzneimittels in Gestalt des fortgesetzten Inverkehrbringens dieses Medikaments einmal als ein Handeln dar, das als Begehungstat zu qualifizieren ist, in Form des Ausbleibens von Warnhinweisen bzw. des Rückrufs bereits ausgelieferter Präparate dagegen als ein Verhalten, welches einen Unterlassungsvorwurf begründet.

Die Unterlassungsstrafbarkeit kann einmal unmittelbar an das eigene Unterlassen erforderlicher Warn- oder Rückrufmaßnahmen anknüpfen, daneben aber auch mittelbar an das weitere Inverkehrbringen des schädlichen Arzneimittels durch Dritte, die mangels Unterrichtung über die Schädlichkeit den Vertrieb des Präparats gutgläubig fortsetzen und dazu aufgrund des Ausbleibens eines Rückrufs auch in der Lage sind. Derartige Unterlassungen werden unstreitig von den §§ 211 ff., 223 ff. i. V. m. § 13 StGB erfasst. Fraglich ist allerdings, ob darüber hinaus auch eine Unterlassungsstrafbarkeit aus den §§ 95 Abs. 1 Nr. 1 AMG, 314 StGB i. V. m. § 13 StGB hergeleitet werden kann.

Problematisch ist dies deshalb, weil die §§ 95 Abs. 1 Nr. 1 AMG, 314 StGB bereits durch das Inverkehrbringen eines schädlichen Arzneimittels verwirklicht werden. Die Bejahung einer Strafbarkeit wegen unterlassener Warn- oder Rück-

---

610 Vgl. *Bock*, Produktkriminalität, S. 95.

611 *BGH*St 37, 106 (114).

612 *BGH*St 41, 206 ff.

613 Siehe etwa *Höhfeld*, Strafrechtliche Produktverantwortung, S. 13 f.; *Schwartz*, Produkthaftung, S. 41.

rufaktion liefe daher im Ergebnis auf die Pflicht zur Rückgängigmachung des herbeigeführten tatbestandlichen Erfolgs hinaus, was äußerst fragwürdig erscheint, knüpft strafbares Unterlassen doch an die Nichtabwendung des drohenden Erfolges und nicht an die unterlassene Beseitigung eines bereits eingetretenen Erfolgs an.[614] Allerdings besteht in Bezug auf Pharmaka die Besonderheit, dass sich der Arzneimittelverkehr nicht in einem einmaligen Inverkehrbringen des Präparates erschöpft. Aufgrund der Beteiligung mehrerer Personen und Institutionen an der gesetzlich vorgesehenen schrittweisen Heranführung von Medikamenten an den Patienten zeichnet sich der Umgang mit Arzneimitteln durch eine Kette von Inverkehrbringungsvorgängen aus.[615] Insofern ist eine Unterlassungsstrafbarkeit nach §§ 95 Abs. 1 Nr. 1 AMG, 314 StGB in Form der Nichtverhinderung des weiteren Inverkehrbringens durch Dritte denkbar, sofern diese gutgläubig in Unkenntnis der Produktschädlichkeit handeln.[616]

Von einem mehrmaligen Inverkehrbringen kann deshalb gesprochen werden, weil es *den* Verkehr als solchen nicht gibt, sondern nur der Verkehr innerhalb bestimmter Verkehrskreise, etwa unter pharmazeutischen Unternehmern und Großhändlern bzw. Apothekern und Patienten, greifbar ist. Auch das Gesetz grenzt durch Aufstellen konkreter Regeln für den Übergang von Pharmaka aus einem in den anderen Verkehrskreis diese Verkehrskreise bewusst voneinander ab. Der hinter diesen Regelungen stehende Patientenschutzgedanke würde ausgehöhlt, wenn man allein in der erstmaligen Abgabe des Arzneimittels seitens des pharmazeutischen Unternehmers ein Inverkehrbringen erblickte, da auf diese Weise das Nichtverhindern des weiteren, zunehmend gefährlicheren Heranführens des Pharmakons an den Patienten straflos wäre, der pharmazeutische Unternehmer nicht rechtsguterhaltend einschreiten müsste.

Auch die von § 13 Abs. 1 2. Hs. StGB geforderte Gleichwertigkeit des Unterlassens anderweitigen Inverkehrbringens gegenüber dem eigenen aktiven Inverkehrbringen kann nicht ernsthaft bezweifelt werden, vergrößert sich doch mit jeder weiteren, das Medikament dem Patienten stetig näher bringenden Inverkehrgabe die Gefahr der gesundheitsschädigenden Einnahme des Arzneimittels.

Somit bleibt festzuhalten, dass entgegen der überwiegenden Auffassung in der Literatur[617] das Unterlassen hinreichender Warnungen vor den Risiken eines Arzneimittels bzw. das Ausbleiben des Rückrufs bereits ausgelieferter Präparate nicht nur eine Unterlassungsstrafbarkeit nach §§ 211 ff., 223 ff. StGB, sondern auch nach § 314 StGB und § 95 Abs. 1 Nr. 1 AMG – jeweils i. V. m. § 13 StGB – begründen kann, wenn nur im Wege eines entsprechenden Tätigwerdens ein unver-

---

614 Daher eine Unterlassungsstrafbarkeit ablehnend *Gretenkordt*, Herstellen und Inverkehrbringen, S. 54, 76; *Horn*, NJW 1977, S. 2335 f.; *Lege*, Rechtspflichten, S. 15; *Sieger*, VersR 1989, S. 1017; SK-StGB-*Wolters/Horn*, § 314 Rn. 15; *Tröndle/Fischer*, § 314 Rn. 7.

615 Vgl. *Räpple*, Arzneimittel, S. 38.

616 A. A. MüKo-StGB-*Freund*, § 4 AMG Rn. 36, der ein Inverkehrbringen durch Unterlassen schon begrifflich für ausgeschlossen hält.

617 Siehe nur *Bosch*, Organisationsverschulden, S. 507; *Horn*, NJW 1986, S. 156; *Jungbecker*, Strafrechtliche Verantwortung, S. 165; *Lege*, Rechtspflichten, S. 15; MüKo-StGB-*Freund*, Vor §§ 95 ff. AMG Rn. 76.

ändert fortgesetztes Inverkehrbringen des Medikaments durch gutgläubige, in Unkenntnis der Arzneimittelrisiken handelnde Großhändler, Apotheker und Ärzte wirksam unterbunden werden kann.

Ob das Untätigbleiben des pharmazeutischen Unternehmers aber tatsächlich zur Strafbarkeit führt, hängt davon ab, ob die Anordnung eines Produktions- und Vertriebsstopps bzw. die Durchführung einer Warn- oder Rückrufaktion zur Abwehr von Gesundheitsschäden geeignet, erforderlich und dem pharmazeutischen Unternehmer zumutbar ist. Darauf soll im Zusammenhang mit den (Sorgfalts-)Pflichten des pharmazeutischen Unternehmers vertieft eingegangen werden.[618] Da den pharmazeutischen Unternehmer aber überhaupt nur dann eine Handlungspflicht trifft, wenn er gemäß § 13 Abs. 1 StGB als Garant für den Nichteintritt arzneimittelbedingter Gesundheitsschäden einzustehen hat, ist zunächst zu untersuchen, ob eine solche Garantenstellung grundsätzlich bejaht werden kann.

5. Garantenstellung des pharmazeutischen Unternehmers

Die Antwort auf die Frage, wann jemand Garant ist, wird in § 13 StGB nicht gegeben, sondern vielmehr vorausgesetzt. § 13 Abs. 1 StGB stellt lediglich klar, dass die Verpflichtung, für das Ausbleiben eines bestimmten Erfolges zu sorgen, rechtlicher Natur sein muss. Die bloße tatsächliche Möglichkeit der Erfolgsverhinderung oder eine nur sittlich-moralische Verpflichtung genügen daher nicht, wohl aber unter Umständen ungeschriebene Gesetze und allgemeine Rechtsprinzipien.[619] Die den unechten Unterlassungsdelikten zugrunde liegenden Erfolgsabwendungsgebote sind somit nur lückenhaft formuliert und müssen durch den Rechtsanwender entsprechend den Vorgaben des § 13 StGB ergänzt werden.[620] Stellen die einzelnen eine Garantenstellung begründenden Umstände daher letztlich unge-

---

[618] Siehe S. 291 ff.

[619] Vgl. auch *BGHSt* 30, 391 (394); *Haft*, AT, S. 184; *Jakobs*, AT, 29/26; *Tröndle/Fischer*, § 13 Rn. 5; *Schmucker*, Dogmatik, S. 109.

[620] Vgl. *Haft*, AT, S. 184; *Lege*, Rechtspflichten, S. 45; *Vogel*, Norm und Pflicht, S. 133. Kritisch daher *Freund*, Erfolgsdelikt, S. 43, 46 ff., der im Begriff der Garantenstellung eine formale, beliebig ausfüllbare Hülse erblickt. Ähnlich *Vogel*, Norm und Pflicht, S. 133, dem zufolge § 13 StGB nur als fragwürdige Ermächtigung des Strafrichters zur Normen- und Tatbestandsbildung verstanden werden kann. Anders dagegen *Otto*, AT, § 9 Rn. 18, der die Garantenstellung als bestimmbares normatives Tatbestandsmerkmal erachtet. Auf die verfassungsrechtlichen Bedenken gegen die Norm des § 13 Abs. 1 StGB, die aufgrund der das Merkmal der Garantenstellung nicht konkretisierenden Formulierung mit Blick auf Art. 103 Abs. 2 GG problematisch erscheint, kann hier nicht eingegangen werden. Hierzu ausführlich *Baumann/Weber/Mitsch*, AT, § 15 Rn. 39 ff.; *Gropp*, AT, § 11 Rn. 5 ff.; *Herzberg*, Unterlassung, S. 251 ff.; *Jakobs*, AT, 29/4 ff.; *Jescheck/Weigend*, AT, S. 608 ff.; *Lege*, Rechtspflichten, S. 48 ff.; LK-*Jescheck*, § 13 Rn. 11 ff.; *Roxin*, AT/2, § 31 Rn. 31 ff.; *Sangenstedt*, Garantenstellung, S. 63 ff.; *Schmucker*, Dogmatik, S. 107 ff.; S/S-*Stree*, § 13 Rn. 5 f.; *Seebode*, JZ 2004, S. 305 ff. Angesichts des Facettenreichtums denkbarer Unterlassungen, welche eine den Begehungsdelikten entsprechende Kodifizierung ausschließt, wird man eine gewisse Unschärfe der „unechten“ Begehungsdelikte hinzunehmen haben, will man nicht ganz auf deren Strafbarkeit verzichten. Siehe auch *BVerfG*, JZ 2004, S. 303 ff.

schriebene Tatbestandsmerkmale der unechten Unterlassungsdelikte dar,[621] so ist nachvollziehbar, warum die Garantenproblematik trotz Jahrzehnte langer Diskussion in der Strafrechtswissenschaft bis heute keiner abschließenden Klärung zugeführt werden konnte.[622] Es versteht sich von selbst, dass im Rahmen der vorliegenden Untersuchung nicht alle zur Garantenfrage vorgebrachten Ansätze detailliert wiedergegeben und erörtert werden können, geschweige denn eine universelle Lösung der Problematik – sofern diese überhaupt möglich ist – entwickelt werden kann. Die folgende Darstellung beschränkt sich deshalb darauf, die wesentlichen Aspekte der verschiedenen Auffassungen zu veranschaulichen und einer kritischen Würdigung zu unterziehen, um im Anschluss daran, ausgehend von den gewonnenen Erkenntnissen, die spezielle Frage nach einer Garantenstellung des pharmazeutischen Unternehmers zu beantworten.

a. Entstehungsgründe einer Garantenstellung im Allgemeinen

In einem ersten Schritt soll somit kurz auf die grundlegenden Lehren zur Entstehung von Garantenstellungen eingegangen werden. Dabei lassen sich in methodischer Hinsicht drei Auffassungen unterscheiden: die formelle Rechtsquellenlehre, die dualistische Funktionenlehre und die materiell-monistischen Garantenlehren.

(A) Formelle Rechtsquellenlehre

Nach der formellen Rechtsquellentheorie bedarf es zur Begründung einer Garantenstellung stets einer eine Sonderverantwortung begründenden Norm. Während die formelle Rechtsquellentheorie ursprünglich zwingend eine Rechtsnorm im strengen Sinn, sprich ein Gesetz oder einen Vertrag, voraussetzte, erweiterte sich der Kreis der Entstehungsgründe im Laufe der Zeit um das vorangegangene gefährdende Tun, die sogenannte Ingerenz, bevor wenig später zu dieser Trias aus Gesetz, Vertrag und Ingerenz auch noch die enge Lebens- und Gefahrgemeinschaft hinzutrat.[623] Mit diesen Erweiterungen gab die formelle Rechtsquellenlehre ihren rein formalen Ausgangspunkt und ihre in sich geschlossene Begründung im Ergebnis auf, stellte sich dadurch selbst in Frage und legte den Grundstein für die heute weitgehende Ablehnung und Bedeutungslosigkeit der formellen Garantenlehre. Zwar ist dem Grundgedanken, dass strafrechtliche Garantieverhältnisse keinem rechtsfreien Raum, sondern überwiegend außerstrafrechtlich geregelten Lebensbeziehungen entspringen, in Anbetracht des Sekundärrechtscharakters des Strafrechts im Kern zuzustimmen, jedoch kann nicht per se aus einer metastrafrechtlichen Rechtspflicht ein strafrechtliches Erfolgsabwendungsgebot abgeleitet werden.[624] Letzteres erfordert vielmehr ein genuin strafrechtliches Unwerturteil

---

[621] Vgl. *BGH*St GrS 16, 155 (158); *Baumann/Weber/Mitsch*, AT, § 15 Rn. 45; *Deutscher/Körner*, wistra 1996, S. 299; *Haft*, AT, S. 184; *Lege*, Rechtspflichten, S. 45; *Tröndle/Fischer*, § 13 Rn. 5; *Wessels/Beulke*, AT, Rn. 715.

[622] Vgl. *Blei*, FS Mayer, S. 120; *Jakobs*, AT, 29/26.

[623] Vgl. *RG*St 63, 392; 74, 309; *BGH*St 2, 150 ff.; 19, 167 ff.; siehe auch *Jescheck/Weigend*, AT, S. 621.

[624] *Freund*, Erfolgsdelikt, S. 27; *Hüwels*, Gesetzesvollzug, S. 92; *Kindhäuser*, AT, § 36 Rn. 50; *Otto*, AT, § 9 Rn. 25; *Schünemann*, Grund und Grenzen, S. 225; *Spitz*, Produkthaftung, S. 285 f.

dergestalt, dass die Missachtung der außerstrafrechtlichen Regelung ebenso verwerflich ist wie ein entsprechender aktiver Angriff auf das betreffende Rechtsgut und daher das Prädikat „begehungsgleichwertig" verdient.[625] Insofern wird der Lehre zu Recht vorgeworfen, sie rücke zu einseitig die Herkunft der Garantenstellung in den Vordergrund, ohne zugleich auf die besondere Beziehung zur Gefahrenquelle oder dem zu schützenden Rechtsgut einzugehen und durch Angabe sachlicher Kriterien eine materielle Begründung der Garantenstellung zu liefern.[626]

(B) Dualistische Funktionenlehre

Die auf *Armin Kaufmann*[627] zurückgehende Funktionenlehre unterscheidet je nach Wirkungsrichtung des zur Erfolgsabwendung verpflichtenden Sachverhalts zwischen Schutzpflichten für bestimmte Rechtsgüter und der Verantwortlichkeit für bestimmte Gefahrenquellen.[628] Da insofern eine Zweiteilung der Garantenpositionen anhand der vom Garanten zu erfüllenden Funktion erfolgt, wird diese Lehre als (dualistische) Funktionenlehre bezeichnet.[629] Die Lehre beruht auf der Erkenntnis, dass sich letztlich alle Einstandspflichten für die Unversehrtheit eines Rechtsguts auf zwei Grundkonstellationen zurückführen lassen: Entweder dem Unterlassenden obliegt als Beschützergarant eine Obhutspflicht, wonach er im Sinne einer Rundumverteidigung ein bestimmtes Rechtsgut gegen alle möglichen Gefahren zu schützen hat, oder ihn trifft als sogenannter Überwachergarant eine Sicherungspflicht dahingehend, alle potentiell betroffenen Rechtsgüter Dritter vor den Gefahren, die von einer bestimmten, seinem Verantwortungsbereich angehörenden Gefahrenquelle ausgehen, zu bewahren.[630] Während im ersten Fall eine Nähebeziehung des Garanten zum geschützten Rechtsgut existiert, der Beschützergarant also im Lager des potentiellen Opfers steht, zeichnet sich im zweiten Fall die Überwachergarantenstellung durch die besondere Beziehung zum Ursprung der abzuwendenden Gefahr aus.[631]

---

625 *Sangenstedt*, Garantenstellung, S. 192, 196; *Schünemann*, Grund und Grenzen, S. 226.

626 Vgl. *Gropp*, AT, § 11 Rn. 19; *Kindhäuser*, LPK, § 13 Rn. 32; *Maurach/Gössel/Zipf*, AT/2, § 46 Rn. 58; *Roxin*, AT/2, § 32 Rn. 10; *Stratenwerth/Kuhlen*, AT/1, § 13 Rn. 21; SK-StGB-*Rudolphi*, § 13 Rn. 25; *Tröndle/Fischer*, § 13 Rn. 5a.

627 *Kaufmann*, Unterlassungsdelikte, S. 283 ff.

628 *Gropp*, AT, § 11 Rn. 21; *Maurach/Gössel/Zipf*, AT/2, § 46 Rn. 60; NK-*Wohlers*, § 13 Rn. 32.

629 Vgl. *Grünewald*, Garantenpflichten, S. 20 f.; *Maurach/Gössel/Zipf*, AT/2, § 46 Rn. 65.

630 Vgl. *Baumann/Weber/Mitsch*, AT, § 15 Rn. 46; *Eichinger*, Produkthaftung, S. 143; *Goll/Winkelbauer* in: von Westphalen, Produkthaftungshandbuch, § 47 Rn. 8; *Haft*, AT, S. 185, 187; *Joecks*, § 13 Rn. 21; *Kaufmann*, Unterlassungsdelikte, S. 283; *Kindhäuser*, LPK, § 13 Rn. 16 f.; *Krey*, AT/2, Rn. 333; *Kühl*, AT, § 18 Rn. 45; *Otto*, AT, § 9 Rn. 22; *Rudolphi*, Gleichstellungsproblematik, S. 101; S/S-*Stree*, § 13 Rn. 9; SK-StGB-*Rudolphi*, § 13 Rn. 24; *Tröndle/Fischer*, § 13 Rn. 5b f.. Auch *Freund* hält zur Herleitung der von ihm geforderten Sonderverantwortlichkeit an der Einteilung in Überwachungspflichten und Schutzpflichten fest. Siehe MüKo-StGB-*Freund*, § 13 Rn. 87; *ders.*, Erfolgsdelikt, S. 156; *ders.*, AT, § 6 Rn. 22, 57; *ders.*, NStZ 2002, S. 424.

631 *Baumann/Weber/Mitsch*, AT, § 15 Rn. 46; *Freund*, AT, § 6 Rn. 22; *Kühl*, AT, § 18 Rn. 45.

Ausgehend von dieser grundlegenden Zweiteilung werden den beiden Garantenpositionen jeweils bestimmte Fallgruppen zugeordnet, wodurch eine weitere Ausdifferenzierung denkbarer Garantenstellungen erfolgt. So sollen sich Beschützerpflichten aus Lebens- und Gefahrgemeinschaften, aus rechtlich fundierten Verhältnissen enger natürlicher Verbundenheit, aus der Stellung als Amtsträger, aus freiwilliger Übernahme von Schutz- und Beistandspflichten oder aus besonderen Rechtssätzen ergeben. Überwacherpflichten hingegen resultieren aus Verkehrssicherungspflichten, aus der Pflicht zur Beaufsichtigung Dritter, aus gefährlichem Vorverhalten (Ingerenz) sowie aus der freiwilligen Übernahme von Sicherungspflichten.[632]

Trägt die Funktionenlehre durch die mit ihr verbundene Systematisierung erheblich zur Präzisierung des Leistungsinhalts der Garantenpflicht bei und bringt Licht in eine vormals diffuse Garantendoktrin, so ist mit diesem Ordnungsaspekt und dem damit einhergehenden Erkenntnisgewinn ihr Ertrag aber auch schon ausgeschöpft.[633] Auch die Funktionenlehre trifft keine Aussage über den eigentlichen Entstehungsgrund der jeweiligen Pflichten bzw. deren konkreten Inhalt und Umfang. Sie kann nicht erklären, unter welchen Voraussetzungen eine Pflicht, Schutzvorkehrungen in Bezug auf bestimmte Rechtsgüter oder Gefahrenquellen zu treffen, entsteht, sondern setzt die Begründung der nach der Schutzrichtung kategorisierten Garantenstellungen bereits voraus.[634] Die plakative Einteilung in Beschützer- und Überwacherpflichten allein liefert als bloßes Faktum nicht den Geltungsgrund der einzelnen Garantenstellungen, so dass der verbreiteten Ansicht zu widersprechen ist, mit der Funktionenlehre sei der Schritt zur materiellen Herleitung der Garantenstellungen vollzogen worden.[635]

---

632 Vgl. *Hilgendorf*, Produzentenhaftung, S. 134; *Jescheck/Weigend*, AT, S. 624; *Roxin*, AT/2, § 32 Rn. 107; SK-StGB-*Rudolphi*, § 13 Rn. 26.

633 *Alexander*, Strafrechtliche Verantwortlichkeit, S. 11; *Busch*, Umweltstrafrecht, S. 513; *Grünewald*, Garantenpflichten, S. 21; *Jakobs*, AT, 29/27; *Lege*, Rechtspflichten, S. 47; *Otto/Brammsen*, Jura 1985, S. 533; *Schmucker*, Dogmatik, S. 112; S/S-*Stree*, § 13 Rn. 9; *Schünemann*, FG BGH IV, S. 636; *Sowada*, Jura 2003, S. 237. Insbesondere ist es verfehlt, aus der Klassifizierung als Beschützer- oder Überwachergarant Rückschlüsse auf die Qualität der Beteiligung – Täterschaft oder Teilnahme – zu ziehen. Siehe dazu näher S. 410 ff.

634 *Baumann/Weber/Mitsch*, AT, § 15 Rn. 50; *Hilgers*, Verantwortlichkeit von Führungskräften, S. 123; *Kindhäuser*, LPK, § 13 Rn. 31; *Schmucker*, Dogmatik, S. 112; *Vogler*, FS Lange, S. 280.

635 Vgl. *Lege*, Rechtspflichten, S. 47; *Schünemann*, ZStW 96 (1984), S. 305; *Stratenwerth/Kuhlen*, AT/1, § 13 Rn. 15. Diesen Vorwurf muss sich auch die von *Jakobs* vorgenommene Weiterentwicklung der Funktionenlehre gefallen lassen. *Jakobs*, AT, 29/28 f., differenziert abweichend von der Einteilung in Beschützer- und Überwachergarantenpflichten zwischen Pflichten kraft institutioneller Zuständigkeit, die um der Sicherung der zugrunde liegenden Beziehung willen zu erfüllen sind, und Pflichten kraft Organisationszuständigkeit, die als Kehrseite der rechtlichen Einräumung eines Handlungsspielraums die Organisation dieses Handlungsspielraums dergestalt verlangen, dass die rechtlich garantierten Interessen anderer sowie der Allgemeinheit nicht beeinträchtigt werden. Zwar ist diese Kategorisierung durch eine nochmals verstärkte Hin-

Abhilfe schafft auch nicht die Etablierung einer Art „formellen Funktionenlehre“ durch Verknüpfung der funktionalen Zweiteilung mit dem „klassischen“ Garantenstellungskanon der formellen Rechtsquellenlehre, wie sie heute im Schrifttum vorherrschend propagiert wird.[636] Denn wie gesehen liefert auch die formelle Rechtsquellenlehre keinen Aufschluss über die Entstehungsgründe der Garantenstellungen und ist somit in materieller Hinsicht zur inhaltlichen Ergänzung der Funktionenlehre ungeeignet.[637]

(C) Materiell-monistische Garantenlehren

In Anbetracht dieser Defizite haben sich gerade in der jüngeren Vergangenheit zahlreiche Lehren entwickelt, die ausgehend vom gemeinsamen materiellen Kern aller Garantenstellungen versuchen, die verschiedenen Ausprägungen der Garantenpflichten aus fundamentalen Haftungsprinzipien und letztlich jeweils einem einzigen Kriterium herzuleiten.[638]

(I) Garantenstellung als Herrschaftsbeziehung

Eine Auffassung erachtet die Herrschaft über den erfolgskausalen Geschehensverlauf als das maßgebliche, eine Garantenstellung begründende Kriterium. Die Herrschaft kennzeichne nicht lediglich einen bestimmten Garantentyp in Form der Beherrschung einer Gefahrenquelle, sondern stelle als sachlogische Bedingung einer Handlungsäquivalenz des Unterlassens vielmehr einen Oberbegriff für alle Garantenpositionen dar.[639]

Das Herrschaftskriterium wurde namentlich von *Schünemann* als tragender Leitgedanke der Garantenstellung ins Zentrum der wissenschaftlichen Diskussion gerückt. Grundaussage der Lehre *Schünemanns* ist, dass im Rahmen der Begehungsdelikte die Erfolgszurechnung und die Tätereigenschaft einer Person von der Innehabung der Tatherrschaft abhänge, weswegen ein Unterlassen dem Tun nur dann gleichgestellt sei, wenn das Unterlassen ein der beim Begehen zurechnungsbegründend wirkenden Beziehung zwischen personalem Steuerzentrum und erfolgskausaler Körperbewegung vergleichbares Verhältnis aufweise.[640] Da das We-

---

wendung zu materiellen Gesichtspunkten gekennzeichnet, jedoch ist auch sie ohne weitere inhaltliche Konkretisierung zu unbestimmt und bedarf der Ausfüllung durch dieselben Fallgruppen, die schon zur inhaltlichen Begründung und Umschreibung der Garantenstellungen im Rahmen der Funktionenlehre dienten. Zur damit letztlich notwendigen materiellen Herleitung dieser spezifischen Garantenpositionen ist allerdings weder die Funktionenlehre noch die Lehre von *Jakobs* imstande. Kritisch zu *Jakobs*' Konzeption ebenfalls *Maurach/Gössel/Zipf*, AT/2, § 46 Rn. 63; *Roxin*, AT/2, § 32 Rn. 17 f.; *Schünemann*, Unterlassungsdelikte, S. 56.

636 *Arzt*, JA 1980, S. 648; *Jescheck/Weigend*, AT, S. 621; *Joecks*, § 13 Rn. 22; *Krey*, AT/2, Rn. 334; LK-*Jescheck*, § 13 Rn. 20; *Maurach/Gössel/Zipf*, AT/2, § 46 Rn. 64; *Rudolphi*, Gleichstellungsproblematik, S. 53 f.; *Schmucker*, Dogmatik, S. 112; S/S-Stree, § 13 Rn. 8.

637 So auch *Roxin*, AT/2, § 32 Rn. 22.

638 Siehe etwa die Nachweise bei *Kindhäuser*, LPK, § 13 Rn. 33.

639 *Schünemann*, Grund und Grenzen, S. 245.

640 *Schünemann*, Grund und Grenzen, S. 235

sen dieser Beziehung zwischen Person und Körperbewegung in der absoluten Herrschaft der Person über ihren Körper bestehe und mit dieser zugleich die Herrschaft über das durch eigene körperliche Aktivitäten herbeigeführte Verletzungsgeschehen einhergehe, setze das begehungsgleiche Unterlassen eine mit dieser Herrschaft an Intensität vergleichbare Willensmacht über die wesentlichen Bedingungen der Rechtsgutsverletzung, sprich eine aktuelle Kontrolle über das Verletzungsgeschehen, voraus.[641] Entscheidend für die Existenz einer Garantenstellung sei demnach, ob die betreffende Person die Herrschaft über den Grund des Erfolges ausübe.[642] Aus der Begehungsgleichheit ergebe sich zudem zwingend, dass nur eine gegenwärtige, in die Zukunft gerichtete faktische Herrschaft die Erfolgszurechnung in Form der Garantenstellung rechtfertigen könne.[643]

Die Deutung der Herrschaft als einzig maßgeblicher Entstehungsgrund von Garantenstellungen stößt im Schrifttum überwiegend auf Ablehnung.[644] So wird gegen das Herrschaftskriterium generell eingewandt, dass es viel zu ungenau sei, der Begriff der „Herrschaft" recht unterschiedlich interpretiert und daher auch mit verschiedenartigsten Inhalten verbunden werde. Ein undifferenzierter Gebrauch rufe aber die Gefahr hervor, Wertungssachverhalte mit ganz verschiedenem normativen Gehalt als äquivalent einzustufen, nur weil sie sprachlich unter die Bezeichnung „Herrschaftsbeziehung" gefasst werden können.[645] Allerdings verliert dieser Kritikpunkt erheblich an Gewicht, wenn man bedenkt, dass *Schünemann* den Terminus der „Herrschaft" eng auslegt und auf eine aktuelle faktische Herrschaft beschränkt.[646] Dieses restriktive Herrschaftsverständnis sieht sich aber wiederum dem Vorwurf ausgesetzt, mit der kumulativ zur Garantenstellung erforderlichen physisch-realen Möglichkeit der Erfolgsabwendung deckungsgleich zu sein und somit keine eigene, schon gar keine Garantenstellungen begründende Bedeutung zu haben. Die faktische Herrschaft über den erfolgskausalen Geschehensablauf ist Grundvoraussetzung jeder Strafbarkeit, auch der Begehungsstrafbarkeit. Insofern kann sie nicht spezifisches Element der die Gleichstellung unechten Unterlassens mit aktivem Tun bezweckenden Garantenstellung sein, zumal auch der nach § 323c StGB wegen unterlassener Hilfeleistung Bestrafte im Sinne der Erfolgsabwendungsmöglichkeit die faktische Herrschaft über den Geschehensablauf besessen haben muss.[647] Vom faktischen Können darf deswegen nicht ohne Weiteres auf das normative Sollen der Erfolgsabwendung geschlossen werden. Eine

---

641 *Schünemann*, Grund und Grenzen, S. 235; *ders.*, Unterlassungsdelikte, S. 72.

642 *Schünemann*, Grund und Grenzen, S. 236. Zustimmend *Roxin*, AT/2, § 32 Rn. 19. Ebenfalls im Herrschaftskriterium das maßgebliche Zurechnungs- und Leitprinzip erblickend *Sangenstedt*, Garantenstellung, S. 366.

643 *Schünemann*, Grund und Grenzen, S. 253 f., 288 f.; *ders.*, Unterlassungsdelikte, S. 76 f.

644 So für den Bereich der strafrechtlichen Produktverantwortung namentlich seitens *Bock*, Produktkriminalität, S. 111, und *Bode*, FS BGH, S. 524 f.

645 *Bock*, Produktkriminalität, S. 111; *Sangenstedt*, Garantenstellung, S. 291.

646 Dies verkennen *Grünewald*, Garantenpflichten, S. 23; *Maiwald*, JuS 1981, S. 480; *Sangenstedt*, Garantenstellung, S. 301.

647 Vgl. *Brammsen*, Garantenpflichten, S. 75; *Busch*, Umweltstrafrecht, S. 521; *Freund*, Erfolgsdelikt, S. 142; *Maiwald*, JuS 1981, S. 480; *Otto/Brammsen*, Jura 1985, S. 534; *Schmucker*, Dogmatik, S. 146 f.

rechtliche Pflicht wird zugeschrieben, nicht dem Faktischen abgelauscht, so dass für die Legitimation einer Garantenpflicht weniger die tatsächliche Herrschaft als vielmehr die normative Verantwortungszuweisung in Form der rechtlich fundierten Zuständigkeit als Kehrseite einer von Rechts wegen eingeräumten Herrschaft, mit anderen Worten die auf rechtlichen Einfluss- und Verfügungsverhältnissen beruhende Rechtsmacht, ausschlaggebend ist.[648] Führt man sich dies vor Augen, entpuppt sich das Herrschaftsmoment aber als untauglich, eine für alle Garantenpositionen gültige Erklärung zu liefern. Insbesondere hinsichtlich der wechselseitigen, auf Schutz und Beistand angelegten Beziehungen zwischen in enger Lebensgemeinschaft lebenden Personen erscheint der Herrschaftsgedanke abwegig, da zwischen gleichberechtigten Personen wie etwa Ehegatten weder faktische Machtmittel zur Verhütung oder Beseitigung etwaiger Hilflosigkeit gegen drohende Gefahren noch eine entsprechende Befehlsgewalt zu wechselseitiger, der Vermeidung gefährlicher Situationen dienender Verhaltenssteuerung besteht.[649] Dennoch kann in diesen Fällen kein Zweifel an der Existenz einer Garantenstellung bestehen.

(II) Garantenstellung als Vertrauensverhältnis

Eine andere Strömung in der Strafrechtswissenschaft erachtet das Vertrauen in die Erfolgsabwendung des Garanten als das entscheidende, allen Garantenkonstellationen zugrunde liegende Element. Die Garantenposition zeichne sich dadurch aus, dass sich die potentiell Gefahrbetroffenen auf die Hilfe des Garanten verließen, weil diesem von der Rechtsgemeinschaft ein besonderer sozialer Einflussbereich abstrakt-generell zur verantwortlichen Ausübung überantwortet sei und diese generelle, bereits vor der strafbewehrten Unterlassung und von ihr unabhängig begründete sozialintegrative Position das berechtigte Vertrauen auf rechtzeitiges Einschreiten des Garanten hervorrufe.[650]

---

648 Vgl. *Brammsen*, Unterlassungshaftung, S. 117; *ders.*, GA 1993, S. 113; *Grünewald*, Garantenpflichten, S. 24; *Jakobs*, FG BGH IV, S. 29; *Maurach/Gössel/Zipf*, AT/2, § 46 Rn. 61; *Ransiek*, ZGR 1999, S. 615; *Renzikowski*, Hierarchien, S. 159. Zutreffend weist *Herzberg*, Unterlassung, S. 195, darauf hin, dass die Erfolgszurechnung auch bei der aktiven Handlung in letzter Konsequenz nicht unmittelbar auf der faktischen Herrschaftsbeziehung beruht, sondern darauf, „dass sich für das individuelle Pflichtgefühl und die soziale Wertung mit der Herrschaft über den eigenen Körper eine erhöhte Verantwortlichkeit für die aus eigenen Körperbewegungen resultierenden Folgen verbindet. Das Recht könnte gar nicht ohne diese ihm vorgelagerte Überzeugung schädliche Erfolge dem Urheber durch Straftatbestände zurechnen, weil niemand sonst den mit der Strafe verbundenen sittlichen Tadel verstehen und akzeptieren würde." Ähnlich *Freund*, Erfolgsdelikt, S. 138, wenn er ausführt, dass „der angebliche Rekurs auf die faktischen Verhältnisse [...] nur deshalb überhaupt in der Lage [ist], ein Sollen hervorzubringen, weil er in Wahrheit gar nicht auf Fakten Bezug nimmt, sondern mehr oder weniger kaschiert auf Normen."

649 Vgl. *Bock*, Produktkriminalität, S. 143; *Brammsen*, Garantenpflichten, S. 135; *Herzberg*, Unterlassung, S. 194.

650 *Androulakis*, Unterlassungsdelikte, S. 158 ff.; *Bock*, Produktkriminalität, S. 120; *Brammsen*, Garantenpflichten, S. 87; *ders.*, Unterlassungshaftung, S. 120; *Vogler*, FS Lange, S. 281. Nahe stehend *Zaczyk*, FS Rudolphi, S. 367 f.

Allerdings wird gegen das Vertrauensprinzip in dieser allgemeinen Form zu Recht der Einwand erhoben, der Begriff der Vertrauens verschwimme ins Floskelhafte und sei viel zu vage und unspezifisch, um der für sich in Anspruch genommenen Funktion, als Grundlage für die Herleitung von Garantenstellungen zu dienen, gerecht werden zu können.[651] Auch dem zunächst unternommenen Versuch, das Vertrauensmoment durch Heranziehung gesellschaftlicher Rollenbilder und daran anknüpfender Rollenerwartungen einer soziologischen Fundierung zuzuführen und auf diese Weise näher zu konkretisieren,[652] blieb zu Recht eine weitreichende Anerkennung im Schrifttum versagt. In einer pluralistischen Gesellschaft wie der unseren finden sich die verschiedensten Wertauffassungen und damit auch abweichende Rollenwahrnehmungen und Rollenerwartungen von teilweise derart unterschiedlichem Inhalt, dass scharf umrissene soziale Rollenpositionen, die auch in Grenzbereichen als hinreichend exakte, dem Bestimmtheitsgebot des Art. 103 Abs. 2 GG gerecht werdende Anknüpfungspunkte für konkrete rechtliche Einstandspflichten fungieren könnten, schlechthin nicht existieren.[653]

Erfolg versprechender erscheint es da schon, mit *Brammsen* und *Otto* auf innerhalb der Sozietät bestehende gegenseitige Erwartungsverhältnisse besonderer Art abzustellen und hieraus die Garantenposition einer Person abzuleiten. Nach dieser Auffassung böten die Erkenntnisse rollen- und systemtheoretischer Untersuchungen zwar erste Anhaltspunkte, von den dadurch ermittelten Verhaltenserwartungen besäßen aber nur diejenigen ein Garantenstellungen begründendes Potential, deren Nichtbefolgung über einen längeren Zeitraum hinweg in der Rechtsgesellschaft als sozialschädlich angesehen wird, und denen eine im sozialen Raum stabilisierende Funktion zukommt. Nur die Erwartungen, die sich als zwingend zu befolgende Verhaltensanforderungen darstellten, deren Befolgung trotz Enttäuschung im Einzelfall weiterhin erwartet würde und mit deren Erwartung daher zu rechnen sei, wiesen eine solche Festigkeit und ein solches Gewicht auf, dass ihre Verletzung einen ebenso schweren Schaden für die Vertrauensbasis des Soziallebens bedeute wie die Verletzung dieser Basis durch Gefährdung und Verletzung einzelner Rechtsgüter im Wege positiven Tuns.[654]

Der allgemeine Vertrauensgedanke erfährt somit dahingehend eine Einschränkung, dass der vertrauensbegründende Akt für einen neutralen Beobachter ein Signal für die später zu erwartende Handlungspflicht gesetzt haben muss. Entscheidend ist das Vorhandensein einer gegenseitigen Erwartungshaltung in dem Sinne, dass der Garant die aufgrund seiner sozialen Position an ihn gestellte Erwartung, rettend einzugreifen, erwarten konnte und musste.

---

651 *Seelmann*, Garantenpflichten, S. 87; *Otto/Brammsen*, Jura 1985, S. 535; *Schultz*, Amtwalterunterlassen, S. 138 f.; *Walter*, Geschäftsherr, S. 126.

652 *Bärwinkel*, Garantieverhältnisse, S. 111 ff.; *Reyes*, ZStW 105 (1993), S. 117 f. Siehe auch die Nachweise bei *Otto*, AT, § 9 Rn. 30 ff.

653 *Otto*, AT, § 9 Rn. 33; *Otto/Brammsen*, Jura 1985, S. 535 f.; *Sangenstedt*, Garantenstellung, S. 128 f. Im Ergebnis ebenfalls eine Garantenstellung kraft sozialer Rolle ablehnend *Hüwels*, Gesetzesvollzug, S. 107 f.; *Renzikowski*, Restriktiver Täterbegriff, S. 78 f.

654 *Brammsen*, Garantenpflichten, S. 134; *Otto/Brammsen*, Jura 1985, S. 536 f. passim; *Otto*, AT, § 9 Rn. 42 ff.

Doch auch die Verengung des allgemeinen Vertrauenskriteriums auf reziproke Erwartungsverhältnisse genügt den Anforderungen des Art. 103 Abs. 2 GG letztlich nicht. Ebenso wie die auf soziale Rollenpositionen abstellende Auffassung beruht die Konzeption von *Otto* und *Brammsen* auf der realitätsfremden Annahme, aus bestimmten Strukturen des menschlichen Zusammenlebens erwachse ein feststehender Bestand sozial unangefochtener gegenseitiger Erwartungsbeziehungen. Abgesehen von den Fällen, in denen Rechtsvorschriften im Interesse der Erhaltung einzelner Schutzwerte konkrete Gebote aufstellen oder sich bestimmte Berufsgruppen entsprechende Verhaltensleitlinien geben, existieren keine hinreichend bestimmten bzw. bestimmbaren Erwartungshaltungen, an die zur Herleitung einer Garantenstellung und damit zur Begründung einer etwaigen Strafbarkeit im Sinne des Bestimmtheitsgebots des Art. 103 Abs. 2 GG angeknüpft werden dürfte.[655] Zudem widerspricht es dem Analogieverbot des Art. 103 Abs. 2 GG, den Garantenbegriff von einer metarechtlichen Warte aus unmittelbar und ausschließlich auf soziale bzw. sozialethische Wertkriterien zu stützen, ohne (ergänzend) anhand spezifisch strafrechtlicher Kriterien zu überprüfen, ob das sozial missbilligte Verhalten auch strafwürdig ist.[656] Neben das soziale Faktum entsprechender Erwartungshaltungen muss stets eine rechtsnormative Wertung treten,[657] für welche die Lehre aber keinerlei Leitlinien aufstellt und darum insgesamt betrachtet nicht imstande ist, die Entstehung von Garantenstellungen schlüssig zu erklären.

(D) Garant als Typusbegriff

Die Auseinandersetzung mit den im Schrifttum vertretenen Auffassungen hat gezeigt, dass letztlich keine von ihnen eine zufrieden stellende Herleitung von Garantenstellungen liefert. Dies gilt zum einen für die formelle Rechtsquellenlehre und die Funktionenlehre, weil diese keine Aussage über die eigentlichen materiellen Entstehungsgründe von Garantenpositionen treffen. Aber auch die insofern vorzugswürdigen materiellen Garantenlehren können nicht überzeugen. Entweder stellen sie in Art. 103 Abs. 2 GG verletzender Weise auf vage und wenig greifbare Kriterien ab, die wegen ihrer Unbestimmtheit keine verhaltenssteuernde Appellfunktion entfalten können und dadurch als Anknüpfungspunkte einer Strafbarkeit nicht in Frage kommen.[658] Oder sie versuchen dem Vorwurf der Unbestimmtheit dadurch zu entgegen, dass sie das für entscheidend gehaltene abstrakte Kriterium auf dessen greifbaren Kern reduzieren, was jedoch zur Folge hat, dass der propagierte Gesichtspunkt dann zu eng ist und sich nicht mehr zur Herleitung aller Garantenpositionen eignet, so etwa im Fall der von *Schünemann* rein faktisch verstandenen Herrschaft.[659]

---

655 *Sangenstedt*, Garantenstellung, S. 128, 145 f.

656 *Sangenstedt*, Garantenstellung, S. 145, 180; *Roxin*, AT/2, § 32 Rn. 31; *Vogel*, Norm und Pflicht, S. 163 f.

657 Ebenso *Freund*, Erfolgsdelikt, S. 138; ähnlich *Grünewald*, Garantenpflichten, S. 26, die zu Recht betont, dass vom Sein nicht pauschal auf ein Sollen geschlossen werden dürfe.

658 So auch die Schlussfolgerung von *Kühl*, AT, § 18 Rn. 42.

659 Vgl. *Herzberg*, Unterlassung, S. 290 f.; *Otto/Brammsen*, Jura 1985, S. 534; *Vogler*, FS Lange, S. 280 f.

Letzteres zeigt, dass eine monistische Herleitung der Garantenstellung angesichts der Verschiedenartigkeit der denkbaren und im Ergebnis unstreitigen Garantenpositionen nicht möglich ist.[660] Die zutreffend als wesentliche, die Garantenstellung prägende Elemente identifizierten Aspekte der Gefährdung, der Herrschaft und des Vertrauens können nur gemeinsam eine Garantenstellung begründen, wobei je nach (formeller) Garantenposition mal das eine, mal das andere Kriterium im Vordergrund steht. Dies zeigen auch entsprechende Äußerungen im Schrifttum, wo diese Gesichtspunkte mitunter kumulativ zur Erläuterung von Garantieverhältnissen herangezogen werden, wenn sowohl auf die Abhängigkeit von einer den Geschehensablauf beherrschenden Person als auch auf das Vertrauen in deren Eingreifen bei drohender Gefahr abgestellt wird, und dieses Vertrauen wiederum auf diesbezügliche soziale Gegebenheiten und Wertvorstellungen gestützt wird.[661] Ausgangspunkt der Garantenpflicht ist stets die Gefährdung eines Rechtsguts, die aber für sich allein nicht ausreicht, wie § 323c StGB zu entnehmen ist. Die Gefährdung kann nur bei demjenigen eine Handlungspflicht hervorrufen, der aufgrund seiner Herrschaft über den schadensträchtigen Vorgang zur Gefahrenabwehr imstande ist. Strafwürdig ist das Unterlassen der grundsätzlich möglichen Schadensvermeidung aber letztlich nur dann, wenn hierdurch ein entsprechendes berechtigtes Vertrauen enttäuscht wird.

Der Begriff des Garanten stellt demnach einen Typusbegriff dar, der auf mehreren materiellen Kriterien beruht und bei dem ein Weniger des einen Elements durch ein Mehr des anderen ausgeglichen werden kann, solange nur die fragliche Person im Sinne einer Gesamtschau als Zentralgestalt und damit als Garant in Erscheinung tritt. Allerdings ist grundsätzlich Zurückhaltung geboten und hinsichtlich der einzelnen Kriterien ein restriktiver Maßstab anzulegen, um zu verhindern, dass auf der Grundlage der abstrakten und weitläufigen Begriffe Vertrauen, Gefährdung und Herrschaft die Garantenstellung ins Uferlose ausgedehnt wird. Denn dies hieße, in Abkehr vom Formellen das Kind mit dem Bade auszuschütten. An dieser Stelle können aber die klassischen Garantenpositionen der formellen Rechtsquellenlehre konkretisierend herangezogen werden, sind diese doch aufgrund Jahrzehnte langer Rechtsprechung und strafrechtswissenschaftlicher Erörterung hinreichend bestimmt und als anerkannte strafrechtliche Kategorien trotz zum Teil sozialer bzw. sozialethischer Fundierung auch im Hinblick auf das in Art. 103 Abs. 2 GG ebenfalls enthaltene Analogieverbot als unbedenklich anzusehen.[662] Insofern ist *Sangenstedt* ausdrücklich zu widersprechen, wenn er außer(straf)rechtlichen Wertungen nur dann Signifikanz beimessen will, wenn der Gesetzgeber diese formal in ein Strafgesetz überführt bzw. zumindest in einer Strafrechtsnorm explizit daran anknüpft.[663] Denn auch sonst ist dem Strafrecht die

---

[660] So auch *Kindhäuser*, AT, § 36 Rn. 52.

[661] So v. a. *Rudolphi*, Gleichstellungsproblematik, S. 96, 98 f. Vgl. aber auch *Bock*, Produktkriminalität, S. 122; *Bottke*, Haftung, S. 22 f.; LK-*Jescheck*, § 13 Rn. 4;

[662] Hieran zeigt sich der berechtigte Kern der Funktionenlehre, deren Vertreter die Notwendigkeit betonen, materielle und formelle Gesichtspunkte zu verbinden. Siehe *Jescheck/Weigend*, AT, S. 621; LK-*Jescheck*, § 13 Rn. 20; *Maurach/Gössel/Zipf*, AT/2, § 46 Rn. 64; S/S-*Stree*, § 13 Rn. 8; SK-StGB-*Rudolphi*, § 13 Rn. 25.

[663] *Sangenstedt*, Garantenstellung, S. 148 f., 172.

Orientierung an außerstrafrechtlichen Wertungen und Erwartungshaltungen, auf die nicht ausdrücklich Bezug genommen wird, nicht fremd.[664]

Kommt somit den „klassischen" Garantentypen maßgebliche Relevanz zu, so soll anhand dieser im Folgenden untersucht werden, ob eine Garantenstellung des pharmazeutischen Unternehmers begründet werden kann.

b. Garantenstellung des Arzneimittelproduzenten

Strafrechtliche Produktverantwortung knüpft an den Eintritt von Rechtsgutsverletzungen infolge der Verwendung eines bestimmten Produktes an. Umgekehrt formuliert heißt Produktverantwortung demnach auch, fremde Rechtsgüter vor Gefahren, die von eigenen Erzeugnissen ausgehen, zu schützen. Daran wird deutlich, dass als mögliche Garantenstellungen des pharmazeutischen Unternehmers letztlich nur diejenigen in Frage kommen, die die Überwachung von Gefahrenquellen zum Gegenstand haben, nach der funktionellen Unterscheidung also den Überwachergarantenstellungen zuzuordnen sind.

(A) Garantenstellung kraft gesetzlicher Verpflichtung

Bei der Suche nach einer Garantenstellung bietet es sich an, zunächst den Blick auf das Gesetz zu richten und zu prüfen, ob ein spezialgesetzlich kodifiziertes Schutzgebot in Form einer Überwachungspflicht existiert, aus welchem unmittelbar eine rechtliche Einstandspflicht im Sinne des § 13 Abs. 1 StGB gefolgert werden könnte.[665] Jedoch enthält das StGB selbst keine Vorschriften, die eine Garantenpflicht kraft Gesetzes begründen könnten. Und auch eine Ableitung von Garantenstellungen aus dem in Art. 2 Abs. 2 Satz 1 GG verfassungsrechtlich garantierten Schutz der körperlichen Unversehrtheit, wie sie vom *BGH* im Lederspray-Urteil – freilich im Rahmen der Ingerenz – vorgenommen wird,[666] ist abzulehnen, da Grundrechte nun einmal primär Abwehrrechte des Bürgers gegenüber dem Staat darstellen, welche für das Verhältnis zwischen Bürgern erst durch deren Übernahme in den Grundrechtsschutz inhaltlich konkretisierende und im Sinne des Gesetzesvorbehalts zugleich beschränkende einfachgesetzliche Regelungen relevant werden.[667]

---

[664] Man denke nur an das konkludente Vorspiegeln falscher Tatsachen beim Betrug, wo maßgeblich darauf abgestellt wird, wie das Verhalten des Täters nach der Verkehrsauffassung und damit letztlich nach sozialen Vorstellungen und Erwartungen zu bewerten ist. Das Recht ist als Bestandteil der Sozialordnung aus der Gesellschaft hervorgegangen, formt und gestaltet sie gleichzeitig aber auch. Als sozialgeborenes und sozialprägendes Konstrukt steht das Recht gerade nicht neben einer davon unabhängigen Sozialordnung, auf die es explizit verweisen müsste, um den sozialen Faktizitäten rechtliche Relevanz zu verleihen. Vielmehr wirken die gesellschaftlichen Verhältnisse im Rahmen der Normauslegung auf das sozial fundierte Recht ein, weswegen sie auch bei der Interpretation des Rechtsbegriffs „Garant" Berücksichtigung finden müssen.

[665] Vgl. *Arzt*, JA 1980, S. 651; *Lege*, Rechtspflichten, S. 51 f.; *Schmucker*, Dogmatik, S. 151.

[666] *BGH*St 37, 106 (117).

[667] Vgl. *Brammsen*, GA 1993, S. 104 f.; *Lege*, Rechtspflichten, S. 54; *Schmucker*, Dogmatik, S. 120.

Denkbar ist indes die Herleitung einer gesetzlichen Garantenstellung aus den Normen des AMG. Dabei gilt es aber im Hinblick auf das zur formellen Rechtsquellenlehre Gesagte zu bedenken, dass außerstrafrechtliche Normen nicht per se als Entstehungsgründe für Garantenstellungen herangezogen werden können, sondern nur dann, wenn der Normverstoß auch strafwürdig erscheint, weil die der Norm zu entnehmende Handlungspflicht gerade den Zweck hat, das im jeweiligen Straftatbestand betroffene Rechtsgut zu schützen, und der Existenz einer Gefährdungslage, der Herrschaft des Normadressaten über den Geschehensablauf sowie einem berechtigten Vertrauen auf das rettende Eingreifen des Normadressaten Rechnung trägt.

§ 5 AMG, dem als Zentralnorm des AMG zunächst Beachtung zu schenken ist, kann über das Verbot des Inverkehrbringens bedenklicher Arzneimittel hinaus indes nicht unmittelbar ein Handlungsgebot dieser Qualität entnommen werden, welches den pharmazeutischen Unternehmer verpflichtet, die einmal in Verkehr gebrachten Präparate zurückzurufen oder auch nur vor ihrer weiteren Verwendung zu warnen.[668] Die Phase nach dem Inverkehrbringen wird von § 5 AMG nicht mehr erfasst, hier greifen die spezifischen Regelungen der Nachmarktkontrolle ein, so dass sich als nächstes die Frage stellt, ob aus den Vorschriften zur Pharmakovigilanz eine Garantenstellung des pharmazeutischen Unternehmers ableiten lässt, ist dieser doch, wie bereits dargestellt, zur Mitwirkung am staatlichen Nachmarktkontrollsystem verpflichtet. Untersucht man die entsprechenden Normen, stellt man jedoch fest, dass sowohl die §§ 63a, 63b AMG als auch § 14 Abs. 1 Satz 2 PharmBetrV sowie Art. 103, 104 und Erwägungsgrund 58 der zugrunde liegenden EG-Richtlinie 2001/83/EG nur Informations- und Anzeigepflichten gegenüber den Gesundheitsbehörden, aktive und passive Produktbeobachtungspflichten und die Erfüllung dieser Pflichten gewährleistende Organisationspflichten des pharmazeutischen Unternehmers statuieren, nicht aber eine Pflicht zu autonomen Warn- und Rückrufaktionen.

Allein für die Phase der klinischen Prüfung enthält § 10 Abs. 1 GCP-V eine Regelung, aus der eine Art Rückrufpflicht hergeleitet werden könnte. Danach ist der pharmazeutische Unternehmer als Sponsor verpflichtet, alle gebotenen Maßnahmen zum Schutz der Versuchsteilnehmer vor Gefahren zu treffen, die aufgrund neuer Erkenntnisse nahe liegen. Konkretisiert wird diese Verpflichtung durch § 14 Abs. 1a Satz 1 PharmBetrV, wonach der Stufenplanbeauftragte verpflichtet ist, Vorkehrungen zu treffen, um bei Verdacht der Arzneimittelschädlichkeit die weitere Anwendung des Medikaments zu verhindern, was in den (wahrlich selteneren) Fällen, in denen die Testpräparate den Versuchsteilnehmern zur ambulanten Therapie ausgehändigt wurden, einer Rückrufpflicht gleichkommt. Da die Norm wie die einschlägigen Straftatbestände dem Schutz der Gesundheit dient und der besonderen Gefährlichkeit der Testteilnahme, der gesteigerten Abhängigkeit der Probanden von den die Prüfung durchführenden Personen sowie dem berechtigten Vertrauen auf die Vornahme gegebenenfalls erforderlicher Maßnahmen zur Ab-

[668] Allerdings soll schon an dieser Stelle darauf hingewiesen werden, dass § 5 AMG zwar somit nicht für sich genommen, wohl aber im Hinblick auf eine Ingerenzgarantenstellung durchaus pflichtbegründende Bedeutung zukommen kann. Siehe S. 239 ff.

wehr von Arzneimittelschäden Rechnung trägt, ist sie auch von strafrechtlicher Relevanz und materiell tauglicher Anknüpfungspunkt für eine Garantenstellung des pharmazeutischen Unternehmers.

Scheidet somit in der Nachmarktphase eine allgemeine gesetzliche Rückrufpflicht und eine daraus ableitbare generelle Garantenstellung aus, so wird der pharmazeutische Unternehmer aber in dem Moment kraft Gesetzes zum Garant, in dem der Rückruf von der zuständigen Behörde gemäß § 69 Abs. 1 AMG durch Erlass eines entsprechenden Verwaltungsakts angeordnet wird.

Allerdings erscheint es aus Gründen des effektiven Rechtsschutzes unzureichend, den pharmazeutischen Unternehmer insbesondere im Fall fehlerhaft hergestellter Arzneimittel allein zur Information der Behörden über die Mangelhaftigkeit des eigenen Pharmakons zu verpflichten und nur dann eine Einstandspflicht für Arzneimittelschäden aufgrund unterlassener Gefahrabwehrmaßnahmen anzunehmen, wenn zuvor die zuständige Behörde den pharmazeutischen Unternehmer durch Verwaltungsakt konkret zu schadensvermeidendem Handeln aufgefordert hat.[669] Deshalb ist zu prüfen, ob noch auf andere Weise eine Garantenstellung des pharmazeutischen Unternehmers hergeleitet werden kann.

(B) Garantenstellung kraft zivilrechtlicher Verkehrs(sicherungs)pflicht

Relativ unproblematisch ließe sich eine Garantenstellung des pharmazeutischen Unternehmers begründen, wenn auf die im Bereich der Produkthaftung entwickelten zivilrechtlichen Verkehrssicherungspflichten zurückgegriffen werden könnte. Dies hätte den Vorteil, dass aufgrund der differenzierten Ausgestaltung dieser Verkehrssicherungspflichten durch die Rechtsprechung der Zivilgerichte und das zivilrechtliche Schrifttum eine hinreichend konturierte, herstellerspezifische Garantenstellung begründet werden könnte.

Kern der Verkehrssicherungspflichten ist die Verpflichtung, den eigenen Herrschaftsbereich so abzusichern, dass hiervon keine Gefahren für Dritte ausgehen.[670] Die Verkehrssicherungspflichten oder Verkehrspflichten im engeren Sinn stellten ursprünglich eine Art Sachhalterhaftung für unbewegliches Vermögen dar, die den über einen Gegenstand des unbeweglichen Vermögens Verfügungsberechtigten zum Schutz der Rechtsgüter Dritter zu gefahrsteuerndem Verhalten verpflichteten. Im Laufe der Zeit entwickelten sich hieraus für nahezu jeden Lebensbereich und jedes Gebiet des zivilrechtlichen Schadensersatzrechts sogenannte Verkehrspflichten, wonach derjenige, der Gefahrenquellen schafft, mithin hervorruft oder andauern lässt, zum Schutz anderer Personen alle nach Lage der Verhältnisse erforderlichen und zumutbaren Vorkehrungen zu treffen hat, um die Gefahr unter Kontrolle zu halten und ihre Verwirklichung bestmöglich zu verhindern.[671] Verkehrs(siche-

---

[669] Vgl. *Kuhlen*, FS Eser, S. 364, der eine pauschale Beschränkung der Herstellerpflichten auf bloße Informationsmaßnahmen als unplausible und damit willkürliche Restriktion des gebotenen Rechtsgüterschutzes ablehnt.

[670] *Schünemann*, Grund und Grenzen, S. 290.

[671] *Bork*, Ethik-Kommissionen, S. 36; *Deutsch*, MedR 1995, S. 484; *Höhfeld*, Strafrechtliche Produktverantwortung, S. 143; *Kunz*, BB 1994, S. 451; *Landrock*, JA 2003, S. 986; *Lege*, Rechtspflichten, S. 102; *Otto*, FS Hirsch, S. 292; *Schmucker*, Dogmatik, S. 134; *Seeling*, Rückrufpflicht, S. 17; *Winkemann*, Probleme, S. 69 f. Vgl. auch *BGHZ* 60, 54

rungs)pflichten sind demnach Konkretisierungen des allgemeinen neminem-laede-Gebots, die denjenigen in Verantwortung nehmen, der in der Lage ist, über den Gefahrenbereich zu verfügen und die Gefahrenquelle zu beherrschen.[672] Neben diesem Herrschaftsaspekt spielen auch Vertrauensgesichtspunkte eine Rolle. So beruhen die Verkehrs(sicherungs)pflichten auf dem Umstand, dass Außenstehende auf Gefahrenquellen in fremden Herrschafts- und Verantwortungsbereichen nicht einwirken dürfen und können, sich daher darauf verlassen (müssen), dass der Inhaber der Verfügungsgewalt die Gefahren unter Kontrolle hält.[673] Und schließlich ist die Belastung mit einer Verkehrs(sicherungs)pflicht der Preis für den Nutzen aus der gefährlichen Verrichtung.[674]

Bezogen auf den Problemkreis der Produktverantwortung umschreiben die Verkehrspflichten die Pflicht des Produzenten, darauf hinzuwirken, dass von seinen Produkten keine Gefahren für Dritte ausgehen. Da nach im Zivilrecht einhelliger Ansicht die Verkehrspflichten nicht bereits mit dem Inverkehrbringen des Produkts enden, sondern darüber hinaus als Produktbeobachtungs-, Warn- sowie Rückrufpflichten fortbestehen und im Fall konkreter Rechtsgutsgefährdung vom Produzenten verlangen, schadensabwehrend tätig zu werden, begründen sie eine Einstandspflicht für den Nichteintritt entsprechender Schäden und damit eine Garantenstellung des Produzenten.[675] Die Tatsache, dass die produkthaftungsrechtlichen Verkehrspflichten wie die in Betracht kommenden Straftatbestände primär dem Schutz der Gesundheit der Produktverwender dienen und als deliktische Pflichten eine gewisse Nähe zum Strafrecht aufweisen, spricht dafür, dass der Verkehrspflichtige – in unserem Fall der pharmazeutische Unternehmer – auch strafrechtlich als Garant im Sinne des § 13 Abs. 1 StGB anzusehen ist.[676]

Jedoch ist umstritten, ob die zivilrechtlichen Verkehrs(sicherungs)pflichten ohne Weiteres ins Strafrecht übertragen werden können. Der allgemein gehaltene Wortlaut des § 13 Abs. 1 StGB steht einer Übertragung prinzipiell nicht entgegen, zumal bei Beschränkung der Einstandspflicht auf strafrechtsspezifische Erfolgsabwendungsgebote die Norm auf eine nichtssagende Tautologie hinausliefe.[677] Hinzu kommt, dass die Verkehrs(sicherungs)pflichten in Form des Gefährdungs-, Herrschafts- und Vertrauensaspekts auf denjenigen Elementen beruhen, die für die strafrechtliche Garantenstellung charakteristisch sind.[678] Da schließlich auch die

---

(55); 65, 221 (225). Zur Entwicklung von Verkehrssicherungspflichten zu Verkehrspflichten siehe ausführlich *von Bar*, Verkehrspflichten, S. 43 ff.

672 *von Bar*, Verkehrspflichten, S. 122; *Grünewald*, Garantenpflichten, S. 30; *Schmucker*, Dogmatik, S. 142; *Schünemann*, Grund und Grenzen, S. 283.

673 *von Bar*, Verkehrspflichten, S. 117 f.; *Höhfeld*, Strafrechtliche Produktverantwortung, S. 142.

674 *von Bar*, Verkehrspflichten, S. 125; *Beck*, Rückrufpflicht, S. 16 f.

675 Vgl. *RGZ* 163, 21 (26). Ebenso *Arzt*, JA 1980, S. 652; *Lege*, Rechtspflichten, S. 102 f.

676 Vgl. *BGH*St 37, 106 (115); *Bock*, Produktkriminalität, S. 115; *Grünewald*, Garantenpflichten, S. 35.

677 *Bock*, Produktkriminalität, S. 113; *Sangenstedt*, Garantenstellung, S. 186 f.

678 Vgl. *von Bar*, Verkehrspflichten, S. 112 f.; *von Bar/Fischer*, NJW 1980, S. 2736; *Bock*, Produktkriminalität, S. 105; *Höhfeld*, Strafrechtliche Produktverantwortung, S. 143; *Spitz*, Produkthaftung, S. 265.

Gesichtspunkte der Rechtssicherheit[679] und der Einheit der Rechtsordnung für eine Übertragung sprechen,[680] wird eine solche im Schrifttum auch teilweise bejaht.[681]

Allerdings sprechen zahlreiche Gründe gegen eine Herleitung der Garantenstellung aus zivilrechtlichen Verkehrs(sicherungs)pflichten, weswegen nicht nur in der Strafrechtswissenschaft Bedenken laut werden,[682] sondern auch die Rechtsprechung nach anfänglicher Bejahung einer Übertragung zunehmend mit Skepsis begegnet.[683] Der Ineinssetzung strafrechtlicher und zivilrechtlicher Rechtspflichten stehen vor allem die abweichenden Zielsetzungen und Aufgaben der beiden Rechtsgebiete entgegen, die sich auch in unterschiedlichen Zurechnungsprinzipien niederschlagen.[684] Während der zivilrechtlichen Haftungsbegründung (zumindest auch) der Gedanke der Verteilungsgerechtigkeit immanent ist und sie sich daher maßgeblich an der Leistungsfähigkeit des Haftenden, der gesamtgesellschaftlich optimalen Verteilung der Haftung sowie weiteren, dem Strafrecht fremden Erwägungen wie etwa der Versicherbarkeit eines Risikos, der Bereitstellung eines solventen Gegners und der Abwälzbarkeit des Risikos vom Hersteller auf den Verbraucher im Wege der Einpreisung der Versicherungskosten orientiert, steht im Strafrecht die individuelle Verantwortung und Schuld des Täters und die damit verbundene sozialethische Vorwerfbarkeit des Verhaltens im Vordergrund.[685] Zwar folgt aus diesen Systemunterschieden keineswegs, dass zivilrechtliche Handlungspflichten zur Begründung einer strafrechtlichen Garantenstellung per se ungeeignet sind, was insbesondere an der einhellig anerkannten Ableitbarkeit von Beschützergarantenstellungen aus den familienrechtlichen Geboten der §§ 1353, 1619 und 1626 ff. BGB deutlich wird, jedoch ist gerade im Hinblick auf die Verkehrssicherungspflichten Zurückhaltung geboten, da diese sich als Folge ihrer zunehmenden Ausdehnung auf nahezu sämtliche Lebensbereiche zu einer Art Zweckmäßigkeitsgeneralklausel entwickelt haben, die als Auffangbecken und Korrekturmittel dienen, wenn das vorhandene Instrumentarium keine sachgerechten Ergebnisse liefert.[686] Aufgrund dieser Tendenz haben die Verkehrspflichten an

---

679 *Hilgendorf*, Produzentenhaftung, S. 147; *Kaufmann*, (Sonder-)Pflichtverletzungen, S. 45.

680 *Bode*, FS BGH, S. 524; *Kaufmann*, (Sonder-)Pflichtverletzungen, S. 45.

681 So etwa von *Schmidt-Salzer*, Produkthaftung, Rn. 1.028.

682 So z. B. *Beulke/Bachmann*, JuS 1992, S. 740; *Bock*, Produktkriminalität, S. 124; *Hillenkamp*, JR 1988, S. 303; *Sangenstedt*, Garantenstellung, S. 189; *Schmucker*, Dogmatik, S. 138.

683 So erklärte der *BGH* im sogenannten Skipistenfall, GA 1971, S. 333, noch ausdrücklich, die Ableitung einer Rechtspflicht aus Verkehrssicherungspflichten stelle keine unangemessene Ausdehnung der Strafbarkeit dar, während er im Ledersprayfall, BGHSt 37, 106 (115), zumindest eine unbesehene Übertragbarkeit der Verkehrssicherungspflichten ablehnte und nach anderen Entstehungsgründen für eine Garantenstellung Ausschau hielt.

684 Für den Bereich der Produkthaftung a. A. *Spitz*, Produkthaftung, S. 172.

685 Vgl. *Alexander*, Strafrechtliche Verantwortlichkeit, S. 61 f.; *Grünewald*, Garantenpflichten, S. 121, 132; *Kirchner*, Unterlassungshaftung, S. 97; *Kuhlen*, Fragen, S. 151; *Lege*, Rechtspflichten, S. 108; *Seelmann*, Garantenpflichten, S. 91.

686 *von Bar*, Verkehrspflichten, S. 101 m. w. N; *Grünewald*, Garantenpflichten, S. 127.

Konturen verloren und laufen im Ergebnis teilweise auf eine Gefährdungshaftung hinaus,[687] was sie als unmittelbare Grundlage einer strafrechtlichen Garantenstellung disqualifiziert, muss deren Herleitung doch sowohl dem Bestimmtheitsgebot des Art. 103 Abs. 2 GG als auch dem Schuldprinzip sowie dem ultima ratio-Charakter des Strafrechts gerecht werden.[688]

Insofern bedarf es stets einer differenzierten Betrachtung der einzelnen Verkehrs(sicherungs)pflichten und einer eingehenden Prüfung, ob die zur Begründung einer Garantenstellung in Erwägung gezogene zivilrechtliche Pflicht mit den Maximen eines liberalen, lediglich fundamentale Rechtsgutsverletzungen und besonders verwerfliche Verhaltensweisen sanktionierenden Strafrechts vereinbar ist. Auch in diesem Punkt darf die Formel von der Einheit der Rechtsordnung nicht dazu dienen, die Divergenzen, die sich aus dem Charakter des Strafrechts als subsidiärer Sekundärrechtsordnung ergeben, einzuebnen.[689] In Anbetracht der Tatsache, dass die zivilrechtlichen Verkehrspflichten vergleichbar strafrechtlicher Garantenstellungen auf Gefährdungs-, Herrschafts- und Vertrauensgesichtspunkten basieren, erscheint es indes berechtigt, diese als äußerste Grenzen einer etwaigen strafrechtlichen Sonderverantwortlichkeit im Sinne des § 13 Abs. 1 StGB anzusehen und ihnen insoweit eine gewisse Indizwirkung zuzusprechen.[690]

Ob und gegebenenfalls inwieweit speziell die produkthaftungsrechtlichen Verkehrspflichten zur Begründung einer Garantenstellung des Produzenten herangezogen werden können, hat der *BGH* im Lederspray-Urteil ausdrücklich dahinstehen lassen und stellte lediglich allgemein klar, dass sich eine unbesehene Utilisierung der schadensersatzorientierten Haftungsprinzipien des Zivilrechts verbiete.[691] In der Strafrechtswissenschaft wird eine Übernahme der produkthaftungsrechtlichen Verkehrspflichten dagegen teils ausdrücklich befürwortet.[692] Bedenkt man aber, dass die zivilrechtlichen Warn- und Rückrufpflichten auch als angemessener Ausgleich für die durch die gefährliche Tätigkeit erzielten wirtschaftlichen Vorteile gerechtfertigt werden und dass der zivilrechtlichen Produzentenhaftung

---

687 *von Bar*, Verkehrspflichten, S. 112; *Beulke/Bachmann*, JuS 1992, S. 740; *Grünewald*, Garantenpflichten, S. 122; *Kaufmann*, (Sonder-)Pflichtverletzungen, S. 45 f.; *Kuhlen*, Fragen, S. 92; *Spitz*, Produkthaftung, S. 279.

688 *Lege*, Rechtspflichten, S. 109 f.; *Schmucker*, Dogmatik, S. 135; a. A. *Höhfeld*, Strafrechtliche Produktverantwortung, S. 148 f.

689 Vgl. *Grünewald*, Garantenpflichten, S. 124 ff.; *Kaufmann*, FS Henkel, S. 102; *Schünemann*, Grund und Grenzen, S. 223; *Spitz*, Produkthaftung, S. 170 f., 174 m. w. N. Siehe zum Sekundärrechtscharakter des Strafrechts bereits S. 202 ff.

690 So *Bock*, Produktkriminalität, S. 128; *Hellmann/Beckemper*, WiStR, Rn. 871; *Lege*, Rechtspflichten, S. 110.

691 *BGH*St 37, 106 (115). Zustimmend *Otto*, FS Hirsch, S. 293.

692 *Höhfeld*, Strafrechtliche Produktverantwortung, S. 152. Im Ergebnis ebenso *Goll/Winkelbauer* in: von Westphalen, Produkthaftungshandbuch, § 47 Rn. 15 und ihnen zustimmend *Bode*, FS BGH, S. 524, die die Garantenstellung des Produzenten letztlich aber allesamt auf den Ingerenzgedanken stützen, die zivilrechtlichen Verkehrssicherungspflichten dort als Argument gegen das Erfordernis pflichtwidrigen Vorverhaltens anführen und dadurch realiter den Verkehrspflichten die maßgebliche garantenpflichtbegründende Funktion zusprechen.

der Gedanke zugrunde liegt, dem Geschädigten einen leicht auszumachenden, solventen Anspruchsgegner zu liefern, kann aus diesen nicht ohne Weiteres auf eine strafrechtliche Garantenstellung geschlossen werden.[693]

(C) Garantenstellung aus Ingerenz

Dementsprechend wendet sich der *BGH* im Lederspray-Urteil primär dem Gedanken der Ingerenz zu,[694] in dem auch Teile der Strafrechtswissenschaft den richtigen Ansatzpunkt zur Begründung einer Garantenstellung des Produzenten erblicken.[695] Die Ableitung einer Sonderverantwortlichkeit aus einem vorangegangenen gefährdenden Tun liegt auch nahe, stellt das Inverkehrbringen eines schädlichen Arzneimittels doch unzweifelhaft ein solches dar.[696]

Die Ingerenzgarantenstellung beruht auf dem allgemeinen Gebot des neminem laedere, dem unter anderem die Pflicht zu entnehmen ist, selbst geschaffene Gefahren, die in eine Verletzung fremder Rechtsgüter umzuschlagen drohen, zu beseitigen.[697] Während das Ingerenzprinzip von einigen als unverzichtbarer Grundsatz betrachtet wird, „ohne den das Recht dem Menschen keine Selbstbestimmungsmacht einräumen könnte“[698] bzw. als Satz, der „auch ohne nähere Begründung eine Überzeugungskraft“ besitze,[699] wird der Ingerenzgedanke von Teilen des Schrifttums in Zweifel gezogen. Die Kritik reicht von einer völligen Ablehnung der Garantenstellung wegen gefährdenden Vorverhaltens[700] bis zu einer Deutung der Ingerenz als Unterfall des Begehungsdelikts.[701] Da diese Antiingerenzlehren aber mitunter auf dogmatisch äußerst fragwürdigen Konstruktionen beruhen und in vielerlei Hinsicht letztlich nicht zu überzeugen vermögen,[702] soll auf diese hier nicht weiter eingegangen werden. Berechtigter Kern der Kritik ist jedoch, dass der Ingerenzgedanke aus Zweckmäßigkeitserwägungen gerade in jüngster Vergangenheit zunehmend ausgedehnt und in inflationärer Weise auf Konstella-

693 So auch *Lege*, Rechtspflichten, S. 108 f.; *Weißer*, Kollegialentscheidungen, S. 62 f.

694 *BGH*St 37, 106 (114 ff.).

695 So etwa *Hassemer*, Produktverantwortung, S. 52; *Rettenbeck*, Rückrufpflicht, S. 33 f.

696 Vgl. *Bock*, Produktkriminalität, S. 129; *Goll/Winkelbauer* in: von Westphalen, Produkthaftungshandbuch, § 47 Rn. 9; *Lege*, Rechtspflichten, S. 62.

697 *Haft*, AT, S. 187; *Herzberg*, Unterlassung, S. 286; *Jescheck/Weigend*, AT, S. 625; *Lege*, Rechtspflichten, S. 62; LK-*Jescheck*, § 13 Rn. 31; S/S-*Stree*, § 13 Rn. 32.

698 *Herzberg*, JZ 1986, S. 988.

699 *Kühl*, AT, § 18 Rn. 91.

700 So v. a. *Pfleiderer*, Garantenstellung. Aber auch *Schünemann*, Grund und Grenzen, S. 316 ff., *ders.*, Unterlassungsdelikte, S. 59, auf Grundlage seiner am Herrschaftsgedanken ausgerichteten Garantenlehre. Diesem insoweit zustimmend *Roxin*, AT/2, § 32 Rn. 150 f.; *Sangenstedt*, Garantenstellung, S. 333.

701 *Brammsen*, Garantenpflichten, S. 392, 420 f.; *ders.*, GA 1993, S. 102 f., 106 f. Der Konstruktion als Begehungsdelikt ablehnend gegenüberstehend *Dencker*, FS Stree/Wessels, S. 162 f.; *Maurach/Gössel/Zipf*, AT/2, § 46 Rn. 95; *Roxin*, AT/2, § 32 Rn. 154; *Sangenstedt*, Garantenstellung, S. 336 ff. Siehe zu den einzelnen Antiingerenztheorien auch die Nachweise bei *Hillenkamp*, Probleme AT, 29. Problem.

702 So auch ausdrücklich *Dencker*, FS Stree/Wessels, S. 167 ff.; MüKo-StGB-*Freund*, § 13 Rn. 114.

tionen angewendet wurde, in denen er sich bei genauerem Hinsehen als unzutreffend erweist. Es bedarf insofern einer Rückbesinnung auf die Grundaussage der Ingerenz und einer klaren Eingrenzung dieses Instituts, welche in Anbetracht des mehr als bei anderen Garantenstellungen im Vordergrund stehenden Gefährdungsmoments vor allem an der Qualität des Vorverhaltens anzusetzen hat.[703]

Voraussetzung der Ingerenzgarantenstellung ist zunächst, dass das vorangegangene Tun die nahe (adäquate) Gefahr des späteren Schadenseintritts geschaffen hat,[704] was in Bezug auf das Inverkehrbringen von Arzneimitteln aber aufgrund deren stets drohender Nebenwirkungsrisiken aber unstreitig zu bejahen ist. Umstritten und zugleich von weitaus größerer Relevanz für die Frage der Garantenstellung des pharmazeutischen Unternehmers ist dagegen, ob das Vorverhalten darüber hinaus pflichtwidrig gewesen sein muss.[705]

Die Pflichtwidrigkeit des Inverkehrbringens bestimmt sich grundsätzlich nach § 5 AMG, dessen Maßstab, wie gesehen, auf das Strafrecht übertragen werden kann.[706] Infolge des von § 5 AMG verfolgten Zwecks, Gesundheitsschäden der Arzneimittelanwender zu vermeiden, steht auch der notwendige Pflichtwidrigkeitszusammenhang zwischen einer Normverletzung und der späteren Gesundheitsbeeinträchtigung außer Zweifel.[707] Allerdings setzt ein Zuwiderhandeln gegen das Verbot des § 5 Abs. 1 AMG voraus, dass zum Zeitpunkt des Inverkehrbringens der wissenschaftlich begründete Verdacht besteht, das Arzneimittel verursache unvertretbare Gesundheitsschäden, weswegen es an der Pflichtwidrigkeit fehlt, wenn die Bedenklichkeit des Medikaments bei dessen Auslieferung objektiv nicht erkennbar war, sondern erst später dank wissenschaftlichen oder technischen Fortschritts bzw. nach Eingang entsprechender Schadensmeldungen zu Tage tritt.[708] Aufgrund der komplexen Wirkungszusammenhänge im menschlichen

---

703 Vgl. *Arzt*, JA 1980, S. 560; S/S-*Stree*, § 13 Rn. 32.

704 *Bock*, Produktkriminalität, S. 129; *Gropp*, AT, § 11 Rn. 34; *Höhfeld*, Strafrechtliche Produktverantwortung, S. 128; *Jescheck/Weigend*, AT, S. 625; LK-*Jescheck*, § 13 Rn. 32; *Otto*, AT, § 9 Rn. 78; *ders.*, NJW 1974, S. 534; S/S-*Stree*, § 13 Rn. 34; *Stratenwerth/Kuhlen*, AT/1, § 13 Rn. 28; *Tröndle/Fischer*, § 13 Rn. 11. Ebenso der *BGH* im Lederspray-Fall, BGHSt 37, 106 (115 f.). Dass die herbeigeführte Gefahr – wie zu Recht hervorgehoben wird – über das allgemeine Lebensrisiko hinausgehen muss, ergibt sich bereits aus dem zum erlaubten Risiko Gesagten.

705 Zum Meinungsstand, der hier nur verkürzt wiedergegeben werden kann, siehe ausführlich *Hillenkamp*, Probleme AT, 29. Problem.

706 Entsprechend stellte der *BGH* im Lederspray-Verfahren auf die korrespondierende lebensmittelrechtliche Vorschrift des § 30 Nr. 2 LMBG ab. Hier zeigt sich die Relevanz des § 5 AMG für die Frage der Garantenstellung, kann daraus zwar keine Garantenstellung kraft Gesetzes, wohl aber eine Ingerenz begründende Pflichtwidrigkeit des Vorverhaltens hergeleitet werden.

707 Vgl. zum Erfordernis des Pflichtwidrigkeitszusammenhangs *Höhfeld*, Strafrechtliche Produktverantwortung, S. 128; *Jescheck/Weigend*, AT, S. 625; *Roxin*, AT/2, § 32 Rn. 171; S/S-*Stree*, § 13 Rn. 35a.

708 *Deutscher/Körner*, wistra 1996, S. 299; *Eichinger*, Produkthaftung, S. 145; *Goll/Winkelbauer* in: von Westphalen, Produkthaftungshandbuch, § 47 Rn. 11; *Hassemer*, Produktverantwortung, S. 52; *Jungbecker*, Strafrechtliche Verantwortung, S. 164; *Lege*,

Körper, der Individualität jedes Organismus und der begrenzten Zahl von Teilnehmern an klinischen Prüfungen ist dies bei Pharmaka gar die Regel, so dass das Inverkehrbringen meist eine erlaubt riskante Tätigkeit darstellt, so dass bei Bejahung des Pflichtwidrigkeitserfordernisses eine Ingerenzgarantenstellung regelmäßig ausgeschlossen wäre.[709]

(I) Meinungsstand im Schrifttum

Im Schrifttum lassen sich im Großen und Ganzen drei Ansichten unterscheiden: eine das Pflichtwidrigkeitserfordernis bejahende, eine pflichtgemäßes Vorverhalten für ausreichend erachtende und eine zwischen diesen Extrempositionen vermittelnde Ansicht.

Die in der Pflichtwidrigkeit des vorangegangenen Tuns eine zwingende Voraussetzung der Ingerenz erblickende Auffassung[710] argumentiert vor allem mit der anderenfalls uferlosen Ausdehnung dieses Garantentyps auf der Grundlage eines bloßen Kausalurteils, sei doch die Kausalität als wertfreie Größe allein nicht imstande, die Strafwürdigkeit eines Verhaltens und damit strafrechtliche Verant-

---

Rechtspflichten, S. 86; *Meier*, NJW 1992, S. 3196; *Schmucker*, Dogmatik, S. 151 f. Auch im Lederspray-Fall fehlte es zum Zeitpunkt des Inverkehrbringens an der Erkennbarkeit der von den Sprays ausgehenden Gesundheitsgefahren, so dass sich die vom *BGH* vorgenommene Herleitung der Pflichtwidrigkeit aus § 30 Nr. 2 LMBG als falsch erweist. Kritisch auch *Roxin*, AT/2, § 32 Rn. 207; *Samson*, StV 1991, S. 184. Die Erkennbarkeit i. S. d. § 5 Abs. 2 AMG darf nicht verwechselt werden mit der Vorhersehbarkeit i. S. d. Adäquanz der Gefahrverursachung. Während letzterer ein weiteres Verständnis zugrunde liegt, die Vorhersehbarkeit der späteren Gesundheitsschäden bereits aus der abstrakten Gefährlichkeit pharmazeutischer Produkte folgt, bedarf es im Rahmen des § 5 Abs. 2 AMG eines konkreten, hinreichend begründeten Verdachts. Anderenfalls käme § 5 AMG keine Bedeutung zu, stellt die abstrakte Gefährlichkeit von Arzneimitteln doch ein allseits bekanntes Faktum dar. Dies verkannte das *LG Aachen* im *Contergan*-Beschluss, JZ 1971, S. 507 (515), wenn es ausführt, dass es kein Arzneimittel gibt, „das nicht irgendwelche unerwünschten schädlichen Nebenwirkungen hat. Der Arzneimittelhersteller, der ein Arzneimittel auf den Markt bringt, schafft daher neben dem Nutzen, den sein Präparat hat, auch eine gewisse Gefahrenquelle. Es ist anerkanntes Recht, daß derjenige, der eine Gefahrenquelle schafft, auch die Pflicht hat, den Eintritt von Schäden zu verhindern."

[709] Zur Frage, inwieweit darüber hinaus eine im Einzelfall vom BfArM/PEI erteilte Zulassung des betreffenden Arzneimittels Auswirkungen auf die Frage der Pflichtwidrigkeit des Vorverhaltens hat siehe S. 323 ff. Eine Pflichtwidrigkeit des Inverkehrbringens kommt allerdings dann in Betracht, wenn das Design der vorausgegangenen klinischen Prüfung fehlerhaft war und infolge dessen an sich, d. h. bei ordnungsgemäßer klinischer Prüfung, erkennbare Risiken nicht festgestellt wurden.

[710] *Eschweiler*, Selbstgefährdung, S. 129; *Haft*, AT, S. 187; *Heinrich*, AT/2, Rn. 954; *Höhfeld*, Strafrechtliche Produktverantwortung, S. 128; *Jescheck/Weigend*, AT, S. 625; LK-*Jescheck*, § 13 Rn. 33; *Molitoris*, PHi 2000, S. 37; NK-*Wohlers*, § 13 Rn. 42 f.; *Puppe*, AT/2, § 47 Rn. 9; *Rudolphi*, Gleichstellungsproblematik, S. 163, 182; *Schmid* in: Müller-Gugenberger/Bieneck, WiStR, § 56 Rn. 46; S/S-*Stree*, § 13 Rn. 35; *Sieber*, JZ 1996, S. 500; SK-StGB-*Rudolphi*, § 13 Rn. 41; *Tröndle*, GedS Meyer, S. 621; *Tröndle/Fischer*, § 13 Rn. 11a; *Walther*, Eigenverantwortlichkeit, S. 222.

wortlichkeit zu begründen.[711] Nur bei pflichtwidriger Gefahrverursachung jenseits der alltäglichen riskanten Verhaltensweisen sei die Entstehung einer Handlungspflicht zur Schadensabwehr auch für den Laien im Rahmen einer Parallelwertung ohne Weiteres nachvollziehbar und als solche greifbar, so dass er die Chance habe, durch das Einholen von Informationen hinsichtlich des von ihm verlangten Verhaltens seine Rechtstreue zu beweisen, im Fall gleichgültiger Untätigkeit indes eindeutig eine fehlerhafte Einstellung gegenüber den Anforderungen der Gesellschaft an den Tag lege, welche Strafe rechtfertige.[712]

Die auch pflichtgemäßes, erlaubt gefährliches Vorverhalten als ausreichend befindende Gegenauffassung[713] betrachtet das Pflichtwidrigkeitskriterium als untaugliches, zufällige und häufig unzutreffende Ergebnisse produzierendes Merkmal zur Einschränkung der Ingerenz.[714] Sie stimmt mit der pflichtwidriges Vorverhalten verlangenden Ansicht darin überein, dass die adäquate Gefahrschaffung als Element der wertfreien Kausalität allein nicht ausreiche, um eine Sonderverantwortlichkeit i. S. d. § 13 StGB zu begründen, weist aber den Vorwurf zurück, letztlich nur auf den Kausalzusammenhang zwischen Vorverhalten und Erfolg zu rekurrieren. So heben ihre Vertreter durchaus zutreffend hervor, dass die Erlaubnis der riskanten Tätigkeit zum einen von vornherein bedingt und beschränkt ist durch die Auferlegung von Gefahrreduzierungs- und Gefahrabwendungsmaßnahmen und zum anderen keine Befugnis zur Rechtsgutsverletzung verleiht.[715] Daraus ziehen sie die Schlussfolgerung, dass im Fall konkret drohender Gefahrrealisierung diese Sicherungspflichten in Rettungspflichten umschlügen und folglich auch der erlaubt riskant Handelnde aufgrund der mit der Handlungserlaubnis einhergehenden Verpflichtungen – und damit nicht nur wegen der bloßen Erfolgskausalität des Vorverhaltens – für den Nichteintritt drohender Schäden einzustehen habe.[716]

711 *Bock*, Produktkriminalität, S. 131; *Höhfeld*, Strafrechtliche Produktverantwortung, S. 127 f.; *Joecks*, § 13 Rn. 42; *Roxin*, AT/2, § 32 Rn. 155; *Rudolphi*, JR 1987, S. 164; *Tröndle/Fischer*, § 13 Rn. 11a.

712 Vgl. *Hassemer*, Produktverantwortung, S. 53; *Rudolphi*, JR 1987, S. 164.

713 *Böhm*, Rechtspflicht, S. 84; *Freund*, Erfolgsdelikt, S. 217; *ders.*, AT, § 6 Rn. 72; *Herzberg*, Unterlassung, S. 299; *Hilgers*, Verantwortlichkeit von Führungskräften, S. 136; *Jakobs*, Tun und Unterlassen, S. 22; *Kindhäuser*, LPK, § 13 Rn. 47; *Kirchner*, Unterlassungshaftung, S. 62; *Maiwald*, JuS 1981, S. 482 f.; MüKo-StGB-*Freund*, § 13 Rn. 119. Ebenso *Otto*, NJW 1974, S. 533f., *ders.*, WiB 1995, S. 933, auf der Grundlage seiner auf Erwartungserwartungen rekurrierenden Garantenlehre.

714 *Lackner/Kühl*, § 13 Rn. 13; *Maurach/Gössel/Zipf*, AT/2, § 46 Rn. 99; *Otto*, FS Hirsch, S. 306 f.

715 Siehe die Ausführungen zum Wesen des erlaubten Risikos, S. 171 ff., 180 ff.

716 *Freund*, Erfolgsdelikt, S. 181 f.; *Gallas*, Studien, S. 87 f.; *Jakobs*, AT, 29/39; *Köhler*, AT, S. 220; *Lege*, Rechtspflichten, S. 80 ff. *Freund*, AT, § 6 Rn. 71, und MüKo-StGB, § 13 Rn. 118, 129, 133, spricht insofern von einer „bedingten Gestattung" und glaubt, auf Grundlage dieses Gedankens gerade auch die Probleme der strafrechtlichen Produktverantwortlichkeit einer überzeugenden Lösung zuführen zu können. Im Ergebnis ebenso *Welp*, Vorangegangenes Tun, S. 223 ff., demzufolge die Erlaubnis eines generell als riskant und rechtsgutsgefährdend erkannten Handelns den hierdurch konkret herbeigeführten Rechtsgutsverletzungen eine gewisse Typizität verleihe, die eine ge-

Hauptkritikpunkt gegen diese Auffassung ist das von ihr herbeigeführte widersprüchliche Ergebnis, ein ex ante gestattetes und damit nicht strafbares Tun ex post als Entstehungsgrund einer Strafbarkeit begründenden Garantenstellung heranzuziehen. Auf diese Weise werde die Ingerenz dazu missbraucht, auf dem Umweg über eine Unterlassungskonstruktion die gesetzliche Wertung hinsichtlich des aktiven Tuns zu unterlaufen und den Handelnden letztlich doch für die Folgen seiner Tätigkeit zur Verantwortung ziehen zu können.[717]

In Anbetracht der gegen die beiden Extrempositionen geltend gemachten Bedenken hat sich eine vermittelnde Ansicht entwickelt, die speziell zur Lösung der Rückrufproblematik im Bereich der Produktverantwortung zunehmend Anhänger gefunden hat. Nach dieser Auffassung setzt eine Ingerenzgarantenstellung weder die formale Pflichtwidrigkeit des Vorverhaltens voraus, noch genügt die adäquate Herbeiführung der Gefahr einer Rechtsgutsverletzung. Maßgeblich für die Bejahung der Ingerenz sei vielmehr, dass das vorangegangene Tun ein gegenüber dem alltäglichen Handeln gesteigert riskantes Vorverhalten darstelle.[718] Dies sei der Fall, wenn durch das vorherige Handeln ein Risiko geschaffen wurde, welches über dasjenige hinausgeht, mit dem jeder normalerweise rechnet und gegen das sich daher jeder selbst ausreichend zu schützen vermag. Unter diesen Umständen sei der Ingerent aufgrund der ihm zur Verfügung stehenden besonderen Mittel weit besser in der Lage, Entstehung und Entwicklung der Gefahr zu erkennen, und aufgrund dieser Überlegenheit auch zu gefahrabwendendem Verhalten verpflichtet.[719] Zur Konkretisierung derart riskanten Verhaltens könne auf das Bestehen einer zivilrechtlichen Gefährdungshaftung bzw. einer Versicherungspflicht abgestellt werden, denen insoweit Indizfunktion zukäme.[720] Führt man sich die zahlreichen Gefährdungshaftungstatbestände auf dem Gebiet der Produktverantwortung sowie die Tatsache vor Augen, dass der Produzent wegen seines Überblicks, seiner Kenntnisse hinsichtlich Produkt und Vertriebsstruktur sowie seiner Organisation eine wesentlich größere Chance zur Vermeidung produktbedingter Schäden besitzt, zeigt sich daran die Bedeutung dieses Ansatzes gerade für den Bereich der Produktverantwortung: Das Ausliefern eines Produktes ließe sich unproblematisch als gesteigert riskantes Vorverhalten qualifizieren, aus diesem Umstand eine Rückrufpflicht herleiten und somit letztlich eine Einstandspflicht des Produzenten i. S. d. § 13 StGB begründen, ohne dass es auf die Erkennbarkeit der Produktschädlichkeit im Zeitpunkt des Inverkehrbringens ankäme.[721] Dies gilt insbesonde-

---

steigerte Adäquanz der Gefahrschaffung und damit einhergehend ein intensiveres Gefährdungsbewusstsein hervorrufe, weswegen das Unterlassen erfolgsabwendender Maßnahmen trotz rechtmäßigen Vorverhaltens begehungsäquivalent sei.

717 *Baumann/Weber/Mitsch*, AT, § 15 Rn. 65; *Rudolphi*, JR 1987, S. 164 f.

718 *Beulke/Bachmann*, JuS 1992, S. 740; *Grünewald*, Garantenpflichten, S. 137; *Kuhlen*, NStZ 1990, S. 568; *Meier*, NJW 1992, S. 3196. Ähnlich *Jakobs*, AT, 29/42; *van Weezel*, Beteiligung bei Fahrlässigkeit, S. 214 ff.

719 *Eichinger*, Produkthaftung, S. 146; *Meier*, NJW 1992, S. 3196.

720 *Beulke/Bachmann*, JuS 1992, S. 740; *Jakobs*, AT, 29/42.

721 Dementsprechend eine Garantenstellung des Produzenten bejahend *Bock*, Produktkriminalität, S. 142; *Deutscher/Körner*, wistra 1996, S. 301; *Kühl*, AT, § 18 Rn. 103; *Kuhlen*, NStZ 1990, S. 568; *Lege*, Rechtspflichten, S. 94; *Meier*, NJW 1992, S. 3196.

re auch für das Inverkehrbringen von Arzneimitteln als besonders gefährlichen Gütern, zumal § 84 AMG einen Gefährdungshaftungstatbestand und § 40 Abs. 1 Nr. 8, Abs. 3 AMG eine Versicherungspflicht für die klinische Prüfphase statuiert. Eine Garantenstellung des pharmazeutischen Unternehmers wäre folglich zu bejahen.[722]

Die Vorteile dieser Auffassung gegenüber den zuvor dargestellten liegen damit auf der Hand: Sie ermöglicht kriminalpolitisch wünschenswerte Ergebnisse auf dem Gebiet der Produktverantwortung und liefert mit dem gesteigert riskanten Verhalten ein materielles Kriterium, woraus eine Sonderverantwortlichkeit des Handelnden materiell abgeleitet werden kann, ohne dass die Ingerenz zugleich derart ins Uferlose ausgedehnt wird, wie dies bei der pflichtgemäßes Vorverhalten für ausreichend erachtenden Auffassung der Fall ist. Dennoch kann die Lehre vom gesteigert riskanten Vorverhalten letzten Endes nicht überzeugen. Dies liegt vor allem an der Konturenlosigkeit des Merkmals „gesteigert riskantes Vorverhalten", ist es doch unmöglich, „auf dem Kontinuum zwischen minimaler Gefährlichkeit und maximaler Schadensnähe einen herausgehobenen Punkt festzulegen, bei dessen Überschreiten ein gesteigertes Risiko erreicht sein soll."[723] Im Gegensatz zur Pflichtwidrigkeit ist das Kriterium gesteigert riskanten Vorverhaltens nicht imstande, der Ingerenz die zwingend erforderlichen festen Konturen zu verleihen, und kann dem potentiellen Täter anders als die formale Pflichtwidrigkeit keinen verlässlichen Maßstab liefern, an dem er sein Verhalten ausrichten kann.[724] Dies ist nicht nur unvereinbar mit Art. 103 Abs. 2 GG, sondern wirkt umso schwerer, als gerade im Bereich der Produktverantwortung die präventiv-verhaltenssteuernde Wirkung des Strafrechts maßgeblich von der Bestimmtheit der Strafbarkeitsvoraussetzungen abhängt, sind die Produzenten doch an einer Vermeidung strafrechtlicher Verantwortung interessiert und daher grundsätzlich bereit, ihr Verhalten entsprechend anzupassen.[725] Auch die teilweise vorgeschlagene Konkretisierung des gesteigerten Risikos durch Rückgriff auf zivilrechtliche Verkehrs(sicherungs)pflichten kann nicht befriedigen, weil dies dazu führt, dass unter dem Deckmantel des gesteigert riskanten Verhaltens die Garantenstellung faktisch

---

722 So auch *Kühl*, AT, § 18 Rn. 103

723 *Hoyer*, GA 1996, S. 175. Zustimmend *Bosch*, Organisationsverschulden, S. 209 f.; *Brammsen*, Unterlassungshaftung, S. 115 f.; *Busch*, Umweltstrafrecht, S. 532; *Dreher*, ZGR 1992, S. 48; *Höhfeld*, Strafrechtliche Produktverantwortung, S. 134; *Kirchner*, Unterlassungshaftung, S. 51; *Otto*, FS Hirsch, S. 308; *Roxin*, AT/2, § 32 Rn. 202; *Schall*, Probleme, S. 109; *Weißer*, Kollegialentscheidungen, S. 49 f. Selbst *Kuhlen*, NStZ 1990, S. 568 f., gesteht den Konkretisierungsbedarf ein.

724 *Hassemer*, Produktverantwortung, S. 54 f.; *Schwartz*, Produkthaftung, S. 49 f. Bezeichnend ist diesbezüglich auch die Äußerung von *Krey*, AT/2, Rn. 366, der von einer „strafrechtlichen Gefährdungshaftung" spricht.

725 *Hassemer*, Produktverantwortung, S. 55; *Lege*, Rechtspflichten, S. 91 f. Vgl. auch die Äußerung des *BGH* im Holzschutzmittel-Urteil, *BGH*St 41, 206 (219): „[Die Angeklagten] hatten selbst ein großes Interesse daran, daß die Produkte der von ihnen vertretenen Firma nicht in Verruf gerieten und diese Firma keinen Schadensersatzforderungen ausgesetzt werden würde."

auf allein diese Verkehrs(sicherungs)pflichten gestützt wird, was aus den bereits genannten Gründen abzulehnen ist.[726]

Anhand der erheblichen Bedenken, denen sich die Lehre vom gesteigert riskanten Vorverhalten ausgesetzt sieht, zeigt sich, dass eine zwischen den konträren Pflichtwidrigkeitspositionen vermittelnde Kompromisslösung nicht möglich ist, der Mittelweg mangels hinreichend genauer Wegmarken letztlich ins Dickicht kriminalpolitischer Einzelfallabwägungen führt, in dem eine klare Ingerenzkonstruktion auf der Strecke bleibt. Eine solche kann nur erreicht werden, wenn man sich zur Lösung der Ingerenzproblematik am formalen Kriterium der Pflichtwidrigkeit orientiert und entweder den Pfad für oder gegen das Pflichtwidrigkeitserfordernis beschreitet. Bevor diesbezüglich eine Entscheidung zu treffen ist, soll ein Blick auf die Auffassung der Rechtsprechung geworfen werden, zumal die im Lederspray-Urteil enthaltenen Ausführungen des *BGH* zur Ingerenzgarantenstellung des Produzenten erhebliche Diskussionen in der Strafrechtswissenschaft ausgelöst haben.

(II) Auffassung der Rechtsprechung

Während die Rechtsprechung anfangs in Anknüpfung an die Auffassung des *Reichsgerichts*[727] zunächst eine Garantenstellung aus vorangegangenem Tun auch bei Rechtmäßigkeit des Vorverhaltens bejahte,[728] schloss sie eine solche später bei sozial üblichem und von der Allgemeinheit gebilligtem Vorverhalten aus.[729] Nach inzwischen ständiger Rechtsprechung setzt die Ingerenzgarantenstellung ein pflichtwidriges vorangegangenes Handeln voraus.[730] Auch im Lederspray-Urteil stellte der *BGH* maßgeblich auf die Pflichtwidrigkeit des Vorverhaltens ab. Bei genauerer Betrachtung erweist sich das dortige Festhalten am Pflichtwidrigkeitserfordernis jedoch als „schlecht verhohlenes Lippenbekenntnis".[731]

Zunächst leitet der BGH die Pflichtwidrigkeit fälschlicherweise aus einem Verstoß gegen das allgemeine Schädigungsverbot des Art. 2 Abs. 2 Satz 1 GG sowie einer Zuwiderhandlung gegen die mit § 5 AMG weitgehend inhaltsgleiche Spezialnorm des § 30 Nr. 2 LMBG ab.[732] Angesichts des Umstandes, dass § 30 Nr. 2 LMBG wie § 5 AMG die im konkreten Fall nicht gegebene Erkennbarkeit der Produktschädlichkeit im Zeitpunkt des Inverkehrbringens voraussetzt und das allgemeine Schädigungsverbot durch jedwede Gefahrschaffung unabhängig von ihrer Pflichtwidrigkeit geschweige denn Strafwürdigkeit verletzt wird, kann diese

---

726 Ebenso *Roxin*, AT/2, § 32 Rn. 169; *Schmucker*, Dogmatik, S. 126 f. *Schmucker* hebt zu Recht für den Bereich der Produktverantwortung hervor, dass auch eine Ableitung der gesteigerten Gefährlichkeit aus einer gewissen Anzahl eingegangener Schadensmeldungen mangels Bestimmbarkeit der zur Begründung einer Garantenstellung letztlich erforderlichen Quantität an Mitteilungen nicht möglich ist.

727 Siehe *RG*St 66, 71; 72, 20 (23); 73, 57; 74, 285.

728 Vgl. *BGH*St 2, 202 (205), 279 (283); 4, 20 (22); 11, 353 (355).

729 Vgl. *BGH*St 19, 152 (154); 26, 35 (37 f.); OLG Stutgart NJW 1986, S. 1767.

730 Siehe die Nachweise bei *Hillenkamp*, Probleme AT, 29. Problem.

731 *Puppe*, JR 1992, S. 30.

732 *BGH*St 37, 106 (117).

Argumentation nicht überzeugen.[733] Als befremdlich und im Ergebnis unhaltbar erweist sich auch die Annahme des *BGH*, die objektive Pflichtwidrigkeit verlange keine Verletzung der gebotenen Sorgfaltspflicht seitens des Handelnden, vielmehr genüge die rechtliche Missbilligung des Gefährdungserfolgs, weswegen es auf die Erkennbarkeit der vom Produkt ausgehenden Gefahren gar nicht ankomme.[734] Nicht nur, dass sich der *BGH* damit in Widerspruch zur entsprechenden zivilrechtlichen Rechtsprechung setzt[735] und insoweit ein mit dem Sekundaritäts- und ultima ratio-Charakter des Strafrechts schwer zu vereinbarendes extensiveres Pflichtwidrigkeitsverständnis an den Tag legt. Er verkennt darüber hinaus Inhalt und Bedeutung von objektiver und subjektiver Pflichtwidrigkeit, verwechselt Unrecht und Schuld.[736] Zwar muss das vorangegangene Handeln weder subjektiv sorgfaltswidrig im Sinne der Kenntnis bzw. vorwerfbaren Unkenntnis der intolerablen Gefährlichkeit des eigenen Handelns sein, noch ist diese tatsächliche (Un-)Kenntnis als Schuldelement Gegenstand der objektiven Pflichtwidrigkeit. Jedoch setzt diese zwingend eine ex ante erkennbare, rechtlich missbilligte und durch normgemäßes Verhalten vermeidbare Risikoschaffung voraus. Eine Ableitung der objektiven Pflichtwidrigkeit allein aus dem ex post festgestellten missbilligten Gefährdungserfolg genügt nach gängiger strafrechtswissenschaftlicher Auffassung zu Recht nicht, wäre eine so verstandene objektive Pflichtwidrigkeit doch bereits im unstrittigen Erfordernis einer adäquaten Gefahrschaffung enthalten und insofern nicht mehr als eine leere Floskel ohne eigenen Aussagegehalt.[737] Zudem ist dieses ausschließlich am Erfolgsunwert ausgerichtete Pflichtwidrigkeitsverständnis des *BGH* mit den Prämissen einer personalen Unrechtsdogmatik nicht vereinbar. Denn die Pflichtwidrigkeit eines Verhaltens bestimmt sich nach dem Handlungsunwert. Die Beurteilung eines Handelns als Unwert setzt allerdings voraus, dass der Handelnde in der Lage ist zu erkennen, dass er durch sein Verhalten die von Rechts wegen an ihn gestellten Erwartungen enttäuscht. Nur unter diesen Umständen können die einschlägigen Rechtspflichten den sie legitimierenden Zweck erfüllen, zu einem aus Rechtsgüterschutzgesichtspunkten gebotenen Verhalten zu motivieren und damit das Verhalten des Einzelnen in gemeinschaftsverträglichen Bahnen zu steuern, da sie nur dann erkennbar vor die Wahl stellen, sich durch rechtliche Anforderungen missachtendes Verhalten einem mit Sanktionen verbundenen Un-

---

733 Vgl. *Höhfeld*, Strafrechtliche Produktverantwortung, S. 129; *Schmucker*, Dogmatik, S. 121; *Weißer*, Kollegialentscheidungen, S. 36.

734 *BGH*St 37, 106 (118 f.).

735 Siehe die entgegenstehende Auffassung des *BGH* in der 2. Apfelschorf-Entscheidung, *BGH*Z 80, 199 (204).

736 *Busch*, Umweltstrafrecht, S. 528; *Schünemann*, FG BGH IV, S. 638.

737 Vgl. *Beulke/Bachmann*, JuS 1992, S. 739; *Bock*, Produktkriminalität, S. 133; *Brammsen*, Unterlassungshaftung, S. 114 f.; *Busch*, Umweltstrafrecht, S. 528 f.; *Deutscher/Körner*, wistra 1996, S. 299; *Dreher*, ZGR 1992, S. 47; *Gimbernat Ordeig*, ZStW 111 (1999), S. 311; *Hilgendorf*, Produzentenhaftung, S. 138; *Kuhlen*, NStZ 1990, S. 568; *Lege*, Rechtspflichten, S. 78; *Lackner/Kühl*, § 13 Rn. 13; *Nehm*, Produkthaftung, S. 15; *Ransiek*, ZGR 1992, S. 216; *Roxin*, AT/2, § 32 Rn. 199; *Samson*, StV 1991, S. 184; *Schmucker*, Dogmatik, S. 142 f.; *Schwartz*, Produkthaftung, S. 45 f.; *Weißer*, Kollegialentscheidungen, S. 37 f.

werturteil auszusetzen oder dem Unwerturteil durch rechtskonformes Handeln zu entgehen.[738]

Zusammenfassend bleibt festzuhalten, dass der BGH durch Reduktion der objektiven Pflichtwidrigkeit auf die Herbeiführung eines ex post festzustellenden missbilligten Gefährdungserfolgs trotz anders lautender Bekundung faktisch vom Ingerenzerfordernis pflichtwidrigen Vorverhaltens abgerückt ist[739] und damit im Bereich der Produktverantwortung zur Herbeiführung kriminalpolitisch wünschenswerter Ergebnisse einen Paradigmenwechsel eingeleitet hat,[740] der im Holzschutzmittel-Prozess[741] seine Fortsetzung fand.

(III) Stellungnahme

Auch wenn die Rechtsprechung des BGH hinsichtlich der dogmatisch verfehlten Pflichtwidrigkeitskonstruktion im Schrifttum fast einhellig auf Ablehnung stieß, so wurde doch die de facto-Aufgabe des Pflichtwidrigkeitserfordernisses unabhängig davon, ob prinzipiell am Pflichtwidrigkeitskriterium festgehalten werden sollte, zumindest für den Bereich der strafrechtlichen Produktverantwortung von Teilen des Schrifttums ausdrücklich begrüßt.[742] Der Verzicht auf das Pflichtwidrigkeitserfordernis sei aus Gründen des Opferschutzes zwingend geboten, werde der Produzent doch durch die Händler bzw. geschädigten Verbraucher am schnellsten über etwaige Produktgefahren unterrichtet und könne wegen seiner Kenntnis der Vertriebswege am effektivsten den Rückruf aller ausgelieferten Produkte gewährleisten.[743] Zudem trage das Argument, pflichtgemäßes Handeln be-

---

[738] Vgl. *Böse*, wistra 2005, S. 42; *Brammsen*, GA 1993, S. 107; *Busch*, Umweltstrafrecht, S. 529; *Höhfeld*, Strafrechtliche Produktverantwortung, S. 129 f.; *Jakobs*, FG BGH IV, S. 43 f.; *Kuhlen*, NStZ 1990, S. 568; *Lege*, Rechtspflichten, S. 78; *Otto*, FS Hirsch, S. 304; *Schmucker*, Dogmatik, S. 121 f.; *Sowada*, Jura 2003, S. 242.

[739] *Alexander*, Strafrechtliche Verantwortlichkeit, S. 78 f.; *Bock*, Produktkriminalität, S. 133; *Hassemer*, Produktverantwortung, S. 54; *Hellmann/Beckemper*, WiStR, Rn. 870; *Hilgendorf*, Produzentenhaftung, S. 140; *Höhfeld*, Strafrechtliche Produktverantwortung, S. 130; *Kaufmann*, (Sonder-)Pflichtverletzungen, S. 37; *Kühl*, AT, § 18 Rn. 103; *Kuhlen*, NStZ 1990, S. 568; *Lege*, Rechtspflichten, S. 79; *Molitoris*, PHi 2000, S. 37; MüKo-StGB-*Freund*, § 13 Rn. 119; *Otto*, FS Hirsch, S. 304; *ders.*, WiB 1995, S. 933; *Rotsch*, Individuelle Haftung, S. 188; *Samson*, StV 1991, S. 184; *Schmucker*, Dogmatik, S. 119; *Schünemann*, Unterlassungsdelikte, S. 68 f.

[740] Anders noch der *BGH* in früheren Urteilen, so etwa *BGH*St 19, 152 (154) und 25, 218 (221), wo er eine Ingerenzgarantenstellung nicht mangels Erfolgskausalität des Vorverhaltens, sondern aufgrund dessen ex ante festgestellter Sozialadäquanz verneinte.

[741] *BGH*St 41, 206 (218). Siehe hierzu *Braum*, KritV 1994, S. 185.

[742] *Bode*, FS BGH, S. 524; *Deutscher/Körner*, wistra 1996, S. 301; *Goll/Winkelbauer* in: von Westphalen, Produkthaftungshandbuch, § 47 Rn. 14 f. Im Ergebnis ebenso *Lege*, Rechtspflichten, S. 94; *Wagner*, Arzneimittel-Delinquenz, S. 85. So wohl auch LK-*Jescheck*, § 13 Rn. 33; *Wessels/Beulke*, AT, Rn. 727a. Auch *Kuhlen* in: Achenbach/Ransiek, HWSt, II Rn. 38, hält die Herleitung einer Garantenstellung des Produzenten aus Ingerenz unter Verzicht auf das Pflichtwidrigkeitserfordernis für denkbar. A. A. *Schmucker*, Dogmatik, S. 123; *Schwartz*, Produkthaftung, S. 47.

[743] *Lege*, Rechtspflichten, S. 88.

gründe kein Vertrauen in ein rettendes Eingreifen des Gefahrverursachers, weil der Einzelne mit diesem Verhalten zu rechnen habe und daher imstande sei, eigene Schutzvorkehrungen gegen die davon ausgehenden Gefahren zu treffen,[744] in Bezug auf das Inverkehrbringen von Produkten gerade nicht. Da Produkten nun einmal nicht anzusehen sei, ob sie Schäden verursachen, bliebe dem Verbraucher nichts anderes übrig, als gutgläubig auf die Ungefährlichkeit der von ihm benutzten Produkte bzw. auf ein schadensabwendendes Einschreiten des Produzenten zu vertrauen.[745]

Mögen diese kriminalpolitischen Aspekte auch durchaus gewichtige Argumente für einen Verzicht auf die Pflichtwidrigkeit des Vorverhaltens liefern, aus rechtsdogmatischer Sicht kann ein solcher nicht überzeugen.[746] Die Tatsache, dass die Risikoerlaubnis allein den Handlungsunwert des Inverkehrbringens potentiell schädlicher Produkte beseitigt, nicht aber den Erfolgsunwert einer dadurch tatsächlich eingetretenen Rechtsgutsverletzung, deren Vermeidung somit weiterhin rechtlich geboten ist,[747] begründet für sich keine Ingerenzgarantenstellung des erlaubt gefährlich Handelnden. Bedenkt man, dass sich die Ingerenzgarantenstellung aus dem Vorverhalten heraus erklären muss, die wertfreie Kausalität in Form der adäquaten Gefahrschaffung aber nach allen Ingerenztheorien gerade nicht ausreicht, um eine strafrechtliche Sonderverantwortlichkeit i. S. d. § 13 StGB zu begründen, könnte sich die Garantenstellung nur noch aus der Tatsache ergeben, dass die Gefahrschaffung rechtlich toleriert wird. Dies mutet allerdings reichlich merkwürdig an, hieße dies doch, der Erlaubnis eines Verhaltens entgegen ihrer strafbarkeitsausschließenden Funktion letztlich strafbarkeitsbegründende Wirkung zuzusprechen. Freilich entbindet die Tatsache, dass die Erlaubnis eines riskanten Verhaltens im Bewusstsein daraus möglicherweise resultierender, wegen ihrer Unvermeidbarkeit oder aufgrund des sozialen Nutzens der gefährlichen Tätigkeit aber hinzunehmender Rechtsgutsverletzungen erfolgt, nicht von der Pflicht, durch geeignete Sicherheitsvorkehrungen Schädigungen Dritter bestmöglich zu verhindern. Deswegen korrespondiert mit der Inanspruchnahme der Risikoerlaubnis eine Einstandspflicht dafür, dass die ausgeübte Tätigkeit innerhalb der rechtlich tolerierten Grenzen verläuft; werden vor Aufnahme und bei Verrichtung der Tätigkeit erwartbare Vorkehrungen zur Vermeidung vorhersehbarer Gefahren unterlassen, ruft dies daher eine Verantwortlichkeit für daraus resultierende Rechtsgutsverletzungen hervor. Indes kann aus dem erlaubt gefährlichen Vorverhalten nicht die

744 Vgl. *Bock*, Produktkriminalität, S. 135; *Rudolphi*, Gleichstellungsproblematik, S. 178.

745 *Lege*, Rechtspflichten, S. 90.

746 So im Ergebnis auch *Höhfeld*, Strafrechtliche Produktverantwortung, S. 138; *Samson*, StV 1991, S. 184; *Schmid*, FS Keller, S. 656; *Schmucker*, Dogmatik, S. 134.

747 Siehe S. 180 ff. Insofern erweist sich auch die Argumentation als schief, die Annahme einer Ingerenzgarantenstellung bei pflichtgemäßem Verhalten liefe letztlich auf das befremdliche Ergebnis hinaus, dass der in Notwehr Handelnde im Gegensatz zum unbeteiligten und daher nur nach § 323c StGB zur Hilfeleistung verpflichteten Dritten mit einer Garantenstellung belastet würde. Denn der Rechtfertigungsgrund der Notwehr gewährt ein Eingriffsrecht und beseitigt damit auch den Erfolgsunwert der in Notwehr herbeigeführten Rechtsgutsverletzung, so dass der Angegriffene gerade nicht zur anschließenden Rettung verpflichtet ist. So auch *Otto*, WiB 1995, S. 933.

darüber hinausgehende Garantie abgeleitet werden, auch diejenigen Rechtsgutsverletzungen zu vermeiden, in denen sich ein trotz angemessener Gefahrminderungsmaßnahmen verbleibendes Restrisiko zu verwirklichen droht, welches etwa mangels Erkennbarkeit nicht wirksam ausgeschlossen werden konnte. Eine solche Einstandspflicht stünde nicht nur der in Bezug auf das vorangegangene Tun getroffenen Wertung der Risikoerlaubnis entgegen und würde der das erlaubte Risikomaß festlegenden Norm ihre Garantiefunktion als verlässliche Umschreibung strafloser Verhaltensweisen rauben.[748] Sie liefe zudem im Ergebnis darauf hinaus, dass abweichend von allgemeinen strafrechtlichen Grundsätzen die rechtmäßige Herbeiführung ex ante nicht erkennbarer Rechtsgutsverletzungen strafbar wäre.

Demnach kommt eine Ingerenzgarantenstellung auch auf dem Gebiet der Produktverantwortung nur in Betracht, wenn die durch das Vorverhalten ausgelöste Gefahr unerlaubt, objektiv erkennbar und durch sorgfaltsgemäßes Verhalten vermeidbar war. Damit scheidet eine Ingerenzgarantenstellung des Produzenten aus, wenn sich das Inverkehrbringen des Produkts im Rahmen des erlaubten Risikos bewegt, weil dessen Schädlichkeit bei Auslieferung nicht erkennbar war und daher diesbezüglich keine Vorsichtsmaßnahmen getroffen werden konnten. Für die Frage einer Ingerenzgarantenstellung des pharmazeutischen Unternehmers folgt daraus, dass im praktisch häufigsten Fall des Inverkehrbringens schädlicher, mangels Erkennbarkeit der von ihnen ausgehenden Gesundheitsgefahren im Zeitpunkt der Ausbietung aber i. S. d. § 5 Abs. 2 AMG unbedenklicher Arzneimittel eine Ingerenzgarantenstellung ausscheidet.

Der Gegenauffassung ist im Ergebnis allerdings durchaus dahingehend zuzustimmen, dass pflichtmäßiges Vorverhalten dann eine Garantenstellung begründen kann, wenn dieses offensichtlich, d. h. im selben Maße wie pflichtwidriges Handeln, ein berechtigtes Vertrauen auf schadensabwehrendes Einschreiten im Fall drohender Gefahrrealisierung weckt, wie dies vor allem der Fall ist, wenn die potentiell Gefahrbetroffenen ohne maßgebliche Mithilfe des Gefahrverursachers nicht imstande sind, sich ausreichend selbst zu schützen.[749] Auch kann nicht geleugnet werden, dass ein derartiges Schutzvertrauen und Abhängigkeitsverhältnis insbesondere hinsichtlich der Verwendung von Massenprodukten existiert. Dies gilt in noch weit stärkerem Maße für die Einnahme von Arzneimitteln. Dem Umstand, dass die Patienten als Laien angesichts der Komplexität der innerorganischen Wirkzusammenhänge die Gefährlichkeit eines Medikaments nicht erkennen und sich daher nicht effektiv davor schützen können, sie vielmehr auf ein aufklärendes, Arzneimittelschäden unterbindendes Einschreiten des pharmazeutischen Unternehmers zwingend angewiesen sind, trägt schließlich auch das gesetzlich normierte Nachmarktkontrollsystem Rechnung. Dieses kodifiziert letztlich auf der Grundlage des mit dieser Abhängigkeit der Patienten einhergehenden Vertrauens auf ein gesundheitsschützendes Eingreifen des pharmazeutischen Unternehmers eine dementsprechende Verpflichtung. Insofern läge es nahe, aus der Mitwirkungspflicht des pharmazeutischen Unternehmers im Rahmen der Nachmarktkon-

[748] Vgl. *Baumann/Weber/Mitsch*, AT, § 15 Rn. 65; *Hassemer*, Produktverantwortung, S. 57 f.

[749] Vgl. *Köhler*, AT, S. 220.

trolle den Schluss zu ziehen, dass die Erlaubnis des Tätigwerdens als pharmazeutischer Unternehmer nicht nur unter dem jeder Risikoerlaubnis innewohnenden Bedingung steht, bei Ausübung der gefährlichen Tätigkeit angemessene Vorkehrungen zum Schutz Dritter zu treffen, sondern zusätzlich unter der Auflage erteilt wird, im Fall einer trotz derartiger Sicherheitsmaßnahmen drohenden Gefahrrealisierung in Form der Warnung oder des Produktrückrufs rettend aktiv zu werden.

Allerdings ist Anknüpfungspunkt der Garantenstellung dann weniger die Ausübung der erlaubt gefährlichen Tätigkeit als solche, sondern vielmehr die in der Aufnahme und Ausübung der Tätigkeit enthaltene konkludente Übernahme einer Schutzverpflichtung dergestalt, alle von den in Verkehr gebrachten Präparaten ausgehenden Gefahren abzuwehren. Anstatt die Ingerenz zur Herbeiführung kriminalpolitisch erwünschter Ergebnisse im Bereich der Produktverantwortung durch Verzicht auf das Pflichtwidrigkeitskriterium ihrer Konturen zu berauben und damit vor allem außerhalb der Produkthaftung unerwünschte Folgen hervorzurufen, erscheint es daher vorzugswürdig, zur Herleitung einer Garantenstellung des pharmazeutischen Unternehmers den seit jeher unstreitig anerkannten, von der Existenz eines besonders gearteten Vorverhaltens unabhängigen Entstehungsgrund der Übernahme heranzuziehen. Inwieweit dies tatsächlich möglich ist, soll im Folgenden näher untersucht werden.

(D) Garantenstellung kraft Übernahme

Allgemein anerkannt ist eine Beschützergarantenstellung aus der freiwilligen Übernahme einer Schutzfunktion für ein bestimmtes Rechtsgut, wobei diese nicht nur im Wege individueller Obhutsübernahme, sondern auch konkludent durch Ergreifen eines Berufes erfolgen kann, mit dem nach rechtlichen und sozialen Wertungen eine generell erhöhte Verantwortung für bestimmte Menschen bzw. Rechtsgüter einhergeht.[750] Grundlage der Garantenstellung kraft Übernahme ist die sozialethische Gebundenheit gegenüber dem Schutzgut im Sinne einer gegenseitigen Erwartungsbeziehung, die aus der durch das freiwillige Einrücken in die Pflichtenstellung geschaffenen Vertrauenslage folgt.[751] Steht somit der Vertrauensgedanke im Vordergrund, bedarf es zur materiellen Herleitung einer Garantenstellung zusätzlich eines Gefährdungselements, weswegen die Übernahme einer Schutzfunktion nur dann eine Sonderverantwortlichkeit gemäß § 13 StGB begründet, wenn das Hilfeversprechen für den Versprechenden erkennbar und wie von ihm erwartet dazu führt, dass der Gefährdete im Vertrauen auf die Präsenz und Einsatzbereitschaft des Gewährübernehmers auf anderweitige Schutzvorkehrungen verzichtet oder etwaigen Gefahren weniger Aufmerksamkeit entgegenbringt bzw. unbekümmert erhöhte Risiken eingeht.[752] Insofern ähnelt die Übernahme

---

[750] Vgl. *Blei*, FS Mayer, S. 143; *Herzberg*, Unterlassung, S. 355 f.; *Lege*, Rechtspflichten, S. 58; LK-*Jescheck*, § 13 Rn. 26; S/S-*Stree*, § 13 Rn. 10; *Schumann*, Handlungsunrecht, S. 118 f.; *Schwartz*, Produkthaftung, S. 48.

[751] Vgl. die Ausführungen des *OLG Celle* im sogenannten Streupflicht-Fall, NJW 1961, S. 1939 (1940). Ebenso *Haft*, AT, S. 186; *Jakobs*, AT, 29/67; *Schmucker*, Dogmatik, S. 151.

[752] *Blei*, FS Mayer, S. 138; *Böhm*, Rechtspflicht, S. 95; *Haft*, AT, S. 186; *Jakobs*, AT, 29/48 f.; *ders.*, Tun und Unterlassen, S. 23; *Jescheck/Weigend*, AT, S. 622; *Lege*,

einem vorausgegangenen gefährdenden Tun. Indem sich der Gefährdete dem Garanten schutzlos ausliefert, hängt der Erfolgseintritt maßgeblich vom Verhalten des Schutzgewährenden ab, so dass der Garantenstellung kraft Übernahme schließlich auch ein Herrschaftsmoment immanent ist.

Auch wenn die Übernahme im Regelfall den Schutz bestimmter Personen vor jeglichen Gefahren zum Gegenstand hat und angesichts dieser Schutzrichtung traditionell als Beschützergarantenstellung aufgefasst wird,[753] ist letztlich kein Grund ersichtlich, weshalb die übernommene Schutzfunktion nicht auch in der Abwehr der von einer Sache ausgehenden Gefahren zugunsten aller potentiell Gefahrbetroffenen bestehen kann, so dass die Übernahmegarantenstellung je nach Inhalt der eingegangenen Schutzverpflichtung mal den Beschützer-, mal den Überwachergarantenstellungen zuzuordnen ist.[754] Im letztgenannten Sinn kann sie dann auch prinzipiell als Grundlage einer Garantenstellung des pharmazeutischen Unternehmers dienen und ihn zur Abwehr der von den ausgelieferten Arzneimitteln ausgehenden Gesundheitsgefahren verpflichten.

Während früher der Abschluss eines entsprechenden Vertrages als entscheidender Entstehungsgrund der Übernahmegarantenstellung betrachtet wurde,[755] ist heute fast einhellig anerkannt, dass nicht bereits der bloße Vertragsschluss, sondern erst die tatsächliche Einnahme der Schutzposition den relevanten Vertrauenstatbestand schafft,[756] dessen Entstehung andererseits aber auch nicht zwingend einen zivilrechtlich gültigen Vertrag erfordert.[757] Voraussetzung einer freiwilligen Über-

---

Rechtspflichten, S. 60 f.; LK-*Jescheck*, § 13 Rn. 27; *Roxin*, AT/2, § 32 Rn. 55; *Rudolphi*, Gleichstellungsproblematik, S. 109; S/S-*Stree*, § 13 Rn. 27; SK-StGB-*Rudolphi*, § 13 Rn. 58; *Stree*, FS Mayer, S. 155 ff. passim; *Wessels/Beulke*, AT, Rn. 720. Zu Unrecht daher das Gefährdungsmoment der Übernahmegarantenstellung in Zweifel ziehend *Brammsen*, Garantenpflichten, S. 133; *Herzberg*, JZ 1986, S. 991; *Sangenstedt*, Garantenstellung, S. 265 f.

753 Vgl. *Jescheck/Weigend*, AT, S. 622; *Roxin*, AT/2, § 32 Rn. 55; *Schwartz*, Produkthaftung, S. 48.

754 So auch *Arzt*, JA 1980, S. 648; *Herzberg*, Unterlassung, S. 354; *Hilgers*, Verantwortlichkeit von Führungskräften, S. 121; *Maurach/Gössel/Zipf*, AT/2, § 46 Rn. 86; S/S-*Stree*, § 13 Rn. 26; *ders.*, FS Mayer, S. 148; *Schultz*, Amtswalterunterlassen, S. 126.

755 Siehe *RG*St 10, 100 (101); 17, 260 (261); 39, 397 (398). Nahe stehend *Puppe*, AT/2, § 45 Rn. 13, die mit wirksamer Kündigung des Vertrages auch die Garantenstellung erlöschen sieht.

756 *Arzt*, JA 1980, S. 652; *Gropp*, AT, § 11 Rn. 27; *Haft*, AT, S. 186; *Krey*, AT/2, Rn. 343; *Kühl*, AT, § 18 Rn. 68 ff.; *Lackner/Kühl*, § 13 Rn. 9; *Lege*, Rechtspflichten, S. 59; LK-*Jescheck*, § 13 Rn. 27; *Maurach/Gössel/Zipf*, AT/2, § 46 Rn. 82; *Otto*, AT, § 9 Rn. 64; *Roxin*, AT/2, § 32 Rn. 53; S/S-*Stree*, § 13 Rn. 28; *Stratenwerth/Kuhlen*, AT/1, § 13 Rn. 25. Ebenso das *OLG Celle* im Streupflicht-Fall, NJW 1961, S. 1939, sowie der *BGH* im Wuppertaler Schwebebahn-Fall, *BGH*St 47, 224 (229).

757 *Freund*, AT, § 6 Rn. 87; *Gropp*, AT, § 11 Rn. 27; *Haft*, AT, S. 186; *Jescheck/Weigend*, AT, S. 623; *Joecks*, § 13 Rn. 28; *Krey*, AT/2, Rn. 347; *Kühl*, AT, § 18 Rn. 69; *Lackner/Kühl*, § 13 Rn. 9; *Maiwald*, JuS 1981, S. 481; *Roxin*, AT/2, § 32 Rn. 53; S/S-*Stree*, § 13 Rn. 28; *Stratenwerth/Kuhlen*, AT/1, § 13 Rn. 25; SK-StGB-*Rudolphi*, § 13 Rn. 62. Wiederum auch der *BGH* im Wuppertaler Schwebebahn-Fall, *BGH*St 47, 224 (229).

nahme ist aber jedenfalls, dass die Existenz der Erwartung schützenden Tätigwerdens und das Vertrauen auf die Erfüllung dieser Erwartungshaltung erkennbar und auch berechtigt sind.[758] Dies gilt insbesondere für den Fall eines konkludenten Schutzversprechens durch Aufnahme und Ausübung einer gefahrenträchtigen Tätigkeit. Nur wenn die bezogene Schutzposition auch ohne einen zugrunde liegenden, zivilrechtlich wirksamen (konkludenten) Vertrag in ausreichendem Maße konturiert ist, verfügt die Garantenstellung auch ohne Vertrag über die erforderliche rechtliche Fundierung.[759]

Die hier interessierende Frage einer Übernahmegarantenstellung von Warenproduzenten wird im Schrifttum unterschiedlich beantwortet. Teilweise wird sie mit der Begründung abgelehnt, im Mittelpunkt des Warenverkehrs stünde der Leistungsaustausch. Der Hersteller könne und wolle für die Vielzahl unbekannter Verbraucher gar keine Schutzfunktion übernehmen, der Verbraucher wiederum dürfe mangels gesicherter wissenschaftlicher Erkenntnisse über etwaige Produktgefahren auch nicht auf eine Schutzgewähr des Produzenten vertrauen.[760] Diese Argumente überzeugen jedoch zumindest in Bezug auf Pharmaka nicht. Infolge deren offensichtlichen Schadenspotentials für die menschliche Gesundheit und der zahlreichen dem Schutz der Patientengesundheit dienenden gesetzlichen Regelungen rückt der Rechtsgüterschutz in den Vordergrund und verdrängt den reinen Leistungsaustausch als alleiniges Interesse der am Arzneimittelverkehr Beteiligten. Zudem kann das Inverkehrbringen, wenn mit diesem wie im Fall von Arzneimitteln die Verpflichtung einhergeht, sich bei Verdacht der Produktschädlichkeit im Rahmen der Nachmarktkontrolle aktiv an der Gefahrenabwehr zu beteiligen, nur dahingehend gedeutet werden, dass zwecks Realisierung des mit dem Produkt zu erzielenden Gewinns die Verpflichtung, die Verbraucher vor eventuell vom Produkt ausgehenden Schäden bestmöglich zu schützen, in Kauf genommen wird.[761] Da bei Arzneimitteln auch allgemein bekannt ist, dass sich das gesamte Gefährdungspotential eines Präparates erst nachträglich herausstellt, darf der Verbraucher gerade wegen des Fehlens ausreichenden Wissens über etwaige Nebenwirkungen darauf vertrauen, dass der pharmazeutische Unternehmer sein Produkt beobachtet, selbst nach vorhandenen Produktgefahren forscht und entsprechend

---

[758] Vgl. *Blei*, FS Mayer, S. 141; *Maiwald*, JuS 1981, S. 481 f.; *Seelmann*, Garantenpflichten, S. 97.

[759] Insoweit sind Bedenken gegen eine vollständige Loslösung der Übernahmegarantenstellung vom Erfordernis eines zugrunde liegenden Vertrages durchaus verständlich. Siehe insofern *Arzt*, JA 1980, S. 652; *Baumann/Weber/Mitsch*, AT, § 15 Rn. 60; *Köhler*, AT, S. 218; *Stratenwerth/Kuhlen*, AT/1, § 13 Rn. 25. Letztlich entscheiden aber die Umstände des Einzelfalls – ein pauschaler Verzicht auf einen (konkludenten) Vertragsschluss verbietet sich ebenso wie die pauschale Forderung nach einem eben solchen.

[760] *Lege*, Rechtspflichten, S. 61 f.; *Schmucker*, Dogmatik, S. 131; *Schwartz*, Produkthaftung, S. 48.

[761] Insofern kann *Freunds* Gedanke der bedingten Gestattung herangezogen werden: Wer die mit einer Risikoerlaubnis verknüpfte Pflicht, bei Bedarf gefahrabwehrend tätig zu werden, nicht akzeptieren möchte, müsse eben von der Tätigkeit Abstand nehmen. Vgl. MüKo-StGB-*Freund*, § 13 Rn. 117; zustimmend *Putz*, Strafrechtliche Produktverantwortlichkeit, S. 21; *Walter*, Geschäftsherr, S. 128.

der gewonnenen Erkenntnisse handelt. Insofern kommt in diesem Zusammenhang dem Gedanken des gesteigert riskanten Tätigwerdens, wie dies das Inverkehrbringen von Arzneimitteln angesichts der oftmals erst später in vollem Umfang erkennbaren Nebenwirkungen unstreitig darstellt, durchaus Bedeutung zu.[762] Der pharmazeutische Unternehmer weiß, dass die Patienten die von einem Medikament ausgehenden Gefahren nicht erkennen und auch keine eigenen Sicherheitstests durchführen können, weswegen sie bei Verdacht unvertretbarer Nebenwirkungen erkennbar auf ein aufklärendes oder die weitere Einnahme des Präparates unterbindendes Einschreiten seinerseits vertrauen und dieses auch erwarten. Zugleich wird dem pharmazeutischen Unternehmer hierdurch bewusst, dass die Gesundheit der Patienten entscheidend von seinem Tätigwerden abhängt. Dies spricht für ein durch das Inverkehrbringen eines Arzneimittels konkludent erteiltes Schutzversprechen des pharmazeutischen Unternehmers und damit für eine Garantenstellung auch in Fällen, in denen das Medikament im Zeitpunkt der Auslieferung unbedenklich, die Inverkehrgabe nicht pflichtwidrig war.[763]

Allerdings bedarf das die Übernahmegarantenstellung statuierende gegenseitige Erwartungsverhältnis einer hinreichend konkreten rechtlichen Grundlage, kann eine Einstandspflicht doch, wie gesehen, nicht per se aus der Risikoerlaubnis als solcher abgeleitet werden. Erforderlich ist insoweit, dass der Zusammenhang zwischen dem Inverkehrbringen eines Produktes und der dadurch eingegangenen Schutzverpflichtung offen zu Tage tritt. In der Literatur wird dies teilweise nur bei Markenware bejaht.[764] Doch auch hier kommen arzneimittelrechtliche Besonderheiten zum Tragen. Nicht nur, dass jedes Arzneimittel aufgrund der in § 10 Abs. 1 Satz 1 Nr. 1 AMG enthaltenen Pflicht zur Angabe des Namens des pharmazeutischen Unternehmers per se einen Markenartikel darstellt,[765] nein auch die zentrale Rolle des pharmazeutischen Unternehmers im Rahmen der Nachmarktkontrolle, der als maßgebliche Anlaufstelle für Ärzte und Apotheker umfangreich mit Informationen über die im Umgang mit einem Medikament gemachten Erfahrungen versorgt wird,[766] weckt in objektiv erkennbarer Weise die berechtigte Erwartung

[762] Dies gilt namentlich vor dem Hintergrund, dass die Vertreter der Lehre vom gesteigert riskanten Verhalten das von ihnen geforderte Sonderrisiko auch daraus ableiten, dass den Verbrauchern regelmäßig nichts anderes übrig bleibe, als auf die Unbedenklichkeit der erworbenen Ware zu vertrauen und dem Produzenten und dessen Erzeugnis insoweit schutzlos ausgeliefert sind. Vgl. *Lege*, Rechtspflichten, S. 93.

[763] Vgl. *Bock*, Produktkriminalität, S. 135 f., 142; *Roxin*, AT/2, § 32 Rn. 210. Im Ergebnis ebenso *Brammsen*, Unterlassenshaftung, S. 122, *ders.*, GA 1993, S. 116 f., demzufolge der Produzent eine soziale Rolle annimmt, mit der bestimmte Erwartungserwartungen verbunden sind.

[764] *Schmucker*, Dogmatik, S. 151, 153; *Schünemann*, GedS Meurer, S. 63; *ders.*, FG BGH IV, S. 641. Kritisch gegenüber einer Beschränkung der Produzentengarantenstellung auf Markenware *Roxin*, AT/2, § 32 Rn. 213.

[765] Wobei angesichts der gesetzlichen Verpflichtung zur Namensangabe die bei sonstigen Markenartikeln mit der Markenbezeichnung zum Ausdruck gebrachte, das Schutzversprechen tragende Qualitätszusicherung in Bezug auf Arzneimittel durchaus in Frage gestellt werden kann.

[766] Siehe S. 70 ff.

eines schadensabwehrenden Eingreifens, sollten sich die Mitteilungen zum begründeten Verdacht einer unvertretbaren Schädlichkeit des Präparates verdichten.[767] Da sich die gegenseitige Erwartungsbeziehung somit sogar an Rechtsvorschriften festmachen lässt, kann an der Bestimmtheit des daraus resultierenden Sicherungsversprechens des pharmazeutischen Unternehmers letztlich nicht gezweifelt werden.[768] Eine Garantenstellung kraft Übernahme ist demnach zu bejahen.

(E) Garantenstellung kraft Beherrschung einer Gefahrenquelle
Daneben wird eine Produzentengarantenstellung bisweilen auch auf den Gedanke der Herrschaft über eine Gefahrenquelle gestützt. Danach hat derjenige, der eine in den eigenen Zuständigkeitsbereich fallende gefährliche Sache beherrscht, unabhängig von einem freiwilligen Sicherungsversprechen die Pflicht, die von dieser Sache ausgehenden Gefahren zu überwachen, einzudämmen und dafür Sorge zu tragen, dass diese nicht zu Verletzungen fremder Rechtsgüter führen.[769] Die prinzipielle Relevanz dieses Entstehungsgrundes für den Bereich der Produktverantwortung resultiert nicht zuletzt aus der Tatsache, dass auch hier die Pflichtwidrigkeit der Gefahrschaffung ohne Belang ist,[770] die Garantenstellung bereits unmittelbar aus der Einfluss-, Herrschafts- bzw. Verfügungsbefugnis über den Gefahrenherd folgt.[771] Denn eine freiheitlich verfasste Gesellschaftsordnung verlangt von demjenigen, dem die Organisationshoheit über einen bestimmten Bereich zuerkannt ist, als Kehrseite zugleich die Kontrolle und Abschirmung der daraus hervorgehenden Gefahren.[772]

Insofern entspricht die Garantenpflicht zur Überwachung einer Gefahrenquelle innerhalb des eigenen Herrschafts- und Verantwortungsbereichs den räumlich verstandenen zivilrechtlichen Verkehrssicherungspflichten (Verkehrspflichten im en-

[767] Vgl. *Roxin*, AT/2, § 32 Rn. 211.

[768] Siehe insofern *Sangenstedt*, Garantenstellung, S. 145.

[769] *Otto*, AT, § 9 Rn. 85; *Ransiek*, Unternehmensstrafrecht, S. 34; *Rudolphi*, NStZ 1991, S. 365; S/S-*Stree*, § 13 Rn. 43; *Stratenwerth/Kuhlen*, AT/1, § 13 Rn. 44; SK-StGB-*Rudolphi*, § 13 Rn. 26.

[770] *Brammsen*, Garantenpflichten, S. 242 f.; *Deutscher/Körner*, wistra 1996, S. 300; *Hilgendorf*, Produzentenhaftung, S. 141; LK-*Jescheck*, § 13 Rn. 35; *Stratenwerth/Kuhlen*, AT/1, § 13 Rn. 49; *Wessels/Beulke*, AT, Rn. 723. Teilweise wird die Garantenstellung kraft Beherrschung einer Gefahrenquelle daher auch als besondere Ausprägung und Weiterentwicklung der Ingerenz angesehen. So etwa von *Eichinger*, Produkthaftung, S. 149 f. und *Jakobs*, AT, 29/31. Dem ist jedoch angesichts gewichtiger Unterschiede zwischen den beiden Garantentypen zu widersprechen. So ist die Herrschaftsgarantenstellung einerseits weiter, indem sie auch denjenigen zur Verantwortung zieht, der die beherrschte Gefahrenquelle nicht selbst geschaffen hat, andererseits aber auch enger, weil sich die daraus ergebenden Pflichten auf die Absicherung des eigenen Herrschaftsbereichs beschränken. Vgl. *Otto*, FS Hirsch, S. 294; *Schünemann*, ZStW 96 (1984), S. 309; *Schwartz*, Produkthaftung, S. 51.

[771] *Schmucker*, Dogmatik, S. 145; *Schwartz*, Produkthaftung, S. 51.

[772] *Bottke*, Haftung, S. 25 f.; *Kindhäuser*, AT, § 36 Rn. 54; *Kirchner*, Unterlassungshaftung, S. 67; NK-*Wohlers*, § 13 Rn. 42, 46.

geren Sinn).[773] Die Bedenken, die gegen eine Übernahme zivilrechtlicher Verkehrspflichten sprechen, kommen gegenüber diesem engen Kreis von Verkehrspflichten gerade nicht zum Tragen, da der Eintritt der Rechtsverletzung hier doch abweichend von der zivilrechtlichen Verkehrspflichtdogmatik[774] stets der direkten Kontrolle des Verkehrssicherungspflichtigen unterliegt. Führt man sich vor Augen, dass die Pflicht zur Absicherung eines faktisch beherrschten Gefahrenbereichs den Kernbestand an Verkehrspflichten beschreibt, wie er ursprünglich aus dem Strafrecht ins Zivilrecht übernommen wurde, dort dann aber im Laufe der Jahre zunehmend fortentwickelt und erweitert wurde, so zeigt sich, dass in diesem beschränkten Rahmen Verkehrssicherungspflichten unbedenklich zur Begründung einer Garantenstellung herangezogen werden können.[775]

Aus der Identifizierung der Herrschaftsgarantenpflicht als Verkehrssicherungspflicht ergibt sich zugleich, dass sich die Garantenpflicht auf die Absicherung des eigenen Herrschaftsbereiches beschränkt, eine Rettungspflicht für den Fall, dass die Gefahr den eigenen Herrschaftsbereich trotz entsprechender Sicherungsvorkehrungen verlassen hat, aus der Herrschaft über die Gefahrenquelle gerade nicht in ähnlicher Weise wie bei anderen Garantentypen abgeleitet werden kann.[776] Dies bedeutet jedoch keineswegs, dass dieser Entstehungsgrund zur Begründung einer Produzentengarantenstellung gänzlich ungeeignet ist.[777] Konsequenz dieses begrenzten Pflichtumfangs ist lediglich, dass der Definition des Herrschaftsbereichs besonderes Gewicht zukommt.

Einigkeit besteht zunächst darüber, dass hierzu der faktisch-normativ beherrschte Bereich zu zählen ist. Demnach trifft eine Garantenpflicht denjenigen, der sowohl die tatsächliche Möglichkeit als auch die rechtliche Befugnis zur Herrschaftsausübung innehat, im Regelfall also den Eigentümer oder Besitzer einer gefährlichen Sache.[778] Ausschlaggebend dafür ist der Umstand, dass diesem die autonome Entscheidungshoheit über die gefährliche Sache zukommt, kraft derer er andere vom Zugriff auf diese Sache abhalten kann, die potentiell Gefahrbetroffenen sich demzufolge mangels Einwirkungsbefugnis auf die der fremden Herrschaftssphäre angehörende Gefahrenquelle gerade nicht selbst in ausreichendem Maße schützen können und sich darauf verlassen müssen, dass alle zur Gefahren-

---

773 Vgl. *Deutscher/Körner*, wistra 1996, S. 300; *Heinrich*, AT/2, Rn. 963; *Jakobs*, Tun und Unterlassen, S. 21; *Jescheck/Weigend*, AT, S. 627; *Otto*, FS Hirsch, S. 296; *Roxin*, AT/2, § 32 Rn. 108; *Schumann*, Handlungsunrecht, S. 118. Auch der *BGH* spricht im Wuppertaler Schwebebahn-Fall, *BGH*St 47, 224 (229), in diesem Zusammenhang ausdrücklich von Verkehrssicherungspflichten.

774 Vgl. MüKo-BGB-*Wagner*, § 823 Rn. 221.

775 *Beulke/Bachmann*, JuS 1992, S. 740; *Bottke*, Haftung, S. 26; *Otto*, WiB 1995, S. 932.

776 *Spitz*, Produkthaftung, S. 287; *Schünemann*, Grund und Grenzen, S 290; SK-StGB-*Rudolphi*, § 13 Rn. 31.

777 So aber *Spitz*, Produkthaftung, S. 288.

778 *Busch*, Umweltstrafrecht, S. 522; S/S-*Stree*, § 13 Rn. 44. Ebenso *Ransiek*, Unternehmensstrafrecht, S. 34, der zutreffend herausstellt, dass die faktische Herrschaft allein niemals eine Garantenstellung begründen kann, diese stets auch eines normativen Fundaments bedarf. Vgl. diesbezüglich die bereits gegen die Herrschaftsgarantenlehre *Schünemanns* erhobenen Einwände.

vorsorge und -abwehr erforderlichen Maßnahmen getroffen werden.[779] Insoweit besteht eine synallagmatische Beziehung zwischen der ausschließlichen Verfügungsbefugnis über eine Sache und der Pflicht, davon ausgehende Gefahren abzuschirmen.

Würde der Herrschaftsbereich in diesem Sinn mit der Gewahrsamssphäre gleichgesetzt, wäre der Gedanke der Herrschaft über eine Gefahrenquelle im Bereich der Produktkriminalität tatsächlich nur von sehr geringer Bedeutung. Eine Garantenstellung des Produzenten bestünde nur, solange sich das schadensträchtige Produkt noch im Unternehmensbereich befindet. In dieser Situation gehen vom Produkt aber noch keine Gefahren für die Verbraucher aus. Sobald das Produkt den Betrieb verlassen hat und der ausschließlichen Verfügungsmacht Dritter anvertraut wird, würde mit dem Verlust der Einflussmöglichkeit auf das Produkt die Sonderverantwortlichkeit des Produzenten erlöschen. Eine Garantenpflicht zur Durchführung einer Warn- oder Rückrufaktion ließe sich nicht konstruieren.[780]

Angesichts dieses kriminalpolitisch unbefriedigenden Ergebnisses, wonach die Garantenstellung gerade in dem Moment erlöschen würde, in dem das Produkt sein Gefährdungspotential zu entfalten beginnt, greifen Teile des Schrifttums auf einen erweiterten, auf das Kriterium tatsächlicher Sachherrschaft verzichtenden sozial-normativen Herrschaftsbegriff zurück.[781] Auch der *BGH* spricht im Lederspray-Urteil dem Produzenten eine über den Unternehmensbereich hinausgehende Herrschaftssphäre zu,[782] um auf diese Weise eine Herrschaftsgarantenstellung des Produzenten auch nach Inverkehrbringen des Produkts herleiten zu können. So bestehe die Garantenstellung fort, solange die vom Produkt ausgehenden Gefahren noch der Risikosphäre des Produzenten zuzuordnen seien. Entscheidend hierfür

---

779 *Deutscher/Körner*, wistra 1996, S. 300; *Hilgendorf*, Produzentenhaftung, S. 141; *Jakobs*, Tun und Unterlassen, S. 21; *Jescheck/Weigend*, AT, S. 627; *Kühl*, AT, § 18 Rn. 106; *Lege*, Rechtspflichten, S. 96 ff.; LK-*Jescheck*, § 13 Rn. 35; MüKo-StGB-*Freund*, § 13 Rn. 90; *ders.*, AT, § 6 Rn. 26; *Otto*, AT, § 9 Rn. 85; *ders.*, FS Hirsch, S. 297; *Ransiek*, Unternehmensstrafrecht, S. 34 f.; *ders.*, ZGR 1992, S. 214; *Sangenstedt*, Garantenstellung, S. 411; SK-StGB-*Rudolphi*, § 13 Rn. 27; *Wessels/Beulke*, AT, Rn. 723.

780 *Bock*, Produktkriminalität, S. 111; *Brammsen*, Garantenpflichten, S. 275; *Kaufmann*, (Sonder-)Pflichtver-letzungen, S. 46; *Lege*, Rechtspflichten, S. 95; *Otto*, WiB 1995, S. 933; *Schmucker*, Dogmatik, S. 145 f.

781 So etwa *Busch*, Umweltstrafrecht, S. 533; *Hellmann/Beckemper*, WiStR, Rn. 871; *Hilgendorf*, Produzentenhaftung, S. 144; *Höhfeld*, Strafrechtliche Produktverantwortung, S. 140; NK-*Wohlers*, § 13 Rn. 48; *Ransiek*, ZGR 1992, S. 215; *Seeling*, Rückrufpflicht, S. 18. Im Ergebnis ebenso *Brammsen*, Unterlassenshaftung, S. 118 ff., *ders.*, GA 1993, S. 112, auf Grundlage seiner an Erwartungserwartungen orientierten Garantenlehre. Auch *Kuhlen* in: Achenbach/Ransiek, HWSt, II Rn. 38, schließt eine Herleitung der Produzentengarantenstellung auf der Grundlage eines entsprechend weiten Herrschaftsbegriffs nicht aus. Ablehnend dagegen *Alexander*, Strafrechtliche Verantwortlichkeit, S. 75; *Sieber*, JZ 1996, S. 501; *Deutscher/Körner*, wistra 1996, S. 300; *Kaufmann*, (Sonder-)Pflichtverletzungen, S. 47; *Schünemann*, Grund und Grenzen, S. 288 f.; *ders.*, Unterlassungsdelikte, S. 70 f.

782 *BGH*St 37, 106 (119 ff.).

sei, ob auf der Grundlage sozialer Vorstellungen vom Produzenten berechtigterweise erwartet werden könne und müsse, dass dieser die Produktgefahren gering hält und nach Möglichkeit ausschließt. Eine derartige soziale Verpflichtung könne zwar nicht abstrakt als Kehrseite aus dem durch die Risikoerlaubnis eingeräumten Freiheitsraum abgeleitet werden,[783] sondern erfordere vielmehr eine konkrete Einflussposition auf die Gefahrenquelle.[784] Eine solche sei aber aufgrund des auch nach der Warenauslieferung bestehenden Wissens- und Wirkungsvorsprungs des Produzenten gegeben. Dieser sei aufgrund der bei ihm zusammenlaufenden Schadensmeldungen sowie seiner überlegenen Kenntnis hinsichtlich Produktion, Produkt und Vertriebsorganisation am besten in der Lage, den Gefahrenverdacht zu überprüfen, die Produktrisiken zu analysieren und zu bewerten und dementsprechend durch Warnung vor der Produktverwendung oder Durchführung einer Rückrufaktion auf das Verhalten der Händler bzw. Verbraucher und damit zugleich auf die Entfaltungsmöglichkeit der Produktgefahren Einfluss zu nehmen.[785] Insofern ähnelt die Argumentation derjenigen, auf die eine Ingerenzgarantenstellung kraft gesteigert riskanten Vorverhaltens gestützt wird.[786]

Gegen diese Auffassung wird jedoch eingewendet, dass derartige Einwirkungschancen nicht ausreichend seien, um eine Sonderverantwortlichkeit im Sinne des § 13 StGB zu statuieren. Der fortbestehende Einfluss begründe allein eine Handlungsmöglichkeit, nicht aber eine Handlungspflicht.[787] Zur Bejahung letzterer fehle es gerade an der im Fall tatsächlicher und rechtlicher Verfügungsmacht vorhandenen autonomen Entscheidungshoheit und Ausschlussbefugnis, die den Herrschaftsinhaber zur Zentralgestalt des Gefahrgeschehens macht und den Gefahrbe-

---

783 So aber *Freund*, Erfolgsdelikt, S. 217 ff.

784 Vgl. *Brammsen*, Garantenpflichten, S. 190.

785 Vgl. *BGH*St 37, 106 (121); *Beulke/Bachmann*, JuS 1992, S. 740; *Deutscher/Körner*, wistra 1996, S. 300; *Eichinger*, Produkthaftung, S. 146; *Hellmann/Beckemper*, WiStR, Rn. 871; *Hilgendorf*, Produzentenhaftung, S. 144; *Höhfeld*, Strafrechtliche Produktverantwortung, S. 140 f.; *Krekeler/Werner*, Unternehmer und Strafrecht, Rn. 16; *Kuhlen*, FS Eser, S. 364; *Otto*, FS Hirsch, S. 307 f.; *Ransiek*, Unternehmensstrafrecht, S. 39; *ders.*, ZGR 1992, S. 216; *Schmidt-Salzer*, Produkthaftung, Rn. 1362; *Schwartz*, Produkthaftung, S. 52; *Stratenwerth/Kuhlen*, AT/1, § 13 Rn. 49; SK-StGB-*Rudolphi*, § 13 Rn. 40c; *Weißer*, Kollegialentscheidungen, S. 59 f. Ebenso *Bottke/Mayer*, ZfBR 1991, S. 238, die diesbezüglich von einer „Wissens-Sachherrschaft" sprechen. Ähnlich *Heine*, Verantwortlichkeit, S. 133 f., der das Unternehmen wegen dessen überlegener Fähigkeit zu einem umfassenden Risikomanagement in die Pflicht nehmen will. Kritisch dagegen *Brammsen*, Unterlassenshaftung, S. 121 f., der nicht den Wissens- und Wirkungsvorsprung des Produzenten als entscheidendes Kriterium zur Bejahung einer Produzentengarantenstellung ansieht, sondern die Enttäuschung der an alle Gewerbetreibende gerichteten Erwartung, nur solche Waren in Verkehr zu bringen, deren Gefährdungspotential von den Verbrauchern unschwer erkannt werden kann. Ähnlich *Otto*, FS Hirsch, S. 294. Dieser Einwand überzeugt jedoch bei Arzneimitteln gerade nicht, dürfen diese doch im Interesse einer verbesserten Gesundheitsvorsorge auch in Verkehr gebracht werden, wenn ihr Risikopotential noch nicht vollumfänglich erkennbar ist.

786 So deutlich erkennbar bei *Kuhlen*, Fragen, S. 96.

787 Vgl. *Lege*, Rechtspflichten, S. 100 f.; *Schünemann*, Unterlassungsdelikte, S. 67.

troffenen nichts anderes übrig lässt, als auf ausreichende Sicherheitsvorkehrungen des Herrschaftsinhabers zu vertrauen.[788] Darüber hinaus wird einem derart extensiv ausgelegten Herrschaftsbegriff angesichts der Vielfalt der in unserer pluralistischen Gesellschaft vorzufindenden Erwartungshaltungen zu Recht eine gewisse Konturenlosigkeit vorgeworfen.[789] Die darauf aufbauende Garantenstellung entpuppt sich damit als rein rechtspolitisches Konstrukt ohne hinreichend bestimmtes, eine Sonderverantwortlichkeit legitimierendes Fundament.[790]

Doch auch in diesem Zusammenhang kommen die bereits eine Übernahmegarantenstellung begründenden Besonderheiten beim Produkt Arzneimittel zum Tragen. Die Erwartungshaltung gegenüber dem pharmazeutischen Unternehmer kommt in Form der gesetzlichen Pharmakovigilanzverpflichtungen im Rahmen des Nachmarktkontrollsystems hinreichend konkret zum Ausdruck, und die zahlreichen Dokumentations- und Meldepflichten der Ärzte und Apotheker gerade auch gegenüber dem pharmazeutischen Unternehmer verleihen diesem Einwirkungsmöglichkeiten, die weit über den Einfluss von Produzenten sonstiger Waren hinausgehen und daher durchaus zur Herleitung einer Garantenstellung kraft Herrschaft über eine Gefahrenquelle herangezogen werden können.

6. Zusammenfassung

Damit kann abschließend festgehalten werden, dass sich der pharmazeutische Unternehmer sowohl wegen aktiven Tuns eines Begehungsdelikts als auch wegen Unterlassens eines unechten Unterlassungsdelikts schuldig machen kann. Anknüpfungspunkt der Strafbarkeit ist zum einen das Inverkehrbringen bedenklicher, d. h. erkennbar unvertretbare Nebenwirkungen hervorrufender Arzneimittel sowie das Unterlassen gebotener Warn- und Rückrufaktionen hinsichtlich solcher Präparate, deren unverhältnismäßige Gesundheitsrisiken erst nach ihrer Auslieferung erkennbar wurden und die somit zunächst als seinerzeit unbedenklich in den Verkehr gebracht werden durften. Die für die Unterlassungsstrafbarkeit erforderliche Garantenstellung des pharmazeutischen Unternehmers kann weder unmittelbar aus gesetzlichen Vorschriften noch aus den entsprechenden zivilrechtlichen Verkehrspflichten oder dem Gedanken der Ingerenz hergeleitet werden. Sie folgt aber sowohl aus der in der Berufsausübung konkludent zum Ausdruck kommenden Übernahme der Schutzgewähr vor Arzneimittelschäden als auch aus der Beherrschung der vom Arzneimittel ausgehenden Gesundheitsgefahren.

---

788 Vgl. *Busch*, Umweltstrafrecht, S. 521; *Schmucker*, Dogmatik, S. 142 f.

789 *Busch*, Umweltstrafrecht, S. 521; *Schmucker*, Dogmatik, S. 130; *Sieber*, JZ 1996, S. 502. Siehe schon die allgemeine Kritik zur Garantenpflichtbegründung auf Grundlage sozialer Erwartungserwartungen, S. 229 ff.

790 Vgl. *Roxin*, AT/2, § 32 Rn. 209; *Schünemann*, Unterlassungsdelikte, S. 71. Dies zeigt sich auch an den zur Rechtfertigung des extensiven Herrschaftsverständnisses vorgetragenen Argumenten, alles andere sei „im Ergebnis […] wenig befriedigend" (so *Goll/Winkelbauer* in: von Westphalen, Produkthaftungshandbuch, § 47 Rn. 13) oder angesichts des mit dem Produkt erzielten wirtschaftlichen Vorteils sei es „auch nur fair, gerade [dem Produzenten] eine gesteigerte Verantwortung dafür zuzuschreiben, dass durch die Erzeugnisse niemand zu Schaden kommt" (so *Kuhlen*, FS Eser, S. 364).

II. Vorsatz und Fahrlässigkeit als psychologische Kategorien der Tat

Strafrechtliche Relevanz kommt einem Verhalten nur dann zu, wenn dieses auch subjektiv in vorwerfbarer Weise herbeigeführt wurde. Das Recht unterscheidet in Abhängigkeit vom psychischen Bezug des Täters zum verursachten Erfolg mit Vorsatz und Fahrlässigkeit zwei Formen fehlerhafter Einstellung gegenüber den Anforderungen der Rechtsgemeinschaft, auf denen der Vorwurf beruhen kann.

1. Bedeutung und Abgrenzung von Vorsatz und Fahrlässigkeit

Vorsatz und Fahrlässigkeit schließen sich nicht nur gegenseitig aus, sie unterscheiden sich zudem in ihrem Wesen voneinander. Auch wenn beiden letztlich eine Vermeidepflichtverletzung zugrunde liegt und die objektive Erfolgszurechnung grundsätzlich nach denselben Regeln erfolgt, die Vorsatztat indes eine intensivere Beziehung des Täters zum herbeigeführten Erfolg voraussetzt, stehen Vorsatz und Fahrlässigkeit nicht in einer Plus-Minus-Relation, sondern angesichts der verbleibenden spezifischen Unterschiede in einem aliud-Verhältnis zueinander.[791] Da gemäß § 15 StGB prinzipiell nur vorsätzliches Verhalten strafbar ist, sofern der in Betracht kommende Straftatbestand nicht auch explizit fahrlässiges Handeln mit Strafe bedroht, ist im Folgenden – ausgehend von den zunächst kurz darzulegenden Wesensmerkmalen der beiden Verhaltensformen – zu untersuchen, unter welchen Umständen sich das Verhalten des pharmazeutischen Unternehmers als Vorsatz- bzw. Fahrlässigkeitstat darstellt. Relevant wird § 15 StGB vor allem im Hinblick auf eine Strafbarkeit aus § 314 StGB, der zwingend ein vorsätzliches Verhalten verlangt, während den Straftatbeständen der §§ 211 ff., 223 ff. StGB und § 95 Abs. 1 Satz 1 Nr. 1 AMG mit §§ 222, 229 StGB und § 95 Abs. 4 AMG auch fahrlässiges Handeln sanktionierende Bestimmungen zur Seite gestellt sind.

a. Wesen und Voraussetzungen der Vorsatztat

Der Vorsatz als Wille zur Verwirklichung eines Straftatbestandes in Kenntnis aller seiner objektiven Tatumstände oder, kurz gesagt, als Wissen und Wollen der Tatbestandsverwirklichung, setzt sich aus einem intellektuellen und einem voluntativen Element zusammen.[792] Das intellektuelle Moment, dessen Notwendigkeit sich im Umkehrschluss aus § 16 StGB ableiten lässt, erfordert die Kenntnis der das Unrecht der Straftat konstituierenden gesetzlichen Tatbestandsmerkmale.[793] Die Kenntnis muss bereits bei Vornahme der tatbestandsmäßigen Handlung vorliegen; nachträglich erlangtes Wissen (dolus subsequens) genügt damit nicht.[794] Das vo-

---

791 *Duttge*, GA 2003, S. 467; *Hannes*, Vertrauensgrundsatz, S. 155; *Krey*, AT/2, Rn. 528; *Schmucker*, Dogmatik, S. 103; a. A. *Eschweiler*, Selbstgefährdung, S. 99; *Herzberg*, GA 2001, S. 572; *ders.*, NStZ 2004, S. 595 ff.; NK-*Puppe*, Vor § 13 Rn. 154.

792 Vgl. *Eichinger*, Produkthaftung, S. 269; *Heinrich*, AT/1, Rn. 264; *Jescheck/Weigend*, AT, § 29 II 2; *Roxin*, AT/1, § 10 Rn. 62; *Schmucker*, Dogmatik, S. 104; S/S-*Cramer/Sternberg-Lieben*, § 15 Rn. 9; *Wessels/Beulke*, AT, Rn. 203.

793 S/S-*Cramer/Sternberg-Lieben*, § 15 Rn. 10, 39, 54 f.

794 *Wessels/Beulke*, AT, Rn. 206 m. w. N.

luntative Moment wiederum besteht darin, dass der Täter diese intellektuell erkannte Möglichkeit der Tatbestandsverwirklichung in den Willen aufnimmt und sich zwecks Erreichung der verfolgten Ziele bewusst für sie entscheidet.[795] Dabei ist umstritten, welche Intensität an Wissen und Wollen zur Begründung eines Vorsatzvorwurfs zu verlangen ist. Grundsätzlich werden drei Vorsatzformen unterschieden: Absicht, direkter Vorsatz und Eventualvorsatz.

Absicht (dolus directus 1. Grades) liegt vor, wenn es dem Täter im Sinne eines zielgerichteten Erfolgswillens final darauf ankommt, den Eintritt des tatbestandlichen Erfolgs herbeizuführen oder den Umstand zu verwirklichen, für den das Gesetz absichtliches Handeln voraussetzt.[796] Insofern dominiert der Willensfaktor, die Anforderungen an die intellektuelle Seite sind gering.[797] Da eine entsprechende Motivation des pharmazeutischen Unternehmers, Patienten gezielt zu schädigen, wenn überhaupt, dann doch nur in äußerst seltenen Extremfällen vorzufinden und noch seltener beweisbar sein wird, soll hierauf nicht weiter eingegangen werden.

Ähnliches gilt für den direkten Vorsatz (dolus directus 2. Grades), der zu bejahen ist, wenn der Täter weiß oder als sicher voraussieht, dass sein Verhalten zur Verwirklichung des gesetzlichen Tatbestandes führt, weil der tatbestandsmäßige Erfolg nach allgemeiner Lebenserfahrung unvermeidbare Nebenfolge des Verhaltens ist bzw. vom Täterwillen unabhängige Tatbestandsmerkmale als mit Sicherheit existierend erkannt werden.[798] Hier überwiegt das Wissenselement, dessen Intensität jedoch zugleich den Schluss auf einen entsprechenden Verwirklichungswillen zulässt. Denn wer die Tatbestandsverwirklichung als zwingende Folge seines Verhaltens erkennt, entscheidet sich mit der Durchführung dieses Handelns zugleich für das im Straftatbestand vertypte Unrecht, mag dem Täter die eine oder andere Auswirkung seines Verhaltens auch an sich unerwünscht sein.[799] Zwar ist mit an Sicherheit grenzender Wahrscheinlichkeit vorhersehbar, dass neu in Verkehr gebrachte Arzneimittel stets die ein oder andere Nebenwirkung verursachen, die mangels anfänglicher Kenntnis nicht vermeidbar ist und hinsichtlich derer der Patient zwangsweise im Unklaren gelassen wird. Scheidet in diesen Fällen eine Strafbarkeit aber bereits unter dem Aspekt des erlaubten Risikos aus, so kommt noch hinzu, dass eine solch abstrakte Gewissheit der generellen Schädlichkeit von Arzneimitteln nicht ausreicht, um deren Inverkehrbringen als direkt vorsätzlich zu qualifizieren. Die den Vorsatz begründende Kenntnis muss in Bezug auf den eintretenden Erfolg und den Schadensverlauf hinreichend konkret sein. Nur dann

---

[795] S/S-*Cramer/Sternberg-Lieben*, § 15 Rn. 60.

[796] *Eichinger*, Produkthaftung, S. 269; *Jescheck/Weigend*, AT, § 29 III 1 a; LK-*Schroeder*, § 16 Rn. 76; MüKo-StGB-*Joecks*, § 16 Rn. 12; *Roxin*, AT/1, § 12 Rn. 2; S/S-*Cramer/Sternberg-Lieben*, § 15 Rn. 66; *Wessels/Beulke*, AT, Rn. 211.

[797] Vgl. *Jescheck/Weigend*, AT, § 29 III 1 f.; MüKo-StGB-*Joecks*, § 16 Rn. 14; *Roxin*, AT/1, § 12 Rn. 4; *Wessels/Beulke*, AT, Rn. 211. LK-*Schroeder*, § 16 Rn. 76, hält im Fall der Absicht ein zusätzliches Wissenselement sogar vollständig für entbehrlich.

[798] Vgl. *Eichinger*, Produkthaftung, S. 269; MüKo-StGB-*Joecks*, § 16 Rn. 16; *Roxin*, AT/1, § 12 Rn. 2; S/S-*Cramer/Sternberg-Lieben*, § 15 Rn. 68; *Wessels/Beulke*, AT, Rn. 213.

[799] Vgl. *RG*St 5, 314 (317); MüKo-StGB-*Joecks*, § 16 Rn. 17; *Roxin*, AT/1, § 12 Rn. 4; *Wessels/Beulke*, AT, Rn. 213.

kann von einer bewussten Entscheidung für das Unrecht gesprochen werden. Angesichts der dargelegten wissenschaftlichen Unsicherheiten bezüglich des konkreten Schädigungspotentials von Arzneimitteln und vor dem Hintergrund der Individualität des menschlichen Organismus fehlt es indes regelmäßig an einem derart konkreten, direkten Vorsatz konstituierenden Wissen.[800]

Somit rückt im Bereich der Produktverantwortung insbesondere auch des pharmazeutischen Unternehmers der Eventualvorsatz in den Vordergrund, auf den sich die Untersuchung daher im Folgenden auch beschränken soll. Gerade hier sind die an die intellektuelle und voluntative Komponente des Vorsatzes zu stellenden Anforderungen aber von Grund auf umstritten, gilt es doch, den Eventualvorsatz als schwächste Erscheinungsform des Vorsatzes von der Fahrlässigkeit, namentlich der bewussten Fahrlässigkeit als deren stärkster Ausprägung, abzugrenzen. Da eine eingehende Darstellung und kritische Betrachtung der hierzu vertretenen Auffassungen den Rahmen der vorliegenden Anhandlung sprengen würde,[801] soll für die Zwecke der vorliegenden Untersuchung davon ausgegangen werden, dass ein Eventualvorsatz dann zu bejahen ist, wenn der Täter, was die intellektuelle Komponente anbelangt, die Gefahr der Erfolgsherbeiführung erkennt und den Erfolgseintritt ernsthaft für möglich hält und sich in voluntativer Hinsicht zumindest mit der Tatbestandsverwirklichung abfindet, ohne den tatbestandlichen Erfolg i. S. d. Absicht gezielt anzustreben.[802] Maßgebliche Bedeutung kommt dabei vor allem dem Willenselement zu, ist es doch die bewusste Entscheidung für die mögliche Rechtsgutsverletzung, die den Eventualvorsatz in seinem Unwertgehalt von der Fahrlässigkeit abhebt und das bei Vorsatztaten erhöhte Strafmaß rechtfertigt.[803] Demgegenüber zeichnet sich die bewusste Fahrlässigkeit dadurch aus, dass der Täter die Gefahr des Erfolgseintritts zwar erkennt, diese aber entweder nicht ernst nimmt, weil er infolge einer pflichtwidrigen Verletzung der gebotenen Sorgfalt bei der Einschätzung des Grades der Gefahr oder seiner eigenen

---

800 Im Ergebnis ebenso *Eichinger*, Produkthaftung, S. 269.

801 Siehe hierzu die detaillierte Übersicht der verschiedenen Ansichten bei *Hillenkamp*, Probleme AT, 1. Problem. Instruktiv auch *Jescheck/Weigend*, AT, § 29 III 3 d; MüKo-StGB-*Joecks*, § 16 Rn. 19 ff.; *Roxin*, AT/1, § 12 Rn. 29 ff.; S/S-*Cramer/Sternberg-Lieben*, § 15 Rn. 73 ff.

802 Ebenso etwa *Eichinger*, Produkthaftung, S. 269; *Jescheck/Weigend*, AT, § 29 III 3 a; *Roxin*, AT/1, § 12 Rn. 27; *Wessels/Beulke*, AT, Rn. 214. Auch die Rechtsprechung und die ihr folgenden Literaturstimmen, die eine billigende Inkaufnahme des tatbestandlichen Erfolges verlangen, gelangen de facto weitgehend zu denselben Ergebnissen. Vgl. etwa BGHSt 7, 363 ff.

803 So auch *Heinrich*, AT/1, Rn. 299; *Jescheck/Weigend*, AT, § 29 II 2; *Höhfeld*, Strafrechtliche Produktverantwortung, S. 167 f.; LK-*Schroeder*, § 16 Rn. 85; S/S-*Cramer/Sternberg-Lieben*, § 15 Rn. 7; *Wessels/Beulke*, AT, Rn. 205. Im Ergebnis auch *Roxin*, AT/1, § 12 Rn. 6, 23, wenn er das Wesen des Vorsatzes in der Verwirklichung des Täterplans und damit dessen Willensentschlusses erblickt. Zu widersprechen ist daher denjenigen Stimmen in der Literatur, die beim Eventualvorsatz auf jegliches Willenselement verzichten und die Abgrenzung zur Fahrlässigkeit allein im Bereich des Wissens vornehmen wollen. Siehe hierzu die Nachweise bei *Hillenkamp*, Probleme AT, 1. Problem.

Fähigkeiten die konkrete Gefährdung des Handlungsobjekts verneint, oder die Gefahr zwar ernst nimmt, aber trotzdem durch Überschätzung seiner eigenen Kräfte und Fähigkeiten bzw. in der Hoffnung auf sein Glück pflichtwidrig auf das Ausbleiben des Verletzungserfolges vertraut.[804]

b. Wesen und Struktur des Fahrlässigkeitsdelikts

Kennzeichen der Fahrlässigkeit ist somit die ungewollte Verwirklichung des gesetzlichen Tatbestandes infolge pflichtwidriger Vernachlässigung der im Verkehr erforderlichen Sorgfalt.[805] Neben die bewusste Fahrlässigkeit (luxuria) tritt als weitere Ausprägung die unbewusste Fahrlässigkeit (negligentia), deren Wesen darin besteht, dass der Täter infolge Außerachtlassung der gebotenen Sorgfalt die Möglichkeit, durch sein Verhalten einen Straftatbestand zu verwirklichen, erst gar nicht erkennt.[806] Ursache der die unbewusste Fahrlässigkeit prägenden Unkenntnis der objektiv erkennbaren Gefahr kann dabei einerseits eine gewisse Nachlässigkeit gegenüber dem bedrohten Rechtsgut sein,[807] andererseits aber auch eine subjektive Unvorhersehbarkeit aufgrund mangelhafter Kenntnisse und Erfahrungswerte des Täters, die hinter dem von einem durchschnittlichen Angehörigen des Verkehrskreises des Täters zu verlangenden Kenntnisstand zurückbleiben. Unter diesen Umständen trifft den Täter ein Übernahmeverschulden, weil er sich trotz erkannter oder durch kritische Selbsteinschätzung zumindest erkennbarer Unzulänglichkeit der eigenen Fähigkeiten in eine Situation begibt, in der ihm ein pflichtgemäßes Verhalten subjektiv unmöglich ist.[808] Zeitlicher Anknüpfungspunkt des Schuldvorwurfs ist nicht das in der konkreten Situation zum Schaden führende Verhalten, sondern das vorgelagerte Sich-Hineinbegeben in diese Situation.

Nach zutreffender Ansicht ist die Fahrlässigkeit nicht eine bloße Schuldform, sondern ein besonderer Typus strafbaren Verhaltens, der sowohl Unrechts- als auch Schuldelemente in sich vereinigt.[809] Die objektive Sorgfaltswidrigkeit in Form der Außerachtlassung der im Verkehr gebotenen Umsicht ist bereits eine Komponente des Tatbestandes.[810] Allerdings kann dies entgegen einzelner Stim-

---

[804] Vgl. *Heinrich*, AT/1, Rn. 295; *Jescheck/Weigend*, AT, § 29 III 3 c und § 54 II 1; *Schmidt-Salzer*, Produkthaftung, Rn. 1.495; *Schmucker*, Dogmatik, S. 104; *Wessels/Beulke*, AT, Rn. 216, 225, 661.

[805] *Eichinger*, Produkthaftung, S. 271; *Jescheck/Weigend*, AT, § 54 I 2; *S/S-Cramer/Sternberg-Lieben*, § 15 Rn. 121; *Wessels/Beulke*, AT, Rn. 656.

[806] *Heinrich*, AT/1, Rn. 295; *Jescheck/Weigend*, AT, § 54 II 1; *Wessels/Beulke*, AT, Rn. 661.

[807] *Nowak*, Leitlinien, S. 88 f.

[808] Vgl. *RG*St 59, 355 (356); 67, 12 (20); *BGH*St 10, 133 (134 f.); 43, 306 (311); *Deutsch/Spickhoff*, Medizinrecht, Rn. 160; *Eichinger*, Produkthaftung, S. 272; *Jürgens*, Beschränkung, S. 51; MüKo-StGB-*Freund*, § 95 AMG Rn. 35 f.; NK-*Puppe*, Vor § 13 Rn. 160; *Nowak*, Leitlinien, S. 89 f.; *Renzikowski*, Restriktiver Täterbegriff, S. 243; *Schlund*, A/ZusR 2005, S. 4 f.; *Spitz*, Produkthaftung, S. 54; *Ulsenheimer*, Arztstrafrecht, Rn. 22.

[809] *Jescheck/Weigend*, AT, § 54 I 3; *Wessels/Beulke*, AT, Rn. 657.

[810] *Kretschmer*, Jura 2000, S. 269; *Schünemann*, JA 1975, S. 439, 442 m. w. N.; *Wessels/Beulke*, AT, Rn. 657.

men in der Literatur[811] nicht damit begründet werden, dass die Fahrlässigkeit letztlich durch die dem auf der Tatbestandsebene relevanten erlaubten Risiko zugrunde liegende Interessenabwägung bestimmt wird.[812] Zwar basiert auch die objektive Sorgfaltspflicht auf einer Gegenüberstellung widerstreitender Interessen, jedoch ist diese Abwägung im Gegensatz zu derjenigen des erlaubten Risikos an der konkreten Situation ausgerichtet. Die abstrakten Vorgaben des erlaubten Risikos enthalten gerade noch keine für den Einzelfall maßgebliche Verhaltensbeschreibung, sondern bedürfen erst noch der Umsetzung in eine solche.[813] Mag das erlaubte Risiko angesichts des umfassenden Charakters der diesem zugrunde liegenden Abwägung auch regelmäßig zur Verneinung der objektiven Sorgfaltspflicht führen, so steht dessen abstrakte Vielschichtigkeit andererseits wiederum einer zwingenden Verbindlichkeit des Abwägungsergebnisses im jeweiligen Einzelfall entgegen. Grund für die Verortung der objektiven Sorgfaltspflicht auf der Tatbestandsebene ist vielmehr die aus der etwa in §§ 222, 229 StGB enthaltenen Formulierung „*durch* Fahrlässigkeit" abzuleitende Tatsache, dass die Pflichtwidrigkeit als Ausdruck des Handlungsunwertes ein Element des tatbestandlichen Verhaltens ist, kann ein strafwürdiger Erfolg doch nicht *durch* einen reinen Schuldvorwurf, sondern nur *durch* ein unwertes Verhalten verursacht werden.[814]

Konsequenz der Doppelfunktion der Fahrlässigkeit als Verhaltens- und Schuldform ist ein zweistufiges Urteil auf der Grundlage eines doppelten Maßstabs: Innerhalb des Unrechtstatbestandes ist festzustellen, ob das Täterverhalten hinter dem in der betreffenden Gefahrenlage zur Vermeidung ungewollter Rechtsgutsverletzungen objektiv gebotenen Verhalten zurückbleibt. Ist dies zu bejahen, so schließt sich in einem zweiten Schritt auf der Schuldebene die Prüfung an, ob dem Täter nach seinen individuellen Eigenschaften und Fähigkeiten, seiner Lebenserfahrung und sozialen Stellung das objektiv erforderliche Verhalten auch persönlich abverlangt werden kann.[815]

---

811 *Roxin*, AT/1, § 24 Rn. 6. Ähnlich *Kuhlen*, Fragen, S. 94.

812 Kritisch ebenso MüKo-StGB-*Duttge*, § 15 Rn. 119; *ders.*, GA 2003, S. 458 f.

813 Vgl. *Mikus*, Verhaltensnorm, S. 48 f.

814 Vgl. *Schmucker*, Dogmatik, S. 103; *Wessels/Beulke*, AT, Rn. 672a.

815 *Eichinger*, Produkthaftung, S. 271; *Goll/Winkelbauer* in: von Westphalen, Produkthaftungshandbuch, § 47 Rn. 69; *Jescheck/Weigend*, AT, § 54 I 3; LK-*Schroeder*, § 16 Rn. 144; S/S-*Cramer/Sternberg-Lieben*, § 15 Rn. 118; *Wessels/Beulke*, AT, Rn. 659. Besonders anschaulich wird diese zweistufige Prüfung am Beispiel des Übernahmeverschuldens: Das Verhalten des Täters in der gegebenen Gefahrenlage ist objektiv sorgfaltswidrig, kann ihm in dieser konkreten Situation aber nicht zur Last gelegt werden, weil er mangels hinreichender Fähigkeiten zur Einhaltung der gebotenen Sorgfalt außerstande ist. Anknüpfungspunkt des Strafvorwurfs ist daher die Tatsache, dass er sich trotz unzureichenden Könnens in die konkrete Situation begibt und hierdurch unnötige Gefahren für Dritte hervorruft. Dies ist sowohl objektiv als auch subjektiv sorgfaltswidrig, sind die durch unzulängliche Fähigkeiten ausgelösten Gefahren doch vorhersehbar und durch Abstandnahme von der die eigenen Kräfte überfordernden Tätigkeit auch vermeidbar. Zur Frage, ob und inwieweit individuelle Fähigkeiten bereits bei der Bestimmung des objektiven Sorgfaltsmaßstabs zu berücksichtigen sind, siehe unten, S. 272 ff.

Traditionell wird zwischen innerer und äußerer Sorgfalt unterschieden. Die äußere Sorgfalt besteht in dem zur Rechtsgutsbewahrung erforderlichen Umgang mit der Gefahr, beschreibt also das gebotene Verhalten.[816] Die innere Sorgfalt dagegen bezeichnet den intellektuell-emotionalen Vorgang des Erkennens und zutreffenden Einschätzens potentieller Gefahren sowie der zu ihrer Vermeidung möglichen Maßnahmen.[817] Da das dem deutschen Strafrecht zugrunde liegende Schuldprinzip nur dann einen Vorwurf erheben kann, wenn das rechtsgutsgefährdende Verhalten steuerbar ist, kann sich die Sorgfaltspflicht von vornherein nur auf prinzipiell vermeidbare Gefahren beziehen.[818] Grundvoraussetzung der Vermeidbarkeit ist die Erkennbarkeit dieser Gefahren und die Vorhersehbarkeit ihrer Realisierung in einem tatbestandlichen Erfolg, da sie nur dann in die Überlegung, wie ein Verhalten zur effektiven Vermeidung schädlicher Auswirkungen einzurichten ist, einkalkuliert werden können.[819] Damit stellt die Vorhersehbarkeit das zentrale Element des Fahrlässigkeitsdelikts dar, ist die Frage der Sorgfaltspflichtverletzung doch untrennbar mit ihr verknüpft.[820] Zur Beurteilung der Vorhersehbarkeit ist auf die konkrete Situation bei Vornahme des tatbestandsverwirklichenden Verhaltens abzustellen. Entscheidend ist eine ex ante-Betrachtung basierend auf den zu diesem Zeitpunkt bekannten bzw. erkennbaren Gegebenheiten; erst nachträglich gewonnene Erkenntnisse sind insofern ohne Belang.[821] Vor dem Hintergrund, dass letztlich fast jeder Schadenseintritt in gewisser Weise vorhersehbar ist – was angesichts der generellen Gefährlichkeit pharmazeutischer Präparate namentlich für arzneimittelbedingte Nebenwirkungen gilt –, ist eine ernst zu nehmende Möglichkeit der Schadensverursachung zu verlangen,[822] wenngleich der schadensträchtige Geschehensablauf nicht in allen Einzelheiten voraussehbar sein muss.[823]

Elemente des Unrechtstatbestandes fahrlässiger Erfolgsdelikte sind somit kurzum die objektive Erkennbarkeit und Vermeidbarkeit der Gefahr, eine der Gefahrenlage gegenüber fehlerhafte Einstellung in Form der Verletzung der objektiven Sorgfaltspflicht und die daraus resultierende Herbeiführung eines außerhalb des erlaubten Risikos fallenden Erfolgs.[824]

---

816 *Hettich*, Produkthaftung, S. 46; *Jescheck/Weigend*, AT, § 55 I 3 d; *Kreß*, Haftung, S. 79; *Stock*, Probandenschutz, S. 118.

817 *Jescheck/Weigend*, AT, § 55 I 2 a; *Hettich*, Produkthaftung, S. 46; *Kreß*, Haftung, S. 79; *Nowak*, Leitlinien, S. 88; *Pflüger*, Krankenhaushaftung, S. 89; *Stock*, Probandenschutz, S. 118; *Struensee*, Grundlagenprobleme, S. 27.

818 S/S-*Cramer/Sternberg-Lieben*, § 15 Rn. 124; *Spitz*, Produkthaftung, S. 43.

819 *Höhfeld*, Strafrechtliche Produktverantwortung, S. 176; *Jescheck/Weigend*, AT, § 54 I 3; LK-*Schroeder*, § 16 Rn. 127; S/S-*Cramer/Sternberg-Lieben*, § 15 Rn. 125.

820 Ebenso *Kaminski*, Maßstab, S. 55; *Kuhlen*, Fragen, S. 93; *Schwartz*, Produkthaftung, S. 97; *Spitz*, Produkthaftung, S. 47; *Wessels/Beulke*, AT, Rn. 667.

821 *Brinkmann*, Vertrauensgrundsatz, S. 73 ff.; *Eichinger*, Produkthaftung, S. 265 f.; LK-*Schroeder*, § 16 Rn. 139; S/S-*Cramer/Sternberg-Lieben*, § 15 Rn. 185.

822 *Kuhlen*, Fragen, S. 93.

823 *Schmidt-Salzer*, Produkthaftung, Rn. 1.523. Vgl. auch die Ausführungen des *BGH* im Lederspray-Urteil, *BGH*St 37, 106 (112), wonach es auf den konkreten Wirkungszusammenhang im Körperinneren nicht ankomme.

824 Vgl. *Jescheck/Weigend*, AT, § 54 I 4; *Wessels/Beulke*, AT, Rn. 668.

2. *Vorsatz und Fahrlässigkeit im Bereich Produktverantwortung*

Ausgehend von den herausgearbeiteten Anforderungen an vorsätzliches und fahrlässiges Verhalten ist nun zu klären, unter welchen Umständen im Problembereich strafrechtlicher Produktverantwortung ein Vorsatz- oder Fahrlässigkeitsvorwurf erhoben werden kann.

a. Strafrechtliche Produktverantwortung im Allgemeinen

Grundvoraussetzung eines entsprechenden Vorwurfs an den Produzenten ist die Kenntnis oder zumindest Erkennbarkeit der gesundheitsschädigenden Wirkung des eigenen Produkts bei Vornahme der schädlichen Handlung, wenngleich eine Vorhersehbarkeit des exakten Wirkungszusammenhangs zwischen Produktverwendung und Schadenseintritt nicht erforderlich ist.[825] Hinsichtlich des Inverkehrbringens eines Produkts fehlt es aber häufig an der positiven Kenntnis seines Schädigungspotentials, so dass eine Bestrafung wegen Vorsatzes regelmäßig mangels der hierfür erforderlichen intellektuellen Komponente i. S. d. Ernstnahme der Gefahr ausscheidet.[826] Etwas anderes mag freilich dann gelten, wenn trotz eingegangener Schadensmeldungen ein Vertriebsstopp ausbleibt und das Produkt weiterhin auf den Markt gebracht wird. Auch im Bereich des Unterlassens kann die notwendige Wissenskomponente durchaus erfüllt sein, wenn dem Produzenten angesichts der bekannt gewordenen Schadensfälle die Gefahr weiterer Schädigungen durch die im Verkehr befindlichen Produkte ernsthaft bewusst wird und er sich darüber im Klaren ist, diese Gefahr durch entsprechende Warn- oder Rückrufaktionen zumindest mindern zu können.[827] Doch selbst wenn das Wissenselement vorhanden sein sollte, scheitert ein Vorsatzvorwurf regelmäßig an der fehlenden voluntativen Komponente. Eine Inkaufnahme von Schädigungen der eigenen Kunden liegt eher fern, wird dem Produzenten aber jedenfalls nur schwer in jegliche vernünftigen Zweifel ausschließender Weise nachweisbar sein.[828] So hebt der *BGH* im sogenannten Bienenstich-Fall[829] zutreffend hervor, dass die Kenntnis der erheblichen Produktgefährlichkeit und das Bewusstsein von der Wahrscheinlichkeit des Eintritts weiterer Schadensfälle wesentliche Indizien für eine Inkaufnahme des tatbestandlichen Erfolges darstellten, diese allein zur Bejahung des Vorsatzes aber oftmals nicht ausreichten.[830] Hinzu kommt, wie der *BGH* im Holz-

---

825 *Höhfeld*, Strafrechtliche Produktverantwortung, S. 164; *Otto*, FS Hirsch, S. 291.

826 Vgl. *Bock*, Produktkriminalität, S. 45; *Höhfeld*, Strafrechtliche Produktverantwortung, S. 166.

827 Vgl. *BGH* GA 1968, S. 336; ZLR 1988, S. 513 (515); *Höhfeld*, Strafrechtliche Produktverantwortung, S. 165 m. w. N.

828 Ebenso *Bosch*, Organisationsverschulden, S. 17 f.; *Eichinger*, Produkthaftung, S. 270; *Eidam*, Unternehmen und Strafe, S. 447; *Goll/Winkelbauer* in: von Westphalen, Produkthaftungshandbuch, § 46 Rn. 22; *Höhfeld*, Strafrechtliche Produktverantwortung, S. 166, 171.

829 *BGH* NStE Nr. 5 zu § 223 StGB.

830 Wohl a. A. *Eidam*, Unternehmen und Strafe, S. 457; *Goll/Winkelbauer* in: von Westphalen, Produkthaftungshandbuch, § 46 Rn. 25; *Kuhlen* in: Achenbach/Ransiek, HWSt, II Rn. 59 f.

schutzmittel-Urteil[831] deutlich macht, dass die Interessenlage des Produzenten, auch bei angemessener Berücksichtigung seiner ökonomischen Bestrebungen, grundsätzlich gegen die Annahme vorsätzlichen Verhaltens spricht. Selbst wenn der Produzent ernsthaft in Erwägung zieht, dass die Verwendung des eigenen Produkts Gesundheitsschäden herbeiführen könnte, wäre das Interesse am guten Ruf des Unternehmens, der Marke und der hergestellten Waren sowie an der Vermeidung von Schadensersatzforderungen ein taugliches Indiz dafür, dass letztlich auf ein Ausbleiben weiterer Rechtsgutsverletzungen im Sinne bewusster Fahrlässigkeit vertraut wurde. Bedenkt man, dass jedenfalls bei zum Tode führenden Gesundheitsbeeinträchtigungen zudem hohe Anforderungen an den Vorsatznachweis gestellt werden,[832] so erscheint die Bejahung eines diesbezüglichen Willens im Ergebnis als kaum zu beweisende Unterstellung.[833] So überrascht es nicht, dass in der gerichtlichen Praxis auf dem Gebiet der Produktverantwortung nur wenige Verurteilungen wegen vorsätzlichen Verhaltens ergehen.

b. Strafrechtliche Verantwortung für Arzneimittelschäden

Auch im Bereich der Arzneimittelproduktion spielt die Fahrlässigkeit aufgrund der genannten Beweisprobleme die dominierende Rolle,[834] wenngleich es durchaus im Rahmen des Möglichen liegt, dass der pharmazeutische Unternehmer vor dem Hintergrund der Individualität des menschlichen Organismus nach eingehenden Schadensmeldungen länger zuwartet, obwohl er sich der damit einhergehenden Gefahr weiterer Gesundheitsbeeinträchtigungen ernsthaft bewusst ist. Zudem ist zu bedenken, dass in der pharmazeutischen Industrie mehr als in anderen Branchen oftmals die Zukunft des Unternehmens vom Erfolg eines bestimmten (innovativen) Präparates abhängig ist, so dass die okönomischen Bestrebungen und ihr Einfluss auf die unternehmerische Entscheidung hier besonderer Aufmerksamkeit bedürfen, falls gerade dieses Pharmakon im Verdacht steht, Nebenwirkungen zu verursachen. Eine Inkaufnahme derselben und damit Eventualvorsatz liegt unter diesen Umständen zumindest nicht fern.

Schwierigkeiten bereitet aber insbesondere die Feststellung, der pharmazeutische Unternehmer sei sich der Bedenklichkeit des Arzneimittels i. S. d. § 5 Abs. 2 AMG gegenwärtig gewesen,[835] ist diese Risikoschwelle doch angesichts des Rekurses auf medizinwissenschaftliche Wertungen weit komplexer ausgestaltet als bei sonstigen Ge- und Verbrauchsgütern, denen nicht dieselbe Ambivalenz innewohnt wie Arzneimitteln. Letztlich wird eine Bestrafung des pharmazeutischen Unternehmers wegen vorsätzliches Verhalten realiter nur dann überhaupt in Betracht kommen, wenn nach einer Serie von Verdachtsfällen schwerwiegender Nebenwirkungen homogener Art keine Gefahrabwehrmaßnahmen getroffen bzw. das Arzneimittel weiterhin in Verkehr gebracht wird.

---

[831] *BGH*St 41, 206 (219). Zustimmend *Eichinger*, Produkthaftung, S. 270 f.; *Kühne*, NJW 1997, S. 1951; *Schmucker*, Dogmatik, S. 104. Ähnlich *Philipps*, ZStW 85 (1973), S. 27.

[832] *BGH* StV 1984, 187; NStZ 1999, 507; 2001, 475; NStZ-RR 2001, 369.

[833] So auch *Schmucker*, Dogmatik, S. 105.

[834] Ebenso *Wagner*, Arzneimittel-Delinquenz, S. 90 f.

[835] Vgl. *Wagner*, Arzneimittel-Delinquenz, S. 91 f.

3. Sorgfaltspflichten im Bereich strafrechtlicher Produkthaftung

Stellt die Fahrlässigkeit somit den Prototyp strafrechtlicher Produktverantwortung dar, so kommt der Konkretisierung dessen, was eine Sorgfaltspflichtverletzung und damit den Handlungsunwert des Fahrlässigkeitsdelikts ausmacht, entscheidende Bedeutung zu. Entsprechend der unternehmensbezogenen Betrachtungsweise gilt es dabei zunächst, die betriebsbezogenen Sorgfaltspflichten des pharmazeutischen Unternehmens insgesamt zu ermitteln.[836]

a. Kriterien zur Bestimmung des gebotenen Sorgfaltsmaßes

Sorgfaltswidrigkeit und Unwert des Produzentenverhaltens können nicht bestimmt werden, ohne dass Klarheit über die an Vorhersehbarkeit und Vermeidbarkeit zu stellenden Anforderungen besteht. Daher soll in einem ersten allgemeinen Schritt eine sachgerechte Konzeption zur Ermittlung des jeweils gebotenen Maßes an Sorgfalt erarbeitet werden.

Ausgangspunkt der Fahrlässigkeitsprüfung ist auch im Strafrecht die gesetzliche Umschreibung der Fahrlässigkeit in § 276 Abs. 2 BGB, deren Übertragung ins Strafrecht sich angesichts ihres generalklauselartigen Charakters als unbedenklich erweist.[837] Danach handelt fahrlässig, wer die im Verkehr erforderliche Sorgfalt außer Acht lässt. Die Ausfüllungsbedürftigkeit dieser Definition zeigt, dass sich die objektive Sorgfaltspflicht jedweder abstrakten Ausformulierung entzieht, geht es bei dieser doch um spezifische Situationsanforderungen, deren verallgemeinernde Umschreibung in Anbetracht der Vielgestaltigkeit des Lebens letztlich nicht durchführbar ist. Damit bleibt allein die Möglichkeit, einen dogmatischen Rahmen mit zweckmäßigen Strukturen vorzugeben, die eine gegliederte und nachvollziehbare Fahrlässigkeitsprüfung durch den Rechtsanwender erlauben.

(A) Generelle Einflussfaktoren

Grundsätzlich ist das eigene Verhalten danach auszurichten, was zur Gefahrbeseitigung oder Gefahrminimierung objektiv erforderlich ist und von vernünftigen Angehörigen des betreffenden Verkehrskreises erwartet werden darf.[838] Reichweite und Inhalt der Sorgfaltspflicht bestimmen sich dabei maßgeblich nach der in der jeweiligen Situation gegebenen Gefahr, der Wahrscheinlichkeit ihrer Realisierung in einem Schaden, der Wertigkeit des betroffenen Rechtsguts sowie der Höhe und Intensität der drohenden Einbuße. Je intensiver die Gefahrenlage ist, desto mehr Vorsicht ist geboten.[839] Wirtschaftliche Gesichtspunkte spielen nur in Ausnahmefällen eine Rolle.[840] Voraussetzung ist indes stets, dass die Gefahr der Rechtsgutsverletzung nach allgemeiner Lebenserfahrung vorhersehbar, die ihre Kontrolle gewährleistenden Verhaltensweisen erkennbar sind.[841] Daraus folgt, dass über-

[836] Vgl. *Schmidt-Salzer*, Produkthaftung, Rn. 1.303 f., 1.343

[837] *Brinkmann*, Vertrauensgrundsatz, S. 58; *Jescheck/Weigend*, AT, § 55 I 1.

[838] *Beck*, Rückrufpflicht, S. 17; *Scheu*, Produktverantwortung, S. 139.

[839] *Nowak*, Leitlinien, S. 104; *Spitz*, Produkthaftung, S. 46.

[840] *Nowak*, Leitlinien, S. 109.

[841] *Däbritz*, Humanerprobungen, S. 47; *Nowak*, Leitlinien, S. 108; *Schmidt-Salzer*, Produkthaftung, Rn. 1.524; *Schmucker*, Dogmatik, S. 161 f.

haupt eine Gefahren eindämmende Verhaltensoption existieren, die Gefahrenabwehr möglich sein muss, was ex ante anhand des zur Tatzeit gültigen Standes der Wissenschaft und Technik zu beurteilen ist.[842]

Zusätzlich zu diesen Anforderungen bedarf die objektive Sorgfalt weiterer Einschränkungen. Da ein gewisses Maß an Gefährdung zu den normalen Bedingungen des täglichen Lebens gehört, führt die bloße Tatsache, sich (abstrakt) gefährlich zu verhalten noch nicht zu einem Fahrlässigkeitsvorwurf; ein solcher rechtfertigt sich nur, wenn trotz triftigen Anlasses von dem weiteren Geschehensablauf in Richtung einer Rechtsgutsbeeinträchtigung nicht oder nicht rechtzeitig Abstand genommen wird.[843] Und schließlich kann nur das erwartet und gefordert werden, was in der konkreten Situation auch zumutbar ist, so dass stets abzuwägen ist zwischen Erfordernis und Dringlichkeit der gebotenen Sorgfaltsmaßnahmen einerseits und der damit einhergehenden Belastung des Sorgfaltspflichtigen andererseits.[844]

Als Anhaltspunkte zur Bestimmung der objektiven Sorgfaltspflicht unter Berücksichtigung der genannten Faktoren kommen die Maßfigur des besonnenen und gewissenhaften Verkehrsteilnehmers, vorhandene einschlägige Sondernormen und der sogenannte Vertrauensgrundsatz in Betracht.[845] Doch bevor hierauf näher einzugehen ist, stellt sich die Frage, ob zur Umschreibung der aufzubringenden Sorgfalt nicht einfach auf die – sich gerade im Bereich der Produkthaftung durch eine umfassende Konkretisierung der Herstellerpflichten auszeichnende – zivilrechtliche Judikatur zurückgegriffen werden kann.

(B) Relevanz der zivilrechtlichen Judikatur

Die Frage der Orientierung an zivilgerichtlichen Entscheidungen weist einen engen Zusammenhang mit der bereits dargestellten Problematik der Herleitung einer Garantenstellung aus zivilrechtlichen Verkehrs(sicherungs)pflichten auf, stellen

---

842 *Eichinger*, Produkthaftung, S. 221; *Schmidt-Salzer*, Produkthaftung, Rn. 1.327 f.

843 *Jescheck/Weigend*, AT, § 55 I 2 b; MüKo-StGB-*Duttge*, § 15 Rn. 121. Vgl. auch *Kuhlen* in: Achenbach/Ransiek, HWSt, II Rn. 28.

844 *Ensthaler et al.*, Qualitätsmanagement, S. 23; *Schmidt-Salzer*, Produkthaftung, Rn. 1.331 f.

845 *Kuhlen* in: Achenbach/Ransiek, HWSt, II Rn. 28. Da der Vertrauensgrundsatz maßgeblich auf dem Gedanken der Abgrenzung der Verantwortungsbereiche der involvierten Personen beruht, soll darauf erst später eingegangen werden. An dieser Stelle gilt es zunächst, die grundsätzlichen Sorgfaltsanforderungen des Herstellers isoliert und unabhängig von diese eventuell modifizierenden Sorgfaltspflichten und Verantwortlichkeiten der anderen am Arzneimittelverkehr beteiligten Personen herauszuarbeiten. Daraus folgt aber zugleich, dass die folgenden Ausführungen unter dem Vorbehalt einer späteren Konkretisierung in Form der Reduzierung der den pharmazeutischen Unternehmer treffenden Sorgfaltspflichten durch (privative) Verantwortungsübernahme der übrigen in die Gesamtaufgabe „Arzneimittelsicherheit" eingebundenen Beteiligten stehen und somit nur einen ersten Schritt zur Herausarbeitung der Verantwortlichkeit des pharmazeutischen Unternehmers darstellen. Sie geben letztlich die äußerste Grenze dessen wieder, was vom pharmazeutischen Unternehmer zur Vermeidung unvertretbarer Gesundheitsschäden überhaupt gefordert werden kann und im Fall der Außerachtlassung als potentieller Anknüpfungspunkt einer Fahrlässigkeitsstrafbarkeit in Betracht kommt.

diese doch Ausformungen der allgemeinen objektiven Sorgfaltspflicht dar. Ging es dort aber um die Frage des „Ob" i. S. d. Begründung strafrechtlicher Verantwortung anhand zivilrechtlicher Kriterien, so steht hier die Frage des „Wie", also des Umfangs dieser Verantwortung im Mittelpunkt.

In der Rechtswissenschaft hat namentlich *Kuhlen*[846] den Aspekt der Übertragbarkeit der durch die zivilrechtliche Judikatur geschaffenen Leitlinien zur Bestimmung des gebotenen Sorgfaltsmaßes einer eingehenden Analyse unterzogen. Seine Untersuchung konzentriert sich im Wesentlichen auf die Überprüfung dreier Thesen: erstens der normativen Einheitlichkeitsthese, die eine einheitliche Bestimmung des Sorgfaltsmaßstabs in Zivil- und Strafrecht postuliert; zweitens der kasuistischen Einheitlichkeitsthese, der zufolge die zivilgerichtliche Präzisierung der Sorgfaltspflichten auch für das Strafrecht eine angemessene Pflichtenkonkretisierung liefere; und drittens schließlich die Präjudizienthese, wonach sich die Strafgerichte an der durch die zivilrechtliche Judikatur geleisteten Präzisierung des Sorgfaltsmaßstabs ebenso zu orientieren hätten wie an entsprechende Konkretisierungsleistungen der Strafgerichtsbarkeit.[847]

Für eine Anlehnung an die zivilrechtliche Judikatur spricht zunächst, dass diese von den Gerichten ausdrücklich am Maßstab des § 276 Abs. 2 BGB[848] und damit aus einer Norm entwickelt wurde, der auch im Strafrecht grundlegende Bedeutung zukommt. Auch besitzen das strafrechtliche Sorgfaltsgebot und die § 823 Abs. 1 BGB entspringenden zivilrechtlichen Verkehrs(sicherungs)pflichten mit dem Schutz der Verbraucher eine identische Schutzrichtung.[849] Zudem ließe sich argumentieren, dass nach Bejahung der Frage des „Ob" einer strafrechtlichen Produktverantwortung, bei deren Beantwortung bereits der Subsidiarität und dem ultima ratio-Charakter des Strafrechts Rechnung getragen werden kann, hinsichtlich des „Wie" ein einheitlicher Maßstab anzulegen ist. Auch die Tatsache, dass Strafunrecht Verhaltensunrecht ist, im Zivilrecht indes die Lehre vom Erfolgsunrecht vorherrscht, wonach die objektive Sorgfaltswidrigkeit erst auf der Schuldebene relevant wird, ist ohne Belang, da die inhaltliche Umschreibung der Sorgfaltswidrigkeit von ihrer Verortung unabhängig ist.[850] Ebenso unbeachtlich ist, dass im Strafrecht zur objektiven zwingend eine subjektive (individuelle) Sorgfaltswidrigkeit hinzutreten muss, hat das Erfordernis einer zusätzlichen subjektiven Komponente doch keinerlei Auswirkung auf die Interpretation des objektiven Elements.[851]

---

846 *Kuhlen*, Fragen.

847 *Kuhlen*, Fragen, S. 87 f.

848 Vgl. *RGZ* 52, 373 (379); *BGH* VersR 1960, S. 715 (716); MüKo-BGB-*Wagner*, § 823 Rn. 65 m. w. N.

849 *Schmucker*, Dogmatik, S. 160. Siehe bereits S. 235 ff.

850 *Hilgendorf*, Produzentenhaftung, S. 150; *Kuhlen*, Fragen, S. 83 f.

851 *Eichinger*, Produkthaftung, S. 221; *Große Vorholt*, Behördliche Stellungnahmen, S. 162 f.; *Hilgendorf*, Produzentenhaftung, S. 151; *Kuhlen*, Fragen, S. 84. Ähnlich *Herzberg*, NStZ 2004, S. 664 f.; *Schmidt-Salzer*, Produkthaftung, Rn. 1.027. Kritisch dagegen *Bock*, Produktkriminalität, S. 125; *Schmucker*, Dogmatik, S. 160 f.; *Schwartz*, Produkthaftung, S. 88.

Allerdings besitzen die gegen eine Herleitung der Garantenstellung aus zivilrechtlichen Verkehrs(sicherungs)pflichten erhobenen Bedenken auch in Bezug auf den Umfang der daraus resultierenden Garanten- oder Sorgfaltspflicht Gültigkeit.[852] Führt man sich vor Augen, dass Rechtsbegriffe nach einhelliger methodologischer Ansicht relativ sind, ihr sachlicher Gehalt nicht zuletzt durch den normativen Kontext, in dem sie zur Anwendung kommen, bestimmt wird, würde es einen Rückfall in eine naive Begriffsjurisprudenz darstellen, aus der Gleichheit des Wortes „Fahrlässigkeit" in Straf- und Zivilrecht auf einen identischen Sorgfaltsmaßstab zu schließen.[853] So steht auch hinsichtlich des einzuhaltenden Sorgfaltsmaßes die unterschiedliche Teleologie der auf nachträglichen Schadensausgleich gerichteten zivilrechtlichen Haftungsbegründung und der auf präventive Steuerung und repressive Sanktionierung individuell-personalen Verhaltens abzielenden strafrechtlichen Verantwortungszuweisung einer Übernahme der zur zivilrechtlichen Produkthaftung entwickelten Grundsätze ins Strafrecht entgegen.[854] Die zivilrechtlichen Herstellerpflichten orientieren sich an den Bedürfnissen des Geschäftsverkehrs und bezwecken eine ökonomisch effiziente und billige Haftungsverteilung, wodurch sie regelmäßig in Konflikt mit dem strafrechtlichen Schuldprinzip geraten, namentlich in Fällen, in denen die Sorgfaltspflichten auf Überlegungen wie der Leistungsfähigkeit des Produzenten, der Versicherbarkeit gegen Haftungsrisiken oder der Abwälzbarkeit der Versicherungskosten auf den Verbraucher im Wege der Preisbildung beruhen.[855] Insofern verbietet es sich, nach Bejahung des „Ob" einer strafrechtlichen Produktverantwortung hinsichtlich des „Wie" einen einheitlichen Maßstab anzulegen, würde hierdurch doch de facto eine Gefährdungshaftung ins Strafrecht inkorporiert.

Demnach besteht keine Kongruenz zwischen zivilrechtlichem und strafrechtlichem Sorgfaltsmaßstab, sind sowohl die normative als auch die kasuistische Einheitlichkeitsthese sowie die Präjudizienthese widerlegt.[856] Ähnlich wie schon bei

---

852 So auch *Höhfeld*, Strafrechtliche Produktverantwortung, S. 182; *Schmucker*, Dogmatik, S. 160; i. E. ebenso *Bosch*, Organisationsverschulden, S. 390; *Eidam*, Unternehmen und Strafe, S. 443.

853 Vgl. *Duttge*, GA 2003, S. 465; *Hilgendorf*, Produzentenhaftung, S. 149; *Kuhlen*, Fragen, S. 89.

854 *Eichinger*, Produkthaftung, S. 222; *Große Vorholt*, Behördliche Stellungnahmen, S. 164; *Kuhlen*, Fragen, S. 90; *Mikus*, Verhaltensnorm, S. 118; *Nehm*, Produkthaftung, S. 8; S/S-*Cramer/Sternberg-Lieben*, § 15 Rn. 223; *Schumann*, Handlungsunrecht, S. 117; i. E. ebenso *Wilhelm*, Arbeitsteilung, S. 12; a. A. *Höhfeld*, Strafrechtliche Produktverantwortung, S. 183 f.

855 Vgl. *Bosch*, Organisationsverschulden, S. 391; *Duttge*, GA 2003, S. 464; *Eichinger*, Produkthaftung, S. 222; *Große Vorholt*, Behördliche Stellungnahmen, S. 164; *Hilgendorf*, Produzentenhaftung, S. 161; *Hsü*, Garantenstellung, S. 206 f.; *Kuhlen*, Fragen, S. 90 ff.; *ders.*, JZ 1994, S. 1146; *ders.* in: Achenbach/Ransiek, HWSt, II Rn. 31; *Nowak*, Leitlinien, S. 69; *Schwartz*, Produkthaftung, S. 90; *Spitz*, Produkthaftung, S. 291.

856 *Kuhlen*, Fragen, S. 149 f.; *ders.* in: Achenbach/Ransiek, HWSt, II Rn. 31. Zustimmend *Tiedemann*, NJW 1990, S. 2052. Im Ergebnis ebenso *Freund*, Erfolgsdelikt, S. 216; *Mikus*, Verhaltensnorm, S. 118. Dagegen von einheitlichen Maßstäben ausgehend *Herzberg*, NStZ 2004, S. 662; *Schmidt-Salzer*, Produkthaftung, Rn. 1.028, 1.365.

der Ableitung einer Garantenstellung aus zivilrechtlichen Grundsätzen kommt dem durch die Zivilgerichte konkretisierten Pflichtenkatalog des Herstellers nur eine Orientierungs- und Begrenzungsfunktion als Umschreibung des Höchstmaßes der an den Produzenten zu stellenden Sorgfaltsanforderungen zu.[857] Da die zivilrechtlichen Herstellerpflichten aber zumindest in diesem Sinne durchaus von Relevanz für die Bestimmung der strafrechtlichen Sorgfaltspflichten des Produzenten und damit die Festlegung des Kreises fahrlässiger Verhaltensweisen sind, erscheint es gerechtfertigt, sich bei der Ermittlung des strafrechtlichen Pflichtenkatalogs des pharmazeutischen Unternehmers zunächst an diesen zu orientieren.

(C) Maßfigur-orientierte Vorgehensweise

Die Rechtsprechung sowie die herrschende Ansicht in der Literatur ermitteln den Grad der gebotenen Sorgfalt, an dem das in Frage stehende Verhalten zu messen ist, anhand einer leitbildhaften fiktiven Maßfigur, welche die Durchschnittansprüche des Verkehrskreises verkörpert, dem der Täter angehört. Danach ist objektiv vorhersehbar, was ein umsichtig handelnder Mensch aus dem Verkehrskreis des Täters unter den jeweils gegebenen Umständen auf Grund der allgemeinen Lebenserfahrung in Rechnung stellen würde.[858] Die aufzuwendende Sorgfalt ergibt sich aus den Anforderungen, die bei Betrachtung der konkreten Gefahrenlage ex ante an einen gewissenhaften und besonnenen Menschen in der sozialen Rolle und speziellen Situation des Täters zu stellen sind.[859] Bei professionellem Handeln kommt dabei vor allem einer herausgebildeten lex artis des jeweiligen Berufsstandes Bedeutung zu.[860] Bewegt sich das zu beurteilende Verhalten in dem durch die Maßfigur gesetzten Rahmen, scheidet ein Fahrlässigkeitsvorwurf mangels objektiver Sorgfaltspflichtwidrigkeit aus, bleibt es hinter den Maßfigur-orientierten Ansprüchen zurück, ist der Fahrlässigkeitstatbestand erfüllt.[861] Grundlage der Maßfigurkonzeption ist damit die Herausarbeitung der maßgeblichen Verkehrskreise. Ausgehend von einer strengen Orientierung an der Verkehrsauffassung ist vor allem auf die Typizität eines Verhaltens abzustellen, wird auf diese Weise doch einerseits vermieden, dass gleichartige Tätigkeiten ganzer Personengruppen willkürlich differenziert, andererseits aber auch, dass stark voneinander abweichende Verhaltensformen einem einheitlichen Maßstab unterworfen werden.[862]

---

857 *Alexander*, Strafrechtliche Verantwortlichkeit, S. 63; *Große Vorholt*, Behördliche Stellungnahmen, S. 166; *Kuhlen*, Fragen, S. 151; *ders.* in: Achenbach/Ransiek, HWSt, II Rn. 30; *Nehm*, Produkthaftung, S. 12; *Scholl*, NJW 1981, S. 2737; *Schwarz*, GA 1993, S. 319; *Spitz*, Produkthaftung, S. 175 f., 293, 387 f.; *Tiedemann*, FS Hirsch, S. 773. Vgl. auch S/S-*Cramer/Sternberg-Lieben*, § 15 Rn. 223 m. w. N. Ähnlich *Lüderssen*, FS Eser, S. 170.

858 *Wessels/Beulke*, AT, Rn. 667a.

859 Siehe bereits *RGZ* 126, 329 (331). Ebenso *BGH*St 7, 307; 20, 315 (321); 37, 184; *Brinkmann*, Vertrauensgrundsatz, S. 58; *Große Vorholt*, Behördliche Stellungnahmen, S. 192; *Jescheck/Weigend*, AT, § 55 I 2 b; *Kamps*, Ärztliche Arbeitsteilung, S. 82; *Schmucker*, Dogmatik, S. 158; *Wessels/Beulke*, AT, Rn. 669.

860 *Roxin*, StV 2004, S. 487.

861 Vgl. NK-*Puppe*, Vor § 13 Rn. 157; *Roxin*, AT/1, § 24 Rn. 34.

862 *Kaminski*, Maßstab, S. 138.

Allerdings ist umstritten, ob dieser rein objektiv bestimmte Sorgfaltsmaßstab in Anbetracht einer im Kern personalen Unrechtslehre nicht insoweit der Subjektivierung bedarf, als ein Sonderwissen und Sonderkönnen des Täters bei Ermittlung der vom Verkehr erwartbaren Sorgfalt zu berücksichtigen ist und nicht erst auf der Schuldebene Bedeutung erlangt.

Hinsichtlich überdurchschnittlicher Spezialkenntnisse des Täters wird eine Individualisierung der Sorgfaltspflicht weit überwiegend bejaht.[863] Dagegen existiert bezüglich eines Sonderkönnens des Täters ein breites Meinungsspektrum, bei dem neben der uneingeschränkten Befürwortung[864] und rigorosen Ablehnung[865] der Berücksichtigung des individuellen Leistungsvermögens auf der Tatbestandsebene auch zahlreiche differenzierende Ansätze[866] vertreten werden. Für die Einbeziehung von Sonderfähigkeiten bei der Festlegung des einzuhaltenden Sorgfaltsmaßes spricht der Aspekt eines möglichst umfassenden Rechtsgüterschutzes sowie die Tatsache, dass der besonders Befähigte hierdurch keineswegs schlechter gestellt wird, sondern von ihm in gleichem Maße wie vom durchschnittlich Kompetenten verlangt wird, zur Vermeidung von Rechtsgutsverletzungen Dritter sein Leistungspotential optimal auszuschöpfen.[867] Im Gegenteil würde ein vollständig objektivierter Sorgfaltsmaßstab den Sonderbefähigten in unberechtigter Weise privilegieren.[868] Gegen eine Individualisierung lässt sich allerdings anführen, dass dadurch im Ergebnis derjenige, der sich freiwillig in die Lage versetzt, überobligatorische Sicherheitsmaßnahmen ergreifen zu können, durch strengere Sorgfalts-

---

863 So etwa *BGH* JZ 1987, S. 877 (879); *Dannecker*, Fahrlässigkeit, S. 215; *Gropp*, AT, § 12 Rn. 45; *Hübenett*, Genehmigung, S. 124; S/S-*Cramer/Sternberg-Lieben*, § 15 Rn. 139; *Spitz*, Produkthaftung, S. 47; *Wessels/Beulke*, AT, Rn. 670; a. A. LK-*Schroeder*, § 16 Rn. 148; *Nowak*, Leitlinien, S. 72.

864 *Eichinger*, Produkthaftung, S. 220; *Gropp*, AT, § 12 Rn. 34; *Heinrich*, AT/2, Rn. 1038; *Kraatz*, Fahrlässige Mittäterschaft, S. 282 f.; *Kuhlen*, Fragen, S. 86; *Renzikowski*, Restriktiver Täterbegriff, S. 244; S/S-*Cramer/Sternberg-Lieben*, § 15 Rn. 133, 138 f.; *Schmidt-Salzer*, Produkthaftung, Rn. 1.321; *Stratenwerth/Kuhlen*, AT/1, § 15 Rn. 12, 14; *Weigend*, FS Gössel, S. 143.

865 *Hannes*, Vertrauensgrundsatz, S. 179; *Kaminski*, Maßstab, S. 92; *Kindhäuser*, AT, § 33 Rn. 27.

866 So will *Vogel*, Norm und Pflicht, S. 262, ein Sonderkönnen nur dann fahrlässigkeitsbegründend berücksichtigen, wenn dieses Bestandteil der Rollendefinition und Zuständigkeit des Normadressaten ist. Nach *Roxin*, AT/1, § 24 Rn. 57 ff., und *Kretschmer*, Jura 2000, S. 272, ist dagegen nach unten zu generalisieren und nach oben zu individualisieren. Das individuelle Nichtandershandelnkönnen sei allemal ein Problem der Schuld, während die Zurechnung zum objektiven Tatbestand an Maßstäbe der Gefahrschaffung und des Schutzzwecks anknüpfe, die von der Individualität des Täters unabhängig seien. Kritisch dazu MüKo-StGB-*Duttge*, § 15 Rn. 97.

867 *Kretschmer*, Jura 2000, S. 272; *Kuhlen*, Fragen, S. 85; MüKo-StGB-*Duttge*, § 15 Rn. 97; NK-*Puppe*, Vor § 13 Rn. 161; S/S-*Cramer/Sternberg-Lieben*, § 15 Rn. 140.

868 *Kretschmer*, Jura 2000, S. 271. Ähnlich *Otto*, JuS 1974, S. 707. Unzutreffend daher LK-*Schroeder*, § 16 Rn. 147, wenn er behauptet, die Nichtbeachtung individueller Fähigkeiten diene dem Gleichheitssatz, drückt sich Gleichheit doch auch in einem vergleichbaren Maße an abverlangten Anstrengungen aus.

vorkehrungen belastet würde.[869] Darüber hinaus kann die standardbildende Funktion einer strengen Objektivierung nicht geleugnet, der solch typisierten Unrechtsbeschreibungen in weit stärkerem Maße innewohnende Appellcharakter nicht verhehlt werden.[870]

So gewichtig die Unterschiede zwischen den einzelnen Ansichten auch zu sein scheinen, in der Praxis führen sie nur selten zu unterschiedlichen Ergebnissen. Denn die Differenzen werden zum Großteil dadurch relativiert, dass die streng objektivierende Lehre für Spezialisten eigene Maßfiguren und Verkehrskreise bildet und durch flexible, letztlich am Leistungsvermögen des Täters orientierte Zuschneidung der Vergleichsgruppe nicht unerheblich individualisiert,[871] während andererseits die vollständig individualisierende Betrachtungsweise nicht ohne objektiven Ausgangs- und Bezugspunkt auskommt, von dem ausgehend dann das dem jeweiligen besonders befähigten Individuum Abzuverlangende festgelegt werden kann.[872] Daher soll auf die Diskussion nicht weiter eingegangen werden.

Von weit größerer Bedeutung ist dagegen die Kritik, dem sich die auf fiktive Maßfiguren abstellende Fahrlässigkeitskonzeption generell ausgesetzt sieht. Besonderes Gewicht kommt dabei dem Einwand zu, der Maßfiguransatz schließe letztlich von einem Sein auf ein Sollen, indem durch Bildung immer engerer Verkehrskreise und damit einhergehender Angleichung der Maßfigur an die wirklichen Akteure eines bestimmten Verkehrskreises die gebotene Sorgfalt letztlich im Wege einer induktiv-soziologischen Schlussfolgerung realiter mit der tatsächlich aufgebrachten, branchenüblichen Sorgfalt gleichgesetzt werde. Andererseits könne diese Gefahr aber auch nicht durch eine möglichst große Abstraktion von der Verkehrswirklichkeit und Distanz der Modellfiguren von den realen Akteuren umgangen werden, verlöre der Rekurs auf Maßfiguren doch mit einem derart deduktiv-normativen, an rechtlichen Maßstäben ausgerichteten Ansatz faktisch seine Bedeutung, weil die Maßfigur dann nichts anderes als die Personifizierung der Rechtsordnung, ein Vehikel, um diese im Tatbestand des Fahrlässigkeitsdelikts verankern zu können, darstellte.[873] Angesichts dieses Dilemmas wird die verkehrskreisspezifische Maßfigur teilweise als untaugliche Grundlage der Sorgfalts-

---

869 LK-*Schroeder*, § 16 Rn. 148.

870 *Hirsch*, FS Lampe, S. 525; *Kretschmer*, Jura 2000, S. 271; LK-*Schroeder*, § 16 Rn. 146. Zutreffend hebt NK-*Puppe*, Vor § 13 Rn. 160 m. w. N., in diesem Zusammenhang hervor, dass sich eine unmittelbar auf die Persönlichkeit des Täters zugeschnittene Sorgfaltsnorm letztlich schon gar nicht mehr als Norm im eigentlichen Sinn verstehen lasse. Ebenso *Dannecker*, Fahrlässigkeit, S. 215; *Hannes*, Vertrauensgrundsatz, S. 179.

871 So namentlich NK-*Puppe*, Vor § 13 Rn. 161 m. w. N.

872 Vgl. *Brinkmann*, Vertrauensgrundsatz, S. 58; *Duttge*, Handlungsunwert, S. 76, 87, 103; *ders.*, GA 2003, S. 463 f.; *Kaminski*, Maßstab, S. 89; *Kretschmer*, Jura 2000, S. 272; *Kuhlen*, Fragen, S. 86; *Stratenwerth/Kuhlen*, AT/1, § 15 Rn. 13.

873 Vgl. *Bosch*, Organisationsverschulden, S. 395 ff.; *Eichinger*, Produkthaftung, S. 220, 223; *Hilgendorf*, Produzentenhaftung, S. 155; *Höhfeld*, Strafrechtliche Produktverantwortung, S. 178 f.; *Mikus*, Verhaltensnorm, S. 49 f., 53; *Vogel*, Norm und Pflicht, S. 256 f. Ebenso *Kuhlen*, Fragen, S. 102, der von „der Scylla einer kritiklosen Auszeichnung des Verkehrsüblichen als des im Verkehr Erforderlichen und der Charybdis einer rein normativen Festlegung des Sorgfaltsmaßstabes" spricht.

pflichtbestimmung von vornherein abgelehnt[874] und stattdessen eine wertende Ermittlung in Form einer umfassenden Interessenabwägung vorgeschlagen.[875]

Allerdings zeigt schon die Vielfalt der Faktoren, die den Verfechtern einer derartigen Abwägung zufolge einander gegenübergestellt und bewertet werden sollen, dass die intellektuellen Anforderungen an eine sachgerechte Abwägungsentscheidung viel zu komplex, der einzuhaltende Sorgfaltsmaßstab viel zu unbestimmt und abstrakt ist, um eine verlässliche, greifbare und damit auch grundsätzlich erfüllbare Verhaltensanweisung in der konkreten Tatsituation zu liefern. Zudem kann nicht bezweifelt werden, dass mit Hilfe des Maßfigur-orientierten Ansatzes in der Vergangenheit nahezu alle Fälle einer sachgemäßen Lösung zugeführt werden konnten, und die Schwächen dieses Konzepts durch eine sorgfältige Herleitung der Maßfigur weitgehend ausgeglichen werden können. Dazu bedarf es sowohl einer gewissenhaften Feststellung der realen Gegebenheiten in den einzelnen Verkehrskreisen, bei der verstärkte Vorsichtsmaßnahmen Einzelner nicht als Außenseiterverhalten abgetan und unberücksichtigt bleiben dürfen, als auch einer kritischen Würdigung des aus Rechtsgüterschutzinteressen wünschenswerten Idealverhaltens in Bezug auf dessen Praktikabilität. Mag auch die Herstellung einer praktischen Konkordanz zwischen den Gesichtspunkten Rechtsgüterschutz, Praktikabilität und tatsächlicher Praxis durchaus mit Schwierigkeiten verbunden, die daraus hervorgehende Sorgfaltspflicht nicht immer offensichtlich sein, so existiert mit dem Bezug zum wirklich geübten Verhalten zumindest ein greifbarer Ausgangspunkt und mit dem Kriterium des Rechtsgüterschutzes ein für jedermann evidentes Korrektiv, das den Einzelnen unverkennbar zur ständigen Überprüfung des branchenüblichen Verhaltens und je nach Sachlage unter Umständen zu einer abweichenden Vorgehensweise zwingt.[876]

(D) Bedeutung Verhaltensanweisungen enthaltender Sondernormen

Sind nach dem bisher Gesagten Ungewissheiten hinsichtlich der gebotenen Sorgfalt nicht immer zur Gänze vermeidbar, kommt der Suche nach zusätzlichen Fixpunkten und dabei insbesondere der Frage, ob zur Konkretisierung der Verhaltensanforderungen in einer bestimmten Situation auf entsprechende Vorgaben in einschlägigen Regelwerken, sogenannten Sondernormen, zurückgegriffen werden kann, erhebliche Bedeutung zu. Konkrete Verhaltensanweisungen können zum einen in Gesetzen und Rechtsverordnungen, zum anderen aber auch in internatio-

---

[874] *Höhfeld*, Strafrechtliche Produktverantwortung, S. 179; MüKo-StGB-*Duttge*, § 15 Rn. 116 m. w. N.; *ders.*, GA 2003, S. 457.

[875] *Eichinger*, Produkthaftung, S. 224; *Schünemann*, JA 1975, S. 516, 575 f.; *Vogel*, Norm und Pflicht, S. 252 f.; *Vogel*, Produkthaftung, S. 59.

[876] Ähnlich *Kuhlen*, Fragen, S. 103 ff., der die Maßfigur-orientierte Verkehrskreiskonzeption bei entsprechender Präzisierung im Ergebnis ebenfalls als gehaltvolle, plausible und gegenüber anderen Verfahren zur Sorgfaltspflichtbestimmung vorzugswürdige Methode ansieht, welche durch Anknüpfung an die tatsächlichen Ist-Zustände eine verlässliche Basis besitzt und ein in Einklang mit einer sachlich vertretbaren redlichen Praxis stehendes Verhalten nicht aufgrund einer negativen, von der Realität losgelösten abstrakten Interessenabwägung unter Strafe stellt. Kritisch allerdings *Hilgendorf*, Produzentenhaftung, S. 156.

nalen Vereinbarungen, Berufsordnungen, Richtlinien, Betriebsvorschriften, technischen Regeln oder sonstigen Statuten privater Verbände enthalten sein. Wie alle außerstrafrechtlichen Vorschriften sind derartige Sondernormen nur von Relevanz für die strafrechtliche Fahrlässigkeitsprüfung, wenn sie nach Sinn und Zweck zumindest auch dem Rechtsgüterschutz dienen, der ja leitendes Motiv des Strafrechts ist. Ist dies aber der Fall, wird vereinzelt die uneingeschränkte Verbindlichkeit der in Sondernormen statuierten Verhaltensanforderungen bejaht – sowohl in Strafbarkeit begründender als auch beschränkender Hinsicht.[877]

Vor allem in Bezug auf Regelungen, die nicht vom Gesetzgeber oder von diesem ermächtigten Personen bzw. Körperschaften, sondern von nichtstaatlichen interessengebundenen Institutionen – wie etwa dem Bundesverband der Pharmazeutischen Industrie (BPI) – geschaffen wurden, erscheint diese Auffassung zweifelhaft. Mangels Kompetenz der die Regelung erlassenden Organisation zur Aufstellung außenwirksamer, nicht nur verbandsintern zu beachtender Verhaltensnormen besteht ein Legitimationsdefizit.[878] Ein allgemeinverbindlicher Geltungsanspruch ergibt sich auch nicht aus Gewohnheitsrecht, trägt die Normierung bestimmter Verhaltensanweisungen doch gerade dem Umstand Rechnung, dass derartige Sorgfaltsvorkehrungen nun einmal nicht von einer entsprechenden opinio iuris sive necessitatis getragen werden.[879] Zudem kann aus dem bloßen Fehlen einer staatlichen Regelung keineswegs die Billigung und hoheitliche Legitimierung außerrechtlich festgesetzter Sorgfaltsmaßstäbe durch den Gesetzgeber abgeleitet werden,[880] da der Abwesenheit einer staatlichen Norm nicht stets ein bewusster Regelungsverzicht zugrunde liegt und der Gesetzgeber anderenfalls genötigt wäre, prophylaktisch tätig zu werden, um staatlichen (Schutz-)Interessen zuwiderlaufenden Regelwerken privater Institutionen von vornherein einen Riegel vorzuschieben. Folglich spielen Leitsätze und Richtlinien von Kommissionen und Verbänden im Rahmen der Sorgfaltspflichtbestimmung keine eigenständige Rolle, ihnen kommt jedoch als Beweisanzeichen des nach der Verkehrsauffassung erwartbaren, redlichen und zugleich praktikablen Verhaltens durchaus indizielle Bedeutung zu.[881]

Aber auch Regelungen mit Rechtssatzqualität, wie Gesetze und Rechtsverordnungen, enthalten keine abschließende, ausnahmslos gültige Umschreibung des in einer konkreten Situation gebotenen Verhaltens. Denn die Sorgfaltspflicht bestimmt sich stets nach den konkreten Umständen des Einzelfalls, die durchaus ein Abweichen von den typisierten, auf den Regelfall zugeschnittenen Vorgaben der

---

877 So *Herzberg*, GA 2001, S. 574; *ders.*, NStZ 2004, S. 666 f.; *Mikus*, Verhaltensnorm, S. 52.

878 *Eichinger*, Produkthaftung, S. 226; *Kretschmer*, Jura 2000, S. 270; *Kuhlen*, Fragen, S. 119; *Mikus*, Verhaltensnorm, S. 104; *Nowak*, Leitlinien, S. 65 f.; a. A. *Frisch*, Zurechnung, S. 108; *Spitz*, Produkthaftung, S. 45 f.; *Vogel*, Produkthaftung, S. 66.

879 *Mikus*, Verhaltensnorm, S. 101.

880 So aber *Mikus*, Verhaltensnorm, S. 106, 112.

881 *Heine*, Lebensmittelstrafrecht, S. 158; *Höhfeld*, Strafrechtliche Produktverantwortung, S. 177; *Kuhlen*, Fragen, S. 121; *Schmidt-Salzer*, Produkthaftung, Rn. 1.336. So hebt *Igloffstein*, Regelwerke, S. 135, zu Recht hervor, dass derartige Regelwerke häufig als Grundlage angeforderter Sachverständigengutachten in den Gerichtsprozess einfließen.

abstrakt-generellen Sondernorm gebieten können.[882] Dem Aspekt der Rechtssicherheit steht insofern das Gebot der Einzelfallgerechtigkeit gegenüber.[883] Eine Diskrepanz zwischen abstrakt umschriebener und konkret erforderlicher Sorgfalt ist vor allem bei Atypizität der konkreten Tatumstände oder erstmalig auftretenden Situationen zu verzeichnen.[884] Doch auch bei an sich typischen Fallgestaltungen kann eine das normierte Maß an Vorsicht übersteigende Sorgfalt rechtlich geboten sein, so etwa, wenn die Reglementierung lückenhaft, infolge wissenschaftlichen bzw. technischen Fortschritts überholt oder schlicht fehlerhaft ist.[885] Zudem bringt die Abstraktion rechtlicher Regelungen unweigerlich einen Interpretationsspielraum mit sich, so dass selbst in typischen Situationen verschiedene Lesarten möglich und daher divergierende, aber gleichermaßen vertretbare Verhaltensvorgaben ableitbar sind.[886] Und schließlich bliebe bei einer strengen Orientierung an den einschlägigen Sondernormen auch eine etwaige Sonderfähigkeit oder überdurchschnittliche Ausstattung des Täters unberücksichtigt.[887]

Zusammenfassend ist daher in Einklang mit der herrschenden Meinung zu konstatieren, dass alle Sondernormen, ob mit oder ohne Rechtssatzqualität, grundsätzlich nur Indizwirkung entfalten[888] und nur dann, wenn sie i. S. d. Maßfigurorientierten Ansatzes das Verhalten besonnener und gewissenhafter Verkehrsteilnehmer anzeigen, zu einer definitiven Festlegung des Sorgfaltsmaßstabes führen.[889] Allerdings fungieren die Sondernormen als Beweisanzeichen der inneren Sorgfalt, sprich der prinzipiellen Vorhersehbarkeit der Gefahr und ihrer womöglichen Realisierung in einem straftatbestandlichen Erfolg, stellen sie doch schluss-

---

882 *Duttge*, GA 2003, S. 458 f.; *Hilgendorf*, Produzentenhaftung, S. 146; *Kuhlen*, Fragen, S. 115; LK-*Schroeder*, § 16 Rn. 163; *Maiwald*, FS Jescheck, S. 423; *Maurach/Zipf*, AT/1, § 17 Rn. 24; MüKo-StGB-*Duttge*, § 15 Rn. 136; *Rehberg*, Erlaubtes Risiko, S. 221 f.; *Scheu*, Produktverantwortung, S. 117; *Schmidt-Salzer*, Produkthaftung, Rn. 1.335 f.; S/S-*Cramer/Sternberg-Lieben*, § 15 Rn. 183 m. w. N.; *Schünemann*, FS Rudolphi, S. 305; *Schürer-Mohr*, Erlaubte Risiken, S. 69 f.; *Winkemann*, Probleme, S. 95. Ebenso der *BGH* im Verzinkungsspray-Fall, NJW 1987, S. 372 (373).

883 *Kuhlen*, Fragen, S. 116 f.

884 *Bosch*, Organisationsverschulden, S. 418; *Däbritz*, Humanerprobungen, S. 42; *Duttge*, GA 2003, S. 459 f.; *Große Vorholt*, Behördliche Stellungnahmen, S. 169 f.; *Kuhlen*, Fragen, S. 117; *Nowak*, Leitlinien, S. 83; *Schünemann*, JA 1975, S. 577.

885 Vgl. *BGH* NJW 1987, S. 372 (373); *Höhfeld*, Strafrechtliche Produktverantwortung, S. 177; *Igloffstein*, Regelwerke, S. 131 f.; *Jenke*, Arzneimittel, S. 111 f.; *Vogel*, Produkthaftung, S. 65 f.

886 *Bosch*, Organisationsverschulden, S. 419; *Kuhlen*, Fragen, S. 117 f.

887 *Nowak*, Leitlinien, S. 85.

888 *Däbritz*, Humanerprobungen, S. 42; *Frisch*, Zurechnung, S. 109; *Heinrich*, AT/2, Rn. 1033; *Hilgendorf*, Produzentenhaftung, S. 159; *Jescheck/Weigend*, AT, § 55 I 3 d; *Kamps*, Ärztliche Arbeitsteilung, S. 82; LK-*Rönnau*, Vor § 32 Rn. 55; *Spitz*, Produkthaftung, S. 372; *Stratenwerth/Kuhlen*, AT/1, § 15 Rn. 22; *Weigend*, FS Gössel, S. 132; *Wessels/Beulke*, AT, Rn. 672; *Winkemann*, Probleme, S. 96. Den Sondernormen noch nicht einmal eine indizielle Bedeutung beimessend *Bohnert*, JR 1982, S. 10; MüKo-StGB-*Duttge*, § 15 Rn. 113 f.

889 *Eichinger*, Produkthaftung, S. 226 f.; *Kuhlen*, Fragen, S. 122.

endlich angewandtes Erfahrungswissen dar.[890] Damit signalisiert der Verstoß gegen eine Sondernorm zugleich das Eingehen bzw. Herbeiführen einer gesteigerten Gefahr, mit der ein besonderer Rechtfertigungszwang verbunden ist.[891] Andererseits kann die Existenz einer von hochqualifizierten Experten geschaffenen Verhaltensnorm im Einzelfall auch einen das Unrechtsbewusstsein ausschließenden Verbotsirrtum gemäß § 17 StGB hervorrufen und somit zur Straflosigkeit führen, sofern der Irrtum nicht vermeidbar war, etwa weil sich dem Täter die Unzulänglichkeit der Norm hätte aufdrängen müssen.[892]

(E) Umfassende Interessenabwägung als Konkretisierungshilfe

In den Fällen, in denen mit Hilfe der bislang genannten Kriterien die gebotene Sorgfalt nicht hinreichend bestimmbar ist, bleibt nichts anderes übrig, als das erforderliche Sorgfaltsmaß letztlich doch im Wege einer umfassenden Interessenabwägung zu ermitteln, in die der Wert des betroffenen Rechtsguts und die Intensität der diesem drohenden Gefahr sowie die soziale Bedeutung des riskanten Verhaltens einfließen.[893] Obschon die objektive Sorgfalt nicht mit dem erlaubten Risiko, wie es aus der Interessenabwägung hervorgeht, gleichgesetzt werden darf, so beruhen sie doch im Kern beide auf denselben Erwägungen, weswegen die Klassifizierung einer gefährlichen Tätigkeit als tatbestandsausschließendes erlaubtes Risiko zumindest ein starkes Indiz dafür ist, dass das fragliche Verhalten zugleich sorgfaltsgemäß ist.

b. Sorgfaltspflichten des pharmazeutischen Unternehmers

Die zur Bestimmung der gebotenen Sorgfalt im Allgemeinen getroffenen Aussagen gilt es nun, für den spezifischen Bereich der Produktverantwortung nutzbar zu machen. Dabei sollen zunächst abstrakt der einzuhaltende Sorgfaltsmaßstab und die dahinter stehenden Erwägungen eruiert und erst im Anschluss daran die daraus resultierenden konkreten Pflichten des pharmazeutischen Unternehmers herausgearbeitet werden.

(A) Spezifischer Sorgfaltsmaßstab im Bereich der Produktverantwortung

Bei der Ermittlung des im Bereich der Produktverantwortung aufzubringenden Maßes an Sorgfalt kommt der erwähnten Relation zwischen erlaubtem Risiko und objektiver Sorgfalt besondere Bedeutung zu. Wäre es unter dem Gesichtspunkt des Rechtsgüterschutzes prinzipiell am effektivsten, von der Produktion und Vermarktung gefährlicher Güter von vornherein Abstand zu nehmen, so kann eine

---

890 *Bohnert*, JR 1982, S. 7, 10; *Bosch*, Organisationsverschulden, S. 426 f.; *Frisch*, Zurechnung, S. 103; NK-*Puppe*, Vor § 13 Rn. 156 m. w. N.; *Nowak*, Leitlinien, S. 99; S/S-*Cramer/Sternberg-Lieben*, § 15 Rn. 183 m. w. N. *Kaminski*, Maßstab, S. 52, spricht insoweit von „geronnener Vorhersehbarkeit".

891 Vgl. *Däbritz*, Humanerprobungen, S. 43; *Laufs* in: Laufs/Uhlenbruck, Handbuch, § 130 Rn. 3.

892 Ebenso *Igloffstein*, Regelwerke, S. 140 f.

893 *Kretschmer*, Jura 2000, S. 271; *Roxin*, AT/1, § 24 Rn. 39. Vgl. auch *Kuhlen*, Fragen, S. 95.

moderne Industriegesellschaft nun einmal nicht ohne jede gefahrgeneigte Betätigung auskommen, zumal zahlreiche Tätigkeiten angesichts ihres sozialen Nutzens letztlich unentbehrlich sind, wie eben gerade auch das Herstellen und Inverkehrbringen von Arzneimitteln.[894] Die Beantwortung der Frage, welche konkreten Sicherungsvorkehrungen der Produzent zu treffen hat, hängt letztlich von zwei Faktoren ab: zum einen von der durchschnittlichen Sicherheitserwartung derjenigen Verbraucher, für die das Produkt bestimmt ist, zum anderen davon, was nach dem jeweiligen Stand von Wissenschaft und Technik an Sicherheit möglich ist.[895]

Was die Verbrauchererwartung anbelangt, kommt dem Verkehrskreis, an den sich der Hersteller mit dem Produkt wendet, entscheidende Bedeutung zu. Je nachdem, ob das Produkt allein zur Verwendung durch Fachleute gedacht ist oder auch an Laien abgegeben werden soll, gelten unterschiedliche Sicherheitsstandards.[896] Dabei gilt innerhalb des jeweiligen Verkehrskreises ein objektiver normativierter Maßstab, der sich am Erwartungshorizont eines ordentlichen Durchschnittsverbrauchers orientiert.[897] Vor diesem Hintergrund liegt es auf der Hand, dass an den pharmazeutischen Unternehmer in Anbetracht der besonderen Gefährlichkeit von Arzneimitteln und der gesteigerten Abhängigkeit und Hilflosigkeit der Patienten höhere Ansprüche zu stellen sind als an Hersteller sonstiger Waren.[898]

Durch die Anknüpfung an das technisch und wissenschaftlich Mögliche wird die allgemeine Sorgfaltspflicht des Herstellers, seine Produkte so zu entwickeln, zu konstruieren, zu prüfen, herzustellen, zu kennzeichnen und mit solchen Instruktionen zu vertreiben, dass ein Höchstmaß an Sicherheit gewährleistet ist, dahingehend konkretisiert, dass nicht mehr von ihm verlangt werden kann, als der aktuelle Erkenntnisstand zulässt.[899] Maßgebliche Relevanz kommt daher im Bereich der Arzneimittelproduktion vor allem den einschlägigen GMP-, GLP- und GCP-Richtlinien der EG sowie Leitfäden internationaler Expertenkommissionen zu. Diese umschreiben den wissenschaftlichen status quo und entfalten daher Indizwirkung hinsichtlich des gebotenen Sorgfaltsmaßes.[900]

Die mit dem Rekurs auf den Stand von Wissenschaft und Technik verbundene Beschränkung der Produzentenverantwortung zeigt sich vor allem am Beispiel des Entwicklungsfehlers. Ein solcher liegt dann vor, wenn ein gewissenhafter Hersteller ex ante, d. h. zum Zeitpunkt des Inverkehrbringens der Ware, die zum Schaden führende Eigenschaft seines Produkts nach dem damaligen Stand der Wissenschaft nicht erkennen und daher trotz Beachtung der im Verkehr erforderlichen

---

894 Vgl. *Günther*, NJW 1972, S. 309; *Jescheck/Weigend*, AT, § 55 I 3 a, b.

895 *Beck*, Rückrufpflicht, S. 17; *Besch*, Produkthaftung, S. 79.

896 *Ensthaler et al.*, Qualitätsmanagement, S. 23; MüKo-BGB-*Wagner*, § 823 Rn. 574.

897 *Foerste* in: von Westphalen, Produkthaftungshandbuch, § 24 Rn. 4; MüKo-BGB-*Wagner*, § 823 Rn. 575.

898 *Scheu*, Produktverantwortung, S. 148; *Schmucker*, Dogmatik, S. 158; S/S-*Cramer/Sternberg-Lieben*, § 15 Rn. 223.

899 *Backhaus*, Unternehmensleitung, S. 141; *Beck*, Rückrufpflicht, S. 17; *Jenke*, Arzneimittel, S. 111; *Scheu*, Produktverantwortung, S. 153; *Stock*, Probandenschutz, S. 145; *Wesch*, PharmR 1995, S. 5.

900 D/L-*Anker*, § 26 Rn. 1.

Sorgfalt nicht vermeiden konnte.[901] Dass in diesem Fall den Produzenten mangels Möglichkeit der Schadensvermeidung kein Vorwurf trifft, solange das Produkt nur ausgiebig gemäß der rechtlichen und wissenschaftlichen Vorgaben – bei Pharmaka in Form der toxikologisch-pharmakologischen und klinischen Prüfung – getestet wurde, liegt auf der Hand.[902] Das Entwicklungsrisiko in Form ex ante nicht erkennbarer Arzneimittelnebenwirkungen trägt insoweit der Patient.[903]

Bestimmt das Kriterium der Möglichkeit somit die äußeren Grenzen des einzuhaltenden Sorgfaltsmaßes, so richten sich Inhalt und Umfang der Sorgfalt in der konkreten Situation maßgeblich nach dem Grundsatz der Verhältnismäßigkeit: je größer die vom Produkt ausgehende Gefahr und je höherwertiger das bedrohte Rechtsgut ist, desto strengere Ansprüche sind an den Produzenten zu stellen[904] – zumal, wie gesehen, mit steigender Produktgefährlichkeit auch die Sicherheitserwartung der Verbraucher zunimmt. Demnach obliegt dem pharmazeutischen Unternehmer ein Höchstmaß an Sorgfalt, welches beinhaltet, jede Chance zur Schonung von Leib und Leben der Patienten wahrzunehmen.[905]

Neben Möglichkeit und Erforderlichkeit begrenzt schließlich der Aspekt der Zumutbarkeit die dem Produzenten abverlangte Sorgfalt.[906] Dabei ist, wie bereits erläutert, zwischen der objektiven, das gebotene Sorgfaltsmaß von vornherein begrenzenden Unzumutbarkeit und der subjektiven, auf persönlichen Umständen beruhenden und somit erst im Rahmen der Schuld relevant werdenden Unzumutbarkeit zu unterscheiden. Auch die Zumutbarkeit richtet sich primär nach der Intensi-

---

901 *Beck*, Rückrufpflicht, S. 27; MüKo-BGB-*Wagner*, § 823 Rn. 579; *Rettenbeck*, Rückrufpflicht, S. 51; *Sack*, BB 1985, S. 814; *Seeling*, Rückrufpflicht, S. 54; *Spitz*, Produkthaftung, S. 413; *Stock*, Probandenschutz, S. 147. Insofern fallen Entwicklungsfehler in den Bereich des erlaubten Risikos, wie die Bezugnahme auf den „Stand der wissenschaftlichen Erkenntnisse" in § 5 Abs. 2 AMG zeigt.

902 So explizit das *KG* im Thorotrast-Fall, VersR 1975, S. 427 (428).

903 Vgl. *Hager*, JZ 1990, S. 402. Als verfehlt ist daher die Auffassung *Vogels*, Produkthaftung, S. 61, anzusehen, der einen Entwicklungsfehler im Bereich der Arzneimittelproduktion in Anbetracht der ex ante erkennbaren, bei jedem Präparat bestehenden Wahrscheinlichkeit erst nachträglich sichtbar werdender Nebenwirkungen ausschließt. Denn eine derart abstrakte Vorhersehbarkeit rechtfertigt zwar die Bejahung der Adäquanz des Schadenseintritts im Rahmen der objektiven Erfolgszurechnung, reicht jedoch nicht aus, um eine Sorgfaltswidrigkeit des pharmazeutischen Unternehmers anzunehmen. Insbesondere darf auch, wie *Kuhlen*, FG BGH IV, S. 658 f., zu Recht anmahnt, nicht vorschnell von der späteren Bestätigung eines ex ante allenfalls vage bestehenden Gefahrverdachts auf einen bereits bei Inverkehrbringen ernst zu nehmenden Verdacht und somit ein pflichtwidriges Verhalten des Produzenten geschlossen werden.

904 *von Bar*, Verkehrspflichten, S. 114; *Eichinger*, Produkthaftung, S. 221; *Günther*, NJW 1972, S. 310; *Jenke*, Arzneimittel, S. 113; *Stock*, Probandenschutz, S. 145; *Vogel*, Produkthaftung, S. 164.

905 Vgl. *Jenke*, Arzneimittel, S. 112; *Körner*, AMG § 95 Rn. 12; *Scheu*, Produktverantwortung, S. 120, 772; *Vogel*, Produkthaftung, S. 60.

906 *Backhaus*, Unternehmensleitung, S. 140; *Besch*, Produkthaftung, S. 79; *Jenke*, Arzneimittel, S. 113; MüKo-BGB-*Wagner*, § 823 Rn. 573; *Vogel*, Produkthaftung, S. 63 f., 164.

tät der Produktgefahr sowie der Wertigkeit der tangierten Rechtsgüter, weshalb sie auf dem Gebiet der Arzneimittelproduktion regelmäßig zu bejahen sein dürfte.[907]

(B) Pflichtenkatalog des pharmazeutischen Unternehmers

Die aus dem dargelegten Maß der vom Produzenten zu erbringenden Sorgfalt resultierenden Herstellerpflichten basieren allesamt auf dem Gebot des § 5 AMG, nur unbedenkliche Arzneimittel in den Verkehr zu bringen, und stellen damit spezifische Ausprägungen der allgemeinen Verkehrssicherungspflicht dar, zum Schutze Dritter die nach den Umständen erforderlichen Sicherungsmaßnahmen zu treffen, um die durch Freigabe des eigenen Produkts geschaffene Gefahr bestmöglich unter Kontrolle zu halten.[908] Ihre genaue Konturierung durch allgemeine Regeln bereitet aufgrund der Abhängigkeit von den jeweiligen Umständen des Einzelfalls indes erhebliche Probleme.[909] Allerdings hat sich im Zivilrecht nach intensiver wissenschaftlicher Diskussion in den 1960er Jahren und einer Reihe von höchstrichterlichen Entscheidungen in den 1970er und 1980er Jahren ein Pflichtenkatalog des Produzenten herausgebildet, der Konstruktions-, Fabrikations-, Instruktions-, Produktbeobachtungs- und Reaktionspflichten, namentlich Warn- und Rückrufpflichten, umfasst. Diese Ausdifferenzierung der Herstellerpflichten besitzt auch für das Strafrecht grundlegende Bedeutung.[910] Vor dem Hintergrund der indiziellen Bedeutung zivilgerichtlicher Entscheidungen und verhaltensleitender Sondernormen können diese zur Pflichtenkonkretisierung durchaus herangezogen werden.[911] Neben den Vorschriften des AMG und der GCP-V sind vor allem die Vorgaben der PharmBetrV von Relevanz, deren Sinn und Zweck die Herbeiführung eines pharmazeutischen Qualitätssicherungssystems entsprechend Art und Umfang der durchgeführten Tätigkeiten innerhalb der Betriebe und Einrichtungen ist, welches gewährleisten soll, dass Arzneimittel die für den beabsichtigten Gebrauch erforderliche Qualität aufweisen.

(I) Pflichten im Bereich der Entwicklung und Fertigung

Der Produzent hat zunächst für eine fehlerfreie Beschaffenheit seines Produkts zu sorgen, indem er dieses sorgfältig konstruiert, fabriziert und mit den für eine gefahrlose Verwendung notwendigen Instruktionen versieht.

(1) Konstruktionspflichten

Im Konstruktionsbereich trifft den pharmazeutischen Unternehmer die Pflicht, das Arzneimittel dem Stand von Wissenschaft und Technik entsprechend sach- und zweckgerecht zu konstruieren und eine Zusammensetzung zu wählen, die bei bestimmungsgemäßem Gebrauch die Gefahr vermeidbarer und damit unvertretbarer

---

907 *Besch*, Produkthaftung, S. 80.

908 Vgl. *Beck*, Rückrufpflicht, S. 17; *Koyuncu*, Haftungsdreieck, S. 78.

909 So auch *Freund*, Erfolgsdelikt, S. 216; *Kuhlen*, FG BGH IV, S. 656.

910 So explizit *Kuhlen*, Fragen, S. 90; *ders.*, JZ 1994, S. 1146; *ders.* in: Achenbach/Ransiek, HWSt, II Rn. 30. Ebenso darauf zurückgreifend *Otto*, FS Hirsch, S. 292.

911 Vgl. *Meier*, NJW 1992, S. 3195; MüKo-BGB-*Wagner*, § 823 Rn. 578; S/S-*Cramer/Sternberg-Lieben*, § 15 Rn. 223; *Vogel*, Produkthaftung, S. 65.

Nebenwirkungen ausschließt.[912] Eine Sorgfaltspflichtverletzung in Form des Konstruktionsfehlers liegt folglich dann vor, wenn das Arzneimittel bereits seiner Konzeption nach unter dem gebotenen Sicherheitsstandard bleibt, etwa weil mangels vorheriger hinreichender Forschung und Entwicklung ungeeignete bzw. unnötig gefährliche Substanzen verwendet oder bestimmte Inhaltsstoffe unangemessen dosiert werden.[913] Klassischer Fall des Konstruktionsfehlers ist bei Pharmaka somit die schädliche Rezeptur. Da diese am Anfang der Produktionskette steht, haftet der Konstruktionsfehler anders als der Fabrikationsfehler der gesamten Serie eines Produkttyps, d. h. eines bestimmten Arzneimittels, an und nicht lediglich einzelnen Präparaten oder Chargen.[914]

Zur Vermeidung derartiger Konstruktionsfehler ist der pharmazeutische Unternehmer gehalten, das entwickelte Medikament vor dessen Inverkehrgabe durch eine gewissenhaft durchgeführte pharmakologisch-toxikologische und klinische Prüfung umfassend auf dessen Wirksamkeit, Neben- und Wechselwirkungen zu testen und die ermittelten (oder bereits aufgrund früherer wissenschaftlicher Studien bekannten) Daten präzise auszuwerten.[915] Die Pflicht zur Durchführung umfangreicher (prä-)klinischer Prüfungen ist infolgedessen elementarer Bestandteil der Sorgfaltspflicht des pharmazeutischen Unternehmers, ihre gesetzliche Fixierung in den §§ 22 Abs. 2, 40 ff. AMG daher nicht mehr als eine deklaratorische Explizierung.[916] Daneben obliegt es dem pharmazeutischen Unternehmer, durch entsprechende Tests eine taugliche Verpackung zu eruieren, die i. S. d. § 10 PharmBetrV sicherstellt, dass die Qualität des Medikaments durch Umwelteinflüsse wie Stoß, Fall, Temperaturschwankungen, Feuchtigkeit und Lichteinwirkung nicht mehr als unvermeidbar beeinträchtigt wird.[917]

(2) Fabrikationspflichten

Für den Bereich der Fabrikation gilt, dass der Produktionsprozess so angelegt sein muss, dass gesundheitsgefährdende Mängel des pflichtgemäß konstruierten Produkts aufgrund von Sicherheitslücken bei der Fertigung vermieden werden. Von einem Fabrikationsfehler ist daher dann auszugehen, wenn sich im Herstellungsprozess Fehler einschleichen, wegen derer das fehlerfrei konzipierte Produkt nicht das Sicherheitsniveau aufweist, welches der Vorstellung des Produzenten entspricht und bei ordnungsgemäßer Umsetzung der einwandfreien Konstruktion

---

912 *Besch*, Produkthaftung, S. 80; *Hager*, JZ 1990, S. 402; *Jenke*, Arzneimittel, S. 114.

913 Vgl. *Ensthaler et al.*, Qualitätsmanagement, S. 26; *Foerste* in: von Westphalen, Produkthaftungshandbuch, § 24 Rn. 59; *Koyuncu*, Haftungsdreieck, S. 78 f.; *Michalski*, BB 1998, S. 962; *Rettenbeck*, Rückrufpflicht, S. 49; *Seeling*, Rückrufpflicht, S. 50; *Vogel*, Produkthaftung, S. 21.

914 *Koyuncu*, Haftungsdreieck, S. 78; *Sack*, BB 1985, S. 813.

915 Vgl. *Backhaus*, Unternehmensleitung, S. 142; *Eidam*, Unternehmen und Strafe, S. 440; *Ensthaler et al.*, Qualitätsmanagement, S. 26; *Jenke*, Arzneimittel, S. 115; *Sack*, BB 1985, S. 814; *Vogel*, Produkthaftung, S. 68 ff.; *Wagner*, Arzneimittel-Delinquenz, S. 92 f.

916 *Deutsch*, Arzneimittelprüfung, S. 92; *Deutsch/Spickhoff*, Medizinrecht, Rn. 907. Zu den konkreten Sorgfaltspflichten im Rahmen der klinischen Prüfung ausführlich S. 307 ff.

917 *Ortwein*, Arzneimittel, S. 91; *Vogel*, Produkthaftung, S. 73.

auch prinzipiell erreichbar wäre.[918] Kennzeichnend ist somit die planwidrige Abweichung der Istbeschaffenheit von der angestrebten Sollbeschaffenheit der Ware.[919] Das Paradebeispiel für einen Fabrikationsfehler liefert insofern der sogenannte Hühnerpest-Fall,[920] bei dem die Fehlerhaftigkeit eines Impfstoffs auf der bakteriellen Verunreinigung während des Abfüllvorgangs beruhte. Indem der Fabrikationsfehler auf den Umständen eines bestimmten Herstellungsvorgangs beruht, haftet er niemals der Gesamtproduktion eines Arzneimittels an, sondern nur einzelnen Präparaten bzw. Chargen.[921]

Konkrete Pflicht des Herstellers ist es infolgedessen, den Produktionsprozess umsichtig zu planen, lückenlos auszugestalten, exakt zu organisieren und ständig zu überwachen, sowie die fabrizierten Zwischen- und Endprodukte durch engmaschige Qualitätskontrollen auf ihre Unbedenklichkeit zu überprüfen.[922] Je geringer die technischen Möglichkeiten zur Fehlervermeidung bereits während der Fertigung sind, umso höher sind die Anforderungen an die Warenkontrolle, wenngleich Schutzmechanismen im Produktionsablauf angesichts ihrer größeren Effizienz stets Vorrang haben, der Verzicht auf technisch realisierbare Sicherheitsvorkehrungen nicht durch eine intensivierte Qualitätsprüfung geheilt werden kann.[923] Die immense Bedeutung, die eine gewissenhafte Qualitätskontrolle besitzt und diese in den Rang einer Kardinalpflicht des Herstellers hebt, darf dennoch nicht verkannt werden.[924] Dementsprechend obliegt dem pharmazeutischen Unternehmer auf allen Produktionsstufen eine umfassende Beobachtung seiner Erzeugnisse. So verlangt § 6 PharmBetrV eine gewissenhafte Qualitätsprüfung der Ausgangsstoffe,[925] § 8 PharmBetrV eine regelmäßigen Kontrollen zu unterziehende sachgerechte Lagerung der Ausgangsstoffe und fertigen Medikamente. Präparate von mangelnder Qualität sind gemäß § 7 Abs. 2 PharmBetrV zu kennzeichnen und auszusondern. In Anbetracht der meist großen Fabrikationsmengen im Bereich der industriellen Massenproduktion von Fertigarzneimitteln müssen Stichproben jedoch als ausreichend angesehen werden, sofern elektronische Prüf- und Kontrollverfahren nicht möglich sind.[926] Um dem gebotenen Sicherheitsstandard gerecht

---

918 Vgl. *Besch*, Produkthaftung, S. 82; *Ensthaler et al.*, Qualitätsmanagement, S. 28; *Foerste* in: von Westphalen, Produkthaftungshandbuch, § 24 Rn. 131; *Hettich*, Produkthaftung, S. 31; *Koyuncu*, Haftungsdreieck, S. 79; *Landrock*, JA 2003, S. 987; *Seeling*, Rückrufpflicht, S. 50.

919 MüKo-BGB-*Wagner*, § 823 Rn. 584; *Rettenbeck*, Rückrufpflicht, S. 50.

920 *BGHZ* 51, 91 ff.

921 *Landrock*, JA 2003, S. 987; *Michalski*, BB 1998, S. 962; MüKo-BGB-*Wagner*, § 823 Rn. 584; *Sack*, BB 1985, S. 813; *Seeling*, Rückrufpflicht, S. 50.

922 Vgl. *Eichinger*, Produkthaftung, S. 233; *Hettich*, Produkthaftung, S. 32; *Koyuncu*, Haftungsdreieck, S. 79; MüKo-BGB-*Wagner*, § 823 Rn. 584; *Spitz*, Produkthaftung, S. 396.

923 *Hettich*, Produkthaftung, S. 32.

924 So auch *Foerste* in: von Westphalen, Produkthaftungshandbuch, § 24 Rn. 147; *Vogel*, Produkthaftung, S. 73.

925 Siehe auch *BGH* VersR 1960, 855 (856) und NJW 1975, 1827 (1828), wonach bei Erzeugnissen von Zulieferern eine Wareneingangskontrolle erforderlich ist.

926 *Spitz*, Produkthaftung, S. 398; *Stock*, Probandenschutz, S. 148.

werden zu können, bedarf es auch einer konstruktiven, auf Fehlerbekämpfung angelegten Organisation des Betriebes, namentlich eines in sich geschlossenen Qualitätssicherungssystems sowie kompetenten Personals.[927]

(3) Instruktionspflichten

Da das Gefährdungspotential eines Produktes nicht nur von dessen Eigenschaften, sondern obendrein davon abhängt, wie es vom Verbraucher angewendet wird, sind gerade bei Arzneimitteln produktbegleitende Hinweise und Instruktionen zur Gewährleistung einer weitgehend gefahrlosen Produktnutzung unentbehrlich.[928] Demnach ist der pharmazeutische Unternehmer verpflichtet, den Patienten in den bestimmungsgemäßen Gebrauch des Medikaments einzuweisen und über etwaige Gefahren sowohl bei dessen bestimmungswidrigen als auch bestimmungsgemäßen Einnahme aufzuklären.[929] Die besondere Signifikanz der Instruktionspflicht im Bereich der Arzneimittelproduktion zeigt sich daran, dass entsprechende Hinweise auf Produktgefahren vor allem dann Bedeutung erlangen, wenn trotz sorgfältiger Konstruktion und Fabrikation ein nicht unerhebliches Maß an Restgefahren bestehen bleibt, wie dies bei Medikamenten generell der Fall ist. Insofern ergänzt die Instruktionspflicht die Pflicht zur mangelfreien Produktgestaltung.[930] Kommt der Instruktionspflicht aber somit erst dann Relevanz zu, wenn sich nicht schon auf andere Weise Gefahren bei der Produktverwendung vollständig ausschließen lassen, so ist sie gegenüber den Konstruktions- und Fabrikationspflichten subsidiär.[931] Insbesondere kann das Nichtergreifen technisch möglicher, erforderlicher und zumutbarer Sicherheitsmaßnahmen in den Bereichen Konstruktion und Fabrikation nicht durch eine entsprechend intensive, weitaus kostengünstigere Aufklärung über das Gefahrenpotential des Produkts geheilt werden. Dies wäre eine unberechtigte Abwälzung der Herstellerpflichten auf den Verbraucher, welche angesichts der im Vergleich zu bloßen Gebrauchshinweisen weit höheren Wirksamkeit produktionstechnischer Sicherheitsvorkehrungen mit dem Ziel eines effektiven Rechtsgüterschutzes unvereinbar ist.[932]

Ein Instruktionsfehler liegt dann vor, wenn die Gefahr der Gesundheitsschädigung durch Einnahme eines Präparats auf ungenügenden Angaben in der Ge-

---

[927] *Backhaus*, Unternehmensleitung, S. 144; *Ensthaler et al.*, Qualitätsmanagement, S. 28; *Foerste* in: von Westphalen, Produkthaftungshandbuch, § 24 Rn. 158; *Landrock*, JA 2003, S. 987. Zu den Organisationspflichten des Produzenten detailliert S. 305 ff.

[928] *Jenke*, Arzneimittel, S. 116.

[929] Vgl. *BGH* NJW 1972, S. 2217 (2218); *OLG Bremen* VersR 2004, S. 207 (208); *OLG Celle* VersR 2004, S. 864 (865); *Eidam*, Unternehmen und Strafe, S. 441; *Frisch*, Zurechnung, S. 202; *Krudop-Scholz*, Ärztliche Aufklärung, S. 152; MüKo-BGB-*Wagner*, § 823 Rn. 588; *Stock*, Probandenschutz, S. 148; *Vogel*, Produkthaftung, S. 22.

[930] Vgl. *Besch*, Produkthaftung, S. 82; *Hettich*, Produkthaftung, S. 35; *Papier*, Gebrauch, S. 22; *Schmidt-Salzer*, NJW 1972, S. 2219.

[931] Vgl. *Backhaus*, Unternehmensleitung, S. 146 f.; *Hager*, JZ 1990, S. 403; *Landrock*, JA 2003, S. 987; *Scheu*, Produktverantwortung, S. 155.

[932] *Backhaus*, Unternehmensleitung, S. 146 f.; *Ensthaler et al.*, Qualitätsmanagement, S. 29; *Foerste* in: von Westphalen, Produkthaftungshandbuch, § 24 Rn. 97; MüKo-BGB-*Wagner*, § 823 Rn. 583, 590.

brauchsinformation beruht.[933] Dem Arzneimittel selbst haftet kein Defekt an, es kann aber ohne die erforderlichen Hinweise nicht hinreichend gefahrlos verwendet werden.[934] Damit stellt der Instruktionsfehler keinen Produktfehler im engeren Sinn dar, sondern einen Umstand, welcher bei der Frage der Verantwortungszuweisung für eingetretene Gesundheitsschäden relevant wird, verwehrt die mangelhafte Aufklärung über die mit dem Medikamenteneinsatz verbundenen Gesundheitsrisiken dem applizierenden Arzt bzw. Patienten doch, das Für und Wider der Medikation abzuwägen und sich im Bewusstsein sowohl des voraussichtlichen Nutzens als auch des Gefahrpotentials des Präparats freiverantwortlich für oder gegen dessen Verwendung zu entscheiden.[935] Ein anschauliches Beispiel für einen Instruktionsfehler liefert die *Estil*-Entscheidung.[936] Dort verlor eine Frau ihren Oberarm, weil das Narkosemittel *Estil* nicht bestimmungsgemäß intravenös, sondern arteriell verabreicht wurde. Das Gericht erblickte die entscheidende Ursache für die Fehlapplikation darin, dass der behandelnde Arzt seitens des Herstellers nicht im gebotenen Maße über die damit verbundene gefährliche Überreaktion aufgeklärt wurde, eine entsprechend deutliche Warnung den Arzt aber wohl zu erhöhter Sorgfalt angehalten und damit den Schaden verhindert hätte.

Inhalt und Umfang der Instruktionspflicht bestimmen sich nach den §§ 10 ff. AMG. § 10 AMG stellt zur Vermeidung von Verwechslungsgefahren Anforderungen an die äußerliche Kennzeichnung von Arzneimitteln. § 11 AMG statuiert die Pflicht zur Beifügung einer Gebrauchsinformation als Packungsbeilage und konkretisiert deren inhaltliche Ausgestaltung. § 11a AMG verpflichtet den pharmazeutischen Unternehmer, Ärzten und Apothekern eine Fachinformation zur Verfügung zu stellen, die zusätzliche, über die Gebrauchsinformation hinausgehende Angaben enthält. Anders als die dem Präparat beiliegende Gebrauchsanweisung ist die Fachinformation nicht Bestandteil des Arzneimittels, sondern bloße Information über das Produkt, weswegen eine mangelhafte Fachinformation zwar keinen Produktfehler, wohl aber eine (Mit-)Verantwortung des pharmazeutischen Unternehmers im Fall fehlerhafter Behandlung bzw. Beratung durch Ärzte und Apotheker zu begründen vermag. Gerade was diese gesetzlichen Instruktionsanforderungen anbelangt, ist indes das zur Relevanz derartiger Sondernormen Gesagte zu berücksichtigen, so dass der Inhalt der Gebrauchs- und Fachinformation letztlich am Verbot des § 5 AMG zu messen ist, sich daher nicht zwingend in den Erfordernissen der §§ 11, 11a AMG erschöpft.[937]

---

933 *Ensthaler et al.*, Qualitätsmanagement, S. 29; *Sack*, BB 1985, S. 813; *Seeling*, Rückrufpflicht, S. 52.

934 *Michalski*, BB 1998, S. 962; *Rettenbeck*, Rückrufpflicht, S. 50.

935 *Foerste* in: von Westphalen, Produkthaftungshandbuch, § 24 Rn. 173; *Scheu*, Produktverantwortung, S. 161 f.; *Vogel*, Produkthaftung, S. 76. Siehe hierzu die Darstellung zur Abgrenzung der Verantwortungsbereiche von Patient bzw. Arzt auf der einen Seite und pharmazeutischem Unternehmer auf der anderen Seite, S. 496 ff.

936 *BGH* VersR 1972, S. 1075 ff.

937 *Samson/Wolz*, MedR 1988, S. 71. Ebenso *Goll/Winkelbauer* in: von Westphalen, Produkthaftungshandbuch, § 48 Rn. 37; *Spitz*, Produkthaftung, S. 401; *Vogeler*, MedR 1984, S. 58. Siehe auch die Urteilsgründe des *BGH* im Verzinkungsspray-Fall, NJW 1987, S. 372 (373).

Da sich die Intensität der erforderlichen Aufklärung nach Schwere und Gefahrengrad der durch die Produktverwendung drohenden Schäden richtet, unterliegt die Instruktion bei Pharmaka besonders hohen Ansprüchen.[938] Ohne hinreichende Instruktion sind Medikamente „nichts anderes als schlecht definierte Giftstoffe".[939] Daher macht die Instruktionspflicht des pharmazeutischen Unternehmers auch nicht am eigenen Produkt halt, sondern beinhaltet neben der Auflistung von Nebenwirkungen, ihrer Häufigkeit sowie geeigneter Gegenmaßnahmen auch die Angabe von Gegenanzeigen und Wechselwirkungen mit anderen Stoffen, § 11 Abs. 1 Satz 1 Nr. 7, 9, 13 und § 11a Abs. 1 Satz 2 Nr. 5-7 AMG. Dabei ist auf besondere Personengruppen wie Kinder, Schwangere, Ältere oder Personen mit spezifischen Erkrankungen einzugehen, § 11 Abs. 1 Satz 4 bzw. § 11a Abs. 1 Satz 2 Nr. 14 AMG. Auch genügt die Warnung vor einer bestimmten Anwendungsweise eines Medikaments nicht, diese ist vielmehr durch einen Hinweis auf die bei einem bestimmungswidrigen Gebrauch drohenden Gesundheitsschäden zu ergänzen, weil die Verwender des Arzneimittels das mit der fehlerhaften Applikation verbundene Risiko oftmals nicht zutreffend einschätzen können.[940]

Wie die Unterscheidung von Gebrauchs- und Fachinformation zeigt, haben sich Inhalt und Umfang daneben auch am Horizont und den Vorkenntnissen der anvisierten Abnehmerkreise zu orientieren.[941] Angesichts der Komplexität der Wirkungsweise pharmazeutischer Produkte und der dadurch sehr begrenzten Einsichtsfähigkeit der Patienten in die (potentiellen) Folgen einer medikamentösen Therapie ist grundsätzlich eine besonders ausführliche Aufklärung vonnöten. Dies gilt namentlich dann, wenn das Arzneimittel auch für eminent gefährdete Personen, etwa Kinder oder schwerkranke und deshalb besonders verzweifelte Patienten, konzipiert ist.[942] Andererseits bedarf es in der Gebrauchsinformation keiner Darstellung des wissenschaftlichen Funktionszusammenhangs zwischen Medikamenteneinnahme und körperlichen Auswirkungen, ist diese für den durchschnittlichen Patienten doch ohnehin nicht nachvollziehbar und folglich eher verwirrend als förderlich.[943] Allerdings müssen entsprechende Angaben in die Fachinformation aufgenommen werden. Der Umstand, dass bestimmte Hinweise für den Patienten ohne Belang sind und daher zwecks patientenfreundlicher Ausgestaltung bzw. Vermeidung einer Überfrachtung von der Gebrauchsinformation auszunehmen sind, eben diese Hinweise aber unter Umständen dem Arzt die entscheidenden Daten zur Gewährleistung einer sicheren Behandlung liefern, verdeutlicht die Zweckmäßigkeit der prinzipiellen Trennung von Gebrauchs- und Fachinforma-

---

938 Vgl. *BGH* VersR 1972, S. 1075 (1076); *KG* VersR 1975, S. 427 (428); *Backhaus*, Unternehmensleitung, S. 148; *Beyer*, Arzneimittelhaftung, S. 125; *Göben*, Arzneimittelhaftung, S. 93; *Seeling*, Rückrufpflicht, S. 52.

939 *Scheu*, Produktverantwortung, S. 160 f.; *ders.*, In Dubio, S. 823.

940 So der *BGH* in der *Estil*-Entscheidung, VersR 1972, S. 1075 (1076). Ebenso *BGH* VersR 1994, S. 439 (440); *Backhaus*, Unternehmensleitung, S. 149.

941 *Frisch*, Zurechnung, S. 205; *Landrock*, JA 2003, S. 987; MüKo-BGB-*Wagner*, § 823 Rn. 592; S/S-*Cramer/Sternberg-Lieben*, § 15 Rn. 223.

942 *Eichinger*, Produkthaftung, S. 234.

943 *Backhaus*, Unternehmensleitung, S. 149; *Hohm*, Nachmarktkontrolle, S. 62.

tion.[944] Muss die Fachinformation somit einerseits in Bezug auf die pharmakologisch-toxikologischen Eigenschaften eines Arzneimittels, dessen Pharmakokinetik und Bioverfügbarkeit sowie Angaben zu Notfallmaßnahmen, Symptomen und Gegenmitteln inhaltlich umfangreicher sein, um dem medizinischen Informationsbedürfnis des geschulten Adressatenkreises gerecht zu werden,[945] so kann sie andererseits knapper ausfallen, weil ein gewisser Kenntnisstand vorausgesetzt werden darf.[946] Jedoch dürfte Zweiteres bei innovativen Präparaten nur sehr beschränkt gelten, da für den Arzt die Einzelheiten der Medikamentenentwicklung nicht ohne Weiteres nachvollziehbar sind.[947]

Was den Zeitpunkt für die Beurteilung der Instruktionspflicht anbelangt, so ist auf den Moment des Inverkehrbringens des Präparates bzw. der Charge abzustellen.[948] Dabei sind nicht nur die bis dato bekannten Risiken mitzuteilen, vielmehr ist schon auf einen entsprechenden Gefahrenverdacht hinzuweisen, spielt die Existenz eines solchen doch eine entscheidende Rolle für den Entschluss, das Arzneimittel trotz der womöglich drohenden Gesundheitsbeeinträchtigung zu verwenden.[949] Gerade bei Risiken für Leib und Leben, wie sie bei der medikamentösen Therapie nie auszuschließen sind, löst bereits ein ernst zu nehmender Verdacht eine Aufklärungspflicht des pharmazeutischen Unternehmers aus.[950]

Die formale Gestaltung der Packungsbeilage hat sich an § 11 AMG zu orientieren. Danach muss die Packungsbeilage den Titel „Gebrauchsinformation“ tragen, gut lesbar, vollständig und allgemeinverständlich, d. h. patientengerecht, sein. Nur wenn die Instruktion klar, eindeutig und unmissverständlich ist, kann der Gefahr einer unbewussten Non-Compliance des Patienten vorgebeugt und eine freiverantwortliche Therapieentscheidung des Patienten gewährleistet werden.[951] Zu diesem Zweck sind Warnungen vor Gesundheitsrisiken sowie erforderliche Vorsichtsmaßnahmen in auffallender Weise hervorzuheben. Sie dürfen nicht zwischen Teilinformationen, Darreichungsformen und Werbeaussagen versteckt werden.[952] Auch spätere Änderungen der Gebrauchsinformation infolge neuer Erkenntnisse

---

944 BT-Drs. 10/5732, S. 31; *Blasius et al.*, Arzneimittel, S. 177; *Deutsch/Spickhoff*, Medizinrecht, Rn. 1018; *Hasskarl*, NJW 1988, S. 2267.

945 *Backhaus*, Unternehmensleitung, S. 146 f.; *Blasius et al.*, Arzneimittel, S. 172, 177; *Neumeister*, Arzneimittel und Patient, S. 7.

946 Vgl. *BGH* VersR 1987, S. 102 (103); VersR 1992, S. 1010 (1012); *OLG Frankfurt* VersR 1998, S. 61 (62); *Spitz*, Produkthaftung, S. 403.

947 Vgl. *BGH* VersR 1972, S. 1075 (1076); *Backhaus*, Unternehmensleitung, S. 146 f.

948 *Flatten*, MedR 1993, S. 465.

949 *Scheu*, Produktverantwortung, S. 161 f.

950 Vgl. *Deutsch/Spickhoff*, Medizinrecht, Rn. 1125; *Hettich*, Produkthaftung, S. 37; *Jenke*, Arzneimittel, S. 116.

951 Vgl. *LG Aachen* JZ 1971, S. 507 (517); *Hohm*, Nachmarktkontrolle, S. 62. Dies gilt auch für verschreibungspflichtige Medikamente, da die Selbstmedikation aus zu Hause befindlichen Arzneimittelrestbeständen Gang und Gäbe ist. Ebenso *Foerste* in: von Westphalen, Produkthaftungshandbuch, § 24 Rn. 187.

952 Vgl. *OLG Celle* VersR 2004, S. 864 (865); *LG Aachen* JZ 1971, S. 507 (517); *Foerste* in: von Westphalen, Produkthaftungshandbuch, § 24 Rn. 203; *Hettich*, Produkthaftung, S. 38.

über das Präparat müssen in besonderer Weise kenntlich gemacht werden, da in der Zwischenzeit eine Produktgewöhnung eingetreten und mit einem erneuten Studieren der Packungsbeilage nicht mehr zu rechnen ist. Bei besonders starken Modifikationen kann ein Hinweis auf der Verpackung und dem Produkt bzw. eine veränderte optische Gestaltung der Verpackung oder des Produkts geboten sein.[953]

Zusammenfassend ist demnach festzuhalten, dass ein Instruktionsfehler seitens des pharmazeutischen Unternehmers dann gegeben ist, wenn er auf eine Gefahr oder einen entsprechend ernst zu nehmenden Gefahrverdacht überhaupt nicht hinweist oder dies nur unvollständig, unklar oder ohne den gebotenen Nachdruck tut und auf diese Weise die Gefahr bagatellisiert.[954] Allerdings darf die Instruktionsverpflichtung nicht ins Uferlose ausgedehnt werden. In Anbetracht der Tatsache, dass die Wirkung von Warnungen mit zunehmender Dosierung exponential abnimmt, durch Angabe jedweder potentiellen Neben- oder Wechselwirkung aufgeblähte Gefahrenhinweise vom protegierten Verbraucher resigniert ignoriert werden und somit der durch die Instruktion verfolgte Zweck letztlich in sein Gegenteil gekehrt wird, weil auch bedeutende Risiken unbeachtet bleiben, sind Einschränkungen bezüglich der anzugebenden Produkteigenschaften erforderlich, um der Proliferation von Warnhinweisen Einhalt zu gebieten.[955] Angesichts der Vielzahl nahe oder ferner liegender Anwendungsrisiken speziell bei pharmazeutischen Produkten muss nicht auf alle Gefahren hingewiesen werden.[956] Dies vor allem auch deshalb nicht, weil die Angabe schwerer, aber nur extrem selten auftretender Neben- oder Wechselwirkungen die Gebrauchsinformation in eine Art „Horrorkatalog"[957] verwandelt, in dem der therapeutische Nutzen des Arzneimittels völlig in den Hintergrund tritt, was im Einzelfall von der Verwendung des Medikaments abschrecken kann und den Nutzen des Präparates im Endeffekt zunichte macht.[958] Folglich ist dem pharmazeutischen Unternehmer zuzugestehen, auf die Nennung besonders exzeptioneller Gefahren zu verzichten, wenn deren Angabe und die dadurch provozierte Nichtanwendung des Arzneimittels gefährlicher ist als die (eher unwahrscheinliche) Nebenwirkung als solche.[959]

Jedoch dürfen keine Informationen verschwiegen werden, an deren Kenntnis der Patient ein berechtigtes Interesse hat, wird die Instruktionspflicht des pharmazeutischen Unternehmers doch wie jede Herstellerpflicht maßgeblich durch die

---

953 MüKo-BGB-*Wagner*, § 823 Rn. 592; *Schmidt-Salzer*, NJW 1972, S. 2219; *Vogel*, Produkthaftung, S. 83.

954 *Foerste* in: von Westphalen, Produkthaftungshandbuch, § 24 Rn. 171. Ähnlich *Schmucker*, Dogmatik, S. 168.

955 *Bosch*, Organisationsverschulden, S. 490; *Große Vorholt*, Behördliche Stellungnahmen, S. 112; MüKo-BGB-*Wagner*, § 823 Rn. 591. Siehe auch *BGH* NJW 1987, S. 372 (373).

956 *Hettich*, Produkthaftung, S. 35.

957 *Ramsauer*, Arzneimittelversorgung, S. 51.

958 *Blasius et al.*, Arzneimittel, S. 176; *Bosch*, Organisationsverschulden, S. 490; *Deutsch/Spickhoff*, Medizinrecht, Rn. 1017; *di Fabio*, Risikoentscheidungen, S. 402; *Große Vorholt*, Behördliche Stellungnahmen, S. 112 f.; *Neumeister*, Arzneimittel und Patient, S. 7; *Nink/Schröder*, PharmR 2006, S. 118; *Ramsauer*, Arzneimittelversorgung, S. 51; *Schnieders*, Arzneimittelgesetz, S. 23; *Vogel*, Produkthaftung, S. 77.

959 *Vogel*, Produkthaftung, S. 77.

Verbrauchererwartung bestimmt.[960] Zwar ist das Informationsbedürfnis in der Patientenschaft recht unterschiedlich, das Abstellen auf einen „Durchschnittspatienten" daher problematisch. Zumindest kann aber auf die Angabe dessen, was zum allgemeinen Erfahrungswissen des intendierten Abnehmerkreises gehört, verzichtet werden.[961]

Auch muss die Gebrauchsanweisung zusätzlich zu den Risiken bei bestimmungsgemäßem, vom pharmazeutischen Unternehmer vorgeschriebenen Gebrauch auch auf die Gefahren einer bestimmungswidrigen Anwendung hinweisen, sofern dies dem pharmazeutischen Unternehmer zumutbar ist, etwa weil der Fehlgebrauch nahe liegend und damit voraussehbar ist oder sich sogar in der medizinischen Praxis eingebürgert hat.[962] Dies gilt insbesondere dann, wenn bei fehlerhafter Applikation gravierende Gesundheitsschäden drohen[963] oder das Präparat, z. B. ein Asthmaspray, gerade auch in dramatischen Situationen zur Anwendung gelangen soll.[964] Der pharmazeutische Unternehmer kann sich insoweit nicht darauf berufen, dass die einschlägigen Normen des AMG eine entsprechende Aufklärung nicht vorsehen.[965]

(II) Vertriebspflichten

Was den Vertrieb anbelangt trifft den pharmazeutischen Unternehmer vor allem die Pflicht, die Pharmaka in geeigneter, vor äußeren Einflüssen schützender Weise zu lagern und zu transportieren. Daneben hat er sich von der Zuverlässigkeit und Betriebserlaubnis der belieferten Großhändler bzw. Apotheken zu überzeugen und

---

960 *Ensthaler et al.*, Qualitätsmanagement, S. 30.

961 Vgl. *BGH* BB 1975, S. 1031 f.; *von Bar*, Verkehrspflichten, S. 89; *Ensthaler et al.*, Qualitätsmanagement, S. 30; *Hasskarl*, PharmInd 1980, S. 662; *Hettich*, Produkthaftung, S. 35; *Landrock*, JA 2003, S. 987; *Sack*, BB 1985, S. 814; *Schmucker*, Dogmatik, S. 164 f.; *Spitz*, Produkthaftung, S. 401.

962 So der *BGH* in der *Estil*-Entscheidung, VersR 1972, S. 1075 (1077) und im *Alupent*-Fall, *BGHZ* 106, 273 (278 f., 283). Ebenso *Backhaus*, Unternehmensleitung, S. 150; *Ensthaler et al.*, Qualitätsmanagement, S. 31; *Hager*, JZ 1990, S. 404; *Hart/Hilken/Merkel/Woggan*, Arzneimittelmarkt, S. 83; *Hauke/Kremer*, PharmR 1992, S. 165; *Jenke*, Arzneimittel, S. 116; *Koyuncu*, Haftungsdreieck, S. 79; *Landrock*, JA 2003, S. 987; MüKo-BGB-*Wagner*, § 823 Rn. 577, 588; *Rehmann*, § 5 Rn. 3; *Sack*, BB 1985, S. 814; *Schmidt-Salzer*, NJW 1972, S. 2219; *Schmucker*, Dogmatik, S. 190; *Vogel*, Produkthaftung, S. 76; *Wolter*, ZRP 1974, S. 262. Die Ausdehnung der Instruktionspflicht auf die Folgen einer unsachgemäßen Anwendung des Medikaments korrespondiert letztlich mit dem extensiven Verständnis des bestimmungsgemäßen Gebrauchs in § 5 Abs. 2 AMG. Zählen zu den schädlichen Wirkungen i. S. d. § 5 Abs. 2 AMG auch diejenigen, die auf einem nahe liegenden Fehlgebrauch beruhen, so ist es nur konsequent, den pharmazeutischen Unternehmer auch zur Aufklärung über diese zu verpflichten.

963 *Ensthaler et al.*, Qualitätsmanagement, S. 31; *Hettich*, Produkthaftung, S. 36.

964 So der *BGH* im *Alupent*-Fall, *BGHZ* 106, 273 (281). Zustimmend *Deutsch*, JZ 1989, S. 856; *Ratajczak*, Begründeter Verdacht, S. 83.

965 So wiederum eindringlich der *BGH* in der *Alupent*-Entscheidung, *BGHZ* 106, 273 (280).

dafür Sorge zu tragen, dass bei apothekenpflichtigen Arzneimitteln der Vertriebsweg gemäß § 47 AMG eingehalten wird und die Medikamente nur an gemäß §§ 43 ff. AMG berechtigte Empfänger ausgeliefert werden.

(III) Pflichten nach Inverkehrgabe des Arzneimittels

Nach Inverkehrgabe des Arzneimittels ist der pharmazeutische Unternehmer verpflichtet, sein Präparat auf dessen Bewährung in der Praxis hin zu beobachten und auf eventuell eintretende Schadensfälle angemessen zu reagieren.

(1) Produktbeobachtungspflicht

Dient das Rechtsinstitut des erlaubten Risikos dazu, den Warenhersteller vor einer uferlosen Ausdehnung der Sicherungsvorkehrungen in aus (betriebs-)wirtschaftlicher Sicht untragbare Dimensionen zu bewahren, so muss die damit einhergehende Minderung des Verbraucherschutzes andererseits im Wege einer permanenten Produktbeobachtungspflicht als einer Art Korrektiv ausgeglichen werden.[966] Die Produktbeobachtungspflicht knüpft insofern an die bereits dargestellten Herstellerpflichten an, indem sie berücksichtigt, dass sich bestimmte Produktgefahren wie Arzneimittelnebenwirkungen erst nach Inverkehrbringen der Erzeugnisse herausstellen, die Konstruktions-, Fabrikations- und Instruktionspflichten aber auf dem Kenntnisstand zum Zeitpunkt des Inverkehrbringens beruhen.[967] Die Produktbeobachtungspflicht stellt mit anderen Worten lediglich eine Fortsetzung der allgemeinen Verkehrspflicht des Produzenten dar, indem sie die übrigen Herstellerpflichten auf die Phase nach Inverkehrgabe ausdehnt und auf diese Weise die Verantwortung des Produzenten perpetuiert.[968] Für den Bereich der Arzneimittelproduktion folgt daraus, dass die für die Marktzulassung entscheidenden Ergebnisse der nur beschränkt aussagekräftigen pharmakologisch-toxikologischen und klinischen Prüfung während der Marktphase durch kontinuierliche Fortsetzung der eigenen Forschung sowie insbesondere mittels systematischer Erfassung und Auswertung eingehender Schadensmeldungen ständig zu überprüfen sind.[969]

Für die Intensität der Produktbeobachtungspflicht gilt das zum Umfang der gebotenen Sorgfalt abstrakt Gesagte in besonderem Maße. So ist in Bezug auf Arzneimittel als besonders schadensträchtige, mit Gesundheit und Leben hochwertige Rechtsgüter tangierende Produkte ein Höchstmaß an Nachmarktkontrolle geboten; wirtschaftliche Überlegungen haben hierbei in den Hintergrund zu treten.[970] Neu entwickelte, innovative Pharmaka erfordern gegenüber altgedienten Medikamenten einen deutlich höheren Beobachtungsaufwand, der sich im Laufe der Zeit mit

966 *Goll/Winkelbauer* in: von Westphalen, Produkthaftungshandbuch, § 47 Rn. 45.

967 *Ensthaler et al.*, Qualitätsmanagement, S. 31; *Stock*, Probandenschutz, S. 32.

968 *Beck*, Rückrufpflicht, S. 19; *Höhfeld*, Strafrechtliche Produktverantwortung, S. 143 f.; MüKo-BGB-*Wagner*, § 823 Rn. 598; *Seeling*, Rückrufpflicht, S. 19; *Vogel*, Produkthaftung, S. 22.

969 Vgl. *Günther*, NJW 1972, S. 312; MüKo-StGB-*Freund*, §§ 64-69b AMG Rn. 4; *Schmidt-Salzer*, Produkthaftung, Rn. 1369.

970 Vgl. *Hart/Hilken/Merkel/Woggan*, Arzneimittelmarkt, S. 153; *Hettich*, Produkthaftung, S. 39; *Sack*, BB 1985, S. 815 f.

zunehmender praktischer Bewährung eines Präparates stetig reduziert, jedoch angesichts der teilweise jahrelangen Latenzzeiten von Arzneimittelnebenwirkungen niemals auf Null sinken darf, so dass die Produktbeobachtungspflicht so lange fortbesteht, wie das Präparat am Markt erhältlich ist.[971]

Grundsätzlich ist zwischen einer passiven und einer aktiven Produktbeobachtung zu differenzieren. Die passive Produktbeobachtungspflicht beinhaltet die systematische Erfassung eingegangener Mitteilungen über etwaige Produktrisiken und deren anschließende Auswertung und Verifizierung anhand des fachwissenschaftlichen Schrifttums oder eigener Nachforschungen.[972] Doch auch unabhängig von derartigen Schadensmeldungen, sprich ohne konkrete Veranlassung, hat der Produzent von sich aus die positiven wie negativen Eigenschaften seiner Erzeugnisse weiter zu erforschen.[973] Er darf sich nicht darauf verlassen, zufällig Kenntnis von Produktgefahren zu erhalten, sondern ist im Sinne einer aktiven Produktbeobachtung verpflichtet, durch kontinuierliche Verfolgung der dem nationalen und internationalen Fachschrifttum zu entnehmenden bzw. auf Kongressen und Fachtagungen vorgestellten wissenschaftlich-technischen Entwicklungen sowie mittels Auswertung von Erfahrungsberichten über Konkurrenzprodukte gleicher oder ähnlicher Beschaffenheit Informationen über mögliche Verwendungsrisiken des eigenen Produkts zu generieren[974] und zu prüfen, ob dieses als (relativ) bedenklich vom Markt zu nehmen ist. Hängt die Bejahung eines Produktbeobachtungsfehlers damit maßgeblich vom Kenntnisstand der Fachwissenschaft und den daraus ableitbaren Schlussfolgerungen für die eigenen Erzeugnisse ab, so darf sich der Produzent im Fall ungenügender wissenschaftlicher Durchdringung des produktrelevanten Fachgebietes indes nicht mit diesem unzureichenden Wissensstand zufrieden geben, sondern muss versuchen, die vorhandenen Erkenntnislücken durch eigene Forschungsmaßnahmen zu schließen.[975] So hat der pharmazeutische Unter-

---

971 *Foerste* in: von Westphalen, Produkthaftungshandbuch, § 24 Rn. 298; *Hettich*, Produkthaftung, S. 40; *Rettenbeck*, Rückrufpflicht, S. 23 f.; *Stock*, Probandenschutz, S. 32.

972 Vgl. *Jenke*, Arzneimittel, S. 117 m. w. N.; *Körner*, Vorbem AMG Rn. 61; *Lege*, Rechtspflichten, S. 43; MüKo-BGB-*Wagner*, § 823 Rn. 599; *Sack*, BB 1985, S. 815; *Scheu*, In Dubio, S. 834.

973 *Backhaus*, Unternehmensleitung, S. 152; *Foerste* in: von Westphalen, Produkthaftungshandbuch, § 24 Rn. 293; *Michalski*, BB 1998, S. 963.

974 Vgl. die Ausführungen des *BGH* in der 2. Apfelschorf-Entscheidung, *BGHZ* 80, 199 (203). Ebenso *Besch*, Produkthaftung, S. 84; *Hager*, JZ 1990, S. 404; *Höhfeld*, Strafrechtliche Produktverantwortung, S. 143 f.; *Hohm*, Nachmarktkontrolle, S. 292; *Kunz*, BB 1994, S. 450; *Landrock*, JA 2003, S. 987; *Molitoris*, PHi 1999, S. 218 f.; MüKo-BGB-*Wagner*, § 823 Rn. 600; *Otto*, FS Hirsch, S. 292; *Rettenbeck*, Rückrufpflicht, S. 23, 36; *Sack*, BB 1985, S. 816; *Spitz*, Produkthaftung, S. 394; *Stock*, Probandenschutz, S. 32; *Vogel*, Produkthaftung, S. 67. So erwartet das BfArM/PEI entsprechend der Empfehlung „Guidance and Procedures for Marketing Authorisation Holders", dass mindestens eine, erforderlichenfalls mehrere Literaturdatenbanken mindestens wöchentlich auf entsprechende Publikationen überprüft werden. Siehe Nr. 3.1.2 der 4. Bekanntmachung des BfArM/PEI zur Anzeige von Nebenwirkungen nach § 63b AMG.

975 So der *BGH* im Holzschutzmittel-Verfahren, *BGHSt* 41, 206 (218). Dergleichen *BGH* NJW 1992, S. 560 (562); *von Bar*, Verkehrspflichten, S. 93; *Scheu*, In Dubio, S. 830;

nehmer insbesondere auch zur Aufdeckung der Gefahren aktiv beizutragen, die sich aus der Kombination des eigenen Produkts mit Präparaten anderer Hersteller ergeben, um seiner gesetzlichen Instruktionspflicht in Bezug auf Wechselwirkungen des eigenen Medikaments gerecht werden zu können.[976]

Das AMG, die PharmBetrV und der Stufenplan nach § 63 AMG enthalten zahlreiche Anzeige- und Organisationspflichten, welche die Produktbeobachtungspflicht des pharmazeutischen Unternehmers als zwingend erforderliche Vorstufe näher konkretisieren und im Kern auf eine Verpflichtung zur permanenten Aktualisierung der Nutzen-Risiko-Bilanz und steten Überprüfung der fortbestehenden Unbedenklichkeit des eigenen Arzneimittels hinauslaufen. So folgt die passive Produktbeobachtungspflicht aus dem Gebot des § 63b Abs. 1 AMG, aufgetretene Verdachtsfälle von Nebenwirkungen zu dokumentieren, gemäß § 14 Abs. 1 Satz 2 PharmBetrV zu überprüfen und nach positiver Verifizierung dem BfArM/PEI sowie gegebenenfalls der Europäischen Arzneimittelagentur potentielle schwerwiegende Nebenwirkungen i. S. d. § 4 Abs. 3 Satz 2 AMG sowie darüber hinaus einen häufigen bzw. im Einzelfall in erheblichem Umfang beobachteten Medikamentenmissbrauch zu melden, § 63b Abs. 2 AMG. Die Verpflichtung des pharmazeutischen Unternehmers, aktiv forschend tätig zu werden, findet in § 63b Abs. 5 AMG ihren gesetzlichen Niederschlag. Danach hat der pharmazeutische Unternehmer dem BfArM/PEI jederzeit unverzüglich nach Aufforderung, in den ersten zwei Jahren nach Erteilung der Zulassung zumindest aber alle sechs Monate und danach jeweils in Verbindung mit dem Antrag auf Verlängerung der Zulassung, §§ 31 Abs. 2, 63b Abs. 5 Satz 1 und 2 AMG, einen aktualisierten Bericht über die Unbedenklichkeit des betreffenden Präparates vorzulegen, was nur bei kontinuierlicher, eigenständiger Erforschung und Überprüfung der Medikamenteneigenschaften möglich ist. Zur Erfüllung dieser aktiven Produktbeobachtungspflicht kommen in methodischer Hinsicht insbesondere klinische Prüfungen der Phase IV sowie Anwendungsbeobachtungen in Betracht.[977]

(2) Gefahrenabwehrpflichten

Verursacht die Verletzung der Produktbeobachtungspflicht an sich noch keine Arzneimittelschäden, so ist die Produktbeobachtungspflicht doch notwendige Voraussetzung dafür, dass der pharmazeutische Unternehmer seine Pflicht zur Abwehr der mit der Anwendung seines Präparates verbundenen Gefahren erfüllen und auf diese Weise einer drohenden Unterlassungsstrafbarkeit wegen Nichtver-

---

Schmidt-Salzer, NJW 1996, S. 5; *Schmucker*, Dogmatik, S. 166; *Vogel*, Produkthaftung, S. 68.

[976] *BGHZ* 99, 167 (172); *Jenke*, Arzneimittel, S. 117; *Michalski*, BB 1998, S. 963. Nicht erforderlich ist dagegen eine detaillierte Überprüfung der potentiellen Kombinationsprodukte, da diese nicht im Sinne von Zubehörteilen auf eine Synthese ausgerichtet sind und ein derart extensives Verständnis der Produktbeobachtungspflicht zu einer uferlosen Ausdehnung der Produzentenverantwortlichkeit führen würde.

[977] *Deutsch*, Arzneimittelhaftung, S. 386; *Hart/Hilken/Merkel/Woggan*, Arzneimittelmarkt, S. 154; *Heitz*, Arzneimittelsicherheit, S. 81; *Koyuncu*, Haftungsdreieck, S. 81; *ders.*, PharmR 2005, S. 293; *Sander*, Phase IV, S. 84; *Wartensleben*, PharmR 2003, S. 74.

hinderung arzneimittelbedingter Gesundheitsbeeinträchtigungen entgehen kann.[978] Denn in Anbetracht der Garantenstellung des pharmazeutischen Unternehmers erschöpft sich dessen Nachmarktpflicht nicht in der bloßen Beobachtung des eigenen Produkts, vielmehr sind aus den gewonnenen Erkenntnissen die richtigen Schlüsse zu ziehen und gegebenenfalls unverzüglich schadensverhindernde Maßnahmen wie Hinweise und Warnungen, Konstruktions- Fabrikations- bzw. Instruktionsänderungen sowie in letzter Konsequenz ein Produktionsstopp und Rückruf der im Verkehr befindlichen Präparate einzuleiten.[979] Die Gefahrenabwehrpflichten stellen im Grunde das Spiegelbild der Herstellerpflichten vor Inverkehrgabe dar: Was der Produzent vor Auslieferung seiner Ware nicht tun darf, darf er auch danach nicht dulden.[980] Muss der pharmazeutische Unternehmer gemäß § 5 AMG dafür Sorge tragen, dass nur unbedenkliche Arzneimittel in den Verkehr gelangen, ist er zugleich verpflichtet, Medikamente mit unvertretbaren Nebenwirkungen vom Markt zu entfernen bzw. vor diesen zu warnen.[981]

Trotz dieses klaren Ausgangspunkts gestaltet sich die Bestimmung der Handlungspflicht im konkreten Einzelfall mangels greifbarer Orientierungshilfen mitunter schwierig.[982]

(a) Maßgeblicher Entstehungszeitpunkt

Schwierigkeiten ergeben sich zunächst bei der Ermittlung des maßgeblichen Zeitpunkts, ab dem der Arzneimittelproduzent tätig werden muss. Fraglich ist insbesondere, welcher Verdachtsgrad hinsichtlich der Schädlichkeit eines Medikaments erforderlich ist, um eine Handlungspflicht des pharmazeutischen Unternehmers auszulösen. Prinzipiell sind hier ähnliche Überlegungen anzustellen wie im Rahmen der Auslegung des „begründeten Verdachts" in § 5 Abs. 2 AMG bzw. bei Be-

---

978 Zutreffend hebt *Kuhlen*, FS Eser, S. 372, hervor, dass die Garantenstellung des Herstellers mangels einschränkender gesetzlicher Regelungen auch noch lange nach Inverkehrgabe des Produktes besteht, so dass auch bei Spätschäden, deren Eintritt hätte verhindert werden können, eine Unterlassungsstrafbarkeit in Betracht kommt, wenngleich mit zunehmendem Zeitablauf die Frage der Zumutbarkeit bestimmter Gefahrabwehrmaßnahmen verstärkt Bedeutung erlangt.

979 Vgl. *RGZ* 163, 21 (26); *Beck*, Rückrufpflicht, S. 19; *Besch*, Produkthaftung, S. 83; *Eichinger*, Produkthaftung, S. 233; *Hettich*, Produkthaftung, S. 30; *Höhfeld*, Strafrechtliche Produktverantwortung, S. 144; *Jenke*, Arzneimittel, S. 117; *Kuhlen* in: Achenbach/Ransiek, HWSt, II Rn. 34; *Kunz*, BB 1994, S. 451; *Michalski*, BB 1998, S. 963; *Molitoris*, PHi 1999, S. 217; MüKo-BGB-*Wagner*, § 823 Rn. 602; MüKo-StGB-*Freund*, §§ 64-69b AMG Rn. 4; *Tiedemann*, FS Hirsch, S. 771 f.

980 Vgl. *Beck*, Rückrufpflicht, S. 22; *Rettenbeck*, Rückrufpflicht, S. 34 f.

981 Auf die Frage, inwieweit das gesetzlich etablierte Nachmarktkontrollsystem, welches dem BfArM/PEI die zentrale Rolle des Koordinators der erforderlichen Risikoabwehr zuweist, die Verpflichtung des pharmazeutischen Unternehmers zu autonomen Gefahrabwehrmaßnahmen einschränkt bzw. ein eigenständiges Vorgehen gar verbietet, wird im Zusammenhang mit der Verantwortungsabgrenzung zwischen BfArM/PEI und pharmazeutischem Unternehmer noch detailliert einzugehen sein. Siehe S. 568 ff.

982 Zu den Schwierigkeiten in Bezug auf die Konkretisierung der Gefahrenabwehrpflicht im Einzelfall instruktiv *Kuhlen*, FS Eser, S. 367 f.

jahung der Instruktionspflicht im Fall eines bloßen Gefahrenverdachts. So versteht es sich einerseits von selbst, dass der pharmazeutische Unternehmer spätestens dann einschreiten muss, wenn die schädliche Wirkung seines Präparates feststeht,[983] der Rechtsgüterschutz andererseits aber auch wegen der geschilderten Probleme beim Nachweis der Produktschädlichkeit zu stark eingeschränkt wäre, wenn bis zur Herausbildung eines wissenschaftlichen Konsenses auf jegliche Sicherheitsmaßnahmen verzichtet werden könnte.[984] Ebenso offensichtlich kann ein bloß abstrakter Gefahrverdacht nicht ausreichen, um über das Gebot, entsprechenden Hinweisen nachzugehen, hinaus eine Handlungspflicht zu begründen.[985] Vor dem Hintergrund, dass die voreilige Durchführung einer Warn- oder Rückrufaktion hinsichtlich eines sich später als unbedenklich herausstellenden Medikaments letzten Endes ebenfalls zu Gesundheitsbeeinträchtigungen führen kann, indem das an sich wirksame, Leiden lindernde Arzneimittel nicht mehr erhältlich ist bzw. Ärzte und Patienten aus Angst vor den angeblichen Nebenwirkungen vor der Anwendung des Präparates zurückschrecken, ist dem pharmazeutischen Unternehmer ein gewisser Zeitraum zuzugestehen, innerhalb dessen er den aufgekommenen Verdacht überprüfen kann.[986] Diese strafrechtlich neutrale Zeitspanne endet jedoch in dem Moment, in dem sich die Vermutung der Schädlichkeit eines Arzneimittels zu einem ernst zu nehmenden Verdacht verdichtet hat.[987] Wann ein solcher vorliegt und damit eine Pflicht des pharmazeutischen Unternehmers zu gefahrenabwehrendem Tätigwerden entsteht, bestimmt sich wiederum nach den Umständen des Einzelfalls und lässt sich daher nicht abstrakt umschreiben, geschweige denn abschließend legal definieren. Im Unterschied zum „begründeten Verdacht" i. S. d. § 5 Abs. 2 AMG, der sich angesichts des Begründetheitserfordernisses allein über die Tatsache eines bestimmten Grades an entsprechenden wissenschaftli-

[983] *LG Aachen* JZ 1971, S. 507 (515).

[984] *LG Aachen* JZ 1971, S. 507 (515); *Putz*, Strafrechtliche Produktverantwortlichkeit, S. 23; *Scheu*, Produktverantwortung, S. 147.

[985] *Bock*, Produktkriminalität, S. 149; *Deutscher/Körner*, wistra 1996, S. 328; *Goll/Winkelbauer* in: von Westphalen, Produkthaftungshandbuch, § 47 Rn. 22; *Molitoris*, PHi 2000, S. 34.

[986] Vgl. *Backhaus*, Unternehmensleitung, S. 151; *Lewandowski*, PharmR 1983, S. 194; *Michalski*, BB 1998, S. 964. Einen zeitlichen Handlungsspielraum nur in wenigen Ausnahmefällen bejahend *Eichinger*, Produkthaftung, S. 156 f.; *Goll/Winkelbauer* in: von Westphalen, Produkthaftungshandbuch, § 47 Rn. 23. Zutreffend hebt das *LG Aachen*, JZ 1971, S. 507 (516), jedoch hervor, dass diesem Umstand weit weniger Bedeutung zukommt, wenn therapeutisch gleichwertige, unschädliche Arzneimittel zur Verfügung stehen, auf die der Patient ausweichen kann. Bei Existenz erprobter Alternativpräparate ist daher ein rascheres Eingreifen des pharmazeutischen Unternehmers geboten.

[987] So der *BGH* in ständiger Zivilrechtsprechung, etwa im 1. Apfelschorf-Verfahren, *BGHZ* 80, 186 (191 f.), in der *Alupent*-Entscheidung, *BGHZ* 106, 273 (282 f.) und im Kindertee-Urteil, NJW 1992, S. 560 (561). Ebenso das *LG Aachen* im *Contergan*-Beschluss, JZ 1971, S. 507 (515 f. passim). Siehe auch *Ensthaler et al.*, Qualitätsmanagement, S. 33; *Hart/Hilken/Merkel/Woggan*, Arzneimittelmarkt, S. 154; *Hettich*, Produkthaftung, S. 37; *Kuhlen* in: Achenbach/Ransiek, HWSt, II Rn. 35; MüKo-BGB-*Wagner*, § 823 Rn. 602; *Sack*, BB 1985, S. 817.

chen Erkenntnissen definiert, verlangt das wertende Kriterium der „Ernstnahme“ eines Verdachts jedenfalls, die wissenschaftlich ermittelte Wahrscheinlichkeit der Schädlichkeit eines Präparates in Bezug zum Ausmaß der drohenden Gefahren zu setzen: Je gravierender die indizierten Gesundheitsbeeinträchtigungen und je höher die Zahl der potentiell Betroffenen, desto geringer die Anforderungen an die wissenschaftliche Fundierung des Verdachts und die Anzahl bzw. Frequenz eingehender Schadensmeldungen.[988]

(b) Konkret gebotene Gefahrabwehrmaßnahme

Neben der Ermittlung des maßgeblichen Handlungszeitpunkts kann auch die Bestimmung der konkret gebotenen Gefahrabwehrmaßnahme im Einzelfall Probleme bereiten. Nach Auffassung des *LG Aachen* im *Contergan*-Beschluss kommen mit der Unterrichtung von Ärzten und Verbrauchern über bekannt gewordene Arzneimittelrisiken, dem Unterstellen des Präparates unter die Rezeptpflicht sowie der Rücknahme des Medikaments vom Markt im Wesentlichen drei Maßnahmen in Betracht,[989] wobei die Einführung der Rezeptpflicht nicht in den Händen des pharmazeutischen Unternehmers, sondern gemäß § 48 Abs. 2 AMG in der Verantwortung des BMG liegt. Ob eine auf selbstverantwortliche Gefahrsteuerung durch den Arzneimittelanwender gerichtete Warnung genügt oder darüber hinaus unmittelbar in Form des Produktionsstopps bzw. Produktrückrufs auf den Gefahrenherd eingewirkt werden muss, richtet sich zum einen nach der Art, Wahrscheinlichkeit und Schwere der drohenden Gesundheitsschäden, zum anderen nach der Effektivität und Kostendimension der verschiedenen Vorgehensweisen sowie den Selbstschutzmöglichkeiten der Patienten.[990] Innerhalb des durch die Kriterien der Eignung, Erforderlichkeit und Zumutbarkeit abgesteckten Bereichs vertretbarer Schutzmaßnahmen wird man dem pharmazeutischen Unternehmer in Anbetracht der Komplexität der Entscheidungssituation und der mangels hinreichend bestimmter Vorgaben bestehenden Rechtsunsicherheit aber einen gewissen Entscheidungsspielraum einräumen müssen.[991]

(aa) Produktions- und Vertriebsstopp

Unstreitig ist jedoch, dass der pharmazeutische Unternehmer verpflichtet ist, bereits hergestellte, aber noch nicht ausgelieferte Chargen eines Medikaments, das in Verdacht steht, Gesundheitsschäden hervorzurufen, bis zur endgültigen Abklärung und eventuellen Widerlegung der Schädlichkeitshypothese nicht weiter zu vertrei-

---

988 Vgl. *LG Aachen* JZ 1971, S. 507 (516); *Backhaus*, Unternehmensleitung, S. 147; *Deutscher/Körner*, wistra 1996, S. 328; *Eichinger*, Produkthaftung, S. 157; *Goll/Winkelbauer* in: von Westphalen, Produkthaftungshandbuch, § 47 Rn. 24 ff.; *Höhfeld*, Strafrechtliche Produktverantwortung, S. 188; *Kullmann*, PharmR 1982, S. 7; MüKo-BGB-*Wagner*, § 823 Rn. 591; S/S-*Cramer/Sternberg-Lieben*, § 15 Rn. 223d.

989 *LG Aachen* JZ 1971, S. 507 (516).

990 *Hager*, JZ 1990, S. 405; *Kuhlen* in: Achenbach/Ransiek, HWSt, II Rn. 39; *Sickmüller*, PharmR 1996, S. 315.

991 *Kuhlen* in: Achenbach/Ransiek, HWSt, II Rn. 39; *ders.*, FS Eser, S. 368.

ben.[992] Beim begründeten Verdacht unvertretbarer Nebenwirkungen folgt dies unmittelbar aus § 5 AMG. Um wirksam zu verhindern, dass das Medikament weiterhin ausgeliefert wird, ist der Lagerbestand zu überprüfen, das Präparat bzw. die als gefährlich identifizierte Charge auszusondern, an einen isolierten Ort zu bringen und deren Vertriebssperre eindeutig kenntlich zu machen.[993]

Unter Umständen kann der pharmazeutische Unternehmer einen Produktions- und Vertriebsstopp aber dadurch umgehen, dass er das Arzneimittelrisiko durch Beschränkung des Indikationsgebietes und des bestimmungsgemäßen Gebrauchs ausschaltet bzw. auf ein vertretbares Maß reduziert.[994] Erforderlich ist eine diesbezügliche Abänderung der Gebrauchs- und Fachinformation, wobei die Modifikation durch entsprechende Gestaltung der Verpackung bzw. des Beipackzettels deutlich hervorgehoben werden muss.[995]

(bb) Erteilung von Warnhinweisen

Zur Abwehr potentieller, von bereits ausgelieferten Chargen des im Verdacht der Gesundheitsschädlichkeit stehenden Präparates ausgehender Gefahren hat der pharmazeutische Unternehmer in Fortsetzung und Ergänzung seiner durch die Gebrauchs- bzw. Fachinformation wahrgenommenen Instruktionspflicht Ärzte und Patienten über den ernst zu nehmenden Verdacht nachträglich bekannt gewordener Nebenwirkungen zu informieren bzw. vor dem Gebrauch oder bestimmten Anwendungsweisen des Arzneimittels zu warnen. Dadurch sollen diese in die Lage versetzt werden, die Gefahren der Medikation zu erkennen und drohende Gesundheitsrisiken im Wege eigenverantwortlicher Gefahrsteuerung durch Vorsichtsmaßnahmen bzw. Beendigung der Applikation wirksam zu verhindern.[996]

Hinsichtlich Inhalt und Umfang der erforderlichen Warnhinweise gilt das zur Reichweite der Instruktionspflicht Gesagte entsprechend: Vor Gefahren, die zum allgemeinen Erfahrungswissen gehören und deren Kenntnis daher vorausgesetzt werden darf, muss nicht eigens gewarnt werden, vor den schädlichen Folgen eines bestimmungswidrigen Gebrauchs nur dann, wenn sich dessen zunehmende Etablierung in der Praxis abzeichnet.[997] Entscheidendes Kriterium für die gebotene Intensität der Warnaktion ist letztlich das Ausmaß des Risikos, dem die Warnung gilt; bei Nebenwirkungen von Arzneimitteln, die die Gesundheit oder gar das Leben einer Vielzahl von Personen gefährden, wird kaum ein Aufwand zu groß sein.

Der Grad der drohenden Gefahr bestimmt auch maßgeblich die gebotene Vorgehensweise. So kann es bei verschreibungspflichtigen Pharmaka und minder

---

992 Vgl. *LG Frankfurt* NJW 1977, S. 1108; *Günther*, NJW 1972, S. 313 f.; *Schmidt-Salzer*, Produkthaftung, Rn. 1369.

993 Vgl. die Ausführungen des *BGH* im Bienenstich-Urteil, NStE Nr. 5 zu § 223 StGB.

994 *Räpple*, Arzneimittel, S. 126 f.

995 *LG Aachen* JZ 1971, S. 507 (517); *Backhaus*, Unternehmensleitung, S. 151 f.; *Schmucker*, Dogmatik, S. 168.

996 *von Bar*, Verkehrspflichten, S. 84; *Beck*, Rückrufpflicht, S. 19; *Ensthaler et al.*, Qualitätsmanagement, S. 29; *Günther*, NJW 1972, S. 312; MüKo-BGB-*Wagner*, § 823 Rn. 603.

997 *Ensthaler et al.*, Qualitätsmanagement, S. 30 f.

schweren Risiken genügen, zunächst nur Ärzte und Apotheker durch das Versenden von Fachinformationen oder Rote-Hand-Briefen zu informieren, um die weitere Verschreibung und Abgabe des betreffenden Medikaments zu verhindern und diesen die Aufklärung der das betreffende Präparat einnehmenden Patienten zu ermöglichen. Bei rezeptfreien Arzneimitteln und gravierenderen Nebenwirkungen ist zusätzlich eine unmittelbare öffentliche Information der Patientenschaft durch Anzeigen in Zeitungen und (Fach-)Zeitschriften, bei besonders schwerwiegenden Nebenwirkungen auch durch mehrmalige, zu unterschiedlichen Zeiten ausgestrahlte Warnhinweise in Rundfunk und Fernsehen erforderlich.[998] Daneben hat der pharmazeutische Unternehmer den zuständigen Behörden durch gewissenhafte Erfüllung der ihn gemäß § 63b Abs. 2 AMG treffenden Meldepflichten die Möglichkeit zu geben, ihrerseits Warnhinweise zu erlassen oder durch Einsatz staatlicher Zwangsmittel die weitere Verbreitung und Verwendung des schädlichen Arzneimittels noch weitaus effizienter zu unterbinden, als dies dem pharmazeutischen Unternehmer als Privatperson möglich ist.

(cc) Rückruf der gesundheitsschädlichen Präparate

Unter welchen Umständen zusätzlich zur Durchführung einer Warnaktion auch ein Rückruf der im Verkehr befindlichen Präparate zu erfolgen hat, ist bis heute Gegenstand zahlreicher Diskussionen. Teilweise wird eine Rückrufpflicht des Produzenten von vornherein generell abgelehnt, mit der Begründung, dass eine Warnung der Produktverwender generell ausreiche, da diese hierdurch die Gefahr erkennen und die Benutzung des Produkts einstellen könnten. Die fortgesetzte Produktverwendung im Bewusstsein der Schädlichkeit stelle dann eine eigenverantwortliche Entscheidung des Konsumenten dar, die dem Produzenten nicht zur Last gelegt werden könne.[999] Ein derart pauschaler Ausschluss der Rückrufpflicht überzeugt jedoch nicht.[1000] Gerade bei besonders gefährlichen Gütern wie Arzneimitteln erscheint ein solcher zweifelhaft, zumal Medikamente auch von älteren Menschen oder Kindern sowie erheblichen Schmerzen ausgesetzten Personen verwendet werden, bei denen nicht per se ein rationaler Umgang mit Pharmaka unterstellt werden kann. Zwar ist nicht auszuschließen, dass auch eine Aufforderung zur Produktrückgabe mitunter in den Wind geschlagen wird, allerdings kann nicht ernsthaft bezweifelt werden, dass die Durchführung einer Rückrufaktion die Gefährlichkeit eines Produkts sehr viel eindringlicher vermittelt als das bloße Aussprechen einer Warnung und daher auch regelmäßig mehr Beachtung finden wird.[1001]

---

998 Vgl. *LG Aachen* JZ 1971, S. 507 (516 f.); *Backhaus*, Unternehmensleitung, S. 151 f.; *Foerste* in: von Westphalen, Produkthaftungshandbuch, § 24 Rn. 252; *Hettich*, Produkthaftung, S. 40; *Koyuncu*, Haftungsdreieck, S. 80; *Michalski*, BB 1998, S. 964; *Räpple*, Arzneimittel, S. 75; *Schmucker*, Dogmatik, S. 168 f.

999 Vgl. Jauernig-*Teichmann*, § 823 Rn. 135; *Schlechtriem*, JA 1983, S. 258; *Pieper*, BB 1991, S. 987.

1000 So auch *Beck*, Rückrufpflicht, S. 20 f.; *Lege*, Rechtspflichten, S. 33.

1001 *von Bar*, Verkehrspflichten, S. 85; *Rettenbeck*, Rückrufpflicht, S. 71 f. Skeptisch aber *Backhaus*, Unternehmensleitung, S. 154.

Dennoch ist die Anerkennung einer Rückrufpflicht im Rahmen der strafrechtlichen Produktverantwortung bis heute heftig umstritten.[1002] Auf die dagegen geltend gemachten Einwände soll daher im Folgenden näher eingegangen werden. Unstrittiger Ausgangspunkt der Diskussion um die Rückrufpflicht ist die Überlegung, dass eine solche – wie letztlich jede Handlungspflicht – nur dann bestehen kann, wenn der Produktrückruf i. S. d. Verhältnismäßigkeitsgrundsatzes zur Vermeidung produktbedingter Gesundheitsschäden geeignet, erforderlich und darüber hinaus dem Hersteller auch zumutbar ist.[1003]

(α) Geeignetheit des Rückrufs zur Schadensvermeidung

Maßstab der Eignung ist die Kausalität. Daher ist zu fragen, ob die Einleitung einer Rückrufaktion den fraglichen Arzneimittelschaden verhindert hätte, sprich das Unterlassen des Rückrufs ursächlich für den eingetretenen Erfolg war. Die Kausalität eines Unterlassens bestimmt sich grundsätzlich danach, ob „bei Vornahme der pflichtgemäßen Handlung der tatbestandsmäßige Schadenserfolg ausgeblieben wäre, dieser also entfiele, wenn jene hinzugedacht würde."[1004] Da der Unterlassende im Gegensatz zum aktiv Handelnden nicht in das außenweltliche Kausalgeschehen eingreift, beruht die Strafbarkeit bei den Unterlassungsdelikten auf einem nur gedachten Geschehensverlauf, der sich nicht wie beim positiven Tun als naturgesetzmäßiger Bedingungszusammenhang nachweisen lässt, sondern nur Annäherungswerte erlaubt. Man spricht in diesem Zusammenhang von einer Quasi-Kausalität bzw. rein hypothetischen Kausalität.[1005] In deren Ermittlung sind

---

[1002] Gegen eine strafrechtliche Rückrufpflicht etwa *Alexander*, Strafrechtliche Verantwortlichkeit, S. 76 f.; *Schmucker*, Dogmatik, S. 154; *Schmid*, FS Keller, S. 657; *Schünemann*, Unterlassungsdelikte, S. 68; dafür aber u. a. *Deutsch/Spickhoff*, Medizinrecht, Rn. 1127; *Jungbecker*, Strafrechtliche Verantwortung, S. 164 f.

[1003] *Molitoris*, PHi 1999, S. 220; *Stratenwerth/Kuhlen*, AT/1, § 13 Rn. 62.

[1004] So die ständige Rechtsprechung, *RG*St 63, 392 (393); 75, 49 (50); *BGH*St 6, 1 (2); 37, 106 (126). Ebenso die Literatur, z. B. *Kühl*, AT, § 18 Rn. 35; LK-*Jescheck*, § 13 Rn. 16; SK-StGB-*Rudolphi*, Vor § 13 Rn. 15.

[1005] *Freund*, AT, § 6 Rn. 103; *Heinrich*, AT/2, Rn. 887; LK-*Jescheck*, § 13 Rn. 17; S/S-*Stree*, § 13 Rn. 61; *Stoffers*, Abgrenzung, S. 110; *Tröndle/Fischer*, Vor § 13 Rn. 20; ebenso *BGH* NJW 2000, S. 2754 (2757). Teilweise wird das Unterlassen aber auch als kausal im Sinne einer gesetzmäßigen Bedingung erachtet und das Abstellen auf eine bloße Quasi-Kausalität als verfehlt abgelehnt. So *Engisch*, FS von Weber, S. 264 f.; *Koriath*, Zurechnung, S. 132 f.; NK-*Puppe*, Vor § 13 Rn. 119; *dies.*, AT/2, § 45 Rn. 7, 9; *Roxin*, AT/2, § 31 Rn. 41 f. Dagegen spricht jedoch, dass die ex post festgestellte Erfolgsabwendungsmöglichkeit und die ex post festgestellte aktive Bewirkung des Erfolgs ontologisch grundverschieden sind, da das Unterlassen der möglichen Erfolgsabwendung mangels Energieeinsatzes gerade nichts zu bewirken vermag. Kausalität ist aber eine ontologische Realität, welche die reale Bedingung eines bestimmten Erfolgs durch positiven Energieeinsatz in der Außenwelt beschreibt, und kann als solche nur im Fall der aktiven Tatbegehung tatsächlich vorliegen. So auch *Freund*, Erfolgsdelikt, S. 19; S/S-*Stree*, § 13 Rn. 61. Letztendlich kann der Streit um die Qualität der Unterlassungskausalität aber dahingestellt bleiben: Mag er auch wissenschaftliche Aufmerk-

zwingend normative Kriterien mit einzubeziehen, stellt doch das Unterlassen selbst – weil nur unter der Voraussetzung einer Handeln gebietenden Norm denkbar – eine normative Größe dar.[1006]

An der Eignung des Rückrufs zur Schadensvermeidung und damit an der Kausalität des Unterlassens für den eingetretenen Erfolg bestehen jedoch erhebliche Zweifel. Zwar wird durch das vorübergehende oder endgültige Aus-dem-Verkehr-Ziehen des schädlichen Produkts selbstverständlich die Gefahrenquelle beseitigt und eine Gesundheitsbeeinträchtigung vermieden, jedoch ist der Produzent hierbei auf die Mitwirkung der Produktinhaber, d. h. der Händler und der Konsumenten, angewiesen. Nur wenn diese rechtzeitig erreichbar sind, den Rückruf zur Kenntnis nehmen und den Anordnungen Folge leisten, kann durch eine Rückrufaktion weiteren Schäden wirksam vorgebeugt werden.[1007] Da dies selten bei allen Produktbesitzern der Fall ist, wird man sagen können, dass die Durchführung eines Rückrufs das Risiko für die Konsumenten insgesamt durchaus verringert, mit Blick auf eine einzelne bestimmte Gesundheitsbeeinträchtigung aber nicht mit Sicherheit behauptet werden kann, sie wäre bei ordnungsgemäßem Produktrückruf nicht eingetreten.[1008] Mag die hypothetische Kausalität des unterlassenen Rückrufs auch dort eher zu bejahen sein, wo die Produkte noch nicht die grundsätzlich unbekannten Konsumenten erreicht haben, sondern sich noch in den Lagern der Händler befinden, deren Lieferbeziehungen sich anhand entsprechender Karteien zurückverfolgen lassen,[1009] so erscheint eine Rücklaufquote von 100% dennoch als Utopie. Auch die Erfahrungen aus der Praxis zeigen, dass selbst im Fall von lebensgefährlichen Produkten die Erfolgsquote von Rückrufaktionen selten über 50% liegt. Denn mangels Kenntnis jedes einzelnen Produktverwenders bleibt dem Produzenten meist nur die Möglichkeit eines öffentlichen Rückrufs, der aber selbst bei Einschaltung von Presse, Rundfunk und Fernsehen schon aus rein tatsächlichen Gründen niemals alle Konsumenten erreichen kann.[1010] Als unproblematisch erweist sich allein die Phase der klinischen Prüfung, wo die Arzneimittelabgabe entweder ohnehin in den Räumlichkeiten des pharmazeutischen Unternehmers

---

samkeit verdienen, praktisch ist er weitgehend ohne Bedeutung. Zu diesem Schluss gelangt auch *Schaal*, Gremienentscheidungen, S. 104 f.

1006 Vgl. *Böhm*, Rechtspflicht, S. 25; *Eichinger*, Produkthaftung, S. 199; *Goll/Winkelbauer* in: von Westphalen, Produkthaftungshandbuch, § 47 Rn. 57. Der Einbezug normativer Kriterien widerspricht auch nicht der generell gebotenen Trennung zwischen wertfreier Kausalität und normativer Zurechnung, da eine wertfreie naturgesetzliche Kausalität beim Unterlassen, welches keine naturgesetzliche Größe darstellt, schlicht undenkbar ist.

1007 *Eichinger*, Produkthaftung, S. 200; *Rettenbeck*, Rückrufpflicht, S. 67 f. Ebenso der *BGH* im Lederspray-Urteil, *BGH*St 37, 106 (127).

1008 *Kuhlen* in: Achenbach/Ransiek, HWSt, II Rn. 48; *Otto*, FS Spendel, S. 285; *Ransiek*, Unternehmensstrafrecht, S. 17; *Schmucker*, Dogmatik, S. 177 f.

1009 So *Kuhlen*, NStZ 1990, S. 569; *ders.* in: Achenbach/Ransiek, HWSt, II Rn. 49.

1010 Vgl. diesbezüglich *Bock*, Produktkriminalität, S. 74; *Bosch*, Organisationsverschulden, S. 106 ff.; *Eichinger*, Produkthaftung, S. 201; *Otto*, WiB 1995, S. 933; *Rettenbeck*, Rückrufpflicht, S. 68 passim ; *Schmid*, FS Keller, S. 657; *Schmidt-Salzer*, Produkthaftung, Rn. 1482 ff.; *Schmucker*, Dogmatik, S. 132

stattfindet oder dieser als Sponsor der Prüfung allein aufgrund der gesetzlichen Dokumentationspflichten stets umfassende Informationen über Menge und Verbleib der ausgehändigten Präparate besitzt.

Ist somit davon auszugehen, dass meist nur eine Verringerung der Schadensgefahr, nicht aber die Vermeidung eines konkreten Schadens eindeutig nachweisbar ist, stellt sich die Frage, ob die bloße Risikoverringerung zur Bejahung der Kausalität ausreicht. Dies ist umstritten.

Nach einer Auffassung erfordert das Kriterium der Gleichwertigkeit von Tun und Unterlassen, dass die gebotene Handlung den Erfolg zumindest mit an Sicherheit grenzender Wahrscheinlichkeit verhindert hätte. Eine bloße Risikoverringerung reiche daher nicht aus.[1011] Für die Rückrufproblematik ergäbe sich hieraus die Konsequenz, dass eine Unterlassungsstrafbarkeit wegen Nichtdurchführung einer Rückrufaktion regelmäßig ausschiede.

Jedoch dürfen nicht alle Fälle, in denen der Aufruf zur Rückführung des Produkts ins Leere läuft, über einen Leisten geschlagen werden. Vielmehr ist der Blick auf die Ursache der Nichtbefolgung des Rückrufs zu richten. So ist danach zu differenzieren, ob der Produktinhaber die Aufforderung des Herstellers wahrgenommen und das Schädigungspotential der Ware erkannt hat, aus bestimmten Gründen oder purer Nachlässigkeit dem Verlangen des Produzenten aber nicht Folge leistet, oder ob ihn der Aufruf zur Rückführung schlichtweg nicht erreicht hat. Im ersten Fall mag zwar das eigenverantwortliche Handeln des Produktinhabers im Wege einer normativen Wertung die Zurechenbarkeit des eingetretenen Erfolges ausschließen, nicht aber die Kausalität und damit die grundsätzliche Eignung des Produktrückrufs zur Schadensabwehr.[1012] Schließlich wird auch die Kausalität eines positiven Tuns nicht durch ein fehlerhaftes, aber nach allgemeiner Lebenserfahrung vorhersehbares Verhalten des Opfers oder dazwischentretender Dritter beseitigt, solange kein Fall der überholenden Kausalität gegeben ist und sich die Ausgangsursache – hier der uneingeschränkte Verbleib der Ware auf dem Markt mangels Aufforderung zur Rückgabe – noch im späteren Erfolg – hier der Gesundheitsbeeinträchtigung durch Einnahme des (noch) verfügbaren Medikaments – auswirkt. Folglich ist die Eignung des Rückrufs nicht wegen der voraussehbaren mangelnden Kooperation einzelner Produktinhaber zweifelhaft, wohl a-

---

[1011] So vor allem – zumindest vordergründig – die ständige Rechtsprechung, *BGH*St 37, 106 (127); *BGH* NJW 2000, S. 2754 (2757). Ebenso der überwiegende Teil der Literatur, z. B. *Böhm*, Rechtspflicht, S. 30 f.; *Kühl*, AT, § 18 Rn. 36; *Lascuraín*, Madrid-Symposium, S. 36; *Schaal*, Gremienentscheidungen, S. 161; *Schmucker*, Dogmatik, S. 177; *Schünemann*, GA 1985, S. 357 f.; *ders.*, GedS Meurer, S. 46 f.; *Spendel*, FS Schmidt, S. 190; *Stoffers*, Abgrenzung, S. 110; *Tröndle/Fischer*, Vor § 13 Rn. 20, § 13 Rn. 4. Abwegig erscheint allerdings die Forderung *Gimbernat Ordeigs*, ZStW 111 (1999), S. 323 f., der auch im Rahmen des Unterlassungsdelikts absolute Sicherheit hinsichtlich des Kausalzusammenhangs verlangt, da nur in diesem Fall von begehungsgleichem Unterlassen gesprochen werden könne. Dabei übersieht er, dass eine völlige Gleichstellung von Tun und Unterlassen in Anbetracht der ontischen Unterschiede der beiden Verhaltensformen von vornherein unmöglich und angesichts dieser Wesensverschiedenheit auch wenig sachgerecht ist.

[1012] Vgl. *Brammsen*, GA 1993, S. 116.

ber aufgrund der Tatsache, dass der Rückruf niemals alle Produktinhaber erreicht. Denn den Produktbesitzer trifft, wie bereits erwähnt, keine Pflicht, sich ständig über alle von ihm benutzten Produkte zu informieren und auf dem Laufenden zu halten, so dass ihm die Nichtwahrnehmung einer Warnung oder eines Rückrufs nicht vorgeworfen werden kann.

Gerade wegen ihrer „sinnwidrigen Konsequenz“[1013] einer Alles-oder-Nichts-Lösung, wonach ein Rettungsversuch nur dann unternommen werden müsste, wenn an seinem Erfolg praktisch keine Zweifel bestehen, nicht aber bereits dann, wenn er die Überlebenschancen des Rechtsguts lediglich erhöhen würde, wird die eine an Sicherheit grenzende Wahrscheinlichkeit verlangende Auffassung von Teilen der Rechtswissenschaft abgelehnt.[1014] Ein derart enges Kausalitätsverständnis stünde einem effektiven Rechtsgüterschutz entgegen und widerspreche daher Sinn und Zweck des Strafrechts.

Dementsprechend lässt die Gegenauffassung zur Bejahung der Unterlassungskausalität die bloße Erhöhung des Erfolgsrisikos durch das Untätigbleiben ausreichen und betrachtet jede Handlung, die die Gefahr des Erfolgseintritts zumindest deutlich vermindert, als geeignete und daher zu ergreifende Rettungsmaßnahme.[1015] Neben dem Aspekt des Rechtsgüterschutzes wird zur Begründung angeführt, dass ein risikominderndes Einschreiten nach allgemeiner sozialer Anschauung regelmäßig erwartet werden könne und auch erwartet werde, der Unterlassende diese Erwartungshaltung zudem kenne und deshalb mit seinem Untätigbleiben ein besonders verwerfliches Verhalten an den Tag lege.[1016] Hat der Produzent somit jede nur mögliche Anstrengung zu unternehmen, um Schwere und Häufigkeit schädlicher Produktwirkungen auf das mindestmögliche Maß zu reduzieren, ließe sich danach eine Pflicht zum Produktrückruf im Einzelfall durchaus bejahen. Allerdings sieht sich diese Risikominderungstheorie denselben Vorwürfen wie die (kausalitätsersetzende) Risikoerhöhungslehre im Rahmen der Begehungsdelikte ausgesetzt, sprich Verletzungs- in Gefährdungsdelikte umzuwandeln und gegen den Grundsatz in dubio pro reo zu verstoßen.[1017]

Einer dritten Auffassung zufolge, die strikt zwischen pflichtwidrigem Verhalten und Erfolgszurechnung differenziert, besteht schon gar keine Notwendigkeit für

---

[1013] *Otto/Brammsen*, Jura 1985, S. 652.

[1014] *Brammsen*, MDR 1989, S. 125; *Otto*, AT, § 9 Rn. 99; *ders.*, Jura 2001, S. 276 f.

[1015] *Arzt*, GedS Schlüchter, S. 171 f.; *Eser/Burkhardt*, Strafrecht II, 25 A 38; *Kindhäuser*, LPK, § 13 Rn. 10; *Otto*, WiB 1995, S. 933; *Otto/Brammsen*, Jura 1985, S. 652; *Rettenbeck*, Rückrufpflicht, S. 68; *Scheu*, Produktverantwortung, S. 157; S/S-*Stree*, Vorbem §§ 13 ff. Rn. 149; *Schünemann*, Unternehmenskriminalität, S. 207; *ders.*, GedS Meurer, S. 63; *Stratenwerth/Kuhlen*, AT/1, § 13 Rn. 54, 57; SK-StGB-*Rudolphi*, Vor § 13 Rn. 16. Zustimmend auch *Hillenkamp*, Beweisprobleme, S. 247, der in der Implantation der Risikoerhöhungslehre in die Unternehmenshaftung keine Überziehung des rechtsstaatlichen Kontos erblicken kann.

[1016] *Brammsen*, MDR 1989, S. 124 f.

[1017] Vgl. *Bock*, Produktkriminalität, S. 75; *Böhm*, Rechtspflicht, S. 31; *Gimbernat Ordeig*, ZStW 111 (1999), S. 323; *Gropp*, AT, § 11 Rn. 74; *Jakobs*, AT, 29/20; *Joecks*, § 13 Rn. 16; *Kühl*, AT, § 18 Rn. 38; *Neudecker*, Kollegialorgane, S. 220; *Ransiek*, Unternehmensstrafrecht, S. 18.

ein erweitertes Kausalitätsverständnis im Sinne der Risikoerhöhung. So bejaht der 2. Strafsenat des *BGH* einerseits eine Pflicht des Garanten, jede Rettungschance wahrzunehmen, und verneint eine Handlungspflicht allein bei sicher voraussehbarer Erfolglosigkeit jeglicher Rettungsbemühungen.[1018] Zugleich aber verneint er die Zurechnung des eingetretenen Erfolges zum pflichtwidrig Unterlassenden und damit eine Strafbarkeit wegen vollendeten Delikts, wenn nicht feststeht, ob bei Vornahme der gebotenen Handlung der Erfolg mit an Sicherheit grenzender Wahrscheinlichkeit ausgeblieben wäre. Möglich bliebe in diesem Fall aber eine Bestrafung wegen Versuchs, so dass insoweit keine Strafbarkeitslücke bestünde.[1019]

Bedenkt man jedoch, dass im Fall der Produktverantwortung ein entsprechender Vorsatz oftmals nicht nachweisbar ist, schiede auch nach dieser Auffassung eine Strafbarkeit wegen unterlassenen Rückrufs de facto weitgehend aus.

Wägt man die für und gegen die einzelnen Positionen vorgetragenen Argumente ab, so spricht im Ergebnis vieles dafür, eine Handlung bereits dann als geeignet anzusehen, wenn durch ihre Vornahme das Risiko des Erfolgseintritts zumindest verringert wird. Zum einen erweist sich das pauschale Abstellen auf die stets zu verzeichnende teilweise Nichtbefolgung der Aufforderung, das Produkt zurückzugeben, als nicht sachgerecht und rechtlich fehlerhaft. Einen Schadensverlauf mit fiktiven Pflichtverletzungen anderer zu erklären, obwohl diese mangels Rückruf und darauf beruhender Inpflichtnahme tatsächlich gar keine Pflicht schuldhaft verletzen konnten, würde nicht nur den Unterlassenden unberechtigt entlasten, sondern in letzter Konsequenz dazu führen, dass der eingetretene Erfolg überhaupt nicht kausal zu erklären und niemanden zurechenbar wäre.[1020] Unabhängig davon, dass die Produktinhaber – namentlich die Händler und Apotheker – regelmäßig keinen Grund zur bewussten Nichtbefolgung des Rückrufs haben dürften, pflichtwidriges Verhalten damit ohnehin eher die Ausnahme bildet,[1021] widerspräche ein derartiges Unterstellen pflichtwidrigen Verhaltens zudem dem Menschenbild des Grundgesetzes. Dieses beruht auf der Annahme, dass der Einzelne grundsätzlich zwischen Recht und Unrecht unterscheiden kann, somit prinzipiell zu normgerechten Verhalten imstande und hierzu auch generell bereit ist, weswegen – sofern nicht konkrete Anzeichen dagegen sprechen – davon auszugehen ist, dass Rechtsgüter Dritter geachtet und somit pflichtmäßig im Sinne eines auf Rechtsgüterschutz ausgerichteten Strafrechts gehandelt wird.[1022] Diese Vermutung kommt

---

[1018] *BGH*St 14, 282 (284); 48, 77 (92); *BGH* NStZ 2000, S. 414. Zustimmend *Kühl*, AT, § 18 Rn. 39.

[1019] Vgl. *BGH* StV 1985, S. 229. Zustimmend *Jakobs*, AT, 29/20. Ähnlich *Roxin*, AT/2, § 31 Rn. 54.

[1020] *Puppe*, AT/1, § 2 Rn. 37; *dies.*, Erfolgszurechnung, S. 51 f.; *dies.*, JR 1992, S. 31. Zustimmend *Bock*, Produktkriminalität, S. 75 f. Im Ergebnis ebenso *Roxin*, AT/2, § 31 Rn. 64.

[1021] *Ransiek*, Unternehmensstrafrecht, S. 19 f., der zu Recht darauf hinweist, dass auch in anderen Fällen, etwa der Verpflichtung des Garanten, einen Krankenwagen zu rufen, nicht generell auszuschließen ist, dass dieser wegen Unlust oder Trägheit der Sanitäter bzw. eines Defekts des Wagens nicht rechtzeitig erscheint.

[1022] Vgl. *BVerfG*E 32, 98 (107 f.); *Frisch*, Zurechnung, S. 269 f.

nicht zuletzt im allseits anerkannten Vertrauensgrundsatz zum Ausdruck, wonach sich jeder sorgfaltsgemäß Verhaltende prinzipiell darauf verlassen kann und darf, dass andere ebenfalls das Maß der gebotenen Sorgfalt einhalten.[1023] Kann das Recht seine allgemeine Funktion, Verhaltenserwartungen zu stabilisieren, nur erfüllen, wenn jeder grundsätzlich von der Prämisse ausgeht, dass sich die anderen ebenfalls rechtstreu verhalten,[1024] so muss dieser Gedanke auch der normativen Erwägungen zugänglichen Kausalitätsbestimmung im Unterlassungsbereich zugrunde gelegt werden. Geht man insofern aber von einer ordnungsgemäßen Befolgung der Aufforderung zur Produktrückführung aus, kann die Eignung des Rückrufs nicht ernsthaft angezweifelt werden.

Zum anderen erscheint es vorzugswürdig, weniger auf eine einzelne, bestimmte Gesundheitsbeeinträchtigung als vielmehr auf den Gesamtumfang zu verzeichnender Gesundheitsschäden als tatbestandlichem Erfolg abzustellen. Da durch den Rückruf mit an Sicherheit grenzender Wahrscheinlichkeit ein Großteil der Beeinträchtigungen ausgeblieben wäre, wäre der eingetretene Erfolg in seiner konkreten Gestalt ausgeblieben. Dies resultiert – in Parallele zu den Ausführungen zur statistischen Kausalität[1025] – daraus, dass die strafrechtlichen Tatbestände nicht auf die Beeinträchtigung des Rechtsguts einer individuellen Person abstellen, sondern sich abstrakt auf eine (näher umschriebene) Gattung von Tatobjekten, in unserem Fall auf die Gattung „Mensch", beziehen. Tritt bei dieser der tatbestandliche Erfolg nachweislich infolge des zu beurteilenden Verhaltens ein, so ist der Tatbestand erfüllt, ohne dass es auf die individuelle Schädigung bestimmter Personen ankommt, wie etwa auch die Irrelevanz der auf eine bestimmte Person konkretisierten Tätervorstellung im Rahmen des error in persona zeigt. Die Tatsache, dass die Strafnormen auch das individuelle Rechtsgut schützen, ist insofern bloßer Reflex des Schutzes der gesamten Gattung.

Zudem stellt auch die Rechtsprechung trotz vordergründiger Ablehnung des Risikoerhöhungsgedankens de facto auf diesen ab, wenn sie im Lederspray-Urteil trotz der nur 50%igen Erfolgsquote von Rückrufaktionen eine Rückrufpflicht bejaht.[1026] Die Vorgehensweise der Rechtsprechung beruht offensichtlich auf der Erkenntnis, dass trotz erheblichen Unbehagens zur Erreichung sachgerechter Ergebnisse im Einzelfall ein Abweichen vom strengen Kausalitätsmaßstab im Sinne der an Sicherheit grenzenden Wahrscheinlichkeit geboten ist. Bei genauem Hinsehen weist die Rückrufproblematik eine gewisse Ähnlichkeit mit dem Problem der generellen Kausalität auf. So wenig wie dort die Eignung des Arzneimittels zur Herbeiführung von Gesundheitsschäden der aufgetretenen Art sicher nachzuweisen ist, weil der Ursachenzusammenhang indeterministischer Natur ist, so wenig lässt sich hier die Eignung des Rückrufs zur Vermeidung von Gesundheitsschäden mit Gewissheit feststellen, weil menschliches Verhalten dem Bereich des Indeterminierten angehört und demzufolge keine allgemeingültigen Gesetze darüber bestehen, ob und unter welchen Umständen die Produktbesitzer dem Aufruf zur Pro-

---

[1023] Zum Vertrauensgrundsatz ausführlich S. 386 ff.

[1024] *Röckrath*, Kausalität, S. 42.

[1025] Siehe S. 166 ff.

[1026] So auch *Eichinger*, Produkthaftung, S. 202; *Gimbernat Ordeig*, ZStW 111 (1999), S. 321; *Otto*, FS Hirsch, S. 312; *ders.*, WiB 1995, S. 933.

duktrückgabe Folge leisten.[1027] Dass in unvollständig determinierten Bereichen das Abstellen auf Wahrscheinlichkeitsregeln nicht nur geboten, sondern auch rechtlich nicht zu beanstanden ist, wurde bereits ausführlich dargelegt.[1028] Entsprechendes muss dann aber auch für die Rückrufproblematik gelten.

Festzuhalten ist damit, dass es letztlich nur darauf ankommt, ob durch pflichtgemäßes Verhalten die Gefahr der Rechtsgutsbeeinträchtigung vermindert worden wäre. Da mittels Durchführung eines Rückrufs ein Großteil der gefährlichen Produkte aus dem Verkehr gezogen wird und insofern keine Schäden mehr verursachen kann, ist der Rückruf ein geeignetes Mittel zur Schadensabwehr. Der pharmazeutische Unternehmer, der bei aufkommendem Verdacht gesundheitsschädlicher Wirkungen seines Medikaments einen Rückruf der ausgelieferten Präparate unterlässt, legt damit ein Verhalten an den Tag, das grundsätzlich als Anknüpfungspunkt einer Unterlassungsstrafbarkeit in Betracht kommt.

(β) Erforderlichkeit des Rückrufs zur Schadensvermeidung

Weiterhin müsste die Durchführung einer Rückrufaktion zur Vermeidung arzneimittelbedingter Gesundheitsschäden auch zwingend erforderlich sein. Dies ist immer dann zweifelhaft, wenn die Gefahr nicht auf der Beschaffenheit des Produkts, sondern auf einer objektiv riskanten Verwendung desselben beruht, vor der in der Gebrauchsinformation nicht gewarnt wurde. Denn anders als bei Risiken, die auf die Konzeption oder Fabrikation eines Produkts zurückzuführen sind, kann die Unbedenklichkeit des Produkts hier bereits durch die bloße Warnung vor der sich als gefährlich herausstellenden Gebrauchsweise herbeigeführt werden.[1029] Insofern gilt das zur Umgehung eines Vertriebsstopps Gesagte entsprechend: Der pharmazeutische Unternehmer ist nicht verpflichtet, sein Medikament zurückzurufen, wenn er die im Rahmen der Vertretbarkeitsprüfung nach § 5 Abs. 2 AMG zu berücksichtigenden Risiken bereits durch eine Warnung vor nachträglich bekannt gewordenen Kontraindikationen oder einem vermehrt auftretenden Fehlgebrauch, mit anderen Worten durch Einschränkung des Indikationsgebiets bzw. des bestimmungsgemäßen Gebrauchs, auf ein unbedenkliches Maß herabsenken kann.[1030] Da die Realisierung dieser nunmehr erlaubten Risiken keinen straftatbestandsmäßigen Erfolg darstellt, der durch geeignete Maßnahmen verhindert werden müsste, ist ein Produktrückruf in diesen Fällen schlichtweg nicht erforderlich.

(χ) Zumutbarkeit des Produktrückrufs

Schließlich hängt die Verpflichtung des pharmazeutischen Unternehmers zum Rückruf der gesundheitsschädlichen Präparate davon ab, ob ihm ein solches Vor-

---

[1027] Vgl. *Eichinger*, Produkthaftung, S. 201; *Puppe*, AT/1, § 2 Rn. 33; *dies.*, Erfolgszurechnung, S. 50; *dies.*, JR 1992, S. 31; *dies.*, JR 2004, S. 470; *Ransiek*, Unternehmensstrafrecht, S. 16 f.; *Schmucker*, Dogmatik, S. 182.

[1028] Siehe S. 157 ff.

[1029] Vgl. *Beck*, Rückrufpflicht, S. 22; *Michalski*, BB 1998, S. 965; MüKo-BGB-*Wagner*, § 823 Rn. 605; *Rettenbeck*, Rückrufpflicht, S. 70; *Seeling*, Rückrufpflicht, S. 54.

[1030] *Backhaus*, Unternehmensleitung, S. 151 f.; *Deutsch*, Arzneimittelprüfung, S. 96.

gehen zugemutet werden kann. Da ein Produktrückruf erhebliche Kosten und Mühen verursacht, verdient das Kriterium der Zumutbarkeit besondere Beachtung.

Die Zumutbarkeit des Produktrückrufs bestimmt sich anhand einer umfassenden Interessenabwägung.[1031] Bei dieser ist einerseits zu berücksichtigen, dass die Rückrufpflicht nichts anderes als eine nachmarktspezifische Ausprägung der allgemeinen Verkehrssicherungspflicht des Herstellers ist, eine leichtfertige Bejahung ihrer Unzumutbarkeit daher auf eine sachwidrige Abwälzung der Arzneimittelrisiken auf die Verbraucher hinausliefe.[1032] Andererseits darf nicht außer Acht gelassen werden, dass die Produktion von Arzneimitteln eine sozial nützliche, im gesellschaftlichen Interesse liegende Tätigkeit darstellt, so dass auch den Anliegen des pharmazeutischen Unternehmers hinreichend Rechnung zu tragen ist.[1033]

Zu Recht hob das *LG Aachen* im *Contergan*-Beschluss hervor, dass angesichts der Vielschichtigkeit denkbarer Konstellationen etwaiger Produktverantwortung keine allgemeingültige Zumutbarkeitsformel aufgestellt werden könne.[1034] Einigkeit besteht jedoch darüber, dass der Produktrückruf angesichts des damit verbundenen finanziellen und organisatorischen Aufwands stets nur ultima ratio sein kann.[1035] Aus diesem Grund soll nach einigen Stimmen im Schrifttum eine Rückrufpflicht ausscheiden und eine Warnung ausreichen, wenn die Produktschädlichkeit auf einem Entwicklungsfehler beruht, da den Hersteller mangels Pflichtwidrigkeit des Inverkehrbringens keine Schuld träfe, die vom Produkt ausgehende Gefahr vielmehr als allgemeines Lebensrisiko in die Risikosphäre der Verbraucher falle.[1036] Vor dem Hintergrund, dass gerade bei erst nachträglich erkennbaren, völlig unerwarteten Produktrisiken erhebliche Gefahren für die Gesundheit der Verbraucher bestehen, denen nur durch besonders effektive Maßnahmen erfolgreich begegnet werden kann, erscheint eine derart pauschale Beschränkung der Gefahrenabwehrpflicht auf eine bloße Warnpflicht indes äußerst fragwürdig,[1037] zumal in Rechtsprechung und Literatur zu Recht allgemein anerkannt ist, dass sich die Zumutbarkeit eines Produktrückrufs maßgeblich nach Art, Umfang und Eintrittswahrscheinlichkeit der drohenden Gesundheitsbeeinträchtigungen bestimmt.[1038]

Die ermittelte Gefahrendimension und das Ausmaß potentieller Gesundheitsbeeinträchtigungen sind allerdings stets in Relation zu den dem pharmazeutischen Unternehmer aus dem Rückruf erwachsenden Nachteilen zu setzen.[1039] Dabei kommt dem Aspekt, ob und inwieweit die Patienten nach umfassender Warnung

---

[1031] *Bock*, Produktkriminalität, S. 148.

[1032] Ähnlich *Rettenbeck*, Rückrufpflicht, S. 82 f.

[1033] *Bock*, Produktkriminalität, S. 148; *Schmucker*, Dogmatik, S. 156.

[1034] *LG Aachen* JZ 1971, S. 507 (516).

[1035] *Beck*, Rückrufpflicht, S. 22; *Deutscher/Körner*, wistra 1996, S. 327; *Rettenbeck*, Rückrufpflicht, S. 69; *Seeling*, Rückrufpflicht, S. 45; *Spitz*, Produkthaftung, S. 418.

[1036] MüKo-BGB-*Wagner*, § 823 Rn. 606; *Rettenbeck*, Rückrufpflicht, S. 79 f.

[1037] Vgl. *Beck*, Rückrufpflicht, S. 27 f.; *Seeling*, Rückrufpflicht, S. 63.

[1038] Siehe *LG Aachen* JZ 1971, S. 507 (516); *Beck*, Rückrufpflicht, S. 23 f.; *Goll/Winkelbauer* in: von Westphalen, Produkthaftungshandbuch, § 47 Rn. 21 ff.; *Hettich*, Produkthaftung, S. 40; *Scheu*, Produktverantwortung, S. 129; *Schmidt-Salzer*, Produkthaftung, Rn. 1370; *Seeling*, Rückrufpflicht, S. 43.

[1039] *Beck*, Rückrufpflicht, S. 25 f.; *Lege*, Rechtspflichten, S. 40.

vor den Risiken eines Arzneimittels in der Lage sind, die drohende Gefahr korrekt einzuschätzen und sich hinreichend selbst zu schützen, entscheidende Bedeutung zu.[1040] Denn neben immensen Kosten und gewaltigem administrativen Aufwand bringt ein Produktrückruf immer auch einen nicht zu unterschätzenden Imageverlust mit sich, der mitunter zu existenzbedrohenden Umsatzeinbußen führen kann.[1041] Grundsätzlich gilt jedoch, dass der Schutz von Leben und Gesundheit der Patienten prinzipiell Vorrang vor wirtschaftlichen Gesichtspunkten genießt, so dass die Verpflichtung zum Rückruf nur in extremen Ausnahmefällen wegen Unzumutbarkeit entfällt.[1042] Ein solcher ist etwa zu bejahen, wenn die Durchführung einer Rückrufaktion den wirtschaftlichen Fortbestand des Unternehmens gefährdet oder zumindest mit dem Verlust zahlreicher Arbeitsplätze zu rechnen ist, während bei Ausbleiben des Rückrufs nur geringfügige Gesundheitsschäden drohen.[1043] Des Weiteren erscheint eine Bestrafung wegen unterlassenen Rückrufs dann als unverhältnismäßig und dem ultima ratio-Charakter des Strafrechts zuwider laufend, wenn das Präparat allein aufgrund der zwischenzeitlichen Neuzulassung eines wirksameren bzw. minder gefährlichen Medikaments i. S. d. § 5 AMG relativ bedenklich wird. Da keine neuen, unerwarteten Nebenwirkungen auftreten, denen die Patienten ahnungs- und hilflos ausgeliefert sind, das Gefahrenpotential des Arzneimittels vielmehr konstant bleibt und die Patienten hierüber durch die Gebrauchsinformation bereits hinreichend in Kenntnis gesetzt wurden, scheidet eine Rückrufpflicht wegen Unzumutbarkeit aus.[1044]

Somit lässt sich festhalten, dass ein Rückruf jedenfalls dann als geeignete, erforderliche und zumutbare Gefahrenabwehrhandlung geboten ist, wenn bei weiterer Anwendung des Medikaments gravierende Gesundheitsschäden drohen oder im Fall minder schwerer Gesundheitsrisiken die wirtschaftliche Existenz des Herstellerunternehmens durch eine Rückrufaktion nicht ernsthaft in Frage gestellt wird, und die Gefährlichkeit des Präparates nicht lediglich auf einer unzureichenden bzw. unvollständigen Instruktion beruht.[1045]

(IV) Organisationspflichten

Zu den Pflichten des pharmazeutischen Unternehmers gehört auch die sogenannte Organisationspflicht. Diese umschließt alle zuvor genannten Pflichtenbereiche

[1040] *Beck*, Rückrufpflicht, S. 24 f.; *Seeling*, Rückrufpflicht, S. 44.

[1041] Vgl. *BGH*St 37, 106 (122); *Beck*, Rückrufpflicht, S. 11 f.; *Bock*, Produktkriminalität, S. 148; *Deutscher/Körner*, wistra 1996, S. 327; *Lege*, Rechtspflichten, S. 37 f.

[1042] *BGH*St 37, 106 (122); *BayObLG*, ES IV.12, S. 223; *Backhaus*, Unternehmensleitung, S. 154; *Beck*, Rückrufpflicht, S. 24, 26; *Bock*, Produktkriminalität, S. 148; *Deutscher/Körner*, wistra 1996, S. 328; *Goll/Winkelbauer* in: von Westphalen, Produkthaftungshandbuch, § 47 Rn. 28; *Molitoris*, PHi 1999, S. 220; *Rettenbeck*, Rückrufpflicht, S. 94; *Schmucker*, Dogmatik, S. 157; S/S-*Cramer/Sternberg-Lieben*, § 15 Rn. 223d; *Spitz*, Produkthaftung, S. 419; *Tröndle/Fischer*, § 13 Rn. 11e.

[1043] *BGH*St 37, 106 (122); *Bock*, Produktkriminalität, S. 148 f.; *Deutscher/Körner*, wistra 1996, S. 328; Goll/ Winkelbauer in: von Westphalen, Produkthaftungshandbuch, § 47 Rn. 28; *Stratenwerth/Kuhlen*, AT/1, § 13 Rn. 62.

[1044] Für das Zivilrecht anderer Ansicht *Koyuncu*, Haftungsdreieck, S. 82.

[1045] Vgl. *Kuhlen*, FS Eser, S. 366.

und stellt eine Art Kardinalpflicht dar, ist die sachgerechte und gefahrbewusste Organisation der Betriebsabläufe doch zwingende Voraussetzung einer ordnungsgemäßen Erfüllung des umfangreichen Pflichtenkatalogs.[1046] Ausgangspunkt hat die Überlegung zu sein, dass die betriebliche Organisation den gebotenen Rechtsgüterschutz nicht beeinträchtigen darf. Dementsprechend ist die arbeitsteilige Unternehmenstätigkeit so zu organisieren, dass das hergestellte Produkt dieselben Sicherheitsgarantien für die Güter des Verbrauchers bietet, wie sie auch von einem Einzelhersteller zu erbringen wären.[1047] So muss der Produktionsbetrieb zur Gewährleistung eines geschlossenen Qualitätssicherungssystems zunächst sachlich und personell so ausgestattet und der Betriebsablauf so gestaltet werden, dass die vollständige Beherrschung sämtlicher Entwicklungs-, Fertigungs- und Kontrollprozesse sichergestellt und Produktfehler bestmöglich vermieden oder zumindest rechtzeitig entdeckt werden.[1048] Demgemäß hat der pharmazeutische Unternehmer nach § 2 PharmBetrV für eine den nationalen und internationalen gesetzlichen Bestimmungen und Leitlinien für die Durchführung von klinischen Prüfungen sowie für die Gewährleistung der Arzneimittelsicherheit entsprechende personelle Ausstattung zu sorgen, sprich ausreichend Personal mit hinreichender fachlicher Qualifikation und Zuverlässigkeit zu beschäftigen und der jeweiligen Ausbildung und Kenntnisse gemäß einzusetzen. Zudem sind die Arbeitskräfte mit den geeigneten und – sofern dies zumutbar und branchenüblich ist – modernsten technischen Mitteln auszustatten[1049] sowie wiederholt über das rechtlich gebotene Verhalten zu unterrichten und im Hinblick auf dessen Einhaltung regelmäßig zu überprüfen.[1050] Darüber hinaus müssen gemäß § 3 Abs. 1 PharmBetrV adäquate Räumlichkeiten vorhanden sein, die nach Art, Größe, Zahl, Lage und Einrichtung einen ordnungsgemäßen Betriebsablauf, insbesondere die einwandfreie Herstellung, Prüfung, Lagerung, Verpackung und Auslieferung der Arzneimittel garantieren. Schließlich ist der Arbeitsprozess exakt zu gliedern und zu strukturieren. Die Beurteilung der Produzentenverantwortlichkeit hängt nicht zuletzt davon ab, ob und in welcher Weise die Zuständigkeiten und Aufgaben innerhalb des Unternehmens geregelt, insbesondere wie klar sie voneinander abgegrenzt sind. So verpflichtet z. B. § 2 Abs. 3 PharmBetrV den pharmazeutischen Unternehmer, die vormals in § 19 AMG a. F. umschriebenen Arbeitsbereiche Entwicklung, Herstellung und Kontrolle jeweils einer bestimmten Funktionseinheit im Betrieb zuzuweisen und, wie dies nunmehr auch in § 14 Abs. 1 Nr. 1-3 AMG n. F. zum Ausdruck kommt, der Verantwortung einer konkreten Person zu unterstellen. Fehlt ein eindeutiger Organisationsplan, der Kompetenzen und Verantwortungsbereiche der (leitenden) Angestellten festlegt, und ergeben sich dadurch Lücken, nicht gerechtfertigte Über-

---

[1046] *Backhaus*, Unternehmensleitung, S. 139; *Ensthaler et al.*, Qualitätsmanagement, S. 35, 37; *Jenke*, Arzneimittel, S. 113; *Koyuncu*, Haftungsdreieck, S. 83.

[1047] *Frisch*, Zurechnung, S. 209; S/S-*Cramer/Sternberg-Lieben*, § 15 Rn. 223a m. w. N.

[1048] *Besch*, Produkthaftung, S. 78; *Jenke*, Arzneimittel, S. 113 f.; S/S-*Cramer/Sternberg-Lieben*, § 15 Rn. 223a; *Wesch*, PharmR 1995, S. 5.

[1049] *Foerste* in: von Westphalen, Produkthaftungshandbuch, § 24 Rn. 317; *Spitz*, Produkthaftung, S. 396.

[1050] *Hellmann/Beckemper*, WiStR, Rn. 894.

schneidungen oder Gegenläufigkeiten hinsichtlich der Zuständigkeitsverteilung, begründet dies eine Sorgfaltspflichtverletzung.[1051]

Ein wesentlicher Bestandteil der Organisationspflicht ist daneben die Durchführung intensiver Überwachungs- und Kontrollmaßnahmen. Nicht nur das Endprodukt bedarf zur Aufdeckung etwaiger Fabrikationsfehler einer gewissenhaften Überprüfung, auch die sachlichen Produktionsmittel sind periodisch zu warten und die Beschäftigten umfassend zu beaufsichtigen, um von ihnen ausgehende Gefahren frühzeitig erkennen und ausschalten zu können.[1052] Zu diesem Zweck hat der Unternehmer gemäß § 130 Abs. 1 Satz 2 OWiG spezielles Aufsichtspersonal einzusetzen, welches wiederum sorgfältig auszuwählen und zu überwachen ist. Die Errichtung einer überabteilungsmäßigen, zentralen Unternehmenseinheit für Qualitätssicherung, die imstande ist, die oft unkoordinierten Aktivitäten der einzelnen Betriebsbereiche in einem Gesamtprogramm ordnend zu vereinigen, erscheint gerade in Anbetracht des gesteigerten Gefahrenpotentials von Pharmaka als praktisch unverzichtbar.[1053]

Die Erfüllung der genannten Organisationspflichten ist vor allem im Hinblick auf die dem pharmazeutischen Unternehmer obliegende Produktbeobachtung von entscheidender Bedeutung. Nur eine stringente Betriebsstruktur gewährleistet einen ungehinderten Informationsfluss in Form der lückenlosen Erfassung, Dokumentation und innerbetrieblichen Weiterleitung neuer Erkenntnisse über die Praxistauglichkeit eines Medikaments. Der Unternehmer hat über sein Händler- oder Vertriebsnetz sicherzustellen, dass Nachrichten über aufgetretene Verdachtsfälle von Nebenwirkungen ihn schnellstmöglich erreichen, und dafür Sorge zu tragen, dass die eingegangenen Meldungen den zu ihrer Auswertung befähigten Personen sowie den über potentielle Gefahrenabwehrmaßnahmen beschließenden Gremien zugeleitet werden.[1054] Auch die spätere Durchführung einer erforderlich werdenden Warn- oder Rückrufaktion verlangt von der Konzeption bis zur Umsetzung der Maßnahme eine zielorientierte Organisation des Unternehmens entsprechend eines im Vorfeld zu erarbeitenden Notfallplans, um Zeitverlust, Kosten sowie unnötige Schäden für Dritte und das Unternehmen bestmöglich zu vermeiden.[1055]

(V) Besonderheiten in der klinischen Prüfphase

Als letztes ist an dieser Stelle auf die Pflichten des pharmazeutischen Unternehmers im Rahmen der klinischen Prüfung einzugehen. Zwar steht die klinische Prü-

---

[1051] *Kloesel/Cyran*, § 63a Anm. 5; *Vogel*, Produkthaftung, S. 73. Vgl. auch *Schutzbach*, Betriebsunfälle, S. 127 f.

[1052] Vgl. *von Bar*, Verkehrspflichten, S. 94; *Bork*, Ethik-Kommissionen, S. 37; *Bottke*, Haftung, S. 27 f.; *Vogel*, Produkthaftung, S. 73.

[1053] Vgl. *Rettenbeck*, Rückrufpflicht, S. 20.

[1054] Vgl. *Ensthaler et al.*, Qualitätsmanagement, S. 32; *Foerste* in: von Westphalen, Produkthaftungshandbuch, § 24 Rn. 316; *Goll/Winkelbauer* in: von Westphalen, Produkthaftungshandbuch, § 47 Rn. 5; *Hart/Hilken/Merkel/Woggan*, Arzneimittelmarkt, S. 153; *Hettich*, Produkthaftung, S. 39; *Kunz*, BB 1994, S. 450; *Michalski*, BB 1998, S. 963; *Molitoris*, PHi 1999, S. 218; *Ransiek*, Unternehmensstrafrecht, S. 41; *Vogel*, Produkthaftung, S. 80.

[1055] *Rettenbeck*, Rückrufpflicht, S. 20.

fung einerseits am Anfang des Produktionsprozesses, baut die Konstruktionsentscheidung doch auf den hieraus gewonnenen Erkenntnissen auf, andererseits umfasst sie wiederum selbst die Produktion von Medikamenten, deren Abgabe an Patienten sowie die bewusste Beobachtung ihrer Wirkungen, so dass die klinische Prüfung letztlich ein verkleinertes Abbild des gesamten Produktionsprozesses darstellt. Einzige, zugleich aber wesentliche Besonderheit ist die nahezu völlige Unkenntnis hinsichtlich der positiven wie negativen Eigenschaften des Prüfpräparates, so dass sich die Frage stellt, ob und inwieweit vor diesem Hintergrund die allgemeinen Herstellerpflichten auf die Erprobungsphase übertragbar sind.

Dabei ist zunächst klarzustellen, dass den pharmazeutischen Unternehmer nicht nur dann Sorgfaltspflichten treffen, wenn die klinische Prüfung durch eigene Mediziner oder Forschungsinstitutionen durchgeführt wird, sondern auch dann, wenn er als Sponsor externe Prüfeinrichtungen mit der Durchführung klinischer Prüfungen beauftragt.[1056] Denn der pharmazeutische Unternehmer besitzt als Veranlasser des Forschungsvorhabens durch Vorgabe des Forschungsprofils, Erstellung des Prüfplans und Auswahl der Prüfinstitution maßgeblichen Einfluss auf die Durchführung der Tests und ist vor allem bei multizentrisch angelegten Prüfungen weit besser in der Lage, Risiken frühzeitig zu erkennen, für einen reibungslosen Informationsaustausch zu sorgen sowie gegebenenfalls erforderliche Sicherungs- bzw. Gefahrenabwehrmaßnahmen zu koordinieren.[1057]

Indes bereitet schon die Umschreibung des in der klinischen Prüfphase gebotenen Maßes an Sorgfalt erhebliche Probleme. Während nach allgemeinen Grundsätzen die lex artis, d. h. der aktuelle wissenschaftliche bzw. technische Standard einzuhalten ist, ist es gerade Aufgabe der Forschung, den gegenwärtigen Erkenntnisstand zu erweitern.[1058] Infolge der bewussten und bei Einhaltung der gesetzlichen Vorgaben der §§ 40 ff. AMG auch rechtlich tolerierten Abkehr vom derzeit relevanten Standard scheidet dieser als Richtschnur für die Beurteilung der klinischen Prüfung ersichtlich aus.[1059] Zeigt sich hieran, dass die herkömmliche Methode zur Bestimmung der objektiven Sorgfaltspflicht im Forschungsbereich keine Anwendung finden kann, so stellt sich die schwierige Frage, welcher Sorgfaltsmaßstab an die Schaffung eines seinerseits als Sorgfaltsmaßstab für spätere Handlungen dienenden Standards anzulegen ist. Probleme wirft hierbei vor allem das pflichtbegrenzende Kriterium der ex ante-Vorhersehbarkeit auf, fehlt es doch an verfestigten Erfahrungswerten, die im Sinne einer allgemeinen Lebenserfahrung den Bereich des objektiv Erfassbaren abstecken.[1060] Die abstrakte Erkenntnis, dass bei klinischen Prüfungen Gesundheitsschäden oder Todesfälle niemals auszuschließen und daher in gewisser Weise vorhersehbar sind, genügt jedenfalls nicht, kann der pharmazeutische Unternehmer hieraus doch keine Schlüsse auf das in der konkreten Situation erforderliche Verhalten ziehen und durch entsprechendes Verhalten seine Rechtstreue unter Beweis stellen. Anderenfalls würde mangels eindeutigen Appells an den pharmazeutischen Unternehmer, in einer bestimmten

[1056] *Hägele*, Arzneimittelprüfung, S. 407.
[1057] Vgl. *Stock*, Probandenschutz, S. 144 f.
[1058] *Deutsch/Spickhoff*, Medizinrecht, Rn. 649.
[1059] *Däbritz*, Humanerprobungen, S. 30.
[1060] Vgl. *Däbritz*, Humanerprobungen, S. 23, 47.

Weise vorzugehen, die Grenze zwischen den rein hypothetischen und den strafrechtlich relevanten Schadensverläufen verwischt.[1061]

Fest steht lediglich, dass in Anbetracht der mit der klinischen Prüfung einhergehenden Gefährdung von Leben und Gesundheit ein Höchstmaß an Sorgfalt geboten ist.[1062] Notwendig ist daher zunächst eine gewissenhafte Planung des Prüfvorhabens. Werden Leib und Leben der Versuchsteilnehmer in einem mangelhaft konzipierten und daher letztlich sinnlosen, allein Zufallsergebnisse ohne wissenschaftlichen Wert produzierenden Versuch leichtfertig gefährdet, liegt unstreitig eine Sorgfaltspflichtverletzung des pharmazeutischen Unternehmers vor.[1063] Orientierung bei der Ermittlung des konkreten Pflichtenkatalogs des pharmazeutischen Unternehmers bieten namentlich die Zulässigkeitsvoraussetzungen der §§ 40 ff. AMG, deren Nichterfüllung die Sorgfaltswidrigkeit eines Forschungsvorhabens begründet.[1064] Maßgebliche Relevanz besitzt hierbei insbesondere die Einholung der Zustimmung seitens der zuständigen Ethik-Kommission. Indem das Kommissionsvotum dem pharmazeutischen Unternehmer konkrete Leitlinien für das geplante Vorhaben an die Hand gibt, kompensiert dieses das Fehlen eines gesellschaftlichen Konsenses, wie er normalerweise in Form verfestigter, allgemein anerkannter (Lebens-)Erfahrungswerte existiert und Ausgangspunkt der Sorgfaltspflichtbestimmung ist.[1065] Dabei kann die pluralistisch besetze Ethik-Kommission als pars pro toto des einschlägigen, mit der klinischen Prüfung befassten Verkehrskreises angesehen und auf diese Weise ein Bogen zu den allgemeinen Prinzipien der Sorgfaltspflichtbestimmung gespannt werden.[1066]

Für den pharmazeutischen Unternehmer resultiert daraus zunächst die Pflicht, die zuständige Ethik-Kommission durch Vorlage der nach § 42 Abs. 1 Satz 4, Abs. 2 Satz 2 AMG erforderlichen Unterlagen vollumfänglich über die bis dato verfügbaren Informationen des erhofften Nutzens und der womöglichen Risiken des zu prüfenden Arzneimittels in Kenntnis zu setzen, da nur so eine sachgerechte Bewertung des Vorhabens möglich ist. Da die Beurteilung der Arzneimittelprüfung auch von standortspezifischen Faktoren wie der sachlich-personellen Ausstattung der ausgewählten Prüfinstitution abhängen kann, hat der pharmazeutische Unternehmer die Prüfer und Prüfinstitutionen gewissenhaft auszuwählen und seine Auswahlentscheidung durch ein Votum der lokalen Ethik-Kommission überprüfen zu lassen.[1067] Bei der Konstruktion des Testpräparats ist den Ergebnissen

1061 Ähnlich *Däbritz*, Humanerprobungen, S. 47.

1062 *Stock*, Probandenschutz, S. 146; *Wiedey*, GCP, S. 212.

1063 Vgl. *Fischer*, Medizinische Versuche, S. 20 f.

1064 Vgl. *Däbritz*, Humanerprobungen, S. 96.

1065 *Däbritz*, Humanerprobungen, S. 134, 136 f.

1066 Vgl. *Däbritz*, Humanerprobungen, S. 168.

1067 So auch *Deutsch/Spickhoff*, Medizinrecht, Rn. 740; *Stamer*, Ethik-Kommissionen, S. 137. Ebenso *Schlacke*, MedR 1999, S. 553, der zu Recht auf die anderenfalls bestehende Gefahr des „Kommissionsshoppings“ in Form der Auswahl der „angenehmsten“ Ethik-Kommission durch Ernennung eines in deren Zuständigkeitsbereich ansässigen Prüfleiters hinweist. Ein derartiges Erfordernis zur Einschaltung lokaler Ethik-Kommissionen läuft auch nicht den Bestrebungen der 12. AMG-Novelle zuwider, durch Beschränkung der Genehmigungspflicht auf die Zustimmung einer einzigen,

der pharmakologisch-toxikologischen Prüfung gemäß § 40 Abs. 1 Satz 3 Nr. 6 AMG hinreichend Beachtung zu schenken. Kommt es aufgrund unzulänglicher präklinischer Studien oder mangels Berücksichtigung der daraus gewonnenen Daten zu einer Schädigung der Versuchsteilnehmer, liegt ein Konstruktionsfehler und damit eine Sorgfaltspflichtverletzung des pharmazeutischen Unternehmers vor.[1068] Darüber hinaus ist der pharmazeutische Unternehmer nach § 40 Abs. 1 Satz 3 Nr. 7 AMG verpflichtet, jeden Prüfer über die Ergebnisse der pharmakologisch-toxikologischen Voruntersuchungen und potentielle Risiken der Erprobung des Medikaments am Menschen aufzuklären sowie mit Anwendung und Dosierung des Präparates vertraut zu machen. Zusätzlich zur Einweisung des Prüfpersonals zu Beginn der Tests muss allerdings die ständige Kontrolle der zuverlässigen Einhaltung des Prüfplans hinzutreten.[1069] Dabei ist der Prüfplan dynamisch unter Zugrundelegung der im Laufe des Versuchs gesammelten Daten anzupassen. Im Sinne einer Art Produktbeobachtungspflicht hat der pharmazeutische Unternehmer regelmäßig die ärztlichen Prüfprotokolle auszuwerten und die Prüfärzte bei sich ergebenden Hinweisen auf Nebenwirkungen rückzuinformieren. Daneben muss er auch die zuständige Ethik-Kommission und das BfArM/PEI gemäß § 13 Abs. 2 GCP-V über Verdachtsfälle unerwarteter schwerwiegender Nebenwirkungen i. S. d. § 3 Abs. 8 und 9 GCP-V sowie gemäß § 13 Abs. 4 GCP-V über alle Umstände, die eine erneute Überprüfung der Nutzen-Risiko-Bewertung des Prüfpräparates erfordern, unterrichten und mindestens einmal jährlich eine Gesamtliste aller aufgetretenen Nebenwirkungen vorlegen, § 13 Abs. 6 GCP-V. Scheint angesichts des Nebenwirkungsverdachts die Sicherheit der Versuchsteilnehmer gefährdet, verpflichtet § 11 Abs. 1 GCP-V den pharmazeutischen Unternehmer schließlich, gefahrenabwehrend tätig zu werden und gegebenenfalls den Test abzubrechen.

4. Zusammenfassung

Zusammenfassend ist somit festzuhalten, dass eine Strafbarkeit des pharmazeutischen Unternehmers wegen Vorsatzes zwar im Ausnahmefall durchaus möglich,

---

nämlich der für den Hauptprüfer bzw. Leiter der klinischen Prüfung zuständigen Ethik-Kommission eine Vereinfachung des Verfahrens im Fall multizentrischer Studien zu erreichen. Dieses Interesse an einer Verfahrensvereinheitlichung und Verfahrensbeschleunigung lässt sich unproblematisch mit dem durch Einschaltung lokaler Kommissionen verfolgten Interesse an einem ausreichenden Patienten- und Probandenschutz vereinbaren, indem in Form eines gestuften Genehmigungsverfahrens die allgemeine Bewertung des Vorhabens durch die nach § 42 Abs. 1 AMG zuständige Kommission als „Masterkommission" erfolgt, während die lokalen Kommissionen allein die Standortbedingungen beurteilen. Für ein solches Verständnis spricht auch § 8 Abs. 5 GCP-V, wonach das endgültige, allein maßgebliche Votum der zuständigen Kommission im Benehmen mit den lokalen Ethik-Kommissionen und unter Berücksichtigung der seitens dieser erhobenen Einwände zu ergehen hat. Vgl. diesbezüglich auch *Wölk*, EthikMed 2002, S. 260.

[1068] *Günther*, NJW 1972, S. 310; *Jenke*, Arzneimittel, S. 49; *Stock*, Probandenschutz, S. 146 f.

[1069] Vgl. *Blasius et al.*, Arzneimittel, S. 78 f.; *Eichinger*, Produkthaftung, S. 234.

regelmäßig aber allein ein fahrlässiges Verhalten gegeben bzw. nachzuweisen ist. Das Maß der einzuhaltenden Sorgfalt bestimmt sich anhand einer am einschlägigen Verkehrskreis ausgerichteten Maßfigur danach, was bei Betrachtung der konkreten Gefahrenlage ex ante in der jeweiligen Situation von einem gewissenhaften und besonnenen Arzneimittelproduzenten verlangt werden kann, wobei die zivilrechtliche Judikatur zur Produktbeobachtung und die einschlägigen Normen des AMG und der PharmBetrV diesbezüglich als Indizien herangezogen werden können. Danach trifft den pharmazeutischen Unternehmer ein umfassender Pflichtenkatalog, der Konstruktions-, Fabrikations-, Instruktions-, Produktbeobachtungs-, Gefahrabwehr- und Organisationspflichten umfasst. Verletzt der pharmazeutische Unternehmer eine dieser Pflichten und realisiert sich gerade die dadurch geschaffene Gefahr in einer arzneimittelbedingten Gesundheitsschädigung eines Patienten, so dass ein Pflichtwidrigkeitszusammenhang zwischen Verhalten und eingetretenem Erfolg besteht, kommt eine Strafbarkeit wegen fahrlässiger Herbeiführung eines Arzneimittelschadens in Betracht.

F. Rechtswidrigkeit und Schuldhaftigkeit des Verhaltens

Ist damit der Bereich potentiell strafbaren Verhaltens abgesteckt, so ist abschließend noch darauf einzugehen, inwieweit der pharmazeutische Unternehmer unter Umständen in seinem Verhalten gerechtfertigt sein kann, und die bereits in der Einleitung angesprochene Schuldproblematik in Bezug auf juristische Personen zu verdeutlichen.

I. Rechtfertigungsgründe bei Arzneimittelschäden

Als Rechtfertigungsgründe kommen namentlich die Einwilligung des Arzneimittelkonsumenten in etwaige Gesundheitsbeeinträchtigungen sowie die Genehmigung des erfolgskausalen Verhaltens durch die zuständigen Behörden – BfArM/PEI, Ethik-Kommission oder Überwachungsbehörden der Länder – in Betracht. Ob diese tatsächlich rechtfertigende Kraft entfalten und ob daneben eventuell auch ein Fall der rechtfertigenden Pflichtenkollision vorliegen kann, soll im Folgenden näher untersucht werden.

1. Einwilligung des Arzneimittelkonsumenten

Dass der Opferwille Einfluss auf die strafrechtliche Beurteilung einer Handlung gewinnen kann, ist heute unbestritten. Zwar erwähnt das StGB die Einwilligung nur in § 228 StGB im Zusammenhang mit den Körperverletzungstatbeständen, jedoch ist sie mittlerweile ein gewohnheitsrechtlich anerkanntes Institut.[1070] Indes kommt dem individuellen Willen im Zusammenhang mit Arzneimittelschäden allein im Rahmen der auf den Schutz der Individualrechtsgüter Leben und Gesund-

[1070] Statt vieler *Ingelfinger*, Tötungsverbot, S. 196.

heit ausgerichteten Tatbestände der §§ 211 ff., 223 ff. StGB Bedeutung zu, nicht jedoch für § 95 Abs. 1 Satz 1 Nr. 1 AMG bzw. § 314 StGB, die dem der Disposition des Einzelnen entzogenen Schutz der Allgemeinheit dienen.[1071]

Gerade im medizinischen Bereich spielt die Einwilligung des Patienten, wie bereits die Ausführungen zur strafrechtlichen Würdigung des Heileingriffs gezeigt haben, unter dem Schlagwort des informed consent seit jeher eine zentrale Rolle. Und auch das AMG nennt in § 40 Abs. 1 Satz 3 Nr. 3 AMG als zwingende Voraussetzung der klinischen Prüfung die aufgeklärte Einwilligung eines jeden Versuchsteilnehmers. Allerdings haben die Ausführungen zur Problematik des Heileingriffs auch gezeigt, dass sich die medikamentöse Therapie vom klassischen invasiven Heileingriff wesentlich darin unterscheidet, dass der Patient hier die Heilmaßnahme regelmäßig selbst durchführt, das zum Schaden führende Geschehen somit selbst in Händen hält. Vor diesem Hintergrund stellt sich dann die Frage, ob statt einer Einwilligung in eine Fremdtat nicht vielmehr ein Fall der Selbstgefährdung bzw. Selbstverletzung vorliegt.

a. Fremdgefährdung und Teilnahme an der Selbstgefährdung

Da die bewusste Zufügung von Gesundheitsschäden bzw. gar des Todes durch die Einnahme oder Applikation eines Arzneimittels eher die Ausnahme darstellt, gilt es vor allem, die Fälle der einverständlichen Fremdgefährdung von denen der Teilnahme an einer eigenverantwortlichen Selbstgefährdung zu unterscheiden. Während sich bei ersterer das spätere Opfer unter bewusster Eingehung des damit verbundenen Risikos einem gefährlichen Handeln eines anderen aussetzt, gefährdet sich bei letzterer das Opfer durch eigenes Handeln – wenngleich unter Beteiligung eines anderen – selbst.[1072] Dass diese Differenzierung nicht lediglich ein für die Praxis unerhebliches, rein akademisches Erfordernis darstellt, sondern vor dem Hintergrund, dass die Bewertung eines Geschehens als Unrecht maßgeblich von der Art und Weise der Interaktion der daran beteiligten Personen abhängt, durchaus materiellrechtliche Auswirkungen hat,[1073] belegt nicht zuletzt die Tatsache, dass die eigenverantwortliche Selbstgefährdung nach nahezu einhelliger Auffassung bereits den Tatbestand ausschließt,[1074] die Einverständlichkeit der Fremdge-

---

1071 *Wagner,* Arzneimittel-Delinquenz, S. 87. „Einwilligung" der Allgemeinheit in ihre Gefährdung ist insofern der soziale Grundkonsens, wie er im „erlaubten Risiko" des § 5 AMG Ausdruck findet.

1072 *Kindhäuser*, LPK, Vor § 13 Rn. 214; *Rengier*, BT/2, § 20 Rn. 5; *Renzikowski*, Restriktiver Täterbegriff, S. 95; *Roxin*, NStZ 1984, S. 412; *Schürer-Mohr*, Erlaubte Risiken, S. 118. Standardbeispiel für eine einverständliche Fremdgefährdung ist der sogenannte Memel-Fall, *RG*St 57, 172: Der Angeklagte, ein Fährmann, hatte bei stürmischem Wetter und Hochwasser zwei Männer in seinen Kahn aufgenommen, die trotz der lebensgefährlichen Umstände übergesetzt werden wollten. Das Unternehmen misslang, die beiden Fahrgäste ertranken. Der Angeklagte war sich, ebenso wie die beiden Fahrgäste, der Lebensgefahr bewusst gewesen.

1073 So zutreffend *Zaczyk*, Selbstverantwortung, S. 52.

1074 *Amelung/Eymann*, JuS 2001, S. 938; *Frisch*, NStZ 1992, S. 4 f.; *Lackner/Kühl*, § 228 Rn. 2b; *Maurach/Zipf*, AT/1, § 17 Rn. 48; S/S-*Lenckner*, Vorbem §§ 32 ff. Rn. 107; *Schünemann*, JA 1975, S. 191; i. E. ebenso Murmann, Selbstverantwortung, S. 357 f.

fährdung hingegen nach herrschender Meinung als Sonderfall der Einwilligung lediglich rechtfertigend wirken soll.[1075]

Anhand welcher Kriterien Selbstgefährdung und Fremdgefährdung abzugrenzen sind, ist indes umstritten. Einigkeit besteht insoweit, dass es entscheidend darauf ankommt, ob sich das Geschehen als Selbst- oder als Fremdverfügung über das tangierte Rechtsgut präsentiert.[1076]

Die weit überwiegende Ansicht will sich dabei an der Trennungslinie zwischen Täterschaft und Teilnahme orientieren[1077] und die Abgrenzung nach denselben Regeln vornehmen, die für die Unterscheidung der straflosen aktiven Selbstmordteilnahme von der Tötung auf Verlangen gemäß § 216 StGB entwickelt wurden.[1078] Der dort ausgetragene Streit um das sachgerechte Abgrenzungskriterium ist somit auch im hier interessierenden Kontext von Relevanz und bedarf der Erörterung, wenngleich diejenigen Argumente, die auf den Besonderheiten des Suizids und den Erkenntnissen der Suizidforschung beruhen, gleichwohl nur eingeschränkt Bedeutung erlangen können.[1079]

(A) Psychologische Theorie

Ein Teil des Schrifttums argumentiert psychologisch und macht die Differenzierung daran fest, ob das Opfer psychisch in der Lage gewesen wäre, die schädigende Handlung selbst vorzunehmen, oder aber die Einschaltung des daran Mitwirkenden aus dem Umstand resultiert, dass das Opfer sich davor scheut, Hand an sich zu legen, weil es den „letzten Schritt" psychisch nicht verkraftet.[1080] Aller-

passim. So in Abkehr von der früheren Rechtsprechung (z. B. *BGH*St 7, 112 (114); 17, 359) seit dem Heroinspritzen-Fall (BGHSt 32, 262), in dem sich das Opfer mit vom Dealer zur Verfügung gestellten Spritzen eigenhändig einen tödlichen Schuss setzte, auch der *BGH* in ständiger Rechtsprechung. Siehe *BGH*St 39, 322 (325); 46, 279 (288); 49, 34 (39); *BGH* NJW 2000, S. 2286 (2287); NJW 2003, S. 2326 (2327); NJW 2004, S. 1054 (1055). Zustimmend *BayObLG* NJW 1995, S. 797 (798).

[1075] So explizit *BGH* NJW 2004, S. 1054 (1055) sowie *BGH*St 49, 34 (39 f.), wo der Dealer anders als in *BGH*St 32, 262 dem Opfer das Heroin injizierte. Ebenso *Dölling*, GA 1984, S. 80; *Hirsch*, JR 2004, S. 477; LK-*Schroeder*, § 16 Rn. 180; *Rengier*, BT/2, § 13 Rn. 6; SK-StGB-*Rudolphi*, Vor § 1 Rn. 81a; *Wessels/Beulke*, AT, Rn. 191.

[1076] Vgl. *Dölling*, JR 1990, S. 475; S/S-*Eser*, § 216 Rn. 11.

[1077] *BGH*St 19, 135 (138); 49, 34 (39); *BGH* NJW 2003, S. 2326 (2327); NJW 2004, S. 1054 (1055); *Dölling*, FS Gössel, S. 213; *Heinitz*, JR 1954, S. 405; *Hirsch*, ZStW 74 (1962), S. 101; *Kindhäuser*, BT/1, § 4 Rn. 8; LK-*Jähnke*, § 216 Rn. 11; *Prittwitz*, NJW 1988, S. 2943; *Schünemann*, JR 1989, S. 90.

[1078] BGH NJW 2003, S. 2326 (2327); *Dölling*, GA 1984, S. 77; *Eschweiler*, Selbstgefährdung, S. 31 f.; *Hellmann*, FS Roxin, S. 272; *Lackner/Kühl*, Vor § 211 Rn. 12; *Rengier*, BT/2, § 8 Rn. 21; *Wessels/Hettinger*, BT/1, Rn. 65a. Kritisch zu dieser Parallelität *Arzt*, JZ 2005, S. 104, *Christmann*, Jura 2002, S. 680 und *Otto*, Jura 1984, S. 540, denen zufolge der Umstand, dass der Selbstmord bzw. die Tötung auf Verlangen die bewusste Vernichtung und nicht lediglich die Gefährdung eines Rechtsguts beinhaltet, eine Übertragung der Abgrenzungskriterien verbiete.

[1079] Zum Streitstand siehe die Ausführungen bei *Hillenkamp*, Probleme BT, 2. Problem.

[1080] *Arzt/Weber*, BT, § 3 Rn. 40; SK-StGB-*Horn*, § 212 Rn. 15; § 216 Rn. 11.

dings wirft diese Ansicht erhebliche beweisrechtliche Schwierigkeiten auf, kann die innere Einstellung des Opfers doch vor allem bei tödlichem Verlauf des Geschehens im Nachhinein nicht mit der erforderlichen Sicherheit ermittelt werden.[1081]

(B) Subjektive Theorie

Ebenfalls wenig überzeugend ist eine an subjektiven Kriterien ausgerichtete Abgrenzung, wonach die Interessen und Motive der Beteiligten, insbesondere der Wille, die Tat zu beherrschen, maßgeblich sein sollen. Ursprünglich vor allem seitens des *BGH* praktiziert,[1082] ist der *BGH* inzwischen selbst von dieser Auffassung abgerückt, da § 216 StGB bereits tatbestandlich zwingend die Unterordnung unter einen fremden Willen verlangt, das Gesetz damit eine Abschichtung nach dem Maß der Unterordnung nicht gestattet.[1083] Weil die Unterscheidung anhand subjektiver Kriterien zudem wie die psychologische Auffassung die erforderliche Trennschärfe vermissen lässt,[1084] kann die Abgrenzung letztlich nur auf der Grundlage objektiver Kriterien gelingen.

(C) Tatherrschaftstheorie

Zu Recht stellt die herrschende Meinung in der Literatur[1085] wie nunmehr auch der *BGH*[1086] darauf ab, wer das zum Erfolg führende Geschehen de facto objektiv beherrscht. Allerdings kann es dabei nicht auf die den einzelnen Tatbeiträgen im Rahmen des Gesamtplans zuteil werdende Funktion und Bedeutung ankommen.[1087] Auch die bloße Tatsache, wer als letztes handelt, kann nicht entscheidend

---

1081 So *Engländer*, Jura 2004, S. 235; *Maurach/Schroeder/Maiwald*, BT/1, § 1 Rn. 22. Ablehnend auch *Chatzikostas*, Suizid und Euthanasie, S. 39; *Herzberg*, JA 1985, S. 137; *Murmann*, Selbstverantwortung, S. 356 f.

1082 Siehe z. B. die Rechtsprechung des *BGH* im Hammerteich-Fall, *BGH*St 13, 162 (166 f.). Nahe stehend LK-*Jähnke*, § 216 Rn. 11.

1083 So der *BGH* im sogenannten *Gisela*-Fall, *BGH*St 19, 135 (138 f.). Ebenso *Chatzikostas*, Suizid und Euthanasie, S. 38; *Christmann*, Jura 2002, S. 679; *Dölling*, GA 1984, S. 76; NK-*Neumann*, Vor § 211 Rn. 47; *Roxin*, NStZ 1987, S. 346.

1084 Vgl. *Murmann*, Selbstverantwortung, S. 327; *Schünemann*, JR 1989, S. 90.

1085 Siehe etwa *Beulke/Mayer*, JuS 1987, S. 127; *Dannecker/Stoffers*, StV 1993, S. 644; *Dölling*, JR 1994, S. 520; *Engländer*, Jura 2004, S. 235; *Heinrich*, AT/2, Rn. 1049; *Herzberg*, JA 1985, S. 137; *Hirsch*, ZStW 74 (1962), S. 98; *ders.*, FS Welzel, S. 792; *ders.*, JR 2004, S. 477; *Kargl*, JZ 2002, S. 389; *Kindhäuser*, AT, § 12 Rn. 63 ff.; *Krey*, AT/1, Rn. 631; *Roxin*, NStZ 1987, S. 347; *Prittwitz*, NJW 1988, S. 2943; *Rautenkranz*, JA 2004, S. 191 f.; S/S-*Lenckner*, Vorbem §§ 32 ff. Rn. 107; *Trüg*, JA 2004, S. 598 f.; *Wessels/Beulke*, AT, Rn. 190.

1086 *BGH*St 19, 135 (139 f.); 49, 34 (39 f.); 49, 166 (169).

1087 So aber der *BGH* im *Gisela*-Fall, *BGH*St 19, 139 (140); ähnlich *BGH* JZ 2005, S. 100 (101); *BayObLG*, JR 1990, S. 473 (474); *OLG Zweibrücken*, JR 1994, S. 518 (519). Ebenso MüKo-StGB-*Schneider*, § 216 Rn. 48; *Tröndle/Fischer*, Vor §§ 211 bis 216 Rn. 10a. Auch LK-*Jähnke*, § 216 Rn. 11, will im Sinne einer ganzheitlichen Betrachtung des Geschehens neben subjektiven Kriterien auch das objektive Gewicht der Tat-

sein.[1088] Ausschlaggebend ist vielmehr, wer im kritischen Moment, dem „point of no return", jenseits dessen ein Zurück nicht mehr möglich ist, das Geschehen beherrscht.[1089] Dementsprechend liegt eine Fremdgefährdung vor, wenn das Opfer die Vornahme des irreversiblen Akts einem anderen überlässt, eine Selbstgefährdung hingegen dann, wenn das Opfer die Entscheidung, die Gefahr auf sich zu nehmen und durchzustehen, bis zuletzt in der Hand behält.[1090] Nur auf diese Weise wird dem Charakter der Selbstgefährdung als vom Opfer hergestellter Einheit aus Wille, Handlung und Erfolg hinreichend Rechnung getragen.[1091] Zwar ist den Kritikern dieser Tatherrschaftslösung Recht zu geben, wenn sie die Bestimmung der Tatherrschaft im Einzelfall als schwierig und die Abgrenzung als von teils zufälligen Äußerlichkeiten der Sachverhaltsgestaltung abhängig betrachten.[1092] Jedoch gehen die Abgrenzungsschwierigkeiten nicht über das im Grenzbereich eines jeden Begriffs unvermeidliche Maß hinaus und erweisen sich als weit geringer als im Fall einer Abgrenzung anhand subjektiver oder psychologischer Erwägungen, so dass mangels Verfügbarkeit eines trennschärferen Kriteriums dem Tatherrschaftsgedanken der Vorrang gebührt.[1093]

Zu beachten ist indes, dass die Frage der Tatherrschaft hier rein faktisch und nicht im Sinne der normativen Tatherrschaftslehre[1094] wertend zu bestimmen ist.[1095] Die Abgrenzung erfolgt rein phänomenologisch nach dem äußeren Erschei-

---

beiträge in die Bewertung einfließen lassen. Zu Recht kritisch *Chatzikostas*, Suizid und Euthanasie, S. 39; *Christmann*, Jura 2002, S. 679; *Lackner/Kühl*, § 216 Rn. 3.

1088 Zutreffend *Dölling*, JR 1990, S. 475; *Jakobs*, AT, 21/58a, 78a.

1089 *Bottke*, Suizid, S. 239; *ders.*, Täterschaft, S. 46; *Chatzikostas*, Suizid und Euthanasie, S. 39, 272; *Dölling*, GA 1984, S. 76; *Eschweiler*, Selbstgefährdung, S. 46 f.; *Ingelfinger*, Tötungsverbot, S. 233; *Joecks*, § 216 Rn. 18; *Kargl*, JZ 2002, S. 393; *Kindhäuser*, BT/1, § 4 Rn. 9; *Krey/Heinrich*, BT/1, Rn. 104 f.; *Lackner/Kühl*, § 216 Rn. 3; LK-*Rönnau*, Vor § 32 Rn. 167; NK-*Neumann*, Vor § 211 Rn. 48, § 216 Rn. 5; *Otto*, BT, § 6 Rn. 49; *ders.*, FS Tröndle, S. 162, 175; *Rengier*, BT/2, § 8 Rn. 1, 8; *Roxin*, NStZ 1987, S. 347; *ders.*, TuT, S. 568 ff. passim; *Schmitt*, JZ 1979, S. 465; SK-StGB-*Rudolphi*, Vor § 1 Rn. 81a; *Wessels/Hettinger*, BT/1, Rn. 65a. So auch *OLG Nürnberg*, NJW 2003, S. 454 (455).

1090 *Eschweiler*, Selbstgefährdung, S. 31 f.; *Krey/Heinrich*, BT/1, Rn. 129; S/S-*Lenckner*, Vorbem §§ 32 ff. Rn. 107; *Schünemann*, JA 1975, S. 192.

1091 Vgl. *Zaczyk*, Selbstverantwortung, S. 33, 42, der allerdings betont, dass zwischen der Herbeiführung eines Risikoerfolgs und eines Verletzungserfolgs ein Unterschied besteht. Grundsätzlich anders *Schilling*, JZ 1979, S. 166 f., der in Anbetracht der Tatbestandslosigkeit der Selbstgefährdung bzw. Selbstverletzung die Tatherrschaft generell dem Mitwirkenden zuspricht. Zu Recht kritisch gegenüber dieser den Opferwillen vernachlässigenden und die Fremdgefährdung bzw. -verletzung auf bloße Verursachung reduzierenden Sicht *Bottke*, Suizid, S. 241 f.; *Dölling*, GA 1984, S. 77; *Hirsch*, JR 1979, S. 431; *Hohmann/König*, NStZ 1989, S. 307; *Schmitt*, JZ 1979, S. 464 f.

1092 So vor allem *Arzt/Weber*, BT, § 3 Rn. 38, 40. Kritisch auch *Christmann*, Jura 2002, S. 680; *Dach*, NStZ 1985, S. 25; *Derksen*, Handeln, S. 34 f.

1093 NK-*Neumann*, § 216 Rn. 5; *Otto*, FS Tröndle, S. 163.

1094 Siehe hierzu S. 400 ff.

1095 So deutlich zu erkennen, wenn das Opfer sich unbewusst selbst gefährdet, liegt in diesem Fall doch wegen der eigenhändigen Vornahme der riskanten Handlung durch das

nungsbild des Geschehens. Die Tatherrschaftstheorie orientiert sich damit realiter nur an einer, nämlich der faktischen Komponente der allgemeinen Tatherrschaftslehre,[1096] und berücksichtigt deren normative Gesichtspunkte bei der Beurteilung der Eigenverantwortlichkeit des Opferverhaltens.

(D) Autonomielösung

Gerade an dieser äußerlichen Faktizität der Abgrenzung anhand der Tatherrschaft setzt die Kritik derjenigen Stimmen im Schrifttum an, die einen Rekurs auf die Kriterien der strafrechtlichen Beteiligungslehre ablehnt und stattdessen ausschließlich normativ-wertend auf die Autonomie des Opfers abstellen will.[1097] Handele das Opfer eigenverantwortlich, so sei das rechtsgutsverletzende Geschehen per se straflos, weswegen sich eine faktische Differenzierung zwischen den rechtlich gleichzustellenden Konstellationen der eigenverantwortlichen Selbstgefährdung und der einverständlichen Fremdgefährdung erübrige.[1098]

Zwar ist es richtig, dass die Zurechnung der durch die riskante Tätigkeit ausgelösten Rechtsgutsverletzung nicht primär von der phänomenologischen Ausgestaltung ihrer Durchführung, sondern von der (Eigen-)Verantwortung der Beteiligten abhängt. Allerdings gewinnt die Unterscheidung von Selbst- und Fremdgefährdung als faktisch-phänomenologische Vorfrage der (täterschaftlichen) Erfolgszurechnung durchaus Bedeutung – unabhängig davon, ob die Auffassung der herrschenden Meinung, wonach die eigenverantwortliche Selbstgefährdung tatbestandsausschließend, die einverständliche Fremdgefährdung lediglich rechtfertigend wirken soll, tatsächlich zutrifft.[1099] Denn die Differenzierung liefert eine hilfreiche Weichenstellung in Form eines Regel-Ausnahme-Verhältnisses, dem eine Vermutungswirkung in Bezug auf die strafrechtliche Verantwortlichkeit der am Geschehen Beteiligten zukommt:[1100] Liegt die Tatherrschaft beim Opfer, scheidet eine Strafbarkeit des am erfolgskausalen Verhalten Beteiligten in der Regel aus, es sei denn, es liegt der Ausnahmefall einer mittelbaren Täterschaft vor. Beherrscht hingegen der Dritte das Geschehen, so ist ihm die Rechtsgutsverletzung regelmäßig zurechenbar, sofern das Opfer mit der Vornahme der riskanten, verletzungstauglichen Handlung nicht ausnahmsweise einverstanden war.

Opfer und der somit faktischen Herrschaft über das erfolgskausale Geschehen eine Selbstgefährdung vor, die eine normative Tatherrschaft im Sinne der mittelbaren Täterschaft einer das Opfer zur Eigengefährdung verleitenden Person nicht ausschließt. Siehe dazu vertieft S. 414 ff.

1096 Ähnlich *Murmann*, Selbstverantwortung, S. 354.

1097 *Cancio Meliá*, ZStW 111 (1999), S. 369 f.; *Hassemer*, FS Lenckner, S. 109; *Heinrich*, Rechtsgutszugriff, S. 80, 95; *Herzberg*, NStZ 2004, S. 3; *Murmann*, Selbstverantwortung, S. 333; *Welp*, JR 1972, S. 428; i. E. ähnlich *Dach*, NStZ 1985, S. 25. Ebenso *BayObLG* JZ 1997, S. 521 (522).

1098 *Niedermair*, Gute Sitten, S. 125 f.; *Otto*, AT, § 6 Rn. 62; *ders.*, Jura 1984, S. 540; *ders.*, JZ 1997, S. 523; *ders.*, FS Tröndle, S. 157.

1099 Dazu im Detail S. 318 ff.

1100 Vgl. *Walther*, Eigenverantwortlichkeit, S.111, 126, 140. Ähnlich *Rautenkranz*, JA 2004, S. 192.

(E) Ergebnis

Somit erweist sich die Differenzierung von Fremdgefährdung und Teilnahme an einer Selbstgefährdung mittels des Kriteriums der faktischen Tatherrschaft über den irreversiblen Gefährdungsakt als sinnvoll und sachgerecht. Im Sinne einer phänomenologischen Vorprüfung leistet sie einen ersten, Indizwirkung entfaltenden Beitrag zur Beantwortung der Frage, wem der eingetretene Erfolg zuzurechnen ist. Diese vorläufige Zuordnung der Verantwortlichkeit ist dann in einem zweiten Schritt nach Maßgabe der Eigenverantwortlichkeit des Opfers zu überprüfen und entsprechend zu bestätigen bzw. zu widerlegen.[1101]

b. Übertragung auf die medikamentöse Heilbehandlung

Für die Frage, inwieweit der Rechtfertigungsgrund der Einwilligung im Bereich der Arzneimitteltherapie Bedeutung erlangt, lassen sich in Parallele zu den Fällen der Heroininjektion folgende Schlussfolgerungen ziehen: Nimmt der Patient das Medikament – wie dies regelmäßig der Fall ist – eigenhändig ein, kommt dem Gesichtspunkt der Einwilligung keine Relevanz zu. Denn entweder liegt eine tatbestandsausschließende eigenverantwortliche Selbstgefährdung oder eine nicht vom Opferwillen gedeckte Tatbegehung in mittelbarer Täterschaft vor.[1102] Handelt es sich hingegen bei dem gesundheitsschädlichen Arzneimittel um ein Präparat, welches – etwa wie ein Impfstoff – vom Arzt zu injizieren ist, stellt die Injektion eine Fremdgefährdung dar,[1103] welche nach herrschender Ansicht durch eine Einwilligung des Opfers gerechtfertigt sein kann.[1104] Diese Differenzierung gilt selbstverständlich auch für die Erprobung eines Medikaments in der klinischen Prüfphase, so dass eine Strafbarkeit wegen auftretender Arzneimittelschäden vielmehr bereits dann ausscheidet, wenn der Versuchsteilnehmer nach erfolgter Aufklärung in vollem Bewusstsein der Risiken das Testpräparat eigenverantwortlich einnimmt. Der Einholung einer schriftlichen Einwilligung, wie § 40 Abs. 1 Satz 3 Nr. 3 AMG

1101 So i. E. wohl auch der *BGH* NJW 2003, S. 2326 (2327), wenn er zunächst auf die eigenhändige Tatausführung durch das Opfer abstellt, daraus die grundsätzliche Straflosigkeit des hieran Mitwirkenden ableitet und diesen Befund nur für den Fall korrigiert, dass der Handelnde infolge eines provozierten Irrtums als vom Mitwirkenden beherrschtes Werkzeug gegen sich selbst erscheint. Eine ähnliche zweistufige Vorgehensweise findet sich auch bei *Renzikowski*, Restriktiver Täterbegriff, S. 69 ff. Siehe auch *Rengier*, BT/2, § 8 Rn. 1.

1102 Vgl. *Dannecker/Stoffers*, StV 1993, S. 644.

1103 Wobei der Einstich mit der Nadel als solcher angesichts des damit verbundenen Eingriffs in die Körperintegrität stets eine Fremdverletzung ist, eine Einwilligung in diese nach der Rechtsprechung aber bereits in der Hinnahme der Injektion konkludent enthalten sein soll, vgl. *BGH* VersR 1980, S. 676.

1104 Zwar wird der pharmazeutische Unternehmer niemals selbst das Arzneimittel injizieren, jedoch wird die Unterscheidung nach der Anwendungsweise des Medikaments für ihn insofern mittelbar relevant, als er die Art der Applikation festlegt und sich unter Umständen das Verhalten des Arztes bzw. Patienten als Fremdgefährdung in mittelbarer Täterschaft bzw. „Selbstgefährdung in mittelbarer Täterschaft“ zurechnen lassen muss.

dies fordert, bedarf es aus strafrechtlicher Sicht im Rahmen der §§ 211 ff., 223 ff. StGB demnach nicht.[1105]

c. Rechtfertigung der Fremdgefährdung durch Einwilligung?

Besteht sonach durchaus ein Anwendungsbereich für die Rechtsfigur der einverständlichen Fremdgefährdung, so ist an dieser Stelle zu untersuchen, ob deren Deutung als Sonderform einer rechtfertigenden Einwilligung tatsächlich sachgerecht ist. Dabei ist zu berücksichtigen, dass der Patient im Fall der Medikamenteneinnahme bzw. -verabreichung anders als bei einer Operation in der Regel gerade keine Verletzungen seiner Gesundheit billigt, sondern lediglich das mit der Medikation verbundene Verletzungsrisiko.[1106] Vor diesem Hintergrund erfährt die Einwilligungslösung Widerspruch aus zwei Richtungen: zum einen von denjenigen, die der Einwilligung ohnehin generell tatbestandsausschließende Wirkung zusprechen, zum anderen von denjenigen, die die billigende Inkaufnahme der Verletzung, nicht lediglich der Gefährdung des preisgegebenen Rechtsguts, als Wesensmerkmal der Einwilligung erachten.

(A) Tatbestandsausschließende Wirkung der Einwilligung

Die Kritik an der traditionellen Einordnung der Einwilligung als Rechtfertigungsgrund[1107] ist vor allem in jüngster Zeit zunehmend lauter geworden. Während die Vertreter dieser Rechtfertigungslösung seit jeher auf den Wortlaut des § 228 StGB verweisen, wonach die Tatbegehung mit Einwilligung der verletzten Person nur bei Sittenwidrigkeit der Einwilligung „rechtswidrig" sei,[1108] weisen die Verfechter einer Tatbestandslösung[1109] dieses Argument mit dem Hinweis auf § 11 Abs. 1 Nr. 5 StGB zurück, wonach eine Tat nur dann rechtswidrig sei, wenn sie auch den Tatbestand eines Strafgesetzes erfülle, so dass die fehlende Rechtswidrigkeit einer gebilligten Tat auch aus einer tatbestandsausschließenden Wirkung der Einwilligung resultieren könne.[1110] Liefert die formalgesetzliche Argumentation anhand § 228 StGB damit keine eindeutige Erkenntnis, müssen Wesen und Bedeutung der Einwilligung näher beleuchtet werden.

Nach beiden Auffassungen ist die Einwilligung Ausfluss der in Art. 2 Abs. 1 GG verbürgten Handlungsfreiheit, welche dem Einzelnen das Recht gewährt, au-

---

[1105] Sehr wohl aber zur Vermeidung einer Strafbarkeit nach § 96 Nr. 10 AMG.

[1106] *Scheu*, Produktverantwortung, S. 119.

[1107] Siehe z. B. *BGH*St 17, 359 (360); 23, 1 (3 f.); *Baumann/Weber/Mitsch*, AT, § 17 Rn. 95; *Dölling*, GA 1984, S. 82 f.; *Lackner/Kühl*, Vor § 32 Rn. 10 m. w. N.; S/S-*Lenckner*, Vorbem §§ 32 ff. Rn. 29; SK-StGB-*Rudolphi*, Vor § 1 Rn. 81a; *Tröndle/Fischer*, Vor § 32 Rn. 3b, § 228 Rn. 2; *Wessels/Beulke*, AT, Rn. 370.

[1108] *Krey*, AT/1, Rn. 615; *Kühl*, AT, § 9 Rn. 20.

[1109] *Kindhäuser*, AT, § 12 Rn. 4 f.; *ders.*, BT/1, § 8 Rn. 1; *Rönnau*, Jura 2002, S. 597 f.; *ders.*, Jura 2002, S. 665 (666); *Roxin*, AT/1, § 13 Rn. 11; *Weigend*, ZStW 98 (1986), S. 44 (60 ff.). Weitere Nachweise bei *Jescheck/Weigend*, AT, § 34 I 2 b Fn. 14.

[1110] *Ingelfinger*, Tötungsverbot, S. 210; MüKo-StGB-*Schlehofer*, Vor §§ 32 ff. Rn. 105; *Rönnau*, Willensmängel, S. 155 f.; *Roxin*, AT/1, § 13 Rn. 29; SK-StGB-*Horn/Wolters*, § 228 Rn. 2.

tonom über seine Güter zu verfügen.[1111] Die Einwilligung stellt damit ein Instrument der Interessenwahrnehmung und freien Persönlichkeitsentfaltung dar.[1112] Dient die Einwilligung demnach schlussendlich zur Lösung interner Interessenkonflikte,[1113] so besteht ihr grundlegendes Wesensmerkmal dennoch in der Preisgabe eines Rechtsguts zwecks Verwirklichung eines höher bewerteten Ziels.[1114] Dies wirft die Frage nach dem Verständnis des Rechtsgutsbegriffs auf, an dem sich die Diskussion um die Behandlung der Einwilligung letztlich entzündet.

Nach der Rechtfertigungslösung sollen die tatbestandlich erfassten Rechtsgüter als Grundvoraussetzung personaler Entfaltungsmöglichkeiten in der Rechtsgesellschaft und damit sozialbezogene Lebensgüter der Gemeinschaft unabhängig vom Willen des hierüber Verfügungsberechtigten um ihrer selbst willen geschützt sein, weswegen deren Preisgabe erst auf der Ebene der Rechtswidrigkeit Beachtung finde.[1115] Für diese Sichtweise spreche nicht zuletzt § 228 StGB, der in Anbetracht der überragenden Bedeutung der Rechtsgüter Körper und Gesundheit einer Einwilligung in deren Verletzung Schranken setze.[1116] Demgegenüber betrachten die Anhänger der Tatbestandslösung die Dispositionsfreiheit als konstitutiven Bestandteil der Individualrechtsgüter, verkörperten diese doch erst dadurch einen Wert, dass ihr Inhaber nach seinen Vorstellungen frei über sie verfügen könne. Mit Preisgabe des Rechtsguts falle dieses daher aus dem Schutzbereich des betreffenden Straftatbestandes heraus, da die eingetretene Verletzung Ausdruck der durch den Rechtsgüterschutz protegierten freien Persönlichkeitsentfaltung sei.[1117] Die Rechtfertigungslösung zerstöre die Einheit der Rechtsperson als nicht weiter auflösbare Basis allen Rechts, wenn sie die Rechtsgüter des Einzelnen von diesem abspalte und dem Individuum als von ihm losgelöst gegenübersetze.[1118]

Wägt man die vorgetragenen Argumente ab, so sprechen die überzeugenderen für die Tatbestandslösung. Dies auch deshalb, weil die Einwilligung im System der Rechtfertigungsgründe einen Fremdkörper darstellen würde. Liegt diesen nämlich allesamt das Prinzip des objektiv überwiegenden Interesses und der Ge-

---

[1111] *Amelung*, ZStW 109 (1997), S. 515; *ders.*, Irrtum, S. 40; *Kühl*, AT, § 9 Rn. 20; *Kindhäuser*, LPK, Vor § 13 Rn. 161; NK-*Paeffgen*, § 228 Rn. 3; SK-StGB-*Horn/Wolters*, § 228 Rn. 2.

[1112] *Ingelfinger*, Tötungsverbot, S. 197 f.

[1113] *Renzikowski*, Restriktiver Täterbegriff, S. 96.

[1114] Vgl. NK-*Paeffgen*, § 228 Rn. 3. Dagegen sehen *KG* JR 1954, S. 428 (429), *Lackner/Kühl*, Vor § 32 Rn. 10, S/S-*Lenckner*, Vorbem §§ 32 ff. Rn. 33 und *Tröndle/Fischer*, Vor § 32 Rn. 3b, die Grundlage der Einwilligung im Rechtsschutzverzicht.

[1115] *Burgstaller*, Fahrlässigkeitsdelikt, S. 159; *Jescheck/Weigend*, AT, § 34 I 3; *Krey*, AT/1, Rn. 615; *Kühl*, AT, § 9 Rn. 22; *Otto*, AT, § 8 Rn. 127; *ders.*, Jura 2004, S. 680; S/S-*Lenckner*, Vorbem §§ 32 ff. Rn. 33a m. w. N.

[1116] *Hirsch*, FG BGH IV, S. 214; *Jescheck/Weigend*, AT, § 34 I 3.

[1117] *Arzt*, Willensmängel, S. 46; *Ingelfinger*, Tötungsverbot, S. 203; LK-*Rönnau*, Vor § 32 Rn. 153; *Maurach/Zipf*, AT/1, § 17 Rn. 33; *Mosbacher*, Selbstschädigung, S. 110; *Roxin*, AT/1, § 13 Rn. 12; *ders.*, GedS Noll, S. 275 f., 280; *Schroth*, BT, S. 89 f.; *Weigend*, ZStW 98 (1986), S. 59 ff.

[1118] *Mosbacher*, Selbstschädigung, S. 114; LK-*Rönnau*, Vor § 32 Rn. 153; *ders.*, Willensmängel, S. 41.

danke der Erforderlichkeit der Rechtsgutsbeeinträchtigung zugrunde, beruht die Einwilligung auf der Autonomie des Rechtsgutsinhabers, dessen Entscheidungen grundsätzlich auch dann zu respektieren sind, wenn sie objektiv unvernünftig erscheinen.[1119] Indes kann nicht geleugnet werden, dass die Qualifizierung der Dispositionsfreiheit als integraler Bestandteil des Rechtsguts in Konflikt mit dem fragmentarischen Charakter des Strafrechts und der sanktionsrechtlichen Wertstufenbildung in Abhängigkeit vom Stellenwert der einzelnen Rechtsgüter gerät, wird durch dieses Integrationsmodell doch de facto immer nur die Dispositionsfreiheit als eine Art „Super-Rechtsgut" geschützt.[1120] Zudem büßt das Strafrecht bei völliger Subjektivierung einen Teil seiner Ordnung und Orientierung stiftenden Kraft ein.[1121] Führt man sich dabei vor Augen, dass das Grundgesetz nicht lediglich Schutz- und Abwehrrechte, sondern auch eine indisponible objektive Wertordnung statuiert, zwingt dies zu dem Schluss, dass die strafrechtliche Verhaltensordnung als Ausfluss dieses Wertesystems nicht in der Hand des Einzelnen liegen kann, wie auch die Autonomieschranken der §§ 216, 228 StGB belegen.

Die zutreffende Sichtweise liegt daher gewissermaßen in der Mitte und kommt dem „Basismodell" *Rönnaus* nahe, wonach die tatbestandlich erfassten Güter nicht abstrakt wegen ihres Eigenwertes, sondern in ihrer Funktion als Speicher für zukünftige Handlungsoptionen geschützt werden, um dem Einzelnen auch in Zukunft eine umfassende, vom autonomen Willen getragene Persönlichkeitsentfaltung zu garantieren.[1122] Der Wille des Rechtsgutsinhabers ist somit nicht integraler Bestandteil des Rechtsguts, schließt jedoch eine tatbestandsmäßige Rechtsgutsverletzung aus, wenn er qua Einwilligung aktuell ausgeübt wird. Denn der strafrechtliche Rechtsgüterschutz soll ja gerade die in der Willensausübung zum Ausdruck kommende Persönlichkeitsentfaltung gewährleisten.[1123] In Bezug auf das durch Arzneimittelschäden in Mitleidenschaft gezogene Rechtsgut des Körpers bzw. der Gesundheit ist allerdings zu bedenken, dass sich der Körper ständig in bewusster Disposition befindet und niemals nur eine „Anhäufung von Fleisch und Knochen"[1124] ist. Die Körpersubstanz als Grundlage der Selbstbestimmung und die Verfügung hierüber bilden, wie bereits dargelegt,[1125] eine untrennbare körperlich-geistige Einheit.[1126] Damit kommt der Einwilligung in Beeinträchtigungen des

---

[1119] In diesem Sinne auch *Kühne*, JZ 1979, S. 242; *Roxin*, AT/1, § 13 Rn. 22 f.; SK-StGB-*Horn/Wolters*, § 228 Rn. 2; *Weigend*, ZStW 98 (1986), S. 61.

[1120] *Hirsch*, FS Welzel, S. 785; *ders.*, FG BGH IV, S. 214; *Mitsch*, Opferverhalten, S. 521; *Rönnau*, Willensmängel, S. 77 ff.

[1121] A. A. offenbar *Rönnau*, Willensmängel, S. 46 f.

[1122] LK-*Rönnau*, Vor § 32 Rn. 153, 156; *ders.*, Willensmängel, S. 69, 90

[1123] LK-*Rönnau*, Vor § 32 Rn. 156; *ders.*, Willensmängel, S. 91 f.

[1124] *Roxin*, AT/1, § 13 Rn. 14.

[1125] Siehe S. 129 ff.

[1126] Vgl. *Loose*, Strafrechtliche Grenzen, S. 25 f. Dies unterscheidet den Körper etwa vom Eigentum, welches nach § 1922 BGB mit Anfall der Erbschaft von selbst, d. h. ohne Rückkopplung an einen entsprechenden Willen, übergeht und damit unabhängig von einer diesbezüglichen bewussten Disposition besteht. Vgl. Staudinger-*Marotzke*, § 1922 Rn. 42 f. Dies verkennen *Ingelfinger*, Tötungsverbot, S. 204, und NK-*Paeffgen*,

Körpers oder der Gesundheit stets tatbestandsausschließende Wirkung zu,[1127] mit der Folge, dass die Gefährdung der körperlichen Gesundheit des Patienten durch Injektion eines Arzneimittels, sofern sie mit Einverständnis des Patienten erfolgt, bereits keinen tatbestandsmäßigen Rechtsgutsangriff darstellt.

(B) Erfolgsbezogenheit der Einwilligung

Zweifelhaft ist aber, ob das Einverständnis mit einer Vornahme der riskanten Injektion überhaupt als Einwilligung im Rechtssinn betrachtet werden kann. Denn indem sich das Opfer zwar bewusst der mit der Handlung verbundenen Gefahr aussetzt, dabei aber darauf vertraut, dass sich das eingegangene Risiko nicht in einem Verletzungserfolg realisiert, gestaltet sich die subjektive Willensrichtung des Opfers ersichtlich anders als in den Standardfällen der Einwilligung, wo das Opfer den Rechtsgutseingriff billigend in Kauf nimmt bzw. – wie etwa bei einem operativen Eingriff – geradezu anstrebt.[1128] Auch kann die bewusste Eingehung eines Risikos nicht als konkludente Billigung aller hierdurch in adäquater Weise herbeigeführten Verletzungen interpretiert werden,[1129] würde diese Einwilligungsfiktion doch die psychische Befundlage verkennen[1130] und dem im Rahmen der Abgrenzung von dolus eventualis und bewusster Fahrlässigkeit allgemein anerkannten Grundsatz widersprechen, dass die Kenntnis der Gefährlichkeit eines Verhaltens nicht per se die Billigung der möglichen Verletzungsfolgen impliziert.[1131] Die entscheidende Frage ist somit, ob zur Annahme einer Einwilligung im strafrechtlichen Sinn bereits die bloße Einwilligung in eine riskante, erfolgskausale Handlung genügt.

---

§ 228 Rn. 7, die gerade das Eigentum als dynamisches, vollständig von der Verfügungsfreiheit des Eigentümers geprägtes Rechtsgut betrachten.

[1127] Im Ergebnis ebenso *Ingelfinger*, Tötungsverbot, S. 205.

[1128] *Fiedler*, Fremdgefährdung, S. 68; *Geppert*, Jura 1987, S. 672; *Hirsch*, FS Lampe, S. 533; *Kindhäuser*, AT, § 12 Rn. 62; *Krey*, AT/1, Rn. 633; *Niedermair*, Gute Sitten, S. 122; *Puppe*, Erfolgszurechnung, S. 156; *Quillmann*, Einwilligung, S. 30; *Roxin*, AT/1, § 11 Rn. 121; *Schaffstein*, FS Welzel, S. 564 f.; *Schürer-Mohr*, Erlaubte Risiken, S. 122 f.; *Zaczyk*, Selbstverantwortung, S. 49 f.

[1129] So aber *Hartung*, NJW 1954, S. 1226; *Kindhäuser*, BT/1, § 8 Rn. 14; *Kubink*, JA 2003, S. 262; LK-*Schroeder*, § 16 Rn. 180.

[1130] So zutreffend *BGHZ* 34, 355; *OLG Hamm*, VRS 4, 39 (43); *KG* JR 1954, S. 428 (429); *Dach*, Einwilligung, S. 15; *Ensthaler*, Rechtsgutspreisgabe, S. 30, 44, 63; *Eschweiler*, Selbstgefährdung, S. 27; *Fiedler*, Fremdgefährdung, S. 69 f., 74; *Frisch*, Fahrlässigkeitsdelikt, S. 22 f.; *Göbel*, Einwilligung, S. 26; *Hillenkamp*, JuS 1977, S. 171; *Honig*, Einwilligung, S. 172 f.; LK-*Rönnau*, Vor § 32 Rn. 68; *Münzberg*, Verhalten und Erfolg, S. 318; *Otto*, FS Tröndle, S. 169; *Preuß*, Untersuchungen, S. 139 f.; *Quillmann*, Einwilligung, S. 29; *Rengier*, BT/2, § 20 Rn. 8; *Schmidt*, JZ 1954, S. 372; *Schürer-Mohr*, Erlaubte Risiken, S. 124; *Sternberg-Lieben*, Schranken, S. 218 f., 221; *Walther*, Eigenverantwortlichkeit, S.37 f.; *Weber*, FS Baumann, S. 45; *Zaczyk*, Selbstverantwortung, S. 49 ff. passim; *Zipf*, Risikoübernahme, S. 75.

[1131] *BGH* NJW 1961, S. 655 (656 f.); *Hansen*, Einwilligung, S. 99; *Schürer-Mohr*, Erlaubte Risiken, S. 125; *Sternberg-Lieben*, Schranken, S. 214 f.; *Zipf*, Risikoübernahme, S. 75.

Ein Teil des Schrifttums bejaht dies und hält eine derartige Risikoeinwilligung entweder grundsätzlich[1132] oder zumindest im Fahrlässigkeitsbereich[1133] für ausreichend. Begründet wird dies zum einen mit dem Charakter des Strafrechts als Verhaltensordnung, angesichts dessen die Einwilligung letztlich von der Befolgung eines Verhaltensverbots bzw. -gebots dispensiere und sich dementsprechend auf die Handlung als solche beziehe.[1134] Zum anderen sei bereits der Einwilligung in ein rechtsgutsgefährdendes Verhalten ein Rechtsschutzverzicht bzw. eine Interessenpreisgabe immanent.[1135] Letzteres lässt sich nicht bestreiten, belegt allerdings nicht, dass es sich hierbei um eine Einwilligung im Rechtssinn handelt.[1136] Ganz im Gegenteil erscheint es sachgerechter, diesem Umstand bereits im Rahmen der objektiven Zurechnung unter dem Gesichtspunkt des erlaubten Risikos Beachtung zu schenken.[1137] Denn die Einwilligung in die riskante Tätigkeit beseitigt allein deren Handlungsunwert und lässt den Erfolgsunwert daraus hervorgehender Verletzungen unberührt.[1138] Dem gegenüber besteht das Wesen der Einwilligung im strafrechtlichen Sinn nach hier vertretener Ansicht gerade nicht in einer Interessenpreisgabe bzw. einem in der Einwilligung zum Ausdruck kommenden Rechtsschutzverzicht, sondern vielmehr im bewussten Rechtsgutsverzicht, der aber zwingend eine Billigung der als möglich erkannten bzw. intendierten Rechtsgutsverletzung voraussetzt und die Einwilligung damit als eindeutig erfolgsbezogenes,

---

1132 *Dölling*, GA 1984, S. 83 f.; *ders.*, JR 1994, S. 521; *ders.*, FS Gössel, S. 214; *Eschweiler*, Selbstgefährdung, S. 25 f.; *Frisch*, NStZ 1992, S. 66; *Geppert*, Jura 1987, S. 672; *Hansen*, Einwilligung, S. 113 f.; *Jakobs*, AT, 14/12; *Hirsch*, FS Lampe, S. 533; *Münzberg*, Verhalten und Erfolg, S. 318; *Quillmann*, Einwilligung, S. 25; SK-StGB-*Horn/Wolters*, § 228 Rn. 5.

1133 *BGH*St 4, 88 (93); 6, 232 (234); 7, 112 (114); 17, 359 (369); 40, 314 (347); *OLG Zweibrücken*, JR 1994, 518 f.; *OLG Düsseldorf* NStZ-RR 1997, S. 325 (327); *KG* JR 1954, S. 428 (429); *Hillenkamp*, JuS 1977, S. 172; *Kühl*, AT, § 17 Rn. 83 m. w. N.; *Lackner/Kühl*, § 228 Rn. 2 f.; *Odenwald*, Einwilligungsfähigkeit, S. 71; *Popp*, Sittenwidrigkeit, S. 70; S/S-Lenckner, Vorbem §§ 32 ff. Rn. 34, 102 m. w. N.; *Tröndle/Fischer*, Vor § 13 Rn. 19a, § 228 Rn. 4.

1134 *Frisch*, Fahrlässigkeitsdelikt, S. 143; *Hansen*, Einwilligung, S. 109 f.; *Hirsch*, FG BGH IV, S. 217 f.; *Münzberg*, Verhalten und Erfolg, S. 53, 55, 61 f. Ähnlich *Horn*, Gefährdungsdelikte, S. 79, 82; *Murmann*, Selbstverantwortung, S. 358 f., 428 f.

1135 *Dölling*, GA 1984, S. 83 f.; *Dölling*, JR 1994, S. 521; *Ensthaler*, Rechtsgutspreisgabe, S. 53; *Quillmann*, Einwilligung, S. 20 f.. Vgl. auch *KG* JR 1954, S. 428 (429). Daneben betont *Hirsch* im Wege einer a fortiori-Argumentation, dass die unbestritten vorsätzliches Unrecht beseitigende Einwilligung erst recht im Fahrlässigkeitsbereich beachtlich sein müsse. Vgl. LK-*Hirsch*, § 228 Rn. 1; *ders.*, FG BGH IV, S. 217. *Frisch*, Fahrlässigkeitsdelikt, S. 121 f., sieht die unrechtsausschließende Wirkung der Einwilligung in der parallelen subjektiven Einstellung von Täter und Rechtsgutsinhaber zum Erfolg begründet, weswegen bei fahrlässiger Tat in Kenntnis der Risiken auf der Opferseite ebenfalls das bewusste Eingehen dieser Risiken genüge.

1136 So auch *Hellmann*, FS Roxin, S. 275 f.; *Schaffstein*, FS Welzel, S. 567.

1137 Vgl. *Kühl*, AT, § 17 Rn. 83; a. A. *Dölling*, GA 1984, S. 91, der die Einwilligungslösung gegenüber einer Problematisierung im Bereich der objektiven Zurechnung als vorzugswürdig erachtet.

1138 *Schaffstein*, FS Welzel, S. 567.

auch den Erfolgsunwert eines Verletzungsgeschehens beseitigendes Rechtsinstitut ausweist.[1139]

(C) Ergebnis

Damit bleibt festzuhalten, dass die einverständliche Fremdgefährdung entgegen der herrschenden Meinung nicht erst im Rahmen der Rechtswidrigkeitsprüfung unter dem Gesichtspunkt einer Einwilligung in das sich im Verletzungserfolg realisierende Risiko relevant wird, sondern vielmehr bereits auf der Tatbestandsebene Bedeutung erlangt und hier regelmäßig einen Aspekt der objektiven Zurechnung, genauer des wegen Verantwortungsübernahme des Opfers erlaubten Risikos darstellt. Entscheidend ist damit wie schon im Fall der Selbstgefährdung die Frage der Eigenverantwortlichkeit des Opfers und der daran anknüpfenden Abschichtung von Verantwortungsbereichen.[1140] Allein dann, wenn das Opfer den Verletzungserfolg will, kommt eine (tatbestandsausschließende) Einwilligung in Betracht, wovon aber in Bezug auf Arzneimittelschäden durch Fremdinjizierung eines Medikaments nur in den hier nicht zu thematisierenden Fällen der Euthanasie auszugehen sein dürfte.

d. Zusammenfassung

Die vorstehenden Ausführungen haben gezeigt, dass das Rechtsinstitut der Einwilligung im Zusammenhang mit der Verursachung von Arzneimittelschäden bei Weitem nicht den Stellenwert besitzt, wie die im Allgemeinen enorme Bedeutung des „informed consent" im Medizinrecht zunächst vermuten lässt. Sowohl im Fall der eigenhändigen Medikamenteneinnahme als auch im Fall der Injektion eines Pharmakons erweist sich die Hinnahme bestimmter Arzneimittelrisiken vielmehr als zurechnungsausschließende Verantwortungsübernahme seitens des Patienten und damit als Aspekt, dem es im Rahmen der noch ausstehenden Abgrenzung der Verantwortungsbereiche im Arzneimittelwesen Rechnung zu tragen gilt.

2. Behördliche Genehmigung des Arzneimittelvertriebs

Scheidet die Einwilligung somit als Rechtfertigungsgrund aus, stellt sich als nächstes die Frage, inwieweit die Genehmigung, ein Arzneimittel in Verkehr brin-

---

[1139] Vgl. *Burgstaller*, Fahrlässigkeitsdelikt, S. 162; *Fiedler*, Fremdgefährdung, S. 69; *Göbel*, Einwilligung, S. 25; *Hammer*, JuS 1998, S. 786 f.; *Kindhäuser*, LPK, Vor § 13 Rn. 165; *Krey*, AT/1, Rn. 633; LK-*Rönnau*, Vor § 32 Rn. 164; *ders.*, Willensmängel, S. 194; *Maurach/Zipf*, AT/1, § 17 Rn. 54; *Niedermair*, Gute Sitten, S. 130; *Preuß*, Untersuchungen, S. 138 f.; *Sternberg-Lieben*, Schranken, S. 214, 217 f. Im Ergebnis ebenso *Ensthaler*, Rechtsgutspreisgabe, S. 31; *Geppert*, ZStW 83 (1971), S. 971; *Honig*, Einwilligung, S. 173; *Zaczyk*, Selbstverantwortung, S. 51. Zu Recht findet sich aber in der Literatur der Hinweis, dass die Einwilligung stets auch handlungsbezogen sei, enthält sie doch in personeller, räumlicher und zeitlicher Hinsicht konkrete Vorgaben für den Ablauf der Erfolgsherbeiführung. Vgl. *Ensthaler*, Rechtsgutspreisgabe, S. 75; *Jescheck/Weigend*, AT, § 34 IV 3; *Kindhäuser*, BT/1, § 8 Rn. 4; *Maurach/Zipf*, AT/1, § 17 Rn. 55 f.; *Murmann*, Selbstverantwortung, S. 359; NK-*Paeffgen*, § 228 Rn. 12.

[1140] Vgl. *Hellmann*, FS Roxin, S. 276; LK-*Rönnau*, Vor § 32 Rn. 169.

gen zu dürfen, rechtfertigende Wirkung in Bezug auf von diesem ausgelöste Gesundheitsbeeinträchtigungen entfaltet. Angesprochen ist damit die generelle Problematik der Wirkungsweise behördlicher Genehmigungen im Strafrecht, wie sie vor allem im Umweltstrafrecht für die Genehmigung umweltbeeinträchtigender Anlagen diskutiert wird, in Anbetracht der gesetzlich statuierten Genehmigungsverfahren hinsichtlich Herstellung, klinischer Prüfung und anschließender Vermarktung eines Arzneimittels aber durchaus auch dem Arzneimittelstrafrecht immanent ist.[1141]

Teilweise wird eine strafbefreiende Wirkung behördlicher Genehmigungen im Hinblick auf spätere Rechtsgutsverletzungen generell in Abrede gestellt,[1142] und auch der *BGH* erachtete im Lederspray-Fall die Stellungnahme des Bundesgesundheitsamtes als unbeachtlich.[1143] Diese behördlichen Genehmigungen weitgehende Irrelevanz attestierende Auffassung überzeugt jedoch nicht. Nicht nur, dass sie Wesen und Funktion einer Behördenentscheidung durch Verwaltungsakt verkennt und in Konflikt mit dem Gebot der Rechtssicherheit als Grundelement der Rechtsstaatlichkeit gerät, wenn die Gestattung eines risikoträchtigen Verhaltens durch Verwaltungsakt dann nichts mehr wert sein soll, wenn die von Amts wegen begutachtete und als tolerabel bewertete Risikolage sich später zu einer Rechtsgutsverletzung verdichtet. Sie setzt sich auch in Widerspruch zum Charakter des Strafrechts als sekundärer und demnach grundsätzlich verwaltungsakzessorischer Rechtsordnung.[1144] Letzteres beinhaltet zwar keineswegs, Entscheidungen und Begrifflichkeiten fremder Teilrechtsordnungen unreflektiert ins Strafrecht übertragen zu müssen, bedingt die unterschiedliche Zielsetzung der einzelnen Rechtsbereiche doch mitunter auch divergierende Bewertungen eines Geschehens.[1145] Allerdings gebietet die Sekundarität des Strafrechts, einen rechtswirksam erlassenen Verwaltungsakt jedenfalls als gegebenen Tatbestand anzuerkennen und der strafrechtlichen Würdigung eines Sachverhalts zugrunde zu legen. Diese nicht nur die

---

[1141] Keine Relevanz besitzt hingegen im hier interessierenden Zusammenhang der Aspekt einer bloßen behördlichen Duldung, da ein Inverkehrbringen eines Arzneimittels vor Einholung einer entsprechenden Genehmigung in der Praxis nicht vorkommt bzw. zumindest nicht zu Arzneimittelschäden führt, würde dies doch die Kollaboration der das Arzneimittel erst an den Patienten herantragenden Ärzte und Apotheker in Form der Verschreibung bzw. Abgabe eines nicht zugelassenen Medikamentes voraussetzen. Zur behördlichen Duldung siehe etwa *Odersky*, FS Tröndle, S. 298 ff.; *Schmitz*, Verwaltungshandeln, S. 82 ff.

[1142] So etwa *Di Fabio*, Risikoentscheidungen, S. 305, und *Heitz*, Arzneimittelsicherheit, S. 425 f., für die Arzneimittelzulassung. Allgemein ebenso *Goldmann*, Genehmigung, S. 114.

[1143] *BGH*St 37, 106 (122). Allerdings ist bei der Übertragung der Urteilsgründe auf die Situation im Arzneimittelrecht Zurückhaltung geboten, handelt es sich bei den arzneimittelrechtlichen Genehmigungen doch um Verwaltungsakte und nicht lediglich behördliche Stellungnahmen im Sinne eines informellen Verwaltungshandelns.

[1144] Dazu bereits S. 202 ff. Vgl. auch *Frisch*, Verwaltungsakzessorietät, S. 8; SK-StGB-*Günther*, Vor § 32 Rn. 64. *Schwarz*, GA 1993, S. 321 f., spricht insofern von einer „dienenden Funktion" des Strafrechts. Ebenso *Lackner/Kühl*, Vor § 324 Rn. 3.

[1145] A. A. wohl *Paeffgen*, FS Stree/Wessels, S. 591.

Strafgerichte, sondern alle rechtsanwendenden Instanzen treffende Pflicht, durch einen Verwaltungsakt bewirkte Rechtsänderungen zu beachten und als prinzipiell bindend anzuerkennen, wird in der Verwaltungsrechtswissenschaft mit dem Begriff der sogenannten Tatbestandswirkung als intrinsische Eigenschaft von Verwaltungsakten erfasst.[1146] Als spezielle Bezeichnung der Tatbestandswirkung behördlicher Genehmigung hat sich daneben der vom BVerwG kreierte Begriff der Legalisierungswirkung etabliert,[1147] welchem der Gedanke einer Selbstbindung der Verwaltung dergestalt innewohnt, dass diese „nicht mit der einen Hand etwas geben, […] mit der anderen Hand wieder nehmen darf."[1148] Insofern erweist sich die in der Literatur verbreitete, oftmals auf den Leitgedanken der Einheit der Rechtsordnung gestützte Wendung, das Strafrecht dürfe nicht verbieten, was verwaltungsrechtlich erlaubt sei,[1149] als im Kern durchaus berechtigt.

a. Sachliche Reichweite der Legalisierungswirkung

Kann den arzneimittelrechtlichen Genehmigungen vor diesem Hintergrund nicht von vornherein jedwede Relevanz abgesprochen werden, so ist zunächst zu klären, wie weit deren sachliche Legalisierungswirkung reicht, namentlich ob und gegebenenfalls in welchem Maße mit der Gestattung des Inverkehrbringens eines Medikaments die Legalisierung von Verletzungen der Individualrechtsgüter Leben und Gesundheit einhergehen kann.[1150] Auszugehen ist vom Regelungsgehalt der Genehmigung, welcher im Lichte des gestellten Antrags sowie der dem Genehmigungsverfahren zugrunde liegenden Normen, insbesondere des sich daraus ergebenden Umfangs der behördlichen Sachprüfung auszulegen ist.[1151]

Dabei ist zunächst der im Schrifttum vorzufindenden Auffassung zu widersprechen, derartige Genehmigungserfordernisse erschöpften sich generell in einer reinen Missbrauchsaufsicht und befreiten dementsprechend lediglich vom Vorwurf des Verwaltungsungehorsams durch Missachtung der Dispositionshoheit der Behörde über das betreffende Rechtsgut.[1152] Vielmehr legen die gesetzlich statuierten Anforderungen an die für die Genehmigungserteilung einzureichenden Unterlagen, die – wie im Fall des § 22 AMG – detaillierte Angaben über die Auswirkungen des Vorhabens auf bestimmte Rechtsgüter enthalten müssen, regelmäßig den Schluss nahe, dass das Genehmigungsverfahren auch dem materiellen Rechtsgü-

---

1146 Vgl. *Maurer*, Allg. VwR, § 11 Rn. 8; *Heghmanns*, Grundzüge, S. 192; *Winkelbauer*, Verwaltungsakzessorietät, S. 43. Kritisch gegenüber einer umfassenden Tatbestandswirkung *Haaf*, Fernwirkung, S. 42.

1147 BVerwGE 55, 118; *Fluck*, VerwArch 79 (1988), S. 409 f.; *Jünemann*, Rechtsmißbrauch, S. 91 m. w. N.; *Peine*, JZ 1990, S. 202.

1148 *Peine*, JZ 1990, S. 202. Ebenso *Kloepfer*, NuR 1987, S. 13.

1149 *Breuer*, DÖV 1987, S. 177; *ders.*, NJW 1988, S. 2076; *ders.*, JZ 1994, S. 1083; *Frisch*, Verwaltungsakzessorietät, S. 8; *Lackner/Kühl*, Vor § 324 Rn. 3 m. w. N.; LK-*Steindorf*, Vor § 324 Rn. 23; *Rogall*, GA 1995, S. 308.

1150 Zur zeitlichen Reichweite der Legalisierungswirkung arzneimittelrechtlicher Genehmigungen siehe S. 568 ff.

1151 *Fluck*, VerwArch 79 (1988), S. 414; *Kuhlen*, WiVerw 1992, S. 242; *Scheele*, Bindung, S. 159.

1152 *Preuß*, Untersuchungen, S. 92.

terschutz dient.[1153] Jedoch stellt sich die Frage, inwieweit staatlichen Behörden wie dem BfArM/PEI, den zuständigen Landesbehörden oder auch den Ethik-Kommissionen überhaupt die Befugnis zukommt, durch Erlaubnis gewisser Gefährdungen oder gar Verletzungen über fremde Individualrechtsgüter in dem Sinne zu verfügen, dass sie diesen den grundsätzlich bestehenden strafrechtlichen Schutz entzieht. Ein Blick auf das Umweltstrafrecht, wo dieser Aspekt bereits seit längerem ausgiebig diskutiert wird, zeigt, dass hierzu unterschiedliche Ansichten bestehen. Während ein Teil des Schrifttums negative Auswirkungen des beantragten Vorhabens auf Individualrechtsgüter dann als legalisiert erachtet, wenn die mit dem Vorhaben verbundenen Gefahren für die betreffenden Individualrechtsgüter im Rahmen der Genehmigungsentscheidung berücksichtigt wurden und die später eingetretene Rechtsgutsverletzung lediglich eine Realisierung dieser erkannten Risiken darstellt,[1154] verneint die Gegenauffassung die Legalisierung jeglicher Individualrechtsgutsverletzungen, fehle den Behörden doch mangels entsprechender Dispositionsbefugnis die Kompetenz, Eingriffe in (höchstpersönliche) Rechtsgüter Dritter zu gestatten.[1155] Der Staat könne „nicht durch Verwaltungsakt einem Bürger erlauben, einen anderen Bürger zu schädigen."[1156]

Richtigerweise gilt es wie folgt zu differenzieren: Zwar liegt die Gestattung von Individualrechtsgutsverletzungen außerhalb des Kompetenzbereichs staatlicher Behörden, so dass die Genehmigung grundsätzlich kein entsprechendes Eingriffsrecht verleiht. Jedoch ist es den Behörden unbenommen, die Gefährdung von Individualrechtsgütern in Ansehung des mit dem Genehmigungsgegenstand verbundenen Nutzens für das Allgemeinwohl im Sinne eines erlaubten Risikos aus der Verbotsmaterie herauszunehmen,[1157] so dass die Genehmigung nicht den Erfolgsunwert der Rechtsgutsverletzung eliminiert, jedoch bewirkt, dass dieser mangels Vermittlung durch eine unwerte Handlung nicht strafbar ist. Dies gilt in besonderem Maße für den Arzneimittelbereich, wo es gerade Aufgabe der zuständigen Behörden ist, den Nutzen eines Medikaments für das Allgemeinwohl gegen die Gefahren für die Volksgesundheit abzuwägen, § 25 Abs. 2 Satz 1 Nr. 5 AMG. Identifiziert man die Volksgesundheit zutreffend als Bündel der individuellen Gesundheit der einzelnen Bürger, so folgt hieraus zwingend, dass die arzneimittel-

---

[1153] *Rogall*, Strafbarkeit von Amtsträgern, S. 153 f.; *Rengier*, ZStW 101 (1989), S. 880 f. So auch *Fortun*, Genehmigung, S. 72, der zutreffend hervorhebt, dass eine Strafbarkeit wegen genehmigungslosen Handelns, wie sie etwa auch § 96 Nr. 4, 5 und 11 AMG vorsehen, verstanden als Ahndung bloßen Verwaltungsungehorsams auch unverhältnismäßig wäre und im Widerspruch zum ultima ratio-Charakter des Strafrechts stünde.

[1154] *StA Landau*, NStZ 1984, S. 553 (554); *Hundt*, Genehmigung, S. 123; MüKo-StGB-*Schlehofer*, Vor §§ 32 ff. Rn. 154; NK-*Paeffgen*, Vor §§ 32 bis 35 Rn. 202; *Roxin*, AT/1, § 17 Rn. 68.

[1155] *Frisch*, Verwaltungsakzessorietät, S. 81; *Hübenett*, Genehmigung, S. 34; *Jünemann*, Rechtsmißbrauch, S. 93; LK-*Wolff*, § 319 a.F. Rn. 13; *Mumberg*, Rechtsmißbrauch, S. 111; *Otto*, Jura 1991, S. 312 f.; *Rudolphi*, FS Lackner, S. 882; i. E. ebenso *Heine*, Verantwortlichkeit, S. 69 f.

[1156] *Heine*, NJW 1990, S. 2431; SK-StGB-*Horn*, Vor § 324 Rn. 12.

[1157] Vgl. *Heine*, Verantwortlichkeit, S. 274 f.; *Kaufmann*, FS Klug, S. 282, 288; *Otto*, Jura 1991, S. 312; *Sach*, Genehmigung, S. 76 f.; *Scheele*, Bindung, S. 157.

rechtlichen Genehmigungen Gefährdungen der Individualrechtsgüter Leben und Gesundheit in bestimmtem Umfang legalisieren und damit die Realisierung der erkannten und gebilligten Risiken in einem späteren Verletzungserfolg straflos stellen können.[1158]

b. Verortung der Genehmigung im Deliktsaufbau

Die eigentliche Problematik im Zusammenhang mit der strafrechtlichen Wirkung behördlicher Genehmigungen besteht darin, diese sachgerecht im Deliktsaufbau zu verorten. So stellt sich die Frage, ob die Genehmigung als spezielle Form der Risikoerlaubnis erst die Rechtswidrigkeit eines Verhaltens oder bereits dessen Tatbestandsmäßigkeit beseitigt.[1159]

(A) Primäre Maßgeblichkeit der Struktur der einschlägigen Straftatbestände

Die Antwort auf diese Frage hängt zunächst von der Struktur der anwendbaren Sanktionsnorm ab. Ist der Straftatbestand formal-verwaltungsakzessorisch abgefasst,[1160] indem er ein Handeln ohne oder in Widerspruch zu einer bestehenden Genehmigung unter Strafe stellt, das Verbot damit inhaltlich letztlich erst durch eine konkrete Regelung der zuständigen Verwaltungsbehörde festgelegt wird, so stellt die Genehmigung ein negativ gefasstes Tatbestandsmerkmal dar, dessen Vorhandensein bereits die Tatbestandsmäßigkeit des genehmigungskonformen Verhaltens ausschließt.[1161] Dies trifft auf die im AMG enthaltenen Gefährdungsdelikte der § 96 Nr. 4, 5 und 11 AMG zu, welche die Herstellung, Ausbietung und klinische Prüfung von Arzneimitteln ohne entsprechende Genehmigung mit Strafe belegen.

Während dies zu Recht nahezu unstrittig ist, ist die Lozierung der Genehmigung im Deliktsaufbau dort weitaus schwieriger zu fassen, wo der Tatbestand nicht explizit das Fehlen einer Genehmigung fordert, das Verhalten vielmehr im Blick auf bestimmte Güter bereits als solches beeinträchtigend und problematisch erscheint. Angesprochen sind damit die kernstrafrechtlichen Normen der §§ 211 ff., 223 ff. und 314 StGB, die einer expliziten Inbezugnahme auf ein bestimmtes

---

[1158] Vgl. *Hübenett*, Genehmigung, S. 33; LK-*Rönnau*, Vor § 32 Rn. 289; *Prittwitz*, Risiko, S. 285; S/S-*Lenckner*, Vorbem §§ 32 ff. Rn. 63d; *Tiedemann*, FS Hirsch, S. 775. So letztlich auch *Horn*, FS Welzel, S. 720. Insofern besteht ein gewichtiger Unterschied zum Umweltstrafrecht: Während dort den zuständigen Behörden allein das Rechtsgut Umwelt zur Verwaltung anvertraut ist, welches die Individualrechtsgüter Leben und Gesundheit gerade nicht umfasst, bilden diese unstreitig einen Teilausschnitt des den Arzneimittelbehörden anvertrauten Rechtsguts Volksgesundheit.

[1159] Einigkeit besteht lediglich dahingehend, dass die behördliche Genehmigung nicht erst auf der Ebene der Schuld relevant wird. Vgl. *Hübenett*, Genehmigung, S. 44.

[1160] Vgl. S. 101 f.

[1161] *Frisch*, Verwaltungsakzessorietät, S. 27; *Hassemer* in: Eser/Huber/Cornils, Einzelverantwortung, S. 306 f.; *Heghmanns*, Grundzüge, S. 173; *Hüwels*, Gesetzesvollzug, S. 36; *Jünemann*, Rechtsmißbrauch, S. 36; NK-*Paeffgen*, Vor §§ 32 bis 35 Rn. 201; *Rengier*, ZStW 101 (1989), S. 878 f.; *Roxin*, AT/1, § 10 Rn. 32; S/S-*Cramer/Heine*, Vorbem. §§ 324 ff. Rn. 17a; S/S-*Lenckner*, Vorbem §§ 32 ff. Rn. 61; *Tiedemann/Kindhäuser*, NStZ 1988, S. 342; *Winkelbauer*, NStZ 1988, S. 202.

Verwaltungshandeln entbehren und ihrem Wortlaut nach bestimmte Rechtsgutsbeeinträchtigungen unabhängig von einer im Einzelfall bestehenden Genehmigung ahnden. Wegen der abschließenden, von verwaltungsrechtlichen Entscheidungen losgelösten Umschreibung des Unrechtssachverhalts durch das Strafrecht selbst, pflegen zahlreiche Stimmen im Schrifttum[1162] sowie der *BGH*[1163] die Genehmigung des erfolgskausalen Verhaltens als Rechtfertigungsgrund im Sinne einer auf den konkreten Einzelfall bezogenen ausnahmsweisen Befugniserteilung anzusehen.

Im Folgenden ist zu untersuchen, ob diese formal-strafrechtliche, allein auf die Struktur des Straftatbestandes abstellende Betrachtungsweise einer kritischen Überprüfung Stand hält.

(B) Formal-verwaltungsrechtliche Auffassung

Widerspruch erfährt diese Ansicht zunächst von Seiten einer an verwaltungsrechtliche Kategorien behördlicher Genehmigungen anknüpfenden formal-verwaltungsrechtlichen Auffassung. Diese greift die grundsätzliche verwaltungsrechtliche Differenzierung zwischen sogenannten präventiven Verboten mit Erlaubnisvorbehalt einerseits und sogenannten repressiven Verboten mit Befreiungsvorbehalt andererseits auf und weist dieser präjudizielle Bedeutung für die Platzierung der behördlichen Genehmigung im Deliktsaufbau zu.[1164] Während im Fall eines präventiven Verbots mit Erlaubnisvorbehalt unter gesetzlich bestimmten Voraussetzungen ein Anspruch auf Bewilligung der beantragten Tätigkeit besteht, weil die Genehmigung als Kontrollerlaubnis sozialadäquater und daher grundsätzlich zulässiger, wegen ihres Gefahrenpotentials aber einer vorherigen behördlichen Prüfung unterstellter Verhaltensweisen lediglich die allgemeine Handlungsfreiheit herstellt, erweitert die Genehmigung im Fall des repressiven Verbots mit Befreiungsvorbehalt im Sinne einer Ausnahmebewilligung den Rechtskreis des Bürgers, indem sie ein prinzipiell unerwünschtes, sozialschädliches Vorhaben angesichts der besonderen Umstände des Einzelfalls mit Rücksicht auf höherrangige Interessen bzw. zur Vermeidung unbilliger Härten ausnahmsweise für zulässig erklärt.[1165] Diesem verwaltungsrechtlichen Regel-Ausnahme-Verhältnis entspreche in strafrechtlicher Hinsicht das Regel-Ausnahme-Verhältnis von Tatbestand und Rechtfertigung, so dass die der beantragten Unternehmung soziale Adäquanz bescheinigende Kontrollerlaubnis bereits tatbestandsausschließende, die Ausnahme-

---

[1162] *Baumann/Weber/Mitsch*, AT, § 17 Rn. 126; *Gröger*, Haftung, S. 19; *Jünemann*, Rechtsmißbrauch, S. 36; *Kühl*, AT, § 9 Rn. 124; *Marx*, Genehmigung, S. 142, 172; *Rengier*, ZStW 101 (1989), S. 878 f.; *Tiedemann/Kindhäuser*, NStZ 1988, S. 342. Speziell in Bezug auf § 314 StGB *Horn*, NJW 1986, S. 156.

[1163] *BGH* NStZ 1993, S. 594 (595).

[1164] So etwa *Hübenett*, Genehmigung, S. 46; NK-*Paeffgen*, Vor §§ 32 bis 35 Rn. 202. Einschränkend *Steindorf*, FS Salger, S. 171.

[1165] Vgl. *Maurer*, Allg. VwR, § 9 Rn. 51 ff. m. w. N.; *Fortun*, Genehmigung, S. 37 f.; *Hoyer*, Strafrechtsdogmatik, S. 147 f.; *Marx*, Genehmigung, S. 59; NK-*Paeffgen*, Vor §§ 32 bis 35 Rn. 201; *Rengier*, ZStW 101 (1989), S. 875; *Roxin*, AT/1, § 17 Rn. 45; *Sach*, Genehmigung, S. 38 ff.; S/S-*Lenckner*, Vorbem §§ 32 ff. Rn. 61; *Sternberg-Lieben*, Schranken, S. 269 f.; *Winkelbauer*, Verwaltungsakzessorietät, S. 20.

bewilligung als Ergebnis einer Interessenabwägung erst rechtfertigende Wirkung entfalte.[1166]

Da die Genehmigungsvorbehalte im Arzneimittelrecht allesamt als präventive Verbote mit Erlaubnisvorbehalt ausgestaltet sind, besteht doch bei Erfüllung der jeweiligen gesetzlichen Genehmigungsvoraussetzungen gemäß §§ 14, 25, 40 AMG ein Anspruch auf Gestattung der Herstellung, klinischen Prüfung und Ausbietung eines Arzneimittels, käme den arzneimittelrechtlichen Genehmigungen auch im Rahmen der einschlägigen Strafnormen des StGB tatbestandsausschließende Wirkung zu.

Eine derart schematische Ableitung strafrechtlicher Kategorien aus verwaltungsrechtlichen Klassifizierungen kann jedoch nicht überzeugen. Sie konfligiert nicht nur mit dem Charakter des Strafrechts als eigenständiger Disziplin, welche als Sekundärrechtsordnung zwar materielle Vorgaben der Primärordnung zu beachten, nicht jedoch zusätzlich auch deren formale Begrifflichkeiten und Typisierungen unreflektiert zu übernehmen hat.[1167] Sie verkennt auch, dass sich bereits im Verwaltungsrecht präventive und repressive Verbote nicht immer eindeutig unterscheiden und schon gar nicht pauschal einerseits sozialadäquaten, andererseits sozial unerwünschten Verhaltensweisen zuordnen lassen.[1168] So haben die Ausführungen zur Sozialadäquanz gezeigt, dass sich ambivalente Verhaltensweisen wie das Inverkehrbringen eines Arzneimittels nicht von vornherein dem Bereich sozial nützlicher bzw. sozial schädlicher Tätigkeiten zuordnen lassen.[1169] Die Tatsache, dass der Gesetzgeber eine Genehmigungspflicht statuiert hat, spricht ja gerade dafür, dass die soziale Bewertung des Verhaltens unterschiedlich ausfallen kann.[1170] Entscheidend kann letztlich nur sein, ob die strafrechtlich relevante Tätigkeit, *mit* der erforderlichen Genehmigung ausgeführt, einen völlig normalen, sozialadäquaten Vorgang darstellt oder ob sie auch dann Ausnahmecharakter besitzt.[1171] Was vordergründig als praktikable, trennscharfe Differenzierung erscheint, entpuppt sich damit bei genauerem Hinsehen als unsachgemäße Pauschalierung, die allenfalls eine erste Orientierung zu liefern vermag, mehr aber auch nicht.[1172]

1166 *Alexander*, Strafrechtliche Verantwortlichkeit, S. 85; *Hoyer*, Strafrechtsdogmatik, S. 148; *Jescheck/Weigend*, AT, § 33 VI; LK-*Rönnau*, Vor § 32 Rn. 274; NK-*Paeffgen*, Vor §§ 32 bis 35 Rn. 201; *Rademacher*, Strafbarkeit, S. 5; *Roxin*, AT/1, § 17 Rn. 60 f.; S/S-*Lenckner*, Vorbem §§ 32 ff. Rn. 61; *Steindorf*, FS Salger, S. 171 f.; SK-StGB-*Günther*, Vor § 32 Rn. 66; *Tiedemann*, Wirtschaftsstrafrecht, Rn. 206; *Tiedemann/Kindhäuser*, NStZ 1988, S. 342 f.; *Winkelbauer*, Verwaltungsakzessorietät, S. 20; a. A. *Roxin*, AT/1, § 17 Rn. 61, und *Winkelbauer*, NStZ 1988, S. 203, die auch im Fall eines repressiven Verbots mit Befreiungsvorbehalt der Genehmigung tatbestandsausschließende Wirkung beimessen.

1167 Vgl. *Fortun*, Genehmigung, S. 31; i. E. ebenso *Kühl*, AT, § 9 Rn. 123.

1168 *Hundt*, Genehmigung, S. 106 ff.; *Jünemann*, Rechtsmißbrauch, S. 23; *Marx*, Genehmigung, S. 129 f.

1169 Siehe S. 201 f.

1170 *Hüwels*, Gesetzesvollzug, S. 35. Dies verkennend *Baumann/Weber/Mitsch*, AT, § 17 Rn. 126.

1171 So zutreffend *Stratenwerth/Kuhlen, AT,* § 9 Rn. 134.

1172 *Marx*, Genehmigung, S. 63; *Rengier*, ZStW 101 (1989), S. 875, 878.

(C) Materiell-strafrechtliche Ansicht

In Abkehr von der schematischen Anknüpfung an formal-verwaltungsrechtliche Differenzierungen bzw. an die formale Struktur der einschlägigen Straftatbestände versucht eine dritte, materiell-strafrechtlich ausgerichtete Auffassung, die Verortungsproblematik durch sinngemäße Übertragung der hinter der jeweiligen behördlichen Genehmigung stehenden materiellen (primär-)rechtlichen Wertungen ins Strafrecht zu lösen. Diese Vorgehensweise verdient grundsätzlich Zustimmung. Zum einen trägt sie der dogmatischen Eigenständigkeit des Strafrechts Rechnung, indem sie im Gegensatz zur formal-verwaltungsrechtlichen Ansicht nicht verwaltungsrechtliche Klassifizierungen zur Grundlage strafrechtsdogmatischer Kategorisierung macht, sondern vielmehr umgekehrt die der verwaltungsrechtlichen Typisierung zugrunde liegenden Wertungen bestmöglich in die herkömmliche Strafrechtsdogmatik einpasst. Zum anderen bleibt sie nicht bei einer pauschalen formal-strafrechtlichen Unterscheidung anhand der formalen Straftatbestandsstruktur stehen, sondern richtet den Blick auf die im konkreten Einzelfall die Genehmigungserteilung tragenden materiellen Erwägungen.

(I) Behördliche Genehmigung als objektive Bedingung der Strafbarkeit

Ein Teil des Schrifttums weist der behördlichen Genehmigung im Strafrecht den Rang einer objektiven Strafbarkeitsbedingung zu, welche die strafrechtliche Verfolgbarkeit der genehmigten Tätigkeit sperre, ohne zugleich Einfluss auf die Beurteilung des Verhaltens als strafrechtswidrig zu haben.[1173]

Allerdings wirft diese Konzeption im Hinblick auf das im Strafrecht streng zu handhabende Rückwirkungsverbot erhebliche Bedenken auf, könnte doch durch spätere Aufhebung der Genehmigung das ursprünglich gestattete Verhalten rückwirkend zur Straftat erhoben werden. Der Bürger wüsste im Zeitpunkt des Handlungsvollzugs nicht, ob er sich durch sein Tätigwerden strafbar macht. Das mit dem Ausnutzen der Genehmigung verbundene unkalkulierbare Strafbarkeitsrisiko wäre nicht nur unvereinbar mit dem rechtsstaatlichen Rechtssicherheitsgebot, sondern liefe mangels eindeutiger Verhaltensregeln auch dem Charakter des Strafrechts als Verhaltensordnung zuwider.[1174] Eine Deutung der Genehmigung als objektive Bedingung der Strafbarkeit ist demnach abzulehnen.

(II) Behördliche Genehmigung als Quasi-Einwilligung

Auf der Suche nach einem strafrechtsdogmatischen Pendant zur behördlichen Genehmigung wird im umweltstrafrechtlichen Schrifttum die Ansicht vertreten, die Genehmigungserteilung käme einer Einwilligung der Allgemeinheit in die Verletzung ihrer Güter gleich, welche die Behörde in Übereinstimmung mit dem in der gesetzlichen Ausgestaltung des Genehmigungsverfahrens zum Ausdruck kommenden gesellschaftlichen Konsenses quasi als Treuhänder in Vertretung der Allgemeinheit ausspreche.[1175] Dies erscheint jedoch nicht sachgemäß. Während sich

---

[1173] *Lenckner*, FS Pfeiffer, S. 40; SK-StGB-*Günther*, Vor § 32 Rn. 67; SK-StGB-*Horn*, Vor § 324 Rn. 19.

[1174] *Scheele*, Bindung, S. 121; *Hübenett*, Genehmigung, S. 43.

[1175] Vgl. *Hundt*, Genehmigung, S. 100 ff., 122 f.

die Einwilligung als bewusster Rechtsgutsverzicht auf die Inhaberschaft des betreffenden Rechtsguts stützt, ist die behördliche Genehmigung Ausdruck einer besonderen Kompetenz der Verwaltung zur Bewirtschaftung eines Rechtsguts.[1176] Anders als die Inhaberschaft verleiht diese Kompetenz der Verwaltung nicht die Befugnis, ein Eingriffsrecht zu erteilen. Kennzeichnend für die Einwilligung ist aber ihre Erfolgsbezogenheit, aufgrund derer sie im Gegensatz zur behördlichen Genehmigung nicht nur den Handlungsunwert des erfolgskausalen Verhaltens, sondern darüber hinaus auch den Erfolgsunwert der eingetretenen Rechtsgutsverletzung beseitigt. Aufgrund dieser Wesens- und Strukturunterschiede scheidet eine Gleichsetzung der behördlichen Genehmigung mit einer rechtfertigenden Einwilligung aus.[1177]

Dessen ungeachtet besitzt der Gedanke einer Art Einwilligung der Allgemeinheit durchaus einen berechtigten Kern. Die Rechtsgemeinschaft erklärt sich durch Schaffung entsprechender verbindlicher Rechtsvorschriften in gewisser Weise bereit, bestimmte schadensträchtige Verhaltensweisen hinzunehmen, um in den Genuss der mit der riskanten Tätigkeit verbundenen Vorteile zu kommen. Charakteristikum dieser „Einwilligung" ist aber nicht ein bewusster Rechtsgutsverzicht, kann dieser doch nur durch den Rechtsgutsinhaber selbst – in Bezug auf Leben und Gesundheit also allein durch den Einzelnen als Individuum – erfolgen; vielmehr stellt die Zustimmung der Gesellschaft das Ergebnis einer umfassenden Interessenabwägung dar.[1178] Ein solcher sozialer Konsens auf der Grundlage einer Interessenabwägung findet seine Entsprechung im Strafrecht aber nun einmal nicht in der Rechtsfigur der Einwilligung, sondern im Rechtsinstitut des erlaubten Risikos. Die Genehmigungserteilung erscheint vor diesem Hintergrund letztlich als Akt der öffentlichen, außenwirksamen Anerkennung einer nicht ungefährlichen Unternehmung als seitens der Rechtsgemeinschaft erlaubtes Risiko.

(III) Behördliche Genehmigung als Konkretisierung des erlaubten Risikos

Ausgehend von dem soeben Gesagten bietet es sich an, den Blick nicht sofort auf die Genehmigung und die dadurch vermittelten Befugnisse zu richten, sondern zunächst die gesetzliche Lage näher in Augenschein zu nehmen, die der Genehmigungserteilung zugrunde liegt.[1179] Bewertet der Verwaltungsgesetzgeber das in Frage stehende Verhalten ex ante im Zeitpunkt der Genehmigungserteilung als zulässig, so kann es grundsätzlich nicht zugleich als leitbildhaft falsches, strafbares Unrecht gegenüber der Güterwelt qualifiziert werden – dies verbietet schon der Zusammenhang zwischen Primär- und Sekundärordnung.[1180] Wie die Ausführungen zur objektiven Sorgfalt im Rahmen der Fahrlässigkeitsdelikte allerdings gezeigt haben, besitzen derartige verwaltungsrechtliche Normen zunächst nur indi-

---

[1176] LK[11]-*Hirsch*, Vor § 32 Rn. 160.

[1177] I. E. ebenso MüKo-StGB-*Schlehofer*, Vor §§ 32 ff. Rn. 148; NK-*Paeffgen*, Vor §§ 32 bis 35 Rn. 201; *Sternberg-Lieben*, Schranken, S. 271 f.;

[1178] Den Aspekt der Interessenabwägung als Merkmal behördlicher Genehmigungen betonen auch *Große Vorholt*, Behördliche Stellungnahmen, S. 117, 191, *Heghmanns*, Grundzüge, S. 181, und *Scheele*, Bindung, S. 30.

[1179] Vgl. *Frisch*, Verwaltungsakzessorietät, S. 34.

[1180] *Frisch*, Verwaltungsakzessorietät, S. 35; *Winkelbauer*, Verwaltungsakzessorietät, S. 21.

zielle Bedeutung, da sie als abstrakte Regelungen etwaige im Einzelfall zu berücksichtigende Besonderheiten unter Umständen nicht erfassen.[1181] An dieser Stelle kommt die Genehmigung ins Spiel, welche die Prüfung der abstrakten gesetzlichen Vorgaben für den konkreten Einzelfall beinhaltet und – bezogen auf den speziellen Fall der Genehmigung des Herstellens und Inverkehrbringens von Arzneimitteln – mittels einer Art Wissenserklärung nach außen zu erkennen gibt, dass das betreffende Präparat nach dem aktuellen Erkenntnisstand mangels unvertretbarer Nebenwirkungen die gesetzlichen Vertriebsanforderungen erfüllt.[1182] Im Wege des Gesetzesvollzugs konkretisiert und individualisiert die Genehmigungserteilung damit die komplexe Gesetzeslage für den Einzelfall[1183] und überführt so die abstrakte, für das Strafrecht bloße Indizfunktion entfaltende gesetzliche Regelung in eine konkrete, auch für das Strafrecht verbindliche Bewertung des betreffenden Sachverhalts.[1184] Dabei trifft die Genehmigungsbehörde im Bereich der gesetzesgebundenen Verwaltung, zu der auch das Arzneimittelrecht zählt, keine eigenständige, normative Entscheidung im Sinne einer originären Gewichtung und Abwägung der involvierten Interessen, sondern subsumiert lediglich die Fakten des konkreten Einzelfalls unter die schon vom Gesetzgeber selbst in den Genehmigungsvorschriften getroffene Interessenabwägung[1185] – im Fall arzneimittelrechtlicher Genehmigungen also vor allem die aus den eingereichten Unterlagen zu entnehmenden empirischen Daten bezüglich Art und Umfang von Nutzen und Risiken des jeweiligen Medikaments.

Indes folgt hieraus entgegen einzelnen Stimmen im Schrifttum[1186] nicht zwingend ein rein deklaratorischer Charakter der behördlichen Genehmigung dergestalt, dass diese nur das bereits von Gesetzes wegen (straf-)rechtlich erlaubte Risiko bestätige. Bereits im Rahmen der allgemeinen Ausführungen zum erlaubten Risiko wurde dargelegt, dass dieses allein solche Restrisiken erfasst, die trotz Ergreifens aller zumutbaren risikominimierenden Maßnahmen bestehen bleiben. Die Einholung einer Genehmigung und die damit einhergehende Prüfung des geplanten Vorhabens durch ein (pluralistisch besetztes) Expertengremium, wie es sowohl

---

[1181] Siehe S. 274 ff. Speziell in Bezug auf die Genehmigungsproblematik *Winkelbauer*, Verwaltungsakzessorietät, S. 47 f.

[1182] Vgl. *Frisch*, Verwaltungsakzessorietät, S. 39; *Große Vorholt*, Behördliche Stellungnahmen, S. 191.

[1183] *Felix*, Einheit der Rechtsordnung, S. 340; *Fluck*, VerwArch 79 (1988), S. 410; *Frisch*, Verwaltungsakzessorietät, S. 34; *Hüwels*, Gesetzesvollzug, S. 37; *Rogall*, GA 1995, S. 314; *Ronzani*, Erfolg, S. 118; *Schröder*, Personelle Reichweite, S. 165 f.

[1184] So wohl auch *Große Vorholt*, Behördliche Stellungnahmen, S. 46; *Hermes*, Wirkung, S. 204; i. E. ähnlich *Geerds*, FS Tröndle, S. 247, der die Konkretisierungsleistung behördlicher Genehmigungen in der Konturierung der Tatbestandsmerkmale der einschlägigen Strafnormen erblickt; a. A. *Schürer-Mohr*, Erlaubte Risiken, S. 69 f., die auch dem Verwaltungsakt allein indizielle Bedeutung beimisst.

[1185] *Kaufmann*, FS Klug, S. 282; *Marx*, Genehmigung, S. 75, 77; *Schmitz*, Verwaltungshandeln, S. 65; *Winkelbauer*, Verwaltungsakzessorietät, S. 21. An diesem Befund ändert entgegen *Heghmanns*, Grundzüge, S. 188, auch ein der Behörde regelmäßig zukommender Beurteilungsspielraum nichts.

[1186] *Marx*, Genehmigung, S. 131; *Winkelbauer*, Verwaltungsakzessorietät, S. 21, 47 f.

das BfArM/PEI als auch die Ethik-Kommission und Fachabteilung der zuständigen Landesbehörde bildet, stellt aber gerade eine solche gefahrenreduzierende Sicherheitsvorkehrung dar, so dass die Genehmigungserteilung letztlich nicht nur das gesetzlich erlaubte Risiko konkretisiert, sondern konstituiert.[1187]

Führt man sich vor Augen, dass die arzneimittelrechtlichen Genehmigungen etwa in Form von Auflagen und konkreten Angaben zum Herstellungs- oder Prüfverfahren sowie zur Art und Weise des Arzneimittelvertriebs unter anderem auch verbindliche Verhaltensanweisungen enthalten, so folgt hieraus im Hinblick auf die Frage der Verortung, dass die arzneimittelrechtlichen Genehmigungen eine pflichtenkonkretisierende Funktion bei Bestimmung der im jeweiligen Einzelfall objektiv gebotenen Sorgfalt erfüllen.[1188] Dadurch wird zugleich ein Tatbestand schutzwürdigen Vertrauens zugunsten des Genehmigungsempfängers geschaffen, der sich berechtigterweise darauf verlassen darf, dass mehr als das im Genehmigungsbescheid Geforderte auch strafrechtlich nicht von ihm verlangt wird.[1189] „Ein Verhalten, das vom Staat oder ihm zurechenbar empfohlen wird, darf keine Strafbarkeitsrisiken bergen."[1190] Mag diese strikte Straffreistellung in Bezug auf bloße Verhaltensempfehlungen durch behördliche Stellungnahmen im Wege des informellen Verwaltungshandelns bedenklich anmuten, so ist sie doch zumindest dort zwingend, wo eine Behörde nach umfassender materieller Prüfung eines Sachverhalts einen formalen Verwaltungsakt erlässt, wie dies im Fall der Herstellungs-, Prüfungs- und Vertriebserlaubnis für ein Medikament der Fall ist.[1191] Ist das ent-

---

1187 Vgl. *Jakobs*, AT, 16/29; *Steindorf*, FS Salger, S. 171. Ebenso wohl auch *Heghmanns*, Grundzüge, S. 188. Diese Deutung der Genehmigungserteilung als das erlaubte Risiko erst konstituierendes Element ergibt sich zudem aus den abstrakten Gefährdungsdelikten in § 96 Nr. 4, 5, 11 AMG, welche gerade dem Umstand Rechnung tragen, dass dem ungenehmigten Herstellen, Prüfen und Inverkehrbringen von Arzneimitteln ein von Rechts wegen nicht hinnehmbares Gefahrenpotential anhaftet, und die sich auch nur bei Deutung des Herstellens, Prüfens und Inverkehrbringens eines nicht zugelassenen Medikaments als unerlaubtes Risiko im Hinblick auf das Verhältnismäßigkeitsgebot überhaupt erst verfassungsrechtlich legitimieren lassen.

1188 Im Ergebnis ebenso *Bosch*, Organisationsverschulden, S. 88 Fn. 291; *Frisch*, Verwaltungsakzessorietät, S. 62 ff.; *Große Vorholt*, Behördliche Stellungnahmen, S. 193; *Kuhlen*, FG BGH IV, S. 660; *Maurach/Zipf*, AT/1, § 29 Rn. 16; *Schmucker*, Dogmatik, S. 170; *Schröder*, Personelle Reichweite, S. 165 f.

1189 *Hüwels*, Gesetzesvollzug, S. 28; *Marx*, Genehmigung, S. 98; *Schwarz*, GA 1993, S. 322. Vgl. auch *Große Vorholt*, Behördliche Stellungnahmen, S. 128; *Heine*, Verantwortlichkeit, S. 69, 125, 129. In diesem Sinne auch das *LG Hanau* im *Alkem*-Urteil, NJW 1988, S. 571 (576).

1190 *Prittwitz*, Risiko, S. 288.

1191 Vgl. *Kuhlen*, FG BGH IV, S. 662; *ders.* in: Achenbach/Ransiek, HWSt, II Rn. 36. Ebenso *Bosch*, Organisationsverschulden, S. 88 Fn. 291. Insofern besteht auch ein Unterschied zu Rechtsauskünften privater Institutionen: Während der Gesetzgeber selbst das maßgebliche Genehmigungsverfahren und die Genehmigungsanforderungen ausgestaltet hat und sich dementsprechend an der darauf beruhenden Entscheidung der eigens geschaffenen bzw. ermächtigten Genehmigungsbehörde als verlängertem Arm festhalten lassen muss, muss er sich die Auskünfte Privater gerade nicht zurechnen las-

sprechende Verhalten demnach von einer arzneimittelrechtlichen Genehmigung gedeckt, so scheidet eine Strafbarkeit mangels Sorgfaltswidrigkeit bereits auf Tatbestandsebene aus. Es liegt insofern ein unverbotenes erlaubtes Risiko vor.[1192]

Fraglich ist indes, wie diese Erkenntnis mit § 25 Abs. 10 AMG vereinbar ist, wonach die Zulassung eines Arzneimittels die strafrechtliche Verantwortlichkeit des pharmazeutischen Unternehmers unberührt lässt. Zum Teil wird aus der Norm geschlussfolgert, dass die Zulassung keinen sorgfaltspflichtbegrenzenden Vertrauenstatbestand schaffe.[1193] § 25 Abs. 10 AMG sei vielmehr Ausdruck eines Systems der doppelten Kontrolle und Verantwortung zugunsten einer kumulativen Sicherheit des Arzneimittelmarktes;[1194] die Grundpflicht des § 5 AMG bleibe uneingeschränkt bestehen.[1195] Richtigerweise ist aber auch hier zu differenzieren: Zwar befreit die Zulassung den pharmazeutischen Unternehmer nicht von einer strafrechtlichen Verantwortung für Arzneimittelschäden, wenn diese bei Aufwendung der nötigen Sorgfalt im Sinne möglicher und zumutbarer Schutzmaßnahmen hätten verhindert werden können. Jedoch entlässt sie den pharmazeutischen Unternehmer aus seiner Eigenverantwortung bei der Ermittlung der gebotenen Sorgfaltsmaßnahmen; welche Vorkehrungen zu ergreifen sind, bestimmt sich ausschließlich anhand des Genehmigungsinhalts. Befolgt der pharmazeutische Unternehmer die behördlichen Anweisungen, handelt er sorgfaltsgemäß und ist für dennoch eintretende Arzneimittelschäden strafrechtlich nicht verantwortlich.[1196] § 25 Abs. 10 AMG steht dem gerade nicht entgegen.

Teilweise wird eine solche, die objektive Sorgfaltspflicht begrenzende Wirkung behördlicher Genehmigungen aber unabhängig von § 25 Abs. 10 AMG bereits von Grund auf bestritten. So stellte sich der *BGH* sowohl im *Alupent*-Urteil[1197] und Verzinkungsspray-Fall[1198] als auch in der Lederspray-Entscheidung[1199] auf den Standpunkt, ein Warenproduzent dürfe sich in Anbetracht seiner regelmäßig überlegenen Produktkenntnis nicht darauf verlassen, durch Erfüllung der behördlichen Anforderungen seinen strafrechtlichen Pflichten zu genügen. Vielmehr müsse er unter Umständen über das seitens der zuständigen Behörde als geboten Erachtete hinaus zusätzliche Sicherheitsvorkehrungen treffen. Und auch im Schrifttum finden sich Stimmen, die mit Blick auf einen vermeintlichen Kompetenzvorsprung

---

sen, weswegen ein fehlerhafter privater Rechtsrat allenfalls in Form eines unvermeidbaren Verbotsirrtums die Schuld auszuschließen vermag.

1192 So auch *Heine*, NJW 1990, S. 2432. Zur Problematik, inwieweit dies auch bei einer rechtswidrigen oder nichtigen Genehmigung bzw. im Fall einer sogenannten „Altgenehmigung" gilt, siehe S. 547 ff.

1193 D/L-*Anker*, § 25 Rn. 25; *Räpple*, Arzneimittel, S. 22; *Ramsauer*, Arzneimittelversorgung, S. 56; *Sander*, § 25 Erl. 20.

1194 *Räpple*, Arzneimittel, S. 23.

1195 *Fuhrmann*, Sicherheitsentscheidungen, S. 77; *Wagner*, Arzneimittel-Delinquenz, S. 74. Ebenso *Sach*, Genehmigung, S. 181 f. hinsichtlich der § 5 AMG entsprechenden Norm des § 5 BImSchG.

1196 So auch *Ronzani*, Erfolg, S. 120, 123.

1197 *BGHZ* 106, 273 (280).

1198 *BGH* NJW 1987, S. 372 (373).

1199 *BGHSt* 37, 106 (122); kritisch hierzu *Vogel*, FS Lorenz, S. 70.

des Produzenten eine derartige Entlastungswirkung behördlicher Genehmigungen generell leugnen.[1200]

Zutreffend ist sicherlich, dass die Genehmigung keinen Freibrief zur Sorglosigkeit dergestalt verschafft, dass jedwede zukünftige Rechtsgutsbeeinträchtigung, die aus der genehmigten Tätigkeit erwächst, Realisierung eines erlaubten Risikos und damit nicht strafbar ist.[1201] Ein solches Verständnis der Bedeutung behördlicher Genehmigungen stünde im Widerspruch zu Sinn und Zweck des Genehmigungsverfahrens als zusätzliche Schutzvorrichtung, würde sie den Produzenten doch von der Pflicht entheben, sein Produkt mit fortschreitendem technischen bzw. wissenschaftlichen Fortschritt stetig zu verbessern und auf diese Weise das Gefahrenpotential bestmöglich zu reduzieren.[1202] Ebenso unsachgemäß erscheint es aber, Genehmigungen seitens einer mit Fachpersonal ausgestatteten Spezialbehörde jegliche strafbarkeitsbegrenzende Wirkung abzusprechen.[1203] Hinzu kommt im speziellen Fall der Arzneimittelzulassung oder Prüfgenehmigung, dass das BfArM/PEI sowie die Ethik-Kommission nicht nur im Rahmen des Genehmigungsverfahrens anhand der gemäß §§ 22, 24 AMG bzw. § 7 GCP-V einzureichenden Unterlagen umfassend über das betreffende Präparat informiert werden, sondern auch in der Phase der Nachmarktkontrolle gemäß §§ 29, 31 Abs. 2, 63b AMG bzw. während der klinischen Prüfung gemäß §§ 12, 13 GCP-V regelmäßig über neue Erkenntnisse bzw. Verdachtsfälle möglicher Nebenwirkungen unterrichtet bleiben, so dass das Argument eines vermeintlichen Kompetenzvorsprungs des Herstellers im Bereich des Arzneimittelrechts nicht trägt.[1204] Schließlich ließe sich zumindest ebenso gut vertreten, dass Genehmigungsbehörden angesichts ihrer ständigen Befassung mit Sicherheitsfragen erhebliche Erfahrung im Umgang mit Risikosituationen haben und in diesem an sich entscheidenden Punkt dem über keinerlei Erfahrungs- bzw. Vergleichswerte verfügenden Produzenten gar überlegen sind.[1205] Bedenkt man zudem, dass oftmals gerade die Existenz einer staatlichen Kontrollbehörde, welche ein Produkt vor dessen Vermarktung bzw. Prüfung auf unvertretbare Risiken prüft, den Verbraucher in Sicherheit wiegt, wenn das Produkt später mit dem Nimbus staatlicher Billigung in Verkehr gelangt bzw. klinisch geprüft wird,[1206] so zwingt dies zu dem Schluss, dass der Staat mit der Genehmigungserteilung durch die zuständige Verwaltungsbehörde unweigerlich

---

1200 *Di Fabio*, Risikoentscheidungen, S. 305; *Heine*, Verantwortlichkeit, S. 71 f.; *Hermes*, Wirkung, S. 189; *Horn*, FS Welzel, S. 727; *Hübenett*, Genehmigung, S. 16 f.; *Preuß*, Untersuchungen, S. 92; *Rehmann*, § 5 Rn. 1; *Schall*, wistra 1992, S. 5; *Schmid* in: Müller-Gugenberger/Bieneck, WiStR, § 56 Rn. 53; *Schmidt-Salzer*, Produkthaftung, Rn. 1.374; *Vogel*, Produkthaftung, S. 24; *Wagner*, Arzneimittel-Delinquenz, S. 74. Für das Zivilrecht *Deutsch*, Arzneimittelprüfung, S. 91 f.; *Foerste* in: von Westphalen, Produkthaftungshandbuch, § 24 Rn. 94; MüKo-BGB-*Wagner*, § 823 Rn. 578.

1201 So zutreffend *Sach*, Genehmigung, S. 187. Ähnlich *Kloepfer*, NuR 1987, S. 14.

1202 *Horn*, FS Welzel, S. 726, 736. Ähnlich *Rademacher*, Strafbarkeit, S. 9.

1203 So i. E. zu Recht *Schmucker*, Dogmatik, S. 170.

1204 Vgl. *Bosch*, Organisationsverschulden, S. 88 Fn. 291; *Kaufmann*, (Sonder-)Pflichtverletzungen, S. 38.

1205 In diesem Sinne *Große Vorholt*, Behördliche Stellungnahmen, S. 143.

1206 *Schmucker*, Dogmatik, S. 170.

Verantwortung übernimmt für Gefährdungen, die Dritte durch das zugelassene Produkt ausgesetzt werden.[1207]

Letztlich legen die für und wider das strafbarkeitsbegrenzende Potential behördlicher Genehmigungen ins Feld geführten Argumente den Schluss nahe, dass sich eine Pauschallösung in Form einer ungeschmälerten Verantwortung des Genehmigungsempfängers bzw. einer kompletten Verantwortungsabwälzung auf die zuständige Verwaltungsbehörde prinzipiell verbietet.[1208] Vielmehr besteht zwischen Produzent und Behörde eine komplizierte Gemengelage wechselseitiger Verantwortlichkeiten.[1209] Entscheidend im Hinblick darauf, ob und gegebenenfalls in welchem Umfang auf eine Genehmigung und deren inhaltliche Angaben im Sinne einer definitiven Umgrenzung des erlaubten Risikos und verbindlichen Festlegung des einzuhaltenden Sorgfaltsmaßes vertraut werden darf, ist, wie im konkreten Einzelfall die Verantwortlichkeiten von Produzent und Behörde abzugrenzen sind, mit anderen Worten, in wessen Verantwortungsbereich der später eingetretene Produktschaden fällt.[1210] Die Wirkungsweise arzneimittelrechtlicher Genehmigungen im Strafrecht bestimmt sich damit anhand einer sachgerechten Abschichtung der Verantwortungsbereiche von pharmazeutischem Unternehmer einerseits und BfArM/PEI, Ethik-Kommission bzw. zuständiger Landesbehörde andererseits.

c. Zusammenfassung

Zusammenfassend ist festzuhalten, dass die arzneimittelrechtlichen Genehmigungen keine Rechtfertigungsgründe darstellen, sondern vielmehr bereits auf der Tatbestandsebene als Konstituens und zugleich sorgfaltspflichtbegrenzende Konkretisierung des unverbotenen erlaubten Risikos Bedeutung erlangen. Inwieweit dadurch im konkreten Einzelfall eine strafrechtliche Verantwortung des pharmazeutischen Unternehmers für infolge des genehmigten Verhaltens auftretende Arzneimittelschäden ausscheidet, ist im Wege einer angemessenen Abgrenzung der Verantwortungsbereiche des pharmazeutischen Unternehmers und der jeweiligen Behörde zu ermitteln, worauf im Rahmen der Ausführungen zur Verantwortungsabschichtung noch vertieft einzugehen sein wird.

Bereits jetzt lässt sich jedoch die umstrittene Frage beantworten, ob allein schon die aus den gesetzlichen Vorschriften ableitbare Genehmigungsfähigkeit des Herstellens, klinischen Prüfens bzw. Inverkehrbringens eines Arzneimittels die Strafbarkeit für dadurch herbeigeführte Arzneimittelschäden ausschließt, wie dies im Schrifttum vereinzelt für den Fall der bloßen (präventiven) Kontroller-

1207 So ausdrücklich das *BVerfG* im Mülheim-Kärlich-Beschluss, BVerfGE 53, 30 (58). Ebenso *di Fabio*, Risikoentscheidungen, S. 402; *Große Vorholt*, Behördliche Stellungnahmen, S. 128.

1208 Vgl. *Pietzcker*, JZ 1985, S. 209. Ebenso *Heine*, Verantwortlichkeit, S. 126 f., 281, der zudem zutreffend darauf hinweist, dass mit privativer Verantwortungsverlagerung auf die zuständige Behörde deren Mitwirkungsbereitschaft und Entscheidungsfreude signifikant zurückgehen und damit zugleich der wissenschaftliche und technische Fortschrift stagnieren würde.

1209 *Heine*, Verantwortlichkeit, S. 281; *Pietzcker*, JZ 1985, S. 209 f.

1210 *Große Vorholt*, Behördliche Stellungnahmen, S. 46; *Hermes*, Wirkung, S. 188.

laubnis im Bereich der gesetzesgebundenen Verwaltung vertreten wird.[1211] Da das Genehmigungsverfahren und das diesem zugrunde liegende Regelwerk, wie gesehen, dem materiellen Rechtsgüterschutz dient und insofern als risikominimierende Schutzvorrichtung das erlaubte Risiko erst konstituiert, stellt ein lediglich genehmigungsfähiges Vorhaben gerade (noch) kein erlaubtes Risiko dar. Die Genehmigungsfähigkeit allein führt daher noch nicht zur Straflosigkeit der entsprechenden Tätigkeit.[1212]

3. Rechtfertigung infolge Pflichtenkollision?

Schließlich ließe sich angesichts der Ambivalenz von Arzneimitteln daran denken, im Sinne einer rechtfertigenden Pflichtenkollision von zwei gegenläufigen Pflichten des pharmazeutischen Unternehmers auszugehen, nämlich einerseits zur Rücknahme eines Gesundheitsschäden verursachenden Medikaments sowie andererseits wegen dessen erwiesenen therapeutischen Nutzens zum Weitervertrieb des eventuell alternativlosen Präparats. Aber unabhängig davon, dass sich eine rechtliche, notfalls mit Zwangsmitteln durchsetzbare Verpflichtung zum Weitervertrieb nur schwer konstruieren lässt, entpuppt sich die Pflichtenkollision als bloße Scheinkollision einer Handlungs- und einer Unterlassungspflicht, die durch die Nutzen-Risiko-Abwägung des § 5 Abs. 2 AMG erfasst wird und sich entsprechend der (Un-)Bedenklichkeit des Arzneimittels in einer einzigen „Pflicht" – Rücknahme des Medikaments vom Markt bzw. Imverkehrbelassen des Präparats – konkretisiert.

II. Schuld und Unternehmen

„Nulla poena sine culpa" – Strafe setzt Schuld voraus. Dieser Schuldgrundsatz folgt zwingend aus dem Rechtsstaatsprinzip des Art. 20 und der in Art. 1 GG garantierten Menschenwürde und besitzt insofern Verfassungsrang.[1213] Nach dem

---

[1211] *Bloy*, ZStW 100 (1988), S. 506; *Frisch*, Verwaltungsakzessorietät, S. 43 f.; *Goldmann*, Genehmigung, S. 121; *Marx*, Genehmigung, S. 173, 175; MüKo-StGB-*Schmitz*, Vor §§ 324 ff. Rn. 83. Unstrittig ist hingegen, dass die bloße Genehmigungsfähigkeit eine Bestrafung auf Basis solcher Vorschriften, die wie § 96 Nr. 4, 5, 11 AMG als abstrakte Gefährdungsdelikte explizit das Handeln ohne Genehmigung sanktionieren, angesichts des insoweit eindeutigen Wortlauts nicht ausschließt.

[1212] Im Ergebnis ebenso *Baumann/Weber/Mitsch*, AT, § 17 Rn. 127; *Ensenbach*, Verwaltungsakzessorietät, S. 174; *Jakobs*, AT, 16/29a; *Jünemann*, Rechtsmißbrauch, S. 24; *Kindhäuser*, LPK, § 324 Rn. 11; *Kühl*, AT, § 9 Rn. 137; *Lackner/Kühl*, § 324 Rn. 10 m. w. N.; LK-*Rönnau*, Vor § 32 Rn. 290 f.; LK-*Steindorf*, Vor § 324 Rn. 43; *Maurach/Zipf*, AT/1, § 29 Rn. 19; NK-*Paeffgen*, Vor §§ 32 bis 35 Rn. 202 m. w. N.; Pfohl in: Müller-Gugenberger/Bieneck, WiStR, § 54 Rn. 121; *Rengier*, ZStW 101 (1989), S. 902 ff.; *Rogall*, FS Uni Köln, S. 525; S/S-*Lenckner*, Vorbem §§ 32 ff. Rn. 62; *Tröndle/Fischer*, Vor § 324 Rn. 9 m. w. N.

[1213] Vgl. *BVerfG*E 20, 323 (331); 23, 127 (132); *BGH*St 2, 194 (200); *Busch*, Umweltstrafrecht, S. 446 m. w. N.; *Kühl*, AT, § 10 Rn. 2; S/S-*Lenckner/Eisele*, Vorbem §§ 13 ff. Rn. 103/104; SK-StGB-*Rudolphi*, Vor § 19 Rn. 1.

heute herrschenden sozial-normativen Schuldverständnis bedeutet Schuld vor allem persönliche Vorwerfbarkeit des verwirklichten Unrechts.[1214] Dem Täter gegenüber wird der sozialethische Vorwurf erhoben, hinter den Verhaltensanforderungen, die der freiheitlich verfasste, menschliche Freiheit anerkennende Staat an seine Bürger zwecks Gewährleistung eines friedlichen Zusammenlebens stellt, zurückgeblieben zu sein, obwohl er sich hätte anders entscheiden und anders, nämlich in Einklang mit den Verhaltenserwartungen der Rechtsgemeinschaft, sprich normgerecht, hätte handeln können.[1215] Kern des Schuldvorwurfs ist damit eine rechtlich tadelnswerte Gesinnung,[1216] Grundvoraussetzung hierfür die prinzipielle Fähigkeit, zwischen Recht und Unrecht unterscheiden und sich durch die Rechtsnormen zu rechtmäßigem Verhalten bestimmen zu lassen.[1217] Auch wenn das dem Schuldprinzip zugrunde liegende indeterministische Menschenbild durch jüngste, die Willensfreiheit des Individuums in Zweifel ziehende Erkenntnisse der Hinforschung, zunehmend in Frage gestellt wird,[1218] so bildet es dennoch eine unbezweifelbare Realität unseres sozialen und moralischen Bewusstseins, weswegen das Recht hieran nicht nur festhalten kann, sondern geradezu muss, ist menschliches Zusammenleben doch nur von diesem Standpunkt aus sinnvoll denkbar und dementsprechend regelbar.[1219]

Stellt das Schuldurteil demnach einen persönlichen Vorwurf des Anders-Handeln-Könnens und eine personale Verantwortlichkeitszuschreibung dar, so erklärt sich daraus die individualistische Prägung des Schuldbegriffs, wie sie im strafrechtlichen Prinzip der Individualschuld zum Ausdruck kommt.[1220] Danach werden als schuldfähig nur Einzelpersonen erachtet, nicht aber Personengesamt-

---

1214 *BGH*St GrS 2, 194 (200); *Ackermann*, Juristische Personen, S. 218; MüKo-StGB-*Radtke*, Vor §§ 38 ff. Rn. 20 m. w. N.; *Stratenwerth/Kuhlen*, AT/I, § 7 Rn. 24; *Tröndle/Fischer*, Vor § 13 Rn. 28. Ebenso *BVerfG*E 20, 323 (331).

1215 *BGH*St GrS 2, 194 (200); *Busch*, Umweltstrafrecht, S. 447; *Eidam*, Unternehmen und Strafe, S. 90; *Freund*, AT, § 4 Rn. 1; *Kindhäuser*, LPK, Vor §§ 19-21 Rn. 5; *Krey*, AT/1, Rn. 650; *Kühl*, AT, § 10 Rn. 3; *Lackner/Kühl*, Vor § 13 Rn. 23; MüKo-StGB-*Radtke*, Vor §§ 38 ff. Rn. 20, 22; SK-StGB-*Rudolphi*, Vor § 19 Rn. 1.

1216 *Wessels/Beulke*, AT, Rn. 401. Ähnlich *Kindhäuser*, LPK, Vor §§ 19-21 Rn. 5.

1217 *Bottke*, wistra 197, S. 247; *Busch*, Umweltstrafrecht, S. 447; *Hirsch*, Straffähigkeit, S. 12; *Jakobs*, FS Lüderssen, S. 568; *Jescheck/Weigend*, AT, § 37 I 1, 2 b; *Lackner/Kühl*, Vor § 13 Rn. 23; LK-*Jescheck*, Vor § 13 Rn. 73; MüKo-StGB-*Radtke*, Vor §§ 38 ff. Rn. 20, 22; *Roxin*, AT/1, § 19 Rn. 3; *Stratenwerth/Kuhlen*, AT/I, § 7 Rn. 26, § 10 Rn. 4.

1218 Hierzu eingehend *Hillenkamp*, JZ 2005, S. 313 ff.

1219 Vgl. *Jescheck/Weigend*, AT, § 37 I 3; *Lackner/Kühl*, Vor § 13 Rn. 26; *Otto*, Unternehmen, S.17; SK-StGB-*Rudolphi*, Vor § 19 Rn. 1. Kritisch *Hillenkamp*, JZ 2005, S. 320, der für den Fall, dass die Hirnforschung in Zukunft eindeutige Belege für die fehlende Willensfreiheit des Menschen liefern sollte, fordert, das auf der Prämisse grundsätzlicher menschlicher Willensfreiheit beruhende Schuldprinzip, das dann auf bloßer „Illusion" und „Lüge" baute, aufzugeben.

1220 Siehe z. B. *Baumann/Weber/Mitsch*, AT, § 18 Rn. 27; *Grafe/Debong*, ArztR 1997, S. 98; *Jescheck/Weigend*, AT, Vor § 37.

heiten wie etwa Wirtschaftsunternehmen.[1221] Insofern gilt der bereits in der Einleitung angesprochene Grundsatz societas delinquere non potest,[1222] der zudem daraus folgt, dass dem Verband als rein juristischer Persönlichkeit weder ein sozialethisches Versagen zum Vorwurf gemacht werden kann noch der im Schuldvorwurf steckende sozialethische Tadel Wirkung zeigt, da dem Verband als solchem die erforderliche Einsichts- und Steuerungsfähigkeit fehlt, um sich zu normgetreuem Verhalten motivieren zu können.[1223] So hat auch das *BVerfG*[1224] betont, dass für die „Schuld" einer juristischen Person nur die Schuld der für sie verantwortlich handelnden Personen maßgebend sein könne, weshalb auch die in § 30 OWiG statuierte Verbandsgeldbuße als Anknüpfungspunkt eine von einer natürlichen Person begangene, voll zurechenbare Straftat oder Ordnungswidrigkeit verlangt.[1225]

Eine strafrechtliche Verantwortung des pharmazeutischen Unternehmens als solchem existiert demnach nicht.[1226] Notwendig ist vielmehr stets, innerhalb des Unternehmensganzen einzelne Mitarbeiter zu identifizieren und ihnen ein individuelles Fehlverhalten zuzurechnen.[1227] Angesichts der arbeitsteiligen Organisation von Wirtschaftsunternehmen impliziert dies das Erfordernis, die Verantwortungsbereiche der Unternehmensangehörigen sachgerecht voneinander abzugrenzen. Darauf ist im nun folgenden Kapitel ausführlich einzugehen.

1221 *Hassemer*, Produktverantwortung, S. 60 f.; *Jescheck*, ZStW 65 (1953), S. 213; *Köhler*, AT, S. 562; *Weber*, ZStW 96 (1984), S. 411.

1222 Siehe statt vieler *RG*St 47, 90 (92); *Busch*, Umweltstrafrecht, S. 442; *Köhler*, AT, S. 558; *Scholz*, ZRP 2000, S. 438. Zur historischen Entwicklung dieses Grundsatzes siehe *Maurach/Zipf*, AT/1, § 15 Rn. 7.

1223 *Bottke*, Reform, S. 93; *Busch*, Umweltstrafrecht, S. 441 f.; *Eidam*, Unternehmen und Strafe, S. 90; *Haeusermann*, Verband, S. 152; *Huss*, ZStW 90 (1978), S. 238 f.; *Jescheck/Weigend*, AT, § 23 VII 1; *Kaiafa-Gbandi*, KritV 1999, S. 173; *Köhler*, AT, S. 562; *Lang-Hinrichsen*, FS Mayer, S. 53; *Möllering*, Thesen, S. 71 f.; *Otto*, Unternehmen, S.16; *Peglau*, JA 2001, S. 608 f.; *ders.*, ZRP 2001, S. 407; S/S-*Cramer/Heine*, Vorbem §§ 25 ff. Rn. 127; *Seiler*, Personenverbände, S. 87 f.

1224 *BVerfG*E 20, 323 (336).

1225 Zu § 30 OWiG vertieft *Kaufmann*, (Sonder-)Pflichtverletzungen, S. 154 ff.; *Krekeler/Werner*, Unternehmer und Strafrecht, Rn. 72 ff.; *Ransiek*, Unternehmensstrafrecht, S. 110 ff.; *von Freier*, Verbandsstrafe, S. 40 ff. Kritisch gegenüber § 30 OWiG *Schünemann*, Unternehmenskuratel, S. 138 f.

1226 Teilweise wird die fehlende Strafbarkeit juristischer Personen bereits auf deren Handlungsunfähigkeit gestützt, vgl. *Bottke*, Reform, S. 94; *Busch*, Umweltstrafrecht, S. 441; *Lackner/Kühl*, § 14 Rn. 1a; LK-*Jescheck*, Vor § 13 Rn. 39; *Maurach/Zipf*, AT/1, § 15 Rn. 8; *Roxin*, AT/1, § 8 Rn. 59; *Schroth*, Unternehmen, S. 177; *Wessels/Beulke*, AT, Rn. 94. Dies überzeugt jedoch nicht. Zwar ist die juristische Person, wie *BVerfG*E 20, 323 (336) zu Recht hervorhebt, als solche nicht handlungsfähig. Allerdings kennt das Strafrecht, wie die Regelungen zur Mittäterschaft oder mittelbaren Täterschaft zeigen, auch sonst die Möglichkeit, unter engen Voraussetzungen die Strafe an zurechenbares Drittverhalten zu knüpfen, so dass eine Strafbarkeit juristischer Personen aufgrund strafbarer Verhaltensweisen ihrer Organe durchaus denkbar ist. So auch *Köhler*, AT, S. 558 f.

1227 *Bode*, FS BGH, S. 525; *Busch*, Umweltstrafrecht, S. 440; *Meurer*, Verantwortung, S. 113.

§ 5 Verantwortungsabgrenzung im Arzneiwesen

Die Ausführungen zur Rechtswidrigkeit und Schuld haben gezeigt, welche enorme Bedeutung einer Abgrenzung der individuellen Verantwortungsbereiche für die Frage der strafrechtlichen Verantwortung für Arzneimittelschäden zukommt. So folgt diese zum einen daraus, dass die Gewährleistung bestmöglicher Arzneimittelsicherheit eine Gemeinschaftsaufgabe aller am Arzneimittelverkehr beteiligten Personen – vom pharmazeutischen Unternehmer über den Großhändler, Apotheker, Arzt und die involvierten Behörden bis hin zum Patienten – darstellt, für deren Gelingen alle gemeinsam Verantwortung tragen.[1] *Brinkmann*[2] spricht insofern anschaulich von einer Kettenverantwortlichkeit, wonach prinzipiell jeden, der in der Kette von der Herstellung bis zur letzten Weitergabe eines Produkts an den Verbraucher beteiligt ist, die Verpflichtung trifft, dafür zu sorgen, dass Beschaffenheit und Bezeichnung des Produkts im Einklang mit den gesetzlichen Bestimmungen stehen. Es geht somit weniger um eine isoliert aneinandergereihte, sukzessive Haftung der einzelnen Kettenmitglieder als vielmehr um die ineinandergreifende, sich überscheidende Verantwortlichkeit jedes Gliedes für den Gesamtzustand, auch soweit dieser auf einer vorherigen Stufe entstanden ist. Zum anderen müssen die Verantwortungsbereiche innerhalb der am Arzneimittelverkehr beteiligten Personenmehrheiten abgeschichtet werden. Dies entspricht dem zweiten Schritt der organisationsbezogenen Betrachtungsweise, wie sie der vorliegenden Untersuchung konzeptionell zugrunde gelegt ist. So gilt es, nicht nur die in einem ersten Schritt herausgearbeitete Verantwortung des pharmazeutischen Unternehmens den Unternehmensmitarbeitern nach Maßgabe ihrer Stellung im Unternehmen zuzuordnen, sondern auch eine etwaige, im Folgenden noch zu prüfende strafrechtliche Verantwortung anderer Personenmehrheiten, wie etwa der Ethik-Kommissionen, des BfArM bzw. PEI sowie der Landesbehörden, den intern zuständigen Verantwortungsträgern individuell zuzurechnen. Entsprechend ist in Bezug auf das arbeitsteilige Zusammenwirken einer Vielzahl von Personen innerhalb von Krankenhäusern, Arztpraxen, Großhandelsunternehmen und Apotheken zu verfahren. Auch hier bedarf es jeweils der Identifizierung der für eine eingetretene arzneimittelbedingte Gesundheitsbeeinträchtigung konkret verantwortlichen Person. Hierbei kommt der hohe Stellenwert der Arbeitsteilung in der Medizin

---

1 So allgemein für die strafrechtliche Produktverantwortung *Kuhlen*, Fragen, S. 30. Speziell in Bezug auf die Arbeitsteilung im Gesundheitswesen *Backhaus*, Unternehmensleitung, S. 139; *Glaeske/Greiser/Hart*, Arzneimittelsicherheit, S. 69; *Plagemann*, Wirksamkeitsnachweis, S. 36; *von Bar/Fischer*, NJW 1980, S. 2734.

2 *Brinkmann*, Vertrauensgrundsatz, S. 39 f. m. w. N.

zum Tragen, die angesichts der dynamischen Fortentwicklung der modernen Intensiv- und Apparatemedizin, der zunehmenden Verkomplizierung neuer diagnostischer bzw. therapeutischer Maßnahmen und der damit unausweichlichen Spezialisierung geradezu zwingende Voraussetzung eines effektiven Gesundheitswesens ist.[3]

Wie wichtig eine sachgerechte Verantwortungsabgrenzung ist, wird deutlich, wenn man sich die Probleme, die die Arbeitsteilung generell, gerade aber auch im pharmazeutischen Bereich, aufwirft, bewusst macht. So droht einerseits die Gefahr eines „Täterkloning"[4], da infolge der Beteiligung einer Vielzahl von Personen am rechtsgutsverletzenden Geschehen mehrere potentielle Straftäter zur Verfügung stehen[5] und die Arbeitsteilung in Form von Koordinations-, Kommunikations- und Qualifikationsfehlern zusätzliche Anknüpfungspunkte für eine Strafbarkeit liefert.[6] Andererseits droht die Arbeitsteilung die klassische Fahrlässigkeitsdogmatik auszuhöhlen, indem der Einzelne, weil er den schadensträchtigen Gesamtzusammenhang nicht mehr durchschauen, geschweige denn beeinflussen kann, außer Stande ist, die Folgen seines Tuns zu überblicken und angemessen darauf zu reagieren.[7] Die Verteilung von Entscheidungs- und Ausführungsfunktionen auf verschiedene Personen begünstigt daher die Anonymisierung von Verantwortung, die das Strafrecht mit zunehmender arbeitsteiliger Ausdifferenzierung ganzer Lebensbereiche zu einem stumpfen Schwert im Kampf um einen effektiven Rechtsgüterschutz macht. Zwischen den beiden Extremen einer unerträglichen Pflichtenüberspannung als Reaktion auf die der Arbeitsteilung immanenten Fehlerquellen und einer ohnmächtigen Resignation des Strafrechts gegenüber einer fortschreitenden, mitunter bewusst organisierten strafrechtlichen Unverantwortlichkeit, gilt es daher, mittels eines realitätsgerechten Zuschnitts der strafrechtlichen Verantwortungsbereiche der zusammenwirkenden Personen einen angemessenen Kompromiss zu finden. Dass dies insbesondere für den Bereich der Medizin und Pharmazie zutrifft, wo der erhebliche Nutzen, den die Arbeitsteilung im Hinblick auf die Praktikabilität und Effizienz des Gesundheitswesens mit sich bringt, nicht durch Statuierung zusätzlicher Pflichten bestraft werden darf, der Patient aber in Anbetracht des enormen Wertes der tangierten Rechtsgüter Leben und Gesundheit auch in besonderem Maße strafrechtlichen Schutzes würdig und bedürftig ist, liegt auf der Hand.[8]

Die Abgrenzung des Verantwortungsbereichs hat in zwei Richtungen zu erfolgen: gegenüber dem Patienten als Rechtsgutsinhaber und potentiellem Opfer sowie gegenüber den anderen am Arzneimittelverkehr mitwirkenden Personen als am erfolgskausalen Geschehen beteiligte Dritte. Angesprochen sind damit die

---

3 Vgl. *Jungbecker*, Strafrechtliche Verantwortung, S. 160; *Peter*, Arbeitsteilung im Krankenhaus, S. 11; *Schünemann*, GedS Meurer, S. 47; *Stratenwerth*, FS Schmidt, S. 383.

4 *Heine*, Verantwortlichkeit, S. 161.

5 *Busch*, Umweltstrafrecht, S. 453; *Hannes*, Vertrauensgrundsatz, S. 56.

6 *Carstensen/Schreiber*, Arbeitsteilung, S. 168; *Dannecker*, Fahrlässigkeit, S. 211; *Wilhelm*, Arbeitsteilung, S. 24, 26; *dies.*, Jura 1985, S. 184.

7 *Ransiek*, Unternehmensstrafrecht, S. 41.

8 Vgl. *Wilhelm*, Arbeitsteilung, S. 27; *dies.*, Jura 1985, S. 184.

Konstellationen der über Drittverhalten vermittelten Rechtsgutsverletzung und der opfervermittelten Rechtsgutsbeeinträchtigung.[9]

A. Verantwortungsabgrenzung im Strafrecht allgemein

Ausgangspunkt bei der Verantwortungsabgrenzung im Strafrecht ist das sogenannte Prinzip der Eigenverantwortlichkeit und der dieses für den Fahrlässigkeitsbereich konkretisierende Vertrauensgrundsatz, auf deren Inhalt und Auswirkungen zunächst abstrakt eingegangen werden soll, um dann in einem zweiten Schritt auf der Grundlage der hierzu gewonnenen Erkenntnisse das spezielle Problem der Verantwortungsabgrenzung im arbeitsteilig organisierten Arzneiwesen einer sachgerechten Lösung zuführen zu können.

I. Prinzip der Eigenverantwortlichkeit

Sowohl im Zusammenhang mit einer über das Verhalten Dritter vermittelten Erfolgsherbeiführung als auch hinsichtlich opfervermittelter, schädigender Verhaltensweisen, namentlich der Beteiligung an einer fremden Selbstgefährdung bzw. Selbstverletzung oder der auf dem Willen des Opfers beruhenden einverständlichen Fremdgefährdung, stellen Rechtsprechung und Schrifttum auf die prinzipielle Eigenverantwortlichkeit des Individuums für das eigene Verhalten und die daraus resultierenden Folgen ab. Allerdings bleiben die Details des in verschiedenen Variationen vertretenen Eigenverantwortlichkeitsprinzips oft im Dunkeln, in das es im Folgenden ein wenig Licht zu bringen gilt.

1. Eigenverantwortlichkeitsprinzip als selbständiges Rechtsprinzip

Das Prinzip der Eigenverantwortlichkeit geht davon aus, dass jeder grundsätzlich nur für sein eigenes Verhalten, nicht aber für das Verhalten Dritter und dessen Folgen verantwortlich ist.[10] Grundlage hierfür ist das Menschenbild des Grundgesetzes, nach dessen Vorstellung der Mensch ein autonomes, zu vernünftiger, verantwortlicher Selbstbestimmung fähiges, ja auf Freiheit und Selbstverantwortung geradezu angelegtes Wesen ist.[11] Drückt sich Vernunft nicht zuletzt auch in einer

---

9 Zu letzterer wird für die Zwecke der vorliegenden Untersuchung neben der eigenverantwortlichen Selbstverletzung bzw. Selbstgefährdung auch die einverständliche Fremdgefährdung gezählt, bei der zwar das Opfer die erfolgskausale Handlung nicht selbst vornimmt, das Geschehen sich aber insoweit als opfervermittelt darstellt, als es maßgeblich auf dem Willen oder gar der Initiative des späteren Opfers beruht.

10 *Geppert*, Jura 2001, S. 491; *Kretschmer*, Jura 2000, S. 273, 275; *Kühl*, AT, § 4 Rn. 84; *Lenckner*, FS Engisch, S. 506; *Otto*, FS Spendel, S. 278; S/S-*Lenckner/Eisele*, Vorbem §§ 13 ff. Rn. 101/101a m. w. N.; SK-StGB-*Rudolphi*, Vor § 1 Rn. 72; *Wessels/Beulke*, AT, Rn. 185.

11 *Cancio Meliá*, ZStW 111 (1999), S. 373; *Frisch*, Zurechnung, S. 269 f. (Fn. 137); *Renzikowski*, Restriktiver Täterbegriff, S. 67 m. w. N.; *ders.*, Hierarchien, S. 150 f.; *Schlös-*

Vermeidung negativer Konsequenzen für die eigene Person aus, so darf grundsätzlich davon ausgegangen werden, dass strafrechtliche Normen angesichts ihrer Sanktionsdrohungen von den Rechtsunterworfenen als bindend anerkannt und freiwillig befolgt werden.[12] Mag auch die moderne Hirnforschung die Willensfreiheit und prinzipielle Autonomie des Menschen in Zweifel ziehen, so ändert dies, wie bereits erwähnt, nichts daran, dass es dem Recht als eigenständiger Disziplin frei steht, an diesem traditionellen Menschenbild festzuhalten. Denn der Autonomiebegriff und das hierfür nötige Maß an Entscheidungsfreiheit müssen normativ unter Berücksichtigung der verhaltensleitenden, ein friedliches Miteinander bezweckenden Funktion der Rechtsordnung definiert werden.[13] Anders als im Fall des Kausalitätsbegriffs, wo die Übernahme naturwissenschaftlicher Erkenntnisse geboten erscheint, verbietet sich eine Orientierung an dem von den Naturwissenschaften gezeichneten Bild eines unfreien, vollständig determinierten Menschen, soll das (Straf-)Recht seiner Funktion, Verantwortung für ein Geschehen zu individualisieren, um im Interesse des sozialen Friedens angemessen darauf reagieren zu können, überhaupt gerecht werden.[14]

Wird demnach dem Einzelnen die prinzipielle Fähigkeit zu verantwortlicher Selbstbestimmung zumindest normativ zugeschrieben und durch Art. 2 Abs. 1 GG das Recht zu autonomer Entfaltung seiner Persönlichkeit eingeräumt, so folgt hieraus im Umkehrschluss eine primäre Verantwortlichkeit für das eigene Verhalten und dessen Auswirkungen. Zwischen Autonomie und Eigenverantwortung besteht ein direkter Zusammenhang.[15] Zugleich erklärt sich hieraus aber auch die im Eigenverantwortlichkeitsprinzip zum Ausdruck kommende grundsätzliche Unverantwortlichkeit für das Verhalten anderer. Indem bei diesen ebenfalls die Fähigkeit und Bereitschaft zu vernünftigem, sprich rechtmäßigem Verhalten unterstellt werden darf, würde eine generelle Verpflichtung, andere im Hinblick auf mögliche Verfehlungen zu überwachen und im Fall eines gefährlichen Tätigwerdens vorsorglich rechtsgutsbewahrend einzugreifen, nicht nur zu einer unangemessenen Einschränkung der eigenen Handlungsfreiheit und derjenigen des jeweils anderen führen, sondern auch dem Achtungsanspruch des anderen als autonomer, verantwortungsvoll agierender Person zuwiderlaufen.[16] Dementsprechend ist der Einzelne lediglich dazu verpflichtet, sein Verhalten so einzurichten, dass er selbst geschützte Rechtsgüter nicht verletzt, nicht aber dazu, bei der eigenen Verhaltensge-

---

ser, Soziale Tatherrschaft, S. 175. Ähnlich *Busch*, Umweltstrafrecht, S. 479 f.; *Meyer*, Autonomie, S. 116 f.; *Zaczyk*, Selbstverantwortung, S. 21.

12 Vgl. *Kamps*, Ärztliche Arbeitsteilung, S. 139.

13 *Amelung*, ZStW 104 (1992), S. 825; *Bosch*, Organisationsverschulden, S. 9; *Herzberg*, Täterschaft, S. 36; *ders.*, JuS 1974, S. 378; *Renzikowski*, Restriktiver Täterbegriff, S. 68, 72; *Schlösser*, Soziale Tatherrschaft, S. 176; a. A. *Hillenkamp*, JZ 2005, S. 320.

14 Vgl. *Heine*, Verantwortlichkeit, S. 29; *Renzikowski*, Restriktiver Täterbegriff, S. 67, 72 f. Dass sich das Recht nicht völlig von naturwissenschaftlichen Fakten lossagen darf, sondern deren Erkenntnisse zu berücksichtigen hat, versteht sich von selbst und findet seinen Ausdruck etwa in den Schuldausschlussgründen des § 20 StGB.

15 *Brinkmann*, Vertrauensgrundsatz, S. 131 f.; *Zaczyk*, Selbstverantwortung, S. 19 f., 22.

16 *Freund*, Erfolgsdelikt, S. 200; *Renzikowski*, Restriktiver Täterbegriff, S. 275. Vgl. auch *Otto*, FS Wolff, S. 400 f.; *Stratenwerth*, FS Schmidt, S. 392.

staltung ein etwaiges Fehlverhalten anderer einzukalkulieren und dagegen Schutzmaßnahmen zu ergreifen bzw. die betreffende Tätigkeit gleich ganz zu unterlassen.[17] Das Eigenverantwortlichkeitsprinzip führt damit letztlich zu einer sachgemäßen Begrenzung und Abschichtung der Verantwortungsbereiche aller kausal in ein strafrechtlich relevantes Geschehen verstrickten Personen.[18]

Aus dem Gesagten ergibt sich aber zugleich, dass die Begriffe der *Frei*verantwortlichkeit und *Eigen*verantwortlichkeit streng zu trennen sind. Während erstere die Fähigkeit zu verantwortlicher Selbstbestimmung bezeichnet, umschreibt letztere die normative Zuweisung der Alleinzuständigkeit für die Folgen des freiverantwortlich ausgeübten eigenen Verhaltens.[19] Ist die Freiverantwortlichkeit einerseits zwingende Voraussetzung der Eigenverantwortlichkeit, so folgt aus der Freiverantwortlichkeit einer Person andererseits zwar regelmäßig, nicht aber per se deren Eigenverantwortlichkeit. Denn in die normativ-wertende Zuschreibung einer Alleinzuständigkeit fließen neben dem Aspekt der Autonomie weitere, Sinn und Zweck des Strafrechts Rechnung tragende Erwägungen ein, die im Einzelfall durchaus eine Verantwortlichkeit mehrerer Personen begründen können. Die Freiverantwortlichkeit bildet für das Vorliegen der Eigenverantwortlichkeit damit eine notwendige, nicht aber hinreichende Bedingung.[20]

Führt man sich vor Augen, dass das Eigenverantwortlichkeitsprinzip ein Tätigwerden gestattet, obwohl die abstrakte Gefahr besteht, dass dieses womöglich ein rechtsgutsgefährdendes Fehlverhalten anderer ermöglicht oder von Dritten gar bewusst deliktisch ausgenutzt werden könnte, und letzten Endes zur Klärung der Frage beiträgt, in wessen Verantwortungsbereich die Folgen eines Geschehens fallen, so wird offenbar, dass es sich beim Prinzip der Eigenverantwortlichkeit um ein Element der objektiven Zurechnung,[21] genauer des unverbotenen „erlaubten" Risikos handelt.[22] Dabei erscheint es in Anbetracht der Tatsache, dass das erlaubte Risiko als abstrakte, verschiedenen Konstellationen zugrunde liegende Denkstruktur durch materiellrechtliche Leitkriterien, wie sie das Eigenverantwortlichkeits-

---

[17] *Heinrich*, AT/2, Rn. 1053; *Schmucker*, Dogmatik, S. 140 f.; *Schumann*, Handlungsunrecht, S. 4 f., 42.

[18] *Chatzikostas*, Suizid und Euthanasie, S. 171; *Kühl*, AT, § 4 Rn. 83; *Meyer*, Autonomie, S. 116 f.; *Murmann*, Selbstverantwortung, S. 396; S/S-*Cramer/Sternberg-Lieben*, § 15 Rn. 171 m. w. N.; *Wessels/Beulke*, AT, Rn. 185; *Wessels/Hettinger*, BT/1, Rn. 191; *Zaczyk*, Selbstverantwortung, S. 12.

[19] Vgl. *Chatzikostas*, Suizid und Euthanasie, S. 171 f.; *Hohmann/König*, NStZ 1989, S. 308; *Ingelfinger*, Tötungsverbot, S. 223; *Neumann*, JA 1987, S. 249; a. A. *Degener*, Schutzzweck der Norm, S. 285, und *Walther*, Eigenverantwortlichkeit, S. 7, 96, die den Terminus der Eigenverantwortlichkeit bereits als Ausdruck für die Fähigkeit zu verantwortlicher Selbstbestimmung verwenden.

[20] *Chatzikostas*, Suizid und Euthanasie, S. 172; *Hohmann/König*, NStZ 1989, S. 308; *Ingelfinger*, Tötungsverbot, S. 223.

[21] *Biewald*, Regelmäßiges Verhalten, S. 114; *Ingelfinger*, Tötungsverbot, S. 223; *Kindhäuser*, AT, § 11 Rn. 21; *Kretschmer*, Jura 2000, S. 275; *Kühl*, AT, § 4 Rn. 83; *Trüg*, JA 2004, S. 597; *Wessels/Beulke*, AT, Rn. 185.

[22] Vgl. *Dannecker/Stoffers*, StV 1993, S. 645; *Frisch*, Vorsatz, S. 144 f.; *Krey/Heinrich*, BT/1, Rn. 122 ff.; *Schürer-Mohr*, Erlaubte Risiken, S. 128.

prinzip liefert, ausgefüllt werden muss, durchaus angebracht, die Risikoerlaubnis kraft Eigenverantwortlichkeit als spezielle Fallgruppe des erlaubten Risikos kenntlich zu machen und im Prinzip der Eigenverantwortlichkeit einen eigenständigen Grundsatz der objektiven Zurechnung zu erblicken.[23]

Damit wird denjenigen Stimmen im Schrifttum eine Absage erteilt, welche die prinzipielle Eigenverantwortlichkeit anderer im Rahmen der objektiven Sorgfaltspflichtbestimmung berücksichtigen wollen.[24] Zwar ist zuzugeben, dass die Begrenzung und Abschichtung von Verantwortungsbereichen nach Maßgabe des Eigenverantwortlichkeitsprinzips mit einer Reduktion der objektiv gebotenen Sorgfalt einhergeht, weil ein lediglich abstrakt voraussehbares Fehlverhalten anderer grundsätzlich nicht einkalkuliert und durch prinzipiell mögliche Vorsichtsmaßnahmen vermieden werden muss, so dass der Zuschnitt von Verantwortungsbereichen zugleich die wechselseitige Festlegung von Sorgfaltspflichten beinhaltet.[25] Aber diese restriktive Sorgfaltspflichtbestimmung ist eben nur Reflex der (privativen) Verantwortungsübernahme durch freiverantwortlich agierende Dritte bzw. das Opfer und damit tiefer liegender, auf das Menschenbild des Grundgesetzes zurückgehender normativer Erwägungen. Zudem würde die Vermengung allgemeiner Sorgfaltspflichtkriterien mit besonderen, der Beteiligung mehrerer eigenverantwortlich handelnder Personen Rechnung tragender Aspekte die Rechtsklarheit beeinträchtigen und die Gefahr begründen, dass nicht mehr gewissenhaft zwischen per se pflichtwidrigem und erst aufgrund der Eigenverantwortlichkeit anderer pflichtwidrigem Verhalten unterschieden würde. Schließlich liefe die Ineinssetzung auch dem Wesen des Strafrechts als Individualstrafrecht zuwider, dessen Verhaltensanforderungen die Vorstellung des isoliert handelnden Einzelnen zugrunde liegt und für das ein Zusammenwirken mehrerer einen gesondert zu behandelnden Ausnahmefall darstellt. Vor diesem Hintergrund würde es seltsam anmuten, demjenigen, der jedes allgemein erlaubte (sozialadäquate) Risiko überschreitet, ein von vornherein pflichtgemäßes Handeln zu attestieren, nur weil im konkreten Einzelfall die besondere Situation einer Risikoübernahme seitens des späteren Opfers bzw. ein privativer Verantwortungsübergang auf einen eigenverantwortlich in das Geschehen eingreifenden Dritten gegeben ist.[26]

---

23 So auch *Kretschmer*, Jura 2000, S. 275; *Kühl*, AT, § 4 Rn. 83; *Wessels/Beulke*, AT, Rn. 185; a. A. Frisch, Zurechnung, S. 239 f., 243 f.

24 So etwa *Geppert*, ZStW 83 (1971), S. 1000 f.; *Herzberg*, NStZ 2004, S. 5; *Maurach/Gössel/Zipf*, AT/2, § 43 Rn. 69; NK-*Puppe*, Vor § 13 Rn. 167, 182; *dies.*, AT/1, § 5 Rn. 32, 34, 36, § 6 Rn. 6; *dies.*, Erfolgszurechnung, S. 146 ff. passim, 157; *Rudolphi*, Gleichstellungsproblematik, S. 134 f.; *Wehrle*, Regressverbot, S. 50, 84. Vgl. auch die anfängliche Rechtsprechung des *RG* sowie des *BGH* zur einverständlichen Fremdgefährdung, etwa im bereits erwähnten Memel-Fall, *RG*St 57, 172 (173 f.), wo das RG in der bewussten Eingehung der mit der Kahnfahrt verbundenen Gefahren seitens der Passagiere einen pflichtwidrigkeitsausschließenden Umstand sah. Ähnlich *BGH*St 4, 88 (93); 6, 232 ff.; 7, 112 (115); 17, 359 f.; *Dach*, Einwilligung, S. 28, 54 f.; *ders.*, NStZ 1985, S. 25. A. A. *Hellmann*, FS Roxin, S. 274; *Roxin*, AT/1, § 11 Rn. 123.

25 Insoweit zutreffend *Geppert*, ZStW 83 (1971), S. 993; *Jescheck/Weigend*, AT, § 54 IV 3; NK-*Puppe*, Vor § 13 Rn. 244; *Wehrle*, Regressverbot, S. 52.

26 Ähnlich *Hammer*, JuS 1998, S. 787.

2. *Freiverantwortlichkeit als Prämisse der Eigenverantwortlichkeit*

Hat sich die Eigenverantwortlichkeit Dritter bzw. des Opfers damit als zurechnungsausschließender Umstand herausgestellt, sind im Folgenden die Voraussetzungen für einen solchen Zurechnungsausschluss herauszuarbeiten. Dabei kommt den an die Freiverantwortlichkeit als Grundlage der Eigenverantwortlichkeit zu stellenden Anforderungen entscheidende Bedeutung zu, deren Bestimmung daher das Zentralproblem der Verantwortungsabgrenzung ist.[27]

Aus der Natur der Freiverantwortlichkeit als Wesensmerkmal des Menschen resultiert, dass die Voraussetzungen und Grenzen autonomen Handelns einheitlich, insbesondere unabhängig vom Geschehensablauf, festzulegen sind, das erforderliche Mindestmaß an Entscheidungsfreiheit somit in den Fällen opfervermittelter und über Drittverhalten vermittelter Rechtsgutsbeeinträchtigungen identisch ist.[28] Dies gilt es zu bedenken, wenn die beiden Konstellationen in Anbetracht der unterschiedlichen gesetzlichen Ausgangslage im Folgenden getrennt erörtert werden.

a. Freiverantwortlichkeit schädigenden Drittverhaltens

Für die Frage, wann das Verhalten eines mitursächlich am erfolgskausalen Geschehen beteiligten Dritten als freiverantwortlich zu qualifizieren ist, kann zunächst auf die in den §§ 19 ff., 35 StGB, 3 JGG enthaltenen Bestimmungen zur strafrechtlichen Verantwortlichkeit für Verletzungen und Gefährdungen anderer zurückgegriffen werden.[29]

Umstritten ist jedoch, inwieweit darüber hinaus bereits ein Irrtum des Dritten über wesentliche Tatumstände, namentlich eine unzulängliche Sachverhaltskenntnis, die insofern unbewusste, im guten Glauben an die Ungefährlichkeit des eigenen Tuns herbeigeführte Rechtsgutsverletzung als unfrei begangene Tat erscheinen lässt. Angesprochen sind damit vor allem die Fälle, in denen die Unwissenheit des Dritten auf einer unzulänglichen Information bzw. bewussten Täuschung über die Gefahrendimension des betreffenden Verhaltens seitens eines anderen Geschehensbeteiligten beruht.[30] Entgegen gewichtigen Stimmen im Schrifttum, die den Dritten trotz seines Irrtums als frei erachten und lediglich in Ausnahme von der Regel, dass mit der Freiverantwortlichkeit prinzipiell die Eigenverantwortlichkeit korrespondiere, die Verantwortung für den verursachten Verletzungserfolg dem Täuschenden oder Wissensüberlegenen zuweisen,[31] verdient die Auffassung

---

27 *Freund*, AT, § 1 Rn. 15; *Frisch*, Zurechnung, S. 162; *Hassemer* in: Eser/Huber/Cornils, Einzelverantwortung, S. 310 f.; MüKo-StGB-*Schneider*, Vor §§ 211 ff. Rn. 34; *Stree*, JuS 1985, S. 182.

28 A. A. *Renzikowski*, Restriktiver Täterbegriff, S. 94 f., der die Autonomie als relativen Rechtsbegriff auffasst.

29 *Otto*, FS Wolff, S. 402.

30 Allerdings ist bereits hier klarzustellen, dass die Wissensüberlegenheit einer (aufklärungspflichtigen) anderen Person für die Frage der Freiverantwortlichkeit als solche unbeachtlich ist, bestimmt sich diese doch nicht danach, was an Risikokenntnis möglich gewesen wäre, sondern allein danach, inwieweit das tatsächlich vorhandene Risikobewusstsein zu verantwortlicher Selbstbestimmung befähigt. Siehe hierzu näher S. 352 f.

31 *Frisch*, Zurechnung, S. 371 ff. passim; *Göbel*, Einwilligung, S. 120.

den Vorzug, welche bei irrtümlicher Verkennung der tatsächlichen Lage die Autonomie verneint.[32] Denn die Zuschreibung der Fähigkeit zu *verantwortlicher* Selbstbestimmung knüpft doch gerade an die Vernunft der betreffenden Person an. Diese Vernunft, die in der Vermeidung eigener Bestrafung durch treue Normbefolgung ihren Ausdruck findet, kann aber demjenigen nicht unterstellt werden, der infolge seines Irrtums von der Appellwirkung der einschlägigen Sanktionsnorm gar nicht berührt wird. Mag das Verhalten unter diesen Umständen auch frei*willig* erfolgen, frei*verantwortlich* geschieht es nicht. Dies gilt selbst dann, wenn die Fehlvorstellung eigenverschuldet ist.[33]

Welche Fehlvorstellungen letztlich von strafrechtlicher Relevanz sind, bestimmt sich nach den allgemeinen Grundsätzen der strafrechtlichen Irrtumslehre, die im Rahmen dieser Untersuchung nicht detailliert dargelegt werden können, auf die aber an späterer Stelle noch einzugehen sein wird. Hier soll zunächst die Erkenntnis genügen, dass neben den in den §§ 19 ff., 35 StGB, 3 JGG genannten Gründen auch ein Irrtum die Freiverantwortlichkeit auszuschließen vermag.

b. Freiverantwortlichkeit selbstschädigenden Opferverhaltens

Von der Ausgangslage her gesehen grundsätzlich anders präsentiert sich die Situation in Bezug auf die Freiverantwortlichkeit des sich eigenhändig schädigenden bzw. gefährdenden Rechtsgutsinhabers. Hier sieht man sich mit dem Problem konfrontiert, dass die Anforderungen an die Opferautonomie keine ausdrückliche gesetzliche Normierung erfahren haben, weswegen diese schlussendlich nur im Wege der Analogie zu vorhandenen Regelungen ermittelt werden können.[34] Die Auffassungen darüber, welche Regelungen entsprechend heranzuziehen sind, gehen jedoch auseinander.

(A) Kritische Würdigung der propagierten Ansichten

Vertreten werden im Großen und Ganzen zwei gegensätzliche Positionen. So wollen die Anhänger der sogenannten Exkulpationslösung auf die Wertungen der §§ 19, 20, 35 StGB, 3 JGG zurückgreifen und die Freiverantwortlichkeit der Selbsttat nach denselben Kriterien beurteilen, wie sie für Fremdtaten gelten.[35] Dagegen soll nach der sogenannten Einwilligungslösung das Opferverhalten bereits

---

32 Vgl. *Küper*, JZ 1989, S. 947; MüKo-StGB-*Schlehofer*, Vor §§ 32 ff. Rn. 123. Ebenso wohl auch *Renzikowski*, Restriktiver Täterbegriff, S. 96.

33 Dies betrifft vor allem die Fälle der unbewusst fahrlässigen Herbeiführung eines tatbestandlichen Erfolgs. Hier ist dem Täter mangels Einsicht in die Gefährlichkeit seines Verhaltens in der konkreten Handlungssituation kein Vorwurf zu machen, sehr wohl aber angesichts der eigenverschuldeten Herbeiführung bzw. prinzipiellen Erkennbarkeit, sprich Vermeidbarkeit des Irrtums. Der Vorwurf knüpft damit an ein Versagen im Vorfeld des eigentlichen schadensträchtigen Verhaltens an, das dem Täter als solches nicht zur Last gelegt werden kann.

34 So zutreffend *Beulke/Mayer*, JuS 1987, S. 127; *Kindhäuser*, AT, § 11 Rn. 24; MüKo-StGB-*Schneider*, Vor §§ 211 ff. Rn. 59; *Walther*, Eigenverantwortlichkeit, S.102.

35 Siehe u. a. *Bottke*, Suizid, S. 250; *ders.*, GA 1983, S. 31 f.; *Dölling*, GA 1984, S. 76; *Eschweiler*, Selbstgefährdung, S. 106; *Roxin*, NStZ 1984, S. 71; *ders.*, FS Dreher, S. 346; *Zaczyk*, Selbstverantwortung, S. 36.

dann unfrei sein, wenn dieses nach Maßgabe der Einwilligungsregeln keinen wirksamen Verzicht auf das betroffene Rechtsgut darstellt.[36]

(I) Exkulpationslösung

Die Vertreter der Exkulpationslösung, welche hypothetisch danach fragt, ob sich der Rechtsgutsinhaber bei Gefährdung bzw. Verletzung nicht der eigenen, sondern fremder Rechtsgüter durch das betreffende Verhalten strafbar machen würde, begründen die sinngemäße Heranziehung der §§ 19, 20, 35 StGB, 3 JGG damit, dass der Gesetzgeber in diesen Vorschriften die Grenzen der Verantwortlichkeit für eigenes Verhalten, um die es bei der Verantwortung des späteren Opfers für sich eigenhändig zugefügte Verletzungen gerade gehe, explizit festlege.[37] Zudem garantiere die Anlehnung an diese positivgesetzlichen Regelungen im Gegensatz zur Orientierung an den ungeschriebenen und im Detail umstrittenen Einwilligungsvoraussetzungen eine „hochgradige Abgrenzungssicherheit".[38]

(II) Einwilligungslösung

Demgegenüber betrachten die Verfechter der Einwilligungslösung die von der Exkulpationslösung vollzogene Ableitung der Freiverantwortlichkeit aus der hypothetischen Verantwortung des Rechtsgutsinhabers für ein entsprechendes fremdschädigendes Verhalten als unstatthafte Schlussfolgerung. Bei der Bestimmung der Freiverantwortlichkeit gehe es nicht um die strafrechtliche Verantwortung des späteren Opfers für sein Verhalten, sondern um die Frage, wann die Auslösung des Risikos einer Selbstschädigung im Interesse der Gütererhaltung missbilligt und daher die Handlungsfreiheit der auslösenden Person bei Strafe eingeschränkt werden müsse.[39] Zu deren Beantwortung könnten die §§ 19, 20, 35 StGB, 3 JGG aber nichts beitragen, lieferten sie doch lediglich Anhaltspunkte dafür, wann die Fähigkeit, das eigene Verhalten als straftatbestandlich erfasstes Unrecht zu identifizieren und dementsprechend davon Abstand zu nehmen, gegeben sei, während in Bezug auf das eigenschädliche Opferverhalten die zur Abstandnahme auffordernde Appellwirkung eines strafbewehrten gesetzlichen Verbotes fehle.[40]

---

[36] *Amelung*, Coimbra-Symposium, S. 254, 257; *Degener*, Schutzzweck der Norm, S. 309; *Freund*, Erfolgsdelikt, S. 204 f.; *Frisch*, NStZ 1992, S. 64; *Herzberg*, Täterschaft, S. 38; *ders.*, JuS 1974, S. 378; *ders.*, JZ 1986, S. 1022; *Krey*, AT/2, Rn. 137; *Krey/Heinrich*, BT/1, Rn. 200; LK-*Jähnke*, Vor § 211 Rn. 26; *Maurach/Gössel/Zipf*, AT/2, § 48 Rn. 93; MüKo-StGB-*Freund*, Vor §§ 13 ff. Rn. 385; *Neudecker*, Kollegialorgane, S. 132 f.; NK-*Schild*, § 25 Rn. 48; *Odenwald*, Einwilligungsfähigkeit, S. 76; *Otto*, FS Tröndle, S. 174; *Rengier*, BT/2, § 8 Rn. 4 f.; S/S-*Lenckner*, Vorbem §§ 32 ff. Rn. 52a m. w. N.; SK-StGB-*Horn/Wolters*, § 223 Rn. 42b; *Walther*, Eigenverantwortlichkeit, S.107; *Wessels/Beulke*, AT, Rn. 539; *Wessels/Hettinger*, BT/1, Rn. 48.

[37] MüKo-StGB-*Schneider*, Vor §§ 211 ff. Rn. 60; *Roxin*, NStZ 1984, S. 71.

[38] MüKo-StGB-*Schneider*, Vor §§ 211 ff. Rn. 55, 62.

[39] *Freund*, AT, § 5 Rn. 75; *Frisch*, Zurechnung, S. 167; i. E. ebenso *Chatzikostas*, Suizid und Euthanasie, S. 299; *Christmann*, Jura 2002, S. 681.

[40] *Amelung*, NJW 1996, S. 2395; *ders.*, Coimbra-Symposium, S. 251; *Herzberg*, Täterschaft, S. 36; *ders.*, JuS 1974, S. 378; *ders.*, JA 1985, S. 339; *Otto*, AT, § 6 Rn. 60; *ders.*, FS Wolff, S. 402; i. E. ebenso NK-*Neumann*, Vor § 211 Rn. 61.

Entscheidend für die Bejahung der Freiverantwortlichkeit sei letztlich, dass der Rechtsgutsinhaber – wie im Fall der Einwilligung in eine Fremdtat – zum Zeitpunkt der Handlungsvornahme die zur verstandesgemäßen Erfassung von Wesen, Bedeutung und Tragweite seines Verhaltens notwendige Einsichts- und Urteilsfähigkeit besitze, da nur dann die Selbstgefährdung bzw. Selbstverletzung Ausfluss der Autonomie und freien Persönlichkeitsentfaltung des Rechtsgutsinhabers sei.[41] Die Parallele zur Situation der Einwilligung ergebe sich daraus, dass hier wie dort die Strafbarkeit wegen (Mit-)Verursachung der eingetretenen Rechtsgutsverletzung davon abhänge, ob das Opfer wirksam über das betreffende Rechtsgut verfügt hat.[42] Dass die Anforderungen an die Opferautonomie damit höher sind als die gemäß §§ 19, 20, 35 StGB, 3 JGG an die strafrechtliche Verantwortlichkeit Dritter gestellten Bedingungen, sei angesichts des fehlenden strafrechtlichen Verbots selbstschädigenden Verhaltens als hemmendem Gegenmotiv sowohl aus Gründen des Rechtsgüterschutzes als auch kriminalpolitisch gerechtfertigt, müsse derjenige, der den Rechtsgutsinhaber böswillig zu einem eigenschädlichen Verhalten bewege, doch mangels eines gegenläufigen rechtlichen Appells eine weit geringere Entscheidungssperre überwinden.[43]

Hiergegen wird von den Kritikern der Einwilligungslösung wiederum vorgebracht, der Selbsterhaltungstrieb bzw. die natürliche Abneigung, sich selbst zu schaden, besitze eine mindestens ebenso große hemmende Wirkung wie ein sanktionsbewehrtes gesetzliches Verbot.[44] Darüber hinaus liefere das Modell der gedanklichen Umformung des Selbstschädigungswillens in eine Erlaubniserteilung bei hypothetischer Fremdschädigung falsche Maßstäbe, weil es das Plus an faktischer Tatherrschaft, das das Opfer im Fall der Eigentat innehat, übergehe.[45]

(III) Stellungnahme

Die vorstehenden Ausführungen zeigen, dass weder Exkulpations- noch Einwilligungslösung vollends überzeugen können, beruhen sie doch beide auf einer hypothetischen Betrachtung in Form einer gedanklichen Fiktion – entweder einer Fremdschädigung seitens des Opfers (Exkulpationslösung) oder einer Einwilligung in die Schädigung durch einen Dritten (Einwilligungslösung).[46] Da aber keine anderen, adäquateren Kriterien zur Verfügung stehen, ist derjenigen Auffas-

41 *Dach*, Einwilligung, S. 86; *Frisch*, Zurechnung, S. 168 f.; *Geppert*, Jura 2001, S. 491; *Heinrich*, Rechtsgutszugriff, S. 347; *Jescheck/Weigend*, AT, § 34 IV 4; *Kindhäuser*, AT, § 11 Rn. 25 f.; *ders.*, LPK, Vor § 13 Rn. 124 f.; LK-Jähnke, Vor § 211 Rn. 26 m. w. N. So auch die Rspr., *BGH*St 4, 88 (92); 12, 379 (383); 23, 1 (4); 32, 262 (265 ff.); *BGH* NStZ 1985, S. 25 (26); *BayObLG*, JR 1990, S. 473 (474).

42 Vgl. *Amelung*, Coimbra-Symposium, S. 252; *Freund*, AT, § 5 Rn. 75; *Herzberg*, JZ 1988, S. 182; *Murmann*, Selbstverantwortung, S. 475; S/S-*Lenckner*, Vorbem §§ 32 ff. Rn. 52a m. w. N. Ähnlich *Kindhäuser*, FS Rudolphi, S. 144 f.

43 *Kindhäuser*, AT, § 39 Rn. 45; *ders.*, BT/1, § 4 Rn. 15; *ders.*, LPK, Vor §§ 211-222 Rn. 27; NK-*Neumann*, Vor § 211 Rn. 61.

44 *Dölling*, GA 1984, S. 79; *Roxin*, TuT, S. 689.

45 *Bottke*, Täterschaft, S. 78 f.; *Roxin*, TuT, S. 699; *ders.*, FS Dreher, S. 345; *Zaczyk*, Selbstverantwortung, S. 38.

46 Zutreffend MüKo-StGB-*Schneider*, Vor §§ 211 ff. Rn. 55.

sung zu folgen, welche die plausibleren Ergebnisse produziert. Hier hat die Einwilligungslösung die besseren Argumente auf ihrer Seite, ermöglicht sie doch den eingangs erwähnten, zwingend gebotenen einheitlichen Freiverantwortlichkeitsmaßstab. Scheidet nämlich in Fällen drittvermittelter Rechtsgutsverletzungen bei einem Irrtum des erfolgskausal agierenden Dritten dessen Freiverantwortlichkeit aus, so schiene es widersprüchlich, einer entsprechenden Fehlvorstellung des Rechtsgutsinhabers bei Vornahme der Gefährdungs- bzw. Verletzungshandlung keinerlei Beachtung zu schenken. Freilich ließe sich alternativ auch an eine Lösung der Problematik auf der Grundlage einer erweiterten, neben den §§ 19, 20, 35 StGB, 3 JGG auch die §§ 16, 17 StGB analog heranziehenden Exkulpationslösung denken.[47] Dies liefe indes de facto auf den Autonomiebegriff der Einwilligungslösung hinaus, da die §§ 216, 228 StGB, die nach der Einwilligungs-, nicht aber nach der (erweiterten) Exkulpationslösung gegebenenfalls Anwendung finden, nach hier vertretener Auffassung nicht die Autonomie, sprich die Fähigkeit zu verantwortlicher Selbstbestimmung konkretisieren, sondern der Ausübung vorhandener Autonomie rechtliche Schranken setzen.[48] Die Einwilligungslösung bringt allerdings den Charakter der Selbstgefährdung bzw. -verletzung als Rechtsgutspreisgabe besser zum Ausdruck als eine modifizierte Exkulpationslösung und verdient daher den Vorzug.

(B) Voraussetzungen der Freiverantwortlichkeit im Einzelnen

Wendet man sich den Autonomievoraussetzungen im Einzelnen zu, so ist bei deren Ermittlung stets im Auge zu behalten, dass sich die Einwilligung in eine Fremdtat und die freiverantwortliche Selbstschädigung zwar ähneln, aber nicht identisch sind. Dem grundsätzlichen Unterschied, dass sich der Rechtsgutsinhaber in der Einwilligungssituation einem fremden Eingriff unterwirft, der sich selbst Schädigende hingegen eigenhändig tätig wird, muss durch sachgerechte Modifikation der Einwilligungsregeln angemessen Rechnung getragen werden.[49] Da im Rahmen dieser Untersuchung nicht erschöpfend auf die Voraussetzungen einer wirksamen Einwilligung eingegangen werden kann,[50] beschränken sich nachstehende Ausführungen mit dem Aspekt der Einwilligungsfähigkeit und der Beacht-

---

47 So etwa *Renzikowski*, Restriktiver Täterbegriff, S. 96 f.

48 Dazu vertieft S. 356 ff.

49 *Amelung*, NJW 1996, S. 2395; *ders.*, Coimbra-Symposium, S. 251 f.; *Murmann*, Selbstverantwortung, S. 478 f. So kann es etwa nicht auf eine Kundgabe der „Einwilligung" ankommen, leitet sich diese Voraussetzung doch vor allem aus dem Erfordernis eines subjektiven Rechtsfertigungselements im Sinne eines Handelns in Kenntnis und auf der Grundlage der erteilten Einwilligung ab, während der „Einwilligung" im hier zu erörternden Zusammenhang nicht die Funktion eines Rechtfertigungsgrunds zukommt, sondern als Maßstab für die Freiverantwortlichkeit als innerer Eigenschaft einer Person dient.

50 Verwiesen sei auf *Amelung/Eymann*, JuS 2001, S. 939 ff.; *Baumann/Weber/Mitsch*, AT, § 17 Rn. 98 ff.; *Geppert*, ZStW 83 (1971), S. 953 ff.; *Heinrich*, AT/1, Rn. 454 ff.; *Jescheck/Weigend*, AT, § 34 IV, V ; *Kühl*, AT, § 9 Rn. 27 ff.; MüKo-StGB-*Schlehofer*, Vor §§ 32 ff. Rn. 112; *Otto*, AT, § 8 Rn. 107 ff.; *Stratenwerth/Kuhlen*, AT, § 9 Rn. 13 ff.; *Wessels/Beulke*, AT, Rn. 371 ff. m. w. N.

lichkeit von Willensmängeln sowie der Dispositionsschranken der §§ 216, 228 StGB auf die wesentlichen Gesichtspunkte.

(I) Einwilligungsfähigkeit

Hinter dem Begriff der Einwilligungsfähigkeit verbirgt sich nichts anderes als die Fähigkeit zu autonomer Willensentschließung und -bekundung.[51] Der Einwilligende „muss erfassen können, welchen Wert die von seiner Entscheidung berührten Güter und Interessen für ihn haben, um welche Tatsachen es bei der Entscheidung geht, welche Folgen und Risiken sich für ihn aus der Entscheidung ergeben und welche Mittel es zur Erreichung des mit der Entscheidung erstrebten Zweckes gibt, die ihn möglicherweise weniger belasten."[52] Nach der von der Rechtsprechung entwickelten Definition ist einwilligungsfähig, wer in der Lage ist, Wesen, Bedeutung und Tragweite seiner Entscheidung zu überblicken und damit die natürliche Einsichts- und Urteilsfähigkeit in Bezug auf das betreffende Geschehen, namentlich den Wert des tangierten Gutes und die Dimension der ihm drohenden Gefahr, aufweist.[53] Dementsprechend fehlt es auch an der Freiverantwortlichkeit des sich selbst Gefährdenden bzw. Verletzenden, wenn diesem aufgrund bestimmter Umstände das Risikopotential seines Verhaltens und dessen mögliche Konsequenzen nicht bewusst sind.[54] Irrelevant ist hierbei prinzipiell, ob der an der Selbstgefährdung bzw. -verletzung Mitwirkende im Vergleich zum Rechtsgutsinhaber ein überlegenes Risikobewusstsein besitzt. Die Freiverantwortlichkeit bemisst sich nicht danach, ob andere mehr wissen, sondern allein danach, ob der Rechtsgutsinhaber genug weiß, um kompetent und zurechenbar in verantwortlicher Selbstbestimmung über seine Güter zu verfügen.[55] Ist dies der Fall, ändert

---

51 *Amelung*, ZStW 104 (1992), S. 821; *Baumann/Weber/Mitsch*, AT, § 17 Rn. 107.

52 *Amelung*, NJW 1996, S. 2396. Ähnlich *Rönnau*, Willensmängel, S. 219.

53 Siehe die Aufnahmeritual-Entscheidung des *BayObLG*, NJW 1999, 372 f. Weitere Nachweise bei *Kindhäuser*, LPK, Vor § 13 Rn. 169 m. w. N.; *Tröndle/Fischer*, § 228 Rn. 7

54 *Otto*, FS Tröndle, S. 174; *ders.*, FS Lampe, S. 509; *Wessels/Hettinger*, BT/1, Rn. 49. Einschränkend *Christmann*, Jura 2002, S. 681, und *Walther*, Eigenverantwortlichkeit, S.103, welche die Kenntnis der wesentlichen tatsächlich gefahrbegründenden oder gefahrerhöhenden Umstände für ausreichend erachten. Dagegen zu Recht *Frisch*, Fahrlässigkeitsdelikt, S. 23. Der Auffassung *Christmanns* und *Walthers* liegt wohl das Bestreben zugrunde, eine unangemessene Verantwortlichkeit des an einer Selbstschädigung Mitwirkenden zu vermeiden, ist für diesen doch nicht erkennbar, ob sich das Opfer aller Risiken seines Tuns bewusst ist, sehr wohl aber, ob das Opfer die äußeren Umstände des Geschehens kennt. Diese Restriktion ist indes teleologisch nicht geboten, wenn man der hier vertretenen Auffassung folgt und streng zwischen (fehlender) Freiverantwortlichkeit und der Eigenverantwortlichkeit (des Mitwirkenden) unterscheidet, mit anderen Worten aus einem Autonomiedefizit des Rechtsgutsinhabers nicht pauschal auf eine Verantwortlichkeit des am Opferverhalten maßgeblich Beteiligten schließt.

55 So zutreffend *Frisch*, NStZ 1992, S. 64; *Kindhäuser*, AT, § 11 Rn. 27; *Puppe*, AT/1, § 6 Rn. 20; *dies.*, Erfolgszurechnung, S. 163. Dies verkennend MüKo-StGB-*Duttge*, § 15 Rn. 150; *Herzberg*, JA 1985, S. 343. Als falsch erweist sich folglich auch die Urteilsbegründung des *BGH* im sogenannten AIDS-Fall, *BGH*St 36, 1 (18), wo die Wirk-

auch eine etwaige objektive Unvernünftigkeit des Verhaltens nichts daran, dass dieses Ausfluss autonomer Selbstbestimmung ist.[56] Denn es macht gerade die Essenz der Autonomie aus, dass sich der Rechtsgutsinhaber im Umgang mit seinen Rechtsgütern auch Unverhältnismäßigkeiten leisten kann, ohne dass die Rechtsordnung mit typisierten Interessenstandards paternalistisch-sozialfürsorgerisch zum vermeintlich Besten des Rechtsgutsinhabers interveniert.[57]

(II) Beachtlichkeit von Willensmängeln

Eng verbunden mit dem Erfordernis der Einwilligungsfähigkeit ist die Problematik der Beachtlichkeit von Willensmängeln in Form irrtümlicher Fehlvorstellungen hinsichtlich des zu beurteilenden Geschehens. Wie schon im Zusammenhang mit der Freiverantwortlichkeit Dritter deutlich wurde, ist ein Verhalten nicht nur dann unfrei, wenn die betreffende Person bereits konstitutionell unfähig ist, Wesen, Bedeutung und Tragweite des eigenen Tuns zu erfassen, sondern auch dann, wenn die Einsicht in die mit dem Verhalten ausgelösten Rechtsgutsgefahren irrtumsbedingt verwehrt ist.[58] Allerdings liefert die bloße Formel, die Einwilligungsfähigkeit fehle, wenn der Einwilligende nicht in der Lage sei, Wesen, Bedeutung und Tragweite der Rechtsgutsbeeinträchtigung zu beurteilen, keinen Aufschluss, wie der Willensmangel beschaffen sein muss, um ein Verhalten wegen unzulänglicher Wahrnehmung seiner Bedeutung und Tragweite als unfrei erscheinen zu lassen.[59] So besteht deshalb auch in der Strafrechtswissenschaft Streit darüber, ob grundsätzlich jeder Irrtum beachtlich ist oder nur bestimmte Fehlvorstellungen die Freiverantwortlichkeit ausschließen.[60]

Einigkeit besteht allein dahingehend, dass jedenfalls rechtsgutsbezogene, Art und Ausmaß der Rechtsgutsbeeinträchtigung betreffende Irrtümer zur Unfreiheit des entsprechenden Verhaltens führen.[61] Umstritten ist dagegen die Relevanz von

---

samkeit der Einwilligung in die mit dem Geschlechtsverkehr verbundene Ansteckungsgefahr mit der überlegenen Risikokenntnis des Infizierten abgelehnt wurde. Richtigerweise hätte der BGH die Unwirksamkeit der Einwilligung an der Unkenntnis des Opfers von der Tatsache, dass der Geschlechtspartner als mit wechselnden Partnern verkehrende Person Angehöriger einer Risikogruppe war, festmachen müssen, handelte das Opfer doch dadurch nicht im vollen Bewusstsein der tatsächlichen Gefahr.

[56] Ebenso *Amelung*, NJW 1996, S. 2396; *Amelung/Eymann*, JuS 2001, S. 942; *Frisch*, Zurechnung, S. 158; *Mitsch*, Opferverhalten, S. 526; *Mosbacher*, Selbstschädigung, S. 125; *Rönnau*, Willensmängel, S. 216; *Tröndle/Fischer*, § 228 Rn. 5. Anders der *BGH* in der Zahnextraktionsentscheidung, NJW 1978, S. 1206, in der er die Einwilligungsfähigkeit des Opfers angesichts der Unvernünftigkeit der Willensentscheidung verneinte.

[57] *Mitsch*, Opferverhalten, S. 530 f. Ähnlich *Rönnau*, Willensmängel, S. 216.

[58] Siehe auch MüKo-StGB-*Schlehofer*, Vor §§ 32 ff. Rn. 122 f.; *Otto*, FS Lampe, S. 509 f.; S/S-*Cramer/Sternberg-Lieben*, § 15 Rn. 167; *Stratenwerth/Kuhlen*, AT, § 9 Rn. 27; SK-StGB-*Horn/Wolters*, § 228 Rn. 3; *Wessels/Hettinger*, BT/1, Rn. 49.

[59] Ebenso *Amelung*, NJW 1996, S. 2395; *ders.*, Coimbra-Symposium, S. 254.

[60] Zum Streitstand siehe *Hillenkamp*, Probleme AT, 7. Problem.

[61] *Amelung*, NJW 1996, S. 2396; *Arzt*, Willensmängel, S. 22; *Jakobs*, AT, 7/117; *Kühl*, AT, § 9 Rn. 37; MüKo-StGB-*Schlehofer*, Vor §§ 32 ff. Rn. 122; *Rengier*, BT/2, § 8 Rn. 2; *Rönnau*, Willensmängel, S. 199, 410; S/S-*Lenckner*, Vorbem §§ 32 ff. Rn. 46.

Motivirrtümern. Die diesbezüglich zum Teil vorgeschlagene Orientierung an den zivilrechtlichen Kriterien der §§ 119, 123 BGB[62] kann in Anbetracht des zum Verhältnis von Zivil- und Strafrecht Gesagten nicht überzeugen, dienen die §§ 119, 123 BGB doch dem Interesse weitgehender wirtschaftlicher Planungssicherheit und gerechter Lastenverteilung im Rechtsverkehr und damit Gesichtspunkten, die mit der Frage menschlicher Autonomie nichts zu tun haben.[63] Zahlreiche Stimmen im Schrifttum[64] lehnen die Beachtlichkeit bloßer Motivirrtümer kategorisch ab und begründen dies mit dem notwendigen Bezug zum tatbestandlich erfassten Rechtsgut. Dieser ginge mit Berücksichtigung von reine Tauschinteressen tangierenden Motivirrtümern verloren, weil hierdurch de facto die sorgsame Aufteilung der zu schützenden Rechtsgüter auf die verschiedenen Straftatbestände des StGB aufgegeben und stattdessen ein umfassender Schutz der Dispositionsfreiheit als „Superrechtsgut" etabliert werden würde.[65] Die Motivirrtümer für beachtlich haltende Gegenauffassung[66] macht geltend, dass eine (Rechtsguts-)Entscheidung prinzipiell nur dann freiverantwortlich erfolge, wenn sie in Einklang mit dem eigenen Wertesystem, welches aus einer persönlichen Gewichtung und Abwägung der verschiedenen Güter und Interessen hervorgehe, getroffen werde. Insofern nehme auch ein Irrtum hinsichtlich des mit der Rechtsgutspreisgabe erstrebten Nutzens dem Verhalten seinen autonomen Charakter, bedeute Autonomie nun einmal nicht Beliebigkeit oder Zufälligkeit, sondern die freie Entscheidung für ein bestimmtes, den eigenen Wertvorstellungen entsprechendes Motiv.[67] Eine dritte, in gewisser Weise vermittelnde Ansicht lehnt die als unklar und undurchführbar erachtete Kategorisierung in rechtsgutsbezogene Irrtümer und Motivirrtümer ab und will stattdessen fallgruppenbezogen ermitteln, welche Willensmängel eine autonome, selbstbestimmte Entscheidung des Rechtsgutsinhabers ausschließen.[68]

Nimmt man die vertretenen Positionen genauer in Augenschein, so zeigt sich, dass der Motivirrtümern pauschale Irrelevanz attestierenden Auffassung oftmals das bereits im Rahmen der Ausführungen zur Einwilligung als fehlerhaft identifi-

---

62 So offenbar MüKo-StGB-*Schlehofer*, Vor §§ 32 ff. Rn. 127.

63 Vgl. *Kühne*, JZ 1979, S. 243; NK-*Paeffgen*, § 228 Rn. 25; *Rönnau*, Willensmängel, S. 176 ff. Ähnlich *Amelung*, Irrtum, S. 16; *ders.*, ZStW 109 (1997), S. 495 f.

64 *Arzt*, Willensmängel, S. 30; *Bottke*, Suizid, S. 267; *Brandts/Schlehofer*, JZ 1987, S. 447; *Dach*, Einwilligung, S. 90; *Degener*, Schutzzweck der Norm, S. 311, 357; *Eschweiler*, Selbstgefährdung, S. 86; *Jakobs*, AT, 7/118; *Jescheck/Weigend*, AT, § 34 IV 5; *Joecks*, Vor § 32 Rn. 24; *Kühne*, JZ 1979, S. 244 f.; S/S-*Lenckner*, Vorbem §§ 32 ff. Rn. 45 f.; *Schünemann*, Bemerkungen, S. 414.

65 *Arzt*, Willensmängel, S. 20 ff.

66 *Baumann/Weber/Mitsch*, AT, § 17 Rn. 109; *Heinrich*, AT/1, Rn. 469; *Kindhäuser*, BT/1, § 8 Rn. 9; *ders.*, LPK, Vor § 13 Rn. 183; *Maurach/Zipf*, AT/1, § 17 Rn. 59; *Mitsch*, Opferverhalten, S. 544. Einschränkend auf zentrale Motivirrtümer *Arzt/Weber*, BT, § 3 Rn. 29.

67 *Amelung*, Irrtum, S. 41 f., 52, 64; *ders.*, ZStW 109 (1997), S. 515 f.; NK-*Schild*, § 25 Rn. 48; *Rönnau*, Willensmängel, S. 427.

68 *Heinrich*, Rechtsgutszugriff, S. 333 f.; *Roxin*, AT/1, § 13 Rn. 97, 99; *ders.*, GedS Noll, S. 281.

zierte Rechtsgutsverständnis zugrunde liegt, nach dem das Gut als statischer, unabhängig von seiner Verwendung abstrakt werthaltiger Gegenstand anzusehen ist.[69] Umgekehrt ginge es zu weit, jedweden Motivirrtum, mag er auch nur untergeordnete Begleitumstände des Geschehens betreffen und mit der Rechtsgutspreisgabe in keiner unmittelbaren Verbindung stehen, für relevant zu erklären, würde dies doch tatsächlich die Schutzrichtung des jeweiligen Straftatbestandes verfälschen.[70] Vor diesem Hintergrund erweist sich die Autonomietheorie, die nur denjenigen Fehlvorstellungen Beachtung schenkt, welche die Disposition nicht mehr als Ausdruck der Selbstbestimmung erscheinen lassen, als vorzugswürdig. Im Hinblick auf die Situation der Gefährdung bzw. Verletzung der eigenen körperlichen Gesundheit durch die Einnahme eines Arzneimittels besteht zudem die schon erwähnte Besonderheit, dass die Rechtsgüter Körper, Gesundheit und Leben als geistig-körperliche Funktionseinheiten nicht ohne deren ständige Disposition gedacht werden können,[71] so dass im Ergebnis jeder mit der Preisgabe dieser Rechtsgüter in Zusammenhang stehende Motivirrtum zugleich einen rechtsgutsbezogenen Irrtum darstellt. Demgemäß kann der Autonomietheorie zumindest insoweit nicht vorgeworfen werden, sie verfälsche die spezifische Schutzrichtung der einschlägigen Straftatbestände.[72]

Die Beachtlichkeit von Motivirrtümern beinhaltet auch keine unangemessene Verantwortungsabwälzung auf die an der unfreien Selbstgefährdung bzw. -verletzung Beteiligten, wie dies teilweise als Grund für die ablehnende Haltung gegenüber der Berücksichtigung bloßer Motivirrtümer durchklingt.[73] Denn nach der hier vertretenen Ansicht sagt die fehlende Autonomie des Opfers allein noch nichts über die strafrechtliche Verantwortlichkeit der anderen am Geschehen beteiligten Personen aus, fließen in die normative Zuweisung der Eigenverantwortlichkeit neben der (fehlenden) Freiverantwortlichkeit doch noch weitere Gesichtspunkte wie etwa Art und Umfang der Tatherrschaft ein. Das Urteil der Unfreiheit mangelbehafteter Rechtsgutsverfügungen hat nur die Funktion, festzuhalten, dass der Wille des Rechtsgutsinhabers als Zurechnungsgrundlage nicht in Betracht kommt, die aus dem äußeren Erscheinungsbild des Geschehens abgeleitete Vermutung, das selbst an sich Hand anlegende Opfer agiere eigenverantwortlich, damit widerlegt ist, und die Frage, wem die Rechtsgutsverletzung zuzurechnen ist, folglich neu gestellt werden muss.[74]

---

69 *Heinrich*, AT/1, Rn. 469 f.; *Kindhäuser*, AT, § 12 Rn. 27; *ders.*, BT/1, § 8 Rn. 10 m. w. N.; NK-*Paeffgen*, § 228 Rn. 27; *Otto*, AT, § 8 Rn. 112; *Rönnau*, Willensmängel, S. 427; *Roxin*, GedS Noll, S. 279.

70 Zutreffend *Küper*, JZ 1986, S. 226.

71 Dazu bereits S. 318 ff.

72 So *Heinrich*, AT/1, Rn. 471.

73 Vgl. *Charalambakis*, GA 1986, S. 497.

74 Ebenso *Amelung*, Irrtum, S. 37 f.; *ders.*, ZStW 109 (1997), S. 518; *Amelung/Eymann*, JuS 2001, S. 944. Ähnlich *Renzikowski*, Restriktiver Täterbegriff, S. 82. Umgekehrt kann die Beachtlichkeit von Motivirrtümern nicht mit der Schutzbedürftigkeit des Rechtsgutsinhabers begründet werden, wie *Mitsch*, Opferverhalten, S. 544, dies tut. Denn die Frage der Schutzbedürftigkeit hat ersichtlich nichts mit der Fähigkeit zu verantwortlicher Selbstbestimmung zu tun, sondern spielt erst bei der normativen Zuwei-

c. Freiverantwortlichkeit im Fall einverständlicher Fremdgefährdung

Auch im Fall einverständlicher Fremdgefährdung, welche die herrschende Meinung ohnehin über das Rechtsinstitut der Einwilligung erfassen will, hat sich die Bestimmung der Opferautonomie an den Einwilligungsregeln zu orientieren. Darin liegt kein Widerspruch zur Ablehnung der einverständlichen Fremdgefährdung als Anwendungsfall der rechtfertigenden Einwilligung, werden die Einwilligungsgrundsätze hier doch nur mangels anderweitiger (gesetzlicher) Kriterien in modifizierter Form zur Würdigung der inneren Verfasstheit des Opfers herangezogen und nicht als ein die Interaktion zwischen Opfer und Täter prägendes Außenweltgeschehen. Bedenkt man, dass durch Rückgriff auf die Einwilligungsregeln nicht nur der einheitliche, vom Geschehensablauf unabhängige Freiverantwortlichkeitsmaßstab gewahrt wird, sondern auch das Problem der oft schwierigen phänomenologischen Abgrenzung von Selbstgefährdung und Fremdgefährdung sowie der an der teilweisen Zufälligkeit der faktischen Tatherrschaftsverteilung ansetzende Streit über die Notwendigkeit dieser Abgrenzung entschärft wird, stellt sich der Rekurs auf die Einwilligungskriterien als geradezu geboten heraus.[75] Auch hier erfordert die Freiverantwortlichkeit des Rechtsgutsinhabers demnach, dass dieser sich der gefährlichen Handlung – etwa der Injektion eines Arzneimittels – in klarer Kenntnis der damit verbundenen Risiken aussetzt.[76]

3. Durchbrechung des Eigenverantwortlichkeitsprinzips

Eine Ausnahme vom Prinzip, dass bei Freiverantwortlichkeit des Verhaltens die dadurch ausgelösten Folgen in den eigenen Verantwortungsbereich fallen, statuieren die §§ 216, 228 StGB. Diese sprechen dem Rechtsgutsinhaber in den erfassten Fällen zwar nicht die Fähigkeit zu verantwortlicher Selbstbestimmung ab,[77] schränken jedoch dessen Recht, in freier Selbstbestimmung über seine Rechtsgü-

sung der (Eigen-)Verantwortlichkeit eine Rolle. Vergleichbares gilt für die Ursachen der Fehlvorstellung des Rechtsgutsinhabers. Ob diese auf einer bewussten Täuschung bzw. pflichtwidrig unterlassenen Aufklärung beruht oder Folge einer Nachlässigkeit des Rechtsgutsinhabers selbst ist, betrifft die Frage der normativen Abgrenzung von Verantwortungsbereichen, nicht aber diejenige der Freiverantwortlichkeit. Insofern zutreffend *Otto*, FS Wolff, S. 402 f. Dies hingegen verkennend NK-*Paeffgen*, § 228 Rn. 30 ff.; *Rönnau*, Willensmängel, S. 221, 415, 429.

75 Im Ergebnis ebenso *Frisch*, Zurechnung, S. 171; *Herzberg*, JA 1985, S. 340; *Maurach/Gössel/Zipf*, AT/2, § 43 Rn. 64; *Odenwald*, Einwilligungsfähigkeit, S. 75; S/S-*Lenckner*, Vorbem §§ 32 ff. Rn. 107.

76 Vgl. *KG* JR 1954, S. 428 (429); *Geppert*, Jura 1987, S. 672; *Hansen*, Einwilligung, S. 77; S/S-*Lenckner*, Vorbem §§ 32 ff. Rn. 105; *Tröndle/Fischer*, § 228 Rn. 7; *Zipf*, Risikoübernahme, S. 74.

77 So aber wohl *Ingelfinger*, Tötungsverbot, S. 177, demzufolge das Opfer in der Situation des § 216 StGB nicht in der Lage sei, die Tragweite seiner Entscheidung zu erkennen. Diese Sichtweise ist indes problematisch, beinhaltet sie doch in versteckter Weise den Schluss von der prinzipiellen Unvernünftigkeit der Einwilligung in den eigenen Tod auf die Einwilligungsunfähigkeit und verkennt dabei den Unterschied zwischen dem rein normativ-wertenden Charakter des Vernunfturteils und der auf empirischen Faktizitäten aufbauenden Zuschreibung von Autonomie.

ter verfügen zu können, ein.[78] Bei den §§ 216, 228 StGB handelt es sich insofern um generalpräventiv motivierte, auf der Menschenwürde und dem Sittengesetz beruhende Autonomieschranken.[79]

Betrifft die in § 216 StGB geregelte Aufforderung zur eigenen Tötung im Zusammenhang mit Arzneimitteln vor allem den Bereich der Euthanasie, der im Rahmen der vorliegenden Untersuchung nicht thematisiert wird, so fragt sich, inwieweit dieser Norm für die hier erörterte Problematik überhaupt Bedeutung zukommt. Nicht zu leugnen ist die Relevanz der §§ 216, 228 StGB zunächst in der Phase der klinischen Prüfung, in der eine Gefährdung für das Leben der Testpersonen niemals völlig auszuschließen ist und insbesondere die an Heilversuchen teilnehmenden Patienten eines besonderen Schutzes, nicht zuletzt vor sich selbst, bedürfen. Allerdings gelten in diesem Bereich mit den §§ 40 ff. AMG Spezialregelungen, neben denen die allgemeinen Schranken der §§ 216, 228 StGB keine Anwendung finden können.[80] Zu denken ist aber auch an Fälle, in denen ein hochwirksames Präparat verabreicht wird, mit dessen enormem therapeutischen Potential entsprechend starke Nebenwirkungen korrespondieren, die unter Umständen eine akute Lebensgefahr begründen. Denkbar ist darüber hinaus, dass der Rückruf eines sich als lebensgefährlich erweisenden Medikaments seitens des Patienten, der auf die heilende Wirkung des Präparates nicht verzichten will, nicht befolgt wird. Hier stellt sich die Frage, inwieweit § 216 StGB über seinen Wortlaut hinaus auch der bewussten Selbstgefährdung Grenzen setzt mit der Folge, dass deren Ermöglichung bzw. Nichtverhinderung durch Dritte strafbares Unrecht darstellt. Da schließlich auch stets die Gefahr einer bewussten Selbsttötung durch überdosierte bzw. kumulative Einnahme von Arzneimitteln besteht, ist auf Inhalt und Anwendungsbereich der §§ 216, 228 StGB kurz einzugehen.

a. Sinn und Zweck der §§ 216, 228 StGB

Ein Teil des Schrifttums sieht den die §§ 216, 228 StGB legitimierenden Zweck im Schutz des Rechtsgutsinhabers vor sich selbst, wo tiefgreifende, eventuell gar irreparable Schädigungen der eigenen Person drohen. Im Sinne eines staatlichen Paternalismus errichteten die Normen eine künstliche, neben den natürlichen Selbsterhaltungstrieb tretende Hemmschwelle.[81] Andere wiederum deuten die Vorschriften als Ausfluss der Sozialbezogenheit und Sozialgebundenheit des Individuums. Die Gemeinschaft habe nicht nur aus Gründen der Selbsterhaltung ein berechtigtes Interesse daran, dass der Einzelne sich und seine Fähigkeiten in die Gesellschaft einbringe und dadurch deren Nutzen mehre, anstatt sich im Wege der Eigenschädigung aus seiner sozialen Verantwortung zu stehlen und womöglich als pflege- und betreuungsbedürftige Person der Gemeinschaft zusätzlich zur Last zu fallen.[82] Tatsächlich dürfte die den §§ 216, 228 StGB zugrunde liegende gesetzge-

---

78 In diesem Sinne auch *Stratenwerth/Kuhlen*, AT, § 9 Rn. 16, 19.

79 Vgl. *Duttge*, GedS Schlüchter, S. 783 f.; *Tröndle/Fischer*, § 228 Rn. 8.

80 Siehe dazu bereits S. 198 ff.

81 *Chatzikostas*, Suizid und Euthanasie, S. 265; *Engisch*, FS Mayer, S. 412; *Ingelfinger*, Tötungsverbot, S. 177; *Stratenwerth/Kuhlen*, AT, § 9 Rn. 18.

82 *Hannes*, Vertrauensgrundsatz, S. 159; *Otto*, FS Tröndle, S. 158; *Popp*, Sittenwidrigkeit, S. 56 f.; *Roxin*, AT/1, § 13 Rn. 44; *Weigend*, ZStW 98 (1986), S. 63, 66. Siehe auch

berische Motivation aber in der Tabuisierung der Rechtsgüter Leben, Körper und Gesundheit bestehen, denen als Grundvoraussetzungen menschlichen Daseins ein umfassender Achtungsanspruch zukommt.[83]

b. Anwendungsbereich der Normen

Ausgangspunkt bei Ermittlung des Anwendungsbereichs muss sein, dass aus den Vorschriften nicht die generelle Indisponibilität der betreffenden Rechtsgüter abgeleitet werden kann. Dies gilt angesichts des eindeutigen Wortlauts nicht nur für § 228 StGB, sondern auch für § 216 StGB, der nicht pauschal jegliches Ursächlichwerden für einen Todeserfolg verbietet.[84] Denn die Normen des Strafrechts sind allesamt verhaltens-, nicht erfolgsbezogen und sanktionieren demgemäß niemals die objektive Rechtsgutsbeeinträchtigung als solche. Gegenstand der Strafandrohung ist vielmehr die Verwirklichung personalen Handlungsunrechts durch ein konkretes, im betreffenden Straftatbestand näher umschriebenes Verhalten.[85] Konsequenz dessen ist, dass die Anwendbarkeit der §§ 216, 228 StGB für die Fälle der Fremdschädigung, Fremdgefährdung, Selbstgefährdung und Selbstschädigung jeweils gesondert zu prüfen ist, unterscheiden diese sich doch gerade durch die Art und Weise des zur Rechtsgutsbeeinträchtigung führenden Verhaltens. Dabei gilt es zwei Fragen zu klären: erstens, ob die §§ 216, 228 StGB über ihren auf finale Verletzungshandlungen ausgerichteten Wortlaut hinaus auch bei bloßen Gefährdungshandlungen anwendbar sind, und zweitens, ob dies auch dann gilt, wenn sich das Opfer nicht einer fremden Tat aussetzt, sondern sich eigenhändig selbst schädigt bzw. gefährdet.

(A) Relevanz in Fällen bloßer Gefährdung

Die sich aus § 216 StGB für einverständliche Lebensgefährdungen ergebenden Konsequenzen sind in Anbetracht des Normwortlauts, der lediglich finale, auf dem ausdrücklichen Verlangen des Opfers beruhende Tötungen erfasst, umstritten. Dass § 216 StGB jedenfalls nicht generell jedwede Form der Eingehung von Lebensrisiken verbieten kann, folgt schon daraus, dass ansonsten ärztliche Operationen, die stets mehr oder weniger große Lebensgefahren mit sich bringen, per se strafbar wären.[86] Anders als die finale Herbeiführung des Todes kann das Einge-

---

*BGH*St 49, 166 (173). Anders noch *Roxin*, JuS 1964, S. 375. Kritisch auch *Niedermair*, Gute Sitten, S. 129.

[83] *Dölling*, GA 1984, S. 86; *ders.*, FS Gössel, S. 214; *Duttge*, GedS Schlüchter, S. 782 f.; *Hirsch*, FS Welzel, S. 779, 782; *Ingelfinger*, Tötungsverbot, S. 195, 205 f.; *Kellner*, Einwilligung, S. 97; MüKo-StGB-*Hardtung*, § 228 Rn. 23; *Roxin*, AT/1, § 13 Rn. 44; *ders.*, JuS 1964, S. 376.

[84] A. A. *Köhler*, AT, S. 255; *Walther*, Eigenverantwortlichkeit, S. 98. Ebenso wohl auch *Frisch*, Fahrlässigkeitsdelikt, S. 132.

[85] *Kellner*, Einwilligung, S. 98 f.; *Quillmann*, Einwilligung, S. 33.

[86] Vgl. *Arzt/Weber*, BT, § 6 Rn. 36; *Fiedler*, Fremdgefährdung, S. 168; *Kellner*, Einwilligung, S. 8 f., 22; *Preuß*, Untersuchungen, S. 151; *Weber*, FS Baumann, S. 48; a. A. aber offenbar *Maurach/Zipf*, AT/1, § 17 Rn. 48, *Jescheck/Weigend*, AT, § 34 III 2, § 56 II 3, und *Zipf*, Risikoübernahme, S. 71 ff., die eine Einwilligung in Lebensgefahren für unwirksam erachten. Auch die Rspr. hielt Einwilligungen in Lebensgefährdungen ur-

hen einer Lebensgefahr durchaus im Lebensinteresse des Rechtsgutsinhabers liegen und deshalb vernünftig sein, so etwa auch bei Applikation eines hochwirksamen, erhebliche Leiden lindernden Arzneimittels, welches in seltenen Ausnahmefällen zum Tode führen kann. Der Angriff auf das Leben erweist sich hier weit weniger gewichtig als in der von § 216 StGB beschriebenen Situation.[87] Die Frage kann daher nur lauten: Ist § 216 StGB im Fall der Lebensgefährdung überhaupt nicht anwendbar oder kommt ihm in abgeschwächter Form als Autonomieschranke bei unvernünftigen, unverhältnismäßigen Lebensgefahren Bedeutung zu?

Während ein Teil des Schrifttums § 216 StGB bei Gefährdungen generell für unbeachtlich hält[88] und dies mit dem zu einer restriktiven Anwendung verpflichtenden Ausnahmecharakter der in das allgemeine Selbstbestimmungsrecht eingreifenden Norm,[89] der unterschiedlichen Unrechtsdimension von finaler Tötung einerseits und Lebensgefährdung andererseits[90] sowie dem Umstand begründet, dass die bloße Gefährdung den Achtungsanspruch des Lebens nicht beeinträchtige,[91] misst die Gegenauffassung § 216 StGB auch im Gefährdungsfall Relevanz bei.[92] Letzterem ist zuzustimmen. Grund hierfür ist weniger die Sozialbezogenheit des Lebens[93] als vielmehr die Tatsache, dass der Achtungsanspruch vor dem Leben auch dann missachtet wird, wenn dieses beliebig aufs Spiel gesetzt werden kann, da durch diese Enttabuisierung des menschlichen Lebens die in Art. 1 GG festgeschriebene Unantastbarkeit der Menschenwürde de facto ausgehöhlt wird.[94] Demnach besteht die Bedeutung des § 216 StGB darin, in Ausnahme vom Eigenverantwortlichkeitsprinzip die Realisierung einer freiverantwortlich eingegangenen

sprünglich für generell unbeachtlich, vgl. *BGH*St 4, 88 (93), weswegen sie sich zu der bereits erwähnten Auffassung genötigt sah, in Fällen einverständlicher Fremdgefährdung fehle es bereits an der Pflichtwidrigkeit der Unternehmung.

87 *OLG Zweibrücken*, JR 1994, S. 518 (519); zustimmend *Dölling*, JR 1994, S. 521.

88 *Arzt*, GedS Schlüchter, S. 169; *Arzt/Weber*, BT, § 6 Rn. 36; *Baumann/Weber/Mitsch*, AT, § 17 Rn. 101; *Dach*, Einwilligung, S. 69; *ders.*, NStZ 1985, S. 25; *Eschweiler*, Selbstgefährdung, S. 49, 55; *Held*, Strafrechtliche Beurteilung, S. 64 f.; *Kellner*, Einwilligung, S. 99; *Kindhäuser*, LPK, Vor § 13 Rn. 222; LK-*Schroeder*, § 16 Rn. 180; MüKo-StGB-*Schlehofer*, Vor §§ 32 ff. Rn. 114; *Niedermair*, Gute Sitten, S. 123; NK-*Puppe*, Vor § 13 Rn. 194; *Ostendorf*, JuS 1982, S. 432; *Quillmann*, Einwilligung, S. 33 f.; *Schaffstein*, FS Welzel, S. 571; *Schünemann*, JA 1975, S. 793; *Walther*, Eigenverantwortlichkeit, S. 230.

89 *Kindhäuser*, BT/1, § 8 Rn. 15; *ders.*, LPK, Vor § 13 Rn. 222; *Quillmann*, Einwilligung, S. 34; *Schaffstein*, FS Welzel, S. 571.

90 *Dach*, Einwilligung, S. 69; *Quillmann*, Einwilligung, S. 33.

91 *Baumann/Weber/Mitsch*, AT, § 17 Rn. 101; *Dach*, Einwilligung, S. 75; *ders.*, NStZ 1985, S. 25; *Niedermair*, Gute Sitten, S. 123; *Otto*, Jura 1984, S. 540; *Popp*, Sittenwidrigkeit, S. 73 f.; *Schünemann*, JA 1975, S. 793; *Walther*, Eigenverantwortlichkeit, S. 229 f.

92 Siehe etwa *Chatzikostas*, Suizid und Euthanasie, S. 300; *Dölling*, GA 1984, S. 87 f.; *Geppert*, ZStW 83 (1971), S. 983, 987; *Göbel*, Einwilligung, S. 45; *Hansen*, Einwilligung, S. 117; *Herzberg*, JA 1985, S. 343; *Jakobs*, AT, 14/12; *Kühl*, AT, § 4 Rn. 88.

93 So aber *Fiedler*, Fremdgefährdung, S. 168; *Weigend*, ZStW 98 (1986), S. 72.

94 In diesem Sinne *Dölling*, GA 1984, S. 87 f.; *ders.*, FS Gössel, S. 214.

Lebensgefahr im Todeserfolg dem Verantwortungsbereich der die lebensgefährliche Handlung vornehmenden Person zuzuweisen, sofern nicht der Wert des in der Risikoeingehung zum Ausdruck kommenden Selbstbestimmungsrechts in Verbindung mit dem durch die Handlung erstrebten und berechtigterweise zu erwartenden Nutzen die drohende Lebensgefahr aus objektiver Sicht sachlich vertretbar erscheinen lässt.[95] Hinsichtlich der Verabreichung eines Arzneimittels kommt es demnach maßgeblich auf die Dimension seines therapeutischen Nutzens sowie der aus seiner Applikation resultierenden Gefahren an.

Ähnliches gilt für § 228 StGB. Entgegen einigen Literaturstimmen,[96] die eine Anwendung des § 228 StGB auf Gefährdungsfälle ablehnen und sich dabei vor allem auf die systematische Stellung der Norm im Anschluss an die vorsätzlichen Körperverletzungstatbestände aber vor dem Tatbestand der fahrlässigen Körperverletzung berufen,[97] ist die Grenze des § 228 StGB auch im Fahrlässigkeitsbereich zu beachten,[98] da die Sittenwidrigkeit keine Eigenschaft eines eingetretenen Erfolgs, sondern ein Urteil über menschliches Handeln ist[99] – obgleich Art und Ausmaß der durch das Verhalten ausgelösten Gefahr eines tatbestandlichen Erfolgseintritts in das Sittenwidrigkeitsverdikt einfließen.[100] Allerdings ist die bloße Gefährdung im Gegensatz zur finalen Verletzung weitaus seltener dem Vorwurf der Sittenwidrigkeit ausgesetzt.[101]

(B) Relevanz in Fällen der Selbstverletzung bzw. Selbstgefährdung

Ebenso kontrovers diskutiert wie die Relevanz der §§ 216, 228 StGB in Gefährdungsfällen wird die Anwendbarkeit der Normen auf Selbstverletzungen bzw. Selbstgefährdungen. So wenden sich nicht nur diejenigen, die bei Selbsttaten ohnehin der Exkulpationslösung folgen, sondern auch etliche Vertreter der Einwilligungslösung gegen die Übertragbarkeit der §§ 216, 228 StGB.[102] Die strengen An-

---

95 Vgl. *Dölling*, GA 1984, S. 90; *ders.*, JR 1994, S. 521; *ders.*, FS Gössel, S. 214; *Göbel*, Einwilligung, S. 45; *Jakobs*, AT, 14/12.

96 *Eschweiler*, Selbstgefährdung, S. 37; MüKo-StGB-*Hardtung*, § 228 Rn. 4; *Niedermair*, Gute Sitten, S. 121, 129; NK-*Puppe*, Vor § 13 Rn. 194; *Popp*, Sittenwidrigkeit, S. 78.

97 MüKo-StGB-*Hardtung*, § 228 Rn. 4; *Niedermair*, Gute Sitten, S. 121; *Tröndle/Fischer*, § 228 Rn. 3 f.

98 *OLG Düsseldorf* NStZ-RR 1997, S. 325 (327); *Fahl*, JA 1997, S. 835; *Krey*, AT/1, Rn. 634; S/S-*Lenckner*, Vorbem §§ 32 ff. Rn. 104; *Tröndle/Fischer*, § 228 Rn. 4; *Trüg*, JA 2004, S. 599; *Weber*, FS Baumann, S. 47 m. w. N.; *ders.*, FS Spendel, S. 373; *Zipf*, Risikoübernahme, S. 71 f. Ebenso *Ostendorf*, JuS 1982, S. 432, der bei Lebensgefährdung § 216 StGB für unanwendbar hält, aber auf § 228 StGB zurückgreifen will.

99 *Arzt/Weber*, BT, § 6 Rn. 37; *Weber*, FS Baumann, S. 47.

100 Siehe S. 362 ff.

101 Vgl. *Herzberg*, NJW 1987, S. 1462; *Rengier*, BT/2, § 20 Rn. 8; a. A. *Geppert*, ZStW 83 (1971), S. 983, der im Fall der nicht willentlich herbeigeführten Verletzung dem Selbstbestimmungsrecht des Rechtsgutsinhabers weniger Gewicht einräumt und deshalb die Sittenwidrigkeitsschwelle eher überschritten sieht.

102 So z. B. *Amelung/Eymann*, JuS 2001, S. 938; *Charalambakis*, GA 1986, S. 491; *Chatzikostas*, Suizid und Euthanasie, S. 265; *Geppert*, Jura 2001, S. 492; *Rengier*, BT/2, § 20 Rn. 3.

forderungen des § 228 StGB seien nur bei Fremdtaten angebracht, bei denen der Täter und nicht das Opfer das Geschehen beherrsche,[103] und auch § 216 StGB tabuisiere nur Angriffe auf fremdes Leben, nicht aber die eigenhändig vorgenommene Gefährdung bzw. Vernichtung des eigenen Lebens durch den Rechtsgutsinhaber selbst.[104] § 216 StGB habe lediglich die Funktion einer zusätzlichen Hemmschwelle bei fehlender Selbsttötungsentschlossenheit, die beim an sich selbst Hand anlegenden Rechtsgutsinhaber aber gerade vorhanden sei,[105] weswegen die Anwendung des § 216 StGB hier einem die Selbstbestimmung des Einzelnen negierenden Staatspaternalismus gleichkäme.[106] Richtigerweise können aber auch hier die nicht zu leugnenden (phänomenologischen) Unterschiede zur klassischen Einwilligungssituation nicht dazu führen, den §§ 216, 228 StGB als grundlegenden strafrechtlichen Wertungen von vornherein jegliche Wirkung abzusprechen, kommt doch der Gedanke der Tabuisierung menschlichen Lebens hier wie dort zum Tragen.[107] Die Verschiedenartigkeit der Konstellationen gewinnt erst im Rahmen der Subsumtion des jeweiligen Geschehens unter die entsprechende Vorschrift Bedeutung. So wiegt der Tabu- und Präventionsgedanke im Fall der keinen Interpersonalbezug aufweisenden Selbsttötung weit weniger als bei einer dem Rechtsempfinden der Gemeinschaft widersprechenden Fremdtötung auf Verlangen, während zugleich dem prinzipiellen Selbstbestimmungsrecht des Opfers bei eigenhändigem Tätigwerden größere Bedeutung zukommt. Insofern statuiert § 216 StGB in Bezug auf Selbsttötungen kein generelles Dispositionsverbot, sondern mit dem Erfordernis des ernstlichen Verlangens nur eine kumulativ zur Autonomie hinzutretende notwendige Bedingung einer normativen Alleinverantwortlichkeit des Rechtsgutsinhabers für den eingetretenen Todeserfolg. Angesichts der eigenhändigen Herbeiführung des Todes bzw. der Verletzung wird aber die Ernstlichkeit meist zu bejahen sein und auch eine Sittenwidrigkeit des Geschehens i. S. d. § 228 StGB – wie die folgenden Ausführungen zum Sittenwidrigkeitsbegriff zeigen werden – regelmäßig ausscheiden.[108]

---

103 *Geppert*, Jura 2001, S. 492; *Rengier*, BT/2, § 20 Rn. 3.

104 *Charalambakis*, GA 1986, S. 491; *Hassemer*, Schutzbedürftigkeit, S. 86 f.; *Sowada*, Jura 1985, S. 81.

105 *Chatzikostas*, Suizid und Euthanasie, S. 265.

106 *Zaczyk*, Selbstverantwortung, S. 34 f. m. w. N.

107 Vgl. *Walther*, Eigenverantwortlichkeit, S. 98. Im Ergebnis ebenso §§ 216, 228 StGB als zu beachtende Autonomieschranken ansehend *Brandts/Schlehofer*, JZ 1987, S. 444; *Frisch*, Zurechnung, S. 169 f.; *Kühl*, AT, § 4 Rn. 88; *Wessels/Beulke*, AT, Rn. 189; *Wessels/Hettinger*, BT/1, Rn. 48. Speziell für Fälle des Suizids *BGHSt* 6, 147 (153); 46, 279 (285 f.); *Chatzikostas*, Suizid und Euthanasie, S. 300; *Krey/Heinrich*, BT/1, Rn. 89; *Rengier*, BT/2, § 8 Rn. 5.

108 Beantwortet ist damit zugleich die Frage, ob eine Unterscheidung von Selbst- und Fremdgefährdung unter dem Gesichtspunkt des Eigenverantwortlichkeitsprinzips unnötig ist und dementsprechend beide Konstellationen generell gleich zu behandeln sind, wie dies von Teilen des Schrifttums gefordert wird. Siehe etwa *Cancio Meliá*, ZStW 111 (1999), S. 370; *Dach*, NStZ 1985, S. 25; *Ensthaler*, Rechtsgutspreisgabe, S. 108; *Geppert*, Jura 2001, S. 493; *Göbel*, Einwilligung, S. 99; *Meyer*, Autonomie, S. 142; *Mosbacher*, Selbstschädigung, S. 121; *Niedermair*, Gute Sitten, S. 125 f.; *Otto*, AT, § 6

c. Sittenwidrigkeit im Sinn des § 228 StGB

Damit ist die Frage nach dem Inhalt des Begriffs der guten Sitten und den maßgeblichen Kriterien eines Sittenverstoßes aufgeworfen. Orientiert man sich hierbei an der zivilrechtlichen Definition der guten Sitten als Anstandsgefühl aller billig und gerecht Denkenden,[109] so ist damit nicht viel gewonnen, erweist sich dieser Maßstab doch als diffus und angesichts der Wertepluralität unserer Gesellschaft genau betrachtet als nicht existent.[110] Zudem würde eine rein ethisch-moralische Deutung der Sittenwidrigkeit die unter Rechtsstaatsgesichtspunkten gebotene Trennung von Recht und Moral aushebeln und zu einer mit einem freiheitlichen Rechtsverständnis unvereinbaren Moralisierung menschlicher Autonomie führen.[111] Wenngleich aus diesem Befund nicht zwingend die Verfassungswidrigkeit des § 228 StGB folgt,[112] so resultiert hieraus zumindest das Erfordernis, das Merkmal der guten Sitten zeit- und sachgemäß zu interpretieren und den Bedenken hinsichtlich der Unbestimmtheit der Norm durch deren restriktive Auslegung

---

Rn. 62; *ders.*, FS Tröndle, S. 157; *Puppe*, AT/1, § 6 Rn. 3; *dies.*, Erfolgszurechnung, S. 155. Vor dem Hintergrund, dass auch die phänomenologischen und psychologischen Gegebenheiten des erfolgskausalen Geschehens in die im Rahmen der §§ 216, 228 StGB vorzunehmende Gesamtwürdigung des rechtsgutsbeeinträchtigenden Verhaltens einfließen, ist eine generelle Gleichstellung beider Konstellationen abzulehnen. Denn das differierende Maß an Risikobeherrschung, der psychologische Unterschied, entweder einer anderen Person ausgeliefert zu sein oder das Geschehen selbst zu kontrollieren, sowie die Tatsache, dass die Missachtung des dem betreffenden Rechtsgut zukommenden Achtungsanspruchs im Fall der Fremdgefährdung wesentlich intensiver wahrgenommen wird und den Rechtsfrieden dementsprechend erheblich mehr gefährdet, können im Einzelfall durchaus zu divergierenden Sittenwidrigkeitsurteilen bzw. abweichenden Anforderungen an die Ernstlichkeit des Todeswunschs führen und einen unterschiedlichen Zuschnitt der Verantwortungsbereiche der am Geschehen beteiligten Personen bedingen. Daher i. E. zutreffend – wenngleich nicht immer mit korrekter Begründung – auf der Trennung von Selbst- und Fremdgefährdung beharrend *Chatzikostas*, Suizid und Euthanasie, S. 265; *Dölling*, GA 1984, S. 80 f.; *ders.*, JR 1994, S. 520; *ders.*, FS Gössel, S. 213; *Hammer*, JuS 1998, S. 787 f.; *Hellmann*, FS Roxin, S. 272; *Herzberg*, JA 1985, S. 272; *Honig*, Einwilligung, S. 96; *Kellner*, Einwilligung, S. 58; *Krey*, AT/1, Rn. 631; *Hirsch*, FS Lampe, S. 533; *Murmann*, Selbstverantwortung, S. 337, 359 f.; *Renzikowski*, Restriktiver Täterbegriff, S. 65 f., 68; *Sternberg-Lieben*, Schranken, S. 283; *Stree*, JuS 1985, S. 183; *Trüg*, JA 2002, S. 219 f.; *ders.*, JA 2004, S. 598.

109 So *Böth*, Humanexperiment, S. 83; *Kubink*, JA 2003, S. 263; LK-*Hirsch*, § 228 Rn. 6; NK-*Paeffgen*, § 228 Rn. 34; *Tag*, Körperverletzungstatbestand, S. 299.

110 MüKo-StGB-*Schlehofer*, Vor §§ 32 ff. Rn. 115; MüKo-StGB-*Hardtung*, § 228 Rn. 17; NK-*Paeffgen*, § 228 Rn. 47.

111 Vgl. *Köhler*, AT, S. 255; *Kubink*, JA 2003, S. 263; *Schürer-Mohr*, Erlaubte Risiken, S. 143 f. Anschaulich *Stratenwerth/Kuhlen*, AT, § 9 Rn. 21, denen zufolge § 228 StGB auf der Grundlage eines ethisch-moralischen Sittenwidrigkeitsverständnisses in erster Linie sexuell abnorme, anstößige Praktiken und damit sadomasochistische Verletzungen beträfe.

112 So aber NK-*Paeffgen*, § 228 Rn. 55; *Rönnau*, Willensmängel, S. 173.

zu begegnen.[113] Neben einer Beschränkung des Sittenwidrigkeitsurteils auf Verstöße gegen allgemeingültige Wertvorstellungen rückt somit vor allem die Objektivierbarkeit moralischer Grundsätze in den Vordergrund.[114] Indem es allein auf die Sittenwidrigkeit der Tat, nicht die der Einwilligung ankommt,[115] existieren mit Handlung und Erfolg als den Unwertgehalt einer jeden „Tat" i. S. d. § 228 StGB prägende Komponenten im Grunde zwei mögliche Anknüpfungspunkte. Abstellen lässt sich entweder auf den Erfolg, insbesondere dessen Ausmaß, oder auf objektive Begleitumstände der Handlung sowie der dieser zugrunde liegenden Motive der Beteiligten. Abzulehnen ist hingegen die pauschale Ableitung der Sittenwidrigkeit aus der objektiven Unvernünftigkeit eines Geschehens.[116] Unabhängig davon, dass der Begriff der Vernunft nicht weniger unbestimmt ist als derjenige der guten Sitten, schränkt diese Sichtweise das verfassungsrechtlich gewährleistete Selbstbestimmungsrecht des Einzelnen unverhältnismäßig ein, beinhaltet dieses doch auch die Befugnis, seine Güter zu objektiv unvernünftigen Zwecken einzusetzen, solange Dritte dadurch nicht geschädigt werden und der Einzelne sich dadurch nicht seiner Fähigkeit, auch künftig als selbstbestimmtes Wesen Entscheidungen treffen zu können, beraubt.[117]

Nach einer auf das Reichsgericht zurückgehenden Rechtsprechung und einem Teil der Literatur sind der Zweck sowie die der Tat zugrunde liegenden Ziele und Beweggründe der Beteiligten maßgeblich in die Beurteilung einzubeziehen, auch bzw. gerade dann, wenn es sich um unlautere, d. h. sittlich-moralisch verwerfliche Zwecke handelt.[118] Hierzu zählen auch diejenigen Stimmen im Schrifttum, welche eine Tat allenfalls dann für sittenwidrig erachten, wenn diese zum Zwecke der Vorbereitung, Vornahme, Verdeckung oder Vortäuschung einer Straftat verübt wird.[119] Einer alleinigen Maßgeblichkeit des mit der Tat verfolgten Zwecks ist aber gleich aus mehreren Gründen zu widersprechen. Zum einen entfernt man sich hierdurch zu sehr vom Schutzzweck der Norm, indem man die Verletzung des Körpers als eigentlichem Grund für die Strafbarkeit nach §§ 223 ff. StGB ver-

---

113 *BGH*St 4, 24 (32); *Baumann/Weber/Mitsch*, AT, § 17 Rn. 112; *Maurach/Schroeder/Maiwald*, BT/1, § 8 Rn. 14;

114 Vgl. *Duttge*, GedS Schlüchter, S. 786 f.; *Roxin*, JuS 1964, S. 376; S/S-*Stree*, § 228 Rn. 6.

115 *Lackner/Kühl*, § 228 Rn. 10; LK-*Hirsch*, § 228 Rn. 7; *Maurach/Schroeder/Maiwald*, BT/1, § 8 Rn. 14; *Stratenwerth/Kuhlen*, AT, § 9 Rn. 23; *Wessels/Beulke*, AT, Rn. 377.

116 So jedoch offenbar *Frisch*, FS Hirsch, S. 495; *Puppe*, AT/1, § 6 Rn. 15; *dies.*, Erfolgszurechnung, S. 161.

117 *Ensthaler*, Rechtsgutspreisgabe, S. 86; *Ingelfinger*, Tötungsverbot, S. 195; LK-*Hirsch*, § 228 Rn. 6; *ders.*, FG BGH IV, S. 220; NK-*Paeffgen*, § 228 Rn. 22; *Schürer-Mohr*, Erlaubte Risiken, S. 144; i. E. ebenfalls ablehnend *Kubink*, JA 2003, S. 264; *Lackner/Kühl*, § 228 Rn. 10; *Niedermair*, Gute Sitten, S. 115.

118 *RG*St 74, 91 (94); *BGH*St 4, 24 (31); *BayObLG* NJW 1999, S. 373; *OLG Düsseldorf* NStZ-RR 1997, S. 325 (327); *Duttge*, GedS Schlüchter, S. 779 f.; S/S-*Lenckner*, Vorbem §§ 32 ff. Rn. 104; S/S-*Stree*, § 228 Rn. 7; *Weber*, FS Baumann, S. 51; *Wessels/Beulke*, AT, Rn. 377.

119 NK-*Paeffgen*, § 228 Rn. 55; SK-StGB-*Horn/Wolters*, § 228 Rn. 9; nahe stehend *Niedermair*, Gute Sitten, S. 171.

nachlässigt, und gibt dadurch zugleich de facto die „Tat" als zentralen Bezugspunkt der Sittenwidrigkeit auf.[120] Zum anderen verleitet die Würdigung der Tatmotive oftmals zum Moralisieren und führt damit zwangsläufig zu einem willkürlichen, Rechtsunsicherheit verbreitenden Billigkeitsrecht, so dass die Bedenken gegen § 228 StGB auf diese Weise eher verstärkt denn ausgeräumt werden.[121] Schließlich verkennt diese Auffassung auch, dass mit den Rechtsgütern Körper und Gesundheit auch die Verfügungsbefugnis hierüber geschützt ist, weshalb eine anstößige Motivation des Rechtsgutsinhabers die Rechtsgutspreisgabe nicht per se unwirksam machen kann, diese bei harmlosen Körperverletzungen vielmehr als Ausfluss der Selbstbestimmungsfreiheit grundsätzlich zu respektieren ist.[122]

Dementsprechend soll nach neuerer Rechtsprechung[123] und einer im Vordringen befindlichen Literaturmeinung[124] für die Annahme der Sittenwidrigkeit nicht der Tatzweck, sondern das Gewicht des tatbestandlichen Rechtsgutsangriffs unter Berücksichtigung des damit verbundenen Gefahrengrades für Leib und Leben des Opfers sowie des Umfangs der tatsächlich eingetretenen Körperverletzung entscheidend sein. Mit Zustimmung des Rechtsgutsinhabers zugefügte leichte, bloß vorübergehende Verletzungen verstießen niemals gegen die guten Sitten, da weder die Grundlage der Selbstbestimmung des Betroffenen noch das Interesse an der Tabuisierung der Rechtsgüter Leben, Körper und Gesundheit nachhaltig beeinträchtigt sei.[125] Sittenwidrig sei eine Tat nur dann, wenn sie objektiv die Gefahr einer schweren Gesundheitsschädigung oder des Todes schaffe.[126] Doch auch diese zweckfreie Ansicht kann nicht vollends überzeugen. Nicht nur sprachlich berei-

---

120 Vgl. *Duttge*, GedS Schlüchter, S. 779, 781; *Ingelfinger*, Tötungsverbot, S. 206 f.; *Kubink*, JA 2003, S. 263 f.; LK-*Hirsch*, § 228 Rn. 9; *ders.*, FG BGH IV, S. *ders.*, JR 2004, S. 476; *Mosbacher*, JR 2004, S. 391; *Niedermair*, Gute Sitten, S. 176; *Otto*, AT, § 8 Rn. 122; *Popp*, Sittenwidrigkeit, S. 57; *Tröndle/Fischer*, § 228 Rn. 9. So selbst S/S-*Stree*, § 228 Rn. 8, der deshalb neben dem Tatzweck auch Art und Umfang der Rechtsgutsbeeinträchtigung für maßgeblich erachtet.

121 Vgl. *Arzt*, Willensmängel, S. 37; *Duttge*, GedS Schlüchter, S. 779; *Ingelfinger*, Tötungsverbot, S. 206; *Niedermair*, Gute Sitten, S. 128; *Schaffstein*, FS Welzel, S. 570; *Tröndle/Fischer*, § 228 Rn. 9; *Walther*, Eigenverantwortlichkeit, S. 234; *Weigend*, ZStW 98 (1986), S. 64.

122 *Arzt/Weber*, BT, § 6 Rn. 30; *Weigend*, ZStW 98 (1986), S. 64.

123 So der *3. Strafsenat des BGH*, BGHSt 49, 34 (40 ff.), wenngleich auf der Grundlage eines außerrechtlichen, ethisch-moralischen Sittenwidrigkeitsverständnisses. Im Ergebnis ebenso der *2. Strafsenat des BGH*, BGHSt 49, 166 (169 ff.), allerdings mit expliziter Kritik an der ethisch-moralischen Interpretation der guten Sitten seitens des 3. Strafsenats. Dieser Kritik beipflichtend *Duttge*, NJW 2005, S. 261; MüKo-StGB-*Hardtung*, § 228 Rn. 32; *Stree*, NStZ 2005, S. 41.

124 *Hardtung*, Jura 2005, S. 406; *Hohmann/Sander*, BT/2, § 6 Rn. 14; *Jescheck/Weigend*, AT, § 34 III 2; *Joecks*, § 228 Rn. 4; *Kellner*, Einwilligung, S. 111; *Mosbacher*, JR 2004, S. 391; *Otto*, AT, § 8 Rn. 122; *ders.*, Jura 2004, S. 681; *Walther*, Eigenverantwortlichkeit, S. 237; *Weigend*, ZStW 98 (1986), S. 65. Im Ergebnis so wohl auch *Schürer-Mohr*, Erlaubte Risiken, S. 144.

125 MüKo-StGB-*Hardtung*, § 228 Rn. 24.

126 *Hardtung*, Jura 2005, S. 405. Vgl. auch *BGH*St 49, 166 (173).

tet die Gleichsetzung von Sittenwidrigkeit und Eingriffsintensität erhebliche Schwierigkeiten,[127] auch die daraus erwachsenden Konsequenzen wie die Sittenwidrigkeit indizierter chirurgischer Heileingriffe, erscheinen verfehlt.[128]

Als vorzugswürdig entpuppt sich deshalb diejenige Auffassung, die zur Vermeidung ethisch moralisierender Billigkeitserwägungen primär am Gewicht des Rechtsgutsangriffs anknüpft, aber ergänzend die Zweckhaftigkeit des betreffenden Verhaltens in die Beurteilung der Sittenwidrigkeit dergestalt einbezieht, dass ein hinreichend gewichtiger positiver Zweck die angesichts der Schwere des Rechtsgutsangriffs grundsätzlich zu bejahende Sittenwidrigkeit kompensiert. Dem angesichts der Intensität des Rechtsgutsangriffs gefällten Verdikt der Sittenwidrigkeit kommt damit bloße Indizwirkung zu, die durch die positive Zwecksetzung der Unternehmung widerlegt werden kann.[129] Ausgehend vom Wesen des § 228 StGB als Verhaltensnorm ist hierbei stets zu beachten, dass nur diejenigen Umstände berücksichtigt werden, die im Zeitpunkt des Verhaltens ex ante erkennbar sind. Ergo beantwortet sich die Frage der Sittenwidrigkeit nicht im Wege der ex post-Abwägung von eingetretenem Schaden und erzieltem Nutzen, sondern nach dem Gewicht der dem Verhalten anhaftenden Verletzungsgefahr und dem Ausmaß der dadurch zu erwartenden Vorteile.[130] Dies hat zur Folge, dass selbst lebensgefährliche Verhaltensweisen, die mit Blick auf § 224 Abs. 1 Nr. 5 StGB nach zutreffender Ansicht von § 228 StGB erfasst werden,[131] nicht per se sittenwidrig sind.[132] Für die Frage der Sittenwidrigkeit der Verabreichung bzw. Einnahme eines Medikaments ergibt sich somit, dass diese nur zu bejahen ist, wenn hierdurch schwerwiegende Gefahren für Leib und Leben drohen und diese nicht durch einen substantiellen therapeutischen Nutzen der Arzneimittelanwendung kompensiert werden.

---

127 *Niedermair*, Gute Sitten, S. 92.

128 *Duttge*, NJW 2005, S. 262; *Niedermair*, Gute Sitten, S. 93; *Roxin*, AT/1, § 13 Rn. 40.

129 *Arzt*, Willensmängel, S. 39; *Dach*, Einwilligung, S. 84; *Dölling*, FS Gössel, S. 211 f.; *Jakobs*, AT, 14/9; *Kubink*, JA 2003, S. 264; LK-*Hirsch*, § 228 Rn. 9 m. w. N.; *ders.*, JR 2004, S. 476; *Maurach/Schroeder/Maiwald*, BT/1, § 8 Rn. 14; *Mosbacher*, Selbstschädigung, S. 188; *ders.*, JR 2004, S. 391; MüKo-StGB-*Hardtung*, § 228 Rn. 30; *Popp*, Sittenwidrigkeit, S. 58 ff.; *Quillmann*, Einwilligung, S. 61; *Stratenwerth/Kuhlen*, AT, § 9 Rn. 22; *Tröndle/Fischer*, § 228 Rn. 10; i. E. ebenso *Roxin*, AT/1, § 13 Rn. 41 f.; abweichend *Trüg*, JA 2002, S. 220 f., und *Noll*, ZStW 68 (1956), S. 195, welche dem billigenswerten Zweck nicht lediglich die Funktion eines Korrektivs zuweisen, sondern Zweck und Intensität des Rechtsgutsangriffs als gleichberechtigte, im Rahmen der Sittenwidrigkeitsprüfung gegeneinander abzuwägende Faktoren betrachten. So wohl ebenfalls *Frisch*, Fahrlässigkeitsdelikt, S. 134, und *Ingelfinger*, Tötungsverbot, S. 206.

130 So zutreffend MüKo-StGB-*Hardtung*, § 228 Rn. 27; *ders.*, Jura 2005, S. 405.

131 *Kellner*, Einwilligung, S. 112; *Kindhäuser*, LPK, § 228 Rn. 16; *Krey*, AT/1, Rn. 634; LK-*Hirsch*, § 228 Rn. 1; MüKo-StGB-*Schlehofer*, Vor §§ 32 ff. Rn. 114; *Weber*, FS Baumann, S. 47 f.; a. A. *OLG Zweibrücken*, JR 1994, S. 518 (519); *Dölling*, GA 1984, S. 89 f.; *ders.*, JR 1994, S. 521; MüKo-StGB-*Hardtung*, § 228 Rn. 8.

132 *Dach*, Einwilligung, S. 83; *Kellner*, Einwilligung, S. 107; *Krey*, AT/1, Rn. 634; LK-*Hirsch*, § 228 Rn. 1; *ders.*, JR 2004, S. 477; *Quillmann*, Einwilligung, S. 36; *Schaffstein*, FS Welzel, S. 570; *Schürer-Mohr*, Erlaubte Risiken, S. 144 f.; *Tröndle/Fischer*, § 228 Rn. 3 f.

d. Konsequenzen für die Verantwortlichkeit bei Arzneimittelschäden

Erweist sich die Verabreichung bzw. Einnahme des Arzneimittels im konkreten Fall als sittenwidrig bzw. ist mit dieser eine akute, medizinisch nicht gerechtfertigte Lebensgefahr verbunden, so scheitert bei Realisierung der Gefahr in einem entsprechenden Schaden eine strafrechtliche Verantwortlichkeit der daran kausal Beteiligten nicht schon an einer Unterbrechung des Zurechnungszusammenhangs durch die bewusste Eingehung des Schadensrisikos seitens des Opfers. Allerdings steht damit lediglich fest, dass die Zurechnung des eingetretenen Arzneimittelschadens nicht von vornherein ausgeschlossen ist, nicht jedoch zugleich, dass der Schaden einem Geschehensbeteiligten auch tatsächlich zurechenbar ist. Der Zurechnungszusammenhang ist vielmehr für jeden Geschehensbeteiligten positiv zu ermitteln, setzt eine strafrechtliche Verantwortung doch nicht nur voraus, dass der Zurechnungszusammenhang nicht unterbrochen ist, sondern zunächst einmal, dass ein solcher grundsätzlich zu bejahen ist. Dass dies im Fall der Fremdgefährdung bzw. -verletzung in Anbetracht der unmittelbaren Herbeiführung des tatbestandlichen Erfolgs wesentlich unproblematischer ist als im Fall der Selbstgefährdung bzw. -verletzung, bei der das Opfer das Geschehen kontrolliert, liegt auf der Hand. Insofern besitzen die §§ 216, 228 StGB bei der Injektion eines Arzneimittels weitaus größere Relevanz als im Regelfall eigenhändiger Medikamenteneinnahme.

II. Eigenverantwortlichkeitsprinzip und Fahrlässigkeitstat

Sind damit Grund und Grenzen des Eigenverantwortlichkeitsprinzips erschöpfend dargelegt, gilt es im Folgenden, dessen Wirkungsweise im bei Arzneimittelschäden vorrangig in Betracht kommenden Bereich fahrlässiger Erfolgsherbeiführung zu ermitteln. Konkret ist dabei der Frage nachzugehen, inwieweit die unvorsätzliche Ermöglichung, Hervorrufung oder Förderung rechtsgutsverletzender Handlungen Dritter bzw. des Rechtsgutsinhabers selbst als strafbare Fahrlässigkeitstat gewertet werden kann.

1. Restriktiver Täterbegriff kraft Eigenverantwortlichkeitsprinzip

Da die Frage der Fahrlässigkeitsstrafbarkeit für die Fälle der über Drittverhalten vermittelten Rechtsgutsverletzung und diejenigen opfervermittelter Erfolgsherbeiführung seit jeher getrennt diskutiert wird und dabei unterschiedliche dogmatische Überlegungen angestellt werden, werden die beiden Konstellationen auch hier gesondert erörtert, wenngleich nachstehende Ausführungen zeigen werden, dass die konsequente Anwendung des Eigenverantwortlichkeitsprinzips, verstanden als Grundsatz zur Abgrenzung der Verantwortungsbereiche der am Schadensprozess Beteiligten, in allen Fällen zu sachgerechten Ergebnissen führt.[133]

[133] Zu diesem Schluss gelangt auch *Jung* in: Eser/Huber/Cornils, Einzelverantwortung, S. 189.

a. Mitwirkung an von Dritten verursachten Rechtsgutsverletzungen

Die Problematik, unter welchen Umständen eine Person für von Seiten Dritter verursachte Rechtsgutsverletzungen verantwortlich ist, wenn das zum Schaden führende Drittverhalten an eine hinsichtlich der konkreten Rechtsgutsverletzung unvorsätzliche Vorhandlung dieser Person anknüpft, erlangt mit Blick auf die Thematik der vorliegenden Untersuchung vor allem in Bezug auf das stufenweise Inverkehrbringen eines schädlichen Arzneimittels entlang der Vertriebskette Bedeutung. Kommt es zu einem fehlerhaften gesundheitsschädlichen Umgang mit dem Medikament, so ist zu klären, inwieweit die in der Vertriebskette vorgeschalteten Personen angesichts ihres kausalen Beitrags zu diesem Fehlverhalten durch Weitergabe bzw. unterlassene Rückforderung des Präparates für später auftretende Arzneimittelschäden verantwortlich sind. Ähnliche Fragen stellen sich auch in Verbindung mit dem arbeitsteiligen Zusammenwirken mehrerer Personen innerhalb des pharmazeutischen Unternehmens, Krankenhauses oder der Arztpraxis, wo die Tätigkeit des Einzelnen auf den Vorarbeiten anderer aufbaut.

Im Zentrum der Diskussion um drittvermittelte Rechtsgutsverletzungen steht seit eh und je die Konstellation der unvorsätzlichen Ermöglichung bzw. Förderung einer vorsätzlich begangenen Straftat, widerspricht eine Strafbarkeit des Ersthandelnden doch ersichtlich dem Rechtsgefühl, wenn ein Dritter sich dessen Verhalten in deliktischer Weise gezielt zur Erreichung seiner egoistischen Ziele zunutze macht.[134] Allerdings gestaltet sich die Problemlage in der praktisch häufiger vorkommenden Situation der unvorsätzlichen Mitwirkung an einer fahrlässig herbeigeführten Rechtsgutsverletzung ähnlich, so dass nach zutreffender Ansicht[135] die zur klassischen Fahrlässigkeit-Vorsatz-Konstellation vorgebrachten Argumente auf die Fahrlässigkeit-Fahrlässigkeit-Konstellation grundsätzlich übertragbar sind, obschon zu beachten ist, dass dem fahrlässigen Anschlussverhalten bei weitem nicht dieselbe Dominanz zukommt wie einem vorsätzlichen Drittverhalten.[136]

Mag die Bestrafung des Ersthandelnden vor allem bei vorsätzlicher Erfolgsherbeiführung des Dritten noch so befremdlich anmuten, so erscheint sie auf der Grundlage klassischer Fahrlässigkeitsprinzipien geradezu zwingend. Ursache hierfür ist der im Fahrlässigkeitsbereich geltende Einheitstäterbegriff, wonach jeder, der einem anderen das Tatwerkzeug zugänglich macht, mit dem dieser anschließend einen tatbestandlichen Erfolg herbeiführt, als Täter des betreffenden fahrlässigen Erfolgsdelikts in Betracht kommt, auch wenn die Zurverfügungstellung des Tatmittels bei Vorsätzlichkeit lediglich als Teilnahme zu qualifizieren wäre.[137] Es

---

134 Siehe hierzu ausführlich *Hillenkamp*, Probleme AT, 32. Problem.

135 *Diel*, Regreßverbot, S. 265; *Frisch*, Zurechnung, S. 345; *Jakobs*, AT, 24/21; *Kindhäuser*, AT, § 11 Rn. 43; *Kratzsch*, FS Oehler, S. 74; *Maiwald*, JuS 1984, S. 441; S/S-*Lenckner/Eisele*, Vorbem §§ 13 ff. Rn. 101/101a; *Stratenwerth/Kuhlen*, AT, § 15 Rn. 73; a. A. *Burgstaller*, Fahrlässigkeitsdelikt, S. 118 f.

136 Insofern zutreffend der Hinweis von *Hillenkamp*, Probleme AT, 32. Problem a. E., dass bei der Übertragung stets Vorsicht geboten ist; ebenso *Hannes*, Vertrauensgrundsatz, S. 156; *Maiwald*, JuS 1984, S. 440 f.

137 Vgl. *Gallas*, Beiträge, S. 91; *Jescheck/Weigend*, AT, § 61 VI; *Rudolphi*, FS Lackner, S. 872; S/S-*Cramer/Heine*, Vorbem §§ 25 ff. Rn. 112; SK-StGB-*Hoyer*, Anh. zu § 16 Rn. 51; *Wilhelm*, Arbeitsteilung, S. 32.

gilt mit anderen Worten ein extensiver, sämtliche i. S. d. Äquivalenztheorie kausalen Beiträge unterschiedslos umfassender Täterbegriff.[138] Begründet wird dieser mit der fehlenden finalen Beziehung des fahrlässig Agierenden zum mitverursachten Erfolg, an der eine differenzierende Verhaltensbewertung anknüpfen könnte.[139]

Gegen die aus dem Einheitstäterbegriff resultierende Pflicht, umfassend Vorsorge gegen die deliktische Ausnutzung des eigenen Tätigwerdens zu treffen, wurden aber vor dem Hintergrund einer vermehrt arbeitsteilig organisierten Gesellschaft zunehmend Bedenken laut, da durch den Zwang zu gegenseitigem Misstrauen und ständiger erhöhter Vorsicht die mit der arbeitsteiligen Spezialisierung verbundenen Vorteile de facto wieder zunichte gemacht würden.[140] Geleitet von dem Bestreben, parallel zur Unterscheidung von Täterschaft und Teilnahme bei Vorsatztaten auch im Fahrlässigkeitsbereich einen restriktiven, nicht jegliches erfolgskausale Verhalten erfassenden Täterbegriff zu statuieren, etablierten sich im Schrifttum verschiedene Spielarten eines Regressverbots, welche allesamt, wenngleich in abweichendem Maße und auf dogmatisch unterschiedliche Art und Weise, den Regress, d. h. die Zurückverfolgung der Kausalkette hinter eine freie, voll verantwortliche vorsätzliche Handlung ausschließen.[141]

(A) Klassische Lehre vom Regressverbot

In seiner ursprünglichen, auf *Frank* zurückgehenden Form besagte das Regressverbot, „daß Bedingungen, die jenseits einer bestimmten Stelle liegen, nicht als Ursachen angesehen werden dürfen: Keine Ursachen sind die Vorbedingungen einer Bedingung, die frei und bewußt (vorsätzlich und schuldhaft) auf Herbeiführung des Erfolges gerichtet war."[142] Ausgehend von einer kausalen Handlungslehre, welche als strafrechtliche Handlung durch positives Tun jede willkürliche Körperbewegung verstand, die ursächlich für das im betreffenden Straftatbestand umschriebene Ereignis wurde, schloss die freie, erfolgskausale Handlung des Vorsatztäters die Deutung der zeitlich vorgelagerten Körperaktivität des Ersthandelnden als gleichartige Handlung aus, weil der freie Wille des Vorsatztäters als von allen vorausgehenden Bedingungen losgelöste causa sui den Kausalzusammenhang unterbräche.[143] In Anbetracht der rechtlichen Bedeutungslosigkeit der vom Ersthandelnden gesetzten Bedingung schied nach der klassischen Regressverbotslehre eine Strafbarkeit mangels Zurechenbarkeit des Erfolgs kategorisch aus.

Diese Auffassung ist mit einem auf der Äquivalenz aller Bedingungen basierenden Kausalverständnis unvereinbar. Kausalität besteht oder besteht nicht; die Annahme eines bestehenden, aber unterbrochenen Kausalverlaufs ist logisch ausgeschlossen.[144] Wirkt die vom Ersthandelnden gesetzte Bedingung im weiteren er-

---

138 *Gallas*, Beiträge, S. 143; *Winkemann*, Probleme, S. 125 f.

139 *Gallas*, Beiträge, S. 90; *Jakobs*, AT, 21/111.

140 Vgl. *Stratenwerth*, FS Schmidt, S. 384.

141 Zu Ursprung, Geschichte und Entwicklung der Lehre vom Regressverbot detailliert *Ling*, Unterbrechung.

142 *Frank*, Strafgesetzbuch für das Deutsche Reich, § 1 Anm. III 2 a.

143 Vgl. *H. Mayer*, AT (1967), S. 73.

144 *RG*St 56, 343 (348); 58, 366 (368); 61, 318 (320); 63, 382 (387); 64, 316 (319); 64, 370 (372 f.); *BGH*St 4, 360 (362); *Daxenberger*, Kumulationseffekte, S. 139; *Engisch*,

folgskausalen Geschehensverlauf fort, so ist der Kausalzusammenhang nicht unterbrochen, sondern im Gegenteil durch das die ursprüngliche Bedingung weiterleitende Drittverhalten gerade erst vermittelt.[145] Dieses Kausalverständnis liegt auch den strafrechtlichen Beteiligungsvorschriften zugrunde, welche den Regress gegen den zu einer Vorsatztat beitragenden Anstifter bzw. Gehilfen explizit zulassen.[146] Allerdings ließe sich zugunsten eines Regressverbots mit Blick auf die Beschränkung der Teilnahmestrafbarkeit auf vorsätzliche Unterstützungshandlungen argumentieren, dass es besonderer Vorschriften bedürfe – und nach dem Willen des Gesetzgebers offenbar bedürfen solle –, um ein Verhalten zu bestrafen, welches auf die in den §§ 26, 27 StGB beschriebene Weise, d. h. durch Veranlassung oder Hilfeleistung, über den Umweg fremden schuldhaften Verhaltens zu einem tatbestandlichen Erfolg führt.[147] Aus der Existenz der Teilnahmevorschriften lässt sich ohne Überinterpretation aber nur herleiten, dass es nicht möglich ist, das dort spezifizierte Verhalten als täterschaftliches Verhalten der Vorsatzdelikte zu begreifen. Dass vergleichbares Verhalten als täterschaftliches Verhalten der Fahrlässigkeitsdelikte ausscheidet, ist damit nicht dargetan.[148] Dies würde voraussetzen, was erst zu beweisen ist, nämlich die Übertragbarkeit der Unterscheidung von Täterschaft und Teilnahme auf die Fahrlässigkeitsdelikte, die angesichts des jede pflichtwidrige Verursachung des tatbestandlichen Erfolgs erfassenden Wortlauts der §§ 222, 229 StGB und dem aus der fehlenden Finalität der Erfolgsverursachung resultierenden extensiven Täterbegriff aber gerade fraglich ist.[149]

Kausalität, S. 80; *Jescheck/Weigend*, AT, § 54 IV 1; *Kindhäuser*, AT, § 10 Rn. 27, § 11 Rn. 37; *ders.*, LPK, Vor § 13 Rn. 85; *Lackner/Kühl*, Vor § 13 Rn. 11; *Lampe*, ZStW 71 (1959), S. 614; *Meyer*, Autonomie, S. 110; *Otto*, Jura 1992, S. 96; Puppe, AT/1, § 5 Rn. 29; *dies.*, Erfolgszurechnung, S. 144 f.; *Renzikowski*, Restriktiver Täterbegriff, S. 115; *Roxin*, AT/1, § 24 Rn. 27; *ders.*, FS Tröndle, S. 177; S/S-*Lenckner/Eisele*, Vorbem §§ 13 ff. Rn. 77 m. w. N.; *Spendel*, JuS 1974, S. 755. Grundlegend anders *Welp*, Vorangegangenes Tun, S. 300 f., und *Hruschka*, ZStW 110 (1998), S. 594, welche eine Gleichwertigkeit aller Kausalfaktoren ablehnen und bereits auf der Kausalitätsebene zu den wertenden Differenzierungen gelangen, welche die herrschende Meinung im Rahmen der Prüfung der normativen Zurechenbarkeit des Erfolgs anstellt.

145 Vgl. *BGH* NStZ 2001, S. 29 (30); *Busch*, Umweltstrafrecht, S. 458 f.; *Daxenberger*, Kumulationseffekte, S. 139; *Ebert*, Jura 1979, S. 567; *Geppert*, Jura 1987, S. 671; S/S-*Lenckner/Eisele*, Vorbem §§ 13 ff. Rn. 77; *Tröndle/Fischer*, Vor § 13 Rn. 18a m. w. N. Die Situation gestaltet sich anders als in den Fällen der überholenden Kausalität, in denen ein späteres Ereignis, etwa das Verhalten einer anderen Person, eine neue, von der früher gesetzten Bedingung unabhängige Ursachenreihe in Gang setzt, die den Erfolg rascher herbeiführt und insofern den vom Ersthandelnden geschaffenen Kausalfaktor als gesetzmäßige Bedingung des Erfolgseintritts verdrängt.

146 *Puppe*, AT/1, § 5 Rn. 29; *dies.*, Erfolgszurechnung, S. 144; *Renzikowski*, Restriktiver Täterbegriff, S. 115; *Schlüchter*, JuS 1976, S. 379; *Schmoller*, FS Triffterer, S. 240.

147 So namentlich *Engisch*, Kausalität, S. 81 ff.; ähnlich *Hruschka*, ZStW 110 (1998), S. 610; i. E. ebenso *Exner*, FS v. Frank, S. 592; *H. Mayer*, AT (1953), S. 138, 312.

148 *Daxenberger*, Kumulationseffekte, S. 134; *Frisch*, Zurechnung, S. 235.

149 *Roxin*, FS Gallas, S. 244; *ders.*, FS Tröndle, S. 178; SK-StGB-*Rudolphi*, Vor § 1 Rn. 72; *Wehrle*, Regressverbot, S. 28 f. Vgl. auch *RG*St 64, 316 (319).

(B) Moderne Regressverbotslehren

Steht somit der Kausalzusammenhang außer Zweifel, rückt als möglicher Anknüpfungspunkt für die erforderliche Restriktion des Täterbegriffs das Kriterium der objektiven Zurechnung in den Vordergrund.[150] Mit wachsender Anerkennung der objektiven Zurechnung als eigenständigem Tatbestandselement neben der Kausalität hat sich die Diskussion um die Anerkennung eines Regressverbots im Laufe der Zeit zunehmend auf die Ebene der Erfolgszurechnung verlagert und verschiedene moderne Ausprägungen der Regressverbotslehre hervorgebracht.

(I) Lehre vom adäquaten Zurechnungszusammenhang

Deutet man wie hier die Fälle der Inadäquanz des weiteren Geschehensverlaufs als eine derjenigen Konstellationen, in denen sich im Erfolg nicht die unerlaubt gesetzte Gefahr verwirklicht, und damit als Problem der objektiven Zurechnung, so ist zunächst auf die auf das *Reichsgericht* zurückgehende Lehre vom adäquaten Zurechnungszusammenhang einzugehen. Danach wird in diametralem Gegensatz zur klassischen Regressverbotslehre das Verhalten verantwortlicher Dritter einem Naturereignis gleichgestellt und eine Strafbarkeit des Ersthandelnden auf der Grundlage allgemeiner Fahrlässigkeitskriterien stets bejaht, wenn das deliktische Drittverhalten für diesen voraussehbar war.[151]

Während sich die klassische Regressverbotslehre als zu eng herausstellte, ist die Lehre vom adäquaten Zurechnungszusammenhang zu weit und bietet einer Ausuferung der Fahrlässigkeitsstrafbarkeit letztlich keinen Einhalt. Mag auch die vorsätzlich rechtsgutsverletzende Intervention eines Dritten oftmals ein inadäquates, die Erfolgszurechnung ausschließendes Risiko darstellen,[152] so ist mit einem fahrlässigen Folgeverhalten einer mit dem (erlaubt) gefährlichen Erstverhalten in Berührung kommenden Person stets zu rechnen,[153] wie die Erfahrungen des täglichen Lebens, insbesondere auch der häufig anzutreffende sorglose Umgang mit Medikamenten, zeigen. Darüber hinaus verkennt diese Auffassung die Bedeutung der Adäquanz als im Kern faktischem, auf der quantitativen Wahrscheinlichkeit des Zweitverhaltens aufbauenden Urteil, wenn dieses über die grundsätzlich normativ zu bestimmende Verantwortlichkeit einer Person entscheiden soll.[154] Geht es in den Fällen drittvermittelter Rechtsgutsverletzungen im Grunde darum, festzustellen, wer in welchem Umfang für das rechtsgutsverletzende Gesamtgesche-

---

150 Deutlich zu erkennen bei *H. Mayer*, AT (1953), S. 138. Ebenso *Burgstaller*, FS Jescheck, S. 363; *Jakobs*, ZStW 89 (1977), S. 6; *Köhler*, AT, S. 146; *Otto*, Jura 1992, S. 96; *Rudolphi*, Gleichstellungsproblematik, S. 134; *Wehrle*, Regressverbot, S. 32.

151 *RG*St 29, 218; 34, 91 (93); 56, 343 (348); 57, 148 (150); 58, 366 (368); 61, 318 (320); 63, 382 (387); 64, 316 (319); *Baumann/Weber/Mitsch*, AT, § 14 Rn. 76; *Jescheck/Weigend*, AT, § 54 IV 2; *Kindhäuser*, LPK, Vor § 13 Rn. 143; NK-*Schild*, § 25 Rn. 109.

152 Zutreffend *Burgstaller*, Fahrlässigkeitsdelikt, S. 117; *Schünemann*, JA 1975, S. 789; a. A. *Diel*, Regreßverbot, S. 200; MüKo-StGB-*Freund*, Vor §§ 13 ff. Rn. 372; *Renzikowski*, Restriktiver Täterbegriff, S. 181.

153 Vgl. *Stratenwerth*, FS Schmidt, S. 387, 391 f.; *Wilhelm*, Arbeitsteilung, S. 29; *dies.*, MedR 1983, S. 46.

154 *Otto*, FS Lampe, S. 497; *Wehrle*, Regressverbot, S. 41.

hen Verantwortung trägt, mit anderen Worten darum, die einzelnen Verantwortungsbereiche abzugrenzen, liegt der Schlüssel zur sachgerechten Würdigung des betreffenden Sachverhalts in einer angemessenen Berücksichtigung der prinzipiellen Freiverantwortlichkeit des Dritten nach Maßgabe des Eigenverantwortlichkeitsprinzips.[155]

(II) Lehre vom generell unterbrochenen Zurechnungszusammenhang
Ausgehend von der zutreffenden Erkenntnis, dass zwischen der Vermittlung einer Rechtsgutsverletzung durch ein Naturereignis einerseits und durch autonomes Drittverhalten andererseits ein wesentlicher Unterschied besteht, will ein Teil des Schrifttums den Zurechnungszusammenhang zwischen Erfolg und Ersthandeln im Sinne eines strengen Verantwortungsprinzips bei Freiverantwortlichkeit und daraus resultierender strafrechtlicher Verantwortlichkeit des Dritten stets verneinen.[156] Dass dies im Ergebnis auf eine Wiederbelebung der klassischen Regressverbotslehre im Gewande der objektiven Zurechnung hinausläuft,[157] wird nicht zuletzt daran deutlich, dass seitens der Vertreter eines generellen Zurechnungsausschlusses das bereits von der Regressverbotslehre bemühte Argument vorgetragen wird, es handele sich bei den Teilnahmevorschriften der §§ 26, 27 StGB um Sondernormen, deren bewusste Beschränkung auf Vorsatztaten nicht durch eine Qualifizierung unvorsätzlicher Anstiftungs- und Beilhilfehandlungen als fahrlässige Täterschaft ausgehöhlt werden dürfe.[158] Neben dieser, wie gesehen, nicht tragfähigen Begründung und dem Hinweis, dass eine neben die Strafbarkeit des Dritten tretende Bestrafung des Ersthandelnden kriminalpolitisch nicht geboten sei,[159] führen die Anhänger dieser Auffassung vor allem die mangelnde Beherrschbarkeit des Verletzungsvorgangs an, schließe der freiverantwortlich agierende Dritte doch den Ersthandelnden von der Herrschaft über das Geschehen aus, so dass diesem die für die Zurechnung des Erfolgs als sein Werk zwingend erforderliche Steuerbarkeit des Geschehens fehle.[160]

Ein derart umfassendes Regressverbot hat zwar den Vorteil einer unter Rechtssicherheitsgesichtspunkten wünschenswerten trennscharfen Lösung auf seiner Sei-

---

155 *Otto*, FS Lampe, S. 497; *ders.*, Jura 1992, S. 96 f. ; S/S-*Cramer/Sternberg-Lieben*, § 15 Rn. 171.

156 *Burgstaller*, Fahrlässigkeitsdelikt, S. 117; *Diel*, Regreßverbot, S. 304; *Ebert*, Jura 1979, S. 570; *Lampe*, ZStW 71 (1959), S. 615; *Naucke*, ZStW 76 (1964), S. 439 f.; *Otto*, FS Lampe, S. 498 ff.; *ders.*, NJW 1980, S. 422; *Renzikowski*, Restriktiver Täterbegriff, S. 71, 73; *Welp*, Vorangegangenes Tun, S. 286; *ders.*, JR 1972, S. 429.

157 *Baumann/Weber/Mitsch*, AT, § 14 Rn. 78; *H. Mayer*, AT (1953), S. 312; *Meyer*, Autonomie, S. 117; *Otto*, AT, § 6 Rn. 53; *ders.*, FS Lampe, S. 498; *Roxin*, FS Tröndle, S. 179.

158 *Kirchner*, Unterlassungshaftung, S. 137; *Otto*, FS Spendel, S. 272; *ders.*, FS Wolff, S. 404.

159 *Naucke*, ZStW 76 (1964), S. 425.

160 *Diel*, Regreßverbot, S. 304; *Ebert*, Jura 1979, S. 569; *Naucke*, ZStW 76 (1964), S. 428; *Otto*, AT, § 6 Rn. 52; *ders.*, JuS 1974, S. 705 ff.; *ders.*, Jura 1984, S. 540; *ders.*, Jura 1992, S. 91, 97; *ders.*, FS Lampe, S. 497; *ders.*, FS Maurach, S. 98 f.; *ders.*, FS Spendel, S. 277; *Otto*, FS Wolff, S. 404.

te,[161] ist jedoch dogmatisch nicht schlüssig und kriminalpolitisch kaum haltbar. Letzteres deshalb, weil es sich in seiner Pauschalität als starres und unflexibles Konstrukt erweist, welches in abstrakter, von den konkreten Umständen des Einzelfalls vollends losgelöster Weise ein generell erlaubtes Risiko statuiert und dadurch den strafrechtlichen Schutz des Opfers ungerechtfertigt verkürzt.[162] Als dogmatisch fragwürdig stellt sich dagegen insbesondere die Argumentation anhand der Steuerbarkeit des Geschehens dar. Deutet man den Begriff der Steuerbarkeit im Sinne einer auf adäquate Zusammenhänge beschränkten objektiven Bezweckbarkeit, so ist diese in Anbetracht der häufig zu bejahenden Adäquanz regelmäßig gegeben, interpretiert man ihn als Vermeidbarkeit des Erfolgs, so kann auch diese angesichts regelmäßig möglicher verschärfter Vorsichtsmaßnahmen nicht geleugnet werden.[163] Setzt man Steuerbarkeit aber mit der Beherrschbarkeit des Geschehens gleich, so stellt diese bei Fahrlässigkeitstaten gerade kein zwingendes Zurechnungserfordernis dar, besteht das Handlungsunrecht hier doch typischerweise in der Ingangsetzung eines nicht beherrschbaren, aber vorhersehbaren Geschehensablaufs.[164] Besonders anschaulich ist dies beim sogenannten Übernahmeverschulden der Fall, wo der strafrechtliche Vorwurf an die Herbeiführung einer später mangels hinreichender eigener Qualifikation nicht mehr beherrschbaren Situation anknüpft. Zudem ist die Beherrschbarkeit autonomen Fremdverhaltens nicht per se ausgeschlossen, können doch selbst Straftaten anderer oftmals durch bloßen, die Furcht des Täters vor Entdeckung und Bestrafung intensivierenden Zuruf verhindert werden.[165]

Die Lehre von der generellen Unterbrechung des Zurechnungszusammenhangs krankt somit letzten Endes an einem falschen Verständnis von Frei- und Eigenverantwortlichkeit, da aus ersterer nicht zwingend eine Alleinverantwortung des autonom Handelnden respektive Straffreiheit der anderen Geschehensbeteiligten resultiert, wie die gesetzlich normierte Strafbarkeit der Teilnahme an (freiverantwortlich begangenen) Vorsatztaten anderer beweist.[166] Denn bei der normativen Zuweisung einer Alleinzuständigkeit und der damit einhergehenden Entlastung der übrigen Beteiligten von jeglicher Verantwortung spielen neben dem Aspekt der Freiverantwortlichkeit noch weitere Überlegungen wie Präventionsgesichtspunkte und Opferschutzerwägungen eine Rolle.[167] So verwundert es nicht, dass die Verfechter dieses Ansatzes ihre Position nicht konsequent durchhalten. Namentlich *Otto* will zur Erzielung sachgerechter Ergebnisse im Einzelfall Ausnahmen

---

161 *Diel*, Regreßverbot, S. 270 f.

162 Vgl. *Hassemer* in: Eser/Huber/Cornils, Einzelverantwortung, S. 313; *Kindhäuser*, AT, § 11 Rn. 44; *Murmann*, Nebentäterschaft, S. 271; *Roxin*, StV 2004, S. 487; *Walther*, Eigenverantwortlichkeit, S.70 f.

163 *Daxenberger*, Kumulationseffekte, S. 139; *Roxin*, FS Tröndle, S. 181 f.

164 Vgl. *Baumann/Weber/Mitsch*, AT, § 14 Rn. 74; NK-*Puppe*, Vor § 13 Rn. 246; *Roxin*, FS Tröndle, S. 182; S/S-*Lenckner/Eisele*, Vorbem §§ 13 ff. Rn. 102; *Walther*, Eigenverantwortlichkeit, S. 41 f.

165 *Heinrich*, AT/2, Rn. 1052; *Kamps*, Ärztliche Arbeitsteilung, S. 133; SK-StGB-*Rudolphi*, Vor § 1 Rn. 72; *ders.*, Gleichstellungsproblematik, S. 134.

166 Vgl. *Köhler*, AT, S. 195; *Schmoller*, FS Triffterer, S. 244.

167 Ähnlich *Hassemer* in: Eser/Huber/Cornils, Einzelverantwortung, S. 313.

vom generellen Zurechnungsausschluss machen, so etwa, wenn die dem Ersthandelnden obliegende Sorgfalts- bzw. Garantenpflicht gerade auf die Verhinderung von rechtsgutsgefährdendem Anschlussverhalten gerichtet ist[168] oder aber das Drittverhalten bereits in dem gefährlichen Ersthandeln angelegt war.[169] Dieses Abrücken von einem pauschalierenden Standpunkt und die Hinwendung zu einer wertenden, an den tatsächlichen Umständen des konkreten Geschehens und den die einzelnen Beteiligten treffenden Ge- und Verbotsnormen ausgerichteten Sichtweise,[170] führt zu einer einzelfallorientierten Abgrenzung von Verantwortungsbereichen, wie sie die mittlerweile wohl als herrschend zu bezeichnende Lehre vom begrenzten Verantwortungsbereich propagiert.[171]

(III) Lehre vom begrenzten Verantwortungsbereich

Nach der vorzugswürdigen Lehre vom begrenzten Verantwortungsbereich ist die Frage der Strafbarkeit des Ersthandelnden einer generellen Beantwortung unzugänglich und allein anhand einer Abgrenzung der Verantwortungsbereiche der am konkreten Geschehen beteiligten Personen zu beurteilen.[172] Indem die Lehre weder pauschal auf die Vorhersehbarkeit fremden Fehlverhaltens abstellt noch ausnahmslos aus der Autonomie des Dritten dessen Alleinverantwortlichkeit für die verursachte Rechtsgutsverletzung folgert, steht sie in perfektem Einklang mit dem Prinzip der Eigenverantwortlichkeit, welches nur eine prinzipielle, für den Regelfall zutreffende Vermutung der Eigenverantwortlichkeit des freiverantwortlich rechtsgutsverletzend tätig werdenden Dritten statuiert, die durch besondere, dieser Wertung entgegenstehende Tatumstände im Einzelfall widerlegt werden kann.

Dementsprechend scheidet eine Fahrlässigkeitsstrafbarkeit des Ersthandelnden im Allgemeinen aus. Da dieser sich grundsätzlich auf ein vernünftiges, rechtmäßiges Verhalten Dritter im Umgang mit der von ihm geschaffenen Gefahr verlassen darf, trifft ihn prinzipiell keine Verantwortung für rechtswidrige Anschlusstaten Dritter. Infolgedessen ist er auch nicht zur umfassenden Vermeidung deliktischen Drittverhaltens durch lückenlose Vorsichts- und Kontrollmaßnahmen in Bezug auf die weitere Verwendung seiner Tätigkeitsergebnisse verpflichtet, so dass mangels

---

168 *Otto*, JuS 1974, S. 706; *ders.*, FS Lampe, S. 500; *ders.*, FS Wolff, S. 408.

169 *Otto*, FS Lampe, S. 501; *ders.*, FS Wolff, S. 407.

170 So explizit *Otto*, AT, § 6 Rn. 51; *ders.*, Jura 1992, S. 98; *ders.*, FS Wolff, S. 407.

171 So *Otto* selbst, vgl. JuS 1974, S. 705 f.; Jura 1990, S. 49.

172 *Eichinger*, Produkthaftung, S. 267; *Kamps*, Ärztliche Arbeitsteilung, S. 141; *Lenckner*, FS Engisch, S. 506; *Maurach/Gössel/Zipf*, AT/2, § 47 Rn. 102; MüKo-StGB-*Freund*, Vor §§ 13 ff. Rn. 373; S/S-*Cramer/Heine*, Vorbem §§ 25 ff. Rn. 113; *Schünemann*, JA 1975, S. 789; *Stratenwerth/Kuhlen*, AT, § 15 Rn. 65, 71; SK-StGB-*Rudolphi*, Vor § 1 Rn. 72; *Wolter*, Zurechnung, S. 344. Im Ergebnis ebenso diejenigen Autoren, die dem Gedanken der Autonomie des Dritten bereits im Rahmen der objektiven Sorgfaltspflichtbestimmung dergestalt Rechnung tragen, dass eine Sorgfaltspflicht zur Verhinderung deliktischen Drittverhaltens zwar regelmäßig, nicht aber generell zu verneinen ist. Vgl. NK-*Puppe*, Vor § 13 Rn. 167; *dies.*, AT/1, § 5 Rn. 32, 34; *dies.*, Erfolgszurechnung, S. 146 ff.; *Wehrle*, Regressverbot, S. 50, 84. Ähnlich *Schmoller*, FS Triffterer, S. 232, 240, auf der Grundlage einer fragwürdigen Unterscheidung von konkreter und nicht konkreter Vorhersehbarkeit des Drittverhaltens.

Sorgfaltswidrigkeit des zwar gefährlichen, bei erwartbarem Verantwortungsbewusstsein aller damit in Berührung kommender Personen aber unschädlichen und deshalb erlaubten Ersthandelns die (Vermeidung der) Rechtsgutsverletzung regelmäßig in die Eigenverantwortung, d. h. den alleinigen Verantwortungsbereich des Dritten fällt.[173] Durchbrechungen dieser prinzipiellen Verantwortungsverteilung zu Lasten des Dritten bedürfen in Anbetracht der damit verbundenen Beschränkung der Handlungsfreiheit des Ersthandelnden besonderer Gründe.[174]

Eine Fahrlässigkeitsstrafbarkeit des Ersthandelnden in Ausnahme vom Eigenverantwortlichkeitsprinzip kommt deshalb nur dann in Betracht, wenn der Ersthandelnde ungeachtet der Freiverantwortlichkeit des Dritten durch entsprechende rechtliche Regelungen zur Verhinderung der Rechtsgutsverletzung verpflichtet ist oder aber aufgrund konkreter Umstände des Einzelfalls auf ein vernünftiges Handeln des Dritten berechtigterweise nicht vertraut werden darf und insofern erweiterte, die Vermeidung fremdinitiierter Rechtsgutsverletzungen umfassende Sorgfaltspflichten existieren.[175] Ersteres ist der Fall, wenn das Gesetz in Form von Sicherheitsvorschriften, die gerade dem Schutz vor Straftaten Dritter dienen, eine Art Doppelsicherung statuiert[176] bzw. dem Ersthandelnden als Garant eine umfassende Vermeidepflicht hinsichtlich der betreffenden Rechtsgutsverletzung zukommt, gebietet diese doch nicht nur, einen Rechtsgutsangriff Dritter abzuwehren, sondern bereits, diesen gar nicht erst zu ermöglichen bzw. zu fördern.[177] Wann

---

173 Vgl. *Busch*, Umweltstrafrecht, S. 479 ff.; *Jakobs*, AT, 29/54; SK-StGB-*Rudolphi*, Vor § 1 Rn. 72. Siehe auch *OLG Rostock*, NStZ 2001, S. 199 (200).

174 *Busch*, Umweltstrafrecht, S. 480; *Frisch*, Zurechnung, S. 347, 351 f.; *Lenckner*, FS Engisch, S. 506; S/S-*Lenckner/Eisele*, Vorbem §§ 13 ff. Rn. 101b; *Schumann*, Handlungsunrecht, S. 42. Vor diesem Hintergrund erscheint es bedenklich, eine Erweiterung des Verantwortungsbereichs auf Drittverhalten mit einem Verweis auf die Gemeinschaftsgebundenheit des Einzelnen zu begründen, wie *Walther*, Eigenverantwortlichkeit, S. 80 f., dies tut.

175 Vgl. *Jakobs*, AT, 7/55; *Kamps*, Ärztliche Arbeitsteilung, S. 142. *Stratenwerth*, FS Schmidt, S. 391, differenziert in Anlehnung an die Unterscheidung von Täterschaft und Teilnahme zwischen einem primären, das unmittelbare eigene Verhalten erfassenden Verantwortungsbereich und einem erweiterten, sekundäre Sorgfaltspflichten hinsichtlich des Verhaltens Dritter beinhaltenden Verantwortungsbereich. Zustimmend *Wehrle*, Regressverbot, S. 58. Kritisch zu diesem Modell konzentrischer Verantwortungskreise *Wilhelm*, Arbeitsteilung, S. 35; *dies.*, MedR 1983, S. 47 f.; *dies.*, Jura 1985, S. 185 ff.; ebenso *Goll/Winkelbauer* in: von Westphalen, Produkthaftungshandbuch, § 46 Rn. 6.

176 *Hecker*, MDR 1995, S. 761; *Jakobs*, AT, 7/55; *Wessels/Beulke*, AT, Rn. 192.

177 Vgl. *Frisch*, Zurechnung, S. 263, 353; *Heinrich*, AT/2, Rn. 1053; *Jakobs*, AT, 7/66, 24/19; *ders.*, ZStW 89 (1977), S. 23; *Köhler*, AT, S. 230; S/S-*Lenckner/Eisele*, Vorbem §§ 13 ff. Rn. 101d; SK-StGB-*Rudolphi*, Vor § 1 Rn. 72. Einschränkend auf Obhutsgaranten *Renzikowski*, Restriktiver Täterbegriff, S. 266. Zu beachten ist, dass eine Garantenpflicht zur Überwachung freiverantwortlich handelnder Personen eine absolute Ausnahme darstellt, weswegen eine Fahrlässigkeitsstrafbarkeit vorrangig bei Beschützergaranten in Betracht kommt und auch hier – insbesondere bei freiwilliger Übernahme des Schutzes – genauestens zu prüfen ist, ob die Schutzpflicht die Abwehr von Angriffen freiverantwortlich handelnder Dritter umfasst.

hingegen ein berechtigtes Vertrauen in die Rechtstreue des Dritten ausgeschlossen ist, bestimmt sich nach dem Vertrauensgrundsatz und hängt davon ab, inwieweit das Drittverhalten in der durch das Ersthandeln geschaffenen Gefahr bereits angelegt war bzw. konkrete Anzeichen ein deliktisches Drittverhalten nahe legen.[178]

(IV) Ergebnis

Dank ihres einzelfallbezogenen Ansatzes führt die Lehre vom begrenzten Verantwortungsbereich in den Fällen der unvorsätzlichen Mitwirkung an von Dritten fahrlässig oder vorsätzlich herbeigeführten Rechtsgutsverletzungen somit durch konsequente Umsetzung des Eigenverantwortlichkeitsprinzips zu sachgerechten, differenzierenden Lösungen. Sie berücksichtigt hinreichend die grundsätzliche Freiverantwortlichkeit des Dritten, ohne zugleich die Belange des Opferschutzes sowie spezifische gesetzliche Regelungen zur Gefahrzuständigkeit im konkreten Fall durch eine pauschale Fixierung auf den Autonomiegedanken zu übergehen.

b. Mitwirkung an selbstschädigendem Opferverhalten

Im Hinblick auf eine mögliche Fahrlässigkeitsstrafbarkeit wegen Mitwirkung an einer seitens des Opfers selbst herbeigeführten Rechtsgutsverletzung kommt dem Umstand, dass die Verletzung bzw. Gefährdung eigener Rechtsgüter keinen Straftatbestand erfüllt, maßgebliche Bedeutung zu. So ist auch hier sinnvollerweise zwischen dem Fall der Beteiligung an einer Selbstgefährdung bzw. -verletzung und der Konstellation einer einverständlichen Fremdgefährdung zu unterscheiden.

(A) Beteiligung an einer Selbstverletzung bzw. Selbstgefährdung

Die Frage der Fahrlässigkeitsstrafbarkeit wegen unvorsätzlicher Beteiligung an einer Selbstgefährdung bzw. -verletzung stellt sich mit Blick auf die Thematik der vorliegenden Untersuchung, wenn es durch die fehlerhafte bzw. bewusst bestimmungswidrige Einnahme eines Arzneimittels zu Gesundheitsschäden kommt. Dann ist zu klären, unter welchen Umständen sich die das Medikament an den Konsumenten herantragenden Personen – pharmazeutischer Unternehmer, Großhändler, Arzt und Apotheker – wegen Ermöglichung bzw. Nichtverhinderung des selbstschädigenden Verhaltens einem Fahrlässigkeitsvorwurf aussetzen.

Während die Rechtsprechung ursprünglich ungeachtet der maßgeblichen Mitwirkung des Opfers an der Rechtsgutsverletzung den Blick ausschließlich auf das die Selbstschädigung unterstützende Verhalten richtete, dieses einer isolierten Fahrlässigkeitsprüfung auf der Grundlage der allgemeinen Kriterien der Vorhersehbarkeit und Vermeidbarkeit unterwarf und so regelmäßig zur Annahme einer Fahrlässigkeitsstrafbarkeit gelangte,[179] setzte sich auch in Bezug auf die Fälle opfervermittelter Rechtsgutsverletzungen zunehmend die Forderung nach einer restriktiven Interpretation der einschlägigen Fahrlässigkeitsdelikte durch. Heute ist die grundsätzliche Straflosigkeit bloßer Förderung freiverantwortlicher Selbst-

---

[178] Vgl. *Heinrich*, AT/2, Rn. 1053; *Kamps*, Ärztliche Arbeitsteilung, S. 142; *Murmann*, Nebentäterschaft, S. 243; *Roxin*, AT/1, § 24 Rn. 27; *Wessels/Beulke*, AT, Rn. 192. Zum Vertrauensgrundsatz ausführlich S. 386 ff.

[179] Vgl. *BGH*St 7, 112; 17, 359; NStZ 1981, 350.

schädigungen im Ergebnis weitgehend anerkannt.[180] Heftig umstritten ist jedoch, wie dieses Ergebnis dogmatisch schlüssig hergeleitet werden kann.

(I) Formale Teilnahmeargumentation

Die Rechtsprechung sowie zahlreiche Stimmen im Schrifttum stützen die Straflosigkeit der Selbsttatbeteiligung auf eine formale Teilnahmeargumentation. Ausgehend von der Tatbestandslosigkeit der Selbstverletzung bzw. -gefährdung folgern sie mittels eines doppelten a fortiori-Schlusses aus der Straflosigkeit der vorsätzlichen Teilnahme an einer tatbestandslosen vorsätzlichen Selbsttötung bzw. Selbstverletzung[181] in einem ersten Schritt a maiore ad minus die Straflosigkeit der „fahrlässigen Teilnahme" an einer vorsätzlichen Selbstschädigung[182] und in einem zweiten Schritt, wiederum a maiore ad minus, die Straflosigkeit der „fahrlässigen Teilnahme" an einer fahrlässigen Selbstschädigung, sprich Selbstgefährdung.[183] Es führe in einen mit dem Gerechtigkeitsempfinden unvereinbaren Wertungswiderspruch, die Ermöglichung oder Förderung der Selbsttat, die bei Vorsätzlichkeit als Teilnahme straflos bliebe, bei fehlendem Vorsatz als Fahrlässigkeitstat zu bestrafen.[184] Maßgebliche Bedeutung kommt nach dieser Ansicht damit der Abgrenzung von (mittelbarer) Täterschaft und Teilnahme im Vorsatzbereich zu.[185]

Jedoch kann diese formale Argumentation nicht überzeugen, da sie nicht den eigentlichen materiellrechtlichen Grund für die Straflosigkeit der Beteiligung an Selbsttaten und die strafrechtliche Schutzlosstellung des Opfers wiedergibt.[186] Das

---

180 A. A. allerdings *Köhler*, AT, S. 256; *Schmidhäuser*, FS Welzel, S. 815.

181 So bereits *RG*St 70, 313 ff. Ebenso *Dölling*, FS Gössel, S. 213; *Joecks*, § 222 Rn. 11; *Kindhäuser*, LPK, Vor § 13 Rn. 119; *Lackner/Kühl*, Vor § 211 Rn. 11.

182 So der *BGH* erstmals im sogenannten Dienstpistolen-Fall, *BGH*St 24, 342 (344). Siehe auch *BGH*St 32, 262 (263 f.); *OLG Nürnberg*, JZ 2003, S. 746. Im Schrifttum so vor allem *Schünemann*, JA 1975, S. 790, der dieser a maiori ad minus-Schlussfolgerung einen „außerordentlich hohen Evidenzgrad" bescheinigt Ebenso *Beulke/Mayer*, JuS 1987, S. 126; *Bottke*, Täterschaft, S. 28 f.; *Dannecker/Stoffers*, StV 1993, S. 645; *Dölling*, GA 1984, S. 76; *Geppert*, Jura 2001, S. 491; *Kühl*, AT, § 4 Rn. 87; LK-*Schroeder*, § 16 Rn. 181, 183; S/S-*Cramer/Sternberg-Lieben*, § 15 Rn. 164 f., 171; SK-StGB-*Hoyer*, Anh. zu § 16 Rn. 42, 50; SK-StGB-*Horn*, § 212 Rn. 21; *ders.*, JR 1984, S. 513.

183 Ständige Rechtsprechung des *BGH* seit der Heroinspritzen-Entscheidung, *BGH*St 32, 262 (264). Ebenso *Beulke/Mayer*, JuS 1987, S. 126; *Dannecker/Stoffers*, StV 1993, S. 645; *Dölling*, GA 1984, S. 77; *Horn*, JR 1984, S. 513; *Krey/Heinrich*, BT/1, Rn. 129; *Lackner/Kühl*, Vor § 211 Rn. 12; LK-*Schroeder*, § 16 Rn. 181, 183; *Roxin*, AT/1, § 11 Rn. 107; S/S-*Cramer/Sternberg-Lieben*, § 15 Rn. 164 f., 171; *Schünemann*, NStZ 1982, S. 62; *Stree*, JuS 1985, S. 181; SK-StGB-*Hoyer*, Anh. zu § 16 Rn. 42, 50; SK-StGB-*Rudolphi*, Vor § 1 Rn. 79; *ders.*, Gleichstellungsproblematik, S. 151.

184 *BGH*St 24, 342 (344); 32, 262 (264); *Beulke/Mayer*, JuS 1987, S. 126; *Lackner/Kühl*, Vor § 211 Rn. 11; *Spendel*, JuS 1974, S. 756; *Stree*, JuS 1985, S. 181; SK-StGB-*Horn*, § 212 Rn. 21; *Wessels/Hettinger*, BT/1, Rn. 65.

185 *Welp*, JR 1972, S. 428.

186 In diesem Sinne auch *Dach*, NStZ 1985, S. 24; *Frisch*, NStZ 1992, S. 5; MüKo-StGB-*Freund*, Vor §§ 13 ff. Rn. 383; MüKo-StGB-*Schneider*, Vor §§ 211 ff. Rn. 34; *Murmann*, Selbstverantwortung, S. 325; *Sax*, JZ 1975, S. 145.

bloße Teilnahmeargument selbst kann als solches aber genau betrachtet keine Begründung für die Straflosigkeit der Selbsttatbeteiligung liefern; zum einen deshalb nicht, weil die Qualifizierung eines Verhaltens als Teilnahme bereits denklogisch an die Existenz einer tatbestandlich vertypten Haupttat gebunden ist, an der es im Fall der Selbstschädigung aber gerade fehlt,[187] zum anderen deshalb nicht, weil das Teilnahmeargument stillschweigend voraussetzt, dass die Unterstützungshandlung tatsächlich nur als Teilnahme an einer Selbsttat und nicht als eine in mittelbarer Täterschaft begangene Fremdtat zu qualifizieren ist, was sich nach inhaltlichen, materiellen Kriterien entscheidet, so dass das Teilnahmeargument in Wirklichkeit kein die Straflosigkeit der Selbsttatbeteiligung begründendes Axiom darstellt, sondern vielmehr selbst erst im Wege der Deduktion aus tiefer liegenden materiellrechtlichen Erwägungen folgt.[188] Darüber hinaus erweist sich die Konklusion der Straflosigkeit im Wege eines doppelten Erst-recht-Schlusses als nicht stichhaltig. Zum einen bildet die Selbstgefährdung gegenüber der bewussten Selbstverletzung gerade kein Minus. Denn die Eigenschädigung ist hier nicht von einem entsprechenden, grundsätzlich zu respektierenden Willen des Opfers gedeckt, weshalb die Bejahung einer im Opferinteresse liegenden Pflicht zur Unterbindung des selbstschädigenden Verhaltens weit näher liegt als im Fall der vorsätzlichen Selbstverletzung.[189] Zum anderen steht die Fahrlässigkeit zum Vorsatz ohnehin nicht in einem Plus-Minus-, sondern aufgrund der bereits dargelegten Wesensverschiedenheit beider Tatformen in einem Aliud-Verhältnis.[190] Dieses schlägt sich auch in einem unterschiedlichen Täterbegriff – extensiver Einheitstäterbegriff bei Fahrlässigkeit gegenüber einem restriktiven Täterbegriff bei Vorsatz – nieder und steht einer Übertragung der Täterschaft-Teilnahme-Differenzierung in den Fahrlässigkeitsbereich, wie sie der Erst-recht-Schluss von der vorsätzlichen Teilnahme auf eine „fahrlässige Teilnahme" beinhaltet, entgegen.[191] Stellt die Ermöglichung bzw. Förderung des selbstschädigenden Opferverhaltens demnach keine generell straflose fahrlässige Teilnahme, sondern eine nach dem Wortlaut der §§ 222, 229 StGB an sich strafbare Fahrlässigkeitstäterschaft dar, lässt sich dieser Befund nicht einfach mit bloßen, auf dem Rechtsgefühl basierenden Plausibilitätserwägungen, geschweige denn einem verfehlten argumentum a maiore ad minus aus der Welt schaffen.[192]

---

187 *Ingelfinger*, Tötungsverbot, S. 222; *Neumann*, JA 1987, S. 247.

188 *Hellmann*, FS Roxin, S. 283; *Renzikowski*, Restriktiver Täterbegriff, S. 63; *Zaczyk*, Selbstverantwortung, S. 6 f.

189 *Bindokat*, JZ 1986, S. 422; *Degener*, Schutzzweck der Norm, S. 292, 342; NK-*Puppe*, Vor § 13 Rn. 184; *Renzikowski*, Restriktiver Täterbegriff, S. 195; *ders.*, JR 2001, S. 248; *Schünemann*, NStZ 1982, S. 62; *Walther*, Eigenverantwortlichkeit, S. 208.

190 *Bindokat*, JZ 1986, S. 422; *Gallas*, Beiträge, S. 144; MüKo-StGB-*Duttge*, § 15 Rn. 150; *Walther*, Eigenverantwortlichkeit, S.74 f.

191 *Bloy*, Beteiligungsform, S. 147; *Dach*, NStZ 1985, S. 25; *Frisch*, Zurechnung, S. 159; *Fünfsinn*, StV 1985, S. 57; *Hardtung*, NStZ 2001, S. 206; *Neumann*, JA 1987, S. 248; *van Els*, NJW 1972, S. 1477; *Welp*, JR 1972, S. 428.

192 Vgl. *Gallas*, Beiträge, S. 91; *Frisch*, Vorsatz, S. 144; *Neumann*, JA 1987, S. 248; *Renzikowski*, Restriktiver Täterbegriff, S. 193; *Sax*, JZ 1975, S. 145; a. A. *Herzberg*, JA 1985, S. 135; *Kindhäuser*, BT/1, § 4 Rn. 6.

(II) Lehre vom fehlenden Schutzzweck der Norm

Ähnlichen Einwänden setzt sich die in der Literatur vertretene Ansicht aus, welche die Straflosigkeit der fahrlässigen Mitwirkung an einer Selbstverletzung bzw. -gefährdung damit begründet, dass diese vom Schutzzweck der §§ 222, 229 StGB nicht erfasst sei.[193] Dadurch, dass sie die Schutzzweckbegrenzung der Fahrlässigkeitstatbestände aus der gesetzgeberischen Entscheidung, die vorsätzliche Selbstschädigung sowie die vorsätzliche Mitwirkung hieran aus dem Schutzbereich der §§ 223 ff., 211 ff. StGB herauszunehmen, ableitet,[194] beruht auch diese Auffassung letzten Endes auf einer nicht tragfähigen a fortiori-Argumentation.[195] Indem sie keine materiellrechtliche Begründung für die behauptete Begrenztheit des Schutzbereichs liefert, diese vielmehr auf das intuitive Rechtsempfinden stützt, erweist sie sich als inhaltsleere, auf einem Zirkelschluss beruhende Behauptung, die im Grunde das voraussetzt, was erst zu beweisen ist, nämlich, dass die fahrlässige Ermöglichung bzw. Förderung selbstschädigenden Opferverhaltens trotz an sich möglicher Subsumtion unter die §§ 222, 229 StGB von diesen nicht erfasst ist, was den Vorschriften so nicht ohne Weiteres entnommen werden kann.[196]

Letztlich entscheidend und gleichsam materieller Grund sowohl für die formalgesetzliche Straflosigkeit der Selbsttatbeteiligung als auch die Verneinung des Schutzzwecks der §§ 222, 229 StGB in Bezug auf die fahrlässige Unterstützung von Selbstschädigungen ist die von der Rechtsordnung anerkannte Autonomie des Einzelnen im Umgang mit seinen Rechtsgütern und die daraus resultierende prinzipielle Eigenverantwortlichkeit des Rechtsgutsinhabers für sein rechtgsutsbezogenes Handeln.[197] Umstritten ist jedoch, auf welche Weise und in welchem Umfang die dem Rechtsgutsinhaber zugeschriebene Fähigkeit, verantwortungsvoll mit eigenen Gütern umzugehen, zur Straflosigkeit der Selbsttatbeteiligung führt.

---

193 *Burgstaller*, Fahrlässigkeitsdelikt, S. 121; *Heinrich*, Rechtsgutszugriff, S. 330; *Kutzer*, NStZ 1994, S. 112; *Lackner/Kühl*, § 15 Rn. 43; *Niedermair*, Gute Sitten, S. 124; *Roxin*, AT/1, § 11 Rn. 107; *ders.*, NStZ 1984, S. 411; *ders.*, FS Gallas, S. 245; i. E. ebenso *Honig*, Einwilligung, S. 95. Siehe auch *OLG Zweibrücken*, JR 1995, S. 304.

194 *Roxin*, FS Gallas, S. 246; *ders.*, FS Tröndle, S. 186.

195 So weist *Jakobs*, AT, 29/54, zu Recht darauf hin, dass der Schutz eines anderen vor schädlichem Eigenverhalten, wie etwa im Fall von Verkehrs(sicherungs)pflichten, oftmals gerade Hauptzweck einer Pflicht ist und demnach durchaus von den allgemeinen Fahrlässigkeitsdelikten der §§ 222, 229 StGB erfasst sein kann.

196 Vgl. *Derksen*, Handeln, S. 40; *Diel*, Regreßverbot, S. 187; *Frisch*, NStZ 1992, S. 5; *Murmann*, Selbstverantwortung, S. 392; *Sax*, JZ 1975, S. 146; *Renzikowski*, Restriktiver Täterbegriff, S. 194; *ders.*, JR 2001, S. 248 f. Dies räumt selbst *Roxin*, FS Gallas, S. 258, ein.

197 *Chatzikostas*, Suizid und Euthanasie, S. 171; *Engländer*, Jura 2004, S. 235; *Eschweiler*, Selbstgefährdung, S. 50; *Fünfsinn*, StV 1985, S. 58; *Hellmann*, FS Roxin, S. 283; *Murmann*, Selbstverantwortung, S. 334; MüKo-StGB-*Schneider*, Vor §§ 211 ff. Rn. 34. Dies klingt auch bei den Anhängern der Teilnahmeargumentation bzw. Schutzzwecktheorie teilweise durch, vgl. *Beulke/Mayer*, JuS 1987, S. 127; *Fahl*, JA 1997, S. 835; *Held*, Strafrechtliche Beurteilung, S. 65; *Kargl*, JZ 2002, S. 389; NK-*Puppe*, Vor § 13 Rn. 192; *Schünemann*, NStZ 1982, S. 62; *Stree*, JuS 1985, S. 181; *Wessels/Beulke*, AT, Rn. 186; *Wessels/Hettinger*, BT/1, Rn. 65.

(III) Lehre vom generell unterbrochenen Zurechnungszusammenhang

Verfehlt ist es, die Freiverantwortlichkeit des Opfers erst im Rahmen des Zurechnungszusammenhangs als diesen unterbrechenden Umstand zu berücksichtigen und hieraus die generelle Straflosigkeit der Beteiligung an freiverantwortlichen Selbstverletzungen bzw. Selbstgefährdungen abzuleiten.[198] Diese Sichtweise setzt sich nicht nur den schon im Zusammenhang mit drittvermittelten Rechtsgutsverletzungen gegen einen generellen Zurechnungsausschluss mangels Beherrschbarkeit des erfolgskausalen Geschehens erhobenen Einwänden aus, sie geht bei opfervermittelten Rechtsgutsverletzungen auch am Problem vorbei, stellt sich hier doch nicht erst die Frage des Risikozusammenhangs, der Verwirklichung einer rechtlich missbilligten Gefahr im Erfolg, sondern bereits die Frage, ob die mit der Ermöglichung bzw. Förderung einer Selbstverletzung bzw. -gefährdung geschaffene Rechtsgutsgefahr überhaupt rechtlich missbilligt ist.[199]

(IV) Viktimodogmatischer Ansatz

Für einen umfassenden Strafbarkeitsausschluss mangels rechtlicher Missbilligung der Selbsttatbeteiligung plädieren die Befürworter einer viktimodogmatischen Strafrechtskonzeption, die die Erkenntnisse der Viktimologie, einer die Rolle des Opfers und dessen Beitrag zur Verbrechensentstehung untersuchenden Disziplin der Kriminologie, ins materielle Strafrecht übertragen wollen. Ausgehend von der prinzipiellen Eigenverantwortlichkeit des Opfers, welches eine eigene Zuständigkeit für das Wohl seiner Güter treffe,[200] und dem Umstand, dass die obliegenheitswidrige Vernachlässigung bzw. Nichtwahrnehmung dieser Zuständigkeit die Wahrscheinlichkeit von Rechtsgutsverletzungen bzw. deliktischem Verhalten Dritter erhöhe, betrachtet die Viktimologie Täter und Opfer als Einheit im Sinne eines „couple pénal".[201] Aus diesem kriminogenen Wesen des Opferverhaltens folgert die Viktimodogmatik für das materielle Strafrecht, dass einem etwaigen Mitverschulden des Opfers an der rechtsgutsverletzenden Tat, namentlich in Form des Verzichts auf mögliche und zumutbare Selbstschutzmaßnahmen, nicht erst als Strafmilderungsgrund auf der Ebene der Strafzumessung, sondern ähnlich der Sozialadäquanz eines Verhaltens, bereits im Rahmen der Strafbarkeitsvoraussetzungen mittels einer restriktiven Auslegung der einschlägigen Straftatbestände Rechnung getragen werden müsse. Das Opfermitverschulden nehme einem an sich tatbestandsmäßigen Drittverhalten die durch die tatbestandliche Vertypung verliehene Qualität strafwürdigen Unrechts.[202] Denn unter Berücksichtigung des ultima ra-

---

198 *BayObLG* JZ 1997, S. 521 (522); *Christmann*, Jura 2002, S. 682; *Otto*, AT, § 6 Rn. 49 f., 55, 61; *ders.*, Jura 1984, S. 540; *ders.*, FS Maurach, S. 99; *ders.*, FS Lampe, S. 510.

199 *Freund*, Erfolgsdelikt, S. 208; *ders.*, JuS 1997, S. 237; *Frisch*, NStZ 1992, S. 5; *Murmann*, Selbstverantwortung, S. 333 f., 397.

200 Vgl. *Arzt*, MschrKrim 67 (1984), S. 112; *Frisch*, Fahrlässigkeitsdelikt, S. 121; *Hassemer*, Schutzbedürftigkeit, S. 35; *Kurth*, Mitverschulden, S. 142.

201 Siehe die Nachweise bei *Zaczyk*, Selbstverantwortung, S. 11. Ähnlich *Frisch*, Fahrlässigkeitsdelikt, S. 121, der Täter und Opfer als Mitglieder einer aus dem menschlichen Zusammenleben erwachsenden Gefahrengemeinschaft sieht.

202 Vgl. *Arzt*, MschrKrim 67 (1984), S. 113 f.; *Schüler-Springorum*, FS Honig, S. 214; *Schünemann*, NStZ 1986, S. 439.

tio-Charakters des Strafrechts,[203] des Verhältnismäßigkeitsgrundsatzes[204] und der daraus folgenden generellen Subsidiarität strafrechtlichen Rechtsgüterschutzes bei Existenz hinreichender außerstrafrechtlicher Rechtsgüterschutzmöglichkeiten[205] fehle es an der Strafwürdigkeit und Strafbedürftigkeit des Täters, wenn die eingetretene Rechtsgutsverletzung durch dem Opfer zur Verfügung stehende Selbstschutzmöglichkeiten hätte verhindert werden können, da das Opfer in Anbetracht des möglichen Eigenschutzes und dessen obliegenheitswidrigen Vernachlässigung im Endeffekt weder strafschutzbedürftig noch strafschutzwürdig sei.[206] Demnach scheide im Fall der aus freien Stücken begangenen Selbstgefährdung bzw. -verletzung eine Strafbarkeit daran mitwirkender Personen generell aus. Zum einen könne sich der Rechtsgutsinhaber durch bloßen Verzicht auf das erkannt riskante bzw. schädliche Verhalten hinreichend selbst schützen und Verletzungen seiner Rechtsgüter mühelos vermeiden.[207] Zum anderen setze sich das Opfer mit seinem rechtsgutsbeeinträchtigenden Verhalten bewusst in Widerspruch zum Rechtsgüterschutzbestreben des Strafrechts, weshalb eine Gewährleistung umfassenden strafrechtlichen Schutzes durch Bejahung einer Pflicht Dritter zur Unterbindung dieses Verhaltens unbillig sei.[208]

Diese viktimodogmatische Auffassung von Frei- und Eigenverantwortlichkeit geht jedoch zu weit und beruht auf einem fehlerhaften Verständnis des Subsidiaritätsprinzips, bezieht sich die Subsidiarität des Strafrechts doch allein auf alternative staatliche Zwangsmittel.[209] Eine Ausdehnung auf das Verhältnis zwischen Staat und Bürger im Sinne eines Ausschlusses strafrechtlicher Sanktionen bei hinreichender Möglichkeit privaten Rechtsgüterschutzes kann dem Subsidiaritätsprinzip, das den Schutz des Bürgers vor unverhältnismäßigen staatlichen Interventionen bezweckt und damit zugunsten, nicht zu Lasten des Bürgers wirkt, gerade nicht entnommen werden. Indem es dem Einzelnen das Recht einräumt, seinen Lebensbereich frei von staatlicher Einflussnahme prinzipiell selbst zu gestalten und auftretende Konfliktlagen zunächst mit eigenen Kräften zu bewältigen,[210] dient es der Gewährleistung weitreichender individueller Handlungsfreiheit. Die viktimodogmatische Interpretation des Subsidiaritätsprinzips hingegen führt im Ergebnis zur Aufhebung der Handlungsautonomie des pflichtbewussten Bürgers,

---

203 *Fiedler*, Fremdgefährdung, S. 123, 127, 142 f.; *Schünemann*, NStZ 1986, S. 442; *ders.*, Bemerkungen, S. 410 f.; *ders.*, FS Faller, S. 366 f.

204 *Hassemer*, Schutzbedürftigkeit, S. 72, 80 f.

205 So grundsätzlich *BVerfG*E 39, 1 ff. Darauf rekurrierend *Ellmer*, Opfermitverantwortung, S. 293 ff.; *Fiedler*, Fremdgefährdung, S. 123, 130; *Hassemer*, Schutzbedürftigkeit, S. 24 f., 35, 45; *Kurth*, Mitverschulden, S. 179; *Schünemann*, FS Faller, S. 367.

206 *Frisch*, Fahrlässigkeitsdelikt, S. 120; *Hassemer*, Schutzbedürftigkeit, S. 25, 74; *Mitsch*, Opferverhalten, S. 58; *Schünemann*, Bemerkungen, S. 411; *ders.*, FS Faller, S. 362.

207 *Schünemann*, NStZ 1982, S. 62. Ähnlich *Frisch*, Fahrlässigkeitsdelikt, S. 121 f.

208 *Fiedler*, Fremdgefährdung, S. 143; *Schünemann*, GA 1999, S. 222.

209 *Eschweiler*, Selbstgefährdung, S. 121; *Hillenkamp*, Vorsatztat, S. 176; MüKo-StGB-*Freund*, Vor §§ 13 ff. Rn. 390. Auch *BVerfG*E 39, 1 (47) bezieht das Subsidiaritätsprinzip allein auf das Verhältnis der dem Staate zur Verfügung stehenden Mittel untereinander.

210 *Eschweiler*, Selbstgefährdung, S. 120 f.; *Hillenkamp*, Vorsatztat, S. 178 f.

müsste dieser doch zur Erhaltung seines strafrechtlichen Schutzanspruchs alle Handlungen unterlassen, die auch nur entfernt die Möglichkeit begründen, Dritte zu einer Straftat zu veranlassen.[211] Auf diese Weise leistet die viktimodogmatische Konzeption nicht nur einer das menschliche Zusammenleben erschwerenden Selbstschutzeuphorie Vorschub,[212] sie verkennt auch, dass sich die Strafnormen ausschließlich an den Täter richten und es daher grundsätzlich Sache des Täters ist, durch Unterlassen der tatbestandlichen Handlung unerlaubte Risiken für das betroffene Rechtsgut zu vermeiden.[213] Die These der Gleichstellung von Opfer und Täter als kriminogene Einheit entpuppt sich vor diesem Hintergrund als unangemessene, einseitig zu Lasten des Opfers gehende Verteilung der Rechtsgutsverantwortung im Sinne eines ius vigilantibus scriptum.[214] Zudem liefe ein Ausschluss straftatbestandlichen Unrechts wegen maßgeblichen Opfermitverschuldens de facto auf eine Dispositionsmacht des Opfers über die Normen des Strafrechts hinaus, welches auf diese Weise seine verhaltensleitende Ordnungsfunktion und generalpräventive Wirkung nahezu vollständig einbüßen würde.[215] Diese Verfügungsmöglichkeit stünde auch im Widerspruch zur Neutralisation des Opferwillens in den strafrechtlichen Verhaltensgeboten, die nur im Einzelfall auf den Willen des Rechtsgutsinhabers abstellen.[216] Anders als im Fall der Sozialadäquanz, wo die restriktive Tatbestandsauslegung den Willen des Gesetzgebers, der bei Normierung des Tatbestandes sozialadäquates Verhalten stillschweigend ausgeschlossen wissen wollte, umsetzt, erweist sich eine generelle Restriktion sämtlicher Straftatbestände unter dem Aspekt des Opfermitverschuldens als vom Willen des Gesetzgebers gerade nicht gedeckte Tatbestandsreduktion contra legem.[217]

(V) Einzelfallbezogene Abgrenzung der Verantwortungsbereiche

Grund und Grenzen der Straflosigkeit unvorsätzlicher Selbsttatbeteiligung ergeben sich letztlich aus einer einzelfallbezogenen, am Prinzip der Eigenverantwortlichkeit ausgerichteten Abgrenzung der Verantwortungsbereiche von Opfer und Mitwirkendem.[218] Nach dem Prinzip der Eigenverantwortlichkeit korrespondiert mit

---

211 *Eschweiler*, Selbstgefährdung, S. 95, 113; *Kratzsch*, FS Oehler, S. 72; MüKo-StGB-*Freund*, Vor §§ 13 ff. Rn. 391. Ähnlich *Hillenkamp*, Vorsatztat, S. 80, und *Mitsch*, Opferverhalten, S. 36, 38 f., die die mit der Beschränkung des Handlungsspielraums einhergehende Beeinträchtigung der Lebensqualität hervorheben.

212 *Hillenkamp*, Vorsatztat, S. 206, 208.

213 *Ensthaler*, Rechtsgutspreisgabe, S. 106; *Eschweiler*, Selbstgefährdung, S. 112; *Kratzsch*, FS Oehler, S. 72.; i. E. ebenso *Dach*, Einwilligung, S. 18.

214 Vgl. *Dölling*, GA 1984, S. 82; *Eschweiler*, Selbstgefährdung, S. 122; NK-*Puppe*, Vor § 13 Rn. 195.

215 Vgl. *Eschweiler*, Selbstgefährdung, S. 125.

216 *Derksen*, Handeln, S. 133; *Eschweiler*, Selbstgefährdung, S. 123 f.; *Hassemer*, FS Klug, S. 224 f.

217 *Eschweiler*, Selbstgefährdung, S. 122 f.; *Hillenkamp*, Vorsatztat, S. 162 ff.; *Mitsch*, Opferverhalten, S. 62; MüKo-StGB-*Freund*, Vor §§ 13 ff. Rn. 392.

218 *Engländer*, Jura 2004, S. 236; *Heinrich*, AT/2, Rn. 1047; *Herzberg*, Jura 2004, S. 671; *Ingelfinger*, Tötungsverbot, S. 223; *Kindhäuser*, LPK, Vor § 13 Rn. 118; *Kretschmer*, Jura 2000, S. 275; *Neumann*, JA 1987, S. 248; *Renzikowski*, Restriktiver Täterbegriff,

der dem Rechtsgutsinhaber in Art. 2 Abs. 1 GG zuerkannten Fähigkeit und Berechtigung zu freier Selbstbestimmung eine Verantwortung für das eigene Verhalten und dessen Folgen.[219] Insofern besitzt die Viktimodogmatik durchaus einen zutreffenden Kern, wenn sie dem Rechtsgutsinhaber eine vorrangige Zuständigkeit für den Erhalt seiner Rechtsgüter zuspricht. Allerdings ist dieser Zuständigkeit entgegen der Viktimodogmatik nicht unter dem Aspekt der Verwirkung strafrechtlichen Schutzes infolge obliegenheitswidriger Nichtwahrnehmung der eigenen Rechtsgutsverantwortlichkeit im Wege einer generellen Tatbestandsreduktion Rechnung zu tragen. Vielmehr führt die Primärverantwortung des Rechtsgutsinhabers für sein Tun im Fall der Selbstverletzung bzw. -gefährdung zu einer Begrenzung der Verantwortung der daran Beteiligten für hierdurch herbeigeführte Rechtsgutsverletzungen.[220] Entscheidend ist nicht die Vorwerfbarkeit des Opferverhaltens als solche, sondern die Frage, inwieweit die prinzipielle Eigenverantwortung des Rechtsgutsinhabers die Vorwerfbarkeit der an sich tatbestandsmäßigen Mitwirkung an der Eigenschädigung des Opfers beseitigt. Diese lässt sich jedoch nicht generell, sondern nur im Wege einer differenzierten Betrachtung der Verantwortungsbereiche von Rechtsgutsinhaber und Mitwirkendem auf der Grundlage der konkreten Umstände des Einzelfalls beantworten.

Dabei kommt es zunächst maßgeblich darauf an, ob die eingetretene Rechtsgutsverletzung Folge einer vorsätzlichen Selbstverletzung bzw. -gefährdung oder aber einer unbewussten Selbstgefährdung ist. Im ersten Fall ist die Rechtsgutsverletzung – sei es als Zweck oder als erkannte Gefahr des eigenen Verhaltens – Ausfluss des durch Art. 2 Abs. 1 GG verliehenen Selbstbestimmungsrechts des Rechtsgutsinhabers im Umgang mit seinen Gütern. Gewährt die Rechtsordnung somit aber dem Rechtsgutsinhaber eine umfassende Freiheit, mit seinen Rechtsgütern nach seinen Vorstellungen zu verfahren, kann die (unvorsätzliche) Ermöglichung, Förderung oder Nichtverhinderung einer bewusst schädlichen bzw. gefährlichen Rechtsgutsdisposition des Rechtsgutsinhabers regelmäßig keine Strafbarkeit im Hinblick auf daraus resultierende Rechtsgutsverletzungen nach sich ziehen, trägt diese doch gerade zur Umsetzung dieser Freiheit, zur Verwirklichung des Selbstbestimmungsrechts bei.[221] Das muss umso mehr gelten, wenn das Opfer wie im Fall der Zurverfügungstellung eines Arzneimittels ein großes Interesse an dem Drittverhalten hat.[222] Nach zutreffender Ansicht ändert daran auch eine etwaige Garantenstellung des am Selbstschädigungsakt Beteiligten zugunsten des betroffenen Rechtsguts nichts, beinhaltet diese doch keine Pflicht zum Schutz vor Rechtsgutsbeeinträchtigungen durch bewusst und gewollt ins Werk gesetzte

S. 194; S/S-*Cramer/Sternberg-Lieben*, § 15 Rn. 164 f.; *Walther*, Eigenverantwortlichkeit, S. 126.

[219] *Cancio Meliá*, ZStW 111 (1999), S. 374; *Engländer*, Jura 2004, S. 236; *Jakobs*, AT, 21/78; *Mosbacher*, Selbstschädigung, S. 128; *Renzikowski*, Restriktiver Täterbegriff, S. 68; *ders.*, Hierarchien, S. 150 f.

[220] Vgl. *Cancio Meliá*, ZStW 111 (1999), S. 373; *Eschweiler*, Selbstgefährdung, S. 60; MüKo-StGB-*Duttge*, § 15 Rn. 149; MüKo-StGB-*Schneider*, Vor §§ 211 ff. Rn. 34.

[221] Vgl. *Murmann*, Selbstverantwortung, S. 334; *Zaczyk*, Selbstverantwortung, S. 21 f. m. w. N.

[222] Vgl. *Frisch*, Zurechnung, S. 157; *ders.*, NStZ 1992, S. 6.

Selbstverletzungen bzw. -gefährdungen.[223] Auch ein etwaiges überlegenes Risikowissen des zum selbstschädigenden Opferverhalten Beitragenden begründet keine Fahrlässigkeitsstrafbarkeit, solange der Rechtsgutsinhaber – wie im Fall der vorsätzlichen Selbstverletzung bzw. -gefährdung – nur genug weiß, um sein Selbstbestimmungsrecht verantwortungsvoll wahrnehmen zu können.[224] Ein Verbot der Ermöglichung, Förderung bzw. Nichtverhinderung vorsätzlicher Selbstverletzungen bzw. -gefährdungen liefe auf einen den Rechtsgutsinhaber bevormundenden und mit dessen verfassungsrechtlich garantierten Organisationsfreiheit nicht zu vereinbarenden staatlichen Paternalismus hinaus.[225] Eine Fahrlässigkeitsstrafbarkeit kommt lediglich dann in Betracht, wenn im konkreten Fall nach §§ 216, 228 StGB keine rechtlich wirksame Disposition des Rechtsgutsinhabers über das betreffende Gut vorliegt, oder diesem die ihm von Verfassungs wegen prinzipiell zugeschriebene Fähigkeit zu verantwortlicher Selbstbestimmung tatsächlich fehlt, so dass gerade keine freiverantwortliche Eigenschädigung bzw. Eigengefährdung vorliegt. Angesichts des bei vorsätzlich selbstverletzendem bzw. selbstgefährdendem Verhalten umfassend vorhandenen Risikowissens ist letzteres allein bei konstitutioneller Unfähigkeit gemäß §§ 19, 20, 35 StGB, 3 JGG der Fall. Weit größere Relevanz besitzt der Umstand fehlender Autonomie im Fall der unbewussten Selbstgefährdung, da diese mangels Kenntnis der mit dem eigenen Tun verbundenen Gefahren gerade kein freiverantwortliches Verhalten darstellt, weshalb dessen Auswirkungen nicht ohne Weiteres dem Verantwortungsbereich des Opfers zugewiesen werden können.

Allerdings folgt mit Blick auf das zum Eigenverantwortlichkeitsprinzip Gesagte aus der fehlenden Freiverantwortlichkeit des Opfers nicht per se eine strafrecht-

---

[223] Vgl. *OLG Zweibrücken*, JR 1995, S. 304; *Dannecker/Stoffers*, StV 1993, S. 644; *Diel*, Regreßverbot, S. 253 f.; *Freund*, AT, § 5 Rn. 74; *Frisch*, Zurechnung, S. 179; *Kühl*, AT, § 4 Rn. 93, § 19 Rn. 6; LK-*Roxin*, § 25 Rn. 116; *Maurach/Gössel/Zipf*, AT/2, § 46 Rn. 71; NK-*Wohlers*, § 13 Rn. 35; NK-*Neumann*, § 222 Rn. 7; *Roxin*, NStZ 1984, S. 412; SK-StGB-*Rudolphi*, Vor § 1 Rn. 79a m. w. N.; *van Els*, NJW 1972, S. 1477; *Walther*, Eigenverantwortlichkeit, S. 210; *Wolter*, NStZ 1993, S. 8; a. A. *BGH*St 2, 150; *Herzberg*, JA 1985, S. 180 f., 271; *Kutzer*, NStZ 1994, S. 112; *Wehrle*, Regressverbot, S. 101, 103. Im Ergebnis wie hier, wenngleich die fehlende Unterlassungstäterschaft wenig schlüssig aus der Straflosigkeit der aktiven Selbsttatteilnahme ableitend *Bottke*, GA 1983, S. 29; *Gallas*, Beiträge, S. 195; *Hirsch*, JR 1979, S. 432; *Wessels/Hettinger*, BT/1, Rn. 47. Diesen Begründungsansatz zu Recht kritisierend *Herzberg*, JA 1985, S. 181; *Jakobs*, AT, 21/99; NK-*Neumann*, Vor § 211 Rn. 75.

[224] Vgl. *Cancio Meliá*, ZStW 111 (1999), S. 378; *Kindhäuser*, AT, § 11 Rn. 27; NK-*Neumann*, § 222 Rn. 3; *Puppe*, AT/1, § 6 Rn. 10, 32; *dies.*, Erfolgszurechnung, S. 158 f.; S/S-*Lenckner/Eisele*, Vorbem §§ 13 ff. Rn. 101c; *Walther*, Eigenverantwortlichkeit, S.173; a. A. der *BGH*, *BGH*St 32, 262 (265); 36, 1 (17); NJW 2000, S. 2286 (2287); NJW 2003, S. 2326 (2327). Ebenso *Hardtung*, NStZ 2001, S. 207; *Horn*, JR 1995, S. 305; LK-*Schroeder*, § 16 Rn. 183; SK-StGB-*Hoyer*, Anh. zu § 16 Rn. 42; SK-StGB-*Horn*, § 212 Rn. 10; *Tröndle/Fischer*, § 222 Rn. 28; *Wessels/Beulke*, AT, Rn. 187.

[225] *Cancio Meliá*, ZStW 111 (1999), S. 373 f.; *Freund*, AT, § 1 Rn. 15; *ders.*, Erfolgsdelikt, S. 200; *Frisch*, Zurechnung, S. 157; *Hardtung*, NStZ 2001, S. 207; NK-*Puppe*, Vor § 13 Rn. 192;

liche Verantwortung des an der Selbsttat Mitwirkenden für die daraus hervorgehenden Rechtsgutsverletzungen, darf dieser doch aufgrund der prinzipiellen normativen Zuschreibung der Fähigkeit zu verantwortlicher Selbstbestimmung grundsätzlich deren Vorhandensein im konkreten Fall unterstellen, sofern nicht konkrete Anhaltspunkte zur Annahme des Gegenteils verpflichten. Solange der zur Selbstschädigung kausal Beitragende berechtigterweise von der Freiverantwortlichkeit des Rechtsgutsinhabers ausgehen darf, trifft ihn keine rechtliche Pflicht, sein rechtsgutsgefährdendes Verhalten zu unterlassen. Maßgeblich für die Frage der rechtlichen Missbilligung der Herbeiführung fremder Rechtsgutsverletzungen durch erfolgskausale Mitwirkung an einer Eigenschädigung des Opfers ist damit letztlich nicht die tatsächliche Freiverantwortlichkeit des Rechtsgutsinhabers, sondern vielmehr die Berechtigung eines vorhandenen Vertrauens in deren Vorhandensein. Diese bestimmt sich anhand des Vertrauensgrundsatzes, auf den an späterer Stelle gesondert eingegangen werden soll.[226] Besteht im konkreten Fall ein berechtigtes Vertrauen in die Freiverantwortlichkeit des Rechtsgutsinhabers, stellt die Ermöglichung bzw. Förderung des rechtsgutsverletzenden Opferverhaltens ein erlaubt riskantes Handeln dar, weil es zur Realisierung der damit verbundenen Rechtsgutsgefahren nur durch ein entsprechendes Handeln des Opfers als (unterstellt) selbstbestimmungsfähigem und daher für sich selbst verantwortlichen Individuum kommen kann. Scheidet ein berechtigtes Vertrauen nach Maßgabe des Vertrauensgrundsatzes aufgrund der Umstände des Einzelfalls hingegen aus, so dass der Selbstverletzungs- bzw. Selbstgefährdungsakt nicht als Ausfluss der freien Selbstbestimmung des Rechtsgutsinhabers gedeutet werden kann, erweist sich das die Selbstschädigung ermöglichende Tun oder Unterlassen als rechtlich missbilligtes Risiko, welches eine Fahrlässigkeitsstrafbarkeit begründen kann.

(B) Einverständliche Fremdgefährdung

Auch die Fälle der einverständlichen Fremdgefährdung durch Injektion eines Arzneimittels können mittels einer auf dem Eigenverantwortlichkeitsprinzip aufbauenden Abgrenzung der Verantwortungsbereiche von Täter und Opfer einer sachgerechten Lösung zugeführt werden. Dass dies nicht unumstritten ist, zeigen die Ausführungen zu den möglichen Rechtfertigungsgründen bei auftretenden Arzneimittelschäden. Allerdings entpuppte sich die von der Rechtsprechung und herrschenden Literaturmeinung verfochtene Auffassung, die einverständliche Fremdgefährdung stelle einen besonderen Anwendungsfall der Einwilligung dar, als verfehlt. Zu kurz greift auch die namentlich von der älteren Rechtsprechung,[227] aber auch von Teilen des Schrifttums[228] vertretene Ansicht, das Einverständnis des Rechtsgutsinhabers mit der Gefährdung lasse die Pflichtwidrigkeit des fremdgefährdenden Verhaltens entfallen.[229] Auch die Erfassung der Fälle einverständlicher

[226] Siehe S. 386 ff.

[227] So das *RG* im Memel-Fall, *RG*St 57, 172 (173 f.). Ebenso *BGH*St 4, 88 (93); 7, 112 (115).

[228] *Dach*, NStZ 1985, S. 25; NK-*Puppe*, Vor § 13 Rn. 155; *dies.*, Erfolgszurechnung, S. 157.

[229] Vgl. *Hellmann*, FS Roxin, S. 273.

Fremdgefährdung über das Institut der Sozialadäquanz[230] erweist sich vor dem Hintergrund, dass die Sozialadäquanz aus einer generalisierenden, gesellschaftsbezogenen Akzeptanz der Gefahrensituation resultiert, während im Fall der einverständlichen Fremdgefährdung die Rechtsgutsrisiken gerade nicht durch Allgemeinwohlinteressen, sondern allein durch die individuelle Risikoerlaubnis des Rechtsgutsinhabers legitimiert sind, als wenig sachgerecht.[231] Allerdings kann die Risikoerlaubnis nicht durch einen Rekurs auf die aus dem Zivilrecht stammende Figur des Handelns auf eigene Gefahr hergeleitet werden,[232] deren Übernahme ins Strafrecht die abweichenden rationes von Zivil- und Strafrecht entgegenstehen.[233] Auch der Verweis auf den begrenzten, die einverständliche Fremdgefährdung nicht erfassenden Schutzzweck der strafrechtlichen Normen[234] liefert bei genauerem Hinsehen keine materielle Begründung für die Risikoerlaubnis, wie die Ausführungen zur Beteiligung an Selbstverletzungen bzw. -gefährdungen ergeben haben. Grundlage der Risikoerlaubnis ist vielmehr die Autonomie des Rechtsgutsinhabers, welche ihm die Primärverantwortung für die Folgen seines rechtsgutsdisponierenden Verhaltens zuweist.[235] Da nicht nur die eigenhändige Selbstverletzung bzw. -gefährdung, sondern auch die bewusste Eingehung einer von Seiten Dritter drohenden Gefahr vom Selbstbestimmungsrecht des Rechtsgutsinhabers erfasst ist, gilt für den Zuschnitt der Verantwortungsbereiche von Täter und Opfer der Fremdgefährdung das zur Verantwortungsverteilung in den Selbstschädigungsfällen Gesagte entsprechend, so dass auch hier vorbehaltlich der §§ 216, 228 StGB bei (berechtigterweise unterstellter) Freiverantwortlichkeit des Opfers ein strenges Regressverbot gilt, wenngleich die §§ 216, 228 StGB dem Selbstbestimmungsrecht hinsichtlich Fremdgefährdungen engere Grenzen setzen und dementsprechend häufiger zur Bejahung einer Fahrlässigkeitsstrafbarkeit führen können.

c. Zusammenfassung

Der Schlüssel zu einer sachgerechten Behandlung der Fälle drittvermittelter wie auch opfervermittelter Rechtsgutsverletzung liegt in einer differenzierten Abgrenzung der Verantwortungsbereiche der am Geschehen Beteiligten nach Maßgabe des Eigenverantwortlichkeitsprinzips.[236] In beiden Konstellationen führt die Beachtung der prinzipiellen Eigenverantwortlichkeit des die Rechtsgutsverletzung Vermittelnden zu einem restriktiven Täterbegriff im Fahrlässigkeitsbereich.[237]

---

[230] So etwa *Maurach/Gössel/Zipf*, AT/2, § 43 Rn. 64.

[231] *Dach*, Einwilligung, S. 25; *Fiedler*, Fremdgefährdung, S. 83; *Kellner*, Einwilligung, S. 49; *Murmann*, Selbstverantwortung, S. 423 f.

[232] So aber *Preuß*, Untersuchungen, S. 145 ff.; ähnlich *Göbel*, Einwilligung, S. 27; *Jakobs*, AT, 7/129; *Krey/Heinrich*, BT/1, Rn. 122, 126.

[233] *Roxin*, FS Gallas, S. 251.

[234] *Hammer*, JuS 1998, S. 788; *Roxin*, AT/1, § 11 Rn. 123; *Schünemann*, JA 1975, S. 792.

[235] *Göbel*, Einwilligung, S. 25 f., 99; *Otto*, FS Tröndle, S. 171 f.; *Trüg*, JA 2002, S. 219; *ders.*, JA 2004, S. 598.

[236] So auch *Otto*, FS Spendel, S. 276; *Renzikowski*, JR 2001, S. 249; S/S-*Lenckner/Eisele*, Vorbem §§ 13 ff. Rn. 100 f.; *Wessels/Beulke*, AT, Rn. 185.

[237] Im Ergebnis ist damit der auf der formalen Teilnahmeargumentation aufbauenden Rechtsprechung zuzustimmen, wenn sie die unvorsätzliche Beteiligung an einer Selbst-

Jedoch unterscheiden sich die Fälle dritt- und opfervermittelter Rechtsgutsverletzungen hinsichtlich des Umfangs der aus dem Eigenverantwortlichkeitsprinzip hervorgehenden Restriktion des Täterbegriffs. Während im Fall opfervermittelter Rechtsgutsverletzungen bei Freiverantwortlichkeit des Opfers ein strenges, allein durch §§ 216, 228 StGB durchbrochenes Regressverbot gilt, weil ein Verbot der unvorsätzlichen Ermöglichung, Förderung oder Nichtverhinderung des selbstschädigenden Verhaltens auf eine Missachtung der dem Opfer verfassungsrechtlich gewährten Selbstbestimmungsfreiheit und damit eine illegitime Bevormundung hinausliefe, verbietet sich ein derart pauschales Regressverbot im Fall drittvermittelter Rechtsgutsverletzungen aus Gründen des Opferschutzes, welche im Einzelfall durchaus eine Pflicht zur Verhinderung schädigenden Drittverhaltens konstituieren können.[238]

2. *Vertrauensgrundsatz*

Wie sich den vorstehenden Ausführungen entnehmen lässt, kommt bei der Abgrenzung der Verantwortungsbereiche der am erfolgskausalen Geschehen beteiligten Personen dem Vertrauensgrundsatz entscheidende Bedeutung zu. Denn indem dieser sowohl Auskunft darüber gibt, inwieweit der rechtsgutsgefährend Tätigwerdende berechtigterweise auf ein rechtsgetreues Verhalten Dritter vertrauen darf, als auch darüber, inwieweit der an einer Selbst- bzw. Fremdgefährdung Mitwirkende von der Freiverantwortlichkeit des Rechtsgutsinhabers ausgehen darf, konkretisiert er den Bereich straflosen Risikohandelns.

a. Aussage des Vertrauensgrundsatzes

Nach diesem von der Rechtsprechung ursprünglich für den Straßenverkehr entwickelten,[239] in der Folgezeit jedoch auf andere Lebensbereiche, in denen mehrere Personen gefahrenträchtig zusammenwirken, ausgedehnten[240] und mittlerweile weitgehend als allgemeines Prinzip anerkannten Grundsatz braucht derjenige, der sich selbst pflichtgemäß verhält, nicht vorsorglich alle möglichen Sorgfaltswidrigkeiten anderer einzukalkulieren, sondern darf erwarten und darauf vertrauen, dass die anderen am gefahrenträchtigen Geschehen Beteiligten ebenfalls die ihnen zukommende Verantwortung für eigene und fremde Rechtsgüter durch sorgfaltsgemäßes Handeln wahrnehmen, sofern nicht konkrete Anhaltspunkte das Gegenteil nahe legen.[241] Trotz des Wissens um die erfahrungsgemäß nie auszuschließenden

verletzung bzw. -gefährdung von Strafe ausnimmt. Den Grund hierfür liefert aber nicht die formalgesetzliche Ausgestaltung der Sanktionenordnung, sondern das verfassungsrechtliche Bild des Menschen als prinzipiell eigenverantwortliches Individuum.

[238] Vgl. *Roxin*, FS Tröndle, S. 180.

[239] Vgl. *BGH*St 3, 49 (51); 12, 81 (83).

[240] So für die Zusammenarbeit von Chirurg und Anästhesist bei einer Operation, *BGH* NJW 1980, 649 (650), sowie die vertikale Pflichtendelegation zwischen Arzt und nichtärztlichem Hilfspersonal, *BGH*St 6, 282 (287 f.).

[241] Vgl. *BGH*St 4, 188 (191); 7, 118; 9, 92; 13, 169; 14, 97; 14, 201 (211); *Bock*, Produktkriminalität, S. 127; *Bosch*, Organisationsverschulden, S. 380 f.; *Burgstaller*, Fahrlässigkeitsdelikt, S. 58; *Busch*, Umweltstrafrecht, S. 488; *Diel*, Regreßverbot, S. 191;

Fehler anderer ist der Einzelne demnach prinzipiell berechtigt, sich in Bezug auf die Umsetzung der allgemeinen Sorgfaltsanforderungen der Fahrlässigkeitstatbestände auf die sorgfältige Ausgestaltung des eigenbeherrschten Handlungsbereichs zu beschränken und die von außen kommenden Gefährdungsmomente infolge fehlerhaften Verhaltens anderer außer Betracht zu lassen.[242] Diese Berechtigung basiert auf der Annahme der unverbrüchlichen Geltung der Rechtsordnung, deren Missachtung eine zwar nicht im statistischen Sinne unvorhersehbare, aber vom Rechtsstandpunkt aus, sprich normativ nicht vorgesehene Wendung im sozialen Lebenszusammenhang bedeutet, weil die Mitglieder der Rechtsgemeinschaft bis zum Beweis des Gegenteils als verantwortlich handelnde Personen gedacht werden.[243]

b. Funktion des Vertrauensgrundsatzes

Der Vertrauensgrundsatz hat die Funktion, das strafrechtliche Ziel effektiven Rechtsgüterschutzes mit der Verpflichtung des Strafrechts zur Wahrung eines größtmöglichen Maßes an Handlungsfreiheit in Konkordanz zu bringen.[244] Konkret dient der Vertrauensgrundsatz, wie *Frisch*[245] zutreffend herausstellt, der Lösung zweier Sachprobleme, nämlich erstens, wie die Verantwortungsbereiche mehrerer Beteiligter im Hinblick auf die Erhaltung bestimmter Güter abzugrenzen sind, und zweitens, wie dem Erkenntnisproblem, dass man vielfach nichts Genaueres über die entsprechenden Fähigkeiten anderer weiß, Rechnung zu tragen ist. Müsste der Einzelne in Anbetracht der Tatsache, dass er von außen nicht erkennen kann, ob sein Gegenüber zu verantwortungsbewusster, sorgfaltsgemäßer Selbstbestimmung fähig ist, die Möglichkeit fehlenden Verantwortungsbewusstseins und daraus resultierender Pflichtverletzungen bei der Gestaltung seines eigenen Verhaltens einkalkulieren, würde die Handlungsfreiheit des Einzelnen übermäßig eingeschränkt. Ausgehend vom Menschenbild des Grundgesetzes, welches jedem Menschen grundsätzlich die Fähigkeit zu verantwortlicher Selbstbestimmung im Umgang mit eigenen und fremden Gütern attestiert, formuliert der Vertrauensgrundsatz daher eine „widerlegliche Vermutung“[246] vernünftigen, sorgfaltsgemäßen Verhaltens der anderen Geschehensbeteiligten und liefert durch Konkretisierung der möglichen Widerlegungsgründe einen festen Rahmen, an dem der Ein-

---

Heinrich, AT/2, Rn. 1034; *Joecks*, § 222 Rn. 10; *Kirchner*, Unterlassungshaftung, S. 129; *Maiwald*, JuS 1984, S. 441; NK-*Puppe*, Vor § 13 Rn. 162; *Roxin*, AT/1, § 24 Rn. 21 m. w. N.; *Schwartz*, Produkthaftung, S. 79; *Wessels/Beulke*, AT, Rn. 671 m. w. N.; *Wilhelm*, Jura 1985, S. 186.

242 *Degener*, Schutzzweck der Norm, S. 349 f.; *Neudecker*, Kollegialorgane, S. 58; *Schürer-Mohr*, Erlaubte Risiken, S. 117; *Stratenwerth*, FS Schmidt, S. 393.

243 *Bloy*, Beteiligungsform, S. 139.

244 Vgl. *Dannecker*, Fahrlässigkeit, S. 220; *Spitz*, Produkthaftung, S. 391; SK-StGB-*Hoyer*, Anh. zu § 16 Rn. 39.

245 *Frisch*, Zurechnung, S. 190.

246 So *Duttge*, Handlungsunwert, S. 471. Insofern handelt es sich beim Vertrauensgrundsatz weniger um eine auf faktischen Gegebenheiten bzw. empirischen Wahrnehmungen beruhende Erfahrungsregel, wie *Brinkmann*, Vertrauensgrundsatz, S. 138, meint, als vielmehr um eine normative Wertentscheidung.

zelne sein Verhalten verlässlich ausrichten kann.[247] Auf diese Weise bestimmt der Vertrauensgrundsatz die Pflichten des Einzelnen in Bezug auf sein eigenes Verhalten und das der anderen und präzisiert somit die Verantwortungsbereiche der gefahrenträchtig zusammenwirkenden Personen.[248]

c. Herleitung des Vertrauensgrundsatzes

Aus dem zuvor Dargelegten lassen sich eindeutige Schlussfolgerungen für die in der Strafrechtswissenschaft umstrittene Frage der Herleitung des Vertrauensgrundsatzes ziehen. Indem er von der verfassungsrechtlichen Vermutung der Vernunftbegabtheit und verantwortlichen Selbstbestimmungsfähigkeit des Einzelnen ausgeht und daraus die Konsequenz einer prinzipiellen Verantwortungsbeschränkung auf den eigenen Herrschaftsbereich zieht, ist der Vertrauensgrundsatz Ausfluss und zugleich Umsetzung des Eigenverantwortlichkeitsprinzips.[249] Gegen diese Ableitung aus dem Eigenverantwortlichkeitsprinzip wird jedoch teilweise geltend gemacht, sie könne die Einschränkungen des Vertrauensgrundsatzes bei konkret absehbarem Fehlverhalten anderer nicht erklären.[250] So wird der Vertrauensgrundsatz stattdessen teils aus der mangelnden Vorhersehbarkeit fremden Verhaltens hergeleitet,[251] teils als Umschreibung des erlaubten Risikos, basierend auf einer der hanseatischen Maxime „navigare necesse est, vivere non" nahe stehenden Abwägung von Handlungsfreiheit, Handlungsnutzen und Handlungsrisiken nach dem Prinzip des überwiegenden Interesses, angesehen.[252] Da eine den verschiedenen Ansätzen gebührend Rechnung tragende Behandlung der Diskussion um die Herleitung des Vertrauensgrundsatzes den Rahmen der vorliegenden Ar-

---

[247] *Bloy*, Beteiligungsform, S. 139.

[248] Vgl. *Bock*, Produktkriminalität, S. 126 f.; *Degener*, Schutzzweck der Norm, S. 347.

[249] Vgl. *Frisch*, Zurechnung, S. 269 f. (Fn. 137); *Schumann*, Handlungsunrecht, S. 6, 8; i. E. ebenso *Geilen*, JZ 1965, S. 474; *Jung* in: Eser/Huber/Cornils, Einzelverantwortung, S. 192; MüKo-StGB-*Duttge*, § 15 Rn. 146; *Murmann*, Nebentäterschaft, S. 256; *Stratenwerth*, FS Schmidt, S. 392; *Walter*, Geschäftsherr, S. 135. Nicht gefolgt werden kann *Neudecker*, Kollegialorgane, S. 68 f., derzufolge angesichts der Entscheidungsfreiheit des Menschen gleichermaßen mit sorgfaltsgemäßem wie sorgfaltswidrigem Verhalten zu rechnen sei und deshalb die Eigenverantwortlichkeit das grundsätzliche Vertrauendürfen auf pflichtgemäßes Drittverhalten gerade nicht erklären könne. Ähnlich *Peter*, Arbeitsteilung im Krankenhaus, S. 15. Diese Argumentation kann aus normativer Sicht nicht überzeugen, da das Grundgesetz, in dessen Lichte das Strafrecht zu interpretieren ist, nun einmal von der Rechtstreue des Einzelnen als vernünftigem, verantwortungsbewussten Wesen ausgeht.

[250] *Brinkmann*, Vertrauensgrundsatz, S. 133; *Duttge*, Handlungsunwert, S. 478; *Hannes*, Vertrauensgrundsatz, S. 159 f.; *Kuhlen*, Fragen, S. 130; LK-*Schroeder*, § 16 Rn. 172; *Müller*, Verkehrswidrigkeiten, S. 99; *Peter*, Arbeitsteilung im Krankenhaus, S. 16; *Roxin*, AT/1, § 24 Rn. 22; *Stratenwerth/Kuhlen*, AT, § 15 Rn. 68; *Wilhelm*, Arbeitsteilung, S. 62; *Winkemann*, Probleme, S. 130 f.

[251] So wohl *BGH*St 12, 81 (84); 12, 162 (164); LK-*Schroeder*, § 16 Rn. 169.

[252] *Diel*, Regreßverbot, S. 194; *Kuhlen*, Fragen, S. 131; *Roxin*, AT/1, § 24 Rn. 22, AT/2, § 26 Rn. 241; *ders.*, FS Tröndle, S. 186 f.; S/S-*Cramer/Sternberg-Lieben*, § 15 Rn. 148; *Stratenwerth/Kuhlen*, AT, § 15 Rn. 68; *Wilhelm*, Arbeitsteilung, S. 58, 65.

beit sprengen würde und der damit verbundene Aufwand nicht im Verhältnis zur Relevanz der dogmatischen Herleitung für die Thematik dieser Untersuchung steht, ist doch die Geltung des Vertrauensgrundsatzes allgemein anerkannt, soll hier allein die Vorzugswürdigkeit der Ableitung aus dem Eigenverantwortlichkeitsprinzip kurz dargelegt werden.[253] So sprechen gegen die Folgerung des Vertrauensgrundsatzes aus der fehlenden Vorhersehbarkeit pflichtwidrigen Verhaltens die Erfahrungen des täglichen Lebens, angesichts derer mit Sorgfaltsverstößen anderer gerade zu rechnen ist, diese jedenfalls nicht außerhalb aller Lebenserfahrung liegen.[254] Die Deduktion des Vertrauensgrundsatzes aus einer Abwägung von Nutzen und Risiken einer Tätigkeit als solcher kann die Erlaubnis der Risikoschaffung oftmals gerade nicht erklären, müsste doch nach diesem Ansatz letztlich auch das Autofahren untersagt sein, da das Interesse an der Flüssigkeit des Straßenverkehrs wohl kaum das Lebensinteresse der jährlich unfreiwillig zu Tode kommenden Verkehrsteilnehmer überwiegen dürfte.[255] Die Interessenabwägung fällt nur deshalb zugunsten der Verkehrserleichterung aus, weil die Fähigkeit jedes Verkehrsteilnehmers zu einem verantwortlichen Umgang mit seinen Rechtsgütern und denen der anderen unterstellt wird.[256] Damit greifen die Vertreter des Güterabwägungsmodells aber de facto auf das Eigenverantwortlichkeitsprinzip zurück, das somit den eigentlichen Kern des Vertrauensgrundsatzes darstellt. Auch dessen Schranken lassen sich auf der Grundlage eines richtig verstandenen Eigenverantwortlichkeitsprinzips legitimieren. Differenziert man zutreffend zwischen Freiverantwortlichkeit und Eigenverantwortlichkeit und beachtet zugleich, dass es sich beim Eigenverantwortlichkeitsprinzip auch nur um ein im Einzelfall widerlegbares Prinzip handelt, wonach mit der Freiverantwortlichkeit prinzipiell, nicht aber ausnahmslos eine Eigenverantwortung im Sinne einer normativen Alleinzuständigkeit korrespondiert, dann konkretisieren die Schranken des Vertrauensgrundsatzes gerade diejenigen Fälle, in denen trotz gegebener Freiverantwortlichkeit des anderen eine Verantwortung für dessen Verhalten und die davon ausgehenden Gefahren zu bejahen ist. Freilich kann nicht geleugnet werden, dass dies immer dann der Fall ist, wenn höherrangige Interessen wie etwa Präventions- oder Opferschutzbelange eine doppelte Absicherung des gefahrenträchtigen Geschehens verlangen, so dass die Deutung des Vertrauensgrundsatzes als Ausfluss einer Interessenabwägung nicht gänzlich von der Hand zu weisen ist. Allerdings handelt es sich hierbei um eine spezielle, dem Eigenverantwortlichkeitsprinzip immanente Interessenabwägung.[257]

---

253 Eine tiefergehende Auseinandersetzung mit den verschiedenen Ansätzen findet sich bei *Schumann*, Handlungsunrecht, S. 8 ff.

254 *Krümpelmann*, FS Lackner, S. 299; *Murmann*, Nebentäterschaft, S. 241; *Neudecker*, Kollegialorgane, S. 64; *Peter*, Arbeitsteilung im Krankenhaus, S. 13; *Puppe*, AT/1, § 5 Rn. 8; *Schumann*, Handlungsunrecht, S. 8; *Welp*, Vorangegangenes Tun, S. 314 f.

255 *Schumann*, Handlungsunrecht, S. 9. Ähnlich *Bosch*, Organisationsverschulden, S. 383 f.; *Diel*, Regreßverbot, S. 195; *Hannes*, Vertrauensgrundsatz, S. 145 ff.; *Stratenwerth*, FS Schmidt, S. 389.

256 In diesem Sinne auch *Murmann*, Nebentäterschaft, S. 241 f.

257 Insofern ist *Kuhlen*, Fragen, S. 132 f., zu widersprechen, der genau umgekehrt die Eigenverantwortlichkeit als einen von mehreren Faktoren in eine umfassende allgemei-

d. Dogmatische Verortung des Vertrauensgrundsatzes

Aus der Verankerung des Vertrauensgrundsatzes im Eigenverantwortlichkeitsprinzip ergeben sich wiederum Folgen für dessen dogmatische Verortung im Deliktsaufbau. Legt die sorgfaltspflichtbegrenzende Wirkung des Vertrauensgrundsatzes[258] auch auf den ersten Blick eine Lozierung im Rahmen der objektiven Sorgfaltspflicht nahe,[259] so ist der Vertrauensgrundsatz als Instrument zur sachgerechten Verantwortungsabgrenzung durch Konkretisierung und Operationalisierung der abstrakten Wertungen des Eigenverantwortlichkeitsprinzips für den jeweiligen Einzelfall richtigerweise als Kriterium der objektiven Zurechnung, genauer gesagt als Umschreibung eines sozialinadäquaten, aber mangels Sorgfaltswidrigkeit unverbotenen erlaubten Risikohandelns, anzusehen.[260] Die Begrenzung der den Beteiligten obliegenden Sorgfaltspflichten ist lediglich Reflex der Verantwortungsabschichtung, der Vertrauensgrundsatz somit nichts anderes als die psychologisierend umschriebene Konsequenz tiefer liegender, auf dem Eigenverantwortlichkeitsprinzip beruhender normativer Erwägungen.[261] Ergo handelt es sich beim Vertrauensgrundsatz um ein Rechtsinstitut, welches seinen adäquaten Platz auf der Ebene der objektiven Zurechnung findet, seine Wirkungen aber im Rahmen der Bestimmung der im Einzelfall gebotenen Sorgfaltspflicht entfaltet.[262]

---

ne Interessenabwägung einfließen lassen will. Wie *Kuhlen* wohl auch *Alexander*, Strafrechtliche Verantwortlichkeit, S. 131.

[258] So die nahezu einhellige Ansicht, vgl. *Burgstaller*, Fahrlässigkeitsdelikt, S. 59; *Duttge*, Handlungsunwert, S. 476; *Frisch*, Fahrlässigkeitsdelikt, S. 100; *Höhfeld*, Strafrechtliche Produktverantwortung, S. 191; *Kühl*, AT, § 17 Rn. 36; *Kuhlen*, Fragen, S. 128; MüKo-StGB-*Duttge*, § 15 Rn. 143; *Murmann*, Nebentäterschaft, S. 240; *Neudecker*, Kollegialorgane, S. 58; *Wessels/Beulke*, AT, Rn. 671. Ebenso in Bezug auf Garantenpflichten *Altenhain*, NStZ 2001, S. 190; *Geilen*, JZ 1965, S. 474. Anders *Bosch*, Organisationsverschulden, S. 385, der den Vertrauensgrundsatz mit Blick auf die Statuierung drittbezogener Sorgfaltspflichten als sorgfaltspflichtbegründend erachtet, dabei allerdings verkennt, dass ohne den Vertrauensgrundsatz drittbezogene Verhaltenspflichten angesichts des Wortlauts der Fahrlässigkeitstatbestände und der allgemeinen Fahrlässigkeitsdefinition die Regel wären, so dass die lediglich ausnahmsweise Annahme drittbezogener Pflichten realiter eine Begrenzung der allgemeinen Sorgfaltspflicht darstellt.

[259] Dementsprechend den Vertrauensgrundsatz im Rahmen der objektiven Sorgfaltspflichtbestimmung einordnend *Hannes*, Vertrauensgrundsatz, S. 193.

[260] *Spitz*, Produkthaftung, S. 49. Anders wiederum diejenigen, die das Eigenverantwortlichkeitsprinzip als eigenständiges Prinzip ablehnen und stattdessen die Eigenverantwortlichkeit – und damit auch den Vertrauensgrundsatz – im Rahmen der Sorgfaltspflichtbestimmung berücksichtigen. Vgl. *Puppe*, AT/1, § 5 Rn. 16, 36; *dies.*, Erfolgszurechnung, S. 150.

[261] *Frisch*, Zurechnung, S. 190, 237; MüKo-StGB-*Freund*, Vor §§ 13 ff. Rn. 381. In diesem Sinne auch *Busch*, Umweltstrafrecht, S. 489.

[262] Zwar folgt aus der Deutung des Vertrauensgrundsatzes als Aspekt der Risikoerlaubnis und dessen Lozierung auf der Ebene der objektiven Zurechnung die prinzipielle Anwendbarkeit des Vertrauensgrundsatzes auch auf Vorsatztaten, allerdings dürfte im Vorsatzbereich regelmäßig eine Schranke des Vertrauensgrundsatzes eingreifen, so dass diesem im Vorsatzbereich keine praktische Bedeutung zukommt.

e. Immanente Schranken des Vertrauensgrundsatzes

In konsequenter Umsetzung des Eigenverantwortlichkeitsprinzips etabliert der Vertrauensgrundsatz kein absolutes Regressverbot im Fall dritt- bzw. opfervermittelter Rechtsgutsverletzungen, sondern bekräftigt im Ausnahmefall die Existenz erweiterter, drittbezogener Sorgfaltspflichten. Da die prinzipielle Eigenverantwortung der anderen die für das eigene Verhalten geltenden Sorgfaltsanforderungen nur begrenzen und nicht aufheben kann, kommt dem Vertrauensgrundsatz dann keine entlastende Wirkung zu, wenn die Erwartung sorgfaltsgemäßen Verhaltens durch eindeutige, in der Situation oder in der Person des anderen liegende Umstände entkräftet wird und dementsprechend mit einem Fehlverhalten konkret zu rechnen ist.[263] Dies gilt auch dann, wenn das Unvermögen des anderen zu sorgfaltsgemäßem Verhalten von diesem selbst verschuldet ist, darf er doch umgekehrt auf das Verantwortungsbewusstsein seines Gegenübers bauen und darauf vertrauen, dass dieser ihn nicht zu riskanten Verhaltensweisen veranlassen oder ihn dabei unterstützen werde, wenn er erkennt, dass deren Gefährlichkeit nicht zutreffend wahrgenommen wird.[264]

Unstreitig schließt demnach die positive Kenntnis der Pflichtwidrigkeit eines (bevorstehenden) Verhaltens eine Berufung auf den Vertrauensgrundsatz aus – wo de facto kein Vertrauen besteht, kann de iure keines geschaffen werden.[265] Aber auch dann, wenn sich ein Fehlverhalten geradezu aufdrängt, scheidet eine sorgfaltspflichtbegrenzende Wirkung des Vertrauensgrundsatzes aus.[266] Allerdings genügt nicht jede Absehbarkeit eines rechtsgutsgefährdenden Tätigwerdens anderer. Denn dies würde auf eine Anerkennung der aus den bereits genannten Gründen abzulehnenden Lehre vom adäquaten Zurechnungszusammenhang hinauslaufen. Erforderlich ist vielmehr eine der mittelbaren Täterschaft beim Vorsatzdelikt vergleichbare Konstellation.[267] Eine solche ist bei einem erkennbaren Defekt des anderen, sei es in Form einer von außen wahrnehmbaren konstitutionellen Unverantwortlichkeit i. S. d. §§ 19, 20, 35 StGB, 3 JGG,[268] einer aufgrund häufiger Pflichtverstöße in der Vergangenheit anzunehmenden generellen Unzuverlässigkeit[269] oder einer im konkreten Fall offensichtlich unzulänglichen Risikokenntnis.[270] Die bloße Typizität einer Gefahrensituation reicht hingegen nicht zur Wi-

---

[263] Vgl. *RG*St 70, 71 (74); 71, 25 (28); 73, 239 (241); *BGH*St 13, 169 (173); *Busch*, Umweltstrafrecht, S. 488; *Kindhäuser*, AT, § 33 Rn. 38; *Kühl*, AT, § 17 Rn. 39; *Murmann*, Nebentäterschaft, S. 256 f.; *Neudecker*, Kollegialorgane, S. 58; S/S-*Cramer/Sternberg-Lieben*, § 15 Rn. 150; *Schumann*, Handlungsunrecht, S. 12; *Stratenwerth*, FS Schmidt, S. 392; *Wehrle*, Regressverbot, S. 63; *Winkemann*, Probleme, S. 136.

[264] *Renzikowski*, Restriktiver Täterbegriff, S. 276.

[265] *Neudecker*, Kollegialorgane, S. 58; *Peter*, Arbeitsteilung im Krankenhaus, S. 29.

[266] *Frisch*, Fahrlässigkeitsdelikt, S. 101; *Neudecker*, Kollegialorgane, S. 58; *Peter*, Arbeitsteilung im Krankenhaus, S. 29; *Schwartz*, Produkthaftung, S. 80.

[267] SK-StGB-*Hoyer*, Anh. zu § 16 Rn. 47, 62. Ähnlich *Fahl*, JA 1997, S. 836.

[268] S/S-*Lenckner/Eisele*, Vorbem §§ 13 ff. Rn. 101c.

[269] *Kindhäuser*, AT, § 33 Rn. 38; *ders.*, LPK, § 15 Rn. 68. Einschränkend *Bloy*, Beteiligungsform, S. 139.

[270] *Degener*, Schutzzweck der Norm, S. 351; *Jakobs*, AT, 7/54; *Kindhäuser*, AT, § 33 Rn. 38; *ders.*, LPK, § 15 Rn. 68; SK-StGB-*Hoyer*, Anh. zu § 16 Rn. 46.

derlegung des Vertrauensgrundsatzes aus, darf der Einzelne doch so lange mit der Beherrschung der Risikolage rechnen, solange der Gesetzgeber sich nicht veranlasst sieht, angesichts der Häufigkeit fehlerhaften Verhaltens in einer bestimmten Situation diese positivrechtlich durch Erlass einer entsprechenden, drittbezogene Sorgfaltspflichten begründenden primärrechtlichen Vorschrift zu entschärfen.[271]

Umgekehrt schließt die gesetzliche Statuierung einer Art Doppelsicherung gegen eine bestimmte Gefahr ein berechtigtes Vertrauen auf pflichtgemäßes Verhalten anderer aus, da die gesetzliche Regelung gerade Konsequenz eines typischerweise auftretenden Fehlverhaltens ist.[272] Selbiges gilt für den Fall einer bestehenden Garantenstellung.[273] Beinhaltet diese den Schutz einer bestimmten Person, kann sich der Garant berechtigterweise nicht darauf verlassen, diese werde die Gefahrenlage schon bewältigen. Hat die Garantenstellung den Zweck, bestimmte von Seiten Dritter ausgehende Gefahren zu verhindern, darf der Garant nicht gutgläubig auf die Pflichtmäßigkeit des Drittverhaltens vertrauen. Die Einstandspflicht des § 13 Abs. 1 StGB begründet insofern drittbezogene Kontroll- und Gefahrenabwehrpflichten.

Schließlich kann sich derjenige nicht auf den Vertrauensgrundsatz berufen, der sich selbst sorgfaltswidrig verhält und dadurch eine gesteigerte Rechtsgutsgefahr schafft.[274] Wenngleich dies nahezu einhellig anerkannt ist, ist die Legitimationsgrundlage dieser Einschränkung des Vertrauensgrundsatzes umstritten. Grundsätzliche Einigkeit besteht zunächst dahingehend, dass sie nicht auf den Gedanken der Verwirkung des Vertrauensschutzes im Sinne einer Bestrafung für die eigene Pflichtwidrigkeit gestützt werden kann, käme dies doch einer unzulässigen Sanktionierung eines versari in re illicita gleich.[275] Auch die Deutung des Vertrauensgrundsatzes als Prämie für eigene Normtreue, die dem sich pflichtwidrig Verhaltenden nicht zustehe,[276] überzeugt nicht, da eine Verteilung von Belohnungen für gutes Verhalten dem Strafrecht als reiner Sanktionsordnung fremd ist.[277] Richtigerweise beruht der Ausschluss des Vertrauensgrundsatzes bei eigener Sorgfaltswidrigkeit auf der Überlegung, dass durch das eigene unsachgemäße Verhalten die

---

[271] A. A. *Burgstaller*, Fahrlässigkeitsdelikt, S. 61; *Degener*, Schutzzweck der Norm, S. 351; *Frisch*, Fahrlässigkeitsdelikt, S. 101.

[272] *Jakobs*, AT, 7/55; *Stratenwerth/Kuhlen*, AT, § 15 Rn. 70; vgl. auch *Puppe*, AT/1, § 5 Rn. 10.

[273] *Bosch*, Organisationsverschulden, S. 384; *Kuhlen*, Fragen, S. 133; *Murmann*, Nebentäterschaft, S. 256.

[274] Vgl. *BGH*St 11, 389 (393); *Schwartz*, Produkthaftung, S. 79; *Stratenwerth/Kuhlen*, AT, § 15 Rn. 70.

[275] *Busch*, Umweltstrafrecht, S. 501 f.; *Diel*, Regreßverbot, S. 196; MüKo-StGB-*Duttge*, § 15 Rn. 142; *ders.*, Handlungsunwert, S. 473; NK-*Puppe*, Vor § 13 Rn. 165; *dies.*, AT/1, § 5 Rn. 13; *dies.*, Erfolgszurechnung, S. 135; *Peter*, Arbeitsteilung im Krankenhaus, S. 38; *Roxin*, AT/1, § 24 Rn. 24; SK-StGB-*Rudolphi*, Vor § 1 Rn. 73; SK-StGB-*Hoyer*, Anh. zu § 16 Rn. 56.

[276] *Kirschbaum*, Vertrauensschutz, S. 122, 213; LK-*Schroeder*, § 16 Rn. 168. Siehe auch *Brinkmann*, Vertrauensgrundsatz, S. 117 ff., sowie die Nachweise bei *Krümpelmann*, FS Lackner, S. 298.

[277] *Hannes*, Vertrauensgrundsatz, S. 140.

Wahrscheinlichkeit und somit Absehbarkeit eines rechtsgutsgefährdenden Anschlussverhaltens erheblich gesteigert wird, indem es unerwartete, mitunter unberechenbare Gefahren hervorruft, angesichts derer ein etwaiges Vertrauen, die anderen werden die heraufbeschworenen Gefahren schon meistern, verfehlt und demnach nicht schutzwürdig ist.[278] Resultiert die Einschränkung des Vertrauensgrundsatzes somit aus der Tatsache, dass die eigene Sorgfaltswidrigkeit ein Fehlverhalten anderer nahe legt, so stellt diese letztlich nichts anderes als einen speziellen Unterfall des grundsätzlichen Ausschlusses berechtigten Vertrauens bei Existenz konkreter Anhaltspunkte für pflichtwidriges Verhalten anderer dar.[279] Zugleich folgt hieraus aber auch, dass die eigene Pflichtwidrigkeit nur dann den Vertrauensgrundsatz widerlegt, wenn diese im konkreten Fall auch tatsächlich geeignet ist, Fehlreaktionen zu provozieren, eine Fahrlässigkeitsstrafbarkeit sonach nur dann in Betracht kommt, wenn sich die Pflichtwidrigkeit des eigenen Tätigwerdens im rechtsgutsverletzenden Anschlussverhalten auch tatsächlich kausal ausgewirkt hat.[280]

Scheidet eine Berufung auf den Vertrauensgrundsatz damit bei eigener, erfolgsursächlicher Pflichtwidrigkeit aus, verbietet sich auch eine Umkehrung des Vertrauensgrundsatzes dergestalt, dass der Einzelne im Vertrauen auf die Sorgfalt und Vermeidefähigkeit der anderen frei ist, pflichtwidrig risikoschaffend tätig zu werden, wenn die erzeugten Gefahren nur bei entsprechendem Folgeverhalten zum Schaden führen können. Denn das Bewusstsein von der Pflichtwidrigkeit des eigenen Tuns entzieht dem Vertrauen in eine effektive Gefahrenabwehr Dritter die Grundlage.[281] Zudem befreit der Vertrauensgrundsatz allein von drittbezogenen Sorgfaltspflichten, nicht aber von der gewissenhaften Ausgestaltung des eigenen Herrschaftsbereichs, dient mithin gerade nicht dazu, das Strafbarkeitsrisiko desjenigen einzuschränken, dessen Pflichtwidrigkeit feststeht.[282] Insofern bleibt es bei der Regel, dass niemand seine eigene Sorgfaltspflicht verletzen darf, nur weil der Erfolgseintritt davon abhängt, dass noch ein zweiter seine Sorgfaltspflicht verletzt.

---

278 *BGH*St 13, 169 (173); *Busch*, Umweltstrafrecht, S. 501 f.; *Degener*, Schutzzweck der Norm, S. 351; *Duttge*, Handlungsunwert, S. 473 f.; *Kindhäuser*, AT, § 33 Rn. 38; *ders.*, LPK, § 15 Rn. 68; *Kretschmer*, Jura 2000, S. 270; *Kühl*, AT, § 17 Rn. 39 m. w. N.; LK-*Schroeder*, § 16 Rn. 174; *Puppe*, AT/1, § 5 Rn. 13; *dies.*, Erfolgszurechnung, S. 135 f.; *Wessels/Beulke*, AT, Rn. 671a.

279 MüKo-StGB-*Duttge*, § 15 Rn. 142; *ders.*, Handlungsunwert, S. 473 f.; *Roxin*, AT/1, § 24 Rn. 24.

280 *Kirschbaum*, Vertrauensschutz, S. 126; *Roxin*, AT/1, § 24 Rn. 24; *Wessels/Beulke*, AT, Rn. 671a. Vgl. auch *Krümpelmann*, FS Lackner, S. 290 f.; *Peter*, Arbeitsteilung im Krankenhaus, S. 37. Ebenso wohl S/S-*Lenckner/Eisele*, Vorbem §§ 13 ff. Rn. 102 m. w. N. Zu weit dagegen *Bosch*, Organisationsverschulden, S. 385; *Winkemann*, Probleme, S. 136.

281 *Duttge*, Handlungsunwert, S. 474.

282 Vgl. *Busch*, Umweltstrafrecht, S. 502; *Maiwald*, JuS 1984, S. 441; *Neudecker*, Kollegialorgane, S. 59; NK-*Puppe*, Vor § 13 Rn. 165; *dies.*, AT/1, § 5 Rn. 11, 15; *dies.*, Erfolgszurechnung, S. 134, 137; *dies.*, NStZ 1983, S. 23; *Schmoller*, FS Triffterer, S. 232; S/S-*Lenckner/Eisele*, Vorbem §§ 13 ff. Rn. 102 m. w. N.; *Stratenwerth/Kuhlen*, AT, § 15 Rn. 67; *Wessels/Beulke*, AT, Rn. 671a.

Zusammenfassend ist festzuhalten, dass es sich bei den sogenannten Ausnahmen vom Vertrauensgrundsatz nicht um dem Vertrauensgrundsatz entgegenstehende Prinzipien, sondern vielmehr um immanente Schranken des aus dem Eigenverantwortlichkeitsprinzip hervorgehenden Vertrauensgrundsatzes handelt. Denn alle Ausnahmen beruhen auf Umständen, unter denen das tatbestandsausschließende Grundvertrauen in vernünftiges, rechtmäßiges Dritt- bzw. Opferverhalten erst gar nicht entsteht.[283]

3. Fahrlässigkeitsstrafbarkeit bei drittvermittelten Verletzungen

Führt man die Aussagen zum restriktiven Täterbegriff und zum Vertrauensgrundsatz zusammen, ergibt sich für die Fahrlässigkeitsstrafbarkeit im Fall der über Drittverhalten vermittelten Rechtsgutsverletzung folgendes Bild: Solange den Ersthandelnden keine besondere, auf die Vermeidung rechtsgutsverletzenden Drittverhaltens gerichtete Rechtspflicht trifft, begründet die bloße Schaffung der Gefahr eines schädigenden Verhaltens Dritter kein unerlaubtes Risiko, solange mangels offensichtlich entgegenstehender Anhaltspunkte berechtigterweise darauf vertraut werden kann, dass dieses Verhalten Dritte nicht zu einem rechtsgutsverletzenden Tätigwerden geschweige denn einer (vorsätzlichen) Straftat veranlasst.[284]

Von welcher Art und Stärke die gegenläufigen Anzeichen sein müssen, um das Gefahrenhandeln zu einem unerlaubten zu machen und daran einen Fahrlässigkeitsvorwurf zu knüpfen, kann nicht allgemein festgelegt werden.[285] Ein berechtigtes Vertrauen ist jedenfalls dann ausgeschlossen, wenn sich aufgrund eines vom Ersthandelnden selbst herbeigeführten Defektzustandes in der Person des Dritten, etwa wegen pflichtwidrig unterlassener Aufklärung über die dem Ersthandeln anhaftenden Gefahren, ein objektiv sorgfaltswidriges Drittverhalten abzeichnet, mit anderen Worten die Konstellation einer „fahrlässigen mittelbaren Täterschaft“ vorliegt.[286] Entspringt die Unzuverlässigkeit des Dritten hingegen nicht einem vom Ersthandelnden verursachten Defekt, so muss sie für diesen geradezu augenfällig sein, will man am Ende nicht de facto der abzulehnenden Lehre vom adäquaten Zurechnungszusammenhang Recht geben. So wird es an der Offensicht-

---

[283] Vgl. *Degener*, Schutzzweck der Norm, S. 351 f.; *Schumann*, Handlungsunrecht, S. 12.

[284] Vgl. *BGH* JR 1997, S. 517 (518); *Kirchner*, Unterlassungshaftung, S. 129; *Kühl*, AT, § 4 Rn. 85; *Roxin*, AT/1, § 24 Rn. 27; *ders.*, StV 2004, S. 487; *Schürer-Mohr*, Erlaubte Risiken, S. 117; SK-StGB-*Hoyer*, Anh. zu § 16 Rn. 46.

[285] So zutreffend NK-*Puppe*, Vor § 13 Rn. 170.

[286] *Welp*, Vorangegangenes Tun, S. 305. Ob man dabei tatsächlich von mittelbarer Täterschaft sprechen sollte, ist in Anbetracht der bei Fahrlässigkeitstaten fehlenden Finalität zwischen Verhalten und Erfolg zweifelhaft. Dementsprechend eine mittelbare Täterschaft im Fahrlässigkeitsbereich verneinend z. B. *Baumann/Weber/Mitsch*, AT, § 29 Rn. 120; *Diel*, Regreßverbot, S. 250; *Hannes*, Vertrauensgrundsatz, S. 180 f.; *Jescheck/Weigend*, AT, § 62 I 2; *Maurach/Gössel/Zipf*, AT/2, § 47 Rn. 103; *Renzikowski*, Restriktiver Täterbegriff, S. 273. Diese hingegen bejahend z. B. *Degener*, Schutzzweck der Norm, S. 336 f.; *Exner*, FS v. Frank, S. 570; *Heinrich*, AT/2, Rn. 997; *Kamps*, Ärztliche Arbeitsteilung, S. 163; *Köhler*, AT, S. 540; *Meyer*, Autonomie, S. 64 ff.; S/S-*Cramer/Heine*, § 25 Rn. 16; SK-StGB-*Hoyer*, § 25 Rn. 151 f.; *van Weezel*, Beteiligung bei Fahrlässigkeit, S. 282.

lichkeit mangelnden Verantwortungsbewusstseins regelmäßig dann fehlen, wenn der Dritte eigenverschuldet über unzulängliche Risikokenntnis verfügt, was in Bezug auf Arzneimittel etwa bei unterlassener Lektüre der Fachinformation seitens der Arztes oder bei pflichtwidriger Nichtwahrnehmung von Warnhinweisen des pharmazeutischen Unternehmers oder der zuständigen Behörden der Fall ist. Denn auf der Grundlage des Vertrauensgrundsatzes darf sich der Ersthandelnde prinzipiell darauf verlassen, dass die von ihm zur Verfügung gestellten bzw. veranlassten Informationen vom Dritten pflichtgemäß zur Kenntnis genommen werden, dieser damit zu einem vernünftigen Umgang mit den durch das Ersthandeln geschaffenen Risiken fähig ist und demnach sorgfaltsgemäß handeln wird.

Besondere Schwierigkeiten ergeben sich aber vor allem in Bezug auf vorsätzliche Straftaten Dritter. Da diese an jede beliebige, nur irgendwie gefahrenträchtige Vorhandlung anknüpfen können, lassen sich die Anhaltspunkte, die für eine Vorsatztat sprechen, kaum eingrenzen, so dass der Einzelne an sich gezwungen wäre, gefährliche Verhaltensweisen vollständig zu unterlassen, was jedoch nicht im Verhältnis zum effektiven Vorkommen vorsätzlicher Delikte – insbesondere im Bereich des Arzneiwesens – stünde.[287] Zu Recht wird daher die Evidenz der betreffenden Vorsatztat gefordert.[288] Diese kann im Grunde nur in zwei Fällen bejaht werden: zum einen dann, wenn das Ersthandeln typischerweise nur in Bezug auf ein späteres deliktisches Anschlussverhalten objektiv Sinn macht,[289] zum anderen bei nach außen manifestierter Tatentschlossenheit des Dritten,[290] wobei ersteres meist zu verneinen sein dürfte, weil ein ausschließlich deliktischer Sinnbezug einem unvorsätzlichen Tätigwerden per se nicht, einem vorsätzlichen Handelns allenfalls im extremen Ausnahmefall entnommen werden kann.[291]

Ist im konkreten Fall ein Fehlverhalten Dritter nicht offensichtlich, kommt eine Fahrlässigkeitsstrafbarkeit nur bei positivrechtlicher Verpflichtung bzw. bestehender Garantenpflicht zur Vermeidung rechtsgutsverletzenden Drittverhaltens in Betracht. Dabei ist indes zu bedenken, dass eine Überwachergarantenstellung hinsichtlich Dritter als potentieller Gefahrenquelle nur im Ausnahmefall anzunehmen ist, steht die damit einhergehende Pflicht zur ständigen Kontrolle Dritter doch im Widerspruch zum Eigenverantwortlichkeitsprinzip. Als prinzipiell unangemessene

---

[287] *Wehrle*, Regressverbot, S. 64 f.

[288] MüKo-StGB-*Duttge*, § 15 Rn. 147; *Wehrle*, Regressverbot, S. 68.

[289] *Jakobs*, ZStW 89 (1977), S. 23; *ders.*, AT, 24/15; zustimmend *Daxenberger*, Kumulationseffekte, S. 145; nahe stehend *Köhler*, AT, S. 195 f.; *Schmoller*, FS Triffterer, S. 246.

[290] *Wolter*, Zurechnung, S. 348 f. Nicht ausreichend ist dagegen die Erkennbarkeit einer bloßen Tatgeneigtheit, geht unser Rechtssystem doch bis zuletzt davon aus, dass der Einzelne seiner Eigenverantwortung gerecht wird, wie namentlich die Regeln zum Rücktritt vom Versuch, § 24 StGB, belegen. Anders indes *Frisch*, Zurechnung, S. 266 f.; LK-*Schroeder*, § 16 Rn. 184; MüKo-StGB-*Duttge*, § 15 Rn. 147; *Murmann*, Nebentäterschaft, S. 276; *Roxin*, AT/1, § 24 Rn. 28 f.; *ders*, AT/2, § 26 Rn. 241; *ders.*, FS Tröndle, S. 190 ff.; *ders.*, StV 2004, S. 487.

[291] *Frisch*, Zurechnung, S. 345 f.; *Roxin*, AT/1, § 24 Rn. 31. Vgl. auch die Diskussion um das single use-Kriterium im Zusammenhang mit der Interpretation des gefährlichen Werkzeugs in § 244 StGB.

Beschränkung der eigenen Handlungsfreiheit ist sie daher regelmäßig nicht zu legitimieren,[292] es sei denn, der Ersthandelnde nimmt durch Inanspruchnahme von Fähigkeiten, die der Dritte nicht besitzt, maßgeblichen Einfluss auf dessen weiteres Verhalten, weil dieser sich (berechtigterweise) auf die Ordnungsmäßigkeit seines Tuns und auf ein gegebenenfalls erforderliches korrigierendes Eingreifen des Ersthandelnden verlässt.[293] Weit größere Relevanz kommt einer bestehenden Beschützergarantenstellung zugunsten des durch ein absehbares Fehlverhalten Dritter gefährdeten Personenkreises zu, wenngleich auch hier – namentlich bei Garantenstellungen kraft freiwilliger Übernahme – stets genau zu prüfen ist, ob diese auch tatsächlich den Schutz vor (vorsätzlichen) Rechtsgutsangriffen autonom handelnder Dritter einschließt.[294] Was eine Garantenstellung aus Ingerenz, basierend auf dem Ersthandeln als rechtsgutsgefährdendem, die Gefahr des fehlerhaften Drittverhaltens begründenden Vorverhalten, angeht, ist zu beachten, dass nach zutreffender Ansicht zwingende Voraussetzung der Ingerenz die Pflichtwidrigkeit des Vorverhaltens, sprich Ersthandelns, ist. Diese kann aber wiederum nur dann bejaht werden, wenn nach Maßgabe des Vertrauensgrundsatzes ein berechtigtes Vertrauen in ein sorgfaltsgerechtes Anschlussverhalten Dritter im konkreten Fall ausscheidet und somit die durch das Ersthandeln geschaffene Gefahr ein unerlaubtes Risiko darstellt. Demnach scheidet auch eine Ingerenzgarantenstellung wegen Überlassens abstrakt gefährlicher, bei verantwortungsvoller Handhabung aber unschädlicher Gegenstände, wie z. B. unbedenklicher Arzneimittel, regelmäßig aus.[295] Allerdings ist in diesem Fall an eine Garantenpflicht zur Überwachung des Medikaments als Gefahrenquelle zu denken, welche dann auch die Pflicht zur Vermeidung eines unsachgemäßen Umgangs mit dieser beinhaltet.[296] Indes macht die bloße Möglichkeit der pflichtwidrigen, rechtsgutsbeeinträchtigenden Verwendung eines Gegenstandes diesen noch nicht zu einer überwachungspflichtigen Gefahrenquelle, weil mit einem Missbrauch wegen des Vertrauensgrundsatzes nicht gerechnet werden muss, weshalb eine Garantenstellung zur Überwachung eines Gegenstandes nur dann in Frage kommt, wenn dieser bereits abstrakt, unabhängig von seiner Handhabung ein erhebliches Gefahrenpotential aufweist,[297] wie dies etwa bei bedenklichen Arzneimitteln der Fall ist.

---

[292] Vgl. NK-*Wohlers*, § 13 Rn. 51; *Puppe*, AT/2, § 47 Rn. 22; *Rudolphi*, Gleichstellungsproblematik, S. 131.

[293] *Busch*, Umweltstrafrecht, S. 480; S/S-*Lenckner/Eisele*, Vorbem §§ 13 ff. Rn. 101c.

[294] Vgl. *Puppe*, AT/2, § 47 Rn. 19; *Roxin*, FS Tröndle, S. 198.

[295] § 5 Abs. 2 AMG konkretisiert somit das erlaubte Risiko auf Grundlage des Eigenverantwortlichkeitsprinzips und des Vertrauensgrundsatzes, wenn die Vorschrift auf die relative Unschädlichkeit des Präparates bei bestimmungsgemäßem Gebrauch abstellt, auf den der das Arzneimittel in Verkehr Bringende nach Maßgabe des Vertrauensgrundsatzes prinzipiell vertrauen darf.

[296] *Joecks*, § 222 Rn. 25.

[297] So auch *Schall*, FS Rudolphi, S. 274 f. m. w. N.

4. Fahrlässigkeitsstrafbarkeit bei opfervermittelten Verletzungen

Im Grunde ähnlich gestaltet sich die Rechtslage bei der Mitwirkung an selbstschädigendem Opferverhalten. Stellt ein Verhalten nur unter der Voraussetzung eines Obliegenheitsverstoßes des Opfers eine unerträgliche Rechtsgutsgefährdung dar, so erwächst hieraus so lange keine Fahrlässigkeitsstrafbarkeit, wie der Handelnde mangels eindeutiger entgegenstehender Anhaltspunkte berechtigterweise davon ausgehen darf, dass der Rechtsgutsinhaber angesichts der ihm nach dem Eigenverantwortlichkeitsprinzip prinzipiell zugeschriebenen Fähigkeit zu verantwortlicher Selbstbestimmung die vom betreffenden Verhalten ausgehenden Gefahren grundsätzlich kontrollieren und deren Realisierung vermeiden kann, so dass die Rechtsgutsverletzung in seinen eigenen Verantwortungsbereich fällt.[298]

Zeichnet sich hingegen deutlich ab, dass es auf der Grundlage des fraglichen Verhaltens zu einer Selbstverletzung bzw. -gefährdung des Rechtsgutsinhabers kommen wird oder kommen könnte, ist wiederum entscheidend, ob der Rechtsgutsinhaber freiverantwortlich handelt oder nicht. Tut er dies, so scheidet eine (Garanten-)Pflicht zur Unterbindung der Selbstschädigung bzw. ein strafrechtliches Verbot, diese zu ermöglichen oder zu fördern, in Anbetracht des in Art. 2 Abs. 1 GG verfassungsrechtlich garantierten Selbstbestimmungsrechts des Rechtsgutsinhabers aus.[299] Die Rechtsgutseinbuße fällt in seinen alleinigen Verantwortungsbereich. Etwas anderes gilt lediglich dann, wenn aufgrund der §§ 216, 228 StGB keine rechtlich wirksame Rechtsgutsdisposition seitens des Rechtsgutsinhabers vorliegt. Allerdings ist zu beachten, dass mit der fehlenden rechtlichen Billigung der Disposition zwar das Verbot jeglichen den Rechtsgutsinhaber bestärkenden bzw. aktiv unterstützenden Handelns korrespondiert, nicht aber eine Garantenpflicht zu rechtsgutsbewahrendem Eingreifen. Denn Inhalt und Zweck einer Garantenstellung und der daraus entspringenden Garantenpflichten ist der Schutz eines Rechtsguts im Interesse des Rechtsgutsträgers, nicht aber die Garantie des Rechtsgutsbestands im Interesse und Auftrag, sprich als verlängerter Arm des Staates bzw. der Gemeinschaft.[300]

---

298 *Eschweiler*, Selbstgefährdung, S. 103. Ähnlich *Degener*, Schutzzweck der Norm, S. 338.

299 Vgl. MüKo-StGB-*Duttge*, § 15 Rn. 149; SK-StGB-*Hoyer*, Anh. zu § 16 Rn. 39; i. E. ebenso *Biewald*, Regelmäßiges Verhalten, S. 120.

300 Diese Ansicht deckt sich i. E. mit der herrschenden Meinung im Schrifttum, welche die Möglichkeit einer Verwirklichung des § 216 StGB durch Unterlassen verneint, vgl. *Kindhäuser*, BT/1, § 3 Rn. 13, § 4 Rn. 20; *ders.*, LPK, Vor §§ 211-222 Rn. 29; LK-*Jähnke*, § 216 Rn. 9; MüKo-StGB-*Schneider*, § 216 Rn. 61 ff.; NK-*Neumann*, § 216 Rn. 9; S/S-*Eser*, § 216 Rn. 10; *Tröndle/Fischer*, § 216 Rn. 6; jeweils m. w. N.; a. A. *BGH*St 13, 162 (166); 32, 367 (371 f.); *Herzberg*, JA 1985, S. 178 ff. Dementsprechend scheidet auch eine Ingerenzgarantenstellung bei vorausgegangener aktiver Förderung einer autonomen Selbstverletzung bzw. -gefährdung aus, vgl. *Ingelfinger*, Tötungsverbot, S. 233; NK-*Neumann*, § 222 Rn. 8; SK-StGB-*Rudolphi*, Vor § 1 Rn. 79a; *Walther*, Eigenverantwortlichkeit, S. 226. Eine Garantenstellung ließe sich allenfalls dann bejahen, wenn man Sinn und Zweck der §§ 216, 228 StGB gerade im Schutz des Rechtsgutsinhabers vor sich selbst erblicken würde. Dagegen aber bereits oben, S. 357 f. Zur Frage einer nachträglichen Rettungspflicht, wenn sich das Opfer durch das selbstge-

Handelt der Rechtsgutsinhaber entgegen der Vermutung des Eigenverantwortlichkeitsprinzips nicht freiverantwortlich, hängt die Fahrlässigkeitsstrafbarkeit davon ab, ob nach Maßgabe des Vertrauensgrundsatzes von der Freiverantwortlichkeit des sich erkennbar selbst gefährden bzw. verletzen Wollenden berechtigterweise ausgegangen werden durfte, was sich wiederum danach beurteilt, ob deutliche Anzeichen für ein Autonomiedefizit des Opfers sprechen.[301]

Eine Fahrlässigkeitsstrafbarkeit des unvorsätzlich an der Selbstverletzung bzw. -gefährdung Mitwirkenden kommt demnach nur dann in Betracht, wenn für den Täter offensichtliche Anhaltspunkte dafür existieren, dass dem Rechtsgutsinhaber im Fall unbewusster Selbstschädigung eine hinreichende Eigenschutzfähigkeit bzw. im Fall vorsätzlicher Selbstschädigung die prinzipiell zugeschriebene Freiverantwortlichkeit fehlt. Beginnt die Strafbarkeit mit anderen Worten dann, wenn für den Täter erkennbar ist, dass der Rechtsgutsinhaber die Tragweite seines Entschlusses nicht überblickt, findet hier das von der Rechtsprechung und Teilen des Schrifttums immer wieder ins Spiel gebrachte überlegene Sachwissen seinen berechtigten Platz, setzt die Erkennbarkeit des defizitären, eine freiverantwortliche Entscheidung verhindernden Risikobewusstseins des Rechtsgutsinhabers doch ein genaueres, überlegenes Risikowissen des Täters voraus. Erforderlich ist insofern auch hier eine der mittelbaren Täterschaft vergleichbare Situation.[302]

Die Offensichtlichkeit fehlender Freiverantwortlichkeit ist – in Parallele zu den Fällen drittvermittelter Rechtsgutsverletzungen – namentlich dann zu bejahen, wenn der Täter den Defekt des Rechtsgutsinhabers selbst herbeigeführt hat.[303] Geht hingegen das defizitäre Risikobewusstsein auf ein Eigenverschulden des Opfers zurück, welches sich nicht hinreichend über die Gefahren des betreffenden Verhaltens – bei der Arzneimitteleinnahme etwa durch vorherige gewissenhafte Lektüre der Packungsbeilage – informiert hat, wird die fehlende Freiverantwortlichkeit regelmäßig nicht erkennbar sein. Denn der Täter darf sich nach dem Vertrauensgrundsatz darauf verlassen, dass sich der Rechtsgutsinhaber obliegenheitsgemäß verhält, d. h. die ihm zur Verfügung gestellten Informationen zur Kenntnis nimmt, und damit freiverantwortlich agiert.[304]

Auch die Unterscheidung zwischen rechtsgutsbezogenen Fehlvorstellungen und bloßen Motivirrtümern kommt hier zum Tragen. Zwar schließt nach zutreffender Ansicht auch ein Motivirrtum die Autonomie des Rechtsgutsinhabers aus, jedoch wird ein solcher für den Täter anders als ein rechtsgutsbezogener Irrtum regelmäßig nicht erkennbar sein, darf aus einer objektiv unvernünftigen Zwecksetzung der Rechtsgutsdisposition doch nicht pauschal auf mangelnde Freiverantwortlichkeit

---

fährdende bzw. -verletzende Verhalten in eine hilflose Lage gebracht hat, siehe S. 416 f.

301 Vgl. *Degener*, Schutzzweck der Norm, S. 338; SK-StGB-*Hoyer*, Anh. zu § 16 Rn. 43, 48.

302 *OLG Zweibrücken*, JR 1995, S. 304; *Christmann*, Jura 2002, S. 680; *Jakobs*, AT, 21/114a; *Kellner*, Einwilligung, S. 53; SK-StGB-*Rudolphi*, Vor § 1 Rn. 79b.

303 Vgl. SK-StGB-*Hoyer*, Anh. zu § 16 Rn. 43; *Welp*, Vorangegangenes Tun, S. 305.

304 Vgl. *Rönnau*, Willensmängel, S. 415, der zu Recht darauf hinweist, dass der Rechtsgutsinhaber für die Entscheidungsbasis, aufgrund derer er die Zwecke seines Gutseinsatzes definiert, primär selbst verantwortlich ist. Ähnlich *Frisch*, Zurechnung, S. 182.

des Rechtsgutsträgers geschlossen und folglich in dessen Rechtskreis eingegriffen werden. Letzteres liefe auf eine Missachtung der Selbstbestimmungsfreiheit und somit unzulässige Bevormundung hinaus. Lediglich dann, wenn der Täter den Motivirrtum selbst erzeugt oder dieser durch Offenlegung der fehlerhaften Motive seitens des Rechtsgutsinhabers augenfällig ist, ist eine Fahrlässigkeitsstrafbarkeit denkbar.

Eine solche kommt schließlich auch dann in Betracht, wenn das selbstschädigende Opferverhalten aus einer Pflichtwidrigkeit des Täters resultiert. Ein berechtigtes Vertrauen auf ein obliegenheitsgemäßes oder zumindest freiverantwortlich eigenschädigendes Verhalten scheidet demnach aber nicht nur dann aus, wenn der Täter dem Rechtsgutsinhaber pflichtwidrig Risikoinformationen vorenthält, sondern auch dann, wenn der Täter selbst über ein defizitäres Gefahrenbewusstsein verfügt, die mit seinem Verhalten verbundenen Risiken aber erkennen und dementsprechend vermeiden bzw. dem unwissenden Rechtsgutsinhaber zumindest mitteilen könnte und müsste.[305] Daran zeigt sich, dass ein überlegenes Sachwissen weder hinreichende, noch zwingende Voraussetzung einer Fahrlässigkeitsstrafbarkeit wegen opfervermittelter Rechtsgutsverletzungen ist.

III. Eigenverantwortlichkeitsprinzip und Vorsatztat

Nachdem sich das Eigenverantwortlichkeitsprinzip im Fahrlässigkeitsbereich als Leitprinzip der Erfolgszurechnung bei erfolgskausalem Zusammenwirken mehrerer Personen erwiesen hat, stellt sich nun die Frage nach den Auswirkungen dieses Grundsatzes im Vorsatzbereich.

Die Ausgangslage gestaltet sich hier insofern anders, als der Gesetzgeber in den §§ 25 ff. StGB explizite Aussagen hinsichtlich der Erfolgszurechnung bei fremdvermittelten Rechtsgutsverletzungen getroffen hat. Kennzeichnend für diese ist ein dualistisches, zwischen Täterschaft und Teilnahme differenzierendes Beteiligungssystem und damit ein bereits von Gesetzes wegen restriktiver Täterbegriff.[306] Der Rechtsanwender sieht sich anders als im Fahrlässigkeitsbereich nicht nur vor die Wahl zwischen Straflosigkeit und Strafbarkeit gestellt, sondern hat zusätzlich zu klären, ob eine Bestrafung als Täter oder lediglich als Teilnehmer in Betracht kommt. Vor dem Hintergrund des Eigenverantwortlichkeitsprinzips bedarf hierbei – der Problematik im Fahrlässigkeitsbereich entsprechend – zunächst der Klärung, inwieweit im Fall drittvermittelter Rechtsgutsverletzungen die Freiverantwortlichkeit des Dritten die Täterschaft des diese Ermöglichenden, Veranlassenden oder nicht Unterbindenden ausschließt und unter den Bedingungen der §§ 26, 27 StGB allenfalls eine Strafbarkeit wegen Teilnahme bejaht werden kann. Denn die Unter-

---

305 So auch *Horn*, JR 1995, S. 305.

306 Dabei soll dahingestellt bleiben, ob auch im Vorsatzbereich grundsätzlich ein extensiver, jede kausale Erfolgsverursachung erfassender Täterbegriff gilt, so dass den §§ 26, 27 StGB strafbegrenzende Funktion zukommt, oder aber im Vorsatzbereich von vornherein ein restriktiver, nur die unmittelbare, eigenhändige Erfolgsherbeiführung beinhaltender Täterbegriff gilt, wonach die §§ 25 Abs. 1 2. Alt., Abs. 2, 26, 27 StGB strafbegründend wirken.

scheidung von Täterschaft und Teilnahme beruht letztlich auf der prinzipiellen Eigenverantwortung des Einzelnen als freier, zu verantwortlicher Selbstbestimmung fähiger Person für das eigene unmittelbare Verhalten.[307] Umgekehrt ist bei fehlender Freiverantwortlichkeit des Dritten der Frage nachzugehen, unter welchen Umständen eine (strafbare) mittelbare Täterschaft, wann lediglich eine (straflose) Teilnahme vorliegt. Letzteres gilt angesichts der Straflosigkeit der bloßen Teilnahme an einer mangels Tatbestandsmäßigkeit als taugliche Haupttat i. S. d. §§ 26, 27 StGB ausscheidenden Selbstschädigung. Hierauf soll im Folgenden vertieft, in Anbetracht des Ausnahmecharakters vorsätzlichen Verhaltens im Arzneimittelstrafrecht aber auch in der gebotenen Kürze eingegangen werden, weshalb nachstehende Ausführungen eher fragmentarischer Natur sind.

1. Abgrenzung von Täterschaft und Teilnahme im Allgemeinen

Wie Täterschaft und Teilnahme sachgerecht voneinander abzugrenzen sind, ist in der Strafrechtswissenschaft umstritten.[308] Richtigerweise kann die Täterrolle nur demjenigen Beteiligten zukommen, der aus normativer, nicht zwingend faktischer Sicht als Zentralgestalt des Geschehens erscheint.[309] Fraglich ist jedoch, wann dies der Fall ist.

a. Kritische Würdigung der vertretenen Auffassungen

Zu eng und nach heutiger Gesetzeslage nicht mehr haltbar ist die formal-objektive Theorie, wonach Täter ist, wer den Straftatbestand durch eigenhändige Ausführung der Tatbestandshandlung ganz oder zumindest teilweise objektiv erfüllt.[310] Sie kann die in § 25 StGB geregelten Täterschaftsformen der mittelbaren Täterschaft bzw. Mittäterschaft nicht erklären.[311]

Auch der extensive Täterbegriff der vor allem von der Rechtsprechung vertretenen subjektiven Theorie,[312] die Täterschaft und Teilnahme nach der inneren Willensrichtung der Geschehensbeteiligten abgrenzt und als Täter denjenigen ansieht, der die Tat als eigene will, als Teilnehmer den, der sie als fremde will, ist abzulehnen. Sie verkennt, dass dem Strafrecht eine ausschließliche Orientierung an der

---

307 So zutreffend *Renzikowski*, Restriktiver Täterbegriff, S. 76.

308 Siehe zum Meinungsstand *Hillenkamp*, Probleme AT, 19. Problem. Auf die Beteiligungsformenlehre *Steins*, Die strafrechtliche Beteiligungsformenlehre, Berlin 1988, der eine völlig abweichende Konzeption von Täterschaft und Teilnahme zugrunde liegt, kann an dieser Stelle nicht gesondert eingegangen werden.

309 Vgl. *Roxin*, AT/2, § 25 Rn. 10, 12.

310 Siehe die Nachweise bei *Hillenkamp*, a. a. O.

311 A. A. MüKo-StGB-*Freund*, Vor §§ 13 ff. Rn. 430 auf der Grundlage eines materialen Verständnisses der Selbstvornahme einer Tat, deren Bejahung nicht davon abhängen soll, wie die Rechtsgutsverletzung phänomenologisch abläuft, sondern sich nach allgemeinen Kriterien tatbestandsmäßigen Verhaltens bestimme, wobei § 25 Abs. 1 2. Alt und Abs. 2 StGB als (strafausdehnende) Ergänzungen zu den Straftatbeständen anzusehen seien.

312 Vgl. *RG*St 74, 84; *BGH*St 18, 87; *BGH* NJW 1951, 323. Ebenso *Baumann/Weber/Mitsch*, AT, § 29 Rn.59; i. E. letztlich auch *Krekeler/Werner*, Unternehmer und Strafrecht, Rn. 61.

Gesinnung des Delinquenten fremd ist, dieses vielmehr primär an objektiven Gegebenheiten anknüpft und subjektive Kriterien allenfalls ergänzend heranzieht.[313] Als unvereinbar erweist sie sich auch mit § 25 Abs. 1 1. Alt. StGB, wonach als Täter bestraft wird, wer die Tat unmittelbar selbst begeht, unabhängig davon, ob er hierbei mit animus auctoris oder animus socii agiert.[314] Zudem ist die subjektive Theorie mangels rationaler Verifizierbarkeit des Willens darauf angewiesen, auf einen bunten Strauß von Indizien zurückzugreifen, so dass die Abgrenzungsentscheidung letztendlich ins Ermessen des Richters gestellt ist, was Rechtsunsicherheit und Willkür Tür und Tor öffnet.[315]

Den richtigen Ansatz wählt die Tatherrschaftslehre, welche eine Synthese objektiver und subjektiver Kriterien herstellt. Die tatbestandsmäßige Handlung wird demnach weder allein als ein Handeln mit einer bestimmten Einstellung noch als ein reines Außenweltgeschehen, sondern als objektiv-subjektive Sinneinheit verstanden. Die Tat erscheint damit als das Werk eines das Geschehen steuernden Willens. Aber nicht nur der Steuerungswille ist für die Täterschaft maßgebend, sondern zuvörderst das sachliche Gewicht des Tatanteils, den jeder Beteiligte übernimmt. Täter kann deshalb nur sein, wer nach Art und Gewicht seines objektiven Tatbeitrags sowie seiner Willensbetätigung das Ob und Wie der Tatbestandsverwirklichung so (mit)beherrscht, dass der Erfolg als das Werk (auch) seines zielstrebig lenkenden oder die Tat mitgestaltenden Willens erscheint.[316] Die Tatherrschaftslehre präsentiert sich insofern zugleich als materiell-objektive Täterlehre, da sie nicht formell auf den eigenhändigen Vollzug der Tatbestandshandlung abstellt, sondern danach fragt, wer materiell das tatbestandsmäßige Geschehen dominiert und somit als Zentralgestalt fungiert.[317] Zentralgestalt des Geschehens ist demnach derjenige, der kraft planvoll-lenkender oder mitgestaltender Tatherrschaft das Tatgeschehen in Händen hält und infolgedessen die Tatbestandsverwirklichung nach eigenem Willen hemmen oder ablaufen lassen kann.[318] Auch die neuere Rechtsprechung zollt der Tatherrschaftslehre Tribut und bewegt sich in zunehmendem Maße auf diese zu. Indem sie neben subjektiven Elementen verstärkt objektive Kriterien heranzieht und dabei insbesondere die Tatherrschaft

---

313 *Jescheck/Weigend*, AT, § 61 IV 3; *Schlösser*, Soziale Tatherrschaft, S. 115; *Schwab*, Unterlassungen, S. 85; *Urban*, Organisationsherrschaft, S. 78.

314 *Bottke*, Täterschaft, S. 41; *Cramer*, FS Bockelmann, S. 392; *Eschenbach*, Jura 1992, S. 640; *Heinrich*, AT/2, Rn. 1205; *Jescheck/Weigend*, AT, § 61 IV 3; *Krey*, AT/2, Rn. 68, 70 f.; *Langneff*, Beteiligtenstrafbarkeit, S. 21; MüKo-StGB-*Joecks*, § 25 Rn. 27; *Roxin*, AT/2, § 25 Rn. 26; S/S-*Cramer/Heine*, Vorbem §§ 25 ff. Rn. 59; SK-StGB-*Hoyer*, § 25 Rn. 7.

315 *Heinrich*, AT/2, Rn. 1205; *Jakobs*, AT, 21/32; *Jescheck/Weigend*, AT, § 61 IV 3; *Kamm*, Fahrlässige Mittäterschaft, S. 26; *Krey*, AT/2, Rn. 74; *Roxin*, GA 1963, S. 195 f.; *Schlösser*, Soziale Tatherrschaft, S. 116.

316 Vgl. *Bottke*, Täterschaft, S. 47; *Jescheck/Weigend*, AT, § 61 V 1; S/S-*Cramer/Heine*, Vorbem §§ 25 ff. Rn. 62, 71; *Wessels/Beulke*, AT, Rn. 518.

317 MüKo-StGB-*Joecks*, § 25 Rn. 13; SK-StGB-*Hoyer*, § 25 Rn. 12.

318 Vgl. *Gallas*, Beiträge, S. 139; *Kindhäuser*, LPK, Vor §§ 25-31 Rn. 32; *Kühl*, AT, § 20 Rn. 26; *Maurach/Gössel/Zipf*, AT/2, § 47 Rn. 85; S/S-*Cramer/Heine*, Vorbem §§ 25 ff. Rn. 62; *Schwab*, Unterlassungen, S. 74; *Wessels/Beulke*, AT, Rn. 513.

oder jedenfalls den Tatherrschaftswillen für maßgeblich erachtet,[319] grenzt sie Täterschaft und Teilnahme im Sinne einer Art „normativen Kombinationstheorie"[320] auf der Grundlage einer wertenden Gesamtbetrachtung ab.[321]

Damit kommt die Rechtsprechung der auf *Schmidhäuser*[322] zurückgehenden Ganzheitstheorie nahe, welche Täterschaft und Teilnahme mittels einer Gesamtwürdigung des ganzen Tatgeschehens unter besonderer Berücksichtigung des Beitrags zur Tatausführung, des Interesses an der Tat oder ihrem Erfolg sowie dem Verhältnis der an der Tat Beteiligten untereinander bestimmt. Demgemäß setzt sich die normative Kombinationstheorie aber auch dem gegen die Ganzheitstheorie zu Recht geltend gemachten Einwand der Unbestimmtheit aus, da das Verhältnis der verschiedenen Kriterien zueinander und deren jeweiliges Gewicht im Rahmen der Gesamtbetrachtung ungeklärt bleibt, so dass die Abgrenzung auch hier dem Ermessen des den konkreten Einzelfall beurteilenden Richters überlassen bleibt.[323]

Obwohl die Differenzierung zwischen Täterschaft und Teilnahme im Endeffekt auf das Prinzip der Eigenverantwortlichkeit zurückgeht, verdient die Tatherrschaftslehre auch den Vorzug gegenüber einer unmittelbar auf die Autonomie der Geschehensbeteiligten rekurrierenden Auffassung, derzufolge die Freiverantwortlichkeit desjenigen, der die tatbestandsmäßige Handlung ausübt, die anderen Beteiligten in eine bloße Teilnehmerrolle drängt.[324] Zum einen ist die Autonomie mitunter schwer zu erkennen, so dass für den Delinquenten im Handlungszeitpunkt oftmals ungewiss wäre, ob ihm eine Bestrafung als Täter oder nur als Teil-

---

319 So erstmals *BGH* JR 1955, S. 304 f.; in der Folgezeit *BGH*St 28, 346 (348 f.); 35, 347 (353 f.); 36, 231 (232); 37, 289 (291); 38, 315 ff.; 39, 381 ff.; *BGH* NStZ 1982, 27; *BGH* GA 1984, 287; *BGH* NStZ 1994, 92; *BGH* JR 2004, S. 245 (246). Dies gilt insbesondere für die Fälle der Beteiligung an einer Selbstschädigung, in denen der BGH die Frage der mittelbaren Täterschaft maßgeblich anhand der objektiven Tatherrschaft beantwortet, vgl. *BGH*St 32, 165 (178), sowie den berühmt gewordenen Katzenkönig-Fall, *BGH*St 35, 347 (351 ff.). Zur uneinheitlichen Entwicklung der Rspr. und ihrer in *BGH*St 49, 34 (39 f.) und 49, 166 (169) offen zu Tage tretenden Annäherung an die Tatherrschaftslehre siehe LK-*Roxin*, § 25 Rn. 14 ff.

320 *Roxin*, AT/2, § 25 Rn. 22. *Beulke* spricht von einer „subjektiven Theorie auf objektiver Grundlage", vgl. *Wessels/Beulke*, AT, Rn. 516.

321 Dieser normativen Kombinationstheorie nahe steht die Täterschaftskonzeption *Langneffs*, Beteiligtenstrafbarkeit, S. 50, die Täterschaft und Teilnahme ebenfalls mittels wertender Betrachtung des Gesamtgeschehens voneinander abgrenzen will, neben der Tatherrschaft und dem Willen zur Tatherrschaft aber zusätzlich auf die „selbständige Stellung des Beteiligten im Gesamtgeschehen" als drittem, zwingend erforderlichen Tätermerkmal abstellen will.

322 *Schmidhäuser*, AT, 10/64 ff., 163 ff. Nahe stehend *Geerds*, Jura 1990, S. 176 ff.

323 Vgl. *Grunert*, Grenzen, S. 153 f.; *Herzberg*, Jura 1990, S. 21; *Küper*, JZ 1989, S. 937; *Langneff*, Beteiligtenstrafbarkeit, S. 33; SK-StGB-*Hoyer*, § 25 Rn. 9; *Urban*, Organisationsherrschaft, S. 80 f.

324 *Diel*, Regreßverbot, S. 333. Für eine Kombination des Tatherrschaftsgedankens mit dem Autonomiekriterium und damit eher für eine Reformulierung denn Abschaffung der Tatherrschaftslehre *Renzikowski*, Restriktiver Täterbegriff, S. 76.

nehmer droht.[325] Zum anderen krankt die Autonomietheorie an einer falschen Blickrichtung. Die Strafbarkeit einer Person einschließlich ihrer Qualifizierung als Täter oder Teilnehmer bestimmt sich primär danach, inwieweit die Tatbestandsverwirklichung als Werk dieser Person erscheint, und nicht unmittelbar nach der inneren Verfasstheit der anderen Geschehensbeteiligten,[326] auch wenn diese unbestritten die Entscheidung über die Tatzurechnung beeinflusst.[327] Eine strenge Ableitung der Strafbarkeit aus dem Befinden anderer liefe dem Charakter des Strafrechts als Individualstrafrecht zuwider und auf einen unzulässigen Schluss von der Freiverantwortlichkeit auf die Eigenverantwortlichkeit bzw. von einem Autonomiedefizit auf die täterschaftliche Verantwortung einer anderen Person hinaus.[328] Freilich ließe sich daran denken, das Autonomieprinzip als einseitiges Prinzip dergestalt zu verstehen, dass zwar bei Freiverantwortlichkeit allenfalls Teilnahme, bei fehlender Freiverantwortlichkeit aber nicht zwingend Täterschaft vorliegt, womit aber nichts gewonnen wäre, da dann offen bliebe, wann das Autonomiedefizit eine mittelbare Täterschaft begründet und wann lediglich eine (straflose) Teilnahme anzunehmen ist. Eine sachgerechte Antwort hierauf liefert die Tatherrschaft, die somit im Endergebnis das für die Abgrenzung von Täterschaft und Teilnahme ausschlaggebende Kriterium ist.[329]

b. Begriff der Tatherrschaft

Der Begriff der Tatherrschaft dient als Inbegriff derjenigen miteinander verwobenen objektiven und subjektiven Momente, die eine Außenweltgestaltung als personale Leistung des Täters erscheinen lassen.[330] Auf eine Kurzformel gebracht bedeutet Tatherrschaft das vorsätzliche In-Händen-Halten eines final gesteuerten tat-

---

[325] So *Renzikowski*, Restriktiver Täterbegriff, S. 76, selbst.

[326] *Roxin*, AT/2, § 25 Rn. 177; *ders.*, TuT, S. 666.

[327] Vgl. LK-*Roxin*, § 25 Rn. 59; *ders.*, AT/2, § 25 Rn. 174 f.; *Urban*, Organisationsherrschaft, S. 94 ff.

[328] *Müller*, Verkehrswidrigkeiten, S. 98; SK-StGB-*Hoyer*, § 25 Rn. 94.

[329] Vor diesem Hintergrund erklärt sich auch der Einheitstäterbegriff im Fahrlässigkeitsbereich, ist hier doch mangels Finalbezug des Verhaltens zum tatbestandlichen Erfolg eine Differenzierung anhand des auf bewusste Steuerung des Geschehensablaufs bezogenen Kriteriums der Tatherrschaft gerade nicht möglich. So auch *Donna*, FS Gössel, S. 261; *Hannes*, Vertrauensgrundsatz, S. 180 f.; *Maurach/Gössel/Zipf*, AT/2, § 47 Rn. 102 f.; *Otto*, FS Spendel, S. 282; *Puppe*, AT/1, § 5 Rn. 31; *Roxin*, TuT, S. 319; *Stratenwerth/Kuhlen*, AT, § 15 Rn. 77; a. A. *Dannecker*, Fahrlässigkeit, S. 233 sowie *Jescheck/Weigend*, AT, § 61 VI; LK-*Roxin*, § 25 Rn. 217, die im Fall bewusster Fahrlässigkeit eine Unterscheidung für prinzipiell denkbar halten. Richtig ist, dass auch bei fahrlässigem Zusammenwirken eine unterschiedliche Gewichtung der einzelnen Tatbeiträge nicht nur möglich, sondern sogar die Regel ist, jedoch beruht die Zuweisung einer untergeordneten (quasi Teilnehmer-) bzw. übergeordneten (quasi Täter-)Rolle hier auf der unterschiedlichen Schwere der jeweiligen Sorgfaltspflichtverletzung, die zwar eine Differenzierung im Strafmaß, nicht aber eine Kategorisierung in Täter und Teilnehmer rechtfertigt.

[330] *Derksen*, Handeln, S. 58.

bestandsmäßigen Geschehensablaufs.[331] Unter welchen Umständen ein solches In-Händen-Halten zu bejahen ist, lässt sich angesichts der Mannigfaltigkeit der Lebensgestaltungen nicht generell sagen. Dementsprechend darf auch die Tatherrschaft nicht als deskriptiver, durch einen numerus clausus stets vorfindbarer Merkmale definierter Begriff verstanden werden, unter den der zu würdigende Einzelfall zwanglos subsumiert werden könnte.[332] Vielmehr handelt es sich bei der Tatherrschaft um einen offenen Typusbegriff, der sich dadurch auszeichnet, „daß die Beschreibung zwar einerseits die bei der Deliktsbeteiligung mehrerer Personen typischen Konstellationen scharf umreißt und dadurch einer generalisierenden Beurteilung zugänglich macht, daß sie aber andererseits dort, wo die Unberechenbarkeit möglicher Beziehungen eine verallgemeinernde Lösung verbietet, durch die Verwendung regulativer Prinzipien begrenzte Leerräume für die richterliche Würdigung des Einzelfalls offen lässt."[333] Zugleich stellt die Tatherrschaft einen über die bloße faktische Tatbeherrschung hinausgehenden normativ-wertenden Begriff dar,[334] ist allerdings nicht rein normativ,[335] sondern als Produkt einer mehrschichtigen Synthese von faktisch-ontischen und teleologischen Herrschaftsmomenten zu deuten,[336] so dass sich insofern von einem normativ angereicherten ontischen Begriff sprechen ließe. Letzten Endes formt das Tatherrschaftskriterium damit einen leitenden Gesichtspunkt, der in differenzierter Auseinandersetzung mit den möglichen Varianten des Zusammenwirkens mehrerer konkretisiert werden muss.[337] Eine entscheidende Rolle spielt hierbei das Eigenverantwortlichkeitsprinzip als fundamentaler Rechtsgrundsatz.[338] Eine erste grundlegende Konkretisierungsleistung hat jedoch bereits der Gesetzgeber selbst erbracht, indem er in § 25 StGB drei Täterschaftsformen unterscheidet, mit der drei verschiedene Tatherrschaftsarten korrespondieren: die Handlungsherrschaft bei unmittelbarer Täter-

---

331 *Kühl*, AT, § 20 Rn. 26; *Maurach/Gössel/Zipf*, AT/2, § 47 Rn. 85; *Wessels/Beulke*, AT, Rn. 512. Ähnlich *Bottke*, Täterschaft, S. 36, der statt von Tatherrschaft von Gestaltungsherrschaft spricht.

332 *Krey*, AT/2, Rn. 88; *Kühl*, AT, § 20 Rn. 29; *Langneff*, Beteiligtenstrafbarkeit, S. 27; LK-*Roxin*, § 25 Rn. 36; *ders.*, GA 1963, S. 206.

333 *Roxin*, TuT, S. 125.

334 Vgl. *Beulke/Bachmann*, JuS 1992, S. 743; *Gallas*, Beiträge, S. 141; *Herzberg*, Jura 1990, S. 21; *Kühl*, AT, § 20 Rn. 29; *Langneff*, Beteiligtenstrafbarkeit, S. 34; *Murmann*, GA 1996, S. 275; *Roxin*, TuT, S. 320 f.; S/S-*Cramer/Heine*, Vorbem §§ 25 ff. Rn. 64; *Walther*, Eigenverantwortlichkeit, S. 157.

335 So aber jüngst *Herzberg*, Formale Organisationen, S. 48.

336 *Roxin*, TuT, S. 319; ähnlich *Urban*, Organisationsherrschaft, S. 94 ff.

337 Vgl. *Bottke*, Suizid, S. 263 f.; LK-*Roxin*, § 25 Rn. 36; *ders.*, AT/2, § 25 Rn. 27; *ders.*, GA 1963, S. 206; S/S-*Cramer/Heine*, Vorbem §§ 25 ff. Rn. 64; *Stratenwerth/Kuhlen*, AT, § 12 Rn. 17. Damit weist das Tatherrschaftskriterium Ähnlichkeit mit dem erlaubten Risiko auf, welches als abstrakte Denkfigur ebenfalls in verschiedenen Konstellationen zu berücksichtigen und zur Geltung zu bringen ist. Den Tatherrschaftsbegriff als unbestimmtes, beliebig interpretierbares Schlagwort kritisierend *Renzikowski*, Hierarchien, S. 150.

338 *Hassemer* in: Eser/Huber/Cornils, Einzelverantwortung, S. 312; S/S-*Cramer/Heine*, Vorbem §§ 25 ff. Rn. 71.

schaft, die Wissens- oder Willensherrschaft bei mittelbarer Täterschaft und die funktionelle Tatherrschaft im Fall der Mittäterschaft.[339]

2. *Täterschaft und Teilnahme bei drittvermittelten Verletzungen*

Im Zusammenhang mit der Zurechnung drittvermittelter Rechtsgutsverletzungen gewinnen vor allem die Täterschaftsformen der Mittäterschaft und mittelbaren Täterschaft Bedeutung. Da diese damit auch bei arbeitsteiligem Zusammenwirken, wie es für das Arzneiwesen typisch ist, große Relevanz besitzen,[340] soll deren grundlegende Struktur kurz erläutert werden.

a. Zurechnung von Drittverhalten qua Mittäterschaft

Gerade mit der Anerkennung der Mittäterschaft als der unmittelbaren Täterschaft gleichgestellte Täterschaftsform zieht das Strafrecht die Konsequenz aus der Möglichkeit und zunehmenden Verbreitung arbeitsteiligen Handelns. Unter Mittäterschaft ist die gemeinschaftliche Begehung einer Straftat durch bewusstes und gewolltes Zusammenwirken zu verstehen.[341] Typischerweise wirken die Mittäter hierbei als gleichberechtigte Partner arbeitsteilig und nach einer bestimmten funktionellen Rollenverteilung zusammen.[342] Da das Gelingen der Tat davon abhängt, dass jeder Mittäter den ihm nach dem Tatplan zufallenden Tatbeitrag erbringt, hat jeder Mittäter Tatherrschaft in Form einer funktionellen Tatherrschaft inne.[343] Diese rechtfertigt es, jedem Mittäter Gesamttat und Gesamterfolg so zuzurechnen, als habe er diese vollständig in eigener Person bewirkt. Wesensmerkmal der Mittäterschaft ist die wechselseitige Zurechnung aller Tatbeiträge, die im Rahmen des gemeinsamen Tatplans geleistet werden.[344]

Dementsprechend besitzt die Mittäterschaft eine objektive und eine subjektive Komponente. Auf subjektiver Seite setzt sie einen gemeinsamen Tatplan voraus, der den Zusammenhang zwischen den einzelnen Tatbeiträgen herstellt und deren wechselseitige Zurechnung gestattet, in objektiver Beziehung ein bestimmtes Maß an funktionaler Bedeutung des Tatbeitrags, so dass sich die Mitwirkung eines jeden als wesentliches Teilstück der Verwirklichung des Gesamtplans darstellt.[345]

---

339 Vgl. *Kühl*, AT, § 20 Rn. 28; *Roxin*, AT/2, § 25 Rn. 27 f.

340 *Schünemann*, Unternehmenskriminalität, S. 31.

341 *Heinrich*, AT/2, Rn. 1218; *Wessels/Beulke*, AT, Rn. 524.

342 *Kühl*, AT, § 20 Rn. 99; *Maurach/Gössel/Zipf*, AT/2, § 49 Rn. 17; *Roxin*, AT/2, § 25 Rn. 188; *Wessels/Beulke*, AT, Rn. 526.

343 Vgl. *Jescheck/Weigend*, AT, § 63 I 1 a; *Kindhäuser*, LPK, Vor §§ 25-31 Rn. 34; *Krey*, AT/2, Rn. 164; *Maurach/Gössel/Zipf*, AT/2, § 49 Rn. 5; *Roxin*, TuT, S. 280; *ders.*, AT/2, § 25 Rn. 188. Ähnlich *Bottke*, Täterschaft, S. 90, der von „abgestimmt gleichgeordneter Gestaltungsherrschaft" spricht.

344 *Baumann/Weber/Mitsch*, AT, § 29 Rn. 2; *Eichinger*, Produkthaftung, S. 134; *Heinrich*, AT/2, Rn. 1218; *Jescheck/Weigend*, AT, § 63 I 2; *Kamm*, Fahrlässige Mittäterschaft, S. 29 f.; *Kühl*, AT, § 20 Rn. 100; *Lackner/Kühl*, § 25 Rn. 9 m. w. N.; *Renzikowski*, Restriktiver Täterbegriff, S. 286; *Wessels/Beulke*, AT, Rn. 531.

345 *Baumann/Weber/Mitsch*, AT, § 29 Rn.80 ff.; *Eichinger*, Produkthaftung, S. 134; *Kindhäuser*, LPK, § 25 Rn. 46; *Krey*, AT/2, Rn. 165; S/S-*Cramer/Heine*, Vorbem §§ 25 ff. Rn. 73; *Tröndle/Fischer*, § 25 Rn. 6.

Dabei erfordert der Tatplan einen zumindest konkludent gefassten gemeinsamen Tatentschluss im Sinne eines gegenseitigen, auf gemeinsamem Wollen beruhenden Einverständnisses, eine bestimmte Tat durch gemeinsames, arbeitsteiliges Handeln zu begehen.[346] Einen wesentlichen Tatbeitrag kann der Einzelne auch durch für das Gelingen der Tat essentielle Vorbereitungshandlungen erbringen, so dass die von § 25 Abs. 2 StGB geforderte gemeinschaftliche Begehung entgegen vereinzelter Stimmen im Schrifttum[347] nicht zwingend die Mitwirkung an der eigentlichen Tathandlung verlangt, sofern der im Vorfeld geleistete Beitrag im Ausführungsstadium fortwirkt und das Beteiligungsminus im Ausführungsstadium durch ein Beteiligungsplus im Vorbereitungsstadium ausgeglichen wird.[348]

b. Zurechnung von Drittverhalten qua mittelbarer Täterschaft

Zeichnet sich die Mittäterschaft demnach durch eine horizontale Struktur aus, so ist die mittelbare Täterschaft im Gegensatz dazu vertikal strukturiert.[349] Mittelbarer Täter ist, wer die tatbestandsmäßige Handlung nicht eigenhändig, sondern durch einen Tatmittler als menschliches Werkzeug für sich handeln lässt.[350] Die Zurechnung der vom Tatmittler herbeigeführten Rechtsgutsverletzung beruht hier auf der Herrschaft des mittelbaren Täters über den Tatmittler kraft überlegenen Willens oder Wissens, welche die Möglichkeit zur planvollen Lenkung des Geschehens und damit Tatherrschaft verleiht.[351]

Die Qualifizierung des Gesamtgeschehens als Werk des steuernden Willens des mittelbaren Täters als Hintermann setzt folglich zweierlei voraus: erstens eine gegenüber dem Tatmittler überlegene, beherrschende Stellung und zweitens – dieser zugrunde liegend – einen defizitären Zustand und damit eine unterlegene Position des Tatmittlers.[352] Unter welchen Umständen diese beiden Bedingungen als

---

346 *Bottke*, GA 2001, S. 471; *Krey*, AT/2, Rn. 167; *Lackner/Kühl*, § 25 Rn. 10; *Wohlers*, ZStW 108 (1996), S. 65 m. w. N.; a. A. *Lesch*, ZStW 105 (1993), S. 277, der Mittäterschaft auch bei fehlendem Tatentschluss für möglich hält.

347 Siehe *Bloy*, GA 1996, S. 436 f.; *Eschenbach*, Jura 1992, S. 644 f.; *Kamm*, Fahrlässige Mittäterschaft, S. 53; *Rodríguez Montañés*, FS Roxin, S. 310; *Roxin*, TuT, S. 292 ff., *ders.*, JZ 1995, S. 51; *Rudolphi*, FS Bockelmann, S. 372 ff.

348 Vgl. *BGH*St 11, 268 (271); 14, 123 (128); 28, 346 (247 f.); 32, 165 (179); *BGH* NJW 1994, S. 670 (671); *Dierlamm*, NStZ 1998, S. 569 f.; *Jakobs*, AT, 21/40; *Kraatz*, Fahrlässige Mittäterschaft, S. 236 f.; *Lackner/Kühl*, § 25 Rn. 11; *Langneff*, Beteiligtenstrafbarkeit, S. 127 ff.; *Otto*, Jura 1998, S. 410; *ders.*, Jura 2001, S. 759; *Tröndle/Fischer*, § 25 Rn. 6 m. w. N.; *Wessels/Beulke*, AT, Rn. 529 m. w. N.

349 *Knauer*, Kollegialentscheidung, S. 74; *Küpper*, GA 1998, S. 524; *Roxin*, AT/2, § 25 Rn. 123; *ders.*, TuT, S. 680; *Wohlers*, ZStW 108 (1996), S. 81.

350 *Heinrich*, AT/2, Rn. 1243; *Wessels/Beulke*, AT, Rn. 535.

351 *Heinrich*, AT/2, Rn. 1243; *Kindhäuser*, LPK, Vor §§ 25-31 Rn. 33; *Krey*, AT/2, Rn. 112; S/S-*Cramer/Heine*, Vorbem §§ 25 ff. Rn. 72, § 25 Rn. 6a.

352 Vgl. *Eichinger*, Produkthaftung, S. 134; *Jescheck/Weigend*, AT, § 62 I 3; *Kühl*, AT, § 20 Rn. 40; S/S-*Cramer/Heine*, Vorbem §§ 25 ff. Rn. 76; *Tröndle/Fischer*, § 25 Rn. 3; *Wessels/Beulke*, AT, Rn. 535; *Wohlers*, ZStW 108 (1996), S. 81. Ähnlich *Bottke*, Täterschaft, S. 59 f., der von „überlegener Gestaltungsherrschaft" spricht. Siehe auch *Hein-*

erfüllt anzusehen sind und eine Geschehenssteuerung durch den Hintermann bejaht werden kann, ist in der Strafrechtswissenschaft heftig umstritten. Maßgebliche Bedeutung kommt hierbei dem Eigenverantwortlichkeitsprinzip und dem verfassungsrechtlichen Bild des Menschen als indeterminiertem, zu verantwortlicher Selbstbestimmung fähigen Wesen zu.[353]

Unstreitig möglich ist eine mittelbare Täterschaft bei fehlender Freiverantwortlichkeit des Tatmittlers, im hier interessierenden Zusammenhang also namentlich im Fall eines Irrtums des Tatmittlers bzw. dessen konstitutioneller Unverantwortlichkeit gemäß §§ 19, 20 StGB, 3 JGG. Da das Autonomiedefizit des Tatmittlers allein noch keine Tatherrschaft vermittelt, die fehlende Freiverantwortlichkeit als solche daher keine mittelbare Täterschaft konstituiert,[354] bedarf es zusätzlich einer Wissensherrschaft des mittelbaren Täters, welche zum einen tatsächliches Mehrwissen und zum anderen die Kenntnis der eigenen Wissensüberlegenheit beinhalten muss.[355] Eigenverantwortlichkeitsprinzip und Herrschaftsprinzip müssen einander insofern ergänzen. Streit besteht in diesem Zusammenhang darüber, ob zur Annahme der Tatherrschaft des mittelbaren Täters die bewusste Ausnutzung der eigenen Wissensüberlegenheit resp. des erkannten Defizits des Tatmittlers durch dessen gezielte Lenkung in Richtung auf das anvisierte Rechtsgut ausreicht[356] oder ein das Defizit (mit-)initiierendes Verhalten des mittelbaren Täters, etwa im Wege der (zumindest konkludenten) Täuschung, erforderlich ist.[357] Führt man sich vor Augen, dass es hierbei im Grunde um die Frage geht, inwieweit defizitbedingte Rechtsgutsverletzungen Dritter einer diesen Defekt erkennenden Person zugerechnet werden können, bietet sich ein Rückgriff auf die Wertungen des Vertrauensgrundsatzes an, wodurch eine in sich konsistente Lösung für vorsätzliches wie fahrlässiges Verhalten geschaffen wird. Entscheidend ist damit, wer für den Defekt und die hieraus resultierende Rechtsgutsverletzung primär zuständig ist, in wessen Verantwortungsbereich der Defekt fällt. Deshalb kann bereits die vorsätzliche Ausnutzung eines vorgefundenen Defekts eine mittelbare Täterschaft begründen, wenn dieser auf einer Pflichtwidrigkeit des mittelbaren Täters, z. B. in Form vernachlässigter Aufklärung des Tatmittlers, beruht oder der mittelbare Täter eine Garantenstellung für das betreffende Rechtsgut innehat und daher zum „Unschädlichmachen" des menschlichen Werkzeugs durch Beseitigung des Defekts verpflichtet ist. Setzt der Hintermann in diesen Fällen den Vordermann in

---

rich, Rechtsgutszugriff, S. 184, der das Wesen der Tatherrschaft bei mittelbarer Täterschaft zutreffend in der Entscheidungsträgerschaft des Hintermanns erblickt.

[353] In diesem Sinne nicht nur die Verfechter einer am Autonomieprinzip ausgerichteten Täterlehre wie etwa *Renzikowski*, Restriktiver Täterbegriff, S. 122 f., und *Diel*, Regreßverbot, S. 333, sondern auch die Vertreter der Tatherrschaftslehre wie z. B. *Herzberg*, Täterschaft, S. 13, und *Krey*, AT/2, Rn. 104.

[354] *Degener*, Schutzzweck der Norm, S. 314; *Kühl*, AT, § 20 Rn. 45; *Küper*, JZ 1989, S. 941 f.; *Puppe*, AT/2, § 40 Rn. 6.

[355] *Horn*, JR 1995, S. 305.

[356] So *Bottke*, Täterschaft, S. 65 f.; *Heinrich*, Rechtsgutszugriff, S. 184, 204 f.; *Krey*, AT/2, Rn. 113, 115; *Puppe*, AT/2, § 40 Rn. 6.

[357] So NK-*Schild*, § 25 Rn. 48; *Renzikowski*, Restriktiver Täterbegriff, S. 269; *Schumann*, Handlungsunrecht, S. 94; SK-StGB-*Hoyer*, § 25 Rn. 95, 105 f. m. w. N.

Kenntnis des Autonomiedefizits in Richtung auf das betreffende Rechtsgut in Gang, so haftet er als mittelbarer Täter, wenn er zumindest ernsthaft damit rechnet und in Kauf nimmt, dass das eigene Verhalten in ein rechtsgutsverletzendes bzw. rechtsgutsgefährdendes Tätigwerden des Vordermanns einmündet.

Grundsätzlich in Zweifel gezogen wird die Möglichkeit eines Täters hinter dem Täter, sprich die Beherrschung eines für die Rechtsgutsverletzung selbst täterschaftlich verantwortlichen Tatmittlers. Als unschädlich für die Annahme einer mittelbaren Täterschaft erweist sich bei genauerer Betrachtung ein unbewusst fahrlässiges Verhalten des Tatmittlers, knüpft dessen Verantwortlichkeit doch nicht an das rechtsgutsverletzende Tätigwerden als solches, sondern an ein Versagen im Vorfeld der Handlung an. Aufgrund pflichtwidrig unterlassener Vergewisserung von den Risiken des eigenen Verhaltens fehlt dem unbewusst fahrlässig Agierenden im Zeitpunkt des rechtsgutsverletzenden Handelns das erforderliche Risikobewusstsein. Mangels Kenntnis des Gefährdungspotentials seines Verhaltens handelt der Tatmittler in einem pflichtwidrig selbst verursachten, gemäß § 16 Abs. 1 Satz 2 StGB eine Fahrlässigkeitsstrafbarkeit ermöglichenden Tatbestandsirrtum über den Kausalverlauf und somit unverantwortlich, so dass er taugliches Werkzeug eines diesen Defekt ausnutzenden Hintermann ist.[358]

Schwieriger gestaltet sich die Situation bei bewusster Fahrlässigkeit des Tatmittlers, wenngleich diese Konstellation eine seit jeher anerkannte, ja geradezu *die* klassische Fallgruppe der mittelbaren Täterschaft darstellt. Das immer wieder angeführte Argument, die Werkzeugqualität könne nicht bei jedweder strafrechtlichen Verantwortlichkeit des Tatmittlers, sondern nur bei gleichwertiger Verantwortung als Vorsatztäter ausgeschlossen sein,[359] hilft nicht darüber hinweg, dass der Tatmittler freiverantwortlich agiert und insofern per definitionem einer Determination durch eine andere Person nicht zugänglich ist. Indes ist zu bedenken, dass dem leichtsinnig auf einen guten Ausgang Vertrauenden das von Rechts wegen zugeschriebene Hemmungsvermögen fehlt, und die Ausnutzung dieses Defizits durchaus den Hintermann als das Geschehen steuernde, die Tat beherrschende Person erscheinen lässt.[360]

Am umstrittensten ist die Möglichkeit eines Täters hinter dem Täter in den Fällen, in denen der Hintermann dem Vordermann zwar insgesamt überlegen ist, der Vordermann jedoch denselben (Vorsatz-)Tatbestand volldeliktisch verwirklicht. Kann die Frage, ob eine Konstellation mittelbarer Täterschaft vorliegt, bei einem vermeidbaren Verbotsirrtum des mangels Unrechtsbewusstseins in actu unfrei handelnden Tatmittlers noch unproblematisch bejaht werden,[361] ist diese Frage in

---

[358] Die Unverantwortlichkeit im allein maßgeblichen Handlungszeitpunkt verkennend SK-StGB-*Hoyer*, § 25 Rn. 64 f.; *Welp*, Vorangegangenes Tun, S. 313 f. Ebenso *Küper*, JZ 1989, S. 942 f., der die mittelbare Täterschaft in diesen Fällen auf eine „relative Unfreiheit" des unbewusst fahrlässig handelnden Tatmittlers stützen will. Im Ergebnis wie hier *Jescheck/Weigend*, AT, § 62 II 2.

[359] *Diel*, Regreßverbot, S. 334 f.; *Herzberg*, Täterschaft, S. 20, 22.

[360] LK-*Roxin*, § 25 Rn. 77; *ders.*, AT/2, § 25 Rn. 65; i. E. ebenso *Kühl*, AT, § 20 Rn. 52; *Stratenwerth/Kuhlen*, AT, § 12 Rn. 35.

[361] Vgl. *BGH*St 35, 347 (352 f.); 40, 257 (267); *Donna*, FS Gössel, S. 270; *Renzikowski*, Hierarchien, S. 152.

den übrigen Fällen weit weniger eindeutig zu beantworten. Dabei ist zunächst klarzustellen, dass die faktische Tatherrschaft des Vordermanns als solche eine mittelbare Täterschaft des Hintermanns nicht ausschließt, ist die Handlungsherrschaft des Tatmittlers für diese doch gerade charakteristisch.[362] Weit gewichtiger ist der Einwand, die Rechtsordnung setze sich zu sich selbst in Widerspruch, wenn sie den unmittelbar Handelnden einerseits als Vorsatztäter zur vollen Verantwortung ziehe, ihn andererseits aber als ein fremder Beherrschung unterliegendes Werkzeug ansehe.[363] Die Anerkennung eines Täters hinter dem Täter führe zur Verwässerung des Tatherrschaftskriteriums, was umso bedenklicher sei, als die Annahme einer mittelbaren Täterschaft, der eine gewisse Lückenbüßerfunktion bei fehlender Strafbarkeit des unmittelbar Handelnden zukomme, bei volldeliktischem Tätigwerden des Vordermanns nicht notwendig sei,[364] dem Unrecht des Hintermanns durch eine Bestrafung als Anstifter oder Gehilfe angemessen Rechnung getragen werde.[365] Ein derart strenges, die Möglichkeit eines „Täters hinter dem Täter" pauschal leugnendes Verantwortungsprinzip erscheint allerdings mit Blick auf den Charakter des mittelbaren Täters als Typusbegriff und die bloße Leitbildfunktion des Tatherrschaftsgedankens als indefinibler, offener Terminus zur Qualifizierung einer Person als Zentralgestalt des Geschehens übereilt, zumal dem Verantwortungsprinzip ein rein normativer, an den Regeln strafrechtlicher Verantwortlichkeit ausgerichteter Tatherrschaftsbegriff zugrunde liegt,[366] während nach der hier vertretenen Ansicht Tatherrschaft ein zwar normativ angereichertes, aber primär faktisches Phänomen darstellt. Auch wenn in der Regel bei volldeliktischem, vorsätzlichem Verhalten eine mittelbare Täterschaft ausscheidet, sind angesichts des faktischen Wesensgehalts der Tatherrschaft durchaus Fallgestaltungen denkbar, in denen das Gesamtgeschehen der Gestaltungsherrschaft und Entscheidungshoheit des Hintermanns unterfällt.[367] Inwieweit solche auch im Zu-

---

362 *Murmann*, Nebentäterschaft, S. 181; *Roxin*, AT/2, § 25 Rn. 120; *Schroeder*, Täter, S. 195.

363 *Donna*, FS Gössel, S. 265, 284; *Gallas*, Beiträge, S. 99, 141; *Herzberg*, Täterschaft, S. 13; *ders.*, Jura 1990, S. 22; *Jescheck/Weigend*, § 62 I 2 f.; *Krey*, AT/2, Rn. 101; *Lackner/Kühl*, § 25 Rn. 2; i. E. ebenfalls eine Tatherrschaft des Hintermanns verneinend *Jakobs*, AT, 21/63; *Ranft*, JZ 2003, S. 584; *Spendel*, FS Lange, S. 150.

364 *Krey*, AT/2, Rn. 102, 114.

365 Vgl. *Renzikowski*, Restriktiver Täterbegriff, S. 75 f.; *Spendel*, FS Lange, S. 171.

366 So explizit bei *Herzberg*, Jura 1990, S. 22 f., der allerdings eine strenge Abhängigkeit der Werkzeugeigenschaft von der Frage der strafrechtlichen Verantwortlichkeit ablehnt.

367 Daher in engen Ausnahmefällen mittelbare Täterschaft auch bei Vorsatztäterschaft des Tatmittlers für möglich erachtend z. B. *Bottke*, Täterschaft, S. 62 f.; *ders.*, Coimbra-Symposium, S. 242; *Eichinger*, Produkthaftung, S. 134 f.; *Heinrich*, Rechtsgutszugriff, S. 237; *Kraatz*, Fahrlässige Mittäterschaft, S. 309 ff.; *Kühl*, AT, § 20 Rn. 72; *Maurach/Gössel/Zipf*, AT/2, § 48 Rn. 21, 85; *Nehm*, Produkthaftung, S. 20; *Urban*, Organisationsherrschaft, S. 95; letzten Endes so auch *Krey*, AT/2, Rn. 104. Vgl. auch *BGH*St 40, 218 (232) und 43, 219 (231 f.). Zu weitgehend SK-StGB-*Hoyer*, § 25 Rn. 69, der mittelbare Täterschaft stets für möglich hält, solange nur der Hintermann „auf der gleitenden Skala von dol. dir. II über dol. evtl. zu bewusster und unbewusster FLK jedenfalls oberhalb des Vordermanns rangiert". Auf der Grundlage der Deutung des Tatmitt-

sammenhang mit der Arbeitsteilung im Arzneiwesen auftreten, soll angesichts der Maßgeblichkeit der konkreten Umstände des Einzelfalls erst später und für die in Betracht kommenden Interaktionszusammenhänge gesondert ermittelt werden.

c. Zurechnung von Drittverhalten qua Garantenstellung

Schließlich kommt eine Zurechnung rechtsgutsverletzenden Drittverhaltens auch in Betracht, wenn eine Garantenstellung zugunsten des betreffenden Rechtsguts besteht. Dies gilt auch dann, wenn der Dritte freiverantwortlich handelt, statuiert das Eigenverantwortlichkeitsprinzip doch kein strenges Regressverbot sondern lediglich voneinander abzugrenzende Verantwortungsbereiche, die sich mitunter überschneiden und zur Doppelsicherung eines Rechtsguts führen können. Voraussetzung ist lediglich, dass der Garant im jeweiligen Einzelfall trotz Autonomie des Dritten physisch-real zur Erfolgsabwendung imstande und – ausnahmsweise – eine die Abwehr von Rechtsgutsangriffen seitens vollverantwortlich agierender Dritter umfassende Garantenstellung gegeben ist.

Grundsätzlich umstritten ist im Schrifttum, ob der bei einem drohenden Rechtsgutsangriff Dritter untätig bleibende Garant Täter oder bloßer Teilnehmer ist, insbesondere, ob sich die Abgrenzung von Täterschaft und Teilnahme im Unterlassungsbereich nach denselben Kriterien bestimmt wie beim Begehungsdelikt.[368] Während Rechtsprechung und Teile des Schrifttums für Unterlassen und positives Tun gleichermaßen auf subjektive Kriterien[369] bzw. den Tatherrschaftsgedanken[370] abstellen, lehnt die herrschende Meinung im Schrifttum angesichts der unterschiedlichen Seinsweise von Handlung und Unterlassung eine Übertragung der für Begehungsdelikte entwickelten Abgrenzungskriterien auf unechte Unterlassungsdelikte ab.[371] Dem ist grundsätzlich zuzustimmen, wobei gegen die Differenzierung anhand subjektiver Kriterien zusätzlich die bereits gegen deren Maßgeblichkeit bei positivem Tun geltend gemachten Bedenken sprechen.[372] Das Tatherrschaftskriterium ist zur Abgrenzung im Unterlassungsbereich ungeeignet, weil die Beherrschung eines Geschehens durch reine Passivität denklogisch unmöglich und die in der Erfolgsabwendungsmöglichkeit zum Ausdruck kommende potentielle Tatherrschaft dem Begriff des Unterlassens wesensimmanent ist, so dass hieran keine weitergehende Differenzierung innerhalb des Unterlassungsbe-

---

lerhandelns nicht als zurechenbares Fremdverhalten, sondern eigenes Verhalten des mittelbaren Täters die Vorsatzstrafbarkeit des Tatmittlers als per se irrelevant erachtend NK-*Schild*, § 25 Rn. 5 ff.

368 Siehe die Darstellung des Streitstands bei *Hillenkamp*, Probleme AT, 20. Problem.

369 *BGH*St 13, 162 (166); 27, 10 (12); 43, 381 (396); *Tröndle/Fischer*, § 13 Rn. 19.

370 *Heinrich*, AT/2, Rn. 1214; *Maurach/Gössel/Zipf*, AT/2, § 47 Rn. 111; MüKo-StGB-*Joecks*, § 25 Rn. 236; *ders.*, § 13 Rn. 59; *Puppe*, AT/2, § 50 Rn. 24 ff.; *Ransiek*, Unternehmensstrafrecht, S. 52; *Schroeder*, Täter, S. 105 f.; *Wessels/Beulke*, AT, Rn. 734. Ähnlich *Bottke*, Haftung, S. 35; *ders.*, Täterschaft, S. 144, der auch hier auf die „relevant übernommene Gestaltungsherrschaft“ abstellt.

371 *Eschweiler*, Selbstgefährdung, S. 130 f.; *Schwab*, Unterlassungen, S. 74, 88; SK-StGB-*Rudolphi*, Vor § 13 Rn. 40.

372 Vgl. *Krey*, AT/2, Rn. 380; *Schultz*, Amtswalterunterlassen, S. 183; *Schwab*, Unterlassungen, S. 84.

reichs geknüpft werden kann.[373] Wenig überzeugend ist es dann aber auch, dem Garanten mit Blick auf die zentrale, dominante Position des aktiv handelnden Dritten generell die Rolle eines Gehilfen zuzuweisen, weil diesem durch den Dritten der Zugang zum tatbestandlichen Erfolg verstellt sei.[374] Denn bei genauerem Hinsehen beruht diese Ansicht im Endeffekt auf dem Aspekt der Tatherrschaft und dem Umstand, dass es dem Unterlassenden hieran im Gegensatz zum aktiv handelnden Dritten gerade mangelt.[375] Auch einer Differenzierung nach der Art der Garantenstellung dergestalt, dass der Beschützergarant stets Täter, der Überwachungsgarant regelmäßig Gehilfe ist,[376] kann nicht gefolgt werden. Zum einen wirft sie erhebliche Abgrenzungsschwierigkeiten auf, weil sich nicht alle Garantenpositionen eindeutig der einen oder anderen Gruppe zuordnen lassen,[377] wie die Ausführungen zur Übernahmegarantenstellung gezeigt haben. Zum anderen besitzen beide Arten der Garantenstellung mit der Verhinderung des drohenden Erfolgseintritts einen identischen Pflichteninhalt, so dass ein rettendes Eingreifen geboten ist oder nicht, ein mehr oder weniger Gebotensein dagegen mangels gesetzlicher Differenzierung nach Maßgabe der Garantenfunktion letztlich nicht konstruierbar ist.[378] Ebenfalls abzulehnen ist eine Abgrenzung anhand der Entsprechungsklausel des § 13 Abs. 1 StGB, da diese auf ein der Objektivierung nicht zugängliches Gefühlsurteil hinausläuft.[379] Richtigerweise sind die unechten Unterlassungsdelikte als Pflichtdelikte zu interpretieren und dementsprechend mit Beja-

---

[373] *Bloy*, Beteiligungsform, S. 215; *ders.*, JA 1987, S. 491; *Gallas*, Beiträge, S. 186; *Grünwald*, GA 1959, S. 111; LK-*Roxin*, § 25 Rn. 205; *ders.*, AT/2, § 31 Rn. 133; *ders.*, NStZ 1987, S. 346; S/S-*Cramer/Heine*, Vorbem §§ 25 ff. Rn. 85, 103; *Schwab*, Unterlassungen, S. 72 f.; *Sowada*, Jura 1985, S. 78; *Stratenwerth/Kuhlen*, AT, § 14 Rn. 8; *Wehrle*, Regressverbot, S. 103. Ebenfalls eine Differenzierung anhand der Tatherrschaft ablehnend NK-*Wohlers*, § 13 Rn. 26; *Schultz*, Amtswalterunterlassen, S. 183.

[374] So aber *Busse*, Unterlassungsdelikte, S. 325 ff.; *Gallas*, Beiträge, S. 187 f.; *Kühl*, AT, § 20 Rn. 230; *Lackner/Kühl*, § 27 Rn. 5; *Rademacher*, Strafbarkeit, S. 237; *Ranft*, ZStW 94 (1982), S. 862; S/S-*Stree*, § 13 Rn. 55.

[375] So explizit *Jescheck/Weigend*, AT, § 64 III 5; LK-*Jescheck*, § 13 Rn. 57. Deshalb wie hier der Gehilfentheorie widersprechend *Bloy*, JA 1987, S. 491; *Schwab*, Unterlassungen, S. 143. Ablehnend ebenfalls *Heinrich*, AT/2, Rn. 1216; *Roxin*, AT/2, § 31 Rn. 141, 154; *Stratenwerth/Kuhlen*, AT, § 13 Rn. 10.

[376] *Herzberg*, Täterschaft, S. 98; *ders.*, Unterlassung, S. 105, 260 f.; *Kindhäuser*, AT, § 38 Rn. 68 f.; *Kraatz*, Fahrlässige Mittäterschaft, S. 21 f.; *Krey*, AT/2, Rn. 382; S/S-*Cramer/Heine*, Vorbem §§ 25 ff. Rn. 85, 104 ff. m. w. N.; *Thiemann*, Aufsichtspflichtverletzung, S. 25 f.; *Walter*, Geschäftsherr, S. 159 ff.; nahe stehend MüKo-StGB-*Freund*, § 13 Rn. 258 ff.

[377] *Baumann/Weber/Mitsch*, AT, § 29 Rn. 58; *Kuhlen*, Betriebsbeauftragte, S. 88; NK-*Wohlers*, § 13 Rn. 26; *Puppe*, AT/2, § 50 Rn. 23; *Rotsch*, Individuelle Haftung, S. 184; *Roxin*, AT/2, § 31 Rn. 160; *Schwab*, Unterlassungen, S. 107; *Sowada*, Jura 1985, S. 79; *ders.*, Jura 1986, S. 407 m. w. N.

[378] *Heinrich*, AT/2, Rn. 1217; NK-*Wohlers*, § 13 Rn. 26; *Rotsch*, Individuelle Haftung, S. 184; *Roxin*, AT/2, § 31 Rn. 162; *Schwab*, Unterlassungen, S. 109; *Sowada*, Jura 1985, S. 79; *ders.*, Jura 1986, S. 407 m. w. N.; SK-StGB-*Rudolphi*, Vor § 13 Rn. 40.

[379] „Gewisse Unsicherheiten" räumt selbst *Schwab* als Verfechter dieses Ansatzes ein, vgl. *Schwab*, Unterlassungen, S. 35, 192 f.

hung der prinzipiellen Einstandspflicht zugleich der diese Sonderpflicht innehabende Garant als Täter zu identifizieren.[380] Hierfür spricht auch, dass die den Täter auszeichnende Rolle als Zentralgestalt des Geschehens eine faktisch-normative Würdigung der Position der als Täter in Frage stehenden Person impliziert, wie sie im Grunde auch der Garantenstellung als faktisch-normativer Einheit aus Herrschafts-, Vertrauens- und Erwartungsgesichtspunkten zugrunde liegt. Der gegen diese Tätertheorie geltend gemachte Einwand, auf diese Weise werde mittels Versagung der obligatorischen Strafmilderungsmöglichkeit des § 27 Abs. 2 StGB die Teilnahmelehre vom Unterlassungsdelikt her aufgerollt,[381] trägt nicht. Denn der Gesetzgeber hat für den Fall, dass sich das Unterlassen im konkreten Sachverhalt als einer bloßen Beihilfehandlung ähnlich erweist, mit § 13 Abs. 2 StGB eine fakultative Strafmilderungsmöglichkeit vorgesehen.[382] Dass der Unterlassende nach dem Willen des Gesetzgebers über §§ 13 Abs. 2, 27 Abs. 2 StGB in den Genuss einer doppelten Strafmilderung kommen soll, kann dem Gesetz gerade nicht entnommen werden und erscheint eher unwahrscheinlich. Zudem sagt die an die Garantenstellung anknüpfende Tätereigenschaft noch nichts darüber aus, ob dem Unterlassenden auch eine Verletzung seiner Garantenpflicht vorzuwerfen ist. Da der Garantenpflicht in Form des bereits auf der Tatbestandsebene Bedeutung erlangenden Aspekts der Zumutbarkeit eines Tätigwerdens engere Grenzen gesetzt sind als der generellen Pflicht, rechtsgutsverletzende Verhaltensweisen zu unterlassen, impliziert die Ineinssetzung von Garanten- und Täterstellung keineswegs eine Aushöhlung der Teilnahmelehre im Sinne einer verschärften Strafdrohung für Unterlassen. Der bei durch Dritte drohender Rechtsgutsverletzung untätig bleibende Garant ist damit als Täter des betreffenden Unterlassungsdelikts anzusehen.

Nach zutreffender Ansicht scheidet im Unterlassungsbereich infolgedessen auch eine Differenzierung zwischen unmittelbarer und mittelbarer Täterschaft aus.[383] Gegen eine mittelbare Täterschaft durch Unterlassen spricht, dass die mittelbare Täterschaft als ziel- und zweckgerichtete Benutzung einer Person als Werkzeug auf dem Gedanken planvoll lenkender Geschehenssteuerung durch Ingangsetzung und Beherrschung des Tatmittlers beruht, eine solche Machtposition dem Untätigbleibenden aber nicht plausibel zugeschrieben werden kann.[384] Die

---

[380] *Bloy*, Beteiligungsform, S. 219; *Eschweiler*, Selbstgefährdung, S. 131; *Exner*, FS v. Frank, S. 596; LK-*Roxin*, § 25 Rn. 206; *ders.*, AT/2, § 31 Rn. 140; *ders.*, TuT, S. 462; *ders.*, NStZ 1987, S. 346; *Merkel*, ZStW 107 (1995), S. 551; NK-*Wohlers*, § 13 Rn. 26; *Stratenwerth/Kuhlen*, AT, § 13 Rn. 8, 14; SK-StGB-*Rudolphi*, Vor § 13 Rn. 37; *Wehrle*, Regressverbot, S. 103; letztlich ebenso, wenngleich Bedenken äußernd, *Rotsch*, Individuelle Haftung, S. 185.

[381] *Bottke*, Täterschaft, S. 142 f.; *Heinrich*, AT/2, Rn. 1215; *Krey*, AT/2, Rn. 377.

[382] In diesem Sinne auch LK-*Roxin*, § 25 Rn. 207; *ders.*, AT/2, § 31 Rn. 145; *Stratenwerth/Kuhlen*, AT, § 14 Rn. 26.

[383] A. A. *BGH*St 40, 257 (265 ff.); 48, 77 (89 f.); *Baumann/Weber/Mitsch*, AT, § 29 Rn. 118; *Bottke*, Haftung, S. 35, 42; *Busse*, Unterlassungsdelikte, S. 315, 346; *Jakobs*, AT, 21/105; *Maurach/Gössel/Zipf*, AT/2, § 48 Rn. 95; *Ranft*, JZ 2003, S. 583.

[384] Vgl. *Grünwald*, GA 1959, S. 122; *Heinrich*, AT/2, Rn. 1210; *Knauer*, NJW 2003, S. 3102; *Kühl*, AT, § 20 Rn. 267; *Lackner/Kühl*, § 25 Rn. 6a; LK-*Jescheck*, § 13

Fälle „vermittelter" Tatbestandsverwirklichung begründen vielmehr eine unmittelbare Unterlassungstäterschaft,[385] solange nur eine entsprechende Garantenstellung und -pflicht bejaht werden kann, was bei Freiverantwortlichkeit des Dritten unter Umständen fraglich ist.[386]

Möglich ist hingegen eine Mittäterschaft mehrerer untätig bleibender Garanten,[387] wenngleich dieser nur dann Bedeutung zukommt, wenn die allen gemeinsam obliegende Erfolgsabwendung auch nur durch ein gemeinsames Tätigwerden möglich ist, wie dies namentlich bei auf dem Prinzip der Stimmenmehrheit basierenden Kollegialentscheidungen der Fall ist.[388] Der gemeinsame Unterlassungsbeschluss berechtigt dann zu einer gegenseitigen Zurechnung der daraufhin erfolgenden Unterlassungen.[389]

3. Täterschaft und Teilnahme bei opfervermittelten Verletzungen

Ist damit der Bereich täterschaftlichen Unrechts im Fall drittvermittelter Rechtsgutsverletzungen abgesteckt, so gilt es im Folgenden, Täterschaft und (straflose) Teilnahme bei opfervermittelten Rechtsgutsverletzungen abzugrenzen.

a. Mitwirkung an der Selbstverletzung bzw. Selbstgefährdung

Wendet man sich zunächst der Konstellation der vorsätzlichen Selbsttatbeteiligung zu, so ist zu beachten, dass den §§ 25 ff. StGB als unmittelbar nur tatbestandsmäßige, d. h. fremdschädigende Taten erfassende und damit allenfalls analog anwendbare[390] Regelungen weniger Gewicht zukommt, während vor dem Hintergrund des Selbstbestimmungsrechts des Einzelnen und der darauf aufbauenden personalen Rechtsgutslehre der Autonomiegedanke in den Vordergrund rückt. Die grundlegende Weichenstellung erfolgt demnach anders als im Fall drittvermittelter

---

Rn. 59; *Merkel*, ZStW 107 (1995), S. 551; NK-*Wohlers*, § 13 Rn. 27 m. w. N.; *Roxin*, TuT, S. 471; *Schwab*, Unterlassungen, S. 215; *Stratenwerth/Kuhlen*, AT, § 14 Rn. 14.

385 *Grünwald*, GA 1959, S. 122; *Jescheck/Weigend*, AT, § 62 III 2; *Krey*, AT/2, Rn. 385; LK-*Roxin*, § 25 Rn. 216; *ders.*, AT/2, § 31 Rn. 175; MüKo-StGB-*Joecks*, § 25 Rn. 156; NK-*Wohlers*, § 13 Rn. 27; *Stratenwerth/Kuhlen*, AT, § 14 Rn. 14. Anders aber im Bereich der Produktverantwortung, wo die organisationsbezogene Betrachtungsweise u. U. zu einer mittelbaren Unterlassungstäterschaft führen kann. Vgl. *Stratenwerth/Kuhlen*, AT, § 14 Rn. 16.

386 Vgl. die Diskussion um die Geschäftsherrenhaftung des Betriebsinhabers für Straftaten Angestellter, S. 452 ff.

387 *Bottke*, Haftung, S. 35; LK-*Jescheck*, § 13 Rn. 58; LK-*Roxin*, § 25 Rn. 215; S/S-*Cramer/Heine*, § 25 Rn. 79; zu Unrecht a. A. *Busse*, Unterlassungsdelikte, S. 312 f.

388 *BGH*St 37, 106 (129); *Bottke*, FS Gössel, S. 257; *Dencker*, Kausalität, S. 168; *Knauer*, Kollegialentscheidung, S. 202 f.; LK-*Jescheck*, § 13 Rn. 58; LK-*Roxin*, § 25 Rn. 215; *ders.*, AT/2, § 31 Rn. 174; *ders.*, TuT, S. 469; MüKo-StGB-*Joecks*, § 25 Rn. 230; *ders.*, § 13 Rn. 61; NK-*Wohlers*, § 13 Rn. 27; *Rodríguez Montañés*, FS Roxin, S. 327; *Schaal*, Gremienentscheidungen, S. 201 f.; *Sung-Ryong*, Mittäterschaft beim Fahrlässigkeitsdelikt, S. 301; SK-StGB-*Hoyer*, § 25 Rn. 149; *Vassilaki*, FS Schreiber, S. 502. Hierzu detailliert S. 474 ff.

389 SK-StGB-Hoyer, § 25 Rn. 149.

390 *BGH*St 19, 135 (137 f.); NK-*Neumann*, Vor § 211 Rn. 45.

Rechtsgutsverletzungen nicht anhand des Tatherrschaftskriteriums, sondern mittels Abschichtung der Täter und Opfer zukommenden Verantwortungsbereiche nach Maßgabe des Eigenverantwortlichkeitsprinzips, stellt sich die Selbsttatbeteiligung bei Freiverantwortlichkeit des Rechtsgutsinhabers doch als mangels Haupttat straflose Teilnahme dar.[391] Eine dem Täter hinter dem Täter vergleichbare Konstellation ist daher ebenso wenig denkbar wie eine mittelbare Täterschaft bei bewusster Fahrlässigkeit des autonom agierenden Rechtsgutsinhabers, mag der an der Selbsttat Mitwirkende auch im Besitz überlegenen Risikowissens sein.[392] Auf den Aspekt der Tatherrschaft kommt es somit nach Feststellung der Freiverantwortlichkeit des Rechtsgutsinhabers schon gar nicht mehr an.[393] Bedeutung erlangt der Tatherrschaftsgedanke lediglich dann, wenn die betreffende Rechtsgutsdisposition des Rechtsgutsinhabers gemäß §§ 216, 228 StGB von Rechts wegen nicht anerkannt wird bzw. wenn sich im ersten Schritt ein Autonomiedefizit des Rechtsgutsinhabers offenbart hat, da sich dann die Frage stellt, wem neben oder anstelle des Opfers die Rechtsgutsverletzung zurechenbar ist. Angesichts der Tatsache, dass die unmittelbare rechtsgutsverletzende Handlung durch das Opfer selbst erfolgt und auch die unfreie Eigenschädigung als teilnahmefähige Haupttat ausscheidet, kommt eine Zurechnung nur qua mittelbarer Täterschaft oder als garantenpflichtwidriges Unterlassen in Betracht. Dabei ist stets zu bedenken, dass die fehlende Freiverantwortlichkeit bzw. Dispositionsbefugnis zunächst nur die Möglichkeit der täterschaftlichen Zurechnung zum Selbsttatbeteiligten eröffnet, diese aber erst durch die Tatherrschaft bzw. Garantenstellung des Mitwirkenden tatsächlich fundiert und legitimiert wird. Insofern handelt es sich bei der Frage nach der Opferautonomie bzw. Dispositionsbefugnis und derjenigen nach der Täterschaft des an der Selbstschädigung Partizipierenden um zwei grundsätzlich zu trennende Aspekte, so dass insbesondere der Autonomiemangel des Rechtsgutsinhabers keineswegs die Täterschaft des Mitwirkenden und damit dessen Strafbarkeit präjudiziert,[394] lässt sich ein Zusammenhang andererseits auch nicht vollständig leugnen.

(A) Zurechnung der Rechtsgutsverletzung qua mittelbarer Täterschaft

Obwohl § 25 Abs. 1 2. Alt. StGB mit dem Opfer, dem mittelbaren Täter und dem als Werkzeug agierenden Dritten im Grunde drei Rechtssubjekte voraussetzt, ist

---

391 Vgl. *BGH*St 24, 342 (343); 32, 264 (265); *OLG Zweibrücken* JR 1995, S. 304; *Heinrich*, Rechtsgutszugriff, S. 329; *Hohmann/König*, NStZ 1989, S. 307; MüKo-StGB-*Duttge*, § 15 Rn. 149.

392 So auch *Jescheck/Weigend*, AT, § 54 IV 3; *Puppe*, Erfolgszurechnung, S. 164. A. A. *Bottke*, Täterschaft, S. 66 f.; *Herzog/Nestler-Tremel*, StV 1987, S. 367; *Horn*, JR 1984, S. 514; SK-StGB-*Hoyer*, § 25 Rn. 82; *Tröndle/Fischer*, Vor §§ 211 bis 216 Rn. 10a.

393 A. A. *Otto*, Jura 1984, S. 540, der auf der Grundlage der abzulehnenden Lehre vom unterbrochenen Zurechnungszusammenhang die Straflosigkeit der Selbsttatbeteiligung mit dem aus der Opferautonomie resultierenden Ausschluss der Tatherrschaft begründet. Ebenso *Maurach/Schroeder/Maiwald*, BT/1, § 1 Rn. 24.

394 So zutreffend *Amelung*, ZStW 109 (1997), S. 518; *Murmann*, Selbstverantwortung, S. 467 f.; *Zaczyk*, Selbstverantwortung, S. 38 f.; i. E. ebenso *Derksen*, Handeln, S. 80; *Kindhäuser*, AT, § 39 Rn. 41; NK-*Neumann*, Vor § 211 Rn. 45. A. A. aber wohl *Maurach/Gössel/Zipf*, AT/2, § 48 Rn. 91

die Möglichkeit einer Bestrafung des an einer unfrei begangenen Selbstschädigung Mitwirkenden als mittelbarer Täter – mit dem Opfer als Tatmittler gegen sich selbst – heute fast einhellig anerkannt[395] und soll deshalb für die Zwecke der vorliegenden Untersuchung als gegeben vorausgesetzt werden. In Rekurs auf die bisherigen Erläuterungen genügt zur Annahme mittelbarer Täterschaft nicht schon der Defekt des Rechtsgutsinhabers bzw. die Beschränkung seiner Autonomie gemäß §§ 216, 228 StGB, vielmehr muss dieser als menschliches Werkzeug in der Hand des vorsätzlich am eigenschädlichen Opferverhalten Mitwirkenden anzusehen sein.[396] Da im Fall der Arzneimitteleinnahme regelmäßig keine Nötigung im Spiel ist, kommt eine Tatherrschaft in Parallele zu den Fällen drittvermittelter Rechtsgutsverletzungen lediglich bei konstitutioneller Unverantwortlichkeit bzw. Irrtum des Rechtsgutsinhabers in Betracht.

Hinsichtlich der Anforderungen an die Wissensherrschaft des Selbsttatbeteiligten gegenüber dem sich irrtumsbedingt unwissentlich selbst Schädigenden kann auf die Ausführungen zur Irrtumsherrschaft über ahnungslose Dritte verwiesen werden, so dass auch hier keine absichtliche Täuschung des Rechtsgutsinhabers erforderlich ist, das Ausnutzen einer in den Verantwortungsbereich des Selbsttatbeteiligten fallenden Fehlvorstellung grundsätzlich zur Bejahung der mittelbaren Täterschaft genügt, solange der Beteiligte das selbstschädigende Opferverhalten nur irgendwie mitinitiiert und hierbei zumindest ernsthaft damit rechnet und in Kauf nimmt, dass das eigene Verhalten in ein selbstverletzendes bzw. selbstgefährdendes Tätigwerden des Rechtsgutsinhabers einmündet.[397] Indem die Wissensherrschaft nicht nur eigenes Mehrwissen, sondern auch die positive Kenntnis des autonomieausschließenden Wissensdefizits des Opfers voraussetzt, wird es an dieser regelmäßig dann fehlen, wenn der Irrtum auf einem Eigenverschulden des Opfers beruht oder sich die Fehlvorstellung in einem bloßen Motivirrtum erschöpft. Denn auf der Grundlage des Vertrauensgrundsatzes muss der Selbsttatbeteiligte nicht mit einem Irrtum des Opfers infolge obliegenheitswidriger herbeigeführter bzw. nicht behobener Unwissenheit rechnen, solange diese nicht eindeutig nach außen zu Tage tritt. Und auch ein reiner Motivirrtum ist anders als ein rechtsgutsbezogener Irrtum in der Regel nur dann zu erkennen, wenn das Opfer seine fehlerhafte Motivationslage offen legt, darf aus der objektiv unvernünftigen Zwecksetzung der Rechtsgutsdisposition doch nicht pauschal auf ein autonomieausschließendes Wissensdefizit geschlossen werden. Infolgedessen lässt sich eine mittelbare Täterschaft zwar nicht ausnahmslos, aber in der Praxis regelmäßig al-

---

[395] Siehe die Rechtsprechungsnachweise bei LK-*Hillenkamp*, § 22 Rn. 139, sowie z. B. *Amelung*, Coimbra-Symposium, S. 247; *Joecks*, § 222 Rn. 11; *Küpper*, GA 1998, S. 520; NK-*Neumann*, Vor § 211 Rn. 58 f.; *Tröndle/Fischer*, Vor §§ 211 bis 216 Rn. 11; *Wessels/Beulke*, AT, Rn. 539a m. w. N.; a. A. *Spendel*, FS Lüderssen, S. 607 f., der eine Rechtsgutsverletzung in unmittelbarer Täterschaft annimmt. Dem nahe stehend *Frisch*, Zurechnung, S. 155 f.

[396] *Hirsch*, JR 1979, S. 432.

[397] Vgl. *Derksen*, Handeln, S. 229; *Eschweiler*, Selbstgefährdung, S. 89; *Frisch*, Zurechnung, S. 153; *Heinrich*, Rechtsgutszugriff, S. 331, 340; *Kindhäuser*, AT, § 39 Rn. 46; *ders.*, BT/1, § 4 Rn. 11; *Walther*, Eigenverantwortlichkeit, S.177; *Wessels/Hettinger*, BT/1, Rn. 51.

lein im Fall eines rechtsgutsbezogenen Irrtums oder völliger Verkennung des selbstschädigenden bzw. -gefährdenden Charakters des eigenen Verhaltens seitens des Opfers begründen.[398]

(B) Zurechnung der Rechtsgutsverletzung als Garant

Fehlt es an der Freiverantwortlichkeit des Opfers, kommt erst recht eine Strafbarkeit eines an der Selbstschädigung aktiv mitwirkenden bzw. diese trotz vorhandener Abwendungsmöglichkeit nicht verhindernden Garanten in Betracht.[399] Handelt der Rechtsgutsinhaber hingegen autonom, scheidet eine Strafbarkeit des die Selbstschädigung aktiv fördernden bzw. nicht verhindernden Garanten mangels Pflicht zum Schutz des sich bewusst verletzenden bzw. gefährdenden Rechtsgutsinhabers vor sich selbst aus.[400] Dies gilt auch dann, wenn der betreffenden Rechtsgutsdisposition gemäß §§ 216, 228 StGB die rechtliche Anerkennung versagt bleibt, da aus diesen Normen keine Garantenpflicht zu unterbindendem bzw. rettendem Eingreifen abgeleitet werden kann[401] und eine Bestrafung der aktiven Unterstützung des sich verletzenden bzw. gefährdenden Rechtsgutsinhabers als mittelbare Täterschaft eine bei Freiverantwortlichkeit gerade nicht gegebene Werkzeugqualität des Opfers voraussetzt.[402]

An diesem Befund ändert auch eine eventuell eintretende Bewusstlosigkeit des Opfers, zu der es gerade im Zusammenhang mit der missbräuchlichen Verwen-

---

398 Generell Tatherrschaft nur bei rechtsgutsbezogenem Irrtum bzw. Verkennung des selbstschädigenden Charakters des eigenen Verhaltens bejahend *Eschweiler*, Selbstgefährdung, S. 72, 84, 88, MüKo-StGB-*Joecks*, § 25 Rn. 108 f.; *ders.*, § 25 Rn. 35, 37; *Renzikowski*, Restriktiver Täterbegriff, S. 98; ähnlich *Bottke*, Täterschaft, S. 81. In diesem Sinne wohl auch der *BGH* im Sirius-Fall, *BGH*St 32, 38 (41 f.). A. A. *Heinrich*, AT/2, Rn. 1265.

399 *Freund*, AT, § 5 Rn. 73; NK-*Neumann*, Vor § 211 Rn. 83; SK-StGB-*Rudolphi*, Vor § 13 Rn. 38; *ders.*, Gleichstellungsproblematik, S. 149 f.; *Wessels/Hettinger*, BT/1, Rn. 54; *Zaczyk*, Selbstverantwortung, S. 47.

400 Vgl. *Bottke*, GA 1983, S. 29; *Busse*, Unterlassungsdelikte, S. 416 f.; *Fünfsinn*, StV 1985, S. 58; *Gallas*, Beiträge, S. 191; *Maurach/Schroeder/Maiwald*, BT/1, § 1 Rn. 20; *Sowada*, Jura 1985, S. 80; SK-StGB-*Rudolphi*, Vor § 1 Rn. 79a m. w. N.; *ders.*, Gleichstellungsproblematik, S. 150; *Zaczyk*, Selbstverantwortung, S. 47.

401 Im Ergebnis wie hier eine Unterlassungsstrafbarkeit bei freiverantwortlich begangenem Suizid verneinend *Chatzikostas*, Suizid und Euthanasie, S. 42; *Ingelfinger*, Tötungsverbot, S. 235; *Lackner/Kühl*, Vor § 211 Rn. 15; NK-*Neumann*, Vor § 211 Rn. 72, 76; *Otto*, BT, § 6 Rn. 52; *Rengier*, BT/2, § 8 Rn. 14; SK-StGB-*Rudolphi*, Vor § 13 Rn. 38; *Walther*, Eigenverantwortlichkeit, S. 206 f.; *Wessels/Hettinger*, BT/1, Rn. 43; ebenso *Schünemann*, Bemerkungen, S. 414, auf der Grundlage der Viktimodogmatik. Dagegen eine Strafbarkeit des einen Suizid nicht verhindernden Garanten bejahend *BGH*St 2, 150 (154) und – einschränkend auf Beschützergaranten – *Herzberg*, Unterlassung, S. 266; *ders.*, Täterschaft, S. 88 ff.; *ders.*, JA 1985, S. 180 f., 271.

402 Ein anderes Ergebnis ließe sich nur dann herleiten, wenn man einem Suizidenten per se die Fähigkeit zu verantwortlicher Selbstbestimmung abspricht und dementsprechend als konstitutionell unfrei erachtet. So *Krey/Heinrich*, BT/1, Rn. 86. In diesem Sinne auch *Schreiber*, FG BGH IV, S. 526. Dagegen bereits S. 357 f.

dung von Arzneimitteln kommen kann, nichts. Insofern ist der Auffassung des *BGH* im Fall *Wittig*[403] zu widersprechen, wonach die aktive Mitwirkung eines Garanten an einer freiverantwortlichen Selbstverletzung als bloße Teilnahme straflos sei, mit Eintritt der Bewusstlosigkeit des Opfers aber die Tatherrschaft auf den Garanten übergehe und eine Bestrafung als Unterlassungstäter begründe, wenn dieser den noch abwendbaren Erfolgseintritt nicht verhindere.[404] Nicht nur geht der *BGH* zu Unrecht von einer Garantenpflicht zu rettendem Eingreifen aus, er verkennt auch, dass nach zutreffender Ansicht der Tatherrschaftsgedanke im Unterlassungsbereich von vornherein keine Rolle spielt, und gelangt durch die These vom Tatherrschaftswechsel zu dem wahrlich paradox anmutenden Ergebnis, „dass der Garant dem Suizidenten zwar den Strick reichen und den Knoten zeigen darf, dass er aber, sobald sich der Schutzbefohlene in die Schlinge fallen lässt, ihn unversehens abschneiden muss“.[405]

Schließlich folgt eine Rettungspflicht des an der freiverantwortlichen Selbstschädigung Beteiligten mit Eintritt der Hilfsbedürftigkeit des Rechtsgutsinhabers auch nicht aus § 323c StGB, da die Hilflosigkeit angesichts der freiverantwortlichen Herbeiführung keinen Unglücksfall darstellt bzw. ein rettendes Eingreifen zumindest unzumutbar ist, solange keine Anzeichen für einen zwischenzeitlichen Sinneswandel des Rechtsgutsinhabers bestehen.[406]

b. Einverständliche Fremdgefährdung

Parallel zu den Selbstverletzungs- bzw. -gefährdungsfällen scheidet bei Freiverantwortlichkeit des Rechtsgutsinhabers auch eine Strafbarkeit wegen einverständ-

403 *BGH*St 32, 367 (373 f.).

404 Daher zu Recht Kritik übend *Achenbach*, Jura 2002, S. 544; *Bottke*, Täterschaft, S. 149; *Charalambakis*, GA 1986, S. 504; *Eser*, MedR 1985, S. 12; *Fünfsinn*, StV 1985, S. 58; *Grünwald*, GA 1959, S. 121; *Kindhäuser*, BT/1, § 4 Rn. 21; LK-*Roxin*, § 25 Rn. 116; *ders.*, AT/1, § 11 Rn. 112; NK-*Neumann*, Vor § 211 Rn. 70; *Schroth*, BT, S. 74; *Tröndle*, ZStW 99 (1987), S. 45; *Tröndle/Fischer*, Vor §§ 211 bis 216 Rn. 12 m. w. N.

405 *Sowada*, Jura 1985, S. 78. Ähnlich *Chatzikostas*, Suizid und Euthanasie, S. 43; *Diel*, Regreßverbot, S. 252; *Geppert*, Jura 2001, S. 492; *Hohmann*, MDR 1991, S. 1117; *Kindhäuser*, LPK, Vor § 13 Rn. 130; *Schreiber*, FG BGH IV, S. 526. Freilich kann die Straflosigkeit des Garanten angesichts der unterschiedlichen Struktur von Unterlassungs- und Begehungsdelikten aus der Straflosigkeit der aktiven Selbsttatteilnahme allein nicht schlüssig gefolgert werden. So aber offenbar *Gallas*, Beiträge, S. 192; *Gropp*, NStZ 1985, S. 99; *Heinitz*, JR 1954, S. 405; *ders.*, JR 1955, S. 105; *Jakobs*, AT, 21/58a; LK-Jähnke, Vor § 211 Rn. 24 m. w. N.; *Rengier*, BT/2, § 8 Rn. 16; *Roxin*, FS Dreher, S. 348; *Sternberg-Lieben*, JZ 2002, S. 156; *van Els*, NJW 1972, S. 1477; *Wessels/Hettinger*, BT/1, Rn. 44, 57.

406 Vgl. *Fünfsinn*, StV 1985, S. 59; *Heinitz*, JR 1954, S. 405; *van Els*, NJW 1972, S. 1477; *Wessels/Hettinger*, BT/1, Rn. 60 ff.; a. A. hinsichtlich einer aus einer bloßen Selbstgefährdung hervorgegangenen Notlage *Kindhäuser*, AT, § 11 Rn. 31; SK-*Rudolphi*, Vor § 1 Rn. 79a. Eine Strafbarkeit nach § 323c StGB kommt demnach nur für am Selbstschädigungsakt unbeteiligte Personen in Betracht, können diese als Außenstehende doch gerade nicht erkennen, ob die aktuelle hilflose Lage auf einem freiverantwortlichen Entschluss des Opfers beruht.

licher Fremdgefährdung aus, sofern nicht das Einverständnis gemäß §§ 216, 228 StGB unwirksam ist.[407] Daran vermag ein überlegenes Risikowissen bzw. eine Garantenstellung des Täters ebenso wenig etwas zu ändern, wie letztere eine nachträgliche Rettungspflicht bei Realisierung der bewusst eingegangen Gefahr begründen kann. Weist der Rechtsgutsinhaber aber ein Autonomiedefizit auf oder scheitert die Wirksamkeit des Einverständnisses an §§ 216, 228 StGB, ist eine Vorsatzstrafbarkeit zu bejahen, da die Tatherrschaft in den Händen des den Erfolg i. S. d. § 25 Abs. 1 1. Alt StGB unmittelbar herbeiführenden Gefährdenden liegt.

4. Zusammenfassung

Damit hat sich gezeigt, dass dem Prinzip der Eigenverantwortlichkeit und der daraus resultierenden Abgrenzung von Verantwortungsbereichen auch im Vorsatzbereich maßgebliche Bedeutung zukommt. Während im Fall drittvermittelter Rechtsgutsverletzungen der Aspekt der Eigenverantwortlichkeit im Rahmen der Tatherrschaftsprüfung und hier vor allem bei mittelbarer Täterschaft relevant wird, liefert das Eigenverantwortlichkeitsprinzip im Fall opfervermittelter Rechtsgutsverletzungen sogar die entscheidende Weichenstellung dafür, ob die Mitverursachung der eingetretenen Rechtsgutsverletzung strafbares Unrecht darstellt.

B. Verantwortungsabgrenzung im Rahmen arbeitsteiligen Tätigwerdens

Im Folgenden gilt es nun, diese allgemeinen Grundsätze der strafrechtlichen Verantwortungsabgrenzung für eine sachgerechte strafrechtliche Würdigung arbeitsteiligen Tätigwerdens, wie es für Arzneimittelherstellung und Arzneimittelverkehr charakteristisch ist, nutzbar zu machen. Bedenkt man, dass jeder der an Herstellung und Vertrieb eines Medikaments Beteiligten zumindest einen Kausalbeitrag zu dessen gesundheitsschädlichen Einnahme leistet, so wird deutlich, dass der Frage, wer für was zuständig war, wer zu kontrollieren und zu beaufsichtigen hatte und wer darauf vertrauen konnte, dass die anderen ihre Aufgabe pflichtgemäß erfüllen, zentrale Bedeutung zukommt.[408]

I. Anwendbarkeit des Vertrauensgrundsatzes

Im Zusammenhang mit der Übertragung der allgemeinen Prinzipien strafrechtlicher Verantwortungsabgrenzung wird jedoch zum Teil bereits grundlegend bezweifelt, dass der ursprünglich für die Teilnahme am Straßenverkehr entwickelte Vertrauensgrundsatz auch im Bereich der Arbeitsteilung uneingeschränkte Gültigkeit besitzt. Denn während es sich bei der Sorgfaltspflichtverletzung im Straßen-

---

407 *Heinrich*, Rechtsgutszugriff, S. 329.

408 Vgl. *Busch*, Umweltstrafrecht, S. 461; *Ransiek*, Unternehmensstrafrecht, S. 42; *ders.*, ZGR 1999, S. 613 f.

verkehr um eine außerhalb des eigenen Verantwortungsbereichs begründete Gefahr handele, der Vertrauensgrundsatz somit der eigenen Sorgfaltspflicht lediglich eine bereits durch das Eigenverantwortlichkeitsprinzip vorgezeichnete Grenze setze, stelle die fremde Arbeitsleistung angesichts ihrer im Rahmen der Arbeitsteilung erfolgenden Übernahme in das eigene Verhalten eine innerhalb des eigenen Verantwortungsbereichs liegende Gefahr dar, weshalb dem Vertrauensgrundsatz hier eine originäre Entlastungswirkung hinsichtlich der eigenen Sorgfaltspflicht zukäme.[409] Zudem begegneten sich die arbeitsteilig Zusammenwirkenden anders als zufällig aufeinander treffende Verkehrsteilnehmer nicht in isolierter Fremdheit und Anonymität, sondern stünden aufgrund einer spezifischen Sonderverbindung in ständiger Berührung.[410] Insofern könne der Vertrauensgrundsatz in Bezug auf arbeitsteiliges Handeln allenfalls eingeschränkt zur Anwendung kommen.[411]

Der weit überwiegende Teil des Schrifttums hingegen bejaht zu Recht eine Übertragung des Vertrauensgrundsatzes auf Sachverhalte arbeitsteiligen Zusammenwirkens[412] und auch der *BGH* rekurriert insbesondere im speziellen Fall ärztlicher Arbeitsteilung explizit auf den Vertrauensgrundsatz.[413] Als Begründung hierfür wird vornehmlich auf die Notwendigkeit effektiver Arbeitsteilung in wirtschaftlich hochentwickelten Gesellschaften abgestellt, der eine Verpflichtung zu latentem Misstrauen und wechselseitiger Kontrolle gerade zuwider liefe, da mit dieser zwangsweise eine Ablenkung von der eigentlich übernommenen Aufgabe und dadurch letztlich ein oftmals erheblicher Qualitätsverlust einherginge.[414] Allerdings greift der hinter diesem Begründungsansatz stehende Gedanke der Interessenabwägung wie bereits gesehen dann zu kurz, wenn von der arbeitsteilig ausgeübten Tätigkeit Gefahren für Leib und Leben ausgehen.[415] Die universelle Geltung des Vertrauensgrundsatzes ergibt sich vielmehr daraus, dass dieser unmittelbarer Ausfluss und zugleich Umsetzung des Eigenverantwortlichkeitsprinzips als die gesamte Rechtsordnung durchdringendem, im Menschenbild des Grundgesetzes verankerten Fundamentalprinzip ist.[416]

---

409 *Hannes*, Vertrauensgrundsatz, S. 162; *Schumann*, Handlungsunrecht, S. 21, 24.

410 *Herzberg*, Arbeitsschutz, S. 171, 173; LK-*Schroeder*, § 16 Rn. 176.

411 *Alexander*, Strafrechtliche Verantwortlichkeit, S. 131; *Hannes*, Vertrauensgrundsatz, S. 185; *Lackner/Kühl*, Vor § 15 Rn. 40; *Schmucker*, Dogmatik, S. 214.

412 *Bock*, Produktkriminalität, S. 127; *Bosch*, Organisationsverschulden, S. 380; *Deutscher/Körner*, wistra 1996, S. 329; *Joecks*, § 222 Rn. 10; *Köhler*, AT, S 189; *Kühl*, AT, § 17 Rn. 38; MüKo-StGB-*Duttge*, § 15 Rn. 140; *Neudecker*, Kollegialorgane, S. 61; *Schmid*, FS Keller, S. 654; S/S-*Cramer/Sternberg-Lieben*, § 15 Rn. 151, 223a; *Schwartz*, Produkthaftung, S. 79; *Spitz*, Produkthaftung, S. 391; *Wessels/Beulke*, AT, Rn. 671a; *Wilhelm*, Arbeitsteilung, S. 64; *Winkemann*, Probleme, S. 132.

413 Vgl. *BGH* NJW 1980, S. 649 (650).

414 *Alexander*, Strafrechtliche Verantwortlichkeit, S. 38; *Busch*, Umweltstrafrecht, S. 490; *Freund*, NStZ 2002, S. 424; *Jakobs*, AT, 7/53; *Neudecker*, Kollegialorgane, S. 63; NK-*Puppe*, Vor § 13 Rn. 162; *Wilhelm*, Arbeitsteilung, S. 66.

415 So auch *Hannes*, Vertrauensgrundsatz, S. 149, 151, sowie i. E. *Burgstaller*, Fahrlässigkeitsdelikt, S. 63.

416 In diesem Sinne auch *Duttge*, Handlungsunwert, S. 471; *Murmann*, Nebentäterschaft, S. 242. Ebenfalls von einer universellen Geltung des Vertrauensgrundsatzes in allen

Somit bewirkt der Vertrauensgrundsatz auch auf allen Ebenen des arbeitsteilig strukturierten Arzneimittelwesens – von der Produktion über den Vertrieb bis zur Anwendung – eine Einschränkung der den einzelnen Beteiligten obliegenden Sorgfaltspflichten und führt im Grunde dazu, dass der den Einzelnen treffende Verantwortungsbereich im Großen und Ganzen mit dem ihm zugewiesenen bzw. von ihm übernommenen Funktions- und Aufgabenbereich korreliert.[417]

II. Formen arbeitsteiligen Zusammenwirkens

Nicht nur im Arzneimittelwesen lassen sich verschiedene Formen arbeitsteiligen Tätigwerdens ausmachen. Im Zusammenhang mit Produktion und Vertrieb von Gütern bezeichnet der Begriff der Arbeitsteilung grundsätzlich die Aufgliederung eines wirtschaftlichen Produktions- oder Verwaltungsprozesses in ineinandergreifende Tätigkeiten, deren Gesamtheit den erwünschten Leistungseffekt hervorbringt.[418] Kennzeichen ist somit ein über das bloße Nebeneinander hinausgehendes Miteinander der am jeweiligen Prozess beteiligten Personen zum Zwecke der Bewirkung eines gemeinschaftlichen Handlungsziels.[419] Hinsichtlich dieses Miteinanders lassen sich im Wesentlichen zwei Konstellationen unterscheiden: die horizontale Arbeitsteilung und die vertikale Arbeitsteilung.[420] Diese treten sowohl innerhalb von Mehrpersonenorganisationen als auch zwischen voneinander unabhängigen Organisationen oder Personen auf. In ersterem Fall spricht man von innerbetrieblicher, in letzterem Fall von zwischenbetrieblicher Arbeitsteilung.

Vertikale Arbeitsteilung liegt dann vor, wenn zwischen den arbeitsteilig Zusammenwirkenden ein mit Weisungsrechten verbundenes Über-/Unterordnungsverhältnis besteht, wie es typischerweise bei hierarchischem Personalaufbau anzutreffen ist.[421] Die gemeinschaftlich tätig werdenden Personen entstammen hier nicht unterschiedlichen Fach- und Kompetenzbereichen, vielmehr wird ein in sich geschlossener, homogener Bereich aus Effektivitätsgründen aufgegliedert und auf mehrere Schultern verteilt.[422] Klassische Ausprägung der vertikalen Arbeitsteilung ist die Delegation, bei der die übergeordnete Person eine ihr obliegende Aufgabe zur Ausführung an untergeordnete Personen überträgt.[423]

Lebensbereichen ausgehend *Krümpelmann*, FS Lackner, S. 289 f.; *Wilhelm*, Arbeitsteilung, S. 84; a. A. *Kirschbaum*, Vertrauensschutz, S. 212.

417 Vgl. *Dannecker*, Fahrlässigkeit, S. 222; *Deutscher/Körner*, wistra 1996, S. 330; *Hilgendorf*, Produzentenhaftung, S. 160; *Kuhlen* in: Achenbach/Ransiek, HWSt, II Rn. 32; *Müssig*, FS Rudolphi, S. 176; *Schmucker*, Dogmatik, S. 214.

418 *Alexander*, Strafrechtliche Verantwortlichkeit, S. 38; *Dahrendorf*, Sozialstruktur des Betriebs, S. 17.

419 *Hannes*, Vertrauensgrundsatz, S. 54; *Wilhelm*, Arbeitsteilung, S. 3.

420 *Brose*, Aufgabenteilung, S. 53; *Dannecker*, Fahrlässigkeit, S. 224; *Wilhelm*, Arbeitsteilung, S. 3; *dies.*, Jura 1985, S. 184.

421 *Hannes*, Vertrauensgrundsatz, S. 55; *Peter*, Arbeitsteilung im Krankenhaus, S. 20; *Wilhelm*, Arbeitsteilung, S. 5; *dies.*, MedR 1983, S. 46; *dies.*, Jura 1985, S. 184

422 *Peter*, Arbeitsteilung im Krankenhaus, S. 21; *Wilhelm*, Arbeitsteilung, S. 5.

423 *Wilhelm*, Arbeitsteilung, S. 5 f.; *dies.*, MedR 1983, S. 46; *dies.*, Jura 1985, S. 184.

Im Gegensatz dazu ist ein Fall horizontaler Arbeitsteilung dann gegeben, wenn sich die am gemeinschaftlichen Arbeitsprozess beteiligten Personen als gleichrangige, gleichberechtigte Partner gegenüberstehen.[424] Sinn und Zweck der horizontalen Arbeitsteilung ist üblicherweise die Kumulation unterschiedlichen Wissens und verschiedener Fertigkeiten, weshalb für diese Form der Arbeitsteilung neben der beiderseitigen Weisungsfreiheit in der Regel ein vergleichbarer Ausbildungsstand und ein in etwa gleiches Maß an Fachkompetenz der Zusammenwirkenden auf unterschiedlichen Fach- oder Kompetenzgebieten charakteristisch, wenngleich dies – wie die nachfolgenden Ausführungen zeigen werden – nicht zwingend erforderlich ist.[425]

III. Zwischenbetriebliche Arbeitsteilung

Da sich die Frage der organisationsinternen Verantwortungsverteilung im Grunde genommen erst dann stellt, wenn die Verantwortung der Organisation als solche feststeht, sollen hier zunächst die Grundzüge der zwischenbetrieblichen Arbeitsteilung dargelegt werden, wie sie von den verschiedenen am Arzneimittelverkehr beteiligten Akteuren im Rahmen der ihnen obliegenden Gemeinschaftsaufgabe, ein Höchstmaß an Arzneimittelsicherheit zu gewährleisten, praktiziert und in weiten Teilen auch seitens des Gesetzes ausdrücklich statuiert wird. In Anbetracht der Tatsache, dass ein vorsätzlich patientenschädigendes Zusammenwirken die extreme Ausnahme darstellt und im Übrigen nur schwer zu beweisen sein dürfte, konzentrieren sich die folgenden Ausführungen auf die Fälle fahrlässig rechtsgutsverletzenden arbeitsteiligen Tätigwerdens.

Ausgangspunkt für die Abgrenzung der Verantwortungsbereiche ist, wie bereits dargelegt, die tatsächliche Aufgaben- und Kompetenzverteilung, wie sie aus den verschiedenen, von den einzelnen Akteuren im Rahmen des arbeitsteiligen Prozesses übernommenen Positionen und Funktionen hervorgeht.[426] Entgegen vereinzelten Stimmen im Schrifttum[427] gilt hierbei im Grundsatz, dass jeder berechtigterweise darauf vertrauen darf, dass die im Zuständigkeitsbereich des jeweils anderen liegenden Entscheidungen und Aufgaben von diesem sachgerecht wahrgenommen werden.[428] Unter Beachtung der allgemeinen Schranken dieses Vertrauensgrundsatzes ist hiervon nur dann eine Ausnahme zu machen, wenn konkrete Anhaltspunkte für ein Fehlverhalten ein derartiges Vertrauen als unangemessen erscheinen lassen oder diesem mangels eigener Sorgfalt im Sinne ordnungsgemäßer

---

424 *Hannes*, Vertrauensgrundsatz, S. 55; *Peter*, Arbeitsteilung im Krankenhaus, S. 19 f.; *Wilhelm*, Arbeitsteilung, S. 4; *dies.*, MedR 1983, S. 46; *dies.*, Jura 1985, S. 184.

425 *Peter*, Arbeitsteilung im Krankenhaus, S. 19 f.; *Wilhelm*, Arbeitsteilung, S. 4; *dies.*, MedR 1983, S. 46; *dies.*, Jura 1985, S. 184.

426 Vgl. *Alexander*, Strafrechtliche Verantwortlichkeit, S. 310; *Brinkmann*, Vertrauensgrundsatz, S. 42; *Eichinger*, Produkthaftung, S. 225; Schmidt-Salzer, Produkthaftung, Rn. 1.127, 1.135.

427 *Brinkmann*, Vertrauensgrundsatz, S. 48 f.; S/S-*Cramer/Sternberg-Lieben*, § 15 Rn. 151.

428 *Duttge*, Handlungsunwert, S. 470; *Kassebohm/Malorny*, BB 1994, S. 1370.

Auswahl und Kontrolle des jeweils anderen von Anfang an die Grundlage fehlt.[429] Inwieweit überhaupt eine Verpflichtung zu sachgerechter Auswahl und Überwachung des Gegenübers besteht, deren Verletzung ein berechtigtes Vertrauen in die pflichtgemäße Aufgabenerfüllung des anderen ausschließt, hängt maßgeblich davon ab, ob sich die zwischenbetriebliche Arbeitsteilung als kooperative Erfüllung einer Gemeinschaftsaufgabe oder als Delegation eigener Pflichten an betriebsfremde Dritte, wie etwa die Beauftragung von Subunternehmern, darstellt.

1. Funktionelle Kooperation bei Gemeinschaftsaufgaben

Liegt ein Fall funktioneller Arbeitsteilung vor, bei der Angehörige verschiedener Fachbereiche zusammenwirken, um durch die Verknüpfung unterschiedlicher Erfahrungen und Spezialkenntnisse ein Höchstmaß an Kompetenz zu gewährleisten und dadurch eine gemeinschaftlich zu erfüllende Aufgabe bestmöglich wahrnehmen zu können, rechtfertigt die prinzipielle Gleichwertigkeit der fachlichen Befähigung und die fehlende Einsicht in die Materie des fremden Sachgebiets, in die persönliche und fachliche Qualifikation des Mitarbeiters sowie gegebenenfalls die sachgerechte Ausgestaltung der diesem unterstehenden Organisation zu vertrauen.[430] Eine Kontroll- und Auswahlpflicht besteht demnach, sofern sie nicht ausdrücklich (gesetzlich) angeordnet ist oder der gewohnheitsmäßigen Übung entspricht,[431] nicht, mag die gemeinsame Aufgabe auch mit besonderen Gefahren verbunden sein.[432] Ein berechtigtes Vertrauen in die ordnungsgemäße Aufgabenerfüllung des anderen scheidet nur bei offenkundigem Fehlverhalten bzw. ernsthaften, sich auch Fachfremden aufdrängenden Zweifeln an der Zuverlässigkeit des Gegenübers aus.[433] Bezogen auf etwaige Produktgefahren folgt hieraus beispielsweise, dass sowohl Großhändler als auch Apotheker und Ärzte keine eigenständige Kontrollpflicht hinsichtlich der Arbeitsleistung des pharmazeutischen Unternehmers, sprich der Mangelfreiheit der produzierten Arzneimittel, trifft, eine Strafbarkeit nur bei evidenter Mangelhaftigkeit in Betracht kommt.[434]

2. Zwischenbetriebliche Aufgabendelegation

Grundlegend anders stellt sich die Sachlage hingegen im Fall zwischenbetrieblicher Aufgabendelegation dar, wie sie in Form des Outsourcing, bei dem ganze Tätigkeitsbereiche eines Unternehmens ausgelagert und auf externe Personen bzw. Betriebe übertragen werden, immer häufiger anzutreffen ist.[435] Deren Einordnung

---

[429] *Kuhlen* in: Achenbach/Ransiek, HWSt, II Rn. 32.

[430] Vgl. *Bosch*, Organisationsverschulden, S. 386; *Hannes*, Vertrauensgrundsatz, S. 204 f.; *Peter*, Arbeitsteilung im Krankenhaus, S. 32; *Wilhelm*, Arbeitsteilung, S. 8.

[431] *Hannes*, Vertrauensgrundsatz, S. 203.

[432] *Hannes*, Vertrauensgrundsatz, S. 205 f.

[433] Vgl. *BGH* NJW 1987, 2293 (2294); StV 1988, 251 f.; *Hannes*, Vertrauensgrundsatz, S. 207 f.; *Peter*, Arbeitsteilung im Krankenhaus, S. 29 f.

[434] Vgl. *Deutscher/Körner*, wistra 1996, S. 330. Dazu ausführlich S. 607 f.

[435] *Eidam*, Unternehmen und Strafe, S. 245; *Foerste* in: von Westphalen, Produkthaftungshandbuch, § 25 Rn. 109; *Hannes*, Vertrauensgrundsatz, S. 95. Ausführlich *Kupjetz*, Absatzformen, S. 209 ff.

in die Kategorien der horizontalen bzw. vertikalen Arbeitsteilung gestaltet sich insofern schwierig, als sie Elemente beider Erscheinungsformen in sich vereint, besitzt der Delegierende doch einerseits ein Weisungsrecht in Bezug auf die inhaltliche Bestimmung und generelle Ausführung des Arbeitsauftrags, andererseits aber angesichts der prinzipiellen Unabhängigkeit des Auftragnehmers keinerlei Einfluss auf Organisation und konkrete Durchführung des Auftrags. Bedenkt man, dass die Delegation der Entlastung des Delegierenden dient und der Auftragnehmer im originären Zuständigkeits- und Kompetenzbereich des Delegierenden tätig wird, sprechen die besseren Gründe dafür, in der zwischenbetrieblichen Delegation einen Sonderfall vertikaler Arbeitsteilung zu sehen.

a. Verantwortlichkeit des Beauftragten

Erklärt sich der Beauftragte mit der Ausführung einer ursprünglich dem Auftraggeber zukommenden Teilaufgabe bereit, so geht diese in seinen Verantwortungsbereich über. Der Beauftragte hat für die ordnungsgemäße Erfüllung der übernommenen Aufgabe Sorge zu tragen, insbesondere die sachlichen und personellen Voraussetzungen hierfür zu schaffen. Tut er dies nicht und kommt es infolgedessen zu einer Rechtsgutsverletzung, trifft ihn hierfür unter Umständen eine strafrechtliche Verantwortung.

b. Verantwortlichkeit des Delegierenden

Spiegelbildlich zur Verantwortungsübernahme seitens des Beauftragten führt die Delegation zur Entlastung des Delegierenden.

(A) Entlastungswirkung der Aufgabendelegation

Dass die Delegation entlastende Wirkung besitzt und den Delegierenden von der Pflicht zur ordnungsgemäßen Erfüllung der grundsätzlich in seinen Zuständigkeitsbereich fallenden Aufgabe befreit, ist einhellig anerkannt.[436] Ebenso herrscht aber auch Einigkeit darüber, dass mit der Delegation keine vollumfängliche, endgültige Befreiung des Übertragenden von jeglicher Verantwortung für die seinem Funktionsbereich angehörende Aufgabe verbunden ist, sich seine Verantwortung vielmehr nur insoweit inhaltlich ändert, als er von der eigenhändigen Vornahme der erforderlichen Maßnahmen entbunden ist.[437] Übertragen wird allein die tatsächliche Ausführung der betreffenden Aufgabe, nicht die rechtliche Verantwortung hierfür. Nur unter der Prämisse, dass der Delegierende alles getan hat, um eine ordnungsgemäße Aufgabenwahrnehmung durch den Beauftragten sicherzustellen, und sich deshalb nach Maßgabe des Vertrauensgrundsatzes auf ein pflichtgemäßes Verhalten des Beauftragten verlassen darf, wird er durch die Delegation von seiner eigenen Verantwortung frei.[438]

---

436 Siehe etwa *BGH*St 19, 286 (288); *OLG Frankfurt*, NJW 1974, S. 285 f.; *Schumann*, Handlungsunrecht, S. 113.

437 Vgl. *BGH*St 19, 286 (288 f.); *OLG Karlsruhe*, NJW 1977, S. 1930; *Schmidt-Salzer*, Produkthaftung, Rn. 1.193, 1.213.

438 *Schmidt-Salzer*, Produkthaftung, Rn. 1.194, 1.212.

(B) Voraussetzungen der Verantwortungsbefreiung qua delegatione

Da eine sachgerechte Erfüllung der übertragenen Aufgabe nur dann gewährleistet ist, wenn der Beauftragte hinreichend qualifiziert und umfassend über Inhalt und Umfang der auszuübenden Tätigkeit informiert ist, treffen den Delegierenden Auswahl-, Instruktions- und Kontrollpflichten.[439] Hierbei handelt es sich nicht um besondere, den Vertrauensgrundsatz im Bereich der Arbeitsteilung zusätzlich begrenzende Pflichten, sondern um spezifische Ausprägungen der allgemeinen Schranken des Vertrauensgrundsatzes, der als Unterfall des erlaubten Risikos nur eingreift, wenn das Risiko einer Rechtsgutsverletzung durch Ergreifen aller zumutbaren Sicherheitsvorkehrungen auf ein Minimum reduziert ist. In diesem Zusammenhang kommt dem gegen die Übertragung des für den Straßenverkehr konzipierten Vertrauensgrundsatzes auf die Arbeitsteilung geltend gemachten Unterschied zwischen der Situation im Straßenverkehr und derjenigen bei arbeitsteiligem Zusammenwirken durchaus Relevanz zu. Während im Fall der zufälligen Begegnung zweier unbekannter Verkehrsteilnehmer, die innerhalb kürzester Zeit spontan interagieren müssen, dem Einzelnen nichts anderes übrig bleibt, als auf die Pflichtmäßigkeit des anderen zu vertrauen, sind im Fall der bewussten und gewollten Interaktion zum Zwecke der (Arbeits-)Entlastung drittbezogene Sorgfaltspflichten im Vorfeld der Aufgabenübertragung ohne Weiteres zumutbar.

(I) Ordnungsgemäße Auswahl des Beauftragten

Die Auswahlpflicht umfasst die aktive Erkundigung des Delegierenden darüber, ob die in Aussicht genommene Person zur Durchführung der betreffenden Aufgabe tatsächlich imstande und – bei Genehmigungsfähigkeit der Tätigkeit – hierzu auch rechtlich befugt ist,[440] wobei an diese Erkundigungspflicht umso höhere Anforderungen zu stellen sind, je gefährlicher die zu übertragende Aufgabe ist.[441] Neben der fachlichen Qualifikation sind auch Erfahrung und persönliche Zuverlässigkeit in die Auswahlentscheidung einzubeziehen.[442] Dabei darf sich der Delegierende anfangs auf eine vorhandene, zeitnah erfolgte Zertifizierung des Beauftragten gemäß DIN EN ISO 9000 ff. verlassen, hat sich aber in der Folgezeit in regelmäßigen Abständen durch stichprobenartige Kontrolle der Arbeitsleistung des Beauftragten persönlich von dessen (fortbestehender) Qualifikation und Eignung zu überzeugen.[443]

---

439 *Alexander*, Strafrechtliche Verantwortlichkeit, S. 310; *Hannes*, Vertrauensgrundsatz, S. 203; *Spitz*, Produkthaftung, S. 362 f.

440 Vgl. *BGH*St 40, 84 (87); *BGH* StV 1995, S. 135 (136); *Eidam*, Unternehmen und Strafe, S. 247; *Hecker*, MDR 1995, S. 760; a. A. *Michalke*, StV 1995, S. 138, demzufolge „die vom materiellen Recht verlangten Sorgfaltsanforderungen [...] nicht so weit gehen [dürfen], dass der Staat die Bürger zu professionellem Misstrauen untereinander und zu gleichsam kriminalistischer Arbeit gegeneinander verpflichtet."

441 Vgl. *OLG Frankfurt*, NJW 1974, S. 285 (286).

442 *Alexander*, Strafrechtliche Verantwortlichkeit, S. 311; *Eidam*, Unternehmen und Strafe, S. 245; *Kassebohm/Malorny*, BB 1994, S. 1370; *Schmidt-Salzer*, Produkthaftung, Rn. 1.216 f.;

443 *Foerste* in: von Westphalen, Produkthaftungshandbuch, § 25 Rn. 61; *Schmidt-Salzer*, NJW 1988, S. 1942.

(II) Umfassende Instruktion des Beauftragten

Vor dem Hintergrund, dass ein berechtigtes Vertrauen im Sinne des Vertrauensgrundsatzes zu verneinen ist, wenn der Dritte ersichtlich nicht über eine umfassende Kenntnis der mit der übertragenen Tätigkeit verbundenen Risiken verfügt, obliegt dem Beauftragenden die umfassende Information des Beauftragten darüber, welche Sicherheitsvorkehrungen zum Schutz vor derartigen Gefahren zu ergreifen sind. So bedarf es unter anderem auch der Instruktion über entsprechende gesetzliche Bestimmungen.[444]

(C) Grenze der Entlastungswirkung

Ist der Delegierende seinen Auswahl- und Instruktionspflichten ordnungsgemäß nachgekommen, darf er auf ein pflichtgemäßes Verhalten des Beauftragten vertrauen und wird von eigener Verantwortung für Rechtsgutsverletzungen, die aus der übertragenen, in seinen eigenen Zuständigkeitsbereich fallenden Tätigkeit resultieren, frei. Insbesondere ist er nicht zu einer permanenten Überwachung des Beauftragten verpflichtet,[445] kommt dem Delegierenden in der Phase der Aufgabenwahrnehmung doch insoweit der Vertrauensgrundsatz zugute.

Eine Berufung auf den Vertrauensgrundsatz scheidet allerdings dann aus, wenn konkrete Anhaltspunkte dafür erkennbar werden, dass der Beauftragte seine Aufgabe nicht sachgerecht erfüllt oder dieser aufgrund fehlender Informationen über neue Risikoerkenntnisse möglicherweise nicht gewachsen ist. In diesem Fall trifft den Delegierenden die Pflicht, einzugreifen.[446] Die Garantenstellung ergibt sich dabei daraus, dass die delegierte Tätigkeit ursprünglich vom Beauftragenden freiwillig übernommen wurde und auch nach wie vor in dessen Zuständigkeitsbereich fällt, so dass auch die mit der tatsächlichen Aufnahme der Tätigkeit zugleich konkludent übernommene Verantwortung für die Vermeidung damit verbundener Gefahren fortbesteht, zumal sich eine diesbezügliche Erwartungshaltung der Sozietät auch primär an den Delegierenden und allenfalls subsidiär an dessen Hilfskräfte richtet.

IV. Innerbetriebliche Arbeitsteilung

Sind die dargelegten Grundsätze der Verantwortungsabgrenzung bei zwischenbetrieblicher Arbeitsteilung weitgehend unstreitig, ist im Zusammenhang mit der strafrechtlichen Würdigung innerbetrieblicher Arbeitsteilung nahezu alles umstritten. Die Schwierigkeit bei der Abschichtung organisationsinterner Verantwortungsbereiche besteht darin, bei der bisweilen weitverzweigten und von wechselseitigen Abhängigkeiten gekennzeichneten Ausdifferenzierung der Organisationsstruktur die den einzelnen Organisationsangehörigen konkret treffenden Sorgfalts-

---

444 *Alexander*, Strafrechtliche Verantwortlichkeit, S. 312.

445 A. A. *Alexander*, Strafrechtliche Verantwortlichkeit, S. 313; *Hecker*, MDR 1995, S. 760.

446 *Alexander*, Strafrechtliche Verantwortlichkeit, S. 313; *Bock*, Produktkriminalität, S. 141; *Schmidt-Salzer*, Produkthaftung, Rn. 1.194, 1.214. Siehe auch *BGH*St 19, 286 (288 f.); *OLG Karlsruhe*, NJW 1977, S. 1930 f.

pflichten herauszuarbeiten. Zu den allgemeinen Problemen, die sich aus der Arbeits- und Funktionsteilung für die klassische Fahrlässigkeitslehre ergeben, tritt zusätzlich noch die Problematik hinzu, wie den Aspekten der Verselbständigung des gemeinsamen Handlungszwecks, der Entstehung einer eigenständigen Organisation und der Einbindung in ein hierarchisches System angemessen Rechnung getragen werden kann.

1. Verantwortungsvervielfachung/ Verantwortungsanonymisierung

Wie weit die im Schrifttum vertretenen Auffassungen über die strafrechtlichen Auswirkungen der innerbetrieblichen Arbeitsteilung auseinander liegen, zeigt sich daran, dass sich mit der These, diese führe zu einer Verantwortungsvervielfachung, einerseits und der Ansicht, sie bewirke eine Verantwortungsanonymisierung im Sinne einer strukturellen individuellen Unverantwortlichkeit, andererseits zwei konträre Grundpositionen letztlich unvereinbar gegenüberstehen.

Der These der Verantwortungsvervielfachung liegt die zutreffende Erkenntnis zugrunde, dass die einzelnen innerhalb der Organisation erbrachten Arbeitsleistungen nicht isoliert nebeneinander stehen, sondern vielfach ineinander verzahnt sind, sich gegenseitig ergänzen und aufeinander aufbauen. An der Entstehung von Gefahren durch das Handeln der Organisation, wie es sich in der Außenwelt darstellt, wirken demnach regelmäßig mehrere Organisationsangehörige arbeitsteilig mit, so dass die Realisierung dieser Gefahren in einem straftatbestandlichen Erfolg selten das Werk einer einzelnen Person ist.[447]

Die Gegenansicht stützt die These der Verantwortungsanonymisierung im Sinne einer mit der Arbeitsteilung einhergehenden Verwischung der strafrechtlichen Individualverantwortung[448] zum einen auf Beweisprobleme infolge vielfacher Abschottungsmöglichkeiten des Unternehmens gegen externe Ausermittlung der Organisationsstruktur,[449] zum anderen aber auch darauf, dass die aus dem Handeln der Gesamtorganisation hervorgehenden Gefährdungen und Rechtsgutsverletzungen oftmals das Ergebnis einer langjährigen betrieblichen Fehlentwicklung sind, welche sich angesichts ihrer systemischen Natur regelmäßig nicht auf einzelne

---

447 Vgl. *Alexander*, Strafrechtliche Verantwortlichkeit, S. 126; *Busch*, Umweltstrafrecht, S. 453, 455, 474; *Frisch*, Zurechnung, S. 210; *Goll/Winkelbauer* in: von Westphalen, Produkthaftungshandbuch, § 46 Rn. 7; *Meier*, NJW 1992, S. 3196 f.; *Ransiek*, ZGR 1999, S. 613 f.; *Schall*, Probleme, S. 114; *Schmidt-Salzer*, NJW 1988, S. 1942; *Schmucker*, Dogmatik, S. 194. Falsch ist es demnach, wie *Goll/Winkelbauer* in: von Westphalen, Produkthaftungshandbuch, § 48 Rn. 4, die Verantwortung der Gesamtorganisation, etwa eines Unternehmens, gleichzusetzen mit einem „Mosaik aus Einzelverantwortlichkeiten der Mitarbeiter eines Unternehmens", kennt ein Mosaik doch keine Überlappung der einzelnen Bestandteile, wie sie für die Arbeitsteilung in Form des Ineinandergreifens der einzelnen Arbeitsbeiträge gerade charakteristisch ist. Daher zu Recht Kritik am Bild des Mosaiks übend *Alexander*, Strafrechtliche Verantwortlichkeit, S. 126; *Schmidt-Salzer*, NJW 1988, S. 1942; *ders.*, NJW 1996, S. 3; i. E. ebenso wie hier *Deutscher/Körner*, wistra 1996, S. 329.

448 Vgl. *Bock*, Produktkriminalität, S. 76; *Dannecker*, GA 2001, S. 102.

449 *Ackermann*, Juristische Personen, S. 48, 193; *Bottke*, wistra 1997, S. 246; *Heine*, Modelle, S. 122; *ders.*, Plädoyer, S. 91 m. w. N.; *Hetzer*, wistra 1999, S. 366.

konkrete Entscheidungen oder Verhaltensweisen bestimmter einzelner Personen zurückführen lasse.[450] Möge die Anknüpfung an das Tätigwerden eines bestimmten Mitarbeiters in Organisationen mit geringer Mitgliederzahl, klaren, streng hierarchischen Strukturen und eindeutigen Kompetenzzuweisungen auch kaum nennenswerte Schwierigkeiten bereiten, so werde es doch mit wachsender Firmengröße und vermehrter Aufgabenteilung, wie sie mit der fortschreitenden, aus Gründen der Effizienzsteigerung gebotenen Dezentralisierung der Organisationsstruktur einhergehe, zunehmend schwieriger, das erfolgsverursachende Geschehen einer Person als ihr Werk zuzurechnen.[451]

So folge etwa aus der mit den Schlagworten „Assoziative Organisation" und „Adhocracy" bezeichneten Auflösung der klassischen, auf einer festen Abteilungskopplung basierenden Betriebshierarchie und deren Ersetzung durch einen lockeren Verband von Subsystemen in Form weitgehend autonom agierender Arbeitsgruppen (Teams) eine Entlastung der Vorstandsebene, solange diese von den einzelnen Bereichen nicht hinreichend mit den erforderlichen Risikoinformationen versorgt werden.[452] Zugleich scheitere eine strafrechtliche Verantwortlichkeit des die erfolgskausale Handlung vornehmenden untergeordneten Mitarbeiters regelmäßig an der fehlenden Einsicht in den Gesamtkontext und somit die Tragweite und Bedeutung seines Verhaltens sowie an der fehlenden Macht zur Herbeiführung der organisationsintern notwendigen Maßnahmen.[453]

Zu Recht wird daher als entscheidendes Problem die vermehrte Diversifikation von Ausführungshandlung, Informationsbesitz und Entscheidungsmacht identifiziert, welche das traditionelle Strafrecht prinzipiell in der Hand einer Person wähnt und dementsprechend deren kumulatives Vorhandensein für die Strafbarkeit eines Individuums voraussetzt.[454] Namentlich die der beschränkten Informationsverarbeitungskapazität des Individuums Rechnung tragende zunehmende Segmentierung der insgesamt verfügbaren Informationen stellt das Strafrecht vor enorme Herausforderungen. Indem sich die Informationsbasis nach dem vorstehend Gesagten in der betrieblichen Hierarchie normalerweise „unten" befindet, dort aber wiederum nicht gebündelt, sondern derart dekonzentriert, dass jeder Mitarbeiter nur einen Teilausschnitt der Betriebstätigkeit überblicken kann, wird die

---

450 *Hannes*, Vertrauensgrundsatz, S. 94; *Heine*, Modelle, S. 126; *ders.* in: Eser/Huber/Cornils, Einzelverantwortung, S. 107 f.; *Lampe*, ZStW 106 (1994), S. 687; *Otto*, Unternehmen, S. 14; *Rotsch*, Individuelle Haftung, S. 76; *ders.*, wistra 1999, S. 373; *Schünemann*, GedS Meurer, S. 42; *Stratenwerth*, ZStW 105 (1993), S. 681 f.

451 *Eidam*, Straftäter Unternehmen, S. 103; *Heine*, Verantwortlichkeit, S. 31, 42, 146 f.; *ders.* in: Eser/Hu-ber/Cornils, Einzelverantwortung, S. 108; *Hilgendorf*, Produzentenhaftung, S. 73; S/S-*Cramer/Heine*, Vorbem §§ 25 ff. Rn. 126a; *Spitz*, Produkthaftung, S. 62 f.

452 In diesem Sinne *Lampe*, ZStW 106 (1994), S. 694; *Rotsch*, Individuelle Haftung, S. 76; *ders.*, wistra 1999, S. 373; *Schünemann*, Unternehmenskriminalität, S. 37 f.

453 Vgl. *Ackermann*, Juristische Personen, S. 48; *Busch*, Umweltstrafrecht, S. 451; *Kohlhoff*, Kartellstrafrecht, S. 195; *Schünemann*, GedS Meurer, S. 48.

454 *Dannecker*, GA 2001, S. 103 f.; *Hannes*, Vertrauensgrundsatz, S. 94; *Heine*, Modelle, S. 122 f.; *ders.*, Plädoyer, S. 91 f.; *Maschke*, Aufsichtspflichtverletzungen, S. 12; *Rotsch*, wistra 1999, S. 372.

Zurechnung in subjektiver Hinsicht erheblich erschwert.[455] In Verbindung mit der aus der Einbindung in eine arbeitsteilige Organisation zwangsweise erwachsenden Verdünnung des individuellen physischen Handlungspotentials[456] entstehe so ein System „struktureller individueller Unverantwortlichkeit", in dem die Merkmale des jeweiligen Straftatbestandes auf verschiedene Subjekte verteilt seien, welche nur gemeinsam, quasi als Summe mehrerer Teilhandlungen, als System, schädigend nach außen in Erscheinung treten.[457] Denkbar sei sogar eine „organisierte strafrechtliche Unverantwortlichkeit" durch Ausarbeitung perfider Organigramme und Zuständigkeitsanweisungen, welche das inkriminierte Verhalten so gezielt auf mehrere Mitarbeiter aufteilen, dass jedem einzelnen allein kein strafrechtlicher Vorwurf gemacht werden kann.[458] So beschreibt etwa *Beck* diese Situation als „weitverzweigtes Labyrinth-System, dessen Konstruktionsplan nicht etwa Unzuständigkeit oder Verantwortungslosigkeit ist, sondern die Gleichzeitigkeit von Zuständigkeit und Unzurechenbarkeit, genauer: Zuständigkeit als Unzurechenbarkeit oder: organisierte Unverantwortlichkeit".[459] Die Rolle der Strafjustiz verkomme auf diese Weise zu der „eines Ritters, der nach Turnierregeln mit der Lanze gegen einen Panzerwagen anreitet, dessen Fahrer er nicht erkennen kann, während dieser die Bindung des Ritters an die Turnierregeln kaltblütig einplant."[460]

---

455 Vgl. *Rotsch*, wistra 1999, S. 374; *Schünemann*, Unternehmenskriminalität, S. 36; *von Freier*, Verbandsstrafe, S. 26 f.

456 *Busch*, Umweltstrafrecht, S. 451 ff.; *Rotsch*, Individuelle Haftung, S. 75; *ders.*, NStZ 1998, S. 494; *ders.*, wistra 1999, S. 372 f.;

457 *Dannecker*, GA 2001, S. 103 f.; *Heine*, Modelle, S. 123; *ders.*, Plädoyer, S. 92; *von Freier*, Verbandsstrafe, S. 26. *Beck*, Gegengifte, S. 104, spricht diesbezüglich von einem „Widerspruch, nämlich zwischen systemimmanent erzeugten und systemimmanent nicht zurechenbaren, nicht verantwortbaren, nicht bearbeitbaren Gefahren".

458 *Eichinger*, Produkthaftung, S. 224 f.; *Kohlhoff*, Kartellstrafrecht, S. 196; *Otto*, Unternehmen, S. 8; *Rotberg*, DJT-FS, S. 207 f.; *Schünemann*, Unternehmenskriminalität, S. 34; *ders.*, wistra 1982, S. 42; *Schwartz*, Produkthaftung, S. 40; *Volk*, JZ 1993, S. 433.

459 *Beck*, Gegengifte, S. 100.

460 *Ostermeyer*, ZRP 1971, S. 76. Auf die vor diesem Hintergrund im Schrifttum vorgebrachte Forderung nach Einführung einer Unternehmensstrafbarkeit, deren Vereinbarkeit mit den Prämissen des Strafrechts sowie die verschiedenen hierzu konkret vorgetragenen Konzeptionen kann im Rahmen dieser Untersuchung nicht eingegangen werden. Verwiesen sei insofern auf *Achenbach*, Coimbra-Symposium, S. 283 ff.; *Ackermann*, Juristische Personen; *Alwart*, ZStW 105 (1993), S. 752 ff.; *Bosch*, Organisationsverschulden, S. 40 ff.; *Brender*, Verbandstäterschaft; *BJM*, Zurechnungsmodell, S. 155 ff.; *Busch*, Umweltstrafrecht, S. 440 ff.; *Dannecker*, GA 2001, S. 101 ff.; *Deruyck*, Verbandsdelikt; *Eidam*, Straftäter Unternehmen; *Haeusermann*, Verband; *Heine*, Verantwortlichkeit, S. 220 ff.; *ders.*, Plädoyer, S. 95 ff.; *ders.* in: Eser/Huber/Cornils, Einzelverantwortung, S. 102 ff.; *Hirsch*, Straffähigkeit; *ders.*, ZStW 107 (1995), S. 285 ff.; *Huss*, ZStW 90 (1978), S. 237 ff.; *Jakobs*, FS Lüderssen, S. 559 ff.; *Jescheck*, ZStW 65 (1953), S. 210 ff.; *Kohlhoff*, Kartellstrafrecht; *Korte*, Juristische Person; *Krekeler*, FS Hanack, S. 639 ff.; *Lampe*, ZStW 106 (1994), S. 683 ff.; LK-*Schünemann*, § 14 Rn. 78; *ders.*, Unternehmenskriminalität; *ders.*, Unternehmenskuratel; *ders.*, wistra 1982, S. 41 ff.; *Möllering*, Thesen, S. 71 ff.; *Otto*, Unternehmen; *Peglau*, JA 2001, S. 606 ff.; *ders.*, ZRP 2001, S. 406 ff.; *Rotberg*, DJT-FS, S. 193 ff.; *Scholz*, ZRP 2000,

2. *Verantwortungszuweisung gemäß Aufgabenverteilung*

Ausgangspunkt der Überlegungen hat mit Blick auf das Prinzip der Eigenverantwortlichkeit auch hinsichtlich der organisationsinternen Abschichtung von Verantwortungsbereichen die tatsächliche innerbetriebliche Arbeitsteilung zu sein. Der rechtliche Verantwortungsbereich des einzelnen Organisationsangehörigen bestimmt sich zunächst nach dessen innerbetrieblicher Position und dem damit verbundenen Aufgaben- und Funktionsbereich.[461] So untergliedert sich etwa ein produzierendes Unternehmen in die Bereiche Forschung & Entwicklung, Produktion, Vertrieb, Controlling, Personal, Verwaltung, usw. Durch die Übernahme eines Tätigkeitsbereichs übernimmt der einzelne zugleich die Verantwortung für etwaige daraus hervorgehende Gefahren.[462] Umstritten ist jedoch, auf welche Weise die innerbetriebliche Aufgabenverteilung Berücksichtigung finden kann und inwieweit ihr präjudizielle Bedeutung zukommt.

a. Verantwortungsindividualisierung mittels organisationsbezogener Betrachtungsweise

Der *BGH* bedient sich diesbezüglich der bereits dargelegten organisationsbezogenen Betrachtungsweise, wonach er die in einem ersten Schritt ermittelte „Verantwortlichkeit" der Organisation in einem zweiten Schritt unter den einzelnen Organisationsmitgliedern gemäß deren organisationsinternen Position aufteilt, diesen mit anderen Worten das Unternehmenshandeln, soweit es ihrem innerbetrieblichen Zuständigkeitsbereich entspringt, als eigenes zurechnet.[463]

(A) Wechsel der Blickrichtung von „bottom up" zu „top down"

Knüpfte die bisherige Methode der innerbetrieblichen Erfolgszurechnung zunächst an das Verhalten derjenigen Person an, welche die schadensnächste Ursache gesetzt hat (sogenannter Primärverstoß), und verfolgte die Ursachenkette erst im Anschluss an die Identifizierung dieses innerbetrieblichen Letztverursachers im Hinblick auf eine ausnahmsweise Mitverantwortung von Vorgesetzten, Kollegen oder Mitarbeitern (Sekundärverstoß) weiter,[464] wich der *BGH* in der Lederspray-

---

S. 435 ff.; *Schroth*, Unternehmen; *Seelmann*, ZStW 108 (1996), S. 652 ff.; *Volk*, JZ 1993, S. 429 ff.

[461] *Busch*, Umweltstrafrecht, S. 439, 452, 481, 544; *Dannecker*, Fahrlässigkeit, S. 221 f.; *Eichinger*, Produkthaftung, S. 122, 225; *Frisch*, Zurechnung, S. 209; *Kuhlen*, FG BGH IV, S. 667; *Meier*, NJW 1992, S. 3195; *Rudolphi*, FS Lackner, S. 867 f., 869; *Schmidt-Salzer*, Produkthaftung, Rn. 1.104, 1.119, 1.130 f.; *ders.*, NJW 1988, S. 1942; *Schmucker*, Dogmatik, S. 194; *Schumann*, Handlungsunrecht, S. 28; *Spitz*, Produkthaftung, S. 330. So auch das *LG München II*, ES IV.28, S. 307 f., im Monza Steel-Verfahren sowie der *BGH* im Verzinkungsspray-Fall, *BGH* NJW 1987, S. 372 (374).

[462] *Busch*, Umweltstrafrecht, S. 452, 524 m. w. N.; *Eidam*, Unternehmen und Strafe, S. 231; *Lege*, Rechtspflichten, S. 141; *Ransiek*, Unternehmensstrafrecht, S. 38; *ders.*, ZGR 1999, S. 618 f.

[463] Vgl. *BGH*St 37, 106 (114); 43, 219 (231).

[464] *Busch*, Umweltstrafrecht, S. 482; *Hassemer*, Produktverantwortung, S. 64; *Schünemann*, wistra 1982, S. 44; *Schmidt-Salzer*, NJW 1994, S. 1310; *ders.*, NJW 1996, S. 1.

Entscheidung erstmals von dieser Bottom-up-Perspektive ab und erörterte die Verantwortlichkeiten der einzelnen Unternehmensangehörigen mittels einer Top-down-Betrachtung.[465] Durch Übernahme des gesellschaftsrechtlichen Grundsatzes der Generalverantwortung und Allzuständigkeit des Betriebsinhabers bzw. der diesen repräsentierenden Geschäftsleitung für das gesamte Unternehmenshandeln in das Strafrecht etablierte der *BGH* eine originäre, von den übrigen Unternehmensangehörigen prinzipiell unabhängige Primärverantwortung der Geschäftsleitung, welche eigenständig neben diejenige des innerbetrieblichen Letztverursachers tritt.[466] Die Geschäftsleitung trifft hiernach eine umfassende originäre Organisationspflicht, deren Verletzung durch das pflichtwidrige Verhalten eines Untergebenen allenfalls indiziert, von einem solchen aber grundsätzlich unabhängig ist.[467] Die früher bei der Bottom-up-Betrachtungsweise lediglich in Ausnahmefällen zu bejahende Organisationsverantwortung der Geschäftsleitung wird auf diese Weise zum Regelfall.[468]

(B) Systemische Verhaltensqualifikation

Zugleich bringt die Zurechnung des Unternehmensverhaltens an die einzelnen Unternehmensangehörigen nach Maßgabe ihrer innerbetrieblichen Position einen Perspektivenwechsel bezüglich der Verhaltensqualifikation mit sich. So grenzt der *BGH* zwischen Tun und Unterlassen nicht nach dem Charakter des erfolgskausalen innerbetrieblichen Verhaltens der einzelnen Organisationsmitglieder ab, sondern stellt allein darauf ab, wie das Verhalten des Unternehmens als solches nach außen in Erscheinung tritt.[469] Die Auswirkungen dieser Vorgehensweise offenbaren sich vor allem im Zusammenhang mit Abstimmungen innerhalb mehrköpfiger Gremien, wie sie bei größeren Unternehmen innerhalb des sich aus mehreren Personen zusammensetzenden Vorstands bzw. Aufsichtsrats üblich sind. Ausschlaggebend für die Deliktsform ist hier nicht das konkrete Abstimmungsverhalten des einzelnen Gremiumsmitglieds in Form der aktiven Stimmabgabe oder passiven Stimmenthaltung, sondern das Abstimmungsergebnis und dessen Umsetzung in der Außenwelt.[470] So kommt im Fall der Stimmabgabe gegen einen Produktrückruf eine Unterlassungsstrafbarkeit, bei durch Stimmenthaltung nicht verhindertem Weitervertrieb eines mit unvertretbaren Risiken verbundenen Produkts eine Strafbarkeit wegen positiven Tuns in Betracht.[471]

b. Kritik der organisationsbezogenen Verantwortungszuschreibung

Gegen diese organisationsbezogene Betrachtungsweise des *BGH* wird eingewandt, sie stelle kriminalpolitische Interessen über traditionelle strafrechtliche Prinzipien,

---

465 *Knauer*, Kollegialentscheidung, S. 41; *Schmidt-Salzer*, NJW 1994, S. 1310.

466 *Eichinger*, Produkthaftung, S. 123; *Hassemer*, Produktverantwortung, S. 62; *Rotsch*, Individuelle Haftung, S. 163; *ders.*, wistra 1999, S. 326.

467 *Bosch*, Organisationsverschulden, S. 363; *Spitz*, Produkthaftung, S. 61.

468 *Schmidt-Salzer*, NJW 1994, S. 1310.

469 *BGH*St 37, 106 (114); *Höhfeld*, Strafrechtliche Produktverantwortung, S. 15.

470 *Ransiek*, Unternehmensstrafrecht, S. 31; *Rodríguez Montañés*, FS Roxin, S. 310; *Schaal*, Gremienentscheidungen, S. 100. Siehe auch *BGH*St 48, 77 (90 f.).

471 *Vogel*, FS Lorenz, S. 68 f.

indem unter Verzicht auf die Identifizierung individueller Handlungen in sozialen Verantwortungsbereichen, wie es dem Charakter des Strafrechts als Individualstrafrecht entspräche, kollektive Verhaltensweisen bestimmten Individualpersonen pauschal zugerechnet würden.[472] Dies gelte insbesondere für die aus der Bejahung einer Allzuständigkeit und Generalverantwortung der Geschäftsleitung resultierende Zurechnung des gesamten, auf arbeitsteiligen Beiträgen mehrerer Personen beruhenden Systemhandelns als eigenes Verhalten der an der Spitze des Systems stehenden Personen, welche in eklatantem Widerspruch zum individuelle Schuld verlangenden Schuldprinzip stehe.[473] Zudem erweise sich diese Zurechnung angesichts der zunehmenden strukturellen Dezentralisierung von Wirtschaftsunternehmen, welche eine Zersplitterung von Handlungs- und Entscheidungsprozessen und dadurch eine Verminderung der Herrschaftsmacht der Leitungsebene nach sich ziehe, als organisationssoziologisch und organisationspsychologisch inadäquat.[474] Anders als das Gesellschaftsrecht dürfe das Strafrecht nicht bei einer Zurechnung nach abstrakten, tatunabhängigen Zuständigkeiten unter Zugrundelegung der jeweiligen Organisationsrollen stehen bleiben, sondern habe die Zurechnung an den Umständen der konkreten Handlungssituation auszurichten und damit tatbezogen vorzunehmen.[475] Nur auf diese Weise könnten auch etwaige Diskrepanzen zwischen formalem Organigramm und tatsächlich praktizierter Arbeitsteilung hinreichend Berücksichtigung finden.[476]

Darüber hinaus komme die systemische Abgrenzung von Tun und Unterlassen einer „Sprengung des strafrechtlichen Handlungsbegriffs" gleich.[477] Die Phänotypik des Verhaltens eines diversifizierten und in seiner Komplexität individuell weder überschaubaren noch steuerbaren Systems von einzelnen Handlungen, technischen Abläufen und ihrerseits wieder in Subsystemen gegliederten Prozessen könne für die Qualifizierung individuellen, menschlichen Handelns nicht ausschlaggebend sein.[478] Schließlich gehe es beim Abstellen auf Aktivitäten der Organisation, welche sich in langfristigen Prozessen vollzögen und deshalb erst aus der Zeitdimension ihre Sinngebung erführen, um gänzlich andere Kriterien als bei individuellem, auf singulär-situativen Entscheidungen fußenden Handeln.[479]

---

[472] In diesem Sinne *Rotsch*, Individuelle Haftung, S. 163; *ders.*, wistra 1999, S. 326; *Wehnert*, FS Rieß, S. 818 f.

[473] *Bosch*, Organisationsverschulden, S. 8 f.; *Busch*, Umweltstrafrecht, S. 448; *Knauer*, Kollegialentscheidung, S. 40; in diesem Sinne auch *Puppe*, JR 1992, S. 30; *Schall*, Probleme, S. 103; *Winkelbauer*, FS Lenckner, S. 646.

[474] *Heine*, Verantwortlichkeit, S. 45; *Rotsch*, Individuelle Haftung, S. 77; *ders.*, wistra 1999, S. 373; *Schünemann*, Unternehmenskriminalität, S. 34; *ders.*, FG BGH IV, S. 626.

[475] *Hassemer*, Produktverantwortung, S. 66; *Muñoz Conde*, FS Roxin, S. 624; Rotsch, Individuelle Haftung, S. 165 f.; *Rotsch*, wistra 1999, S. 326; *Schlösser*, Soziale Tatherrschaft, S. 139; *von Freier*, Verbandsstrafe, S. 269; *Walter*, Geschäftsherr, S. 40.

[476] *Rotsch*, Individuelle Haftung, S. 163 f.; *ders.*, wistra 1999, S. 326.

[477] *Schünemann*, GedS Meurer, S. 50.

[478] *Bosch*, Organisationsverschulden, S. 133; *Schünemann*, FG BGH IV, S. 627.

[479] *Heine*, Verantwortlichkeit, S. 159; *Rotsch*, Individuelle Haftung, S. 164; *ders.*, wistra 1999, S. 326.

c. Stellungnahme

Den Kritikern der modernen Strafrechtsentwicklung ist darin beizupflichten, dass kriminalpolitische Erfordernisse nicht von der Wahrung fundamentaler Grundprinzipien des Strafrechts befreien. Wie *Kuhlen* deshalb zutreffend hervorhebt, darf ein fair zurechnendes Strafrecht nicht der Versuchung nachgeben, die Verletzlichkeit des Einzelnen und die begrenzten Möglichkeiten des Rechtsgüterschutzes bei Realisierung spezifischer Risiken der modernen Industriegesellschaft in Form spektakulärer Unglücksfälle – wie sie nicht zuletzt die sogenannten Arzneimittelskandale darstellen – dadurch zu kaschieren, dass Einzelne für die eingetretenen Rechtsgutsverletzungen wegen Körperverletzung oder Tötung bestraft werden, obwohl es Mühe bereitet, die eingetretenen Verletzungen auf individuelle Fehlentscheidungen zurückzuführen.[480] Vielmehr muss sich die Beurteilung der organisationsbezogenen Betrachtungsweise ebenso ernsthaft der Frage widmen, ob bei dieser noch die Grenzen einer fairen Zurechnung gewahrt sind, wie derjenigen, inwieweit ohne diese ein effektiver Rechtsgüterschutz überhaupt noch gewährleistet ist.[481] Wesentliches Anliegen des Strafrechts muss es insofern sein, einerseits eine zuschreibende Kollektivhaftung zu Lasten des Einzelnen, andererseits eine Selbstentlastung des Täters auf Kosten des Kollektivs zu vermeiden.[482]

Unter Beachtung dieser Prämisse ist zunächst festzustellen, dass das klassische strafrechtliche Handlungsherrschaftsmodell, wie es der einem individualistischen Leitbild folgenden Lehre von Täterschaft und Teilnahme in § 25 Abs. 1 1. Alt. StGB als Grundform täterschaftlicher Tatbestandsverwirklichung zugrunde liegt, und die daran anknüpfende Bottom-up-Betrachtungsweise die Erscheinungsformen der modernen Organisationssoziologie mit der für sie typischen Aufteilung von Entscheidungs-, Informations- und Handlungsherrschaft nicht wirklichkeitsgetreu erfassen, geschweige denn im Rahmen der Erfolgszurechnung angemessen berücksichtigen kann.[483] Will das Strafrecht auch hier seiner Aufgabe gerecht werden und nicht zu einem stumpfen Schwert verkommen, welches vor gängigen Organisationsformen des modernen Lebens kapituliert, stellt die Auflösung des erfolgskausalen Geschehens und der abstrakten Pflichtenstellung der Gesamtorganisation nach Maßgabe der organisationsinternen Aufgaben- und Kompetenzverteilung den einzig gangbaren Weg dar, um sowohl dem Individualbezug strafrechtlicher Sanktionen als auch der kollektiv-organisatorischen Vermittlung des Schadensverlaufs hinreichend Rechnung zu tragen.[484]

Diesbezüglich beinhaltet die Umkehr der Blickrichtung weg von einer Bottom-up- hin zu einer Top-down-Vorgehensweise eine sachgerechte Anpassung an die soziale Realität in arbeitsteilig strukturierten Organisationen, die sich dadurch auszeichnet, dass die organisationsinternen Vorgänge gesellschaftsrechtlich, arbeitsrechtlich und organisationssoziologisch letztlich allesamt von der Ge-

---

480 *Kuhlen*, JZ 1994, S. 1143 f.

481 *Kuhlen*, JZ 1994, S. 1144.

482 *von Freier*, Verbandsstrafe, S. 262.

483 Vgl. *Alexander*, Strafrechtliche Verantwortlichkeit, S. 39 f., 42; *Knauer*, Kollegialentscheidung, S. 40; *Rotsch*, wistra 1999, S. 372 f.; *Schmidt-Salzer*, NJW 1990, S. 2968; *ders.*, NJW 1996, S. 1.

484 *von Freier*, Verbandsstrafe, S. 262.

schäftsleitung ausgehen.[485] Diese Erkenntnis liegt auch § 14 StGB zugrunde, wonach in erster Linie die gesetzlichen Vertreter und nur ausnahmsweise und nur bei entsprechender Entscheidungsmacht die gewillkürten Stellvertreter die Verantwortlichkeit für aus dem Verhalten der Gesamtorganisation herrührende Rechtsgutsverletzungen treffen soll. Die Top-down-Perspektive lenkt den Blick somit in Abkehr von der Fixierung auf den im naturalistischen Sinn unmittelbar Tatnächsten auf die tatsächlichen Entscheidungsträger innerhalb der Organisation. Denn es ist die Geschäftsleitung, die als entscheidungsberechtigtes Organ aus dem Kreis möglicher betriebsbezogener Handlungsalternativen die ihr vorzugswürdig erscheinende auswählt und deren Ausführung anordnet, so dass sie das nach außen in Erscheinung tretende Organisationshandeln insgesamt in Händen hält.[486] Dass unbestritten nicht jeder einzelne Vorgang auch vom tatsächlichen Willen der Geschäftsleitung getragen ist, ändert nichts daran, dass die Geschäftsleitung insgesamt den Rahmen schafft, innerhalb dessen sich das schadensträchtige Geschehen abspielt.[487]

Auf diese Weise fügt sich die Top-down-Zuschreibung sowohl in die normative Tatherrschaftslehre ein, welche denjenigen als Täter erachtet, der die Fäden in der Hand hält,[488] als auch in das Prinzip der Eigenverantwortlichkeit, dessen Erfordernis der Abgrenzung von Verantwortungsbereichen die organisationsbezogene Betrachtungsweise im Wege der Orientierung an den jeweiligen innerbetrieblichen Zuständigkeitsbereichen unmittelbar umsetzt.[489]

Auch die Bestimmung der Deliktsform nach der Qualität des Organisationsverhaltens, nicht derjenigen des individuellen Einzelhandelns, erweist sich als unabdingbar für eine realitätsgerechte strafrechtliche Würdigung des erfolgsursächlichen Gesamtgeschehens.[490] Strafrechtlicher Anknüpfungspunkt für die Qualifizierung eines Verhaltens ist stets diejenige Gestalt, die es in der Außenwelt annimmt. Frühestmöglicher Beurteilungszeitpunkt ist das unmittelbare Ansetzen zum betreffenden Verhalten, da es sich in diesem Moment erstmals objektiv erkennbar nach außen manifestiert. Auf die Situation des Organisationshandelns übertragen folgt hieraus, dass namentlich das Abstimmungsverhalten innerhalb eines Gremiums für die Frage der Deliktsform nicht ausschlaggebend sein kann. Die Abstimmung als solche fällt noch in die Phase der im Innenbereich verbleibenden bloßen Ent-

---

485 *Alexander*, Strafrechtliche Verantwortlichkeit, S. 43; *Busch*, Umweltstrafrecht, S. 482 f., 545; *Höhfeld*, Strafrechtliche Produktverantwortung, S. 26; *Kaufmann*, (Sonder-) Pflichtverletzungen, S. 58; *Kuhlen*, FG BGH IV, S. 665 f.; *Schmidt-Salzer*, Produkthaftung, Rn. 1.147.

486 So auch *Höhfeld*, Strafrechtliche Produktverantwortung, S. 25; *Kuhlen*, JZ 1994, S. 1144; *Schmucker*, Dogmatik, S. 49, 197. Dies räumt selbst *Hassemer*, FS Lenckner, S. 111, als bekennender Gegner der organisationsbezogenen Betrachtungsweise ein.

487 Vgl. *Alexander*, Strafrechtliche Verantwortlichkeit, S. 43; *Neudecker*, Kollegialorgane, S. 30; *Schmidt-Salzer*, Produkthaftung, Rn. 1.147.

488 *Hassemer*, Produktverantwortung, S. 65; *Höhfeld*, Strafrechtliche Produktverantwortung, S. 26; *Lege*, Rechtspflichten, S. 139; i. E. ebenso *Eichinger*, Produkthaftung, S. 136; a. A. *Rotsch*, wistra 1999, S. 373.

489 *Tiedemann/Tiedemann*, FS Schmitt, S. 156.

490 So auch *Kuhlen*, Umweltstrafrecht, S. 97.

schlussfassung,[491] welche, da die bloße unwerte Gesinnung kein Strafunrecht darstellt, nach allgemeiner Ansicht noch kein tauglicher Bezugspunkt einer Strafdrohung ist. Erst die Externalisierung dieses Entschlusses in der Außenwelt durch entsprechende nach außen in Erscheinung tretende Ausführungshandlungen ruft das Strafrecht auf den Plan. Dieses hat das Verhalten so zu nehmen, wie es sich aus ontologischer Sicht präsentiert und zum tatbestandlichen Erfolg führt. Nur so werden Widersprüche zur Beurteilung des Verhaltens nicht organisationsgebundener natürlicher Personen vermieden, deren Entschlussfassung letztlich auch stets auf einem aktiven Abwägen von Für und Wider beruht, ohne dass diese Aktivität präjudizielle Bedeutung für die Qualität des diesen Entschluss umsetzenden Verhaltens besitzt.[492]

Des Weiteren liefert die organisationsbezogene, Verantwortung ausgehend von der Generalzuständigkeit der Geschäftsleitung top-down zuschreibende Betrachtungsweise eine passende Antwort auf die Gefahren struktureller bzw. organisierter Unverantwortlichkeit. Lässt sich kein Organisationsangehöriger ausfindig machen, der für die Vermeidung der eingetretenen Rechtsgutsverletzung zuständig und demnach strafrechtlich verantwortlich ist, liegt ein Mangel der Organisationsgestaltung vor, welcher den Mitgliedern der Geschäftsleitung zur Last gelegt werden kann.[493]

Schließlich bedingt die zweistufige Vorgehensweise der organisationsbezogenen Betrachtungsweise grundsätzlich auch keine erleichterte Erfolgszurechnung. Bei der Frage nach der Verantwortlichkeit der Gesamtorganisation handelt es sich lediglich um einen gedanklichen Zwischenschritt, um den Pflichtenkreis der einzelnen Organisationsmitglieder besser erfassen zu können. Denn es liegt auf der Hand, dass einem pharmazeutischen Unternehmen und damit auch dessen Mitarbeitern andere Pflichten obliegen als beispielsweise einem Textilunternehmen und dessen Mitarbeitern, obwohl deren jeweilige innerbetriebliche Position – Geschäftsführer, Herstellungsleiter, Kontrollleiter, Vertriebsleiter, etc. – aus formaler Sicht identisch ist. Daraus folgt aber zugleich, dass eine Garantenstellung einzelner Mitarbeiter nicht auf eine mit ihrer Organisationsrolle verbundenen Übernah-

---

491 Vgl. *Suárez González*, Madrid-Symposium, S. 54.

492 Nicht überzeugend ist hingegen das Argument, andernfalls würde die Formulierung der Abstimmungsfrage über die Einordnung als Tun oder Unterlassen entscheiden. So *Alexander*, Strafrechtliche Verantwortlichkeit, S. 148; *Höhfeld*, Strafrechtliche Produktverantwortung, S. 18. Denn unabhängig von der Abstimmungsfrage beinhaltet die Stimmabgabe stets ein aktives Tun, die Stimmenthaltung stets ein Unterlassen.

493 Vgl. *Bosch*, Organisationsverschulden, S. 145; *Busch*, Umweltstrafrecht, S. 456; *Eichinger*, Produkthaftung, S. 225; *Goll/Winkelbauer* in: von Westphalen, Produkthaftungshandbuch, § 48 Rn. 3; *Schmucker*, Dogmatik, S. 205; *Spitz*, Produkthaftung, S. 60. Insofern überrascht es nicht, dass die These der Verantwortungsanonymisierung vor allem von denjenigen vorgetragen wird, die einer organisationsbezogenen Betrachtungsweise kritisch gegenüberstehen, während es die Befürworter eines organisationsbezogenen Vorgehens sind, die in Bezug auf die innerbetriebliche Arbeitsteilung von einer Verantwortungsvervielfachung sprechen. So deutlich zu erkennen bei *Schmidt-Salzer*, Produkthaftung, Rn. 1.060 f., einerseits, sowie *Heine*, Verantwortlichkeit, S. 147, und *Rotsch*, wistra 1999, S. 373, andererseits.

me der gedanklichen Garantenstellung der Gesamtorganisation gestützt werden kann, sondern einer originär eigenen Begründung bedarf. Insoweit ist den zahlreichen Stimmen im Schrifttum,[494] die in Übereinstimmung mit dem *BGH*[495] den konkreten, die Besonderheiten der jeweiligen Handlungssituation einbeziehenden Nachweis individueller Schuld fordern und daher eine abstrakte Ableitung strafrechtlicher Verantwortung allein aus der übernommenen Organisationsrolle als unzulässige, unreflektierte Übernahme gesellschaftsrechtlicher Verantwortlichkeitsregeln ins Strafrecht ablehnen, uneingeschränkt beizupflichten. Die organisationsbezogene Vorgehensweise liefert als Methode zur zutreffenden strafrechtlichen Erfassung der tatsächlichen Gegebenheiten lediglich einen Rahmen, den es unter Beachtung unverrückbarer strafrechtlicher Prinzipien wie dem Eigenverantwortlichkeitsprinzip auszufüllen und tatbezogen zu konkretisieren gilt.[496] In Anbetracht dessen bedarf es zur Bejahung der (Begehens-)Strafbarkeit eines durch bloßes Untätigbleiben zu einem rechtsgutsverletzenden aktiven Handeln der Gesamtorganisation beitragenden Organisationsangehörigen stets des Nachweises einer Garantenstellung, da sonst die systemische Verhaltensqualifikation eine verdeckte Strafschärfung mit sich brächte.[497]

d. Ergebnis

Die Verantwortungsabgrenzung im Fall der innerbetrieblichen Arbeitsteilung hat sich grundsätzlich an der tatsächlichen organisationsinternen Aufgabenverteilung zu orientieren. Die in der Lederspray-Entscheidung des *BGH* erstmals angewandte organisationsbezogene Betrachtungsweise erweist sich in diesem Zusammenhang als sachgerechte, mit den Grundsätzen strafrechtlicher Erfolgszurechnung zu vereinbarende Methode zur Ermittlung der den einzelnen Organisationsangehörigen zukommenden Verantwortungsbereiche. Von entscheidender Bedeutung ist, dass die Verantwortungszuschreibung nicht bei der Ermittlung der jeweiligen Organisationsrollen endet, sondern das daran anknüpfende primärrechtliche Pflichtengefüge im Lichte der strafrechtlichen Zurechnungslehre interpretiert wird. So findet etwa die primärrechtliche Allzuständigkeit und Generalverantwortung der Geschäftsleitung im Vertrauensgrundsatz einen Gegenpol, der ein Ausufern der Erfolgszurechnung verhindert.[498]

---

[494] So neben den genannten Kritikern der organisationsbezogenen Betrachtungsweise auch *Bosch*, Organisationsverschulden, S. 370; *Kaufmann*, (Sonder-)Pflichtverletzungen, S. 33; *Kuhlen*, JZ 1994, S. 1145; *ders.*, FG BGH IV, S. 667; *Nehm*, Produkthaftung, S. 18 f.; *Schmidt-Salzer*, Produkthaftung, Rn. 1.119; *ders.*, NJW 1996, S. 5; in diesem Sinne auch *Meier*, NJW 1992, S. 3198; *Ransiek*, Unternehmensstrafrecht, S. 43.

[495] *BGH* NStZ 1997, S. 545 (546).

[496] Vgl. *Frisch*, Zurechnung, S. 208. Auf diese Weise setzt die organisationsbezogene Betrachtungsweise den Sekundärrechtscharakter des Strafrechts bestmöglich um, geht sie doch vom primärrechtlichen organisationsinternen Pflichtengefüge aus und konkretisiert dieses unter Berücksichtigung von Sinn und Zweck des Strafrechts anhand dessen unumstößlichen rechtsstaatlichen Grundprinzipien.

[497] Im Ergebnis ebenso *Schmucker*, Dogmatik, S. 194.

[498] Genau betrachtet liegen damit Top-down- und Bottom-up-Ansatz nicht so weit auseinander, wie die Intensität, mit der die Diskussion hierüber geführt wird, vermuten lässt.

Darf sich danach jeder Mitarbeiter prinzipiell auf die pflichtgemäße Aufgabenerfüllung der jeweils anderen verlassen, so dass sich die eigene Pflicht auf die Überwachung des eigenen Zuständigkeitsbereichs und die Vermeidung daraus erwachsender Gefahren beschränkt,[499] liegt der Schlüssel zur angemessenen Beurteilung innerbetrieblich arbeitsteiligen Zusammenwirkens demnach in der Ermittlung der konkreten innerbetrieblichen Aufgaben- und Kompetenzbereiche, was angesichts der zunehmenden Dezentralisierung der Organisationsstrukturen und daraus resultierenden vielfachen wechselseitigen Verzahnung der Funktionen, Zuständigkeiten und Entscheidungsbefugnisse oft erhebliche Schwierigkeiten bereitet. Ausgehend von dieser Zuständigkeitserteilung ist dann zu ermitteln, inwieweit im Einzelfall der Vertrauensgrundsatz widerlegt ist und über den eigenen betrieblichen Verantwortungsbereich hinaus Aufsichts-, Kontroll- und Eingriffspflichten in Bezug auf Mitarbeiter anderer Organisationsbereiche bestehen, so dass der rechtliche Verantwortungsbereich über den betrieblich zugewiesenen hinausreicht. Letzterem ist nun vertieft nachzugehen, wobei auch hier wiederum zwischen vertikal und horizontal arbeitsteiligem Zusammenwirken zu differenzieren ist.

3. *Vertikale Verantwortungsabgrenzung*

In vertikaler Hinsicht lassen sich Organisationen, namentlich Unternehmen, unabhängig von weiteren Zwischenabstufungen, klassischerweise in drei Hierarchieebenen untergliedern: die Geschäftsleitung, das sogenannte middle management und die Ausführungsebene.[500] Auch wenn es sich hierbei nicht um drei klar voneinander abgrenzbare Stufen handelt, vielmehr fließende Übergänge zwischen diesen Ebenen bestehen, sollen diese im Folgenden als Bezugspunkte für die Darlegung der strafrechtlichen Konsequenzen vertikaler innerbetrieblicher Arbeitsteilung dienen. Entsprechend der hier favorisierten Top-down-Vorgehensweise ist somit zunächst der Verantwortungsbereich der Geschäftsleitung zu bestimmen.[501]

Denn während die Bottom-up-Zurechnung schon bei der Begründung der (Mit-)Verantwortung Vorgesetzter an einer etwaigen Eigenverantwortlichkeit des unmittelbar Handelnden scheitert, sofern im Sinne des Vertrauensgrundsatzes ein berechtigtes Vertrauen auf die Pflichtmäßigkeit des Untergebenenverhaltens besteht, schränkt die Top-down-Vorgehensweise die prinzipielle Verantwortung der Vorgesetzten nachträglich unter Anwendung des Vertrauensgrundsatzes ein. Kommen beide Ansätze damit regelmäßig zum selben Ergebnis, verdient die organisationsbezogene Top-down-Perspektive jedoch insoweit den Vorzug, als sie die organisationssoziologische Realität besser wiedergibt.

499 Vgl. *Alexander*, Strafrechtliche Verantwortlichkeit, S. 197; *Busch*, Umweltstrafrecht, S. 481 f.; *Deutscher/Körner*, wistra 1996, S. 328; *Rudolphi*, FS Lackner, S. 868; *Schall*, Probleme, S. 104; *Schmidt-Salzer*, NJW 1988, S. 1938 f.

500 Dabei ist gerade in letzter Zeit wieder eine Rückkehr zu dieser Dreiteilung festzustellen, da Unternehmen im Zuge notwendiger Rationalisierungsmaßnahmen zum Zwecke der Beschleunigung innerbetrieblicher Prozesse Zwischenstufen im mittleren Management abbauen. Vgl. *Luhmann*, Organisation, S. 319.

501 Diesbezüglich wird im Rahmen der vorliegenden Untersuchung auf eine Unterteilung der Geschäftsleitung einer Aktiengesellschaft in Vorstand und Aufsichtsrat verzichtet, da sich die Frage der Verantwortungsverteilung zwischen diesen beiden Gremien vor

a. Verantwortungsbereich der Geschäftsleitung

Aus der Generalverantwortung und Allzuständigkeit der Geschäftsleitung für die Gesamtorganisation entspringt die Pflicht, jegliche vom Unternehmen ausgehenden Gefahren für Rechtsgüter außenstehender Dritter zu verhindern.[502] Eine Verletzung dieser Pflicht ist grundsätzlich in zweifacher Hinsicht möglich: zum einen durch explizite Anordnung eines unerlaubt rechtsgutsgefährdenden Verhaltens, zum anderen durch unzulängliche bzw. gänzlich unterlassene Eindämmung von aus der Organisationssphäre nach außen tretende Gefahren.

(A) Rechtsgutsverletzungen durch Erteilung rechtswidriger Weisungen

Selbst in dezentralisierten Betrieben können an der Betriebsspitze Entscheidungen mit unmittelbaren schädigenden Auswirkungen getroffen werden.[503] Der Geschäftsleitungsbeschluss, ein in den Verdacht der Schädlichkeit geratenes Produkt weiterzuproduzieren bzw. nicht vom Markt zu nehmen, ist hierfür nur ein Beispiel.

(I) Vorsätzliche Erteilung rechtswidriger Weisungen

Da die Geschäftsleitungsmitglieder die zum Schaden führende Handlung nicht selbst vornehmen, sondern das nachgeordnete Personal mit deren Ausführung beauftragen, ist eine Zurechnung der dadurch herbeigeführten Rechtsgutsverletzung angesichts der vertikalen Struktur des Weisungsverhältnisses nur über die Rechtsfigur der mittelbaren Täterschaft möglich. In Betracht kommt insbesondere eine Tatherrschaft kraft Nötigung, kraft überlegenen Wissens oder kraft organisatorischen Machtapparats.

(1) Mittelbare Täterschaft kraft Nötigungsherrschaft

Einer mittelbaren Täterschaft kraft Nötigungsherrschaft dürften jedoch regelmäßig die hohen Voraussetzungen des § 35 StGB entgegenstehen, welche nicht schon dann erfüllt sind, wenn der Angewiesene aus Angst vor dem Verlust seines Arbeitsplatzes oder vor anderen innerbetrieblichen Repressalien der erkannt rechtswidrigen Weisung Folge leistet, mag die Kündigung des Arbeitsverhältnisses auch konkret angedroht worden sein.[504]

---

dem Hintergrund der zum Mannesmann-Verfahren ergangenen Rechtsprechung zu einer eigenständigen Thematik entwickelt hat, deren angemessene Darstellung den Rahmen dieser Arbeit sprengen würde. Siehe hierzu *Peter*, Kollegialorganmitglieder; *Poseck*, Strafrechtliche Haftung.

502 *Schmidt-Salzer*, Produkthaftung, Rn. 1.146; *ders.*, NJW 1988, S. 1940; *Spitz*, Produkthaftung, S. 60. Selbstverständlich trifft die Geschäftsleitung in gewissem Umfang auch die Pflicht, die nachgeordneten Organisationsangehörigen vor betriebsbedingten Gefahren zu schützen. Diese ist jedoch nicht Gegenstand der Untersuchung.

503 So auch *Heine*, Verantwortlichkeit, S. 146; *ders.* in: Eser/Huber/Cornils, Einzelverantwortung, S. 108; *Schumann*, Handlungsunrecht, S. 121 f.

504 Vgl. *Achenbach* in: Achenbach/Ransiek, HWSt, I 3 Rn. 27; *Lege*, Rechtspflichten, S. 30; *Schall*, Probleme, S. 102. Zu Recht weisen *Kraatz*, Fahrlässige Mittäterschaft,

(2) Mittelbare Täterschaft kraft Informationsherrschaft

Denkbar ist allerdings eine mittelbare Täterschaft kraft Informationsherrschaft, wenn die Anweisungen erteilenden Geschäftsführer über nur ihnen zugängliche Informationen bezüglich der Gefährlichkeit einer bestimmten Tätigkeit – etwa des Inverkehrbringens eines schädlichen Produkts – verfügen, während der die Anweisung ausführende Arbeitnehmer mangels entsprechender Kenntnisse nicht um die mögliche Herbeiführung eines tatbestandlichen Erfolges weiß und dieses Wissensdefizit vom Anweisenden erkannt und bewusst ausgenutzt wird.[505] Die Unwissenheit resultiert oftmals allein schon aus der Aufteilung der Organisationstätigkeit in zahlreiche Einzelzuständigkeiten, da der Einzelne hierdurch die Tragweite und Bedeutung seines eigenen Tuns nicht mehr ausreichend überblicken kann.[506] Aus diesem Grund ist er regelmäßig darauf angewiesen, auf die Rechtmäßigkeit der Weisung zu vertrauen, so dass er selbst bei diesbezüglichen Zweifeln als gutgläubiges Werkzeug in der Hand des anweisenden Geschäftsführers fungiert.[507]

Schwierigkeiten bereitet die Annahme einer mittelbaren Täterschaft aber dann, wenn der Ausführende bösgläubig ist, bei Vollzug der angewiesenen Handlung also selbst vorsätzlich handelt, so dass ein Fall des Täters hinter dem Täter vorliegt, mittelbare Täterschaft des Anweisenden mithin nur bei Fürmöglichhalten einer Herrschaft über eine eigenverantwortlich handelnde Person bejaht werden kann. Die Rechtsprechung sowie zahlreiche Stimmen im Schrifttum greifen in diesem Zusammenhang auf den Aspekt der Organisationsherrschaft des Anweisenden zurück, welche diesen zum mittelbaren Täter mache.

(3) Mittelbare Täterschaft kraft Organisationsherrschaft

Die mittelbare Täterschaft kraft Organisationsherrschaft stellt den Prototyp der Konstellation eines mittelbaren Täters hinter dem unmittelbaren Täter dar, in der eine Verantwortung des Hintermanns für den eingetretenen Erfolg trotz Freiverantwortlichkeit des Vordermanns nach Ansicht der Rechtsprechung und eines Teils des Schrifttums nicht ausgeschlossen sein soll.

(a) Konzeption in rechtsgelösten Organisationen

Die Tatherrschaftsform der Organisationsherrschaft soll ihrem geistigen Vater *Roxin*[508] zufolge diejenigen Fälle erfassen, in denen der Hintermann „über einen Machtapparat gebietet, der die Ausführung von Befehlen auch ohne Zwang und Täuschung sichert, weil der Apparat als solches den Vollzug gewährleistet". Auf eine Nötigung oder Täuschung des unmittelbaren Täters seitens des Anweisenden komme es letztlich nicht an, „weil der Apparat auch beim Ausfall eines Einzelnen

S. 314, und *von Freier*, Verbandsstrafe, S. 277, in diesem Zusammenhang auf die umfassenden arbeitsrechtlichen Regelungen zum Kündigungsschutz hin.

505 *Kraatz*, Fahrlässige Mittäterschaft, S. 304; *Lege*, Rechtspflichten, S. 31; SK-StGB-*Hoyer*, Anh. zu § 16 Rn. 54.

506 S/S-*Cramer/Heine*, § 25 Rn. 25a.

507 *Ransiek*, ZGR 1999, S. 635.

508 *Roxin*, GA 1963, S. 193 ff.

genügend andere zur Verfügung hat, die seine Funktion übernehmen". Aus diesem Grund sei es schlechterdings charakteristisch, „dass der Hintermann den unmittelbar Ausführenden meist persönlich überhaupt nicht kennt".[509] Da die unmittelbare Täterschaft des Ausführenden und die mittelbare des Hintermanns auf unterschiedlichen Voraussetzungen beruhten – die eine auf der Eigenhändigkeit, die andere auf der Steuerung des Apparats – könnten diese logisch und teleologisch durchaus nebeneinander bestehen.[510]

Entscheidend ist demnach, dass die als Hintermänner agierenden Befehlshaber aufgrund ihrer faktisch anerkannten Autorität die ausführenden Befehls- und Weisungsempfänger bedingungslos in die von ihnen gewünschte Richtung lenken können.[511] Zentrale Voraussetzung hierfür soll laut *Roxin* die Fungibilität des Ausführenden sein.[512] Danach kommt es darauf an, dass die Organisation vom wechselnden Bestand ihrer Mitglieder unabhängig ist und ohne Rücksicht auf die individuelle Person des Ausführenden gleichsam automatisch funktioniert, da in diesem Fall der Befehlshaber insoweit keiner Nötigung oder Täuschung bedürfe, als er wisse, dass, wenn eines der zahlreichen bei der Deliktsrealisierung mitwirkenden Organe sich seiner Aufgabe entziehe, sogleich ein anderer an seine Stelle trete, ohne dass die Durchführung des Gesamtplans beeinträchtigt werde.[513] Der unmittelbar Handelnde sei „nur ein auswechselbares Rädchen im Getriebe des Machtapparats".[514] Der verantwortliche Wille des Aufgeforderten, der sich sonst als unüberwindbares Hindernis zwischen den Hintermann und die Tat schiebe und den Auffordernden in die Randzone der Teilnahme abdränge, habe eine solche Wirkung im Rahmen organisatorischer Machtapparate gerade nicht.[515]

Voraussetzung hierfür und damit zweites wesentliches Kriterium der mittelbaren Täterschaft kraft Organisationsherrschaft sei allerdings die vollständige Rechtsgelöstheit des betreffenden Machtapparats. Solange sich der Gesamtapparat in den Bahnen des Rechts bewege, Leitung und Ausführungsorgane sich prinzipiell an eine von ihnen unabhängige Rechtsordnung gebunden hielten, könne die Anordnung strafbarer Handlungen nicht herrschaftsbegründend wirken, weil die Gesetze den höheren Stellenwert besäßen und im Normalfall die Durchführung rechtswidriger Befehle und damit die Willensmacht des Hintermannes ausschlössen.[516]

Sei jedoch ein rechtsgelöster Machtapparat gegeben, in dem die einzelnen Ausführungskräfte bloße austauschbare Rädchen darstellen, käme nicht nur eine Bestrafung der obersten Befehlshaber, sondern auch derjenigen untergeordneten Leitungskräfte, die auf der Grundlage eigener Befehlsgewalt erhaltene Anweisungen nach unten weitergeben.[517]

---

509 LK-*Roxin*, § 25 Rn. 128; *ders.*, AT/2, § 25 Rn. 105.
510 *Roxin*, AT/2, § 25 Rn. 107, 120.
511 *Lackner/Kühl*, § 25 Rn. 2; *Wessels/Beulke*, AT, Rn. 541.
512 *Roxin*, GA 1963, S. 200; *ders.*, TuT, S. 245;
513 *Roxin*, GA 1963, S. 200; *ders.*, TuT, S. 245; *ders.*, FS Lange, S. 194.
514 LK-*Roxin*, § 25 Rn. 128; *ders.*, GA 1963, S. 201; *ders.*, AT/2, § 25 Rn. 107.
515 *Roxin*, GA 1963, S. 201; *ders.*, TuT, S. 245.
516 LK-*Roxin*, § 25 Rn. 129; *ders.*, GA 1963, S. 204; *ders.*, TuT, S. 249.
517 *Roxin*, GA 1963, S. 203; *ders.*, FS Grünwald, S. 556.

(b) Rezeption in Rechtsprechung und Literatur

Handelte es sich bei der Tatherrschaftsform der Organisationsherrschaft anfänglich um ein eher theoretisches Konstrukt, für welches allenfalls im Zusammenhang mit NS-Verbrechen wie etwa im Fall *Eichmann* ein Anwendungsbereich eröffnet war, so änderte sich dies mit drei Urteilen des *BGH* zum DDR-Grenzregime,[518] in denen sich der *BGH* mit der Frage der strafrechtlichen Verantwortung für Erschießungen an der innerdeutschen Grenze auseinanderzusetzen hatte. Darin führt der *BGH* aus: „Es gibt […] Fallgruppen, bei denen trotz eines uneingeschränkt verantwortlich handelnden Tatmittlers der Beitrag des Hintermannes nahezu automatisch zu der von diesem Hintermann erstrebten Tatbestandsverwirklichung führt. Solches kann vorliegen, wenn der Hintermann durch Organisationsstrukturen bestimmte Rahmenbedingungen ausnutzt, innerhalb derer sein Tatbeitrag regelhafte Abläufe auslöst. Derartige Rahmenbedingungen mit regelhaften Abläufen kommen insbesondere bei staatlichen, unternehmerischen oder geschäftsähnlichen Organisationsstrukturen und bei Befehlshierarchien in Betracht. Handelt in einem solchen Fall der Hintermann in Kenntnis dieser Umstände, nutzt er insbesondere auch die unbedingte Bereitschaft des unmittelbar Handelnden, den Tatbestand zu erfüllen, aus und will der Hintermann den Erfolg als Ergebnis seines eigenen Handelns, ist er Täter in der Form mittelbarer Täterschaft. Er besitzt die Tatherrschaft. Er beherrscht das Geschehen tatsächlich weit mehr, als dies bei anderen Fallgruppen erforderlich ist, bei denen mittelbare Täterschaft ohne Bedenken angenommen wird.“[519]

Im Zuge dieser Rechtsprechung lebte auch im Schrifttum die Diskussion um die Organisationsherrschaft wieder auf, die bis heute nicht abgeflaut ist und zahlreiche Stellungnahmen für[520] bzw. gegen[521] die Anerkennung dieser Tatherrschaftsform hervorgebracht hat. Daneben haben sich im Schrifttum auch abweichende Konzeptionen einer Organisationsherrschaft herausgebildet. Erwähnenswert ist in diesem Zusammenhang insbesondere das bereits 1965 von *Schroeder* in Antwort auf *Roxin* entwickelte Modell, wonach das konstituierende Merkmal für den Automatismus, die Regelhaftigkeit des Geschehensablaufs weniger in der Fungibilität der Ausführenden als vielmehr in deren (unbedingten) Tatentschlossenheit und damit den fehlenden entgegenwirkenden Hemmungskräften bestehe.[522] Dementsprechend beruhe auch die von *Roxin* in den Mittelpunkt gerückte Aus-

---

518 *BGH*St 40, 218 ff.; 42, 65 ff.; 45, 270 ff.

519 *BGH*St 40, 218 (236); wiederholt in *BGH*St 45, 270 (296); 48, 77 (91); *BGH* JR 2004, S. 245 (246).

520 So z. B. *Bottke*, Coimbra-Symposium, S. 243; *Hellmann/Beckemper*, WiStR, Rn. 866; *Herzberg*, Täterschaft, S. 42; *Kuhlen*, FG BGH IV, S. 672; *ders.*, Betriebsbeauftragte, S. 82 f.; *Lackner/Kühl*, § 25 Rn. 2; *Maurach/Gössel/Zipf*, AT/2, § 48 Rn. 88; *Stratenwerth/Kuhlen*, AT/1, § 12 Rn. 65.

521 Siehe etwa *Brammsen*, Unterlassungshaftung, S. 142; *Heinrich*, Rechtsgutszugriff, S. 26; *Hilgers*, Verantwortlichkeit von Führungskräften, S. 134; *Kaufmann*, (Sonder-) Pflichtverletzungen, S. 56 f.; *Köhler*, AT, S. 510; *Krey*, AT/2, Rn. 163; *Renzikowski*, Hierarchien, S. 147.

522 *Schroeder*, Täter, S. 222; *ders.*, JR 1995, S. 178.

wechselbarkeit der unmittelbar Handelnden bei genauerem Hinsehen darauf, dass jederzeit zur Tat Bereite zur Verfügung stünden.[523]

(c) Würdigung der geltend gemachten Einwände

Im Folgenden soll den gegen eine mittelbare Täterschaft kraft Organisationsherrschaft erhobenen Einwänden und den zur strafrechtlichen Erfassung des Anordnungsverhaltens propagierten Alternativlösungen nachgegangen werden.

(aa) Vorgetragene Kritik

Kernpunkt der Kritik ist der bereits allgemein angedeutete vermeintliche Widerspruch zwischen der Bejahung der Werkzeugeigenschaft des Ausführenden und dessen prinzipieller Strafbarkeit als autonomes Wesen.[524] Allerdings wurde bereits an anderer Stelle dargelegt, dass ein strenges Verantwortungsprinzip, wie es dieser Auffassung zugrunde liegt, verfehlt ist, da aus der Freiverantwortlichkeit einer Person nicht zwingend deren Eigenverantwortlichkeit im Sinne einer Alleinzuständigkeit für eingetretene Erfolge folgt. Entscheidend für die Bejahung einer mittelbaren Täterschaft ist allein, ob der Anordnende das Tatgeschehen trotz Autonomie der angewiesenen Ausführungskraft tatsächlich beherrscht. Die Verantwortlichkeit des Vordermanns ist lediglich Hilfskriterium bei Beantwortung der Frage nach der Tatherrschaft des Hintermanns, welches als rein normatives Kriterium die zwar normativ angereicherte, aber im Grunde faktisch fundierte Tatherrschaft nicht per se ausschließt.[525]

Bleibt somit grundsätzlich Raum für eine mittelbare Täterschaft des Anweisenden kraft Organisationsherrschaft, wird hiergegen des Weiteren eingewandt, dass die Annahme einer fungibilitätsbedingten Unfreiheit der Ausführungsorgane eine bloße Fiktion darstelle.[526] Es sei ein schiefes Bild, in Organisationsstrukturen eingebundene Menschen als Teil einer Maschine, eines seelenlosen Machtapparats zu qualifizieren, welche automatisch ihr Werk verrichten. Auch eine noch so straff geführte Organisation könne die Entscheidungsfreiheit autonom handelnder Menschen und damit die grundsätzliche Unberechenbarkeit ihres Verhaltens aufheben.[527] Von einer Beherrschung des Untergebenen könne daher keine Rede sein.[528]

---

523 *Schroeder*, Täter, S. 168; *ders.*, JR 1995, S. 178.

524 *Fuhrmann*, Begehen, S. 94 f.; *Heinrich*, Rechtsgutszugriff, S. 237; *Hoyer*, Weisungsverhältnisse, S. 198. Einen Sonderweg beschreitet *Schlösser*, der zwar ebenfalls bei Freiverantwortlichkeit des Vordermanns eine Strafbarkeit des Hintermanns verneint, bei der Frage der Freiheit des Vordermanns aber auch soziale Bindungen berücksichtigen möchte und demgemäß eine mittelbare Täterschaft des Anordnenden kraft sozialer Herrschaft bejaht. Siehe *Schlösser*, Soziale Tatherrschaft, S. 200 f., 295 f., 357.

525 Vgl. *Herzberg*, Jura 1990, S. 22 f.; *Küper*, JZ 1989, S. 941; *Urban*, Organisationsherrschaft, S. 95 f.

526 *Murmann*, GA 1996, S. 273; *Schroeder*, Täter, S. 168.

527 *Kraatz*, Fahrlässige Mittäterschaft, S. 308; *Murmann*, GA 1996, S. 274; *Otto*, Jura 2001, S. 757; *Renzikowski*, Hierarchien, S. 153 f.; *Urban*, Organisationsherrschaft, S. 139;

528 *Urban*, Organisationsherrschaft, S. 142 f.; ähnlich *Fuhrmann*, Begehen, S. 94.

Darüber hinaus komme der Fungibilität als hypothetischer, tatbereite Ersatzpersonen als Ersatzursachen einbeziehender Erwägung keinerlei Bedeutung zu.[529] Das Fungibilitätskriterium entferne sich genau genommen von der konkret zu beurteilenden Tat und stelle stattdessen generalisierend auf das Gesamtverhalten der Organisation und deren ungehemmte (künftige) Funktionsfähigkeit ab.[530] Damit lägen der mittelbaren Täterschaft kraft Organisationsherrschaft letztlich zwei divergierende materielle Tatbegriffe zugrunde: die unmittelbare Tat des Tatmittlers in der konkreten Handlungssituation und eine darüber hinausgehende Tat des mittelbaren Täters, welche sämtliche Taten aller bis zum Erfolgseintritt tätig gewordener Tatmittler umfasst.[531] Dementsprechend entpuppe sich die Tatherrschaft des Hintermanns als bloße Herrschaft über den Erfolg und gerade nicht als Herrschaft über die Vornahme der tatbestandlichen Handlung, wie dies bei den anderen Tatherrschaftsformen der Fall sei.[532] Diese Herrschaft über den Erfolgseintritt qua Beherrschung einer diesen gewährleistenden Organisation führe folglich zu einer Verwässerung der traditionell tatbezogenen Tatherrschaftslehre.[533] Allenfalls dann, wenn der Hintermann den Tatmittler im Zeitpunkt der Tatbegehung problemlos auswechseln könne, was bei nicht nachholbaren Taten niemals und bei nachholbaren Taten in Bezug auf die konkreten Versuche der Tatbegehung regelmäßig nicht der Fall ist, sei die Fungibilität des Tatmittlers hinsichtlich der Tatherrschaft des Hintermanns zu berücksichtigen.[534]

Angesichts der dogmatischen Widersprüche, denen sich eine mittelbare Täterschaft kraft Organisationsherrschaft somit aussetze, sei es vorzugswürdig, den Hintermann, sofern die erforderlichen Voraussetzungen vorliegen, als Mittäter[535] oder bloßen Anstifter[536] zu bestrafen.

(bb) Stellungnahme

Wägt man die für und wider eine mittelbare Täterschaft kraft Organisationsherrschaft vorgetragenen Argumente ab, so sprechen die besseren Gründe zugunsten

529 *Renzikowski*, Hierarchien, S. 154; *ders.*, Restriktiver Täterbegriff, S. 89.

530 *Rotsch*, ZStW 112 (2000), S. 526 f.; *ders.*, JR 2004, S. 249; ähnlich *Heinrich*, Rechtsgutszugriff, S. 30; i. E. ebenso Otto, Jura 2001, S. 756.

531 *Rotsch*, JR 2004, S. 250; *ders.*, NStZ 2005, S. 15.

532 *Rotsch*, ZStW 112 (2000), S. 527; *ders.*, JR 2004, S. 250; *ders.*, NStZ 2005, S. 16

533 *Heinrich*, Rechtsgutszugriff, S. 27 f., 31; *Hruschka*, ZStW 110 (1998), S. 609; *Krey*, AT/2, Rn. 102, 160; *Murmann*, GA 1996, S. 273 f.; *Rotsch*, JR 2004, S. 240; *ders.*, NStZ 2005, S. 16.;

534 Vgl. *Herzberg*, Formale Organisationen, S. 38; *Hilgers*, Verantwortlichkeit von Führungskräften, S. 132; *Renzikowski*, Hierarchien, S. 153; *Rotsch*, Individuelle Haftung, S. 145; *ders.*, NStZ 1998, S. 493; *ders.*, ZStW 112 (2000), S. 528, 530; *ders.*, NStZ 2005, S. 15;

535 *Baumann/Weber/Mitsch*, AT, § 29 Rn. 147; *Jakobs*, NStZ 1995, S. 26 f.; *Jescheck/Weigend*, AT, § 62 II 8; *Joecks*, § 25 Rn. 48; *Kindhäuser*, AT, § 39 Rn. 36; *Krey*, AT/2, Rn. 160; *Murmann*, GA 1996, 279; *Otto*, Jura 2001, S. 758; *Ranft*, JZ 2003, S. 584.

536 *Herzberg*, Jura 1990, S. 22; *Hruschka*, ZStW 110 (1998), S. 608; *Köhler*, AT, S. 510 f.; *Kutzner*, Täter hinter dem Täter, S. 260 f.

einer Anerkennung dieser Täterschaftsform; dies insbesondere auch deshalb, weil die Mittäter- bzw. Anstifterlösung die Stellung des Anordnenden im Tatgeschehen nicht sachgerecht zu erfassen vermag.

Insbesondere gilt dies für eine Bewertung des Anweisenden als reinen Anstifter, da hierin dessen organisationsinterne Machtposition als Befehlshaber nicht hinreichend zum Ausdruck kommt.[537] Gegen die Mittäterschaftslösung wiederum spricht, dass es an dem hierfür erforderlichen gemeinsamen Tatentschluss im Sinne einer einvernehmlichen Übereinkunft Gleichrangiger fehlt, zumal sich anordnendes und ausführendes Organ oftmals überhaupt nicht kennen oder zumindest keine direkte kommunikative Abstimmung zwischen ihnen stattfindet.[538] Die vertikale Struktur des Anweisungsverhältnisses steht insoweit in diametralem Widerspruch zur horizontalen Struktur der auf gleichberechtigter Mitsprache bezüglich Ob und Wie der Tatausführung beruhenden Mittäterschaft.[539]

Somit stellt die Würdigung des Anordnungsverhaltens als mittelbare Täterschaft im Ergebnis die plausibelste Lösung dar.[540] Für die Anerkennung der Organisationsherrschaft als Tatherrschaftsform spricht zunächst der Umstand, dass hierdurch eine realitätsgetreue strafrechtliche Erfassung systemischer Verhaltensweisen möglich wird. Da sich diese als Prozesse und nicht als Einzeltaten präsentieren, erscheint es angemessen, den Blick nicht allein auf die organisationsintern ablaufenden Einzelakte zu richten, sondern auch deren Einbindung in die Organisationstat insgesamt zu berücksichtigen und demgemäß auch die dem Anweisenden zukommende Ersatzursachenherrschaft in die Tatbewertung mit einzubeziehen.[541] Tut man dies und differenziert entsprechend zwischen Individual- und Organisationsunrecht, löst sich der der Bejahung einer Werkzeugqualität des autonom handelnden Anweisungsempfängers vermeintlich inhärente Widerspruch auf:

---

537 Vgl. *BGHSt* 40, 218 (237); *Kuhlen*, Betriebsbeauftragte, S. 80; *Nehm*, Produkthaftung, S. 21; *Otto*, Jura 2001, S. 758; *Rogall*, FG BGH IV, S. 427; *Roxin*, FS Grünwald, S. 555; *Urban*, Organisationsherrschaft, S. 50, 53 f.; i. E. ebenso *Ambos*, GA 1998, S. 233; *Langneff*, Beteiligtenstrafbarkeit, S. 81.

538 *Alexander*, Strafrechtliche Verantwortlichkeit, S. 185; *Ambos*, GA 1998, S. 233; *Knauer*, Kollegialentscheidung, S. 73 f.; *Kraatz*, Fahrlässige Mittäterschaft, S. 302; *Krekeler/Werner*, Unternehmer und Strafrecht, Rn. 6; *Küpper*, GA 1998, S. 524; *Kuhlen*, Betriebsbeauftragte, S. 81; *Kutzner*, Täter hinter dem Täter, S. 257 ff.; *Lege*, Rechtspflichten, S. 29; *Nehm*, Produkthaftung, S. 20; *Ransiek*, Unternehmensstrafrecht, S. 50; *ders.*, ZGR 1999, S. 634; *Rotsch*, NStZ 1998, S. 492; *Roxin*, GA 1963, S. 200 Fn. 19; *ders.*, FS Grünwald, S. 553 f.; *ders.*, FS Lange, S. 193; *ders.*, JZ 1995, S. 50; *ders.*, AT/2, § 25 Rn. 121; *Urban*, Organisationsherrschaft, S. 43.

539 Vgl. *Bloy*, GA 1996, S. 440; *Gropp*, JuS 1996, S. 17; *Kaufmann*, (Sonder-)Pflichtverletzungen, S. 57; *Küpper*, GA 1998, S. 524; *Ransiek*, Unternehmensstrafrecht, S. 50; *Roxin*, AT/2, § 25 Rn. 123; *ders.*, TuT, S. 680; *ders.*, FS Grünwald, S. 553 f.; *Schmucker*, Dogmatik, S. 204; *Schroeder*, Täter, S. 217; *Stratenwerth/Kuhlen*, AT/1, § 12 Rn. 66; a. A. *Otto*, Jura 2001, S. 759, demzufolge der vertikalen Struktur des Anweisungsverhältnisses angesichts der dennoch vollumfänglich bestehenden Freiverantwortlichkeit des Untergebenen ja gerade keine rechtliche Relevanz zukomme.

540 So auch *Rogall*, FG BGH IV, S. 425.

541 *Ransiek*, Unternehmensstrafrecht, S. 47; *Roxin*, AT/2, § 25 Rn. 117.

der Angewiesene verwirklicht qua Individualherrschaft Individualunrecht, der Anordnende qua Organisationsherrschaft systemisches Organisationsunrecht, so dass beide nebeneinander für die angewiesene Tat als Täter verantwortlich sind.[542]

Hierin liegt bei genauer Betrachtung auch keine Abkopplung des Tatherrschaftsbegriffs von der konkreten Tat. Denn die Fungibilität des Ausführenden begründet de facto eine Art Willensherrschaft des Anordnenden im Sinne einer Herrschaft über den Verhaltensentschluss des Angewiesenen. Es lässt sich nämlich kaum bestreiten, dass dieser seine eigene, unter Umständen negative Folgen heraufbeschwörende Standhaftigkeit angesichts der Vielzahl verfügbarer Ersatzursachen für praktisch sinnlos erachten und deshalb geneigt sein wird, der Anordnung nachzugeben. Damit aber wird die Willensbildung des Vordermanns in Form des Bereitstehens von Ersatzursachen von einem Umstand beeinflusst, den der Hintermann in den Händen hält und über den er die Willensbildung des Vordermanns steuert.[543] Entscheidend ist, ob der Angewiesene in der konkreten Situation davon ausgehen kann und muss, dass bei Nichtbefolgung der Weisung die betreffende Tat gewiss von einem anderen Organisationsangehörigen ausgeführt wird. Dies setzt eine nach außen manifestierte (unbedingte) Tatentschlossenheit mindestens einer als Ersatz zur Verfügung stehenden Person voraus, woran ersichtlich wird, dass das Kernelement der Organisationsherrschaft weniger die Fungibilität als solche, sondern vielmehr – wie *Schroeder* zutreffend herausgestellt hat – das Bereitstehen erkennbar tatentschlossener Ersatzpersonen ist.[544]

(d) Übertragbarkeit der Konzeption auf Wirtschaftsunternehmen

Ist eine mittelbare Täterschaft kraft Organisationsherrschaft somit grundsätzlich möglich, stellt sich die Frage, ob eine solche Organisationsherrschaft auch im Hinblick auf Wirtschaftsunternehmen bejaht werden kann, so dass sich die Mitglieder der Geschäftsleitung bei Erteilung rechtswidriger, die Vornahme strafbarer Verhaltensweisen enthaltender Weisungen unter Umständen im Wege der mittelbaren Täterschaft strafbar machen.

(aa) Meinungsstand in Rechtsprechung und Literatur

Bereits in seinen Urteilen zum DDR-Grenzregime brachte der *BGH* in einem obiter dictum zum Ausdruck, dass die Grundsätze der Organisationsherrschaft auf das Problem der Verantwortlichkeit beim Betrieb wirtschaftlicher Unternehmen übertragbar seien.[545] Daran anknüpfend verurteilte er in einem späteren Verfahren den

---

[542] *Ambos*, GA 1998, S. 234; *Bloy*, GA 1996, S. 441; *Langneff*, Beteiligtenstrafbarkeit, S. 92 f.

[543] MüKo-StGB-*Joecks*, § 25 Rn. 129; SK-StGB-*Hoyer*, § 25 Rn. 91 f.; i. E. ebenso *Donna*, FS Gössel, S. 271.

[544] Ebenso *Kuhlen*, Betriebsbeauftragte, S. 83; *Nehm*, Produkthaftung, S. 21. Daher zu Unrecht Kritik an der Konzeption *Schroeders* übend *Hilgers*, Verantwortlichkeit von Führungskräften, S. 134; *Rotsch*, ZStW 112 (2000), S. 525; *Urban*, Organisationsherrschaft, S. 113 f.

[545] *BGH*St 40, 218 (236 f.); 45, 270 (296); 48, 77 (91); *BGH* JR 2004, S. 245 (246). Siehe auch *BGH*St 40, 257 hinsichtlich der Hierarchiestrukturen in einem Krankenhaus.

faktischen Geschäftsführer einer GmbH wegen Betrugs zum Nachteil von Lieferanten durch Betriebsfortführung trotz Insolvenz.[546]

Diese Rechtsprechung ist in der Literatur sowohl auf Zustimmung als auch Kritik gestoßen. Den eine Übertragbarkeit der Organisationsherrschaft auf Wirtschaftsunternehmen befürwortenden Stimmen im Schrifttum[547] zufolge soll es auf die Rechtsgelöstheit der Organisation letztlich nicht ankommen.[548] Diesbezüglich wird zudem vereinzelt vorgetragen, dass der Einbindung in die Unternehmensorganisation als solche ohnehin ein gewisses kriminogenes Potential innewohne, mitunter werden Wirtschaftsunternehmen gar einer „kriminellen Verbandsattitüde“ bezichtigt.[549] Die vollständige Ausrichtung der Unternehmenstätigkeit an zweckrationalen Kosten-Nutzen-Kalkülen zum Ziel der Gewinnmaximierung[550] und die aus der Arbeitsteilung resultierende Rechtsguts- und Opferferne der dem einzelnen Mitarbeiter zugewiesenen Teilaufgabe[551] begünstigten in Verbindung mit der für Organisationen typischen gruppendynamischen Verdrängung und Neutralisation eigener Verantwortung durch Verweis auf die eigene Machtlosigkeit bzw. die überlegene (Fach-)Kompetenz anderer, namentlich in der Betriebshierarchie übergeordneter weisungsbefugter Mitarbeiter,[552] die Entstehung einer Art unternehmenseigener Binnenmoral, welche die allgemeinen gesellschaftlichen Wertvorstellungen und den darauf fußenden Rechtsgüterschutzappell des Strafrechts in den Hintergrund dränge.[553]

546 *BGH* NStZ 1998, S. 568 (569).

547 So etwa *Hefendehl*, GA 2004, S. 580; *Kuhlen* in: Achenbach/Ransiek, HWSt, II Rn. 54; *ders.*, Betriebsbeauftragte, S. 80; *Lackner/Kühl*, § 25 Rn. 2; *Nehm*, Produkthaftung, S. 20 f.; *Schmid* in: Müller-Gugenberger/Bieneck, WiStR, § 56 Rn. 37. In diesem Sinne auch noch *Schünemann*, Unternehmenskriminalität, S. 102, nunmehr aber a. A., siehe *Schünemann*, FG BGH IV, S. 631.

548 *Ambos*, GA 1998, S. 242; *Hefendehl*, GA 2004, S. 580; *Hellmann/Beckemper*, WiStR, Rn. 866; *Herzberg*, Formale Organisationen, S. 36 f.; *Langneff*, Beteiligtenstrafbarkeit, S. 114 f.; *Nehm*, Produkthaftung, S. 21; NK-*Schild*, § 25 Rn. 5; *Raum* in: Wabnitz/Janovsky, HWSt, 4/64; *Schlösser*, Soziale Tatherrschaft, S. 153; *Stratenwerth/Kuhlen*, AT/1, § 12 Rn. 67.

549 *Knauer*, Kollegialentscheidung, S. 79; *Kohlhoff*, Kartellstrafrecht, S. 194 f.; *Schmid* in: Müller-Gugenberger/Bieneck, WiStR, § 30 Rn. 1 f.; *Schünemann*, Unternehmenskriminalität, S. 22; *ders.*, wistra 1982, S. 41; *ders.*, GedS Meurer, S. 55.

550 *von Freier*, Verbandsstrafe, S. 25.

551 *Hefendehl*, GA 2004, S. 583; *Schünemann*, Unternehmenskriminalität, S. 23.

552 Vgl. *Alexander*, Strafrechtliche Verantwortlichkeit, S. 36; *Dannecker*, Fahrlässigkeit, S. 212; *Hefendehl*, GA 2004, S. 583; *Heine*, Verantwortlichkeit, S. 50; *Luhmann*, Organisation, S. 320; *Mandry*, Beauftragte, S. 94; *Schmidt-Salzer*, Produkthaftung, Rn. 1.062 f.; *Schünemann*, Unternehmenskriminalität, S. 24; *von Freier*, Verbandsstrafe, S. 23 f. Zur kriminogenen Wirkung der Gruppendynamik im Allgemeinen vgl. *Schumacher*, NJW 1980, S. 1880 ff.

553 In diesem Sinne *Ackermann*, Juristische Personen, S. 46; *Alexander*, Strafrechtliche Verantwortlichkeit, S. 34; *Heine*, Verantwortlichkeit, S. 50; *Kohlhoff*, Kartellstrafrecht, S. 197; *Rotsch*, wistra 1999, S. 369; *Schünemann*, wistra 1982, S. 49; *ders.*, Unternehmenskuratel, S. 131; *Seiler*, Personenverbände, S. 127; *von Freier*, Verbandsstrafe, S. 23.

Darüber hinaus sei auch in Wirtschaftsunternehmen der Einzelne auswechselbar und durch andere, jederzeit zur Umsetzung der Weisung bereite Mitarbeiter zu ersetzen.[554] Gerade in Zeiten eines angespannten Arbeitsmarktes würden deshalb Anordnungen des Arbeitgebers regelmäßig ohne langes Zögern befolgt.[555]

Die eine Übertragung der Organisationsherrschaft auf Wirtschaftsunternehmen ablehnende Gegenauffassung[556] sieht demgegenüber das Kriterium der Rechtsgelöstheit mehrheitlich als zwingend zur Bejahung einer mittelbaren Täterschaft kraft Organisationsherrschaft an.[557] In einem auf der Grundlage des geltenden Rechts agierenden Unternehmen könne von einer Fungibilität der nachgeordneten Arbeitskräfte keine Rede sein, da der Einzelne angesichts der prinzipiellen Anerkennung des Rechts als höchste Instanz jeweils erst für die Ausführung der dem geltenden Recht zuwider laufenden Anordnung individuell gewonnen werde müsse.[558] Mit dem Direktionsrecht des Vorgesetzten korrespondiere demnach keine absolute, unbedingte Gehorsamspflicht des Untergebenen, wie sie Voraussetzung für die vom *BGH* verlangten regelhaften Abläufe wäre.[559] Mangels objektiver Herrschaft des Vorgesetzten führe die Auffassung des *BGH*, wonach es für die Bejahung der Täterschaft nur auf die Anweisung einer rechtswidrigen Tat als solche ankomme, zur subjektiven Theorie zurück.[560]

(bb) Stellungnahme

Letzterer Ansicht ist zuzustimmen. Gegen die Übertragbarkeit der Organisationsherrschaft auf Wirtschaftsunternehmen sprechen gleich mehrere Gründe. Mag auch in streng hierarchisch strukturierten Klein- und Mittelbetrieben der eine konkret straftatbezogene Weisung erteilende Geschäftsführer durchaus als Zentralgestalt des erfolgskausalen Geschehens erscheinen,[561] so ist dies in modernen Groß-

---

554 *Knauer*, Kollegialentscheidung, S. 78; *Urban*, Organisationsherrschaft, S. 228 f. passim.

555 *Brammsen*, Unterlassungshaftung, S. 142; *Hefendehl*, GA 2004, S. 584; *Langneff*, Beteiligtenstrafbarkeit, S. 111; *Rogall*, ZStW 98 (1986), S. 616 f.

556 Siehe *Achenbach* in: Achenbach/Ransiek, HWSt, I 3 Rn. 30; *Brammsen*, Unterlassungshaftung, S. 140; *Dencker*, Kausalität, S. 190; *Heinrich*, Rechtsgutszugriff, S. 282; *Krekeler/Werner*, Unternehmer und Strafrecht, Rn. 7; *Merkel*, ZStW 107 (1995), S. 555; MüKo-StGB-*Joecks*, § 25 Rn. 131; *Ransiek*, ZGR 1999, S. 634 f.; *Rotsch*, Individuelle Haftung, S. 147; *ders.*, NStZ 2005, S. 17; *Roxin*, AT/2, § 25 Rn. 129; *Schulz*, JuS 1997, S. 111.

557 *Brammsen*, Unterlassungshaftung, S. 142 f.; *Heine*, Verantwortlichkeit, S. 104; *Kühl*, AT, § 20 Rn. 73c f.; *Otto*, Jura 2001, S. 759; *Schumann*, Handlungsunrecht, S. 75 f.; differenzierend *Urban*, Organisationsherrschaft, S. 250, der in bestimmten Ausnahmefällen die Rechtsgelöstheit der Organisation für entbehrlich hält. *Schünemann*, FG BGH IV, S. 631, und *Schulz*, JuS 1997, S. 111, hingegen verlangen gar eine Einbettung der Organisation in ein System der Gewaltausübung.

558 *Hefendehl*, GA 2004, S. 582; *Heinrich*, Rechtsgutszugriff, S. 283; *Muñoz Conde*, FS Roxin, S. 622; *Roxin*, GA 1963, S. 204; *ders.*, JZ 1995, S. 51.

559 Vgl. *Langneff*, Beteiligtenstrafbarkeit, S. 111; *Ransiek*, Unternehmensstrafrecht, S. 47 f.

560 *Schulz*, JuS 1997, S. 111.

561 *Weber*, ZStW 96 (1984), S. 402.

betrieben, wie sie für den Bereich der pharmazeutischen Industrie typisch sind, nicht der Fall. Aufgrund der darin praktizierten vielschichtigen funktionellen Aufteilung der Gesamttätigkeit auf verschiedene, weitgehend eigenverantwortlich agierende und entscheidende Abteilungen und der damit einhergehenden, das hierarchische Gefüge durchbrechenden Dezentralisierung der Handlungs- und Entscheidungsprozesse, kommt der Geschäftsleitung bei weitem nicht eine den Befehlshabern in hierarchisch aufgebauten Unrechtsorganisationen vergleichbare Dominanz zu. Vielmehr beschränkt sich die Herrschaftsmacht der Geschäftsleitung auf eine Koordinations- und Vermittlungsmacht, welche nicht ausreicht, um die nachgeordneten Mitarbeiter zu beliebig einsetzbaren und dirigierbaren Werkzeugen zu degradieren und dadurch – in der Terminologie des *BGH* – „regelhafte Abläufe" zu gewährleisten.[562] Dies folgt nicht zuletzt daraus, dass bei nicht rechtsgelösten Organisationen anders als bei vollständig außerhalb der Rechtsordnung agierenden Systemen die Frage der Tatherrschaft stets im Lichte der das Recht prägenden Grundprinzipien, namentlich des Prinzips der Eigenverantwortlichkeit, zu beantworten ist. Denn bei der Tatherrschaft handelt es sich, wie bereits dargelegt, um ein normativiert-faktisches Kriterium, in dessen Beurteilung auch normative Erwägungen einfließen.[563] Daher ist im Rahmen der unternehmensbezogenen Tatherrschaftsermittlung dem Umstand Rechnung zu tragen, dass das Strafrecht in Umsetzung des grundgesetzlichen Menschenbildes prinzipiell unterstellt, dass der einzelne Mitarbeiter zwischen Recht und Unrecht unterscheiden kann, sich letztlich für das Recht entscheidet und ein an ihn herangetragenes rechtswidriges Ansinnen zurückweist.[564] Aus normativer Sicht kann die Geschäftsleitung somit nicht davon ausgehen, dass ihren Anordnungen bedingungslos Folge geleistet wird, weshalb ihre Mitglieder trotz eines gewissen faktischen Machtpotentials keine Tatherrschaft im strafrechtlichen Sinne innehaben.[565]

(e) Ergebnis

Eine mittelbare Täterschaft der Geschäftsleitung kraft Organisationsherrschaft scheidet demnach aus. Da aufgrund der vertikalen Struktur und häufigen Anonymität des Anweisungsverhältnisses auch eine Bestrafung der Geschäftsleiter als

---

562 Vgl. *Bosch*, Organisationsverschulden, S. 12; *Dencker*, Kausalität, S. 190; *Heine*, Verantwortlichkeit, S. 36, 41; *Kühl*, AT, § 20 Rn. 73c; *Langneff*, Beteiligtenstrafbarkeit, S. 111; *Renzikowski*, Hierarchien, S. 156; *Rotsch*, Individuelle Haftung, S. 75 f.; *ders.*, ZStW 112 (2000), S. 532 f.; S/S-*Cramer/Heine*, § 25 Rn. 25a; *Schünemann*, FG BGH IV, S. 626; differenzierend *Urban*, Organisationsherrschaft, S. 217 ff.; a. A. *Hefendehl*, GA 2004, S. 581, demzufolge mit der Hierarchieverflachung keine Lockerung der Machtstrukturen einhergeht. Ähnlich *Busch*, Umweltstrafrecht, S. 456.

563 Dies verkennt *Knauer*, Kollegialentscheidung, S. 79.

564 Insofern erweist sich die These *Schünemanns*, Unternehmenskriminalität, S. 102, bei den nachgeordneten Unternehmensmitarbeitern handele es sich um „partiell Unmündige", als äußerst fragwürdig. Daher zu Recht kritisch *von Freier*, Verbandsstrafe, S. 277.

565 In diesem Sinne auch MüKo-StGB-*Joecks*, § 25 Rn. 132; *Murmann*, GA 1996, S. 274, 280; *Renzikowski*, Restriktiver Täterbegriff, S. 90; *Roxin*, TuT, S. 716; *ders.*, AT/2, § 25 Rn. 130; *Roxin*, FG BGH IV, S. 193.

Mittäter nicht in Betracht kommt,[566] machen diese sich allein als Anstifter gemäß § 26 StGB strafbar.[567] Da eine Anstiftung indes eine vorsätzliche Haupttat voraussetzt, kommt eine Strafbarkeit der Geschäftsleiter folglich nur in Betracht, wenn das angewiesene Personal seinerseits bösgläubig und damit vorsätzlich handelt.

(II) Fahrlässige Erteilung rechtswidriger Weisungen

Dagegen ist im Fall der fahrlässigen Erteilung rechtswidriger Weisungen eine Bestrafung als Fahrlässigkeitstäter unstreitig zu bejahen. Die Freiverantwortlichkeit des Angewiesenen steht dieser nicht im Wege, da sich die anweisenden Geschäftsleitungsmitglieder auf diese nicht wirksam im Sinne des Vertrauensgrundsatzes berufen können. Bei bewusst fahrlässigen Anweisungen liegt dies insofern auf der Hand, als die Annahme eines tatsächlichen Vertrauens auf pflichtgemäßes Untergebenenverhalten in Form der Nichtbefolgung der Anordnung eine dem tatsächlichen Willen des Anweisenden zuwider laufende Fiktion darstellen würde, begehrt dieser mit der Anordnung doch gerade ein pflichtwidriges Untergebenenverhalten.

Bei unbewusst fahrlässiger Anweisung scheitert ein berechtigtes Vertrauen auf eine pflichtgemäße Verweigerung der angeordneten Tätigkeit an der eigenen Pflichtwidrigkeit des die rechtswidrige Weisung erteilenden Geschäftsleitungsmitglieds.[568] Hierbei ist allerdings zu bedenken, dass hinsichtlich der Pflichtwidrigkeit der Weisungserteilung dem Vertrauensgrundsatz insoweit durchaus Relevanz zukommt, als sich die Geschäftsleitung grundsätzlich darauf verlassen kann, von den zuständigen, mit besonderer Sachkunde ausgestatteten Mitarbeitern umfassend mit Risikoinformationen bezüglich des Unternehmenshandelns versorgt zu werden, die diese bei Wahrnehmung ihrer innerbetrieblichen Aufgaben gewinnen.[569] Folglich scheidet eine Fahrlässigkeitsstrafbarkeit wegen fehlender Pflichtwidrigkeit der Weisung dann aus, wenn die Geschäftsleitung mangels Unterrichtung über die mit der angeordneten Tätigkeit verbundenen Gefahren durch das entsprechende Fachpersonal unbewusst rechtsgutsgefährend handelt.

(B) Rechtsgutsverletzungen durch unterlassene Gefahrenabwehr

Was eine Verantwortlichkeit der Geschäftsleitungsmitglieder für Rechtsgutsverletzungen infolge unterlassener Gefahrenabwehr anbelangt, bildet auch diesbezüglich die Allzuständigkeit und Generalverantwortung der Geschäftsleitung den Anknüpfungspunkt für die Bejahung einer umfassenden Pflicht zur Abwehr jeglicher vom Unternehmen ausgehender Gefahren. Allerdings stellt sich die Frage, inwieweit die Aufteilung der Unternehmenstätigkeit und Delegation der verschiedenen betrieblichen Teilaufgaben an nachgeordnete Mitarbeiter die Gefahrenabwehrpflicht der Geschäftsleitung begrenzt.

---

566 A. A. *Dierlamm*, NStZ 1998, S. 569; *Muñoz Conde*, FS Roxin, S. 624; *Ransiek*, ZGR 1999, S. 636; *Schünemann*, FG BGH IV, S. 631.

567 Ebenso *Roxin*, FS Grünwald, S. 558; *ders.*, FG BGH IV, S. 193.

568 Vgl. *Schumann*, Handlungsunrecht, S. 122.

569 *Alexander*, Strafrechtliche Verantwortlichkeit, S. 208; *Busch*, Umweltstrafrecht, S. 495; *Deutscher/Körner*, wistra 1996, S. 330.

(I) Prinzipielle Entlastung der Geschäftsleitung durch Aufgabendelegation
Den Grundsatz liefert wiederum das Prinzip der Eigenverantwortlichkeit, wie es in der unternehmensbezogenen Betrachtungsweise zum Ausdruck kommt. Danach besteht prinzipiell eine Kongruenz zwischen dem tatsächlichen betrieblichen Aufgaben- und Kompetenzbereich einerseits und dem strafrechtlichen Verantwortungsbereich andererseits. Mit der Delegation bzw. Übernahme betrieblicher Tätigkeiten geht folglich auch die Verantwortung für etwaige mit deren Verrichtung verbundene Gefahren über.[570] Mit Blick auf die Ausführungen zur zwischenbetrieblichen Delegation ist jedoch fraglich, ob die Geschäftsleitung hierdurch vollständig von ihrer eigenen ursprünglichen Gefahrverantwortlichkeit frei wird.

(II) Voraussetzungen der Entlastungswirkung
In Anbetracht der Tatsache, dass die Geschäftsleitung wegen der ihr zukommenden Generalverantwortung alles tun muss, um ein sorgfaltsgerechtes Unternehmensverhalten sicherzustellen, setzt eine Entlastung durch Aufgabendelegation wie schon im Fall der zwischenbetrieblichen Arbeitsteilung zwingend die sorgfältige Auswahl und Instruktion des jeweiligen Mitarbeiters voraus,[571] wobei auch hier die Anerkennung einer Auswahl- und Instruktionspflicht keineswegs eine Absage an den Vertrauensgrundsatz bei arbeitsteiligem Zusammenwirken darstellt, sondern vielmehr Ausfluss seiner Schranken ist.[572] Darüber hinaus trifft die Geschäftsleitung die Pflicht, den einzelnen Mitarbeitern die zur Erfüllung ihrer Aufgaben notwendigen sachlichen und personellen Mittel zur Verfügung zu stellen.

(1) Auswahl des Mitarbeiters

Sinn und Zweck der Auswahlpflicht ist die Gewährleistung der zur fachgerechten Ausführung der zugewiesenen Tätigkeit erforderlichen Qualifikation und Zuverlässigkeit des betreffenden Mitarbeiters.[573] Neben fachlicher Ausbildung und Berufspraxis haben auch persönliche Eigenschaften wie Intellekt, Belastbarkeit, Verantwortungsbewusstsein und Besonnenheit in die Auswahlentscheidung einzufließen.[574] Deshalb genügt die Geschäftsleitung ihrer Auswahlpflicht nicht bereits dadurch, dass sie sich Zeugnisse des Stellenbewerbers über die von diesem absol-

---

570 *Schmid*, FS Keller, S. 653.

571 *Busch*, Umweltstrafrecht, S. 503 m. w. N.; *Eichinger*, Produkthaftung, S. 126; *Eidam*, Unternehmen und Strafe, S. 244; *Krekeler/Werner*, Unternehmer und Strafrecht, Rn. 25; *Sander*, NuR 1985, S. 49; *Schmid* in: Müller-Gugenberger/Bieneck, WiStR, § 30 Rn. 122 f.; *Schmidt-Salzer*, Produkthaftung, Rn. 1.216; *ders.*, NJW 1988, S. 1941; *Schünemann*, GedS Meurer, S. 51; *Spitz*, Produkthaftung, S. 65; *Walter*, Geschäftsherr, S. 136. Vgl. auch *BGH*St 20, 315 (321).

572 So auch *Wilhelm*, MedR 1983, S. 50 f.; *Wilhelm*, Jura 1985, S. 187.

573 *Dannecker*, Fahrlässigkeit, S. 224; *Eichinger*, Produkthaftung, S. 126; *Hettich*, Produkthaftung, S. 43; *Schmidt-Salzer*, Produkthaftung, Rn. 1.216; *Schmucker*, Dogmatik, S. 205; *Spitz*, Produkthaftung, S. 65; *Wilhelm*, Arbeitsteilung, S. 9.

574 *BGH*St 9, 319 (323); *Busch*, Umweltstrafrecht, S. 503; *Hilgers*, Verantwortlichkeit von Führungskräften, S. 146; *Neudecker*, Kollegialorgane, S. 145 m. w. N.; *Schmidt-Salzer*, Produkthaftung, Rn. 1.217; *Wilhelm*, MedR 1983, S. 51; *dies.*, Jura 1985, S. 187.

vierten (staatlichen) Prüfungen vorlegen lässt. Zwar begründen Prüfungszeugnisse die Vermutung, dass der Bewerber über die darin aufgeführten Fähigkeiten verfügt, ein berechtigtes Vertrauen in die hinreichende Qualifikation im Sinne des Vertrauensgrundsatzes besteht allerdings nur dann, wenn dieser erste Anschein nicht durch erkennbare charakterliche Defizite widerlegt wird.[575] Bei der Auswahlpflicht handelt es sich zudem nicht um eine punktuelle, mit dem Treffen einer sachgemäßen Auswahlentscheidung erledigte Verpflichtung, sondern um eine latent fortbestehende Daueraufgabe der Geschäftsleitung. Da sich die Aufgabendelegation genau betrachtet nicht in der einmaligen Übertragung der Tätigkeit erschöpft, sich vielmehr im Sinne eines Dauertatbestandes im Zeitpunkt des Tätigwerdens jedes Mal konkludent erneuert, bedarf es stets einer aktualisierten, die fortbestehende Eignung des Mitarbeiters überprüfenden Auswahlentscheidung. Aus diesem Grund obliegt es der Geschäftsleitung, den im Einstellungszeitpunkt auf der Basis der eingereichten Zeugnisse gewonnenen Eindruck von der Eignung des Mitarbeiters anhand dessen zwischenzeitlicher Bewährung im Unternehmen zu verifizieren bzw. korrigieren. Inhalt der Auswahlpflicht ist daher auch die regelmäßige, stichprobenartige Kontrolle der Arbeitsleistung des Delegierten.[576]

(2) Instruktion des Mitarbeiters

Die Instruktion dient der Herstellung des erforderlichen Risikobewusstseins des Mitarbeiters. Damit sich die Geschäftsleitung auf eine sie entlastende sorgfaltsgemäße Aufgabenwahrnehmung durch den Mitarbeiter verlassen kann, muss dieser in klar verständlicher Weise umfassend mit dem Gefahrenpotential der ihm übertragenen Tätigkeit sowie den zu ergreifenden Sicherheitsvorkehrungen vertraut gemacht werden.[577] Insbesondere ist er über das einschlägige gesetzliche Regelwerk zu unterrichten und über etwaige Veränderungen der Sach- und Rechtslage auf dem Laufenden zu halten.[578] Dabei gilt, dass mit zunehmender Komplexität der delegierten Aufgabe die Anforderungen an die Instruktion steigen.[579]

(3) Eindeutigkeit und Verständlichkeit der Aufgabenzuweisung

Die Instruktionspflicht umfasst neben der Vermittlung des relevanten Risikowissens auch die genaue Darlegung des konkreten Aufgabenbereichs. Nur wenn diese

---

575 Vgl. *Wilhelm*, Arbeitsteilung, S. 87.

576 *Busch*, Umweltstrafrecht, S. 503; *Eichinger*, Produkthaftung, S. 126; *Eidam*, Unternehmen und Strafe, S. 244; *Goll/Winkelbauer* in: von Westphalen, Produkthaftungshandbuch, § 48 Rn. 16; *Hettich*, Produkthaftung, S. 43; *Kassebohm/Malorny*, BB 1994, S. 1365; *Rudolphi*, FS Lackner, S. 872; *Schumann*, Handlungsunrecht, S. 28; *Spitz*, Produkthaftung, S. 65. Da die Kontrollpflicht insofern Ausprägung der den Schranken des Vertrauensgrundsatzes Rechnung tragenden Auswahlpflicht ist, geht *Puppe*, AT/1, § 5 Rn. 10, fehl in der Annahme, diese widerlege die uneingeschränkte Gültigkeit des Vertrauensgrundsatzes im Bereich vertikaler Arbeitsteilung.

577 *Eichinger*, Produkthaftung, S. 125; *Hettich*, Produkthaftung, S. 43; *Lascurain*, Madrid-Symposium, S. 42; S/S-*Cramer/Sternberg-Lieben*, § 15 Rn. 152 m. w. N.

578 *BGH*St 9, 319 (323); *Sander*, NuR 1985, S. 49.

579 *Wilhelm*, MedR 1983, S. 51.

eindeutig, klar und verständlich erfolgt, werden Missverständnisse und Zweifel auf Seiten des nachgeordneten Mitarbeiters vermieden und eine vollständige ordnungsgemäße Aufgabenwahrnehmung durch diesen gewährleistet.[580]

(4) Ausstattung des Mitarbeiters

Anders als im Fall der zwischenbetrieblichen Delegation, bei der sich der Delegierende mangels Organisationshoheit hinsichtlich des beauftragten Unternehmens auf dessen ordnungsgemäße Organisation verlassen muss, korrespondiert mit der innerbetrieblichen Aufgabenübertragung die Pflicht, den Beauftragten mit den zur sachgerechten Aufgabenerfüllung notwendigen sachlichen und personellen Mitteln auszustatten.[581] Nur unter dieser Voraussetzung kann sich die Geschäftsleitung im Sinne des Vertrauensgrundsatzes auf die prinzipielle Fähigkeit des jeweiligen Mitarbeiters zur pflichtgemäßen Unterbindung der in dessen Zuständigkeitsbereich fallenden Gefahren in sorgfaltspflichtbegrenzender Weise berufen.

(5) Zusammenfassung

Als Zwischenergebnis ist festzuhalten, dass die innerbetriebliche Aufgabendelegation die Geschäftsleitung nur dann von ihrer eigenen Gefahrverantwortung entlasten kann, wenn durch sorgfältige Auswahl, umfassende Instruktion und angemessene Ausstattung der einzelnen Mitarbeiter eine sachgerechte Gefahrenabwehr durch diese grundsätzlich möglich ist.

(III) Verantwortlichkeit trotz wirksamer Aufgabendelegation

Bereits die Ausführungen zur zwischenbetrieblichen Delegation haben jedoch gezeigt, dass auch bei ordnungsgemäßer Aufgabenübertragung eine Restverantwortung beim Delegierenden verbleibt. Diese resultiert daraus, dass nicht die Gefahrenabwehrpflicht bzw. Gefahrverantwortlichkeit als solche, sondern nur deren Wahrnehmung auf die Unternehmensangehörigen übertragen wird.[582] Aus diesem Grund besteht auch nach bzw. trotz Aufgabendelegation die Generalverantwortung der Geschäftsleitung für alle vom Unternehmen ausgehenden Gefahren fort,[583] wenngleich inhaltlich insoweit modifiziert, als sich die originäre Pflicht zur persönlichen Vornahme aller erforderlichen Gefahrenabwehrmaßnahmen in eine subsidiäre Eingriffspflicht bei offensichtlicher bzw. sich konkret abzeichnender unzulänglicher Gefahrenabwehr durch die zuständigen Mitarbeiter wandelt.[584]

In Rechtsprechung und Literatur werden Umfang und Reichweite einer solchen Eingriffspflicht üblicherweise unter dem Gesichtspunkt der Verhinderung von

---

580 *Alexander*, Strafrechtliche Verantwortlichkeit, S. 202; *Busch*, Umweltstrafrecht, S. 503 m. w. N.; *Eidam*, Unternehmen und Strafe, S. 244; *Renzikowski*, Hierarchien, S. 151.

581 *Busch*, Umweltstrafrecht, S. 504; *Neudecker*, Kollegialorgane, S. 146 f.; *Spitz*, Produkthaftung, S. 65.

582 *Alexander*, Strafrechtliche Verantwortlichkeit, S. 220; *Schall*, Probleme, S. 114.

583 Vgl. *Brammsen*, Garantenpflichten, S. 273 f.; *Lascuraín*, Madrid-Symposium, S. 41 f.; *Schall*, Probleme, S. 114; *Schünemann*, Unternehmenskriminalität, S. 108.

584 *Bock*, Produktkriminalität, S. 140; *Eidam*, Unternehmen und Strafe, S. 245; *Schall*, Probleme, S. 114; S/S-*Stree*, § 13 Rn. 26; i. E. ebenso *Walter*, Geschäftsherr, S. 136.

Straftaten Untergebener diskutiert. Die damit angesprochene Geschäftsherrenhaftung stellt aber nur einen Teilaspekt der generellen Problematik dar, inwieweit der Betriebsinhaber bzw. die diesen repräsentierende Geschäftsleitung verpflichtet ist, betriebsbedingte Schadensverläufe zu hindern.[585] Im Zentrum der Diskussion stehen dabei Schadensverläufe, die auf dem freiverantwortlichen Verhalten Untergebener beruhen, da eine Verantwortung für autonomes Drittverhalten angesichts des Prinzips der Eigenverantwortlichkeit die Ausnahme darstellt.

(1) Garantenpflicht zur Verhinderung schädigenden Mitarbeiterverhaltens

Während das *Reichsgericht* eine Garantenpflicht des Betriebsinhabers zur Abwendung von Straftaten, die das Betriebspersonal in Ausübung der betrieblichen Verrichtung begeht, durchweg bejaht hat,[586] weist die Rechtsprechung des *BGH* keine einheitliche Linie auf[587] und auch im Schrifttum finden sich zur Frage der Geschäftsherrenhaftung befürwortende[588] sowie ablehnende Stellungnahmen.[589]

(a) Garantenstellung der Geschäftsleitung

Grundvoraussetzung für die Annahme einer Eingriffspflicht der Geschäftsleitungsmitglieder in Bezug auf strafbares Verhalten nachgeordneter Mitarbeiter ist die Existenz einer Garantenstellung. Diesbezüglich ist zu beachten, dass eine auf der Grundlage der organisationsbezogenen Betrachtungsweise ermittelte „Garantenstellung" der Gesamtorganisation, wie sie für das pharmazeutische Unternehmen bejaht wurde, der Geschäftsleitung nicht einfach unter Hinweis auf § 14 StGB als eigene Garantenstellung zugerechnet werden kann. Mangels strafrechtlicher Rechtssubjektivität besitzt die Organisation als solche gerade keine Garantenstellung. Die im ersten Schritt der organisationsbezogenen Betrachtungsweise angenommene „Garantenstellung" stellt lediglich einen gedanklichen Zwischenschritt zur besseren Ermittlung, nicht aber erleichterten Begründung der die ein-

---

585 So zutreffend *Ransiek*, Unternehmensstrafrecht, S. 35 f.; *von Freier*, Verbandsstrafe, S. 273.

586 Vgl. *RG*St 57, 151 ff.; 58, 130 ff.; 75, 296 ff.

587 Siehe die Nachweise bei *Schünemann*, Unternehmenskriminalität, S. 73 ff.

588 *Böse*, NStZ 2003, S. 638; *Busch*, Umweltstrafrecht, S. 542; *Göhler*, FS Dreher, S. 620; *Hilgendorf*, Produzentenhaftung, S. 73; *Hirsch*, ZStW 107 (1995), S. 310; *Kindhäuser*, AT, § 36 Rn. 73; *ders.*, LPK, § 13 Rn. 45; *Knauer*, Kollegialentscheidung, S. 64; *Lackner/Kühl*, § 13 Rn. 14; *Peter*, Kollegialorganmitglieder, S. 131; *Renzikowski*, Hierarchien, S. 160; *Schmid* in: Müller-Gugenberger/Bieneck, WiStR, § 30 Rn. 99; *Tiedemann*, Wirtschaftsstrafrecht, Rn. 185; *Weber*, ZStW 96 (1984), S. 404 f.; eingeschränkt *Rudolphi*, FS Lackner, S. 874.

589 *Hsü*, Garantenstellung, S. 244 f., 254; *Kaufmann*, (Sonder-)Pflichtverletzungen, S. 125; *Seelmann*, Kollektive Verantwortung, S. 11 f., 15; *Winkelbauer*, FS Lenckner, S. 650. Nach der hier vertretenen Auffassung, wonach im Bereich unechten Unterlassens eine Unterscheidung zwischen Täterschaft und Teilnahme nicht möglich ist, ist es wenig überzeugend, eine Unterlassungstäterschaft der Geschäftsleitung abzulehnen, deren Mitglieder aber wegen Teilnahme durch Unterlassen zu bestrafen. So indes S/S-*Cramer/Heine*, Vorbem §§ 25 ff. Rn. 109b f.

zelnen Organisationsangehörigen treffenden strafbewehrten Pflichten dar. Insbesondere befreit sie nicht vom Erfordernis des Nachweises einer individuellen Garantenstellung des einzelnen Organisationsangehörigen.

Eine solche lässt sich auch nicht pauschal aus §§ 357 StGB, 41 WStG bzw. § 130 OWiG herleiten.[590] Weder die §§ 357 StGB, 41 WStG, die den Besonderheiten behördlicher bzw. militärischer Subordinationsverhältnisse Rechnung tragen, noch das echte Unterlassungsdelikt des § 130 OWiG lassen den Schluss auf eine allgemeine Garantenhaftung im Sinne einer unechten Unterlassungstäterschaft zu, zumal nach dem Willen des Gesetzgebers § 130 OWiG als bloße Ordnungswidrigkeit die Frage der strafrechtlichen Garantenhaftung nicht präjudizieren soll.[591] Andererseits kommt diesen Normen aber auch keine Sperrwirkung bezüglich einer allgemeinen Geschäftsherrenhaftung zu.[592] Dass dies vereinzelt vorgetragen wird,[593] zeigt aber, dass aus den §§ 357 StGB, 41 WStG und 130 OWiG letztlich keine eindeutigen Schlussfolgerungen gezogen werden können.

Eine Garantenstellung ergibt sich jedenfalls unstreitig aus Ingerenz, wenn das Tätigwerden des nachgeordneten Mitarbeiters auf einer entsprechenden Weisung der Geschäftsleitung beruht.[594] Insofern wird die fehlende Strafbarkeit der Geschäftsleitungsmitglieder als mittelbare Täter kraft Organisationsherrschaft im Wege einer möglichen Bestrafung als Unterlassungstäter kompensiert,[595] wenngleich sich auch hier die Frage stellt, inwieweit die Freiverantwortlichkeit des Untergebenen einer Strafbarkeit der Geschäftsleitungsmitglieder entgegensteht. Dies ist aber eine Frage der Reichweite der Garantenpflicht, auf die erst im Anschluss an die Erörterung der Garantenstellung eingegangen werden soll.

Ein Fall der Ingerenz ist auch dann gegeben, wenn das rechtsgutsverletzende Untergebenenverhalten Folge unzureichender Qualifikation, Instruktion oder Ausstattung des betreffenden Mitarbeiters und damit letztlich eines Organisationsversagens der Geschäftsleitung ist.[596] Allerdings ist die grundsätzliche Subsidiarität des Unterlassungsdelikts gegenüber dem Begehungsdelikt zu beachten, so dass eine strafbarkeitsbegründende Zurechnung des Untergebenenverhaltens regelmäßig bereits aufgrund pflichtwidriger Delegation und damit eines positiven Tuns unabhängig vom Bestehen einer Garantenstellung erfolgt.[597]

---

590 So aber offenbar *Busch*, Umweltstrafrecht, S. 539; *Göhler*, FS Dreher, S. 621; *Landscheidt*, Problematik, S. 113. Dagegen zu Recht *Kirchner*, Unterlassungshaftung, S. 157; SK-StGB-*Rudolphi*, § 13 Rn. 35a; *Schmid* in: Müller-Gugenberger/Bieneck, WiStR, § 30 Rn. 90; *Schünemann*, Unternehmenskriminalität, S. 64, 69.

591 Siehe BR-Drs. 420/66, S. 68 f.

592 *Brammsen*, Unterlassungshaftung, S. 129, 133; NK-*Wohlers*, § 13 Rn. 53; *Schünemann*, wistra 1982, S. 47.

593 *Kaufmann*, (Sonder-)Pflichtverletzungen, S. 115 f.; LK-*Jescheck*, § 13 Rn. 45.

594 Vgl. *Ransiek*, ZGR 1999, S. 636.

595 So etwa *Freund*, AT, § 10 Rn. 102 f., der eine mittelbare Begehungstäterschaft verneint und stattdessen auf eine Geschäftsherrenhaftung des Anweisenden abstellt.

596 So schon *RG*St 58, 130 (132 f.); ebenso *Frisch*, Zurechnung, S. 209; *Ransiek*, ZGR 1992, S. 221; *Renzikowski*, Hierarchien, S. 158; *von Freier*, Verbandsstrafe, S. 284.

597 Eine Unterlassungsstrafbarkeit kommt jedoch dann in Betracht, wenn die Geschäftsleitung berechtigterweise von der Qualifikation und Instruktion des Mitarbeiters ausgehen

Fehlt es jedoch an einem pflichtwidrigen Vorverhalten der Geschäftsleitung, gehen die Meinungen darüber, ob und wie sich eine Garantenstellung begründen lässt, weit auseinander.

(aa) Klassische Auffassungen zur sogenannten Geschäftsherrenhaftung

Im Schrifttum hat sich diesbezüglich eine Vielzahl höchst unterschiedlicher Ansätze herausgebildet. Nach der klassischen Lehre von der Geschäftsherrenhaftung soll diese davon abhängen, ob der Vorgesetzte innerhalb der Organisation über eine derart uneingeschränkte Autorität verfügt, dass er das rechtsgutsverletzende Untergebenenverhalten durch ein Machtwort jederzeit verhindern kann und somit kraft Herrschaft über die schadensursächliche Person als Gefahrenquelle die Position eines Garanten einnimmt.[598] Danach sei eine Garantenstellung der Geschäftsleitung zu bejahen, beherrsche diese doch kraft ihrer rechtlich vermittelten Befehlsgewalt, ihres überlegenen Sachwissens sowie der faktischen Durchsetzbarkeit ihrer Anordnungen das Verhalten der hierarchisch nachgeordneten Unternehmensangehörigen.[599] Dabei folge die Befehlsgewalt aus dem arbeitsrechtlich zugewiesenen Direktionsrecht, das überlegene Sachwissen aus dem Überblick über die für Mitarbeiter unterer Ebenen nur noch begrenzt nachvollziehbaren Gesamtzusammenhänge.[600] Die faktische Durchsetzbarkeit schließlich ergebe sich aus der jederzeitigen Auswechselbarkeit des einzelnen Mitarbeiters bei gleichzeitigem wirtschaftlichen Angewiesensein auf den Fortbestand des Arbeitsverhältnisses,[601] wobei teils explizit auf die Grundsätze der mittelbaren Täterschaft kraft Organisationsherrschaft Bezug genommen wird.[602]

durfte, so insbesondere dann, wenn die Stellenbesetzung und Instruierung an Abteilungen des mittleren Managements (Personalabteilung, Controlling) delegiert wurde und die Geschäftsleitung mangels entgegenstehender Anhaltspunkte darauf vertrauen durfte, dass diese ihrer Aufgabe ordnungsgemäß nachkommen. Allerdings fehlt es dann wiederum an einem pflichtwidrigen, eine Ingerenzgarantenstellung der Geschäftsleitung begründenden Vorverhalten.

598 So vor allem *Schünemann* in Umsetzung seiner auf der Herrschaft über den Grund des Erfolges aufbauenden Garantenlehre. Siehe *Schünemann*, Unternehmenskriminalität, S. 97 f.; *ders.*, wistra 1982, S. 45; *ders.*, ZStW 96 (1984), S. 318; *ders.*, GedS Meurer, S. 51; *ders.*, FS Rudolphi, S. 310. Daneben aber auch *Eidam*, Unternehmer und Strafe, S. 247; *Herzberg*, Arbeitsschutz, S. 231; *Kirchner*, Unterlassungshaftung, S. 153; *Rogall*, ZStW 98 (1986), S. 616; nahe stehend *Spitz*, Produkthaftung, S. 262; *Stratenwerth/Kuhlen*, AT, § 13 Rn. 46, 48.

599 *Schünemann*, Unternehmenskriminalität, S. 104.

600 Vgl. *Busch*, Umweltstrafrecht, S. 540 ff.; *Krekeler/Werner*, Unternehmer und Strafrecht, Rn. 17; *Rogall*, ZStW 98 (1986), S. 616; *Schall*, Probleme, S. 111; *Schmid* in: Müller-Gugenberger/Bieneck, WiStR, § 30 Rn. 98; *Schünemann*, Unternehmenskriminalität, S. 102; *ders.*, wistra 1982, S. 45; *ders.*, ZStW 96 (1984), S. 310.

601 *Busch*, Umweltstrafrecht, S. 541; *Rogall*, ZStW 98 (1986), S. 616 f.; *Schall*, Probleme, S. 110 f.; *Schünemann*, Unternehmenskriminalität, S. 102 f.; *ders.*, wistra 1982, S. 45.

602 So etwa bei *Busch*, Umweltstrafrecht, S. 542; *Schünemann*, Unternehmenskriminalität, S. 103 f.

Da der Geschäftsleitung, wie gesehen, eine solche Organisationsherrschaft aber nicht zukommt, lässt sich auch eine Garantenstellung kraft Personenherrschaft nicht plausibel begründen. Selbst wenn man eine solche Herrschaft unterstellte, folgte aus deren Vorhandensein allein noch keine Garantenstellung. Denn aus einer faktisch-rechtlichen Herrschaftsmöglichkeit folgt nicht per se eine normative Pflicht zur Beherrschung.[603] So bedarf die Annahme einer Pflicht zur Herrschaftsausübung bei freiverantwortlichem Untergebenenverhalten mit Blick auf das Eigenverantwortlichkeitsprinzip einer besonderen normativen Begründung.[604]

Letztlich handelt es sich bei der angenommenen Herrschaft aber ohnehin um eine Fiktion. Kann das Direktionsrecht im Hinblick auf eine Begehensstrafbarkeit keine Tatherrschaft im Sinne der Organisationsherrschaft begründen, so kann es ebenso wenig eine Garantenstellung der Geschäftsleitung kraft personaler Herrschaft über nachgeordnete Mitarbeiter hinreichend substantiieren.[605] Auch fehlt es an der vermeintlichen Informationshoheit der Geschäftsleitung. Gerade in Großunternehmen ist die Geschäftsleitung vom operativen Geschäft so weit entfernt, dass sie in problematischen Situationen kaum effektiv gegensteuernd eingreifen kann, zumal angesichts der geschilderten Dezentralisierung der Organisationsstruktur häufig ein Informationsdefizit auf Seiten der Geschäftsleitung zu verzeichnen und diese daher hinsichtlich negativer Nachrichten auf deren Mitteilung durch Mitarbeiter unterer Ebenen angewiesen ist.[606]

Ein Teil des Schrifttums weicht deshalb auf einen anderen Begründungsansatz aus und stützt die Garantenstellung der Geschäftsleitung auf die Herrschaft über den Betrieb als solchen, der aufgrund seines kriminogenen Potentials bereits an sich eine Gefahrenquelle darstelle.[607] Weil sich aber im Grunde jede betriebliche Situation genau dann als offensichtlich kriminogen entpuppt, wenn aus ihr heraus eine unternehmensbezogene Straftat begangen wird, liefe diese Konzeption auf eine „self-fulfilling prophecy" hinaus,[608] zumal eine trennscharfe, nachvollziehba-

---

603 *Busch*, Umweltstrafrecht, S. 515; *Herzberg*, Arbeitsschutz, S. 230; *Hilgers*, Verantwortlichkeit von Führungskräften, S. 118 f.; *Hsü*, Garantenstellung, S. 243; *Kirchner*, Unterlassungshaftung, S. 155; *Köhler*, AT, S. 224; *Lascuraín*, Madrid-Symposium, S. 36; *Otto*, Jura 1998, S. 413; *Peter*, Kollegialorganmitglieder, S. 81; *Renzikowski*, Hierarchien, S. 159; *Rotsch*, Individuelle Haftung, S. 195; *Schwartz*, Produkthaftung, S. 49; *von Freier*, Verbandsstrafe, S. 279; *Walter*, Geschäftsherr, S. 38 f.

604 *Herzberg*, Unterlassung, S. 320; *Hilgers*, Verantwortlichkeit von Führungskräften, S. 118 f.; *Neudecker*, Kollegialorgane, S. 84; *Ransiek*, ZGR 1992, S. 220.

605 So auch *Heine*, Verantwortlichkeit, S. 117; *Rotsch*, Individuelle Haftung, S. 194 f.; inkonsequent *Roxin*, AT/2, § 32 Rn. 137, der eine mittelbare Täterschaft kraft Organisationsherrschaft in Unternehmen ablehnt, eine Garantenstellung kraft Personenherrschaft aber bejaht.

606 *Heine*, Verantwortlichkeit, S. 45; *Kohlhoff*, Kartellstrafrecht, S. 195 f. So selbst *Schünemann*, Unternehmenskriminalität, S. 37, so dass nicht einleuchten mag, wieso er der Geschäftsleitung dennoch ein überlegenes Sachwissen zuerkennt.

607 In diesem Sinne *Alwart*, Unternehmensethik, S. 81; *Hoyer*, Weisungsverhältnisse, S. 201; *Murmann*, GA 1996, S. 280; *Renzikowski*, Hierarchien, S. 159 f.; *Schall*, FS Rudolphi, S. 277 f.

608 *von Freier*, Verbandsstrafe, S. 289.

re Abgrenzung zwischen zulässiger effektiver Wirtschaftspolitik und garantenpflichtbegründender rücksichtsloser Verfolgung ökonomischer Interessen letztlich nicht möglich ist.[609] Die Austarierung ökonomischer Interessen gegen andere rechtlich geschützte Interessen ist zudem ein allgemeines Problem der sozialen Marktwirtschaft, eine typische Allgemeingefahr, die eine Sonderverantwortlichkeit in Form einer Garantenstellung nicht zu legitimieren vermag.[610] Schließlich verkennt dieser Ansatz auch, dass Gefahren nicht bereits durch die bloße Beschäftigung von Personal, sondern erst durch dessen Tätigwerden entstehen. Diesbezüglich geht das Recht aber prinzipiell davon aus, dass der Einzelne kriminogenen Anreizen widersteht und stets rechtmäßig agiert, so dass das Bild vom Mitarbeiter als ständiger Gefahrenquelle wenig überzeugend, wenn nicht gar verfehlt ist.[611]

Unter dem Gesichtspunkt der Herrschaft lässt sich eine Garantenstellung der Geschäftsleitung allein aus dem Gedanken der Sachherrschaft herleiten, wenn die Gefahr der Rechtsgutsverletzung – wie im Fall von Arzneimittelschäden – von einer Sache ausgeht und diese sich durch ein Verhalten Untergebener – etwa das Inverkehrbringen eines bedenklichen Arzneimittels – zu realisieren droht.[612] Der Umstand, dass die tatsächliche Sachherrschaft gelockert ist, steht dem nicht entgegen. Andernfalls würde derjenige, der sich zur Erfüllung seiner Verkehrspflichten Dritter bedient, privilegiert. Dies erscheint unangemessen, da der Betriebsinhaber bzw. die diesen vertretende Geschäftsleitung die Gefahrenquelle immerhin eröffnet hat und sich den daraus folgenden Pflichten nicht durch bloßen Organisationsakt entziehen kann.[613] Voraussetzung ist jedoch, dass die Sache bereits ihrer Zweckbestimmung nach eine Gefahr darstellt und nicht erst durch einen deliktischen Missbrauch derselben seitens eines Mitarbeiters zu einer solchen wird, da in letzterem Fall wiederum der Mitarbeiter als Person die wahre Gefahrenquelle ist, über die die Geschäftsleitung aber aus den genannten Gründen keine garantenpflichtbegründende Herrschaft ausübt.[614] Insofern erweist sich die Konstruktion einer Garantenstellung kraft Sachherrschaft gerade dann, wenn die Rechtsgutsverletzung aus einer Straftat Untergebener in Form des bestimmungswidrigen Um-

---

609 *Heine*, Verantwortlichkeit, S. 119 f.; *Rotsch*, Individuelle Haftung, S. 202.

610 *Heine*, Verantwortlichkeit, S. 120.

611 *Bosch*, Organisationsverschulden, S. 163; *Gimbernat Ordeig*, FS Roxin, S. 661 f.; *Kirchner*, Unterlassungshaftung, S. 156, 158; *Ransiek*, Unternehmensstrafrecht, S. 40 f.; *Schünemann*, Unternehmenskriminalität, S. 78; *ders.*, wistra 1982, S. 43; *von Freier*, Verbandsstrafe, S. 280 f.; i. E. ebenso *Rotsch*, Individuelle Haftung, S. 203; *Walter*, Geschäftsherr, S. 141; a. A. *Roxin*, AT/2, § 32 Rn. 139.

612 Vgl. *Brammsen*, Unterlassungshaftung, S. 126; *Jakobs*, AT, 29/36; LK-*Jescheck*, § 13 Rn. 45; *Otto*, Jura 1998, S. 411; *Ransiek*, ZGR 1992, S. 215; *Roxin*, AT/2, § 32 Rn. 137; *Schall*, Probleme, S. 110; *ders.*, FS Rudolphi, S. 273 f.; *Schmid* in: Müller-Gugenberger/Bieneck, WiStR, § 30 Rn. 97; SK-StGB-*Rudolphi*, § 13 Rn. 35a; *Walter*, Geschäftsherr, S. 143.

613 *Winkemann*, Probleme, S. 141. *Schünemann*, Unternehmenskriminalität, S. 95 ff., zieht diesbezüglich eine Parallele zum Gedanken des „gestuften Mitgewahrsams“, wie er im Fall des Diebstahls zum Tragen kommt.

614 So zutreffend *Schall*, FS Rudolphi, S. 274 f.; *von Freier*, Verbandsstrafe, S. 281 f.; zu weit daher *Bock*, Produktkriminalität, S. 146.

gangs mit einer gefährlichen Sache resultiert, als kein gangbarer Weg zur Herleitung einer Verantwortlichkeit der Geschäftsleitung für den eingetretenen Erfolg. Eine solche scheidet mangels Sachherrschaft zudem dann aus, wenn die Sache die Organisationssphäre bereits verlassen hat,[615] so dass sich unter anderem eine Rückrufverantwortung bezüglich im Verkehr befindlicher bedenklicher Arzneimittel auf diese Weise nicht begründen lässt.

Alternativ zum Herrschaftsgedanken wird zur Herleitung einer Garantenstellung der Geschäftsführung vereinzelt auch auf den Vertrauensaspekt in Gestalt gewisser Erwartungserwartungen zurückgegriffen. Vom Betriebsinhaber werde, wie diesem auch durchaus bewusst sei, schlichtweg erwartet, dass er gegen alle Betriebsgefahren, auch solche, die auf einem deliktischen Verhalten der Unternehmensmitarbeiter beruhen, vorgehe.[616] Allerdings hat sich diese Konzeption bereits an anderer Stelle im Hinblick auf die Bestimmbarkeit des aus solchen Erwartungserwartungen konkret erwachsenden Pflichtengefüges als problematisch erwiesen.[617] Abhilfe könnte hier eine Orientierung am konkret übernommenen innerbetrieblichen Kompetenz- und Aufgabenbereich leisten, wie sie der organisationsbezogenen Betrachtungsweise zugrunde liegt.

(bb) Geschäftsherrenhaftung im Lichte der organisationsbezogenen Sichtweise

Aus organisationsbezogener Sichtweise spielt die Art und Weise der Vermittlung und Realisierung betrieblicher Gefahren im Grunde keine Rolle. Die Pflicht zur Verhinderung rechtsgutsverletzenden Mitarbeiterverhaltens stellt lediglich einen Ausschnitt der Generalverantwortung der Geschäftsleitung dar, betriebsbedingte Risiken für Rechtsgüter Dritter zu erkennen und bestmöglich zu unterbinden.[618] Diese umfassende Pflichtenstellung der Geschäftsleitung beruht nicht zuletzt auf der berechtigten Erwartung der Allgemeinheit, dass derjenige, der das betriebliche Geschehen kraft Weisungsrechts steuern und kontrollieren kann, dafür Sorge trägt, dass rechtliche Regeln befolgt und Sicherheitsstandards eingehalten werden, um Betriebsgefahren auf ein Minimum zu reduzieren und Schädigungen weitgehend zu vermeiden.[619] Neben die Herrschaft als faktischer Grundvoraussetzung der Gefahrenabwehrpflicht tritt der Vertrauensaspekt als normatives, die Pflicht zur Herrschaftsausübung statuierendes Element. Ist somit der Organisationsrolle „Geschäftsleitung" eine Sonderverantwortung für betriebsbedingte Rechtsgutsgefährdungen immanent, so wird der individuelle Bezug zum einzelnen Geschäftsleiter durch die freiwillige Übernahme dieser Organisationsrolle in Kenntnis der daran anknüpfenden Erwartungen hergestellt. Eine Garantenstellung und Geschäftsherrenverantwortung des einzelnen Geschäftsleiters lässt sich daher grundsätzlich auf

---

[615] *Schünemann*, Unternehmenskriminalität, S. 80; *ders.*, wistra 1982, S. 44.

[616] *Brammsen*, Garantenpflichten, S. 274, 277; ähnlich *Bottke*, Haftung, S. 25 f., 27 f.; *Thiemann*, Aufsichtspflichtverletzung, S. 17.

[617] Vgl. S. 229 ff. sowie speziell mit Blick auf die Frage einer Geschäftsherrenhaftung *Bosch*, Organisationsverschulden, S. 181.

[618] *Bosch*, Organisationsverschulden, S. 224 f.; *Ransiek*, Unternehmensstrafrecht, S. 36; *von Freier*, Verbandsstrafe, S. 273.

[619] Vgl. *OLG Karlsruhe* GA 1971, S. 281.

den Entstehungsgrund der Übernahme einer umfassenden Gefahrenabwehrpflicht und der darin enthaltenen Eingriffspflicht hinsichtlich gefährlicher Betriebshandlungen nachgeordneter Mitarbeiter stützen.[620] Die entscheidende Frage ist damit weniger das „Ob" einer Garantenstellung als vielmehr das „Wie", d. h. der Umfang der aus dieser hervorgehenden Garantenpflicht.[621]

(b) Umfang der Garantenpflicht

Ausgehend von dem zur Sorgfaltspflichtbestimmung und Übernahmegarantenstellung Gesagten richtet sich das Maß der Gefahrenabwehrpflicht danach, inwieweit die Gefahrbetroffenen auf Schutz vertrauen dürfen, was mangels konkreten Schutzversprechens anhand der allgemeinen Kriterien der Möglichkeit, Erforderlichkeit und Zumutbarkeit zu ermitteln ist.

(aa) Begrenzung auf betriebsbezogenes Untergebenenverhalten

Beruht die Garantenstellung des Geschäftsleiters auf der Übernahme einer bestimmten betrieblichen Position, so folgt hieraus zunächst unstreitig, dass Gegenstand der Garantenpflicht auch nur die Vermeidung betrieblicher Gefahren und somit auch nur betriebsbezogenen Mitarbeiterverhaltens ist.[622] Entscheidend ist, ob die Rechtsgutsgefahr mit dem Wirkungskreis des Betriebes, seinen Aufgaben und typischen Risiken im Zusammenhang steht oder aber ausschließlich durch das Verhalten eines Untergebenen außerhalb seines betrieblichen Aufgabenbereichs entsteht.[623] Dabei reicht es zur Begründung einer Betriebsgefahr aus, dass das Fehlverhalten des Untergebenen unter Ausnutzung der tatsächlichen und rechtlichen Wirkungsmöglichkeiten erfolgt, die die Beschäftigung im Betrieb diesem bietet.[624] Ist dies der Fall, fällt prinzipiell auch ein vorsätzliches Tätigwerden des Mitarbeiters in den Verantwortungsbereich der Geschäftsleitung.[625] Allerdings kommt insofern dem Vertrauensgrundsatz maßgebliche Bedeutung zu.

---

620 Ähnlich bereits *RG*St 58, 130 (132). Vgl. auch *Böse*, NStZ 2003, S. 639; *ders.*, wistra 2005, S. 42; *Bottke*, Haftung, S. 33; *Hilgers*, Verantwortlichkeit von Führungskräften, S. 136; *Nehm*, Produkthaftung, S. 19; *Ransiek*, Unternehmensstrafrecht, S. 38; *ders.*, ZGR 1992, S. 222; *ders.*, ZGR 1999, S. 618 f.; i. E. ebenso *Hellmann/Beckemper*, WiStR, Rn. 881; *Jakobs*, AT, 29/36; *Rogall*, ZStW 98 (1986), S. 617 f.

621 So auch *Altenhain*, NStZ 2001, S. 190; *Eichinger*, Produkthaftung, S. 186; *Schall*, FS Rudolphi, S. 268.

622 *Alexander*, Strafrechtliche Verantwortlichkeit, S. 26; *Busch*, Umweltstrafrecht, S. 542 f.; *Gimbernat Ordeig*, FS Roxin, S. 661; *Haft*, AT, S. 190; *Köhler*, AT, S. 223; *Landscheidt*, Problematik, S. 115; NK-*Wohlers*, § 13 Rn. 53; *Peter*, Kollegialorganmitglieder, S. 131; *Ransiek*, ZGR 1992, S. 219; *Renzikowski*, Hierarchien, S. 159 f.; *Rogall*, ZStW 98 (1986), S. 618; *Schall*, Probleme, S. 111; *ders.*, FS Rudolphi, S. 269, 279; S/S-*Stree*, § 13 Rn. 52; *Thiemann*, Aufsichtspflichtverletzung, S. 19.

623 *Hilgers*, Verantwortlichkeit von Führungskräften, S. 141; *Thiemann*, Aufsichtspflichtverletzung, S. 20.

624 *Schall*, FS Rudolphi, S. 282; ähnlich *Bock*, Produktkriminalität, S. 146.

625 Ebenso *Lascuraín*, Madrid-Symposium, S. 45 f.; *von Freier*, Verbandsstrafe, S. 305; a. A. *Bosch*, Organisationsverschulden, S. 225.

(bb) Maßgeblichkeit des Vertrauensgrundsatzes

Entgegen der Ansicht eines Teils des Schrifttums[626] findet der Vertrauensgrundsatz auch im Verhältnis zwischen Vorgesetztem und Untergebenem prinzipiell Anwendung.[627] Eine Ausnahme hiervon ist allein dann zu machen, wenn die übernommene betriebliche Aufgabe im Kern gerade darin besteht, die Leistungen der einzelnen Unternehmensmitarbeiter zu überwachen.[628] Während die Kontrolltätigkeit hier Hauptaufgabe ist, so dass mit deren umfassender Wahrnehmung keine zwangsweise Vernachlässigung anderer Pflichten einhergeht, würde die Annahme einer bei Unanwendbarkeit des Vertrauensgrundsatzes umfassenden Überwachungspflicht der Geschäftsleitung hinsichtlich aller Mitarbeiter zu einer Überforderung und Ablenkung von den eigentlichen Aufgaben führen.[629] Insbesondere wäre es wenig sachgerecht, ein Vertrauen der Geschäftsleitung in den von ihr mit einem bestimmten betrieblichen Gefahrenbereich betrauten Spezialisten pauschal als unberechtigt zu qualifizieren.[630]

Demgemäß trifft die Geschäftsleitung grundsätzlich dann keine Verantwortung für betriebsbedingte Schadensverläufe, wenn die diese auslösenden bzw. zu deren Vermeidung eingestellten Mitarbeiter gewissenhaft ausgewählt, instruiert und hinreichend ausgestattet wurden, so dass die Geschäftsleitung ihrer Organisationspflicht ordnungsgemäß nachgekommen ist.[631] Umgekehrt gilt, dass bei Übertragung von Aufgaben an Auszubildende ein Vertrauen auf eine fehlerfreie Aufgabenwahrnehmung nicht berechtigt ist, mit der Delegation vielmehr eine gesteigerte Aufsichts- und Kontrollpflicht korrespondiert, um die Risiken, die durch den – letztlich sozialadäquaten – Einsatz unzulänglich qualifizierter Auszubildender „eigenverschuldet" heraufbeschworen werden, auf ein Minimum zu reduzieren.[632]

Eine Berufung auf den Vertrauensgrundsatz scheidet des Weiteren dann aus, wenn anhand konkreter Anhaltspunkte mit einem Fehlverhalten nachgeordneter Mitarbeiter gerechnet werden muss oder vorhandene Missstände durch entsprechende Fehlermeldungen offenbar werden.[633] Neben dem evidenten Fall, dass das

---

626 *Bosch*, Organisationsverschulden, S. 387 f.; *Dannecker*, Fahrlässigkeit, S. 225; *Herzberg*, Arbeitsschutz, S. 172; *Kudlich*, JR 2002, S. 469.

627 *Busch*, Umweltstrafrecht, S. 448, 504; *Freund*, NStZ 2002, S. 425; *Nehm*, Produkthaftung, S. 22; S/S-*Cramer/Sternberg-Lieben*, § 15 Rn. 152, 223a; *Ulsenheimer*, Arztstrafrecht, Rn. 167; *Wilhelm*, MedR 1983, S. 50; *dies.*, Jura 1985, S. 187; *Winkemann*, Probleme, S. 141, 153.

628 Vgl. *Burgstaller*, Fahrlässigkeitsdelikt, S. 64; *Busch*, Umweltstrafrecht, S. 494 f.; *Roxin*, AT/1, § 24 Rn. 25; *Stratenwerth/Kuhlen*, AT, § 15 Rn. 69.

629 *Winkemann*, Probleme, S. 153.

630 Ebenso *Schlüchter*, FS Salger, S. 158; *Spitz*, Produkthaftung, S. 66.

631 *Gropp*, AT, § 12 Rn. 41 m. w. N.

632 *Hannes*, Vertrauensgrundsatz, S. 204; *Sander*, NuR 1985, S. 49; *Walter*, Geschäftsherr, S. 144.

633 Vgl. *OLG Frankfurt* wistra 1985, S. 38 (39); *Busch*, Umweltstrafrecht, S. 502, 505; *Eichinger*, Produkthaftung, S. 127; *Goll/Winkelbauer* in: von Westphalen, Produkthaftungshandbuch, § 48 Rn. 16; *Hilgers*, Verantwortlichkeit von Führungskräften, S. 146 f.; *Jescheck/Weigend*, AT, § 55 I 3 e; *Kaufmann*, (Sonder-)Pflichtverletzungen, S. 17; *Krekeler/Werner*, Unternehmer und Strafrecht, Rn. 24; *Ransiek*, Unternehmensstraf-

rechtswidrige Mitarbeiterverhalten auf einer expliziten Anordnung der Geschäftsleitung beruht, ist damit vor allem auch der Fall angesprochen, dass die Geschäftsleitung aufgrund nur ihr zugänglicher Risikoinformationen – etwa hinsichtlich bislang unbekannter Risiken der Organisationstätigkeit – davon ausgehen muss, dass die untergeordneten Mitarbeiter entweder mangels Kenntnis hiervon nicht die notwendigen Maßnahmen ergreifen werden bzw. mit der Gefahrenabwehr überfordert sind.[634] Insofern besteht weitgehende Einigung dahingehend, dass die Geschäftsleitung insbesondere in Krisen- und Ausnahmesituationen, auf die die betriebliche Organisation gerade nicht zugeschnitten ist und die alle Organisationsbereiche tangieren, die Verantwortung trifft, selbst die erforderlichen Maßnahmen einzuleiten. Denn die einzelnen Mitarbeiter sind hierzu mangels Kompetenz und Überblick über das Gesamtgeschehen ersichtlich nicht imstande.[635]

(cc) Einschränkung des Vertrauensgrundsatzes

Fraglich ist, wann ein drohendes Fehlverhalten untergeordneter Mitarbeiter konkret erkennbar ist. Teilweise wird der Geschäftsleitung eine Aufsichts- und Überwachungspflicht in Form der regelmäßigen stichprobenartigen Kontrolle der Arbeitsleistung aller Unternehmensangehörigen zuerkannt,[636] mit der Folge, dass eine Strafbarkeit der Geschäftsleitung wegen eines Fehlverhaltens der Mitarbeiter und der daraus resultierenden Rechtsgutsverletzungen bereits dann in Betracht kommt, wenn das Schadensgeschehen durch eine ordnungsgemäße Beaufsichtigung und Überwachung erkennbar und vermeidbar gewesen wäre. Eine solche den Vertrauensgrundsatz einschränkende Kontrollpflicht steht indes im Widerspruch zum Eigenverantwortlichkeitsprinzip und stößt daher zu Recht auf Kritik.[637] An-

---

recht, S. 108; *ders.*, ZGR 1999, S. 621; *Roxin*, AT/1, § 24 Rn. 25; *Schmid* in: Müller-Gugenberger/Bieneck, WiStR, § 30 Rn. 121; *ders.*, FS Keller, S. 654; *Schmidt-Salzer*, NJW 1988, S. 1941; S/S-*Cramer/Sternberg-Lieben*, § 15 Rn. 223a; *Schünemann*, Unternehmenskriminalität, S. 98; *Spitz*, Produkthaftung, S. 351; *Walter*, Geschäftsherr, S. 136; *Winkemann*, Probleme, S. 154, 158.

634 *Hilgers*, Verantwortlichkeit von Führungskräften, S. 147; *Lege*, Rechtspflichten, S. 159 f.; *Neudecker*, Kollegialorgane, S. 148 f.; *Schmidt-Salzer*, NJW 1990, S. 2968; *Spitz*, Produkthaftung, S. 391; *Wilhelm*, MedR 1983, S. 50.

635 *Alexander*, Strafrechtliche Verantwortlichkeit, S. 209; *Busch*, Umweltstrafrecht, S. 505, 548 m. w. N.; *Eichinger*, Produkthaftung, S. 127; *Eidam*, Unternehmen und Strafe, S. 230; *Goll/Winkelbauer* in: von Westphalen, Produkthaftungshandbuch, § 48 Rn. 16; *Krekeler/Werner*, Unternehmer und Strafrecht, Rn. 1081; *Meier*, NJW 1992, S. 3195; *Schlüchter*, FS Salger, S. 160; *Schmidt-Salzer*, Produkthaftung, Rn. 1.160, 1.177; *ders.*, NJW 1988, S. 1941; S/S-*Cramer/Sternberg-Lieben*, § 15 Rn. 223a.

636 So *Bork*, Ethik-Kommissionen, S. 37; *Hilgers*, Verantwortlichkeit von Führungskräften, S. 146; *Krekeler/Werner*, Unternehmer und Strafrecht, Rn. 25; *Lascuraín*, Madrid-Symposium, S. 42, 44; *Neudecker*, Kollegialorgane, S. 157; *Schmid* in: Müller-Gugenberger/Bieneck, WiStR, § 30 Rn. 124. Siehe auch *BGH*St 9, 319 (323); 25, 158 (162 f.).

637 Vgl. *Bosch*, Organisationsverschulden, S. 389; *Eichinger*, Produkthaftung, S. 126; *Hannes*, Vertrauensgrundsatz, S. 204 f.; *Raum* in: Wabnitz/Janovsky, HWSt, 4/42; *Schlüchter*, FS Salger, S. 161; *Schmidt-Salzer*, Produkthaftung, Rn. 1.222; *ders.*, NJW 1988, S. 1941; *Schutzbach*, Betriebsunfälle, S. 144; *Spitz*, Produkthaftung, S. 350 f.

zuerkennen ist eine Kontrollpflicht nur insoweit, als sie im Sinne einer verlängerten Auswahlpflicht der Überprüfung der fortbestehenden Eignung des Mitarbeiters für die ihm jedes Mal aufs Neue übertragene Aufgabe dient.[638] Im Ausführungsstadium selbst bedarf es dann aber keiner Überwachung mehr, hier kommt der Geschäftsleitung der Vertrauensgrundsatz zugute, solange kein konkreter Anlass besteht, an einem pflichtgemäßen Mitarbeiterverhalten zu zweifeln.[639]

(c) Subjektive Voraussetzungen

Neben der abstrakt objektiven Erkennbarkeit des Fehlverhaltens bedarf es zur Bejahung der strafrechtlichen Verantwortung der Geschäftsleitungsmitglieder in subjektiver Hinsicht der individuellen Kenntnis oder Voraussehbarkeit des Tatgeschehens,[640] welche insbesondere bei einer großen – räumlichen oder hierarchischen – Distanz zwischen Geschäftsleitung und dem deliktisch agierenden Ausführungsorgan oftmals nicht nachweisbar sein dürfte.[641] Unproblematisch gestaltet sich der Nachweis lediglich in den Fällen, in denen das schädliche Verhalten iterativ erfolgt und zwischenzeitlich offenbar wird, so z. B. beim fortgesetzten Inverkehrbringen eines Produkts nach Eingang von Schadensmeldungen. Vor dem Hintergrund dieser Probleme im subjektiven Bereich hat der Gesetzgeber mit § 130 OWiG einen Auffangtatbestand in Form eines echten Unterlassungsdelikts geschaffen, dessen Grundzüge im Folgenden dargelegt werden sollen.

(2) Aufsichtspflichtverletzung gemäß § 130 OWiG

§ 130 OWiG bedroht die Leitungspersonen eines Unternehmens mit Geldbuße für die Unterlassung der Aufsicht, die zur Verhinderung bestimmter Zuwiderhandlungen der unternehmensangehörigen Mitarbeiter erforderlich ist, wenn eine solche Zuwiderhandlung begangen wird, die durch die gebotene Aufsichtsmaßnahme verhindert oder wesentlich erschwert worden wäre.[642] Der Tatbestand stellt damit ein echtes Unterlassungsdelikt dar,[643] bei dem die Zuwiderhandlung von Mitarbeitern als objektive Bedingung der Strafbarkeit ausgeformt ist und daher gerade keine Kenntnis bzw. Erkennbarkeit des Fehlverhaltens erfordert.[644] Taugliche Täter

---

638 In diesem Sinne bereits *RG*St 57, 148 (151).

639 *Wilhelm*, MedR 1983, S. 51.

640 *Achenbach* in: Achenbach/Ransiek, HWSt, I 3 Rn. 34; *ders.*, Coimbra-Symposium, S. 296; *Meier*, NJW 1992, S. 3195.

641 *Busch*, Umweltstrafrecht, S. 543; *Hilgendorf*, Produzentenhaftung, S. 73 f.; *Lege*, Rechtspflichten, S. 112 f.; *Schall*, Probleme, S. 112; *Seelmann*, Kollektive Verantwortung, S. 15; *Weber*, ZStW 96 (1984), S. 405.

642 Ausführlich zu § 130 OWiG *Achenbach* in: Achenbach/Ransiek, HWSt, I 3 Rn. 38 ff.; *Alexander*, Strafrechtliche Verantwortlichkeit, S. 222 ff.; *Bosch*, Organisationsverschulden, S. 311 ff.; *Hermanns/Kleier*, Grenzen der Aufsichtspflicht; *Maschke*, Aufsichtspflichtverletzungen.

643 *Achenbach* in: Achenbach/Ransiek, HWSt, I 3 Rn. 51; *Hermanns/Kleier*, Grenzen der Aufsichtspflicht, S. 9; *Maschke*, Aufsichtspflichtverletzungen, S. 31.

644 *Achenbach* in: Achenbach/Ransiek, HWSt, I 3 Rn. 58; *Adam*, wistra 2003, S. 286; *Alexander*, Strafrechtliche Verantwortlichkeit, S. 254; *Hermanns/Kleier*, Grenzen der Auf-

sind neben dem Betriebsinhaber und der diesen vertretenden Geschäftsleitung auch speziell bestellte Aufsichtspersonen wie z. B. Betriebsbeauftragte.[645]

Was die erforderlichen Aufsichtsmaßnahmen anbelangt, zählt hierzu, wie sich aus § 130 Abs. 1 Satz 2 OWiG ableiten lässt, neben der bereits angesprochenen Auswahl und Instruktion der Mitarbeiter auch deren Überwachung, so dass § 130 OWiG insofern einen gegenüber § 13 StGB erweiterten Haftungsrahmen begründet. Mehr als regelmäßige, gegebenenfalls überraschende stichprobenartige Kontrollen ist jedoch nicht zu verlangen, sollen die Vorteile der Arbeitsteilung nicht völlig beseitigt werden.[646] Gesteigerte Aufsichtsmaßnahmen sind allerdings auch hier geboten, wenn es bereits zu Unregelmäßigkeiten gekommen ist oder solche sich konkret abzeichnen.[647] Darüber hinaus ist die Geschäftsleitung namentlich großer Unternehmen verpflichtet, geeignetes Aufsichtspersonal zu bestellen, um eine flächendeckende Überwachung zu gewährleisten. Diesbezüglich stellt sich dann die Frage, inwieweit der Einsatz spezieller Aufsichtskräfte die Geschäftsleitung im Hinblick auf eine Unterlassungsstrafbarkeit wegen Nichterfüllung der fortgesetzten Auswahlpflicht entlastet.

(IV) Entlastung durch Bestellung speziellen Aufsichtspersonals

Die Delegation der grundsätzlich der Geschäftsleitung obliegenden Beaufsichtigung nachgeordneter Mitarbeiter an das mittlere Management, wie sie in § 130 OWiG explizit vorgesehen ist und von § 14 Abs. 2 StGB als prinzipiell zulässige Maßnahme stillschweigend vorausgesetzt wird, erweist sich im Interesse des Rechtsgüterschutzes regelmäßig als geradezu geboten.[648] So ist die Geschäftsleitung ab einer bestimmten Betriebsgröße nicht mehr in der Lage, jede Abteilung und jeden einzelnen Mitarbeiter angemessen zu kontrollieren.[649] Darüber hinaus verfügt die überwiegend kaufmännisch besetzte Geschäftsleitung oftmals nicht über die zur effektiven Kontrolle erforderliche Fachqualifikation,[650] weshalb etwa das Arzneimittelgesetz in § 14, 15 AMG die Bestellung einer sachkundigen Person sowie eines hinreichend qualifizierten Herstellungs- und Kontrollleiters verlangt. Verzichtet die Geschäftsleitung auf die Einstellung entsprechender Fach-

---

sichtspflicht, S. 9; *Hilgendorf*, Produzentenhaftung, S. 74; *Hilgers*, Verantwortlichkeit von Führungskräften, S. 34; *Hsü*, Garantenstellung, S. 43; *Kaufmann*, (Sonder-)Pflichtverletzungen, S. 126; *Schmid* in: Müller-Gugenberger/Bieneck, WiStR, § 30 Rn. 131; *Schünemann*, wistra 1982, S. 48;

645 *Achenbach* in: Achenbach/Ransiek, HWSt, I 3 Rn. 42; *Adam*, wistra 2003, S. 286.

646 *Hermanns/Kleier*, Grenzen der Aufsichtspflicht, S. 40; *Hilgers*, Verantwortlichkeit von Führungskräften, S. 30; *Maschke*, Aufsichtspflichtverletzungen, S. 40 m. w. N.

647 *Achenbach* in: Achenbach/Ransiek, HWSt, I 3 Rn. 55; *Maschke*, Aufsichtspflichtverletzungen, S. 41; *Otto*, Jura 1998, S. 414.

648 So auch *Alexander*, Strafrechtliche Verantwortlichkeit, S. 197; *Dannecker*, Fahrlässigkeit, S. 222; *Lascuraín*, Madrid-Symposium, S. 41.

649 Vgl. *Alexander*, Strafrechtliche Verantwortlichkeit, S. 196; *Bosch*, Organisationsverschulden, S. 392 f.; *Deutscher/Körner*, wistra 1996, S. 301 f.; *Goll/Winkelbauer* in: von Westphalen, Produkthaftungshandbuch, § 47 Rn. 17; *Hellmann/Beckemper*, WiStR, Rn. 894; *Schmidt-Salzer*, Produkthaftung, Rn. 1.181.

650 Vgl. *BGH*St 19, 286 (289); *Neudecker*, Kollegialorgane, S. 142 f.

kräfte, machen sich deren Angehörige unter Umständen wegen eines Organisationsverschuldens strafbar.

Umgekehrt muss dann aber gelten, dass der Einsatz derartiger Spezialkräfte die Geschäftsleitung grundsätzlich in gewissem Umfang von eigener Verantwortung befreit, sofern die Geschäftsleitung das Aufsichtspersonal sorgfältig ausgewählt, umfassend instruiert und hinreichend ausgestattet hat, so dass sie sich auf eine ordnungsgemäße Aufsicht durch diese verlassen darf.[651] Indes lebt auch hier die Verantwortung der Geschäftsleitung wieder auf, wenn konkrete Umstände Anlass zu Zweifeln an einer pflichtgemäßen Wahrnehmung der Kontrolltätigkeit geben.[652] Da das Aufsichtspersonal durch Übernahme der Garantenaufgabe der Geschäftsleitung selbst zum Garanten wird, ergibt sich angesichts der fortbestehenden subsidiären Garantenpflicht der Geschäftsleitung die Situation, dass mehrere Personen in abgestufter Form und mit einer bestimmten Rangfolge als Garanten für die jeweilige betriebliche Gefahrenquelle verantwortlich sind.[653]

(C) Zusammenfassung

Unabhängig davon, wie die Organisation im Einzelnen strukturiert ist, verbleibt es somit strafrechtlich bei der Generalverantwortung und Allzuständigkeit der Geschäftsführung für die Vermeidung betriebsbedingter Gefahren für Rechtsgüter Dritter. Entspringt die Gefahr einem auf Anweisung der Geschäftsleitung erfolgenden Verhalten, kommt je nachdem, ob der Geschäftsleitung die Schädlichkeit des angeordneten Verhaltens bewusst war, bei Realisierung der Gefahr in einem tatbestandlichen Erfolg eine Strafbarkeit wegen vorsätzlicher mittelbarer Täterschaft oder Anstiftung bzw. eine Fahrlässigkeitsstrafbarkeit in Betracht. Fehlt es an einer rechtswidrigen Weisung, trifft die Geschäftsleitung unter Umständen eine Verantwortlichkeit wegen Nichtverhinderung des Erfolgs, wenn dessen Eintritt Folge unterlassener bzw. unzulänglicher Gefahrenabwehrmaßnahmen ist. Zwar geht mit der Übertragung der diversen betrieblichen Tätigkeiten auf die verschiedenen Betriebsangehörigen auch die Pflicht über, die zur Vermeidung tätigkeitsbedingter Gefahren erforderlichen Maßnahmen zu ergreifen, so dass die Geschäftsleitung insoweit von eigener Verantwortung frei wird, wenn sie die einzelnen Mitarbeiter sorgfältig ausgewählt, umfassend instruiert und mit den nötigen Mitteln ausgestattet hat. Jedoch verbleibt der Geschäftsleitung auch bei wirksamer Delegation stets eine Restverantwortung für den Fall, dass die nachgeordneten Mitarbeiter erkennbar ihrer Gefahrenabwehrpflicht nicht ordnungsgemäß nachkommen. Die Pflicht zur Verhinderung sich abzeichnender Straftaten Untergebener stellt diesbezüglich nur einen Teilaspekt dar.

---

[651] Vgl. *Busch*, Umweltstrafrecht, S. 487; *Goll/Winkelbauer* in: von Westphalen, Produkthaftungshandbuch, § 47 Rn. 18; *Hermanns/Kleier*, Grenzen der Aufsichtspflicht, S. 42; *Hilgers*, Verantwortlichkeit von Führungskräften, S. 143; *Lascurain*, Madrid-Symposium, S. 43; *Otto*, Jura 1998, S. 414; *Ransiek*, ZGR 1999, S. 621; *Roxin*, AT/2, § 32 Rn. 142; *Schmidt-Salzer*, Produkthaftung, Rn. 1.182; *Schutzbach*, Betriebsunfälle, S. 135.

[652] *Dannecker*, Fahrlässigkeit, S. 225; *Neudecker*, Kollegialorgane, S. 144; i. E. ebenso *Rudolphi*, FS Lackner, S. 874.

[653] *Winkemann*, Probleme, S. 142.

Aus der Generalverantwortung und Allzuständigkeit der Geschäftsleitung resultiert demnach eine umfassende Organisationsverantwortung, die neben der Pflicht zur Etablierung eines effektiven Gefahrenabwehrregimes durch klare, eindeutige und im Wesentlichen lückenlose Aufteilung der Organisationstätigkeit auf hinreichend qualifiziertes Personal[654] auch die Pflicht zu persönlichem Eingreifen in besonderen Gefahrensituationen umfasst. Die mit Blick auf eine „Strafbarkeit" des pharmazeutischen Unternehmens als Kardinalpflicht bezeichnete Organisationspflicht trifft die Geschäftsleitung somit als eigene, individuelle Pflicht.[655]

b. Verantwortungsbereich des mittleren Managements

Die Stellung des unterhalb der Geschäftsleitung angeordneten mittleren Managements, dem vor allem die Leiter der verschiedenen Bereiche und Abteilungen der Organisation angehören, zeichnet sich insoweit durch eine gewisse Ambivalenz aus, als dessen Angehörige einerseits den Anordnungen der Geschäftsleitung unterworfen und mit deren Ausführung betraut sind, andererseits aber auch als verlängerter Arm der Geschäftsleitung zwecks Wahrnehmung originärer Geschäftsleitungsaufgaben – wie etwa Auswahl, Instruktion und Beaufsichtigung des Personals – seitens der Geschäftsleitung mit umfassenden Kompetenzen und Weisungsbefugnissen ausgestattet werden.

(A) Verantwortungsübernahme qua Delegation

Mit Delegation von Organisationsaufgaben an das mittlere Management übernimmt dieses einen Teil der Organisationsverantwortung der Geschäftsleitung. Daher lässt sich das zur Verantwortung der Geschäftsleitung Gesagte prinzipiell übertragen. Dies gilt zunächst für die Verantwortung bei Erteilung rechtswidriger Weisungen. Insbesondere können sich die Angehörigen des mittleren Managements nicht damit exkulpieren, dass die Geschäftsleitung etwaige aus dem angeordneten Verhalten erwachsende Rechtsgutsverletzungen durch rechtzeitiges Eingreifen, zu dem sie im Falle der Erkennbarkeit des Fehlverhaltens verpflichtet ist, hätte verhindern können und müssen. Denn die eigene Pflichtwidrigkeit in Form der fehlerhaften Weisungserteilung steht einer Berufung auf den Vertrauensgrundsatz entgegen, weswegen ein Vertrauen darauf, die Geschäftsleitung werde gegen rechtswidrige Anordnungen einschreiten, nicht berechtigt ist.[656]

Auch die zur Gefahrenabwehrverantwortung der Geschäftsleitung herausgearbeiteten Grundsätze gelten für das mittlere Management entsprechend. Kraft Übernahme der eigene Risikosteuerungsmöglichkeiten und -kompetenzen verleihenden Position etwa eines Bereichs- oder Abteilungsleiters rücken die mittleren Führungskräfte in eine der Geschäftsleitung vergleichbare besondere Nähe zu den

---

654 Vgl. *Achenbach* in: Achenbach/Ransiek, HWSt, I 3 Rn. 53; *Hellmann/Beckemper*, WiStR, Rn. 894; *Lampe*, ZStW 106 (1994), S. 734 f.; S/S-*Cramer/Sternberg-Lieben*, § 15 Rn. 223a; *Schünemann*, GedS Meurer, S. 51; *Spitz*, Produkthaftung, S. 57.

655 In diesem Sinne auch *Dannecker*, GA 2001, S. 110.

656 Zudem dürfte ein derartiges Vertrauen tatsächlich nur hinsichtlich unbewusst pflichtwidriger Weisungserteilung vorhanden sein, während bei bewusster Erteilung rechtswidriger Weisungen ein Einschreiten der Geschäftsleitung gerade nicht erwünscht ist.

ihnen jeweils unterstellten sächlichen und personalen Produktionsmitteln, welche eine Garantenstellung zur Vermeidung betriebsbedingter Rechtsgutsverletzungen begründet.[657] Indes entfaltet die (Weiter-)Übertragung der Bereichs- bzw. Abteilungsaufgaben auf die zu deren tatsächlicher Vornahme bestellten Ausführungskräfte wiederum verantwortungsbefreiende Wirkung. Voraussetzung ist auch hier die sorgfältige Auswahl, umfassende Instruktion und angemessene Ausstattung der Ausführungskräfte.[658] Einer über die stichprobenartige Kontrolle fortbestehender Eignung hinausgehenden Überwachung der Ausführungskräfte bedarf es dagegen nicht, es sei denn, diese stellt die Kernaufgabe der Abteilungstätigkeit dar.[659] Eine Strafbarkeit wegen unterlassener Gefahrenabwehr kommt somit auch bei Angehörigen des mittleren Managements nur dann in Betracht, wenn diese untätig bleiben, obwohl aufgrund erkennbarer Unzuverlässigkeit bzw. Überforderung der unterstellten Ausführungskräfte eine ordnungsgemäße Vermeidung von Betriebsgefahren nicht gewährleistet ist. Allerdings ist dabei dem Umstand Rechnung zu tragen, dass die Entscheidungs- und Handlungsbefugnisse der mittleren Führungskräfte im Gegensatz zu den umfassenden Kompetenzen der Geschäftsleitungsmitglieder auf den jeweiligen Organisationsbereich beschränkt sind, so dass sie auch nur bereichsspezifische Maßnahmen ergreifen können und müssen. Sind über den eigenen Zuständigkeitsbereich hinausgehende Schritte geboten, kann deren Unterlassen den einzelnen Abteilungsleitern nicht zum Vorwurf gereichen, da sie zu deren Vornahme weder befugt noch tatsächlich in der Lage sind. Vor dem Hintergrund der Einordnung in die Organisationshierarchie kann somit vom mittleren Management nicht die Beseitigung der Gefahr schlechthin verlangt werden, sondern lediglich, dass dieses im Rahmen der vorgegebenen Organisationsstruktur alles Mögliche und Zumutbare unternimmt, um die drohende Gefahr zu beseitigen.[660] Hierzu gehört insbesondere die Versorgung der Geschäftsleitung mit den erforderlichen Risikoinformationen, damit diese sich ein genaues Bild von der Gefahrenlage machen und Gefahrenabwehrmaßnahmen einleiten kann.[661]

---

657 Vgl. *BGH*St 47, 224 (229); *Böse*, NStZ 2003, S. 639; *Bottke*, Haftung, S. 28 f.; *Goll/Winkelbauer* in: von Westphalen, Produkthaftungshandbuch, § 47 Rn. 17; *Lascuraín*, Madrid-Symposium, S. 41; *Schall*, Probleme, S. 113; *Schutzbach*, Betriebsunfälle, S. 144; a. A. *Busch*, Umweltstrafrecht, S. 522, und *Spitz*, Produkthaftung, S. 256, welche eine Garantenstellung von unterhalb der Geschäftsleitung angeordneten Organisationsangehörigen verneinen, wenn die gebotenen Gefahrenabwehrmaßnahmen bereichsübergreifend zu erfolgen haben, so dass die einzelnen Führungskräfte des middle managements zu deren Vornahme nicht befugt sind. Allerdings wirkt sich dieser Umstand allein auf die Frage der Garantenpflicht, nicht diejenige der Garantenstellung aus.

658 *Busch*, Umweltstrafrecht, S. 494 f.; *Eichinger*, Produkthaftung, S. 130; *Eidam*, Unternehmen und Strafe, S. 230; *Wilhelm*, Jura 1985, S. 187.

659 Wobei die Kontrolle des Personals in den einzelnen Abteilungen durch eine zentrale Controlling-Einheit genau genommen keinen Fall der vertikalen Arbeitsteilung darstellt, sondern in Form der Überwachung der Arbeitsweise hierarchisch gleichgestellter Organisationsteile vielmehr die Grundsätze horizontaler Arbeitsteilung berührt.

660 *Busch*, Umweltstrafrecht, S. 451; *Meier*, NJW 1992, S. 3195.

661 Vgl. die Entscheidung des BGH im Mandelbienenstich-Fall, *BGH* NStE Nr. 5 zu § 223 StGB. Ebenso *Alexander*, Strafrechtliche Verantwortlichkeit, S. 208; *Busch*, Umwelt-

(B) Rechtsgutsverletzungen durch mangelnde Informationsweitergabe

Dieser Pflicht zur Unterrichtung der Geschäftsleitung über im Rahmen der eigenen Tätigkeit gewonnene Erkenntnisse bezüglich etwaiger Betriebsgefahren kommt angesichts des allgemeinen Trends der Dezentralisierung von Organisationsstrukturen und der damit einhergehenden Zersplitterung betrieblicher Informationen wachsende Bedeutung zu. In einem System dezentraler Einheiten, die spezialisiert und sachnah in ihren Bereichen verhältnismäßig autonom agieren und so die Zentrale vor der Überlastung mit Informationen bewahren, lebt das organisationsinterne Risikomanagement von der Bewertung ermittelter Risikodaten auf unteren Ebenen und der Bereitschaft, diese Daten „nach oben" weiterzugeben.[662] Zudem ist die meist kaufmännisch besetzte Geschäftsleitung zur sachgerechten Erfassung auftretender Gefahrenlagen auf das verständige Urteil der sachkundigen Fachbereichsleiter angewiesen.[663] Die Pflicht der Abteilungsleiter zur Weitergabe relevanter Risikodaten folgt insofern unmittelbar aus dem Vertrauensgrundsatz, kann sich das mittlere Management doch wegen des offenkundig defizitären Risikowissens der Geschäftsleitung nicht darauf verlassen, dass diese die erforderlichen Gefahrenabwehrmaßnahmen ergreifen werde.[664] Unterbleibt die gebotene Information und treten dadurch mangels (rechtzeitiger) Gefahrenabwehr Rechtsgutsverletzungen Dritter auf, fallen diese in den Verantwortungsbereich des betreffenden Fachbereichsleiters.[665] Im Fall des bewussten Verschweigens erkannter Risiken bzw. der bewussten Falschinformation kommt gegebenenfalls eine Vorsatzstrafbarkeit als mittelbarer Täter in Betracht.[666]

c. Verantwortungsbereich des ausführenden Personals

Schließlich bleibt zu klären, unter welchen Umständen die Mitarbeiter der Ausführungsebene für betriebsbedingte Schadensverläufe und dadurch herbeigeführte Rechtsgutsverletzungen strafrechtlich zur Verantwortung zu ziehen sind.

(A) Verantwortlichkeit in Bezug auf die auszuführende Tätigkeit

Dabei stellt sich vor allem die Frage nach den Pflichten im Zusammenhang mit der Ausführung erhaltener Arbeitsanordnungen.

---

strafrecht, S. 505; *Eidam*, Unternehmen und Strafe, S. 257; *Rudolphi*, FS Lackner, S. 875; S/S-*Cramer/Sternberg-Lieben*, § 15 Rn. 223a.

662 *Heine*, Verantwortlichkeit, S. 45; *von Freier*, Verbandsstrafe, S. 27.

663 Vgl. *Eichinger*, Produkthaftung, S. 131;

664 Im Ergebnis ebenso *Hoyer*, Weisungsverhältnisse, S. 197.

665 *Dannecker*, Fahrlässigkeit, S. 225. Dabei kann sich der Abteilungsleiter nicht damit exkulpieren, dass ungewiss sei, ob die Geschäftsleitung auf eine ordnungsgemäße Information und somit rechtmäßiges Alternativverhalten hin die gebotenen Maßnahmen ergriffen hätte. So aber *Ransiek*, Unternehmensstrafrecht, S. 20. Denn unter Zugrundelegung des Eigenverantwortlichkeitsprinzips ist ein pflichtgemäßes Verhalten der Geschäftsleitung zu unterstellen. Derjenige, der sich selbst pflichtwidrig verhält, kann sich nicht auf die Pflichtwidrigkeit anderer berufen. Siehe die Paralleldiskussion um die Rückrufpflicht, S. 296 ff. Wie hier *Altenhain*, NStZ 2001, S. 191.

666 Vgl. *BGH* NJW 1994, S. 670.

(I) Fehlerhafte Umsetzung rechtmäßiger Weisung

Unstreitig trifft die Ausführungskräfte die Pflicht, rechtmäßige Anweisungen ihrer Vorgesetzten ordnungsgemäß umzusetzen.[667] Dementsprechend fallen Rechtsgutsverletzungen, die Folge von Nachlässigkeiten oder Sicherheitsverstößen im Rahmen der Ausführungstätigkeit sind, in den Verantwortungsbereich der betreffenden Ausführungskraft.[668] Denn mit Übernahme der Aufgabe geht die Verpflichtung einher, drohende Gefahren für Rechtsgüter Dritter durch Einhaltung der gebotenen Sorgfalt bestmöglich zu vermeiden.[669] Verfügt der Mitarbeiter nicht über die erforderliche Qualifikation, um die übernommene Aufgabe sachgerecht erfüllen zu können, trifft ihn ein Übernahmeverschulden.[670]

(II) Ausführung rechtswidriger Weisungen

Schwieriger zu beantworten ist die Frage, inwieweit die Ausführungskräfte für aus der Befolgung rechtswidriger Anweisungen erwachsende Verletzungen Verantwortung tragen.

(1) Vorsätzliche Ausführung

Handelt der Mitarbeiter in Kenntnis der Rechtswidrigkeit der Anordnung und der bei Weisungsbefolgung drohenden Rechtsgutsverletzungen, liegt ein Fall vorsätzlicher Täterschaft vor. Eine Rechtfertigung bzw. Entschuldigung aufgrund der Weisung kommt bei deren erkannter Rechtswidrigkeit mangels berechtigten Vertrauens in die Rechtstreue des Anweisenden von vornherein nicht in Betracht.

(2) Fahrlässige Ausführung

Erfolgt die Umsetzung der Weisung hingegen in Unkenntnis ihrer Rechtswidrigkeit, hängt die Verantwortlichkeit für dadurch verursachte Rechtsgutsverletzungen letztlich davon ab, ob der Anordnungsempfänger berechtigterweise auf die Rechtmäßigkeit der Weisung vertrauen durfte. Entgegen *Hoyer*[671] ist ein derartiges Vertrauen nicht erst auf der Schuldebene unter dem Gesichtspunkt eines unvermeidbaren Verbotsirrtums, sondern bereits im Rahmen der Sorgfaltspflichtbestimmung nach Maßgabe der allgemeinen Kriterien des Vertrauensgrundsatzes zu berücksichtigen.[672] Danach darf der Weisungsempfänger grundsätzlich von einem

---

[667] *Dannecker*, GA 2001, S. 110; *Goll/Winkelbauer* in: von Westphalen, Produkthaftungshandbuch, § 48 Rn. 14; *Schmucker*, Dogmatik, S. 210; S/S-*Cramer/Sternberg-Lieben*, § 15 Rn. 223a.

[668] *Busch*, Umweltstrafrecht, S. 497; *Eidam*, Unternehmen und Strafe, S. 230.

[669] Vgl. *BGH*St 47, 224 (229); *Busch*, Umweltstrafrecht, S. 497; *Eichinger*, Produkthaftung, S. 130, 225.

[670] *Busch*, Umweltstrafrecht, S. 497; *Eichinger*, Produkthaftung, S. 130; *Walter*, Geschäftsherr, S. 141.

[671] *Hoyer*, Weisungsverhältnisse, S. 196.

[672] In diesem Sinne auch *Dannecker*, Fahrlässigkeit, S. 226; *Kuhlen*, FG BGH IV, S. 667. Nicht nachvollziehbar ist die Auffassung von S/S-*Cramer/Sternberg-Lieben*, § 15 Rn. 153, der Vertrauensgrundsatz schließe im Fall der Weisungserteilung lediglich die Fahrlässigkeitsschuld, nicht aber die objektive Sorgfaltswidrigkeit aus.

pflichtgemäßen Handeln seines Vorgesetzten, d. h. einer rechtmäßigen Weisungserteilung, ausgehen.[673] Daran ändert auch die Garantenpflicht des Untergebenen, aus dem übernommenen Tätigkeitsbereich erwachsende Gefahren für Rechtsgüter Dritter zu vermeiden, nichts.[674] Denn deren Umfang bestimmt sich anhand der konkreten betrieblichen Position und nach dieser ist der Weisungsempfänger zur Überprüfung der erteilten Order in der Regel weder verpflichtet noch berechtigt. Zudem wird er hierzu oftmals auch faktisch gar nicht in der Lage sein, weil ihm durch die Arbeitsteilung nur noch Teilbereiche der Gesamtaufgabe bekannt werden, er den Hintergrund der Entscheidungen seines Vorgesetzten mithin nicht vollends erfassen kann.[675] Andererseits verbietet sich auch ein blindes, unreflektiertes Vertrauen auf alles, was von oben kommt.[676] Eine Strafbarkeit des Weisungsempfängers kommt deshalb in Betracht, wenn sich diesem die Rechtswidrigkeit der Anordnung auch ohne spezielle Nachprüfung aufgrund der konkreten Tatumstände aufdrängen musste.[677] Hiervon ist namentlich dann auszugehen, wenn es sich bei dem Angewiesenen um eine ausgebildete Fachkraft handelt. In diesem Fall ist der Weisungsempfänger verpflichtet, dem Anordnenden seine Bedenken klar und eindeutig darzulegen.[678] Tut er dies und bleibt der Vorgesetzte bei seiner Anordnung, so begründet dies grundsätzlich eine neue Vertrauensbasis mit der Folge, dass der Untergebene seine Bedenken für unbegründet halten und die Weisung nunmehr ausführen darf, sofern der Grund der Bedenken nicht in der Person des Vorgesetzten liegt.[679] Je nach Gewicht der Bedenken kann der Weisungsempfänger unter Umständen aber auch verpflichtet sein, nach Zurückweisung seiner Einwände diese zusätzlich noch der nächsthöheren Stelle vorzutragen.[680] In engen

---

673 *Altenhain*, NStZ 2001, S. 190; *Busch*, Umweltstrafrecht, S. 482, 496 m. w. N.; *Deutscher/Körner*, wistra 1996, S. 330; *Eichinger*, Produkthaftung, S. 131; *Goll/ Winkelbauer* in: von Westphalen, Produkthaftungshandbuch, § 48 Rn. 14; *Jescheck/Weigend*, AT, § 55 I 3 e; *Schall*, Probleme, S. 106 f.; S/S-*Cramer/Sternberg-Lieben*, § 15 Rn. 223a; *Winkemann*, Probleme, S. 135; i. E. ebenso *Schumann*, Handlungsunrecht, S. 32.

674 So zutreffend *Altenhain*, NStZ 2001, S. 190.

675 Vgl. *Busch*, Umweltstrafrecht, S. 485; *Eidam*, Unternehmen und Strafe, S. 251; *Kaufmann*, (Sonder-)Pflichtverletzungen, S. 32; *Renzikowski*, Hierarchien, S. 151; *Schmucker*, Dogmatik, S. 210; *Schumann*, Handlungsunrecht, S. 29 f.; *Wilhelm*, MedR 1983, S. 51; *Winkemann*, Probleme, S. 131.

676 *Schmidt-Salzer*, Produkthaftung, Rn. 1.266; *Schumann*, Handlungsunrecht, S. 30; *Wilhelm*, Arbeitsteilung, S. 91; *dies.*, MedR 1983, S. 51.

677 *Altenhain*, NStZ 2001, S. 190; *Busch*, Umweltstrafrecht, S. 506; *Eidam*, Unternehmen und Strafe, S. 251; *Kaufmann*, (Sonder-)Pflichtverletzungen, S. 32; *Schall*, Probleme, S. 107; *Schmidt-Salzer*, Produkthaftung, Rn. 1.265; *Schumann*, Handlungsunrecht, S. 30; *Wilhelm*, Arbeitsteilung, S. 123; *dies.*, MedR 1983, S. 51. Siehe auch *BGH* NJW 1978, S. 864 (865); *LG Kleve* NStZ 1981, S. 266 (267).

678 *Deutscher/Körner*, wistra 1996, S. 330; *Schall*, Probleme, S. 107; *Schmucker*, Dogmatik, S. 210 f.; *Schumann*, Handlungsunrecht, S. 31; *Wilhelm*, Arbeitsteilung, S. 122.

679 *Busch*, Umweltstrafrecht, S. 506; *Schall*, Probleme, S. 107; *Schumann*, Handlungsunrecht, S. 31; *Winkemann*, Probleme, S. 137.

680 *Altenhain*, NStZ 2001, S. 190.

Ausnahmefällen, in denen die Rechtswidrigkeit geradezu evident ist, hat er in letzter Konsequenz seinen Arbeitsbeitrag zu verweigern.[681]

(3) Unzumutbarkeit normgemäßen Verhaltens

Erweist sich die Ausführung der Weisung danach als objektiv pflichtwidrig, stellt sich die Frage, inwieweit eine Strafbarkeit unter dem Gesichtspunkt der Unzumutbarkeit normgemäßen Verhaltens mangels Schuld ausscheidet. So könnte der Mitarbeiter argumentieren, dass er sich durch Hinweise auf erkannte Sicherheitsmängel in eine unpopuläre Position gebracht und der Gefahr ausgesetzt hätte, seinen Arbeitsplatz zu verlieren. Dieser Aspekt wurde erstmals vom *Reichsgericht* im Leinenfängerfall herausgearbeitet.[682] Angesichts der erheblichen Gefahren für hochrangige Rechtsgüter Dritter kann dieser Zwangslage im Arzneimittelwesen jedoch keine entschuldigende Wirkung beigemessen werden.[683]

(B) Verantwortlichkeit aufgrund unterlassener Gefahrenabwehr

Daneben kommt auch hinsichtlich der Mitarbeiter der Ausführungsebene eine Verantwortung für Rechtsgutsverletzungen wegen Nichtergreifung erforderlicher Gefahrenabwehrmaßnahmen in Betracht. Die prinzipielle Garantenstellung ergibt sich wiederum aus der Übernahme der betrieblichen Position. Indes ist hier noch weit mehr als bei den Angehörigen des mittleren Managements der Begrenztheit der Entscheidungs- und Handlungsbefugnisse Rechnung zu tragen und der Pflichtenkreis entsprechend eng zu ziehen.[684] Mangels Kompetenz zur eigenverantwortlichen Einleitung breit angelegter Gefahrenabwehrmaßnahmen genügen die Ausführungskräfte ihrer Verantwortung regelmäßig dadurch, dass sie ihre Vorgesetzten umfassend über festgestellte Gefahren informieren und auf diese Weise eine sachgerechte Risikoentscheidung seitens der dazu berufenen Organe ermöglichen.

(C) Verantwortlichkeit wegen unterlassener Informationsweitergabe

In Parallele zur Informationspflicht des mittleren Managements trifft folglich auch die Mitarbeiter der Ausführungsebene die Pflicht, zur Kenntnis gelangte Risikoinformationen an ihre Vorgesetzten weiterzuleiten. Bezüglich der daraus erwachsenden strafrechtlichen Verantwortung kann auf die oben bereits dargelegten Grundsätze verwiesen werden.

d. Zusammenfassung

Ausgehend von der organisationsbezogenen Betrachtungsweise führt die vertikale Arbeitsteilung durch Delegation betrieblicher Aufgaben auf untergeordnete Mit-

---

681 *Busch*, Umweltstrafrecht, S. 506; *Dannecker*, Fahrlässigkeit, S. 225 f.; *Wilhelm*, Jura 1985, S. 187; *Winkemann*, Probleme, S. 138.

682 *RG*St 30, 25 ff. In diesem Fall spannte ein Kutscher auf Weisung seines Dienstherrn ein als Leinenfänger und damit unfallträchtig bekanntes Pferd ein. Hierbei handelte er aus Angst, seinen Arbeitsplatz zu verlieren. Das Reichsgericht verurteilte den Kutscher nicht wegen fahrlässiger Körperverletzung.

683 Vgl. *Dannecker*, Fahrlässigkeit, S. 235; *Schmucker*, Dogmatik, S. 212.

684 *Ransiek*, ZGR 1999, S. 622.

arbeiter zu einer gestuften (Mit-)Verantwortung der einzelnen Organisationsangehörigen entsprechend ihrer Stellung innerhalb der Organisation und der damit verbundenen Handlungs- und Entscheidungsbefugnisse. Während die Mitarbeiter der Ausführungsebene allein dafür verantwortlich sind, dass aus ihrem Tätigwerden keine Gefahren für Rechtsgüter Dritter erwachsen, trifft die Führungskräfte – allen voran die Geschäftsleitung – eine umfassende Verantwortung in Form von Auswahl-, Instruktions-, Organisations- und Eingriffspflichten. Dabei werden die aus der jeweiligen betrieblichen Position resultierenden Pflichten vor dem Hintergrund der prinzipiellen Eigenverantwortlichkeit aller Organisationsangehörigen durch die Pflichten der jeweils anderen begrenzt und nach Maßgabe des Vertrauensgrundsatzes für den Einzelfall konkretisiert.

4. *Horizontale Verantwortungsabgrenzung*

Insbesondere größere Organisationen zeichnen sich neben einer vielstufigen vertikalen Arbeitsteilung zusätzlich durch eine ausgeprägte horizontale Arbeitsteilung in Form der ressortmäßigen Aufteilung der Gesamttätigkeit auf verschiedene gleichrangig nebeneinanderstehende Organisationsbereiche aus.

a. Auswirkung der Ressortbildung auf die Verantwortlichkeit

Während bei einem vorsätzlichen Kooperieren hierarchisch gleichgestellter Mitarbeiter regelmäßig zu prüfen ist, inwieweit diese als Mittäter anzusehen und zur Verantwortung zu ziehen sind,[685] stellt sich im Hinblick auf ein fahrlässiges Zusammenwirken wiederum die Frage nach der grundsätzlichen Anwendbarkeit und Reichweite des Vertrauensgrundsatzes. Anders als im Fall der vertikalen Arbeitsteilung besteht in Bezug auf horizontal arbeitsteilige Kooperationsformen weitgehende Einigkeit, dass dem Vertrauensgrundsatz uneingeschränkte Geltung zukommt.[686] Begründet wird dies insbesondere damit, dass hier in Parallele zur zwischenbetrieblichen funktionellen Kooperation Angehörige verschiedener Fachrichtungen mit unterschiedlicher Qualifikation miteinander interagieren. Eine wechselseitige Überwachung sei daher mangels Einsichtsfähigkeit in die Zusammenhänge des anderen Fachressorts weder möglich noch angesichts der Vorteile, welche die Aufteilung der Gesamttätigkeit in mehrere Fachressorts und der Einsatz speziell für die verschiedenen Ressorts ausgebildeter Fachkräfte nicht zuletzt auch für den Rechtsgüterschutz verspricht, sachgerecht, würden diese Vorteile doch durch die Statuierung gegenseitiger Kontrollpflichten aufgrund der damit einhergehenden Ablenkung von den eigentlichen Aufgaben wieder weitgehend zunichte gemacht.[687] Die Ablehnung derartiger Überwachungspflichten folgt aber bereits unmittelbar aus dem Vertrauensgrundsatz selbst, wird ein etwaiges Fehlverhalten des jeweils anderen in Anbetracht der divergierenden Fachkenntnisse doch regelmäßig nicht eindeutig erkennbar, der Einzelne daher notwendigerweise

---

685 Vgl. *Eichinger*, Produkthaftung, S. 136.

686 *Bosch*, Organisationsverschulden, S. 387; *Gropp*, AT, § 12 Rn. 41; MüKo-StGB-*Freund*, §§ 13-20a AMG Rn. 11; *Peter*, Arbeitsteilung im Krankenhaus, S. 32.

687 Vgl. *Dannecker*, Fahrlässigkeit, S. 224; *Lege*, Rechtspflichten, S. 145, 157; *Schlüchter*, FS Salger, S. 163; *Schmucker*, Dogmatik, S. 206; *Walter*, Geschäftsherr, S. 140.

darauf angewiesen sein, sich auf die Pflichtmäßigkeit des anderen zu verlassen. Lediglich dann, wenn der Einzelne selbst auf der Basis seines eigenen Fachwissens aufgrund eindeutiger Anhaltspunkte von der offensichtlichen Fehlerhaftigkeit des Mitarbeiterverhaltens ausgehen muss, scheidet ein berechtigtes Vertrauen im Sinne des Vertrauensgrundsatzes aus.[688] In diesem Fall ist er im Rahmen des ihm gemäß seiner betrieblichen Stellung Möglichen und Zumutbaren zum Einschreiten verpflichtet.[689] Die Garantenstellung folgt auch hier aus der Übernahme der konkreten betrieblichen Position und dem Umstand, dass die Tätigkeit des jeweils anderen als Beitrag zu einer gemeinsam zu erfüllenden Aufgabe in das eigene Tun und damit in den eigenen Verantwortungsbereich Eingang findet.[690]

b. Kollision von Ressortprinzip und Generalverantwortung

Regelmäßig erstreckt sich die Ressortbildung auch auf die Geschäftsleitungsebene, so dass sich die Geschäftsführung meist aus mehreren, jeweils für einen bestimmten funktionalen Organisationsbereich (wie Forschung und Entwicklung, Beschaffung, Produktion, Finanzwesen, Umweltcontrolling, etc.) zuständigen und mit den entsprechenden Befugnissen und Fachkenntnissen ausgestatteten Personen zusammensetzt.[691] In diesem Fall darf die Gesamtverantwortung der Geschäftsleitung dem einzelnen Mitglied nicht pauschal im Sinne einer Kollektivschuld zugerechnet werden, vielmehr bedarf es einer genauen Prüfung, ob dem einzelnen Mitglied der konkrete Vorfall als Verletzung einer ihm obliegenden Handlungs-, Organisations-, Aufsichts- oder ähnlichen Pflicht zurechenbar ist.[692] Ausgehend von einer organisationsbezogenen Sichtweise knüpft die Pflichtenstellung des einzelnen Geschäftsführers zunächst wiederum an den von ihm übernommenen Geschäfts- und Verantwortungsbereich an.[693] Indes beinhaltet die Betrauung eines konkreten Geschäftsleitungsmitglieds mit einem bestimmten Organisationsbereich letztlich die Delegation eines Teils der der Geschäftsleitung in ihrer Gesamtheit, das heißt als Kollegialorgan, zufallenden Generalverantwortung und Allzustän-

---

688 *Dannecker*, Fahrlässigkeit, S. 224; *ders.*, GA 2001, S. 110; *Lege*, Rechtspflichten, S. 156 f.; MüKo-StGB-*Freund*, §§ 13-20a AMG Rn. 11; *ders.*, NStZ 2002, S. 425; *Peter*, Arbeitsteilung im Krankenhaus, S. 30, 32.

689 *Dannecker*, Fahrlässigkeit, S. 224; *ders.*, GA 2001, S. 110.

690 Hingegen bereitet es ersichtliche Schwierigkeiten, die für die Annahme einer strafbewehrten Eingriffspflicht erforderliche Garantenstellung im Fall horizontaler Arbeitsteilung aus dem Herrschaftsgedanken herzuleiten, fehlt es doch gerade regelmäßig an einer faktischen und erst recht an einer rechtlichen Herrschaftsmacht über hierarchisch gleichrangige Mitarbeiter.

691 *Busch*, Umweltstrafrecht, S. 463; *Deutscher/Körner*, wistra 1996, S. 298; *Eichinger*, Produkthaftung, S. 121; *Neudecker*, Kollegialorgane, S. 33; *Schlüchter*, FS Salger, S. 153; *Schmucker*, Dogmatik, S. 206.

692 Vgl. *OLG Koblenz*, VRS 39, 117 (119); *Eichinger*, Produkthaftung, S. 128; *Neudecker*, Kollegialorgane, S. 28; *Schmidt-Salzer*, NJW 1988, S. 1940; *ders.*, NJW 1990, S. 2969; *Winkemann*, Probleme, S. 150.

693 *Alexander*, Strafrechtliche Verantwortlichkeit, S. 138; *Deutscher/Körner*, wistra 1996, S. 329; *Hilgers*, Verantwortlichkeit von Führungskräften, S. 144; *Neudecker*, Kollegialorgane, S. 157 f.; *Ransiek*, ZGR 1992, S. 217; *Schünemann*, FG BGH IV, S. 637.

digkeit.[694] Insofern weist die Ressortaufteilung auf der Ebene der Geschäftsleitung sowohl Grundzüge horizontaler wie vertikaler Arbeitsteilung auf. Daraus folgt zum einen, dass die Ressortzuweisung nur bei sorgfältiger Auswahl, klarem und eindeutigem Ressortzuschnitt sowie angemessener Ausstattung verantwortungsbegrenzende Wirkung entfaltet,[695] zum anderen, dass die einzelnen Geschäftsführer, die als Angehörige des Kollegialorgans Geschäftsleitung eine Generalverantwortung trifft, selbst nach ordnungsgemäßer Übertragung eines Ressorts an einen ihrer Kollegen nicht vollständig von jeglicher Verantwortung hinsichtlich der Vorgänge in dem überantworteten Bereich frei werden.[696] Genau genommen gilt es, zwei miteinander kollidierende Grundsätze sachgerecht zum Ausgleich zu bringen: zum einen den Grundsatz der begrenzten Individualverantwortung kraft Ressortaufteilung, zum anderen den Grundsatz der Generalverantwortung und Allzuständigkeit des Organs Geschäftsleitung gemäß §§ 78 Abs. 2, 82 Abs. 1 AktG, §§ 35 Abs. 2 Satz 2, 37 Abs. 2 Satz 1 GmbHG. Maßstab muss auch hier wiederum sein, dass die Vorteile, die die Ressortbildung in Form der Effizienz- und Qualitätssteigerung gerade auch im Hinblick auf einen effektiven Rechtsgüterschutz mit sich bringt, nicht durch Statuierung übertriebener wechselseitiger Überwachungspflichten im Ergebnis beseitigt werden.[697]

Der Schlüssel zur Erzielung sachgerechter Ergebnisse liegt auch hier in einer konsequenten Anwendung des Vertrauensgrundsatzes. So darf grundsätzlich jedes Geschäftsleitungsmitglied darauf vertrauen, dass seine Kollegen die in ihren Bereich fallenden Pflichten ordnungsgemäß erfüllen.[698] Den Ressortinhaber trifft mithin eine Primärverantwortung für die aus dem ihm anvertrauten Geschäftsbereich entspringenden Rechtsgutsgefahren.[699] Eine (sekundäre) Verantwortung der ressortfremden Geschäftsführer für rechtsgutsgefährdende Vorgänge im fremden Zuständigkeitsbereich kommt aber dann in Betracht, wenn aufgrund konkreter Anhaltspunkte Anlass zu Zweifeln an der Qualifikation und Zuverlässigkeit des

[694] Vgl. *Kaufmann*, (Sonder-)Pflichtverletzungen, S. 31; *Neudecker*, Kollegialorgane, S. 140 f.

[695] Ähnlich *Neudecker*, Kollegialorgane, S. 158.

[696] So ausdrücklich *BGH* VersR 1996, S. 1538 (1539). Siehe auch *OLG Hamm* NJW 1971, S. 817; *Busch*, Umweltstrafrecht, S. 546; *Otto*, Jura 1998, S. 414; *ders.*, WiB 1995, S. 934; *Raum* in: Wabnitz/Janovsky, HWSt, 4/35; *Schmidt-Salzer*, NJW 1990, S. 2970; *Schmucker*, Dogmatik, S. 208.

[697] Vgl. *OLG Hamm*, NJW 1971, S. 817 (818); *Busch*, Umweltstrafrecht, S. 497; *Neudecker*, Kollegialorgane, S. 34; *Schmucker*, Dogmatik, S. 208.

[698] *Achenbach* in: Achenbach/Ransiek, HWSt, I 3 Rn. 59; *Alexander*, Strafrechtliche Verantwortlichkeit, S. 136; *Busch*, Umweltstrafrecht, S. 497 f., 547; *Hellmann/Beckemper*, WiStR, Rn. 860; *Höhfeld*, Strafrechtliche Produktverantwortung, S. 195; *Nehm*, Produkthaftung, S. 22; *Ransiek*, Unternehmensstrafrecht, S. 41; *ders.*, ZGR 1992, S. 217; *Raum* in: Wabnitz/Janovsky, HWSt, 4/35; *Schmidt-Salzer*, Produkthaftung, Rn. 1.184; *ders.*, NJW 1988, S. 1940; *ders.*, NJW 1990, S. 2970; i. E. ebenso *Göhler*, wistra 1991, S. 208.

[699] *Busch*, Umweltstrafrecht, S. 546; *Deutscher/Körner*, wistra 1996, S. 329; *Eichinger*, Produkthaftung, S. 129; *Kassebohm/Malorny*, BB 1994, S. 1363 f.; *Schmidt-Salzer*, NJW 1990, S. 2970; *ders.*, BB 1992, S. 1871.

Ressortinhabers besteht oder ein Fehlverhalten erkennbar zu Tage tritt.[700] Das Kriterium der Erkennbarkeit verpflichtet aber nicht zu einer wechselseitigen stichprobenartigen Überwachung. Eine solche ist nicht nur unzumutbar und würde die Vorteile einer ressortmäßigen Arbeitsteilung hinfällig werden lassen, sie ist angesichts der aufgrund unzureichenden Fachwissens fehlenden Fähigkeit zur sachgerechten Beurteilung der Geschehnisse im fremden Ressort letztlich gar nicht durchführbar.[701] Das Fehlverhalten muss sich demnach geradezu aufdrängen, sprich im Rahmen der eigenen Aufgabenwahrnehmung erkennbar werden.[702]

Schließlich ist eine Verantwortlichkeit der Geschäftsleitungsmitglieder über die Grenzen des eigenen Ressorts hinaus in Krisen- und Ausnahmesituationen zu bejahen, da diese die Organisation ressortübergreifend tangieren und von der auf den gewöhnlichen Betriebsablauf zugeschnittenen Geschäftsverteilung gerade nicht erfasst sind, so dass ein berechtigtes Vertrauen in deren Verbindlichkeit ausscheidet und insoweit die ursprüngliche Generalverantwortung und Allzuständigkeit wieder auflebt.[703] Dieser entspringt grundsätzlich eine zweistufige Handlungspflicht: Zunächst muss der einzelne Geschäftsführer dafür sorgen, dass sich das Gesamtorgan mit der Problemlage befasst, um dann anschließend innerhalb des Gesamtorgans auf eine Abwendung des strafrechtlichen Erfolges in Form eines entsprechenden Beschlusses hinzuwirken.[704] Dabei ist allerdings hinsichtlich der Feststel-

[700] Vgl. *RG*St 64, 370 (371); *BGH*St 19, 152 (155); 19, 286 (290); *Achenbach* in: Achenbach/Ransiek, HWSt, I 3 Rn. 59; *Alexander*, Strafrechtliche Verantwortlichkeit, S. 136; *Busch*, Umweltstrafrecht, S. 507 f., 547; *Dreher*, ZGR 1992, S. 55; *Eichinger*, Produkthaftung, S. 129; *Hellmann/Beckemper*, WiStR, Rn. 860; *Höhfeld*, Strafrechtliche Produktverantwortung, S. 198; *Otto*, Jura 1998, S. 414; *ders.*, WiB 1995, S. 934; *Ransiek*, Unternehmensstrafrecht, S. 41; *ders.*, ZGR 1992, S. 217; *Raum* in: Wabnitz/Janovsky, HWSt, 4/36; *Roxin*, AT/2, § 32 Rn. 142; *Schall*, Probleme, S. 114; *Schlüchter*, FS Salger, S. 162, 164; *Schmidt-Salzer*, Produkthaftung, Rn. 1.188, 1.194; *ders.*, NJW 1988, S. 1940; *ders.*, NJW 1990, S. 2970; *Spitz*, Produkthaftung, S. 66.

[701] Vgl. *OLG Hamm*, NJW 1971, S. 817; *Alexander*, Strafrechtliche Verantwortlichkeit, S. 123, 134 f.; *Bosch*, Organisationsverschulden, S. 376, 379; *Neudecker*, Kollegialorgane, S. 169; *Schlüchter*, FS Salger, S. 152 f., 164; *Schmucker*, Dogmatik, S. 207; so wohl auch *Schall*, Probleme, S. 114 f.; zu Unrecht a. A. *Höhfeld*, Strafrechtliche Produktverantwortung, S. 200.

[702] *Bosch*, Organisationsverschulden, S. 379; *Schlüchter*, FS Salger, S. 165.

[703] *BGH*St 37. 106 (123 f.); *Alexander*, Strafrechtliche Verantwortlichkeit, S. 138; *Beulke/Bachmann*, JuS 1992, S. 741; *Böse*, NStZ 2003, S. 638 f.; *Busch*, Umweltstrafrecht, S. 547; *Deutscher/Körner*, wistra 1996, S. 329; *Dreher*, ZGR 1992, S. 56; *Eichinger*, Produkthaftung, S. 129; *Eidam*, Unternehmen und Strafe, S. 449 f.; *Goll/Winkelbauer* in: von Westphalen, Produkthaftungshandbuch, § 48 Rn. 24; *Höhfeld*, Strafrechtliche Produktverantwortung, S. 201; *Knauer*, Kollegialentscheidung, S. 68; *Kühl*, AT, § 18 Rn. 103a; *Nehm*, Produkthaftung, S. 22; *Neudecker*, Kollegialorgane, S. 42; *Ransiek*, Unternehmensstrafrecht, S. 66; *ders.*, ZGR 1992, S. 216 f.; *ders.*, ZGR 1999, S. 642; *Raum* in: Wabnitz/Janovsky, HWSt, 4/38; *Roxin*, AT/2, § 32 Rn. 142; *Schall*, Probleme, S. 115; *Schmid* in: Müller-Gugenberger/Bieneck, WiStR, § 30 Rn. 22, § 56 Rn. 41; *Schmucker*, Dogmatik, S. 209; *Weißer*, Kollegialentscheidungen, S. 73; kritisch *Brammsen*, Jura 1991, S. 537.

[704] *Raum* in: Wabnitz/Janovsky, HWSt, 4/39.

lung einer etwaigen Pflichtwidrigkeit der unterschiedliche Sach- und Kenntnisstand der einzelnen Geschäftsleitungsmitglieder zu berücksichtigen.[705] Vor diesem Hintergrund wirft die Zuschreibung von Verantwortung für das Zustandekommen bzw. Unterbleiben von im Plenum zu fassenden Geschäftsleitungsbeschlüssen zahlreiche intrikate Fragen auf, denen im Folgenden nachgegangen werden soll.

5. Verantwortungszuschreibung bei Gremienentscheidungen

Jedes Handeln der Geschäftsleitung als Gesamtorgan setzt einen Beschluss durch deren Mitglieder voraus. Ein Beschluss kann aber nur gefasst werden, wenn diesem eine Abstimmung über eine bestimmte Vorlage vorausgegangen ist. Kommt ein rechtswidriger Beschluss des Geschäftsleitungsgremiums zustande, der die Vornahme rechtsgutsverletzender bzw. das Unterlassen gefahrenabwehrender Maßnahmen beinhaltet, so bereitet die Feststellung eines Kausalzusammenhangs zwischen dem Abstimmverhalten des einzelnen Geschäftsführers und der gefassten Kollegialentscheidung respektive der daraus hervorgehenden Rechtsgutsverletzungen erhebliche Schwierigkeiten.[706]

a. Problematik überbedingter Erfolge

Als unproblematisch erweist sich die Bejahung der Kausalität des einzelnen Abstimmungsverhaltens zugunsten eines Beschlusses lediglich im Fall der Ein-Stimmen-Mehrheit sowie dann, wenn die Beschlussfassung nur einstimmig erfolgen kann.[707] Hier ist die einzelne Stimmabgabe conditio sine qua non für das Zustandekommen des Beschlusses. Schwierigkeiten bereiten aber die Konstellationen, in denen der Beschluss mit einer Stimmenmehrheit jenseits des erforderlichen Quorums, sprich mit mindestens einer Stimme über der notwendigen Mehrheit, ergeht. Legt man hier die conditio-Formel zugrunde, kann sich jeder Geschäftsführer mit dem Argument exkulpieren, sein Stimmverhalten sei nicht kausal für den Beschluss gewesen, da dieses hinweggedacht werden könne, ohne dass die Kollegialentscheidung aus der Welt wäre, der Beschluss mithin auch ohne ihn, sprich bei pflichtgemäßer Stimmabgabe gegen den Beschluss, zustande gekommen wäre.[708] Angesprochen ist damit das Problem des überbedingten Erfolgs,[709] teilweise auch als Mehrfachkausalität bezeichnet.[710]

---

705 *Höhfeld*, Strafrechtliche Produktverantwortung, S. 201 f.; *Schlüchter*, FS Salger, S. 155.

706 Zur Verdeutlichung der Mannigfaltigkeit der im Zusammenhang mit Gremienentscheidungen bestehenden Schwierigkeiten siehe die Auflistung der verschiedenen denkbaren Problemsachverhalte bei *Jakobs*, FS Miyazawa, S. 419 f.

707 Vgl. *Joerden*, Zurechnungsprobleme, S. 143; *Kindhäuser*, LPK, Vor § 13 Rn. 94; *Krekeler/Werner*, Unternehmer und Strafrecht, Rn. 58; *Kühl*, AT, § 18 Rn. 39b; *Kuhlen* in: Achenbach/Ransiek, HWSt, II Rn. 51.

708 Vgl. *Busch*, Umweltstrafrecht, S. 465; *Eidam*, Unternehmen und Strafe, S. 450; *Heine* in: Eser/Huber/Cornils, Einzelverantwortung, S. 97; *Hoyer*, GA 1996, S. 172; *Jakobs*, FS Miyazawa, S. 422; *Joerden*, Zurechnungsprobleme, S. 143; *Kühl*, AT, § 18 Rn. 39b; *Kuhlen*, NStZ 1990, S. 569; *ders.* in: Achenbach/Ransiek, HWSt, II Rn. 52; *Puppe*, GA 2004, S. 132; *Schall*, Probleme, S. 116; S/S-*Stree*, § 13 Rn. 61; S/S-*Cramer/Heine*, § 25 Rn. 76; a. A. MüKo-StGB-*Freund*, Vor §§ 13 ff. Rn. 319, demzufolge sich die Kausali-

b. Scheitern der Prinzipien kumulativer bzw. alternativer Kausalität

Der *BGH* greift zur Lösung des Problems auf die Prinzipien der kumulativen Kausalität zurück. Danach ist eine von mehreren voneinander unabhängig gesetzte Bedingung auch dann kausal, wenn sie den tatbestandlichen Erfolg nicht für sich, sondern erst im Zusammenwirken mit den anderen Bedingungen herbeiführt.[711] Insofern liegt ein klassischer Fall der Mitverursachung vor. Diesen im Bereich der Handlungsverantwortlichkeit allgemein anerkannten Grundsatz übertrug der *BGH* in der Lederspray-Entscheidung sowie im zweiten Politbüro-Urteil auf den Unterlassungsbereich,[712] indem er ausführte: „Kann die zur Schadensabwendung erforderliche Maßnahme nur durch das Zusammenwirken mehrerer Beteiligter zustande kommen, so setzt jeder, der es trotz seiner Mitwirkungskompetenz unterläßt, seinen Beitrag dazu zu leisten, eine Ursache dafür, daß die Maßnahme unterbleibt; innerhalb dieses Rahmens haftet er für die sich daraus ergebenden tatbestandsmäßigen Folgen. Dabei kann er sich nicht damit entlasten, daß sein Bemühen, die gebotene Kollegialentscheidung herbeizuführen, erfolglos geblieben wäre, weil ihn die anderen Beteiligten im Streitfalle überstimmt hätten."[713] Im Schrifttum stieß diese Rechtsprechung zwar hinsichtlich des Ergebnisses auf einhellige Zustimmung,[714] was dessen dogmatische Herleitung angeht allerdings zu Recht überwiegend auf Kritik.[715] So gehen die Überlegungen zur kumulativen Kausalität in Bezug auf eine Unterlassungsverantwortlichkeit von vornherein fehl, weil das Gegenstück der Fälle kumulativer Kausalität im Unterlassungsbereich nicht diejenigen Fälle sind, in denen der tatbestandliche Erfolg nur dadurch vermieden wird, dass alle ihren Pflichten nachkommen, sondern eben die Fälle, in denen die

tät der Einzelstimme daraus ergebe, dass diese die aus dem Gremienbeschluss resultierende Rechtsgutsverletzung im Sinne der Lehre von der gesetzmäßigen Bedingung mitverursache und der Umstand, dass der Beschluss auch ohne diese Stimme zustande gekommen wäre, eine nicht zu berücksichtigende hypothetische Ersatzursache darstelle. Zustimmend *Putz*, Strafrechtliche Produktverantwortlichkeit, S. 17; ebenso *Weißer*, Kollegialentscheidungen, S. 116.

709 So *Jakobs*, FS Miyazawa, S. 422; ähnlich *Röckrath*, NStZ 2003, S. 644: „Überbestimmtheit".

710 So *Puppe*, GA 2004, S. 137.

711 *Tröndle/Fischer*, Vor § 13 Rn. 18; *Wessels/Beulke*, AT, Rn. 157 f. m. w. N.

712 Wobei der *BGH*, wie bereits dargelegt, Tun und Unterlassen zutreffend nach der Qualität des den Beschluss umsetzenden Verhaltens abgrenzt.

713 *BGH*St 37, 106 (131); 48, 77 (94).

714 *Beulke/Bachmann*, JuS 1992, S. 743; *Kuhlen*, JZ 1994, S. 1146; S/S-*Lenckner*, Vorbem §§ 13 ff. Rn. 83a; *Stratenwerth/Kuhlen*, AT, § 16 Rn. 7.

715 Siehe z. B. *Alexander*, Strafrechtliche Verantwortlichkeit, S. 156 f.; *Dencker*, Kausalität, S. 55 ff.; *Deutscher/Körner*, wistra 1996, S. 333 f.; *Eidam*, Straftäter Unternehmen, S. 17; *ders.*, Unternehmen und Strafe, S. 456; *Heine*, Verantwortlichkeit, S. 160; *Höhfeld*, Strafrechtliche Produktverantwortung, S. 112; *Knauer*, Kollegialentscheidung, S. 94; *Otto*, Unternehmen, S. 11; *Rotsch*, Individuelle Haftung, S. 126; *Schaal*, Gremienentscheidungen, S. 113; *Weißer*, Kollegialentscheidungen, S. 110 f. Dagegen in Übereinstimmung mit dem *BGH* einen Fall der kumulativen Kausalität bejahend *Bock*, Produktkriminalität, S. 79 f.; *Roxin*, AT/1, § 11 Rn. 19; *Tröndle/Fischer*, § 25 Rn. 6b.

Pflichterfüllung eines Beteiligten ausreicht, um diesen Erfolg abzuwenden.[716] Unabhängig davon greift der Gedanke der kumulativen Kausalität aber auch schon deshalb nicht, weil die Einzelbeiträge (Stimmabgabe) gerade nicht notwendige Teile einer auf verschiedenen Beiträgen beruhenden Erfolgsbedingung (Beschluss) sind, da nur die Stimmen zur Erfolgsherbeiführung erforderlich sind, die es zur Herbeiführung einer ausreichenden Mehrheit bedarf.[717]

Teilweise wird daraus der Schluss gezogen, bei den Gremienentscheidungen handele es sich um einen speziellen Anwendungsfall der alternativen Kausalität.[718] Diese ist gegeben, wenn mehrere unabhängig voneinander gesetzte Bedingungen zeitlich zusammentreffen, aber bereits jede für sich allein zur Erfolgsherbeiführung ausgereicht hätte. Diesbezüglich ist überwiegend anerkannt, dass in Modifikation der conditio sine qua non-Formel jede der Bedingungen als kausal anzusehen ist, weil diese zwar alternativ, nicht aber kumulativ hinweggedacht werden können, ohne dass der Erfolg entfiele.[719] Aber auch diese Auffassung überzeugt nicht, kann die einzelne Stimme für sich gesehen den Erfolg doch gerade nicht bewirken, sondern nur im Verbund mit einer bestimmten Mindestanzahl weiterer Stimmen.[720] Daran wird indes deutlich, dass sich die Kausalität bei Gremienentscheidung genau genommen im Grenzbereich von kumulativer und alternativer Kausalität bewegt. Sie weist Elemente beider Rechtsfiguren auf, kann aber durch keine der beiden sachgerecht ermittelt werden.[721]

c. Zurechnung des Gremienbeschlusses qua Mittäterschaft

Denkbar erscheint eine Zurechnung des Gremiumsbeschlusses und seiner Folgen nach den Grundsätzen der Mittäterschaft. Dabei ist zwischen der vorsätzlichen Beschlussfassung im Bewusstsein und unter gleichzeitiger Inkaufnahme etwaiger daraus resultierender Rechtsgutsverletzungen einerseits und der fahrlässigen Beschlussfassung andererseits zu differenzieren.

(A) Vorsätzliche Mittäterschaft

Inwieweit bei vorsätzlicher Beschlussfassung die daran beteiligten Geschäftsleitungsmitglieder als Mittäter agieren, ist in Rechtsprechung und Literatur umstritten. Während der *BGH* in der Lederspray-Entscheidung aufgrund der gemein-

---

716 *van Weezel*, Beteiligung bei Fahrlässigkeit, S. 130 f.

717 *Kindhäuser*, AT, § 10 Rn. 42; *Kraatz*, Fahrlässige Mittäterschaft, S. 329; *Otto*, Unternehmen, S. 11; *Ransiek*, Unternehmensstrafrecht, S. 68; S/S-*Lenckner*, Vorbem §§ 13 ff. Rn. 83a.

718 *Dreher*, JuS 2004, S. 18; *Kindhäuser*, AT, § 10 Rn. 41; *ders.*, LPK, Vor § 13 Rn. 95, 98 f.; *Krey*, AT/2, Rn. 387; *Lackner/Kühl*, Vor § 13 Rn. 11; *Meier*, NJW 1992, S. 3198;

719 *Tröndle/Fischer*, Vor § 13 Rn. 18 m. w. N.; *Wessels/Beulke*, AT, Rn. 157 m. w. N.

720 So auch *Kraatz*, Fahrlässige Mittäterschaft, S. 329; *Neudecker*, Kollegialorgane, S. 223; *Röckrath*, Kausalität, S. 31; S/S-*Lenckner*, Vorbem §§ 13 ff. Rn. 83a; i. E. ebenso *Deutscher/Körner*, wistra 1996, S. 333 f.; *Rotsch*, Individuelle Haftung, S. 126; *Weißer*, Kollegialentscheidungen, S. 112.

721 In diesem Sinne auch *Alexander*, Strafrechtliche Verantwortlichkeit, S. 154; *Röckrath*, Kausalität, S. 30; *Schaal*, Gremienentscheidungen, S. 60; Schmucker, Dogmatik, S. 231.

schaftlichen Verantwortung der Geschäftsführer für die Abwehr betriebsbedingter Gefahren eine Mittäterschaft als gegeben ansah,[722] finden sich im Schrifttum neben zahlreichen eine Mittäterschaft bejahenden Stimmen[723] auch viele, die eine Mittäterschaft verneinen.[724] Gegen die Annahme einer Mittäterschaft wird zum einen ins Feld geführt, dass diese die Kausalität jedes Mittäterhandelns voraussetze und nicht umgekehrt die Ursächlichkeit des einzelnen Tatbeitrags begründen bzw. ersetzen könne.[725] Zum anderen fehle es bei Gremienbeschlüssen an einem gemeinschaftlichen Tatentschluss, da eine (vorherige) Absprache und wechselseitige Zusicherung eines bestimmten Abstimmungsverhaltens regelmäßig nicht stattfinde[726] und auch die Beschlussfassung selbst als Tatentschluss ausscheide, weil sie als intendierter Erfolg, als Ergebnis des Zusammenwirkens, nicht zugleich dessen Grundlage im Sinne eines im Vorfeld gefassten diesbezüglichen Plans sein könne.[727] Schließlich mangele es an der Tatherrschaft und damit zwangsweise auch am Tatherrschaftswillen des einzelnen Gremienmitglieds, sei dieses sich doch bewusst, den Erfolg allein weder verhindern noch herbeiführen zu können.[728]

Letztlich greifen diese Einwände aber nicht. Vor allem das Argument, Mittäterschaft setze Kausalität voraus, vermöge sie also nicht zu begründen, trägt nicht. Zwar muss auch bei der Mittäterschaft das Verhalten der einzelnen Beteiligten für den Eintritt des Erfolges kausal sein, doch betrifft dies nur die Kausalität zwischen dem mittäterschaftlich konstituierten Gesamtverhalten (kollektive Stimmabgabe)

---

[722] *BGH*St 37, 106 (129).

[723] *Alexander*, Strafrechtliche Verantwortlichkeit, S. 156; *Beulke/Bachmann*, JuS 1992, S. 743; *Goll/Winkelbauer* in: von Westphalen, Produkthaftungshandbuch, § 48 Rn. 29; *Kuhlen*, Betriebsbeauftragte, S. 79; *Nehm*, Produkthaftung, S. 23; *Otto*, Jura 1998, S. 410; *Raum* in: Wabnitz/Janovsky, HWSt, 4/29; S/S-*Lenckner*, Vorbem §§ 13 ff. Rn. 83a; *Schumann*, StV 1994, S. 110; *Stratenwerth/Kuhlen*, AT/1, § 14 Rn. 18; *Tröndle/Fischer*, § 25 Rn. 6b.; auf Grundlage der subjektiven Tätertheorie ebenso *Krekeler/Werner*, Unternehmer und Strafrecht, Rn. 61.

[724] *Bock*, Produktkriminalität, S. 78; *Eidam*, Straftäter Unternehmen, S. 13 f.; *ders.*, Unternehmen und Strafe, S. 451 f.; *Hassemer*, Produktverantwortung, S. 68; *Heine* in: Eser/Huber/Cornils, Einzelverantwortung, S. 97; *Joerden*, Zurechnungsprobleme, S. 143; *Kindhäuser*, LPK, Vor § 13 Rn. 97; *Knauer*, Kollegialentscheidung, S. 143; *Puppe*, AT/1, § 2 Rn. 66; *dies.*, AT/2, § 48 Rn. 6; *dies.*, Erfolgszurechnung, S. 70; *dies.*, JR 1992, S. 32; *dies.*, GA 2004, S. 134; *Rotsch*, Individuelle Haftung, S. 121; *Schmucker*, Dogmatik, S. 224; *Seelmann*, Kollektive Verantwortung, S. 12; SK-StGB-*Hoyer*, § 25 Rn. 128; *ders.*, GA 1996, S. 173.

[725] *Bock*, Produktkriminalität, S. 78; *Hoyer*, GA 1996, S. 173; *Kindhäuser*, LPK, Vor § 13 Rn. 97; *Neudecker*, Kollegialorgane, S. 220; *Puppe*, AT/1, § 2 Rn. 66; *dies.*, AT/2, § 48 Rn. 6; *dies.*, Erfolgszurechnung, S. 70; *dies.*, JR 1992, S. 32; *Samson*, StV 1991, S. 184 f.; *Schmucker*, Dogmatik, S. 224.

[726] *Hassemer*, Produktverantwortung, S. 68; *Kaufmann*, (Sonder-)Pflichtverletzungen, S. 51; *Puppe*, GA 2004, S. 134; SK-StGB-*Hoyer*, § 25 Rn. 128.

[727] *Deutscher/Körner*, wistra 1996, S. 332; *Rotsch*, Individuelle Haftung, S. 121; *Schmucker*, Dogmatik, S. 222.

[728] *Eidam*, Straftäter Unternehmen, S. 13 f.; *ders.*, Unternehmen und Strafe, S. 451 f.; *Heine* in: Eser/Huber/Cornils, Einzelverantwortung, S. 98; *Knauer*, Kollegialentscheidung, S. 143; *Samson*, StV 1991, S. 184.

und dem Eintritt des Erfolges (Kollektivbeschluss). Ein Nachweis der Kausalität zwischen dem jeweiligen Einzelbeitrag des Mittäters (individuelle Stimmabgabe) und dem Gesamterfolg ist hingegen nicht erforderlich.[729] Dies folgt unmittelbar aus § 25 Abs. 2 StGB, der in Abgrenzung zu den anderen individualkausalistischen Beteiligungsformen mit der Formulierung „Begehen *mehrere* die Tat gemeinschaftlich" eine Kollektivkausalität beschreibt.[730] Zudem ist es gerade eine der wichtigsten Funktionen der Mittäterschaft, in Fällen zweifelhafter Kausalität aller einzelnen Beiträge der Mittäter dem Richter das Auseinandergliedern dieser Einzelbeiträge zu ersparen.[731] Es wäre auch in sich widersprüchlich, auf der Grundlage des § 25 Abs. 2 StGB eine wechselseitige Zurechnung von Tatbestandsmerkmalen zu bejahen, das Tatbestandsmerkmal der Kausalität hiervon aber ohne nachvollziehbaren Grund auszunehmen.[732] Die Befürchtung, bei Verzicht auf die Kausalität des Einzelverhaltens könne die Kausalität aller Unbeteiligten begründet werden, indem zunächst eine Mittäterschaft behauptet und sodann durch Zurechnung der Kausalbeiträge der anderen sein Kausalwerden bejaht werde,[733] ist unbegründet, denn es bedarf eines gemeinsamen Tatentschlusses und der Beteiligte muss mit seinem Tatbeitrag, auch wenn dieser selbst nicht kausal war, zumindest eine wesentliche, rollenbedingte Funktion innerhalb des Tatplans ausüben.[734] Aus dem Gesagten folgt zugleich, dass auch der Einwand mangelnder Tatmacht fehlgeht. Die Tatherrschaft der einzelnen Geschäftsführer kann notwendig nicht voraussetzen, dass der Mittäter durch sein eigenes Verhalten den Deliktserfolg verhindern kann oder ohne seinen Tatbeitrag die Verwirklichung des Straftatbestandes nicht erfolgt wäre. Entscheidend ist allein die Bedeutung des Beitrags für das tatsächliche Geschehen, nicht die Beantwortung der hypothetischen Frage, ob der Erfolg ohne die Mitwirkung ebenso eingetreten wäre.[735] Die Tatherrschaft des einzelnen Geschäftsführers ergibt sich vor diesem Hintergrund aus der faktischen Wahrnehmung der ihm rechtlich zugewiesenen Kompetenz, mitzuentscheiden und dadurch das Ergebnis der Beschlussfassung zu beeinflussen.[736]

---

729 *Alexander*, Strafrechtliche Verantwortlichkeit, S. 169; *Beulke/Bachmann*, JuS 1992, S. 743; *Deutscher/Körner*, wistra 1996, S. 333; *Eidam*, Straftäter Unternehmen, S. 13; *ders.*, Unternehmen und Strafe, S. 452; *Hilgendorf*, NStZ 1994, S. 563; *Krekeler/Werner*, Unternehmer und Strafrecht, Rn. 63; *Otto*, WiB 1995, S. 934; *Schaal*, Gremienentscheidungen, S. 178; i. E. ebenso *Bloy*, GA 2000, S. 395; *Busch*, Umweltstrafrecht, S. 467 f.; *Dannecker* in: Wabnitz/Janovsky, HWSt, 1/29; *Kraatz*, Fahrlässige Mittäterschaft, S. 236; *Roxin*, AT/1, § 11 Rn. 19. Siehe auch *OLG Stuttgart*, NStZ 1981, S. 27 (28).

730 *Knauer*, Kollegialentscheidung, S. 152. In diesem Sinne auch *Sung-Ryong*, Mittäterschaft beim Fahrlässigkeitsdelikt, S. 275.

731 *Beulke/Bachmann*, JuS 1992, S. 743; *Deutscher/Körner*, wistra 1996, S. 333; *Eidam*, Straftäter Unternehmen, S. 13; *ders.*, Unternehmen und Strafe, S. 452; *Höhfeld*, Strafrechtliche Produktverantwortung, S. 113.

732 Vgl. *Kamm*, Fahrlässige Mittäterschaft, S. 68 f.

733 Siehe *Puppe*, AT/1, § 2 Rn. 66; *dies.*, Erfolgszurechnung, S. 70; *dies.*, JR 1992, S. 32.

734 So zutreffend *Beulke/Bachmann*, JuS 1992, S. 743.

735 *Ransiek*, ZGR 1999, S. 639 f.

736 *Ransiek*, Unternehmensstrafrecht, S. 62 f.; *ders.*, ZGR 1999, S. 640.

Was den Tatentschluss anbelangt, ist den Kritikern der Mittäterschaftslösung zuzugeben, dass dieser entgegen *Weißer*[737] nicht im gefassten Gremienbeschluss als solchem erblickt werden kann. Allerdings kann sich ein Tatentschluss unabhängig von einer vorherigen Absprache des Stimmverhaltens bzw. Diskussion der Abstimmungsvorlage aus einem gegenseitigen, simultanen und gegebenenfalls unausgesprochenen Einverständnis bei Stimmabgabe ergeben.[738] Die Täter müssen sich lediglich ihrer gemeinschaftlichen Tatausführung bewusst sein, sie müssen Kenntnis von der praktizierten Arbeitsteilung haben. Ein gemeinsamer Tatplan liegt also auch dann vor, wenn die Täter sich „blind" verstehen und insofern eine stillschweigende Übereinkunft herrscht.[739] Eine solche ist im Fall der Kollegialentscheidung schon deshalb zu bejahen, weil die einzelnen Gremiumsmitglieder wissen, dass sie den Beschluss und die damit verbundenen Folgen nicht allein herbeiführen können, sondern mit ihrer Stimme und den Stimmen anderer Gremiumsmitglieder eine Mehrheit bilden müssen, um überhaupt etwas zu bewirken. Da jede Stimmabgabe folglich das Angebot an beliebige weitere Stimmberechtigte enthält, sich zu einer Mehrheit zusammenzuschließen,[740] liegt hierin eine stillschweigende Übereinkunft der einheitlich votierenden Mitglieder, gemeinschaftlich auf einen bestimmten Beschluss hinzuwirken. Eine Zurechnung des Geschäftsleitungsbeschlusses zum einzelnen Geschäftsführer ist demnach bei vorsätzlicher Beschlussfassung grundsätzlich möglich.

(B) Fahrlässige Mittäterschaft

Fraglich ist, inwieweit eine mittäterschaftliche Zurechnung bei fahrlässiger Herbeiführung eines Rechtsgutsverletzungen auslösenden Geschäftsleitungsbeschlusses in Betracht kommt.

(I) Meinungsstand in Rechtsprechung und Literatur

Während die Möglichkeit eines fahrlässigen Zusammenwirkens mehrerer jeweils tatbestandsmäßig handelnder Personen in Rechtsprechung und Literatur allgemein anerkannt ist,[741] wird die Frage der wechselseitigen Zurechenbarkeit von Tatbestandsmerkmalen, wie sie im Fall der arbeitsteiligen Verwirklichung eines Straftatbestandes den Kern und das Wesen der vorsätzlichen Mittäterschaft ausmacht, unterschiedlich beantwortet. Die wohl (noch) herrschende Meinung lehnt die Konstruktion einer fahrlässigen Mittäterschaft kategorisch ab.[742] Mangels eines be-

---

737 *Weißer*, Kollegialentscheidungen, S. 90.

738 *Knauer*, Kollegialentscheidung, S. 167; *Rodríguez Montañés*, FS Roxin, S. 325.

739 *Knauer*, Kollegialentscheidung, S. 161; *ders.*, NJW 2003, S. 3103.

740 *Alexander*, Strafrechtliche Verantwortlichkeit, S. 170; *Schaal*, Gremienentscheidungen, S. 194; SK-StGB-*Hoyer*, § 25 Rn. 129; ähnlich *Ransiek*, Unternehmensstrafrecht, S. 73.

741 Siehe den bereits an anderer Stelle zitierten Reichsgerichtsfall *RG*St 21, 76 ff., wo ein Bäckermeister seinem Gesellen zur Ungezieferbekämpfung Arsen aushändigte, welches dieser in einer neutralen Dose aufbewahrte mit der Folge, dass sein Nachfolger dieses für Kartoffelmehl hielt und zum Backen verwendete.

742 *Bottke*, GA 2001, S. 473; *Deutscher/Körner*, wistra 1996, S. 332; *Höhfeld*, Strafrechtliche Produktverantwortung, S. 113; *Kindhäuser*, AT, § 38 Rn. 55; *ders.*, LPK, Vor § 13 Rn. 97, Vor §§ 25-31 Rn. 45 m. w. N.; *Kraatz*, Fahrlässige Mittäterschaft, S. 294 f.;

wussten und vor allem gewollten Zusammenwirkens in Richtung auf einen bestimmten tatbestandlichen Erfolg fehle es an einem gemeinschaftlichen Tatentschluss und damit an einer Grundvoraussetzung der Mittäterschaft.[743] Das bei Fahrlässigkeit allenfalls vorhandene Bewusstsein gemeinschaftlicher Gefahrschaffung infolge eines kollektiven Handlungsprojekts reiche als Legitimationsgrundlage einer wechselseitigen Zurechnung der einzelnen Tatbeiträge im Sinne des § 25 Abs. 2 StGB nicht aus.[744]

Indes mehren sich die Stimmen derjenigen, die eine fahrlässige Mittäterschaft für möglich erachten.[745] Dem Umstand, dass es im Fall der Fahrlässigkeit an einem Wissen und Wollen der Erfolgsherbeiführung und somit an einem Tatplan im Sinne vorsätzlicher Mittäterschaft fehlt, komme keine Argumentationskraft gegen die Anerkennung einer fahrlässigen Mittäterschaft zu, verberge sich dahinter doch nur die triviale Erkenntnis, dass für die (Mit-)Täterschaft beim Fahrlässigkeitsdelikt aufgrund des aliud-Charakters von Vorsatz und Fahrlässigkeit nicht die am Vorsatzdelikt entwickelten (Mit-)Täterkriterien maßgebend sein können.[746] Zum Teil wird ein gemeinschaftlicher Tatplan deshalb im Fahrlässigkeitsbereich von vornherein für entbehrlich gehalten[747] und das für die gegenseitige Zurechnung der verschiedenen Tatbeiträge erforderliche Band zwischen den Tatbeteiligten in der gemeinsamen Verletzung einer gemeinschaftlichen Pflicht bei objektiver Vorhersehbarkeit der daraus resultierenden Rechtsgutsverletzungen erblickt.[748] *Kamm*

Krey, AT/2, Rn. 552; NK-*Schild*, § 25 Rn. 99; *Puppe*, AT/2, § 48 Rn. 6; *dies.*, GA 2004, S. 129 ff.; *Schünemann*, GedS Meurer, S. 48; ebenso *OLG Schleswig*, NStZ 1982, S. 116. Ausgehend von § 25 Abs. 2 StGB eine fahrlässige Mittäterschaft allenfalls de lege ferenda, nicht aber de lege lata bejahend *Lackner/Kühl*, § 25 Rn. 13; *Tröndle/Fischer*, § 25 Rn. 5a.

743 *Baumann/Weber/Mitsch*, AT, § 29 Rn. 90; *Bock*, Produktkriminalität, S. 79; *Bottke*, GA 2001, S. 474; *Eidam*, Unternehmen und Strafe, S. 455; *Heinrich*, AT/2, Rn. 997; *Jescheck/Weigend*, AT, § 63 I 3 a; *Lackner/Kühl*, § 25 Rn. 13; *Maurach/Gössel/Zipf*, AT/2, § 49 Rn. 107; *Rotsch*, Individuelle Haftung, S. 124; *Vassilaki*, FS Schreiber, S. 503; i. E. ebenso *Herzberg*, Täterschaft, S. 73.

744 *Puppe*, GA 2004, S. 133; S/S-*Cramer/Heine*, Vorbem §§ 25 ff. Rn. 116 m. w. N.

745 *Alexander*, Strafrechtliche Verantwortlichkeit, S. 176 ff.; *Brammsen*, Jura 1991, S. 537; *Eschenbach*, Jura 1992, S. 644 Fn. 101; *Kamps*, Ärztliche Arbeitsteilung, S. 163; *Lesch*, JA 2000, S. 78; *Rodríguez Montañés*, FS Roxin, S. 326; *Schaal*, Gremienentscheidungen, S. 249 f.; *Stratenwerth/Kuhlen*, AT, § 16 Rn. 7; *Utsumi*, Jura 2001, S. 540; *Wessels/Beulke*, AT, Rn. 507; inzwischen ebenso *Roxin*, AT/2, § 25 Rn. 242 m. w. N. nach anfänglichen Bedenken, vgl. LK-*Roxin*, § 25 Rn. 221; bereits früher *Exner*, FS v. Frank, S. 572.

746 *Brammsen*, Jura 1991, S. 537; *Kamm*, Fahrlässige Mittäterschaft, S. 107 f.; *Knauer*, Kollegialentscheidung, S. 183; *Otto*, FS Spendel, S. 281; *Renzikowski*, Restriktiver Täterbegriff, S. 284; *Roxin*, AT/2, § 25 Rn. 242; *Schaal*, Gremienentscheidungen, S. 211; ähnlich *van Weezel*, Beteiligung bei Fahrlässigkeit, S. 67.

747 *Renzikowski*, Restriktiver Täterbegriff, S. 284; *Weißer*, Kollegialentscheidungen, S. 146; *dies.*, JZ 1998, S. 232; ebenso wohl auch *Lesch*, ZStW 105 (1993), S. 281 f.

748 Vgl. *Otto*, Unternehmen, S. 9; *ders.*, FS Spendel, S. 282 ff.; *ders.*, Jura 1990, S. 49; *ders.*, Jura 1998, S. 412; *Roxin*, AT/2, § 25 Rn. 242; *Weißer*, Kollegialentscheidungen,

dagegen will den Verzicht auf das Tatplanerfordernis durch das Kriterium der Notwendigkeit des Zusammenwirkens aller Tatbeteiligten zur Herbeiführung bzw. Vermeidung des straftatbestandlichen Erfolges aufwiegen.[749] Andere wiederum wollen am Tatplanerfordernis festhalten, hierfür aber das Bewusstsein gemeinschaftlicher Gefahrschaffung genügen lassen.[750]

(II) Stellungnahme

Zunächst ist festzuhalten, dass weder § 15 StGB noch § 25 Abs. 2 StGB der Anerkennung einer fahrlässigen Mittäterschaft entgegenstehen. § 15 StGB bezieht sich allein auf die Straftatbestände des Besonderen Teils,[751] und die systematische Stellung des § 25 Abs. 2 StGB im Anschluss an § 15 StGB spricht in Verbindung mit der expliziten Begrenzung des Anwendungsbereichs der unmittelbaren Nachbarvorschriften §§ 26, 27 StGB auf vorsätzliches Handeln eher für die prinzipielle Möglichkeit einer fahrlässigen Mittäterschaft.[752]

Zutreffend ist auch, dass zwingende Mindestvoraussetzung einer etwaigen fahrlässigen Mittäterschaft die Verletzung einer gemeinsamen Sorgfaltspflicht durch Verfolgung eines gemeinschaftlichen Handlungsprojekts ist, welches in vorhersehbarer Weise die nahe Gefahr einer Rechtsgutsverletzung Dritter begründet. Die Existenz eines derartigen Handlungsprojekts scheitert auch nicht, wie vereinzelt behauptet wird,[753] an der fehlenden Finalität der Fahrlässigkeit, betrifft diese doch lediglich den Finalbezug in Richtung auf einen straftatbestandlichen Erfolg. Ein Handlungsprojekt muss aber nicht zwingend auf die Verwirklichung eines Straftatbestandes gerichtet sein, sondern kann auch die Herbeiführung eines außertatbestandlichen Erfolgs in rechtsgutsgefährdender Weise zum Ziel haben. Indes reicht die bloße gemeinschaftlich-pflichtwidrige Schaffung einer vorhersehbaren Gefahr nicht aus, um eine wechselseitige Zurechnung der einzelnen Tatbeiträge zu legitimieren. Vielmehr bedarf es zusätzlich zu dieser objektiven Komponente eines subjektiven Bandes zwischen den Beteiligten.[754] Die zentrale Frage hinsichtlich der Anerkennung einer fahrlässigen Mittäterschaft ist deshalb, ob sich Kriterien dafür finden lassen, unter welchen Prämissen ein außertatbestandlichen Handlungsziel geeignet ist, ein tatsächliches Miteinander im Sinne einer echten Gemeinschaftsleistung und damit die für eine Zurechnung nach § 25 Abs. 2 StGB erforderliche Solidarität zu begründen.[755] Das Zusammenwirken muss sich als kollektive, nicht lediglich zeitlich koinzidierende Fehlleistung darstellen, weswegen auch im Fahrlässigkeitsbereich ein die singulären Tatbeiträge sinnhaft zu einem

---

S. 147; *Weißer*, JZ 1998, S. 236 f.; i. E. ebenso *Renzikowski*, Restriktiver Täterbegriff, S. 290.

[749] *Kamm*, Fahrlässige Mittäterschaft, S. 199 f.

[750] *Hilgendorf*, NStZ 1994, S. 563; S/S-*Cramer/Heine*, Vorbem §§ 25 ff. Rn. 115; *Schumann*, StV 1994, S. 111.

[751] So zutreffend *Knauer*, Kollegialentscheidung, S. 190.

[752] Vgl. *Kamm*, Fahrlässige Mittäterschaft, S. 176 f.; *Knauer*, Kollegialentscheidung, S. 191.

[753] Siehe *Vassilaki*, FS Schreiber, S. 503.

[754] Ebenso *Pfeiffer*, Jura 2004, S. 525.

[755] *Pfeiffer*, Jura 2004, S. 524.

Gemeinschaftsakt verbindender übergreifender Tatentschluss unabdingbare Voraussetzung der Mittäterschaft ist.[756] Dass dieser Entschluss im Falle fahrlässigen Handelns niemals auf die Bewirkung eines straftatbestandlichen Erfolgs, sondern lediglich auf die Vornahme einer den Tatbestand einer Strafvorschrift erfüllenden Handlung gerichtet sein kann, schadet indes nicht,[757] solange nur ein hinreichend präziser Begriff fahrlässiger Gemeinschaftlichkeit entwickelt werden kann, der eine uferlose Ausdehnung der Fahrlässigkeitsstrafbarkeit verhindert und eine wechselseitige Zurechnung der einzelnen Teilbeiträge über § 25 Abs. 2 StGB vertretbar erscheinen lässt. Eine solche Gemeinschaftlichkeit ist aber mit *Ransiek* bereits immer dann, aber auch nur dann zu bejahen, wenn gegenseitig das fremde Verhalten als eigenes gewollt ist, also im Hinblick auf ein gemeinsam gewolltes Ziel gehandelt werden soll. Bereits dann besteht der Grund, dem einen das Verhalten des anderen zuzurechnen. Mittäterschaft kann also bereits dann bejaht werden, wenn ein gemeinsamer Handlungsentschluss in Bezug auf einen gemeinsam zu verwirklichenden Zweck vorliegt und daraufhin gemeinsam gehandelt (oder unterlassen) wird.[758] Nimmt man den Begriff des *Tat*entschlusses ernst, der einen Bezug des Handlungsentschlusses zu einem strafrechtlichen Tatbestand impliziert, ist allerdings zusätzlich zu verlangen, dass die gemeinsame Verfolgung des außertatbestandlichen Zwecks im Bewusstsein erfolgt, hierdurch unter Umständen einen Straftatbestand zu verwirklichen.

Fügt man das soeben Gesagte mit dem zuvor herausgearbeiteten Erfordernis der kollektiven Verletzung einer gemeinschaftlichen Sorgfaltspflicht zusammen, so folgt daraus, dass eine fahrlässige Mittäterschaft dann, aber auch nur dann, bejaht werden kann, wenn sich die Beteiligten zur Verfolgung eines bestimmten (außertatbestandlichen) Zwecks zu einem Handlungsprojekt zusammengeschlossen haben, im Bewusstsein, hierdurch womöglich einen (Fahrlässigkeits-)Tatbestand zu erfüllen. Das bloße Bewusstsein der gemeinschaftlichen Gefahrschaffung reicht hierfür nicht aus,[759] erforderlich ist vielmehr zumindest auch die Kenntnis der die objektive Pflichtwidrigkeit des gemeinschaftlichen Handelns begründenden Umstände, so dass eine fahrlässige Mittäterschaft de facto nur im Fall bewusster Fahrlässigkeit möglich ist.[760] Eine Notwendigkeit des Zusammenwirkens zur Bewirkung bzw. Verhinderung des dadurch eingetretenen tatbestandlichen Erfolgs, wie *Kamm* dies postuliert, bedarf es hingegen nicht, liefe dies doch implizit auf das Erfordernis der Kausalität des einzelnen Tatbeitrags hinaus, welches bereits bei vorsätzlicher Mittäterschaft als unsachgemäß abgelehnt wurde.

---

[756] Insofern zutreffend *Knauer*, Kollegialentscheidung, S. 148; *Kraatz*, Fahrlässige Mittäterschaft, S. 121; *Pfeiffer*, Jura 2004, S. 524; *Ransiek*, Unternehmensstrafrecht, S. 70; *ders.*, ZGR 1999, S. 644.

[757] So auch *Kamm*, Fahrlässige Mittäterschaft, S. 182; *Kraatz*, Fahrlässige Mittäterschaft, S. 258 f.; *Ransiek*, Unternehmensstrafrecht, S. 70.

[758] *Ransiek*, Unternehmensstrafrecht, S. 70; *ders.*, ZGR 1999, S. 644 f.

[759] So aber wohl *Kuhlen*, FG BGH IV, S. 670; MüKo-StGB-*Joecks*, § 25 Rn. 243.

[760] In diesem Sinne auch *Alexander*, Strafrechtliche Verantwortlichkeit, S. 178; *Pfeiffer*, Jura 2004, S. 525. Gegen die Beschränkung der fahrlässigen Mittäterschaft auf Fälle bewusster Fahrlässigkeit aber *Kraatz*, Fahrlässige Mittäterschaft, S. 288 ff.; *Weißer*, Kollegialentscheidungen, S. 150.

Das Zustandebringen eines konkreten Geschäftsleitungsbeschlusses stellt zweifelsohne ein gemeinschaftliches Handlungsprojekt der dafür votierenden Geschäftsleitungsmitglieder dar, mit dem diese einen bestimmten (außertatbestandlichen) Geschäftszweck verfolgen. Bedenkt man zudem, dass Risikoentscheidungen der Geschäftsleitung – wie etwa die Entscheidung, ein in den Verdacht der Schädlichkeit geratenes Produkt weiter zu vertreiben bzw. davon bereits ausgelieferte Exemplare nicht zurückzurufen – stets im Bewusstsein der entsprechenden Gefahrenlage getroffen werden, da denklogisch nur diejenigen (Risiko-)Sachverhalte auf die Tagesordnung der Geschäftsleitersitzung gelangen können, die der Geschäftsleitung bereits bekannt sind, liegt im Fall der pflichtwidrigen Beschlussfassung stets ein Fall bewusster Fahrlässigkeit vor. Dies vor Augen steht einer Zurechnung des Geschäftsleitungsbeschlusses zum einzelnen Geschäftsleiter über die Rechtsfigur einer fahrlässigen Mittäterschaft prinzipiell nichts im Wege.

(C) Verbleibende Problemfälle

Kommt damit sowohl bei vorsätzlicher als auch bei fahrlässiger Beschlussfassung eine Zurechnung der Kollegialentscheidung kraft Mittäterschaft in Betracht, so bedeutet dies nicht, dass alle mit der Vornahme bzw. dem Unterlassen von Kollektiventscheidungen verbundenen Kausalitätsprobleme über die Figur der Mittäterschaft zu lösen sind. So versagt die Mittäterschaftslösung namentlich in den Fällen, in denen ein Gremiumsbeschluss allein deshalb nicht zustande kommt, weil es infolge unabgestimmten Untätigbleibens aller Geschäftsführer oder einer Mehrheit zu keiner Beschlussfassung kommt oder sich die Geschäftsleitungsmitglieder bei der maßgeblichen Abstimmung der Stimme enthalten. Hier scheidet eine Mittäterschaft mangels bewussten Zusammenwirkens regelmäßig aus.[761] In den Mittelpunkt rückt damit die Frage, ob unter Umständen nicht doch ein unmittelbarer Kausalzusammenhang zwischen den jeweiligen Einzelvoten und den späteren Rechtsgutsverletzungen bejaht werden kann.

d. Kausalität des Einzelvotums

Dabei ist zunächst klarzustellen, dass es auf die Kausalität des Abstimmungsverhaltens dann nicht ankommt, wenn das einzelne Geschäftsleitungsmitglied vor oder nach Beschlussfassung in eigener Person wesentliche (Teil-)Verwirklichungshandlungen vornimmt, die als Anknüpfungspunkte für die Zurechnung in Frage kommen,[762] wie etwa die (teilweise) eigenhändige Umsetzung des Beschlusses bzw. die Erteilung entsprechender Anordnungen an unterstellte Mitarbeiter.[763]

Ein Teil des Schrifttums versucht, die Kausalitätsproblematik durch Rekurs auf den Erfolg in seiner konkreten Gestalt zu umgehen. Entscheidend sei nicht allein der Erfolg, d. h. der Beschluss als solcher, sondern die konkrete Ausgestaltung des

---

761 So auch *Hilgendorf*, NStZ 1994, S. 563 f.; *Höhfeld*, Strafrechtliche Produktverantwortung, S. 113; *Raum* in: Wabnitz/Janovsky, HWSt, 4/40; *Röckrath*, NStZ 2003, S. 645.

762 *Dencker*, Mittäterschaft, S. 64, 189.

763 Zur Frage von Handlungspflichten des einzelnen Geschäftsführers über die Pflicht zur Hinwirkung auf rechtmäßige Geschäftsleitungsbeschlüsse hinaus vertieft S. 489 ff.

Erfolgs, mithin das konkrete den Beschluss tragende Mehrheitsverhältnis.[764] Unabhängig davon, ob ein auf den konkreten Erfolg abstellendes Kausalitätsmodell überhaupt sachgerecht und praktikabel ist,[765] hilft dieses über die Probleme bei Gremienentscheidungen nicht hinweg. Denn ob ein Beschluss mit 7:1 oder 5:3 Stimmen gefasst wird, spielt für die konkrete Gestalt des tatbestandlichen Erfolgs – bei Produktschäden Art und Umfang der Gesundheitsbeeinträchtigung – keine Rolle, sofern im Gremium mit einfacher Mehrheit abgestimmt wird und die Mehrheit einen das erfolgsursächliche Geschehen auslösenden Beschluss – beispielsweise die Entscheidung zum Weitervertrieb eines schädlichen Produkts – tatsächlich trifft.[766]

Die Kausalität des Einzelvotums lässt sich auch nicht mit dem Eigenverantwortlichkeitsprinzip und der damit einhergehenden Vermutung pflichtgemäßen Verhaltens der anderen Gremiumsmitglieder herleiten. Zwar ist der Einbezug dieses Gedankens in die Kausalitätsprüfung im Falle eines Unterlassens zulässig, da es sich bei diesem, wie bereits im Zusammenhang mit der Rückrufproblematik ausgeführt, um eine normative Größe handelt.[767] Jedoch folgt aus der kontrafaktischen Annahme einer pflichtgemäß votierenden Mehrheit gerade nicht die Kausalität der pflichtwidrig abgegebenen Einzelstimme. Denn bei unterstellt pflichtgemäßem, d. h. erfolgshindernden Abstimmungsverhalten der übrigen Gremiumsmitglieder kann die einzelne pflichtwidrige Stimmabgabe für sich genommen den Erfolg nicht herbeiführen.[768]

Abzulehnen ist auch der Ansatz *Hoyers*,[769] der auf der Grundlage des probabilistischen Kausalitätsverständnisses die Kausalität der Einzelstimme deshalb bejaht, weil jedes Einzelvotum zugunsten eines bestimmten Beschlusses die Wahrscheinlichkeit dessen Zustandekommens erhöhe (Intensivierungseffekt) und jeweils eine andere gleichgerichtete Stimmabgabe überflüssig mache (Übernahmeeffekt). Anders als die generelle Kausalität zwischen der Einnahme eines Arzneimittels und einer bestimmten Gesundheitsbeeinträchtigung, welche sich angesichts der Indeterminiertheit der Prozesse im menschlichen Körper nur anhand von Wahrscheinlichkeitsregeln ermitteln lässt, ist das Zustandekommen eines Gremienbeschlusses vollständig determiniert. Immer wenn eine bestimmte Anzahl von Gremienmitgliedern, nämlich die Mindestmehrheit, für einen bestimmten Beschlussvorschlag stimmt, kommt der entsprechende Beschluss zustande. Problematisch ist lediglich, dass mehrere, in ihrer Zusammensetzung variierende (Mindest-)Mehrheiten in Frage kommen und vor Stimmabgabe nicht absehbar ist, ob und wenn ja welche (Mindest-)Mehrheit sich einstellt. Dies ändert aber nichts da-

---

764 *Baumann/Weber/Mitsch*, AT, § 14 Rn. 37.

765 Dies bezweifelnd *Knauer*, Kollegialentscheidung, S. 91 f.; *Schumann*, StV 1994, S. 110.

766 So auch *Dencker*, Kausalität, S. 175; *Weißer*, Kollegialentscheidungen, S. 108; i. E. ebenso *Rodríguez Montañés*, FS Roxin, S. 312.

767 Im Ergebnis ebenso *Jakobs*, FS Miyazawa, S. 423; a. A. *Schaal*, Gremienentscheidungen, S. 162.

768 *Röckrath*, Kausalität, S. 43; *ders.*, NStZ 2003, S. 645; ähnlich *Kuhlen*, Umweltstrafrecht, S. 96.

769 *Hoyer*, GA 1996, S. 174.

ran, dass die Beschlussfassung stets demselben Determinismus folgt. Eine bloße Wahrscheinlichkeit reicht deshalb zur Kausalitätsbegründung gerade nicht aus.

Der Problematik der Mehrfachkausalität in Form einer Vielzahl möglicher zum Erfolg führender Mehrheitsverhältnisse lässt sich nur dann wirksam begegnen, wenn es gelingt, die Prinzipien kumulativer und alternativer Kausalität, welche jeweils für sich zur Kausalitätsbegründung nicht ausreichen, sachgerecht miteinander zu verknüpfen.[770] Ausgangspunkt muss hierbei die Erkenntnis sein, dass im Fall der Gremienentscheidung mehrere partiell identische Erfolgsbedingungen (Mehrheiten) gegeben sind, die hinsichtlich des Erfolgseintritts (Rechtsgutsverletzungen herbeiführender Gremienbeschluss) zwar jeweils ex ante hinreichend, jedoch ex post nicht notwendig sind.[771] Nach einer im Vordringen befindlichen Meinung reicht es vor diesem Hintergrund zur Bejahung der Kausalität eines Verhaltens aus, wenn dieses notwendiger Bestandteil einer der parallel gegebenen hinreichenden Erfolgsbedingungen ist.[772] Dies entspricht der aus der Wissenschaftstheorie stammenden Definition der Ursache als INUS-Bedingung (*I*nsufficient but *N*onredundant part of an *U*nnecessary but *S*ufficient condition), die mit Hilfe des sogenannten NESS-Tests (*N*ecessary *E*lement of a *S*ufficient *S*et) ermittelt wird.[773] Ursache ist danach der notwendige Bestandteil einer nach Naturgesetzen hinreichenden Mindestbedingung. Der NESS-Test kombiniert die Kriterien der notwendigen und hinreichenden Bedingung miteinander. Die Einzelbedingung muss nur insoweit notwendig sein, als sie einen Bedingungskomplex zur hinreichenden Bedingung ergänzt, nicht aber im Hinblick auf den Erfolg.[774] Ob die menschliche Handlung notwendiger Teil dieser hinreichenden Bedingung ist, kann dadurch überprüft werden, dass sie nicht hinweggedacht werden kann, ohne dass der Erfolg entfällt. Die Methode des Wegdenkens, wie sie der conditio-Formel immanent ist, hat somit durchaus ihre Berechtigung. Allerdings ist das Verhalten des Täters nicht aus der Welt schlechthin hinwegzudenken, um dann zu fragen, was ohne dieses Verhalten geschehen wäre, sondern ist allein aus der bereits aufgestellten hinreichenden Erfolgsbedingung auszuklammern, um so zu überprüfen, ob diese ohne das Verhalten hinreichend bleibt, die Kausalerklärung also nach allgemeinen Kausalgesetzen schlüssig ist.[775]

Auf die Situation der Gremienentscheidung bezogen bedeutet dies, dass zunächst eine Mindestbedingung für die Erfolgsherbeiführung (aktives Tun) bzw. Nichtverhinderung des Erfolgs (Unterlassen) zu formulieren ist, indem man das Verhalten des betreffenden Gremiumsmitglieds mit dem Verhalten so vieler ande-

---

770 So auch *Kraatz*, Fahrlässige Mittäterschaft, S. 329; *Neudecker*, Kollegialorgane, S. 225.

771 *Puppe*, JR 1992, S. 32; *Röckrath*, Kausalität, S. 29.

772 *Bosch*, Organisationsverschulden, S. 287; *Busch*, Umweltstrafrecht, S. 468 f.; *Hilgendorf*, PharmR 1994, S. 307; *Kindhäuser*, LPK, Vor § 13 Rn. 95; *Kuhlen*, JZ 1994, S. 1146; *Puppe*, JR 1992, S. 32; *Röckrath*, Kausalität, S. 43; *ders.*, NStZ 2003, S. 645; *Unger*, Kausalität, S. 48 f.

773 *Röckrath*, NStZ 2003, S. 643; *Unger*, Kausalität, S. 49 Fn. 151 m. w. N.

774 *Puppe*, AT/2, § 48 Rn. 8; *Röckrath*, NStZ 2003, S. 643; *Unger*, Kausalität, S. 49.

775 *Puppe*, AT/1, § 2 Rn. 67; *dies.*, Erfolgszurechnung, S. 71; *dies.*, GA 2004, S. 138; *Unger*, Kausalität, S. 49. Hier tritt der bereits erwähnte Charakter der conditio-Formel als Instrument zur Überprüfung einer anderweitig definierten Kausalität deutlich zu Tage.

rer Mitglieder zusammenfasst wie mindestens erforderlich sind, um den auf eine aktive Rechtsgutsverletzung abzielenden Beschluss herbeizuführen bzw. den auf Verhinderung der Rechtsgutsverletzung gerichteten Beschluss abzulehnen. Auf diese Weise lassen sich mehrere, partiell überlappende hinreichende Mindestbedingungen für den erfolgskausalen Gremienbeschluss konstruieren. Das einzelne Votum ist jeweils notwendiger Bestandteil der Mindestbedingung (Ein-Stimmen-Mehrheit), in der es enthalten ist und insofern im Sinne einer INUS-Bedingung kausal für den Beschluss und den daraus hervorgehenden tatbestandlichen Erfolg.[776]

Diese Kausalkonzeption vermag im Grunde zu überzeugen. Insbesondere widerspräche es dem Prinzip der Äquivalenz aller Bedingungsursachen, wenn der Fall der Alternativität kumulativer Kausalbeiträge anders behandelt werden würde als die klassischen Alternativfälle, bei denen keine Kumulation menschlichen Verhaltens vorliegt.[777] Allerdings entbindet die Kausalitätsermittlung anhand des NESS-Tests nicht davon, festzustellen, welcher der zahlreichen Bedingungszusammenhänge sich im konkreten Fall letzten Endes tatsächlich realisiert hat und welcher nicht.[778] Denn neben den Mindestbedingungen (Mindeststimmenmehrheiten), in denen die zu würdigende Ja-Stimme enthalten ist, existieren nun einmal weitere Mindestbedingungen, die ohne die betreffende Stimmabgabe zum Erfolg führen. Der NESS-Test kann daher nur ein erster Schritt im Rahmen der Kausalitätsprüfung sein. Isoliert reicht er zur Kausalitätsbegründung regelmäßig nicht aus, weil die Kausalitätsermittlung insofern genau genommen auf der Ebene der generellen Kausalität des Einzelvotums stehen bleibt, ohne darüber hinaus zu verifizieren, ob sich das Einzelvotum im konkreten Fall auch tatsächlich im Erfolg realisiert hat, mit anderen Worten Bestandteil desjenigen Mindestbedingungszusammenhangs ist, der sich konkret im Erfolg verwirklicht hat.[779] So bedarf es insbesondere einer Erklärung, warum es etwa bei sukzessiver Stimmabgabe in der Gremiumssitzung nach nahezu einhelliger Ansicht auf die Reihenfolge der Stimmabgabe nicht ankommen soll,[780] namentlich auch diejenigen Stimmen für den Beschluss kausal sind, welche zu einem Zeitpunkt abgegeben bzw. festgestellt werden, zu dem die Mehrheit bereits erreicht ist. Dass es willkürlich anmutet, die Strafbarkeit der einzelnen Gremiumsmitglieder davon abhängig zu machen, an welchem Ende des Tisches der Sitzungsleiter mit dem Zählen der Handzeichen bzw. abgegebenen Stimmen beginnt, steht außer Zweifel. Wie sich die Kausalität aller Stimmen aber rechtlich begründen lässt, ist weniger klar. Der NESS-Test jedenfalls kann die erforderliche Erklärung hierfür nicht liefern.

Diese erschließt sich erst durch eingehende Beschäftigung mit der Frage, wann bei Gremienabstimmungen ein (Mindest-)Bedingungszusammenhang perfekt

---

776 Vgl. NK-*Puppe*, Vor § 13 Rn. 122; *dies.*, GA 2004, S. 138 f.; *Röckrath*, Kausalität, S. 38; *ders.*, NStZ 2003, S. 644.

777 So zutreffend *Schaal*, Gremienentscheidungen, S. 97.

778 Vgl. *Alexander*, Strafrechtliche Verantwortlichkeit, S. 155; *Kraatz*, Fahrlässige Mittäterschaft, S. 337 f.; *Schaal*, Gremienentscheidungen, S. 94.

779 Dies verkennend *Beulke/Bachmann*, JuS 1992, S. 744; *Busch*, Umweltstrafrecht, S. 468 f.; *Kindhäuser*, AT, § 10 Rn. 41; *Neudecker*, Kollegialorgane, S. 222.

780 Siehe statt vieler *Knauer*, Kollegialentscheidung, S. 122.

ist.[781] Ausgangspunkt hierbei hat die Erkenntnis zu sein, dass die Abstimmung in aller Regel nicht Tatausführung, sondern Tatvorbereitung, konkret psychische Beteiligung während der Planung einer Tat ist.[782] Vor dem Hintergrund, dass die bloße Vorbereitung bzw. Entschlussfassung als solche kein Strafunrecht verwirklicht, solange es nicht zu deren straftatbestandlichen Umsetzung und Manifestation in der Außenwelt kommt, rückt das Kriterium der Externalisierung des Gremienbeschlusses und der diesen tragenden Einzelvoten in den Mittelpunkt. Der Mechanismus, der zur Fassung des Beschlusses führt, ist mit anderen Worten irrelevant, solange der Beschluss nicht externalisiert wird.[783] Im Vorfeld der Externalisierung gibt es keinen perfekten Normbruch. Maßgeblich für die Beurteilung der Kausalität ist damit allein der Zeitpunkt, in dem der Normbruch geschieht, der im Vorfeld vorbereitet wird. Auf die Gremienentscheidung übertragen bedeutet dies, dass es auf den Zeitpunkt der Abgabe der Einzelstimme als bloßer Vorbereitungshandlung letztlich nicht ankommt, entscheidend vielmehr die Externalisierung des erwirkten Beschlusses ist. Diese Externalisierung erfolgt in der Regel durch den Sitzungsleiter, der die Stimmenmehrheit für den betreffenden Beschluss feststellt, mitunter aber auch erst danach durch Umsetzung der Beschlussfassung seitens des dafür betrieblich zuständigen Geschäftsführers. Damit wird das durch die Stimmabgaben vorbereitete Geschäftsverhalten für alle Zustimmenden gleichzeitig durchgeführt, so dass keiner einen perfekten Normbruch vor den anderen vollzieht. Daraus leitet sich folgerichtig die Äquivalenz der Einzelvoten unabhängig vom Zeitpunkt ihrer Abgabe ab.[784] Denn stimmen mehr Personen zu, als zur Antragsannahme erforderlich sind, so sehen die Geschäftsordnungen zumeist nicht vor, dass lediglich bis zur Mehrheit gezählt und der Rest übergangen wird, sondern vielmehr, dass alle Stimmen gezählt werden und die Mehrheit als eine überbedingte Mehrheit festgestellt wird. Alle Stimmen externalisieren sich damit gleichzeitig – bei nicht umsetzungsbedürftigen Beschlüssen im Zeitpunkt der formellrechtlichen Feststellung der Beschlussfassung, bei ausführungsbedürftigen Beschlüssen mit Vornahme der (ersten) Ausführungshandlung.[785] Dann aber haben selbst Stimmen, die nachträglich, d. h. außerhalb der Gremiensitzung abgegeben werden, als kausal zu gelten, wenn erst deren Abgabe die Beschlussfassung komplettiert, weil die betreffenden

---

[781] *Jakobs*, FS Lackner, S. 68.

[782] *Dencker*, Mittäterschaft, S. 65 f.; *Jakobs*, FS Miyazawa, S. 419; *Rodríguez Montañés*, FS Roxin, S. 318. Allerdings kommt es für die Qualifizierung der Beschlussfassung als ausführungsbedürftige Vorbereitungshandlung darauf an, ob der Beschluss zum Inhalt hat, das Geschehen ungehindert fortlaufen zu lassen, oder aber die Änderung gegenwärtiger Prozesse zum Gegenstand hat. Nur in letzterem Fall stellt die Beschlussfassung einen reinen Vorbereitungsakt dar, muss die getroffene Entscheidung doch erst noch umgesetzt werden, während es im ersten Fall keiner Umsetzung bedarf, die Beschlussfassung somit die eigentliche Tathandlung markiert. Vgl. *Ransiek*, Unternehmensstrafrecht, S. 62; *ders.*, ZGR 1999, S. 640.

[783] *Suárez González*, Madrid-Symposium, S. 54.

[784] *Jakobs*, FS Miyazawa, S. 425; kritisch *Röh*, Überbedingte Erfolge, S. 181; *Sofos*, Mehrfachkausalität, S. 178 ff.

[785] Vgl. *Jakobs*, FS Miyazawa, S. 426; *Rodríguez Montañés*, FS Roxin, S. 309, 316 f.; *Suárez González*, Madrid-Symposium, S. 54.

Gremiumsmitglieder nach der Satzung bzw. Geschäftsordnung der Organisation an der Beschlussfassung zwingend zu beteiligen sind.[786]

e. Erfolgszurechnung zum einzelnen Gremiumsmitglied

Kann auf diese Weise die Kausalität des Einzelvotums für den späteren Erfolgseintritt bejaht werden, so stellt sich die weiter gehende Frage, ob dieser Erfolg dem Abstimmenden auch normativ zugerechnet werden kann.

(A) Auswirkung des Ressortprinzips

Dabei ist vor allem der regelmäßig praktizierten ressortmäßigen Aufteilung der Geschäftsleitung Rechnung zu tragen, gelten doch in Abhängigkeit vom individuellen Zuständigkeitsbereich unterschiedliche Kriterien hinsichtlich des individuell Möglichen und Zumutbaren. Unter Zugrundelegung des Vertrauensgrundsatzes, wonach die Geschäftsführer prinzipiell darauf vertrauen dürfen, dass die jeweils anderen ihrer Ressortverantwortung pflichtgemäß nachkommen, besteht demnach auch im Hinblick auf Beschlüsse des Geschäftsleitungsgremiums eine Primärverantwortung desjenigen Geschäftsführers, in dessen Ressort der eine Beschlussfassung erforderlich machende Problemsachverhalt fällt. So erwächst aus der Ressortaufteilung zunächst eine Initiativpflicht des jeweiligen Ressortinhabers. Dieser hat den Sachverhalt auf die Tagesordnung der nächsten Geschäftsleitungssitzung zu setzen bzw. bei besonderer Dringlichkeit eine außerordentliche Sitzung einzuberufen. Damit eng verbunden ist die Informationspflicht des jeweiligen Ressortinhabers gegenüber seinen Geschäftsleitungskollegen in Form einer vollständigen realitätsgetreuen Schilderung und Bewertung der betreffenden Sachlage, um den ressortfremden Geschäftsführern in der Sitzung eine sachgerechte Mitsprache und Risikobewertung zu ermöglichen und so einen adäquaten Geschäftsleitungsbeschluss herbeizuführen.[787] Treten etwa Verdachtsmomente für die Schädlichkeit eines hergestellten Produkts auf, so dass über dessen Weiterproduktion bzw. die Einleitung umfangreicher Warn- oder Rückrufmaßnahmen zu entscheiden ist, haben die für die Bereiche Forschung und Entwicklung bzw. Produktion zuständigen und dementsprechend über die notwendige Sachkunde verfügenden Geschäftsführer den kaufmännisch bzw. juristisch ausgebildeten Geschäftsführern die verfügbaren Risikoinformationen mitzuteilen und eingehend zu erläutern.[788] Die ressortfremden Geschäftsführer wiederum dürfen sich nach Maßgabe des Vertrauensgrundsatzes sowohl auf die rechtzeitige Unterrichtung über aufgetretene Probleme oder Risiken als auch auf die Richtigkeit der vorgetragenen Daten verlassen und diese sowie deren Bewertung seitens des sachkundigen Ressortinhabers zur Grundlage ihres Abstimmungsverhaltens machen.[789] Erweist sich das Einzelvotum

---

786 Im Ergebnis ebenso *Jakobs*, FS Miyazawa, S. 428; *Röh*, Überbedingte Erfolge, S. 182 f.; a. A. dagegen *Hoyer*, GA 1996, S. 173; *Rotsch*, wistra 1999, S. 325.

787 *Kassebohm/Malorny*, BB 1994, S. 1364; *Schmidt-Salzer*, Produkthaftung, Rn. 1.299; *ders.*, BB 1992, S. 1871; *ders.*, NJW 1996, S. 4.

788 *Deutscher/Körner*, wistra 1996, S. 329; *Lege*, Rechtspflichten, S. 42 f.;

789 Vgl. *BGH* wistra 2000, S. 305 ff.; *Alexander*, Strafrechtliche Verantwortlichkeit, S. 133; *Busch*, Umweltstrafrecht, S. 498 f.; *Deutscher/Körner*, wistra 1996, S. 330;

im Lichte der vom Ressortinhaber unterbreiteten Informationen als sachgerecht, scheidet eine Strafbarkeit mangels Pflichtwidrigkeit des Abstimmungsverhaltens aus.[790] Eine strafrechtliche Verantwortlichkeit der ressortfremden Geschäftsführer kommt nur dann in Betracht, wenn konkrete Anhaltspunkte darauf hindeuten, dass der Ressortinhaber seinen Pflichten nicht ordnungsgemäß nachkommt, sei es, dass er bestimmte Problemsachverhalte, wie z. B. eine bekannt gewordene Schädlichkeit des hergestellten Produkts, überhaupt nicht an das Geschäftsleitungsorgan heranträgt, sei es, dass er die diesbezüglich vorhandenen Erkenntnisse unvollständig bzw. verzerrt darlegt. In diesem Fall trifft die ressortfremden Geschäftsführer eine Pflicht zur Nachfrage bzw. eigenhändigen Prüfung der Sachlage, soweit ihnen eine solche nach dem eigenen Ausbildungsstand möglich ist.[791] Die Pflichtwidrigkeit des Ressortinhabers muss sich indes geradezu aufdrängen, eine permanente Pflicht zur wechselseitigen Kontrolle und Überwachung besteht nicht.

(B) Erfolgszurechnung trotz pflichtgemäßen Abstimmungsverhaltens

In Rechtsprechung und Literatur umstritten ist vor allem, inwieweit aus dem Geschäftsleitungsbeschluss hervorgehende Rechtsgutsverletzungen auch denjenigen Geschäftsführern zugerechnet werden können, die gegen den Beschluss und somit pflichtgemäß gestimmt haben.[792] Entgegen zahlreichen Stimmen im Schrifttum handelt es sich hierbei nicht um ein Kausalitätsproblem, sondern um eine Frage der objektiven Zurechnung. Denn die Kausalität auch der Gegenstimmen ergibt sich entgegen der herrschenden Meinung[793] daraus, dass der getroffene Beschluss erst mit deren Abgabe komplettiert und formal in der Welt ist. Auch die Gegenstimmen sind notwendige Voraussetzung des perfekten Normbruchs.[794]

Das *OLG Stuttgart* bejahte die Erfolgszurechnung mit der Begründung, dass es dem Wesen der Kollegialentscheidung und der damit einhergehenden Unterwerfung unter den letztlich zustande kommenden Beschluss widerspräche, wenn man sich der damit übernommenen Mitverantwortung durch schlichtes Dagegenstimmen entziehen könnte. Eine Mitverantwortlichkeit für den Entscheid und die daraus resultierenden Rechtsgutsverletzungen erwachse daher bereits aus der Teilnahme an der Kollektiventscheidung als solcher.[795] Dem ist jedoch in Einklang mit

---

Krekeler/Werner, Unternehmer und Strafrecht, Rn. 54; *Raum* in: Wabnitz/Janovsky, HWSt, 4/29; *Schmidt-Salzer*, Produkthaftung, Rn. 1.201, 1.288, 1.290.

[790] Zu Unrecht a. A. *Weißer*, Kollegialentscheidungen, S. 236, welche dem Vertrauen auf eine sachgerechte Aufklärung seitens des zuständigen Gremiumsmitglied durch Annahme eines strafbarkeitsausschließenden Irrtums Rechnung tragen will.

[791] *Krekeler/Werner*, Unternehmer und Strafrecht, Rn. 54; *Schmidt-Salzer*, NJW 1996, S. 4 f. Vgl. auch *StA Aachen*, ES IV 4.1.

[792] Ausgelöst wurde diese Diskussion durch ein Urteil des *OLG Stuttgart*, NStZ 1981, S. 27 f., worin ein Mitglied eines Redaktionsarbeitskreises für die rechtswidrige Veröffentlichung eines Artikels verantwortlich gemacht wurde, obwohl es im Rahmen der Abstimmung über die Veröffentlichung mit Nein gestimmt hatte.

[793] *Hoyer*, GA 1996, S. 172; *Roxin*, AT/2, § 31 Rn. 68.

[794] Im Ergebnis ebenso *Dencker*, Mittäterschaft, S. 69; *Schünemann*, FG BGH IV, S. 633.

[795] *OLG Stuttgart*, NStZ 1981, S. 27 (28).

dem überwiegenden Teil des Schrifttums[796] zu widersprechen. Der bloßen Teilnahme an der Abstimmung wohnt kein strafbares Unrecht inne.[797] Vielmehr besteht umgekehrt gerade eine Pflicht zur Teilnahme. Nur durch Abgabe einer Gegenstimme, welche das Risiko des Zustandekommens eines pflichtwidrigen Beschlusses verringert, kann das einzelne Gremiumsmitglied seiner strafrechtlichen Verantwortung, alles ihm Mögliche und Zumutbare zur Vermeidung eines rechtswidrigen Beschlusses zu tun, gerecht werden. Die Abgabe der Gegenstimme erfordert indes zwingend die Teilnahme an der Abstimmung, welche dann aber als insofern unabdingbare Voraussetzung des von Rechts wegen geforderten Verhaltens nicht zugleich Anknüpfungspunkt eines Strafvorwurfs sein kann.[798]

Auch eine Zurechnung nach den Grundsätzen der Mittäterschaft scheidet aus, bringt der mit Nein Stimmende doch gerade zum Ausdruck, dass er den Beschluss und dessen Folgen nicht will, so dass es an der notwendigen Willensübereinstimmung hinsichtlich des zu verwirklichenden Taterfolgs fehlt.[799]

Die bloße Teilnahme an der Abstimmung taugt nach alledem nicht zur Erfolgszurechnung bei pflichtgemäßer Stimmabgabe. Eine Zurechnung kommt allenfalls dann in Betracht, wenn der pflichtgemäß Abstimmende an der späteren Umsetzung des Beschlusses aktiv mitwirkt oder dessen Umsetzung garantenpflichtwidrig nicht verhindert.[800] Die in letzterem Fall erforderliche Garantenstellung folgt aus der übernommenen Stellung als Geschäftsführer.[801] Fraglich ist jedoch, inwieweit eine Garantenpflicht zur Vereitelung der Beschlussdurchführung angenommen werden kann. Im Grunde kollidieren hier zwei Verhaltenspflichten miteinander; zum einen die individuelle strafrechtliche Pflicht des Geschäftsführers zur Vermeidung bzw. Abwehr betrieblicher Gefahren, zum anderen die aus der

---

[796] *Alexander*, Strafrechtliche Verantwortlichkeit, S. 159 f.; *Dencker*, Kausalität, S. 190; *Fleischer*, BB 2004, S. 2648; *Franke*, JZ 1982, S. 582; *Höhfeld*, Strafrechtliche Produktverantwortung, S. 106 f.; *Jakobs*, FS Miyazawa, S. 430; *Krekeler/Werner*, Unternehmer und Strafrecht, Rn. 67; *Kuhlen* in: Achenbach/Ransiek, HWSt, II Rn. 51; *Neudecker*, Kollegialorgane, S. 204 f.; *Schmidt-Salzer*, Produkthaftung, Rn. 1.281; S/S-*Cramer/Sternberg-Lieben*, § 15 Rn. 223b; S/S-*Cramer/Heine*, § 25 Rn. 76b; *Suárez González*, Madrid-Symposium, S. 56; *Weißer*, Kollegialentscheidungen, S. 174 f.

[797] *Jakobs*, FS Miyazawa, S. 430; *Neudecker*, Kollegialorgane, S. 204 f.; S/S-*Cramer/Heine*, § 25 Rn. 76b m. w. N.

[798] In diesem Sinne auch *Neudecker*, Kollegialorgane, S. 205, 207 f.; *Vogel*, FS Lorenz, S. 75. Vgl. auch *Fleischer*, BB 2004, S. 2651. Hingegen ist bei bloßer Stimmenthaltung eine Erfolgszurechnung nicht von vornherein ausgeschlossen.

[799] *Goll/Winkelbauer* in: von Westphalen, Produkthaftungshandbuch, § 48 Rn. 29; *Knauer*, Kollegialentscheidung, S. 204; *Krekeler/Werner*, Unternehmer und Strafrecht, Rn. 67; *Ransiek*, Unternehmensstrafrecht, S. 74; *ders.*, ZGR 1999, S. 646 f.; *Schmucker*, Dogmatik, S. 223; *Schumann*, StV 1994, S. 110; *Sung-Ryong*, Mittäterschaft beim Fahrlässigkeitsdelikt, S. 300 f.; *Weißer*, Kollegialentscheidungen, S. 176. Im Ergebnis ebenso *Dencker*, Mittäterschaft, S. 69. Selbiges gilt selbstverständlich auch für den Fall der Stimmenthaltung, vgl. *Alexander*, Strafrechtliche Verantwortlichkeit, S. 161; *Weißer*, Kollegialentscheidungen, S. 210 f.

[800] Vgl. *Bock*, Produktkriminalität, S. 83.

[801] *Bock*, Produktkriminalität, S. 84; dies verkennend *Franzheim*, NJW 1993, S. 1837.

Eingliederung in die Organisation erwachsende Loyalitätspflicht, sich im Interesse der Kollegialität der Mehrheitsmeinung zu unterwerfen und sie innerhalb des eigenen betrieblichen Zuständigkeitsbereichs zu realisieren, auch wenn man zuvor noch dagegen gestimmt hat.[802]

Der *BGH* vertrat im Lederspray-Fall den Standpunkt, dass sich die Handlungspflicht des einzelnen Geschäftsführers darin erschöpfe, „unter vollem Einsatz seiner Mitwirkungsrechte das ihm Mögliche und Zumutbare zu tun, um einen Beschluß der Gesamtgeschäftsführung über Anordnung und Vollzug des gebotenen Rückrufs zustandezubringen." Dass der einzelne Geschäftsführer innerbetrieblich nicht berechtigt sei, aus eigener Machtvollkommenheit die erforderlichen, vom Geschäftsleitungsgremium aber abgelehnten Maßnahmen zu ergreifen, „ändere [...] zwar nichts am Fortbestand seiner umfassenden, zur Schadensabwendung verpflichtenden Garantenstellung; wohl aber erfuhren dadurch seine aus dieser Garantenstellung fließenden, konkreten Handlungspflichten eine Begrenzung."[803] Im Schrifttum stieß diese Rechtsprechung zum Teil auf ausdrückliche Zustimmung.[804] Da die strafrechtlich relevanten Garantenpflichten die Geschäftsführer gerade in ihrer Eigenschaft als Organisationsmitarbeiter träfen, müsse deren Reichweite auch auf das nach der innerbetrieblichen Stellung Mögliche und Zumutbare begrenzt sein.[805] Zudem sei es gerade Sinn und Zweck von Mehrheitsentscheidungen, die Handlungsfähigkeit der Organisation auch bei schwierigen und daher umstrittenen Sachverhalten zu bewahren. Diese Intention würde aber vereitelt, wenn das einzelne Gremiumsmitglied strafrechtlich zu einem Handeln im Widerspruch zur getroffenen Mehrheitsentscheidung angehalten werde.[806] Die Gegenauffassung sieht in der vom *BGH* vorgenommenen Einschränkung der Handlungspflicht die Gefahr einer organisierten Unverantwortlichkeit begründet.[807] Es dürfe dem einzelnen Geschäftsführer nicht zur Straffreiheit gereichen, wenn er sich durch Eintritt in die mehrköpfige Geschäftsleitung und Unterwerfung unter künftige (rechtswidrige) Mehrheitsentscheide der Möglichkeit beraube, später nichts mehr gegen diese und deren schädliche Folgen ausrichten zu können.[808] Diese, an die Rechtsfigur der ommissio libera in causa erinnernde Argumentation, verkennt jedoch, dass dem einzelnen Geschäftsführer die faktische Möglichkeit

---

[802] *Eichinger*, Produkthaftung, S. 207; *Schmidt-Salzer*, Produkthaftung, Rn. 1.281; *Weißer*, Kollegialentscheidungen, S. 74 f.

[803] *BGH*St 37, 106 (125 f.); siehe auch bereits *BGH*St 9, 203 (215 f.).

[804] *Busch*, Umweltstrafrecht, S. 464; *Hilgendorf*, Produzentenhaftung, S. 111; *Kassebohm/Malorny*, BB 1994, S. 1364; *Kaufmann*, (Sonder-)Pflichtverletzungen, S. 48; *Kühl*, AT, § 18 Rn. 103a; *Kuhlen*, JZ 1994, S. 1147; *Lege*, Rechtspflichten, S. 42; *Raum* in: Wabnitz/Janovsky, HWSt, 4/31; *Schmucker*, Dogmatik, S. 211; einschränkend *Schall*, Probleme, S. 116.

[805] *Alexander*, Strafrechtliche Verantwortlichkeit, S. 143; *Busch*, Umweltstrafrecht, S. 544 f.; *Eichinger*, Produkthaftung, S. 155; *Lege*, Rechtspflichten, S. 42; ähnlich *Schmidt-Salzer*, Produkthaftung, Rn. 1.162.

[806] *Eidam*, Unternehmen und Strafe, S. 261; *Ransiek*, Unternehmensstrafrecht, S. 74 f.; *ders.*, ZGR 1999, S. 647; *Weißer*, Kollegialentscheidungen, S. 179.

[807] *Schmid* in: Müller-Gugenberger/Bieneck, WiStR, § 30 Rn. 24.

[808] Vgl. *Kassebohm/Malorny*, BB 1994, S. 1364; *Weißer*, Kollegialentscheidungen, S. 118.

zum Einschreiten gegen die Beschlussdurchführung unbenommen bleibt.[809] Fraglich ist allein, ob die Wahrnehmung dieser Handlungsmöglichkeit normativ zumutbar ist. Dies wird zum Teil mit der Begründung bejaht, öffentlich-rechtliche und damit auch strafrechtliche Pflichten könnten grundsätzlich nicht durch private Vereinbarungen wie Gesellschaftsverträge oder private Satzungen eingeschränkt werden.[810] Dies gelte namentlich dann, wenn die Umsetzung des Beschlusses Gefahren für Leib und Leben Dritter herbeiführe. In diesem Fall könne sich der einzelne auch nicht mit dem Hinweis auf möglicherweise drohende wirtschaftliche Nachteile wie den Verlust des Arbeitsplatzes exkulpieren.[811] Zudem sehe auch das Zivilrecht in Analogie zu § 744 Abs. 2 BGB ein Notgeschäftsführungsrecht des Einzelnen zum Zwecke der Schadensabwendung vor, welches erst recht die Vermeidung strafbarer rechtsgutsverletzender Verhaltensweisen – etwa durch Einschaltung des Aufsichtsrates, der Staatsanwaltschaft oder von Verwaltungsbehörden bzw. eigenhändiger Vornahme der gebotenen Maßnahmen – ermögliche.[812]

Richtigerweise ist eine derart weit reichende Handlungspflicht des einzelnen Geschäftsführers aber abzulehnen. Zu Recht betonen der *BGH* und die sich diesem anschließenden Literaturstimmen die Organisationsbezogenheit der Geschäftsführerpflichten. Unter Rekurs auf das oben Gesagte, wonach sich die Garantenstellung jedes Organisationsmitglieds aus der Übernahme eines bestimmten Aufgaben- und Funktionsbereichs und der damit verbundenen Pflichten ableitet, folgt unweigerlich, dass die den Einzelnen treffende Handlungspflicht funktionsbezogen zu bestimmen ist. Mit der Übernahme und Ausübung einer beruflichen Position geht der Einzelne aber lediglich die Verpflichtung ein, im Rahmen und nach Maßgabe der beruflichen Tätigkeit rechtsgutsbewahrend tätig zu werden. Dementsprechend kann das Handlungsgebot auch nicht über den beruflichen, d. h. innerbetrieblichen Zuständigkeitsbereich hinausgehen.[813] Für die Pflichtenstellung des Geschäftsführers bei der Mitwirkung an Grundsatzentscheidungen der Geschäftsleitung folgt hieraus aber, dass sich diese in der Pflicht, auf einen rechtmäßigen Beschluss hinzuwirken, erschöpft. Diese eingeschränkte Pflichtenstellung ist damit genau genommen nicht das Ergebnis einer Zumutbarkeitsprüfung durch Abwägung widerstreitender Interessen, sondern resultiert aus den immanenten Grenzen der Garantenpflicht als Mitglied der Geschäftsleitung.[814] Gehört es damit zwar durchaus zur Aufgabe eines Geschäftsführers, sich bei Zweifeln an der Legitimität

---

[809] So zutreffend *Bock*, Produktkriminalität, S. 151; *Böse*, wistra 2005, S. 43; *Neudecker*, Kollegialorgane, S. 195.

[810] *Eidam*, Unternehmen und Strafe, S. 456 f.; *Knauer*, Kollegialentscheidung, S. 70.

[811] *Bock*, Produktkriminalität, S. 151; *Goll/Winkelbauer* in: von Westphalen, Produkthaftungshandbuch, § 48 Rn. 31; *Höhfeld*, Strafrechtliche Produktverantwortung, S. 96; *Knauer*, Kollegialentscheidung, S. 69 f.; S/S-*Cramer/Sternberg-Lieben*, § 15 Rn. 223b.

[812] *Höhfeld*, Strafrechtliche Produktverantwortung, S. 92, 117; *Knauer*, Kollegialentscheidung, S. 69; i. E. ebenso *Alexander*, Strafrechtliche Verantwortlichkeit, S. 165; *Eidam*, Unternehmen und Strafe, S. 262; *Otto*, WiB 1995, S. 934; *Ransiek*, Unternehmensstrafrecht, S. 76; *Schmid* in: Müller-Gugenberger/Bieneck, WiStR, § 30 Rn. 25, § 56 Rn. 43.

[813] *Schmucker*, Dogmatik, S. 213.

[814] *Böse*, wistra 2005, S. 45; i. E. ebenso *Höhfeld*, Strafrechtliche Produktverantwortung, S. 33.

eines Vorhabens an den Aufsichtsrat zu wenden und diesen mit der Überprüfung des Sachverhalts zu beauftragen,[815] besteht indes keine Garantenpflicht zur Einschaltung der Behörden, Information der Öffentlichkeit oder eigenhändigen Vornahme der mehrheitlich abgelehnten Maßnahmen. Eine entsprechende Pflicht zum Tätigwerden kann sich jedoch im Einzelfall aus § 138 StGB sowie § 323c StGB ergeben, so dass eine Strafbarkeit nicht per se ausgeschlossen ist.

6. Besonderheiten bei öffentlich-rechtlichen Organisationen

Sind damit die Leitlinien der Verantwortungsabgrenzung bei vertikaler und horizontaler innerbetrieblicher Arbeitsteilung dargelegt, soll schließlich noch auf einige Besonderheiten der Verantwortungsabschichtung innerhalb arbeitsteilig strukturierter öffentlich-rechtlicher Organisationen eingegangen werden, die im Zusammenhang mit der Verantwortungsabgrenzung innerhalb des BfArM, der Ethik-Kommission oder der zuständigen Landesbehörden relevant werden.

a. Übertragbarkeit der Grundsätze innerbetrieblicher Arbeitsteilung

Dabei ist zunächst zu konstatieren, dass die zur innerbetrieblichen Arbeitsteilung erarbeiteten Grundsätze prinzipiell auch für die Verantwortungsabschichtung innerhalb von Behörden Geltung besitzen. Denn anders als etwa das Militär, für welches aufgrund seiner Funktion und seiner streng hierarchischen Ordnung besondere Regeln gelten, weisen Verwaltungsbehörden eine Wirtschaftsunternehmen vergleichbare Organisation auf.

Demnach sind auch hier im Sinne einer behördenbezogenen Betrachtungsweise zunächst die Pflichten der Behörde als solche zu ermitteln und diese anschließend entsprechend den internen Organisations- und Geschäftsverteilungsplänen den einzelnen Behördenmitarbeitern zuzuordnen.[816] Danach trifft die Behördenleitung ähnlich der Geschäftsleitung von Wirtschaftsunternehmen eine umfassende Organisationsverantwortung, welche die bereits bekannten Auswahl-, Instruktions- und Ausstattungspflichten sowie gegebenenfalls Eingriffspflichten beinhaltet.[817] Zugleich verfügt sie aber wie die Unternehmensleitung nicht über eine Autorität und Weisungsmacht solchen Ausmaßes, wie sie zur Begründung einer mittelbaren Täterschaft kraft Organisationsherrschaft erforderlich wäre.[818] Umgekehrt trifft die untergeordneten Mitarbeiter auch hier eine Pflicht zur Information der jeweiligen Vorgesetzten über bekannt gewordene Problemsachverhalte[819] sowie die Pflicht, Bedenken gegenüber einer dienstlichen Weisung dem Vorgesetzten und, sofern

---

[815] Im Ergebnis ebenso eine Pflicht zur Anrufung des Aufsichtsrats bejahend *Ransiek*, ZGR 1999, S. 648; *Raum* in: Wabnitz/Janovsky, HWSt, 4/31.

[816] Vgl. *Gröger*, Haftung, S. 68 f.; *Hüwels*, Gesetzesvollzug, S. 207 f.; ähnlich *Winkelbauer*, NStZ 1986, S. 153.

[817] Vgl. *Hüwels*, Gesetzesvollzug, S. 209, 212; *Renzikowski*, Hierarchien, S. 159; *Sangenstedt*, Garantenstellung, S. 717; S/S-*Cramer/Heine*, Vorbem. §§ 324 ff. Rn. 40.

[818] Im Ergebnis ebenso *Schroeder*, Täter, S. 137. Insofern besteht ein Unterschied zur Dominanz und Befehlsgewalt militärischer Vorgesetzter, denen unter Umständen eine Organisationsherrschaft attestiert werden kann.

[819] *Gröger*, Haftung, S. 106.

dieser nicht abhilft, der nächsthöheren Stelle mitzuteilen.[820] Kommt der Untergebene diesen Pflichten nach, darf er grundsätzlich auf die Ordnungsmäßigkeit der Weisung vertrauen, sofern sich deren Rechtswidrigkeit nicht aufdrängt.[821]

b. Modifikation aufgrund der beamtenrechtlichen Gehorsamspflicht

Fraglich ist aber, inwieweit die Ausführung einer offensichtlich rechtswidrigen Anweisung strafbares Unrecht darstellt. Denn anders als den Mitarbeiter eines Wirtschaftsunternehmens trifft den Behördenbediensteten, sofern er Beamter ist, gemäß Art. 33 Abs. 5 GG eine besondere Pflicht zu Treue und Gehorsam.[822] Diese der Sicherstellung der Handlungsfähigkeit und Effizienz staatlicher Behörden dienende Gehorsamspflicht kollidiert im Fall der Befolgung rechtswidriger Weisungen mit dem in Art. 20 Abs. 3 GG verankerten Gebot der Gesetzmäßigkeit der Verwaltung. Dementsprechend geht auch das Gesetz in §§ 55 Satz 2, 56 Abs. 2 BBG grundsätzlich von einer Pflicht zur Weisungsbefolgung, und zwar auch bei Bedenken gegen deren Rechtmäßigkeit aus, verpflichtet den Beamten gemäß § 58 Abs. 1 BBG aber zugleich zur Wahrung der geltenden Gesetze. Es gilt daher letztlich, diese beiden konträren Pflichten miteinander in Konkordanz zu bringen. Eine einseitige Entscheidung zugunsten des Gesetzlichkeitsprinzips[823] bzw. der Treue- und Gehorsamspflicht[824] verbietet sich.

Das dem Bediensteten gebotene Verhalten folgt zunächst aus der in § 38 Abs. 2 BRRG und § 56 Abs. 2 BBG speziell geregelten Remonstrationspflicht, wonach der Beamte seine Bedenken gegen die Rechtmäßigkeit einer dienstlichen Anordnung dem unmittelbaren Vorgesetzten und gegebenenfalls dem nächsthöheren Vorgesetzten vorzutragen hat. Inwieweit er nach Bestätigung der Weisung seitens der angerufenen Vorgesetzten strafrechtlich zur Anordnungsverweigerung verpflichtet bleibt bzw. umgekehrt von jeglicher strafrechtlichen Verantwortung frei wird, die Ausführung der Anordnung mithin kein Strafunrecht darstellt, bestimmt sich anhand einer einzelfallbezogenen Interessenabwägung. In diese haben auf der Außenrechtsseite die Wahrscheinlichkeit einer Straftat und das Ausmaß der dabei drohenden Rechtsgutsverletzung einzufließen, auf der Innenrechtsseite der generelle Wissensvorsprung des Vorgesetzten sowie Art und Umfang drohender Beeinträchtigung der Funktionen des öffentlichen Dienstes.[825] Je nachdem, welcher Seite konkret der Vorrang zukommt, stellt sich die Vernachlässigung der nachrangigen gegenüber der vorrangigen Pflicht als gerechtfertigt dar, während bei Vernachlässigung der vorrangigen Pflicht in den Grenzen des § 56 Abs. 2 Satz 3 BBG allenfalls die Schuld entfallen kann. Anders als im Wirtschaftsunternehmen kann sich die Ausführung einer Weisung folglich durchaus als im strafrechtlichen Sinne

---

820 *Altenhain*, NStZ 2001, S. 190; *Hüwels*, Gesetzesvollzug, S. 209.

821 *Hoyer*, Weisungsverhältnisse, S. 186 f.; *Renzikowski*, Hierarchien, S. 151; *Schumann*, Handlungsunrecht, S. 38 f.

822 Vgl. *Günther*, ZBR 1988, S. 298 m. w. N.; *Hoyer*, Weisungsverhältnisse, S. 184.

823 So im Ergebnis *Gröger*, Haftung, S. 102 ff.

824 So im Ergebnis *Schumann*, Handlungsunrecht, S. 36.

825 Vgl. *Günther*, ZBR 1988, S. 307; *Hoyer*, Weisungsverhältnisse, S. 190.

gerechtfertigt darstellen.[826] In diesem Fall macht sich der anweisende Vorgesetzte als mittelbarer Täter strafbar; auf eine Organisationsherrschaft kommt es hier angesichts der Tatsache, dass es sich beim Untergebenen um ein rechtmäßig agierendes Werkzeug handelt, gerade nicht an.

7. *Zusammenfassung*

Zusammenfassend bleibt festzuhalten, dass der Schlüssel zur sachgerechten strafrechtlichen Erfassung innerbetrieblich praktizierter Arbeitsteilung in der Kombination der vom *BGH* angewendeten organisationsbezogenen Betrachtungsweise einerseits und dem Eigenverantwortlichkeitsprinzip, speziell dem Vertrauensgrundsatz, andererseits liegt. Durch die organisationsbezogene Betrachtungsweise wird einer Verantwortungsanonymisierung im Sinne einer innerbetrieblich organisierten Unverantwortlichkeit entgegengewirkt; die strikte Beachtung des Eigenverantwortlichkeitsprinzips verhindert im Gegenzug eine Verantwortungsvervielfachung in Form einer Art Täterkloning. Die Pflichten und Verantwortungsbereiche der einzelnen Organisationsangehörigen bestimmen sich folglich maßgeblich nach dem jeweils übernommenen innerbetrieblichen Aufgaben- und Funktionsbereich. Wo diese sich überschneiden, sprich eine bestimmte Aufgabe mehreren Mitarbeitern gemeinschaftlich obliegt, oder die Tätigkeit einer Abteilung auf Vorarbeiten anderer Abteilungen aufbaut, kommt dem Vertrauensgrundsatz pflichtenkonkretisierende und – gegenüber einer pauschalen Ableitung der Strafbarkeit aus der Organisationsrolle – auch pflichtenkorrigierende Bedeutung zu.

C. Verantwortungsabgrenzung bei Arzneimittelschäden

Die erarbeiteten Grundsätze zur strafrechtlichen Erfassung arbeitsteiligen Zusammenwirkens gilt es nun, auf die Kooperation der am Arzneimittelverkehr Beteiligten zu übertragen und zu ermitteln, wer für auftretende Arzneimittelschäden strafrechtlich zur Verantwortung zu ziehen ist. Dabei können in einer abstrakten Untersuchung wie der vorliegenden selbstverständlich nur allgemeine Grundsätze dargelegt werden, welche zwar Rückschlüsse auf die konkrete Verantwortungszuweisung im jeweils zu beurteilenden Einzelfall zulassen, jedoch insofern keine absolute Verbindlichkeit besitzen, als eine abweichende Verantwortungsverteilung aufgrund besonderer Umstände des Einzelfalls niemals auszuschließen ist.

Die Verantwortungsabgrenzung soll aus den bereits in § 2 dargelegten Gründen fehlerquellenbezogen erfolgen. Als Arzneimittelschäden auslösendes Geschehen kommt neben der fehlerhaften Anwendung bzw. Einnahme eines Medikaments dessen kontraindizierte Verwendung sowie dessen Inverkehrbringen bzw. Imverkehrbelassen im Fall der Bedenklichkeit oder Mangelhaftigkeit in Betracht. Darüber hinaus ist als weiterer Fehlerbereich die klinische Prüfung eines Präparats zu nennen. Doch bevor auf diese Konstellationen des fehlerhaften Umgangs mit Arz-

[826] *Hoyer*, Weisungsverhältnisse, S. 190; *Jescheck/Weigend*, AT, § 35 II 3 m. w. N., § 46 I 1 m. w. N.

neimitteln eingegangen wird, stellt sich die auf den ersten Blick zunächst befremdlich anmutende Frage, inwieweit gewöhnliche Arzneimittelschäden, die im Sinne vertretbarer Nebenwirkungen bei fehlerfreier Anwendung eines unbedenklichen Arzneimittels entstehen, strafrechtliche Sanktionen auslösen können.

I. Gewöhnliche Nebenwirkungsschäden

Treten bei bestimmungsgemäßer Anwendung eines im Sinne des § 5 Abs. 2 AMG unbedenklichen Arzneimittels schädliche Nebenwirkungen auf, so richtet sich die Verantwortungszuweisung maßgeblich danach, ob und gegebenenfalls inwieweit der Patient das Risiko entsprechender Arzneimittelschäden bewusst auf sich genommen hat.

1. Abschichtung der Verantwortungsbereiche der Beteiligten

Im Mittelpunkt der Verantwortungsabschichtung steht somit der Aspekt der Eigenverantwortlichkeit des Patienten. Nur wenn dieser die mit der Arzneimitteltherapie verbundenen Risiken nicht freiverantwortlich eingegangen ist, kommt eine Strafbarkeit der an der Medikamenteneinnahme beteiligten Personen in Betracht.

a. Eigenverantwortung des Patienten

Jeder ist für seine Gesundheit primär selbst verantwortlich. Zu Recht hat sich daher auch in der Medizin und im medizinrechtlichen Schrifttum zunehmend das Bild des mündigen, Mitverantwortung tragenden Patienten durchgesetzt. Entscheidet sich demnach der Patient im Krankheitsfall – etwa im Wege der Selbstmedikation – für die Einnahme eines bestimmten, an sich unbedenklichen und mangelfreien Arzneimittels, so fallen daraus hervorgehende Gesundheitsschäden konsequenterweise grundsätzlich in seinen eigenen Verantwortungsbereich. Die Anwendung des Medikaments stellt in Anbetracht der jedem Pharmakon innewohnenden Gefahr (erheblicher) Nebenwirkungen insofern einen Akt der Selbstgefährdung dar.

Voraussetzung für eine wirksame Übernahme des Gesundheitsrisikos im Sinne einer eigenverantwortlichen Selbstgefährdung ist jedoch stets, dass der Patient genau weiß, worauf er sich einlässt. Dabei darf das Bild vom mündigen Patienten nicht darüber hinwegtäuschen, dass es sich beim Patienten regelmäßig um einen medizinischen Laien handelt, der von sich aus nicht in der Lage ist, das Gefahrenpotential des betreffenden Präparats sachgerecht zu erfassen.[827] Hieraus erklärt sich die besondere Bedeutung des „informed consent" im Medizinrecht: Der Patient bedarf zur verantwortlichen Ausübung seines Selbstbestimmungsrechts über die eigene Gesundheit einer umfassenden Aufklärung über die mit einer Therapiemaßnahme einhergehenden Gesundheitsrisiken. Je nachdem, ob das Arzneimittel freiverkäuflich ist oder aber der Apotheken- bzw. gar Verschreibungspflicht unterfällt, kommt als Informationsquelle die dem Medikament beiliegende Ge-

---

[827] Vgl. *Große Vorholt*, Behördliche Stellungnahmen, S. 115; *Riedelmeier*, Heileingriff, S. 146.

brauchsinformation, der konsultierte Arzt sowie der aufgesuchte Apotheker in Betracht.[828]

In den Verantwortungsbereich des Patienten fallen somit nur die aus der Gebrauchsinformation hervorgehenden bzw. seitens des Arztes oder Apothekers mitgeteilten Nebenwirkungen.[829] Auch wenn der Patient die Lektüre der Gebrauchsinformation unterlässt und insofern mangels Kenntnis der Arzneimittelrisiken streng genommen nicht freiverantwortlich handelt, sind ihm die auftretenden Nebenwirkungen zuzurechnen. Denn die Beachtung der im Beipackzettel enthaltenen Warnhinweise ist Teil der dem Einzelnen zumutbaren Selbstverantwortung und stellt eine im Eigeninteresse wahrzunehmende Obliegenheit dar.[830]

b. Instruktionsverantwortung pharmazeutischer Unternehmer

Trifft den pharmazeutischen Unternehmer zwar generell eine umfassende Verantwortung für Schäden, die durch das von ihm hergestellte und in Verkehr gebrachte Produkt ausgelöst werden, so kann er diese Verantwortung vor dem Hintergrund des soeben Gesagten im Wege der Instruktion über die Risiken der Arzneimittelanwendung auf den Patienten bzw. den das Arzneimittel applizierenden Arzt oder den das Präparat abgebenden Apotheker überwälzen.

(A) Konkrete Instruktionspflichten des pharmazeutischen Unternehmers

Was Art und Umfang der Instruktion anbelangt, kann auf die diesbezüglich bereits an anderer Stelle gemachten Ausführungen verwiesen werden.[831] Danach besteht eine Informationspflicht sowohl gegenüber dem Patienten als auch gegenüber der Ärzte- bzw. Apothekerschaft. Erstere erfolgt im Wege der Gebrauchsinformation, letztere durch die über den Inhalt der Gebrauchsinformation hinausgehende Fachinformation. Die Fachinformation erfüllt hierbei einen doppelten Zweck. Zum einen soll sie eine fehlerfreie Applikation des Präparats durch den Arzt gewährleisten. Zum anderen soll sie diesen und den Apotheker zur sachgerechten Aufklärung des individuellen Patienten befähigen und so eine an den Umständen des Einzelfalls ausgerichtete Risikoentscheidung ermöglichen.[832]

Kommt der pharmazeutische Unternehmer seiner Informationsverantwortung nach, scheidet eine Zurechnung später auftretender vertretbarer Nebenwirkungen aus. Unter Zugrundelegung des Vertrauensgrundsatzes darf er sich auf ein ordnungsgemäßes Verhalten des Arztes, Apothekers und des Patienten verlassen. So kann er berechtigterweise erwarten, dass der Patient die Gebrauchsinformation ob-

---

[828] Befragt man die Patienten, ist für 85 % der Arzt eine wichtige Informationsquelle über die Anwendung und Einnahme von Arzneimitteln, gefolgt von der Packungsbeilage und dem Apotheker mit je rund 65 %. Siehe die Datenerhebung bei *Nink/Schröder*, PharmR 2006, S. 119.

[829] Vgl. *Bottke/Mayer*, ZfBR 1991, S. 236; *Koyuncu*, Haftungsdreieck, S. 150.

[830] *LG Dortmund* MedR 2000, S. 331 (332); *Koyuncu*, Haftungsdreieck, S. 146 f., 150 f.; *ders.*, A/ZusR 2005, S. 99; *ders.*, PatR 2005, S. 110; *ders.*, KHuR 2005, S. 78; *ders.*, PharmR 2005, S. 295.

[831] Siehe S. 283 ff.

[832] Vgl. *LG Aachen* JZ 1971, S. 507 (515); *Nord*, RPG 1997, S. 32; *Scheu*, In Dubio, S. 829; *Tiedemann*, FS Hirsch, S. 773.

liegenheitsgemäß studiert. Bei freiverkäuflichen Medikamenten darf er folglich dessen Fähigkeit zu verantwortlichem Umgang mit der eigenen Gesundheit, d. h. dessen Freiverantwortlichkeit unterstellen. Ebenso darf er im Fall der Verschreibungs- bzw. Apothekenpflichtigkeit eines Präparates auf eine ordnungsgemäße Individualaufklärung des Patienten durch den Arzt bzw. Apotheker vertrauen. In beiden Fällen präsentiert sich die Einnahme des Arzneimittels aus objektiver Sicht als Akt freier Selbstbestimmung, der eine strafrechtliche Verantwortung aller daran Beteiligten ausschließt. Etwas anderes gilt lediglich dann, wenn im Nachmarkt bislang unbekannte Nebenwirkungen auftreten. Da diese weder in der Gebrauchs- noch in der Fachinformation angegeben sind, verfügen sowohl der Patient als auch die Angehörigen der Heilberufe erkennbar nur über ein beschränktes Risikobewusstsein. Somit kann sich der pharmazeutische Unternehmer nicht im Sinne des Vertrauensgrundsatzes auf die Eigenverantwortlichkeit des Patienten, Arztes oder Apothekers berufen. Vielmehr ist er verpflichtet, die Gebrauchs- und Fachinformation zu ändern und die Modifikation durch auffällige graphische Gestaltung besonders herauszustellen.[833] Erst danach greift wieder der Vertrauensgrundsatz und befreit den pharmazeutischen Unternehmer von strafrechtlicher Verantwortung.[834]

(B) Individualisierung der Unternehmerverantwortung

Unternehmensintern trifft die Instruktionsverantwortung den für die Erstellung der Gebrauchs- bzw. Fachinformation zuständigen Mitarbeiter. Indem die Gebrauchsinformation als Packungsbeilage einerseits einen Bestandteil des Produkts Fertigarzneimittel ausmacht, andererseits aber eben auch nur eine Beilage zum eigentlichen Produkt, dem Präparat, darstellt, kommen als Verantwortliche sowohl der Herstellungsleiter als auch der Vertriebsleiter bzw. die diesen unterstehenden Ausführungskräfte in Betracht. Allerdings erscheint es sachgerecht, die Verantwortung des Herstellungsleiters darauf zu beschränken, dafür Sorge zu tragen, dass jedem Präparat das richtige Etikett und die richtige Packungsbeilage beigefügt werden, während die inhaltlich korrekte Ausgestaltung der Gebrauchsinformation in den Verantwortungsbereich des Vertriebspersonals fällt.[835] Diesbezüglich ist zu beachten, dass das AMG seit Umsetzung der EG-Richtlinie 92/28/EWG durch die 5. AMG-Novelle in § 74a AMG die Bestellung eines Informationsbeauftragten verlangt, dem nunmehr ein Großteil der zuvor dem Vertriebsleiter zugefallenen Instruktionsaufgaben zugewiesen und der somit als primär Verantwortlicher anzusehen ist.[836] Dies gilt erst recht mit Blick auf die Richtigkeit und Vollständigkeit der Fachinformation, bei der es sich ersichtlich nicht um einen Produktbestandteil handelt. Daran ändert auch die Tatsache nichts, dass als weitere Verantwortliche die vom pharmazeutischen Unternehmer mit der persönlichen Unterrichtung der Ärzte und Apotheker betrauten Pharmaberater gemäß § 76 AMG in Betracht kommen, werden diese doch regelmäßig auf der Grundlage der vom Informa-

---

[833] Vgl. *LG Aachen* JZ 1971, S. 507 (517).

[834] Zur Frage der Verantwortungsverteilung bei zwischenzeitlichem Bekanntwerden von zur Bedenklichkeit des Arzneimittels führenden schädlichen Wirkungen siehe S. 577 ff.

[835] *Sander*, § 74a Erl. 10.

[836] Vgl. *Blasius et al.*, Arzneimittel, S. 89, 186; *Kloesel/Cyran*, § 74a Anm. 3; *Koyuncu*, Haftungsdreieck, S. 48; *Rehmann*, § 19 a. F. Rn. 4.

tionsbeauftragten erstellten Fachinformation tätig, wie nicht zuletzt die in § 76 Abs. 1 AMG statuierte Verpflichtung zur Vorlage der Fachinformation zeigt. Andererseits ist der Informationsbeauftragte umgekehrt darauf angewiesen, dass der Pharmaberater Arzneimittelrisiken, die ihm im Fachgespräch mit den Angehörigen der Heilberufe bekannt werden, an ihn weiterleitet, so dass der Pharmaberater ein erhebliches Maß an Mitverantwortung trägt. Kann der Informationsbeauftragte mangels personeller oder sachlicher Ausstattung bzw. unzureichender Betriebsorganisation seine Verantwortung nicht sachgerecht wahrnehmen oder verfügt er nicht über die hierfür gemäß § 74a Abs. 2 AMG erforderliche Sachkunde, so trägt auch die Unternehmensleitung bzw. der für die Auswahl und Ausstattung des Informationsbeauftragten speziell zuständige Geschäftsführer eine strafrechtliche (Mit-)Verantwortung für die Gesundheitsbeeinträchtigung des Patienten.[837]

c. Instruktionsverantwortung des behandelnden Arztes

Wie die Ausführungen zur strafrechtlichen Würdigung der medizinischen Heilbehandlung gezeigt haben, obliegt es allein dem Patienten, darüber zu befinden, welche Risiken er zum Zwecke der Linderung seiner Leiden einzugehen bereit ist. Auch vertretbare Nebenwirkungen einer medikamentösen Therapie dürfen dem Patienten nicht auferlegt werden, zumal bei schwerwiegender Indikation und beträchtlicher Wirksamkeit eines Präparates selbst erhebliche Nebenwirkungsrisiken noch im Sinne des § 5 Abs. 2 AMG vertretbar sind. Bezüglich der zur Ermöglichung einer selbstbestimmten Therapieentscheidung erforderlichen Aufklärung des medizinisch unbedarften Patienten hat die Rechtsprechung in den letzten 50 Jahren in einer Flut von Einzelentscheidungen zahlreiche Grundsätze aufgestellt. Und auch im juristischen Schrifttum hat sich die Frage der ärztlichen Aufklärungspflicht zu einer eigenständigen Materie entwickelt, welche Gegenstand einer Vielzahl zivil-, aber auch strafrechtlicher Publikationen ist. Eine erschöpfende Wiedergabe und Würdigung des aktuellen Diskussionsstandes kann die vorliegende Untersuchung, in der die ärztliche Aufklärungspflicht nur einen von mehreren Problemkreisen darstellt, nicht leisten, so dass im Folgenden nur die wesentlichen, für die weitere Erörterung relevanten Eckpfeiler dargelegt werden sollen.[838]

(A) Grundsätze ärztlicher Aufklärung

Die Aufklärungspflicht des behandelnden Arztes gegenüber seinem Patienten entspricht dem modernen Verständnis des Arzt-Patienten-Verhältnisses als einer offenen, gleichberechtigten Partnerschaft.[839] Rechtlich stützt sie sich allerdings auf die wenig partnerschaftliche Konstruktion einer Obhutsgarantenstellung des medizinisch überlegenen Arztes gegenüber der Gesundheit des Patienten.[840] So ist all-

---

[837] Vgl. *Kloesel/Cyran*, § 74a Anm. 5, 7.

[838] Zur ärztlichen Aufklärungspflicht aus strafrechtlicher Sicht detailliert *Ulsenheimer*, Arztstrafrecht, Rn. 66 ff.

[839] So explizit *Krudop-Scholz*, Ärztliche Aufklärung, S. 79.

[840] Wenngleich die Garantenstellung des Arztes zur Begründung einer Strafbarkeit wegen Verabreichung bzw. Verordnung eines Arzneimittels und damit wegen eines aktiven Tuns letztlich nicht erforderlich ist.

gemein anerkannt, dass dem Arzt aus der faktischen Übernahme der Heilbehandlung eine Garantenstellung erwächst.[841] Diese beruht nicht zuletzt darauf, dass der Patient im Vertrauen auf die Heilkünste des Arztes eigene Schutzmaßnahmen unterlässt und Gesundheitsrisiken – wie das Auftreten von Nebenwirkungen einer medikamentösen Therapie – weitgehend unreflektiert auf sich nimmt. Ausfluss dieser Garantenstellung ist auch die Pflicht, den Patienten vor eigenem gesundheitsgefährdenden Therapieverhalten zu bewahren, wenn dieses – etwa mangels Kenntnis der Gefahr – dessen wirklichem Willen widerspricht. In Erfüllung dieser Pflicht hat der Arzt den Patienten umfassend über die angedachte Therapie aufzuklären, um Irrtümer des Patienten zu beseitigen, diesem das notwendige Risikowissen zu vermitteln und eine freiverantwortliche Dispositionsentscheidung über seine Gesundheit zu ermöglichen.

Im Mittelpunkt steht hierbei die sogenannte Selbstbestimmungsaufklärung. Durch diese soll der Patient in die Lage versetzt werden, für sich das Für und Wider einer Therapie abzuschätzen, zu beurteilen und abzuwägen, welche Risiken im Zusammenhang mit der Arzneitherapie er auf sich nehmen will.[842] Im Fall der Injektion dient sie insofern zugleich der Legitimation des Eingriffs in die körperliche Integrität.[843] Die Selbstbestimmungsaufklärung ist von der sogenannten Sicherungsaufklärung, auch oftmals als Sicherheitsaufklärung oder therapeutische Aufklärung bezeichnet, zu unterscheiden. Letztere bezweckt die Herstellung der für den erfolgreichen Verlauf der Heilbehandlung erforderlichen Kooperationsbereitschaft des Patienten, indem dieser auf die Erforderlichkeit der Befolgung der ärztlichen Anweisungen sowie mögliche Verhaltensfehler im Umgang mit dem verordneten Arzneimittel hingewiesen wird.[844] Ist die Sicherungsaufklärung somit genau genommen notwendiger Bestandteil einer kunstgerechten Heilbehandlung, stellt deren Unterbleiben bzw. unzureichende Durchführung anders als bei der Selbstbestimmungsaufklärung einen Behandlungsfehler dar.[845]

---

841 Vgl. *BGH* NJW 1979, S. 1258 f.; *BGH* ArztR 1994, S. 156 (157); *Altenhain*, NStZ 2001, S. 189; *Brammsen*, Garantenpflichten, S. 210; *Kröger*, Rechtfertigung, S. 36; NK-*Wohlers*, § 13 Rn. 39; *Roxin*, AT/2, § 32 Rn. 70; S/S-*Stree*, § 13 Rn. 28a; SK-StGB-*Rudolphi*, § 13 Rn. 60; *Tag*, Körperverletzungstatbestand, S. 406; *Ulsenheimer* in: Laufs/Uhlenbruck, Handbuch, § 140 Rn. 14.

842 *Ehlers* in: Ehlers/Broglie, Arzthaftungsrecht, Rn. 890; *Kern/Laufs*, Aufklärungspflicht, S. 53; *Koyuncu*, Haftungsdreieck, S. 113; *ders.*, A/ZusR 2005, S. 96; *ders.*, PatR 2005, S. 107; *ders.*, KHuR 2005, S. 76; *Madea*, Arzneimittelbehandlung, S. 41; *Rönnau*, Willensmängel, S. 424; S/S-*Eser*, § 223 Rn. 40; *Voll*, Einwilligung, S. 121 m. w. N.; *Wilhelm*, Arbeitsteilung, S. 20; *Wussow*, VersR 2002, S. 1338.

843 Vgl. *Krudop-Scholz*, Ärztliche Aufklärung, S. 68.

844 *Deutsch/Spickhoff*, Medizinrecht, Rn. 210; *Katzenmeier*, Arzthaftung, S. 326 f.; *Koyuncu*, A/ZusR 2005, S. 97; *ders.*, PatR 2005, S. 107; *ders.*, KHuR 2005, S. 76; *Kröger*, Rechtfertigung, S. 143; *Krudop-Scholz*, Ärztliche Aufklärung, S. 70; *Nüßgens*, FS Hauß, S. 287 f.; *Pflüger*, Krankenhaushaftung, S. 110; *Tiebe*, Strafrechtlicher Patientenschutz, S. 74; *Ulsenheimer*, Arztstrafrecht, Rn. 62.

845 *Igloffstein*, Regelwerke, S. 153; *Katzenmeier*, Arzthaftung, S. 327; *Koyuncu*, Haftungsdreieck, S. 104; *ders.*, A/ZusR 2005, S. 96; *ders.*, PatR 2005, S. 107; *ders.*, KHuR 2005, S. 76; *Krudop-Scholz*, Ärztliche Aufklärung, S. 69 f.; *Pflüger*, Krankenhaushaf-

Die Selbstbestimmungsaufklärung gliedert sich in Diagnose-, Verlaufs- und Risikoaufklärung, wobei diese oftmals fließend ineinander übergehen.[846]

(I) Diagnoseaufklärung

Diagnoseaufklärung bedeutet Information des Patienten über den medizinischen Befund. Dieser muss erfahren, ob er krank ist und an welcher Krankheit er leidet.[847] Wird die Pflicht zur Diagnoseaufklärung auch vereinzelt mit der Begründung abgelehnt, dass die Befundkenntnis keine notwendige Voraussetzung für eine eigenverantwortliche Therapieentscheidung sei,[848] so ist dem mit der herrschenden Meinung insofern zu widersprechen, als das Wissen um den genauen Befund regelmäßig entscheidenden Einfluss darauf hat, ob sich der Patient überhaupt für die Einleitung medizinischer Maßnahmen entscheidet und nicht etwa in Anbetracht des niemals auszuschließenden Fehlschlags einer Heilbehandlung bzw. damit einhergehender Gesundheitsrisiken dagegen ausspricht.[849] Eine Ausnahme von der Pflicht zur Diagnoseaufklärung ist allenfalls in besonders gelagerten Fällen zu machen, so zum Beispiel, wenn die Mitteilung des Befundes eine erhebliche psychische Belastung des Patienten darstellt und in letzter Konsequenz dessen Gesundheit oder gar Leben ernsthaft zu gefährden droht.[850]

(II) Risikoaufklärung

Kernstück der Selbstbestimmungsaufklärung ist die Risikoaufklärung. Gegenstand der Risikoaufklärung ist die umfassende Unterrichtung des Patienten über die Gefahren einer Behandlungsmethode, die sich auch bei Anwendung der gebotenen

---

tung, S. 110; S/S-*Eser*, § 223 Rn. 35a; *Tag*, Körperverletzungstatbestand, S. 266 f. Zu den Anforderungen an eine wirksame Sicherungsaufklärung siehe S. 518 ff.

846 *Deutsch*, FS Weißauer, S. 18 f.; *Faber*, Ökonomische Analyse, S. 19; *Katzenmeier*, Arzthaftung, S. 326; *Kern/Laufs*, Aufklärungspflicht, S. 53; *Laufs*, Arztrecht, Rn. 201; *ders.* in: Laufs/Uhlenbruck, Handbuch, § 63 Rn. 11; *Pflüger*, Krankenhaushaftung, S. 111; *Tiebe*, Strafrechtlicher Patientenschutz, S. 74.

847 *Faber*, Ökonomische Analyse, S. 19; *Katzenmeier*, Arzthaftung, S. 326; *Kern/Laufs*, Aufklärungspflicht, S. 54; *Kröger*, Rechtfertigung, S. 145; *Krudop-Scholz*, Ärztliche Aufklärung, S. 87; *Laufs*, Arztrecht, Rn. 202; *ders.* in: Laufs/Uhlenbruck, Handbuch, § 63 Rn. 13; *Schlund*, ArztR 2004, S. 33; *Tiebe*, Strafrechtlicher Patientenschutz, S. 74; *Ulsenheimer*, Arztstrafrecht, Rn. 63; *Wussow*, VersR 2002, S. 1338.

848 So S/S-*Eser*, § 223 Rn. 41; i. E. ebenso *Biermann*, Arzneimittelprüfung, S. 201.

849 Dementsprechend am Erfordernis der Diagnoseaufklärung festhaltend *Kern/Laufs*, Aufklärungspflicht, S. 54; *Kröger*, Rechtfertigung, S. 146; *Krudop-Scholz*, Ärztliche Aufklärung, S. 87 f.; *Lenckner* in: Forster, Rechtsmedizin, S. 598; *Rönnau*, Willensmängel, S. 426; *Siebert*, Therapiefreiheit, S. 236; *Tag*, Körperverletzungstatbestand, S. 272. Zu bedenken ist, dass es sich beim Irrtum bzw. der Unkenntnis über den Befund letztlich um einen Motivirrtum handelt, so dass diejenigen, die Motivirrtümern jegliche Bedeutung für die Wirksamkeit einer Einwilligung bzw. Risikoübernahme absprechen, konsequenterweise eine Verpflichtung zur Diagnoseaufklärung ablehnen müssten.

850 *Ulsenheimer*, Arztstrafrecht, Rn. 63 m. w. N. Ein solcher Ausnahmefall dürfte namentlich bei Diagnostizierung eines bereits erheblich fortgeschrittenen Krebsleidens gegeben sein.

Sorgfalt, d. h. bei lege artis durchgeführter Heilbehandlung, nicht mit Gewissheit ausschließen lassen.[851] Bezogen auf die Arzneimitteltherapie beinhaltet dies die Aufklärung über Kontraindikationen, Unverträglichkeiten, schädliche Nebenwirkungen und drohende Wechselwirkungen des zu verordnenden Arzneimittels.[852] Allerdings lässt die Rechtsprechung und der überwiegende Teil des Schrifttums eine Aufklärung „im Großen und Ganzen" ausreichen. Danach genügt es, wenn der Patient ein allgemeines Bild von der Schwere und Richtung des konkreten Risikospektrums erhält.[853] Einer Offenbarung aller nur erdenklichen Gefahren bedarf es nicht. Eine solche Übermaßaufklärung würde Sinn und Zweck der Selbstbestimmungsaufklärung, dem Patienten eine sachgerechte Nutzen-Risiko-Abwägung zu ermöglichen, verfehlen, weil der Patient als medizinischer Laie angesichts eines nicht enden wollenden Katalogs von Nebenwirkungen einen völlig falschen Eindruck vom Gefahrenpotential der Therapie erhielte.[854] Unter Zugrundelegung des durchschnittlichen Patienten richtet sich die Intensität der Aufklärung vielmehr danach, was dieser zu hören erwartet bzw. welche Fragen er beantwortet haben möchte.[855] Jedoch muss der Arzt stets die spezifischen Befindlichkeiten des konkreten Patienten berücksichtigen und aus der Vielzahl der möglichen Arzneimittelrisiken diejenigen auswählen, die für den Patienten aufgrund dessen individueller Eigenschaften offensichtlich von Interesse und medizinisch relevant sind.[856] Dabei trifft den Patienten entsprechend der ihm zugewiesenen Rolle eines gleichberechtigten Partners die Obliegenheit, durch gezieltes Nachfragen an der Aufklärung mitzuwirken.[857] Über besonders schwerwiegende Nebenwirkungen ist

851 Vgl. *BGH* JR 2006, S. 67 (68); *Biermann*, Arzneimittelprüfung, S. 133; *Ehlers* in: Ehlers/Broglie, Arzthaftungsrecht, Rn. 877; *Faber*, Ökonomische Analyse, S. 21; *Katzenmeier*, Arzthaftung, S. 326; *Kern/Laufs*, Aufklärungspflicht, S. 67; *Koyuncu*, Haftungsdreieck, S. 113; *ders.*, A/ZusR 2005, S. 96; *ders.*, PatR 2005, S. 107; *ders.*, KHuR 2005, S. 76; *Krudop-Scholz*, Ärztliche Aufklärung, S. 88 f.; *Laufs*, Arztrecht, Rn. 187; *ders.* in: Laufs/Uhlenbruck, Handbuch, § 64 Rn. 1; *Pflüger*, Krankenhaushaftung, S. 112; *Quaas/Zuck*, Medizinrecht, § 13 Rn. 93; *Scheu*, Produktverantwortung, S. 140; *Schlund*, ArztR 2004, S. 35; *Tag*, Körperverletzungstatbestand, S. 273; *Tiebe*, Strafrechtlicher Patientenschutz, S. 75; *Wemhöner/Frehse*, DMW 2004, S. 329.

852 *Broglie/Dorn*, A/ZusR 2004, S. 118 f.; *Hart*, Arzneimitteltherapie, S. 128; *ders.*, MedR 1991, S. 306; *Koyuncu*, Haftungsdreieck, S. 113; *Krudop-Scholz*, Ärztliche Aufklärung, S. 134.

853 *BGHZ* 29, 46 (58); 29, 176 (181); *Kern/Laufs*, Aufklärungspflicht, S. 95; *Krudop-Scholz*, Ärztliche Aufklärung, S. 96 m. w. N.; *Laufs* in: Laufs/Uhlenbruck, Handbuch, § 64 Rn. 1; *Schreiber*, Aufklärung, S. 19; *Wussow*, VersR 2002, S. 1339, 1343. Ähnlich bereits *Eb. Schmidt*, Arzt im Strafrecht, S. 99.

854 *Geilen*, Einwilligung, S. 187 f.; *Spann/Liebhardt/Penning*, FS Weißauer, S. 80.

855 *Deutsch*, FS Laufs, S. 759.

856 *Hart*, MedR 2003, S. 606; *Krudop-Scholz*, Ärztliche Aufklärung, S. 134; *Laufs* in: Laufs/Uhlenbruck, Handbuch, § 64 Rn. 1; *Madea*, Arzneimittelbehandlung, S. 41; *Neumeister*, Arzneimittel und Patient, S. 7 f. *Krudop-Scholz*, Ärztliche Aufklärung, S. 90, 101, spricht anschaulich von einer Art „Übersetzungstätigkeit" des Arztes.

857 *Koyuncu*, PharmR 2005, S. 295; *Ulsenheimer*, Arztstrafrecht, Rn. 78.

stets aufzuklären, selbst wenn sich diese nur sehr selten realisieren.[858] Ansonsten sind entfernte Risiken nur dann mitzuteilen, wenn mehrere Behandlungsmethoden alternativ zur Verfügung stehen[859] oder die Behandlung wie etwa im Fall der Impfung medizinisch nicht zwingend notwendig ist.[860] Über allgemein bekannte Risiken muss der Arzt nicht aufklären.[861]

Einigkeit besteht auch darüber, dass der Arzt dem Patienten im Sinne einer vergleichenden Risikoaufklärung im Großen und Ganzen auch das Risikopanorama alternativer Therapieformen darzulegen hat. Zwar ist die Auswahl der adäquaten Therapie prinzipiell Sache des Arztes.[862] Existieren indes mehrere medizinisch gleichermaßen indizierte und übliche Behandlungsmethoden mit unterschiedlichen Risiken und Erfolgschancen, besteht mithin eine echte Wahlmöglichkeit für den Patienten, dann ist im Lichte des verfassungsrechtlich geschützten Selbstbestimmungsrechts allein diesem die Entscheidung darüber belassen, auf welchem Weg die Behandlung erfolgen soll.[863] Demgemäß hat der Arzt dem Patienten die hierfür erforderlichen Informationen zur Verfügung zu stellen.[864] Die Pflicht zur Aufklärung über mögliche Alternativtherapien trifft den Arzt insbesondere dann, wenn die beabsichtigte Heilbehandlung von derjenigen der Schulmedizin[865] abweicht und dementsprechend in der Medizinwissenschaft umstritten ist.[866] Zu-

---

858 Vgl. *BGH* VersR 1982, S. 147 (148); *Scheu*, Produktverantwortung, S. 140.

859 So zutreffend *Kern/Laufs*, Aufklärungspflicht, S. 84.

860 Vgl. *BGH* NJW 2000, S. 1785.

861 *Ehlers* in: Ehlers/Broglie, Arzthaftungsrecht, Rn. 879; *Ulsenheimer*, Arztstrafrecht, Rn. 68.

862 *BGHZ* 102, 17 (22); *BGH* NJW 1982, S. 2121 f.; NJW 1988, S. 1514 (1516); *Bergmann*, Neulandmedizin, S. 245; *Broglie* in: Ehlers/Broglie, Arzthaftungsrecht, Rn. 733; *Ehlers/Bitter*, PharmR 2003, S. 77; *Krudop-Scholz*, Ärztliche Aufklärung, S. 99; *Laufs*, Arztrecht, Rn. 484; *Spickhoff*, NJW 2005, S. 1699; *Ulsenheimer*, Arztstrafrecht, Rn. 82.

863 *BGH* MedR 1988, S. 145 (146); MedR 2006, S. 650; jeweils m. w. N.; *Bergmann*, Neulandmedizin, S. 245; *Broglie* in: Ehlers/Broglie, Arzthaftungsrecht, Rn. 785, 894 m. w. N.; *Broglie/Dorn*, A/ZusR 2004, S. 119; *Faber*, Ökonomische Analyse, S. 20 f.; *Francke/Hart*, Ärztliche Verantwortung, S. 45; *Hart*, MedR 1996, S. 69; *ders.*, MedR 2003, S. 605; *Igloffstein*, Regelwerke, S. 100, 154; *Katzenmeier*, Arzthaftung, S. 331; *Krudop-Scholz*, Ärztliche Aufklärung, S. 99 f.; *Nowak*, Leitlinien, S. 112; *Scheu*, Produktverantwortung, S. 140; *Schlund*, ArztR 2004, S. 34; *Ulsenheimer*, Arztstrafrecht, Rn. 82; *Wemhöner/Frehse*, DMW 2004, S. 329; *Wussow*, VersR 2002, S. 1344.

864 *Krauskopf/Marburger*, Haftung des Arztes, S. 117; *Riedelmeier*, Heileingriff, S. 145.

865 Der Begriff der Schulmedizin bezeichnet diejenige naturwissenschaftlich orientierte Richtung in der medizinischen Wissenschaft, die sich an naturwissenschaftlichen Erkenntnissen orientiert, nach Erprobung auf führenden Kongressen, in führenden Fachzeitschriften und von führenden Fachwissenschaftlern vertreten wird, deren Wert in der medizinischen Wissenschaft nicht überwiegend ausdrücklich und ernsthaft bestritten wird und die keinen grundsätzlichen sozialethischen Bedenken ausgesetzt ist. Vgl. *Siebert*, Therapiefreiheit, S. 70, sowie *Tag*, Körperverletzungstatbestand, S. 208 f., 213, die zutreffend hervorhebt, dass der Begriff der Schulmedizin insoweit missverständlich ist, als an Hochschulen auch alternative Therapierichtungen gelehrt werden.

866 *BGH* NStZ 1996, S. 34; *BGH* VersR 1978, S. 41 f.; *BGH* MedR 1996, 271; *Hart*, Arzneimitteltherapie, S. 144; *Jung*, ZStW 97 (1985), S. 58; *Kern/Laufs*, Aufklärungs-

gleich ist dem Patienten die Tatsache, dass es sich bei der angedachten Therapieform um eine Außenseitermethode handelt, unmissverständlich darzulegen.[867] Denn der Wille des Patienten ist regelmäßig auf Erhalt einer den Regeln der Schulmedizin folgenden Behandlung gerichtet, die Durchführung einer Außenseitermethode somit für den Arzt ersichtlich nicht von der Patientenautonomie erfasst.[868] Dabei erweitert sich mit zunehmender Abstandnahme vom ärztlichen Standard auch der Umfang der Aufklärungspflicht; selbst über entfernte Risiken ist der Patient zu unterrichten.[869] Entsprechendes gilt bei Einsatz innovativer Verfahren bzw. Arzneimittel – etwa im Rahmen von Beobachtungsstudien[870] –sowie erst recht beim sogenannten *off label use*[871] eines Medikaments, da die Unbedenklichkeit des Arzneimittels im betreffenden Indikationsbereich noch nicht behördlich überprüft worden ist.[872] Ein Höchstmaß an (vergleichender) Risikoaufklärung ist schließlich beim Einsatz eines zulassungspflichtigen, aber noch nicht zugelassenen Medikaments im Wege des compassionate use gemäß § 21 Abs. 2 Nr. 6 AMG geboten.[873]

---

pflicht, S. 90; *Pflüger*, Krankenhaushaftung, S. 114 f.; *Schmid*, NJW 1986, S. 2340; *Siebert*, Therapiefreiheit, S. 247; *Siebert*, MedR 1983, S. 220. Zur Frage, inwieweit das Abweichen vom ärztlichen Standard einen strafrechtlich relevanten Behandlungsfehler darstellt, siehe S. 529 ff.

867 *RG*St 64, 12 (24); *Hart*, Arzneimitteltherapie, S. 144; *Katzenmeier*, Arzthaftung, S. 312; *Siebert*, Therapiefreiheit, S. 240; *ders.*, MedR 1983, S. 220; *Uhlenbruck/Laufs* in: Laufs/Uhlenbruck, Handbuch, § 52 Rn. 4; *Voll*, Einwilligung, S. 126.

868 In diesem Sinne auch *Jung*, ZStW 97 (1985), S. 58; *Tag*, Körperverletzungstatbestand, S. 251. Dabei ist wiederum zu beachten, dass die Unkenntnis des Außenseitercharakters der Behandlungsmethode einen bloßen Motivirrtum darstellt, der nach verbreiteter, aber unzutreffender Ansicht eines Teils des Schrifttums unbeachtlich sein soll. Bejaht die herrschende Meinung somit eine über die Pflicht zur Aufklärung über Nutzen und Risiken der angedachten Therapie hinausgehende Pflicht zur Aufklärung über den Außenseitercharakter der Therapie sowie über bestehende Behandlungsalternativen im Generellen, so erkennt sie implizit die Relevanz autonomiebezogener Motivirrtümer an.

869 *BGH* MedR 2006, S. 650 (651); *Jung*, ZStW 97 (1985), S. 57 f.; *Kienzle*, Haftung, S. 151; S/S-*Cramer/Sternberg-Lieben*, § 15 Rn. 219.

870 *Greiff*, Entkriminalisierung, S. 69; *Jung*, ZStW 97 (1985), S. 54; *Lilie*, Forschung am Menschen, S. 7; *Schlund*, PharmR 2000, S. 372; *Ulsenheimer*, Arztstrafrecht, Rn. 85.

871 Off label use bezeichnet den Einsatz eines zugelassenen und damit verkehrsfähigen Medikaments in einer von der Zulassung abweichenden Indikation. Vgl. *Heitz*, Arzneimittelsicherheit, S. 313; *Krüger*, PharmR 2004, S. 52; *Meyer/Grunert*, PharmR 2005, S. 205; *Ulsenheimer*, Arztstrafrecht, Rn. 82. Zur Zulässigkeit der Verwendung eines Präparats außerhalb des Indikationsgebiets S. 530 f.

872 Vgl. *BGH* NStZ 1996, S. 34; *Broglie/Dorn*, A/ZusR 2004, S. 119; *Freund*, PharmR 2004, S. 291; *Schlund*, PharmR 2000, S. 372; *Ulsenheimer*, Arztstrafrecht, Rn. 19c; *ders.*, NStZ 1996, S. 132 f.; *Wemhöner/Frehse*, DMW 2004, S. 328

873 *Held*, Strafrechtliche Beurteilung, S. 81, 85; *Rehmann*, § 40 Rn. 2; *Sträter*, 5. AMG-Novelle, S. 70; *Ulsenheimer*, NStZ 1996, S. 132 f.

(III) Verlaufsaufklärung

Die Verlaufsaufklärung dient dazu, dem Patienten einen Einblick in den Behandlungsverlauf, namentlich Art, Schwere, Durchführung und Schmerzhaftigkeit der Therapie, zu vermitteln.[874] Hierzu gehört, dem Patienten die voraussichtliche Fortentwicklung der diagnostizierten Krankheit ohne Durchführung einer medizinischen Behandlung im Gegensatz zum prognostischen Gesundheitsverlauf nach Vornahme der Heilbehandlung darzulegen.[875] Dadurch soll der Patient in die Lage versetzt werden, den Nutzen der Behandlung zu erfassen.[876] Beinhaltet die Risikoaufklärung die Schilderung der möglichen Therapierisiken, so sind im Rahmen der Verlaufsaufklärung im Sinne einer Art Folgenaufklärung die zwangsläufig zu erwartenden, notwendigen Behandlungs(neben)folgen sowie der Grad der Erfolgssicherheit mitzuteilen.[877] Dabei ist wiederum im Sinne einer vergleichenden Verlaufsaufklärung in Grundzügen auch über den Verlauf möglicher Therapiealternativen zu informieren.[878]

(IV) Zusammenfassung

Sinn und Zweck des informed consent liegen nach alledem darin, dem Patienten eine allgemeine Vorstellung von der Art und dem Schweregrad der in Betracht stehenden Behandlung sowie von den Belastungen und Risiken, denen er sich aussetzt, zu vermitteln. Die ärztliche Aufklärung soll es dem Patienten ermöglichen, Art, Bedeutung, Ablauf und Folgen eines Eingriffs zwar nicht in allen Einzelheiten, aber doch in den Grundzügen zu verstehen, damit er zu einer verantwortlichen Risikoabwägung in der Lage ist. Zulässig ist insofern auch eine Stufenaufklärung dergestalt, dass der Patient durch Aushändigung eines Merkblatts in schriftlicher Form abstrakt über die Grundzüge der angedachten Behandlung unterrichtet wird und im Rahmen des anschließenden mündlichen Aufklärungsgesprächs nur noch darüber hinausgehende Fragen des Patienten erörtert werden.[879] Stets hat sich der

---

874 *Katzenmeier*, Arzthaftung, S. 326; *Kröger*, Rechtfertigung, S. 148; *Laufs*, Arztrecht, Rn. 204; *ders.* in: Laufs/Uhlenbruck, Handbuch, § 63 Rn. 16; *Schlund*, ArztR 2004, S. 33; *Ulsenheimer*, Arztstrafrecht, Rn. 64.

875 *Biermann*, Arzneimittelprüfung, S. 127 f.; *Deutsch/Spickhoff*, Medizinrecht, Rn. 205; *Hart*, Arzneimitteltherapie, S. 126; *Katzenmeier*, Arzthaftung, S. 326; *Kern/Laufs*, Aufklärungspflicht, S. 58; *Koyuncu*, A/ZusR 2005, S. 96; *ders.*, PatR 2005, S. 107; *ders.*, KHuR 2005, S. 76; *Kröger*, Rechtfertigung, S. 148; *Laufs*, Arztrecht, Rn. 204; *ders.* in: Laufs/Uhlenbruck, Handbuch, § 63 Rn. 16; *Siebert*, Therapiefreiheit, S. 238; *Tag*, Körperverletzungstatbestand, S. 273; *Tiebe*, Strafrechtlicher Patientenschutz, S. 74; *Ulsenheimer*, Arztstrafrecht, Rn. 64; *Wussow*, VersR 2002, S. 1339.

876 *Faber*, Ökonomische Analyse, S. 20; *Krudop-Scholz*, Ärztliche Aufklärung, S. 88; ähnlich *Deutsch/Spickhoff*, Medizinrecht, Rn. 206.

877 *Biermann*, Arzneimittelprüfung, S. 128; *Kern/Laufs*, Aufklärungspflicht, S. 61; *Lenckner* in: Forster, Rechtsmedizin, S. 598; *Tag*, Körperverletzungstatbestand, S. 273.

878 *Biermann*, Arzneimittelprüfung, S. 128; *Broglie* in: Ehlers/Broglie, Arzthaftungsrecht, Rn. 784; *Broglie/Dorn*, A/ZusR 2004, S. 118; *Faber*, Ökonomische Analyse, S. 20; *Hart*, MedR 1991, S. 306; *Kern/Laufs*, Aufklärungspflicht, S. 64; *Krudop-Scholz*, Ärztliche Aufklärung, S. 133.

879 *Koyuncu*, KHuR 2005, S. 77; *Ulsenheimer*, Arztstrafrecht, Rn. 79.

Arzt jedoch davon zu überzeugen, dass der Patient die Ausführungen im Merkblatt verstanden hat.[880] Dabei richten sich Umfang und Intensität der Aufklärung nach Indikation, Dringlichkeit, Arzneimittelrisiken und Aufklärungsbedarf des Patienten im konkreten Einzelfall.[881] Im Grundsatz gilt, dass die Aufklärung umso ausführlicher sein muss, je weniger dringlich der Eingriff ist, je wahrscheinlicher und gravierender die Folgen für den Patienten sind, je mehr aussichtsreiche Alternativen zur Verfügung stehen und je geringer die Chancen einer Heilung oder Besserung sind. Zugleich besteht eine Wechselwirkung zwischen Therapiewahl und Aufklärungspflicht. Je angefochtener und umstrittener eine gewählte medizinische Methode, je stärker der Arzt von eingeführten oder als anerkannt geltenden Heilverfahren abweichen möchte, das heißt von dem, was der Patient erwarten darf, desto weiter reichen die Informationspflichten.

(B) Informationshoheit des pharmazeutischen Unternehmers

Der Arzt ist allerdings zur Erfüllung seiner Aufklärungspflicht regelmäßig, vor allem bei neuartigen Pharmaka, auf eine Unterrichtung über die Arzneimitteleigenschaften durch den pharmazeutischen Unternehmer angewiesen.[882] Nur dieser verfügt über eine aktuelle Kenntnis sämtlicher Wirkungen des von ihm hergestellten Präparats. Eine umfassende Fachinformation des Arztes durch den pharmazeutischen Unternehmer ist damit unabdingbare Voraussetzung einer ordnungsgemäßen Patientenaufklärung seitens des Arztes. Auf den Inhalt der behördlich geprüften und genehmigten Fachinformation bzw. Packungsbeilage darf sich der Arzt prinzipiell verlassen, zumal der pharmazeutische Unternehmer bei therapierelevanten Änderungen zur Aktualisierung der Fachinformation verpflichtet ist, § 11a Abs. 2 AMG.[883] Mithin genügt er seiner Aufklärungspflicht, wenn er dem Patienten die für diesen relevanten Arzneimitteleigenschaften im Großen und Ganzen so mitteilt, wie sie sich auf der Grundlage der Fachinformation darstellen. Etwas anderes gilt nur, wenn die Fach- bzw. Gebrauchsinformation für den Arzt erkennbar fehlerhaft oder durch neuere Erkenntnisse überholt ist. Dabei ist, was die Erkennbarkeit anbelangt, zu berücksichtigen, dass den Arzt eine Pflicht zu permanenter eigenständiger Fortbildung trifft, welche ihn auch verpflichtet, sich mit Hilfe aktueller Fachliteratur über die Fortschritte der Heilkunde sowie neueste Erkenntnisse bezüglich Nutzen und Risiken der von ihm angewandten (medikamentösen) Heilmethoden auf dem Laufenden zu halten.[884]

(C) Pflichtbegrenzende Wirkung der Gebrauchsinformation

Vor dem Hintergrund, dass sich die Patientenaufklärung als Gemeinschaftsakt von Arzt und pharmazeutischem Unternehmer präsentiert, stellt sich die Frage, inwie-

---

880 *Rönnau*, Willensmängel, S. 425; i. E. ebenso *Schlund*, ArztR 2004, S. 36 m. w. N.

881 Zu den speziellen Anforderungen an die Aufklärung im Zusammenhang mit der Behandlung Minderjähriger siehe *Ulsenheimer*, Arztstrafrecht, Rn. 107 ff. m. w. N.

882 Vgl. *Hart*, Arzneimitteltherapie, S. 73; *ders.*, MedR 2003, S. 604; *Horn*, JR 1995, S. 305.

883 *Hart*, MedR 2003, S. 604; *Koyuncu*, Haftungsdreieck, S. 115.

884 *Madea*, Arzneimittelbehandlung, S. 46; *Ulsenheimer*, Arztstrafrecht, Rn. 22.

weit die dem Arzneimittel beiliegende Gebrauchsinformation des pharmazeutischen Unternehmers den Arzt von seiner Aufklärungspflicht befreit. Weil sich die Angaben in der Packungsbeilage in vielen Punkten mit dem decken, worüber der Arzt den Patienten zu informieren hat, ließe sich argumentieren, dass der Arzt hierüber nicht gesondert aufklären müsse, sondern den Patienten insoweit auf die Packungsbeilage verweisen dürfe.[885] Relevant wird diese Frage letztlich nur im Fall der ambulanten Arzneimitteltherapie, da bei Verabreichung von Medikamenten oder Injektion von Impfstoffen in der Arztpraxis oder im Krankenhaus dem Patienten keine Gebrauchsinformation ausgehändigt wird.[886] Aber auch bei ambulanter Behandlung scheidet eine Verantwortungsbefreiung des Arztes durch bloßen Verweis auf die Packungsbeilage generell aus.[887] Sinn und Zweck der Packungsbeilage ist lediglich, die ärztliche Aufklärung zu ergänzen, nicht aber diese zu ersetzen.[888] Hierzu ist sie auch gar nicht imstande, geben die darin enthaltenen, auf die gesamte Patientenschaft bezogenen Daten doch nicht das individuelle Nutzen-Risiko-Profil des einzelnen Patienten wieder, dessen Kenntnis aber Voraussetzung einer selbstbestimmten Therapieentscheidung ist.[889] Zudem kann der Patient die in der Gebrauchsinformation enthaltenen Angaben, wie das mit den Worten sehr häufig, häufig, gelegentlich, selten und sehr selten umschriebene Gewicht möglicher Nebenwirkungen, oftmals nicht zutreffend erfassen, geschweige denn auf seinen konkreten Fall übertragen.[890] Insofern ist streng zwischen der durch die Packungsbeilage bezweckten abstrakt-generellen Arzneimittelsicherheit und der konkret-individuellen Anwendungssicherheit, die nur durch ärztliche Aufklärung des einzelnen Patienten gewährleistet wird, zu differenzieren.[891]

Der ärztlichen Aufklärung kommt somit einerseits eine umfassende Übersetzungs- bzw. Individualisierungsfunktion, zum anderen aber auch eine gewisse Ergänzungsfunktion zu, da die Gebrauchsinformation nicht sämtliche für eine selbstbestimmte Therapieentscheidung des Patienten notwendigen Daten, wie bei-

---

885 So namentlich das *LG Dortmund* MedR 2000, S. 331 (332).

886 Vgl. *Bergmann*, Krankenhaus 2006, S. 135; *ders.*, Krankenhaus 2007, S. 141; *Deutsch/Spickhoff*, Medizinrecht, Rn. 208; *Koyuncu*, Haftungsdreieck, S. 198; *ders.*, A/ZusR 2005, S. 99; *ders.*, PatR 2005, S. 109; *ders.*, KHuR 2005, S. 78.

887 *Hart*, Arzneimitteltherapie, S. 73; *Koyuncu*, Haftungsdreieck, S. 115 f.; *ders.*, A/ZusR 2005, S. 96 f.; *ders.*, PatR 2005, S. 106, 108; *ders.*, KHuR 2005, S. 76 f.; *Krudop-Scholz*, Ärztliche Aufklärung, S. 159; *Laufs*, Arztrecht, Rn. 165; *ders.* in: Laufs/Uhlenbruck, Handbuch, § 62 Rn. 11; *Schlund*, JR 2006, S. 69; *Stegers*, Haftung des Arztes, S. 138. Ebenso *OLG Hamburg*, VersR 1996, S. 1537, sowie jüngst *BGH* JR 2006, S. 67 f.

888 *Koyuncu*, A/ZusR 2005, S. 99; *ders.*, A/ZusR 2006, S. 153 f.; *ders.*, PatR 2005, S. 110; *ders.*, KHuR 2005, S. 78; ähnlich *Nink/Schröder*, PharmR 2006, S. 119.

889 *Bergmann*, Krankenhaus 2007, S. 141; *Hart*, MedR 2003, S. 605; *Koyuncu*, Haftungsdreieck, S. 116; *ders.*, A/ZusR 2005, S. 97 f. ; *ders.*, A/ZusR 2006, S. 153; *ders.*, PatR 2005, S. 108; *ders.*, KHuR 2005, S. 77; *Krudop-Scholz*, Ärztliche Aufklärung, S. 155, 157 f.; *Scheu*, Produktverantwortung, S. 172 f.; *Stegers*, Haftung des Arztes, S. 138.

890 Vgl. *Kienzle*, Haftung, S. 149; *Schlund*, JR 2006, S. 69; *Schnieders*, Arzneimittelgesetz, S. 23.

891 Vgl. *Krudop-Scholz*, Ärztliche Aufklärung, S. 141 f.

spielsweise das Nutzen-Risiko-Profil alternativer Behandlungsmethoden, aufführt.[892] Am besten wird der gemeinschaftlichen Instruktionsverantwortung von Arzt und pharmazeutischem Unternehmer eine Aufklärung dergestalt gerecht, dass der Arzt zunächst eine Grundaufklärung durchführt, in der er die wesentlichen individuell-patientenbezogenen Aspekte und Risiken der Behandlung erläutert, und den Patienten anschließend zur weitergehenden Aufklärung und Information über das Präparat als solches auf die Packungsbeilage verweist, verbunden mit dem Angebot, auftretende Unklarheiten in einem erneuten Gespräch zu beseitigen.[893]

(D) Auswirkung der aut idem-Regelung auf die ärztliche Aufklärungspflicht

Fraglich ist schließlich, wie sich die im Rahmen der Reformierung der gesetzlichen Krankenversicherung durch das Arzneimittelausgabenbegrenzungsgesetz (AABG) vom 25.02.2002[894] und das Gesundheitsmodernisierungsgesetz (GMG) vom 14.11.2003[895] eingeführte aut idem-Regelung auf die Instruktionsverantwortung des Arztes auswirkt. Nach dieser in § 129 Abs. 1 Satz 1 Nr. 1, Satz 2 SGB V enthaltenen Regelung ist der Apotheker unter bestimmten Umständen zur Substitution des vom Arzt verschriebenen Medikaments durch ein preisgünstigeres wirkstoffgleiches Alternativpräparat berechtigt, sofern nicht der Arzt eine solche Substitution auf dem Verordnungsblatt explizit ausgeschlossen hat. Die aut idem-Bestimmung greift tief in die Aufgabenverteilung zwischen Arzt und Apotheker ein. Eine vormals dem Arzt in alleiniger Verantwortung zukommende Pflicht des Aussuchens und Verordnens eines konkreten Arzneimittels wird auf den Arzt und Apotheker aufgeteilt. Der Apotheker übernimmt damit einen Teil der Rolle des Arztes.[896] Zugleich bleibt dem Arzt, da er das beim Patienten konkret zur Anwendung gelangende Arzneimittel im Zeitpunkt der Verordnung nicht kennt, lediglich eine rein wirkstoffbezogene Aufklärung möglich. Er kann den Patienten mit anderen Worten nur noch mit den typischen Eigenschaften der mit dem Wirkstoff ausgestatteten Präparate aufklären und über die Risiken des Wirkstoffs informieren.[897] Weil Nebenwirkungsrisiken aber oftmals auch aus der spezifischen Rezeptur eines Medikaments, sprich der Kombination von Wirk- und Hilfsstoffen, resultieren, genügt der Arzt hierdurch letztlich nicht seiner Instruktionsverantwortung. Dieser kann er letztendlich nur dadurch vollumfänglich gerecht werden, dass er den Patienten in groben Zügen auch über derartige rezepturbedingte Gefahren in Kenntnis setzt, diesen dann aber wegen Einzelheiten solcher Risiken auf die Packungsbeilage des vom Apotheker ausgesuchten Arzneimittels verweist und anbietet, wegen dieser Risiken Rücksprache mit ihm halten zu können.[898]

---

892 *Krudop-Scholz*, Ärztliche Aufklärung, S. 158 f.

893 So auch *Koyuncu*, Haftungsdreieck, S. 118; *ders.*, A/ZusR 2005, S. 98.

894 BGBl. I, S. 684 ff.

895 BGBl. I, S. 2190 ff.

896 *Krudop-Scholz*, Ärztliche Aufklärung, S. 185.

897 *Krudop-Scholz*, Ärztliche Aufklärung, S. 195.

898 Ebenso *Krudop-Scholz*, Ärztliche Aufklärung, S. 195. Die hohen Anforderungen machen deutlich, dass der Ausschluss der Substitution auf dem Verordnungsblatt der bei Weitem einfachere und vor allem sicherere Weg darstellt, so dass einem Arzt hierzu aus anwaltlicher Sicht stets zu raten wäre.

(E) Verantwortungsabgrenzung in Krankenhäusern und Arztpraxen
Regelmäßig sind an der medikamentösen Heilbehandlung neben dem Arzt weitere Personen beteiligt. So führen in den modernen Arztpraxen Sprechstundenhilfen in zunehmendem Maße den Arzt entlastende Hilfstätigkeiten aus und auch im Krankenhaus teilen sich Ärzte und Pflegepersonal die Durchführung der Heilbehandlung. Dementsprechend stellt sich die Frage, wer konkret die Verantwortung dafür trägt, dass der Patient ordnungsgemäß über die geplante Arzneimitteltherapie aufgeklärt wird. Besteht grundsätzliche Einigkeit darüber, dass die Aufklärung prinzipiell dem behandelnden Arzt obliegt,[899] so ist andererseits umstritten, ob die Vornahme der Aufklärung im Wege der Delegation wirksam auf nichtärztliches Hilfspersonal übertragen werden kann.[900] Es ist kein Grund ersichtlich, eine Aufklärung durch das Assistenzpersonal von vornherein pauschal als unzulässig auszuschließen. Maßgeblich für die Wirksamkeit der Delegation und die damit einhergehende Entlastung des Arztes ist, entsprechend den allgemeinen Grundsätzen der Aufgabendelegation, allein, ob die Hilfsperson über den eine ordnungsgemäße Patientenaufklärung gewährleistenden Ausbildungs- und Kenntnisstand verfügt. Ist dies der Fall bzw. hat der Arzt die mit der Aufklärung betraute Hilfsperson sorgfältig ausgewählt, darf er sich demnach auf eine pflichtgemäße Unterrichtung des Patienten verlassen und entsprechend davon ausgehen, dass das Eingehen der Therapie freiverantwortlich erfolgte.

d. Instruktionsverantwortung des Apothekers

Weit weniger Aufmerksamkeit als die Instruktionsverantwortung des Arztes hat in der Rechtswissenschaft bislang der Gesichtspunkt einer Aufklärungspflicht des Apothekers gefunden, was insofern überrascht, als es der Apotheker ist, der mit Aushändigung des Medikaments erst die nahe liegende Gefahr arzneimittelbedingter Gesundheitsbeeinträchtigungen schafft. Zugleich ist für den Bereich der strafrechtlichen Produktverantwortung weitgehend anerkannt, dass auch den Händler in gewissem Umfang Informationspflichten gegenüber dem Verbraucher treffen.[901] Dies erscheint auch sachgerecht, handelt es sich bei diesem doch um einen Fachmann, der mit den Produkteigenschaften bestens vertraut und für den Verbraucher oftmals der einzige Ansprechpartner ist. Dementsprechend ist auch eine Aufklärungspflicht des Apothekers grundsätzlich zu bejahen.[902] Dabei ist allerdings zwischen der Abgabe verschreibungspflichtiger und lediglich apothekenpflichtiger Arzneimittel zu unterscheiden.

Bei ersteren ist der Apotheker gerade nicht der einzige Ansprechpartner des Patienten, vielmehr erfolgt die Abgabe des Arzneimittels auf Verordnung des vom Patienten zuvor aufgesuchten Arztes. Angesichts der Tatsache, dass bereits dem Arzt eine umfassende Aufklärung über die gewählte Medikation obliegt, kann sich

---

899 Statt vieler *Kern*, FS Weißauer, S. 80, 87.

900 Ablehnend *Andreas et al.*, Handbuch, Rn. 647; *Bergmann*, Krankenhaus 2007, S. 142; *Peter*, Arbeitsteilung im Krankenhaus, S. 113 m. w. N.; hingegen in Grenzen bejahend *Kern*, FS Weißauer, S. 79 f.

901 Vgl. etwa *Eichinger*, Produkthaftung, S. 237.

902 *Baltzer*, Apotheker, S. 93 f.; *Neumeister*, Arzneimittel und Patient, S. 8.

der Apotheker, sofern dem keine konkreten Anhaltspunkte entgegenstehen, darauf verlassen, dass der Patient über die Wirkungen des betreffenden Präparates sachgerecht informiert wurde. Einer erneuten Instruktion bedarf es insofern nicht, würde diese doch unter Umständen Bedenken des Patienten gegen die Arzneimitteleinnahme nochmals unnötig verschärfen. Hinzu kommt, dass anders als bei herkömmlichen Produkten die davon ausgehenden Gefahren nicht für alle Verbraucher gleich sind, sondern vielmehr in Art und Umfang je nach Konstitution des einzelnen Patienten variieren. Der Apotheker kann den Patienten folglich gar nicht individuell aufklären; seine Aufklärung bliebe stets hinter derjenigen des Arztes, der den Patienten eingehend untersucht hat, zurück. In Anbetracht des insoweit überlegenen Einzelfallwissens des Arztes verbietet sich bei verschreibungspflichtigen Medikamenten gemäß § 20 Abs. 1 Satz 2 ApoBetrO gar eine Aufklärung des Apothekers „ins Blaue hinein", sprich unter Zugrundelegung des Durchschnittspatienten, da sich diese in Widerspruch zu den Ausführungen des Arztes setzen und damit im Endeffekt mehr schaden als nützen könnte.[903] Anders stellt sich die Situation aber bei der aut idem-Substitution des verordneten Arzneimittels dar. Hier übernimmt der Apotheker teilweise die Rolle des verordnenden Arztes und hat demnach den Patienten umfassend über die Charakteristika des ausgehändigten Medikaments zu unterrichten, soweit diese von denen des ursprünglich verschriebenen Präparats abweichen.

Eine umfassende Instruktionsverantwortung kommt dem Apotheker gemäß § 20 Abs. 1 Satz 3 ApoBetrO hingegen bei der Abgabe apothekenpflichtiger Arzneimittel im Rahmen der Selbstmedikation zu. Hier nimmt der Apotheker den Platz des Arztes ein.[904] Wie dieser hat er den Patienten im Großen und Ganzen über die Eigenschaften des betreffenden Pharmakons zu informieren. Wie dieser kann er sich dabei prinzipiell auf die Angaben in der Gebrauchsinformation bzw. der ihm zur Verfügung gestellten Fachinformation verlassen, sofern diese nicht erkennbar fehlerhaft sind.[905] Auch den Apotheker trifft insoweit die Pflicht, sich im Wege des Eigenstudiums über die Entwicklung des Arzneimittelmarktes, der pharmazeutischen Wissenschaft und Praxis, vor allem aber über zwischenzeitlich bekannt gewordene Arzneimittelnebenwirkungen, auf dem Laufenden zu halten.[906]

2. Strafbarkeit der beteiligten Personen

Legt man die soeben ermittelten Verantwortungssphären zugrunde, lassen sich konkrete Aussagen über eine etwaige Strafbarkeit der genannten Personen bei Eintritt vertretbarer Nebenwirkungen im Sinne des § 5 Abs. 2 AMG machen.

a. Pharmazeutischer Unternehmer

Hat der pharmazeutische Unternehmer seine Informationspflichten gegenüber dem Patienten und den Angehörigen der Heilberufe erfüllt, scheidet eine Strafbarkeit aus. Die Einnahme des Arzneimittels stellt sich aus Sicht des pharmazeutischen

---

903 Ähnlich wohl *Koyuncu*, Haftungsdreieck, S. 179; a. A. *Baltzer*, Apotheker, S. 93 f.

904 *Koyuncu*, Haftungsdreieck, S. 182.

905 *Koyuncu*, Haftungsdreieck, S. 182.

906 *Baltzer*, Apotheker, S. 106 f.

Unternehmers als freiverantwortliche Selbstgefährdung bzw. bei zu injizierenden Präparaten als einverständliche Fremdgefährdung dar.[907] Denn er darf berechtigterweise von einer Lektüre der Gebrauchsinformation seitens des Patienten sowie einer ordnungsgemäßen Individualaufklärung des Patienten durch Arzt und Apotheker entsprechend den Angaben in der Fachinformation ausgehen.[908] Kommt der pharmazeutische Unternehmer seiner Instruktionsverantwortung nur unzulänglich nach, so dass der Patient bzw. Ärzte und Apotheker erkennbar über defizitäres Risikobewusstsein verfügen, kommt eine Strafbarkeit des für die Gebrauchs- bzw. Fachinformation zuständigen Informationsbeauftragten in Betracht, sofern die Unkenntnis des Patienten zurechenbar auf eben diesem Fehlverhalten beruht, was etwa dann nicht der Fall ist, wenn der behandelnde Arzt im Rahmen der ihm obliegenden Durchsicht der einschlägigen Fachliteratur von den Risiken Kenntnis erlangt hat, den Patienten aber pflichtwidrig nicht darüber aufklärt. Ein bloßes Kennenkönnen der Gesundheitsgefahren führt hingegen nicht zur Straflosigkeit, kann sich der sich selbst pflichtwidrig Verhaltende doch nach dem zum Vertrauensgrundsatz Gesagten nicht auf eine etwaige Pflicht- bzw. Obliegenheitswidrigkeit Dritter berufen. Handelt der Informationsbeauftragte vorsätzlich, macht er sich je nach Intensität der Nebenwirkungen gemäß §§ 223 ff., 211 ff. StGB als mittelbarer Täter kraft überlegenen Sachwissens strafbar, indem der Erfolg durch den Patienten sowie bei verschreibungs- bzw. apothekenpflichtigen Pharmaka zusätzlich durch den Arzt und Apotheker als blinde Kausalfaktoren vermittelt wird.[909]

Allerdings wird unter dem Stichwort der hypothetischen Einwilligung die prinzipielle Strafbarkeit des Arztes bei Verletzung seiner Aufklärungspflicht von Teilen der Strafrechtswissenschaft zunehmend in Frage gestellt. Da im Fall der Arzneimitteltherapie die Patientenaufklärung einen Gemeinschaftsakt von Arzt und pharmazeutischem Unternehmer darstellt, berühren die vorgetragenen Argumente auch die Strafbarkeit des pharmazeutischen Unternehmers und bedürfen daher bereits an dieser Stelle einer näheren Erörterung. Von hypothetischer Einwilligung spricht man, wenn die Zustimmung eines Patienten zur Heilbehandlung wegen eines Aufklärungsmangels unwirksam war, der Patient aber bei einer den Anforderungen genügenden Aufklärung der Behandlung gleichfalls (und dann wirksam) zugestimmt hätte.[910] Die hypothetische Einwilligung stellt demnach eine spezielle Ausprägung des Zurechnungsausschlusses bei rechtmäßigem Alternativverhalten dar.[911] Von der mutmaßlichen Einwilligung unterscheidet sich die hypothetische Einwilligung in zweifacher Weise. Zum einen soll sie, anders als die mutmaßliche Einwilligung, welche nur zum Tragen kommt, wenn eine ausdrückliche Einwilligung mit zumutbarem Aufwand nicht rechtzeitig eingeholt werden kann,[912] auch

---

907 Vgl. *Frisch*, Zurechnung, S. 204; *Ransiek*, Unternehmensstrafrecht, S. 27; *Wolter*, ZRP 1974, S. 264.

908 *Tiedemann*, FS Hirsch, S. 774.

909 Vgl. *Bottke/Mayer*, ZfBR 1991, S. 237 f.; Scheu, Produktverantwortung, S. 175.

910 *Kuhlen*, FS Müller-Dietz, S. 435; *ders.*, FS Roxin, S. 333.

911 Vgl. *Kuhlen*, FS Roxin, S. 334, 337; *ders.*, JR 2004, S. 227; *ders.*, JZ 2005, S. 715; LK-*Rönnau*, Vor § 32 Rn. 230; *Mitsch*, JZ 2005, S. 281.

912 *Hägele*, Arzneimittelprüfung, S. 462 m. w. N.; *Kuhlen*, FS Roxin, S. 333; *ders.*, JR 2004, S. 227; LK-*Rönnau*, Vor § 32 Rn. 230.

bei prinzipieller Möglichkeit pflichtgemäßer Aufklärung und dementsprechender Einholbarkeit einer wirksamen ausdrücklichen Zustimmung beachtlich sein. Zum anderen beurteile sich das Vorliegen einer hypothetischen im Gegensatz zur mutmaßlichen Einwilligung nicht ex ante, sondern ex post.[913] Von einem Teil des Schrifttums wird ein Strafbarkeitsausschluss kraft hypothetischer Einwilligung als unstatthaft abgelehnt, könne sich der Arzt ansonsten doch stets mit dem Hinweis exkulpieren, dass das Beruhen des Erfolgseintritts auf dem Aufklärungsmangel nicht positiv festgestellt werden könne, weil es keine Methode gibt, auszuschließen, dass der Patient auch bei vollständiger Aufklärung die tatsächlich durchgeführte Behandlungsmethode gewählt hätte.[914] Mit den überwiegenden Stimmen in der Literatur ist die hypothetische Einwilligung aber unter bestimmten Voraussetzungen durchaus als relevant zu erachten.[915] Zwar fehlt es zum Tatzeitpunkt an einer bewussten Verfügung des Patienten über seinen Körper und seine Gesundheit. Die abstrakte Verfügungsbefugnis als solche wird jedoch von den §§ 211 ff., 223 ff. StGB nicht geschützt, so dass ihre Missachtung als tauglicher Anknüpfungspunkt für einen Strafvorwurf ausscheidet.[916] Erfasst ist die Verfügungsbefugnis nur insoweit, als durch die §§ 211 ff., 223 ff. StGB die Disposition der Rechtsgüter Körper und Gesundheit entsprechend des eigenen Werte- und Interessengefüges gewährleistet werden soll. Dieser Rechtsgutseinsatz nach Maßgabe des eigenen Wertempfindens ist im Fall der hypothetischen Einwilligung aber gerade nicht tangiert, erfordert diese doch, dass der Patient der Heilmaßnahme im Zeitpunkt ihrer Vornahme auch bei ordnungsgemäßer Aufklärung zugestimmt hätte, diese folglich seiner ureigenen Interessendefinition in Form einer Nutzen-Risiko-Abwägung entspricht.[917] Um Schutzbehauptungen nicht Tür und Tor zu öffnen, bedarf die Annahme einer hypothetischen Einwilligung des Patienten allerdings konkreter Anhaltspunkte dafür, dass der Patient die Therapie auch bei pflichtgemäßer Aufklärung auf sich genommen hätte.[918] Die Tatsache, dass die Therapiemaßnahme medizinisch indiziert war, reicht nicht aus,[919] da es bei der mutmaßlichen Einwilligung anders als es bei der hypothetischen auf die tatsächliche Interessendefinition des Patienten ankommt und nicht darauf, wie sich diese nach außen objektiv darstellt.

b. Arzt

Auch eine Strafbarkeit des behandelnden Arztes kommt nur bei unzureichender Aufklärung des Patienten in Betracht.[920] Die Tatsache, dass der Arzt im Vergleich

---

[913] *Kuhlen*, FS Müller-Dietz, S. 443; *ders.*, FS Roxin, S. 333; *ders.*, JR 2004, S. 227; *ders.*, JZ 2005, S. 714 f.; ebenso LK-*Rönnau*, Vor § 32 Rn. 230; *Mitsch*, JZ 2005, S. 281.

[914] *Puppe*, GA 2003, S. 769; i. E. ebenso *Scheu*, Produktverantwortung, S. 168.

[915] *Katzenmeier*, Arzthaftung, S. 369; *Kuhlen*, FS Müller-Dietz, S. 442; *Ulsenheimer*, Arztstrafrecht, Rn. 132.

[916] *Kuhlen*, FS Müller-Dietz, S. 442.

[917] Ebenso *Katzenmeier*, Arzthaftung, S. 369; *Kuhlen*, JR 2004, S. 227.

[918] *Kuhlen*, FS Müller-Dietz, S. 435; *ders.*, JR 2004, S. 229.

[919] *Kuhlen*, JR 2004, S. 229; *ders.*, JZ 2005, S. 715.

[920] Vgl. *Madea*, Arzneimittelbehandlung, S. 41 f.; S/S-*Eser*, § 223 Rn. 9; *Stegers*, Haftung des Arztes, S. 139.

zum medizinisch unbedarften Patienten stets ein überlegenes Sachwissen besitzt, begründet als solche keine Strafbarkeit, solange der Patient vom Arzt nur mit denjenigen Informationen versorgt wird, welche für eine selbstbestimmte Therapieentscheidung erforderlich sind. Findet die fehlerhafte oder ungenügende Patientenaufklärung ihre Ursache in der unzureichenden Fachinformation des pharmazeutischen Unternehmers, so entlastet dies den Arzt nur dann vom Vorwurf der Aufklärungspflichtverletzung, wenn die fehlenden Informationen auch nicht der von ihm zu sichtenden Fachliteratur zu entnehmen sind. Eine Strafbarkeit des Arztes scheidet indes auch aus, wenn die Aufklärung zwar unvollständig war, der Patient sich die fehlende Information aber anderweitig verschafft hat.[921] Bloßes Kennenkönnen aller relevanten Arzneimitteldaten schließt jedoch auch hier die Strafbarkeit nicht aus. Unterlässt der Arzt die Aufklärung über den Außenseiter- oder Neulandstatus der gewählten Heilmethode, so ist vor dem Hintergrund der Subsidiarität des Aufklärungsfehlers gegenüber dem Behandlungsfehler zu prüfen, ob die Anwendung der Außenseiter- bzw. Neulandmethode nicht einen Behandlungsfehler darstellt. Nur wenn dies zu verneinen ist, kommt eine Strafbarkeit unter dem Aspekt fehlender Freiverantwortlichkeit des Patienten in Betracht. Handelt der Arzt vorsätzlich, so stellt die Abgabe bzw. Verschreibung eines Medikaments einen Fall der mittelbaren Täterschaft dar, während die unmittelbare Applikation des Arzneimittels unmittelbare Täterschaft begründet.[922]

c. Apotheker

Schließlich trifft auch den Apotheker grundsätzlich kein Strafvorwurf, wenn er seine Informationspflichten gegenüber dem Patienten erfüllt hat. Vor dem Hintergrund, dass sich der Apotheker wie der Arzt bei Fehlen gegenteiliger Anhaltspunkte auf die Fachinformation des pharmazeutischen Unternehmers verlassen und bei Abgabe verschreibungspflichtiger Medikamente zudem von einer umfassenden Aufklärung des Patienten durch den Arzt ausgehen darf, wird eine Strafbarkeit des Apothekers in der Praxis regelmäßig nur in Zusammenhang mit der nicht rezeptierten Abgabe von Arzneimitteln bzw. im Fall der aut idem-Substitution des verschriebenen Präparats in Erwägung zu ziehen sein.

II. Schäden durch fehlerhafte Anwendung des Arzneimittels

Eine der Hauptursachen arzneimittelbedingter Gesundheitsschäden ist der fehlerhafte Gebrauch von Pharmaka. So wenden jüngsten Untersuchungen zufolge ca. 50 % aller Patienten die verordneten Medikamente überhaupt nicht oder nicht vorschriftsmäßig an. Die moderne Compliance-Forschung geht davon aus, dass ein Drittel der Patienten Arzneimittel adäquat einnimmt, ein weiteres Drittel unzuver-

---

921 *Puppe*, GA 2003, S. 771 f.

922 Ein Fall mittelbarer Täterschaft ist aber dann gegeben, wenn der Arzt die Applikation des Arzneimittels, etwa die Injektion eines Impfpräparats, an Assistenzärzte oder sonstiges Hilfspersonal delegiert, und diese im irrigen Glauben handeln, der Patient sei aufgeklärt worden. So zutreffend *Brose*, Aufgabenteilung, S. 76.

lässig ist und das letzte Drittel mehr oder weniger zuverlässig Medikamente einnimmt.[923]

1. Abschichtung der Verantwortungsbereiche der Beteiligten

Nach den Erkenntnissen der Compliance-Forschung beruht die fehlerhafte Arzneimittelanwendung oftmals auf einer unsachgemäßen Aufklärung des Patienten durch den Arzt oder Apotheker.[924] Allerdings liegt die Verantwortung für einen sorgfältigen Umgang mit Arzneimitteln zunächst beim Patienten.

a. Eigenverantwortung des Patienten

Dem Wandel des Arzt-Patienten-Verhältnisses von einer paternalistischen Beziehung hin zu einer gleichberechtigten kooperativen Partnerschaft zwischen dem Arzt und dem vermehrt selbstverantwortlich in das Behandlungsgeschehen eingebundenen Patienten muss auch der Zuschnitt der (strafrechtlichen) Verantwortungsbereiche Rechnung tragen. Mit zunehmendem Einfluss des Patienten auf die Therapie muss dieser verstärkt in die Pflicht genommen werden.[925] Dementsprechend geht mit Aushändigung des Arzneimittels an den Patienten auch die Verantwortung für dessen ordnungsgemäße Handhabung auf diesen über.[926] Wendet er das Medikament bestimmungswidrig an, so fallen die daraus resultierenden Gesundheitsschäden grundsätzlich in seinen eigenen Verantwortungsbereich.[927] Indes liegt es auf der Hand, dass der Patient als medizinischer Laie von sich aus gar nicht in der Lage ist, die von dem hochkomplizierten chemischen Produkt Arzneimittel ausgehenden Gefahren sachgerecht zu erfassen und sich risikoadäquat zu verhalten. Eine pauschale Verantwortungszuweisung an den Patienten bei bestimmungswidrigem Arzneimitteleinsatz erscheint angesichts des im Vergleich zu anderen Produkten gesteigerten Konsumrisikos unangemessen.[928] Jenseits der Fälle eines evidenten Medikamentenmissbrauchs bedarf es vielmehr einer umfassenden Instruktion des Patienten über den bestimmungsgemäßen sowie deutlicher Warnhinweise bezüglich des zu vermeidenden bestimmungswidrigen Gebrauchs seitens des pharmazeutischen Unternehmers, Arztes und Apothekers, damit die Verantwortung für die Arzneimittelanwendung und die bei Fehlgebrauch auftretenden Schäden auf den Patienten übergeht.[929]

Neben den Gesundheitsschäden infolge der bewusst missbräuchlichen Verwendung eines Arzneimittels – etwa zum Zwecke der Suchtbefriedigung oder des Sui-

---

923 Siehe *Heuer/Heuer/Lennecke*, Compliance, S. 2, 41; *Krudop-Scholz*, Ärztliche Aufklärung, S. 45.

924 *Heuer/Heuer/Lennecke*, Compliance, S. 6.

925 *Hanau*, FS Baumgärtel, S. 121; *Koyuncu*, Haftungsdreieck, S. 13; *ders.*, PharmR 2005, S. 290 f.

926 *Blasius et al.*, Arzneimittel, S. 199.

927 *Große Vorholt*, Behördliche Stellungnahmen, S. 109; *Papier*, Gebrauch, S. 7; *Sander*, § 5 Erl. 5; *Schellenberg*, VersR 2005, S. 1620.

928 So auch *Wolter*, ZRP 1974, S. 262.

929 Vgl. *Große Vorholt*, Behördliche Stellungnahmen, S. 109; *Hart*, MedR 1991, S. 306; *Koyuncu*, PharmR 2005, S. 296; *Spitz*, Produkthaftung, S. 393.

zids – fallen grundsätzlich auch die durch unbewusst fehlerhafte Medikamenteneinnahme verursachten Schäden in den Risikobereich des Patienten.[930] Hierzu zählen etwa auch die Schäden, die mangels obliegenheitsgemäßer Lektüre der Anwendungs- und Dosierungshinweise in der Gebrauchsinformation auftreten.[931] Zwar handelt der Patient bei fehlendem Bewusstsein des Fehlgebrauchs und der damit verbundenen Eigengefährdung nicht freiverantwortlich, jedoch führt dies nicht zu einer Verantwortungsverlagerung auf den pharmazeutischen Unternehmer, Arzt oder Apotheker, solange diese ihren Informationspflichten pflichtgemäß nachkommen und somit nach Maßgabe des Vertrauensgrundsatzes in Abwesenheit entgegenstehender Anhaltspunkte berechtigterweise auf einen bestimmungs- bzw. anweisungsgemäßen Gebrauch des Präparats vertrauen dürfen.[932] Auch Arzneimittelschäden infolge unsachgemäßer Lagerung des Medikaments bzw. Überschreitung des Verfallsdatums sind dem Patienten zuzurechnen, sofern Haltbarkeit und Lagerungshinweise ordnungsgemäß angegeben sind.[933]

b. Verantwortung des pharmazeutischen Unternehmers

Wie § 5 Abs. 2 AMG zu entnehmen ist, fallen grundsätzlich nur die bei bestimmungsgemäßem Gebrauch des Arzneimittels auftretenden schädlichen Wirkungen in den Verantwortungsbereich des pharmazeutischen Unternehmers. Voraussetzung ist aber stets, dass der unwissende Patient über den bestimmungsgemäßen Gebrauch in Kenntnis gesetzt wird. Indes stellt sich angesichts des das normale Konsumrisiko sonstiger Produkte übersteigenden Verwendungsrisikos im Zusammenhang mit der Einnahme von Medikamenten die Frage, inwieweit der pharmazeutische Unternehmer auch einem etwaigen bestimmungswidrigen Gebrauch vorzubeugen hat.

(A) Pflichten des Unternehmers

Ausgehend vom Vertrauensgrundsatz darf der pharmazeutische Unternehmer prinzipiell ein sorgfältiges, obliegenheitsgemäßes Verhalten des Patienten und damit einen bestimmungsgemäßen Gebrauch des Arzneimittels unterstellen, sofern dieser Erwartung keine konkreten Anhaltspunkte entgegenstehen.[934] Entsprechendes gilt bei Impfpräparaten hinsichtlich deren Applikation durch den Arzt. Dabei ist für den pharmazeutischen Unternehmer erkennbar, dass sich der bestimmungsgemäße Gebrauch des Präparats weder dem Patienten als medizinischem Laien noch dem Arzt, der sich in Anbetracht der Vielfalt und Schnelligkeit

---

930 *Koyuncu*, Haftungsdreieck, S. 17 f.

931 Vgl. *Eichinger*, Produkthaftung, S. 239; *Koyuncu*, Haftungsdreieck, S. 17; *Schmidt-Salzer*, Produkthaftung, Rn. 1.440.

932 Unzutreffend *Schmucker*, Dogmatik, S. 191, die aus dem Umstand, dass der Hersteller seine Informationspflicht erfüllt, auf eine eigenverantwortliche Selbstgefährdung des Verbrauchers schließt, welche aber bei unbewusstem Produktfehlgebrauch infolge Irrtums gerade nicht vorliegt.

933 *Koyuncu*, Haftungsdreieck, S. 18.

934 *Bock*, Produktkriminalität, S. 127; *Eichinger*, Produkthaftung, S. 228; *Höhfeld*, Strafrechtliche Produktverantwortung, S. 191 f.; *Koyuncu*, Haftungsdreieck, S. 158; *ders.*, PharmR 2005, S. 295; *Papier*, Gebrauch, S. 21.

neuer Erkenntnisse und Innovationen auf dem Gebiet der Pharmazie heute nur noch in Ausnahmefällen ein eigenes Bild von den Anwendungsmöglichkeiten jedes einzelnen Pharmakons machen kann,[935] von selbst erschließt. Dem berechtigten Vertrauen auf eine ordnungsgemäße Arzneimittelanwendung sind folglich Grenzen gesetzt. Dies führt jedoch nicht dazu, dass der pharmazeutische Unternehmer seine Produkte gegen jede nur erdenkliche Fehlanwendung sichern und „idiotensicher" („fool proof") ausgestalten muss,[936] zumal bei Arzneimitteln wirksame, über den kindersicheren Verschluss des Behältnisses hinausgehende Sicherungsmechanismen ohnehin nicht konstruierbar sind. Auch vom medizinisch noch so unbedarften Patienten und erst recht vom medizinisch geschulten Arzt muss und darf berechtigterweise erwartet werden, einen offensichtlichen, für jedermann geradezu evidenten schädlichen Umgang mit dem Medikament zu unterlassen. Zurechenbar sind dem pharmazeutischen Unternehmer folglich allenfalls diejenigen Gesundheitsbeeinträchtigungen, die aus einem nahe liegenden Fehlgebrauch des Präparates entstehen, mit dem in Anbetracht des Laientums des Patienten bzw. der Neuartigkeit des Arzneimittels gerechnet werden muss. Der Verantwortung für derartige Schäden kann der pharmazeutische Unternehmer nur durch umfassende Aufklärung des Patienten bzw. Arztes über den bestimmungsgemäßen Gebrauch in Verbindung mit ausdrücklichen Warnhinweisen hinsichtlich eines nahe liegenden und damit konkret voraussehbaren Fehlgebrauchs sowie dessen Folgen entgehen.[937] Denn aufgrund der genauen Darlegung des Anwendungsgebiets und der Anwendungsweise darf der pharmazeutische Unternehmer darauf vertrauen, dass sich Patient und Arzt an die Vorgaben halten.[938] Kommt es im Einzelfall dennoch zu einer bestimmungswidrigen Verwendung des Medikaments, kann diese dem pharmazeutischen Unternehmer im Lichte des Vertrauensgrundsatzes nicht zur Last gelegt werden, da er seiner Instruktionsverantwortung pflichtgemäß nachgekommen und der Fehlgebrauch des einzelnen Patienten für den pharmazeutischen Unternehmer in der Regel auch nicht konkret vorauszusehen ist, zeichnet sich die Beziehung zum individuellen Arzneimittelkonsumenten doch durch Anonymität und fehlende Interaktion aus.[939] Allerdings ist der pharmazeutische Unternehmer gerade in Anbetracht fehlender Erkenntnisse über die individuellen Patienten und deren Fähigkeit, verantwortungsbewusst mit dem Arzneimittel umzugehen, gehalten, die gesetzlichen Abgabebeschränkungen der §§ 43, 47 ff. AMG einzuhalten, um sicherzustellen, dass Medikamente letztlich nur an Personen abgegeben wer-

---

[935] *Bock*, Therapieentscheidung, S. 60; *Glaeske/Greiser/Hart*, Arzneimittelsicherheit, S. 75; *Scheu*, In Dubio, S. 823; *Wagner*, Arzneimittelsicherheit, S. 300.

[936] *Eichinger*, Produkthaftung, S. 228; *Goll/Winkelbauer* in: von Westphalen, Produkthaftungshandbuch, § 47 Rn. 65; *Kuhlen*, Fragen, S. 139; *Schmidt-Salzer*, Produkthaftung, Rn. 1.378; ähnlich *Neudecker*, Kollegialorgane, S. 132. Siehe auch das sogenannte Sniffing-Urteil des *BGH*, NJW 1981, S. 2514, wonach der Hersteller von Klebstoffen nicht mit dem zweckentfremdeten Einsatz des Klebstoffs als Rauschmittel durch Inhalation der sich aus dem Klebstoff verflüchtigenden Lösungsmittel rechnen muss.

[937] Vgl. die Rechtsprechung des *BGH* im *ESTIL*-Fall, NJW 1972, S. 2217 ff. Zum erforderlichen Inhalt und Umfang der Gebrauchsinformation siehe bereits S. 283 ff.

[938] *Neudecker*, Kollegialorgane, S. 135.

[939] Vgl. *Eichinger*, Produkthaftung, S. 229 f.; *Kuhlen*, Fragen, S. 137, 142 f.

den, die – gegebenenfalls nach entsprechender Aufklärung durch den Arzt oder Apotheker – bei Einnahme des Präparats die nötige Sorgfalt walten lassen.

Gänzlich anders gestaltet sich die Situation indes, wenn der Fehlgebrauch weit verbreitet ist oder sich gar im Sinne einer geübten Praxis in der Medizin etabliert hat. Denn in diesem Fall existieren konkrete Anzeichen dafür, dass selbst besonnene, im Allgemeinen sorgfaltsgemäß handelnde Patienten bzw. Medizinalpersonen das Präparat nicht bestimmungsgemäß anwenden, mit der Folge, dass ein berechtigtes Vertrauen auf Einhaltung der in der Fach- bzw. Gebrauchsinformation enthaltenen Vorgaben ausscheidet.[940] Unabhängig davon, ob sich der bestimmungswidrige Gebrauch hierdurch zum bestimmungsgemäßen wandelt, weil der pharmazeutische Unternehmer dessen Praktizierung kennt und stillschweigend duldet,[941] fallen die daraus erwachsenden Gesundheitsbeeinträchtigungen in seinen Verantwortungsbereich, solange er der Verwendung nicht explizit durch entsprechenden Vermerk in der Fach- und Gebrauchsinformation widerspricht.[942]

(B) Unternehmensinterne Verantwortungsverteilung

Unternehmensintern trifft die Verantwortung wiederum primär den für die inhaltliche Ausgestaltung der Gebrauchs- und Fachinformation zuständigen Informationsbeauftragten, die Einhaltung der gesetzlichen Abgabebeschränkungen fällt hingegen in den Verantwortungsbereich des Vertriebsleiters.[943] Fehlt diesen die erforderliche fachliche Qualifikation oder können sie ihre Aufgaben mangels hinreichender sachlicher bzw. personeller Ausstattung nicht ordnungsgemäß wahrnehmen, sind die Arzneimittelschäden unter Umständen auch der Geschäftsleitung zurechenbar. Es gilt insoweit das zur innerbetrieblichen Arbeitsteilung Gesagte.

c. Verantwortung des Arzneimittelgroßhändlers

Auch der Arzneimittelgroßhändler als nächstes Glied in der Vertriebskette hat seinen Beitrag zur Vermeidung einer missbräuchlichen Verwendung der von ihm vertriebenen Arzneimittel zu leisten. Er hat dafür Sorge zu tragen, dass die Pharmaka nur im Rahmen der gesetzlich zulässigen Vertriebskanäle ausgeliefert werden. So ist der Großhändler gemäß § 4a und § 6 GroßhBetrV letztlich dazu verpflichtet, sich durch Vorlage der entsprechenden behördlichen Genehmigung zu vergewissern, dass der Belieferte zum Eigenverbrauch der Medikamente bzw. zu deren Abgabe an den Endverbraucher, sprich Arzt oder Patient, befugt ist.

d. Verantwortung des behandelnden Arztes

Die entscheidende Rolle bei der Vermeidung von Schäden infolge fehlerhafter Anwendung eines Arzneimittels kommt allerdings dem behandelnden Arzt zu.

---

940 In diesem Sinne auch *Eichinger*, Produkthaftung, S. 230; *Höhfeld*, Strafrechtliche Produktverantwortung, S. 192; *Kuhlen*, Fragen, S. 144 f.; *Neudecker*, Kollegialorgane, S. 58 f.; S/S-*Cramer/Sternberg-Lieben*, § 15 Rn. 223f.

941 Dies ist allein für die Frage der Bedenklichkeit des Arzneimittels im Sinn des § 5 Abs. 2 AMG relevant.

942 Vgl. *Wolter*, ZRP 1974, S. 262.

943 *Blasius et al.*, Arzneimittel, S. 189; *Rehmann*, § 19 Rn. 4.

(A) Anwendung des Arzneimittels lege artis

Zum einen trifft den Arzt, sofern er als Endverbraucher das Arzneimittel selbst appliziert, die Pflicht, bei Verabreichung des Präparates mit der erforderlichen Sorgfalt vorzugehen, insbesondere die Vorgaben und Warnhinweise des pharmazeutischen Unternehmers zu beachten und einzuhalten. Kommt es infolge fehlerhafter Anwendung des Arzneimittels zu Gesundheitsschäden, fallen diese in den Verantwortungsbereich des Arztes. Zu denken ist hierbei insbesondere an Injektionsfehler wie etwa die irrtümliche arterielle Injektion eines zur subkutanen Verabreichung bestimmten Präparates.

(B) Instruktionsverantwortung

Erfolgt die Arzneimitteltherapie wie im Regelfall ambulant und damit im der Kontrolle des Arztes entzogenen Privatbereich des Patienten, hat der Arzt bei Verordnung des Arzneimittels durch eine umfassende Sicherungsaufklärung des Patienten diesen zu einem therapiegerechten Verhalten anzuhalten.[944] Der bloße Verweis auf die in der Packungsbeilage enthaltenen Vorgaben des pharmazeutischen Unternehmers reicht auch hier nicht aus.[945]

Unabdingbare Voraussetzung zur Herstellung der erforderlichen Patientencompliance ist neben konkreten Angaben zur sachgerechten Anwendung des Medikaments auch die Warnung vor nahe liegenden therapie- bzw. gesundheitsschädlichen Verhaltensweisen wie etwa der Einnahme weiterer, die Gefahr schädlicher Wechselwirkungen hervorrufender Arzneimittel, sowie die Unterrichtung über die im Fall des Eintritts unerwünschter Nebenwirkungen gebotenen Maßnahmen.[946] Konkret ist der Patient über die Dauer der Behandlung, die Applikationsform des Präparates, dessen Dosierung, die einzuhaltenden Einnahmezeitpunkte und Einnahmeintervalle sowie die maximale Gesamtdosierung und die Folgen einer Dosisüberschreitung zu informieren.[947] Neben den drohenden Wechselwirkungen hat der Arzt den Patienten auch vor möglichen Kontraindikationen und Unverträglichkeiten zu warnen.[948] Wie die Selbstbestimmungsaufklärung, so ist auch die Sicherungsaufklärung grundsätzlich Sache des Arztes. Ihre Durchführung kann aber wiederum auch an hinreichend qualifizierte Pflegekräfte bzw. Sprechstundenhilfen delegiert werden.

---

944 *Laufs*, Grundlagen, S. 73; *Koyuncu*, Haftungsdreieck, S. 11; *Krudop-Scholz*, Ärztliche Aufklärung, S. 44; *Quaas/Zuck*, Medizinrecht, § 13 Rn. 79; *Schlund*, ArztR 2004, S. 32; *Stegers*, Haftung des Arztes, S. 140.

945 *Hart*, MedR 2003, S. 605.

946 Vgl. *Biermann*, Arzneimittelprüfung, S. 202 f.; *Deutsch/Spickhoff*, Medizinrecht, Rn. 154; *Ehlers* in: Ehlers/Broglie, Arzthaftungsrecht, Rn. 839; *Hart*, Arzneimitteltherapie, S. 119; *Krudop-Scholz*, Ärztliche Aufklärung, S. 74 m. w. N.; *Lenckner* in: Forster, Rechtsmedizin, S. 597.

947 *Biermann*, Arzneimittelprüfung, S. 202; *Koyuncu*, Haftungsdreieck, S. 104 f. m. w. N.; *Krudop-Scholz*, Ärztliche Aufklärung, S. 130; *Neumeister*, Arzneimittel und Patient, S. 7; *Siebert*, Therapiefreiheit, S. 92.

948 *Hart*, Arzneimitteltherapie, S. 120.

(C) Abgabeverantwortung

Hat der Arzt seine Instruktionspflichten erfüllt, trifft ihn grundsätzlich keine darüber hinausgehende Überwachungs- und Kontrollpflicht. Vielmehr darf er berechtigterweise davon ausgehen, dass der Patient seinen Anweisungen Folge leistet, sofern nicht konkrete Anzeichen dagegen sprechen.[949] Lassen konkrete Anhaltspunkte auf eine missbräuchliche Verwendung des verschriebenen Arzneimittels schließen, so darf, ja muss der Arzt, sofern er den Patienten umfassend informiert hat, in Anbetracht dieser Unterrichtung davon ausgehen, dass es sich bei der bestimmungswidrigen Einnahme des Medikaments um eine freiverantwortliche Selbstgefährdung oder gar Selbstverletzung handelt, die es aus Achtung vor dem Selbstbestimmungsrecht des Patienten zu respektieren gilt. Daran ändert, wie bereits dargelegt, auch die Tatsache nichts, dass dem Arzt eine Garantenstellung für die Patientengesundheit zukommt, beinhaltet diese doch nicht den Schutz des sich bewusst selbst schädigenden Patienten vor sich selbst.[950] Erfolgt die Verschreibung eines Pharmakons allerdings im Rahmen der Suchttherapie oder an Personen mit schwersten, irreversibel zum Tode führenden Leiden, bei denen aufgrund ihrer Persönlichkeitsstruktur die Fähigkeit zu einem verantwortlichen selbstbestimmten Umgang mit dem Arzneimittel in Frage zu stellen ist, fallen die aus einem missbräuchlichen Medikamentenkonsum erwachsenden Schäden in den Verantwortungsbereich des Arztes.[951] Da er den Patienten in dessen Privatbereich nicht lückenlos kontrollieren kann, hat er zur Vermeidung strafrechtlicher Konsequenzen von der Verschreibung Abstand zu nehmen und stattdessen die Medikamenteneinnahme in die Arztpraxis bzw. das Krankenhaus zu verlegen oder in Absprache mit dem Patienten ambulante Pflegedienste mit der Verabreichung zu beauftragen.

e. Verantwortung des Apothekers

Ähnlich wie dem Arzt obliegen auch dem Apotheker Instruktions- und Abgabepflichten. So darf der Apotheker verschreibungspflichtige Arzneimittel nur gegen Vorlage eines entsprechenden Rezepts aushändigen und muss die Abgabe von Medikamenten im Rahmen der Selbstmedikation verweigern, wenn konkrete Anhaltspunkte darauf hindeuten, dass der Patient zu einem sachgerechten Umgang mit dem Präparat nicht imstande ist. Was die Pflicht zur Sicherungsaufklärung anbelangt, kann auf die Ausführungen zur Selbstbestimmungsaufklärung verwiesen werden. Dementsprechend trifft den Apotheker regelmäßig nur bei Abgabe apothekenpflichtiger Arzneimittel zum Zwecke der Selbstmedikation eine umfassende Instruktionsverantwortung, die über den bloßen Verweis des Patienten auf die Packungsbeilage hinausgeht. Bei auf ärztliches Rezept erfolgender Medikamentenabgabe hat der Apotheker eine auf dem Verordnungsblatt enthaltene Dosierungsanweisung auf die Arzneimittelverpackung zu übertragen.[952] Stellt er hierbei fest,

---

949 *Koyuncu*, Haftungsdreieck, S. 106, 153; *Madea*, Arzneimittelbehandlung, S. 45; i. E. ebenso *Degener*, Schutzzweck der Norm, S. 345.

950 Siehe *Roxin*, AT/1, § 11 Rn. 111, sowie bereits S. 381 ff., 410 ff.

951 Im Ergebnis ebenso NK-*Puppe*, Vor § 13 Rn. 191; *dies.*, AT/1, § 6 Rn. 33. Zur Problematik der Arzneimittelabgabe an Drogensüchtige siehe *Körner*, AMG Ärzte Rn. 7 ff.

952 *OLG München*, VersR 1984, S. 1095.

dass die gewählte Dosierung von der in der Fach- bzw. Gebrauchsinformation empfohlenen erheblich abweicht, ist er gehalten, den Arzt zu kontaktieren und sich zu vergewissern, ob es sich hierbei um ein Versehen handelt oder nicht.

2. Strafbarkeit der beteiligten Personen

Unter Zugrundelegung des ermittelten Verantwortungsgefüges beantwortet sich die Frage der Strafbarkeit der genannten Personen wie folgt:

a. Pharmazeutischer Unternehmer

Eine Strafbarkeit des pharmazeutischen Unternehmers gemäß § 95 Abs. 1 Satz 1 Nr. 1 AMG und § 314 StGB scheidet von vornherein aus. Das Arzneimittel als solches ist unbedenklich, da die schädlichen Wirkungen, die infolge der bestimmungswidrigen Verwendung auftreten, im Rahmen der Vertretbarkeitsprüfung des § 5 Abs. 2 AMG grundsätzlich unberücksichtigt bleiben.

Handelt der Patient freiverantwortlich, indem er das Medikament bewusst zweckwidrig verwendet und die damit einhergehenden Risiken billigend in Kauf nimmt, scheidet auch eine Strafbarkeit im Sinne der §§ 211 ff., 223 ff. StGB aus. Das Verhalten des pharmazeutischen Unternehmers in Form des Inverkehrbringens und Zurverfügungstellens des Arzneimittels erschöpft sich insoweit in der bloßen Ermöglichung einer eigenverantwortlichen Selbstgefährdung bzw. Selbstschädigung und ist dementsprechend nicht strafbar.[953] Dies gilt selbst dann, wenn sich das Patientenverhalten als sittenwidrig erweist, da für den pharmazeutischen Unternehmer, der in keinerlei persönlichen Beziehung zum Patienten steht, der Arzneimittelmissbrauch regelmäßig weder konkret erkennbar noch physisch-real vermeidbar ist. Anders stellt sich die Situation lediglich dann dar, wenn sich eine bestimmte missbräuchliche und im Sinne des § 228 StGB sittenwidrige Verwendungsweise des Medikaments zunehmend verbreitet und mit weiteren Missbrauchsfällen gerechnet werden muss. Hier kann das fortgesetzte Inverkehrbringen des Präparates zur Strafbarkeit des pharmazeutischen Unternehmers führen, wobei als Straftäter neben dem Vertriebsleiter auch die Angehörigen der Geschäftsleitung in Betracht kommen, handelt es sich doch bei der Einstellung des Vertriebs eines schädlichen Produkts um eine Entscheidung mit grundsätzlicher Bedeutung für das ganze Unternehmen.

Ist der Fehlgebrauch Ausfluss eines Irrtums und damit nicht freiverantwortlich erfolgt, begründen die dadurch ausgelösten Gesundheitsbeeinträchtigungen nur dann eine Strafbarkeit des pharmazeutischen Unternehmers, wenn dieser seinen Instruktionspflichten gegenüber dem Patienten bzw. der Ärzte- und Apothekerschaft nicht ordnungsgemäß nachgekommen ist und die irrtümliche Fehlanwendung gerade Folge dieser unzureichenden Aufklärung ist.[954] Der Strafvorwurf trifft in diesem Fall primär den Informationsbeauftragten, es sei denn, dieser ist seitens

953 *Eichinger*, Produkthaftung, S. 267 f.; *Frisch*, Zurechnung, S. 221; *Kuhlen*, Fragen, S. 143; *Schmucker*, Dogmatik, S. 190; S/S-*Cramer/Sternberg-Lieben*, § 15 Rn. 223f; i. E. ebenso *Goll/Winkelbauer* in: von Westphalen, Produkthaftungshandbuch, § 47 Rn. 63; *Hasskarl*, PharmInd 1980, S. 662.

954 Vgl. *Eichinger*, Produkthaftung, S. 268; *Heitz*, Arzneimittelsicherheit, S. 412.

der wissenschaftlichen Abteilung nicht mit den erforderlichen Informationen versorgt oder durch die Geschäftsleitung nicht mit den zur ordnungsgemäßen Aufgabenwahrnehmung erforderlichen Mitteln ausgestattet worden. In diesen Fällen richtet sich die Strafe gegen den Leiter der wissenschaftlichen Abteilung bzw. die Geschäftsleitung. Die Tatsache, dass sich der Patient bzw. behandelnde Arzt oder Apotheker die fehlende Information unter Umständen auf andere Weise hätte besorgen können bzw. – in Anbetracht der Verpflichtung der Ärzte und Apotheker zur Lektüre der einschlägigen Fachliteratur – sogar müssen und so den Irrtum hätte vermeiden können, schließt die Strafbarkeit nicht aus. Der sich selbst pflichtwidrig verhaltende pharmazeutische Unternehmer kann sich nicht berechtigterweise auf die Erfolgsvermeidefähigkeit bzw. -pflicht anderer berufen.

Handelt der pharmazeutische Unternehmer vorsätzlich, so begründet das defizitäre Risikowissen des Patienten, Arztes und Apothekers wiederum einen Fall der mittelbaren Täterschaft.

b. Arzneimittelgroßhändler

Gibt der Großhändler Arzneimittel an unbefugte Personen ab und kommt es hierdurch zu Arzneimittelschäden aufgrund unsachgemäßer Medikation, so droht in Abhängigkeit von den konkreten Umständen des Einzelfalls eine Strafbarkeit gemäß §§ 211 ff., 223 ff. StGB.

c. Arzt

Wendet der Arzt ein Präparat fehlerhaft an, obwohl er seitens des pharmazeutischen Unternehmers ordnungsgemäß instruiert worden ist, führen die dadurch herbeigeführten Gesundheitsschäden je nach Einzelfall zur Strafbarkeit nach §§ 211 ff., 223 ff. StGB. Selbiges gilt bei Verschreibung eines Arzneimittels zum Zwecke der ambulanten Therapiedurchführung, wenn er den Patienten nicht pflichtgemäß über den bestimmungsgemäßen sowie den nahe liegenden bestimmungswidrigen Gebrauch und die damit einhergehenden Gefahren aufgeklärt hat.[955] Ist er seiner Aufklärungspflicht gerecht geworden, scheidet eine Strafbarkeit aus. Die Arzneimitteleinnahme stellt sich nach außen als freiverantwortliche Selbstgefährdung bzw. Selbstschädigung dar,[956] es sei denn, die Fähigkeit des Patienten zu verantwortlicher Selbstbestimmung ist wegen konkreter Anhaltspunkte wie Sucht, Todesnähe oder gewisser altersbedingter Ausfallerscheinungen[957] grundlegend in Frage gestellt. In diesem Fall erweist sich die Medikamentenverschreibung als sorgfaltswidrig und begründet eine Strafbarkeit des Arztes für infolge unsachgemäßer Arzneimitteleinnahme auftretende Schäden.[958] An der von diesen Fällen abgesehen prinzipiellen Straflosigkeit der aufgeklärten Medikamen-

---

[955] Vgl. *Schellenberg*, VersR 2005, S. 1621.

[956] *Geppert*, Jura 2001, S. 492; *Herzberg*, JA 1985, S. 271; *Schellenberg*, VersR 2005, S. 1621; i. E. ebenso *Koyuncu*, A/ZusR 2005, S. 101; *ders.*, PatR 2005, S. 112; *ders.*, KHuR 2005, S. 80.

[957] Zu denken ist hierbei etwa an Sehstörungen, welche die Gefahr der Fehldosierung oder Verwechslung von Medikamenten begründen.

[958] Vgl. *BGH* JR 1979, S. 429; *Amelung*, NJW 1996, S. 2395.

tenverordnung ändert auch der Umstand nichts, dass dem Arzt infolge der Übernahme der Heilbehandlung eine Garantenstellung für die Gesundheit des Patienten zukommt. Die Annahme der Rechtsprechung und eines Teils des Schrifttums, der Arzt sei als Garant per se zur Verhinderung eines voraussehbaren selbstschädigenden Patientenverhaltens verpflichtet[959] und habe spätestens mit Eintritt der Bewusstlosigkeit des Patienten, wie sie typischerweise mit einer überdosierten Arzneimitteleinnahme verbunden ist, zwecks Verhinderung schlimmerer Verletzungen bzw. des Todes rettend einzugreifen,[960] geht fehl.[961] Wenn der *BGH* die Verbindlichkeit des Patientenwillens im vertraglich gestalteten Arzt-Patienten-Verhältnis durch die sozial-ethischen Belange der Rechtsgemeinschaft und der ärztlichen Standesethik einschränken will, so entspricht das eher einem kollektivistischen als einem an der Würde und dem Persönlichkeitsrecht des Individuums orientierten Rechtsverständnis.[962] Die verfassungsrechtlich verankerte Selbstbestimmung verliert auf diese Weise gänzlich ihren Charakter als dem Einzelnen zustehendes Recht und mutiert zu einem bloßen Abwägungsfaktor innerhalb der ärztlichen Entscheidung. Ein Selbstbestimmungsrecht, über das andere bestimmen, ist kein Selbstbestimmungsrecht mehr.[963]

d. Apotheker

Eine Strafbarkeit des Apothekers gemäß §§ 211 ff., 223 ff. StGB kommt regelmäßig nur bei Arzneimittelabgabe im Rahmen der Selbstmedikation in Betracht. So kann insbesondere die Abgabe von Arzneimitteln an zu deren sachgerechten Handhabung ersichtlich ungeeignete Personen, die rezeptfreie Abgabe verschreibungspflichtiger Arzneimittel sowie die Aushändigung eines Medikaments ohne Aufklärung über deren richtige Verwendung zur Strafbarkeit führen, wenn es dadurch zu einem Arzneimittelschäden verursachenden Fehlgebrauch kommt.

III. Schäden infolge von Therapie- und Indikationsfehlern

Eine weitere, in der Praxis häufig vorkommende Ursache für Arzneimittelschäden ist die Auswahl einer im Einzelfall angesichts der individuellen Patientenkonstitution nach Art und Umfang unangemessenen Medikation. Dabei kann zwischen Indikationsfehlern und Therapiefehlern unterschieden werden. Von ersteren spricht man dann, wenn ein nicht zur Diagnose oder Therapie der Erkrankung geeignetes Arzneimittel durch den Arzt verschrieben und angewandt wird.[964] Neben der blo-

---

[959] Vgl. *BGH*St 2, 150; *Herzberg*, JA 1985, S. 180 f., 271; *Wehrle*, Regressverbot, S. 101, 103.

[960] So der *BGH* im Fall Wittig, *BGH*St 32, 367 (379); zustimmend *Kutzer*, NStZ 1994, S. 112.

[961] *Dannecker/Stoffers*, StV 1993, S. 644; *Eser*, MedR 1985, S. 13; *Jakobs*, AT, 21/99, 29/70; *Kühl*, AT, § 4 Rn. 93; *Roxin*, AT/1, § 11 Rn. 111; *Wolter*, NStZ 1993, S. 8.

[962] NK-*Neumann*, Vor § 211 Rn. 77.

[963] *Eser*, MedR 1985, S. 13.

[964] *Hart*, Arzneimitteltherapie, S. 90. Vgl. auch *Krudop-Scholz*, Ärztliche Aufklärung, S. 125.

ßen Nichtindikation fällt hierunter auch die Kontraindikation eines Medikaments.[965] Ein Therapiefehler hingegen liegt vor, wenn das zur Diagnose oder zur Behandlung einer Erkrankung prinzipiell geeignete Arzneimittel falsch eingesetzt wird.[966] Klassisches Beispiel ist die falsche Dosierung des Präparats. Wer für indikations- oder therapiefehlerbedingte Gesundheitsschäden die Verantwortung trägt, bestimmt sich nach den Umständen des Einzelfalls. Allerdings lassen sich gewisse Grundsätze formulieren.

1. Abschichtung der Verantwortungsbereiche der Beteiligten

Ausgangspunkt hat wiederum die Tatsache zu sein, dass das Arzneimittel als solches unbedenklich und nur seine Anwendung im Einzelfall unvertretbar ist. Damit verschiebt sich das Gewicht auch hier vom pharmazeutischen Unternehmer, der für die abstrakt-generelle Sicherheit des Arzneimittels (Produktsicherheit) zuständig ist, auf den für die sichere Anwendung des Präparats (Anwendungssicherheit) verantwortlichen Arzt, Apotheker und Patienten.[967]

a. Verantwortlichkeit des Patienten

Begibt sich der Patient in ärztliche Behandlung, so obliegt ihm zunächst eine umfassende Mitwirkungspflicht in Form der Anamnese. Diese steht in der Chronologie der ärztlichen Behandlung an erster Stelle und bezeichnet die vom Patienten oder dessen Angehörigen mitgeteilte Vorgeschichte der aktuellen Erkrankung.[968] Der Patient hat den Arzt auf ungewöhnliche Umstände und Befunde in seiner Konstitution und seiner bisherigen Krankengeschichte wie zum Beispiel schwerwiegende Vorerkrankungen, spezielle Schadensdispositionen, Allergieneigungen und sonstige Unverträglichkeiten hinzuweisen, soweit diese auf die Therapieentscheidung des Arztes Einfluss haben können.[969] Wesentlicher Bestandteil der Anamnese ist auch die Darlegung regelmäßig oder akut eingenommener Medikamente, beugt diese sogenannte Arzneimittelanamnese doch in erheblichem Maße der Gefahr von Wechselwirkungsrisiken vor.[970] Umstände, welche auch für den medizinischen Laien erkennbar von Relevanz für eine sachgerechte Therapiewahl sind, hat der Patient von sich aus zu offenbaren.[971] Im Übrigen darf er berechtigterweise darauf vertrauen, dass der Arzt die für die Therapieentscheidung benötigten Informationen erfragt. Kommt der Patient seiner Informationsobliegenheit

---

[965] Als Kontraindikationen eines Arzneimittels werden all diejenigen körperlichen und seelischen Zustände bezeichnet, bei deren Vorhandensein das Präparat nicht, nur beschränkt oder nur unter besonderen Voraussetzungen oder Bedingungen angewendet werden darf.

[966] *Hart*, Arzneimitteltherapie, S. 90; *Koyuncu*, Haftungsdreieck, S. 102.

[967] Vgl. *Broglie/Dorn*, A/ZusR 2004, S. 117; *di Fabio*, Risikoentscheidungen, S. 180; *Glaeske/Greiser/Hart*, Arzneimittelsicherheit, S. 74; *Hart*, Arzneimitteltherapie, S. 73.

[968] *Koyuncu*, Haftungsdreieck, S. 99; *Uhlenbruck/Laufs* in: Laufs/Uhlenbruck, Handbuch, § 48 Rn. 1.

[969] *Göben*, Mitverschulden, S. 49; *Koyuncu*, Haftungsdreieck, S. 127 ff.

[970] *Koyuncu*, PharmR 2005, S. 295.

[971] *Biermann*, Arzneimittelprüfung, S. 241; *Koyuncu*, Haftungsdreieck, S. 131.

vollumfänglich nach, darf er sich auf die Richtigkeit der späteren Indikationsstellung und Medikationsanordnung des Arztes verlassen, so dass etwaige indikations- oder therapiefehlerbedingten Schäden nicht in seinen Verantwortungsbereich fallen. Andererseits verbietet sich angesichts des dem Arzt-Patienten-Verhältnis zugrunde zu legenden Bildes vom mündigen Patienten ein blindes Vertrauen in die Heilkünste des Arztes. Weicht etwa die rezeptierte Dosierung erheblich von der in der Gebrauchsanweisung genannten ab oder lassen andere Angaben in der Packungsbeilage ernsthafte Zweifel an der Sachgemäßheit der verordneten Medikation entstehen, so trifft den Patienten eine Nachfrageobliegenheit. Nimmt er das Arzneimittel ein, ohne sich beim Arzt oder Apotheker der Richtigkeit der Verordnung zu vergewissern, sind ihm die dadurch eintretenden Gesundheitsbeeinträchtigungen zuzurechnen.[972]

Greift der Patient zur Selbstmedikation, ohne vorher einen Arzt zu konsultieren, erweitert sich damit sein Verantwortungsbereich. Zwar darf er sich auf die in der Gebrauchsinformation des pharmazeutischen Unternehmers enthaltenen Angaben über Dosierung, Wechselwirkungen und Kontraindikationen sowie entsprechende Ausführungen des Apothekers verlassen. Jedoch sind diese Hinweise mangels Kenntnis der konkreten Konstitution des Patienten nicht auf diesen zugeschnitten und im Hinblick auf das Verbot der Übermaßaufklärung auch nicht abschließend, so dass das Risiko einer seltenen bzw. auf Besonderheiten des individuellen Organismus beruhenden Unverträglichkeit dem Patienten anheim fällt.

b. Verantwortung des pharmazeutischen Unternehmers

Eine Verantwortung des pharmazeutischen Unternehmers für durch Indikations- oder Therapiefehler ausgelöste Schäden kommt insofern in Betracht, als dieser die nötigen Rahmenbedingungen für eine im Wesentlichen dem Patienten und den Angehörigen der Heilberufe obliegende Entscheidung über den sachgerechten Einsatz eines Arzneimittels zu schaffen hat.

(A) Pflichten des Unternehmers

Den Rahmen für die vom Arzt bzw. Apotheker oder dem Patienten selbst zu treffende individuelle Nutzen-Risiko-Abwägung liefern zunächst die abstrakten Nutzen-Risiko-Parameter des Arzneimittels. Dementsprechend hat der pharmazeutische Unternehmer dem Patienten und den Angehörigen der Heilberufe in der Gebrauchs- bzw. Fachinformation detaillierte Informationen über das Indikationsgebiet, die empfohlene Dosierung sowie bekannte Kontraindikationen und Wechselwirkungen zur Verfügung zu stellen.[973] In Anbetracht des vom Einzelnen kaum mehr zu überblickenden Angebots kann eine einigermaßen plausible Auswahl eines bestimmten, auf dem Pharmamarkt erhältlichen Pharmakons daher nur erfolgen, wenn verlässliche, präzise Informationen über jedes einzelne Mittel vorliegen.[974] Erfüllt der pharmazeutische Unternehmer seine Informationspflichten, so

---

972 *Koyuncu*, Haftungsdreieck, S. 153; *Koyuncu*, PharmR 2005, S. 295.

973 *Deutsch/Spickhoff*, Medizinrecht, Rn. 1018; *Ratajczak*, Begründeter Verdacht, S. 83.

974 *Plagemann*, Wirksamkeitsnachweis, S. 26; ähnlich *Hart*, Arzneimitteltherapie, S. 54; *ders.*, MedR 1991, S. 304.

sind ihm Arzneimittelschäden, die aus einer Verwendung des Präparats in einem fremden Indikationsgebiet oder der Missachtung ausdrücklicher Kontraindikations- und Unverträglichkeitswarnungen resultieren, nicht zurechenbar. Die Angaben in der Gebrauchs- und Fachinformation begrenzen insofern den Verantwortungsbereich des pharmazeutischen Unternehmers.[975]

Dementsprechend fallen Gesundheitsbeeinträchtigungen, die im Rahmen des off label use eines Medikaments auftreten, grundsätzlich nicht in den Verantwortungsbereich des pharmazeutischen Unternehmers. Allerdings gilt dieser Grundsatz nicht uneingeschränkt. Sobald sich ein off label use in der medizinischen Praxis etabliert und der pharmazeutische Unternehmer hiervon Kenntnis erlangt, wovon im Lichte der umfassenden Produktbeobachtungspflicht des pharmazeutischen Unternehmers regelmäßig auszugehen ist,[976] stellt das Nichteinschreiten gegen den off label use eine konkludente Duldung desselben dar, welche den Verantwortungsbereich des pharmazeutischen Unternehmers entsprechend erweitert.[977] Der Verantwortung für aus dem off label use erwachsende Schäden kann der pharmazeutische Unternehmer nur dadurch entgehen, dass er dem indikationsfremden Einsatz des Arzneimittels entweder ausdrücklich widerspricht oder aber auch bezüglich des vertretbaren off label use dezidierte Anwendungshinweise in die Fach- und Gebrauchsinformation aufnimmt. Könnte sich der pharmazeutische Unternehmer in diesem Fall von vornherein darauf berufen, dass er die Zulassung des Arzneimittels nur für ein bestimmtes Indikationsgebiet beantragt und demgemäß auch nur dieses in der Fach- und Gebrauchsinformation angegeben hat, wäre es ein leichtes, die Zielsetzung der Arzneimittelhaftung – den sekundären Verbraucherschutz – auszuschalten und sich zugleich die Forschungskosten für die Begründung weiterer Indikationen zu sparen. Denn das Arzneimittel wäre durch die auf unproblematische Indikationen beschränkte Zulassung auf dem Markt erhältlich und stünde damit auch für den Einsatz in weiteren Indikationsgebieten zur Verfügung. Kostenintensive Indikationserweiterungen würden sich erübrigen, zumal der Einsatz des Arzneimittels im Wege des off label use gegenüber einer offiziellen Ausweitung des bestimmungsgemäßen Gebrauchs auf zusätzliche Indikationsgebiete für den pharmazeutischen Unternehmer unter Haftungsgesichtspunkten ohnehin günstiger wäre, wäre er doch noch nicht einmal zur Information über Nutzen und Risiken des Präparats im fremden Indikationsgebiet verpflichtet. Die Sicherheit des Patienten wäre nicht mehr sichergestellt.[978]

(B) Unternehmensinterne Erfolgszurechnung

Da sich die Pflicht des pharmazeutischen Unternehmers somit darin erschöpft, detaillierte Angaben zur sicheren Anwendungsweise des Präparats zur Verfügung zu stellen, trifft die Verantwortung zur Vermeidung indikations- und therapiefehlerbedingter Arzneimittelschäden erneut primär den Informationsbeauftragten. Inso-

---

[975] Vgl. *Meyer/Grunert*, PharmR 2005, S. 206; *Papier*, Gebrauch, S. 7; *Pollandt*, ArztR 2005, S. 315 f.; *Sander*, § 5 Erl. 5.

[976] *Krüger*, PharmR 2004, S. 52.

[977] *Heitz*, Arzneimittelsicherheit, S. 205.

[978] *Heitz*, Arzneimittelsicherheit, S. 321, 407 f.

weit kann auf das bereits Gesagte verwiesen werden. Daneben steht auch der Pharmaberater in der Pflicht, durch korrekte und umfassende Information der aufgesuchten Ärzte und Apotheker seinen Beitrag zur sicheren Anwendung des Medikaments zu leisten.[979] Hierbei darf er sich allerdings berechtigterweise auf die Richtigkeit der vom Informationsbeauftragten bzw. dem Leiter der wissenschaftlichen Abteilung mitgeteilten Arzneimitteldaten verlassen, sofern nicht konkrete Anhaltspunkte das Gegenteil nahe legen.

c. Verantwortlichkeit des Arzneimittelgroßhändlers

Der Großhändler trägt wiederum die Verantwortung dafür, dass die von ihm vertriebenen Medikamente nur an berechtigte Empfänger ausgehändigt werden, bei denen die zur Vermeidung von Indikations- und Therapiefehlern erforderliche Sachkunde unterstellt werden darf.

d. Verantwortung des behandelnden Arztes

Die zentrale Verantwortung für die Vermeidung von Indikations- und Therapiefehlern trifft jedoch – außer in den Fällen der Selbstmedikation – den behandelnden Arzt, da dieser letztlich zu entscheiden hat, auf welche Weise und mit welchen Mitteln die diagnostizierte Krankheit am besten geheilt werden kann.

(A) Behandlungspflichten des Arztes

Der Arzt schuldet dem Patienten grundsätzlich die schnellstmögliche Anwendung der wirksamsten Therapie unter weitestmöglicher Verkürzung des Krankheitsverlaufs. Bei der Arzneimitteltherapie muss sein Handeln darauf gerichtet sein, die Wirksamkeit des Arzneimittels zu optimieren und seine Schädlichkeit zu minimieren.[980] Maßstab ist insoweit grundsätzlich der medizinische bzw. ärztliche Standard, wie er sich namentlich aus Leitlinien der Bundesärztekammer oder der medizinischen Fachgesellschaften ergibt.[981] Dieser bezeichnet den jeweiligen Stand der naturwissenschaftlichen Erkenntnisse und des in der ärztlichen Erfahrung und Praxis vorliegenden diagnostisch, prophylaktisch und therapeutisch gesicherten Wissens, der zur Erreichung des ärztlichen Behandlungsziels erforderlich ist, sich in der Erprobung bewährt hat, in medizinischen Fachkreisen anerkannt ist und dementsprechend von jedem Arzt erwartet werden darf.[982] Allerdings handelt es sich bei diesem Standard um keine statistische Größe, vielmehr verändert sich dieser entsprechend neuer medizinischer Erkenntnisse und Entwicklungen, so dass ihm eine dynamische Komponente innewohnt.[983] Stets richtet sich der Standard

---

[979] *Blasius et al.*, Arzneimittel, S. 206; *Koyuncu*, Haftungsdreieck, S. 48.

[980] *Bergmann*, Haftung, S. 109; *Koyuncu*, Haftungsdreieck, S. 93.

[981] *Wemhöner/Frehse*, DMW 2004, S. 327.

[982] Vgl. *Däbritz*, Humanerprobungen, S. 33; *Hart*, MedR 1996, S. 68; *Katzenmeier*, Arzthaftung, S. 278 f.; *Koyuncu*, Haftungsdreieck, S. 93; *Schwarz*, Leitfaden, S. 587; *Tag*, Körperverletzungstatbestand, S. 229 m. w. N.; *Ulsenheimer*, MedR 1992, S. 128. Zum Begriff des medizinischen Standards ausführlich *Wölk*, Risikovorsorge, S. 57 ff.

[983] *Koyuncu*, Haftungsdreieck, S. 93; *Schwarz*, Leitfaden, S. 587; *Ulsenheimer*, Arztstrafrecht, Rn. 19; *ders.*, MedR 1992, S. 128.

aber danach, was von einem erfahrenen Facharzt des jeweiligen Fachgebiets erwartet werden darf. Der erfahrene Facharzt bildet somit – in den Kategorien des Fahrlässigkeitsdelikts gesprochen – die Maßfigur des besonnenen und umsichtigen Angehörigen des betreffenden Verkehrskreises.[984] Jeder Arzt hat daher vor Übernahme einer Behandlung selbstkritisch zu prüfen, ob seine Kenntnisse und Fähigkeiten ausreichen, um eine fachärztliche Diagnose zu stellen, eine fachmedizinische Heilbehandlung einzuleiten und bei etwaigen diagnostischen und therapeutischen Eingriffen alle erforderlichen Sorgfaltsmaßnahmen fachmännisch durchführen zu können.[985] Erkennt er, dass er hierzu nicht vollends in der Lage ist, hat er den Patienten an einen entsprechenden Facharzt zu überweisen.[986]

Bleibt der Arzt im Rahmen der Heilbehandlung hinter dem medizinischen Standard zurück, so trifft ihn der Vorwurf eines früher als Kunstfehler, nunmehr als Behandlungsfehler bezeichneten Sorgfaltspflichtverstoßes.[987] Daraus erwachsende Gesundheitsschäden fallen in seinen Verantwortungsbereich. In die Kategorie der Behandlungsfehler fallen Fehler bei der Anamnese, der Befunderhebung, der Diagnose, der Indikation, der Therapie, der Verlaufskontrolle und Evaluation sowie der Sicherungsaufklärung.[988] Als klassische Behandlungsfehler bei der Arzneimitteltherapie sind die Verordnung eines falschen Medikaments, die fehlerhafte Dosierung, eine falsche Applikationsart, Arzneimittelwechselwirkungen oder die Nichtbeachtung bzw. nicht rechtzeitige Erkennung individueller Kontraindikationen zu nennen.[989]

Grundlage zur Vermeidung derartiger Fehler ist eine gewissenhafte Diagnose, basierend auf der umfassenden Anamnese, Untersuchung und Auswertung der erhobenen Befunde.[990] Im Rahmen der (Arzneimittel-)Anamnese hat sich der Arzt durch ausführliche Befragung des Patienten davon zu vergewissern, ob individuelle Faktoren des Patienten oder die gleichzeitige Einnahme anderer Arzneimittel absolut gegen die Anwendung des abstrakt zur Behandlung der Erkrankung geeigneten Arzneimittels sprechen.[991] Gerade in einer Zeit zunehmender Selbstmedika-

[984] *BGHSt* 43, 306 (311); *BGH* NJW 2000, S. 2754 (2758); *Broglie* in: Ehlers/Broglie, Arzthaftungsrecht, Rn. 736; *Greiff*, Entkriminalisierung, S. 59; *Jürgens*, Beschränkung, S. 42 m. w. N.; *Ulsenheimer*, MedR 1992, S. 128.

[985] *Bergmann*, Haftung, S. 111; ähnlich *Schwarz*, Leitfaden, S. 588.

[986] *Gaisbauer*, VersR 1994, S. 432; *Laufs*, Arztrecht, Rn. 483; *Ulsenheimer* in: Laufs/Uhlenbruck, Handbuch, § 139 Rn. 20.

[987] Zum Begriff des Kunstfehlers und der daran zu Recht geübten Kritik siehe *Farthmann*, Kunstfehlerbegriff, S. 129 ff. m. w. N.; *Katzenmeier*, Arzthaftung, S. 273 m. w. N.; *Siebert*, Therapiefreiheit, S. 19; *Ulsenheimer*, Arztstrafrecht, Rn. 39; *Virchow*, Kunstfehler, S. 50 f.

[988] *Hart*, FS Schmidt, S. 133; *ders.*, MedR 1991, S. 304; *Quaas/Zuck*, Medizinrecht, § 13 Rn. 67.

[989] *Bergmann*, Haftung, S. 116; *Koyuncu*, Haftungsdreieck, S. 101. Vgl. auch *Krudop-Scholz*, Ärztliche Aufklärung, S. 125; *Wemhöner/Frehse*, DMW 2004, S. 327.

[990] Vgl. *Bolsinger*, Dogmatik, S. 18; *Hart*, FS Schmidt, S. 144; *Kienzle*, Haftung, S. 151; *Tag*, Körperverletzungstatbestand, S. 227; *Ulsenheimer*, Arztstrafrecht, Rn. 41.

[991] *Hart*, MedR 1991, S. 301; *Koyuncu*, Haftungsdreieck, S. 99; *Krudop-Scholz*, Ärztliche Aufklärung, S. 127.

tion und verbreiteter Multimedikation hat der Arzt dabei ein Höchstmaß an Sorgfalt an den Tag zu legen.[992] Zwar trifft den Patienten eine Informationsobliegenheit. Indes kann sich der Arzt nicht berechtigterweise darauf verlassen, dass der Patient als medizinischer Laie von sich aus sämtliche therapierelevanten Faktoren vorträgt.[993] Folglich hat der Arzt die für die Therapiewahl bedeutsamen Begleitumstände aktiv abzufragen, darf aber hinsichtlich der erhaltenen Antworten darauf vertrauen, dass diese auch der Wahrheit entsprechen.

Ausgehend von den mittels Anamnese und eingehender Untersuchung des Patienten gewonnenen Befunden hat der Arzt die konkrete Diagnose zu erstellen. Die Diagnose ist darauf gerichtet, eine Krankheit festzustellen, sie von anderen Krankheiten zu unterscheiden und auf diese Unterscheidung das richtige Heilverfahren zu gründen.[994] Mithin entscheidet die Diagnose über die geeignete Therapieart und bestimmt somit die Auswahl des konkret anzuwendenden bzw. zu verordnenden Arzneimittels, die sogenannte Indikationsstellung.[995] Bei dieser handelt es sich um eine umfassende Interessenabwägung unter Berücksichtigung vielfältiger physischer, psychischer und sozialer Aspekte, in welche neben dem Nutzen und Risiko der beabsichtigten Therapie für den konkreten Patienten auch die Möglichkeit alternativer, ein divergierendes Nutzen-Risiko-Profil aufweisender Behandlungsmethoden einzufließen hat.[996]

Unabdingbare Voraussetzung einer sachgerechten Indikationsstellung ist eine genaue Kenntnis des Arztes sowohl von der angedachten als auch den alternativ zur Wahl stehenden Therapien.[997] Die entsprechende Sachkunde hat er sich primär durch die Fachinformation und Ärztebriefe der betreffenden Arzneimittelproduzenten, aber auch durch intensives Eigenstudium der einschlägigen Fachliteratur und permanente Beobachtung der Entwicklungen und Neuerungen auf medizinischem und pharmazeutischem Gebiet zu verschaffen.[998] Wiederum gilt, dass sich der Arzt auf die Richtigkeit und Vollständigkeit der behördlich geprüften und genehmigten Angaben in der Gebrauchs- und Fachinformation verlassen darf, solange er deren Fehlerhaftigkeit nicht kennt und auch bei noch so sorgfältiger Durchsicht des medizinischen Schrifttums nicht erkennen kann.[999] Ebenso wie den

---

992 *Hart*, Arzneimitteltherapie, S. 86; *ders.*, MedR 1991, S. 304.

993 *Göben*, Mitverschulden, S. 50.

994 Vgl. *Böth*, Humanexperiment, S. 24; *Hart*, Arzneimitteltherapie, S. 17; *Uhlenbruck/Laufs* in: Laufs/Uhlenbruck, Handbuch, § 50 Rn. 1.

995 *Hart*, MedR 1991, S. 301.

996 Vgl. *Bergmann*, Haftung, S. 116 f.; *Hart*, MedR 1991, S. 301; *Held*, Strafrechtliche Beurteilung, S. 78 f.; *Katzenmeier*, Arzthaftung, S. 304; *Kienzle*, Haftung, S. 151; *Rössler* in: Dölle et al., Arzneimitteltherapie, S. 64; *Uhlenbruck/Laufs* in: Laufs/Uhlenbruck, Handbuch, § 51 Rn. 2; *Wemhöner/Frehse*, DMW 2004, S. 327.

997 *Bergmann*, Haftung, S. 115; *Krauskopf/Marburger*, Haftung des Arztes, S. 95; *Siebert*, Therapiefreiheit, S. 119; *ders.*, MedR 1983, S. 218 f.

998 *Foerste* in: von Westphalen, Produkthaftungshandbuch, § 27 Rn. 6; *Hart*, Arzneimitteltherapie, S. 20; *Siebert*, Therapiefreiheit, S. 114 f.

999 *Hart*, Arzneimitteltherapie, S. 112; *ders.*, MedR 2003, S. 604; *Kienzle*, Haftung, S. 149; *Koyuncu*, Haftungsdreieck, S. 50, 115; *Laufs*, Arztrecht, Rn. 507; *Madea*, Arzneimittelbehandlung, S. 46; *Plagemann*, WRP 1978, S. 783; *Eb. Schmidt*, Arzt im Strafrecht,

pharmazeutischen Unternehmer eine Produkt- und Marktbeobachtungspflicht trifft, ist auch der Arzt verpflichtet, den Informationsmarkt über Arzneimittel zu verfolgen und sich auf dem aktuellen Erkenntnisstand hinsichtlich der sicheren Anwendung des zu verordnenden Arzneimittels zu halten.

Bei der Therapiewahl hat sich der Arzt grundsätzlich am fachärztlichen Standard zu orientieren.[1000] Ausgehend von der dargelegten Definition dieses Standards scheint dies auf den ersten Blick eine Festlegung auf die Methoden der Schulmedizin zu implizieren, stellt diese doch, wie bereits erwähnt, diejenige Therapierichtung dar, welche auf führenden Kongressen, in führenden Fachzeitschriften und von führenden Fachwissenschaftlern vertreten und deren Wert in der medizinischen Wissenschaft nicht überwiegend ausdrücklich und ernsthaft bestritten wird.[1001] Allerdings liefe eine derartige Bindung an die Schulmedizin auf eine Kanonisierung desjenigen Standes ärztlichen Wissens hinaus, der zu dem Zeitpunkt erreicht ist, in dem man mit jener Bindung Ernst machte. Ein völliger Stillstand der Medizin, die Hemmung jeglichen Fortschritts wäre zwingende Folge.[1002] Zudem führt die Individualität eines jeden Organismus dazu, dass es die eine, für alle Patienten geeignete Behandlungsmethode nicht gibt.[1003] Zu Recht daher haben Judikatur und Schrifttum stets den Grundsatz ärztlicher Methodenfreiheit als notwendiges Korrelat des medizinischen Fortschritts anerkannt und dem Arzt bei der Therapiewahl und -durchführung einen gewissen Beurteilungsspielraum eingeräumt.[1004] Sind mehrere Methoden in Streit, ohne dass von einer anerkannten lex artis gesprochen werden kann, so kann nur geprüft werden, ob der behandelnde Arzt eine medizinisch vertretbare Therapiewahl getroffen hat.[1005] Existiert eine anerkannte Regel, aber gibt es sachliche Gründe, von dieser abzuweichen, und haben diese Gründe für einen sachkundigen Betrachter soviel Gewicht, dass eine andere als die übliche Methode medizinisch verantwortet werden kann, so mag ihre Anwendung zwar der lex artis widersprechen, ein Verstoß gegen rechtliche Sorgfaltspflichten kann hierin aber nicht erblickt werden.[1006] In Parallele zur Diskus-

---

S. 177; *Schumann*, Handlungsunrecht, S. 27; *Siebert*, Therapiefreiheit, S. 115 f.; *Uhlenbruck/Laufs* in: Laufs/Uhlenbruck, Handbuch, § 54 Rn. 7.

1000 *Däbritz*, Humanerprobungen, S. 41; *Ehlers/Bitter*, PharmR 2003, S. 77.

1001 *Siebert*, Therapiefreiheit, S. 70; *Tag*, Körperverletzungstatbestand, S. 213.

1002 *Bockelmann*, Strafrecht des Arztes, S. 87; *Eser*, ZStW 97 (1985) S. 11 f.; *Jung*, ZStW 97 (1985), S. 56; *Katzenmeier*, Arzthaftung, S. 308; *Lenckner* in: Forster, Rechtsmedizin, S. 601; *Siebert*, Therapiefreiheit, S. 71; *ders.*, MedR 1983, S. 218.

1003 *Igloffstein*, Regelwerke, S. 97 f.; *Jung*, ZStW 97 (1985), S. 54, 56; *Siebert*, Therapiefreiheit, S. 71; *ders.*, MedR 1983, S. 218.

1004 *RG*St 64, 263; 67, 12 (22); *BGH*St 37, 383 (385); *BGH* NJW 1991, S. 1536; *Buchborn*, Therapiefreiheit, S. 22; *Igloffstein*, Regelwerke, S. 99; *Jürgens*, Beschränkung, S. 46 m. w. N.; *Kienzle*, Haftung, S. 151; *Krauskopf/Marburger*, Haftung des Arztes, S. 74; *Lenckner* in: Forster, Rechtsmedizin, S. 600 f.; *Peter*, Arbeitsteilung im Krankenhaus, S. 48; *Schmid*, NJW 1986, S. 2340; S/S-*Cramer/Sternberg-Lieben*, § 15 Rn. 219; *Siebert*, Therapiefreiheit, S. 75; *ders.*, MedR 1983, S. 218; *Ulsenheimer* in: Laufs/Uhlenbruck, Handbuch, § 139 Rn. 18b; *ders.*, MedR 1992, S. 128.

1005 *Peter*, Arbeitsteilung im Krankenhaus, S. 48.

1006 *Lenckner* in: Forster, Rechtsmedizin, S. 601.

sion um die verbindliche Festlegung der im Einzelfall gebotenen Sorgfalt durch sogenannte Sondernormen[1007] kommt auch dem medizinischen Standard, wie er in entsprechenden Leitlinien der Fachkreise niedergelegt ist, lediglich indizielle Bedeutung zu.[1008]

Vor diesem Hintergrund sind auch sogenannte Außenseitermethoden, welche sich gerade durch ihre Abweichung von der Standardbehandlung auszeichnen, rechtlich prinzipiell zulässig und nicht von vornherein als Behandlungsfehler und damit Verletzung der gebotenen Sorgfalt anzusehen.[1009] Dies gilt insbesondere deshalb, weil der medizinische Standard, wie erwähnt, einem steten Wandel unterliegt, die Außenseitermethode von heute demnach die Schulmedizin von morgen, die Schulmedizin von heute der Behandlungsfehler von morgen sein kann. Auch die Tatsache, dass die Außenseitermethode unter Umständen mehr Risiken aufweist als die Standardbehandlung, begründet nicht per se einen Behandlungsfehler. Denn das Patienteninteresse ist in erster Linie auf Befreiung von der Krankheit, nicht auf größtmögliche Sicherheit ausgerichtet. Erforderlich, aber auch ausreichend, ist allein, dass das erhöhte Risiko durch besondere Sachzwänge des konkreten Falles oder durch günstigere Heilungsprognosen gerechtfertigt ist.[1010] Ist der Zustand des Patienten besonders hoffnungslos und scheint die bisher gebräuchliche Methode keinerlei Aussicht auf Erfolg zu bieten, dann darf der Arzt ein wesentlich höheres Risiko eingehen. Die Wahl der Außenseitermethode kann unter diesen Umständen sogar rechtlich geboten sein.[1011]

Entsprechendes gilt für die Anwendung sogenannter Neulandmethoden[1012] und den off label use eines Medikaments außerhalb des zugelassenen Indikationsbereichs.[1013] Denn das BfArM bzw. PEI ist bei seiner Zulassungsentscheidung an den Antrag des pharmazeutischen Unternehmers gebunden. Beantragt dieser die Zulassung lediglich für eine bestimmte Indikation, obwohl das Arzneimittel auch für den Einsatz in anderen Indikationsgebieten geeignet und unbedenklich ist, so stellt die Anwendung des Medikaments im zugelassenen Indikationsbereich

---

[1007] Siehe S. 274 ff.

[1008] *Däbritz*, Humanerprobungen, S. 42; *Igloffstein*, Regelwerke, S. 103; *Koyuncu*, Haftungsdreieck, S. 95; S/S-*Cramer/Sternberg-Lieben*, § 15 Rn. 219. Im Ergebnis ebenso *Nowak*, Leitlinien, S. 110.

[1009] *Freund*, PharmR 2004, S. 289; *Greiff*, Entkriminalisierung, S. 68; *Grünwald*, Heilbehandlung, S. 129; *Jürgens*, Beschränkung, S. 46; *Ulsenheimer* in: Laufs/Uhlenbruck, Handbuch, § 139 Rn. 18b.

[1010] So zutreffend *Katzenmeier*, Arzthaftung, S. 310 f.; *Pflüger*, Krankenhaushaftung, S. 100; *Ulsenheimer*, Arztstrafrecht, Rn. 19d; *ders.*, MedR 1992, S. 128; *Wemhöner/Frehse*, DMW 2004, S. 327 m. w. N.; ähnlich *Pfeiffer*, Fortschritt, S. 44; vgl. auch *BGH* NJW 1987, S. 2927. Dagegen eine Pflicht des Arztes zur Wahl der risikoärmsten Therapie bejahend *Bolsinger*, Dogmatik, S. 19; *Freund*, PharmR 2004, S. 289; *Igloffstein*, Regelwerke, S. 100; *Kienzle*, Haftung, S. 149; *Laufs*, Arztrecht, Rn. 507.

[1011] Vgl. *Greiff*, Entkriminalisierung, S. 69; *Lilie*, Forschung am Menschen, S. 6; *Loose*, Strafrechtliche Grenzen, S. 61; *Quaas/Zuck*, Medizinrecht, § 13 Rn. 73.

[1012] *Loose*, Strafrechtliche Grenzen, S. 53; *Rössler* in: Dölle et al., Arzneimitteltherapie, S. 58.

[1013] *Loose*, Strafrechtliche Grenzen, S. 96 f.; *Pflüger*, Krankenhaushaftung, S. 183.

zwangsweise nur einen Ausschnitt dessen sorgfaltsgemäßer Einsetzbarkeit dar.[1014] Weder arzneimittelrechtlich noch berufsrechtlich ist der Arzt daher prinzipiell gehindert, bei seinen Patienten auf eigene Verantwortung ein auf dem Markt verfügbares Arzneimittel für eine Therapie einzusetzen, für die es nicht zugelassen ist.[1015] Bei einzelnen Krankheitsbildern wird ein off label use sogar allgemein als geradezu unverzichtbar erachtet und entspricht infolgedessen der gängigen Praxis.[1016] So belegen Statistiken, dass ca. 20 % der verordneten Arzneimittel außerhalb ihrer zugelassenen Indikation eingesetzt werden. Im Bereich der Pädiatrie, namentlich der Kinderonkologie, werden gar 90 % der medikamentösen Therapien ohne entsprechende Zulassung verschrieben.[1017] Mag der off label use sozialrechtlich aus Gründen der Wirtschaftlichkeit unzulässig sein, haftungs- bzw. strafrechtlich ist er in Abhängigkeit von den Umständen des Einzelfalls prinzipiell erlaubt bisweilen sogar geboten.[1018]

Zusammenfassend ist festzuhalten, dass die Freiheit begründeter Methodenwahl im Einzelfall unerlässliche Voraussetzung für eine sachverständige, wagnisbereite und verantwortungsbewusste ärztliche Berufsausübung ist.[1019] Wo die Grenze der Therapiefreiheit im konkreten Einzelfall verläuft, ist nicht leicht zu beantworten. Die Rolle des Schiedsrichters im Schulenstreit ist dem Strafrecht jedenfalls von vornherein verwehrt. Seine Domäne beginnt erst dort, wo durch das abweichende Handeln des Einzelnen gesellschaftliche Grundwerte Schaden nehmen.[1020] In diesem Zusammenhang ist zu berücksichtigen, dass die Therapiefreiheit maßgeblich aus dem Selbstbestimmungsrecht des Patienten gespeist wird. Ebenso wie sich jeder dazu entschließen kann, ein bestehendes Leiden überhaupt nicht behandeln zu lassen, darf niemandem die Behandlung durch Außenseitermethoden verwehrt werden, solange der Gesetzgeber sich nicht veranlasst sieht, wegen grundsätzlicher Gefahren für die Volksgesundheit derartige Methoden überhaupt zu verbieten.[1021] Dies vor Augen wird man sagen müssen, dass die Grenze der Therapiefreiheit überschritten ist, wenn die gewählte Behandlungsmethode den Makel der Sittenwidrigkeit in sich trägt, schließt dieser doch eine Berufung auf den selbstbestimmten Patientenwillen aus.[1022] Mit Blick auf das zur Sittenwidrigkeit Ausgeführte ist dies dann der Fall, wenn erheblichen Risiken der Thera-

---

1014 Vgl. *Broglie/Dorn*, A/ZusR 2004, S. 117; *Ehlers/Bitter*, PharmR 2003, S. 77; *Heitz*, Arzneimittelsicherheit, S. 313; *Pollandt*, ArztR 2005, S. 315.

1015 Siehe die Aciclovir-Entscheidung des *OLG Köln*, ArztR 1991, S. 294 ff. Ebenso *Broglie/Dorn*, A/ZusR 2004, S. 118; *Ulsenheimer*, Arztstrafrecht, Rn. 19c.

1016 *Freund*, PharmR 2004, S. 288; *Meyer/Grunert*, PharmR 2005, S. 205.

1017 *Ehlers/Bitter*, PharmR 2003, S. 76; *Krüger*, PharmR 2004, S. 52; *Meyer/Grunert*, PharmR 2005, S. 205.

1018 Vgl. *OLG Köln*, ArztR 1991, S. 294; *Freund*, PharmR 2004, S. 291; *Hart*, MedR 2002, S. 325; *Krüger*, PharmR 2004, S. 52; *Schreiber/Schäfer*, A & R 2006, S. 119; *Wemhöner/Frehse*, DMW 2004, S. 328.

1019 *Katzenmeier*, Arzthaftung, S. 305; *Ulsenheimer*, Arztstrafrecht, Rn. 19b.

1020 *Jung*, ZStW 97 (1985), S. 49.

1021 *Schmid*, NJW 1986, S. 2341.

1022 *Schmid*, NJW 1986, S. 2341; i. E. ebenso *Ulsenheimer* in: Laufs/Uhlenbruck, Handbuch, § 139 Rn. 43.

piemaßnahme kein oder ein allenfalls sehr geringer Nutzen gegenübersteht.[1023] Daneben reduziert sich der Beurteilungsspielraum des Arztes auf Null, wenn die absolute Überlegenheit eines bestimmten Verfahrens allgemein anerkannt ist.[1024]

Einen Grenzfall stellt der compassionate use eines Arzneimittels dar, bei dem ein noch nicht zugelassenes, aber zulassungspflichtiges Präparat zum Zweck der individuellen Heilbehandlung und somit außerhalb einer klinischen Prüfung zur Anwendung gelangt. Verbreitet ist ein solcher compassionate use insbesondere in der AIDS- und Krebstherapie. Da sich die beabsichtigte Behandlung noch nicht als generell wirksam oder bei der ersten Anwendung überhaupt noch nicht als wirksam erwiesen hat, fehlt ihr aus objektiver Sicht die grundsätzlich erforderliche Indikation. Besteht indes die Möglichkeit eines therapeutischen Erfolgs, kann insofern aber von einer potentiellen Indikation gesprochen werden.[1025] Nach einer Auffassung reicht diese nicht aus, um den Arzt vom Vorwurf des Behandlungsfehlers freizusprechen.[1026] Dem kann jedoch nicht gefolgt werden. Durch ein pauschales Anwendungsverbot (noch) nicht zugelassener hochwirksamer Präparate würde der mit der Zulassungspflicht intendierte Patientenschutz de facto in sein Gegenteil verkehrt und mit dem in Art. 2 Abs. 2 Satz 1 GG garantierten Recht des Patienten auf Leben und körperliche Unversehrtheit kollidieren.[1027] In engen Grenzen ist der compassionate use daher als statthaft anzusehen,[1028] wie nunmehr auch die im Zuge der 14. AMG-Novelle geschaffene Regelung des § 21 Abs. 2 Nr. 6 AMG belegt. Voraussetzung ist allerdings, dass es sich bei der Krankheit um eine zu schweren Behinderungen führende oder gar lebensbedrohende Krankheit handelt, die mit zugelassenen Präparaten nicht wirksam bekämpft werden kann,[1029] und der Patient nach umfassender Aufklärung dem Einsatz des Medikaments zustimmt.[1030] Zudem muss aufgrund der bisherigen Erfahrungen mit dem Präparat in analytischen oder klinischen Tests und nach Abwägung der dabei ermittelten Risiken und Nutzen aus objektiver Sicht die berechtigte Hoffnung auf eine Verbesserung der Patientensituation bestehen.[1031] Als wenig sachgerecht erweist sich hingegen die vereinzelt propagierte analoge Heranziehung der §§ 40 ff. AMG auf den compassionate use.[1032] Da es sich bei diesem um eine individuelle Heilbehandlung handelt, bei der die Heilintention und nicht der Gewinn wissenschaftlicher Erkenntnisse im

---

[1023] *Loose*, Strafrechtliche Grenzen, S. 53.

[1024] *Broglie* in: Ehlers/Broglie, Arzthaftungsrecht, Rn. 733; *Hirsch*, Heilversuch, S. 14; *Jürgens*, Beschränkung, S. 47; *Katzenmeier*, Arzthaftung, S. 311; *Laufs*, Arztrecht, Rn. 487; *Ulsenheimer*, Arztstrafrecht, Rn. 19c.

[1025] *Biermann*, Arzneimittelprüfung, S. 339 f.

[1026] *Frölich*, Wirksamkeitsnachweis, S. 4 f.

[1027] *Fritz*, PharmR 1999, S. 129.

[1028] *Rosenau*, RPG 2002, S. 95.

[1029] *Biermann*, Arzneimittelprüfung, S. 339 f.; *Schreiber/Schäfer*, A & R 2006, S. 119.

[1030] *Gründel*, PharmR 2001, S. 108.

[1031] Vgl. *Blasius et al.*, Arzneimittel, S. 84; *Laufs*, Arztrecht, Rn. 690; *Scheffold*, Haftungsfragen, S. 90 f.; *Schreiber/Schäfer*, A & R 2006, S. 119 f.; i. E. ebenso *Rehmann*, § 40 Rn. 2.

[1032] So *Blasius et al.*, Arzneimittel, S. 84; *Fritz*, Therapie, S. 74 ff.; *dies.*, PharmR 1999, S. 130, 133; *Loose*, Strafrechtliche Grenzen, S. 103 f.

Vordergrund steht, können die Voraussetzungen der §§ 40 ff. AMG für die Zulässigkeit des compassionate use nicht maßgeblich sein.[1033]

Je nachdem, ob der Arzt das Arzneimittel selbst anwendet oder aber zur ambulanten Therapie verordnet, hat er die Applikation lege artis vorzunehmen[1034] bzw. ein fehlerfreies, vollständiges und unmissverständliches Rezept auszustellen.[1035] Unterläuft ihm bei Fertigung des Rezepts ein Fehler, kann er sich im Fall dadurch ausgelöster Gesundheitsschäden aufgrund der eigenen Pflichtwidrigkeit berechtigterweise nicht darauf berufen, dass der das Medikament aushändigende Apotheker den Fehler hätte erkennen und mit ihm Rücksprache halten bzw. die Abgabe des Präparats hätte verweigern müssen.

Erfolgt die medikamentöse Therapie wegen Neuartigkeit des Arzneimittels oder einer besonderen Patientenkonstitution auf der Basis einer unsicheren Prognose, trifft den Arzt darüber hinaus eine Therapiebeobachtungspflicht,[1036] welche unter Umständen mehrfache Hausbesuche oder die regelmäßige Einbestellung des Patienten in Praxis bzw. Krankenhaus beinhaltet und bei entsprechenden Erkenntnissen gegebenenfalls den Abbruch der Behandlung oder die Überweisung an einen Spezialisten erforderlich macht.[1037]

(B) Verantwortlichkeiten bei Kooperation mehrerer Medizinalpersonen

Letzteres führt zu der Frage, wo die Verantwortungsgrenzen bei Zusammenwirken mehrerer Medizinalpersonen verlaufen. So bedient sich der niedergelassene Arzt zum einen im Wege der Überweisung sowie des Konsiliums vielfach der Mitwirkung spezialisierter Kollegen, zum anderen der Hilfe des Praxispersonals. Im Krankenhaus wiederum sind an der Heilbehandlung von Chefärzten, Oberärzten, im Krankenhaus tätige Fachärzte unterschiedlicher Disziplin, Ärzte für Allgemeinmedizin, Assistenzärzte über nichtärztliche Mitarbeiter wie Krankenschwestern und Krankenpflegern bis hin zu Famulanten und Medizinstudenten im Praktischen Jahr in der Regel mehrere Personen beteiligt.[1038]

(I) Horizontale Kooperation zwischen Ärzten

Das Zusammenwirken von Fachärzten verschiedener Fachrichtungen bzw. von niedergelassenen Ärzten mit Klinikärzten, sei es im Wege der Überweisung oder des bloßen Konsiliums, stellt einen Fall der horizontalen Arbeitsteilung dar.[1039] Unter Zugrundelegung des Eigenverantwortlichkeitsprinzips sowie der Erläuterungen zur horizontalen Arbeitsteilung ist demnach jedem an der Krankenbehandlung beteiligten Arzt der ihm anvertraute Aufgabenbereich zur eigenmächtigen Er-

---

1033 Im Ergebnis ebenso *Deutsch*, VersR 2005, S. 1009.

1034 *Igloffstein*, Regelwerke, S. 108 f.

1035 *Bolsinger*, Dogmatik, S. 19; *Koyuncu*, Haftungsdreieck, S. 153.

1036 Vgl. *Bergmann*, Haftung, S. 117; *Hart*, MedR 1994, S. 96; *Krudop-Scholz*, Ärztliche Aufklärung, S. 127 f.

1037 *Bergmann*, Haftung, S. 117.

1038 Zu den verschiedenen Formen der Kooperation von Medizinalpersonen siehe die detaillierte Darstellung bei *Hart*, FS Laufs, S. 843 ff.

1039 *Deutsch*, FS Weißauer, S. 16; *Hannes*, Vertrauensgrundsatz, S. 55; *Rumler-Detzel*, VersR 1994, S. 255; *Wilhelm*, Arbeitsteilung, S. 4 f.; *dies.*, MedR 1983, S. 46.

ledigung übertragen, so dass er für diesen primär selbst verantwortlich ist. Umgekehrt darf sich jeder Mitwirkende darauf verlassen, dass der oder die anderen die ihm bzw. ihnen obliegenden Aufgaben mit den erforderlichen Kenntnissen und der gebotenen Sorgfalt erfüllen, sofern nicht konkrete Anzeichen das Gegenteil nahe legen.[1040] Sind etwa Diagnose und Therapie in unterschiedlichen Händen, so darf der Therapeut auf die Diagnose des fachärztlich spezialisierten Diagnostikers vertrauen, wenn er keinen Anlass zu Zweifeln an der Diagnose hat. Eine wechselseitige Überwachungs- und Kontrollpflicht besteht grundsätzlich nicht.[1041] Zudem wird im Fall des Zusammenwirkens mehrerer Ärzte verschiedener Fachbereiche ein Fehlverhalten des Kollegen selten erkennbar sein. Ruft man sich in Erinnerung, dass Motiv des Zusammenwirkens die unzureichende Qualifikation des einzelnen Facharztes auf den für ihn fremden Gebieten ist, werden ihm meist die Kenntnisse fehlen, um einen Fehler des Kollegen ausmachen zu können.[1042]

(1) Patientenüberweisung von Allgemeinmedizinern an Fachärzte

Für die Abgrenzung der Verantwortungsbereiche beim Zusammenwirken von Allgemeinmedizinern und Fachärzten im Wege der Patientenüberweisung folgt hieraus zunächst, dass der überweisende Arzt den hinzugezogenen Facharzt sorgfältig auszuwählen[1043] und umfassend über sämtliche auf den aktuellen Fall bezogenen sowie sonstige behandlungsrelevante Patientendaten, etwa individuelle Kontraindikationen, Arzneimittelunverträglichkeiten oder auch eine bestehende Begleitmedikation, zu unterrichten hat.[1044] Nur bei Erfüllung dieser Auswahl- und Instruktionspflicht kann er berechtigterweise auf eine sachgerechte Durchführung der Nachfolgebehandlung vertrauen.[1045] Hinsichtlich des übernehmenden Arztes ist umstritten, ob sich dieser auf die von seinem Kollegen erhobenen Befunde verlassen und diese seiner Therapieentscheidung zugrunde legen darf. Einigkeit herrscht lediglich darüber, dass keine Pflicht zur Befundübernahme besteht.[1046] Richtigerweise wird man allerdings umgekehrt in Einklang mit dem Vertrauensgrundsatz eine Berechtigung zur Befundübernahme bejahen müssen, solange die Befunde zeitnah erhoben wurden und keine Bedenken gegen die Untersuchungsmethode oder die Qualität der Untersuchungsinstitution bestehen bzw. eine offenkundige Fehldiagnose vorliegt.[1047] Der übernehmende Arzt hat sich stets zu fragen, ob die

---

[1040] *BGH*St 43, 306 (310); *Hart*, FS Laufs, S. 852; *ders.*, FS Schmidt, S. 152; *Eb. Schmidt*, Arzt im Strafrecht, S. 193; *Ulsenheimer*, Arztstrafrecht, Rn. 144 f.; *ders.* in: Laufs/Uhlenbruck, Handbuch, § 140 Rn. 20; *ders.*, MedR 1992, S. 131 f. Vgl. auch *BGH* NJW 1980, S. 650 und *BGH* StV 1988, S. 251.

[1041] *Brose*, Aufgabenteilung, S. 55.

[1042] Vgl. *OLG Düsseldorf* VersR 1994, S. 643 (644); *Umbreit*, Verantwortlichkeit des Arztes, S. 77.

[1043] *Stratenwerth*, FS Schmidt, S. 394.

[1044] *Kienzle*, Haftung, S. 149; *Umbreit*, Verantwortlichkeit des Arztes, S. 213 f.

[1045] *Peter*, Arbeitsteilung im Krankenhaus, S. 39; *Umbreit*, Verantwortlichkeit des Arztes, S. 213 f.

[1046] *Carstensen/Schreiber*, Arbeitsteilung, S. 172; *Ulsenheimer*, Arztstrafrecht, Rn. 160.

[1047] *BGH*St 43, 306 (310); *BGH* StV 1988, S. 251; *BGH* NJW 1994, S. 797 (798); *OLG Celle*, VersR 1990, S. 1012 (1014); *OLG Stuttgart*, MedR 1991, S. 143 (146); *Berg-*

Qualifikation und apparative Ausstattung des Allgemeinmediziners zur korrekten Erhebung der Befunde im konkreten Fall ausreichend ist. In Anbetracht der mit Behandlungsübernahme erworbenen Garantenstellung für den Patienten wird man vom hinzugezogenen Arzt indes verlangen müssen, gewichtige, gravierende Therapiemaßnahmen erforderlich machende Befunde nochmals zu überprüfen.[1048] Darüber hinaus ist er verpflichtet, den überweisenden Arzt nach Abschluss des Überweisungsauftrags in einem Arztbrief über dessen Ergebnis zu informieren, um eine ordnungsgemäße Weiterbehandlung des Patienten durch den Allgemeinmediziner sicherzustellen.[1049] Dieser darf auf die mitgeteilten Befunde, Diagnosen, Therapien und Therapievorschläge prinzipiell vertrauen. Die Pflicht zur Überweisung des Patienten an einen Fachmediziner bzw. Klinikarzt bei unzulänglicher eigener Qualifikation oder unzureichender apparativer Ausstattung begründet zugleich das Recht, sich grundsätzlich auf die mitgeteilten Behandlungsergebnisse und -empfehlungen verlassen zu dürfen.[1050] Tatsächlichen Zweifeln an deren Richtigkeit muss er jedoch nachgehen, eventuell Rücksprache mit dem Kollegen halten und seine Bedenken gegebenenfalls dem Patienten mitteilen.[1051]

(2) Hinzuziehung eines Konsiliararztes

Bei Hinzuziehung eines Konsiliararztes übergibt der behandelnde Arzt den Patienten nicht wie bei der förmlichen Überweisung in die Hände eines Kollegen, vielmehr holt er lediglich einen Ratschlag des Kollegen hinsichtlich der Therapie des nach wie vor unter seiner Obhut stehenden Patienten ein. Dementsprechend trägt der behandelnde Arzt grundsätzlich auch die Verantwortung für die verordnete Medikation, mag diese auch auf der Empfehlung des Konsiliarius beruhen.[1052] Andererseits darf er auf das Fachwissen und die besondere Erfahrung des Konsiliarius vertrauen, sofern er diesen sorgfältig ausgewählt und über den konkreten Fall hinreichend informiert hat, es sei denn, die Therapieempfehlung weist erkennbare Fehler auf.[1053] Es widerspräche nicht nur dem Vertrauensgrundsatz, sondern auch den sich aus dem Übernahmeverschulden ergebenden Konsequenzen, wenn man denjenigen Arzt, der einen Konsiliarius hinzuzieht, nicht zugleich von seiner strafrechtlichen Verantwortung entlasten würde.[1054] Der Verantwortungsbereich des Konsiliarius wiederum ist, da er durch die konsiliarische Hinzuziehung gerade nicht zum (mit-)behandelnden Arzt wird, enger als derjenige des angewiesenen

---

mann, Haftung, S. 118; *Carstensen/Schreiber*, Arbeitsteilung, S. 172; *Hart*, FS Laufs, S. 853, 855; *Ulsenheimer*, Arztstrafrecht, Rn. 160; a. A. *Gaisbauer*, VersR 1994, S. 432; *Rumler-Detzel*, VersR 1994, S. 255.

[1048] So wohl auch *Laufs*, NJW 2001, S. 3381.

[1049] Vgl. *BGH* NJW 1994, S. 797 (798).

[1050] *Hart*, FS Laufs, S. 857; *Ulsenheimer*, Arztstrafrecht, Rn. 160 f.

[1051] *BGH* NJW 1989, S. 1538; *BGH* VersR 1992, S. 1263; *OLG Köln* VersR 1993, S. 1157; *Bergmann*, Haftung, S. 118; *Hart*, FS Laufs, S. 857, 873; einschränkend *Madea*, Arzneimittelbehandlung, S. 44.

[1052] Ebenso *OLG Köln* MedR 1983, S. 112 (113).

[1053] Vgl. *OLG Düsseldorf* VersR 1997, S. 1235 (1236); *OLG Stuttgart* MedR 1991, S. 143 (148); *Ulsenheimer*, Arztstrafrecht, Rn. 165.

[1054] *Ulsenheimer*, Arztstrafrecht, Rn. 165.

Arztes. Sofern die Diagnose nicht selbst Gegenstand des Konsiliums ist, darf er sich deshalb auf die vom Rat suchenden Arzt dargelegten Befunde verlassen, wenn nicht deren Fehlerhaftigkeit auf den ersten Blick evident ist. Verantwortlich zeichnet er somit letztlich nur für diejenigen Arzneimittelschäden, welche bei zutreffender Diagnose aus einer von ihm daraufhin empfohlenen Medikation erwachsen, und er davon ausgehen musste, dass der ihn um Rat ersuchende Arzt seinem Vorschlag mangels besseren Wissens folgen wird.[1055]

(3) Kooperation innerhalb von Krankenhäusern und Gemeinschaftspraxen

Auch wenn es sich bei Krankenhäusern und Arztpraxen nicht um gewerbliche Einrichtungen handelt, so sind sie im Prinzip dennoch wie ein Wirtschaftsunternehmen organisiert, weshalb hinsichtlich der internen Verantwortungsverteilung auf die dargelegten Grundsätze zur innerbetrieblichen Arbeitsteilung Bezug genommen werden kann.

Jeder Arzt trägt deshalb die Verantwortung dafür, dass Kommunikationsmängel weitgehend unterbleiben. Unzureichender Informationsaustausch zwischen den Ärzten, lückenhafte Eintragungen ins Visitenbuch und Krankenblatt, flüchtiges Rezeptieren und nicht zuletzt die zu rasch und oberflächlich abgewickelte Übergabe der Kranken bei Schichtwechsel führen immer wieder zu folgenschweren Fehlleistungen. Dies gilt insbesondere für die Patientenbehandlung im Krankenhaus, wo regelmäßig mehrere Fachärzte unterschiedlicher Abteilungen zusammenwirken. Hier muss, um Arzneimittelwechselwirkungen zu vermeiden, in der Krankenakte klar festgehalten werden, welche Therapiemaßnahmen welcher Arzt zur Behandlung des Patientenleidens ergriffen hat.[1056] Unterbleibt die Mitteilung der verordneten Medikation, führt dies zur Zurechnung der im Rahmen der Nachfolgebehandlung auftretenden Wechselwirkungen. Kommt der Einzelne seinen Informationspflichten aber ordnungsgemäß nach, darf er, solange keine offensichtlichen Qualifikationsmängel oder Fehlleistungen erkennbar werden, darauf vertrauen, dass der Kollege des anderen Fachgebiets seine Aufgaben mit der gebotenen Sorgfalt erfüllt. Eine gegenseitige Überwachungspflicht besteht insoweit nicht.[1057]

(II) Vertikale Arbeitsteilung in Krankenhäusern und Arztpraxen

In vertikaler Hinsicht ist die Heilbehandlung des Patienten in der Arztpraxis zwischen Arzt und Arzthelfern, in der Klinik entlang der Hierarchiekette Chefarzt, leitender Oberarzt, Oberarzt, Stationsarzt, Arzt in der Weiterbildung, Medizinstudent im praktischen Jahr, Pflegedienstleitung, Pflegepersonal, Pflegehilfspersonal aufgeteilt. Parallel zur dreistufigen Aufgliederung von Wirtschaftsunternehmen sollen im Folgenden die Verantwortungsbereiche des Chefarztes bzw. niedergelassenen Arztes, des Assistenzarztes und des Pflege- bzw. Sprechstundenpersonals sowie nicht zuletzt der Klinikleitung präzisiert werden. Da die Arbeitsteilung im Wege der Delegation erfolgt, kann insoweit zunächst auf die diesbezüglichen allgemeinen Ausführung verwiesen werden.

[1055] In diesem Sinne auch *OLG Köln* MedR 1983, S. 112 (113).

[1056] Vgl. *Brose*, Aufgabenteilung, S. 57.

[1057] *Deutsch/Spickhoff*, Medizinrecht, Rn. 301; *Pflüger*, Krankenhaushaftung, S. 158.

(1) Verantwortung des Chefarztes bzw. niedergelassenen Arztes

Dem Prinzip der Generalverantwortung und Allzuständigkeit der Geschäftsleitung bei Wirtschaftsunternehmen entsprechend gilt im Krankenhaus das sogenannte Chefarztprinzip.[1058] Durch sorgfältige Auswahl, Instruktion und Koordination des nachgeordneten Fachpersonals hat der Chefarzt in seiner Abteilung bzw. der niedergelassene Arzt in seiner Praxis umfassend dafür Sorge zu tragen, dass die Patienten nicht durch Nachlässigkeiten des ihm unterstehenden Personals Schaden nehmen.[1059] Kommt er dieser Verpflichtung nicht ordnungsgemäß nach, trägt er unter dem Gesichtspunkt des Organisationsverschuldens die (Mit-)Verantwortung für infolgedessen auftretende Arzneimittelschäden.[1060]

Hinsichtlich der sorgfältigen Auswahl gilt auch hier, dass der Chefarzt seinen zunächst aus Zeugnissen und Prüfungsleistungen gewonnenen Eindruck von der Qualifikation des Mitarbeiters anhand der tatsächlichen Arbeitsleistung überprüft und seine Auswahlentscheidung aktualisiert.[1061] Dabei muss dort, wo eine langjährig tätige, verantwortungsbewusst und sorgfältig arbeitende Hilfskraft unter ärztlicher Anleitung Kenntnisse, Erfahrungen und Qualifikationen erworben hat, die nicht Gegenstand ihrer ursprünglichen Berufsausbildung waren, die Erwartung, der betreffende Mitarbeiter werde dieses gehobene Leistungsniveau fortan halten können, ebenso gerechtfertigt sein, wie wenn sich eine solche Annahme und ein solches Vertrauen auf entsprechende, mit Prüfungen und Zeugnis besiegelte Ausbildungsgänge stützen lassen.[1062] Dies gilt auch für den umstrittenen Fall der Delegation von Injektionen an Krankenschwestern bzw. Arzthelferinnen. In Parallele zur Delegation der Patientenaufklärung ist auch hier ein pauschales Delegationsverbot als unbegründet abzulehnen. Vielmehr ist die Übertragung der Injektion bei entsprechendem, durch Spritzenschein und qualifizierte Zeugnisse belegtem Ausbildungsstand der Hilfsperson zulässig.[1063] Dem Arzt vorbehalten sind aber besonders risikoträchtige Injektionen wie namentlich intravenöse Einspritzungen, aber auch in der ärztlichen Praxis besonders seltene Infusionen, hinsichtlich deren Applikation es der Hilfskraft erkennbar an der nötigen Erfahrung fehlt.[1064]

Zur Vermeidung von Kommunikationsmängeln bei der Aufgabenübertragung muss der (Chef-)Arzt seine Anweisungen klar und deutlich, eventuell schriftlich

---

[1058] Vgl. *Pflüger*, Krankenhaushaftung, S. 129; *Ulsenheimer*, Arztstrafrecht, Rn. 168.

[1059] *Andreas et al.*, Handbuch, Rn. 635; *Beyerle*, Qualitätskontrolle, S. 17; *Birkner*, Qualitätssicherung, S. 159; *BMG*, Qualitätsmanagement, S. 49; *Hägele*, Arzneimittelprüfung, S. 398; *Pflüger*, Krankenhaushaftung, S. 129; *Schlund*, A/ZusR 2005, S. 2; *Tag*, Körperverletzungstatbestand, S. 262; *Ulsenheimer*, Arztstrafrecht, Rn. 174; *ders.*, MedR 1992, S. 132; *Umbreit*, Verantwortlichkeit des Arztes, S. 87.

[1060] Zur Problematik des Einsatzes von sich in der Facharztausbildung befindlichen Anfängern siehe *Pflüger*, Krankenhaushaftung, S. 132 ff.

[1061] *Broglie* in: Ehlers/Broglie, Arzthaftungsrecht, Rn. 752; *Carstensen/Schreiber*, Arbeitsteilung, S. 171. Vgl. auch *BGH* MedR 1983, S. 104 (105).

[1062] *Wilhelm*, Arbeitsteilung, S. 87.

[1063] *OLG Köln* VersR 1987, S. 207; *Hahn*, NJW 1981, S. 1983; *Meinecke*, Injektionsschäden, S. 64; *Rieger*, NJW 1979, S. 583; *Steffen*, MedR 1996, S. 265.

[1064] Vgl. *Hahn*, NJW 1981, S. 1983; *Rieger*, NJW 1979, S. 1937; *Rumler-Detzel*, VersR 1994, S. 258.

erteilen sowie durch genaue Aufgabenverteilung und sonstige geeignete Maßnahmen für das sachgemäße Ineinandergreifen der einzelnen Tätigkeiten sorgen.[1065] Die ärztliche Unterweisung darf dem Instruktionsempfänger letztlich nichts offenlassen. Ampullenverwechslung, Arzneimittelvertauschung, Missverständnisse bei der Dosierung sind organisatorisch auszuschalten. Zudem ist er verpflichtet, sich nach Erteilung der Anweisung zu vergewissern, dass diese von der untergeordneten Medizinalperson richtig wahrgenommen und verstanden worden ist.[1066] Verspricht sich der (Chef-)Arzt bei der Medikation, gibt er eine falsche Dosierung, ein falsches Präparat oder unzutreffende Zeitintervalle bei der Applikation des Präparates an, so kann er nicht berechtigterweise darauf vertrauen, die mit der Durchführung seiner Anordnung beauftragte, ihm nachgeordnete Medizinalperson werde seinen Fehler erkennen und durch gesteigerte Vorsicht von sich aus ungeschehen machen.[1067] Kommunikationsmängelbedingte Arzneimittelschäden fallen insofern in seinen Verantwortungsbereich.

Hat der (Chef-)Arzt die Hilfsperson sorgfältig ausgewählt und ordnungsgemäß angewiesen, wirkt zu seinen Gunsten der Vertrauensgrundsatz, so dass er sich, sofern nicht konkrete Anhaltspunkte dagegen sprechen, auf eine sachgemäße Durchführung der übertragenen Tätigkeit verlassen darf.[1068] Eine umfassende Kontroll- und Überwachungspflicht besteht demnach nicht,[1069] es sei denn, diese ist gesetzlich bzw. behördlich ausdrücklich angeordnet, weil der Gesetzgeber bzw. Behördenträger angesichts der Hochrangigkeit des tangierten Rechtsguts dessen Doppelsicherung für geboten erachtet.[1070] Bestehen konkrete Zweifel an einer ordnungsgemäßen Aufgabenerfüllung und droht daher eine Schädigung der Patientengesundheit, ist der (Chef-)Arzt zu rettendem Eingreifen verpflichtet.[1071]

(2) Verantwortung des Assistenzarztes

Dem mittleren Management entsprechend darf der Assistenzarzt grundsätzlich auf die vom fachlich überlegenen Chefarzt gestellte Diagnose und die Rechtmäßigkeit

---

1065 *Hägele*, Arzneimittelprüfung, S. 400; S/S-*Cramer/Sternberg-Lieben*, § 15 Rn. 152; *Stratenwerth*, FS Schmidt, S. 395. Vgl. auch *BGH*St 3, 91 (95).

1066 *BGH*St 3, 91 (95); 6, 282 (285); *Bockelmann*, Strafrecht des Arztes, S. 90; *Umbreit*, Verantwortlichkeit des Arztes, S. 143.

1067 *Umbreit*, Verantwortlichkeit des Arztes, S. 141.

1068 *Carstensen/Schreiber*, Arbeitsteilung, S. 170 f. *Hägele*, Arzneimittelprüfung, S. 400 f.; *Hahn*, NJW 1981, S. 1984; *Kamps*, Ärztliche Arbeitsteilung, S. 229; *Rumler-Detzel*, VersR 1994, S. 257; *Ulsenheimer*, MedR 1992, S. 132; *Wilhelm*, Arbeitsteilung, S. 89.

1069 *BGH* StV 1988, S. 251; S/S-*Cramer/Sternberg-Lieben*, § 15 Rn. 152; i. E. ebenso *Bockelmann*, Strafrecht des Arztes, S. 89; *Ulsenheimer*, MedR 1992, S. 132.

1070 So gab es etwa im *Novalgin/Novocain*-Fall, *BGH*St 6, 282 (288), eine von der zuständigen Behörde auf kommunaler Ebene erlassene Verfügung über den Verkehr mit Arzneimitteln innerhalb der Krankenanstalten. Dort war geregelt, dass der Arzt durch die Herrichtung der Spritzen seitens der Schwestern nicht von seiner Pflicht zur Prüfung der Richtigkeit des angewandten Mittels befreit werde. Hierzu habe er vor der Injektion anhand der entleerten, den Spritzen beigelegten Ampullen nachzuprüfen, ob auch das angeordnete Mittel in der Spritze aufgezogen worden sei.

1071 *Ulsenheimer* in: Laufs/Uhlenbruck, Handbuch, § 140 Rn. 20.

der erteilten Anweisungen vertrauen.[1072] Drängen sich keine konkreten Zweifel an deren Richtigkeit auf, beschränkt sich der Verantwortungsbereich des Assistenzarztes folglich auf die sorgfältige Ausführung der angewiesenen Tätigkeit bzw. deren ordnungsgemäße Weiterdelegation an das nachgeordnete Personal.[1073] Hegt er hingegen Bedenken an der Diagnose und den sich darauf stützenden Anweisungen, hat er den Chefarzt darüber sowie über sonstige auftretende Schwierigkeiten unverzüglich in Kenntnis zu setzen und unter Umständen die angewiesene Tätigkeit zu verweigern.

(3) Verantwortungssphäre von Krankenschwestern und Arzthelfern

Auch die an der Heilbehandlung mitwirkenden Krankenschwestern bzw. Arzthelferinnen tragen in gewissem Umfang Mitverantwortung für das Ausbleiben von Arzneimittelschäden.[1074] Da sie sich auf die Richtigkeit der Anordnungen des Arztes verlassen dürfen, weil die eigenen Kenntnisse und Erfahrungen regelmäßig nicht ausreichen, um sich ein sicheres Urteil über die Angemessenheit der ärztlich angeordneten Behandlung bilden zu können, fallen lediglich diejenigen Arzneimittelschäden in den Verantwortungsbereich des nichtärztlichen Hilfspersonals, die durch unsorgfältige Ausführung der angewiesenen Tätigkeit verursacht werden.[1075] Hierunter fallen auch diejenigen Schäden, die aus der unzutreffenden oder lückenhaften Eintragung der durchgeführten Maßnahmen in die Patientenakte erwachsen. Darüber hinaus kommt eine Zurechnung aufgetretener Arzneimittelschäden nur bei evidenter Fehlerhaftigkeit der ärztlichen Anordnung in Betracht, wenn die Krankenschwester bzw. Arzthelferin diese, ohne zuvor dem Arzt gegenüber ihre Bedenken zu äußern, blind befolgt.[1076] Gerade mit Blick auf die ärztliche Therapiefreiheit, die ein vom medizinischen Standard abweichendes Vorgehen gestattet, wird es an der Offenkundigkeit des Anordnungsfehlers aber in der Regel fehlen.

(4) Generalverantwortung der Krankenhausleitung

Noch in weit größerem Maße als den Chefarzt, der nur für die Belange seiner Station bzw. Abteilung verantwortlich ist, trifft die Krankenhausleitung eine Organisationsverantwortung für sämtliche Abläufe innerhalb der Klinik.[1077] Der Krankenhausleitung obliegt somit die Letztverantwortung für eine vermeidbare Risiken für die Patienten weitestgehend ausschließende Betriebsorganisation.[1078] Diese

---

[1072] *Carstensen/Schreiber*, Arbeitsteilung, S. 171; *Hägele*, Arzneimittelprüfung, S. 401; a. A. *Broglie* in: Ehlers/Broglie, Arzthaftungsrecht, Rn. 768; *Krauskopf/Marburger*, Haftung des Arztes, S. 79.

[1073] Vgl. *Kohlhaas*, Medizin und Recht, S. 132 f.

[1074] Die Verantwortung der Hilfskraft auf grob fehlerhaftes Verhalten beschränkend *Schlund*, A/ZusR 2005, S. 4.

[1075] *Altenhain*, NStZ 2001, S. 190; *Schlund*, A/ZusR 2005, S. 4; *ders.*, KHuR 2005, S. 22.

[1076] Vgl. *Schumann*, Handlungsunrecht, S. 31; *Tag*, Körperverletzungstatbestand, S. 264.

[1077] *Andreas et al.*, Handbuch, Rn. 635; *Deutsch*, Arbeitsteilung, S. 97; *Meyer*, zfs 2003, S. 51; *Pflüger*, Krankenhaushaftung, S. 95.

[1078] *Quaas/Zuck*, Medizinrecht, § 13 Rn. 70, 119.

muss so gestaltet sein, dass Zuständigkeiten und Verantwortlichkeiten zur Vermeidung von Abstimmungs- und Koordinationsfehlern deutlich abgegrenzt sind, die Mitarbeiter sorgfältig ausgewählt und angelernt werden und das Krankenhaus in personeller, fachlicher und apparativer Hinsicht den gebotenen Standard bietet.[1079] Ist dies der Fall, darf die Krankenhausleitung berechtigterweise auf ein pflichtgemäßes Verhalten des Klinikpersonals vertrauen;[1080] auftretende Arzneimittelschäden sind ihr nicht zuzurechnen, solange ein Fehlverhalten nicht konkret absehbar und dementsprechend durch rettendes Einschreiten zu unterbinden ist.

Was schließlich die Verantwortungsabgrenzung innerhalb der Klinikleitung, bestehend aus dem Ärztlichen Direktor, dem Krankenpflegedirektor und dem Verwaltungsdirektor, angeht, kann auf die Grundsätze zur horizontalen Arbeitsteilung auf Geschäftsleitungsebene und die Ausführungen zu Gremienentscheidungen verwiesen werden.

e. Verantwortung des Apothekers

Der Apotheker trägt die Verantwortung dafür, dass verschreibungspflichtige Pharmaka nur gegen Vorlage einer entsprechenden ärztlichen Verordnung abgegeben werden. Zugleich hat er die Verordnung sorgfältig auszuführen. Arzneimittelschäden, die infolge Aushändigung eines falschen Präparates bzw. fehlerhafter Übertragung der ärztlichen Dosierungsanweisung auf die Arzneimittelpackung entstehen, fallen demnach ebenso in seinen Verantwortungsbereich wie Schäden durch kontraindizierte Verwendung eines trotz fehlender Verschreibung abgegebenen verschreibungspflichtigen Medikaments.[1081] Liegt eine wirksame Verschreibung vor, begründet die Herausgabe des Präparats nur dann eine Mitverantwortung hinsichtlich späterer therapie- bzw. indikationsfehlerbedingter Arzneimittelschäden, wenn sich dem Apotheker die Fehlerhaftigkeit der Verschreibung geradezu aufdrängen musste, vgl. § 17 Abs. 5 ApoBetrO. Eine umfassende Kontrolle der Richtigkeit ärztlicher Verordnungen hingegen ist nicht erforderlich und im Lichte der auch den off label use eines Präparates umfassenden Therapiefreiheit des Arztes de facto auch gar nicht möglich.[1082] Zu Recht erstreckt sich die Bindung des Apothekers an die Verschreibung des Arztes auch auf die Fälle, in denen der Arzt ein Rezept ausstellt, das nach Art und Umfang auf den ersten Blick für den Apotheker bedenklich erscheint, weil sie von der allgemein üblichen oder regelmäßigen Verschreibungspraxis erheblich abweicht. In die Kompetenz des Arztes, nach seinem medizinisch-wissenschaftlichen Ermessen in Anbetracht der besonderen Umstände des konkreten Einzelfalls auch eine ungewöhnliche, sonst unangebrachte Medikamentierung vorzunehmen, darf der Apotheker nicht durch Verweigerung der Rezepteinlösung eingreifen.[1083]

[1079] Vgl. *Beyerle*, Qualitätskontrolle, S. 17; *Deutsch*, Arbeitsteilung, S. 97; *Deutsch/Spickhoff*, Medizinrecht, Rn. 300; *Foerste* in: von Westphalen, Produkthaftungshandbuch, § 27 Rn. 6; *Meyer*, zfs 2003, S. 51; *Pflüger*, Krankenhaushaftung, S. 131; *Quaas/Zuck*, Medizinrecht, § 13 Rn. 119.

[1080] *Rumler-Detzel*, VersR 1994, S. 257.

[1081] *Koyuncu*, Haftungsdreieck, S. 153, 179; Vgl. auch *Eichinger*, Produkthaftung, S. 236 f.

[1082] Vgl. *Koyuncu*, Haftungsdreieck, S. 182; *Meyer/Grunert*, PharmR 2005, S. 206.

[1083] *Baltzer*, Apotheker, S. 97.

Ersetzt der Apotheker das verschriebene Medikament allerdings im Wege der aut idem-Substitution durch ein wirkstoffgleiches Präparat, so fallen kontraindikationsbedingte Schäden in seinen Verantwortungsbereich.[1084] Selbiges gilt bei Abgabe eines Arzneimittels zum Zwecke der Selbstmedikation.[1085] Hier übernimmt der Apotheker die Rolle des Arztes und hat wie dieser durch gewissenhafte Anamnese, Diagnose und Indikationsstellung, soweit ihm dies als Apotheker möglich ist, dafür Sorge zu tragen, dass indikations- und therapiefehlerbedingte Schäden ausbleiben.[1086] Ist er hierzu nicht in der Lage, so dass eine Arzneimittelabgabe ohne ärztliche Behandlung unvertretbar ist, hat er diese zu verweigern und den Patienten an einen Arzt zu verweisen.[1087] Wie der Arzt darf sich auch der Apotheker bei seiner Medikationsentscheidung grundsätzlich auf die Angaben des pharmazeutischen Unternehmers in der Fach- bzw. Gebrauchsinformation verlassen.[1088]

2. *Strafbarkeit der beteiligten Personen*

Für die Frage der Strafbarkeit der genannten Personen lassen sich aus dem soeben Vorgetragenen die folgenden Grundsätze ableiten:

a. Pharmazeutischer Unternehmer

Enthalten Fach- und Gebrauchsinformation falsche oder lückenhafte Angaben, begründet dies eine Strafbarkeit des pharmazeutischen Unternehmers, genauer des Informationsbeauftragten sowie gegebenenfalls des Pharmaberaters und der Geschäftsleitung, gemäß §§ 211 ff., 223 ff. StGB, wenn es hierdurch später zu indikations- oder therapiefehlerbedingten Gesundheitsbeeinträchtigungen des Patienten kommt. Darauf, dass Arzt bzw. Apotheker sich die fehlenden bzw. korrekten Daten auf andere Weise hätten verschaffen können, kann er sich aufgrund der eigenen Pflichtwidrigkeit nicht wirksam berufen.[1089] Unterbleibt die sachgerechte Information vorsätzlich, machen sich die genannten Unternehmensangehörigen als mittelbare Täter strafbar. Eine Strafbarkeit wegen unrichtiger bzw. unzureichender Information scheidet lediglich dann aus, wenn dem behandelnden Arzt bzw. dem das Präparat abgebenden Apotheker der Fehler bzw. eine ungenannte Kontraindikation bzw. Wechselwirkung positiv bekannt ist.

Ist der pharmazeutische Unternehmer seiner Instruktionsverantwortung ordnungsgemäß nachgekommen, führt das Auftreten indikations- oder therapiefehlerbedingter Arzneimittelschäden im konkreten Einzelfall nicht zur Strafbarkeit, da die Auswahl des Medikaments für den individuellen Patienten nicht Sache des pharmazeutischen Unternehmers ist.[1090] Insbesondere dann, wenn der Arzt bzw.

1084 *Koyuncu*, Haftungsdreieck, S. 187.

1085 *Baltzer*, Apotheker, S. 100; *Koyuncu*, Haftungsdreieck, S. 180.

1086 *Koyuncu*, Haftungsdreieck, S. 180, 182.

1087 *Baltzer*, Apotheker, S. 100.

1088 *Koyuncu*, Haftungsdreieck, S. 182.

1089 Im Ergebnis ebenso der *BGH* im *Estil*-Urteil, NJW 1972, S. 2217 (2221).

1090 Vgl. *Broglie/Dorn*, A/ZusR 2004, S. 117; *Koyuncu*, Haftungsdreieck, S. 86; Schnieders, *Arzneimittelgesetz*, S. 23; *ders.*, BGesundhBl 1985, S. 197 f.; *Sieger*, VersR 1989, S. 1015.

Patient das Präparat – wie etwa im Fall des off label use – bewusst außerhalb des in der Fach- und Gebrauchsinformation angegebenen Indikationsgebiets anwendet oder die Hinweise auf mögliche Kontraindikationen und Wechselwirkungen schlicht ignoriert, ist dies nicht dem pharmazeutischen Unternehmer anzulasten.[1091] Eine Strafbarkeit kommt nur ausnahmsweise in Betracht, wenn der off label use in Kenntnis des pharmazeutischen Unternehmers zur gängigen Praxis wird.[1092] Erweist sich der indikationsgebietsüberschreitende Einsatz des Medikaments i. S. d. § 5 AMG als bedenklich, begründet das weitere Inverkehrbringen des Präparates unter Umständen eine Strafbarkeit nach § 95 Abs. 1 Nr. 1 AMG und § 314 StGB. Halten sich die Risiken im Rahmen des nach § 5 Abs. 2 AMG Vertretbaren, scheidet eine Strafbarkeit nach § 95 Abs. 1 Nr. 1 AMG und § 314 StGB aus, nicht jedoch nach § 211 ff., 223 ff. StGB, wenn der pharmazeutische Unternehmer in Person des Informationsbeauftragten in der Fachinformation Angaben über Dosierung und mögliche Kontraindikationen bzw. Wechselwirkungen im fremden Indikationsgebiet unterlässt und es deswegen zu Gesundheitsschäden infolge therapiefehlerhafter Anwendung des Medikaments kommt.

Lange Zeit umstritten war, inwieweit die Abgabe eines Arzneimittels zum Zwecke des compassionate use angesichts des strafbewehrten Verbots des Inverkehrbringens nicht zugelassener Pharmaka in § 96 Nr. 5 AMG den pharmazeutischen Unternehmer der Gefahr strafrechtlicher Konsequenzen aussetzt. Teilweise wurde das Zurverfügungstellen des Medikaments unter den Voraussetzungen des § 34 StGB als gerechtfertigt angesehen.[1093] Eine gegenwärtige Gefahr sei dann zu bejahen, wenn die mit Hilfe des innovativen Präparats möglicherweise therapierbare Krankheit im Zeitpunkt der Zulassungserteilung bereits definitiv in ein irreversibles Stadium eingetreten sein wird. Zudem sei die Gefahr für Leib und Leben des Patienten mangels wirksamer zugelassener Präparate nicht anders abwehrbar, die Abgabe des Arzneimittels bei berechtigter Hoffnung auf eine positive Beeinflussung des Krankheitsverlaufs demnach auch das einzig angemessene Mittel. Schließlich überwiege das Patienteninteresse das durch § 96 Nr. 5 AMG geschützte Interesse der Allgemeinheit an bestmöglicher Arzneimittelsicherheit.[1094] Richtigerweise wird man den compassionate use aber bereits als nicht vom Schutzzweck des § 96 Nr. 5 AMG erfasstes Verhalten betrachten und für straflos erklären müssen, da die Sicherheit der Allgemeinheit durch Abgabe des Medikaments an einen einzelnen Patienten nicht beeinträchtigt ist, zumal dann, wenn die Abgabe nicht unmittelbar an den Patienten, sondern vielmehr an den diesen behandelnden Arzt erfolgt. Dem trägt auch die nunmehr im Zuge der 14. AMG-Novelle in § 21 Abs. 2 Nr. 6 AMG statuierte Ausnahme von der Zulassungspflicht im Fall des compassionate use Rechnung, so dass sich die Straflosigkeit des pharmazeutischen Unternehmers nun explizit aus dem Gesetz ergibt. Auch eine Strafbarkeit nach

---

[1091] Siehe *Fuhrmann*, Sicherheitsentscheidungen, S. 118; *Papier*, Gebrauch, S. 23.

[1092] In diesem Sinne auch *Franken*, A & R 2006, S. 157.

[1093] *Fritz*, Therapie, S. 69; *Gründel*, PharmR 2001, S. 107, 110; *Schreiber/Schäfer*, A & R 2006, S. 120 f.; ähnlich *Deutsch/Spickhoff*, Medizinrecht, Rn. 852, 892, die das Inverkehrbringens zudem unter dem Gesichtspunkt der objektiven Unzumutbarkeit normgemäßen Verhaltens für straflos erachten.

[1094] *Fritz*, PharmR 1999, S. 130 passim; *Loose*, Strafrechtliche Grenzen, S. 100.

§§ 211 ff., 223 ff. StGB kommt nicht in Betracht, sofern sich der pharmazeutische Unternehmer vor Abgabe des Arzneimittels durch Rücksprache mit dem behandelnden Arzt ein Bild von der Vertretbarkeit des compassionate use gemacht hat und sich ihm diesbezüglich keine ernsthaften Zweifel aufdrängen mussten.

b. Arzneimittelgroßhändler

Gibt der Großhändler das Arzneimittel an unbefugte oder ersichtlich nicht über die erforderliche Sachkunde im Umgang mit dem Präparat verfügende Personen ab, und kommt es infolgedessen zu einem indikations- oder therapiefehlerhaften Einsatz des Medikaments, macht sich der Großhändler wegen der dadurch ausgelösten Arzneimittelschäden in Abhängigkeit von den konkreten Umständen des Einzelfalls gemäß §§ 211 ff., 223 ff. StGB strafbar.

c. Behandelnder Arzt

Sowohl die indikations- oder therapiefehlerhafte Anwendung eines Arzneimittels durch den Arzt als auch dessen Verschreibung zum Zwecke der ambulanten Behandlung erfüllen den Tatbestand der Körperverletzung oder gar Tötung, wenn es hierdurch zu Gesundheitsschädigungen bzw. zum Tod des Patienten kommt.[1095] Die Strafbarkeit des Arztes gemäß §§ 211 ff., 223 ff. StGB entfällt im Fall des einen Behandlungsfehler darstellenden Indikations- bzw. Therapiefehlers auch nicht unter dem Gesichtspunkt der wirksamen Risikoübernahme des Patienten, da dieser seine Zustimmung in der Regel nur zu einer lege artis durchgeführten Heilbehandlung erteilt und der strafrechtlichen Beachtlichkeit eines Einverständnisses mit einer (bewusst) contra legem ausgeübten Heilbehandlung die Autonomieschranke der §§ 216, 228 StGB entgegensteht.[1096] Allerdings scheidet eine Strafbarkeit des Arztes aus, wenn der Patient im Rahmen der Anamnese falsche Angaben macht und diese zu der falschen Therapieentscheidung des Arztes geführt haben. Selbiges gilt, wenn der Patient bzw. der das Arzneimittel aushändigende Apotheker die Fehlerhaftigkeit der Verordnung erkennt, letzterer das Medikament aber nichtsdestotrotz abgibt und der Patient dieses sehenden Auges einnimmt.[1097]

1095 *BGH* JR 1979, S. 429; *Körner*, Vorbem AMG Rn. 68, AMG Ärzte Rn. 2.

1096 *Eser*, ZStW 97 (1985) S. 12 f., 24; i. E. ebenso *BGH* MedR 1998, S. 218. Siehe auch die Entscheidung des *BGH* im Zahnextraktionsfall, NJW 1978, S. 1206, in dem ein Arzt auf Wunsch des Patienten sämtliche Zähne entfernte, obwohl hierfür aus medizinischer Sicht keine Notwendigkeit bestand. Kritisch *Seelmann*, Paternalismus, S. 108 f., der in der Nichtanerkennung der Patientenzustimmung zu Behandlungen contra legem einen die Patientenautonomie missachtenden Staatspaternalismus erblickt. Richtig ist, wie *Duttge*, MedR 2005, S. 707 f., zu Recht hervorhebt, dass nicht jede Behandlung, für die keine medizinische Indikation besteht, per se als sittenwidrig zu betrachten ist. Dies zeigt insbesondere die Zulässigkeit der Kaiserschnittgeburt auf Wunsch der Schwangeren trotz fehlender medizinischer Notwendigkeit. Zu weitgehend daher *Deutsch*, VersR 2005, S. 1012, der die Zustimmung des Patienten zu einer nicht indizierten Behandlung stets für unwirksam erachtet. Indes wird die Sittenwidrigkeit in den weit überwiegenden Fällen nicht indizierter Maßnahmen zu bejahen sein.

1097 Allerdings sind an die Kenntnis des Behandlungsfehlers hohe Anforderungen zu stellen, da die Gebrauchsinformation regelmäßig den Vermerk enthält, dass die enthaltenen

Das bloße Kennenkönnen des Behandlungsfehlers genügt hingegen nicht zur Beseitigung der Strafbarkeit. Straflos bleibt der Arzt auch dann, wenn ihm die Fehlerhaftigkeit der gewählten Medikation aufgrund unzulänglicher Ausführungen über Anwendungsgebiet, Dosierung, Kontraindikationen und Wechselwirkungen des Arzneimittels in der Fach- bzw. Gebrauchsinformation nicht bekannt war und er diese auch nicht durch sorgfältiges Studium der einschlägigen Fachliteratur hätte erkennen können und müssen.

Eine Strafbarkeit im Sinne des AMG scheidet bei unmittelbarer Applikation des Arzneimittels durch den Arzt generell aus, da das AMG als Gesetz über den Verkehr mit Arzneimitteln deren Anwendung durch den Arzt im konkreten Einzelfall gerade nicht erfasst.[1098] Da auch die Abgabe eines Arzneimittels im Sinne des compassionate use keinen Fall der §§ 95 ff. AMG darstellt, ist der Anwendungsbereich der AMG-Vorschriften lediglich dann eröffnet, wenn der Arzt zum Zwecke des off label use Ärztemuster an den Patienten abgibt[1099] oder durch off label-Verschreibung eines Medikaments an dessen Abgabe und damit Inverkehrbringen durch den Apotheker außerhalb des zugelassenen Indikationsgebiets mitwirkt. Indes ist auch der off label Einsatz eines Medikaments im Rahmen der individuellen Heilbehandlung von Sinn und Zweck der Strafvorschriften des AMG, namentlich des § 96 Nr. 5 AMG, nicht erfasst, da die allgemeine Arzneimittelsicherheit hierdurch nicht beeinträchtigt wird.[1100]

Was die Strafbarkeit des off label use gemäß §§ 211 ff., 223 ff. StGB angeht, so scheidet diese aus, solange der Patient nach umfassender Aufklärung seine Zustimmung erteilt hat und sich der off label use im Rahmen der ärztlichen Therapiefreiheit bewegt. Entsprechendes gilt für den vom Patientenwillen gedeckten compassionate use, welcher in den Grenzen der Sittenwidrigkeit keinen Behandlungsfehler darstellt.

Hinsichtlich einer Strafbarkeit des Arztes bei Gesundheitsschäden verursachender aut idem-Substitution des verordneten Medikaments durch den Apotheker ist zunächst vom Grundsatz auszugehen, dass der Arzt mit ordnungsgemäßer Ausstellung des Rezepts das Seine getan hat, so dass Fehler des Apothekers bei der Arzneimittelabgabe prinzipiell keine Strafbarkeit auslösen.[1101] Allerdings gehört zu einer sachgemäßen Arzneimittelverordnung auch der Ausschluss der aut idem-Substitution, wenn erkennbar die Gefahr besteht, dass der Patient mögliche Alternativpräparate eventuell nicht verträgt.[1102] Unterlässt er dies und realisiert sich die damit verbundene Gefahr der Arzneimittelunverträglichkeit, ist eine Strafbarkeit zu bejahen.

Angaben lediglich den Regelfall wiedergeben, abweichende Vorgaben des die Besonderheiten des konkreten Falls kennenden Arztes daher uneingeschränkt vorgehen.

1098 Vgl. *RG*St 62, 369 (391); *Heitz*, Arzneimittelsicherheit, S. 315 f.; *Plagemann*, WRP 1978, S. 783; *Räpple*, Arzneimittel, S. 58; *Rosenau*, RPG 2002, S. 95.

1099 *Freund*, PharmR 2004, S. 292.

1100 In diesem Sinne auch das *OLG Köln* in der Aciclovir-Entscheidung, ArztR 1991, S. 294 ff.; ebenso *Ehlers/Bitter*, PharmR 2003, S. 77; *Göben*, Arzneimittelhaftung, S. 89.

1101 So bereits *Eb. Schmidt*, Arzt im Strafrecht, S. 190.

1102 *Koyuncu*, Haftungsdreieck, S. 188; *Wemhöner/Frehse*, DMW 2004, S. 328.

Fehlt es dem Arzt an den zur Feststellung und erfolgreichen Therapie der Krankheit erforderlichen Fähigkeiten, Kenntnissen oder personellen bzw. apparativen Ausstattung, übernimmt er aber gleichwohl die Behandlung des Patienten, so folgt die Strafbarkeit des Arztes gemäß §§ 222, 229 StGB wegen indikations- oder therapiefehlerbedingter Arzneimittelschäden, die der unzulänglichen Qualifikation oder Ausstattung geschuldet sind, aus dem Gesichtspunkt des Übernahmeverschuldens.[1103] Überweist der Arzt den Patienten pflichtgemäß an einen Facharzt oder zieht er einen Konsiliararzt zu Rate, so scheidet eine Strafbarkeit wegen der Schäden, die ihre Ursache in der Behandlung bzw. Empfehlung des angewiesenen Arztes bzw. Konsiliarius finden, aus, solange dem Arzt kein Auswahl- oder Instruktionsverschulden zur Last zu legen ist. Der Strafvorwurf trifft allein den angewiesenen Arzt bzw. Konsiliarius.

Treten im Rahmen einer stationären Krankenhausbehandlung indikations- oder therapiefehlerbedingte Arzneimittelschäden auf, kommen als mögliche Straftäter gemäß §§ 211 ff., 223 ff. StGB neben den behandelnden Ärzten auch die an der Heilbehandlung beteiligten nichtärztlichen Hilfskräfte sowie die Direktoren der Klinik in Betracht. Letztere sind strafrechtlich zur Verantwortung zu ziehen, wenn die Schäden Folge einer mangelhaften Organisation des Klinikbetriebs sind.[1104] Auch der Chefarzt macht sich unter dem Aspekt des Organisationsverschuldens strafbar, wenn er die Arzneimittelanwendung bzw. -abgabe an dafür erkennbar ungeeignetes Personal überträgt[1105] bzw. gegen ein offensichtlich bevorstehendes Fehlverhalten nachgeordneter Mitarbeiter nicht rechtzeitig einschreitet und es infolgedessen zu Gesundheitsschäden des Patienten kommt. Selbiges gilt bei Erteilung fehlerhafter oder unvollständiger bzw. missverständlicher Medikationsanweisungen,[1106] da sich der Arzt aufgrund seiner eigenen Pflichtwidrigkeit nicht darauf berufen kann, der oder die Angewiesene hätte die Fehlerhaftigkeit bzw. Missverständlichkeit der Weisung erkennen und vor deren Ausführung hätte Rücksprache halten müssen. Andererseits begründet die Befolgung einer erkennbar fehlerhaften Weisung eine Strafbarkeit des angewiesenen Assistenzarztes bzw. Pflegepersonals für eine damit einhergehende Schädigung des Patienten. Übernimmt der Assistenzarzt bzw. die Krankenschwester die medikamentöse Behandlung des Patienten, ohne ausreichend qualifiziert zu sein, begründen die dadurch verursachten Arzneimittelschäden eine Strafbarkeit wegen Übernahmeverschuldens. Für die Frage der Strafbarkeit bei arbeitsteiligem Zusammenwirken von niedergelassenem Arzt und Arzthelferin gelten die soeben dargelegten Grundsätze entsprechend.

1103 Vgl. *BGH* MedR 1994, S. 490 (491); *BGHZ* 88, 248 (258 f.); *Andreas et al.*, Handbuch, Rn. 637; *Bockelmann*, Strafrecht des Arztes, S. 89; *Broglie* in: Ehlers/Broglie, Arzthaftungsrecht, Rn. 739; *Deutsch/Spickhoff*, Medizinrecht, Rn. 160; *Jung*, ZStW 97 (1985), S. 56; *Krauskopf/Marburger*, Haftung des Arztes, S. 73; *Laufs*, Arztrecht, Rn. 483; *Siebert*, Therapiefreiheit, S. 125; *Ulsenheimer* in: Laufs/Uhlenbruck, Handbuch, § 139 Rn. 20; *Umbreit*, Verantwortlichkeit des Arztes, S. 210.

1104 Vgl. *Meyer*, zfs 2003, S. 51; *Peter*, Arbeitsteilung im Krankenhaus, S. 71 f.; *Stock*, Probandenschutz, S. 141.

1105 Siehe *Laufs*, Arztrecht, Rn. 519; *Lenckner* in: Forster, Rechtsmedizin, S. 601; *Eb. Schmidt*, Arzt im Strafrecht, S. 193; *Tag*, Körperverletzungstatbestand, S. 261.

1106 *Schumann*, Handlungsunrecht, S. 122.

d. Apotheker

Eine Strafbarkeit des Apothekers gemäß §§ 222, 229 StGB ist dann zu bejahen, wenn dieser ein verschreibungspflichtiges Medikament ohne entsprechende ärztliche Verordnung aushändigt und es infolgedessen durch indikations- oder therapiefehlerhafte Verwendung des Arzneimittels zu Gesundheitsschäden kommt.[1107] Weiterhin macht sich der Apotheker strafbar, wenn er irrtümlich ein anderes als das verschriebene Präparat herausgibt bzw. die Dosierungsanordnung des Arztes fehlerhaft auf die Arzneimittelpackung überträgt. Die Tatsache, dass der Patient den Irrtum erkennen kann, beseitigt die Strafbarkeit nicht. Diese scheidet nur bei positiver Kenntnis des Patienten aus. Daneben trifft den Apotheker ein Strafvorwurf, wenn er ein Arzneimittel im Wege der aut idem-Substitution bzw. zum Zwecke der Selbstmedikation ohne vorherige (Arzneimittel-)Anamnese abgibt und die Gesundheit des Patienten aufgrund von individuellen Unverträglichkeiten oder Kontraindikationen, die bei gewissenhafter Anamnese zu Tage getreten wären, Schaden nimmt.

IV. Arzneimittelschäden durch bedenkliche Arzneimittel

Arzneimittelschäden können ihre Ursache nicht nur in einem fehlerhaften Einsatz des Medikaments seitens des Patienten bzw. Arztes, sondern auch bereits in der grundsätzlichen Bedenklichkeit des Präparats im Sinne des § 5 Abs. 2 AMG haben. Anders als in den zuvor erörterten Fällen der indikations- oder therapiefehlerhaften Arzneimittelanwendung geht es hierbei nicht um die auf den individuellen Patienten bezogene Bedenklichkeit des Arzneimittelkonsums im konkreten Einzelfall, sondern um die bereits abstrakt-generelle Bedenklichkeit des Arzneimittelmodells als solchem. Da sich diese ausschließlich anhand des Nutzens und der Risiken eines Präparates für die Volksgesundheit bestimmt, scheiden die auf kontraindizierter bzw. fehlerhafter Anwendung eines Medikaments im Einzelfall beruhenden Arzneimittelschäden im hier interessierenden Zusammenhang von vornherein als strafbarkeitsbegründende Rechtsgutsverletzungen aus. Von Bedeutung sind allein diejenigen Arzneimittelschäden, die das Maß der nach § 5 Abs. 2 AMG vertretbaren Nebenwirkungen überschreiten.

Als potentielle Straftäter kommen prinzipiell alle diejenigen in Betracht, die (bedenkliche) Medikamente in Verkehr bringen. Neben dem pharmazeutischen Unternehmer, Großhändlern, Apothekern und Ärzten zählt hierzu auch der private Arzneimittelbesitzer, der bedenkliche Medikamente im Familien- oder Freundeskreis weitergibt. Daneben können sich auch die Mitarbeiter des BfArM bzw. PEI strafbar machen, indem sie durch Erteilung einer Zulassung für das bedenkliche Medikament dessen Inverkehrbringen ermöglichen bzw. durch Unterlassen von Gefahrenabwehrmaßnahmen dessen fortgesetzte Auslieferung nicht unterbinden.

[1107] Vgl. *Goll/Winkelbauer* in: von Westphalen, Produkthaftungshandbuch, § 48 Rn. 58; *Kloesel/Cyran*, § 48 Anm. 36; S/S-*Cramer/Sternberg-Lieben*, § 15 Rn. 224. Entgegen *RG*St 15, 151 (152) begründet die Tatsache, dass der Apotheker sich kein Rezept vorlegen lässt, aber keine Unterlassungsstrafbarkeit, da Anknüpfungspunkt des Strafvorwurfs die Herausgabe des Arzneimittels und damit ein aktives Tun ist.

Kommt vor diesem Hintergrund der sachgerechten Abgrenzung der einzelnen Zuständigkeits- und Verantwortungsbereiche wiederum entscheidende Bedeutung zu, so stellt sich in diesem Zusammenhang mit Blick auf die Erörterungen zur strafrechtlichen Relevanz behördlicher Genehmigungen doch zunächst die Frage, inwieweit die Zulassung des bedenklichen Arzneimittels und die damit einhergehende Verantwortungsübernahme durch das BfArM bzw. PEI die Verantwortlichkeit der dieses Präparat in Verkehr bringenden Personen von vornherein ausschließt oder zumindest begrenzt.

1. Auswirkung der Zulassung des bedenklichen Arzneimittels

Hinsichtlich der strafrechtlichen Relevanz der Arzneimittelzulassung müssen zunächst in Bezug auf die Bedenklichkeit eines Medikaments zwei Konstellationen unterschieden werden. Zum einen kann es so sein, dass die Bedenklichkeit der Arzneimittelrezeptur nach dem Stand der wissenschaftlichen Erkenntnis zum Zeitpunkt der Zulassungserteilung bei Anwendung der gebotenen Sorgfalt grundsätzlich erkennbar ist, mit anderen Worten ein Konstruktionsfehler vorliegt. Insofern ließe sich von einer „ursprünglichen" Bedenklichkeit sprechen. Zum anderen kann sich die Bedenklichkeit im Sinne einer Art „nachträglichen" Bedenklichkeit aber auch erst im Laufe der Zeit als Folge eines Entwicklungsfehlers ergeben, so namentlich, wenn bei Anwendung des Arzneimittels in der Praxis neue, bislang unbekannte und nach bisherigem wissenschaftlichen Erkenntnisstand letztlich auch nicht auszumachende Nebenwirkungen auftreten, welche als unvertretbare Risiken die anfangs positive Nutzen-Risiko-Bilanz des Medikaments ins Negative kehren. Während im ersten Fall die Zulassung rechtswidrig erteilt wird, das Pharmakon aufgrund seiner Bedenklichkeit schon nicht hätte zugelassen werden dürfen, erfolgt die Zulassungserteilung im Fall der erst „nachträglichen" Bedenklichkeit zunächst rechtmäßig, erweist sich aber infolge der neu bekannt gewordenen Nebenwirkungen und des damit verbundenen unvertretbaren Risikopotentials des Arzneimittels als überholt. Angesprochen ist damit sowohl die Problematik der strafrechtlichen Relevanz rechtswidriger behördlicher Genehmigungen als auch die Problematik der strafrechtlichen Wirkung sogenannter „Altgenehmigungen".

a. Zulassung trotz „ursprünglicher" Bedenklichkeit

Da im Normalfall nicht davon auszugehen ist, dass das BfArM bzw. PEI vorsätzlich rechtswidrig handelt und einem Präparat in positiver Kenntnis seiner Bedenklichkeit entgegen § 25 Abs. 2 Satz 1 Nr. 5 AMG eine Zulassung erteilt, kommen als Ursache für die Zulassung eines bedenklichen Arzneimittels in der Regel nur zwei Umstände in Betracht: So kann die Bescheinigung der Unbedenklichkeit einerseits darauf beruhen, dass dem BfArM/PEI von Seiten des pharmazeutischen Unternehmers in den Antragsunterlagen fehlerhafte Daten über Nutzen und Risiken des zu beurteilenden Präparats dargebracht werden – sei es, dass dies bewusst in Form der Täuschung des BfArM/PEI zwecks unrechtmäßiger Erschleichung der Zulassung geschieht oder unbewusst infolge fehlerhafter Konzeption der klinischen Prüfung, wodurch nach dem derzeitigen Wissensstand an sich erkennbare Nebenwirkungsrisiken nicht zu Tage treten. Andererseits kann die rechtswidrige Zulassungserteilung aber auch Folge einer unzutreffenden Bewertung sorgfaltsgemäß erhobener und dem BfArM/PEI korrekt mitgeteilter Nutzen-Risiko-

Informationen und damit eines Abwägungsfehlers seitens des BfArM/PEI sein. Inwieweit die Tatsache, dass der pharmazeutische Unternehmer im ersten Fall die rechtswidrige Zulassungsentscheidung maßgeblich mitverursacht, während im zweiten Fall der Fehler beim BfArM/PEI liegt, Auswirkungen auf die strafrechtliche Relevanz der Arzneimittelzulassung hat oder aber eine rechtswidrige Zulassung von vornherein keine strafrechtlichen Wirkungen entfaltet, lässt sich nicht ohne Weiteres beantworten. Nicht umsonst ist die Frage der strafrechtlichen Bedeutung rechtswidriger behördlicher Genehmigungen in der Strafrechtswissenschaft heftig umstritten und bedarf einer eingehenden Untersuchung.

(A) Strafrechtliche Relevanz rechtswidriger behördlicher Genehmigungen

Grund für die kontroverse Beurteilung der strafrechtlichen Tragweite rechtswidriger behördlicher Genehmigungen ist, dass sich das aus der prinzipiellen Verwaltungsakzessorietät des Strafrechts folgende Leitprinzip, es könne strafrechtlich grundsätzlich nicht verboten sein, was verwaltungsrechtlich erlaubt ist, mit Blick auf verwaltungsrechtswidrige behördliche Genehmigungen als wenig aussagekräftig erweist. Denn einerseits widerspricht das unzulässig genehmigte Verhalten gerade dem materiellen Verwaltungsrecht, andererseits erachtet das Verwaltungsrecht gemäß § 43 VwVfG auch rechtswidrige Verwaltungsakte als wirksam und bis zu deren Aufhebung oder Erledigung rechtlich bindend, so dass Tatbestands- bzw. Legalisierungswirkung auch rechtswidrigen behördlichen Genehmigungen zukommt, genehmigungskonformes Verhalten insofern wiederum als verwaltungsrechtlich erlaubt angesehen werden kann.[1108] Die entscheidende Frage ist damit, welcher Wertung des Verwaltungsrechts das akzessorische Strafrecht Vorrang einzuräumen hat, insbesondere, inwiefern der § 43 VwVfG immanente Gedanke schutzwürdigen Vertrauens in hoheitlich verliehene Befugnisse auch im Strafrecht Beachtung finden muss und deshalb auch rechtswidrige Genehmigungen verbindliche sorgfaltspflichtbegrenzende Verhaltensleitlinien bilden, auf deren strafbefreiende Wirkung sich der genehmigungskonform handelnde Genehmigungsinhaber verlassen darf.[1109]

(I) Materiell-verwaltungsakzessorische Auffassungen

Der überwiegende Teil des Schrifttums geht aufgrund des Sekundärrechtscharakters des verwaltungsakzessorischen Strafrechts im Sinne des soeben Gesagten davon aus, dass letztlich nur zwei Alternativen bestehen – entweder seien für das Strafrecht die Aussagen des materiellen Verwaltungsrechts maßgeblich, wonach das betreffende Verhalten verboten ist und demnach auch strafbares Unrecht darstellen kann, oder aber das Strafrecht habe die Tatbestandswirkung der rechtswidrigen Genehmigung zu respektieren und genehmigungskonformes Verhalten von Strafe auszunehmen. Im Mittelpunkt steht damit die materielle Verwaltungsakzes-

---

1108 Vgl. *Fluck*, VerwArch 79 (1988), S. 409; *Frisch*, Verwaltungsakzessorietät, S. 58; *Scheele*, Bindung, S. 84.

1109 *Rühl*, JuS 1999, S. 526. Ebenso *Hübenett*, Genehmigung, S. 86 f., und *Scheele*, Bindung, S. 88, der zu Recht den zentralen Stellenwert von Rechtssicherheit und Vertrauensschutz im Strafrecht hervorheben.

sorietät des Strafrechts, womit dessen Bindung an materielle verwaltungsrechtliche Vorgaben bezeichnet wird.[1110] In Parallele zur formellen Verwaltungsakzessorietät, bei der, wie dargelegt, danach differenziert wird, ob der formelle Verweis des (Blankett-)Straftatbestandes auf eine verwaltungsgesetzliche Regelung oder einen Verwaltungsakt gerichtet ist, wird auch bei der materiellen Verwaltungsakzessorietät von Verwaltungs*rechts*akzessorietät und Verwaltungs*akts*akzessorietät gesprochen, um damit schlagwortartig die Bindung des Strafrechts an das Verwaltungsrecht bzw. den (rechtswidrigen) Verwaltungsakt zum Ausdruck zu bringen.

(1) Verwaltungs*rechts*akzessorisches Lösungsmodell

Dementsprechend lehnen die Vertreter eines verwaltungsrechtsakzessorischen Lösungsmodells eine Orientierung an der verwaltungsrechtlichen Wirksamkeit rechtswidriger Verwaltungsakte ab. Das Strafrecht müsse auf die Ebene des materiellen Verwaltungsrechts durchgreifen und dürfe behördliche Genehmigungen nur dann als relevante Verhaltensrichtlinien beachten, wenn diese im Einklang mit den das Genehmigungsverfahren regelnden verwaltungsrechtlichen Normen erteilt wurden.[1111] Dem guten Glauben des Genehmigungsinhabers könne über die Irrtumsregeln hinreichend Rechnung getragen werden.[1112]

Begründet wird dies zunächst damit, dass ein schutzwürdiges Vertrauen nicht von der Verpflichtung zu rechtmäßigem Handeln befreie.[1113] Vor allem stünde den Verwaltungsbehörden bzw. Verwaltungsgerichten kein Entscheidungsmonopol hinsichtlich öffentlich-rechtlicher Sachverhalte zu, welches eine abweichende strafrechtliche Beurteilung des Geschehens verbiete.[1114] Die Tatbestandswirkung eines Verwaltungsakts erschöpfe sich darin, diesen als wirksamen, existenten Hoheitsakt anerkennen zu müssen, verpflichte aber nicht zur Billigung der inhaltlichen Richtigkeit.[1115] Im Gegenteil gebiete die Einheit der Rechtsordnung, der strafrechtlichen Würdigung eines Geschehens die Regeln zugrunde zu legen, nach denen auch die Verwaltung in der Praxis zu entscheiden hat. Dies seien aber nun einmal die positivgesetzlichen materiellen Vorschriften.[1116] Daneben spreche zudem der auf diese Weise bestmöglich realisierte Rechtsgüterschutz für die verwaltungsrechtsakzessorische Sichtweise.[1117]

[1110] Vgl. *Rogall*, GA 1995, S. 304; *Schröder*, Personelle Reichweite, S. 158.

[1111] *Geulen*, ZRP 1988, S. 325; *Mohrbotter*, JZ 1971, S. 215; *Schall*, NJW 1990, S. 1267; *Schirrmacher*, JR 1995, S. 386; *Schwarz*, GA 1993, S. 321.; i. E. praktisch ebenso, wenngleich eine pauschale verwaltungsrechtsakzessorische Sichtweise ablehnend *Schmitz*, Verwaltungshandeln, S. 58.

[1112] *Geulen*, ZRP 1988, S. 325; *Marx*, Genehmigung, S. 176 ff.; *Schirrmacher*, JR 1995, S. 387. Ebenso wohl auch *Rademacher*, Strafbarkeit, S. 73.

[1113] *Schwarz*, GA 1993, S. 322;

[1114] *Kühl*, FS Lackner, S. 855 f.; *Mohrbotter*, JZ 1971, S. 216 f.; *Paeffgen*, FS Stree/Wessels, S. 596.

[1115] *Haaf*, Fernwirkung, S. 89; *Mohrbotter*, JZ 1971, S. 216 f.

[1116] *Faure/Oudijk*, JZ 1994, S. 91; *Marx*, Genehmigung, S. 174; MüKo-StGB-*Schmitz*, Vor §§ 324 ff. Rn. 69; SK-StGB-*Günther*, Vor § 32 Rn. 66; i. E. ebenso *Schirrmacher*, JR 1995, S. 387.

[1117] *Schall*, NJW 1990, S. 1267.

(2) Verwaltungs*akts*akzessorische Lösungsmodelle

Die Gegenauffassung stellt hingegen auf die formelle Wirksamkeit und Bestandskraft rechtswidriger Verwaltungsakte ab und sieht die mit der Genehmigungserteilung ausgesprochene Erlaubnis des betreffenden Verhaltens als für das Strafrecht verbindlich an.[1118] Was verwaltungsrechtlich erlaubt ist, ergebe sich aus den Verwaltungsgesetzen in der von der Verwaltung vorbehaltlich der richterlichen Kontrolle durch die Verwaltungsgerichte vorgenommenen Interpretation, wie sie im für den Einzelfall erlassenen Verwaltungsakt zum Ausdruck kommt. Demzufolge komme dem Verwaltungsakt bezogen auf den durch diesen geregelten Einzelfall stets größeres Gewicht zu als den abstrakt-generellen Gesetzesvorschriften.[1119] Diese Interpretationshoheit der Verwaltungsinstanzen sowie deren Entscheidungshoheit über Fortbestand und damit zugleich Legitimationskraft eines rechtswidrigen Verwaltungsakts gemäß §§ 48 ff. VwVfG seien Ausdruck einer generellen gesetzlichen Kompetenzverteilung zugunsten der fachlich überlegenen Spezialbehörden, welche das Strafrecht mittels Straflosstellung genehmigungskonformen Handelns zu respektieren habe.[1120] Der Genehmigungsinhaber sei insofern in seinem Vertrauen auf die Verbindlichkeit des Behördenspruchs schutzwürdig.[1121] Zudem beziehe sich das Gebot der Einheit der Rechtsordnung nicht auf die Rechtsnormen als solche, sondern auf die Gesamtwertungen der jeweiligen Rechtsbereiche. Betrachtet das Verwaltungsrecht ein genehmigungskonformes Verhalten trotz materieller Verwaltungsrechtswidrigkeit als erlaubt, so folge aus dem Gebot der Widerspruchsfreiheit der Rechtsordnung, dass diese Gesamtwürdigung im Strafrecht zur Straflosigkeit führen müsse.[1122]

Umstritten ist allerdings unter den Anhängern einer verwaltungsaktsakzessorischen Lösung, ob diese Bindung an wirksame rechtswidrige Verwaltungsakte un-

---

1118 *Breuer*, NJW 1988, S. 2078; *ders.*, JZ 1994, S. 1084; *Dölling*, JZ 1985, S. 469; *Frank*, Verwaltungshandeln, S. 34; *Gretenkordt*, Herstellen und Inverkehrbringen, S. 56; *Gröger*, Haftung, S. 22; *Grunert*, Grenzen, S. 13; *Immel*, Umweltuntreue, S. 131; *ders.*, ZRP 1989, S. 107; *Keller*, FS Rebmann, S. 247; *Knopp*, DÖV 1994, S. 677; *Lackner/Kühl*, § 324 Rn. 10 m. w. N.; LK-*Steindorf*, § 324 Rn. 57; *Maurach/Zipf*, AT/1, § 29 Rn. 19; *Meinberg*, NJW 1986, S. 2222; MüKo-StGB-*Schlehofer*, Vor §§ 32 ff. Rn. 147; *Mumberg*, Rechtsmißbrauch, S. 17; S/S-*Cramer/Heine*, Vorbem. §§ 324 ff. Rn. 16a; *Steindorf*, FS Salger, S. 181. Ebenso *OLG Köln*, JR 1987, 297 (298); *OLG Celle*, ZfW 1987, S. 126 (128); *OLG Frankfurt*, NJW 1987, S. 2753 (2756).

1119 *Heghmanns*, Grundzüge, S. 204; *Rogall*, Strafbarkeit von Amtsträgern, S. 189; *ders.*, GA 1995, S. 315. Ähnlich *Hüwels*, Gesetzesvollzug, S. 37.

1120 Vgl. *Breuer*, DÖV 1987, S. 180; *Ensenbach*, Verwaltungsakzessorietät, S. 160; *Hübenett*, Genehmigung, S. 68; LK-*Steindorf*, Vor § 324 Rn. 33; *Rogall*, Strafbarkeit von Amtsträgern, S. 180; *Rudolphi*, FS Lackner, S. 881; *Scheele*, Bindung, S. 75.

1121 *Grunert*, Grenzen, S. 13; *Scheele*, Bindung, S. 78, 101; *Tröndle/Fischer*, Vor § 324 Rn. 8; *Winkelbauer*, Verwaltungsakzessorietät, S. 69.

1122 *Breuer*, NJW 1988, S. 2078; *ders.*, JZ 1994, S. 1084; *Dölling*, JZ 1985, S. 469; *Felix*, Einheit der Rechtsordnung, S. 343; *Grunert*, Grenzen, S. 13; *Heghmanns*, Grundzüge, S. 214; *Maurach/Zipf*, AT/1, § 29 Rn. 15; *Mumberg*, Rechtsmißbrauch, S. 17; *Rogall*, FS Uni Köln, S. 525 f.; *Scheele*, Bindung, S. 101; *Steindorf*, FS Salger, S. 172; SK-StGB-*Günther*, Vor § 32 Rn. 67.

eingeschränkt gilt. Neben Vertretern einer strengen Verwaltungsaktsakzessorietät finden sich daher auch solche einer begrenzten Verwaltungsaktsakzessorietät.

(a) Strenge Verwaltungsaktsakzessorietät

Wie der Name bereits andeutet sehen die Vertreter einer strengen Verwaltungsaktsakzessorietät eine wirksam erteilte Genehmigung stets als unverbrüchliche Verhaltensrichtlinie an, bei deren Einhaltung die entsprechende Unternehmung kein strafbares Unrecht darstellt.[1123] Eine Einschränkung der Verwaltungsaktsakzessorietät sei nur akzeptabel, wenn diese von öffentlich-rechtlicher Seite selbst erfolge. Das Strafrecht als ultima ratio könne insofern keine strengeren Maßstäbe an die Beachtlichkeit rechtswidriger Verwaltungsakte anlegen.[1124] Da das Verwaltungsrecht aber rechtswidrige Verwaltungsakte durchweg als wirksam erachte, solange diese nicht an einem nach § 44 VwVfG zur Nichtigkeit führenden Mangel leiden, und den Verwaltungsbehörden lediglich die Befugnis einräume, fehlerhafte Verwaltungsakte nach Maßgabe der §§ 48 ff. VwVfG aufzuheben, gelte im Hinblick auf rechtswidrige Genehmigungen eine strenge Verwaltungsaktsakzessorietät.[1125]

Kritik erfährt diese Auffassung vor allem in Fällen, in denen der Genehmigungsinhaber bösgläubig handelt, sei es, dass er die Genehmigung unrechtmäßig durch Drohung oder Täuschung erwirkt hat, sei es, dass er die Rechtswidrigkeit der Genehmigung aus anderen Gründen kennt.[1126] Sowohl aus kriminalpolitischen Gründen wie auch im Interesse eines effektiven Rechtsgüterschutzes müsse dem Genehmigungsinhaber in diesen Situationen eine Berufung auf die Genehmigung als Strafausschlussgrund versagt bleiben.[1127] Sofern überhaupt ein Vertrauen in die strafbarkeitsbegrenzende Wirkung der Genehmigung bestehe, so sei dieses, wie § 48 Abs. 2 Satz 3 VwVfG zu verstehen gebe, zumindest nicht schutzwürdig.[1128]

(b) Modifizierte Verwaltungsaktsakzessorietät (Rechtsmissbrauchslösung)

Dementsprechend lässt die herrschende Meinung eine Bestrafung genehmigungskonformen Verhaltens dann zu, wenn das Ausnutzen der Genehmigung als rechtsmissbräuchlich erscheint.[1129] Ein Rechtsmissbrauch im engeren Sinn (sogenannte

---

[1123] *Hundt*, Genehmigung, S. 152, 156, 163; *Kuhlen*, WiVerw 1992, S. 247; *ders.*, ZStW 105 (1993), S. 706 f.; LK-*Rönnau*, Vor § 32 Rn. 286; LK-*Steindorf*, Vor § 324 Rn. 31; *Rengier*, ZStW 101 (1989), S. 893; *Scheele*, Bindung, S. 151. Im Grunde ebenso SK-StGB-*Horn*, Vor § 324 Rn. 13; *ders.*, NJW 1981, S. 3; *ders.*, NJW 1988, S. 2337.

[1124] *Rengier*, ZStW 101 (1989), S. 895. Ähnlich MüKo-StGB-*Schlehofer*, Vor §§ 32 ff. Rn. 152.

[1125] Vgl. *Fortun*, Genehmigung, S. 85; *Horn*, NJW 1988, S. 2336; *Hundt*, Genehmigung, S. 159; *Kuhlen*, ZStW 105 (1993), S. 706 f.; *Scheele*, Bindung, S. 151.

[1126] *Frisch*, Verwaltungsakzessorietät, S. 110; *Horn*, NJW 1981, S. 2; *Hübenett*, Genehmigung, S. 16.

[1127] *Jünemann*, Rechtsmißbrauch, S. 51; a. A. *Rengier*, ZStW 101 (1989), S. 900.

[1128] Vgl. *Ensenbach*, Verwaltungsakzessorietät, S. 161; *Frisch*, Verwaltungsakzessorietät, S. 93 f.; *Horn*, NJW 1981, S. 2.

[1129] *LG Hanau* NJW 1988, S. 571 (576); *Bloy*, ZStW 100 (1988), S. 503 f.; *Breuer*, DÖV 1987, S. 180 f.; *Horn*, NJW 1986, S. 156; *Kindhäuser*, LPK, § 324 Rn. 12; *Mau-*

exceptio doli praesentis) soll dann vorliegen, wenn das Gebrauchmachen von der erteilten Genehmigung bereits an sich zu missbilligen ist, weil dem Genehmigungsinhaber die mit der gebilligten Tätigkeit verbundenen Gefahren bewusst sind und er deren Unvertretbarkeit positiv kennt.[1130] Ein gleichwertiger Rechtsmissbrauch im weiteren Sinn (sogenannte exceptio doli praeteriti) liege hingegen dann vor, wenn die Missbilligung des Gebrauchmachens aus dem unredlichen Erwerb der Genehmigung mittels einer die Autonomie und Entscheidungsherrschaft der Behörde beeinträchtigenden Drohung oder Täuschung herrührt.[1131] Ein bloßes fahrlässiges Verkennen der Fehlerhaftigkeit der Genehmigung genüge jedoch nicht zur Annahme eines Rechtsmissbrauchs.[1132]

Zur Begründung der Einschränkung des strafbefreienden Effekts behördlicher Genehmigungen in Fällen des Rechtsmissbrauchs wird neben Rechtsgüterschutzüberlegungen[1133] vor allem der aus § 48 Abs. 2 VwVfG und § 330d Nr. 5 StGB ableitbare Gesichtspunkt fehlenden schutzwürdigen Vertrauens angeführt.[1134] Zudem handele es sich beim Gedanken des Rechtsmissbrauchs um ein allgemeines, naturrechtliches Prinzip der Rechtsordnung, welches rechtsgebietsübergreifend Anwendung finde und sowohl im Zivilrecht über den in § 242 BGB statuierten Grundsatz von Treu und Glauben als auch im Strafrecht – etwa im Rahmen der Notwehr über den Gedanken des sozialethischen Gebotenseins der Notwehrhandlung – die Berufung auf eine unstatthaft erlangte Rechtsposition ausschließe.[1135]

Von vornherein keine Anwendung soll der Rechtsmissbrauchsgedanke allerdings dort finden, wo der Genehmigung tatbestandsausschließende Wirkung zukommt, namentlich bei denjenigen Straftatbeständen, die wie § 96 Nr. 4, 5, 11 AMG explizit auf das Fehlen einer behördlichen Erlaubnis abstellen, so dass die Genehmigung die Funktion eines negativen Tatbestandsmerkmals einnimmt. Dies folgt zu Recht zwingend aus dem Gesetzlichkeitsprinzip des Art. 103 Abs. 2 GG, welches verbietet, im Wege des Analogieschlusses unter Missachtung des insoweit eindeutigen Gesetzeswortlauts ein wirksam genehmigtes Verhalten aus Rechtsmissbrauchserwägungen heraus als „unerlaubt“ bzw. „ohne Genehmigung“ erfolgend zu qualifizieren.[1136]

---

rach/Zipf, AT/1, § 29 Rn. 19; *Paeffgen*, FS Stree/Wessels, S. 608; *Roxin*, AT/1, § 17 Rn. 63; *Sach*, Genehmigung, S. 256; *Seier*, JA 1985, S. 27. Siehe auch die Nachweise bei NK-*Paeffgen*, Vor §§ 32 bis 35 Rn. 203; S/S-*Lenckner*, Vorbem §§ 32 ff. Rn. 63.

1130 *Dölling*, JZ 1985, S. 469; S/S-*Lenckner*, Vorbem §§ 32 ff. Rn. 63d.

1131 *Dölling*, JZ 1985, S. 469; *Paeffgen*, FS Stree/Wessels, S. 609; S/S-*Lenckner*, Vorbem §§ 32 ff. Rn. 63c; *ders.*, FS Pfeiffer, S. 37. Nach *BGH*St 39, 381 (387) soll dagegen auch autonom-kollusives Verhalten zwischen Behörde und Antragsteller die Rechtsmissbräuchlichkeit der späteren Berufung auf die Genehmigung begründen.

1132 *Dölling*, JZ 1985, S. 469; *Gröger*, Haftung, S. 92 f.; *Immel*, Umweltuntreue, S. 136.

1133 *Bloy*, ZStW 100 (1988), S. 502 ff.

1134 Vgl. *LG Hanau*, NJW 1988, S. 571 (576); *Rühl*, JuS 1999, S. 525 f.; *Sach*, Genehmigung, S. 250.

1135 Vgl. *Immel*, Umweltuntreue, S. 134; *Scheele*, Bindung, S. 146; *Schwarz*, GA 1993, S. 321.

1136 Vgl. *Dölling*, JZ 1985, S. 464; *Fortun*, Genehmigung, S. 75 f., 86 f.; *Heghmanns*, Grundzüge, S. 212; *Holthausen*, NStZ 1988, S. 257 f.; *Immel*, Umweltuntreue, S. 134;

(3) Kritik der materiell-verwaltungsakzessorischen Ansätze

Letztlich kann keiner der materiell-verwaltungsakzessorischen Ansätze vollends überzeugen, setzen sie sich doch allesamt Bedenken und Widersprüchen im Hinblick auf die gerade zu ihrer Begründung herangezogene Verwaltungsakzessorietät des Strafrechts aus. Als untauglich zur Rechtfertigung der einen oder anderen Ansicht erweist sich zunächst der Rekurs auf die gesetzliche Kompetenzverteilung. Während diese regelmäßig von den Anhängern einer verwaltungsaktsakzessorischen Lösung gegen die Annahme einer Verwaltungsrechtsakzessorietät ins Feld geführt wird, weil ein Durchgriff auf das materielle Verwaltungsrecht die sachwidrige Übertragung von gesetzlich der Verwaltung zugewiesenen Kompetenzen auf in verwaltungsrechtlichen Angelegenheiten weit unerfahrenere Strafverfolgungsbehörden impliziere, [1137] kann der verwaltungsaktsakzessorischen Sichtweise umgekehrt unter Kompetenzgesichtspunkten vorgeworfen werden, sie räume den Verwaltungsbehörden die Macht ein, durch Erlass von (fehlerhaften) Genehmigungen über das geschriebene Recht zu disponieren und dadurch de facto die Strafbarkeit eines Verhaltens zu bestimmen, was von Gesetzes wegen jedoch allein den Strafverfolgungsbehörden vorbehalten ist.[1138]

Auch § 330d Nr. 5 StGB, der für den Bereich des Umweltstrafrechts das Handeln aufgrund einer rechtsmissbräuchlich erlangten Genehmigung einem genehmigungslosen Handeln gleichstellt, lässt sich keine eindeutige Wertentscheidung des Gesetzgebers für die eine oder andere Akzessorietätsthese entnehmen. So kann die Vorschrift und die darin angeordnete Gleichstellung von rechtsmissbräuchlicher und fehlender Genehmigung einerseits als Spezialregelung des Umweltstrafrechts aufgefasst werden, welche den Umkehrschluss gestattet, dass bei Fehlen einer entsprechenden Regelung im Sinne einer strengen Verwaltungsaktsakzessorietät auch der rechtswidrigen Genehmigung unrechtsausschließende Wirkung zukommen soll. Andererseits kann der in § 330d Nr. 5 StGB enthaltene Gedanke vor dem Hintergrund, dass der Gesetzgeber mit § 34 Abs. 3 AWG und § 16 Abs. 4 CWÜAG auch in anderen Bereichen eine § 330d Nr. 5 StGB entsprechende Regelung erlassen hat, ebenso gut als allgemeiner Rechtsgedanke des den

Jescheck/Weigend, AT, § 33 VI 4; *Kühl*, AT, § 9 Rn. 130; *Lenckner*, FS Pfeiffer, S. 32 f.; *Mumberg*, Rechtsmißbrauch, S. 91; NK-*Paeffgen*, Vor §§ 32 bis 35 Rn. 204; *Rengier*, ZStW 101 (1989), S. 885; *Roxin*, AT/1, § 17 Rn. 63; S/S-*Lenckner*, Vorbem §§ 32 ff. Rn. 63a m. w. N.; S/S-*Cramer/Heine*, Vorbem. §§ 324 ff. Rn 17a; *Stratenwerth/Kuhlen, AT,* § 9 Rn. 137; *Tiedemann/Kindhäuser*, NStZ 1988, S. 344; *Winkelbauer*, NStZ 1986, S. 150; *Winkelbauer*, Verwaltungsakzessorietät, S. 67. So auch der *BGH*, StV 2005, S. 330 (331 f.) in einer Entscheidung zur Schleuserkriminalität. Denkbar erscheint allenfalls, dem Rechtsmissbrauchsgedanken in Fällen, in denen der Straftatbestand ein „Handeln ohne die *erforderliche* Genehmigung" voraussetzt, über das Merkmal „erforderlich" Rechnung zu tragen. Vgl. *Frisch*, Verwaltungsakzessorietät, S. 112 ff. Dies jedoch ablehnend wiederum der *BGH* StV 2005, S. 330 (331 f.).

1137 So vor allem *Horn*, NJW 1981, S. 3, demzufolge „das Strafrecht nicht im Verwaltungsrecht wildern [dürfe]". Ebenso *Faure/Oudijk*, JZ 1994, S. 91; *Scheele*, Bindung, S. 87; a. A. *Hübenett*, Genehmigung, S. 58.

1138 Vgl. *Hundt*, Genehmigung, S. 67 f. Ähnlich *Frisch*, Verwaltungsakzessorietät, S. 58; *Rühl*, JuS 1999, S. 524.

Verkehr mit Gefahrgütern regelnden Strafrechts – und damit auch des Arzneimittelstrafrechts – aufgefasst werden, der einer pauschalen, an § 43 VwVfG anknüpfenden Verwaltungsaktsakzessorietät entgegensteht.

Ebenso wenig Aussagekraft besitzt auch das im Schrifttum weit verbreitete Argument des Gebots einer einheitlichen Rechtsordnung, welches nicht ohne Grund von Vertretern beider Lager vorgebracht wird. In Anbetracht der Tatsache, dass nämlich auch § 43 VwVfG wesentlicher Bestandteil der Rechtsordnung ist, entpuppt sich dieses Gebot als ambivalent,[1139] indem es sowohl die Ansicht stützt, das Strafrecht müsse sich an der verwaltungsrechtlichen Wertung des Verbotenseins eines unzulässig genehmigten Verhaltens orientieren,[1140] als auch den Schluss zulässt, in Anlehnung an die Wertung des § 43 VwVfG genehmigungskonformes Handeln von Strafe auszunehmen. Demgemäß kann beiden Auffassungen Rechtsunsicherheit und Verwirrung produzierende Widersprüchlichkeit vorgeworfen werden – der verwaltungsrechtsakzessorischen, weil sie strafrechtlich sanktioniert, was auf Grund der Genehmigung gemäß § 43 VwVfG verwaltungsrechtlich zulässig ist,[1141] der verwaltungsaktsakzessorischen, weil sie verwaltungsrechtswidriges, unrechtmäßiges Handeln von vornherein aus dem Kreis strafbarer Verhaltensweisen ausscheidet und im Fall dadurch verursachter erheblicher Rechtsgutsverletzungen den effektiven Rechtsgüterschutz als Primäranliegen des Strafrechts desavouiert. Insofern gilt auch hier: Das Gebot der Einheit der Rechtsordnung darf nicht dazu dienen, aus der unterschiedlichen Zielsetzung der einzelnen Rechtsgebiete resultierende sachgerechte Differenzierungen einzuebnen.[1142]

Führt man sich vor Augen, dass die Vorschriften des Verwaltungsrechts weniger auf die Formulierung rechtsgutsschützender Verhaltensnormen als vielmehr auf die Sicherheit des Rechtsverkehrs sowie die Herstellung und Absicherung einer gerechten Teilhabe am Rechtsgütergebrauch durch Regelung von Vertrauenstatbeständen, Entschädigungsfragen und prozessualen Rechtslagen ausgerichtet sind, erscheint eine pauschale Übernahme des § 43 VwVfG ins Strafrecht mehr als fragwürdig.[1143] Die Tatsache, dass der Vertrauensschutzaspekt auch im Strafrecht einen hohen Stellenwert besitzt, kann und darf diese grundlegenden Divergenzen nicht kaschieren.[1144] Die Anwendung des § 43 VwVfG würde zudem im Strafrecht

---

1139 Vgl. *Frisch*, Verwaltungsakzessorietät, S. 83; *Schirrmacher*, JR 1995, S. 387.

1140 Siehe *Immel*, ZRP 1989, S. 107; *Jünemann*, Rechtsmißbrauch, S. 59; *Mumberg*, Rechtsmißbrauch, S. 46 f.; *Schmitz*, Verwaltungshandeln, S. 34 f.

1141 *Faure/Oudijk*, JZ 1994, S. 91; *Felix*, Einheit der Rechtsordnung, S. 341; *Heghmanns*, Grundzüge, S. 207; *Immel*, Umweltuntreue, S. 131; *Mumberg*, Rechtsmißbrauch, S. 17; *Paeffgen*, FS Stree/Wessels, S. 598, 600; *Rengier*, ZStW 101 (1989), S. 891 f.; *Rogall*, Strafbarkeit von Amtsträgern, S. 190; *ders.*, GA 1995, S. 316; *Scheele*, Bindung, S. 88; *Schünemann*, wistra 1986, S. 240; *Stratenwerth/Kuhlen, AT,* § 9 Rn. 136.

1142 *Heghmanns*, Grundzüge, S. 110; *Hübenett*, Genehmigung, S. 77, 82; *Schmitz*, Verwaltungshandeln, S. 37. Ähnlich *Haaf*, Fernwirkung, S. 48 f.; *Sach*, Genehmigung, S. 248. Dies verkennend *Scheele*, Bindung, S. 74.

1143 *Hundt*, Genehmigung, S. 48; *Schmitz*, Verwaltungshandeln, S. 39 f.; *Schünemann*, wistra 1986, S. 239.

1144 So auch *Rademacher*, Strafbarkeit, S. 60 ff., der dem hinter § 43 VwVfG stehenden Vertrauensschutzaspekt als Ausprägung des Rechtsstaatsprinzips angesichts seines

zu weitergehenden Konsequenzen führen als im Verwaltungsrecht selbst, indem sie dem Verwaltungsakt eine Kraft verleiht, welche dieser im Verwaltungsrecht so nicht besitzt. Denn während dort durch die Möglichkeit einer ex tunc-Rücknahme der Genehmigung im Nachhinein auf eine etwaig fehlende Schutzwürdigkeit des Antragstellers reagiert werden kann, steht dem im Strafrecht wegen der dadurch nachträglich hergestellten Strafbarkeit das strenge Rückwirkungsverbot in Art. 103 Abs. 2 GG entgegen, wonach im Zeitpunkt des Handlungsvollzugs mit absoluter, unveränderlicher Sicherheit gewiss sein muss, ob das betreffende Verhalten rechtmäßig oder unrechtmäßig ist.[1145] Der Genehmigung würde damit bei verwaltungsaktsakzessorischer Sicht anders als im Verwaltungsrecht eine endgültige, unumstößliche Erlaubnis der genehmigten Tätigkeit innewohnen.[1146]

Dies darf aber umgekehrt nicht dazu führen, die Lösung im anderen Extrem zu suchen und in Einklang mit den Vertretern einer Verwaltungsrechtsakzessorietät rechtswidrigen Genehmigungen völlige Irrelevanz zu bescheinigen.[1147] Nicht nur, dass diese Auffassung ähnlich der Rechtsmissbrauchslösung von vornherein an Art. 103 Abs. 2 GG scheitert, wenn die Strafbarkeit vom Fehlen der behördlichen Genehmigung abhängig ist.[1148] Sie übergeht die Rechtssicherheit bezweckende Funktion des Verwaltungsakts und ignoriert so de facto zugleich vollends die angesprochene Bedeutung des Vertrauensschutzes im Strafrecht.[1149] Die mit der alleinigen Maßgeblichkeit des materiellen Verwaltungsrechts verbundene Unbeachtlichkeit des grundsätzlich berechtigten Vertrauens in die Rechtmäßigkeit staatlicher Entscheidungsakte entpuppt sich vor dem Hintergrund, dass das Strafrecht neben dem Rechtsgüterschutz gleichermaßen auch der Rechtssicherheit und dem Vertrauensschutz verschrieben ist, als unerträgliche, einseitig zu Lasten des Genehmigungsadressaten gehende Verteilung des Prüfungs- und Beurteilungsrisikos,[1150] welche anhand der strafrechtlichen Irrtumsregeln nur unzureichend korrigiert werden kann. Zum einen passt das Attribut eines Irrenden nur schwerlich in Bezug auf eine Person, die sich mit Blick auf die in der erteilten Genehmigung enthaltene hoheitliche Verhaltensanweisung sach- und rollengerecht verhält[1151] und deren guter Glaube sich nicht auf ein bloßes Hirngespinst, sondern auf etwas real Existierendes in Form der expliziten Gestattung der betreffenden Unterneh-

---

Verfassungsrangs zu Recht auch für das Strafrecht maßgebliche Bedeutung beimisst, jedoch durch die strafrechtlichen Irrtumsregeln als hinreichend und zudem weit sachgerechter als durch Übertragung des § 43 VwVfG erfasst ansieht.

1145 *Fortun*, Genehmigung, S. 80 f.; *Horn*, NJW 1981, S. 3; LK-*Steindorf*, Vor § 324 Rn. 40 m. w. N.; *Marx*, Genehmigung, S. 89; NK-*Paeffgen*, Vor §§ 32 bis 35 Rn. 202; *Rengier*, ZStW 101 (1989), S. 891; SK-StGB-*Horn*, Vor § 324 Rn. 13; a. A. Schwarz, GA 1993, S. 322 f.

1146 *Baumann/Weber/Mitsch*, AT, § 17 Rn. 129; *Marx*, Genehmigung, S. 107.

1147 So aber *Baumann/Weber/Mitsch*, AT, § 17 Rn. 129.

1148 *Rengier*, ZStW 101 (1989), S. 891 f.; *Stratenwerth/Kuhlen, AT,* § 9 Rn. 136.

1149 *Marx*, Genehmigung, S. 107.

1150 *Grunert*, Grenzen, S. 13; *Hüwels*, Gesetzesvollzug, S. 37; *Immel*, Umweltuntreue, S. 131 f.; S/S-*Cramer/Heine*, Vorbem. §§ 324 ff. Rn. 16c; i. E. ebenso *Paeffgen*, FS Stree/Wessels, S. 599.

1151 *Frisch*, Verwaltungsakzessorietät, S. 68 f.

mung stützt.[1152] Zum anderen wird der im guten Glauben auf die Genehmigung Handelnde als objektives Unrecht verwirklichender Straftäter hingestellt, selbst wenn die Rechtswidrigkeit der Genehmigung auf einem für den Genehmigungsinhaber bisweilen überhaupt nicht erkennbaren Fehler der Behörde beruht.[1153] Eine sachgerechte Lösung muss daher zwingend bereits auf der Ebene generellen objektiven Unrechts ansetzen.[1154]

Als ein sachgerechter Kompromiss erscheint da die von der herrschenden Meinung vorgetragene Rechtsmissbrauchslösung, bemüht sie sich doch um eine angemessene Gewichtung von Rechtsgüterschutz und Vertrauensschutz, wenn sie einer rechtswidrigen Genehmigung in Übereinstimmung mit § 43 VwVfG auch im Strafrecht grundsätzlich unrechtsausschließende Wirkung zugesteht, hiervon aber eine Ausnahme macht, wenn das Ausnutzen der Genehmigung rechtsmissbräuchlich ist. Aber auch gegen die Rechtsmissbrauchslösung werden zu Recht zahlreiche Einwände geltend gemacht. Bereits in tatsächlicher Hinsicht erweist sich der Gedanke des Rechtsmissbrauchs als untaugliches Kriterium zur sachgerechten Beantwortung der strafrechtlichen Verantwortungsfrage. So erfasst er lediglich die in der Praxis eher Ausnahmecharakter besitzenden Fälle einer bewussten, vorsätzlichen Zweckentfremdung fehlerhafter Genehmigungen, während er für die gerade auch im Arzneimittelrecht weitaus häufiger auftretende Situation einer fahrlässigen Verkennung der Rechtswidrigkeit der Genehmigung bzw. einer infolge fehlerhafter Antragsunterlagen unzulässigen Genehmigungserteilung keine adäquate Lösung bereithält.[1155] Darüber hinaus setzt sich die Rechtsmissbrauchslösung in Widerspruch zur verwaltungsrechtlichen Rechtslage, da gemäß § 43 Abs. 2 i. V. m. § 48 Abs. 2 Satz 3 VwVfG weder die Erwirkung eines Verwaltungsakts durch Täuschung oder Drohung noch die positive Kenntnis seiner Rechtswidrigkeit die Unwirksamkeit des Verwaltungsakts nach sich zieht. Zwar verbietet sich mit Blick auf die obigen Ausführungen, dies pauschal als der Verwaltungsakzessorietät des Strafrechts widersprechenden Verstoß gegen das Gebot der einheitlichen Rechtsordnung zu deuten.[1156] Jedoch zeigt dieser Umstand, dass das die Rechtsmissbrauchslösung in der Rechtsordnung keine Stütze findet und daher in Bezug auf die Straftatbestände der §§ 211 ff., 223 ff., 314 StGB, bei denen die Genehmigung kein explizites negatives Tatbestandsmerkmal darstellt, in Konflikt mit Art. 103 Abs. 2 GG gerät.[1157] Daran ändert auch die gezogene Parallele zur missbräuchlichen Ausnutzung einer Notwehrlage nichts. Denn unabhängig davon, dass dieser Vergleich ohnehin allenfalls bei rechtfertigenden Genehmigungen legitim erscheint, enthält § 32 StGB mit dem Merkmal des Gebotenseins gerade eine gesetzliche Grundlage für Rechtsmissbrauchserwägungen.[1158] So drängt sich der

---

[1152] *Hundt*, Genehmigung, S. 152.

[1153] *Frisch*, Verwaltungsakzessorietät, S. 60; *Jünemann*, Rechtsmißbrauch, S. 59. In diesem Sinne auch *Ostendorf*, JZ 1981, S. 174 f.; *Schwarz*, GA 1993, S. 326.

[1154] *Ostendorf*, JZ 1981, S. 174; *Scheele*, Bindung, S. 89 f.

[1155] Vgl. *Tiedemann*, FS Hirsch, S. 775 f.; *Winkelbauer*, Verwaltungsakzessorietät, S. 70.

[1156] So aber *Lenckner*, FS Pfeiffer, S. 29 f.; *Rengier*, ZStW 101 (1989), S. 894; *Rühl*, JuS 1999, S. 525 f.; SK-StGB-*Horn*, Vor § 324 Rn. 16.

[1157] So i. E. auch LK^{11}-*Hirsch*, Vor § 32 Rn. 164.

[1158] *Lenckner*, FS Pfeiffer, S. 29; i. E. ebenso LK^{11}-*Hirsch*, Vor § 32 Rn. 164.

Eindruck auf, dass die Rechtsmissbrauchslösung auf bloßen Billigkeitserwägungen nach Maßgabe eines intuitiven Rechtsgefühls basiert, was nicht zuletzt auch darin zum Ausdruck kommt, dass das Kriterium des Rechtsmissbrauchs uneinheitlich ausgelegt und zwecks Verwirklichung einer Einzelfallgerechtigkeit in Rechtsunsicherheit stiftender Weise an die Umstände des jeweils zu beurteilenden konkreten Geschehens angepasst wird.[1159]

Schlussendlich kranken die materiell-verwaltungsrechtlichen Auffassungen allesamt an demselben Fehler. Im Bemühen, durch Anbindung des Strafrechts an das Verwaltungsrecht mittels Ableitung strafrechtlicher Befunde aus verwaltungsrechtlichen Wertungen die Einheit der Rechtsordnung zu wahren, missverstehen sie die unterschiedliche Bedeutung des Rechtswidrigkeitsurteils in beiden Rechtsgebieten. Bildet die aus dem Zuwiderhandeln gegen gesetzliche Vorschriften folgende Rechtswidrigkeit eines Verhaltens im Verwaltungsrecht nur einen Zwischenschritt auf dem Weg zu dessen Verbot, welches zusätzlich die Aufhebung der für die betreffende Tätigkeit erteilten Genehmigung erfordert, korrespondiert im Strafrecht mit der rechtswidrigen Verwirklichung eines Straftatbestandes ein unbedingtes Tätigkeitsverbot.[1160] Dies verkennend werden Wirksamkeit und Rechtmäßigkeit regelmäßig vermengt,[1161] statt sich des Umstandes gewahr zu werden, dass es ein dem Verwaltungsakt entsprechendes Pendant im Strafrecht nicht geben kann, das Bestreben, verwaltungsrechtliche Prinzipien ins Strafrecht zu transformieren, damit von vornherein zum Scheitern verurteilt ist.[1162] Ob und inwieweit eine rechtswidrige behördliche Genehmigung strafbegrenzende Wirkung entfaltet, beantwortet sich somit nicht in Analogie zu verwaltungsrechtlichen Regelungsgrundsätzen, sondern muss anhand genuin strafrechtlicher Kriterien eigenständig bestimmt werden, mag dies im Einzelfall auch zu divergierenden Bewertungen desselben Verhaltens führen.[1163]

(II) Genuin strafrechtliche Ansätze

Dementsprechend finden sich im Schrifttum verschiedene Ansätze, welche versuchen, die Frage der Relevanz rechtswidriger Genehmigungen losgelöst von verwaltungsrechtlichen Vorgaben im Rahmen der herkömmlichen Strafrechtsdogmatik durch Rückgriff auf genuin strafrechtliche Regeln zu beantworten.

(1) Behördliche Genehmigung als objektive Strafbarkeitsbedingung

So wird zunächst vertreten, dass die fehlerhafte behördliche Genehmigung im Sinne einer objektiven Bedingung der Strafbarkeit zwar nicht die Rechtswidrigkeit des genehmigten Verhaltens beseitige, wohl aber bis zum Zeitpunkt ihrer Aufhe-

---

1159 *Breuer*, NJW 1988, S. 2080 f.; *Hüwels*, Gesetzesvollzug, S. 43; *Rengier*, ZStW 101 (1989), S. 893; *Rogall*, Strafbarkeit von Amtsträgern, S. 181; *Schall*, NJW 1990, S. 1267; *Schirrmacher*, JR 1995, S. 386.

1160 *Schmitz*, Verwaltungshandeln, S. 37. Ähnlich *Winkelbauer*, NStZ 1988, S. 205.

1161 *Baumann/Weber/Mitsch*, AT, § 17 Rn. 129; *Frisch*, Verwaltungsakzessorietät, S. 68.

1162 *Schmitz*, Verwaltungshandeln, S. 38 f.

1163 Vgl. *Holthausen*, NStZ 1988, S. 257; *Mikus*, Verhaltensnorm, S. 91; *Schünemann*, wistra 1986, S. 239. Siehe auch *BVerfGE* 75, 329 (346).

bung das straftatbestandlich indizierte Unrecht ausschließe.[1164] Diese Auffassung ist jedoch aus den bereits an anderer Stelle genannten Gründen abzulehnen.[1165]

(2) Gedanke der actio illicita in causa

Teilweise wird auch eine Parallele zur actio illicita in causa gezogen. Zwar sei das genehmigungskonforme Handeln als solches in Anbetracht der wirksamen Genehmigungserteilung rechtmäßig und damit straflos, jedoch könne sich eine Strafbarkeit aus dem zur Genehmigungserteilung führenden Vorverhalten, namentlich einer Täuschung oder Bedrohung des zuständigen Amtsträgers, ergeben. Möglich sei dies zum einen dann, wenn die Vorhandlung dem straftatbestandlichen Handlungsmerkmal genügt, weil dieses nicht mehr voraussetzt als ein im Hinblick auf die tatbestandlichen Folgen strafrechtlich missbilligtes Verhalten.[1166] Vermittels der strafrechtlichen Beteiligungsvorschriften sei dies aber auch in Bezug auf verhaltensgebundene Straftatbestände denkbar, sofern die genehmigte Tätigkeit nicht vom Antragsteller selbst, sondern von Dritten als gutgläubigen Werkzeugen ausgeübt werde,[1167] wie dies im Produktstrafrecht meist der Fall ist, da angesichts der arbeitsteiligen Organisation von Unternehmen zwischen Antragsteller und den das betreffende Verhalten tatsächlich ausführenden Mitarbeitern regelmäßig keine Personenidentität besteht.

Allerdings ist die Figur der actio illicita in causa bereits in sich widersprüchlich, indem sie im Ergebnis die Herbeiführung eines als strafrechtlich erlaubt qualifizierten Verhaltens sanktioniert. Zudem trägt sie nichts zur sachgerechten Lösung derjenigen Konstellationen bei, in denen es an einem missbilligenswerten Vorverhalten fehlt, so etwa im Fall des Ausnutzens einer Genehmigung in Kenntnis ihrer Fehlerhaftigkeit.[1168] Auch der Rekurs auf die mittelbare Täterschaft geht am Problem vorbei, da auch eine Bestrafung als mittelbarer Täter voraussetzt, dass die vom Tatmittler vollzogene Handlung prinzipiell strafbares Verhalten darstellt und nur infolge eines individuellen Defekts in der Person des Tatmittlers keine Strafe nach sich zieht. Diese grundsätzliche Strafbarkeit steht aber bei einem genehmigungskonformen Verhalten gerade in Frage, auf die der bloße Verweis auf die Beteiligungsvorschriften keine Antwort gibt.

(3) Restriktive Bestimmung der Genehmigungsreichweite

Vielversprechender wirkt der in der Literatur vereinzelt beschrittene Weg, durch eine einschränkende Bestimmung der Legalisierungswirkung behördlicher Genehmigungen ähnlich billige Ergebnisse wie die allein wegen ihrer dogmatischen Ungereimtheiten abzulehnende Rechtsmissbrauchslösung zu produzieren.[1169] Im

[1164] SK-StGB-*Horn*, Vor § 324 Rn. 19; SK-StGB-*Günther*, Vor § 32 Rn. 67.

[1165] Siehe S. 330.

[1166] MüKo-StGB-*Schlehofer*, Vor §§ 32 ff. Rn. 153.

[1167] *Jakobs*, AT, 16/29a; LK[11]-*Hirsch*, Vor § 32 Rn. 165.

[1168] *Winkelbauer*, Verwaltungsakzessorietät, S. 71.

[1169] *Breuer*, JuS 1986, S. 362 m. w. N.; *ders.*, NVwZ 1987, S. 756; *Heghmanns*, Grundzüge, S. 215; *Heine*, NJW 1990, S. 2431; *Rogall*, Strafbarkeit von Amtsträgern, S. 185 f.; *ders.*, GA 1995, S. 310 f.; S/S-*Cramer/Heine*, Vorbem. §§ 324 ff. Rn. 17b.

Gegensatz zur Rechtsmissbrauchslösung, die von der wirksamen Genehmigung der als rechtsmissbräuchlich qualifizierten Verhaltensweisen ausgeht, führt eine restriktive Auslegung der Genehmigungsreichweite dazu, dass bestimmte Verhaltensweisen gar nicht erst von einer wirksamen Genehmigung gedeckt sind.[1170] Da hierin lediglich eine Konkretisierung der immanenten Grenzen jeder Erlaubnis liegt und die Auslegung einer erteilten Genehmigung als Element der Sachverhaltsermittlung zu den ureigensten Aufgaben des Strafrichters gehört, wirft diese Vorgehensweise anders als die Rechtsmissbrauchslösung keinerlei (straf-)rechtsdogmatische Bedenken auf.[1171]

Entscheidend ist hierbei nicht, was rechtlich erlaubnisfähig ist, sondern vielmehr, was nach dem objektiven Erklärungssinn des Gestattungsaktes tatsächlich erlaubt wurde[1172] – wenngleich der grundsätzlich zu unterstellende Wille der Behörde, rechtmäßig zu handeln, im Rahmen der Auslegung der Genehmigung Berücksichtigung finden muss.[1173] Die durch die Genehmigung vermittelte Rechtsposition bestimmt sich damit in Analogie zu den §§ 133, 157 BGB nach dem im Einzelfall objektiv erklärten Behördenwillen, wie ihn ein verständiger Genehmigungsempfänger im Zeitpunkt der Genehmigungserteilung verstehen durfte.[1174] Anhaltspunkte hierfür sind neben den konkreten Regelungen des Genehmigungsbescheids[1175] auch der gesetzlich vorgeschriebene Umfang der behördlichen Sachprüfung[1176] sowie nicht zuletzt diejenigen Umstände, die für den Genehmigungsempfänger erkennbar Grundlage der Behördenentscheidung waren, so namentlich die eingereichten Antragsunterlagen.[1177]

Bestimmt der spätere Genehmigungsinhaber somit durch die konkrete Zusammenstellung der Antragsunterlagen den Genehmigungsgegenstand maßgeblich mit und ist für ihn damit zugleich objektiv erkennbar, dass sich die erteilte Genehmigung allein auf das Vorhaben in der Gestalt bezieht, wie es aus den eingereichten Dokumenten hervorgeht, so folgt hieraus zugleich im Umkehrschluss, dass im Fall verschwiegener bzw. fehlerhaft mitgeteilter Informationen über die konkrete Unternehmung der Genehmigungsumfang entsprechend eingeschränkt ist. Denn die

---

[1170] *Heghmanns*, Grundzüge, S. 215; *Kuhlen*, Umweltstrafrecht, S. 139; *ders.*, WiVerw 1992, S. 247.

[1171] Vgl. S/S-*Cramer/Heine*, Vorbem. §§ 324 ff. Rn. 17b.

[1172] So zutreffend S/S-*Lenckner*, Vorbem §§ 32 ff. Rn. 63d. Ebenso *Jünemann*, Rechtsmißbrauch, S. 93.

[1173] Zu weitgehend aber *Otto*, Jura 1991, S. 312, demzufolge stets nur genehmigt ist, was auch genehmigungsfähig ist. Dies verkennt, dass auch dann eine wirksame Genehmigung vorliegt, wenn der diese erteilende Amtsträger bewusst rechtswidrig handelt, die Fehlerhaftigkeit der Genehmigung aber für den Genehmigungsempfänger objektiv nicht erkennbar ist.

[1174] *Fluck*, VerwArch 79 (1988), S. 430 f.; MüKo-StGB-*Schlehofer*, Vor §§ 32 ff. Rn. 154; *Sach*, Genehmigung, S. 71.

[1175] Vgl. *VGH Mannheim*, NVwZ 1990, S. 781 (783).

[1176] *Heine*, Verantwortlichkeit, S. 70; *Kuhlen*, WiVerw 1992, S. 242.

[1177] *Heine*, Verantwortlichkeit, S. 70; *Hermes*, Wirkung, S. 208 ff.; *Kuhlen*, WiVerw 1992, S. 242; MüKo-StGB-*Schlehofer*, Vor §§ 32 ff. Rn. 154; S/S-*Cramer/Heine*, Vorbem. §§ 324 ff. Rn. 17b. Siehe auch *BVerwG*E 84, 220 (226).

Genehmigung als bewusste Risikoentscheidung erfasst stets nur das, was Eingang in die behördliche Sachprüfung gefunden hat.[1178] Liefern die eingereichten Unterlagen demnach ein verfälschtes Bild von der beabsichtigten und später ausgeübten Tätigkeit, so ist diese schon gar nicht als wirksam genehmigt anzusehen.[1179] Sie stellt insofern ein verbotenes, unerlaubtes Risiko dar, dessen spätere Realisierung in einem tatbestandlichen Erfolg strafrechtliche Konsequenzen haben kann.

Vermag dieser Ansatz zur Lösung der Problematik rechtswidriger Genehmigungen sowohl dogmatisch als auch hinsichtlich der damit generierten Ergebnisse, namentlich bei Erschleichung der Genehmigung mittels Täuschung, zu überzeugen, so trifft er dennoch nicht den Kern des Problems. Dieser besteht darin, dass unabhängig davon, ob die Genehmigung realiter das fragliche Verhalten deckt, der Akt der hoheitlichen Genehmigungserteilung per se einen Vertrauenstatbestand im Sinne der Erlaubnis des kontrollierten Verhaltens schafft. Nur so erklärt sich auch, warum die Verwaltungsgesetze[1180] für den Fall, dass die Verwaltungsbehörde die wahre Sachlage verkannt hat, die Aufhebung des erlassenen Verwaltungsakts gebietet, was nicht erforderlich wäre, wenn dem Behördenhandeln in diesem Fall keinerlei Relevanz zukäme. Dann kann es für die Frage der strafrechtlichen Wirkung einer (rechtswidrigen) behördlichen Genehmigung aber genau betrachtet nicht ausschlaggebend sein, ob nach rechtlichen Kriterien eine wirksame Genehmigung für das fragliche Verhalten existiert oder nicht, sondern einzig und allein, inwiefern sich der durch die Erteilung einer Genehmigung seitens einer staatlichen Behörde geschaffene Vertrauenstatbestand strafrechtlich auswirkt. Nicht die objektive Erkennbarkeit des Nichtbestehens bzw. der Rechtswidrigkeit einer Genehmigung steht im Vordergrund, sondern inwieweit ein berechtigtes, strafrechtlich zu berücksichtigendes Vertrauens in ein sachgerechtes Behördenhandeln resp. die Rechtmäßigkeit der in der Genehmigungserteilung zum Ausdruck kommenden Risikoentscheidung vorliegt – wenngleich, wie noch zu zeigen sein wird, die Frage der Berechtigung des Vertrauens in die Behördenentscheidung in gewisser Weise auch davon abhängt, ob deren Fehlerhaftigkeit für den Genehmigungsadressaten erkennbar ist.

(4) Vertrauensschutz nach Maßgabe des Vertrauensgrundsatzes

Einem Vertrauen in das Verhalten Dritter trägt das Strafrecht auf unterschiedliche Weise Rechnung. Deutet man das Einholen der Genehmigung als eine Art Erkundigung über das rechtliche Erlaubtsein des beabsichtigten Verhaltens, was zumindest im Fall der präventiven Kontrollerlaubnis nicht abwegig erscheint, so drängt sich in Parallele zur allgemein praktizierten Handhabung einer von Privatpersonen erteilten Rechtsauskunft eine Berücksichtigung im Rahmen der Schuld geradezu auf. Das an sich verbotene, unerlaubte Verhalten wäre danach aufgrund eines unvermeidbaren Verbotsirrtums gemäß § 17 StGB nicht strafbar, sofern die Rechts-

---

1178 Vgl. *BVerwG* NuR 1990, S. 318 (319); *Jünemann*, Rechtsmißbrauch, S. 94; *Kuhlen*, Umweltstrafrecht, S. 144; *ders.*, WiVerw 1992, S. 251; *Rengier*, ZStW 101 (1989), S. 901; *Sach*, Genehmigung, S. 257.

1179 S/S-*Cramer/Heine*, Vorbem. §§ 324 ff. Rn. 17b.

1180 Siehe z. B. §§ 48, 49 VwVfG oder auch § 25 AMG.

auskunft durch eine verständige, sachkundige, unvoreingenommene Person erfolgt und dementsprechend darauf vertraut werden darf.[1181] Allerdings wurden bereits im Zusammenhang mit der verwaltungsrechtsakzessorischen Ansicht Bedenken gegen eine Lösung über die strafrechtlichen Irrtumsregeln geltend gemacht. Zudem haben die allgemeinen Ausführungen zu Funktion und strafrechtsdogmatischer Verortung der behördlichen Genehmigung gezeigt, dass dem Verwaltungsakt einer staatlichen Behörde als verlängertem Arm des Gesetzgebers ein erheblich größeres Gewicht zukommt als dem Rechtsrat privater Dritter. Mit der Zwischenschaltung der Behörde anerkennt der Gesetzgeber die Komplexität der Materie und die daraus resultierende Schwierigkeit, zwischen Erlaubtem und Verbotenem zu trennen. Wo der Einzelne die Abwägung von Nutzen und Risiken eines Verhaltens nicht sachgerecht und verantwortungsvoll erbringen kann, soll der Staat durch Konkretisierung der schwer einzuschätzenden Rechtslage für den speziellen Einzelfall einspringen. Der Leitgedanke einer eigenverantwortlichen Selbststeuerung und Selbstregulierung wird insoweit von einem Konzept der Außen- und Fremdsteuerung individueller und kollektiver Verhaltensentscheidungen überlagert,[1182] welches die Beurteilung des angesichts seines Gefahrenpotentials genehmigungsbedürftigen Verhaltens dem Verantwortungsbereich der dazu berufenen staatlichen Behörde zuweist.[1183] Indem die Mitgestaltung eines Drittverhaltens durch Inanspruchnahme besonderer Erfahrung bzw. Fähigkeiten – wie dies bei Verhaltensvorgaben durch eine Fachbehörde als pluralistisch besetztem Expertengremium der Fall ist – einen Vertrauenstatbestand bzgl. der Ordnungsmäßigkeit der Instruktionen schafft, welcher im Sinne einer Verantwortungsübernahme für das mitbestimmte Fremdverhalten Sorgfaltspflichten der Behörde in Bezug auf die genehmigte Tätigkeit begründet,[1184] reduziert sich entsprechend die Sorgfaltspflicht des Genehmigungsempfängers. Solange er keinen Anlass hat, an der Pflichtmäßigkeit des Behördenhandelns, d. h. der realitätsgerechten Konkretisierung des erlaubten Risikos zu zweifeln, darf er die Rechtmäßigkeit der Genehmigung unterstellen und genügt seiner Sorgfaltspflicht allein dadurch, dass er sein Verhalten genehmigungskonform ausgestaltet, mag die Genehmigung auch objektiv rechtswidrig sein.[1185] Ist das Vertrauen des Genehmigungsinhabers demnach bereits im Rahmen der objektiven Sorgfaltspflichtbestimmung zu berücksichtigen und hängt dessen Berechtigung maßgeblich davon ab, inwieweit der Genehmigungsempfänger darauf vertrauen darf, dass die Genehmigungsbehörde durch Erlass der Genehmigung pflichtgemäß handelt, so ist der Weg zu einer sachgerechten Lösung der Problematik rechtswidriger behördlicher Genehmigungen vorgezeichnet. Entscheidend ist letztlich nicht, ob die Zulassungserteilung objektiv verwaltungsrechtswidrig ist und wie dieser Rechtswidrigkeit vor dem Hintergrund, dass auch rechtswidrige Verwaltungsakte verwaltungsrechtlich wirksam sind, im Strafrecht Rechnung zu tragen ist. Vielmehr bestimmt sich die strafrecht-

---

[1181] *BGH*St 40, 257 (264); *Tröndle/Fischer*, § 17 Rn. 9; jeweils m. w. N.

[1182] *Ronzani*, Erfolg, S. 119.

[1183] *Frisch*, Verwaltungsakzessorietät, S. 13 f.; *Große Vorholt*, Behördliche Stellungnahmen, S. 135.

[1184] Vgl. S/S-*Lenckner/Eisele*, Vorbem §§ 13 ff. Rn. 101c.

[1185] Ähnlich *Frisch*, Verwaltungsakzessorietät, S. 72 f.; *Schwarz*, GA 1993, S. 326.

liche Relevanz jeglicher – rechtswidriger wie rechtmäßiger – behördlichen Genehmigung anhand einer angemessenen Abgrenzung der Verantwortungsbereiche von Genehmigungsempfänger und Behörde nach Maßgabe des Vertrauensgrundsatzes.[1186] Dies soll im Folgenden für den hier interessierenden Fall der rechtswidrigen Arzneimittelzulassung näher ausgeführt werden.

(B) Strafrechtliche Folgen der rechtswidrigen Arzneimittelzulassung

Die Verhinderung des Inverkehrgelangens bedenklicher Arzneimittel stellt eine dem pharmazeutischen Unternehmer und dem BfArM/PEI gemeinsam obliegende Aufgabe dar, zu der beide im Wege arbeitsteiligen Zusammenwirkens ihren Beitrag zu leisten haben. Dabei weist das AMG allerdings dem BfArM/PEI im Rahmen des Zulassungsverfahrens die Kompetenz zu, verbindlich über die (Un-)Bedenklichkeit eines Arzneimittels zu befinden. Hierdurch trägt der Gesetzgeber dem Umstand Rechnung, dass die Bewertung der (Un-)Bedenklichkeit eines Arzneimittels eine gesundheits- und sozialpolitische Dimension besitzt, indem der Nutzen des Medikaments für die Volksgemeinschaft gegen die mit einer breiten Verwendung des Präparats verbundenen Risiken für die Volksgesundheit abzuwägen ist. Eine Entscheidung darüber, welche Gefahren der Gemeinschaft zugemutet werden können, kann nur von Seiten des Staates als Repräsentant der Gemeinschaft gefällt werden und steht nicht dem pharmazeutischen Unternehmer als einzelner Person zu. Daraus folgt jedoch zugleich, dass der pharmazeutische Unternehmer grundsätzlich an die Zulassungsentscheidung gebunden ist. Verweigert das BfArM/PEI die Genehmigung, so darf er das betreffende Arzneimittel nicht in Verkehr bringen, lässt das BfArM/PEI das Inverkehrbringen zu, so stellt dies umgekehrt eine verbindliche Risikoerlaubnis dar, auf die der pharmazeutische Unternehmer vertrauen darf. Dass die Berechtigung des Vertrauens nicht per se an § 25 Abs. 10 AMG oder einem generellen Kompetenzvorsprung des pharmazeutischen Unternehmers scheitert, wurde bereits dargelegt.[1187] Gleichwohl besitzt der Verweis auf die Vertrauen ausschließende Wirkung eines Wissensgefälles hinsichtlich der Medikamenteneigenschaften einen berechtigten Kern, der im Vertrauensgrundsatz begründet liegt. Unabdingbare Voraussetzung eines schutzwürdigen Vertrauens auf die erteilte Zulassung ist nämlich, dass das BfArM/PEI überhaupt fähig ist, den Sachverhalt qualifiziert zu untersuchen, namentlich die Risikodimension des betreffenden Präparates mindestens ebenso gut zu erfassen wie der pharmazeutische Unternehmer.[1188] Denn eine offensichtliche unzureichende Risikokenntnis des Dritten stellt, wie gesehen, eine immanente Schranke des Vertrauensgrundsatzes dar, widerlegt das erkennbare Defizit doch die Vermutung und das daran anknüpfende Vertrauen, der Dritte sei zu verantwortlichem Handeln in der Lage und agiere von daher pflichtgemäß.

[1186] In diesem Sinne auch *Frisch*, Verwaltungsakzessorietät, S. 13 f.; *Holthausen*, NStZ 1988, S. 257; *Ostendorf*, JZ 1981, S. 174; *Otto*, Jura 1991, S. 313; *Tiedemann*, FS Hirsch, S. 777 f.

[1187] Siehe S. 325 ff.

[1188] Vgl. *Bosch*, Organisationsverschulden, S. 88 Fn. 291; *Große Vorholt*, Behördliche Stellungnahmen, S. 42, 119; *Horn*, FS Welzel, S. 728.

Die Fähigkeit zur vollumfänglichen Risikoerfassung setzt zunächst voraus, dass das BfArM bzw. PEI über die notwendige fachliche Qualifikation verfügt, um die in den Zulassungsunterlagen enthaltenen Daten über Nutzen und Risiken des jeweiligen Präparates zutreffend auswerten und beurteilen zu können.[1189] So müssen insbesondere eigene Forschungseinrichtungen und Fachleute in die Behörde integriert sein oder es muss der Behörde zumindest externer Sachverstand jederzeit zur Verfügung stehen.[1190] Dies ist durch die an den verschiedenen Therapierichtungen und Indikationsgebieten ausgerichtete Aufgliederung des BfArM in spezielle Zulassungsabteilungen und deren Besetzung mit erfahrenen Medizinern, Pharmazeuten und Toxikologen als Vertreter der für die Bewertung der Wirksamkeit, Sicherheit und pharmazeutischen Qualität eines Arzneimittels relevanten Disziplinen unbestreitbar gewährleistet, zumal § 25a AMG zusätzlich noch die Überprüfung der Zulassungsunterlagen durch unabhängige Sachverständige vorsieht.[1191] Gleiches gilt für das PEI.

Entscheidend ist neben der Fachkompetenz aber vor allem die Kenntnis aller zulassungsrelevanten Tatsachen, also insbesondere sämtlicher Eigenschaften des zu bewertenden Arzneimittels.[1192] Diesbezüglich ist das BfArM/PEI auf die Mitwirkung des pharmazeutischen Unternehmers angewiesen, dem zunächst als einzigem alle Charakteristika des neu entwickelten Medikaments bekannt sind.[1193] Zwar besitzt das BfArM/PEI angesichts des hoch qualifizierten Personals sowie der zur Verfügung stehenden technischen Ausstattung prinzipiell die Möglichkeit, im Einzelfall auch eigene Untersuchungen über ein Arzneimittel durchzuführen, allerdings kann es dies bei der großen Anzahl eingehender Zulassungsanträge nicht generell tun.[1194] Der Gesetzgeber hat diesem Umstand dadurch Rechnung getragen, dass es das Zulassungsverfahren als reine Unterlagenprüfung ausgestaltet hat. Danach ist der pharmazeutische Unternehmer gemäß §§ 22 ff. AMG verpflichtet, in den einzureichenden Zulassungsunterlagen ausführliche Angaben über sämtliche in der analytischen, pharmakologisch-toxikologischen und klinischen Prüfung ermittelten Arzneimitteleigenschaften, die für die Zulassungsentscheidung von Relevanz sind, zu machen, damit eine objektive, wissenschaftlich fundierte Beurteilung des Präparats durch das BfArM/PEI gewährleistet ist.[1195] Zentrale Bedeutung kommt hierbei vor allem den resümierenden und entscheidungszentrierten Sachverständigengutachten gemäß § 22 Abs. 2 i. V. m. § 24 AMG zu, welche in Anbetracht der regelmäßig umfangreichen Unterlagen eine vom Gesetzgeber gewollte Orientierungs-, Vereinfachungs- und Entlastungsfunktion er-

---

[1189] Vgl. *Foerste* in: von Westphalen, Produkthaftungshandbuch, § 24 Rn. 96; *Große Vorholt*, Behördliche Stellungnahmen, S. 41 f., 119.

[1190] *Große Vorholt*, Behördliche Stellungnahmen, S. 42.

[1191] So auch *Kaufmann*, (Sonder-)Pflichtverletzungen, S. 38; *Tiedemann*, FS Hirsch, S. 778; i. E. ebenso *Körner*, AMG § 95 Rn. 10.

[1192] *Große Vorholt*, Behördliche Stellungnahmen, S. 43 f.; *Heine*, Verantwortlichkeit, S. 70; *Schröder*, Personelle Reichweite, S. 165.

[1193] Vgl. *di Fabio*, Risikoentscheidungen, S. 186; *Hart/Hilken/Merkel/Woggan*, Arzneimittelmarkt, S. 82; *Lerch*, Wirksamkeit, S. 78.

[1194] *Di Fabio*, Risikoentscheidungen, S. 185 f.; *Sander*, Pharmazeutische Industrie, S. 45.

[1195] Vgl. Teil I Abs. 5.2 lit. a. Anh. I 2001/83/EG.

füllen. Erforderlich sind gemäß § 22 Abs. 1 Satz 1 Nr. 6-9 AMG vor allem umfassende Angaben zu den Indikationsgebieten, Gegenanzeigen, Neben- und Wechselwirkungen. Die mitgeteilten Daten werden dann unter Zugrundelegung der nach § 26 AMG erlassenen Arzneimittelprüfrichtlinien vom BfArM/PEI auf ihre Vollständigkeit und Plausibilität geprüft und im Hinblick auf die (Un-)Bedenklichkeit des Medikaments bewertet.[1196]

Aus dieser Aufgabenteilung folgt in Bezug auf die Schutzwürdigkeit des Vertrauens in die Arzneimittelzulassung, dass diese mit der Verantwortung für die Inputfaktoren korrespondiert.[1197] Führt der pharmazeutische Unternehmer in den Zulassungsunterlagen die Spezifika des betreffenden Präparates falsch bzw. unvollständig auf oder versucht er gar, durch bewusste Fehlinformationen das BfArM/PEI zu täuschen, um die Zulassung eines an sich bedenkliches Präparates zu erschleichen, so beeinflusst er durch den fehlerhaften Input sachwidrig das Genehmigungsverfahren, die Prüfung und Bewertung des Medikaments und provoziert zwangsweise einen mangelhaften Output in Form einer rechtswidrigen Arzneimittelzulassung. Weil er nicht das erbringt, was von ihm zwecks Gewährleistung einer sachgerechten Risikoentscheidung verlangt wird, kann sich der pharmazeutische Unternehmer nicht auf die Arzneimittelzulassung als verbindliche Konkretisierung der materiellen Rechtslage hinsichtlich des rechtlich erlaubten Risikos verlassen.[1198] Die Rechtslage bestimmt sich vielmehr ausschließlich nach § 5 AMG mit der Konsequenz, dass das Inverkehrbringen des bedenklichen Arzneimittels ein unerlaubt riskantes, rechtlich missbilligtes Verhalten darstellt. Nur wenn der pharmazeutische Unternehmer das BfArM/PEI über alle ihm bekannten Eigenschaften des Medikaments informiert und auf diese Weise das anfängliche Wissensdefizit des BfArM/PEI beseitigt, kann er berechtigterweise mit einer verantwortungsvollen, realitätsgerechten Sachentscheidung des BfArM/PEI rechnen und auf die erteilte Zulassung, sprich die Erlaubnis, das betreffende Präparat ungestraft in Verkehr bringen zu dürfen, vertrauen.[1199] Kommt es in diesem Fall trotz einwandfreier Zulassungsunterlagen zu einer rechtswidrigen Zulassungserteilung, etwa weil das BfArM/PEI die korrekt mitgeteilten Arzneimitteldaten falsch verarbeitet oder Nutzen und Risiken des Medikaments unzutreffend bewertet und deshalb die Bedenklichkeit des Präparats verkennt, so fällt die Fehlerhaftigkeit der Zulassung in den Verantwortungsbereich des BfArM/PEI und damit des Staates. Der Staat muss sich an der fehlerhaften Zulassungsentscheidung seiner Behörde und dem dadurch geschaffenen Vertrauenstatbestand strafrechtlich festhalten lassen und das Inverkehrbringen des bedenklichen Medikaments sowie die dadurch herbeigeführten Arzneimittelschäden von Strafe ausnehmen.

[1196] Vgl. *Hart/Hilken/Merkel/Woggan*, Arzneimittelmarkt, S. 53 f.; *Sander*, Pharmazeutische Industrie, S. 45.

[1197] *Marx*, Genehmigung, S. 84, 100.

[1198] Vgl. *Frisch*, Verwaltungsakzessorietät, S. 73 f.; *Schwarz*, GA 1993, S. 326. Zu Unrecht a. A. *Hundt*, Genehmigung, S. 156, 163, sowie *Horn*, NJW 1988, S. 2337, die selbst im Fall der Täuschung der Genehmigungsbehörde die Genehmigung als maßgebliche Verhaltensnorm anerkennen.

[1199] Vgl. *Kloepfer*, NuR 1987, S. 14; *Winkelbauer*, Verwaltungsakzessorietät, S. 73.

Diese Differenzierung stellt im Grunde nichts anderes als das Ergebnis einer konsequenten Anwendung des Vertrauensgrundsatzes dar. Denn nicht nur dann, wenn der pharmazeutische Unternehmer dem BfArM/PEI bewusst unzutreffende Daten über das zu bewertende Präparat mitteilt, sondern auch dann, wenn er die Fehlerhaftigkeit der Zulassungsunterlagen fahrlässig verkennt, sei es aus bloßer Nachlässigkeit, sei es, weil die klinische Prüfung des Präparats mangelhaft konzipiert war und deshalb falsche Ergebnisse produzierte, greift eine immanente Schranke des Vertrauensgrundsatzes ein. Im ersten Fall ist einem schutzwürdigen Vertrauen in die Arzneimittelzulassung schon deshalb die Grundlage entzogen, weil der pharmazeutische Unternehmer positiv weiß, dass das BfArM/PEI aufgrund der Fehlinformation über ein defizitäres Risikobewusstsein verfügt, der Zulassungserteilung somit keine verantwortliche, der materiellen Rechtslage entsprechende, pflichtgemäße Risikobeurteilung zugrunde liegt.[1200] Darüber hinaus stellt das Einreichen fehlerhafter Zulassungsunterlagen eine den Vertrauensgrundsatz ausschließende Pflichtverletzung des pharmazeutischen Unternehmers dar. Diese wirkt sich auch maßgeblich im rechtswidrigen Handeln des BfArM/PEI aus, indem sie dessen Sachentscheidung determiniert und die rechtswidrige Erteilung der Arzneimittelzulassung auslöst, welche dann das Inverkehrbringen des bedenklichen Medikaments und die dadurch eingetretenen Arzneimittelschäden nach sich zieht.[1201] Im zweiten Fall fehlt es zwar an einem überlegenen Sachwissen des pharmazeutischen Unternehmers, jedoch greift auch hier der Ausschlussgrund der Pflichtverletzung ein – denn der pharmazeutische Unternehmer hätte die Fehlerhaftigkeit des dem BfArM/PEI mitgeteilten Datenmaterials erkennen und vermeiden müssen und handelt insofern pflichtwidrig.[1202] Mangels berechtigten Vertrauens auf die Arzneimittelzulassung erweist sich das Inverkehrbringen demnach in beiden Fällen als rechtlich missbilligtes, sorgfaltswidriges und damit grundsätzlich strafbares Verhalten.[1203]

[1200] Vgl. *Große Vorholt*, Behördliche Stellungnahmen, S. 194; *Kuhlen*, FG BGH IV, S. 662; i. E. ebenso *Hübenett*, Genehmigung, S. 119; *Winkelbauer*, Verwaltungsakzessorietät, S. 73.

[1201] *Tiedemann*, FS Hirsch, S. 778.

[1202] Etwas anderes ergibt sich entgegen *Ensenbach*, Verwaltungsakzessorietät, S. 168 f., und *Papier*, NVwZ 1986, S. 259, auch nicht aus § 24 VwVfG, wonach die zuständige Verwaltungsbehörde verpflichtet ist, den zu prüfenden Sachverhalt von Amts wegen aufzuklären. Insbesondere kann der Vorschrift nicht entnommen werden, dass unbewusst fehlerhafte Angaben des Antragstellers grundsätzlich in den Verantwortungsbereich der Behörde fallen und deshalb ein berechtigtes Vertrauen auf die erteilte Genehmigung nicht ausschließen. Denn unabhängig davon, dass sich eine pauschale Übernahme des § 24 VwVfG ins Strafrecht angesichts der divergierenden Aufgaben und Ziele von Verwaltungsrecht und Strafrecht ohnehin verbietet, wird § 24 VwVfG im Arzneimittelrecht durch die Spezialvorschriften der §§ 21 ff. AMG verdrängt, welche die Verantwortungsverteilung des § 24 VwVfG mit Rücksicht auf das unvermeidbare Informationsdefizit des BfArM modifizieren. Vgl. *Heine*, Verantwortlichkeit, S. 70 Fn. 191; *Kloesel/Cyran*, § 25 Anm. 11.

[1203] Insofern ist *Horn*, FS Welzel, S. 728, zu widersprechen, demzufolge sich der pharmazeutische Unternehmer so lange auf die Genehmigung soll berufen können, solange er

Kommt der pharmazeutische Unternehmer hingegen seiner Mitteilungspflicht ordnungsgemäß nach, indem er das BfArM/PEI zutreffend und vollständig über die Eigenschaften des Arzneimittels informiert und dadurch in die Lage versetzt, rechtmäßig zu entscheiden, darf er sich auf die in der Zulassung zum Ausdruck kommende (straf-)rechtliche Erlaubnis, das genehmigte Arzneimittel in Verkehr bringen zu dürfen, verlassen, weil er berechtigterweise erwarten und darauf vertrauen kann, dass das BfArM/PEI pflichtgemäß über das Präparat urteilt und dessen Vertrieb zu Recht genehmigt hat.[1204] Eine Strafbarkeit für Arzneimittelschäden durch das in Verkehr gebrachte Präparat scheidet damit mangels rechtlicher Missbilligung bzw. Sorgfaltswidrigkeit des Inverkehrbringens aus.

Ist damit beantwortet, inwieweit der pharmazeutische Unternehmer auf die erteilte Arzneimittelzulassung vertrauen und das Medikament ungestraft in Verkehr bringen darf, so stellt sich umgekehrt die Frage, inwieweit der Vertrauensgrundsatz auch zugunsten des BfArM/PEI Wirkung entfaltet, insbesondere, ob sich der für die Unterlagenprüfung verantwortliche Amtsträger grundsätzlich auf die Fehlerfreiheit der in den Zulassungsunterlagen angegebenen Daten verlassen darf, so dass spätere Arzneimittelschäden, die aus einer auf inkorrekt mitgeteilten Medikamentendaten beruhenden Zulassung eines bedenklichen Präparates resultieren, dem BfArM/PEI generell nicht zugerechnet werden können. Hierbei gilt es zu beachten, dass es die zentrale Funktion und Aufgabe des BfArM/PEI als Kontrollbehörde ist, Fehler seitens des pharmazeutischen Unternehmers aufzudecken. Das Gesetz etabliert mit dem vor Inverkehrbringen eines Medikaments zu durchlaufenden Zulassungsverfahren zum Zwecke eines umfassenden Schutzes der Arzneimittelkonsumenten ein System der Doppelsicherung, welches sekundäre Sorgfaltspflichten des BfArM/PEI in Bezug auf das Verhalten des pharmazeutischen

---

die Risiken des Arzneimittels nicht besser kennt als die Zulassungsbehörde. Nicht nur bei überlegenem Sachwissen kraft positiver Risikokenntnis, sondern bereits dann, wenn der pharmazeutische Unternehmer ein Risiko nicht kennt, das er kennen kann, scheidet ein berechtigtes Vertrauen auf die Genehmigung mangels ordnungsgemäßer Unterrichtung der Behörde über alle erkennbaren Arzneimittelrisiken aus. Fraglich könnte allenfalls sein, ob in den Fällen, in denen die unzutreffenden Arzneimitteldaten Ausfluss einer fehlerhaft konzipierten klinischen Prüfung sind, der Umstand, dass die Prüfung und deren Design vom BfArM und der zuständigen Ethik-Kommission gebilligt wurde, dazu führt, dass dem pharmazeutischen Unternehmer die Fehlerhaftigkeit der Zulassungsunterlagen nicht angelastet werden kann, und er demnach mangels eigener Pflichtwidrigkeit auf die Zulassung vertrauen darf. Allerdings dient das der klinischen Prüfung vorgeschaltete Genehmigungsverfahren primär dem Schutz der Versuchsteilnehmer vor unvertretbar riskanten bzw. ethisch fragwürdigen Versuchen und weniger der Gewährleistung aussagekräftiger Prüfungsergebnisse. Bedenkt man zudem, dass BfArM und Ethik-Kommission die Tauglichkeit der beabsichtigten Versuchsdurchführung nur begrenzt im Sinne einer Plausibilitätskontrolle überprüfen können, erscheint es sachgerecht, auch dann, wenn die Mitteilung unzutreffender Medikamentendaten auf einer fehlerhaften Konzeption der klinischen Prüfung beruht, dem pharmazeutischen Unternehmer die Berufung auf die Arzneimittelzulassung als wirksame Risikoerlaubnis zu versagen.

1204 Vgl. *Rademacher*, Strafbarkeit, S. 77; *Winkelbauer*, NStZ 1988, S. 206.

Unternehmers, sprich das Inverkehrbringen des betreffenden Präparates, begründet. Dementsprechend darf das BfArM/PEI gerade nicht im Sinne des Vertrauensgrundsatzes auf ein sorgfaltsgemäßes Verhalten des pharmazeutischen Unternehmers vertrauen, sondern hat vielmehr eine eventuelle Pflichtwidrigkeit einzukalkulieren. Reicht der pharmazeutische Unternehmer demnach fehlerhafte Zulassungsunterlagen ein, wird das BfArM/PEI hierdurch nicht von einer Verantwortung für das weitere Geschehen befreit. Reagiert es nicht angemessen auf die Pflichtwidrigkeit des pharmazeutischen Unternehmers, indem es bei erkennbarer Unrichtigkeit der Zulassungsunterlagen das Inverkehrbringen des Arzneimittels durch Verweigerung der Zulassung unterbindet bzw. bei aufgrund gelungener Täuschung erst später erkennbar werdender Bedenklichkeit des Präparates die Zulassung aufhebt und Gefahrenabwehrmaßnahmen einleitet, sind die infolge Einnahme des bedenklichen Medikaments aufgetretenen Arzneimittelschäden auch dem BfArM/PEI zuzurechnen.

Hinsichtlich der strafrechtlichen Wirkungsweise einer rechtswidrigen Arzneimittelzulassung ergibt sich somit zusammenfassend folgendes Bild: Resultiert die rechtswidrige Zulassungserteilung aus einer Fehlerhaftigkeit der eingereichten Zulassungsunterlagen, welche die Eigenschaften des betreffenden Präparates falsch bzw. unvollständig wiedergeben, so entfaltet die Zulassung keine strafbegrenzende Wirkung. Maßgeblich bleibt allein § 5 AMG, so dass das Inverkehrbringen des bedenklichen Medikaments ein unerlaubtes Risiko darstellt, die dadurch herbeigeführten Arzneimittelschäden in den Verantwortungsbereich des pharmazeutischen Unternehmers fallen. Daneben trägt auch das BfArM/PEI Verantwortung für die eingetretenen Gesundheitsbeeinträchtigungen, sofern die Fehlerhaftigkeit der mitgeteilten Daten durch eine ordnungsgemäße Unterlagenprüfung hätte aufgedeckt werden können. Aber selbst dann, wenn die Bedenklichkeit des Arzneimittels – etwa wegen bewusster Täuschung – für das BfArM/PEI nicht erkennbar war, ist damit keine pauschale Befreiung des BfArM/PEI von jeglicher Verantwortung für spätere Arzneimittelschäden verbunden. Sobald das BfArM/PEI von der Bedenklichkeit des Präparates Kenntnis erlangt, ist es zur Aufhebung der Zulassung und Einleitung der erforderlichen Gefahrenabwehrmaßnahmen verpflichtet, da diese Pflichten gemäß §§ 30, 62 f. AMG unabhängig davon bestehen, ob das Inverkehrbringen des bedenklichen Medikaments auf einem Verschulden des BfArM/PEI basiert. Hat der pharmazeutische Unternehmer hingegen das BfArM/PEI pflichtgemäß über alle zulassungsrelevanten Charakteristika des Präparates aufgeklärt und beruht die rechtswidrige Zulassungserteilung auf der fehlerhaften Beurteilung und Abwägung von dessen Nutzen und Risiken, so sind die späteren Arzneimittelschäden ausschließlich dem BfArM/PEI zuzurechnen.

(C) Strafrechtliche Beachtlichkeit einer nichtigen Arzneimittelzulassung

Das zur rechtswidrigen Arzneimittelzulassung Gesagte gilt entsprechend auch für den Fall, dass die Arzneimittelzulassung aufgrund schwerwiegender Mängel gemäß § 44 VwVfG nichtig ist. Entgegen der herrschenden Meinung, die der nichtigen behördlichen Genehmigung als rechtlichem Nullum pauschal jegliche strafrechtliche Wirkung abspricht,[1205] ist auch hier allein maßgeblich, ob die Zulassungserteilung ein berechtigtes Vertrauen in die Erlaubnis des Inverkehrbringens des betreffenden Medikaments begründet.[1206] Indes wird es an einem derartigen Vertrauenstatbestand regelmäßig mangeln, wenn die Nichtigkeit im Sinne des § 44 Abs. 1 VwVfG auf einem schwerwiegenden, bei verständiger Würdigung offensichtlichen Fehler basiert.[1207] Folgt die Nichtigkeit allerdings gemäß § 44 Abs. 2 VwVfG aus einem bloßen Formfehler, scheidet ein berechtigtes Vertrauen hingegen nicht per se aus.[1208]

b. Überholte Zulassung infolge nachträglicher Bedenklichkeit

Prinzipiell anders gestaltet sich jedoch die Situation, wenn die Arzneimittelzulassung wegen anfänglicher Unbedenklichkeit des Medikaments rechtmäßig erteilt wurde, jedoch in der Zwischenzeit Umstände eingetreten sind, die zur Bedenklichkeit des Präparates führen. Ursache für die „nachträgliche" Bedenklichkeit des Arzneimittels kann sowohl das Bekanntwerden neuer, bis dato nicht erkennbarer unvertretbarer Nebenwirkungen sein als auch die weite Verbreitung eines Fehlgebrauchs des Medikaments, die zur Folge hat, dass die somit als nicht fern liegend zu betrachtende fehlerhafte Anwendung als bestimmungsgemäßer Gebrauch mitsamt seinen Risiken in die Vertretbarkeitsprüfung des § 5 Abs. 2 AMG einfließt.[1209] Zwar folgt hieraus nicht die Rechtswidrigkeit der Zulassung, bestimmt sich die Rechtswidrigkeit eines Verwaltungsakts doch ausschließlich nach der Sach- und Rechtslage im Zeitpunkt seines Erlasses.[1210] Wohl aber muss die Zulassung angesichts der zwischenzeitlichen Veränderung der Beurteilungslage als offensichtlich überholt angesehen werden. Ist das Inverkehrbringen bis zum Auftreten erster Verdachtsfälle schwerwiegender Nebenwirkungen bzw. bis zur Etablierung des Fehlgebrauchs von der Zulassung gedeckt und damit straflos, so stellt sich für die Zeitspanne danach die Frage, inwieweit die erteilte Zulassung bis zu ihrer Aufhebung auch strafbarkeitsbegrenzende Wirkung im Hinblick auf ein fortgesetztes Inverkehrbringen des nun bedenklichen Arzneimittels bzw. das Unterlassen erforderlicher Warn- oder Rückrufmaßnahmen entfaltet.

[1205] *Baumann/Weber/Mitsch*, AT, § 17 Rn. 128; *Fortun*, Genehmigung, S. 69; *Frank*, Verwaltungshandeln, S. 35; *Immel*, Umweltuntreue, S. 119; *Hüwels*, Gesetzesvollzug, S. 50 f.; *Jescheck/Weigend*, AT, § 33 VI 4; *Kindhäuser*, LPK, § 324 Rn. 9; *Kühl*, AT, § 9 Rn. 128 m. w. N.; LK-*Steindorf*, Vor § 324 Rn. 42 m. w. N.; *Maurach/Zipf*, AT/1, § 29 Rn. 19; NK-*Paeffgen*, Vor §§ 32 bis 35 Rn. 202; *Rogall*, GA 1995, S. 310; *ders.*, FS Uni Köln, S. 524. Kritisch *Kuhlen*, Umweltstrafrecht, S. 111; *Paeffgen*, FS Stree/Wessels, S. 592, die eine pauschale Unbeachtlichkeit nichtiger Genehmigungen in Anbetracht der Tatsache, dass die Nichtigkeit auch auf einem bloßen Formfehler beruhen kann, ablehnen.

[1206] So auch *Frisch*, Verwaltungsakzessorietät, S. 104.

[1207] *Frisch*, Verwaltungsakzessorietät, S. 104; *Hüwels*, Gesetzesvollzug, S. 51.

[1208] *Frisch*, Verwaltungsakzessorietät, S. 105.

[1209] Vgl. *Papier*, Gebrauch, S. 21 f.

[1210] *Gröger*, Haftung, S. 92; *Horn*, NJW 1981, S. 5; *Schmitz*, Verwaltungshandeln, S. 47; *Zeitler*, Verwaltungsentscheidungen, S. 65.

Ausgangspunkt der Überlegungen hat zu sein, dass behördliche Genehmigungen keine generelle Zukunftsgarantie für die Gemeinwohlverträglichkeit einer einmal zugelassenen Tätigkeit beinhalten.[1211] Insbesondere treffen sie keine Aussage dahingehend, dass alles, was künftig auf der Grundlage und unter Einhaltung der Genehmigung geschieht, als rechtlich erlaubtes Risiko von Strafe ausgenommen ist. Denn die damit verbundene generelle Entbindung des Genehmigungsempfängers von der allgemeinen Sorgfaltspflicht eines verantwortlichen, den jeweiligen Umständen angemessen Umgangs mit den Rechtsgütern Dritter würde dem Zweck des Genehmigungserfordernisses als Instrument zur Intensivierung des Rechtsgüterschutzes zuwiderlaufen. Dementsprechend wird auch die arzneimittelrechtliche Grundpflicht des § 5 AMG durch die Arzneimittelzulassung lediglich zeitlich und sachlich konkretisiert und reduziert, nicht aber vollständig für alle Zukunft aufgehoben.[1212] Hieraus erklärt sich die allgemein anerkannte Verpflichtung des pharmazeutischen Unternehmers, sein Produkt auch nach der Zulassung ständig zu beobachten und mit zunehmendem wissenschaftlichen bzw. technischen Fortschritt kontinuierlich zu verbessern.[1213]

Vor diesem Hintergrund betrachtet ein Teil des Schrifttums die Altgenehmigung bei wesentlich veränderter Sachlage als obsolet und sieht den Genehmigungsempfänger als verpflichtet an, nach Maßgabe der materiell-rechtlichen, gesetzlichen Verhaltensgebote durch Ergreifen der erforderlichen Gefahrenabwehrmaßnahmen eigenverantwortlich tätig zu werden.[1214] Andere Stimmen betonen dagegen den Orientierungssicherheit und Stabilität bezweckenden Charakter der Genehmigung und das daraus resultierende schutzwürdige Vertrauen in die Beständigkeit der formell wirksamen Behördenentscheidung, angesichts dessen prinzipiell der Staat das Risiko unvorhergesehener Änderungen der Erkenntnislage zu tragen habe mit der Folge, dass die genehmigte Tätigkeit weiterhin ein (strafrechtlich) erlaubtes Verhalten darstelle, solange die Genehmigung nicht formell aufgehoben sei bzw. sich durch Zeitablauf oder auf sonstige Weise erledigt habe. Es liege im Verantwortungsbereich der Behörde, die durch die Genehmigung selbst geschaffene Rechtslage an die veränderten Gegebenheiten anzupassen.[1215] Wel-

---

[1211] *Kloepfer*, NuR 1987, S. 14.

[1212] Vgl. *Marx*, Genehmigung, S. 96; MüKo-BGB-*Wagner*, § 823 Rn. 578; i. E. ebenso *Fuhrmann*, Sicherheitsentscheidungen, S. 77.

[1213] Vgl. *Foerste* in: von Westphalen, Produkthaftungshandbuch, § 24 Rn. 94, 96; *Kloesel/Cyran*, § 25 Anm. 141.

[1214] *Heine*, Verantwortlichkeit, S. 72; *Heitz*, Arzneimittelsicherheit, S. 379; *Horn*, FS Welzel, S. 732; *Koyuncu*, PharmR 2005, S. 293; *Mikus*, Verhaltensnorm, S. 91; NK-*Paeffgen*, Vor §§ 32 bis 35 Rn. 36; *Räpple*, Arzneimittel, S. 22 f.; *Rehmann*, § 5 Rn. 1; *Sach*, Genehmigung, S. 185; *Thiele*, BGesundhBl 1997, S. 12. Ebenso *StA Mannheim* NJW 1976, S. 585 (586), *StA Frankfurt*, NuR 1982, S. 114 (116). Vgl. auch *OVG Münster* NVwZ 1985, S. 356.

[1215] Vgl. *Grawert*, FS Broermann, S. 483; *Gröger*, Haftung, S. 92; *Kuhlen*, Umweltstrafrecht, S. 133 f., 143; *ders.*, WiVerw 1992, S. 243, 250; MüKo-StGB-*Schmitz*, Vor §§ 324 ff. Rn. 46; *Pfohl* in: Müller-Gugenberger/Bieneck, WiStR, § 54 Rn. 132 f.; *Rogall*, Strafbarkeit von Amtsträgern, S. 186; *Schmucker*, Dogmatik, S. 170; S/S-*Cramer/Heine*, Vorbem. §§ 324 ff. Rn. 32; *Zeitler*, Verwaltungsentscheidungen, S. 69.

cher Auffassung letztlich der Vorzug gebührt, soll im Folgenden in Auseinandersetzung mit den im Schrifttum vorgetragenen Argumenten erarbeitet werden.

(A) Berufung auf die Arzneimittelzulassung als Rechtsmissbrauch

Teilweise wird zur Begründung der Wirkungslosigkeit von Altgenehmigungen der Gedanke des Rechtsmissbrauchs angeführt. Wie das Ausnutzen einer erkannt rechtswidrigen Genehmigung sei auch die Berufung auf eine offensichtlich überholte Genehmigung rechtsmissbräuchlich und daher strafrechtlich unbeachtlich.[1216] Aber wie schon im Zusammenhang mit rechtswidrigen Genehmigungen erweist sich die Rechtsmissbrauchslösung auch hier als rechtsdogmatisch nicht legitimierbare Billigkeitserwägung und ist daher abzulehnen.

(B) Orientierung an den Grundsätzen polizeilicher Gefahrenabwehr

Nach einer anderen Auffassung folgt die strafrechtliche Irrelevanz überholter behördlicher Genehmigungen aus den Grundsätzen polizeilicher Gefahrenabwehr, welche zwecks Vermeidung von Disharmonien zwischen Straf- und Verwaltungsrecht auch im Strafrecht zu berücksichtigen seien.[1217] Wenn die behördliche Genehmigung eines Vorhabens schon im Verwaltungsrecht keinen absoluten Schutz entfalte, der Staat vielmehr bei akuten Gefahren für die öffentliche Sicherheit auf der Grundlage der polizeilichen Generalklausel berechtigt sei, gegen die formell genehmigte Unternehmung einzuschreiten,[1218] könne der Genehmigung erst recht in einem dem effektiven Rechtsgüterschutz verschriebenen Strafrecht keine Legalisierungswirkung zukommen, wenn durch die genehmigte Tätigkeit Dritte erkennbar unvertretbaren Risiken ausgesetzt werden.[1219] Indes ist zu beachten, dass dem Polizeirecht eine erfolgsbezogene, auf die Missbilligung des potentiellen Schadens abstellende Sichtweise zugrunde liegt, wonach die Ermächtigung zu polizeilichem Eingreifen unabhängig von der Qualität des gefahrenträchtigen Verhaltens ausschließlich von Art und Schwere des drohenden Erfolges abhängt.[1220] Dagegen knüpft das Strafrecht als handlungsbezogenes, personales Unrecht sanktionierendes Rechtsgebiet die Strafsanktion an die Missbilligung eines Verhaltens. Aus der Möglichkeit des polizeilichen Einschreitens gegen die zugelassene Tätigkeit kann daher nicht pauschal auf deren rechtliche Missbilligung geschweige denn Strafbarkeit geschlossen werden.[1221]

(C) Evidente Vorläufigkeit der Arzneimittelzulassung

Wieder andere entwickeln die strafrechtliche Unbeachtlichkeit von Altgenehmigungen ähnlich wie schon bei rechtswidrigen Genehmigungen aus einer restrikti-

---

[1216] *Horn*, NJW 1986, S. 156; S/S-*Lenckner*, Vorbem §§ 32 ff. Rn. 63d; *StA Mannheim*, NJW 1976, S. 585 (586).

[1217] So etwa *Heine*, NJW 1990, S. 2431.

[1218] So ausdrücklich *BVerwGE* 55, 118 (123).

[1219] S/S-*Cramer/Heine*, Vorbem. §§ 324 ff. Rn. 17b.

[1220] *Vogel*, GA 1990, S. 259 m. w. N.

[1221] In diesem Sinne letztlich auch Bedenken gegen die Maßgeblichkeit polizeirechtliche Wertungen bei *Heine* selbst, NJW 1990, S. 2431.

ven Auslegung des Bescheidungsgegenstands und Bescheidungsumfangs.[1222] Grundgedanke hierbei ist das statische, auf die konkrete Entscheidungssituation fixierte Wesen hoheitlicher Genehmigungen.[1223] Diese umfassten stets nur diejenigen Risiken des betreffenden Vorhabens, die im Zeitpunkt der Genehmigungserteilung als mögliche Folgen der Unternehmung bekannt waren und dementsprechend im Rahmen der behördlichen Risikoentscheidung berücksichtigt werden konnten, nicht aber diejenigen, deren Identifizierung nach dem wissenschaftlichen Erkenntnisstand im Genehmigungszeitpunkt noch überhaupt nicht möglich war.[1224] Das Recht der Risikoverwaltung sei ein Recht auf Zeit, staatliche Risikoentscheidungen im Produktrecht zeichneten sich geradezu durch ihre temporäre Vorläufigkeit aus.[1225] Die Regelungswirkung von Risikogenehmigungen sei daher zeitlich oder sachlich befristet, ohne mit einer Befristung oder Bedingung versehen zu sein.[1226] Namentlich im Arzneimittelrecht zeigten die geringen Aufhebungshürden, die Zulässigkeit belastender Maßnahmen bereits bei Verdachtslagen sowie das Fehlen von Entschädigungsregeln im Fall der Zulassungsaufhebung, dass der Gesetzgeber die arzneimittelrechtliche Zulassungsentscheidung bewusst revisionsoffen halten wollte.[1227] Dann aber könne die Zulassung keinen rechtlich relevanten Bestands- respektive Vertrauensschutz in Form einer unbegrenzten Legalisierung des Inverkehrbringens trotz zwischenzeitlich offenbar gewordener erheblicher Nebenwirkungen auslösen.[1228] Das Schadensrisiko falle demnach in den Verantwortungsbereich des Genehmigungsempfängers.[1229]

Zutreffend wird jedoch von Teilen des Schrifttums darauf hingewiesen, dass dies aus Gründen der Rechtssicherheit und Rechtsklarheit nur gelten könne, wenn die Einschränkung des Bescheidungsumfangs für den Genehmigungsempfänger bei verständiger Würdigung auch objektiv erkennbar war.[1230] Dies dürfte aber in Bezug auf die Arzneimittelzulassung regelmäßig zu bejahen sein. Denn der pharmazeutische Unternehmer schildert das erkannte und zur Genehmigung gestellte Gefahrenpotential des Medikaments in den Zulassungsunterlagen selbst und weiß daher kraft Ausgestaltung des Zulassungsverfahrens als Unterlagenprüfung, dass sich die Gestattungswirkung nur auf die angegebenen Risiken beziehen kann.[1231] Eine Strafbarkeit nach § 96 Nr. 5 AMG ist mangels Zulassung des Inverkehrbringens des „nachträglich" bedenklichen Arzneimittels daher unstrittig gegeben.

[1222] *Jünemann*, Rechtsmißbrauch, S. 47; *Kloepfer*, NuR 1987, S. 13; *Rogall*, GA 1995, S. 310 f.; *Sach*, Genehmigung, S. 181; S/S-*Cramer/Heine*, Vorbem. §§ 324 ff. Rn. 17b.

[1223] *Heine*, Verantwortlichkeit, S. 71; *Horn*, FS Welzel, S. 727.

[1224] Vgl. *BVerwG* NuR 1990, S. 318 (319 f.); *Brandt/Lange*, UPR 1987, S. 15; *Hermes*, Wirkung, S. 207; *Kloepfer*, NuR 1987, S. 14; *Mikus*, Verhaltensnorm, S. 92; *Sach*, Genehmigung, S. 77 f.; a. A. *Fluck*, VerwArch 79 (1988), S. 431.

[1225] *Di Fabio*, Risikoentscheidungen, S. 307.

[1226] *Di Fabio*, Risikoentscheidungen, S. 311.

[1227] *Di Fabio*, Risikoentscheidungen, S. 306.

[1228] *Di Fabio*, Risikoentscheidungen, S. 184.

[1229] *Sach*, Genehmigung, S. 188.

[1230] So etwa LK-*Steindorf*, Vor § 324 Rn. 37. Ebenso *Di Fabio*, Risikoentscheidungen, S. 320.

[1231] Vgl. *Hermes*, Wirkung, S. 208.

Weniger überzeugend erweist sich der auf einer restriktiven Genehmigungsauslegung aufbauende Lösungsansatz hingegen im Hinblick auf eine Strafbarkeit gemäß §§ 211 ff., 223 ff., 314 StGB. Unabhängig davon, dass es wie schon bei der Frage der strafrechtlichen Wirkungsweise rechtswidriger Genehmigungen nicht darum geht, ob eine wirksame Genehmigung besteht, sondern wie der durch die Zulassungserteilung gesetzte Vertrauenstatbestand strafrechtlich zu würdigen ist, kann die Auffassung auch aus einem anderen Grund die Relevanz einer überholten Arzneimittelzulassung in Bezug auf diese Delikte nicht abschließend bestimmen. Denn die erkennbare Vorläufigkeit der Arzneimittelzulassung als solche sagt nichts darüber aus, inwieweit die zwischenzeitlich aufgetretenen Nebenwirkungen die Nutzen-Risiko-Bilanz des Präparats ins Negative umschlagen lassen und das Medikament als bedenklich ausweisen. Die völlige Wirkungslosigkeit der erteilten Zulassung auf der Grundlage ihrer restriktiven Auslegung hätte die Konsequenz, dass es dem pharmazeutischen Unternehmer obläge zu entscheiden, ob sein Produkt nunmehr bedenklich ist und er dieses deshalb gemäß § 5 AMG aus dem Verkehr ziehen muss. Die Interpretation des § 5 AMG gestaltet sich in dieser Situation nicht weniger komplex als im Zeitpunkt der ursprünglichen Zulassungserteilung, weshalb dem pharmazeutischen Unternehmer eine solche Entscheidungskompetenz nach der Intention des Gesetzgebers gerade nicht zukommen kann. Dieser hat angesichts der sozialen, auf die Gesellschaft insgesamt bezogenen Dimension der (Un-)Bedenklichkeitsbescheinigung sowie der Ambivalenz pharmazeutischer Produkte mit dem BfArM/PEI eine speziell ausgebildete, pluralistisch besetze Instanz geschaffen und damit betraut, über die Bedenklichkeit eines Arzneimittels zu befinden.[1232] Es liefe der Verantwortung des Staates für die Volksgesundheit zuwider, wenn der pharmazeutische Unternehmer mit Auftreten noch so geringer Nebenwirkungen ein eventuell alternativloses Präparat vom Markt nehmen müsste und damit Personen, die auf dieses angewiesen sind, gegebenenfalls ihrer (einzigen) Heilungschance berauben würde.[1233]

Liegt die Beurteilung der (Un-)Bedenklichkeit nach Bekanntwerden bislang verborgener Nebenwirkungen somit im Verantwortungsbereich des BfArM/PEI und darf sich der pharmazeutische Unternehmer angesichts der hochgradigen Fachkompetenz des BfArM sowie des PEI grundsätzlich auf eine ordnungsgemäße Wahrnehmung dieser Verantwortung verlassen, so muss er auch grundsätzlich

[1232] Dies unterstreicht auch ein Blick auf Art. 104 Abs. 9 2001/83/EG, wonach sich der pharmazeutische Unternehmer ohne vorherige bzw. gleichzeitige Unterrichtung der zuständigen Arzneimittelbehörde nicht eigenmächtig mit Warnhinweisen bzgl. seines Produkts an die Öffentlichkeit wenden darf. Hierin kommt zum Ausdruck, dass die maßgebliche Entscheidung über Ob und Wie eines gefahrenabwehrenden Tätigwerdens letztlich der Behörde überlassen bleibt, der pharmazeutische Unternehmer also gerade nicht eigenverantwortlich agieren darf.

[1233] Insofern kann auch das Argument nicht überzeugen, der Genehmigungsinhaber sei zu eigenverantwortlichem Handeln verpflichtet, weil er als Betreiber der Risikoquelle zu schnellerem Handeln in der Lage sei. So *Rettenbeck*, Rückrufpflicht, S. 69 f.; *Sach*, Genehmigung, S. 185. Denn die schnellstmögliche Gefahrenabwehr stellt wegen des damit verbundenen Entzugs der Vorteile des Medikaments nicht immer eine angemessene, wohl dosierte Reaktion dar.

darauf vertrauen dürfen, dass das BfArM/PEI – insbesondere angesichts der niedrigen Aufhebungshürden sowie seiner im Stufenplan verbrieften zentralen Stellung als Initiator und Koordinator der Gefahrenabwehr – die Zulassung revidieren bzw. Gefahrenabwehrmaßnahmen anordnen werde, wenn dies infolge der festgestellten Bedenklichkeit des Präparates erforderlich erscheint.[1234] Umgekehrt darf der pharmazeutische Unternehmer das Untätigbleiben des BfArM/PEI als verbindliche Einschätzung des Arzneimittels als weiterhin unbedenklich ansehen und auf der Basis der bestehenden Zulassung sein Produkt in Verkehr bringen. Einschränkungen dieses Vertrauens ergeben sich angesichts der Tatsache, dass damit letztlich die sachgerechte Abgrenzung der Verantwortungsbereiche von pharmazeutischem Unternehmer und BfArM/PEI über die Relevanz der überholten Genehmigung entscheidet,[1235] auch hier aus einer entsprechenden Anwendung des Vertrauensgrundsatzes.[1236] Darauf soll im Folgenden abschließend eingegangen werden.

(D) Vertrauensschutz auf der Basis des Vertrauensgrundsatzes

Parallel zur Berechtigung des Vertrauens in eine rechtswidrige Genehmigung setzt auch die Schutzwürdigkeit des Vertrauens in die fortdauernde Legalisierungswirkung einer überholten Arzneimittelzulassung voraus, dass das BfArM/PEI in der Lage ist, das veränderte Gefahrenpotential des fraglichen Medikaments mindestens ebenso gut zu überblicken wie der pharmazeutische Unternehmer selbst. Auch hier gilt in konsequenter Umsetzung des Vertrauensgrundsatzes und seiner Schranken, dass eine überlegene Risikokenntnis des pharmazeutischen Unternehmers bzw. ein defizitäres Risikobewusstsein des BfArM/PEI einem berechtigten Vertrauen in ein pflichtgemäßes Handeln des BfArM/PEI die Grundlage entzieht, mit der Folge, dass ein Untätigbleiben des BfArM/PEI und der formelle Fortbestand der Arzneimittelzulassung nicht als konkludente Bekundung der fortwährenden Unbedenklichkeit des Präparates gedeutet werden kann.

Schutzwürdig ist das Vertrauen in die erteilte Zulassung mit anderen Worten nur dann, wenn das BfArM/PEI ständig über das jeweils aktuelle Risikowissen verfügt und damit jederzeit zu einer pflichtgemäßen Korrektur der ursprünglichen Gestattung fähig ist. Zwar obliegt es dem BfArM/PEI, sich eigenverantwortlich bestmöglich über die Eigenschaften der zugelassenen Medikamente auf dem Laufenden zu halten. Da es angesichts der großen, stetig anwachsenden Zahl zugelassener Arzneimittel aber nicht jedes Pharmakon in eigenständiger Forschung gezielt auf bislang unbekannte Nebenwirkungen prüfen kann, ist das BfArM/PEI zur Perpetuierung einer umfassenden Risikokenntnis in Bezug auf das jeweilige Präparat auf eine kontinuierliche realitätsgerechte Unterrichtung über festgestellte neue Nebenwirkungen durch die übrigen am Arzneimittelverkehr Beteiligten, neben dem pharmazeutischen Unternehmer insbesondere Ärzte und Apotheker,

---

[1234] A. A. *Sangenstedt*, Garantenstellung, S. 470 f.

[1235] So explizit *Hermes*, Wirkung, S. 203 f.

[1236] Dagegen wollen *StA Mannheim*, NJW 1976, S. 585 (586), und *Otto*, Jura 1991, S. 313, das Vertrauen in die fortbestehende Legalisierungswirkung einer Altgenehmigung über die strafrechtlichen Irrtumsregeln berücksichtigen. Eine solche Irrtumslösung ist aber wie schon bei rechtswidrigen Genehmigungen abzulehnen.

angewiesen.[1237] Dem Umstand, dass die Pharmakovigilanz entscheidend von der Qualität und Quantität der Risikoinformation lebt, hat auch der Gesetzgeber an verschiedenen Stellen des AMG Rechnung getragen.

So ist der pharmazeutische Unternehmer gemäß § 63b Abs. 2 AMG verpflichtet, Verdachtsfälle schwerwiegender Nebenwirkungen sowie einen häufig aufgetretenen erheblichen Missbrauch des betreffenden Präparats unverzüglich dem BfArM/PEI zu melden.[1238] Daneben hat er gemäß § 29 Abs. 1 AMG dem BfArM/PEI über jedwede Änderung in den eingereichten Zulassungsunterlagen, also auch hinsichtlich Neben- und Wechselwirkungen bzw. Kontraindikationen, Anzeige zu erstatten. Dies korrespondiert mit der in § 63b Abs. 5 AMG statuierten Pflicht des pharmazeutischen Unternehmers, im Abstand von zunächst sechs Monaten, später jährlich bzw. alle drei Jahre sowie unverzüglich nach entsprechender Aufforderung des BfArM/PEI einen regelmäßig aktualisierten Bericht über die Unbedenklichkeit des zugelassenen Arzneimittels vorzulegen. Schließlich bedarf auch die Verlängerung der Zulassung gemäß § 31 Abs. 2 AMG einer vorherigen Berichterstattung des pharmazeutischen Unternehmers über Veränderungen der Beurteilungsmerkmale des Präparats durch Vorlage einer komplett überarbeiteten Fassung der Zulassungsunterlagen.

Was Ärzte und Apotheker anbelangt, fehlt es an einer entsprechenden formalgesetzlichen Informationspflicht, obwohl ihnen bei der Beobachtung und Sammlung von unerwünschten Arzneimittelwirkungen eine Schlüsselrolle zukommt, sind sie doch die einzigen, die mit einer Vielzahl von Patienten unterschiedlichster Konstitution in Kontakt treten, vor allem aber auch noch nach der Abgabe des Arzneimittels in enger Verbindung zum Patienten stehen und dabei über den medizinisch-pharmakologischen Sachverstand verfügen, um Beschwerden der Patienten als mögliche unerwünschte Arzneimittelwirkungen identifizieren zu können.[1239] Insofern ist der pharmazeutische Unternehmer und damit auch das BfArM bzw. PEI zur Erfassung aller unerwünschten Wirkungen eines Produktes de facto hochgradig abhängig von einer kooperativen Unterstützung seitens der Angehörigen der Heilberufe durch Weitergabe diesbezüglicher Informationen. Aus diesem Grund fordert das BfArM seit 1987 bei aufkommendem Verdacht möglicher Nebenwirkungen eines Medikaments die Angehörigen der Heilberufe durch Veröffentlichung sogenannter Arzneimittel-Schnellinformationen (ASI) im Bundesgesundheitsblatt auf, bestimmte Präparate auf gewisse Nebenwirkungsgefahren zu beobachten und positive Befunde zu melden, um auf diese Weise zu eruieren, ob sich der zunächst vage Anfangsverdacht erhärtet. Trotz dieser ausdrücklichen Inpflichtnahme der Medizinberufe durch das BfArM/PEI bleibt die Berichterstat-

---

[1237] Vgl. *Glaeske/Greiser/Hart*, Arzneimittelsicherheit, S. 78; *Heitz*, Arzneimittelsicherheit, S. 79; *Hohm*, Nachmarktkontrolle, S. 288; *Ramsauer*, Arzneimittelversorgung, S. 68; *Scheu*, In dubio, S. 691.

[1238] Siehe auch die die Anzeigepflicht des § 63b AMG konkretisierende 4. Bekanntmachung des BfArM/PEI zur Anzeige von Nebenwirkungen und Arzneimittelmissbrauch nach § 63b Abs. 1 bis 8 AMG vom 29.04.2005.

[1239] *Hart/Hilken/Merkel/Woggan*, Arzneimittelmarkt, S. 143. Vgl. auch *Blasius et al.*, Arzneimittel, S. 210; *Mathias/Piper/Lasek*, Internist 1990, S. 449; *Scheler*, Spontanerfassung, S. 289.

tung über negative Erfahrungen mit einem Arzneimittel für den Arzt grundsätzlich freiwillig. Ihn trifft lediglich gemäß § 24 Abs. 7 MBOÄ eine berufsrechtliche Pflicht, unerwünschte Arzneimittelwirkungen an die Arzneimittelkommission der deutschen Ärzteschaft zu melden, die diese Risikoinformationen wiederum im Rahmen des Stufenplanverfahrens[1240] an das BfArM/PEI weiterleiten. Hingegen ist der Apotheker gemäß § 21 ApoBetrO auch rechtlich verpflichtet, die erforderlichen Gefahrenabwehrmaßnahmen zu ergreifen, wozu jedenfalls unstreitig die Information des BfArM/PEI oder zumindest der Arzneimittelkommission der deutschen Apotheker zählt.

Eine im Stufenplan geregelte Unterrichtungspflicht über bekannt gewordene Nebenwirkungen trifft auch die zuständigen Überwachungsbehörden der Länder, wenngleich in Anbetracht der Betriebsbezogenheit ihrer Überwachungstätigkeit wohl nur äußerst selten Informationen über die bei Arzneimittelkonsumenten auftretenden Gesundheitsschäden erhalten dürften.[1241]

Vor dem Hintergrund, dass die Arzneimitteltherapie regelmäßig ambulant erfolgt, stellt auch der Patient selbst eine wichtige Erkenntnisquelle dar. Um dessen Mitwirkung bei Aufdeckung verborgener Nebenwirkungen zu steigern, verlangt § 11 Abs. 1 Satz 1 Nr. 13 AMG vom pharmazeutischen Unternehmer, den Patienten in der Gebrauchsinformation aufzufordern, in der Packungsbeilage nicht aufgeführte Nebenwirkungen dem Arzt oder Apotheker zu melden.

Kommen die am Arzneimittelverkehr Beteiligten ihren Mitteilungspflichten nicht ordnungsgemäß nach, scheidet eine Berufung auf die Altgenehmigung aus. Zwar mag man darüber streiten, ob das eigene Untätigbleiben einen konkreten Anhaltspunkt für ein defizitäres Risikobewusstsein des BfArM/PEI liefert, ließe sich doch namentlich bei nicht außergewöhnlichen Nebenwirkungen argumentieren, dass das BfArM/PEI über diese auch durch andere Ärzte, Apotheker etc. hinreichend Kenntnis erlangen kann und der Einzelne grundsätzlich erwarten und darauf vertrauen darf, dass andere ihren Meldepflichten nachkommen. Jedoch stellt das eigene Untätigbleiben eine Pflichtverletzung dar, welche sich im Untätigbleiben des BfArM/PEI, sprich der Nichtaufhebung der Zulassung, und dem weiteren schadensträchtigen Inverkehrbringen des fraglichen Medikaments auswirkt und als immanente Schranke des Vertrauensgrundsatzes dem Vertrauen in die Arzneimittelzulassung ihre Berechtigung nimmt. Zugleich schließt das eigene Fehlverhalten auch einen exkulpierenden Verweis auf das pflichtwidrige Untätigbleiben anderer zur Aufklärung des BfArM/PEI fähiger Ärzte, Apotheker etc. aus. Die Altzulassung entfaltet somit keine Wirkung, das fortgesetzte Inverkehrbringen des Präparats ist als rechtlich missbilligtes Risiko tauglicher Anknüpfungspunkt einer Strafbarkeit wegen der dadurch verursachten Gesundheitsschäden.

Erfüllen die Beteiligten hingegen ihre Informationspflicht und ermöglichen dadurch dem BfArM/PEI eine sachgerechte aktualisierte Risikoentscheidung, dürfen sie die Altzulassung als weiterhin verbindliche Konkretisierung des erlaubten Risikos und sorgfaltspflichtbestimmende Verhaltensleitlinie erachten.[1242] Dies gilt

---

1240 Siehe Nr. 2.2 und 4.1 des Stufenplans.

1241 So auch *Ramsauer*, Arzneimittelversorgung, S. 70.

1242 So auch *Frisch*, Verwaltungsakzessorietät, S. 80 f.

für den pharmazeutischen Unternehmer ebenso wie für Ärzte, Apotheker, Großhändler, die Überwachungsbehörden der Länder und Patienten, die das Medikament an Dritte abgeben,[1243] und zwar sowohl dann, wenn sie den Verdacht unmittelbar an das BfArM/PEI melden, als auch dann, wenn die Meldung über zwischengeschaltete Instanzen – wie etwa die Arzneimittelkommissionen der Heilberufe – erfolgt, da sie darauf vertrauen dürfen, dass diese Institutionen ihre Pflicht zur Informationsweitergabe wiederum ordnungsgemäß wahrnehmen. Dem BfArM/PEI kommt als zentrale Sammelstelle eingegangener Verdachtsmomente eine herausgehobene Stellung zu. Durch die von allen Seiten zufließenden Informationen und die in vergleichbaren früheren Fällen gesammelten Erfahrungswerte ist es am besten in der Lage, ein realitätsgetreues Bild der tatsächlichen Situation zu erstellen, die drohenden Gefahren am zutreffendsten zu bewerten und demgemäß ein angemessenes, wohl dosiertes Risikomanagement zu gewährleisten.[1244]

Die Grenze des berechtigten Vertrauens ist hier in Anlehnung an die Erläuterungen zum Vertrauensgrundsatz dann erreicht, wenn die nachträglich festgestellten Nebenwirkungen so eklatant sind, dass sich die Bedenklichkeit des betreffenden Arzneimittels geradezu aufdrängt und insofern konkrete Anhaltspunkte für die Pflichtwidrigkeit des Untätigbleibens des BfArM/PEI gegeben sind – wovon mit Blick auf die Komplexität der Vertretbarkeitsprüfung und die diesbezügliche Einschätzungsprärogative des BfArM/PEI aber nur im Ausnahmefall auszugehen ist.[1245] Grundsätzlich genügen damit die am Arzneimittelverkehr Beteiligten ihrer Verantwortung durch Mitteilung der ihnen bekannt werdenden Arzneimittelrisiken an das BfArM/PEI; eine Strafbarkeit des fortgesetzten Inverkehrbringens des fraglichen Präparats scheidet bis zur Aufhebung bzw. Modifikation der Altzulassung mangels Sorgfaltswidrigkeit aus.[1246]

c. Zusammenfassung

Die Frage der strafrechtlichen Relevanz einer Zulassungserteilung für das bedenkliche Arzneimittel hat sich als Problem der sachgerechten Abgrenzung der Ver-

---

1243 Vgl. *Eichinger*, Produkthaftung, S. 236. Zum Verhältnis zwischen Landesbehörden und BfArM im Rahmen der Nachmarktkontrolle ausführlich *Ramsauer*, Arzneimittelversorgung, S. 85 ff. Siehe auch § 69 Abs. 1a Satz 2 AMG, wo die Primärverantwortung und Entscheidungshoheit des BfArM hinsichtlich der Gefahrenabwehr darin zum Ausdruck kommt, dass die Landesbehörden lediglich vorläufige Maßnahmen anordnen dürfen.

1244 Vgl. *Hager*, JZ 1990, S. 405, demzufolge die Entscheidung, welche Gefahrenabwehrmaßnahmen konkret erforderlich sind, als komplexer Prozess prinzipiell einer speziellen, mit besonderen Fachkenntnissen ausgerüsteten Einrichtung anzuvertrauen sei. Siehe auch *Köck*, Risiko-Information, S. 220 f., der zu Recht darauf hinweist, dass voreilige öffentliche Warnhinweise mitunter der Hysterie Vorschub leisten – wie dies etwa auch am Beispiel des zu Unrecht in Verruf geratenen *Amalgam* deutlich wird. Vgl. hierzu *Kuhlen*, FG BGH IV, S. 660 f.

1245 Zu eng ist es jedenfalls, sich nachträglich abzeichnende rechtsgutsbeeinträchtigende Produktwirkungen generell als vertrauensausschließende konkrete Anhaltspunkte zu werten. So aber *Sach*, Genehmigung, S. 262, und *Schwarz*, GA 1993, S. 326 f.

1246 Im Ergebnis ebenso *Marx*, Genehmigung, S. 97; *Rademacher*, Strafbarkeit, S. 77 f.

antwortungsbereiche von BfArM bzw. PEI und den übrigen am Arzneimittelverkehr beteiligten Personen herausgestellt, welches mittels einer konsequenten Anwendung des Vertrauensgrundsatzes einer sowohl strafrechtsdogmatisch als auch mit Blick auf die hervorgebrachten Ergebnisse überzeugenden Lösung zugeführt werden kann. Entscheidend ist demnach vor allem, dass das BfArM/PEI über eine zumindest gleichwertige Risikokenntnis verfügt, die es ihm ermöglicht, die Bedenklichkeit des Medikaments zu erkennen und entsprechend darauf zu reagieren. Da das BfArM/PEI mangels ausreichender eigener Forschungskapazität auf die Mitteilung der Risikodaten des betreffenden Arzneimittels durch die am Arzneimittelverkehr beteiligten Personen angewiesen ist, hängt die Bejahung einer strafbarkeitsbegrenzenden Wirkung der Arzneimittelzulassung letztendlich davon ab, ob das BfArM/PEI ordnungsgemäß mit entsprechenden Informationen versorgt wird.

2. *Verantwortungsbereiche der einzelnen Akteure*

Dies vorausgeschickt gilt es nun, die Verantwortungsbereiche der einzelnen Akteure hinsichtlich der Vermeidung von durch bedenkliche Arzneimittel ausgelösten Schäden abzugrenzen.

a. Verantwortung des pharmazeutischen Unternehmers

Unter Zugrundelegung der soeben herausgearbeiteten Grundsätze fällt die zentrale Rolle bei der Vermeidung unvertretbarer Nebenwirkungen dem pharmazeutischen Unternehmer zu.

(A) Pflichten des Unternehmers

So kommt dem pharmazeutischen Unternehmer, wie bereits dargelegt, zunächst eine umfassende Instruktionsverantwortung zu. Nicht nur im Rahmen des Zulassungsverfahrens hat er das BfArM/PEI umfassend und wahrheitsgetreu über die bis dato bekannten Eigenschaften des betreffenden Arzneimittels zu unterrichten, vielmehr ist das BfArM/PEI auch in der Nachmarktphase über die Bewährung des Präparats in der Praxis auf dem Laufenden zu halten, was insbesondere die Pflicht zur Meldung bekannt gewordener Verdachtsfälle schädlicher Nebenwirkungen bzw. eines verbreiteten Missbrauchs des Arzneimittels beinhaltet.

Des Weiteren ist der pharmazeutische Unternehmer verpflichtet, die aufgrund der Anordnungen des BfArM/PEI bzw. der zuständigen Landesbehörden zu ergreifenden Gefahrenabwehrmaßnahmen unverzüglich einzuleiten. Allerdings gilt dies nur, soweit die Anordnungen die Grenze des erlaubten Risikos zutreffend konkretisieren, d. h. verhältnismäßig sind. Denn das strafrechtlich gebotene Verhalten bestimmt sich ausschließlich danach, was in der konkreten Situation zur Vermeidung von Rechtsgutsverletzungen geeignet, erforderlich und zumutbar ist. Diesbezüglich kann auf die Ausführungen zu den Gefahrenabwehrpflichten des pharmazeutischen Unternehmers verwiesen werden.[1247] Danach besteht regelmäßig eine Pflicht zum Vertriebsstopp sowie zur umfassenden Warnung der Großhändler, der medizinischen Fachkreise, also der Ärzte und Apotheker, sowie der

[1247] Siehe S. 291 ff.

Patientenschaft.[1248] Dem ist nicht zuletzt deshalb so, weil das Auftreten bislang unbekannter Nebenwirkungen per se ein konkreter Anhaltspunkt dafür ist, dass diese Personen über ein defizitäres Risikobewusstsein verfügen, ein pflichtgemäßes Verhalten demnach nicht zu erwarten ist. Dabei unterliegen namentlich die an den Patienten gerichteten Warnhinweise hohen Anforderungen, da sich durch die bisherige Nutzung des Präparates eine gewisse Produktgewöhnung eingestellt hat und mit einem erneuten Studium der Gebrauchsinformation nicht zu rechnen ist.[1249] Erst mit ordnungsgemäßer Unterrichtung der betreffenden Personen geht die Verantwortung für Arzneimittelschäden, die aus der (Weiter-)Verwendung des Medikaments erwachsen, vom pharmazeutischen Unternehmer auf diese über, kommt dem pharmazeutischen Unternehmer doch dann der Vertrauensgrundsatz zugute.[1250] Erweisen sich die Nebenwirkungen und die dadurch drohenden Gesundheitsbeeinträchtigungen jedoch als besonders schwerwiegend, ist der pharmazeutische Unternehmer darüber hinaus zum Rückruf des Arzneimittels verpflichtet.

(B) Unternehmensinterne Verantwortungsaufteilung

Unternehmensintern trifft die Verantwortung für das Inverkehrbringen bedenklicher Pharmaka primär den Vertriebsleiter. Dass die dem Unternehmen als solchem erteilte Arzneimittelzulassung auch zugunsten des einzelnen Unternehmensmitarbeiters Wirkung entfalten muss, kann nicht ernsthaft bezweifelt werden, wenngleich die dogmatische Begründung dieses Ergebnisses weitaus schwieriger und daher im Schrifttum umstritten ist.[1251] Der Vertriebsleiter darf daher sowohl auf die Unbedenklichkeit eines zugelassenen Arzneimittels vertrauen als auch darauf, von den entsprechenden Stellen im Unternehmen – Geschäftsleitung bzw. Stufenplanbeauftragtem – über die Bedenklichkeit eines Medikaments unterrichtet zu werden. Solange die Zulassung fortbesteht und er unternehmensintern nicht über die Bedenklichkeit informiert wird, trifft ihn keine Verantwortung an den infolge des (Weiter-)Vertriebs des Präparats auftretenden Arzneimittelschäden.

[1248] *Kloesel/Cyran*, § 63 Anm. 18. Vgl. auch den Contergan-Beschluss des *LG Aachen*, JZ 1971, S. 507 (515), sowie die Ausführungen des *BGH* im Mandelbienenstich-Fall, NStE Nr. 5 zu § 223 StGB, wonach die notwendigen Sicherungsmaßnahmen „die Überprüfung der in Betracht kommenden Lagerbestände, die Aussonderung der betroffenen Ware, ihre Verbringung an einen abgesonderten Platz und schließlich die deutliche Kenntlichmachung ihrer Sperrung für den weiteren Vertrieb" umfassen, aber auch die Unterrichtung der Händler, „damit von dort entsprechende Maßnahmen wegen des in den Handel [...] gelangten kontaminierten Bienenstichkuchens eingeleitet werden konnten". Im Ergebnis ebenso *Ransiek*, Unternehmensstrafrecht, S. 39.

[1249] So zutreffend MüKo-BGB-*Wagner*, § 823 Rn. 592.

[1250] Vgl. *Goll/Winkelbauer* in: von Westphalen, Produkthaftungshandbuch, § 47 Rn. 62; *Krekeler/Werner*, Unternehmer und Strafrecht, Rn. 16; *Kuhlen*, Fragen, S. 135. Dagegen kann sich der pharmazeutische Unternehmer bei pflichtwidrig unterlassener Unterrichtung nicht damit exkulpieren, die betroffenen Personen hätten sich die Informationen auch auf anderem Wege – etwa über die Fachpresse bzw. allgemeinen Medien – aneignen können bzw. müssen. Vgl. S/S-*Lenckner*, Vorbem §§ 13 ff. Rn. 102 m. w. N.

[1251] Siehe *Schröder*, Personelle Reichweite, S. 173 ff.; *Winkelbauer*, FS Lenckner, S. 651 f.

Was die ordnungsgemäße Unterrichtung des BfArM/PEI über die Arzneimitteleigenschaften im Rahmen des Zulassungsverfahrens anbelangt, trifft die Verantwortung primär den Monitor, der in Zusammenarbeit mit dem die klinische Prüfung leitenden Prüfer die Prüfungsergebnisse korrekt aufzuzeichnen hat.[1252] Entsprechendes gilt für die mit der Begutachtung der in der analytischen, pharmakologisch- toxikologischen und klinischen Prüfung gewonnenen Daten betrauten Sachverständigen, beruht die Zulassungsentscheidung doch maßgeblich auf deren den Zulassungsunterlagen beigefügten Voten.[1253] Indes dürfen sie berechtigterweise auf die Richtigkeit und Vollständigkeit der vom Monitor bzw. den wissenschaftlichen Abteilungen des pharmazeutischen Unternehmers mitgeteilten Daten vertrauen und diese ihren Gutachten zugrunde legen, sofern nicht offensichtliche Anzeichen für die Fehler- bzw. Lückenhaftigkeit der Daten sprechen.[1254] Verfügen Monitor, Prüfungsleiter oder die Sachverständigen nicht über die erforderliche Qualifikation, trägt auch die Unternehmensleitung unter dem Gesichtspunkt des Auswahlverschuldens eine Mitverantwortung für infolgedessen fehlerhafte Zulassungsunterlagen. Bei hinreichender Qualifikation hingegen darf sie sich auf deren pflichtgemäßes Tätigwerden verlassen.[1255] Dies gilt freilich dann nicht, wenn sie die Verfälschung der Zulassungsunterlagen ausdrücklich anordnet, um ein an sich bedenkliches Arzneimittel profitabel vermarkten zu können.

Die Verantwortung für die Unterrichtung des BfArM/PEI über aufgetretene Verdachtsfälle schwerwiegender Nebenwirkungen im Rahmen der Nachmarktkontrolle trifft diejenigen Personen, die zur Entgegennahme und Regulierung von Schadensmeldungen unternehmensintern tatsächlich zuständig sind. Primär sind dies der Stufenplanbeauftragte gemäß § 63a AMG[1256] und die Pharmaberater gemäß § 75 AMG.[1257] Letztere müssen Arzneimittelrisiken, die ihnen im Fachgespräch mit den Angehörigen der Heilberufe bekannt werden, gemäß § 76 AMG unverzüglich an den Stufenplanbeauftragten weiterleiten. Dieser hat dann gemäß § 14 PharmBetrV die von den Pharmaberatern oder unmittelbar von den Ärzten, Apothekern oder deren Arzneimittelkommissionen gemachten Meldungen über Arzneimittelrisiken zu sammeln, zu prüfen und zu bewerten und entsprechend der dem pharmazeutischen Unternehmer gemäß § 63b AMG obliegenden Anzeigepflichten an die zuständigen Behörden weiterzuleiten. Darüber hinaus ist er zur systematischen Sichtung der einschlägigen nationalen und internationalen Literatur verpflichtet.[1258] Soweit sich hieraus Rückschlüsse auf eine etwaige Bedenklichkeit des Arzneimittels ziehen lassen, muss er diesen nachgehen und gegebenenfalls das BfArM/PEI darüber in Kenntnis setzen.

Die Unternehmensleitung wiederum hat durch sorgfältige Auswahl der Pharmaberater und des Stufenplanbeauftragten sicherzustellen, dass diese über die ge-

[1252] Vgl. *Kröll*, Ablauf, S. 7 f.

[1253] *Sander*, § 24 Erl. 2.

[1254] *Kloesel/Cyran*, § 24 Anm. 13.

[1255] Vgl. *Kloesel/Cyran*, § 24 Anm. 13.

[1256] D/L-*Deutsch*, § 63a Rn. 1; *di Fabio*, Gefahrbegriff, S. 120; *Hasskarl*, NJW 1988, S. 2270; *Rehmann*, § 63a Rn. 2.

[1257] *Fuhrmann*, Sicherheitsentscheidungen, S. 177 m. w. N.

[1258] *Hohm*, Nachmarktkontrolle, S. 277; *Kloesel/Cyran*, § 63a Anm. 10.

mäß §§ 63a Abs. 2, 75 AMG erforderliche Sachkunde und Zuverlässigkeit verfügen.[1259] Des Weiteren muss sie durch entsprechende Organisation des Unternehmens die Rahmenbedingungen für eine effektive Risikoerfassung schaffen,[1260] indem sie gemäß § 14 Abs. 3 PharmBetrV für eine schnelle Weiterleitung der Informationen über mögliche Nebenwirkungsrisiken an den Stufenplanbeauftragten sorgt und diesem die zur sachgerechten Bearbeitung der eingehenden Meldungen nötigen personellen und sachlichen Mittel zur Verfügung stellt.[1261] Nur bei pflichtgemäßer Erfüllung dieser Auswahl-, Koordinations- und Ausstattungspflicht darf die Geschäftsleitung darauf vertrauen, dass Pharmaberater und Stufenplanbeauftragter ihren Aufgaben nachkommen und ihr sämtliche, zur Bedenklichkeit des Medikaments führende Nebenwirkungen unverzüglich melden.[1262]

Auch die Durchführung und Koordination der aufgrund der Anordnungen des BfArM/PEI bzw. der Landesbehörden erforderlichen Gefahrenabwehrmaßnahmen fällt in den Verantwortungsbereich des Stufenplanbeauftragten, § 63a Abs. 1 Satz 1 AMG, § 14 Abs. 1 Satz 3 PharmBetrV. Dies bedeutet indes nicht, dass ihm unternehmensintern die Kompetenz zukommt, über das Ob der Durchführung zu entscheiden.[1263] Die Beschlusskompetenz hierüber liegt, da es sich insoweit um eine Krisen- und Ausnahmesituation handelt und der Vertriebsstopp, erst recht aber die Einleitung von Warn- und Rückrufaktionen, das Unternehmen im Ganzen betrifft, ausschließlich bei der Unternehmensleitung.[1264] Diese hat, dem Grundsatz der Generalverantwortung und Allzuständigkeit sowie dem ressortübergreifenden Charakter der Situation entsprechend, als Kollegialorgan gemeinschaftlich über das weitere Vorgehen zu entscheiden, die zur effektiven Gefahrenabwehr gebotenen Maßnahmen anzuordnen[1265] und die hierfür erforderlichen personellen und sachlichen Mittel zur Verfügung zu stellen.[1266] Tut sie dies, darf sie sich berechtigterweise auf die ordnungsgemäße Umsetzung der angeordneten Maßnahmen verlassen. Hinsichtlich der Verantwortung der einzelnen Geschäftsführer kann auf die Ausführungen zur Verantwortungsabgrenzung bei Gremienentscheidungen und zum Ressortprinzip im Allgemeinen verwiesen werden. So trifft den einzelnen Geschäftsführer insbesondere keine strafrechtliche Pflicht, über das Hinwirken auf den Beschluss der gebotenen Maßnahmen hinaus eigentätig Gefahren abwehrend aktiv zu werden, falls der Beschluss nicht zustande kommt.[1267]

1259 *Kloesel/Cyran*, § 63a Anm. 8.

1260 *Blasius et al.*, Arzneimittel, S. 215; *Kloesel/Cyran*, § 63a Anm. 3c.

1261 *Hohm*, Nachmarktkontrolle, S. 278; *Kloesel/Cyran*, § 63a Anm. 7; *Rehmann*, § 63a Rn. 2.

1262 Vgl. *Goll/Winkelbauer* in: von Westphalen, Produkthaftungshandbuch, § 46 Rn. 22.

1263 So zutreffend *Sander*, § 63a Erl. 4. Bezogen auf Betriebsbeauftragte im Allgemeinen ebenso *Böse*, NStZ 2003, S. 639; *Schünemann*, FS Rudolphi, S. 310.

1264 *Eichinger*, Produkthaftung, S. 154 f.; *Kühl*, AT, § 18 Rn. 103a; *Schmidt-Salzer*, NJW 1990, S. 2968.

1265 So ausdrücklich der *BGH* im Lederspray-Fall, *BGH*St 37, 106 (123 f.); ebenso *Böse*, wistra 2005, S. 42; *Deutscher/Körner*, wistra 1996, S. 330 f.; *Hannes*, Vertrauensgrundsatz, S. 201; *Kühl*, AT, § 18 Rn. 103a; *Schall*, Probleme, S. 115

1266 Vgl. *Lege*, Rechtspflichten, S. 36.

1267 *BGH*St 37, 106 (125); *Eichinger*, Produkthaftung, S. 155; *Lege*, Rechtspflichten, S. 42.

Die Verantwortung des Stufenplanbeauftragten beschränkt sich demnach auf die umfassende Information der Geschäftsleitung über Art und Umfang der aufgetretenen Schadensfälle sowie die ordnungsgemäße Umsetzung der beschlossenen Gefahrenabwehrmaßnahmen. Zu darüber hinausgehenden Maßnahmen, etwa bei Untätigbleiben der Geschäftsleitung, ist er in Anbetracht der Betriebsbezogenheit der ihn treffenden (Garanten-)Pflichten gerade nicht verpflichtet.[1268] Die Unterrichtung der Geschäftsleitung muss neben der genauen Darlegung des aktuellen Sachstandes auch eine Bewertung der Gefahrenlage anhand des zur Verfügung stehenden Datenmaterials enthalten, um den meist kaufmännisch ausgebildeten Mitgliedern der Geschäftsleitung zu ermöglichen, sich ein zutreffendes Bild von der gegenwärtigen Lage machen und angemessen darauf reagieren zu können.[1269]

Außer dem Stufenplanbeauftragten sind auch der Vertriebsleiter und die in direktem Kontakt mit der Ärzte- und Apothekerschaft stehenden Pharmaberater für eine effiziente Risikoabwehr verantwortlich. Während der Vertriebsleiter das fortgesetzte Inverkehrbringen des bedenklichen Arzneimittels zu verhindern und die Großhändler über den Produktrückruf zu unterrichten sowie zur Rückgabe der gelieferten Chargen aufzufordern hat,[1270] ist der Pharmaberater dafür zuständig, die Ärzte und Apotheker vor der weiteren Verwendung des Präparats zu warnen und zur Benachrichtigung der betroffenen Patienten anzuhalten. Die Pflichten entstehen auch hier erst mit entsprechender Beschlussfassung und Anordnung seitens der Geschäftsleitung; eine Verpflichtung zur Gefahrenabwehr gegen oder ohne den Willen der Unternehmensleitung, scheitert wie beim Stufenplanbeauftragten an der Betriebsbezogenheit der übernommenen (Garanten-)Pflichten.

b. Verantwortung des BfArM bzw. PEI

Gemäß § 2 Abs. 1 AMGVwV ist das BfArM bzw. PEI zur Vermeidung arzneimittelbedingter Gesundheitsschäden verpflichtet, ein umfassendes Qualitätsmanagementsystem zu etablieren. Dies beinhaltet neben der Festlegung klarer Organisationsstrukturen, Verantwortlichkeiten und Verfahren vor allem die Schaffung eines effektiven Systems zur Prüfung und Weiterleitung von Informationen über Arzneimittelrisiken sowie die Sicherstellung einer ausreichenden personellen Besetzung und sachlichen Ausstattung, §§ 2 Abs. 1 Satz 3, 6 Abs. 1 AMGVwV.

Konkret ist das BfArM/PEI dafür verantwortlich, dass Arzneimittel nur nach eingehender Prüfung der Zulassungsunterlagen und daraus hervorgehender Unbedenklichkeit zugelassen werden und im Fall der sich später herausstellenden Bedenklichkeit die Zulassung aufgehoben, das Stufenplanverfahren eingeleitet und ein effektives Gefahrenabwehrregime etabliert und koordiniert wird. Hierzu gehört die Unterrichtung der Arzneimittelkommissionen der Heilberufe sowie in Form der Arzneimittel-Schnellinformationen (ASI) der Heilberufe selbst.[1271] Da-

[1268] Vgl. *Böse*, NStZ 2003, S. 639; *Kuhlen*, Betriebsbeauftragte, S. 77; MüKo-StGB-*Schmitz*, Vor §§ 324 ff. Rn. 124; *Schmid* in: Müller-Gugenberger/Bieneck, WiStR, § 30 Rn. 34. Siehe auch *BGH* NStE Nr. 5 zu § 223 StGB.

[1269] *Schmidt-Salzer*, NJW 1990, S. 2971.

[1270] Vgl. *Rehmann*, § 19 Rn. 4.

[1271] *Di Fabio*, Risikoentscheidungen, S. 242.

bei kann bei gravierenden Gesundheitsrisiken als ultima ratio eine über die Medien verbreitete Warnung der Öffentlichkeit geboten sein, § 69 Abs. 4 AMG.

Die behördeninterne Verantwortungszuweisung folgt im Wesentlichen der internen Zuständigkeitsverteilung. Es gelten die bezüglich der behördeninternen Verantwortungsverteilung herausgearbeiteten allgemeinen Grundsätze,[1272] auf die insofern verwiesen wird. Daneben kommen als verantwortliche Personen auch die vom BfArM/PEI gemäß § 25 Abs. 5-7a AMG mit der Begutachtung der Zulassungsunterlagen beauftragten externen Sachverständigen in Betracht. Diese sind von der Behördenleitung nach Maßgabe der gesetzlichen Anforderungen sorgfältig auszuwählen und zu instruieren. Ist dies geschehen, dürfen sich die für die Genehmigungserteilung zuständigen Amtsträger des BfArM/PEI auf eine ordnungsgemäße Unterlagenprüfung durch die Sachverständigen verlassen und deren Urteil im Rahmen der Zulassungsentscheidung folgen, sofern nicht konkrete Anhaltspunkte die Richtigkeit des Sachverständigengutachtens ernsthaft in Frage stellen.

c. Verantwortlichkeit der Überwachungsbehörden der Länder

In den Verantwortungsbereich der Landesbehörden fällt vor allem die Anordnung und Überwachung der erforderlichen Gefahrenabwehrmaßnahmen. Da weder das BMG noch das BfArM bzw. PEI über einen eigenen Verwaltungsunterbau verfügt, ist es zur Durchsetzung der gebotenen Maßnahmen auf die Mithilfe der Länder angewiesen. Die Landesbehörden werden hier als Vollzugsorgane der Bundesbehörden tätig.[1273] Daraus folgt, dass die Landesbehörden im Rahmen der der Koordinationshoheit des BfArM/PEI unterfallenden Nachmarktkontrolle nur im Einvernehmen mit der Bundesbehörde entsprechend deren Vorgaben handeln. So wird die Zulassungsaufhebung seitens des BfArM/PEI dadurch zwangsweise durchgesetzt, dass die Landesbehörden gemäß § 69 AMG die betreffenden Arzneimittel sicherstellen oder deren Rückruf bzw. gemäß § 30 Abs. 4 Satz 2 AMG deren Rückgabe anordnen. Zu diesem Zweck obliegt den Landesbehörden die Einrichtung eines effizienten Qualitätsmanagementsystems, § 2 Abs. 1 AMGVwV, dessen Ausgestaltung die behördeninterne Verantwortungsverteilung bestimmt.

d. Verantwortlichkeit des Arzneimittelgroßhändlers

Der Großhändler darf grundsätzlich davon ausgehen, dass es sich bei den von ihm vertriebenen zugelassenen Arzneimitteln um unbedenkliche Präparate handelt und diese vertreiben, solange die Bedenklichkeit nicht erkennbar zu Tage tritt.[1274] Hinsichtlich der Erkennbarkeit wird man auch vom Arzneimittelgroßhändler angesichts des hohen Gefährdungspotentials von Pharmaka verlangen müssen, dass er sich durch Lektüre einschlägiger Fachzeitschriften über bekannt gewordene Nebenwirkungen informiert. Erfährt er von schwerwiegenden Nebenwirkungen, hat er umgehend den pharmazeutischen Unternehmer zu informieren[1275] und nach

---

[1272] Siehe S. 493 ff.

[1273] *Ramsauer*, Arzneimittelversorgung, S. 85.

[1274] Vgl. *Körner*, § 95 Rn. 10.

[1275] *Goll/Winkelbauer* in: von Westphalen, Produkthaftungshandbuch, § 48 Rn. 54; *Nehm*, Produkthaftung, S. 18; a. A. *Alexander*, Strafrechtliche Verantwortlichkeit, S. 81.

Aufhebung der Arzneimittelzulassung den Weitervertrieb des Medikaments einzustellen sowie die seitens der Behörden oder des pharmazeutischen Unternehmers angeordneten Gefahrenabwehrmaßnahmen unverzüglich durchzuführen. Zu diesem Zweck hat er für eine ständige Erreichbarkeit zu sorgen und dadurch sicherzustellen, dass er von den Anordnungen umgehend Kenntnis erlangt.[1276] Die zu ergreifenden Maßnahmen beinhalten insbesondere die Unterrichtung der belieferten Krankenhäuser oder Apotheker über die Bedenklichkeit des Präparates sowie gegebenenfalls deren Aufforderung zur Rückgabe der gelieferten Chargen zwecks Aushändigung an den pharmazeutischen Unternehmer.[1277] Um eine effiziente Risikoabwehr zu gewährleisten, ist der Großhändler gemäß §§ 6 Abs. 2, 7 Abs. 1 GroßhBetrV verpflichtet, jeden Bezug und jede Abgabe von Arzneimitteln zu dokumentieren, so dass ein funktionierendes System der Rückverfolgung im Sinne des § 1a Satz 2 GroßhBetrV garantiert ist.

e. Verantwortung von Arzt und Apotheker

Auch Ärzte und Apotheker dürfen sich grundsätzlich auf die Unbedenklichkeit zugelassener Präparate verlassen und diese anwenden, verschreiben bzw. an den Patienten abgeben. Weit mehr als den Großhändler trifft sie allerdings, wie bereits erwähnt, eine Produktbeobachtungspflicht in Form der Durchsicht fachwissenschaftlicher Publikationen über nachträglich bekannt gewordene Nebenwirkungen der auf dem Markt befindlichen Pharmaka. Indes folgt hieraus allein, dass der Arzt bzw. Apotheker diese Nebenwirkungen bei seiner Therapieentscheidung, genauer der am konkreten Patienten ausgerichteten individuellen Nutzen-Risiko-Abwägung zu berücksichtigen und gegebenenfalls auf ein Alternativpräparat zurückzugreifen hat,[1278] nicht aber, dass er das betreffende Medikament überhaupt nicht mehr anwenden, verschreiben bzw. abgeben darf. Denn solange die Arzneimittelzulassung fortbesteht, dürfen Arzt und Apotheker davon ausgehen, dass das Präparat trotz dieser Nebenwirkungen weiterhin unbedenklich, die schädlichen Wirkungen sich im Rahmen des Vertretbaren und damit rechtlich Erlaubten halten.[1279] Erst nach Aufhebung der Zulassung stellt der unveränderte Einsatz des Medikaments einen Behandlungsfehler dar, mit der Folge, dass auftretende unvertretbare Nebenwirkungen in den Verantwortungsbereich des Arztes bzw. Apothekers fallen.

[1276] Vgl. *Goll/Winkelbauer* in: von Westphalen, Produkthaftungshandbuch, § 48 Rn. 56; a. A. *Eichinger*, Produkthaftung, S. 238; S/S-*Cramer/Sternberg-Lieben*, § 15 Rn. 224.

[1277] *Kuhlen*, Fragen, S. 136.

[1278] *Hart*, Arzneimitteltherapie, S. 95, 101; *ders.*, MedR 1991, S. 305.

[1279] Hierfür spricht nicht zuletzt das Instrument der Arzneimittelschnellinformation (ASI), besteht deren Sinn doch nicht darin, die Weiterverwendung eines in den Verdacht der Bedenklichkeit geratenen Arzneimittels durch Ärzte und Apothekern zu unterbinden, sondern vielmehr, diese zu verstärkter Aufmerksamkeit bei der Verwendung des Arzneimittels anzuhalten und zur Mitteilung auftretender Schadensfälle aufzufordern, um sich so ein abschließendes Bild von der (Un-)Bedenklichkeit des Präparates machen zu können. Die Weiterverwendung des Medikaments trotz Nebenwirkungsverdachts ist somit durchaus zulässig. Zu pauschal daher *Schumann*, Handlungsunrecht, S. 27, der die Weiterverwendung des Arzneimittels generell als pflichtwidrig ansieht.

Allerdings ist der Apotheker gemäß § 21 ApoBetrO verpflichtet, bekannt gewordene Arzneimittelrisiken unverzüglich dem BfArM/PEI bzw. der Arzneimittelkommission der deutschen Apotheker zu melden. Eine entsprechende gesetzliche Verpflichtung des Arztes besteht dagegen nicht, zumal dieser regelmäßig auch gar nicht in der Lage wäre, systematisch alle Arzneimittelverwendungen zu beobachten und Berichtsbögen zu verfassen.[1280] Lediglich berufsrechtlich ist er gemäß § 24 Abs. 7 MBOÄ gehalten, unerwünschte Arzneimittelwirkungen der Arzneimittelkommission der deutschen Ärzteschaft mitzuteilen.

Als Garanten für die Gesundheit der betreuten Patienten sind Arzt und Apotheker verpflichtet, nach Aufhebung der Arzneimittelzulassung den weiteren Einsatz des Präparates zu unterlassen[1281] und die erforderlichen Gefahrenabwehrmaßnahmen zu ergreifen. Dem Großhändler entsprechend haben sie dafür zu sorgen, dass sie von den Anordnungen der Behörden sowie etwaigen Warn- und Rückrufaktionen alsbald Kenntnis erlangen, und die Patienten unverzüglich vor einer Weiterverwendung des betreffenden Medikaments zu warnen bzw. zur Rückgabe desselben aufzufordern,[1282] wenngleich dem Apotheker die Namen derjenigen, an die er das Präparat abgegeben hat, nur selten bekannt sein dürften. Unterlassen sie entsprechende Maßnahmen, tragen sie die Verantwortung für die aus der fortgesetzten Arzneimitteleinnahme erwachsenden unvertretbaren Gesundheitsbeeinträchtigungen. Daran ändert auch die Tatsache nichts, dass dem Patient die Bedenklichkeit des Medikaments – zum Beispiel durch sorgfältige Lektüre der Tageszeitung – durchaus hätte bekannt sein können.

f. Eigenverantwortung des Patienten

Lediglich dann, wenn der Patient durch seinen Arzt, Apotheker oder über die Medien über die Bedenklichkeit eines von ihm konsumierten Arzneimittels informiert und gegebenenfalls zu dessen Rückgabe aufgefordert wird, er das Präparat aber auch nach Kenntnis der Bedenklichkeit weiterverwendet, fallen auftretende unvertretbare Nebenwirkungen als Realisierung einer freiverantwortlichen Selbstgefährdung in den alleinigen Verantwortungsbereich des Patienten.[1283] Zwar stellt die Einnahme des bedenklichen Medikaments in Anbetracht der negativen Nutzen-Risiko-Bilanz des Präparates unter Umständen ein sittenwidriges Verhalten dar, welches einer privativen Risikoübernahme durch den Patienten entgegensteht. Haben jedoch die am Arzneimittelverkehr Beteiligten ihre Warn- und Rückrufpflichten gegenüber dem Patienten erfüllt und damit alles zur Vermeidung der sittenwidrigen Selbstgefährdung Mögliche und Zumutbare getan, sind ihnen die daraus erwachsenden Schäden nicht zurechenbar. Etwas anderes gilt nur dann, wenn das Arzneimittel nicht zur ambulanten Therapie ausgehändigt, sondern vom Arzt verabreicht wird. Wegen Sittenwidrigkeit und damit Unwirksamkeit einer etwai-

---

1280 *Di Fabio*, Risikoentscheidungen, S. 242.

1281 *Hart*, Arzneimitteltherapie, S. 94.

1282 Vgl. *Foerste* in: von Westphalen, Produkthaftungshandbuch, § 26 Rn. 31; S/S-*Cramer/Sternberg-Lieben*, § 15 Rn. 224.

1283 Vgl. *Eichinger*, Produkthaftung, S. 268; *Goll/Winkelbauer* in: von Westphalen, Produkthaftungshandbuch, § 47 Rn. 61.

gen Zustimmung zur (fortgesetzten) Applikation des bedenklichen Präparats sind ihm dadurch ausgelöste Gesundheitsschäden durchaus zuzurechnen.

3. *Strafbarkeit der beteiligten Personen*

Ausgehend von diesem Zuschnitt der Verantwortungsbereiche stellt sich die Strafbarkeit der einzelnen Akteure wie folgt dar.

a. Pharmazeutischer Unternehmer

Als Anknüpfungspunkt für die Strafbarkeit der Mitarbeiter des pharmazeutischen Unternehmers kommt neben dem Inverkehrbringen eines bedenklichen Präparates vor allem dessen Imverkehrbelassen nach Kenntniserlangung von aufgetretenen Schadensfällen in Betracht.

(A) Inverkehrbringen bedenklicher Arzneimittel

Eine Strafbarkeit ist zunächst unstreitig dann gegeben, wenn das bedenkliche Arzneimittel ohne Zulassung in Verkehr gebracht wird. Die Strafbarkeit ergibt sich hierbei sowohl aus §§ 95 Abs. 1 Nr. 1, 96 Nr. 5 AMG, als auch § 314 StGB und – je nach Sachverhalt – §§ 211 ff., 223 ff. StGB, da es an einer bewussten Übernahme unvertretbarer Nebenwirkungsrisiken durch Anwendung eines bedenklichen Arzneimittels regelmäßig fehlen wird, diese aber ohnehin wegen Sittenwidrigkeit gemäß § 228 StGB unwirksam wäre.

Wurde hingegen für das Präparat eine Zulassung erteilt und diese zwischenzeitlich auch nicht aufgehoben, scheidet eine Strafbarkeit wegen Inverkehrbringens eines bedenklichen Arzneimittels indes grundsätzlich aus.[1284] Der pharmazeutische Unternehmer darf sich auf die Arzneimittelzulassung als verbindliche Konkretisierung des rechtlich Erlaubten verlassen. Eine Strafbarkeit ist jedoch dann zu bejahen, wenn dieses Vertrauen im Lichte des Vertrauensgrundsatzes unberechtigt erscheint. Dies ist zum einen dann der Fall, wenn dem pharmazeutischen Unternehmer die Bedenklichkeit des Medikaments positiv bekannt ist bzw. wird,[1285] zum anderen dann, wenn er dem BfArM/PEI im Rahmen des Zulassungsverfahrens fehlerhafte oder unvollständige Daten zur Verfügung gestellt bzw. im Nachmarkt aufgetretene Verdachtsfälle schwerwiegender Nebenwirkungen nicht ordnungsgemäß gemeldet hat und dieses pflichtwidrige Verhalten letzten Endes zur rechtswidrigen Erteilung bzw. Aufrechterhaltung der Zulassung führt.[1286] Zwar scheidet auch dann eine Strafbarkeit nach § 96 Nr. 5 AMG aus, da das Inverkehrbringen, solange die Zulassung nicht nichtig ist, gerade nicht ohne Zulassung erfolgt. Jedoch begründet die Auslieferung des Präparats eine Strafbarkeit gemäß §§ 95 Abs. 1 Nr. 1 AMG, 314 StGB.

Hinsichtlich einer Strafbarkeit gemäß §§ 211 ff., 223 ff. StGB ist zu bedenken, dass das Inverkehrbringen allein noch keine Gesundheitsschäden hervorruft, es vielmehr eines weiteren Verhaltens des das Medikament anwendenden Arztes

1284 Vgl. LK-*Steindorf*, § 324 Rn. 56; *Rogall*, Strafbarkeit von Amtsträgern, S. 192; S/S-*Cramer/Heine*, Vorbem. §§ 324 ff. Rn. 32.

1285 Vgl. *Franzheim*, JR 1988, S. 321.

1286 *Frisch*, Verwaltungsakzessorietät, S. 73 f.

bzw. Patienten bedarf. Sofern diese, wie in der Regel, berechtigterweise auf die Unbedenklichkeit des Arzneimittels vertrauen und auch vertrauen dürfen, liegt bei vorsätzlichem Inverkehrbringen des bedenklichen Präparats ein Fall der mittelbaren Täterschaft gemäß § 25 Abs. 1 2. Alt. StGB vor.

Die individuelle Strafbarkeit der einzelnen Unternehmensmitarbeiter, namentlich die Frage, ob wegen eines Begehungs- oder eines Unterlassungsdelikts zu bestrafen ist, bestimmt sich unter Zugrundelegung der organisationsbezogenen Betrachtungsweise danach, wie sich das Unternehmensverhalten nach außen darstellt. Das (fortgesetzte) Inverkehrbringen eines bedenklichen Arzneimittels begründet demnach auch dann eine Strafbarkeit wegen positiven Tuns, wenn der Weitervertrieb unternehmensintern auf einem Unterlassen des verantwortlichen Mitarbeiters beruht, etwa bei Stimmenthaltung im Rahmen der Beschlussfassung über einen Produktions- und Vertriebsstopp sowie bei Nichtverhinderung der Arzneimittelauslieferung durch nachgeordnete Mitarbeiter.[1287] Um jedoch dem Charakter des Strafrechts als Individualstrafrecht sowie dem Schuldprinzip angemessen Rechnung zu tragen, ist in diesem Fall eine Strafbarkeit nur bei Garantenstellung des an sich unterlassenden Mitarbeiters zu bejahen, welche aber regelmäßig mit Übernahme der innerbetrieblichen Position einhergeht.[1288]

Bedenkt man, dass die das Arzneimittel unmittelbar eigenhändig in Verkehr bringenden Mitarbeiter der untersten Betriebsebene meist keine Kenntnis von der Bedenklichkeit des Präparats haben (können), ist es gerade die Regel, dass die Begehungsstrafbarkeit wegen Inverkehrbringens eines bedenklichen Medikaments letztlich an ein Unterlassen anknüpft. Dies gilt sowohl für den Vertriebsleiter und die Angehörigen der Geschäftsleitung, welche der Auslieferung des Arzneimittels keinen Einhalt gebieten, als auch für die Mitarbeiter, die, wie namentlich der Stufenplanbeauftragte und die Pharmaberater, gewonnene Erkenntnisse über die Bedenklichkeit des Arzneimittels an die unternehmensintern über den (Weiter-)Vertrieb entscheidenden Organe weiterzuleiten haben, dies jedoch unterlassen. In Anbetracht der Gutgläubigkeit der das Medikament ausliefernden Mitarbeiter bzw. Unwissenheit der über den Vertrieb Entscheidenden liegt ein Fall der mittelbaren Begehungstäterschaft vor, welche sich innerbetrieblich aber als Unterlassungstäterschaft präsentiert, so dass insofern ausnahmsweise von einer „mittelbaren Unterlassungstäterschaft" gesprochen werden kann.[1289]

(B) Imverkehrbelassen bedenklicher Arzneimittel

Was die Strafbarkeit wegen Imverkehrbelassens bedenklicher Arzneimittels angeht, ist zu differenzieren, ob bereits das Inverkehrbringen pflichtwidrig war oder nicht.

(I) Imverkehrbelassen pflichtwidrig in Verkehr gebrachter Arzneimittel

Wie die pflichtgemäße Durchführung der erforderlichen Gefahrenabwehrmaßnahmen nach Kenntniserlangung von der Bedenklichkeit als bloße reparatio damni

1287 Vgl. *BGH* NJW 1995, S. 2933 (2934).

1288 Siehe S. 452 ff.

1289 Ebenso *Stratenwerth/Kuhlen*, AT, § 14 Rn. 16.

eine bestehende Strafbarkeit wegen fahrlässigen Inverkehrbringens des bedenklichen Arzneimittels nicht beseitigen kann, so kann umgekehrt das Unterlassen der gebotenen Maßnahmen dem bereits wegen positiven Tuns zur Verantwortung gezogenen pharmazeutischen Unternehmer nicht zur Last gelegt werden, würde dies doch auf eine doppelte Bestrafung wegen ein und derselben Tat hinauslaufen. Angesichts der Subsidiarität des Unterlassens kommt eine Unterlassungsstrafbarkeit wegen unterbliebener Warn- oder Rückrufaktionen demnach nur dann in Betracht, wenn das Inverkehrbringen fahrlässig, das Unterlassen aber vorsätzlich erfolgt und damit als schwerwiegenderes Delikt gerade nicht durch die Begehensstrafbarkeit mit abgegolten ist. Neben einer Strafbarkeit gemäß §§ 211 ff., 223 ff., 13 StGB wegen eintretender Arzneimittelschäden kommt in diesem Fall auch eine Strafbarkeit gemäß §§ 95 Abs. 1 Nr. 1 AMG, 13 StGB bzw. §§ 314, 13 StGB in Betracht. Ein Inverkehrbringen durch Unterlassen ist insofern zu bejahen, als infolge des Untätigbleibens das Präparat mangels Kenntnis seiner Bedenklichkeit durch Großhändler, Ärzte und Apotheker weiterhin abgegeben und entlang der Vertriebskette unter Erschließung immer neuer Verkehrskreise schrittweise an die Patientenschaft herangetragen wird. Eine bestehende Arzneimittelzulassung schließt in diesem Fall die Unterlassungsstrafbarkeit nicht aus. Zum einen zeigt die Strafbarkeit des Inverkehrbringens, dass es an einem berechtigten Vertrauen in die Zulassung fehlt, zum anderen beinhaltet der Vorsatz regelmäßig die positive Kenntnis der Bedenklichkeit des Präparates. Dementsprechend bedarf es auch keiner expliziten Anordnung Gefahren abwehrender Maßnahmen durch das BfArM/PEI bzw. die zuständige Landesbehörde, der pharmazeutische Unternehmer ist in Anbetracht des eigenen schuldhaften Fehlverhaltens vielmehr von sich aus zu rettendem Eingreifen verpflichtet.

Häufig wird es aber so sein, dass unternehmensintern für das Inverkehrbringen eines Arzneimittels andere Personen verantwortlich zeichnen als für die Durchführung der Gefahrenabwehrmaßnahmen. Zudem kann es vorkommen, dass die betreffende Position im Unternehmen zwischenzeitlich personell neu besetzt wurde, so dass die Verantwortung für das Inverkehrbringen den Amtsvorgänger, für die Einleitung der gebotenen Warn- bzw. Rückrufaktion den Amtsnachfolger trifft. Die Aufteilung der Unternehmensverantwortung auf verschiedene Personen führt dann dazu, dass Begehungs- und Unterlassungsstrafbarkeit, welche sich auf Unternehmensebene zum Teil ausschließen, auf Mitarbeiterebene nebeneinander vorkommen. Dem steht auch nicht das zur organisationsbezogenen Betrachtungsweise Gesagte entgegen, wonach die Pflichten des einzelnen Mitarbeiters nicht über die Pflichten der Gesamtorganisation hinausgehen können. Denn es besteht gerade eine Pflicht der Gesamtorganisation zur Gefahrenabwehr, der nur deshalb keine eigenständige Bedeutung im Hinblick auf eine fiktive „Unterlassungsstrafbarkeit“ der Gesamtorganisation zukommt, weil diese hinter eine fiktive „Begehungsstrafbarkeit“ zurücktritt. Wie aber von der „Strafbarkeit“ der Gesamtorganisation nicht pauschal auf die Strafbarkeit des einzelnen Mitarbeiters geschlossen werden darf, so darf umgekehrt auch nicht aus der „Straflosigkeit“ des Unterlassens auf der Ebene der Gesamtorganisation die Straflosigkeit des Unterlassens auf Mitarbeiterebene gefolgert werden.[1290]

Was die erforderliche Garantenstellung des einzelnen Mitarbeiters angeht, so ergibt sich diese im Lichte der Ausführungen zur innerbetrieblichen Arbeitsteilung aus der Übernahme der konkreten betrieblichen Position. Der Tatsache, dass daneben unter Umständen wegen Mitwirkung am vorherigen pflichtwidrigen Inverkehrbringen des Arzneimittels auch eine Garantenstellung kraft Ingerenz bejaht werden kann, wie dies namentlich beim sowohl für das Inverkehrbringen als auch für den Rückruf von Medikamenten zuständigen Vertriebsleiter der Fall sein wird, kommt insofern keine eigenständige Bedeutung zu. Dies vor Augen entschärft sich auch das in der Strafrechtswissenschaft heftig diskutierte Problem der innerbetrieblichen Funktionsnachfolge, welches sich um die Frage dreht, inwieweit ein Amtsnachfolger in die Ingerenzgarantenstellung des Amtsvorgängers einrücken kann. Mit Blick darauf, dass die Sonderverantwortung des Ingerenten für ein bestimmtes Rechtsgut im Sinne des § 13 Abs. 1 StGB gerade darauf beruht, dass er es ist, der durch sein Vorverhalten das Rechtsgut erst in Gefahr gebracht hat, wird ein Einrücken in die Ingerenzgarantenstellung zu Recht als mit deren höchstpersönlichem Charakter sowie dem Eigenverantwortlichkeitsprinzip unvereinbar abgelehnt.[1291] Aber auch die Ansicht, der Amtsnachfolger übernehme nicht die Ingerenzgarantenstellung des Vorgängers, sondern diejenige der Gesamtorganisation,[1292] ist nicht haltbar, da die Organisation als solche kein Strafrechtssubjekt und damit auch nicht Garant im Sinne des § 13 Abs. 1 StGB ist. Auf diese Weise käme der organisationsbezogenen Betrachtungsweise strafbarkeitserleichternde Wirkung zu, indem de facto auf das Erfordernis einer Garantenstellung verzichtet würde. Richtigerweise entsteht die Garantenstellung des einzelnen Mitarbeiters mit Übernahme des betreffenden innerbetrieblichen Zuständigkeitsbereichs, der zugleich Art und Umfang der Garantenpflicht begrenzt.[1293] Die Garantenstellung beruht damit nicht auf dem derivativen Erwerb einer dem Amtsvorgänger geschweige denn der Gesamtorganisation zukommenden Garantenstellung, sondern

---

[1290] Zudem würde es dem Charakter des Strafrechts als personales Unrecht sanktionierender Verhaltensordnung widersprechen, wenn die Strafbarkeit des einen Unternehmensangehörigen von der Strafbarkeit eines anderen Unternehmensangehörigen abhinge.

[1291] *Bosch*, Organisationsverschulden, S. 215 f.; *Brammsen*, GA 1993, S. 111; *Höhfeld*, Strafrechtliche Produktverantwortung, S. 136 f.; *Kühl*, AT, § 18 Rn. 121; *Otto*, AT, § 9 Rn. 83 m. w. N.; *ders.*, FS Hirsch, S. 294 f., 311; *Rademacher*, Strafbarkeit, S. 221; *Schmucker*, Dogmatik, S. 201; *Schünemann*, Unterlassungsdelikte, S. 69 f.; *ders.*, Unternehmenskriminalität, S. 100; *Schwartz*, Produkthaftung, S. 47; *Tröndle*, GedS Meyer, S. 622; i. E. ebenso *Busch*, Umweltstrafrecht, S. 535; *Hellmann/Beckemper*, WiStR, Rn. 871; a. A. *BGH*St 37, 106 (120).

[1292] So wohl *Lege*, Rechtspflichten, S. 144 f. Ebenso für den vergleichbaren Fall der behördeninternen Amtsnachfolge *Horn*, NJW 1981, S. 6; *Kühl*, AT, § 18 Rn. 121; *Lackner/Kühl*, Vor § 324 Rn. 11; explizit *Gröger*, Haftung, S. 65; *Rudolphi*, FS Dünnebier, S. 578; *Winkelbauer*, NStZ 1986, S. 153.

[1293] In diesem Sinne auch *Hüwels*, Gesetzesvollzug, S. 134; *Ransiek*, ZGR 1999, S. 618 f.; *Roxin*, AT/2, § 32 Rn. 214; *Schmucker*, Dogmatik, S. 202; *Walter*, Geschäftsherr, S. 147.

entsteht originär als Folge der individuellen Entscheidung, eine bestimmte Funktion im Unternehmen zu übernehmen. Als solche ist sie mit dem Eigenverantwortlichkeitsprinzip ohne Weiteres vereinbar.

Vor diesem Hintergrund lässt sich auch die Frage der Garantenstellung sogenannter Betriebsbeauftragter, zu denen auch der Stufenplanbeauftragte zu zählen ist, beantworten. Nach vorherrschender Meinung im Schrifttum soll die Bejahung der Garantenstellung davon abhängen, ob dem Betriebsbeauftragten über seine gesetzliche Funktion, Vorgänge zu kontrollieren, Informationen zu sammeln und diese an die zuständigen Stellen im Unternehmen weiterzuleiten, hinaus innerbetrieblich die Kompetenz zukommt, eigenverantwortlich Gefahrenabwehrmaßnahmen anzuordnen, Weisungen zu erteilen und Entscheidungen zu treffen.[1294] Denn eine Garantenstellung könne nur demjenigen zukommen, der zur Verhinderung des Erfolgseintritt auch tatsächlich imstande und nicht auf die Mitwirkung anderer angewiesen sei.[1295] Dieser Ansatz verkennt jedoch den Unterschied zwischen Garantenstellung und Garantenpflicht. So ist die Frage, was für den Beauftragten möglich und zumutbar ist, eine solche der Garantenpflicht, nicht der Garantenstellung. Letztere ergibt sich allein aus dem Umstand, dass der Betriebsbeauftragte eine Stellung innehat, an die die Allgemeinheit schon in Ansehung ihrer gesetzlichen Umschreibung gewisse Sicherheitserwartungen knüpft und die ein gewisses Maß an Herrschaft über die zu betreuende Gefahrenquelle verleiht,[1296] sei diese auch, wie im Fall des Stufenplanbeauftragten, primär informatorischer Natur.[1297] Denn unter Zugrundelegung des Eigenverantwortlichkeitsprinzips ist prinzipiell von einem rechtmäßigen Verhalten Dritter auszugehen, so dass bei Weitergabe der Gefahrinformation die Einleitung entsprechender Gefahrenabwehrmaßnahmen zu unterstellen ist.[1298] Dann wohnt der Informationshoheit, wie sie dem Stufenplanbeauftragten zukommt, aber aus normativer Sicht ein erhebliches Erfolgsvermeidepotential inne, das im Sinne einer normativen Gefahrherrschaft in Verbindung mit den sozialen Erwartungen die Annahme einer Garantenstellung rechtfertigt.[1299]

[1294] Vgl. *Busch*, Umweltstrafrecht, S. 550 m. w. N.; *Kuhlen*, Betriebsbeauftragte, S. 71 f.; *Rudolphi*, FS Lackner, S. 876; *Salje*, BB 1993, S. 2299; *Sander*, NuR 1985, S. 55; *Wernicke*, NStZ 1986, S. 223; *Winkemann*, Probleme, S. 169.

[1295] *Alexander*, Strafrechtliche Verantwortlichkeit, S. 289; *Böse*, NStZ 2003, S. 638; *Busch*, Umweltstrafrecht, S. 552 f.; *Winkemann*, Probleme, S. 173.

[1296] Ähnlich *Böse*, NStZ 2003, S. 639; *Kuhlen*, Betriebsbeauftragte, S. 87 f.

[1297] Dagegen sieht *Mandry*, Beauftragte, S. 210, die pharmazeutischen Beauftragten als befugt an, eigenverantwortlich die notwendigen Entscheidungen zu treffen und die gebotenen Maßnahmen einzuleiten. Dem ist jedoch zu widersprechen. Denn beim Stufenplanbeauftragten handelt es sich nicht um einen verlängerten Arm der Kontrollbehörde bzw. eine Art Statthalter der öffentlichen Interessen, der losgelöst von der betrieblichen Hierarchie Maßnahmen gegen und ohne den Willen der Unternehmensleitung durchführen kann und soll. Alles andere käme einer Ermächtigung zu Zwangsmaßnahmen und Eingriffen in das Eigentum des pharmazeutischen Unternehmers ohne adäquate, dem Gesetzesvorbehalt genügende Ermächtigungsgrundlage gleich.

[1298] Ähnlich *Hohm*, Nachmarktkontrolle, S. 280. Dies verkennend *Ransiek*, Unternehmensstrafrecht, S. 20.

[1299] Ebenso auf die „Informationsmacht" abstellend *Böse*, NStZ 2003, S. 639 f.

Die Garantenpflicht wiederum hat dann der spezifischen innerbetrieblichen Ausgestaltung dieser Garantenstellung, den konkreten Kompetenzen und Befugnissen Rechnung zu tragen. Beschränken sich diese auf die gesetzlich umschriebenen Aufgaben und Funktionen, so begründet die Garantenstellung zwar keine Garantenpflicht zur Vermeidung des Erfolgseintritts, wohl aber die Pflicht, auf das Ausbleiben des Erfolgseintritts, sprich die Verringerung dessen Wahrscheinlichkeit, gemäß dem gesetzlichen Auftrag hinzuwirken.[1300] Eine Garantenstellung des Stufenplanbeauftragten ist jedenfalls zu bejahen.[1301]

(II) Imverkehrbelassen rechtmäßig in Verkehr gebrachter Arzneimittel

Kommt somit auch im Fall der Pflichtwidrigkeit der ursprünglichen Inverkehrgabe des Arzneimittels eine Unterlassungsstrafbarkeit wegen Nichtvornahme der gebotenen Gefahrenabwehrmaßnahmen in Betracht, so rückt diese vor allem dann in den Vordergrund, wenn die Bedenklichkeit des Arzneimittels erst nachträglich erkennbar wird, das Präparat mithin rechtmäßig in Verkehr gebracht wurde.

Im Lichte des zur Wirkung einer erteilten Arzneimittelzulassung Gesagten begründet das Unterlassen Gefahren abwehrender Maßnahmen keine Strafbarkeit, solange die Zulassung fortbesteht bzw. entsprechende Schritte nicht von der zuständigen Landesbehörde ausdrücklich angeordnet worden sind. Etwas anderes gilt nur dann, wenn sich die Bedenklichkeit des betreffenden Arzneimittels aufgrund gemeldeter Verdachtsfälle oder neuerer, in der Fachliteratur veröffentlichter wissenschaftlicher Erkenntnisse geradezu aufdrängen musste bzw. eingegangene Schadensmeldungen nicht ordnungsgemäß dokumentiert, ausgewertet und an das BfArM/PEI weitergeleitet wurden, so dass eine sachgerechte Entscheidung des BfArM/PEI über eine eventuell gebotene Aufhebung der Arzneimittelzulassung

---

1300 Vgl. *Böse*, NStZ 2003, S. 639 f.; *Eidam*, Unternehmen und Strafe, S. 54; *Kuhlen*, Betriebsbeauftragte, S. 88; *Rudolphi*, FS Lackner, S. 878; *Schall*, Probleme, S. 118; *Schmid* in: Müller-Gugenberger/Bieneck, WiStR, § 30 Rn. 34. Eine solche beschränkte Garantenposition dagegen strikt ablehnend *Alexander*, Strafrechtliche Verantwortlichkeit, S. 289.

1301 Im Ergebnis letztlich ebenfalls den Betriebsbeauftragten als Garant betrachtend, aber mangels Entscheidungsbefugnis eine Bestrafung als Täter ablehnend *OLG Frankfurt* NJW 2753 (2756); *Eidam*, Unternehmen und Strafe, S. 54. Nach der hier vertretenen Ansicht begründet allerdings die Garantenstellung per se täterschaftliches Unrecht, so dass sich der Stufenplanbeauftragte als Unterlassungstäter strafbar macht. Ebenso Täterschaft annehmend *Horn*, JZ 1994, S. 636; *Kuhlen*, Betriebsbeauftragte, S. 78; *Schall*, Probleme, S. 119. Verfehlt ist es in diesem Zusammenhang auch, dann eine Teilnahmestrafbarkeit zu bejahen, wenn der Beauftragte die Unternehmensleitung falsch bzw. unzureichend informiert, die Unternehmensleitung ihre Entscheidung über das Einleiten von Rettungsmaßnahmen aber nicht auf die Ausführungen des Beauftragten stützt, sondern von sonstigen Erwägungen wie beispielsweise Umsatzaspekten abhängig macht. So *Busch*, Umweltstrafrecht, S. 554; *Schall*, Probleme, S. 120. Richtigerweise scheidet in diesem Fall eine Strafbarkeit mangels Pflichtwidrigkeitszusammenhangs vollständig aus, da sich die Pflichtwidrigkeit des Beauftragten nicht in der Beschlussfassung und dem darauf beruhenden Erfolgseintritt auswirkt – es sei denn, bei eindringlicherer Warnung hätte die Unternehmensleitung das Umsatzstreben hintan gestellt.

erkennbar nicht gewährleistet war. Mangels berechtigten Vertrauens in die Zulassung als verbindliche Konkretisierung des rechtlich Erlaubten ist der pharmazeutische Unternehmer in diesen Fällen auch ohne spezielle Anordnung zu Warnhinweisen oder Rückrufaktionen verpflichtet, deren Unterlassen zur Strafbarkeit wegen nicht verhinderter Arzneimittelschäden führt.

Der Strafvorwurf richtet sich in diesem Fall primär gegen den für die Informationsverarbeitung und -weiterleitung zuständigen Stufenplanbeauftragten, während eine Strafbarkeit des Vertriebsleiters bzw. der Geschäftsleitung wegen unterlassener Gefahrenabwehr ausscheidet, wenn diese sich nach Maßgabe des Vertrauensgrundsatzes und den Prinzipien innerbetrieblicher Arbeitsteilung auf eine pflichtgemäße Aufgabenwahrnehmung durch den Stufenplanbeauftragten verlassen und somit von der Unbedenklichkeit des Arzneimittels ausgehen dürfen. Daneben kommt eine Strafbarkeit des Pharmaberaters in Betracht, der einen ihm mitgeteilten Verdacht erheblicher Arzneimittelnebenwirkungen nicht an den Stufenplanbeauftragten weiterreicht und so verhindert, dass dieser dem Verdacht nachgeht und diesen, sofern er sich bestätigt, der Unternehmensleitung und den zuständigen Behörden meldet.

Daneben machen sich Stufenplanbeauftragter, Vertriebsleiter und Geschäftsleitung strafbar, wenn sie die seitens des BfArM/PEI bzw. der zuständigen Landesbehörde angeordneten Gefahrenabwehrmaßnahmen nicht oder nur unzulänglich durchführen. Dabei kann sich die Geschäftsleitung aber, sofern sie den Stufenplanbeauftragten sowie den Vertriebsleiter sorgfältig ausgewählt, über die Anordnung informiert und mit den nötigen Mitteln ausgestattet hat, darauf verlassen, dass diese die behördliche Anordnung pflichtgemäß umsetzen, sofern sie nicht angesichts Art und Umfang der zu ergreifenden Maßnahmen erkennbar überfordert sind. Hinsichtlich der Garantenstellung der einzelnen Personen, namentlich des Stufenplanbeauftragten sowie im Fall der Funktionsnachfolge, kann auf das bereits Gesagte verwiesen werden, wobei mangels pflichtwidrigen Inverkehrbringens des Präparates eine Garantenstellung kraft Ingerenz von vornherein ausscheidet.

b. BfArM bzw. PEI

Eine Strafbarkeit der Mitarbeiter des BfArM bzw. PEI kommt sowohl unter dem Gesichtspunkt rechtswidriger Zulassungserteilung als auch wegen Nichtaufhebung der Arzneimittelzulassung nach Kenntniserlangung von der Bedenklichkeit des Präparates in Betracht.

(A) Rechtswidrige Zulassungserteilung

Unter Zugrundelegung der herausgearbeiteten Verantwortungsverteilung im Rahmen des Zulassungsverfahrens scheidet eine Strafbarkeit wegen rechtswidriger Genehmigungserteilung aus, wenn diese auf der Einreichung falscher oder unvollständiger Unterlagen seitens des pharmazeutischen Unternehmers beruht und die Fehlerhaftigkeit der Unterlagen nicht erkennbar war. Damit beschränkt sich die Frage der Strafbarkeit auf die Fälle, in denen der die Zulassung erteilende Amtsträger die Bedenklichkeit des Arzneimittels kannte oder erkennen konnte bzw.

Nutzen und Risiken des Präparates fehlerhaft gegeneinander abgewogen hat und dadurch zu Unrecht von der Unbedenklichkeit des Arzneimittels ausging.[1302]

Allerdings ist die Frage der Amtsträgerstrafbarkeit wegen Erteilung einer rechtswidrigen Genehmigung umstritten, bis dato aber nur für den Bereich des Umweltstrafrechts ernsthaft diskutiert worden, obwohl es sich hierbei um eine allgemeine Problematik handelt, die in allen Bereichen zum Tragen kommt, in denen das Gebrauchmachen von einer behördlichen Genehmigung dazu führt, dass der Erfolg eines allgemeinen Strafgesetzes verwirklicht wird.[1303] Dabei ist zunächst klarzustellen, dass eine Strafbarkeit des Amtsträgers nicht schon deshalb ausscheidet, weil das genehmigte Verhalten kein Strafunrecht darstellt, das Verhalten des Amtsträgers damit auf Bewirkung eines rechtlich zulässigen Verhaltens gerichtet ist. Diese Argumentation verkennt nämlich, dass die Frage der Rechtmäßigkeit eines Verhaltens für jeden daran Mitwirkenden individuell zu beantworten ist.[1304] Erteilt der Amtsträger infolge unterlassener oder fehlerhaft vorgenommener Prüfung der entscheidungsrelevanten Umstände die Genehmigung zu Unrecht, so bleibt er hinter dem im Interesse des durch die Kontrollgenehmigung geschützten Rechtsguts gebotenen und von ihm erwarteten Verhalten zurück.[1305]

(I) Vorsätzliche rechtswidrige Zulassungserteilung

Erteilt der Amtsträger die Zulassung in Kenntnis der Bedenklichkeit des Arzneimittels und nimmt insofern das Auftreten unvertretbarer Arzneimittelschäden in Kauf, kommt eine Vorsatzstrafbarkeit gemäß §§ 211 ff., 223 ff. StGB sowie §§ 95 Abs. 1 Nr. 1 AMG, 314 StGB in Betracht. Da er allerdings das Arzneimittel nicht eigenhändig in Verkehr bringt geschweige denn eine unmittelbar zum Gesundheitsschaden führende Handlung vornimmt, stellt sich die Frage, ob ihm das In-

---

[1302] Gerade was die Strafbarkeit infolge eines Abwägungsfehlers anbelangt, ist zu berücksichtigen, dass die eingereichten Unterlagen oftmals gemäß § 25 Abs. 5-7a AMG an externe Sachverständige zur Prüfung und Beurteilung der enthaltenen Daten weitergeleitet werden. Folglich scheidet eine Strafbarkeit des die Zulassung erteilenden Amtsträgers auch dann aus, wenn er sich berechtigterweise auf das Urteil der Sachverständigen verlassen durfte. Vgl. *Knopp*, DÖV 1994, S. 682. Der Strafvorwurf richtet sich in diesem Fall gegen die Sachverständigen selbst, die bei vorsätzlicher Falschbegutachtung kraft Irrtumsherrschaft als mittelbare Täter, bei fahrlässiger Falschbegutachtung als Fahrlässigkeitstäter zu bestrafen sind. Das Inverkehrbringen des Arzneimittels und die dadurch ausgelösten Gesundheitsbeeinträchtigungen sind in diesem Fall über den Amtsträger, den pharmazeutischen Unternehmer und den Arzt bzw. Patienten als gutgläubige Werkzeuge gleich mehrmals vermittelt. Vgl. *Rudolphi*, NStZ 1994, S. 434; *Schirrmacher*, JR 1995, S. 390. Siehe zur Strafbarkeit behördenexterner Fachgutachter auch *BGH*St 39, 381 (384 f.); *OLG Karlsruhe* wistra 1992, S. 270 (271); *Horn*, JZ 1994, S. 636. Hingegen eine Strafbarkeit derartiger Fachgutachter verneinend *Knopp*, DÖV 1994, S. 683.

[1303] So zutreffend *Wohlers*, ZStW 108 (1996), S. 64. Dagegen scheidet eine Strafbarkeit von vornherein bei Sonderdelikten wie beispielsweise § 96 Nr. 5 AMG aus, bei denen nur der Genehmigungsempfänger die geforderte Täterqualifikation erfüllt.

[1304] *Rudolphi*, FS Dünnebier, S. 563.

[1305] *Frisch*, Verwaltungsakzessorietät, S. 65.

verkehrbringen des Präparats seitens des pharmazeutischen Unternehmers und die dadurch vermittelte Anwendung des Arzneimittels durch den Arzt bzw. den Patienten im Wege der Mittäterschaft bzw. mittelbaren Täterschaft zurechenbar ist[1306] oder er allenfalls wegen Beihilfe hierzu zur Verantwortung gezogen werden kann. Letzteres setzt zwingend voraus, dass der pharmazeutische Unternehmer seinerseits vorsätzlich und rechtswidrig handelt, was angesichts der unrechtsausschließenden Wirkung der Arzneimittelzulassung nur bei Kenntnis der Bedenklichkeit zu bejahen ist.[1307] Wirken pharmazeutischer Unternehmer und Amtsträger in diesem Fall auf der Grundlage einer gemeinsamen Absprache kollusiv zusammen, liegt Mittäterschaft gemäß § 25 Abs. 2 StGB vor.[1308] Die Tatsache, dass sich die Mitwirkungshandlung des Amtsträgers vollständig im Vorbereitungsstadium der eigentlichen Tathandlung des Inverkehrbringens bewegt, hindert die Annahme mittäterschaftlichen Zusammenwirkens nach hier vertretener Auffassung nicht. Damit bleibt für eine Bestrafung als Teilnehmer nur in den Fällen Raum, in denen es an einem gemeinsamen Tatplan fehlt.[1309]

Handelt der pharmazeutische Unternehmer dagegen in Unkenntnis der Bedenklichkeit und in gutem Glauben an die Rechtmäßigkeit der Zulassung, so dass eine Teilnahmestrafbarkeit des Amtsträgers mangels Vorsatzes des pharmazeutischen Unternehmers von vornherein ausscheidet, stellt sich die Frage, inwieweit eine Bestrafung des Amtsträgers als mittelbarer Täter möglich ist. Die prinzipielle Werkzeugqualität des die tatbestandliche Ausführungshandlung vornehmenden pharmazeutischen Unternehmers[1310] ergibt sich dabei nicht nur aus dem fehlenden

[1306] MüKo-StGB-*Joecks*, § 25 Rn. 220; *Wohlers*, ZStW 108 (1996), S. 64. Nach MüKo-StGB-*Freund*, Vor §§ 95 ff. AMG Rn. 75, soll indes eine Strafbarkeit nach § 95 Abs. 1 Nr. 1 AMG schon begrifflich von vornherein ausscheiden, weil derjenige, der nur mittelbar für das Inverkehr*gelangen* eines Arzneimittels Verantwortung trägt, nicht als „Inverkehr*bringer*" i. S. d. Norm angesehen werden könne.

[1307] Vgl. *Breuer*, NJW 1988, S. 2084; *Geisler*, NJW 1982, S. 12; *Horn*, NJW 1981, S. 2 f.; *Knopp*, DÖV 1994, S. 680; *Kuhlen*, WiVerw 1992, S. 293; *Marx*, Genehmigung, S. 191; *Meinberg*, NJW 1986, S. 2222; *Müller*, ZfW 1999, S. 296; MüKo-StGB-*Schmitz*, Vor §§ 324 ff. Rn. 100; *Pfohl*, NJW 1994, S. 421; *Winkelbauer*, NStZ 1986, S. 150.

[1308] Ebenfalls Mittäterschaft bejahend *BGH* NJW 1994, S. 670 (671); *Kuhlen*, Umweltstrafrecht, S. 201; *Rogall*, Strafbarkeit von Amtsträgern, S. 172; S/S-*Cramer/Heine*, Vorbem. §§ 324 ff. Rn. 35. Dagegen Mittäterschaft mangels Tatherrschaft und Eigeninteresse am Taterfolg verneinend *Immel*, Umweltuntreue, S. 143; *Knopp*, DÖV 1994, S. 679 f.; *Rogall*, Strafbarkeit von Amtsträgern, S. 193 m. w. N.

[1309] LK-*Steindorf*, Vor § 324 Rn. 54.

[1310] Dabei ist klarstellend darauf hinzuweisen, dass der pharmazeutische Unternehmer mit dem Inverkehrbringen des Arzneimittels zwar die in §§ 95 Abs. 1 Nr. 1 AMG, 314 StGB umschriebene Tathandlung, nicht aber die von den §§ 211 ff., 212 ff. StGB geforderte Körperverletzungs- bzw. Tötungshandlung vornimmt. Allerdings ist dem Amtsträger, wenn ihm das Inverkehrbringen seitens des pharmazeutischen Unternehmers zurechenbar ist, auch die darauf beruhende Anwendung bzw. Einnahme des bedenklichen Arzneimittels durch den unwissenden Arzt bzw. Patienten zurechenbar. Insoweit liegt eine zweifach vermittelte mittelbare Täterschaft vor.

Vorsatz, sondern bereits aus dem Umstand, dass dieser aufgrund der Zulassung durch Inverkehrbringen des Arzneimittels kein personales Unrecht verwirklicht. Umstritten ist jedoch, ob der Amtsträger die zur Annahme mittelbarer Täterschaft erforderliche Tatherrschaft besitzt, da weder ein Fall der Nötigungsherrschaft noch der Irrtumsherrschaft vorliegt.[1311] Eine Fehlvorstellung des Genehmigungsempfängers könnte allein im Hinblick darauf gegeben sein, dass er zu Unrecht davon ausgeht, der genehmigende Amtsträger habe die durch die Wertungen der Primärrechtsordnung umschriebene Verbotsmaterie zutreffend konkretisiert. Angesichts der strafbefreienden Wirkung auch rechtsfehlerhafter Genehmigungsbescheide betrifft dieser „Irrtum" aber keine für die strafrechtliche Beurteilung der Tat wesentlichen Sachverhaltsumstände und kann deswegen auch nicht der Kategorie des Irrtums über den konkreten Handlungssinn zugeschlagen werden. Einem Irrtum, der vom Amtsträger bewusst ausgenutzt werden könnte, ist der Erlaubnisempfänger somit gerade nicht erlegen.[1312]

Ein Teil des Schrifttums verneint dementsprechend die Tatherrschaft des Amtsträgers mit der Begründung, dass letzten Endes allein der Genehmigungsempfänger darüber entscheide, ob und wie er von der Genehmigung Gebrauch mache, so dass ihm allein die Herrschaft über die Straftatverwirklichung zufalle.[1313] Diese Ansicht verkennt aber, dass es sich bei der Tatherrschaft um ein über die faktische Tatbeherrschung hinausgehendes normativ-wertendes Kriterium handelt.[1314] Zwar wird das den Straftatbestand verwirklichende Geschehen faktisch vom Genehmigungsinhaber beherrscht, doch schließt das nicht aus, dass dem Amtsträger eine aus normativer Sicht höherstufige Tatherrschaft zukommt, welche ihn gleichwohl als Zentralgestalt des Geschehens erscheinen lässt.[1315] Diesbezüglich hat *Horn*[1316] den die Genehmigung erteilenden Amtsträger zutreffend mit einem Schrankenwärter verglichen, da dieser mit Genehmigungserteilung den Zugriff auf das durch die Genehmigungspflicht geschützte Rechtsgut gewähre, dem Genehmigungsempfänger für sein latent gefährliches Verhalten mithin grünes Licht gebe. Wenn aber

---

1311 *Horn*, NJW 1981, S. 4; *Rogall*, Strafbarkeit von Amtsträgern, S. 196; *Rudolphi*, FS Dünnebier, S. 565; *Stratenwerth/Kuhlen*, AT/I, § 12 Rn. 45.

1312 *Wohlers*, ZStW 108 (1996), S. 71 f. m. w. N. In diesem Sinne auch *Immel*, Umweltuntreue, S. 153; *ders.*, ZRP 1989, S. 107; *Rademacher*, Strafbarkeit, S. 188; *Randt*, Mittelbare Täterschaft, S. 102; *Schirrmacher*, JR 1995, S. 389.

1313 Vgl. *Breuer*, NJW 1988, S. 2084 f.; *Grunert*, Grenzen, S. 111; *Immel*, Umweltuntreue, S. 161; *ders.*, ZRP 1989, S. 107; *Michalke*, NJW 1994, S. 1697; *Otto*, Jura 1991, S. 314; *Renzikowski*, Restriktiver Täterbegriff, S. 94; *Schall*, NJW 1990, S. 1269; *ders.*, JuS 1993, S. 721; *Schirrmacher*, JR 1995, S. 389; S/S-*Cramer/Heine*, Vorbem. §§ 324 ff. Rn. 35; *Stratenwerth/Kuhlen*, AT/I, § 12 Rn. 45; *Tröndle*, GedS Meyer, S. 616 f.; in diesem Sinne auch *Wohlers*, ZStW 108 (1996), S. 82; letzten Endes ebenso *Rogall*, Strafbarkeit von Amtsträgern, S. 198 f.

1314 *BGH*St 39, 381 (388 f.); *Hüwels*, Gesetzesvollzug, S. 20 f.; *Rogall*, Strafbarkeit von Amtsträgern, S. 196; *Wohlers*, ZStW 108 (1996), S. 70; i. E. ebenso *Möhrenschlager*, NuR 1983, S. 212. Zur Normativität des Tatherrschaftsbegriffs siehe bereits S. 403 ff.

1315 *Rudolphi*, FS Dünnebier, S. 564 f. Ähnlich LK-*Steindorf*, § 324 Rn. 59. Kritisch *Tröndle*, GedS Meyer, S. 616.

1316 *Horn*, NJW 1981, S. 4.

der Bahnwärter vorzeitig die Schranke öffnet und dadurch bewirkt, dass der Autofahrer mit dem Zug zusammenstößt und der Beifahrer stirbt, so ist er nicht nur Teilnehmer, sondern Herr dieser Tat. Für das Beseitigen von Rechtsschranken kann dann im Prinzip nichts anderes gelten. Wer die Macht hat, rechtliche Schranken für ein verbotenes Handeln zu beseitigen und damit „grünes Licht" für eben dieses gibt, beherrscht diese Tat.[1317] Denn durch die Erteilung der formell wirksamen Genehmigung hat der Amtsträger letztlich die rechtlich maßgebende Entscheidung über die gefährliche Handlung getroffen. Dies zum einen faktisch, weil der Genehmigungsempfänger mit Stellung des Genehmigungsantrags unmissverständlich seine Bereitschaft und Absicht zur Vornahme der betreffenden Tätigkeit bekundet und allein noch von der Genehmigungserteilung abhängig gemacht hat.[1318] Zum anderen aber auch normativ, weil der Genehmigungsempfänger infolge der die Rechtmäßigkeit des genehmigungspflichtigen Verhaltens herstellenden Genehmigungserteilung der Entscheidung zwischen Recht und Unrecht enthoben ist.[1319] Er ist mit anderen Worten gerade der Macht beraubt, über die Begehung einer Straftat zu entscheiden. Die ihm unstreitig verbleibende Herrschaft darüber, ob das genehmigte Vorhaben auch faktisch in die Tat umgesetzt wird, erweist sich vor diesem Hintergrund als strafrechtliches Nullum, da sich der Genehmigungsempfänger durch Ausübung dieser Herrschaft in die eine oder andere Richtung weder strafrechtlich bewähren noch einer Verfehlung schuldig machen kann. Der Genehmigungsempfänger besitzt damit zwar Tat-, aber keine Straftatherrschaft. Täterschaft setzt aber nach allgemeiner Ansicht die Herrschaft über die Verwirklichung eines Straftatbestandes und damit genau genommen Straftatherrschaft voraus. Letztere liegt indes allein in der Hand des über die Genehmigungserteilung befindenden Amtsträgers, so dass dieser und nicht der Genehmigungsempfänger das straftatbestandliche Geschehen beherrscht und als dessen Zentralgestalt in Erscheinung tritt.[1320] Dafür spricht auch, dass er durch jederzeitige Auf-

---

[1317] Ebenso *BGH*St 39, 381 (388); *OLG Frankfurt*, NJW 1987, S. 2753 (2757); *Fuhrmann*, Begehen, S. 80 f.; *Keller*, FS Rebmann, S. 252; *Kuhlen*, Umweltstrafrecht, S. 201 f.; *ders.*, WiVerw 1992, S. 295; *Lackner/Kühl*, Vor § 324 Rn. 10; LK-*Steindorf*, § 324 Rn. 59; *Meinberg*, NJW 1986, S. 2222; NK-*Ransiek*, § 324 Rn. 72, 74; *Tiedemann/Kindhäuser*, NStZ 1988, S. 345; *Tröndle/Fischer*, Vor § 324 Rn. 17; *Winkelbauer*, NStZ 1986, S. 150 f. Kritisch zum Bild des Schrankenwärters dagegen *Geisler*, NJW 1982, S. 13; *Gröger*, Haftung, S. 30; *Grunert*, Grenzen, S. 110, 117 f.; *Immel*, Umweltuntreue, S. 155 ff.; *Schünemann*, wistra 1986, S. 240.

[1318] Vgl. *Gröger*, Haftung, S. 32; MüKo-StGB-*Joecks*, § 25 Rn. 222; *Randt*, Mittelbare Täterschaft, S. 107; *Rudolphi*, NStZ 1994, S. 435; a. A. *Wohlers*, ZStW 108 (1996), S. 74.

[1319] *Rudolphi*, FS Dünnebier, S. 566; *ders.*, NStZ 1994, S. 434.

[1320] Im Ergebnis ebenso *Müller*, ZfW 1999, S. 294; SK-StGB-*Horn*, Vor § 324 Rn. 22. In diesem Sinne auch *Roxin*, TuT, S. 147 f., 154, der die Tatherrschaft im Fall der Nötigungsherrschaft aus dem Umstand herleitet, dass der Hintermann den Tatmittler durch die Nötigung gemäß § 35 StGB von Strafe freistellt. Kritisch *Küper*, JZ 1989, S. 941 f., 946; *Randt*, Mittelbare Täterschaft, S. 48 f., 108 f.; *Schroeder*, Täter hinter dem Täter, S. 99. Letzterer erblickt hierin eine Rückkehr zur formal-negativen Täterlehre, wie sie vor allem von *M. E. Mayer*, AT, S. 376, vertreten wurde. Diese Kritik trägt indes nicht. Denn während die formal-negative Täterlehre allein schon der Tatsache, dass der Tat-

hebung der Genehmigung, gegebenenfalls verbunden mit entsprechenden Sicherungsmaßnahmen, die betreffende Tätigkeit faktisch unterbinden und normativ unter Strafe stellen kann.[1321] Zu prüfen ist jedoch stets, ob der Amtsträger im konkreten Einzelfall auch über den erforderlichen Tatherrschaftswillen verfügt.[1322]

(II) Fahrlässige rechtswidrige Zulassungserteilung

Dass der Amtsträger nachweisbar vorsätzlich eine fehlerhafte Erlaubnis erteilt, dürfte allerdings eher selten vorkommen. Handelt der Amtsträger unvorsätzlich und, wie etwa bei Verkennung der offensichtlichen Fehlerhaftigkeit der eingereichten Zulassungsunterlagen oder im Fall der fehlerhaften Nutzen-Risiko-Abwägung, in Unkenntnis der Rechtswidrigkeit seines Verhaltens, stellt sich daher die für die Praxis weitaus bedeutendere Frage nach einer möglichen Fahrlässigkeitsstrafbarkeit des Amtsträgers.

Dass der Amtsträger mit Erteilung der Zulassung eine Bedingung für den späteren Eintritt unvertretbarer Arzneimittelschäden gesetzt hat und somit unter Zugrundelegung des fahrlässigen Einheitstäterbegriffs eine Fahrlässigkeitsstrafbarkeit prinzipiell in Betracht kommt, ist unproblematisch zu bejahen.[1323] Erforderlich ist indes, dass das Setzen der Bedingung sorgfaltswidrig war. Diesbezüglich ist im Schrifttum zu Recht einhellig anerkannt, dass eine Sorgfaltspflichtverletzung des Amtsträgers nicht allein schon aus der Fehlerhaftigkeit des Verwaltungsakts folgt, sondern vielmehr einer eigenständigen, strafrechtlichen Begründung bedarf.[1324] Diese folgt letztlich aus der besonderen Vertrauensposition, die der behördliche Sachwalter durch seine fachliche Kompetenz und die Inanspruchnahme staatlicher Autorität innehat. Dadurch, dass der Erklärungsadressat auf den Inhalt der Stellungnahme vertraut, muss von demjenigen, der diesen Inhalt bestimmt, eine entsprechende Sorgfalt beim Aufstellen dieses Inhalts verlangt werden. Denn er ist es der Sache nach, der die dem schädigenden Verhalten vorgelagerte Risikoentscheidung trifft.[1325] Damit liegt eine Sorgfaltspflichtverletzung aber gerade dann vor, wenn offensichtliche Risiken mangels Ausschöpfung der zur Verfügung stehenden Informationsquellen nicht erkannt oder erkannte Risiken nicht ordnungsgemäß

---

mittler straflos handelt, als solcher mittelbare Täterschaft begründende Wirkung zusprach, setzt die hier vertretene Ansicht voraus, dass der Hintermann für eben diese Unverantwortlichkeit ursächlich geworden ist, die zur Straflosigkeit führenden Umstände bewusst herbeigeführt hat. Nicht die Unverantwortlichkeit, sondern die Herrschaft, über diese zu entscheiden, begründet die mittelbare Täterschaft.

[1321] Vgl. *Kuhlen*, Umweltstrafrecht, S. 202; *ders.*, WiVerw 1992, S. 295.

[1322] Diesen verneinend *Schall*, NJW 1990, S. 1269; *Zeitler*, Verwaltungsentscheidungen, S. 108, 110.

[1323] Vgl. *Gröger*, Haftung, S. 48; *Große Vorholt*, Behördliche Stellungnahmen, S. 200; MüKo-StGB-*Freund*, §§ 21-37 AMG Rn. 17; *Vogel*, Produkthaftung, S. 24.

[1324] *Knopp*, DÖV 1994, S. 680; *Rogall*, Strafbarkeit von Amtsträgern, S. 199; S/S-*Cramer/Heine*, Vorbem. §§ 324 ff. Rn. 38a; *Tiedemann/Kindhäuser*, NStZ 1988, S. 345.

[1325] *Große Vorholt*, Behördliche Stellungnahmen, S. 200. Ähnlich *Rudolphi*, FS Dünnebier, S. 567.

ausgewertet und einer sachgerechten Beurteilung unterzogen werden,[1326] so dass die Zulassungserteilung trotz erkennbarer Bedenklichkeit des Arzneimittels einen strafrechtlichen Fahrlässigkeitsvorwurf begründet, der gemäß § 95 Abs. 1 Nr. 1, Abs. 4 AMG sowie – je nach Sachverhalt – gemäß §§ 222, 229 StGB zur Strafbarkeit führt.

Allerdings will ein Teil des Schrifttums die strafrechtlichen Tatbestände in Bezug auf eine etwaige Amtsträgerstrafbarkeit von vornherein teleologisch auf eklatante Fälle des Amtsmissbrauchs reduzieren, um zu vermeiden, dass die Strafrechtskontrolle de facto den Charakter einer Art Superfachaufsicht annimmt.[1327] Indes erweist sich die prinzipielle Anerkennung einer Amtsträgerstrafbarkeit aus kriminalpolitischer Sicht als durchaus sinnvoll, hält sie den Amtsträger doch – gerade in sensiblen Bereichen wie dem Verkehr mit Arzneimitteln – zu besonderer Sorgfalt und Gewissenhaftigkeit an. Eine teleologische Reduktion rechtfertigt sich auch nicht aus der nicht ganz fern liegenden Befürchtung, die Entscheidungsfreude des zuständigen Amtsträgers könne angesichts einer drohenden Strafbarkeit erheblich beeinträchtigt sein,[1328] so dass etwa einem hochwirksamen, aber mit erheblichen Nebenwirkungen belasteten Arzneimittel allein aus Angst vor strafrechtlichen Konsequenzen die Zulassung versagt wird, obwohl das Präparat die Leiden zahlreicher Menschen lindern könnte. Denn es ist allgemein anerkannt, dass die dem Amtsträger verwaltungsrechtlich zukommende Einschätzungsprärogative bei Beurteilung der Zulassungsfähigkeit eines Arzneimittels auch strafrechtlich Berücksichtigung finden muss, so dass eine Fahrlässigkeitsstrafbarkeit ohnehin ausscheidet, solange sich die Genehmigungserteilung im Bereich des Vertretbaren bewegt.[1329] Aus den genannten Gründen gilt dies insbesondere für die schwierige, mit erheblichen Unsicherheitsfaktoren belastete Abwägungsentscheidung im Rahmen des arzneimittelrechtlichen Zulassungsverfahrens, durch welches einerseits unvertretbar gefährliche Medikamente vom Markt ferngehalten, andererseits aber innovative Präparate, welche die Gesundheit (bislang unheilbar) Kranker fördern, schnellstmöglich zugänglich gemacht werden sollen.[1330] Zu weit dürfte es aber gehen, dem Amtsträger allein schon deshalb ein sorgfaltsgemäßes Verhalten zu attestieren, weil dieser die für eine sachgerechte Entscheidungsfindung erforderlichen Modalitäten eingehalten, insbesondere die der Entscheidung zugrunde liegende Sachlage umfassend geprüft hat.[1331] Kann dem Dilemma des Amtsträgers, mitunter schwierige Wertungs- und Abwägungsfragen hic et nunc beantwor-

---

[1326] Vgl. *Große Vorholt*, Behördliche Stellungnahmen, S. 200.

[1327] *Albrecht/Heine/Meinberg*, ZStW 96 (1984), S. 960 Fn. 46; *Breuer*, NJW 1988, S. 2084. Ähnlich *Hüwels*, Gesetzesvollzug, S. 138; *Kuhlen*, Umweltstrafrecht, S. 204 f. passim.

[1328] *StA Landau*, NStZ 1984, S. 553 (554); *Heine*, Verantwortlichkeit, S. 281; *Kuhlen*, Umweltstrafrecht, S. 203 f.; *ders.*, WiVerw 1992, S. 296; S/S-*Cramer/Heine*, Vorbem. §§ 324 ff. Rn. 30.

[1329] *Horn*, NJW 1981, S. 7; *Knopp*, DÖV 1994, S. 677; LK-*Steindorf*, Vor § 324 Rn. 51; *Möhrenschlager*, NuR 1983, S. 212; *Schall*, JuS 1993, S. 721; *Zeitler*, NStZ 1984, S. 220. Im Ergebnis ebenso *Kuhlen*, Umweltstrafrecht, S. 205; *ders.*, WiVerw 1992, S. 297 f.

[1330] *Deutsch/Spickhoff*, Medizinrecht, Rn. 1037; *Plagemann*, Wirksamkeitsnachweis, S. 28.

[1331] So *Frisch*, Vorsatz, S. 360. Wie hier ablehnend *Horn*, NJW 1981, S. 4 f.

ten zu müssen, somit durch Einräumung eines der strafrechtlichen Überprüfung entzogenen Beurteilungsspielraums hinreichend Rechnung getragen werden, ist letztlich kein Grund ersichtlich, weshalb darüber hinaus bei Fehleinschätzungen, sprich Irrtümern, für Amtsträger besondere, von den für jedermann geltenden Regeln abweichende Prinzipien gelten sollen. Denn dies liefe de facto auf eine nicht nachvollziehbare doppelte Privilegierung hinaus.

(B) Nichtaufhebung einer zu Unrecht bestehenden Arzneimittelzulassung

Ist eine Zulassung zu Unrecht erteilt worden oder erweist sie sich infolge zwischenzeitlich gewonnener Belege für die Bedenklichkeit des betreffenden Arzneimittels erkennbar als unberechtigt, ist das BfArM bzw. PEI, wie bereits erörtert, verpflichtet, die Zulassung aufzuheben. Bei Untätigbleiben setzt sich der zuständige Mitarbeiter einem möglichen Strafvorwurf gemäß §§ 95 Abs. 1 Nr. 1 AMG, 314 StGB sowie gemäß §§ 211 ff., 223 ff. StGB aus, der in Parallele zur Diskussion um die Rückrufpflicht des pharmazeutischen Unternehmers[1332] nicht schon daran scheitert, dass selbst bei rechtmäßiger Zulassungsaufhebung nicht sichergestellt ist, ob der Weitervertrieb des betreffenden Präparats auch wirklich eingestellt und drohende Gesundheitsschäden mit an Sicherheit grenzender Wahrscheinlichkeit verhindert werden.[1333] Denn im Lichte des Eigenverantwortlichkeitsprinzips ist bis zum Beweis des Gegenteils davon auszugehen, dass die am Arzneimittelverkehr Beteiligten nach Zulassungsaufhebung pflichtgemäß vom Weitervertrieb Abstand nehmen.[1334] Inwieweit die Nichtaufhebung aber tatsächlich zu einer Unterlassungsstrafbarkeit des hierfür zuständigen Behördenmitarbeiters führt, hängt indes davon ab, ob bzw. unter welchen Gesichtspunkten dieser als Garant für das Allgemeingut Arzneimittelsicherheit sowie die Individualrechtsgüter Leben und Gesundheit der unvertretbare Arzneimittelschäden erleidenden Patienten einzustehen hat.

War bereits die Zulassungserteilung pflichtwidrig, ergibt sich die Garantenstellung aus Ingerenz, sofern es sich bei dem die Zulassung Erteilenden und dem für deren Aufhebung Zuständigen um dieselbe Person handelt.[1335] Fehlt es an einem pflichtwidrigen Vorverhalten, wird die Frage der Garantenstellung indes uneinheitlich beantwortet. Denkbar ist zunächst, dass sich eine Garantenstellung der Behörde aus dem Gesichtspunkt der Herrschaft über eine Gefahrenquelle er-

---

[1332] Siehe S. 296 ff.

[1333] So aber *StA Mannheim* NJW 1976, S. 585 (588); *Horn*, NJW 1981, S. 8; *Rademacher*, Strafbarkeit, S. 239.

[1334] Vgl. *Meinberg*, NJW 1986, S. 2224.

[1335] *OLG Frankfurt* NJW 1987, S. 2753 (2757); *Kühl*, AT, § 18 Rn. 99; *Kühn*, wistra 2002, S. 44; LK-*Steindorf*, Vor § 324 Rn. 56, 57 m. w. N.; MüKo-StGB-*Schmitz*, Vor §§ 324 ff. Rn. 111; NK-*Ransiek*, § 324 Rn. 70; *Otto*, Jura 1991, S. 315; *Schall*, JuS 1993, S. 721; *Seier*, JA 1985, S. 28; SK-StGB-*Rudolphi*, § 13 Rn. 40b; *ders.*, FS Dünnebier, S. 576; *ders.*, NStZ 1994, S. 435; kritisch *Immel*, Umweltuntreue, S. 204; *ders.*, ZRP 1989, S. 109. Dabei kann auf die Ausführungen zur ingerenzbedingten Unterlassungsstrafbarkeit der Mitarbeiter des pharmazeutischen Unternehmers verwiesen werden. Das zur Funktionsnachfolge Gesagte gilt insofern entsprechend.

gibt.[1336] Dabei kommt als Gefahrenquelle zum einen das Arzneimittel selbst in Betracht, zum anderen aber auch der dieses in Verkehr Bringende bzw. in gesundheitsschädlicher Weise Einsetzende, weshalb zum Teil eine Überwachergarantenstellung von Amtsträgern bezüglich rechtsgutsgefährend handelnder Dritter bejaht wird.[1337] Eine solche ist jedoch vor dem Hintergrund des Eigenverantwortlichkeitsprinzips allenfalls bei Existenz eines besonderen, Personenherrschaft vermittelnden Aufsichts- und Befehlsverhältnisses anzuerkennen, an dem es im Verhältnis der Behörde zum Bürger aber gerade fehlt.[1338] Bloße rechtliche Eingriffsmöglichkeiten oder Eingriffspflichten begründen eine solche tatsächliche und vom Delinquenzfall unabhängige Aufsichts- und Befehlsgewalt jedenfalls nicht.[1339] Diese vermitteln der Behörde aber unter Umständen eine Herrschaft über das Gefahrgut, sofern die verliehenen Zwangsbefugnisse nach Art und Umfang so ausgestaltet sind, dass ihre Ausübung eine effektive Eindämmung der Gefahr ermöglicht.[1340] Dass die Herrschaft nicht an eine faktische Sachherrschaft im Sinne des Gewahrsams heranreicht, schadet in Rekurs auf das zur Herrschaftsgarantenstellung des pharmazeutischen Unternehmers Gesagte nicht.[1341] Da BfArM und PEI derartige Zwangsbefugnisse aber nicht zustehen, sondern zur Umsetzung ihrer Anordnungen vielmehr auf die Mithilfe der zuständigen Landesbehörden angewiesen sind, scheidet auch unter diesem Gesichtspunkt eine Garantenstellung kraft Gefahrquellenherrschaft aus. Führt man sich indes vor Augen, dass die Nichtaufhebung der Arzneimittelzulassung die nahe liegende Gefahr eines weiteren Einsatzes des bedenklichen Präparates nicht nur nicht hemmt, sondern angesichts der ihr zukommenden Vertrauens- und Garantiefunktion geradezu provoziert, stellt bereits die Zulassung als solche eine Gefahrenquelle dar, welche der Amtsträger als diejenige Person, die über den Fortbestand der Erlaubnis autoritativ zu entscheiden hat, durchaus beherrscht. Zu Recht wird daher im Schrifttum eine Garantenstellung des Amtsträgers kraft Herrschaft über die Genehmigung als rechtliche Gefahrenquelle in Erwägung gezogen und letztlich auch zutreffend bejaht.[1342]

[1336] *Rudolphi*, JR 1987, S. 338; *ders.*, NStZ 1991, S. 365.

[1337] *StA Mannheim* NJW 1976, S. 585 (587); *Schall*, NJW 1990, S. 1270; *Zeitler*, Verwaltungsentscheidungen, S. 62 ff.

[1338] *Horn*, NJW 1981, S. 9; *Immel*, Umweltuntreue, S. 195; *ders.*, ZRP 1989, S. 108 f.; *Kirchner*, Unterlassungshaftung, S. 87; *Kühl*, AT, § 18 Rn. 118; *Meinberg*, NJW 1986, S. 2223; MüKo-StGB-*Schmitz*, Vor §§ 324 ff. Rn. 110; *Rademacher*, Strafbarkeit, S. 225; *Rogall*, Strafbarkeit von Amtsträgern, S. 210; SK-StGB-*Rudolphi*, § 13 Rn. 36a; *ders.*, FS Dünnebier, S. 575 f.; *ders.*, JR 1987, S. 338; *Tröndle*, GedS Meyer, S. 620.

[1339] *Horn*, NJW 1981, S. 9; *Immel*, Umweltuntreue, S. 198 f.; *Rademacher*, Strafbarkeit, S. 227 f.; *Sangenstedt*, Garantenstellung, S. 492 f.; *Tröndle*, GedS Meyer, S. 620; *Tröndle/Fischer*, Vor § 324 Rn. 19.

[1340] Vgl. *Zeitler*, Verwaltungsentscheidungen, S. 25 f.; a. A. *Sangenstedt*, Garantenstellung, S. 466 f., 469.

[1341] A. A. wohl *Kirchner*, Unterlassungshaftung, S. 68; *Rogall*, Strafbarkeit von Amtsträgern, S. 211 f.

[1342] NK-*Ransiek*, § 324 Rn. 70; *Rademacher*, Strafbarkeit, S. 223; *Roxin*, AT/2, § 32 Rn. 100; *Schünemann*, wistra 1986, S. 244; a. A. MüKo-StGB-*Schmitz*, Vor §§ 324 ff.

Letztlich beruht auch die Garantenstellung des Amtsträgers ähnlich derjenigen des pharmazeutischen Unternehmers auf der Übernahme einer Schutzfunktion kraft Überwachung einer konkreten Gefahrenquelle.[1343] Der bürgerliche Staat wird durch seine Pflicht der Leistung von Sicherheit definiert,[1344] wie nicht zuletzt in Form der aus Art. 2 Abs. 2 Satz 1 GG abzuleitenden Schutzpflicht des Staates zum Ausdruck kommt. „Die äußere und innere Sicherheit sind Hauptzwecke des Staates. Ihretwegen begibt sich der aufgeklärte Mensch in den Status des Bürgers, beschränkt also seine natürliche Freiheit zum Gebrauch von Notrechten und leistet den Gesetzen Gehorsam."[1345] Zwar ist eine solche strafbewehrte Schutzverpflichtung von Amtsträgern im Schrifttum umstritten und wird mangels eines hinreichend konkreten Herrschafts- und Abhängigkeitsverhältnisses zwischen Behörde und bedrohtem Rechtsgut in Bezug auf allgemeine Polizeibehörden bzw. Polizeibeamte zu Recht als ins Uferlose gehend verneint.[1346] Allerdings handelt es sich beim BfArM bzw. PEI um eine Spezialbehörde, welche in Anbetracht der besonderen Schutzbedürftigkeit der zu effektivem Eigenschutz nicht fähigen Patientenschaft speziell dafür geschaffen wurde, Schädigungen der Individualrechtsgüter Leben und Gesundheit durch bedenkliche Arzneimittel zu verhindern, und der zu diesem Zweck umfassende Anordnungs- und Koordinationsbefugnisse im Bereich der Nachmarktkontrolle übertragen wurden. Insoweit besteht ein berechtigtes Vertrauen der Allgemeinheit, aber auch jedes Einzelnen, auf behördlichen Schutz vor den individuell nicht erfassbaren und kontrollierbaren Gefahren bedenklicher Arz-

---

Rn. 110. Unzutreffend SK-StGB-*Rudolphi*, § 13 Rn. 44a, der in der Nichtaufhebung der Genehmigung die pflichtwidrige Aufrechterhaltung eines unrechtmäßigen Dauerzustandes erblickt und vor diesem Hintergrund eine Garantenstellung kraft Ingerenz bejaht. Da die Nichtaufhebung als Anknüpfungspunkt des Ingerenzvorwurfs zeitlich mit der Entstehung der Handlungspflicht koinzidiert, Grund und Folge der vermeintlichen Ingerenz damit untrennbar zusammenfallen, scheidet eine Garantenstellung wegen *vorangegangenen* pflichtwidrigen Verhaltens aus. Daher zu Recht kritisch *Rogall*, Strafbarkeit von Amtsträgern, S. 208.

1343 Vgl. *Gröger*, Haftung, S. 65; *Hüwels*, Gesetzesvollzug, S. 118 f.; *Kuhlen*, Umweltstrafrecht, S. 206 f.; *ders.*, WiVerw 1992, S. 298; *Lackner/Kühl*, § 13 Rn. 14; LK-*Steindorf*, § 324 Rn. 64; *Meinberg*, NJW 1986, S. 2223 f.; *ders.*, NStZ 1986, S. 225; *Pfohl*, NJW 1994, S. 421; *Rengier*, Umweltstrafrecht, S. 43. Unter Zugrundelegung der organisationsbezogenen Betrachtungsweise übernimmt genau genommen das BfArM/PEI als solches eine bestimmte Schutzfunktion, deren Wahrnehmung der einzelne Amtsträger dann wiederum mit Dienstantritt in einem seinem Zuständigkeitsbereich entsprechenden Umfang übernimmt. Vgl. *Gröger*, Haftung, S. 66; *Pawlik*, ZStW 111 (1999), S. 348; *Sangenstedt*, Garantenstellung, S. 714; *Schwarz*, NStZ 1993, S. 286; *Winkelbauer*, NStZ 1986, S. 153.

1344 *Jakobs*, AT, 29/77d; ähnlich *Kühl*, AT, § 18 Rn. 84; *Pawlik*, ZStW 111 (1999), S. 347.

1345 *Jakobs*, AT, 29/77d; diesen zitierend *Roxin*, AT/2, § 32 Rn. 93.

1346 *Horn*, NJW 1981, S. 9; *Hüwels*, Gesetzesvollzug, S. 119; *Kühl*, AT, § 18 Rn. 86; *Schall*, JuS 1993, S. 723; SK-StGB-*Rudolphi*, § 13 Rn. 36; *ders.*, FS Dünnebier, S. 579 f.; *ders.*, JR 1987, S. 336, 339. Insofern ist *Zaczyk*, FS Rudolphi, S. 369, beizupflichten, dass der ansonsten entstehende Überwachungsstaat sowohl unbezahlbar wie auch unerträglich wäre.

neimittel.[1347] Zudem ist der Gefahr einer uferlosen Amtsträgerhaftung schon deshalb wirksam ein Riegel vorgeschoben, weil der Aufgaben- und somit auch Verantwortungsbereich des BfArM/PEI anders als bei den allgemeinen Polizeibehörden auf den Schutz vor einer ganz bestimmten Gefahr begrenzt und demnach klar umrissen ist.[1348] Der übernommene Schutz bezieht sich dabei zunächst auf das Allgemeingut Arzneimittelsicherheit, damit jedoch, quasi als Reflex, mittelbar auch auf Leib und Leben der mit bedenklichen Arzneimitteln in Berührung kommenden individuellen Patienten. Der für die Aufhebung der Arzneimittelzulassung zuständige Amtsträger ist daher als Garant für die Gesundheit der vom bedenklichen Arzneimittel betroffenen Personen anzusehen.[1349]

Handelt der Amtsträger vorsätzlich, ist er nach der hier vertretenen Auffassung[1350] zwingend als Unterlassungstäter zu bestrafen.[1351] Unterbleibt die Zulassungsaufhebung fahrlässig, ist wiederum der Einschätzungsprärogative und dem verwaltungsrechtlichen Beurteilungsspielraum des Amtsträgers im Rahmen der Fahrlässigkeitsprüfung Rechnung zu tragen.[1352] Vor allem aber ist dem Amtsträger in Anbetracht der generellen Ambivalenz von Arzneimitteln, welche ein pauschales Vorgehen nach dem Prinzip in dubio pro securitate verbietet, ein zeitlicher Entscheidungsspielraum einzuräumen, innerhalb dessen er den gemeldeten Bedenklichkeitsverdacht auf dessen Schlüssigkeit überprüfen kann.[1353] Nur so wird

---

1347 Vgl. *Große Vorholt*, Behördliche Stellungnahmen, S. 134; *Grünewald*, Garantenpflichten, S. 141; *Kahlo*, Unterlassung, S. 263; NK-*Wohlers*, § 13 Rn. 63; *Otto*, AT, § 9 Rn. 68; SK-StGB-*Rudolphi*, § 13 Rn. 54c, 54d; *ders.*, JR 1987, S. 339.

1348 Vgl. *Winkelbauer*, NStZ 1986, S. 151.

1349 Ebenso eine Garantenstellung der Amtswalter in Sonderbehörden bejahend *AG Hanau*, wistra 1988, S. 199 (200); *Bickel*, ZfW 1979, S. 148; *Joecks*, Vor § 324 Rn. 11; *Köhler*, AT, S. 226; *Kühl*, AT, § 18 Rn. 80; *Lackner/Kühl*, Vor § 324 Rn. 11 m. w. N.; *Möhrenschlager*, NuR 1983, S. 212; MüKo-StGB-*Freund*, §§ 21-37 AMG Rn. 17; NK-*Wohlers*, § 13 Rn. 64; NK-*Ransiek*, § 324 Rn. 69; *Otto*, Jura 1991, S. 315; *Schultz*, Amtswalterunterlassen, S. 124; *Schwarz*, NStZ 1993, S. 285; *Triffterer*, Umweltstrafrecht, S. 138; i. E. ebenso S/S-*Cramer/Heine*, Vorbem. §§ 324 ff. Rn. 38; dagegen jenseits der Ingerenz eine Garantenstellung auch mit Blick auf Spezialbehörden verneinend *Kühn*, wistra 2002, S. 43 f.; SK-StGB-*Rudolphi*, § 13 Rn. 36a; *Tröndle*, GedS Meyer, S. 620; *Tröndle/Fischer*, Vor § 324 Rn. 18.

1350 Siehe S. 412 ff.

1351 A. A. *Pfohl*, NJW 1994, S. 421, und *Winkelbauer*, NStZ 1986, S. 150, die lediglich eine Bestrafung als Teilnehmer in Erwägung ziehen. Im Ergebnis wie hier NK-*Ransiek*, § 324 Rn. 71; *Rademacher*, Strafbarkeit, S. 247; *Schall*, NJW 1990, S. 1269.

1352 Vgl. *GenStA Hamm* NStZ 1984, S. 219; *Bickel*, ZfW 1979, S. 149; *Geisler*, NJW 1982, S. 13 f.; *Horn*, NJW 1981, S. 10; *Kühl*, AT, § 18 Rn. 82; *Kuhlen*, Umweltstrafrecht, S. 207; LK-*Steindorf*, Vor § 324 Rn. 56, § 324 Rn. 67; *Müller*, ZfW 1999, S. 296; NK-*Wohlers*, § 13 Rn. 64; NK-*Ransiek*, § 324 Rn. 70; *Rogall*, Strafbarkeit von Amtsträgern, S. 214; *Rudolphi*, FS Dünnebier, S. 581 f.; *ders.*, NStZ 1984, S. 199; S/S-*Cramer/Heine*, Vorbem. §§ 324 ff. Rn. 38; *Triffterer*, Umweltstrafrecht, S. 138; *Tröndle/Fischer*, Vor § 324 Rn. 18; *Zeitler*, NStZ 1984, S. 220

1353 Vgl. *StA Mannheim* NJW 1976, S. 585 (588); *Burkhardt/Kienle*, Zulassung, S. 72 f. Ein Instrument zur Abklärung des Gefahrenverdachts sind nicht zuletzt die bereits erwähnten Arzneimittelschnellinformationen (ASI).

verhindert, dass wirksame Präparate wegen eines sich alsbald als unbegründet herausstellenden Verdachts vorschnell vom Markt genommen und darauf angewiesenen Patienten vorenthalten werden.

c. Überwachungsbehörden der Länder

Was eine Strafbarkeit der den Überwachungsbehörden der Länder angehörenden Amtsträger betrifft, scheidet diese aus, solange nicht das BfArM/PEI in Ausübung seiner Nachmarktkontrollbefugnisse die Landesbehörden konkret anweist, bestimmte Gefahrenabwehrmaßnahmen einzuleiten. Dies resultiert nicht nur daraus, dass die zuständigen Landesbehörden im Rahmen ihres gesetzlichen Auftrags regelmäßig keine Erkenntnisse über die Bedenklichkeit des Arzneimittelmodells als solchem gewinnen und sich dementsprechend darauf verlassen müssen und dürfen, vom BfArM bzw. PEI im Rahmen des Stufenplanverfahrens über einen entsprechenden Verdacht informiert zu werden. Vielmehr fehlt den Landesbehörden in Ansehung der dem BfArM/PEI in der Phase der Nachmarktkontrolle zukommenden Koordinationshoheit die Befugnis, eigenständig Gefahren abwehrend tätig zu werden. Folglich beschränkt sich der Bereich strafbaren Verhaltens auf die nicht ordnungsgemäße Durchführung der vom BfArM/PEI angeordneten Maßnahmen. Die erforderliche Garantenstellung ergibt sich auch hier aus der Übernahme der konkreten Schutzfunktion, wenngleich mit Blick auf die den Landesbehörden gemäß § 69 AMG zukommenden Zwangsbefugnisse im konkreten Einzelfall auch eine Garantenstellung kraft Herrschaft über die sachliche Gefahrenquelle „bedenkliches Arzneimittel“ in Betracht kommt.

d. Arzneimittelgroßhändler

Auch eine Strafbarkeit des Arzneimittelgroßhändlers scheidet aus, solange das bedenkliche Arzneimittel zugelassen wurde, die Zulassung weiterhin fortbesteht und sich die Bedenklichkeit des Präparates auch nicht aufgrund konkreter Anzeichen geradezu aufdrängt.[1354] Strafbar macht sich der Großhändler allerdings dann, wenn er ihm gemeldete Verdachtsfälle schwerwiegender, die Bedenklichkeit des Arzneimittels nahe legender Nebenwirkungen nicht an den Hersteller oder die zuständigen Behörden weiterleitet. Zwar trifft ihn anders als den pharmazeutischen Unternehmer, das BfArM/PEI und die Überwachungsbehörden der Länder keine Garantenstellung gegenüber der Allgemeinheit, sprich den ihm unbekannten Patienten, so dass nicht schon die unterlassene Mitteilung als solche eine (Unterlassungs-)Strafbarkeit begründet. Liefert er aber in diesem Fall das Arzneimittel unverändert aus, ist dieses Inverkehrbringen angesichts der eigenen Pflichtwidrigkeit nicht durch ein berechtigtes Vertrauen auf die Rechtmäßigkeit der fortbestehenden Zulassung gedeckt und stellt damit kein erlaubtes Risiko dar. Neben einer Strafbarkeit gemäß §§ 95 Abs. 1 Nr. 1 AMG, 314 StGB droht bei Eintritt unvertretbarer Arzneimittelschäden als Folge der Anwendung der vertriebenen Präparate auch eine Strafbarkeit als mittelbarer Vorsatz- bzw. (unmittelbarer) Fahrlässigkeitstäter gemäß §§ 211 ff., 223 ff. StGB.

[1354] Vgl. *Frisch*, Zurechnung, S. 207; *Körner*, § 95 Rn. 10; S/S-*Cramer/Sternberg-Lieben*, § 15 Rn. 224; *Wagner*, Delinquenz, S. 93.

Darüber hinaus ist eine Unterlassungsstrafbarkeit des Arzneimittelgroßhändlers zu bejahen, wenn er den Gefahrenabwehranordnungen des pharmazeutischen Unternehmers bzw. der Behörden nicht Folge leistet. Die erforderliche Garantenstellung ergibt sich insoweit aus dem Umstand, dass ein effektives Gefahrenabwehrregime nur dann erfolgreich ist, wenn jedes Glied in der Vertriebskette die erhaltenen Informationen und Anordnungen an das nächste Glied weitergibt. So würde eine Beschränkung der Garantenstellung auf den pharmazeutischen Unternehmer den Arzt oder Patienten als Endverbraucher häufig schutzlos stellen, denn der pharmazeutische Unternehmer kennt in der Regel nur seine unmittelbaren Abnehmer und kann eine Warn- oder Rückrufaktion nur an diese richten.[1355] Aus normativer Sicht wächst dem Großhändler somit eine nicht unerhebliche Herrschaft über den schädlichen Geschehensablauf zu, die ausreicht, um ihn als Garanten für die Gesundheit des Patienten anzusehen.

e. Arzt und Apotheker

Entsprechendes gilt für Arzt und Apotheker. Die Abgabe bzw. Anwendung des Arzneimittels ist, solange es wirksam zugelassen ist und die Bedenklichkeit nicht erkennbar – etwa durch Lektüre der einschlägigen Fachliteratur oder der ASI – zu Tage tritt, nicht strafbar. Die unterlassene Meldung bekannt gewordener Verdachtsfälle erheblicher Nebenwirkungen an die Arzneimittelkommission, den pharmazeutischen Unternehmer oder die zuständigen Behörden begründet mangels Garantenstellung für die Allgemeinheit keine Unterlassungsstrafbarkeit, führt jedoch zum Ausschluss eines berechtigten Vertrauens auf die fortbestehende Arzneimittelzulassung und somit zur Strafbarkeit der Verschreibung und Abgabe des betreffenden Präparates gemäß §§ 95 Abs. 1 Nr. 1 AMG, 314 StGB sowie einer möglichen Strafbarkeit gemäß §§ 211 ff., 223 ff. StGB – sei es als mittelbarer Täter durch Verordnung bzw. Aushändigung oder als unmittelbarer Täter durch direkte Applikation des Medikaments. Die Verschreibung, Anwendung bzw. Abgabe erweist sich in diesem Fall als behandlungsfehlerhaft, da selbst dann, wenn zunächst nur der Verdacht der Bedenklichkeit besteht, die Wahl eines Alternativpräparates geboten ist.[1356] Eine wirksame Risikoübernahme durch den Patienten scheitert an der Autonomieschranke des § 228 bzw. § 216 StGB. Fehlt es aber an einer Behandlungsalternative, so ist in Abhängigkeit von den konkreten Umständen des Einzelfalls zu prüfen, ob der weitere Einsatz des Arzneimittels bezogen auf den individuellen Patienten und nach umfassender Aufklärung desselben über die Bedenklichkeit des Medikaments letztlich doch kraft wirksamer Risikoeinwilligung tatbestandslos oder zumindest gemäß § 34 StGB zu rechtfertigen bzw. wegen Unzumutbarkeit normgemäßen Verhaltens zu entschuldigen ist.[1357]

1355 *Hellmann/Beckemper*, WiStR, Rn. 872.

1356 *Hart*, MedR 1991, S. 305. Insofern entlastet den Apotheker auch der ärztliche Vermerk „Necesse est“ auf dem Verordnungsblatt nicht, ändert dieser doch nichts an der in § 5 AMG verbindlich festgelegten Grenze des erlaubten Risikos.

1357 So warnten Experten im Zusammenhang mit dem *Lipobay*-Skandal eindringlich vor einem abrupten Absetzen von *Lipobay*, da dieses unter Umständen zum Tode führen könne. Siehe *Der Spiegel* vom 13.08.2001, S. 156. In derartigen Fällen kann das „Ne-

Daneben begründet die unterlassene bzw. unzulängliche Umsetzung angeordneter Warn- bzw. Rückrufaktionen eine Unterlassungsstrafbarkeit des Arztes bzw. Apothekers. Die Garantenstellung gegenüber den betroffenen Patienten ergibt sich, was den Arzt betrifft, aus der Übernahme der Heilbehandlung. Für den Apotheker gilt das Gleiche, sofern er bei Beratung und Auswahl eines Präparats im Rahmen der Selbstmedikation bzw. aut idem-Substitution ärztliche Aufgaben wahrnimmt. Ansonsten beruht die Garantenstellung des Apothekers auf denselben Gründen wie diejenige des Arzneimittelgroßhändlers. Indes ist zu berücksichtigen, dass der Apotheker oftmals nicht über die erforderlichen Personendaten verfügt, um über das Aushängen von Warnhinweisen und Rückrufaufforderungen hinaus Gefahren abwehrend aktiv werden zu können.

f. Patient

Nicht unerwähnt bleiben soll, dass sich auch der Patient unter Umständen strafbar macht, wenn er ein bedenkliches Präparat im Familien- oder Freundeskreis weitergibt. Dies gilt jedoch nur für den Fall, dass ihm die Bedenklichkeit des Medikaments bekannt ist oder nachträglich bekannt wird und er letzterenfalls eine Garantenstellung für die Gesundheit der betroffenen Person innehat, was bei nahen Familienmitgliedern stets, bei Angehörigen des erweiterten Familien- oder Freundeskreises eine Frage des Einzelfalls ist.

V. Schäden durch mangelhafte Präparate

Von der Bedenklichkeit des Arzneimittelmodells ist die Mangelhaftigkeit einzelner Chargen oder gar nur einzelner Präparate zu unterscheiden. Die Frage der strafrechtlichen Verantwortlichkeit für mangelbedingte Arzneimittelschäden hängt hierbei maßgeblich von Art und Ursache des konkreten Mangels ab.

1. Abschichtung der Verantwortungsbereiche der Beteiligten

Als Ursachen für die Mangelhaftigkeit eines Präparates kommen vor allem Fehler bei dessen Produktion sowie ein unsachgemäßer Umgang mit diesem während des Vertriebs in Betracht.

a. Pharmazeutischer Unternehmer

Mängel aufgrund fehlerhafter Produktion des Arzneimittels und damit auch die daraus erwachsenden Gesundheitsbeeinträchtigungen fallen primär in den Verantwortungsbereich des pharmazeutischen Unternehmers. Dieser hat dafür Sorge zu tragen, dass nur mangelfreie Ware in den Verkehr gelangt. Dies beinhaltet nicht nur die Pflicht zu sorgfältiger Herstellung des Medikaments, sondern auch zu einer umfassenden Qualitätskontrolle der produzierten Präparate, bevor diese an die Vertriebsabteilung weitergeleitet werden, wo sie bis zur Auslieferung entsprechend § 8 PharmBetrV sachgerecht zu lagern sind. Daraus ergeben sich in Person

cesse est" des Arztes den Apotheker durchaus entlasten, sofern dieser sich beim behandelnden Arzt über die besonderen Umstände des Einzelfalls informiert hat.

des Herstellungsleiters und des Kontrollleiters im Sinn des § 14 Abs. 1 Nr. 2 AMG zugleich die Hauptverantwortlichen für die Sicherstellung der Mangelfreiheit. Zwar obliegt diese zunächst der sachkundigen Person nach § 14 Abs. 1 Nr. 1 AMG, jedoch geht die Pflicht im Wege der Delegation auf die genannten Abteilungsleiter über, sofern diese ordnungsgemäß ausgewählt, instruiert und mit den nötigen sachlichen und personellen Mitteln, aber auch den erforderlichen Befugnissen ausgestattet worden sind. Hierfür hat die Unternehmensleitung Sorge zu tragen, stellt die Installation eines Herstellungs- bzw. Kontrollleiters doch eine gesetzliche Anforderung dar, die sich unmittelbar an den pharmazeutischen Unternehmer in Person der diesen vertretenden Geschäftsleitung, genauer der für die Organisation des Produktionsprozesses zuständigen Geschäftsführer, richtet.[1358]

Konkret hat der Herstellungsleiter dafür zu sorgen, dass die für die Herstellung maßgeblichen Vorschriften des AMG, der jeweiligen Arzneimittelzulassung, der PharmBetrV sowie des Arzneibuches im Sinne des § 55 AMG bei jedem Herstellungsvorgang beachtet werden. Gemäß Ziffer 2.5 des EG-GMP-Leitfadens beinhaltet dies vor allem die ordnungsgemäße Herstellung und Lagerung der Arzneimittel entsprechend der anerkannten pharmazeutischen Regeln, die Überwachung der Herstellanweisungen und ihrer Erfüllung, die Wartung der Räume und Einrichtungen sowie die Ausbildung und Fortbildung des Herstellungspersonals.

Der Kontrollleiter wiederum trägt gemäß Ziffer 2.6 des EG-GMP-Leitfadens die Verantwortung dafür, dass die im pharmazeutischen Unternehmen befindlichen Stoffe, die bei der Arzneimittelherstellung Verwendung finden sollen, Zubereitungen und Verpackungsmaterial sowie die hergestellten Arzneimittel den nach den anerkannten pharmazeutischen Regeln erforderlichen Prüfungen auf ihre Qualität unterzogen werden und insoweit die vom Verbraucher erwartete Beschaffenheit aufweisen.[1359] Über die Freigabe einer Charge entscheidet er gemäß § 7 PharmBetrV mit dem Herstellungsleiter gemeinsam. Der Kontrollleiter ist damit wesentlicher Bestandteil des von § 1a PharmBetrV geforderten Qualitätssicherungssystems. Da der Kontrollleiter speziell zur Überwachung der Arbeitsleistung des Herstellungspersonals bestellt ist, kommt ihm der Vertrauensgrundsatz folglich nicht zugute.[1360]

Weder Herstellungs- noch Kontrollleiter sind indes zu höchstpersönlichem Tätigwerden verpflichtet, dürfen die Durchführung der gebotenen Sicherungsmaßnahmen durchaus an ihre Mitarbeiter delegieren.[1361] Insoweit wirkt dann nach Maßgabe der Grundsätze vertikaler Arbeitsteilung natürlich auch zugunsten des Kontrollleiters der Vertrauensgrundsatz.

Im Hinblick auf die Lieferanten der zur Arzneimittelherstellung benötigten Rohstoffe trifft den pharmazeutischen Unternehmer eine Pflicht zu gewissenhafter Auswahl. Je nach Ausgestaltung der konkreten Betriebsorganisation ist hierfür die sachkundige Person im Sinne des § 14 Abs. 1 Nr. 1 AMG, der Herstellungsleiter oder die Geschäftsleitung selbst verantwortlich. Indes befreit die gewissenhafte Auswahl und Instruktion des Zulieferers den pharmazeutischen Unternehmer nicht

[1358] *Rehmann*, § 14 Rn. 3, 7; *Sander*, § 14 Erl. 2, 3; *Wagner*, Delinquenz, S. 96 f.
[1359] *Rehmann*, § 19 a. F. Rn. 3.
[1360] Vgl. *Spitz*, Produkthaftung, S. 399.
[1361] *Rehmann*, § 14 Rn. 3, 7; *Schmidt-Salzer*, PharmR 1989, S. 22.

von eigener Verantwortung für infolge mangelhafter Rohstoffe unverträgliche Arzneimittel, da § 6 PharmBetrV insoweit eine Einschränkung des Vertrauensgrundsatzes vorsieht, als die Norm eine Qualitätsprüfung der gelieferten Ausgangsstoffe unter Verantwortung des Kontrollleiters verlangt und auf diese Weise angesichts der Gefährlichkeit von Arzneimitteln eine Doppelsicherung der Rechtsgüter Leben und Gesundheit statuiert.[1362]

Werden Teile der Produktion im Wege des Outsourcing auf Subunternehmer, etwa ein spezielles Abfüllunternehmen, übertragen, entlastet dies den pharmazeutischen Unternehmer im Lichte der Ausführungen zur zwischenbetrieblichen Aufgabendelegation nur, wenn das beauftragte Unternehmen sorgfältig ausgewählt und instruiert wurde und keine Anzeichen für die Fehlerhaftigkeit der Auftragsdurchführung sprechen.[1363] Entsprechendes gilt gemäß § 14 Abs. 4 Nr. 3 AMG für außerhalb der eigenen Betriebsstätte in beauftragten Betrieben durchgeführte Qualitätskontrolle der hergestellten Arzneimittel. So hat der pharmazeutische Unternehmer bei Beauftragung eines Abfüllunternehmens im Rahmen der Qualifikations- und Zuverlässigkeitsprüfung insbesondere die Maschinen- und Mitarbeiterausstattung, aber auch die Reinhaltung der Abfüllräume zu überprüfen.[1364] Zuständig hierfür und demnach verantwortlich für Arzneimittelschäden infolge unzulänglicher Abfüllbedingungen ist im Allgemeinen der Herstellungsleiter,[1365] während die Auswahl der externen Kontrolleinrichtung Sache des Kontrollleiters ist.[1366] Je nach Betriebsorganisation kann die Beauftragung von Subunternehmern aber auch der Geschäftsleitung vorbehalten sein.[1367]

Sind aufgrund von Fehlern im Produktionsprozess mangelhafte Präparate in den Verkehr gelangt, hat der pharmazeutische Unternehmer diese durch Rückruf aus dem Verkehr zu ziehen. Einer Anordnung des Rückrufs durch die Landesbehörde bedarf es hier nicht, weil die Bedenklichkeit der mangelhaften Präparate geradezu offenkundig ist. Die innerbetriebliche Verantwortungsverteilung folgt dabei denselben Regeln wie im Fall des Rückrufs bedenklicher Arzneimittel.

Gegen lagerungsbedingte Mängel und Arzneimittelschäden muss der pharmazeutische Unternehmer schließlich durch detaillierte Lagerungs- und Transporthinweise vorbeugen, sei es in der Fach- oder Gebrauchsinformation, sei es durch gesonderte Mitteilung. Erst dann darf er sich berechtigterweise darauf verlassen, dass Großhändler, Arzt und Apotheker mit dem Präparat, dessen genaue chemisch-physikalischen Eigenschaften diesen unbekannt sind, sachgerecht umgehen. Konkret verantwortlich für die Unterrichtung sind der Informationsbeauftragte, der die Hinweise erstellt, sowie der Vertriebsleiter, der sicherzustellen hat, dass die Hinweise die betreffenden Personen auch tatsächlich erreichen.

1362 Eine Wareneingangskontrolle stets für erforderlich haltend *Foerste* in: von Westphalen, Produkthaftungshandbuch, § 25 Rn. 63; *Goll/Winkelbauer* in: von Westphalen, Produkthaftungshandbuch, § 48 Rn. 51.

1363 *Goll/Winkelbauer* in: von Westphalen, Produkthaftungshandbuch, § 48 Rn. 51; *Kupjetz*, Absatzformen, S. 213.

1364 *Schmidt-Salzer*, NJW 1988, S. 1942.

1365 *Schmidt-Salzer*, NJW 1988, S. 1938.

1366 *Rehmann*, § 19 a. F. Rn. 3.

1367 So *Kassebohm/Malorny*, BB 1994, S. 1370.

b. Verantwortung von Arzneimittelgroßhändler, Arzt und Apotheker

Nach ordnungsgemäßer Unterrichtung fallen die aus Lagerungs-, Abpackungs- oder Versandfehlern erwachsenden Schäden in den Verantwortungsbereich des Arzneimittelgroßhändlers, Arztes und Apothekers.[1368] Sowohl die GroßhBetrV als auch die ApoBetrO enthalten konkrete Anforderungen an Größe und Beschaffenheit der Betriebsräume sowie die Lagerung pharmazeutischer Produkte.

Eine Verantwortlichkeit für produktionsfehlerbedingte Arzneimittelschäden scheidet dagegen regelmäßig aus. Großhändler, Arzt und Apotheker trifft grundsätzlich keine Pflicht zur Überprüfung der Mangelfreiheit der Arzneimittel.[1369] Im Lichte des Vertrauensgrundsatzes dürfen sie von einer ordnungsgemäßen Herstellung ausgehen und die Mangelfreiheit der gelieferten Präparate unterstellen, solange nicht Mängel erkennbar zu Tage treten.[1370] Letzteres dürfte allerdings nur selten der Fall sein, lässt sich die Mangelhaftigkeit eines Medikaments doch durch bloße Inaugenscheinnahme regelmäßig nicht feststellen, es sei denn, die Verpackung weist erhebliche, die Qualität des Arzneimittels möglicherweise beeinträchtigende Schäden auf. Mehr als eine Sichtprüfung kann von Großhändler, Arzt und Apotheker aber nicht verlangt werden. Drängt sich die Mangelhaftigkeit jedoch auf, so sind Großhändler, Arzt und Apotheker verpflichtet, das Präparat nicht weiter zu vertreiben, abzugeben oder anzuwenden.[1371] Darüber hinaus haben sie ihnen zugehende Mitteilungen über aufgetretene Gesundheitsschäden an den pharmazeutischen Unternehmer, der Apotheker gemäß § 21 Nr. 3 ApoBetrO zudem an die zuständige Landesbehörde weiterzugeben, um die Einleitung der erforderlichen Gefahrenabwehrmaßnahmen zu ermöglichen.[1372] An der Umsetzung dieser Maßnahmen haben Großhändler, Arzt und Apotheker effektiv mitzuwirken, was wiederum voraussetzt, dass sie für entsprechende Anordnungen und Warnhinweise des Unternehmers bzw. der Behörde stets erreichbar sind.[1373]

c. Verantwortlichkeit der Überwachungsbehörden der Länder

Durch Erteilung der Herstellungserlaubnis gemäß § 13 AMG für bestimmte Herstellungsbetriebe und die darin zur Anwendung kommenden Produktionsmetho-

[1368] Vgl. *Foerste* in: von Westphalen, Produkthaftungshandbuch, § 26 Rn. 16; *Goll/Winkelbauer* in: von Westphalen, Produkthaftungshandbuch, § 48 Rn. 53; *Koyuncu*, Haftungsdreieck, S. 178 f.; *Schmidt-Salzer*, Produkthaftung, Rn. 1.399; *Spitz*, Produkthaftung, S. 406; *Wagner*, Delinquenz, S. 85.

[1369] *Alexander*, Strafrechtliche Verantwortlichkeit, S. 81; *Foerste* in: von Westphalen, Produkthaftungshandbuch, § 26 Rn. 20; *Kloesel/Cyran*, § 47 Anm. 6a; *Schumann*, Handlungsunrecht, S. 27, 120.

[1370] *Deutscher/Körner*, wistra 1996, S. 330; *Eichinger*, Produkthaftung, S. 235 f.; *Kuhlen*, Fragen, S. 135; *Nehm*, Produkthaftung, S. 18; *Schmidt-Salzer*, Produkthaftung, Rn. 1.400; S/S-*Cramer/Sternberg-Lieben*, § 15 Rn. 223a; *Schumann*, Handlungsunrecht, S. 120; *Spitz*, Produkthaftung, S. 407 f.; *Wagner*, Delinquenz, S. 93.

[1371] *Alexander*, Strafrechtliche Verantwortlichkeit, S. 81; *Eichinger*, Produkthaftung, S. 236.

[1372] *Eichinger*, Produkthaftung, S. 237.

[1373] *OLG Karlsruhe* NJW 1981, S. 1054; *Lege*, Rechtspflichten, S. 37; *Scholl*, NJW 1981, S. 2737.

den sowie durch Genehmigung des Großhandelsbetriebs gemäß § 52a AMG übernimmt die Landesbehörde ein gewisses Maß an Verantwortung im Hinblick auf etwaige produktions- oder vertriebsfehlerbedingte Arzneimittelschäden. Dies folgt unter anderem daraus, dass die Behörde gemäß §§ 64 ff. AMG verpflichtet ist, durch regelmäßige Inspektionen eine ordnungsgemäße Arbeitsweise sowie den sachgemäßen Zustand der Betriebsräume des pharmazeutischen Unternehmers, Großhändlers, Apothekers sowie des Arztes bzw. Krankenhauses sicherzustellen.

Wird demnach eine Betriebserlaubnis zu Unrecht erteilt bzw. nicht aufgehoben, obwohl konkrete Anzeichen für die fehlende Eignung der betreffenden Person bzw. der Betriebsräume bestehen, fallen mangelbedingte Arzneimittelschäden auch in den Verantwortungsbereich der Landesbehörde. Die Erkennbarkeit der fehlenden Eignung richtet sich danach, was bei pflichtgemäßer Durchführung der gesetzlich vorgesehenen Inspektionen offenbar wird bzw. würde.

Daneben ist die Behörde verpflichtet, bei Unterrichtung über ein mögliches Inverkehrgelangens mangelhafter Präparate diesem Verdacht unverzüglich nachzugehen, die erforderlichen Gefahrenabwehrmaßnahmen anzuordnen und deren Umsetzung, sofern geboten, durch Ausübung der gemäß § 69 AMG eingeräumten Zwangsbefugnisse sicherzustellen.

d. Verantwortung des BfArM bzw. PEI

Die Verantwortung des BfArM/PEI rückt, sofern die Gefährlichkeit des Arzneimittels auf dessen mangelhafter Qualität beruht, in den Hintergrund. Zum einen fällt die Überprüfung der Produktions- und Lagerungsbedingungen in den einzelnen Betrieben nicht in den Zuständigkeitsbereich des BfArM/PEI, zum anderen bedarf es doch gerade keiner Aufhebung der generellen Zulassung des Arzneimittelmodells. Indes trifft das BfArM/PEI auf für den Fall des Inverkehrgelangens mangelhafter Präparate die Verantwortung für eine effiziente Koordination der erforderlichen Gefahrenabwehrmaßnahmen. Weit mehr als im Fall der Bedenklichkeit des Arzneimittelmodells ist das BfArM/PEI hierbei jedoch auf die Mithilfe der zuständigen Landesbehörden angewiesen. Dies betrifft zum einen die Abklärung des Gefahrenverdachts durch Überprüfung der betrieblichen Einrichtungen als auch die Umsetzung der angeordneten Maßnahmen. Sowohl die Verifizierung der Mangelhaftigkeit auf dem Markt befindlicher Präparate als auch Anordnung und Durchführung der Gefahrenabwehr fallen in den Verantwortungsbereich der Landesbehörden. Zweifel daran, dass diese ihren Aufgaben nicht ordnungsgemäß nachkommen, werden regelmäßig nicht bestehen, so dass eine Verantwortung des BfArM/PEI angesichts des insofern berechtigten Vertrauens in eine effiziente Pharmakovigilanz seitens der Landesbehörden weitgehend ausgeschlossen ist.

2. Strafbarkeit der beteiligten Personen

Im Fall des Inverkehrbringens eines mangelhaften und damit wegen evident negativer Nutzen-Risiko-Relation im Sinne des § 5 Abs. 2 AMG bedenklichen Präparates kommt zunächst eine Strafbarkeit gemäß §§ 95 Abs. 1 Nr. 1 AMG, 314 StGB in Betracht. Eine Strafbarkeit gemäß § 96 Nr. 5 AMG wegen qualitativer Abweichung der ausgelieferten Präparate vom genehmigten Arzneimittelmodell tritt dahinter als subsidiär zurück. Führt die Mangelhaftigkeit zu Arzneimittelschäden, begründet dies eine Strafbarkeit nach §§ 211 ff., 223 ff. StGB.

a. Pharmazeutischer Unternehmer

Hinsichtlich der Strafbarkeit des pharmazeutischen Unternehmers gilt daher im Wesentlichen das zur Strafbarkeit bei Bedenklichkeit des Arzneimittels Gesagte. Allerdings ist er gerade nicht durch die bestehende Arzneimittelzulassung geschützt, da die mangelhaften Präparate in qualitativer Hinsicht eben nicht dem zugelassenen Arzneimittelmodell entsprechen, so dass das Inverkehrbringen als auch das Untätigbleiben nach Kenntniserlangung von der Mangelhaftigkeit ausgelieferter Präparate anders als bei Bedenklichkeit des Arzneimittels stets, d. h. auch ohne vorherige behördliche Anordnung, zur Strafbarkeit führt.

Was die konkret strafbaren Unternehmensmitarbeiter angeht, treten zusätzlich zu den bei Bedenklichkeit des Arzneimittelmodells strafbaren Personen die sachkundige Person im Sinn des § 14 Abs. 1 Nr. 1 AMG sowie der Herstellungsleiter und der Kontrollleiter hinzu.

b. Arzneimittelgroßhändler, Arzt und Apotheker

Geben Großhändler, Arzt und Apotheker das Arzneimittel in Kenntnis der Mangelhaftigkeit weiter ab oder wirken sie nicht an dessen Rückruf mit, so machen sie sich gemäß §§ 95 Abs. 1 Nr. 1 AMG, 314 StGB strafbar. Bei fahrlässigem Verkennen der Mangelhaftigkeit kommt eine Strafbarkeit gemäß § 95 Abs. 4 AMG in Betracht. Der Eintritt mangelbedingter Arzneimittelschäden begründet in diesen Fällen je nach Sachverhalt eine Strafbarkeit gemäß §§ 211 ff., 223 ff. StGB. Hinsichtlich der Garantenstellung kann auf die Darstellung zur Unterlassungsstrafbarkeit bei Bedenklichkeit des Arzneimittels verwiesen werden. Dementsprechend führt auch hier die unterlassene Weiterleitung bekannt gewordener (mangelbedingter) Schadensfälle allein noch nicht zur Strafbarkeit.

c. Überwachungsbehörden der Länder

Den zuständigen Amtsträgern der Landesbehörde droht eine Strafbarkeit gemäß §§ 211 ff., 223 ff. StGB, wenn sie zu Unrecht eine Betriebserlaubnis erteilt bzw. trotz konkret erkennbarer Unzuverlässigkeit bzw. Mangelhaftigkeit der Produktions- und Lagerungsbedingungen nicht wieder entzogen hat und es infolgedessen zu mangelbedingten Arzneimittelschäden kommt. Selbiges gilt, wenn erforderlich werdende Gefahrenabwehrmaßnahmen nicht angeordnet bzw. mit den nötigen Zwangsmitteln durchgesetzt werden.

d. BfArM/PEI

Dagegen scheidet eine Strafbarkeit der Mitarbeiter des BfArM bzw. PEI aus den dargelegten Gründen regelmäßig aus.

VI. Schäden im Zusammenhang mit der klinischen Prüfung

Zu guter Letzt ist die Frage der Verantwortlichkeit für im Zusammenhang mit der klinischen Prüfung auftretende Arzneimittelschäden zu erörtern.[1374] Dabei stellen sich im Grunde ähnliche Probleme wie in den übrigen Fällen arzneimittelbedingter Gesundheitsbeeinträchtigungen. Auch im Rahmen der klinischen Prüfung erfolgt die Abgabe bzw. Anwendung des Präparats mit Genehmigung des BfArM/PEI sowie zusätzlich mit Einverständnis der Ethik-Kommission. Die Anwendung bzw. Aushändigung des Medikaments obliegt wiederum dem mit der Prüfung am individuellen Patienten betrauten Arzt. Unterschiede ergeben sich primär durch das bewusste Zusammenwirken des pharmazeutischen Unternehmers mit bestimmten, speziell von ihm ausgewählten Ärzten und die besondere Unsicherheitssituation, in der sich die klinische Prüfung abspielt. Darüber hinaus scheiden Großhändler und Apotheker von vornherein aus dem Kreis der potentiell Verantwortlichen aus.

1. Auswirkung der Prüfungsgenehmigung

Dementsprechend ist auch hier zunächst der Frage nachzugehen, inwieweit eine seitens des BfArM/PEI sowie der nach dem AMG zuständigen Ethik-Kommission erteilte Genehmigung der klinischen Prüfung eine Verantwortlichkeit der daran Mitwirkenden für auftretende Gesundheitsschäden ausschließt. Diesbezüglich kommt dem Umstand, dass die Ethik-Kommission im Zuge der 12. AMG-Novelle von einem reinen standesrechtlichen Beratungsgremium zu einer gleichberechtigt neben dem BfArM/PEI stehenden Genehmigungsbehörde avanciert ist, entscheidende Bedeutung zu. Stellte das Votum der Ethik-Kommission bislang nur den Ratschlag eines Kreises von Experten dar, der an der prinzipiellen Verantwortlichkeit des pharmazeutischen Unternehmers sowie der Prüfärzte für die Durchführung der Prüfung nichts änderte[1375] und allenfalls im Wege eines unvermeidbaren Verbotsirrtums gemäß § 17 StGB zur Straflosigkeit führen konnte,[1376] besitzt

---

1374 Ausgenommen hiervon ist, wie bereits in § 2 dargelegt, die Frage der Strafbarkeit placebokontrollierter Studien infolge der bewussten Nichtbehandlung der über diesen Umstand nicht aufgeklärten Angehörigen der Placebo-Kontrollgruppe. Denn die Gesundheitsbeeinträchtigung resultiert hier gerade nicht aus der Anwendung eines Arzneimittels, sondern ist vielmehr Folge der bewussten Vorenthaltung eines wirksamen Medikaments. Zur Problematik der placebokontrollierten Versuchsdurchführung siehe ausführlich *Ehni/Wiesing*, EthikMed 2006, S. 223 ff.; *Fincke*, Versuchsmethoden; *Fischer*, Medizinische Versuche, S. 47 ff.; *Hasskarl/Kleinsorge*, Arzneimittelprüfung, S. 41 ff.; *Hemmer* in: Kaufmann, Moderne Medizin, S. 67 ff.; *Jordan*, Therapiestudien; *Krüger*, KHuR 2005, S. 29; *Liedtke*, NJW 1977, S. 2113 f.; *Loose*, Strafrechtliche Grenzen, S. 107 ff.; *Meurer*, Arzneimittelprüfung, S. 224 ff.; *Samson*, NJW 1978, S. 1182 ff.; *Ulsenheimer*, Arztstrafrecht, Rn. 401 ff.; *Wagner*, Ethik, S. 156 ff.

1375 Vgl. *Jung*, Entscheidungsprozesse, S. 406; *Kollhosser*, Ethik-Kommissionen, S. 84; *Kreß*, Haftung, S. 112; *Rupp*, FS Heckel, S. 855.

1376 So *Biermann*, Arzneimittelprüfung, S. 263; *Bork*, Ethik-Kommissionen, S. 79 f.; *Hägele*, Arzneimittelprüfung, S. 680; *Held*, Strafrechtliche Beurteilung, S. 110, 112; *Kreß*, Haftung, S. 117; *Scheffold*, Haftungsfragen, S. 105 f.; *Weißauer*, MMW 1979, S. 555

die Entscheidung der Ethik-Kommission nunmehr Verwaltungsaktscharakter,[1377] so dass die Ausführungen zur Wirkung behördlicher Genehmigungen im Allgemeinen und der Arzneimittelzulassung im Speziellen im Grunde genommen auf die Gestattung der klinischen Prüfung übertragbar sind.[1378] Denn wie beim BfArM/PEI besteht auch an der fachlichen Qualifikation der Ethik-Kommission angesichts des Zusammenwirkens von Experten verschiedener Fachrichtungen kein Zweifel,[1379] so dass sowohl der pharmazeutische Unternehmer als auch die an der Prüfung beteiligten Medizinalpersonen prinzipiell berechtigterweise darauf vertrauen dürfen, dass die erteilte Genehmigung das rechtlich zulässige Risiko verbindlich konkretisiert, im Verlauf der Prüfung auftretende Gesundheitsschäden demnach als Ausfluss dieses erlaubten Risikos mangels Sorgfaltswidrigkeit der Arzneimittelapplikation bzw. -abgabe keine Strafbarkeit begründen.[1380] Zwingende Voraussetzung des berechtigten Vertrauens ist neben der ordnungsgemäßen Besetzung der Ethik-Kommission mit zumindest einem Juristen[1381] auch hier, dass sowohl dieser als auch dem BfArM/PEI gemäß § 42 Abs. 1 Satz 4 AMG i. V. m. § 7 GCP-V die zur sachgerechten Entscheidung über die Genehmigungsfähigkeit der klinischen Prüfung erforderlichen Informationen vollständig und wahrheitsgetreu übermittelt werden.[1382] Darüber hinaus scheidet eine Berufung auf die erteilte Genehmigung aus, wenn diese ersichtlich fehlerhaft ist. So kann etwa ein an der Prüfung beteiligter Arzt nicht wirksam auf die Genehmigung seines konkreten Tä-

---

f.; eine Entlastungswirkung des Kommissionsvotum im Sinne des § 17 StGB hingegen verneinend *Jung*, Entscheidungsprozesse, S. 408.

[1377] *Meuser/Platter*, PharmR 2005, S. 396. Bereits vor der Novellierung des AMG den Verwaltungsaktscharakter des Votums bejahend *Deutsch*, RPG 1995, S. 21; *Deutsch/Lippert*, Ethikkommission, S. 54; *Deutsch/Spickhoff*, Medizinrecht, Rn. 760; *Sträter*, PharmR 1997, S. 340.

[1378] Etwas anderes gilt allerdings hinsichtlich des Votums der lokalen Ethik-Kommission. Bei dieser handelt es sich nach wie vor um ein berufsrechtliches Beratungsgremium, dessen Entscheidung keinen Verwaltungsakt, sondern einen im Rahmen des § 17 StGB zu berücksichtigenden Ratschlag einer privaten Institution handelt.

[1379] *Kreß*, Haftung, S. 121; *Scheffold*, Haftungsfragen, S. 130.

[1380] In diesem Sinne auch *Bork*, Ethik-Kommissionen, S. 80 f.; *Däbritz*, Humanerprobungen, S. 136; *Gamerschlag*, NJW 1982, S. 685 f.; *Laufs/Reiling*, Ethik-Kommissionen, S. 17; *Stock*, Probandenschutz, S. 82. Dagegen eine verantwortungsbefreiende Wirkung des Votums der Ethik-Kommission grundsätzlich ablehnend *Graf*, NJW 2002, S. 1776; *Hart/Hilken/Merkel/Woggan*, Arzneimittelmarkt, S. 60; *Kirchhoff*, Konsequenzen, S. 133; *Kollwitz*, Kontrolle, S. 7; *Malchow et al.*, PharmR 1982, S. 224; MüKo-StGB-*Freund*, §§ 40-42a AMG Rn. 53; *ders.*, MedR 2001, S. 66; *ders.*, KHuR 2005, S. 112; *Pfeiffer*, FS Salger, S. 711; *ders.*, VersR 1994, S. 1381; *Rupp*, Heckel, S. 348; *Samson*, DMW 1981, S. 669; *Scheffold*, Haftungsfragen, S. 100 f., 107; *Sobota*, FS Steffen, S. 241.

[1381] *Eser/Koch*, DMW 1982, S. 444 f.; *Hägele*, Arzneimittelprüfung, S. 681; *Held*, Strafrechtliche Beurteilung, S. 110; *Kreß*, Haftung, S. 116; *Scheffold*, Haftungsfragen, S. 105.

[1382] Vgl. *Held*, Strafrechtliche Beurteilung, S. 110; *Kreß*, Haftung, S. 116, 121; MüKo-StGB-*Freund*, §§ 40-42a AMG Rn. 56.

tigwerdens verweisen, wenn er auf der Grundlage der von einem Facharzt in seiner Position erwartbaren Fachkunde die Fehlerhaftigkeit der beabsichtigten und auch genehmigten Vorgehensweise erkennen könnte oder gar positiv kennt.[1383] Schließlich befreit die Genehmigungserteilung auch nicht vom Vorwurf eigener Pflichtwidrigkeit. Ist das Prüfvorhaben fehlerhaft konzipiert, kann sich der pharmazeutische Unternehmer nicht damit exkulpieren, dass der Prüfplan vom BfArM/PEI und der Ethik-Kommission gebilligt wurde. Das Genehmigungsverfahren dient dem zusätzlichen Schutz der Versuchsteilnehmer, nicht dazu, den pharmazeutischen Unternehmer von der Verantwortung für eigene Fehler freizustellen.

Indes befreit die Genehmigung nicht von der Verantwortung für Schäden, die Folge eines Behandlungsfehlers, sprich einer anerkannten medizinischen Grundsätzen widersprechenden Durchführung des Arzneimitteltests sind.[1384] In diesem Zusammenhang ist zu beachten, dass die Zulässigkeit der klinischen Prüfung eines Arzneimittels nicht allein von den Eigenschaften des zu testenden Präparats und dem in den Prüfungsunterlagen abstrakt umschriebenen Prüfungsablauf abhängt, sondern auch von den konkreten Umständen des Einzelfalls, namentlich dem körperlichen Befinden des individuellen Versuchsteilnehmers und der Zuverlässigkeit des diesen behandelnden Arztes im Zeitpunkt der Versuchsdurchführung. Anders als die Arzneimittelzulassung gemäß § 25 AMG, welcher eine abstrakt-generelle Bewertung des Arzneimittels zugrunde liegt und die somit als verbindliche Festlegung der Zulässigkeit des Inverkehrbringens eben dieses Präparats angesehen werden kann, kann die Prüfungsgenehmigung die Zulässigkeit der Arzneimitteltestung im konkreten Einzelfall nicht mit absoluter Verbindlichkeit festlegen. Zwar müssen die gemäß § 7 GCP-V einzureichenden Prüfungsunterlagen neben der Benennung der beteiligten Prüfinstitutionen und Prüfärzte auch die Kriterien für die Auswahl der Versuchsteilnehmer aufführen, jedoch lässt dies keine verbindliche Aussage dahingehend zu, dass sämtliche diesen Kriterien entsprechenden Personen unter allen Umständen taugliche Probanden bzw. geeignete Prüfer sind. Über die Zulässigkeit des Arzneimitteltests kann definitiv erst im Zeitpunkt der Applikation bzw. Einnahme des Testpräparats entschieden werden, die Prüfungsgenehmigung kann dies nur für den Normalfall und auf der Basis gewisser Unterstellungen tun. So darf etwa einem Probanden, der zwar alle Kriterien des genehmigten Prüfplans erfüllt, im Zeitpunkt der Versuchsdurchführung aber alkoholisiert oder auf andere Weise in seinem körperlichen Wohlbefinden beeinträchtigt bzw. nicht ordnungsgemäß aufgeklärt worden ist, das Testpräparat nicht verabreicht werden. Umgekehrt darf auch ein noch so qualifizierter, seitens des BfArM/PEI und der Ethik-Kommission als Prüfer zugelassener Arzt am Arzneimitteltest nicht mitwirken, wenn er etwa infolge Übermüdung keine Gewähr für eine sachgerechte Anwendung des Arzneimittels bietet, sondern vielmehr einen zusätzlichen Risikofaktor darstellt. Hinsichtlich dieser der konkreten Behandlungssituation anhaftenden Faktoren, auf die sich die zeitlich vorgelagerte Prüfungsgenehmigung zwangsweise nicht erstrecken kann, verbleibt es somit bei der

---

1383 *Scheffold*, Haftungsfragen, S. 107, 115.

1384 So zutreffend *Lippert*, VersR 1997, S. 546.

Verantwortung der Prüfärzte und des die Prüfung betreibenden pharmazeutischen Unternehmers.[1385]

Ein entscheidender Unterschied zur Arzneimittelzulassung besteht aber vor allem darin, dass das Vertrauen in eine Altgenehmigung anders als in eine Altzulassung nicht geschützt ist. Treten im Verlauf der klinischen Prüfung unerwartete erhebliche Nebenwirkungen auf, denen umgekehrt kein über die ursprünglichen, in den Prüfungsunterlagen dargelegten Erwartungen hinausgehender Nutzen gegenübersteht, ist der Versuch abzubrechen und – bei ambulant durchgeführtem Test – der Rückruf der Präparate einzuleiten.[1386] Die bloße Meldung der Nebenwirkungen an das BfArM/PEI bzw. die Ethik-Kommission genügt nicht. Treten Nebenwirkungen nur bei einem oder einigen wenigen Versuchsteilnehmern auf, so sind zumindest diese vom weiteren Testverlauf auszunehmen.[1387] Zugleich sind BfArM/PEI und Ethik-Kommission über die Zwischenfälle zu informieren. Denn zum einen ist die Vorläufigkeit der Prüfungsgenehmigung bis zum Gewinn negativer Erkenntnisse über das Testpräparat in Anbetracht der außerordentlichen Unsicherheitssituation, in der sie erteilt wurde, geradezu evident.[1388] Zum anderen greift auch das Argument nicht, allein dem BfArM/PEI stehe die gesundheitspolitische Entscheidung darüber zu, ob das Arzneimittel zurückgezogen werde. Anders als bei einem bereits auf dem Markt befindlichen und bereits zu Therapiezwecken an mehrere Patienten verschriebenen bzw. abgegebenen Medikament beinhaltet der Versuchsabbruch keinen Entzug eines unter Umständen wirksamen Präparates, da dieses der Allgemeinheit gerade (noch) nicht zugänglich gemacht wurde.

Zusammenfassend bleibt damit festzuhalten, dass auch der Prüfungsgenehmigung in gewissem Umfang strafbarkeitsbegrenzende Wirkung zukommt, jedoch bei weitem nicht in dem Maße, wie dies bei der Arzneimittelzulassung der Fall ist.

2. *Verantwortungsabgrenzung im Rahmen der klinischen Prüfung*

Damit folgt auch die Verantwortungsabgrenzung zwischen den einzelnen an der klinischen Prüfung Beteiligten letztlich eigenen Regeln.

a. Eigenverantwortung des Versuchsteilnehmers

Wer sich als Versuchsteilnehmer zur Verfügung stellt, handelt hierbei grundsätzlich auf eigene Gefahr. Bei der Versuchsteilnahme handelt es sich um einen Akt der Selbstgefährdung, so dass etwaige Arzneimittelrisiken grundsätzlich in den Verantwortungsbereich des Probanden fallen. Voraussetzung ist jedoch, dass die Eingehung des Verletzungsrisikos freiverantwortlich erfolgte, was in Anbetracht der Tatsache, dass der medizinische Laie weder mit der klinischen Prüfungssitua-

[1385] Vgl. *Eser/Koch*, DMW 1982, S. 446; *Samson*, DMW 1981, S. 668; *Stock*, Probandenschutz, S. 82; i. E. so wohl auch *Losse*, Aufgaben, S. 26.

[1386] *Hart/Hilken/Merkel/Woggan*, Arzneimittelmarkt, S. 60.

[1387] Wobei damit unter Umständen zugleich die Einstellung der kompletten Studie zu erfolgen hat, wenn infolge der verminderten Teilnehmerzahl keine wissenschaftlich verwertbaren Daten mehr gewonnen werden können.

[1388] *Däbritz*, Humanerprobungen, S. 134.

tion noch mit den Eigenschaften des Testpräparats, wie sie sich zu Beginn der Prüfung darstellen, vertraut ist, eine umfassende Aufklärung durch die behandelnden Prüfärzte erfordert.[1389] Darüber hinaus muss die klinische Prüfung insgesamt den gesetzlichen Anforderungen der §§ 40 ff. AMG entsprechen, da nur in diesem Fall die Übernahme des Verletzungsrisikos durch den Probanden nicht wegen Sittenwidrigkeit der Prüfungsteilnahme i. S. d. § 228 StGB oder eventuell gar nach § 216 StGB von vornherein unwirksam ist. Bedenkt man, dass die Vertretbarkeit der Versuchsteilnahme gemäß § 40 Abs. 1 Satz 3 Nr. 2 AMG nicht zuletzt davon abhängt, ob die Durchführung der klinischen Prüfung einen die Versuchsrisiken übersteigenden Nutzen in Form wissenschaftlich verwertbarer Erkenntnisse erwarten lässt,[1390] geraten genau betrachtet alle Studien, die nicht als randomisierte Doppelblindstudien ablaufen, in die Nähe der Sittenwidrigkeit, da nur eine doppelte Verblindung der Probanden- bzw. Patientengruppen das Zustandekommen unverfälschter und damit sinnvoll nutzbarer Daten gewährleistet.

Umgekehrt muss der Proband – der Anamnese bei der Heilbehandlung entsprechend – vollumfänglich und wahrheitsgemäß Auskunft über seinen Gesundheitszustand geben[1391] und den Anweisungen der Prüfärzte Folge leisten. Die Compliance dient dabei nicht nur dem Schutz des Probanden selbst, sondern verhindert auch eine Verfälschung des Studienergebnisses durch Fehlinterpretationen hinsichtlich der Verträglichkeit des Testpräparates.[1392]

b. Verantwortlichkeit des pharmazeutischen Unternehmers

Der pharmazeutische Unternehmer trägt als Sponsor der klinischen Prüfung im Sinne des § 4 Abs. 24 AMG die Gesamtverantwortung für die klinische Prüfung.[1393] Diese hat er gewissenhaft unter Zugrundelegung der gemäß § 26 AMG das Maß der erforderlichen Sorgfalt wiedergebenden Arzneimittelprüfrichtlinien sowie einschlägiger Veröffentlichungen in der Fachliteratur so zu planen, dass die Gewinnung wissenschaftlich verwertbarer Aussagen gewährleistet ist und zugleich unnötige Risiken vermieden werden.[1394] Letzteres beinhaltet die Pflicht, wiederholende, keine neuen Erkenntnisse verschaffende Studien zu unterlassen sowie Prüfungsreihen, die bereits an anderer Stelle realisiert und aufgrund von Zwischenfällen abgebrochen wurden, nicht in ähnlicher Weise erneut durchzuführen.[1395] Sofern die Fehlplanung des Versuchs erkennbar und dementsprechend vermeidbar war, kann sich der pharmazeutische Unternehmer auch nicht darauf

---

[1389] *Fischer*, Medizinische Versuche, S. 10. Zu Inhalt und Umfang der Aufklärungspflicht detailliert S. 621 ff.

[1390] Vgl. *Biermann*, Arzneimittelprüfung, S. 253; *Böth*, Humanexperiment, S. 84.

[1391] *Walter-Sack*, Probleme, S. 99.

[1392] *Breddin*, Therapiestudien, S. 7; *Hasford/Selbmann*, Grundlagen, S. 69; *Lippert/Adler*, VersR 1993, S. 277.

[1393] Amtl. Begründung, BT-Drs. 15/2109, S. 26; *Bruns et al.*, PharmR 2002, S. 205.

[1394] Vgl. *Fischer*, Medizinische Versuche, S. 20; *Hart/Hilken/Merkel/Woggan*, Arzneimittelmarkt, S. 53 f.; *Lippert/Adler*, VersR 1993, S. 277.

[1395] *Fischer*, Medizinische Versuche, S. 21; *Held*, Strafrechtliche Beurteilung, S. 111; *von Bar/Fischer*, NJW 1980, S. 2736.

berufen, dass die Fehlerhaftigkeit von BfArM/PEI und Ethik-Kommission nicht beanstandet, das Prüfdesign vielmehr ausdrücklich genehmigt wurde.[1396]

Des Weiteren ist er verpflichtet, die mit der Versuchsdurchführung betraute Institution einschließlich der die Prüfung leitenden Ärzte sorgfältig auszuwählen,[1397] ihre Eignung im Sinne des § 40 Abs. 1 Satz 3 Nr. 5 AMG zu überprüfen und gemäß § 40 Abs. 1 Satz 3 Nr. 7 AMG umfassend über die pharmakologisch-toxikologischen Eigenschaften des Testpräparats, aber auch den konkreten Prüfplan sowie sämtliche während der klinischen Prüfung aus anderen Informationsquellen gewonnenen Erkenntnisse, die für die Prüfung von Relevanz sein können, zu instruieren.[1398] Ausreichend ist indes die Unterrichtung des Prüfungsleiters und der Hauptprüfer im Sinne des § 4 Abs. 25 AMG, darf der pharmazeutische Unternehmer doch darauf vertrauen, dass unterbreitete Informationen an die nachgeordneten Prüfärzte weitergegeben werden. Verläuft die Studie multizentrisch, hat der pharmazeutische Unternehmer für einen reibungslosen Informationsaustausch zwischen den einzelnen Versuchszentren zu sorgen.[1399] Nur wenn er diesen Pflichten nachkommt, darf er sich im Lichte des Vertrauensgrundsatzes sowohl auf eine sorgfaltsgerechte Vornahme des Arzneimitteltests als auch eine pflichtgemäße Probandenaufklärung sowie eine sachgerechte Beurteilung der Vertretbarkeit der (fortgesetzten) Versuchsdurchführung durch den Prüfungsleiter verlassen.

Sodann hat er BfArM/PEI und Ethik-Kommission in dem gemäß § 7 GCP-V vorzulegenden Prüfantrag vollständig und wahrheitsgemäß über Art und Umfang der beabsichtigten Prüfung zu informieren und, nach Genehmigung der Prüfung, mangelfreie Testpräparate zu liefern. Mangelbedingte Arzneimittelschäden sowie solche, die im Rahmen einer infolge verfälschter oder unbewusst fehlerhafter Prüfungsunterlagen genehmigten Studie auftreten, fallen in den Verantwortungsbereich des pharmazeutischen Unternehmers. Mangels ordnungsgemäßer Genehmigung stellt die klinische Prüfung kein erlaubtes Risiko dar, die Zustimmung des Probanden erweist sich mangels Erfüllung der Anforderungen der §§ 40 ff. AMG als sittenwidrig und damit gemäß § 228 StGB unwirksam.

Zu den Pflichten des pharmazeutischen Unternehmers gehört auch die Einrichtung eines funktionstüchtigen Qualitätssicherungssystems. So muss er dafür sorgen, dass er durch die Prüfer umfassend über auftretende Zwischenfälle unterrichtet wird. Neben der sorgfältigen Auswahl zuverlässiger Prüfer beinhaltet dies insbesondere die Benennung eines bestimmten Unternehmensangehörigen als Monitor und konkreten Ansprechpartner. Gemeldete Verdachtsfälle schwerwiegender Nebenwirkungen sind gemäß § 13 GCP-V unverzüglich an das BfArM/PEI und die Ethik-Kommission weiterzuleiten. Lassen die eingetretenen Gesundheitsbeeinträchtigungen den Schluss zu, dass die Sicherheit der Versuchsteilnehmer nicht mehr gewährleistet ist, so hat der pharmazeutische Unternehmer darüber hinaus gemäß § 10 GCP-V die Studie abzubrechen. Die Abbruchpflicht entspricht insoweit der Rückrufpflicht hinsichtlich in Verkehr befindlicher Arzneimittel.

1396 *von Bar/Fischer*, NJW 1980, S. 2736.

1397 *Hägele*, Arzneimittelprüfung, S. 410; *Scheffold*, Haftungsfragen, S. 95.

1398 Vgl. *Sander*, PharmInd 1988, S. 146; *Stock*, Probandenschutz, S. 148 f.

1399 *Stock*, Probandenschutz, S. 119.

Was die unternehmensinterne Verantwortungsverteilung angeht, fällt die Erstellung eines sachgerechten Prüfplans sowie die Instruktion der leitenden Prüfer in den Verantwortungsbereich des für die präklinischen Prüfungen verantwortlich zeichnenden wissenschaftlichen Mitarbeiters der Forschungsabteilung.[1400] Oftmals wird es sich bei diesem zugleich um den Monitor handeln, dem darüber hinaus die Auswahl der geeigneten Prüfinstitution obliegt. Der Monitor hat sich auch während der Prüfung kontinuierlich davon zu vergewissern, dass das Prüfzentrum weiterhin geeignet ist, alle Studienvoraussetzungen zu erfüllen, dieses insbesondere die Studienmedikation ordnungsgemäß verwaltet und den Studienablauf inklusive unerwünschter Ereignisse lückenlos dokumentiert.[1401] Die Unterrichtung der Behörden über aufgetretene Zwischenfälle wiederum ist gemäß § 14 Abs. 1a PharmBetrV Aufgabe des Stufenplanbeauftragten. Hinsichtlich der Lieferung mangelhafter Prüfpräparate kann auf die obigen Ausführungen zur Verantwortlichkeit bei mangelbedingten Arzneimittelschäden verwiesen werden. In Bezug auf den Studienabbruch gelten die zur Gefahrenabwehr bei bekannt gewordener Bedenklichkeit des Arzneimittels erarbeiteten Grundsätze entsprechend. Die Entscheidung über die Beendigung des Arzneimitteltests bzw. den Ausschluss einzelner Versuchsteilnehmer und somit auch die Verantwortung für weitere Arzneimittelschäden liegt unternehmensintern demnach ausschließlich bei der Geschäftsleitung. Da es sich hierbei jedoch letztlich um eine Frage der medizinischen Vertretbarkeit der Prüfungsfortsetzung handelt, darf sich die Geschäftsleitung, sofern das leitende Prüfpersonal sorgfältig ausgewählt und instruiert wurde, auf deren diesbezügliche Beurteilung verlassen, sofern die Unvertretbarkeit nicht evident ist. Darüber hinaus trägt die Geschäftsleitung, wenn sie durch Erfüllung ihrer Organisationspflichten eine sachgerechte klinische Prüfung ermöglicht hat und somit auf eine ordnungsgemäße Durchführung derselben vertrauen darf, keine Verantwortung für auftretende Arzneimittelschäden.

c. Verantwortung des BfArM bzw. PEI

In Parallele zur Marktzulassung eines Arzneimittels ist das BfArM/PEI zum einen dafür verantwortlich, dass eine klinische Studie nur nach gewissenhafter Prüfung der eingereichten Prüfungsunterlagen und daraus hervorgehender medizinischer Vertretbarkeit des Tests genehmigt wird. Zum anderen hat das BfArM/PEI die erteilte Genehmigung nach Kenntniserlangung von schwerwiegenden Zwischenfällen gemäß § 42a AMG unverzüglich aufzuheben und der zuständigen Landesbehörde die zur Einleitung der erforderlichen Gefahrenabwehrmaßnahmen nötigen Informationen wie Name und Anschrift der Prüfstellen, Patientendaten etc. zur Verfügung zu stellen. Eigene Eingriffsbefugnisse stehen dem BfArM/PEI nicht zu.[1402] Allerdings darf sich das BfArM/PEI grundsätzlich auf die Richtigkeit der Unterlagen und die pflichtgemäße Meldung aufgetretener Gesundheitsbeeinträchtigungen verlassen und diese der Entscheidung über die (fortbestehende) Zulässigkeit der Studie zugrunde legen, sofern nicht konkrete Zweifel an einer ord-

---

[1400] Vgl. *Kloesel/Cyran*, § 40 Anm. 72; *Rehmann*, § 40 Rn. 11.

[1401] *Wiedey*, GCP, S. 242.

[1402] *Glaeske/Greiser/Hart*, Arzneimittelsicherheit, S. 133.

nungsgemäßen Unterrichtung bestehen. In diesem Fall ist das BfArM/PEI gehalten, sich gemäß § 9 Abs. 5 GCP-V im Benehmen mit der zuständigen Landesbehörde vor Ort von den Prüfungsbedingungen zu überzeugen bzw. Einblick in das Prüfprotokoll zu nehmen. Was die behördeninterne Verantwortungsabgrenzung anbelangt, ist auf die allgemeinen Grundsätze zu verweisen.

d. Verantwortung der Ethik-Kommission

Ähnliches gilt für die dem BfArM/PEI im Rahmen des Genehmigungsverfahrens gleichgestellte Ethik-Kommission.

(A) Pflichtenkreis der Master-Kommission

Auch die nach § 42 Abs. 1 AMG zuständige Ethik-Kommission ist zur gewissenhaften Prüfung der Prüfungsunterlagen verpflichtet,[1403] auf deren Richtigkeit sie in den bereits dargelegten Grenzen vertrauen darf.[1404] Neben der Frage der ethischen Korrektheit der geplanten Studie hat die Ethik-Kommission die Versuchsdurchführung auch unter rechtlichen Gesichtspunkten zu würdigen, wie der Katalog der in den Unterlagen aufzuführenden Pflichtangaben gemäß § 7 Abs. 3 GCP-V zeigt.[1405] Im Mittelpunkt steht hierbei neben der juristischen Prüfung der zur Verwendung vorgesehenen Aufklärungs- und Einwilligungsformulare vor allem die Abwägung des individuellen Risikos der Probanden gegen den erhofften individuellen und kollektiven Nutzen der Studie, § 7 Abs. 3 Nr. 2 GCP-V [1406] Um diese sachgerecht vornehmen zu können, sind die Kommissionsmitglieder verpflichtet, sich mit Hilfe der einschlägigen Fachliteratur über die Fortschritte in der Medizin, insbesondere neue Heilmittel und Heilverfahren, zu informieren.[1407]

Daraus folgt jedoch nicht, dass die Ethik-Kommission sämtliche von ihr genehmigten Prüfungen permanent zu begleiten und vollumfänglich zu überwachen hat. Insofern unterscheidet sich die Rolle der Master-Kommission im Sinne des § 42 Abs. 1 AMG entscheidend von derjenigen einer institutionellen Ethik-Kommission. Da letztere von der Leitung der Prüfinstitution, etwa einem Krankenhaus, in Erfüllung der Organisationspflicht als zusätzliches Instrument der Verkehrssicherung gerade zu dem Zweck geschaffen wurde, die Durchführung klinischer Prüfungen auf ihre (ständige) Zulässigkeit zu überprüfen, trifft diese eine umfassende Überwachungspflicht.[1408] Hingegen muss die Master-Kommission erst dann tätig werden, wenn sie seitens des pharmazeutischen Unternehmers, des Prüfungsleiters oder eben der institutionellen Ethik-Kommissionen über

---

[1403] *Eser/Koch*, DMW 1982, S. 444; *Kreß*, Haftung, S. 112, 144; *Schwarz*, Leitfaden, S. 589.

[1404] *Freund*, MedR 2001, S. 67; *ders.*, KHuR 2005, S. 112; *Kleinsorge*, Zusammenarbeit, S. 56. Vgl. auch *Kreß*, Haftung, S. 145 f.; *Stamer*, Ethik-Kommissionen, S. 142 ff. passim.

[1405] Im Ergebnis ebenso *Hiebaum*, Urteilen, S. 116.

[1406] *Gramm*, WissR 1999, S. 211; *Schreiber*, Nutzen-Risiko-Abwägung, S. 306; *Seelmann*, Paternalismus, S. 111.

[1407] *Scheffold*, Haftungsfragen, S. 132.

[1408] Vgl. *Deutsch*, VersR 1995, S. 124; *Deutsch*, MedR 1995, S. 486; *Deutsch/Lippert*, Ethikkommission, S. 48.

aufgetretene Arzneimittelschäden informiert wird. Erfährt die Ethik-Kommission auf diese Weise von schwerwiegenden Zwischenfällen, welche die Vertretbarkeit der Studienfortsetzung in Frage stellen, so hat sie die Genehmigung aufzuheben und das BfArM/PEI über den Vorfall zu informieren, um die Einleitung weiterer Maßnahmen zu ermöglichen. Zu einem eigenständigen Gefahren abwehrenden Einschreiten ist die Ethik-Kommission nach dem AMG weder verpflichtet noch befugt.[1409]

(B) Verantwortungsabgrenzung zwischen mehreren Ethik-Kommissionen
Verläuft die klinische Prüfung multizentrisch, so stellt sich die Frage, wie die Verantwortlichkeiten der Master-Kommission und der lokalen Ethik-Kommissionen voneinander abzugrenzen sind. Ausgangspunkt ist § 8 Abs. 5 GCP-V, wonach das nach § 40 Abs. 1 Satz 2 AMG allein maßgebliche Votum der Master-Kommission im Benehmen mit den lokalen Kommissionen ergeht. Daraus folgt zunächst, dass die Entscheidungskompetenz ausschließlich bei der Master-Kommission liegt.[1410] Zugleich legt § 8 Abs. 5 Satz 2 GCP-V fest, dass die lokalen Kommissionen lediglich für die Prüfung der Gegebenheiten vor Ort zuständig sind, während die Bewertung der Prüfung als solche in den alleinigen Zuständigkeitsbereich der Master-Kommission fällt. Für die Frage der strafrechtlichen Verantwortung für auftretende Arzneimittelschäden bedeutet dies, dass der lokalen Ethik-Kommission grundsätzlich nur solche Schäden zuzurechnen sind, die aus der unzureichenden Qualifikation der Prüfer bzw. der Ungeeignetheit der konkreten Prüfstelle resultieren. Insoweit wird die Master-Kommission zugleich von eigener Verantwortung frei, darf sie sich doch auf das Votum der lokalen Kommission verlassen und dieses der Genehmigungsentscheidung zugrunde legen.

Was die Verantwortung institutioneller Ethik-Kommission anbelangt, ist zu beachten, dass diesen, wie erwähnt, eine umfassende studienbegleitende Überwachungspflicht zukommt. Allerdings ist zu bedenken, dass es sich hierbei gerade nicht um eine öffentlich-rechtliche Pflicht handelt, sondern lediglich um die Wahrnehmung eines Teils der Organisationspflicht der Institutsleitung, die diese an die Ethik-Kommission delegiert hat. Dementsprechend kommt es darauf an, ob der Ethik-Kommission mit Aufgabenübertragung auch die Befugnis zu eigenverantwortlichem Vorgehen im Fall auftretender Arzneimittelschäden verliehen worden ist.[1411] Ist dies nicht der Fall, so ist die institutionelle Ethik-Kommission nur verpflichtet, der Institutsleitung ihre Bedenken gegen die Vertretbarkeit der Studienfortsetzung vorzutragen und auf deren Abbruch hinzuwirken, nicht aber, gegen den Willen der Institutsleitung eigenständig die gebotenen Maßnahmen zu ergreifen.

1409 So auch *Classen*, MedR 1995, S. 149; *Stamer*, Ethik-Kommissionen, S. 155.

1410 Vgl. *Krüger*, KHuR 2005, S. 33; *Lippert*, VersR 2005, S. 51 f.

1411 Insofern stellt sich die Situation anders dar als beim Stufenplanbeauftragten. Während es sich beim Stufenplanbeauftragten um eine gesetzlich vorgeschriebene Institution mit gesetzlich geregeltem Aufgabenbereich handelt, besteht keine gesetzliche Pflicht zur Errichtung einer lokalen Ethik-Kommission. Diese stellt vielmehr eine bloße Obliegenheit der Institutsleitung dar, um der eigenen Organisationspflicht sicher gerecht zu werden.

(C) Kommissionsinterne Verantwortungsabgrenzung

Schließlich stellt sich die Frage, wie sich die Verantwortung kommissionsintern zwischen den einzelnen, verschiedenen Fachrichtungen angehörenden Kommissionsmitgliedern aufteilt. Diesbezüglich kann auf die Ausführungen zur Verantwortungsabschichtung bei Gremienentscheidungen verwiesen werden. So obliegt es den Medizinern und Pharmakologen, Nutzen und Risiken der Prüfung aus medizinisch-pharmakologischer Sicht zu eruieren und den Nichtmedizinern klar und deutlich darzulegen. Der Jurist hat diese Informationen dann unter Zugrundelegung der einschlägigen Vorschriften des AMG und der GCP-V normativ zu würdigen, sich ein Bild von der rechtlichen Vertretbarkeit des Vorhabens zu machen und seinen Standpunkt den übrigen Kommissionsmitgliedern zu erläutern. Zudem hat er durch gewissenhafte Überprüfung der eingereichten Aufklärungs- und Einwilligungsformulare dafür Sorge zu tragen, dass diese den Anforderungen, die das Gesetz an die Unterrichtung und Einwilligung der Probanden stellt, genügen. Unter Berücksichtigung des Ressortprinzips dürfen sich die einzelnen Kommissionsmitglieder dabei prinzipiell auf die Situationsbewertung des jeweiligen Fachkollegen verlassen, sofern sich diese nicht als evident fehlerhaft darstellt.[1412] Demnach darf der Jurist darauf vertrauen, dass die in die normative Nutzen-Risiko-Abwägung des Vorhabens einfließenden Fakten seitens der Mediziner und Pharmakologen zutreffend und vollständig erfasst und dargelegt wurden. Umgekehrt dürfen sich letztere darauf verlassen, dass der Jurist die medizinisch-pharmakologischen Prüfungsparameter sachgerecht unter die unbestimmten Rechtsbegriffe der AMG- und GCP-V-Bestimmungen subsumiert und die Grenzen des rechtlich Zulässigen zutreffend aufzeigt sowie ein informed consent des Probanden auf Grundlage der zum Einsatz kommenden Aufklärungs- und Einwilligungsformulare gewährleistet ist.

e. Verantwortung der zuständigen Landesbehörde

Aus dem Gesagten ergibt sich zugleich der Verantwortungsbereich der Überwachungsbehörden der Länder. So enthebt die Bewertung der klinischen Prüfung durch das BfArM/PEI und die Ethik-Kommission die Landesbehörden von der Verpflichtung, Studienplan und -design selbst zu überprüfen. Die Verantwortung der Landesbehörden beschränkt sich folglich auf die in § 64 AMG vorgesehene regelmäßige Inspektion der gemäß § 67 AMG gemeldeten Prüfungseinrichtungen sowie die Überwachung laufender Prüfungen gemäß § 15 GCP-V. Erlangt die Landesbehörde hierdurch Kenntnis über Umstände, welche die (weitere) Durchführung eines Arzneimitteltests unvertretbar erscheinen lässt, so hat sie das BfArM/PEI zu informieren sowie bei Gefahr in Verzug die Unterbrechung der Studie anzuordnen und die erforderlichen Gefahrenabwehrmaßnahmen im Sinne des § 69 AMG zu ergreifen, §§ 15 Abs. 8 GCP-V, 42a Abs. 5 Satz 2 AMG.

f. Verantwortlichkeit der Prüfärzte

Die zentrale Rolle bei der Vermeidung von Arzneimittelschäden im Rahmen der klinischen Prüfung fällt den die Studie durchführenden Ärzten zu. Dabei soll zu-

[1412] Im Ergebnis ebenso *Scheffold*, Haftungsfragen, S. 127.

erst abstrakt auf die Verantwortung des Prüfarztes eingegangen werden, bevor im Anschluss daran die Frage der Verantwortungsverteilung zwischen den einzelnen an der Prüfung beteiligten Medizinalpersonen erörtert werden soll.

(A) Verantwortung des Prüfarztes im Allgemeinen

Vor Beginn einer klinischen Prüfung ist der Prüfplan zunächst der lokalen Ethik-Kommission zur Begutachtung vorzulegen.[1413] Zwar sieht das AMG nicht ausdrücklich die Einschaltung der regional zuständigen Ethik-Kommission vor, jedoch findet sich eine entsprechende Verpflichtung regelmäßig in den ärztlichen Berufsordnungen der Länder,[1414] weshalb auch § 8 Abs. 5 GCP-V explizit auf das Votum lokaler Kommissionen Bezug nimmt. Existiert daneben zusätzlich noch eine institutionelle Ethik-Kommission, ist auch diese über das geplante Prüfungsvorhaben zu informieren. Die letzte Verantwortung für Beginn, Fortsetzung, Unterbrechung oder Abbruch der klinischen Prüfung liegt aber stets beim Hauptprüfer bzw. im Fall multizentrischer Durchführung beim Leiter der klinischen Prüfung.[1415] Denn durch die Formulierung „ärztlich vertretbar" in § 40 Abs. 1 Satz 3 Nr. 2 AMG wird zum Ausdruck gebracht, dass die Beurteilung aus ärztlicher Sicht zu erfolgen hat. Zudem ist die Vertretbarkeit bei Beginn der Studie oft nur sehr begrenzt prognostizierbar, weil die konkreten Umstände im Moment der Arzneimittelanwendung zum Zeitpunkt der Prüfungsgenehmigung nun einmal nicht absehbar sind und auch während der Prüfung Umstände eintreten können, die eine Änderung der Entscheidung erfordern.[1416] Der Prüfarzt trägt insoweit die Verantwortung dafür, dass die ärztliche Vertretbarkeit während der gesamten Dauer des Versuchs gegeben ist und hat bei unerwartet aufgetretenen Nebenwirkungen gegebenenfalls gemäß § 11 Abs. 1 GCP-V von der weiteren Versuchsdurchführung Abstand zu nehmen.[1417] So ist ein Studienabbruch insbesondere dann geboten, wenn sich im Rahmen einer kontrollierten Arzneimittelstudie eine Therapie statistisch als eindeutig überlegen herausstellt, erweist sich die Vorenthaltung des wirksameren Präparats ab diesem Zeitpunkt doch als behandlungsfehlerhaft.[1418]

Um sachgerecht über die Vertretbarkeit der Versuchsdurchführung gemäß §§ 40 Abs. 1 Satz 3 Nr. 2, 41 Abs. 1 Satz 1 AMG entscheiden zu können, muss sich der Prüfarzt vor Beginn der Prüfung detailliert mit dem Wirkmechanismus, den pharmakologischen Eigenschaften, der Darreichungsform, der Dosierung sowie sämtlichen potentiellen Nebenwirkungen vertraut machen und sich für die Dauer der Prüfung ständig über neue Forschungsergebnisse auf dem Laufenden

---

1413 *Deutsch*, RPG 1995, S. 24; *Laufs*, Das deutsche Recht, S. 54 f.; *ders.*, MedR 2004, S. 588; *Schlacke*, MedR 1999, S. 552 f.; *Stamer*, Ethik-Kommissionen, S. 137; *Wölk*, EthikMed 2002, S. 260; a. A. *Sträter*, PharmR 1997, S. 341.

1414 Vgl. § 15 Abs. 1 BOÄ BW.

1415 *Hart/Hilken/Merkel/Woggan*, Arzneimittelmarkt, S. 49; *Wiedey*, GCP, S. 229.

1416 *Hart/Hilken/Merkel/Woggan*, Arzneimittelmarkt, S. 49.

1417 Vgl. *Blasius et al.*, Arzneimittel, S. 71; *Held*, Strafrechtliche Beurteilung, S. 100; NK-*Wohlers*, § 13 Rn. 39; *Staak*, MMW 1979, S. 515; *Stock*, Probandenschutz, S. 82; *Walter-Sack*, Probleme, S. 103.

1418 *Dölle*, Therapeutischer Versuch, S. 124; *Fischer*, Therapiestudien, S. 50; *Kleinsorge*, MedR 1987, S. 143.

halten.[1419] Darüber hinaus setzt die individuelle, auf den einzelnen Versuchsteilnehmer bezogene Vertretbarkeitsprüfung zwingend eine umfassende Eingangsuntersuchung des individuellen Gesundheitszustandes zu Beginn der Prüfung sowie regelmäßige Kontrolluntersuchungen bei langfristigen Studien voraus.[1420]

In Parallele zur gewöhnlichen Heilbehandlung trägt der behandelnde Prüfarzt die Verantwortung für eine fehlerfreie Durchführung der Therapie sowie die detaillierte Aufklärung des Patienten über die beabsichtigte Therapie. So legt § 40 Abs. 2 AMG ausdrücklich fest, dass die Aufklärung zwingend durch einen Arzt erfolgen muss. Der Zweck der Aufklärung ist der gleiche wie im allgemeinen Arztrecht. Dem Teilnehmer soll eine eigenverantwortliche Entscheidung über Körper und Gesundheit ermöglicht werden.[1421] Er muss durch die Aufklärung insgesamt in die Lage versetzt werden, eine vernünftige Abwägung zwischen Wert und Erfolgschancen des Versuchs einerseits und Risiko und Belastungen bei der Studienteilnahme andererseits vornehmen zu können.[1422] Der Aufklärung bei der gewöhnlichen Heilbehandlung entsprechend erfordert dies eine umfassende Unterrichtung über Wesen, Bedeutung und Tragweite der Behandlung, § 40 Abs. 2 AMG. Allerdings sind in Anbetracht der fehlenden oder allenfalls potentiellen Indikation des Testpräparats sowie der zumindest auch altruistischen Zielsetzung der Versuchsteilnahme – insbesondere in Phase I – gesteigerte Anforderungen an die Aufklärung zu stellen.[1423] Aufgeklärt werden muss über alle Punkte, die für die Entscheidung des Versuchsteilnehmers vernünftigerweise Bedeutung haben können.[1424] Dabei bestimmt sich der erforderliche Aufklärungsumfang reziprok zur Indikation des Testpräparats: Je weniger die Prüfung dem Versuchsteilnehmer einen individuellen Vorteil bringt, desto weiter reicht die Aufklärungspflicht.[1425] Beim Humanexperiment der Phase I hat die Aufklärung demnach umfassender auszufallen als beim Heilversuch der Phasen II und III.[1426] Hinsichtlich des Wesens der Versuchsdurchführung ist zunächst über den experimentellen Neulandcharakter der Therapie aufzuklären.[1427] Dem Versuchsteilnehmer muss die Unge-

---

[1419] *Kreß*, Haftung, S. 79; *Kröll*, Ablauf, S. 5.

[1420] *Fischer*, Medizinische Versuche, S. 22 f.; *Staak/Weiser*, Klinische Prüfung, S. 14; *Walter-Sack*, Probleme, S. 101.

[1421] *Biermann*, Arzneimittelprüfung, S. 291; *Fischer*, Medizinische Versuche, S. 11; *Hägele*, Arzneimittelprüfung, S. 305 f.

[1422] *Jahrmärker*, MedKlin 1990, S. 676. Ähnlich *Westhofen*, Experiment, S. 179.

[1423] *Bergmann*, Neulandmedizin, S. 248; *Fischer*, Therapiestudien, S. 43; *Grahlmann*, Heilversuch, S. 52; *Hirsch*, Heilversuch, S. 16; *Kienle*, MMW 1981, S. 495; *Laufs/Uhlenbruck*, Handbuch, § 130 Rn. 10; *Schreiber*, Aspekte, S. 189; *Tiedemann/Tiedemann*, FS Schmitt, S. 152 f.; *Weißauer*, MMW 1979, S. 551.

[1424] *Losse*, Aufgaben, S. 24; *ders.*, Ethische Probleme, S. 26.

[1425] *Pabst* in: Kaufmann, Moderne Medizin, S. 57; *Schiwy-Bochat/Althoff/Müller*, MedR 1997, S. 70; ähnlich *Fischer*, Medizinische Versuche, S. 12, 59; *Staak*, Humanexperiment, S. 206; *Staak/Weiser*, Klinische Prüfung, S. 47.

[1426] *Bergmann*, Neulandmedizin, S. 248; *Böth*, NJW 1967, S. 1495; *Schimikowski*, Experiment, S. 23; *Stock*, Probandenschutz, S. 62.

[1427] *Andreas*, ArztR 1995, S. 16; *Biermann*, Arzneimittelprüfung, S. 293; *Fischer*, Therapiestudien, S. 43; *Held*, Strafrechtliche Beurteilung, S. 37, 81; *Kloesel/Cyran*, § 40

wissheit bezüglich der Wirkungsweise des Arzneimittels auf den menschlichen Organismus durch Mitteilung der Phase, in der sich die Studie befindet, klar vor Augen geführt werden.[1428] Im Sinne einer Art Verlaufsaufklärung ist des Weiteren die Methode der Versuchsdurchführung darzulegen. So ist dem Probanden mitzuteilen, ob er an einer Pilotstudie oder einer Kontrollstudie, einer offenen oder verblindeten Prüfung teilnimmt.[1429] Besondere Schwierigkeiten bereitet dabei die Aufklärung im Fall des Doppelblindversuchs, bei dem das Selbstbestimmungsrecht der Versuchsteilnehmer in Konflikt mit dem Gebot effektiver, biostatistisch eindeutige Erkenntnisse liefernder Versuchsdurchführung tritt. Den Regeln der Biostatistik entspräche idealerweise ein Verfahren, in dem der Forscher eine möglichst große Anzahl von homogenen Patienten mittels Randomisation auf eine Versuchs- und eine Vergleichsgruppe verteilt, um so aussagekräftige Ergebnisse zu erreichen. Ein solches Verfahren wäre allerdings nicht rechtmäßig, da es nicht auf den Willen des Patienten Rücksicht nimmt. Diese würden ohne ihr Wissen und ohne ihre Einwilligung über ihre Randomisation in eine der beiden Teilgruppen geraten und erst kurz vor dem Eingriff das ihnen Zugedachte erfahren. Den Erfordernissen des Rechts entspräche es, die Patienten voll über beide therapeutischen Methoden aufzuklären und ihnen die Wahl zu eröffnen. Eine solche Vorgehensweise würde aber nicht den Erfordernissen des biostatistischen Nachweises gerecht. Denn die Informationen der Patienten und deren Entschluss können zu einer Auswahl prognostisch erheblicher Umstände führen. Die Randomisation als Grundvoraussetzung zuverlässiger Erkenntnisgewinnung wäre so zum Scheitern verurteilt.[1430] Das Dilemma lässt sich nur im Wege einer Alternativaufklärung lösen. So ist der Patient zunächst darüber aufzuklären, dass die Wahl der jeweiligen Behandlungsmethode nach den Kriterien des Zufalls erfolgt und er deshalb sowohl der Test- als auch der Kontrollgruppe zugeteilt werden kann.[1431] Im Anschluss daran ist er alternativ in Grundzügen über die Charakteristika der im Rahmen der Prüfung zur Anwendung gelangenden Therapien zu informieren.[1432] Auf diese Weise ist sichergestellt, dass sowohl die zufällige Zuweisung zu einer bestimmten Therapiegruppe als auch die Durchführung der entsprechenden The-

---

Anm. 85; *Kröger*, Rechtfertigung, S. 184; MüKo-StGB-*Freund*, §§ 40-42a AMG Rn. 23; *Rehmann*, § 40 Rn. 8; *Schimikowski*, Experiment, S. 24; *Staak/Weiser*, Klinische Prüfung, S. 46.

1428 *Andreas*, ArztR 1995, S. 16; *Hägele*, Arzneimittelprüfung, S. 307; *Kewitz*, Patientenaufklärung, S. 136; *Lilie*, Forschung am Menschen, S. 7.

1429 *Biermann*, Arzneimittelprüfung, S. 293; *Deutsch/Spickhoff*, Medizinrecht, Rn. 926; *Hasskarl/Kleinsorge*, Voraussetzungen, S. 38; *Stock*, Probandenschutz, S. 60 f.

1430 *Böckle*, Ethische Aspekte, S. 29, 31 f.; *Jordan*, Therapiestudien, S. 9 passim; *Krieter*, Grenzfälle, S. 172; *Schimikowski*, Experiment, S. 24.

1431 *Deutsch/Spickhoff*, Medizinrecht, Rn. 926; *Dölle*, Therapeutischer Versuch, S. 123; *Fischer*, Medizinische Versuche, S. 47; *Glaeske/Greiser/Hart*, Arzneimittelsicherheit, S. 117; *Hägele*, Arzneimittelprüfung, S. 305 Fn. 301; *Held*, Strafrechtliche Beurteilung, S. 37; *Jordan*, Therapiestudien, S. 110 ff.; *Laufs*, Grundlagen, S. 84; MüKo-StGB-*Freund*, §§ 40-42a AMG Rn. 23; *Stock*, Probandenschutz, S. 60 f.

1432 *Bergmann*, Neulandmedizin, S. 244; *Kern/Laufs*, Aufklärungspflicht, S. 146; *Krieter*, Grenzfälle, S. 173.

rapie vom Selbstbestimmungsrecht des Versuchsteilnehmers umfasst ist. Im Rahmen der Aufklärung über die Bedeutung der klinischen Prüfung sind sowohl der erhoffte Nutzen für den medizinischen Fortschritt als auch der potentielle therapeutische Wert des Präparats zu erläutern.[1433]

Die Unterrichtung über die Tragweite des Versuchs betrifft Art und Umfang der konkret drohenden Gesundheitsbeeinträchtigungen und stellt insofern das Äquivalent zur Risiko- und Folgenaufklärung dar.[1434] Allerdings ist dem Versuchsteilnehmer stets klarzumachen, dass über Art und Schwere möglicher Nebenwirkungen letztlich keine völlig sicheren Aussagen getroffen werden können.[1435] Bei Phase-I-Prüfungen sind dem Probanden sämtliche, auch noch so entfernt liegende Risiken, mitzuteilen, mag dies auch die Gewinnung einer ausreichenden Zahl von Versuchsteilnehmern erschweren.[1436] Eine Aufklärung „im Großen und Ganzen" reicht hier nicht aus. Bei an Patienten durchgeführten Studien der Phase II und III bedarf es wiederum einer detaillierten Darlegung, inwieweit die Teilnahme an der klinischen Prüfung zusätzliche, nicht schon mit der Routinebehandlung verbundene Belastungen mit sich bringt.[1437] Eine Einschränkung der Aufklärungspflicht unter dem Gesichtspunkt des therapeutischen Privilegs, wie es § 41 Nr. 7 AMG a. F. für den Fall vorsah, dass durch die Aufklärung der Behandlungserfolg gefährdet wäre und ein dem Heilversuch entgegenstehender Wille des Kranken nicht zu erkennen ist, ist nunmehr lediglich unter den engen Voraussetzungen des § 41 Abs. 1 Satz 2 AMG anzuerkennen, die sich weitgehend mit den Voraussetzungen der mutmaßlichen Einwilligung decken.[1438]

Umstritten ist, inwieweit bei kontrollierten Studien eine Verpflichtung des Prüfarztes zur sogenannten Trendaufklärung besteht. Unter Trendaufklärung ist die Mitteilung einer sich abzeichnenden Tendenz in Bezug auf die Überlegenheit einer Therapie zu verstehen, wenn diese Tendenz zwar einerseits mehr als bloße

---

[1433] *Biermann*, Arzneimittelprüfung, S. 295; *Fischer*, Medizinische Versuche, S. 13; *Kloesel/Cyran*, § 40 Anm. 85; ähnlich *Stock*, Probandenschutz, S. 61; a. A. *Staak/Weiser*, Klinische Prüfung, S. 46, denen zufolge der Versuchsteilnehmer nur interessiert sei, Aufschluss über den individuellen Nutzen des Versuchs zu erhalten.

[1434] *Biermann*, Arzneimittelprüfung, S. 297; *Glaeske/Greiser/Hart*, Arzneimittelsicherheit, S. 114 f.; *Held*, Strafrechtliche Beurteilung, S. 38; *Staak/Weiser*, Klinische Prüfung, S. 46 f.

[1435] *Fischer*, Medizinische Versuche, S. 58; *Staak/Weiser*, Klinische Prüfung, S. 47 f.

[1436] *Biermann*, Arzneimittelprüfung, S. 298; *Deutsch* in: Dölle et al., Arzneimitteltherapie, S. 15; *Fischer*, Medizinische Versuche, S. 12; *Held*, Strafrechtliche Beurteilung, S. 38; *Schimikowski*, Experiment, S. 25; *Schreiber*, Aspekte, S. 189; *Staak*, Humanexperiment, S. 206; *ders.*, MMW 1979, S. 515; *Staak/Weiser*, Klinische Prüfung, S. 45; *Tiedemann/Tiedemann*, FS Schmitt, S. 152 f.; dagegen eine Pflicht zur Totalaufklärung ablehnend *Hasskarl/Kleinsorge*, Voraussetzungen, S. 36; *Wagner*, Ethik, S. 178.

[1437] *Scholz/Stoll*, MedR 1990, S. 61.

[1438] Bedenklich an der Neuregelung ist indes, dass sie im Gegensatz zur Vorgängerregelung keinen ausdrücklichen Bezug mehr zum mutmaßlichen Willen der Versuchsperson herstellt. Allerdings kann und muss die Rücksichtnahme auf den Patientenwillen im Hinblick auf das verfassungsrechtlich geschützte Selbstbestimmungsrecht einer jeden Person in die Norm hineingelesen werden.

Intuition ist, andererseits aber auch noch nicht den Grad gesicherter Erkenntnis erreicht hat. Während die Trendaufklärung einerseits aus Gründen der Patientenautonomie zwingend geboten erscheint, besteht bei Verpflichtung zur Trendaufklärung andererseits die Gefahr, dass alle Versuchsteilnehmer die weitere Einnahme des unterlegenen Präparats strikt ablehnen, die Durchführung kontrollierter Studien bis zur Gewinnung sicherer Erkenntnisse folglich unmöglich wird. Richtigerweise wird man dem Gesundheitsinteresse des Einzelnen Vorrang vor dem Interesse der Allgemeinheit an sicheren Forschungsergebnissen einräumen und eine Pflicht zur Trendaufklärung bejahen müssen.[1439] Indes wird man, wenn zuvor alle Abbruchkriterien im Versuchsplan festgelegt und diese Kriterien in eine Patientenaufklärung einbezogen wurden, auch ohne eine zu weit gehende Trendaufklärung einen Abbruch vermeiden können.[1440] Insbesondere bei einer gut geplanten Kurzzeitstudie wird die Notwendigkeit der Trendaufklärung fast nie auftreten, da das statistisch eindeutige Gesamtergebnis und der Trend zur gleichen Zeit offenbar werden.[1441]

Schließlich treffen den Prüfarzt gemäß § 12 GCP-V zahlreiche Mitteilungspflichten über schwerwiegende unerwünschte Ereignisse. Grundsätzlich genügt die Unterrichtung des Sponsors über aufgetretene Zwischenfälle, bei gravierenden Gesundheitsschäden bzw. dem Tod eines Versuchsteilnehmers muss unmittelbar das BfArM/PEI sowie die zuständige Ethik-Kommission hiervon in Kenntnis gesetzt werden.

(B) Verantwortungsaufteilung zwischen den beteiligten Medizinalpersonen

Da klinische Prüfungen gerade in den ersten Phasen regelmäßig nicht von einem einzelnen Prüfarzt, sondern von einem Team von Ärzten durchgeführt werden, stellt sich die Frage der teaminternen Verantwortungsabgrenzung. Darüber hinaus ist auf die Verantwortlichkeit der einzelnen Beteiligten bei multizentrischen Prüfungen einzugehen. Das AMG unterscheidet diesbezüglich in § 4 Abs. 25 Hauptprüfer, Prüfer und den Leiter der klinischen Prüfung.

Der Leiter der klinischen Prüfung trägt bei multizentrisch ablaufenden Studien die Gesamtverantwortung für die Versuchsdurchführung.[1442] Er ist zentraler Ansprechpartner des pharmazeutischen Unternehmers und der Behörden und insoweit Bindeglied zu den in den einzelnen Prüfeinrichtungen tätigen Ärzten. Ähnlich der Geschäftsleitung von Wirtschaftsunternehmen trifft ihn eine Generalverantwortung und Allzuständigkeit für die gesamte multizentrische Prüfung. Wie diese muss er indes nicht persönlich am „Krankenbett" tätig werden, sondern kann, ja muss geradezu, die tatsächliche Durchführung der Versuchsreihen im Wege der Delegation an die Prüfärzte in den einzelnen Einrichtungen übertra-

---

[1439] So auch *Bergmann*, Neulandmedizin, S. 249; *Biermann*, Arzneimittelprüfung, S. 403; *Fischer*, Therapiestudien, S. 50 f.; *Held*, Strafrechtliche Beurteilung, S. 38; *Lilie*, Forschung am Menschen, S. 7; *Niedermair*, Gute Sitten, S. 205; *Schewe*, Therapiestudien, S. 146; im Ergebnis ebenso *Hirsch*, Heilversuch, S. 15.

[1440] *Lilie*, Forschung am Menschen, S. 12.

[1441] *Deutsch/Spickhoff*, Medizinrecht, Rn. 677; ähnlich *Samson*, Therapiestudien, S. 133.

[1442] *Blasius et al.*, Arzneimittel, S. 79; *Kleinsorge*, Zusammenarbeit, S. 51; *Staak*, Humanexperiment, S. 205; *Staak/Weiser*, Klinische Prüfung, S. 41.

gen.[1443] Die Verantwortlichkeit des Leiters der klinischen Prüfung beschränkt sich daher im Wesentlichen auf die sachgerechte Organisation der Studie, zu der vor allem eine ordnungsgemäße Instruktion der Hauptprüfer zu Beginn, aber auch während der Prüfung über alle für deren Durchführung relevanten Erkenntnisse, namentlich mitgeteilter Zwischenfälle, gehört.[1444] Kommt er seinen Organisationspflichten nach, so darf er sich auf eine sachgerechte Vornahme der Arzneimitteltests einschließlich der Meldung auftretender Arzneimittelschäden verlassen.

Dementsprechend hat der Hauptprüfer für eine fehlerfreie Durchführung der Prüfung vor Ort zu sorgen. Treten schwerwiegende Nebenwirkungen auf, ist im Interesse einer aus Effizienzgründen vorzugswürdigen zentral organisierten Gefahrenabwehr als ausreichend zu erachten, dass der Hauptprüfer den Zwischenfall an den Leiter der klinischen Prüfung und die für ihn zuständige Ethik-Kommission weiterleitet, ohne zugleich auch das BfArM bzw. PEI zu informieren.

Was die Verantwortungsabgrenzung im Rahmen der tatsächlichen Versuchsdurchführung anbelangt, kann im Wesentlichen auf die Erläuterungen zur arbeitsteilig vollzogenen Heilbehandlung im Krankenhaus Bezug genommen werden, werden doch regelmäßig Kliniken mit der Durchführung von Arzneimittelstudien betraut. Der Hauptprüfer übernimmt in gewisser Weise die Rolle des Chefarztes, dem eine Reihe nachgeordneter Prüfer, welche den klassischen Assistenzärzten entsprechen, zur Seite gestellt ist. Je nach Art und Umfang der Prüfung wirkt auch nichtärztliches Hilfspersonal an der Prüfung mit.

Ein Unterschied zur klassischen Heilbehandlung besteht indes darin, dass die Aufklärung gemäß § 40 Abs. 2 AMG zwingend durch einen Arzt zu erfolgen hat. Zudem sind angesichts der gesteigerten Gefährlichkeit der versuchsweisen Heilbehandlung an die Auswahl- und Instruktionspflicht des Hauptprüfers erhöhte Anforderungen zu stellen. Da oftmals nicht auszuschließen sein wird, dass unvorhergesehene Situationen auftreten, welche die einzelnen Prüfer überfordern, ist der Hauptprüfer anders als der Chefarzt zur Überwachung des Prüfgeschehens verpflichtet. Entsprechend kommt auch der Klinikleitung eine gesteigerte Organisationsverantwortung zu.[1445] So hat sie sicherzustellen, dass die mit der Prüfung beauftragten Ärzte hinreichend qualifiziert sind und auch die räumliche bzw. apparative Ausstattung der Klinik eine ordnungsgemäße Durchführung der Arzneimittelstudie zulässt. Da eine sachgerechte Überprüfung des Forschungsvorhabens aber nur durch ein Gremium geschehen kann, das den notwendigen Sachverstand besitzt, die örtlichen Gegebenheiten einzuschätzen weiß und die formellen Voraussetzungen klinischer Forschung kennt, ist die Klinikleitung im Rahmen ihrer Organisationsverantwortung zur Einrichtung einer (institutionellen) Ethik-Kommission verpflichtet, welche für den Bereich der klinischen Prüfung die Organisationsverantwortung der Klinikleitung wahrnimmt.[1446] Die Klinikleitung wird in-

---

1443 *Wille/Kleinke*, PharmR 2004, S. 301.

1444 *Biermann*, Arzneimittelprüfung, S. 303; *BPI*, Durchführung, S. 13.

1445 *Deutsch*, Probandenschutz, S. 39; *ders.*, MedR 1995, S. 483, 485; *Deutsch/Spickhoff*, Medizinrecht, Rn. 728, 954; *Scheffold*, Haftungsfragen, S. 148; *Stock*, Probandenschutz, S. 141 f.

1446 Vgl. *Bork*, Ethik-Kommissionen, S. 36; *Deutsch*, NJW 1981, S. 615; *ders.*, RPG 1995, S. 21; *ders.*, MedR 1995, S. 484; *ders.*, NJW 2002, S. 491; *ders.*, NJW 2003, S. 949;

soweit von eigener Verantwortung frei, sofern sie die Kommissionsmitglieder sorgfältig ausgewählt hat und kein Grund besteht, an der Richtigkeit der jeweiligen Situationseinschätzung zu zweifeln.

3. *Strafbarkeit der Prüfungsbeteiligten*

Was die Strafbarkeit der Prüfungsbeteiligten angeht, besteht zunächst Einigkeit, dass durch versuchsweise Heilbehandlungen auftretende Gesundheitsschäden angesichts der fehlenden objektiven Indikation der Therapie den Körperverletzungstatbestand des § 223 StGB erfüllen.[1447] Daneben kommt im Fall der Bedenklichkeit oder Mangelhaftigkeit des Prüfpräparats wiederum auch eine Strafbarkeit gemäß §§ 95 Abs. 1 Nr. 1 AMG, 314 StGB in Betracht.

a. Pharmazeutischer Unternehmer

Unstreitig ist eine Strafbarkeit der an der Prüfung beteiligten Mitarbeiter des pharmazeutischen Unternehmers gemäß §§ 211 ff., 223 ff. StGB, 96 Nr. 11 AMG zu bejahen, wenn die klinische Prüfung ohne vorherige Genehmigung durch das BfArM/PEI sowie die zuständige Ethik-Kommission durchgeführt wird. Die im Verlauf der Prüfung auftretenden Arzneimittelschäden stellen weder ein erlaubtes Risiko im Sinne der §§ 40 ff. AMG dar, noch sind sie von einer wirksamen Risikoübernahme des Versuchsteilnehmers gedeckt, ist die Teilnahme an einer nicht genehmigten Prüfung doch im Sinne des § 228 StGB sittenwidrig. Liegt hingegen eine wirksame Genehmigung vor, scheidet eine Strafbarkeit regelmäßig aus, da der pharmazeutische Unternehmer berechtigterweise auf die Genehmigung als verbindliche Konkretisierung des rechtlich Erlaubten vertrauen darf, die Durchführung der klinischen Prüfung somit mangels Sorgfaltsverstoß straflos ist.[1448] Allerdings gilt dies nur, sofern dem BfArM/PEI sowie der zuständigen Ethik-Kommission vollständige und wahrheitsgemäße Prüfungsunterlagen vorgelegt wurden und das Prüfvorhaben unter Berücksichtigung des aktuellen wissenschaftlichen Erkenntnisstandes sorgfältig konzipiert wurde. Zudem endet das berechtigte Vertrauen in dem Moment, in dem der pharmazeutische Unternehmer vom Auftreten unerwarteter schwerwiegender Nebenwirkungen Kenntnis erlangt. Die willentliche Fortsetzung der Prüfung in Kenntnis der offensichtlichen Bedenklichkeit des Prüfpräparates begründet eine Strafbarkeit gemäß §§ 95 Abs. 1 Nr. 1 AMG, 314 StGB sowie mit Blick auf weitere Arzneimittelschäden gemäß §§ 211 ff., 223 ff. StGB. Je nachdem, ob der pharmazeutische Unternehmer zu diesem Zweck weitere Prüfpräparate liefert oder lediglich bereitstehende Präparate nicht zurückfordert, liegt eine Begehungs- oder Unterlassungsstraftat vor. Daneben kann auch die unterlassene Unterrichtung des BfArM/PEI und der Ethik-Kommission zur Strafbarkeit führen, wenn hierdurch eine effektive Gefahrenabwehr verhindert wird

Deutsch/Lippert, Ethikkommission, S. 21 f., 48; *Deutsch/Spickhoff*, Medizinrecht, Rn. 649; *Jahrmärker*, MedKlin 1990, S. 678; *Laufs/Reiling*, Ethik-Kommissionen, S. 17; *Meyer*, zfs 2003, S. 51; *Scheffold*, Haftungsfragen, S. 144.

1447 Statt vieler *Eser*, ZStW 97 (1985) S. 13; *Gössel/Dölling*, BT/1, § 12 Rn. 103; *Held*, Strafrechtliche Beurteilung, S. 34; *Jordan*, Therapiestudien, S. 12.

1448 Vgl. *Däbritz*, Humanerprobungen, S. 117.

und es infolgedessen zu weiteren, an sich vermeidbaren Zwischenfällen kommt. Hinsichtlich der Strafbarkeit wegen Lieferung mangelhafter Prüfpräparate kann auf die Ausführungen zur Strafbarkeit bei mangelbedingten Arzneimittelschäden verwiesen werden, die insoweit übertragbar sind.

Beruhen die aufgetretenen Arzneimittelschäden auf einer fehlerhaften Probanden-Compliance, schließt dies eine Strafbarkeit des pharmazeutischen Unternehmers aus, sofern er berechtigterweise darauf vertrauen durfte, dass der betreffende Versuchsteilnehmer vom behandelnden Prüfarzt über seine Mitwirkungspflichten, insbesondere im Rahmen der Anamnese, unterrichtet wurde. Voraussetzung hierfür ist eine ordnungsgemäße Auswahl der Prüfeinrichtung sowie die umfassende Information der am Arzneimitteltest beteiligten Ärzte über das Prüfpräparat. Umgekehrt führt die Beauftragung einer ungeeigneten Prüfstelle bzw. die unzulängliche Instruktion der Prüfärzte zur Strafbarkeit, wenn es infolgedessen zu Verletzungen der Versuchsteilnehmer kommt. Allerdings scheidet eine Strafbarkeit wegen Auswahlverschuldens aus, wenn der Prüfeinrichtung von der lokalen Ethik-Kommission die Eignung zur Versuchsdurchführung bescheinigt wird, da sich der pharmazeutische Unternehmer berechtigterweise auf das Kommissionsvotum verlassen darf. Anders als die in einem förmlichen Genehmigungsverfahren ergehenden Genehmigungen nach §§ 25, 40 Abs. 1 Satz 2 AMG entfaltet die Stellungnahme der lokalen Ethik-Kommission erst auf der Schuldebene Wirkung, indem sie einer eingeholten Rechtsauskunft entsprechend im Sinne des § 17 StGB die Unvermeidbarkeit des Verbotsirrtums begründet.

An welchen Mitarbeiter sich der Strafvorwurf konkret richtet, bestimmt sich wiederum nach der unternehmensinternen Zuständigkeitsverteilung. Dabei gilt das im Zusammenhang mit dem Liefern und Aus-dem-Verkehr-Ziehen mangelhafter bzw. bedenklicher Präparate Gesagte entsprechend. Zusätzlich zu den dort als potentielle Straftäter identifizierten Mitarbeitern setzen sich die mit der Planung der klinischen Prüfung betrauten Mitarbeiter der Forschungs- und Entwicklungsabteilung sowie der Monitor einem möglichen Strafvorwurf aus. So machen sich erstere strafbar, wenn es aufgrund einer fehlerhaft konzipierten Prüfung oder einer unzureichenden Unterrichtung der Prüfärzte über die aus den präklinischen Studien abzuleitenden Eigenschaften des Prüfpräparats zu Verletzungen der Versuchsteilnehmer kommt.[1449] Dem Monitor wiederum droht eine Strafbarkeit, wenn dieser seiner Pflicht, einen reibungslosen wechselseitigen Informationsaustausch zwischen pharmazeutischem Unternehmer und Prüfer zu gewährleisten, nicht gerecht wird und es infolge unterlassener Weiterleitung ihm seitens des Prüfers oder des pharmazeutischen Unternehmers mitgeteilter Zwischenfälle zu Arzneimittelschäden kommt.

b. BfArM bzw. PEI

Was die Strafbarkeit der Mitarbeiter des BfArM bzw. PEI anbelangt, kann im Wesentlichen auf das zur Arzneimittelzulassung Ausgeführte verwiesen werden. Demnach kann sowohl die Genehmigung erkennbar unvertretbarer Prüfungen als auch die unterlassene Einleitung Gefahren abwehrender Maßnahmen nach Kennt-

[1449] Vgl. *Abshagen*, Erwägungen, S. 157; *Schmidt-Salzer*, NJW 1988, S. 1938.

niserlangung von unerwarteten schwerwiegenden Nebenwirkungen eine Strafbarkeit der zuständigen Amtsträger gemäß §§ 95 Abs. 1 Nr. 1 AMG, 314 StGB sowie §§ 211 ff., 223 ff. StGB begründen. Allerdings kommt dem BfArM/PEI auch hier ein gewisser Beurteilungsspielraum zu, wenngleich dieser angesichts der geringeren gesundheitspolitischen Dimension der Entscheidung deutlich enger ausfällt.

c. Ethik-Kommission

Entsprechendes gilt für die nach dem AMG zuständige Ethik-Kommission, nachdem diese im Zuge der 12. AMG-Novelle zu einer dem BfArM/PEI gleichgestellten Genehmigungsbehörde avanciert ist.[1450] Auch den Kommissionsmitgliedern kommt kraft der von ihnen übernommenen Sicherungsaufgabe eine Garantenstellung für das Wohl der Versuchsteilnehmer zu. Dementsprechend sehen sie sich einem Strafvorwurf ausgesetzt, wenn es aufgrund erkennbarer Bedenklichkeit des Testpräparats bzw. offensichtlicher Fehler des gebilligten Forschungsvorhabens zu Verletzungen der Versuchsteilnehmer kommt bzw. die Prüfung sich aus anderen Gründen als unvertretbar erweist.[1451] Dabei beschränkt sich die Strafbarkeit der Mitglieder lokaler Ethik-Kommissionen auf Arzneimittelschäden infolge unzureichender Qualifikation der Prüfer bzw. Ungeeignetheit der Prüfinstitution, so dass insbesondere eine Strafbarkeit nach § 95 Abs. 1 Nr. 1 AMG ausscheidet. Entsprechendes gilt für die Angehörigen institutioneller Ethik-Kommissionen. Die Mitglieder der Master-Kommission wiederum haften für diejenigen Arzneimittelschäden, die Ausfluss der Unvertretbarkeit bzw. Fehlerhaftigkeit der Prüfung als solche sind. Bei Bedenklichkeit des Arzneimittels kommt daher auch eine Strafbarkeit gemäß § 95 Abs. 1 Nr. 1 AMG in Betracht.

Genügt das im Verlauf der Versuchsdurchführung zum Einsatz kommende, von den Prüfärzten zur Aufklärung der Probanden verwendete Informationsmaterial nicht den gesetzlichen Anforderungen, so kommt unter dem Gesichtspunkt eines Aufklärungsfehlers zudem eine Strafbarkeit des der Kommission angehörenden Juristen in Betracht, wenn dieser die ihm im Rahmen des Zulassungsverfahrens vorgelegten Aufklärungs- und Einwilligungsformulare für ausreichend erachtet und gebilligt hat.

Fehlt den Kommissionsmitgliedern die zur sachgerechten Beurteilung der klinischen Prüfung notwendige Qualifikation, etwa weil die Kommission mit keinem Juristen besetzt ist, resultiert die Strafbarkeit aus dem Aspekt des Übernahmeverschuldens, da jedes Kommissionsmitglied verpflichtet ist, seine Beteiligung an ei-

---

[1450] Daher kommt bei vorsätzlicher Genehmigungserteilung auch eine Bestrafung der Kommissionsmitglieder als mittelbare Täter in Betracht. Dagegen nur eine Bestrafung wegen Teilnahme an den Taten der Prüfärzte bzw. des pharmazeutischen Unternehmers bejahend *Barnikel*, MMW 1979, S. 767; *Deutsch*, Grundlagen, S. 76; *Deutsch*, Ethik-Kommissionen, S. 46; *Deutsch/Lippert*, Ethikkommission, S. 70; *Deutsch/Spickhoff*, Medizinrecht, Rn. 780; *Held*, Strafrechtliche Beurteilung, S. 112; *Samson*, DMW 1981, S. 669.

[1451] Vgl. *Czwalinna*, Forschungslegitimation, S. 139 f.; *Deutsch*, NJW 2003, S. 950; *Fischer*, Medizinische Versuche, S. 103; *Hägele*, Arzneimittelprüfung, S. 695; *Koyuncu*, PHi 2005, S. 91; *Schwarz*, Leitfaden, S. 589; *Tiedemann/Tiedemann*, FS Schmitt, S. 156; *von Bar/Fischer*, NJW 1980, S. 2740.

nem von unzulänglichem Fachwissen getragenen Votum zu verweigern.[1452] Im Übrigen gelten die zur Strafbarkeit von Gremienmitgliedern unterschiedlicher Fachrichtungen herausgearbeiteten Grundsätze entsprechend.

d. Zuständige Landesbehörde

Eine Strafbarkeit der Mitarbeiter der zuständigen Landesbehörde gemäß §§ 95 Abs. 1 Nr. 1 AMG, 314 StGB sowie §§ 211 ff., 223 ff. StGB ist zu bejahen, wenn es aufgrund unzureichender Inspektionen der Prüfeinrichtung im Sinne des § 15 GCP-V zu Arzneimittelschäden kommt, die durch pflichtgemäße Überwachung der klinischen Prüfung hätten erkannt und vermieden werden können. Daneben kommt eine Strafbarkeit wegen derjenigen Arzneimittelschäden in Betracht, die ihre Ursache in der nicht ordnungsgemäßen Umsetzung der vom BfArM/PEI zum Zwecke der Gefahrenabwehr angeordneten Maßnahmen finden.

e. Prüfärzte

Was die Strafbarkeit der das Testpräparat applizierenden bzw. an den Versuchsteilnehmer abgebenden Ärzte angeht, kommt primär eine Strafbarkeit gemäß §§ 211 ff., 223 ff. StGB in Betracht. Eine Strafbarkeit nach § 95 Abs. 1 Nr. 1 AMG scheidet indes aus, da die unmittelbare Anwendung des Arzneimittels wie auch die Abgabe des Medikaments zur sofortigen, unter ärztlicher Aufsicht erfolgenden Einnahme kein Inverkehrbringen im Sinne des § 4 Abs. 17 AMG ist. Lediglich im Fall der ambulant durchgeführten Arzneimittelstudie kommt eine Strafbarkeit gemäß § 95 Abs. 1 Nr. 1 AMG in Betracht.

Wie bei der klassischen Heilbehandlung begründet auch die behandlungsfehlerhafte Durchführung der klinischen Prüfungen eine Strafbarkeit des behandelnden Arztes im Sinne der §§ 211 ff., 223 ff. StGB.[1453] Allerdings stellt sich die Frage, nach welchem Maßstab sich die Fehlerhaftigkeit der Behandlung bemisst. Während bei der gewöhnlichen Heilbehandlung der medizinische Standard das Maß der gebotenen Sorgfalt wiedergibt, soll dieser Standard im Rahmen der klinischen Prüfung gerade verlassen und hierdurch weiterentwickelt werden. Als Kriterium der Sorgfaltspflichtbestimmung taugt er folglich nicht.[1454] Von einem Behandlungsfehler wird man letztlich nur sprechen können, wenn das Vorgehen auch unter Berücksichtigung der im Forschungsbereich geltenden Methodenfreiheit als absolut unvertretbar erscheint. Das wird vor allem dann der Fall sein, wenn gewisse Grundregeln der klinischen Forschung unbeachtet bleiben, die über alle Therapierichtungen hinweg Geltung beanspruchen.[1455] Abzustellen ist deshalb darauf, ob die Versuchsdurchführung unter Wahrung der allgemein anerkannten Grundsätze über die Planung und Durchführung klinischer Versuche, wie sie in den §§ 40 ff. AMG, der GCP-V und den ärztlichen Berufsordnungen ihren Ausdruck

[1452] Im Ergebnis ebenso *Kreß*, Haftung, S. 149; *Losse*, Aufgaben, S. 29; *Losse*, Ethikkommissionen, S. 273 f.

[1453] *Lippert*, VersR 1997, S. 546; *Scheffold*, Haftungsfragen, S. 91; *von Bar/Fischer*, NJW 1980, S. 2735.

[1454] *Deutsch/Spickhoff*, Medizinrecht, Rn. 649.

[1455] *Fischer*, Medizinische Versuche, S. 20.

gefunden haben, erfolgt und dem gesicherten Stand wissenschaftlicher Erkenntnisse entspricht.[1456] Handelt der Prüfarzt diesen Anforderungen zuwider, liegt ein Behandlungsfehler vor. Dementsprechend begründet sowohl die Durchführung der klinischen Prüfung ohne entsprechende Genehmigung des BfArM/PEI und der individuell zuständigen Ethik-Kommission[1457] als auch die Durchführung wissenschaftlich unsinniger bzw. sonst unvertretbarer Arzneimitteltests[1458] einen Behandlungsfehler. Indes darf sich der Prüfarzt hinsichtlich der Vertretbarkeit und wissenschaftlichen Sinnhaftigkeit der Prüfung grundsätzlich auf das Votum des BfArM/PEI und der angerufenen Ethik-Kommissionen verlassen, so dass eine Strafbarkeit insoweit ausscheidet, als das Vorgehen von der Genehmigung gedeckt ist.[1459] Allerdings gewährt die Genehmigung keinen lückenlosen Schutz für den Arzt, da sie keine abschließende Aussage über die Vertretbarkeit der Arzneimittelanwendung an einem bestimmten Probanden zu einer bestimmten Zeit trifft. Trotz Genehmigung der Versuchsdurchführung macht sich der Arzt deshalb strafbar, wenn er in blindem Vertrauen auf die Genehmigung das Testpräparat verabreicht, obwohl die Anwendung des Medikaments aufgrund besonderer Umstände des Einzelfalls erkennbar kontraindiziert ist.

Kann der Arzt den gesetzlichen Anforderungen mangels Ausstattung, Erfahrung oder hinreichender Kenntnisse auf dem Gebiet der klinischen Prüfung nicht gerecht werden, macht er sich wegen Übernahmeverschuldens strafbar, wenn er gleichwohl an der Prüfung mitwirkt.[1460] Die Zustimmung des Patienten oder Probanden zur Versuchsdurchführung enthaftet ihn nicht, da die Zustimmung zu einer den §§ 40 ff. AMG widersprechenden Prüfung sittenwidrig und damit gemäß § 228 StGB unwirksam ist. Zudem willigt der Versuchsteilnehmer ohnehin nur in den ordnungsgemäß durchgeführten Versuchsablauf ein und gerade nicht in Gefahren, die auf das sorgfaltswidrige Verhalten des Forschers zurückzuführen sind.[1461]

Auf die Zustimmung des Versuchsteilnehmers kommt es erst an, wenn die klinische Prüfung im Übrigen den gesetzlichen Voraussetzungen der §§ 40 ff. AMG entspricht. Nur dann, wenn der Versuchsteilnehmer die mit der klinischen Prüfung verbundenen Risiken freiverantwortlich auf sich nimmt, scheidet eine Strafbarkeit des Prüfarztes als bloßer Teilnehmer an einer eigenverantwortlichen Selbstgefährdung des Probanden aus. Einer schriftlichen Einwilligung, wie sie § 40 Abs. 1 Satz 3 Nr. 3 lit. c AMG verlangt, bedarf es aus strafrechtlicher Sicht indes nicht. Die Strafbarkeit des Prüfarztes steht und fällt damit letztlich mit der umfassenden Aufklärung des Versuchsteilnehmers über Wesen, Bedeutung und Tragweite der klinischen Prüfung. Unterbleibt diese, stellt die Anwendung des Prüfpräparats eine

---

1456 Vgl. *Biermann*, Arzneimittelprüfung, S. 337; *Hasskarl*, Prüfungsprobleme, S. 71; *Meurer*, Arzneimittelprüfung, S. 223; *Rosenau*, RPG 2002, S. 99.

1457 *Bork*, Ethik-Kommissionen, S. 39.

1458 *Gamerschlag*, NJW 1982, S. 685.

1459 Vgl. *Andreas*, ArztR 1995, S. 16; *Eser/Koch*, DMW 1982, S. 446; *Däbritz*, Humanerprobungen, S. 133; *Kreß*, Haftung, S. 114; *Ulsenheimer*, Arztstrafrecht, Rn. 399.

1460 *Fischer*, Medizinische Versuche, S. 24; *Hägele*, Arzneimittelprüfung, S. 409.

1461 *Czwalinna*, Forschungslegitimation, S. 80; *Fischer*, Medizinische Versuche, S. 19; *Stock*, Probandenschutz, S. 117 f.

Körperverletzung dar, welche dem Arzt bei Injektion des Arzneimittels unmittelbar, bei Einnahme durch den Patienten kraft mittelbarer Täterschaft zuzurechnen ist.[1462] Eine Strafbarkeit scheidet in diesem Fall weder unter dem Gesichtspunkt der Wahrnehmung berechtigter Interessen analog § 193 StGB noch unter dem Aspekt des Notstands gemäß § 34 StGB aus. Das in § 193 StGB zum Ausdruck kommende Rechtfertigungsprinzip kann grundsätzlich nur gegenüber sozialbezogenen Rechtsgütern durchgreifen, nicht aber, soweit es um rein personale Güter wie Leib und Leben geht.[1463] Auch ein im Einzelfall unter Umständen zu konstatierender medizinwissenschaftlicher Erkenntnisnotstand genießt keinen Vorrang vor dem Lebens- und Gesundheitsinteresse des Probanden,[1464] so dass eine Rechtfertigung gemäß § 34 StGB ebenso ausscheidet.[1465]

Was schließlich die Strafbarkeit der die Prüfung nicht unmittelbar selbst durchführenden Ärzte, etwa den Leiter der klinischen Prüfung oder auch den Hauptprüfer, sowie die Strafbarkeit der Institutsleitung anbelangt, gelten die Ausführungen zur Strafbarkeit des Chefarztes und der Krankenhausleitung bei arbeitsteiliger Heilbehandlung im Krankenhaus entsprechend. So setzt sich die Institutsleitung bei Nichteinrichtung einer ordnungsgemäß organisierten (institutionellen) Ethik-Kommission im Fall des Fehlgehens der Prüfung ebenso einem Strafvorwurf aus wie der Leiter der klinischen Prüfung bzw. Hauptprüfer, der mit der tatsächlichen Versuchsdurchführung unzureichend qualifizierte Ärzte betraut bzw. die Prüfung nicht ordnungsgemäß überwacht.[1466]

1462 *Biermann*, Arzneimittelprüfung, S. 244; *Freund*, MedR 2001, S. 68.

1463 *Eser*, GedS Schröder, S. 213.

1464 So ausdrücklich Nr. 5 der Revidierten Deklaration von Helsinki. Ebenso *Fischer*, Medizinische Versuche, S. 9.

1465 A. A. *Schimikowski*, Experiment, S. 38, der eine Rechtfertigung gemäß § 34 StGB dann bejahen will, wenn mit Hilfe des Forschungsvorhabens das Leben künftiger Patienten gerettet werden kann und die Gesundheitsbeeinträchtigung des Probanden sich am untersten Rand dessen bewegt, was der Körperverletzungstatbestand erfordert. Jedoch stellt bei Versuchen dieser Art, worauf *Fischer*, Medizinische Versuche, S. 9, zutreffend hinweist, auch die Einholung der Einwilligung kein Problem dar, so dass durch Einholung der Genehmigung als insofern milderes Mittel der Konfliktfall letztlich vermeidbar ist.

1466 Vgl. *Deutsch/Lippert*, Ethikkommission, S. 67; *Deutsch/Spickhoff*, Medizinrecht, Rn. 681; *Hägele*, Arzneimittelprüfung, S. 395.

§ 6 Gebot strafrechtlicher Arzneimittelhaftung

Bevor die Ergebnisse der Untersuchung zusammengefasst werden, ist kurz auf die Frage einzugehen, inwieweit eine strafrechtliche Erfassung des Arzneimittelwesens überhaupt sinnvoll erscheint. Zweifel an der Notwendigkeit und Sinnhaftigkeit einer strafrechtlichen Produkthaftung für Arzneimittel ergeben sich dabei vor allem in zweierlei Hinsicht: Zum einen existiert bereits ein umfassender zivil- und öffentlich-rechtlich abgesicherter Verbraucherschutz, zum anderen besteht die Gefahr, dass mit zunehmender Verrechtlichung des medizinisch-pharmazeutischen Sektors letzten Endes nicht mehr das Patientenwohl, sondern die Absicherung gegen nachteilige rechtliche Konsequenzen des eigenen Tuns im Vordergrund steht.

A. Erforderlichkeit strafrechtlichen Verbraucherschutzes

So wie das Recht allgemein aus den Bedürfnissen der Gesellschaft geboren und von diesen gespeist wird, so zieht auch der strafrechtliche Verbraucherschutz seine innere Berechtigung aus einem gesellschaftlichen Verlangen. Nachhaltig gefördert durch eine weltweite Berichterstattung über spektakuläre Schadensfälle in den Massenmedien, hat sich die Risikowahrnehmung gerade in den fortgeschrittenen, von Massenkaufkraft, Massenkonsum und Massenbedarf geprägten Wirtschaftsordnungen merklich verändert[1] und angesichts omnipräsent erscheinender Gefahren für Leib und Leben einen Zustand geschaffen, der unter dem bereits erwähnten Begriff der „Risikogesellschaft" Eingang in die Sozial- und Rechtswissenschaften gefunden hat. Insofern kann ein Bogen zu dem eingangs der Untersuchung Gesagten geschlagen werden. Hand in Hand mit dem zunehmenden Gefahrempfinden und dem dadurch ausgelösten permanenten Alarmzustand der Risikogesellschaft geht ein wachsendes Verlangen nach Sicherheit einher. Das Strafrecht erscheint hier als probates Mittel, um dieses Sicherheitsverlangen der Risikogesellschaft zu befriedigen. Daran ändert auch die primär repressive Zwecksetzung des Strafrechts nichts. Denn das Strafrecht als Verhaltensordnung soll nicht lediglich post factum Ausgleich für geschehenes Unrecht und verursachte Schäden schaffen sowie Sühne gewährleisten, vielmehr soll der Einzelne durch die Strafdrohung zu normgemäßem Verhalten veranlasst, sollen Rechtsgutsverletzungen

---

[1] *Agneter*, Arzneimittelrisiken, S. 11; *Brammsen*, GA 1993, S. 114.

im Vorfeld verhindert werden.[2] Besteht insofern, ohne vertieft auf die diversen Strafzwecktheorien eingehen zu wollen und zu müssen,[3] Einigkeit, dass das Strafrecht eine nicht unwesentliche general- und spezialpräventive Funktion erfüllt, so geht es bei der strafrechtlichen Produkthaftung letztlich nicht mehr und nicht weniger um Prävention und Sicherheit als in anderen Bereichen des Strafrechts.[4]

Fraglich ist allein, ob das Strafrecht dem ihm von der Risikogesellschaft in zunehmendem Maße auferlegten präventiven Auftrag überhaupt gerecht werden kann. Denn die Legitimität staatlichen Strafens setzt neben dessen Erforderlichkeit und Angemessenheit zunächst einmal voraus, dass mit den Mitteln des Strafrechts das angestrebte Ziel – hier die Sicherheit der Verbraucher – überhaupt erreicht oder zumindest merklich gefördert werden kann. In diesem Zusammenhang kursiert im Schrifttum das Schlagwort vom „symbolischen Strafrecht".[5] Gemeint ist damit ein Strafrecht, das Resultate verspricht, die einzulösen es letztlich nicht imstande ist. Dringliche gesellschaftliche Probleme würden mit dem Anspruch, sie mit Hilfe des Strafrechts einer Lösung zuzuführen, durch eine energische Reaktion des Staates im Wege eines demonstrativen Aktionismus angegangen, wodurch Effektivität und staatliche Handlungsfähigkeit symbolisiert würden, während in Wirklichkeit eine nachhaltige Verbesserung der Gefahrenlage ausbleibe.[6] Urteile wie das des *BGH* im Lederspray-Fall würden somit nicht zu erhöhter Produktsicherheit, sondern dazu führen, dass eine durch besonders gravierende Schadensfälle verunsicherte Öffentlichkeit beruhigt wird, indem man ihr suggeriert, der Staat sei bereit und fähig, durch tatkräftiges Handeln die erforderliche Sicherheit der Verbraucher zu gewährleisten. Da dieser Beschwichtigungseffekt aber auf einer Täuschung der Bürger beruhe, lasse sich durch ihn die strafrechtliche Produkthaftung, wie das symbolische Strafrecht allgemein, nicht legitimieren.[7]

Indes hat die vorliegende Untersuchung den Einwand eines bloß symbolisch wirkenden Strafrechts nicht bestätigt. Im Gegenteil konnte gezeigt werden, dass sich die auftretenden dogmatischen Probleme durchaus mit den bestehenden Mitteln des Strafrechts in den Griff bekommen lassen, ohne dabei gegen fundamentale strafrechtliche Grundsätze verstoßen zu müssen.[8]

In den Vordergrund rückt damit letztlich die Frage nach der Erforderlichkeit eines neben den zivil- und öffentlich-rechtlichen Verbraucherschutz tretenden Strafrechtsschutzes, ist doch allgemein anerkannt, dass das Strafrecht als schärfstes Mittel der Rechtsordnung nur subsidiär als ultima ratio zur Anwendung kommen kann, wenn gesellschaftlichen Problemen mit anderen, milderen Mitteln nicht

2 *Schmid*, FS Keller, S. 649. Gegen ein Strafrecht als Präventionsmittel indes *Hassemer*, Produktverantwortung, S. 76; *ders.*, ZRP 1992, S. 380; *Rotsch*, wistra 1999, S. 372.

3 Siehe dazu etwa *Wessels/Beulke*, AT, Rn. 12a m. w. N.

4 *Vogel*, FS Lorenz, S. 79.

5 *Prittwitz*, StV 1991, S. 438; *Rotsch*, Individuelle Haftung, S. 64, *ders.*, wistra 1999, S. 372.

6 *Prittwitz*, StV 1991, S. 437; *Rotsch*, Individuelle Haftung, S. 66, *ders.*, wistra 1999, S. 372.

7 Vgl. *Hassemer*, NStZ 1989, S. 556, 558; *Kuhlen*, JZ 1994, S. 1143 m. w. N.; *Prittwitz*, StV 1991, S. 437.

8 Ebenso *Hilgendorf*, NStZ 1993, S. 16.

mehr beizukommen ist.[9] Ausgehend von dem auf *Adam Smith* zurückgehenden Gedanken der „invisible hand", wie er der freien Marktwirtschaft zugrunde liegt und in Abkehr vom Primat staatlicher Wirtschaftslenkung das selbstregulative Potential des Marktes betont, ließe sich der Notwendigkeit eines strafrechtlich verstärkten Verbraucherschutzes zunächst entgegenhalten, dass die mit der Strafdrohung intendierte Verhaltenssteuerung bereits durch den Markt selbst erfolgt, indem das Bekanntwerden aufgetretener Produktfehler regelmäßig zu einem eventuell Existenz bedrohenden Absinken der Verkaufszahlen führt, die Warenanbieter allein schon deshalb bemüht sind, keine schädlichen Produkte auf den Markt zu bringen.[10] Jedoch besitzt das Risiko des Umsatzrückgangs dort kein präventives Potential, wo das Produkt ohnehin in absehbarer Zeit vom Markt genommen wird oder mit ihm innerhalb kurzer Zeit so viel Profit erwirtschaftet werden kann, dass es auf eine langfristige Bewährung nicht ankommt.[11] Da sich das Risiko der Rufschädigung zudem durch die Gründung produktspezifischer Tochtergesellschaften weitgehend ausschließen lässt,[12] erweist sich die verhaltenssteuernde Kraft möglicher Sozialsanktionen als unzureichend.

Entsprechendes gilt für einen rein zivilrechtlich ausgestalteten Verbraucherschutz.[13] Dessen Präventionskraft stellt sich insofern als defizitär dar, als die Haftung meist nicht den Einzelnen als natürliche Person, sondern lediglich das Herstellerunternehmen trifft.[14] Darüber hinaus besteht die Gefahr, dass die mögliche Schädigung der Verbraucher zynisch zum bloß kalkulatorischen Risiko, mit anderen Worten auf das Verhältnis von Kosten und Nutzen reduziert wird. So kann es passieren, dass die Zahlung von Schadensersatzleistungen für das Unternehmen kostengünstiger ausfallen würde als die Vornahme von Änderungen der Produktserie mit der Folge, dass Bedenken hinsichtlich möglicher Verletzungen der Verbraucher einfach beiseite geschoben werden.[15] Wegen des üblichen Bestehens von Betriebshaftpflichtversicherungen wird der Effekt der zivilrechtlichen Sanktionie-

---

9 *Colussi*, Produzentenkriminalität, S. 79 f.; *Gretenkordt*, Herstellen und Inverkehrbringen, S. 101; *Hägele*, Arzneimittelprüfung, S. 129; *Kaufmann*, FS Henkel, S. 102; *Rotsch*, wistra 1999, S. 372; *Schmucker*, Dogmatik, S. 240 f.; *Spitz*, Produkthaftung, S. 174.

10 In diesem Sinne *Hamm*, PHi 1985, S. 15 (20); *Vogel*, GA 1990, S. 255.

11 *Bock*, Produktkriminalität, S. 184 m. w. N.

12 *Bock*, Produktkriminalität, S. 184 m. w. N.

13 A. A. *Dreher*, ZGR 1992, S. 48 f.

14 *Bock*, Produktkriminalität, S. 185 f.; *Unger*, Kausalität, S. 232; *Vogel*, GA 1990, S. 258.

15 *Bock*, Produktkriminalität, S. 184 f.; *Schmid*, FS Keller, S. 649; *Unger*, Kausalität, S. 233. In Erinnerung gerufen sei insofern der zu trauriger Berühmtheit gelangte Ford-Pinto-Fall. Obwohl dem Vorstand von Ford bekannt war, dass der Benzintank des Modells Pinto schon bei leichten Auffahrunfällen riss und sich das Benzin ins Wageninnere ergoss und entzündete, änderte Ford die Konstruktion nicht. Grundlage für diese Entscheidung war die in internen Vermerken dokumentierte Kalkulation, dass eine Umstellung der schon vorbereiteten Produktion 137 Mio. Dollar, die Begleichung etwaiger zivilrechtlicher Schadensersatzforderungen aber nur ca. 49,5 Mio Dollar kosten würde. Siehe hierzu *Kassebohm/Malorny*, BB 1994, S. 1364.

rung weiter abgeschwächt.[16] Da etwaige Haftungskosten schließlich über den Warenpreis auf den Verbraucher abgewälzt[17] sowie steuermindernd berücksichtigt werden können,[18] erscheint ein strafrechtlicher Verbraucherschutz geboten.

Dieser hat auch nicht als subsidiär hinter mögliche verwaltungsrechtliche Präventionsmaßnahmen zurückzutreten. Wie bereits die Ausführungen zur strafrechtlichen Relevanz behördlicher Genehmigungen gezeigt haben, stellt das Verwaltungsrecht mit seinen Interventionsbefugnissen bei rechtmäßigem Verhalten oder einem bloßen Gefahrenverdacht gerade kein milderes Mittel dar, dem gegenüber das Strafrecht als ultima ratio weichen müsste.[19] Straf- und Verwaltungsrecht stehen vielmehr gleichberechtigt und einander ergänzend nebeneinander.[20] Das Funktionieren des Rechtssystems beruht nicht darauf, dass sämtliche Gefahren durch staatlichen administrativen Zwang ex ante kontrolliert werden, sondern darauf, dass Normen stabil gelten und in der Regel ohne Weiteres eingehalten werden. Würde die normstabilisierende Wirkung des Strafrechts hinweggedacht, so könnte Rechtlichkeit und Gefahrfreiheit nur durch einen völlig unverhältnismäßigen Verwaltungsapparat erzwungen werden. Das Strafrecht erweist sich insofern als essentieller Teil eines verhältnismäßigen Gesamtsystems sozialer Kontrolle.[21] Es spricht demnach einiges dafür, der strafrechtlichen Produktverantwortlichkeit neben dem zivil- und öffentlich-rechtlichen Verbraucherschutz eine nicht unwichtige Rolle zuzugestehen.[22]

B. Kritik der Verstrafrechtlichung des Arzneiwesens

Führt man sich die besondere Gefährlichkeit von Arzneimitteln für Leben und Gesundheit der Konsumenten vor Augen, scheint es auf den ersten Blick geradezu paradox, auch nur einen Gedanken an einen (teilweisen) Rückzug des Strafrechts aus dem Bereich medizinisch-pharmazeutischen Tätigwerdens zu verschwenden. Indes werden gerade im Hinblick auf ärztliches Tätigwerden immer wieder Forderungen nach einer Entkriminalisierung des Medizinsektors laut. Grund hierfür ist die Befürchtung, dass gerade der ehrliche, selbstkritische und dem salus aegroti verpflichtete Arzt unter dem Eindruck des Haftungs- und Strafbarkeitsrisikos vorsichtiger wird und sein Handeln nicht mehr daran ausrichtet, was für den Kranken

---

16 *Colussi*, Produzentenkriminalität, S. 56; *Gretenkordt*, Herstellen und Inverkehrbringen, S. 101; *Vogel*, GA 1990, S. 258; *ders.*, FS Lorenz, S. 79 f.

17 *Vogel*, FS Lorenz, S. 79 f.

18 *Bock*, Produktkriminalität, S. 184 m. w. N.; *Colussi*, Produzentenkriminalität, S. 56.

19 Vgl. *Gretenkordt*, Herstellen und Inverkehrbringen, S. 102; *Schmucker*, Dogmatik, S. 241.

20 *Hannes*, Vertrauensgrundsatz, S. 96.

21 *Vogel*, GA 1990, S. 259.

22 Im Ergebnis ebenso *Bock*, Produktkriminalität, S. 188; *Colussi*, Produzentenkriminalität, S. 91; *Deutscher/Körner*, wistra 1996, S. 301; *Gretenkordt*, Herstellen und Inverkehrbringen, S. 101 f.; *Hägele*, Arzneimittelprüfung, S. 149; *Schmid*, FS Keller, S. 650; *Schmidt-Salzer*, NJW 1994, S. 1311; *Unger*, Kausalität, S. 235.

aus medizinischer Sicht am zweckmäßigsten ist, sondern vielmehr diejenige Vorgehensweise wählt, bei der das Haftungsrisiko am geringsten ist.[23] Auf diese Weise werde aus der verrechtlichten eine defensive Medizin, die von Resignation, Verantwortungsscheu, sinkendem Mut, fehlender Risikobereitschaft, weitläufigen Haftungsfreizeichnungsklauseln etc. gekennzeichnet sei und dem Patienten statt der ursprünglich beabsichtigten Qualitätssicherung im Endeffekt überwiegend Nachteile einbringe[24] und nicht zuletzt auch den medizinischen Fortschritt entscheidend hemme.[25] Vor diesem Hintergrund wird in Anbetracht der besonderen Gefahrgeneigtheit der ärztlichen Profession von einigen Stimmen im Schrifttum eine Beschränkung des Strafrechts auf die Sanktionierung grober Behandlungsfehler für zweckmäßig, ja geradezu geboten erachtet.[26]

Erkennt man die gesteigerte Gefahrenträchtigkeit ärztlichen Handelns an, so streitet der Aspekt der Gefahrgeneigtheit aber letztlich auch für alle anderen an der Heilbehandlung Beteiligten. Hierzu zählen im Fall der medikamentösen Therapie vor allem der pharmazeutische Unternehmer und der Apotheker. So verwundert es nicht, dass die Pharmaindustrie bei Industriehaftpflichtversicherern bereits heute als problematische Branche gilt und ernsthaft zu besorgen ist, dass sich Unternehmen aus haftungsrechtlich risikoreichen Indikationsbereichen ganz zurückziehen, zumal die Weitergabe der steigenden Unternehmerkosten über den Arzneimittelpreis wegen des erheblichen Wettbewerbs in der Branche nur begrenzt möglich ist.[27]

Dennoch wird man eine pauschale Entkriminalisierung leicht fahrlässigen Verhaltens im Ergebnis ablehnen müssen. Angesichts des hohen verfassungsrechtlichen Rangs der Rechtsgüter Leben und Gesundheit, der Entwicklung immer tiefer in den menschlichen Organismus eingreifender Pharmaka sowie einer zunehmenden Ökonomisierung der Medizin erscheint es durchaus angemessen, das Wohl des Patienten durch das Damoklesschwert strafrechtlicher Verantwortlichkeit zu schützen.[28] Der Gefahr einer defensiven, keinerlei Wagnisse zulassenden Medizin kann durch sachgerechte Berücksichtigung der dem Arzt seit jeher zuerkannten Therapiefreiheit wirksam begegnet werden. Einer darüber hinausgehenden Privilegierung medizinisch bzw. pharmazeutisch tätiger Personen bedarf es hierzu nicht.

---

23 *Greiff*, Entkriminalisierung, S. 37 f.; *Ulsenheimer*, Arztstrafrecht, Rn. 1c.

24 *Jürgens*, Beschränkung, S. 115; *Siebert*, MedR 1983, S. 216; *Ulsenheimer*, Arztstrafrecht, Rn. 1c; *ders.*, FS Weißauer, S. 165; *ders.*, MedR 1992, S. 133.

25 *Greiff*, Entkriminalisierung, S. 39.

26 *Jürgens*, Beschränkung, S. 123; *Ulsenheimer*, Arztstrafrecht, Rn. 6; *ders.*, MedR 1984, S. 162; *ders.*, JR 1986, S. 250; *Wilhelm*, Arbeitsteilung, S. 55 f.

27 *Koyuncu*, Haftungsdreieck, S. 282.

28 Im Ergebnis ebenso *Eser*, ZStW 97 (1985), S. 46; *Scheu*, In dubio, S. 85. Siehe auch *Schwartz*, Produkthaftung, S. 112.

§ 7 Zusammenfassung

Fasst man die Ergebnisse der vorliegenden Untersuchung zusammen, so ist zunächst festzuhalten, dass die Vermeidung von Arzneimittelschäden eine allen am Arzneimittelverkehr beteiligten Personen und Institutionen, neben dem pharmazeutischen Unternehmer namentlich dem BfArM bzw. PEI, den Gesundheitsbehörden der Länder, den beteiligten Ethik-Kommissionen, Arzneimittelgroßhändlern und Apothekern, den behandelnden Ärzten sowie schließlich dem Patienten, gemeinschaftlich obliegende Aufgabe darstellt. Nur wenn jeder einzelne die ihm nach den einschlägigen Vorschriften des AMG und der dieses ergänzenden Regelwerke zukommenden Pflichten erfüllt, lässt sich das gewünschte Höchstmaß an Arzneimittelsicherheit gewährleisten. Dabei gebietet der hohe Rang der Rechtsgüter Leben und Gesundheit sowie das enorme Schadensausmaß potentieller Arzneimittelkatastrophen, die Einhaltung dieser Pflichten auch mit den Mitteln des Strafrechts abzusichern.

Die zentrale Rolle im Arzneimittelsicherheitssystem fällt dem pharmazeutischen Unternehmer zu. Die Frage nach dessen strafrechtlicher Verantwortung im Fall auftretender Arzneimittelschäden wirft indes zahlreiche Probleme auf.

Im Unterschied zum Zivilrecht kann sich das Strafrecht als individuelles Verhalten natürlicher Personen sanktionierende Ordnung nicht damit begnügen, dem Unternehmen als Verband die Verantwortung für das Auftreten bestimmter Arzneimittelschäden zuzuschreiben, sondern muss unternehmensintern diejenigen Personen herausfiltern, die für den Schaden konkret (mit-)verantwortlich sind. Diese Individualisierung der Verantwortung hat wie auch bei anderen Mehrpersonenorganisationen (z. B. Behörden und Krankenhäusern) in einem zweistufigen Verfahren zu erfolgen. Im Sinne einer organisationsbezogenen Betrachtungsweise ist in einem ersten Schritt das Verhalten der Organisation auf seine Strafbarkeit zu überprüfen, um dann in einem zweiten Schritt das gefundene Ergebnis den einzelnen Organisationsangehörigen nach Maßgabe ihrer Stellung in der Organisation zuzuordnen.

Eine strafrechtliche Verantwortung des Unternehmens als solches kann sich sowohl aus den speziellen Strafnormen des AMG, namentlich § 95 Abs. 1 Nr. 1 AMG, zum anderen aber auch aus den allgemeinen Straftatbeständen der §§ 211 ff., 223 ff., 314 StGB ergeben, die durch die Regelungen des AMG nicht verdrängt werden. In Parallele zur Diskussion um die strafrechtliche Würdigung der ärztlichen Heilbehandlung scheidet eine Strafbarkeit wegen Körperverletzung nicht schon aufgrund der dem Herstellen und Inverkehrbringen von Arzneimitteln innewohnenden Heilintention aus. Vielmehr bedarf es zur Straflosigkeit neben der Einhaltung der gesetzlichen Produktions- und Vertriebsanforderungen stets der bewussten Zustimmung des Patienten zu den mit der Arzneimittelanwendung verbundenen Nebenwirkungen.

Grundvoraussetzung der strafrechtlichen Verantwortung für im Zusammenhang mit der Medikamenteneinnahme aufgetretene Gesundheitsbeeinträchtigungen ist, dass zwischen dem eingetretenen Schaden und der Arzneimittelanwendung eine ursächliche Verknüpfung besteht. Hier wird das Problem der generellen Kausalität virulent, ist doch ein empirisch gestützter naturgesetzlicher Zusammenhang zwischen der Verwendung eines bestimmten Präparats und der Gesundheitsbeeinträchtigung im konkreten Einzelfall mangels vollumfänglicher naturwissenschaftlicher Identifizierbarkeit der im menschlichen Organismus ablaufenden Prozesse nur selten nachweisbar. Während die Rechtsprechung versucht, der Problematik auf der Ebene des prozessualen Tatnachweises durch Absenkung der Anforderungen an die richterliche Überzeugungsbildung Herr zu werden und sich hierzu eines rechtsstaatlich bedenklichen und faktisch undurchführbaren Ausschlussverfahrens bedient, ist die Lösung richtigerweise auf der Ebene der materiellen Kausalität durch Zugrundelegung eines probabilistischen Kausalmodells zu suchen. Für dieses sprechen nicht nur kriminalpolitische Argumente, vielmehr legen auch die Erkenntnisse der modernen Naturwissenschaften sowie die schon bisher geübte Rechtspraxis im Umgang mit indeterministischen Lebenssachverhalten ein solches Kausalverständnis nahe.

Eine normative Einschränkung erfährt die strafrechtliche Verantwortlichkeit für Arzneimittelschäden unter dem Gesichtspunkt des sogenannten erlaubten Risikos, welcher der sozialen Nützlichkeit der Arzneimittelherstellung sowie dem Umstand, dass Medikamente niemals gänzlich frei von Nebenwirkungen sein können, Rechnung trägt. In Bezug auf das Inverkehrbringen von Arzneimitteln enthält § 5 Abs. 2 AMG eine spezialgesetzliche Kodifizierung des erlaubten Risikos, wonach ein Medikament dann als unbedenklich in den Verkehr gebracht werden darf, wenn dessen Risiken in Anbetracht des medizinischen Nutzens des Präparates vertretbar sind. Dementsprechend scheidet bei Einhaltung dieses zulässigen Risikomaßes eine Strafbarkeit sowohl nach § 95 Abs. 1 Nr. 1 AMG als auch nach § 314 StGB aus, nicht aber eine solche nach §§ 211 ff., 223 ff. StGB, bezieht sich § 5 Abs. 2 AMG doch nur auf das Inverkehrbringen als solches, nicht aber auf die konkret-individuelle Anwendung des Arzneimittels im Einzelfall.

Als strafbare Verhaltensweise des pharmazeutischen Unternehmers kommt zum einen das Inverkehrbringen schädlicher Medikamente, zum anderen aber auch das Unterlassen gebotener Warn- und Rückrufaktionen hinsichtlich solcher Präparate in Betracht, deren Bedenklichkeit erst nach ihrer Auslieferung erkennbar wurde und die somit zunächst als seinerzeit unbedenklich in Verkehr gebracht werden durften. Die für eine Unterlassungsstrafbarkeit erforderliche Garantenstellung des pharmazeutischen Unternehmers kann indes weder unmittelbar aus gesetzlichen Vorschriften noch aus den entsprechenden zivilrechtlichen Verkehrspflichten oder dem Gedanken der Ingerenz hergeleitet werden. Sie folgt aber sowohl aus der in der Berufsausübung konkludent zum Ausdruck kommenden Übernahme der Schutzgewähr vor Arzneimittelschäden als auch aus der Beherrschung der vom Arzneimittel ausgehenden Gesundheitsgefahren.

In Anbetracht der Tatsache, dass eine Strafbarkeit wegen Vorsatzes die willentliche Inkaufnahme der Schädigung des Patienten voraussetzt, welche nur in Ausnahmefällen, insbesondere dann gegeben ist, wenn der pharmazeutische Unternehmer nach Eingang von Verdachtsfällen schädlicher Wirkungen eines Präparates unter Billigung ernsthaft für möglich gehaltener weiterer arzneimittelbedingter Gesundheitsschäden von Warn- oder Rückrufaktionen Abstand nimmt, kommt regelmäßig nur eine Fahrlässigkeitsstrafbarkeit in Betracht. Das Maß der einzuhaltenden Sorgfalt bestimmt sich anhand einer am einschlägigen Verkehrskreis ausgerichteten Maßfigur danach, was bei Betrachtung der konkreten Gefahrenlage ex ante in der jeweiligen Situation von einem gewissenhaften und besonnenen Arzneimittelproduzenten verlangt werden kann, wobei die zivilrechtliche Judikatur zur Produktbeobachtung und die einschlägigen Normen des AMG und der PharmBetrV diesbezüglich als Indizien herangezogen werden können. Danach trifft den pharmazeutischen Unternehmer ein umfassender Pflichtenkatalog, der Konstruktions-, Fabrikations-, Instruktions-, Produktbeobachtungs-, Gefahrabwehr- und Organisationspflichten umfasst. Verletzt der pharmazeutische Unternehmer eine dieser Pflichten und realisiert sich gerade die dadurch geschaffene Gefahr in einer arzneimittelbedingten Gesundheitsschädigung eines Patienten, so dass ein Pflichtwidrigkeitszusammenhang zwischen Verhalten und eingetretenem Erfolg besteht, kommt eine Strafbarkeit wegen fahrlässiger Herbeiführung eines Arzneimittelschadens in Betracht.

Hinsichtlich der Frage der Rechtfertigung aufgetretener Arzneimittelschäden kommt dem Aspekt der Einwilligung im rechtstechnischen Sinn nur untergeordnete Bedeutung zu. Sowohl im Fall der eigenhändigen Medikamenteneinnahme als auch im Fall der Injektion eines Pharmakons erweist sich die Hinnahme bestimmter Arzneimittelrisiken vielmehr als zurechnungsausschließende Verantwortungsübernahme seitens des Patienten und damit als Aspekt, dem es im Rahmen der Abgrenzung der Verantwortungsbereiche im Arzneimittelwesen Rechnung zu tragen gilt. Von weitaus größerer Relevanz ist die Zulassung des schadensursächlichen Medikaments durch das BfArM bzw. PEI. Diese stellt jedoch nach zutreffender Ansicht keinen Rechtfertigungsgrund dar, sondern erlangt bereits auf der Tatbestandsebene als Konstituens und zugleich sorgfaltspflichtbegrenzende Konkretisierung des unverbotenen erlaubten Risikos Bedeutung. Inwieweit dadurch im konkreten Einzelfall eine strafrechtliche Verantwortung des pharmazeutischen Unternehmers für infolge des genehmigten Verhaltens auftretende Arzneimittelschäden ausscheidet, ist im Wege einer angemessenen Abgrenzung der Verantwortungsbereiche des pharmazeutischen Unternehmers und der Zulassungsbehörde zu ermitteln. Die bloße Genehmigungsfähigkeit als solche jedenfalls führt nicht zur Straflosigkeit.

Die Abgrenzung der Verantwortung des pharmazeutischen Unternehmers von derjenigen der übrigen am Arzneimittelverkehr Beteiligten sowie die zur Individualisierung der zunächst nur organisationsbezogen ermittelten Verantwortung erforderliche organisationsinterne Verantwortungsabschichtung hat auf Grundlage des Prinzips der Eigenverantwortlichkeit zu erfolgen. Bei diesem handelt es sich um ein eigenständiges Rechtsinstitut, welches dem Menschenbild des Grundgesetzes Rechnung trägt, wonach der Mensch ein autonomes, zu vernünftiger, verantwortlicher Selbstbestimmung fähiges, auf Freiheit und Selbstverantwortung geradezu angelegtes Wesen ist. Eigenverantwortung im Sinne einer normativen Alleinzuständigkeit für die Folgen des eigenen Verhaltens setzt die Freiverantwortlichkeit dieses Verhaltens voraus, welche am Maßstab der für die Einwilligung entwickelten Kriterien unter Berücksichtigung der Autonomiegrenzen der §§ 216, 228 StGB zu messen ist. So fehlt es an der erforderlichen Freiverantwortlichkeit insbesondere bei solchen Fehlvorstellungen, die eine autonome, selbstbestimmte Entscheidung des Rechtsgutsträgers ausschließen.

Das Prinzip der Eigenverantwortlichkeit ermöglicht eine einzelfallbezogene Abgrenzung der Verantwortungsbereiche sowohl in Fällen einer über das Verhalten Dritter vermittelten Rechtsgutsverletzung als auch in den Konstellationen, in denen die Rechtsgutsverletzung durch den Rechtsgutsträger selbst vermittelt wird. Dies gilt gleichermaßen für vorsätzliches wie fahrlässiges Verhalten.

Im Bereich der Fahrlässigkeit führt die Anwendung des Prinzips der Eigenverantwortlichkeit zu einem die Besonderheiten des jeweiligen Einzelfalls hinreichend berücksichtigenden restriktiven Täterbegriff und ermöglicht eine einheitliche strafrechtliche Beurteilung sowohl der Selbsttatteilnahme als auch der einverständlichen Fremdgefährdung. Besonderes Gewicht kommt hierbei dem auf dem Eigenverantwortlichkeitsprinzip aufbauenden Vertrauensgrundsatz zu, der auch dann eine sachgerechte Abgrenzung der Verantwortungsbereiche ermöglicht, wenn die (fehlende) Freiverantwortlichkeit des anderen Geschehensbeteiligten nicht nach außen in Erscheinung tritt.

Im Vorsatzbereich liefert das Eigenverantwortlichkeitsprinzip ein wesentliches Kriterium für die Bestimmung der Tatherrschaft einer Person und damit für die Frage der Täterschaft bei drittvermittelten bzw. opfervermittelten Rechtsgutsverletzungen.

Entscheidende Bedeutung kommt dem Prinzip der Eigenverantwortlichkeit sowie dem daraus resultierenden Vertrauensgrundsatz damit insbesondere auch bei der Verantwortungsabgrenzung im Rahmen arbeitsteiligen Tätigwerdens, wie es für die Arzneimittelherstellung und den Arzneimittelverkehr charakteristisch ist, zu. So darf im Fall zwischenbetrieblicher Kooperation im Sinne einer horizontalen Arbeitsteilung grundsätzlich jeder darauf vertrauen, dass der jeweils andere die ihm obliegenden Aufgaben pflichtgemäß erfüllt, solange keine entgegenstehenden Anzeichen erkennbar sind. Entsprechendes gilt grundsätzlich auch für den Fall der zwischenbetrieblichen Delegation, wenngleich der Delegierende hier nur bei ordnungsgemäßer Auswahl und umfassender Instruktion des Beauftragten von seiner Verantwortung frei wird.

Im Fall innerbetrieblicher Arbeitsteilung hat sich die Bestimmung der strafrechtlichen Verantwortungsbereiche an der innerbetrieblichen Aufgaben- und Zuständigkeitsverteilung zu orientieren. Die organisationsbezogene Betrachtungsweise führt hier zu einer „top down“-Perspektive, wonach die Geschäftsleitung grundsätzlich eine Allzuständigkeit und Generalverantwortung für die von dem Betrieb ausgehenden Gefahren trifft. Diese findet allerdings ihre Grenze im Vertrauensgrundsatz, darf sich die Geschäftsleitung doch bei Delegation bestimmter Aufgaben auf einzelne Mitarbeiter grundsätzlich auf eine pflichtgemäße Aufgabenerfüllung verlassen.

Eine Verantwortlichkeit der Geschäftsleitung folgt zum einen aus der Erteilung rechtswidriger Anweisungen. Erfolgt diese vorsätzlich, kommt eine Strafbarkeit in mittelbarer Täterschaft in Betracht, sofern der Angewiesene in Unkenntnis der aus der Weisungsbefolgung drohenden Rechtsgutsverletzungen handelt. Handelt er indes bösgläubig, so scheidet eine mittelbare Täterschaft kraft Organisationsherrschaft aus, lässt sich diese für rechtsgelöste Regime entwickelte Rechtsfigur doch nicht auf Wirtschaftsunternehmen übertragen.

Zum anderen folgt eine Verantwortlichkeit der Geschäftsleitung aus dem Unterlassen gebotener Gefahren abwehrender Maßnahmen wie namentlich eines Produktrückrufs. Denn aus der Übernahme der Organisationsrolle „Geschäftsleitung" resultiert eine Sonderverantwortung für betriebsbedingte Rechtsgutsgefährdungen, welche eine strafrechtliche Garantenstellung begründet und die Geschäftsleitung zu einem rettenden Einschreiten verpflichtet.

Entsprechendes gilt für die Angehörigen des mittleren Managements, wenngleich diese bei Weitergabe der von der Geschäftsleitung erhaltenen Weisungen an das ausführende Personal grundsätzlich auf die Rechtmäßigkeit der Weisungen vertrauen dürfen und im Hinblick auf eine Pflicht zu Gefahren abwehrendem Tätigwerden der Begrenztheit der Entscheidungs- und Handlungsbefugnisse hinreichend Rechnung zu tragen ist. Zentrale Pflicht der Angehörigen des mittleren Managements ist indes die Weitergabe erhaltener Informationen über etwaige Betriebsgefahren, deren Nichterfüllung zur Strafbarkeit führen kann.

Das ausführende Personal wiederum kann sich in den Grenzen des Vertrauensgrundsatzes auf die Ordnungsgemäßheit der erhaltenen Weisungen verlassen. Mangels hinreichender Befugnisse obliegt ihm über die Unterrichtung der Vorgesetzten von etwaigen Betriebsgefahren hinaus keine Gefahrenabwehrpflicht.

Die im Sinne einer horizontalen Arbeitsteilung praktizierte organisationsinterne Ressortaufteilung führt nach Maßgabe des Vertrauensgrundsatzes prinzipiell zu einer Einschränkung der Verantwortung des Einzelnen, indem er grundsätzlich auf ein pflichtgemäßes Verhalten der Fachkräfte anderer Ressorts vertrauen darf. Auf der Ebene der Geschäftsleitung kollidiert das Ressortprinzip indes mit dem Grundsatz der Generalverantwortung, weshalb in Krisen- und Ausnahmesituationen, welche die Organisation ressortübergreifend tangieren, die Geschäftsleitung insgesamt und damit jedes einzelne Geschäftsleitungsmitglied Verantwortung trägt.

Trifft die Geschäftsleitung in solchen Fällen eine Gremienentscheidung, so lassen sich die damit verbundenen Kausalitätsfragen meist im Wege der mittäterschaftlichen Zurechnung der Einzelvoten lösen, wobei eine solche auch bei fahrlässigem Zusammenwirken grundsätzlich möglich ist. Im Übrigen ergibt sich die Kausalität des Einzelvotums aus einer sachgerechten Anwendung des aus der Wissenschaftstheorie stammenden NESS-Tests. Hinsichtlich der Zurechenbarkeit einer aus dem Gremienentschluss hervorgehenden Rechtsgutsverletzung kommt wiederum dem Vertrauensgrundsatz und dem Ressortprinzip maßgebliche Relevanz zu.

Diese allgemeinen Grundsätze organisationsinterner Verantwortungsabschichtung gelten auch für öffentlich-rechtliche Organisationen. Allerdings sind hier die aus der beamtenrechtlichen Gehorsamspflicht folgenden Besonderheiten hinreichend zu berücksichtigen.

Überträgt man die Prinzipien strafrechtlicher Verantwortungszuschreibung im Fall arbeitsteiligen Tätigwerdens auf das Arzneiwesen, lassen sich hieraus konkrete Schlussfolgerungen für die Verantwortlichkeit bei auftretenden Arzneimittelschäden ziehen.

Mit Blick auf den Eintritt gewöhnlicher Nebenwirkungen eines ordnungsgemäß zugelassenen Medikaments scheidet eine strafrechtliche Verantwortung aus, sofern der Patient das Nebenwirkungsrisiko eigenverantwortlich übernimmt. Dies erfordert eine umfassende Instruktion des Patienten über mögliche Nebenwirkungsrisiken sowohl seitens des pharmazeutischen Unternehmers als auch des Arztes, sowie im Fall der Selbstmedikation des an die Stelle des Arztes tretenden Apothekers. Dabei dürfen Arzt und Apotheker grundsätzlich auf die Richtigkeit der Angaben in der ihnen vom pharmazeutischen Unternehmer zur Verfügung gestellten Fachinformation vertrauen, sofern sich die Fehlerhaftigkeit der Angaben nicht der einschlägigen Fachliteratur entnehmen lässt. Allerdings befreit die dem Medikament beiliegende Gebrauchsinformation den Arzt bzw. Apotheker nicht von einer auf den konkreten Einzelfall bezogenen Aufklärung unter besonderer Berücksichtigung der Patientenkonstitution.

Hinsichtlich solcher Schäden, die aus der fehlerhaften Anwendung eines Arzneimittels resultieren, kommt vor allem eine strafrechtliche Verantwortung des Arztes in Betracht. Dieser hat das Präparat entweder selbst behandlungsfehlerfrei zu verabreichen oder den Patienten umfassend über den sachgerechten Umgang mit dem Medikament aufzuklären. Dabei darf er wiederum auf die diesbezüglichen Informationen des pharmazeutischen Unternehmers vertrauen, der sich seinerseits einer strafrechtlichen Verantwortung aussetzt, wenn er die Anwendungsweise des Arzneimittels in Fach- und Gebrauchsinformation nicht hinreichend darlegt.

Entsprechendes gilt in Bezug auf Schäden infolge von Therapie- und Indikationsfehlern. Auch hier steht der Arzt im Zentrum der Verantwortung, hat er doch das für den Patienten angemessene Präparat anzuwenden bzw. zu verschreiben. Auch hier darf er sich aber grundsätzlich auf die Angaben des pharmazeutischen Unternehmers zum Indikationsgebiet und zu möglichen Kontraindikationen verlassen. Sofern der pharmazeutische Unternehmer seine diesbezügliche Instruktionspflicht erfüllt, trifft ihn für eine Anwendung des Arzneimittels außerhalb des vorgegebenen Indikationsgebiets keine Verantwortung, es sei denn, der betreffende off label-use hat sich unter stillschweigender Duldung des pharmazeutischen Unternehmers in den medizinischen Fachkreisen etabliert.

Kommt es durch die Anwendung bedenklicher Arzneimittel zu Gesundheitsbeeinträchtigungen, rückt das BfArM bzw. PEI als das Medikament zulassende Behörde in den Mittelpunkt. Hat diese pflichtwidrig ein bedenkliches Präparat zugelassen, so ist sie zu einem Gefahren abwehrenden Einschreiten verpflichtet. Eine Strafbarkeit der Behördenbediensteten als Amtsträger scheidet nicht von vornherein aus. Inwieweit die Zulassung pflichtwidrig war, richtet sich danach, inwiefern sich BfArM bzw. PEI unter Zugrundelegung des Vertrauensgrundsatzes auf die Richtigkeit der vom pharmazeutischen Unternehmer eingereichten Zulassungsunterlagen verlassen durften. Aber auch dann, wenn das Arzneimittel ursprünglich unbedenklich war und daher zunächst zugelassen werden durfte, sich im Nachhinein aber als bedenklich herausstellt, sind BfArM bzw. PEI aufgrund ihrer gesellschaftlichen Funktion zu Gefahren abwehrendem Tätigwerden verpflichtet. Der pharmazeutische Unternehmer wiederum darf sich grundsätzlich auf die ihm erteilte Zulassung verlassen und das betreffende Präparat in Verkehr bringen, solange die Zulassung nicht aufgehoben wird. Nach Maßgabe des Vertrauensgrundsatzes gilt dies jedoch nur, sofern der pharmazeutische Unternehmer auf eine sachgerechte Entscheidung des BfArM bzw. PEI hinsichtlich der Erteilung bzw. Aufhebung der Zulassung vertrauen darf, was die Einreichung wahrheitsgemäßer Zulassungsunterlagen sowie eine kontinuierliche Weiterleitung neuer Erkenntnisse über das betreffende Pharmakon seitens des pharmazeutischen Unternehmers an das BfArM bzw. PEI voraussetzt. Kommt der pharmazeutische Unternehmer diesen Pflichten nicht nach oder unterlässt er es nach Aufhebung der Zulassung, durch Einleitung von Rückruf- oder Warnaktionen weitere Schäden zu verhindern, trifft ihn eine strafrechtliche Verantwortlichkeit für die daraus resultierenden Gesundheitsbeeinträchtigungen. Ärzte und Apotheker schließlich dürfen auf die Unbedenklichkeit zugelassener Arzneimittel vertrauen und diese bis zur Aufhebung der Zulassung anwenden bzw. verordnen. Wenden sie ein bedenkliches Arzneimittel trotz Rücknahme bzw. Widerruf der Zulassung weiter an oder beteiligen sie sich nicht ordnungsgemäß an den eingeleiteten Gefahrenabwehrmaßnahmen, so droht indes auch ihnen eine strafrechtliche Verantwortung.

Beruhen auftretende Gesundheitsschäden auf der Mangelhaftigkeit des Arzneimittels, trifft die strafrechtliche Verantwortlichkeit regelmäßig allein den pharmazeutischen Unternehmer. Da die mangelhaften Präparate gerade nicht von der Zulassung gedeckt sind, muss er in diesem Fall auch ohne vorherige Aufforderung seitens des BfArM bzw. PEI Gefahren abwehrend tätig werden. Ärzte und Apotheker dürfen dagegen grundsätzlich auf die Mangelfreiheit der im Verkehr befindlichen Präparate vertrauen, machen sich aber unter Umständen strafbar, wenn sie sich an den eingeleiteten Warn- oder Rückrufmaßnahmen nicht pflichtgemäß beteiligen.

Für Schäden im Zusammenhang mit klinischen Prüfungen trägt neben dem pharmazeutischen Unternehmer und dem BfArM bzw. PEI vor allem auch die beteiligte Ethik-Kommission Verantwortung. Da die Ethik-Kommission im Zuge der 12. AMG-Novelle die Funktion einer gleichberechtigt neben das BfArM bzw. PEI tretenden Genehmigungsbehörde übernommen hat, ergeben sich insoweit parallele Wertungen zur Zulassung von Arzneimitteln. Daneben kommt auch eine strafrechtliche Verantwortung der mit der konkreten Durchführung der klinischen Prüfung betrauten Medizinalpersonen in Betracht. Eine jegliche strafrechtliche Verantwortung ausschließende Eigenverantwortlichkeit des Probanden schließlich ist nur dann zu bejahen, wenn dieser vom Prüfarzt umfassend über Wesen, Bedeutung und Tragweite der Prüfung aufgeklärt wurde, wobei sich der Prüfarzt grundsätzlich auf die Informationen des pharmazeutischen Unternehmers über das Testpräparat sowie die Vorgaben der Ethik-Kommission für eine ordnungsgemäße Aufklärung verlassen darf.

Letztlich ist das Auftreten schädlicher Arzneimittelwirkungen nicht zu verhindern. Gerade deshalb aber muss es unablässiges Bemühen aller mit dem Arzneimittelwesen befassten Personen und Institutionen sein, das Risiko schädlicher Arzneimittelwirkungen durch gewissenhaftes, nicht ausschließlich an ökonomischen Interessen ausgerichtetes Tätigwerden möglichst gering zu halten und den Patienten auf diese Weise bestmöglich vor dem ungünstigsten Fall – der nachhaltigen Gesundheitsbeeinträchtigung – zu bewahren. Seine strafrechtlichen Pflichten zu kennen, mag in diesem Zusammenhang nicht ganz unbedeutend sein.

Literatur

Abshagen, Ulrich: Ethische Erwägungen – praktische Probleme bei der Arzneimittelprüfung am Menschen aus der Sicht der klinischen Pharmakologie, in: *Doerr, Wilhelm et al.* [Hrsg.], Recht und Ethik in der Medizin, Berlin, Heidelberg 1982, S. 162 ff.

Achenbach, Hans: Ahnende Sanktionen gegen Unternehmen und die für sie handelnden Personen im deutschen Recht, in: *Schünemann, Bernd/ Figuerido Dias, Jorge de* [Hrsg.], Coimbra-Symposium für Claus Roxin, Köln u. a. 1995, S. 283 ff. (zit.: *Achenbach*, Coimbra-Symposium)

ders.: Beteiligung am Suizid und Sterbehilfe – Strukturen eines unübersichtlichen Problemfeldes, Jura 2002, S. 542 ff.

Achenbach, Hans/ Ransiek, Andreas [Hrsg.]: Handbuch Wirtschaftsstrafrecht (HWSt), Heidelberg 2004. (zit.: *Bearbeiter* in: Achenbach/Ransiek, HWSt)

Ackermann, Bruni: Die Strafbarkeit juristischer Personen im deutschen Recht und in ausländischen Rechtsordnungen, Frankfurt am Main 1984.

Adam, Dirk H. V.: Die Begrenzung der Aufsichtspflichten in der Vorschrift des § 130 OWiG, wistra 2003, S. 285 ff.

Agneter, Ernst: Arzneimittelrisiken, Arzneimittelindustrie und Arzneimittelethik, in: *Bernat, Erwin/ Kröll, Wolfgang* [Hrsg.], Recht und Ethik der Arzneimittelforschung, Wien 2003, S. 9 ff.

Albers, Marion: Die Institutionalisierung von Ethik-Kommissionen: Zur Renaissance der Ethik im Recht, KritV 2003, S. 419 ff.

Albrecht, Hans-Jörg/ Heine, Günter/ Meinberg, Volker: Umweltschutz durch Strafrecht?, ZStW 96 (1984), S. 943 ff.

Alexander, Thorsten: Die strafrechtliche Verantwortlichkeit für die Wahrung der Verkehrssicherungspflichten in Unternehmen, Herbolzheim 2005.

Alsberg, Max: Anmerkung zu RG 1 D 769/28, JW 1921, S. 862 ff.

Altenhain, Karsten: Anmerkung zu BGH 3 StR 442/99, NStZ 2001, S. 189 ff.

Alwart, Heiner: Strafrechtliche Haftung des Unternehmens – vom Unternehmenstäter zum Täterunternehmen, ZStW 105 (1993), S. 752 ff.

ders.: Unternehmensethik durch Sanktion? Möglichkeiten und Grenzen des deutschen Straf- und Ordnungswidrigkeitenrechts, in: *Alwart, Heiner* [Hrsg.], Verantwortung und Steuerung von Unternehmen in der Marktwirtschaft, München 1998, S. 75 ff. (zit.: *Alwart*, Unternehmensethik)

Ambos, Kai: Tatherrschaft durch Willensherrschaft kraft organisatorsicher Machtapparate, GA 1998, S. 226 ff.

Amelung, Knut: Irrtum und Täuschung als Grundlage von Willensmängeln bei der Einwilligung des Verletzten, Berlin 1998. (zit.: *Amelung*, Irrtum)

ders.: Über die Einwilligungsfähigkeit, ZStW 104 (1992), S. 525 ff., 821 ff.

ders.: Willensmängel bei der Einwilligung als Tatzurechnungsproblem, ZStW 109 (1997), S. 490 ff.

ders.: Zum Verantwortungsmaßstab bei der mittelbaren Täterschaft durch Beherrschung eines nicht verantwortlichen Selbstschädigers, in: *Schünemann, Bernd/ Figuerido Dias, Jorge de* [Hrsg.], Coimbra-Symposium für Claus Roxin, Köln u. a. 1995, S. 247 ff. (zit.: *Amelung*, Coimbra-Symposium)

ders.: Zur Verantwortlichkeit Drogenabhängiger für Selbstschädigungen durch den Gebrauch von Suchtstoffen, NJW 1996, S. 2393 ff.

Amelung, Knut/ Eymann, Frieder: Die Einwilligung des Verletzten im Strafrecht, JuS 2001, S. 937 ff.

Andreas, Manfred: Wann darf der Arzt an einer klinischen Arzneimittelstudie teilnehmen?, ArztR 1995, S. 15 ff.

Andreas, Manfred et al.: Handbuch Arztrecht in der Praxis, 2. Auflage, Baden-Baden 2004.

Androulakis, Nikolaos K.: Studien zur Problematik der unechten Unterlassungsdelikte, München 1963.

Arndt, Melanie: Klinische Prüfungen am Menschen – Bedeutung und Aufgaben der Ethik-Kommissionen nach der Neufassung des § 40 AMG mit der 5. AMG-Novelle, PharmR 1996, S. 72 ff.

Arzt, Gunther: Anmerkung zu BGH 2 StR 505/03, JZ 2005, S. 103 f.

ders.: Über die subjektive Seite der objektiven Zurechnung, in: *Duttge, Gunnar et al.* [Hrsg.], Gedächtnisschrift für Ellen Schlüchter, Köln u. a. 2002, S. 163 ff. (zit.: *Arzt*, GedS Schlüchter)

ders.: Viktimologie und Strafrecht, MschrKrim 67 (1984), S. 105 ff.

ders.: Willensmängel bei der Einwilligung, Frankfurt am Main 1970. (zit.: *Arzt*, Willensmängel)

ders.: Zur Garantenstellung beim unechten Unterlassungsdelikt, JA 1980, S. 553 ff., 647 ff., 712 ff.

Arzt, Gunther/ Weber, Ulrich: Strafrecht, Besonderer Teil: Lehrbuch, Bielefeld 2000.

Backhaus, Ralph: Die Verhaltenspflichten der Unternehmensleitung – Schlüssel zur Haftungsvermeidung bei Produktion und Vermarktung von Arzneimitteln, in: *Meurer, Dieter* [Hrsg.], Die Haftung der Unternehmensleitung: Risiken und ihre Vermeidung, Frankfurt 1999, S. 138 ff.

Baltzer, Johannes: Die Pflicht des Apothekers zur Aufklärung und Beratung über Arzneimittelwirkungen, in: *Marburger Arbeitskreis für Sozialrecht und Sozialpolitik* [Hrsg.], Arzneimittel in der modernen Gesellschaft: Hilfe oder Risiko für den Patienten?, Köln u. a. 1985, S. 87 ff. (zit.: *Baltzer*, Apotheker)

Bar, Christian von: Verkehrspflichten, Köln u. a. 1980.

Bar, Christian von/ Fischer, Gerfried: Haftung bei der Planung und Förderung medizinischer Forschungsvorhaben, NJW 1980, S. 2734 ff.

Barnikel, W.: Wieweit haften Ethik-Kommissionen?, MMW 1979, S. 767 ff.

Bärwinkel, Richard: Zur Struktur der Garantieverhältnisse bei den unechten Unterlassungsdelikten, Berlin 1968.

Baumann, Jürgen/ Weber, Ulrich/ Mitsch, Wolfgang: Strafrecht: Allgemeiner Teil, 11. Auflage, Bielefeld 2003.

Beck, Thomas Alexander: Die präventive Durchsetzung der Rückrufpflicht, Tübingen 2002.

Beck, Ulrich: Gegengifte. Die organisierte Unverantwortlichkeit, Frankfurt am Main 1988.

ders.: Risikogesellschaft. Auf dem Weg in eine andere Moderne, Frankfurt am Main 1986.

Beling, Ernst: Die strafrechtliche Verantwortlichkeit des Arztes bei Vornahme und Unterlassung operativer Eingriffe, ZStW 44 (1924), S. 220 ff.

Beller, Fritz K.: Aufgaben von Ethik-Kommissionen, DÄ 1980, S. 401 ff.

Bender, Denise: Heilversuch oder klinische Prüfung?, MedR 2005, S. 511 ff.

Bergmann, Karl-Otto: Die Haftung des Arztes für fehlerhafte Anwendung von Arzneimitteln und Medizinprodukten, in: *Arbeitsgemeinschaft Rechtsanwälte im Medizinrecht e. V.* [Hrsg.], Arzneimittel und Medizinprodukte: neue Risiken für Arzt, Hersteller und Versicherer, Berlin, Heidelberg 1997, S. 105 ff. (zit.: *Bergmann*, Haftung)

ders.: Neulandmedizin und Aufklärung – Umsetzung bedeutsamer Forschungsergebnisse im praktischen Alltag bei ärztlicher Therapiefreiheit, in: *Madea et al.* [Hrsg.], Innere Medizin und Recht, Berlin, Wien 1996, S. 242 ff. (zit.: *Bergmann*, Neulandmedizin)

ders.: Patientenaufklärung vor Arzneimitteltherapie im Krankenhaus, Krankenhaus 2006, S. 134 ff.

ders.: Praktische Hinweise zur Patientenaufklärung bei Arzneimitteltherapie im Krankenhaus, Krankenhaus 2007, S. 141 ff.

Besch, Volker: Produkthaftung für fehlerhafte Arzneimittel, Baden-Baden 2000.

Beulke, Werner/ Bachmann, Gregor: Die „Lederspray-Entscheidung" – BGHSt 37, 106, JuS 1992, S. 737 ff.

Beulke, Werner/ Mayer, Hans-Walter: Der praktische Fall – Strafrecht: Die Mutprobe, JuS 1987, S. 125 ff.

Beyer, Christian: Grenzen der Arzneimittelhaftung: dargestellt am Beispiel des Contergan-Falles, München 1989.

Beyerle, Beatrix: Rechtsfragen medizinischer Qualitätskontrolle, Heidelberg 2004.

Bickel, Christian: Die Strafbarkeit der unbefugten Gewässerverunreinigung nach § 38 WHG, ZfW 1979, S. 139 ff.

Biermann, Elmar: Die Arzneimittelprüfung am Menschen, Diss. Gießen 1985.

Biewald, Gunther: Regelmäßiges Verhalten und Verantwortlichkeit, Berlin 2003.

Bindokat, Heinz: Fahrlässige Beihilfe, JZ 1986, S. 421 ff.

Birkner, Berndt: Qualitätssicherung in der Arztpraxis, in: *Amon, Ulrich* [Hrsg.], Qualitätsmanagement in der Arztpraxis, 2. Auflage, Berlin, Heidelberg 2004, S. 155 ff.

Bitz, Michael et al. [Hrsg.]: Vahlens Kompendium zur Betriebswirtschaftslehre, Band 2, 5. Auflage, München 2005. (zit.: *Bearbeiter* in: *Bitz et al.*, Betriebswirtschaftslehre)

Blasius, Helga et al.: Arzneimittel und Recht in Deutschland, Stuttgart 1998.

Blei, Hermann: Garantenpflichtbegründung beim unechten Unterlassen, in: *Geerds, Friedrich/ Nauke, Wolfgang* [Hrsg.], Beiträge zur gesamten Strafrechtswissenschaft – Festschrift für Hellmuth Mayer zum 70. Geburtstag, Berlin 1966, S. 119 ff. (zit.: *Blei*, FS Mayer)

Bloy, René: Anstiftung durch Unterlassen?, JA 1987, S. 490 ff.

ders.: Besprechung von *Kamm,* Die fahrlässige Mittäterschaft, Berlin 1999, GA 2000, S. 392 ff.

ders.: Die Beteiligungsform als Zurechnungstypus im Strafrecht, Berlin 1985.

ders.: Die Straftaten gegen die Umwelt im System des Rechtsgüterschutzes, ZStW 100 (1988), S. 485 ff.

ders.: Grenzen der Täterschaft bei fremdhändiger Tatausführung, GA 1996, S. 424 ff.

Bock, Barbara: Produktkriminalität und Unterlassen, Aachen 1997. (zit.: *Bock*, Produktkriminalität)

Bock, Klaus D.: Nutzen-/Risiko-Abwägung in der Therapieentscheidung des Arztes, in: *Bock, Klaus D.* [Hrsg.], Arzneimittelprüfung am Menschen, Wiesbaden 1980, S. 59 ff.

Bockelmann, Paul: Strafrecht des Arztes, Stuttgart 1968.

Böckle, Franz: Ethische Aspekte der Arzneimittelprüfung, in: *Bock, Klaus D.* [Hrsg.], Arzneimittelprüfung am Menschen, Wiesbaden 1980, S. 29 ff.

Bode, Bernd-Dieter: Zur strafrechtlichen Produkthaftung, in: *Geiß, Karlmann et al.* [Hrsg.], Festschrift aus Anlass des fünfzigjährigen Bestehens von Bundesgerichtshof, Bundesanwaltschaft und Rechtsanwaltschaft beim Bundesgerichtshof, Köln u. a. 2000, S. 515 ff. (zit.: *Bode*, FS BGH)

Böhm, Alexander: Die Rechtspflicht zum Handeln bei den unechten Unterlassungsdelikten, Frankfurt am Main 1957.

Bohnert, Joachim: Fahrlässigkeitsvorwurf und Sondernorm, JR 1982, S. 6 ff.

Bolsinger, Markus P.: Dogmatik der Arzthaftung, Baden-Baden 1999.

Bork, Reinhard: Das Verfahren vor den Ethik-Kommissionen der medizinischen Fachbereiche, Berlin 1984.

Bosch, Nikolaus: Organisationsverschulden in Unternehmen, Baden-Baden 2002.

Böse, Martin: Die Garantenstellung des Betriebsbeauftragten, NStZ 2003, S. 636 ff.

ders.: Die gesellschaftsrechtlichen Regeln über die Geschäftsführung als Grenze von Garantenpflichten am Beispiel der strafrechtlichen Produktverantwortung, wistra 2005, S. 41 ff.

Böth, Friedhelm: Das wissenschaftlich-medizinische Humanexperiment, Köln 1966.

ders.: Das wissenschaftlich-medizinische Humanexperiment, NJW 1967, S. 1493 ff.

Bottke, Wilfried: Die Struktur von Täterschaft bei aktiver Begehung und Unterlassung als Baustein eines gemeineuropäischen Strafrechtssystems, in: *Schünemann, Bernd/ Figueredo Dias, Jorge de* [Hrsg.], Coimbra-Symposium für Claus Roxin, Köln u. a. 1995, S. 235 ff. (zit.: *Bottke*, Coimbra-Symposium)

ders.: Haftung aus Nichtverhütung von Straftaten Untergebener in Wirtschaftsunternehmen de lege lata, Berlin 1994. (zit.: *Bottke*, Haftung)

ders.: Mittäterschaft bei gemeinsam fahrlässiger oder leichtfertiger Erfolgserwirkung, GA 2001, S. 463 ff.

ders.: Probleme der Suizidbeteiligung, GA 1983, S. 22 ff.

ders.: Reform des Wirtschaftsstrafrechts der Bundesrepublik Deutschland, in: *Schünemann, Bernd* [Hrsg.], Deutsche Wiedervereinigung, Band 3: Unternehmenskriminalität, Köln u. a. 1996, S. 73 ff. (zit.: *Bottke*, Reform)

ders.: Standortvorteil Wirtschaftskriminalrecht: Müssen Unternehmen strafmündig werden?, wistra 1997, S. 241 ff.

ders.: Straftäterschaftliche Beteiligung Übergeordneter an von Untergeordneten begangenen Straftaten im Rahmen Organisierter Kriminalität, in: *Dölling, Dieter/ Erb, Volker* [Hrsg.], Festschrift für Karl Heinz Gössel zum 70. Geburtstag, Heidelberg 2002, S. 235 ff. (zit.: *Bottke*, FS Gössel)

ders.: Suizid und Strafrecht, Berlin 1982. (zit.: *Bottke*, Suizid)

ders.: Täterschaft und Gestaltungsherrschaft, Heidelberg 1992. (zit.: *Bottke*, Täterschaft)

Bottke, Wilfried/ Mayer, M.: Krankmachende Bauprodukte, Teil 2, ZfBR 1991, S. 233 ff.

Brammsen, Joerg: Die Entstehungsvoraussetzungen der Garantenpflichten, Berlin 1986.

ders.: Erfolgszurechnung bei unterlassener Gefahrverminderung durch einen Garanten, MDR 1989, S. 123 ff.

ders.: Kausalitäts- und Täterschaftsfragen bei Produktfehlern, Jura 1991, S. 533 ff.

ders.: Strafrechtliche Rückrufpflichten bei fehlerhaften Produkten?, GA 1993, S. 97 ff.

ders.: Tun oder Unterlassen? Die Bestimmung der strafrechtlichen Verhaltensformen, GA 2002, S. 193 ff.

ders.: Unterlassungshaftung in formalen Organisationen, in: *Amelung, Knut* [Hrsg.], Individuelle Verantwortung und Beteiligungsverhältnisse bei Straftaten in bürokratischen Organisationen des Staates, der Wirtschaft und der Gesellschaft, Sinzheim 2000, S. 105 ff. (zit.: *Brammsen*, Unterlassungshaftung)

Brandt, Edmund/ Lange, Holger: Kostentragung bei der Altlastensanierung, UPR 1987, S. 11 ff.

Brandts, Ricarda/ Schlehofer, Horst: Die täuschungsbedingte Selbsttötung im Lichte der Einwilligungslehre, JZ 1987, S. 442 ff.

Braum, Stefan: Strafrechtliche Produkthaftung – Anmerkung zum Urteil im sogenannten Holzschutzmittelverfahren, KritV 1994, S. 179 ff.

Breddin, Hans Klaus: Planung und Durchführung von Therapiestudien, in: *Breddin, Hans Klaus et al.* [Hrsg.], Rechtliche und ethische Probleme bei klinischen Untersuchungen am Menschen, Berlin, Heidelberg 1987, S. 1 ff.

Brender, Markus: Die Neuregelung der Verbandstäterschaft im Ordnungswidrigkeitenrecht, Rheinfelden u. a. 1989.

Breuer, Rüdiger: „Altlasten" als Bewährungsprobe der polizeilichen Gefahrenabwehr und des Umweltschutzes, JuS 1986, S. 359 ff.

ders.: Empfehlen sich Änderungen des strafrechtlichen Umweltschutzes insbesondere in Verbindung mit dem Verwaltungsrecht?, NJW 1988, S. 2072 ff.

ders.: Konflikte zwischen Verwaltung und Strafverfolgung, DÖV 1987, S. 169 ff.

ders.: Verwaltungsrechtlicher und strafrechtlicher Umweltschutz – Vom Ersten zum Zweiten Umweltkriminalitätsgesetz, JZ 1994, S. 1077 ff.

Brinkmann, Bernhard: Der Vertrauensgrundsatz als eine Regel der Erfahrung, Berlin 1996.

Broglie, Maximilian G./ Dorn, Alexander: „Off-Label-Use" – Verschärfte Haftung im Zusammenhang mit der Verordnung von Arzneimitteln, die außerhalb ihres arzneimittelrechtlich zugelassenen Anwendungsbereichs verabreicht werden, A/ZusR 2004, S. 117 ff.

Brose, Johannes: Aufgabenteilung im Gesundheitswesen. Horizontale und vertikale Arbeitsteilung auf klinischer und präklinischer Ebene in: *Roxin, Claus/ Schroth, Ulrich* [Hrsg.], Medizinstrafrecht, 2. Auflage, Stuttgart u. a. 2001, S. 53 ff.

Bruns, Hans-Jürgen: Ungeklärte materiell-rechtliche Fragen des Contergan-Prozesses, in: *Lüttger, Hans* [Hrsg.], Festschrift für Ernst Heinitz zum 70. Geburtstag, Berlin 1972, S. 317 ff.(zit.: *Bruns*, FS Heinitz)

ders.: Ungeklärte verfahrensrechtliche Fragen des Contergan-Prozesses, in: *Schroeder, Friedrich-Christian/ Zipf, Heinz* [Hrsg.], Festschrift für Reinhart Maurach zum 70. Geburtstag, Karlsruhe 1972, S. 469 ff. (zit.: *Bruns*, FS Maurach)

Bruns, Insa et al.: Europäische Richtlinie zur klinischen Prüfung: Vorschläge zur Implementierung in deutsches Recht, PharmR 2002, S. 201 ff.

Buchborn, Eberhard: Therapiefreiheit und Neulandbehandlung aus medizinischer Sicht, in: *Kleinsorge, Hellmuth et al.* [Hrsg.], Forschung am Menschen, Berlin, Heidelberg 1985, S. 19 ff.

Bundesjustizministerium: Zurechnungsmodell, in: *Hettinger, Michael* [Hrsg.], Reform des Sanktionenrechts. Band 3: Verbandsstrafe, Baden-Baden 2002., S. 155 ff. (zit.: *BJM*, Zurechnungsmodell)

Bundesministerium für Gesundheit [Hrsg.]: Qualitätsmanagement in der Arztpraxis, Baden-Baden 1999.

Bundesverband der Phar-mazeutischen Industrie [Hrsg.]: Durchführung von klinischen Arzneimittelprüfungen und Anwendungsbeobachtungen in der Bundesrepublik Deutschland, 4. Auflage, Aulendorf 2003. (zit.: *BPI*, Durchführung)

ders.: Pharma-Daten 2005, Berlin 2005. (zit.: *BPI*, Pharma-Daten 2005)

Burgstaller, Manfred: Das Fahrlässigkeitsdelikt im Strafrecht, Wien 1974,

ders.: Erfolgszurechnung bei nachträglichem Fehlverhalten eines Dritten oder des Verletzten selbst, in: *Vogler, Theo* [Hrsg.], Festschrift für Hans-Heinrich Jescheck zum 70. Geburtstag, Berlin 1985, S. 357 ff. (zit.: *Burgstaller*, FS Jescheck)

Burkhardt, Rainer/ Kienle, Gerhard: Die Zulassung von Arzneimitteln und der Widerruf von Zulassungen nach dem Arzneimittelgesetz von 1976, Stuttgart 1982.

Burow, Wilhelm/ Lüllmann, Heinz: Vorschläge zur gesetzlichen Regelung der Prüfung und Einführung von Arzneimitteln, Stuttgart 1971.

Busch, Ralf: Unternehmen und Umweltstrafrecht, Osnabrück 1997.

Busse, Klaus Henning: Täterschaft und Teilnahme bei Unterlassungsdelikten, Göttingen 1974.

Caasen, Beate Susanne: Die „Klinische Prüfung" im Arzneimittelrecht, Kiel 1985.

Cancio Meliá, Manuel: Opferverhalten und objektive Zurechnung, ZStW 111 (1999), S. 357 ff.

Carstensen, Gert/ Schreiber, Hans-Ludwig: Arbeitsteilung und Verantwortung, in: *Jung, Heike/ Schreiber, Hans Wilhelm* [Hrsg.], Arzt und Patient zwischen Therapie und Recht, Stuttgart 1981, S. 167 ff.

Charalambakis, Aristotelis: Selbsttötung aufgrund Irrtums und mittelbare Täterschaft, GA 1986, S. 485 ff.

Chatzikostas, Konstantinos: Die Disponibilität des Rechtsguts Leben in ihrer Bedeutung für die Probleme von Suizid und Euthanasie, Frankfurt am Main 2001.

Christmann, Hagen: Eigenverantwortliche Selbstgefährdung und Selbstschädigung, Jura 2002, S. 679 ff.

Classen, Claus Dieter: Ethikkommissionen zur Beurteilung von Versuchen am Menschen: Neuer Rahmen, neue Rolle, MedR 1995, S. 148 ff.

Colussi, Marc: Produzentenkriminalität und strafrechtliche Verantwortung, Frankfurt am Main 2003.

Cramer, Peter: Ein Sondertatbestand für die eigenmächtige Heilbehandlung, in: *Eser, Albin et al.* [Hrsg.], Festschrift für Theodor Lenckner zum 70. Geburtstag, München 1998, S. 761 ff. (zit.: *Cramer*, FS Lenckner)

ders.: Gedanken zur Abgrenzung von Täterschaft und Teilnahme, in: *Kaufmann, Arthur et al.* [Hrsg.], Festschrift für Paul Bockelmann zum 70. Geburtstag, München 1979, S. 389 ff. (zit.: *Cramer*, FS Bockelmann)

ders.: Ethik-Kommissionen für medizinische Forschung am Menschen: Bestand, Struktur und Vorgehensweise, MedR 1986, S. 305 ff.

ders.: Ethik-Kommissionen: Forschungslegitimation durch Verfahren, Frankfurt am Main 1987.

Däbritz, Jessica: Die Bestimmung strafbaren fahrlässigen Verhaltens in der Forschung am Beispiel ärztlicher Humanerprobungen, Frankfurt u. a. 2004.

Dach, Ralph Peter: Anmerkung zu BGH 1 StR 808/83, NStZ 1985, S. 24 f.

ders.: Zur Einwilligung bei Fahrlässigkeitsdelikten, Mannheim 1979.

Dahrendorf, Ralf: Sozialstruktur des Betriebes – Betriebssoziologie, Wiesbaden 1959.

Damm, Reinhard: Imperfekte Autonomie und Neopaternalismus, MedR 2002, S. 375 ff.

Dannecker, Gerhard: Fahrlässigkeit in formalen Organisationen, in: *Amelung, Knut* [Hrsg.], Individuelle Verantwortung und Beteiligungsverhältnisse bei Straftaten in bürokratischen Organisationen des Staates, der Wirtschaft und der Gesellschaft, Sinzheim 2000, S. 209 ff. (zit.: *Dannecker*, Fahrlässigkeit)

ders.: Zur Notwendigkeit der Einführung kriminalrechtlicher Sanktionen gegen Verbände – Überlegungen zu den Anforderungen und zur Ausgestaltung eines Verbandsstrafrechts, GA 2001, S. 101 ff.

Dannecker, Gerhard/ Stoffers, Kristian F.: Anmerkung zu BayObLG 4 St RR 170/92, StV 1993, S. 642 ff.

Daxenberger, Matthias: Kumulationseffekte, 1. Auflage, Baden-Baden 1997.

Degener, Wilhelm: „Die Lehre vom Schutzzweck der Norm" und die strafgesetzlichen Erfolgsdelikte, Baden-Baden 2001.

Dencker, Friedrich: Ingerenz: Die defizitäre Tathandlung, in: *Küper, Wilfried/ Welp, Jürgen* [Hrsg.], Beiträge zur Rechtswissenschaft: Festschrift für Walter Stree und Johannes Wessels zum 70. Geburtstag, Heidelberg 1993, S. 159 ff. (zit.: *Dencker*, FS Stree/Wessels)

ders.: Kausalität und Gesamttat, Berlin 1996. (zit.: *Dencker*, Kausalität)

ders.: Mittäterschaft in Gremien, in: *Amelung, Knut* [Hrsg.], Individuelle Verantwortung und Beteiligungsverhältnisse bei Straftaten in bürokratischen Organisationen des Staates, der Wirtschaft und der Gesellschaft, Sinzheim 2000, S. 63 ff. (zit.: *Dencker*, Mittäterschaft)

Denicke, Sybil: Kausalitätsfeststellung im Strafprozess, Baden-Baden 1997.

Derksen, Roland: Handeln auf eigene Gefahr, Berlin 1992.

Deruyck, Filiep: Verbandsdelikt und Verbandssanktion, Gießen 1990.

Deutsch, Erwin: § 40 AMG, die EU-Richtlinie über die Prüfung von Arzneimitteln und die neue Deklaration von Helsinki, PharmR 2001, S. 202 ff.

ders.: Anmerkung zu BGH VI 112/88, JZ 1989, S. 855 f.

ders.: Arzneimittelhaftung, in: *Wagner, Wolfgang* [Hrsg.], Arzneimittel und Verantwortung, Berlin u. a. 1993, S. 365 ff. (zit.: *Deutsch*, Arzneimittelhaftung)

ders.: Das Arzneimittelrecht im Haftungssystem, VersR 1979, S. 685 ff.

ders.: Das neue Bild der Ethikkommission, MedR 2006, S. 411 ff.

ders.: Das Recht der klinischen Forschung am Menschen, Frankfurt am Main u. a. 1979. (zit.: *Deutsch*, Klinische Forschung)

ders.: Der Beitrag des Rechts zur klinischen Forschung in der Medizin, NJW 1995, S. 3019 ff.

ders.: Der Doppelblindversuch, JZ 1980, S. 289 ff.

ders.: Deregulierung und Patientenschutz im Arzneimittelrecht, VersR 2004, S. 937 ff.

ders.: Die Aufklärung über mögliche Komplikationen durch den Impfarzt, in: *Kern, Bernd-Rüdiger et al.* [Hrsg.], Humaniora. Medizin – Recht – Geschichte. Festschrift für Adolf Laufs zum 70. Geburtstag, Berlin, Heidelberg 2006, S. 753 ff. (zit.: *Deutsch*, FS Laufs)

ders.: Die Bildung von Ethik-Kommissionen nach § 40 AMG, VersR 1995, S. 121 ff.

ders.: Die Haftung von Arzt und Krankenhaus in der Bundesrepublik Deutschland. Eine Bestandsaufnahme der Rechtsprechung, in: *Heberer, G. et al.* [Hrsg.], Ärztliches Handeln – Verrechtlichung eines Berufsstandes. Festschrift für Walther Weißauer zum 65. Geburtstag, Berlin, Heidelberg 1986, S. 12 ff. (zit.: *Deutsch*, FS Weißauer)

ders.: Die rechtlichen Grundlagen und die Funktionen der Ethik-Kommissionen, VersR 1989, S. 140 ff.

ders.: Die rechtlichen Grundlagen und die Funktionen der Ethik-Kommissionen, in: *Dengler, Hans Josef/ Schwilden, Helmut* [Hrsg.], Ethik-Kommissionen bei klinischen Prüfungen, Bonn 1989, S. 37 ff. (zit.: *Deutsch*, Ethik-Kommissionen)

ders.: Die rechtlichen Grundlagen und Funktionen der Ethik-Kommissionen, in: *Toellner, Richard* [Hrsg.], Die Ethik-Kommission in der Medizin, Stuttgart, New York 1990, S. 67 ff. (zit.: *Deutsch*, Grundlagen)

ders.: Ein Musterstatut für institutionelle Ethik-Kommissionen, RPG 1995, S. 19 ff.

ders.: Eine Schlappe für die öffentlich-rechtlichen Ethikkommissionen, NJW 2003, S. 949 f.

ders.: Ethik-Kommisionen für medizinische Versuche am Menschen: Einrichtung, Funktion, Verfahren, NJW 1981, S. 614 ff.

ders.: Ethik-Kommission und Freiheit der medizinischen Forschung, VersR 1999, S. 1 ff.

ders.: Ethik-Kommissionen: Probandenschutz in der medizinischen Forschung, in: *Lippert, Hans-Dieter/ Eisenmenger, Wolfgang* [Hrsg.], Forschung am Menschen: Der Schutz des Menschen – die Freiheit des Forschers, Berlin, Heidelberg 1999, S. 33 ff. (zit.: *Deutsch*, Probandenschutz)

ders.: Ethische und rechtliche Voraussetzungen der klinischen Prüfung, in: *Breddin, Hans Klaus et al.* [Hrsg.], Rechtliche und ethische Probleme bei klinischen Untersuchungen am Menschen, Berlin, Heidelberg 1987, S. 10 ff. (zit.: *Deutsch*, Voraussetzungen)

ders.: Finalität, Sozialadäquanz und Schuldtheorie als zivilrechtliche Strukturbegriffe, in: *Stratenwerth, Günter et al.* [Hrsg.], Festschrift für Hans Welzel zum 70. Geburtstag, Berlin, New York 1974, S. 227 ff. (zit.: *Deutsch*, FS Welzel)

ders.: Haftungsprobleme im Zusammenhang mit der Arbeitsteilung (Organisationsverschulden für Behandlungsfehler), in: *Madea, Burkhard et al.* [Hrsg.], Innere Medizin und Recht, Berlin, Wien 1996, S. 97 ff. (zit.: *Deutsch*, Arbeitsteilung)

ders.: Heilversuche und klinische Prüfungen, VersR 2005, S. 1009 ff.

ders.: Internationale und ethische Regelungen der klinischen Therapie-Studien, PharmR 1982, S. 1 ff.

ders.: Klinische Prüfung von Arzneimitteln: eine Europäische Richtlinie setzt Standards und vereinheitlicht Verfahren, NJW 2001, S. 3361 ff.

ders.: Medizinische Versuche und Fahrlässigkeitstheorie, in: *Kleinsorge, Hellmuth et al.* [Hrsg.], Forschung am Menschen, Berlin, Heidelberg 1985, S. 25 ff.

ders.: Private und öffentlich-rechtliche Ethikkommissionen, NJW 2002, S. 491 ff.

ders.: Probleme des Verhältnisses von Recht und Ethik in der Medizin, VersR 1987, S. 949 ff.

ders.: Recht und Ethik der klinischen Forschung am Menschen: Entwicklung und gegenwärtiger Stand, in: *Bernat, Erwin/ Kröll, Wolfgang* [Hrsg.], Recht und Ethik der Arzneimittelforschung, Wien 2003, S. 15 ff. (zit.: *Deutsch*, Recht und Ethik)

ders.: Rechtliche Grundlagen der Arzneimittelprüfung und ihre Umsetzung in der klinischen Forschung, in: *Frölich, Jürgen Christoph* [Hrsg.], Wirksamkeitsnachweis von Medikamenten aus ärztlicher und juristischer Sicht, München u. a. 1992, S. 91 ff. (zit.: *Deutsch*, Arzneimittelprüfung)

ders.: Verkehrssicherungspflicht bei klinischer Forschung – Aufgabe der universitären Ethik-Kommissionen?, MedR 1995, S. 483 ff.

Deutsch, Erwin/ Lippert, Hans-Dieter [Hrsg.]: Ethikkommission und klinische Prüfung: vom Prüfplan zum Prüfvertrag, Berlin u. a. 1998. (zit.: *Deutsch/Lippert*, Ethikkommission)

Deutsch, Erwin/ Lippert, Hans-Dieter [Hrsg.]: Kommentar zum Arzneimittelgesetz (AMG), 2. Auflage, Berlin, Heidelberg 2007. (zit.: D/L-*Bearbeiter*)

Deutsch, Erwin/ Spickhoff, Andreas: Medizinrecht, 5. Auflage, Berlin u. a. 2003.

Deutscher, Jörg/ Körner, Peter: Die strafrechtliche Produktverantwortung von Mitgliedern kollegialer Geschäftsleitungsorgane, wistra 1996, S. 292 ff., 327 ff.

di Fabio, Udo: Gefahrbegriff und Nachmarktkontrolle, in: *Damm, Reinhard/ Hart, Dieter* [Hrsg.], Rechtliche Regulierung von Gesundheitsrisiken, Baden-Baden 1993, S. 109 ff. (zit.: *di Fabio*, Gefahrbegriff)

ders.: Risikoentscheidungen im Rechtsstaat, Tübingen 1994. (zit.: *di Fabio*, Risikoentscheidungen)

Diel, Katja: Das Regreßverbot als allgemeine Tatbestandsgrenze im Strafrecht, Frankfurt am Main 1997.

Dierks, Christian: Rechtliche Aspekte der Off-Label-Verordnung in der Praxis, BGesundhBl 2003, S. 458 ff.

Dierlamm, Alfred: Anmerkung zu BGH 4 StR 323/97, NStZ 1998, S. 569 f.

Dölle, Wolfgang: Therapeutischer Versuch am Menschen als Voraussetzung für ärztliches Handeln, in: *Martini, Gustav Adolf* [Hrsg.], Medizin und Strafrecht. Ethische Verantwortung und ärztliches Handeln, Frankfurt am Main 1982, S. 117 ff. (zit.: *Dölle*, Therapeutischer Versuch)

Dölle, Wolfgang et al. [Hrsg.]*:* Grundlagen der Arzneimitteltherapie, Zürich 1986. (zit.: *Bearbeiter* in: Dölle et al., Arzneimitteltherapie)

Dölling, Dieter: Anmerkung zu BayObLG RReg. 1 St 126/89, JR 1990, S. 474 ff.

ders.: Anmerkung zu OLG Zweibrücken 1 Ss 90/93, JR 1994, S. 520 ff.

ders.: Die Behandlung der Körperverletzung im Sport im System der strafrechtlichen Sozialkontrolle, ZStW 96 (1984), S. 36 ff.

ders.: Einwilligung und überwiegende Interessen, in: *Dölling, Dieter/ Erb, Volker* [Hrsg.], Festschrift für Karl Heinz Gössel zum 70. Geburtstag, Heidelberg 2002, S. 209 ff. (zit.: *Dölling*, FS Gössel)

ders.: Fahrlässige Tötung bei Selbstgefährdung des Opfers, GA 1984, S. 71 ff.

ders.: Umweltstraftat und Verwaltungsrecht, JZ 1985, S. 461 ff.

Donna, Edgardo Alberto: Roxins Konzept der Täterschaft und die Theorie der Machtapparate, in: *Dölling, Dieter/ Erb, Volker* [Hrsg.], Festschrift für Karl Heinz Gössel zum 70. Geburtstag, Heidelberg 2002, S. 261 ff.

Doppelfeld, Elmar: Funktion und Arbeitsweise der Ethik-Kommission, in: *Deutsch, Erwin/ Taupitz, Jochen* [Hrsg.], Forschungsfreiheit und Forschungskontrolle in der Medizin, Berlin u. a. 2000, S. 341 ff.

Dreher, Meinrad: Die persönliche Verantwortlichkeit von Geschäftsleitern nach außen und die innergesellschaftliche Aufgabenteilung, ZGR 1992, S. 22 ff.

Dreher, Sonja: Mittelbare Unterlassungstäterschaft und Kausalität bei kollektivem Unterlassen, JuS 2004, S. 17 f.

Duttge, Gunnar: Abschied des Strafrechts von den „guten Sitten"?, in: *Duttge, Gunnar et al.* [Hrsg.], Gedächtnisschrift für Ellen Schlüchter, Köln u. a. 2002, S. 775 ff. (zit.: *Duttge*, GedS Schlüchter)

ders.: Anmerkung zu BGH 2 StR 239/02, JR 2004, S. 34 ff.

ders.: Der BGH auf rechtsphilosophischen Abwegen – Einwilligung in Körperverletzung und „gute Sitten", NJW 2005, S. 260 ff.

ders.: Ein neuer Begriff der strafrechtlichen Fahrlässigkeit – Erwiderung auf Rolf D. Herzberg GA 2001, 568 ff., GA 2003, S. 451 ff.

ders.: Zum Unrechtsgehalt des kontraindizierten ärztlichen „Heileingriffs", MedR 2005, S. 706 ff.

ders.: Zur Bestimmtheit des Handlungsunwerts von Fahrlässigkeitsdelikten, Tübingen 2001. (zit.: *Duttge*, Handlungsunwert)

Ebert, Udo: Kausalität und objektive Zurechnung, Jura 1979, S. 561 ff.

ders.: Strafrecht, Allgemeiner Teil, Heidelberg 1985. (zit.: *Ebert*, AT)

Ebert, Udo/ Kühl, Kristian: Das Unrecht der vorsätzlichen Straftat, Jura 1981, S. 225 ff.

Eck, Barbara: Die Zulässigkeit medizinischer Forschung mit einwilligungsunfähigen Personen und ihre verfassungsrechtlichen Grenzen, Frankfurt am Main 2005.

Ehlers, Alexander P. F./ Bitter, Horst: Der „off label use" im haftungsrechtlichen Focus, PharmR 2003, S. 76 ff.

Ehlers, Alexander P. F./ Broglie, Maximilian G. [Hrsg.]: Arzthaftungsrecht, 3. Auflage, München 2005. (zit.: *Bearbeiter* in: Ehlers/Broglie, Arzthaftungsrecht)

Ehni, Hans-Jörg/ Wiesing, Urban: Placebos in klinischen Versuchsreihen, EthikMed 2006, S. 223 ff.

Eichinger, Harald: Die strafrechtliche Produkthaftung im deutschen im Vergleich zum anglo-amerikanischen Recht, Frankfurt am Main u. a. 1997.

Eidam, Gerd: Straftäter Unternehmen, München 1997.

ders.: Unternehmen und Strafe, 2. Auflage, Köln u. a. 2001.

Einstein, Albert: On the method of theoretical physics, Oxford 1933.

Ellmer, Manfred: Betrug und Opfermitverantwortung, Berlin 1986.

Els, Hans van: Anmerkung zu BGH 5 StR 56/72, NJW 1972, S. 1476 f.

Engisch, Karl: Ärztlicher Eingriff zu Heilzwecken und Einwilligung, ZStW 58 (1939), S. 1 ff.

ders.: Das Problem der psychischen Kausalität beim Betrug, in: *Welzel, Hans et al.* [Hrsg.], Festschrift für Hellmuth von Weber zum 70. Geburtstag, Bonn 1963, S. 247 ff. (zit.: *Engisch*, FS von Weber)

ders.: Die Kausalität als Merkmal der strafrechtlichen Tatbestände, Tübingen 1931. (zit.: *Engisch*, Kausalität)

ders.: Die Strafwürdigkeit der Unfruchtbarmachung mit Einwilligung, in: *Geerds, Friedrich/ Nauke, Wolfgang* [Hrsg.], Festschrift für Hellmuth Mayer zum 70. Geburtstag, Berlin 1966, S. 399 ff. (zit.: *Engisch*, FS Mayer)

ders.: Tun und Unterlassen, in: *Lackner, Karl et al.* [Hrsg.], Festschrift für Wilhelm Gallas zum 70. Geburtstag, Berlin, New York 1973, S. 163 ff. (zit.: *Engisch*, FS Gallas)

ders.: Untersuchungen über Vorsatz und Fahrlässigkeit im Strafrecht, Berlin 1930. (zit.: *Engisch*, Vorsatz)

Engländer, Armin: Selbsttötung in „mittelbarer Täterschaft", Jura 2004, S. 234 ff.

Ensenbach, Hans-Peter: Probleme der Verwaltungsakzessorietät im Umweltstrafrecht, Frankfurt am Main 1989.

Ensthaler, Jürgen: Einwilligung und Rechtsgutspreisgabe beim fahrlässigen Delikt, Göttingen 1983. (zit.: *Ensthaler*, Rechtsgutspreisgabe)

Ensthaler, Jürgen et al.: Juristische Aspekte des Qualitätsmanagements, Berlin, Heidelberg 1997. (zit.: *Ensthaler et al.*, Qualitätsmanagement)

Erb, Volker: Die Zurechnung von Erfolgen im Strafrecht, JuS 1994, S. 449 ff.

Eschenbach, Jürgen: Zurechnungsnormen im Strafrecht, Jura 1992, S. 637 ff.

Eschweiler, Helmut: Beteiligung an fremder Selbstgefährdung, Bonn 1990.

Eser, Albin: Das Humanexperiment, in: *Stree, Walter et al.* [Hrsg.], Gedächtnisschrift für Horst Schröder, München 1978, S. 191 ff. (zit.: *Eser*, GedS Schröder)

ders.: Heilversuch und Humanexperiment, Chirurg 1979, S. 215 ff.

ders.: Kontrollierte Arzneimittelprüfung in rechtlicher Sicht, Internist 1982, S. 218 ff.

ders.: Medizin und Strafrecht: Eine schutzgutorientierte Problemübersicht, ZStW 97 (1985), S. 1 ff.

ders.: Sterbewille und ärztliche Verantwortung, MedR 1985, S. 6 ff.

ders.: Zur Regelung der Heilbehandlung in rechtsvergleichender Perspektive, in: *Weigend, Thomas/ Küpper, Georg* [Hrsg.], Festschrift für Hans Joachim Hirsch zum 70. Geburtstag, Berlin, New York 1999, S. 465 ff. (zit.: *Eser*, FS Hirsch)

Eser, Albin et al. [Hrsg.]: Einzelverantwortung und Mitverantwortung im Strafrecht, Freiburg 1998. (zit.: *Bearbeiter* in: Eser/Huber/Cornils, Einzelverantwortung)

Eser, Albin/ Burkhardt, Björn: Strafrecht II, 3. Auflage, München 1980.

Eser, Albin/ Koch, H. G.: Zum rechtlichen Wert von Ethik-Kommissionen, DMW 1982, S. 443 ff.

Exner, Franz: Fahrlässiges Zusammenwirken, in: *Hegler, August* [Hrsg.], Beiträge zur Strafrechtswissenschaft – Festgabe für Reinhard von Frank zum 70. Geburtstag, Band I, Tübingen 1930, S. 569 ff. (zit.: *Exner*, FS von Frank)

Faber, Cornelia: Ökonomische Analyse der ärztlichen Aufklärungspflicht, Frankfurt am Main 2005.

Fahl, Christian: Anmerkung zu BayObLG 1 St RR 81/96, JA 1997, S. 834 ff.

Farthmann, Eduard H.: Abschied vom „statischen" Kunstfehlerbegriff, in: *Jung, Heike/ Schreiber, Hans Wilhelm* [Hrsg.], Arzt und Patient zwischen Therapie und Recht, Stuttgart 1981, S. 129 ff.

Faure, Michael G./ Oudijk, Johannes C.: Die strafgerichtliche Überprüfung von Verwaltungsakten im Umweltrecht, JZ 1994, S. 86 ff.

Fegert, Jörg M. et al.: Sichere und wirksame Arzneimittel auch für Kinder, ZRP 2003, S. 446 ff.

Felix, Dagmar: Einheit der Rechtsordnung, Tübingen 1998.

Fiedler, Ralf-Peter: Zur Strafbarkeit der einverständlichen Fremdgefährdung, Frankfurt am Main 1990.

Fincke, Martin: Arzneimittelprüfung – Strafbare Versuchsmethoden, Heidelberg 1977.

Fischer, Fritz Walter: Ethik-Kommissionen in der Bundesrepublik, in: *Dengler, Hans J./ Schwilden, Helmut* [Hrsg.], Ethik-Kommissionen bei klinischen Prüfungen, Bonn 1989, S. 11 ff. (zit.: *Fischer*, Ethik-Kommissionen)

Fischer, Gerfried: Einwilligung und Aufklärung bei klinischen Therapiestudien, in: *Breddin, Hans Klaus et al.* [Hrsg.], Rechtliche und ethische Probleme bei klinischen Untersuchungen am Menschen, Berlin, Heidelberg 1987, S. 42 ff. (zit.: *Fischer*, Therapiestudien)

ders.: Medizinische Versuche am Menschen, Göttingen 1979. (zit.: *Fischer*, Medizinische Versuche)

Flatten, Jörg: Die Haftung nach dem Arzneimittelgesetz, MedR 1993, S. 463 ff.

Fleischer; Holger: Zur Verantwortlichkeit einzelner Vorstandsmitglieder bei Kollegialentscheidungen im Aktienrecht, BB 2004, S. 2645 ff.

Fluck, Jürgen: Die „Legalisierungswirkung" von Genehmigungen als ein Zentralproblem öffentlich-rechtlicher Haftung für Altlasten, VerwArch 79 (1988), S. 406 ff.

Forster, Balduin [Hrsg.]: Praxis der Rechtsmedizin, Stuttgart 1986. (zit: *Bearbeiter* in: Forster, Rechtsmedizin)

Fortun, Steffen: Die behördliche Genehmigung im strafrechtlichen Deliktsaufbau, Berlin 1998.

Francke, Robert/ Hart, Dieter: Ärztliche Verantwortung und Patienteninformation, Stuttgart 1987.

Frank, Rainer: Strafrechtliche Relevanz rechtswidrigen begünstigenden Verwaltungshandelns – erläutert am Beispiel der Gewässerverunreinigung (§ 324 StGB), Berlin 1985. (zit.: *Frank*, Verwaltungshandeln)

Frank, Reinhard: Das Strafgesetzbuch für das deutsche Reich, 18. Auflage, Tübingen 1931.

Franke, Einhard: Strafrechtliche Verantwortlichkeit bei Redakteurskollektiven, JZ 1982, S. 579 ff.

Franken, Andreas: Wo liegt die „Bestimmung" eines Arzneimittels?, A & R 2006, S. 156 ff.

Franzheim, Horst: Die Bewältigung der Verwaltungsrechtsakzessorietät in der Praxis, JR 1988, S. 319 ff.

ders.: Strafrechtliche Verantwortlichkeit für durch Straßenrückbau verursachte Unfälle, NJW 1993, S. 1836 f.

Freier, Friedrich von: Kritik der Verbandsstrafe, Berlin 1998.

Freund, Angelika: Die zulassungsüberschreitende Anwendung von Humanarzneimitteln (Off-Label-Use) in Deutschland, PharmR 2004, S. 275 ff.

Freund, Georg: Anmerkung zu BGH 4 StR 289/01, NStZ 2002, S. 424 f.
ders.: Aus der Arbeit einer Ethik-Kommission: Zur Steuerung von Wissenschaft durch Organisation, MedR 2001, S. 65 ff.
ders.: Der Aufbau der Straftat in der Fallbearbeitung, JuS 1997, S. 235 ff.
ders.: Erfolgsdelikt und Unterlassen, Köln u. a. 1992. (zit.: *Freund*, Erfolgsdelikt)
ders.: Funktion und rechtliche Verantwortung der Ethikkommission – insbesondere bei der Forschung an nicht unbeschränkt Einwilligungsfähigen, KHuR 2005, S. 111 ff.
ders.: Strafrecht, Allgemeiner Teil: Personale Straftatlehre, Berlin u. a. 1998. (zit.: *Freund*, AT)
ders.: Zur strafrechtlichen Verantwortlichkeit in pharmazeutischen Unternehmen, in: *Meurer, Dieter* [Hrsg.], Die Haftung der Unternehmensleitung: Risiken und ihre Vermeidung, Frankfurt 1999, S. 67 ff. (zit.: *Freund*, Verantwortlichkeit)
Frisch, Peter: Das Fahrlässigkeitsdelikt und das Verhalten des Verletzten, Berlin 1973. (zit.: *Frisch*, Fahrlässigkeitsdelikt)
Frisch, Wolfgang: Die Conditio-Formel: Anweisung zur Tatsachenfeststellung oder normative Aussage?, in: *Dölling, Dieter/ Erb, Volker* [Hrsg.], Festschrift für Karl Heinz Gössel zum 70. Geburtstag, Heidelberg 2002, S. 51 ff. (zit.: *Frisch*, FS Gössel)
ders.: Selbstgefährdung im Strafrecht, NStZ 1992, S. 1 ff., 62 ff.
ders.: Tatbestandsmäßiges Verhalten und Zurechnung des Erfolgs, Heidelberg 1988. (zit.: *Frisch*, Zurechnung)
ders.: Verwaltungsakzessorietät und Tatbestandsverständnis im Umweltstrafrecht, Heidelberg 1993. (zit.: *Frisch*, Verwaltungsakzessorietät)
ders.: Vorsatz und Risiko, Köln u. a. 1983. (zit.: *Frisch*, Vorsatz)
ders.: Zum gegenwärtigen Stand der Diskussion und zur Problematik der objektiven Zurechnungslehre, GA 2003, S. 719 ff.
ders.: Zum Unrecht der sittenwidrigen Körperverletzung (§ 228 StGB), in: *Weigend, Thomas/ Küpper, Georg* [Hrsg.], Festschrift für Hans Joachim Hirsch zum 70. Geburtstag, Berlin, New York 1999, S. 485 ff. (zit.: *Frisch*, FS Hirsch)
Fritz, Caroline C.: Die Therapie mit einem innovativen Medikament vor seiner Zulassung, Aachen 1999.
dies.: Die Therapie mit einem innovativen Medikament vor seiner Zulassung, PharmR 1999, S. 129 ff.
Frölich, Jürgen Christoph: Wirksamkeitsnachweis von Medikamenten aus ärztlicher und juristischer Sicht, in: *Frölich, Jürgen Christoph* [Hrsg.], Wirksamkeitsnachweis von Medikamenten aus ärztlicher und juristischer Sicht, München u. a. 1992, S. 1 ff. (zit.: *Frölich*, Wirksamkeitsnachweis)
Fuhrmann, Heinz-Helmut: Das Begehen der Straftat gem. § 25 Abs. 1 StGB, Frankfurt am Main 2004.
Fuhrmann, Stefan: Sicherheitsentscheidungen im Arzneimittelrecht, Baden-Baden 2005.
Fünfsinn, Helmut: Anmerkung zu BGH 3 StR 144/84, StV 1985, S. 57 ff.
Gaisbauer, Georg: Anmerkung zu OLG Köln 27 U 13/93, VersR 1994, S. 431 f.
Gallas, Wilhelm: Beiträge zur Verbrechenslehre, Berlin 1968. (zit.: *Gallas*, Beiträge)
ders.: Studien zum Unterlassungsdelikt, Heidelberg 1989. (zit.: *Gallas*, Studien)
ders.: Zum gegenwärtigen Stand der Lehre vom Verbrechen, ZStW 67 (1955), S. 1 ff.
ders.: Zur Struktur des strafrechtlichen Unrechtsbegriffs, in: *Kaufmann, Arthur et al.* [Hrsg.], Festschrift für Paul Bockelmann zum 70. Geburtstag, München 1979, S. 155 ff. (zit.: *Gallas*, FS Bockelmann)
Gamerschlag, Hans-Karl: Persönliche Verantwortung und Interessenkonflikt des Leiters der klinischen Prüfung eines Arzneimittels, NJW 1982, S. 684 ff.

Geerds, Friedrich: Herstellen und Absatz gesundheitsgefährlicher Ver- und Gebrauchsgüter, in: *Jescheck, Hans-Heinrich/ Volgler, Theo* [Hrsg.], Festschrift für Herbert Tröndle zum 70. Geburtstag, Berlin, New York 1989, S. 241 ff. (zit.: *Geerds*, FS Tröndle)
ders.: Täterschaft und Teilnahme, Jura 1990, S. 173 ff.
Geilen, Gerd: Einwilligung und ärztliche Aufklärungspflicht, Bielefeld 1963.
ders.: Zur Verantwortung des Gastwirts bei Trunkenheit am Steuer, JZ 1965, S. 469 ff.
Geisler, Christiane: Strafbarkeit von Amtsträgern im Umweltrecht, NJW 1982, S. 11 ff.
Geppert, Klaus: Rechtfertigende „Einwilligung" des verletzten Mitfahrers bei Fahrlässigkeitsstraftaten im Straßenverkehr?, ZStW 83 (1971), S. 947 ff.
ders.: Strafbares Verhalten durch – mögliche – Aids-Übertragung?, Jura 1987, S. 68 ff.
ders.: Zur Unterbrechung des strafrechtlichen Zurechnungszusammenhangs bei Eigenschädigung/ -gefährdung des Opfers oder Fehlverhalten Dritter, Jura 2001, S. 490 ff.
Geulen, Reiner: Grundlegende Neuregelung des Umweltstrafrechts, ZRP 1988, S. 323 ff.
Gimbernat Ordeig, Enrique: Das unechte Unterlassungsdelikt, ZStW 111 (1999), S. 307 ff.
Gimbernat Ordeig, Enrique: Unechte Unterlassung und Risikoerhöhung im Unternehmensstrafrecht, in: *Schünemann, Bernd et al.* [Hrsg.], Festschrift für Claus Roxin zum 70. Geburtstag, Berlin, New York 2001, S. 651 ff. (zit.: *Gimbernat Ordeig*, FS Roxin)
Glaeske, Gerd/ Greiser, Eberhard/ Hart, Dieter: Arzneimittelsicherheit und Länderüberwachung, Baden-Baden 1996.
Glahn, Michael von: Kausalität und Strafrecht: Auf der Suche nach sicheren Grundlagen, AnwBl 2002, S. 573 ff.
Göbel, Alfred A.: Die Einwilligung im Strafrecht als Ausprägung des Selbstbestimmungsrechts, Frankfurt am Main 1992.
Göben, Jens: Das Mitverschulden des Patienten im Arzthaftungsrecht, Frankfurt am Main 1998. (zit.: *Göben*, Mitverschulden)
Göben, Meltem: Arzneimittelhaftung und Gentechnikhaftung als Beispiele modernen Risikoausgleichs, Frankfurt am Main 1995. (zit.: Göben, Arzneimittelhaftung)
Göhler, Erich: Zur bußgeldrechtlichen Verantwortung der juristischen Person bei aufgespaltener Zuständigkeit ihrer Organe, wistra 1991, S. 207 ff.
ders.: Zur strafrechtlichen Verantwortlichkeit des Betriebsinhabers für die in seinem Betrieb begangenen Zuwiderhandlungen, in: *Jescheck, Hans-Heinrich/ Lüttger, Hans* [Hrsg.], Festschrift für Eduard Dreher zum 70. Geburtstag, Berlin, New York 1977, S. 611 ff. (zit.: *Göhler*, FS Dreher)
Goldmann, Heinz Gerd: Die behördliche Genehmigung als Rechtfertigungsgrund, München 1967.
Goller, Fritz: Der einverständlich vorgenommene, sachgerechte, aber erfolglos gebliebene ärztliche Heileingriff, München 1971.
Görlich, Hans D./ Schmedding, Waltraut: Ethik-Kommissionen: Zusammensetzung – Aufgaben – Erfahrungen, in: *Witte, Peter Uwe et al.* [Hrsg.], Ordnungsgemäße klinische Prüfung, 4. Auflage, Berlin 1995, S. 163 ff.
Gössel, Karl Heinz: Alte und neue Wege der Fahrlässigkeitslehre, in: *Lang, August R.* [Hrsg.], Festschrift für Karl Bengl, München 1984, S. 23 ff. (zit.: *Gössel*, FS Bengl)
ders.: Zur Lehre vom Unterlassungsdelikt, ZStW 96 (1984), S. 321 ff.
Gössel, Karl Heinz/ Dölling, Dieter: Strafrecht. Besonderer Teil 1, 2. Auflage, Heidelberg 2004.
Graf, Hans-Peter: Nochmals: Privatrechtliche versus öffentlich-rechtliche Ethikkommissionen in der klinischen Forschung, NJW 2002, S. 1774 ff.
ders.: Patientenrechte bei klinischen Prüfungen und Anwendungsbeobachtungen, PatientenRechte 2003, S. 139 ff.

Grafe, S./ Debong, B.: Kollegialentscheidung und Individualverantwortung, ArztR 1997, S. 95 ff.

Grahlmann, Hans-Günter: Heilbehandlung und Heilversuch, Stuttgart 1977.

Gramm, Christof: Ethikkommissionen: Sicherung oder Begrenzung der Wissenschaftsfreiheit?, WissR 1999, S. 209 ff.

Granitza, Axel/ Kleist, Holde: Die klinische Prüfung der Phase IV nach der Zweiten AMG-Novelle, PharmR 1987, S. 95 ff.

Grawert, Rolf: Technischer Fortschritt in staatlicher Verantwortung, in: *Listl, Joseph/ Schambeck, Herbert* [Hrsg.], Demokratie in Anfechtung und Bewährung: Festschrift für Johannes Broermann, Berlin 1982, S. 457 ff. (zit.: *Grawert*, FS Broermann)

Greiff, Martin Sebastian: Notwendigkeit und Möglichkeiten einer Entkriminalisierung leicht fahrlässigen ärztlichen Handelns, Hamburg 2005.

Gretenkordt, Martin: Herstellen und Inverkehrbringen stofflich gesundheitsgefährlicher Verbrauchs- und Gebrauchsgüter, Bochum 1993.

Gröger, Heinz: Die Haftung des Amtsträgers nach § 324 StGB, Konstanz 1985.

Gropp, Walter: Die Mitglieder des Nationalen Verteidigungsrates als „Mittelbare Mit-Täter hinter den Tätern"?, JuS 1996, S. 13 ff.

ders.: Strafrecht, Allgemeiner Teil, 3. Auflage, Berlin u. a. 2005. (zit.: *Gropp*, AT)

ders.: Suizidbeteiligung und Sterbehilfe in der Rechtsprechung, NStZ 1985, S. 97 ff.

Große Vorholt, André: Behördliche Stellungnahmen in der strafrechtlichen Produkthaftung, Baden-Baden 1997.

Gründel, Mirko: Individueller Heilversuch und Gefährdungshaftung des Pharmaherstellers, PharmR 2001, S. 106 ff.

Grunert, Michael: Grenzen normativer Tatherrschaft bei mittelbarer Täterschaft, Bochum 2002.

Grünewald, Anette: Zivilrechtlich begründete Garantenpflichten im Strafrecht?, Berlin 2001.

Grünwald, Gerald: Die Beteiligung durch Unterlassen, GA 1959, S. 110 ff.

ders.: Heilbehandlung und ärztliche Aufklärungspflicht, in: *Göppinger, Hans* [Hrsg.], Arzt und Recht, München 1966, S. 125 ff.

Gugler, R.: Medizinische Grundlagen der klinischen Prüfung, in: *Kleinsorge, Hellmuth et al.* [Hrsg.], Klinische Arzneimittelprüfung – medizinische und rechtliche Grundlagen, Stuttgart u. a. 1987, S. 13 ff.

Günter, Hans Helmut: Sorgfaltspflichten bei Neuentwicklung und Vertrieb pharmazeutischer Präparate, NJW 1972, S. 309 ff.

Güntge, Georg-Friedrich: Begehen durch Unterlassen, Baden-Baden 1995.

Günther, Hellmuth: Folgepflicht, Remonstration und Verantwortlichkeit des Beamten – Eine Skizze zur fachlichen Weisung –, ZBR 1988, S. 297 ff.

Günther, Klaus: Die Feststellung der Kausalität im Strafprozess, KritV 1997, S. 211 ff.

Haaf, Eberhard: Die Fernwirkung gerichtlicher und behördlicher Entscheidungen, Paderborn 1984.

Haas, Volker: Die strafrechtliche Lehre von der objektiven Zurechnung – eine Grundsatzkritik, in: *Kaufmann, Matthias/ Renzikowski, Joachim* [Hrsg.], Zurechnung als Operationalisierung von Verantwortung, Frankfurt am Main 2004, S. 193 ff.

Haeusermann, Axel: Der Verband als Straftäter und Strafprozeßsubjekt, Freiburg 2003.

Haft, Fritjof: Strafrecht, Allgemeiner Teil, 9. Auflage, München 2004.

Hägele, Ralf H. W.: Arzneimittelprüfung am Menschen, Baden-Baden 2004.

Hager, Günter: Umwelthaftung und Produkthaftung, JZ 1990, S. 397 ff.

Hahn, Bernhard: Zulässigkeit und Grenzen der Delegierung ärztlicher Aufgaben, NJW 1981, S. 1977 ff.

Hamm, Rainer: Der Strafprozessuale Beweis der Kausalität und seine revisionsrechtliche Überprüfung, StV 1997, S. 159 ff.

ders.: Strafrechtliche Produktverantwortung, Phi 1985, S. 15 ff.

Hammer, Michael: Auto-Surfen – Selbstgefährdung oder Fremdgefährdung? – OLG Düsseldorf, NStZ-RR 1997, 325, JuS 1998, S. 785 ff.

Hanau, Peter: Arzt und Patient – Partner oder Gegner, in: *Prütting, Hanns* [Hrsg.], Festschrift für Gottfried Baumgärtel zum 70. Geburtstag, Köln u. a. 1990, S. 121 ff. (zit.: *Hanau*, FS Baumgärtel)

Hannes, Miriam: Der Vertrauensgrundsatz bei arbeitsteiligem Verhalten, Aachen 2002.

Hansen, Georg: Die Einwilligung des Verletzten bei Fahrlässigkeitstaten, im Besonderen das bewusste Eingehen eines Risikos durch den Geschädigten, Bonn 1963.

Hansen-Dix, Frauke: Zum Begriff „schädliche Wirkungen" im Arzneimittelrecht, PharmR 1989, S. 8 ff.

Hardtung, Bernhard: Anmerkung zu BGH 1 StR 638/99, NStZ 2001, S. 206 ff.

ders.: Die guten Sitten am Bundesgerichtshof, Jura 2005, S. 401 ff.

Hardwig, Werner: Betrachtungen zur Frage des Heileingriffs, GA 1965, S. 161 ff.

Hart, Dieter: Arzneimittelinformation zwischen Sicherheits- und Arzthaftungsrecht, MedR 2003, S. 603 ff.

ders.: Arzneimittelsicherheit und Länderüberwachung, MedR 1993, S. 207 ff.

ders.: Arzneimitteltherapie und ärztliche Verantwortung, Stuttgart 1990. (zit.: *Hart*, Arzneimitteltherapie)

ders.: Arzthaftung und Arzneimitteltherapie, MedR 1991, S. 300 ff.

ders.: Diagnosefehler. Seine Verortung als Behandlungsfehler und die Verpflichtung zur Aufklärung, in: *Brüggemeier, Gert* [Hrsg.], Liber Amicorum Eike Schmidt zum 65. Geburtstag, Heidelberg 2005, S. 131 ff. (zit.: *Hart*, FS Schmidt)

ders.: Die Unbedenklichkeit von Arzneimitteln – zu zwei Beschlüssen des OVG Berlin, MedR 1989, S. 15 ff.

ders.: Heilversuch, Entwicklung therapeutischer Strategien, klinische Prüfung und Humanexperiment, MedR 1994, S. 94 ff.

ders.: HIV-Infektionen durch Blut und Blutprodukte, MedR 1995, S. 61 ff.

ders.: Rechtliche Grenzen der „Ökonomisierung", MedR 1996, S. 60 ff.

ders.: Spannungen zwischen dem Haftungs-, Arzneimittel- und Sozialrecht, MedR 2002, S. 321 ff.

ders.: Vertrauen, Kooperation und Organisation, in: *Kern, Bernd-Rüdiger et al.* [Hrsg.], Humaniora. Medizin – Recht – Geschichte. Festschrift für Adolf Laufs zum 70. Geburtstag, Berlin, Heidelberg 2006, S. 843 ff. (zit.: *Hart*, FS Laufs)

Hart, Dieter/ Hilken, Arnold/ Merkel, Harald/ Woggan, Olaf: Das Recht des Arzneimittelmarktes, Baden-Baden 1988.

Hartung, Fritz: Schlägermensur und Strafrecht, NJW 1954, S. 1225 ff.

Hasford, Jöerg/ Selbmann, Hans Konrad: Methodische Grundlagen zur Erfassung und Bewertung unerwünschter Arzneimittelwirkungen in den Phasen I-III der klinischen Prüfung, in: *Kleinsorge, Hellmuth et al.* [Hrsg.], Klinische Arzneimittelprüfung – medizinische und rechtliche Grundlagen, Stuttgart u. a. 1987, S. 64 ff.

Hassemer, Raimund: Schutzbedürftigkeit des Opfers und Strafrechtsdogmatik, Berlin 1981. (zit.: *Hassemer*, Schutzbedürftigkeit)

Hassemer, Winfried: Freistellung des Täters aufgrund von Drittverhalten, in: *Eser, Albin et al.* [Hrsg.], Festschrift für Theodor Lenckner zum 70. Geburtstag, München 1998, S. 97 ff. (zit.: *Hassemer*, FS Lenckner)

ders.: Kennzeichen und Krisen des modernen Strafrechts, ZRP 1992, S. 378 ff.

ders.: Produktverantwortung im modernen Strafrecht, 2. Auflage, Heidelberg 1996. (zit.: *Hassemer*, Produktverantwortung)

ders.: Professionelle Adäquanz, wistra 1995, S. 81 ff.

ders.: Rücksichten auf das Verbrechensopfer, in: *Kohlmann, Günter* [Hrsg.], Festschrift für Ulrich Klug zum 70. Geburtstag, Köln 1983, S. 217 ff. (zit.: *Hassemer*, FS Klug)

ders.: Symbolisches Strafrecht und Rechtsgüterschutz, NStZ 1989, S. 553 ff.

Hasskarl, Horst: Bestimmungsgemäßer Gebrauch von Arzneimitteln, PharmInd 1980, S. 662 ff.

ders.: Sicherheit durch Information im Arzneimittelrecht, NJW 1988, S. 2265 ff.

ders.: Spezielle Prüfungsprobleme der Forschung am Menschen (einschl. Doppelblindversuch) aus juristischer Sicht, in: *Kleinsorge, Hellmuth et al.* [Hrsg.], Forschung am Menschen, Berlin, Heidelberg 1985, S. 69 ff.

Hasskarl, Horst/ Kleinsorge, Hellmuth: Arzneimittelprüfung, Arzneimittelrecht, 2. Auflage, Stuttgart, New York 1979. (zit.: *Hasskarl/Kleinsorge*, Arzneimittelprüfung)

dies.: Rechtliche und medizinische Voraussetzungen zur Durchführung klinischer Prüfungen von Arzneimitteln, in: *Kleinsorge, Hellmuth et al.* [Hrsg.], Klinische Arzneimittelprüfung – medizinische und rechtliche Grundlagen, Stuttgart u. a. 1987, S. 25 ff. (zit.: *Hasskarl/Kleinsorge*, Voraussetzungen)

Hasskarl, Horst/ Ziegler, Ursula: Rechtliche Verantwortung und Aufgaben der sachkundigen Person, PharmR 2005, S. 15 ff.

Hauke, C./ Kremer, G.: Der bestimmungsgemäße Gebrauch eines Arzneimittels, PharmR 1992, S. 162 ff.

Havemann, K.: Die Bedeutung von Therapiestudien für die klinische Forschung und Probleme ihrer Integration in die Klinik, in: *Victor, Norbert et al.* [Hrsg.], Therapiestudien, Berlin, Heidelberg, S. 1981, S. 37 ff.

Hecker, Bernd: Umweltstrafrecht: das Risiko des Entsorgungspflichtigen bei der Beauftragung ungeeigneter Dritter, MDR 1995, S. 757 ff.

Hefendehl, Roland: Tatherrschaft in Unternehmen vor kriminologischer Perspektive, GA 2004, S. 575 ff.

Heghmanns, Michael: Grundzüge einer Dogmatik der Straftatbestände zum Schutz von Verwaltungsrecht oder Verwaltungshandeln, Berlin 2000.

Heine, Günter: Beweislastumkehr im Strafverfahren?, JZ 1995, S. 651 ff.

ders.: Die strafrechtliche Verantwortlichkeit von Unternehmen, Baden-Baden 1995. (zit.: *Heine*, Verantwortlichkeit)

ders.: Lebensmittelstrafrecht – Grundzüge und Grundprobleme, in: *Gropp, Walter* [Hrsg.], Wirtschaftskriminalität und Wirtschaftsstrafrecht in einem Europa auf dem Weg zu Demokratie und Privatisierung, Leipzig 1998, S. 147 ff. (zit.: *Heine*, Lebensmittelstrafrecht)

ders.: Modelle originärer (straf-)rechtlicher Verantwortlichkeit von Unternehmen, in: *Hettinger, Michael* [Hrsg.], Reform des Sanktionenrechts. Band 3: Verbandsstrafe, Baden-Baden 2002., S. 121 ff. (zit.: *Heine*, Modelle)

ders.: Plädoyer für ein Verbandsstrafrecht als „zweite Spur“, in: *Alwart, Heiner* [Hrsg.], Verantwortung und Steuerung von Unternehmen in der Marktwirtschaft, München 1998, S. 90 ff. (zit.: *Heine*, Plädoyer)

ders.: Verwaltungsakzessorietät des Umweltstrafrechts, NJW 1990, S. 2425 ff.

Heinitz, Ernst: Anmerkung zu BGH 5 StR 492/54, JR 1955, S. 105 f.
ders.: Teilnahme und unterlassene Hilfeleistung beim Selbstmord, JR 1954, S. 403 ff.
Heinrich, Bernd: Strafrecht – Allgemeiner Teil. Band 1, 1. Auflage, Stuttgart 2005 (zit.: *Heinrich*, AT/1). Band 2, 1. Auflage, Stuttgart 2005 (zit.: *Heinrich*, AT/2).
Heinrich, Manfred: Rechtsgutszugriff und Entscheidungsträgerschaft, München 2002.
Heintschel-Heinegg, Bernd von/ Stöckel, Heinz: KMR. Kommentar zur Strafprozeßordnung, Neuwied, Kriftel. Stand: Juli 2006. (zit.: KMR-*Bearbeiter*)
Heitz, Simone: Arzneimittelsicherheit zwischen Zulassungsrecht und Haftungsrecht, Baden-Baden 2005.
Held, Paul: Strafrechtliche Beurteilung von Humanexperimenten und Heilversuchen in der medizinischen Diagnostik, Berlin 1990.
Hellmann, Uwe: Einverständliche Fremdgefährdung und objektive Zurechnung, in: *Schünemann, Bernd et al.* [Hrsg.], Festschrift für Claus Roxin zum 70. Geburtstag, Berlin, New York 2001, S. 271 ff. (zit.: *Hellmann*, FS Roxin)
Hellmann, Uwe/ Beckemper, Katharina: Wirtschaftsstrafrecht, Stuttgart 2004. (zit.: *Hellmann/Beckemper*, WiStR)
Helmchen, Hanfried: Ziele, Beratungsgegenstände und Verfahrensweisen medizinischer Ethikkommissionen, EthikMed 1995, S. 58 ff.
Hempel, K/ Empen, Th.: Organisationsformen im Krankenhauswesen, in: *Heberer, G. et al.* [Hrsg.], Ärztliches Handeln – Verrechtlichung eines Berufsstandes. Festschrift für Walther Weißauer zum 65. Geburtstag, Berlin, Heidelberg 1986, S. 48 ff. (zit.: *Hempel/Empen*, FS Weißauer)
Hennies, G.: Heilversuch – Beobachtungsstudie – Klinische Arzneimittelprüfung, ArztR 1996, S. 95 ff.
Hermann, Werner Martin/ Schärer, Evelyn: Ethische Aspekte der klinischen Prüfung von Arzneimitteln, in: *Marburger Arbeitskreis für Sozialrecht und Sozialpolitik* [Hrsg.], Arzneimittel in der modernen Gesellschaft: Hilfe oder Risiko für den Patienten?, Köln u. a. 1985, S. 129 ff.
Hermanns, Ferdinand/ Kleier, Ulrich: Grenzen der Aufsichtspflicht in Betrieben und Unternehmen, Köln u. a. 1987.
Hermes, Georg: Die Wirkung behördlicher Genehmigungen: Privates Risiko oder staatliche (Mit-)Verantwortung bei veränderter Sachlage?, in: *Becker-Schwarze, Kathrin et al.* [Hrsg.], Wandel der Handlungsformen im Öffentlichen Recht, Stuttgart u. a. 1991, S. 187 ff.
Herzberg, Rolf Dietrich: Abergläubische Gefahrenabwehr und mittelbare Täterschaft durch Ausnutzung eines Verbotsirrtums, Jura 1990, S. 16 ff.
ders.: Aids: Herausforderung und Prüfstein des Strafrechts, JZ 1989, S. 470 ff.
ders.: Beteiligung an einer Selbsttötung oder tödlichen Selbstgefährdung als Tötungsdelikt, JA 1985, S. 131 ff., 177 ff., 265 ff., 336 ff.
ders.: Die Strafdrohung als Waffe im Kampf gegen Aids?, NJW 1987, S. 1461 ff.
ders.: Die Unterlassung im Strafrecht und das Garantenprinzip, Berlin 1972. (zit.: *Herzberg*, Unterlassung)
ders.: Die Verantwortung für Arbeitsschutz und Unfallverhütung im Betrieb, Köln u. a. 1984. (zit.: *Herzberg*, Arbeitsschutz)
ders.: Eigenverantwortliche Selbsttötung und strafbare Mitverursachung, Jura 2004, S. 670 ff.
ders.: Ein neuer Begriff der strafrechtlichen Fahrlässigkeit, GA 2001, S. 568 ff.
ders.: Grundfälle zur Lehre von Täterschaft und Teilnahme, JuS 1974, S. 237 ff., 374 ff.

ders.: Grundprobleme der deliktischen Fahrlässigkeit im Spiegel des Münchener Kommentars zum Strafgesetzbuch, NStZ 2004, S. 593 ff., 660 ff.

ders.: Mittelbare Täterschaft und Anstiftung in formalen Organisationen, in: *Amelung, Knut* [Hrsg.], Individuelle Verantwortung und Beteiligungsverhältnisse bei Straftaten in bürokratischen Organisationen des Staates, der Wirtschaft und der Gesellschaft, Sinzheim 2000, S. 33 ff. (zit.: *Herzberg*, Formale Organisationen)

ders.: Straffreie Beteiligung am Suizid und gerechtfertigte Tötung auf Verlangen, JZ 1988, S. 182 ff.

ders.: Täterschaft und Teilnahme, München 1977. (zit.: *Herzberg*, Täterschaft)

ders.: Vorsatz und erlaubtes Risiko – insbesondere bei der Verfolgung Unschuldiger (§ 344 StGB), JR 1986, S. 6 ff.

ders.: Vorsätzliche und fahrlässige Tötung bei ernstlichem Sterbebegehren des Opfers, NStZ 2004, S. 1 ff.

ders.: Zum strafrechtlichen Schutz des Selbstmordgefährdeten, JZ 1986, S. 1021 ff.

ders.: Zur Garantenstellung aus vorangegangenem Tun, JZ 1986, S. 986 ff.

Herzog, Felix/ Nestler-Tremel, Cornelius: Aids und Strafrecht – Schreckensverbreitung oder Normstabilisierung?, StV 1987, S. 360 ff.

Hettich, Richard: Produkthaftung: Haftungsumfang und Risikobegrenzung, 2. Auflage, München 1990.

Hetzer, Wolfgang: Schuldlose Sanktionssubjekte? – Unternehmenskriminalität und Verbandsstrafe, wistra 1999, S. 361 ff.

Heuer, Hubert/ Heuer, Sabine/ Lennecke, Kirsten: Compliance in der Arzneitherapie, Stuttgart 1999.

Hiebaum, Christian: Ethisches und juristisches Urteilen – Ein Beitrag zu den Aufgaben der Ethik-Kommissionen, in: *Bernat, Erwin/ Kröll, Wolfgang* [Hrsg.], Recht und Ethik der Arzneimittelforschung, Wien 2003, S. 103 ff.

Hilgendorf, Eric: Der „gesetzmäßige Zusammenhang" im Sinn der modernen Kausallehre, Jura 1995, S. 514 ff.

ders.: Fragen der Kausalität bei Gremienentscheidungen am Beispiel des Lederspray-Urteils, NStZ 1994, S. 561 ff.

ders.: Gibt es ein „Strafrecht der Risikogesellschaft"?, NStZ 1993, S. 10 ff.

ders.: Strafprozessuale Probleme im Licht der modernen Kausallehre am Beispiel der jüngsten Produkthaftungsfälle, in: *Eser, Albin et al.* [Hrsg.], Festschrift für Theodor Lenckner zum 70. Geburtstag, München 1998, S. 699 ff. (zit.: *Hilgendorf*, FS Lenckner)

ders.: Strafrechtliche Produzentenhaftung in der „Risikogesellschaft", Berlin 1993. (zit.: *Hilgendorf*, Produzentenhaftung)

ders.: Wozu brauchen wir die „Objektive Zurechnung"?, in: *Heinrich, Bernd et al.* [Hrsg.], Festschrift für Ulrich Weber zum 70. Geburstag, Bielefeld 2004, S. 33 ff. (zit.: *Hilgendorf*, FS Weber)

ders.: Zur Kausalität im Arzneimittelstrafrecht, PharmR 1994, S. 303 ff.

Hilgers, Benno Maria: Verantwortlichkeit von Führungskräften in Unternehmen für Handlungen ihrer Mitarbeiter, Freiburg im Breisgau 2000.

Hillenkamp, Thomas: 32 Probleme aus dem Strafrecht Allgemeiner Teil, 12. Auflage, Neuwied 2006. (zit.: *Hillenkamp*, Probleme AT)

ders.: 40 Probleme aus dem Strafrecht Besonderer Teil, 10. Auflage, Neuwied 2004. (zit.: *Hillenkamp*, Probleme BT)

ders.: Anmerkung zu BayObLG RReg. 3 St 174/86, JR 1988, S. 301 ff.

ders.: Beweisnot und materielles Recht, in: *Broda et al.* [Hrsg.], Festschrift für Rudolf Wassermann zum 60. Geburtstag, Neuwied 1985, S. 861 ff. (zit.: *Hillenkamp*, FS Wassermann)

ders.: Beweisprobleme im Wirtschaftsstrafrecht, in: *Achenbach, Hans et al.* [Hrsg.], Recht und Wirtschaft, Köln u. a. 1985, S. 221 ff. (zit.: *Hillenkamp*, Beweisprobleme)

ders.: Risikogeschäft und Untreue, NStZ 1981, S. 161 ff.

ders.: Strafrecht ohne Willensfreiheit? Eine Antwort auf die Hirnforschung, JZ 2005, S. 313 ff.

ders.: Verkehrsgefährdung durch Gefährdung des Tatbeteiligten – OLG Stuttgart, NJW 1976, 1904, JuS 1977, S. 166 ff.

ders.: Vorsatztat und Opferverhalten, Göttingen 1981.

Hirsch, Günther: Heilversuch und medizinisches Experiment: Begriffe, medizinische und rechtliche Grundsatzfragen, in: *Kleinsorge, Hellmuth et al.* [Hrsg.], Forschung am Menschen, Berlin, Heidelberg 1985, S. 13 ff. (zit.: *Hirsch*, Heilversuch)

Hirsch, Hans Joachim: Anmerkung zu BGH 1 StR 209/78, JR 1979, S. 429 ff.

ders.: Anmerkung zu BGH 2 StR 505/03, JR 2004, S. 475 ff.

ders.: Die Frage der Straffähigkeit von Personenverbänden, Opladen 1993. (zit.: *Hirsch*, Straffähigkeit)

ders.: Die Lehre von den negativen Tatbestandsmerkmalen, Bonn 1960. (zit : *Hirsch*, Negative Tatbestandsmerkmale)

ders.: Einwilligung und Selbstbestimmung, in: *Stratenwerth, Günter et al.* [Hrsg.], Festschrift für Hans Welzel zum 70. Geburtstag, Berlin 1974, S. 775 ff. (zit.: *Hirsch*, FS Welzel)

ders.: Rechtfertigungsfragen und Judikatur des Bundesgerichtshofs, in: *Roxin, Claus/ Widmaier, Gunter* [Hrsg.], 50 Jahre Bundesgerichtshof – Festgabe aus der Wissenschaft, Band IV. Strafrecht, Strafprozessrecht, München 2000, S. 199 ff. (zit.: *Hirsch*, FG BGH IV)

ders.: Soziale Adäquanz und Unrechtslehre, ZStW 74 (1962), S. 78 ff.

ders.: Strafrechtliche Verantwortlichkeit von Unternehmen, ZStW 107 (1995), S. 285 ff.

ders.: Zum Unrecht des fahrlässigen Delikts, in: *Dölling, Dieter* [Hrsg.], Ius humanum – Festschrift für Ernst-Joachim Lampe zum 70. Geburstag, Berlin 2003, S. 515 ff. (zit.: *Hirsch*, FS Lampe)

Höhfeld, Hendrik: Strafrechtliche Produktverantwortung und Zivilrecht, Berlin, Heidelberg 1999.

ders.: Arzneimittelsicherheit und Nachmarktkontrolle, Baden-Baden 1990.

ders.: Der Stufenplanbeauftragte nach dem neuen AMG – eine vorläufige Standortbestimmung, MedR 1988, S. 15 ff.

Hohmann, Olaf/ Sander, Günther M.: Strafrecht. Besonderer Teil II: Delikte gegen die Person und gegen die Allgemeinheit, München 2000.

Hohmann, Ralf: Betäubungsmittelstrafrecht und Eigenverantwortlichkeit?, MDR 1991, S. 1117 f.

Hohmann, Ralf/ König, Pia: Zur Begründung der strafrechtlichen Verantwortlichkeit in den Fällen der aktiven Suizidteilnahme, NStZ 1989, S. 304 ff.

Holthausen, Dieter: Die Strafbarkeit der Ausfuhr von Kriegswaffen und sonstigen Rüstungsgütern, NStZ 1988, S. 206 ff., 256 ff.

Honig, Richard: Die Einwilligung des Verletzten, Teil I: Die Geschichte des Einwilligungsproblems und die Methodenfrage, Mannheim u. a. 1919.

Horn, Eckhard: Anmerkung zu BGH 1 StR 808/83 (BGHSt 32, 262), JR 1984, S. 513 f.

ders.: Anmerkung zu BGH 2 StR 321/93, JZ 1994, S. 636

ders.: Anmerkung zu OLG Zweibrücken 1 Ss 110/94, JR 1995, S. 304 ff.

ders.: Bindung des Strafrechts an Entscheidungen der Atombehörde?, NJW 1988, S. 2335 ff.

ders.: Das „Inverkehrbringen" als Zentralbegriff des Nebenstrafrechts, NJW 1977, S. 2329 ff.

ders.: Erlaubtes Risiko und Risikoerlaubnis: Zur Funktion des Prüfstellensystems nach § 155 AE, in: *Stratenwerth, Günter et al.* [Hrsg.], Festschrift für Hans Welzel zum 70. Geburtstag, Berlin 1974, S. 719 ff. (zit.: *Horn*, FS Welzel)

ders.: Konkrete Gefährdungsdelikte, Köln 1973. (zit.: *Horn*, Gefährdungsdelikte)

ders.: Rechtsprechungsübersicht zum Umweltstrafrecht, JZ 1994, S. 1097 ff.

ders.: Strafbares Fehlverhalten von Genehmigungs- und Aufsichtsbehörden?, NJW 1981, S. 1 ff.

ders.: Strafrechtliche Haftung für die Produktion von und den Handel mit vergifteten Gegenständen, NJW 1986, S. 153 ff.

ders.: Strafrechtliche Verantwortung von Amtsträgern für die Genehmigung umweltgefährdender Projekte, JZ 1994, S. 636.

Hoyer, Andreas: Der Konflikt zwischen richterlicher Beweiswürdigungsfreiheit und dem Prinzip „in dubio pro reo", ZStW 105 (1993), S. 523 ff.

ders.: Die strafrechtliche Verantwortlichkeit innerhalb von Weisungsverhältnissen: Sonderregeln für Amts- und Wehrdelikte und ihre Übertragbarkeit auf privatrechtliche Organisationen, in: *Amelung, Knut* [Hrsg.], Individuelle Verantwortung und Beteiligungsverhältnisse bei Straftaten in bürokratischen Organisationen des Staates, der Wirtschaft und der Gesellschaft, Sinzheim 2000, S. 183 ff. (zit.: *Hoyer*, Weisungsverhältnisse)

ders.: Die traditionelle Strafrechtsdogmatik vor neuen Herausforderungen: Probleme der strafrechtlichen Produkthaftung, GA 1996, S. 160 ff.

ders.: Kausalität und/oder Risikoerhöhung, in: *Rogall, Klaus et al.* [Hrsg.], Festschrift für Hans-Joachim Rudolphi zum 70. Geburstag, Neuwied 2004, S. 95 ff. (zit.: *Hoyer*, FS Rudolphi)

ders.: Strafrechtsdogmatik nach Armin Kaufmann, Berlin 1997. (zit.: *Hoyer*, Strafrechtsdogmatik)

Hruschka, Joachim: Regreßverbot, Anstiftungsbegriff und die Konsequenzen, ZStW 110 (1998), S. 581 ff.

Hsü, Yü-hsiu: Garantenstellung des Betriebsinhabers zur Verhinderung strafbarer Handlungen seiner Angestellten?, Pfaffenweiler 1986.

Hübenett, Carolin: Rechtswidrige behördliche Genehmigung als Rechtfertigungsgrund – ein gelöstes strafrechtliches Problem?, Bonn 1986.

Hundt, Thomas: Die Wirkungsweise der öffentlich-rechtlichen Genehmigung im Strafrecht, 1. Auflage, Berlin 1994.

Huss, Alphonse: Die Strafbarkeit der juristischen Person, ZStW 90 (1978), S. 237 ff.

Hüwels, Hermann: Fehlerhafter Gesetzesvollzug und strafrechtliche Zurechnung, Berlin 1986.

Igloffstein, Tobias: Regelwerke für die humanmedizinische Individualbehandlung, Baden-Baden 2003.

Immel, Burkhard: Die Notwendigkeit eines Straftatbestandes im Umweltstrafrecht – Umweltuntreue, ZRP 1989, S. 105 ff.

ders.: Strafrechtliche Verantwortlichkeit von Amtsträgern im Umweltstrafrecht: Umweltuntreue, Frankfurt am Main 1987.

Ingelfinger, Ralph: Grundlagen und Grenzbereiche des Tötungsverbots, Köln u. a. 2004.

Laufhütte, Heinrich Wilhelm et. al. [Hrsg.]: Leipziger Kommentar zum Strafgesetzbuch, teilweise 11. Auflage, Berlin 1992 ff, teilweise 12. Auflage, Berlin 2006 ff. (zit.: LK-*Bearbeiter*)

Jahrmärker, Hans: Aufgaben und Bedeutung der Ethik-Kommission, MedKlin 85 (1990), S. 672 ff.

Jakobs, Günther: Anmerkung zu BGH 5 StR 98/94, NStZ 1995, S. 26 f.

ders.: Die Ingerenz in der Rechtsprechung des Bundesgerichtshofs, in: *Roxin, Claus/ Widmaier, Gunter* [Hrsg.], 50 Jahre Bundesgerichtshof – Festgabe aus der Wissenschaft, Band IV: Strafrecht, Strafprozessrecht, München 2000, S. 29 ff. (zit.: *Jakobs*, FG BGH IV)

ders.: Die strafrechtliche Zurechnung von Tun und Unterlassen, Opladen 1996. (zit.: *Jakobs*, Tun und Unterlassen)

ders.: Regressverbot beim Erfolgsdelikt, ZStW 89 (1977), S. 1 ff.

ders.: Risikokonkurrenz – Schadensverlauf und Verhaltenshypothese im Strafrecht, in: *Küper, Wilfried* [Hrsg.], Festschrift für Karl Lackner zum 70. Geburtstag, Berlin, New York 1987, S. 53 ff. (zit.: *Jakobs*, FS Lackner)

ders.: Strafbarkeit juristischer Personen?, in: *Prittwitz, Cornelius et al.* [Hrsg.], Festschrift für Klaus Lüderssen zum 70. Geburtstag, Baden-Baden 2002, S. 559 ff. (zit.: *Jakobs*, FS Lüderssen)

ders.: Strafrecht, Allgemeiner Teil, 2. Auflage, Berlin, New York 1991.

ders.: Strafrechtliche Haftung durch Mitwirkung an Abstimmungen, in: *Kühne, Hans-Heiner* [Hrsg.], Festschrift für Koichi Miyazawa, Baden-Baden 1995, S. 419 ff. (zit.: *Jakobs*, FS Miyazawa)

Jauernig, Othmar [Hrsg.]: Bürgerliches Gesetzbuch. Kommentar, 11. Auflage, München 2004. (zit.: Jauernig-*Bearbeiter*)

Jenke, Nina: Haftung für fehlerhafte Arzneimittel und Medizinprodukte, Berlin, Heidelberg 2004.

Jescheck, Hans-Heinrich: Die strafrechtliche Verantwortlichkeit der Personenverbände, ZStW 65 (1953), S. 210 ff.

Jescheck, Hans-Heinrich/ Weigend, Thomas: Lehrbuch des Strafrechts, Allgemeiner Teil, 5. Auflage, Berlin 1996.

Jesdinsky, Hans Joachim: Alternativen zum kontrollierten klinischen Versuch, in: *Kleinsorge, Hellmuth* [Hrsg.], Kontrollierte Arzneimittelstudien und ihre Alternativen, Stuttgart, New York 1986, S. 55 ff.

Joecks, Wolfgang: Strafgesetzbuch, Studienkommentar, 7. Auflage, München 2007. (zit.: *Joecks*, §)

Joecks, Wolfgang/ Miebach, Klaus [Hrsg.]: Münchener Kommentar zum Strafgesetzbuch, München 2003 ff. (zit.: MüKo-StGB-*Bearbeiter*)

Joerden, Jan C.: Zurechnungsprobleme bei Gruppen und Kollektiven, in: *Kaufmann, Matthias/ Renzikowski, Joachim* [Hrsg.], Zurechnung als Operationalisierung von Verantwortung, Frankfurt am Main 2004, S. 135 ff. (zit.: *Joerden*, Zurechnungsprobleme)

Jonas, Hans: Im Dienste des medizinischen Fortschritts. Über Versuche an menschlichen Subjekten, in: *Wagner, Wolfgang* [Hrsg.], Arzneimittel und Verantwortung, Berlin u. a. 1993, S. 120 ff.

Jordan, Adolf Dietrich: Zur strafrechtlichen Zulässigkeit placebokontrollierter Therapiestudien, Frankfurt am Main 1988.

Jünemann, Matthias: Rechtsmißbrauch im Umweltstrafrecht, Berlin 1998.

Jung, Heike: Außenseitermethoden und strafrechtliche Haftung, ZStW 97 (1985), S. 47 ff.

ders.: Entscheidungsprozesse bei medizinisch-ethischen Grenzfragen: Zur Rolle der Ethikkommissionen, in: *Jung, Heike et al.* [Hrsg.], Recht und Moral, Baden-Baden 1991, S. 401 ff. (zit.: *Jung*, Entscheidungsprozesse)

Jungbecker, Rolf: Die strafrechtliche Verantwortung des Herstellers, in: *Arbeitsgemeinschaft Rechtsanwälte im Medizinrecht e. V.* [Hrsg.], Arzneimittel und Medizinprodukte: neue Risiken für Arzt, Hersteller und Versicherer, Berlin, Heidelberg 1997, S. 159 ff.

Jürgens, Oliver: Die Beschränkung der strafrechtlichen Haftung für ärztliche Behandlungsfehler, Frankfurt am Main 2005.

Kahlo, Michael: Die Handlungsform der Unterlassung als Kriminaldelikt, Frankfurt am Main 2001. (zit.: *Kahlo*, Unterlassung)

Kaiafa-Gbandi, Maria: Das Corpus Juris und die Typisierung des Strafphänomens im Bereich der Europäischen Union, KritV 1999, S. 162 ff.

Kalbhenn, Erwin: Wieviel Aufklärung ist sinnvoll aus Sicht des Patienten?, PatR 2005, S. 21 f.

Kaminski, Ralf: Der objektive Maßstab im Tatbestand des Fahrlässigkeitsdelikts, Berlin 1992.

Kamm, Simone: Die fahrlässige Mittäterschaft, Berlin 1999.

Kamps, Hans: Ärztliche Arbeitsteilung und strafrechtliches Fahrlässigkeitsdelikt, Berlin 1981.

Kargl, Walter: Körperverletzung durch Heilbehandlung, GA 2001, S. 538 ff.

ders.: Probleme der Strafbegründung bei Einwilligung des Geschädigten am Beispiel des Dopings, JZ 2002, S. 389 ff.

ders.: Zur kognitiven Differenz zwischen Tun und Unterlassen, GA 1999, S. 459 ff.

Kassebohm, Kristian/ Malorny, Christian: Die strafrechtliche Verantwortung des Managements, BB 1994, S. 1361 ff.

Katzenmeier, Christian: Arzthaftung, Tübingen 2002.

Kaufmann, Anette: Möglichkeiten der sanktionsrechtlichen Erfassung von (Sonder-)Pflichtverletzungen im Unternehmen, Frankfurt am Main 2003. (zit.: *Kaufmann*, (Sonder-) Pflichtverletzungen)

Kaufmann, Armin: „Objektive Zurechnung" beim Vorsatzdelikt?, in: *Vogler, Theo* [Hrsg.], Festschrift für Hans-Heinrich Jescheck zum 70. Geburtstag, 1. Halbband, Berlin 1985, S. 251 ff. (zit.: *Kaufmann*, FS Jescheck)

ders.: Die Dogmatik der Unterlassungsdelikte, 2. Auflage, Göttingen 1988. (zit.: *Kaufmann*, Unterlassungsdelikte)

ders.: Rechtspflichtbegründung und Tatbestandseinschränkung, in: *Kohlmann, Günther* [Hrsg.], Festschrift für Ulrich Klug zum 70. Geburtstag, Band II, Köln 1983, S. 277 ff. (zit.: *Kaufmann*, FS Klug)

ders.: Tatbestandsmäßigkeit und Verursachung im Contergan-Verfahren, JZ 1971, S. 569 ff.

Kaufmann, Arthur: Grundprobleme der Rechtsphilosophie, München 1994. (zit.: *Kaufmann*, Rechtsphilosophie)

ders.: Subsidiaritätsprinzip und Strafrecht, in: *Roxin, Claus* [Hrsg.], Grundfragen der gesamten Strafrechtswissenschaft – Festschrift für Heinrich Henkel zum 70. Geburtstag, Berlin, New York 1974, S. 89 ff. (zit.: *Kaufmann*, FS Henkel)

ders. [Hrsg.]*:* Moderne Medizin und Strafrecht, Heidelberg 1989. (zit.: *Bearbeiter* in: Kaufmann, Moderne Medizin)

Keller, Rainer: Verwissenschaftlichung versus Rationalität der strafprozessualen Beweiswürdigung, GA 1999, S. 255 ff.

Keller, Rolf: Das Recht und die medizinische Forschung, MedR 1991, S. 11 ff.

ders.: Zur strafrechtlichen Verantwortlichkeit des Amtsträgers für fehlerhafte Genehmigungen im Umweltrecht, in: *Eyrich, Heinz et al.* [Hrsg.], Festschrift für Kurt Rebmann zum 65. Geburtstag, München 1989, S. 241 ff. (zit.: *Keller*, FS Rebmann)

Kellner, Franz: Die Einwilligung in die Lebensgefährdung, Regensburg 1974.

Kern, Bernd-Rüdiger: Die Selbstbestimmungsaufklärung unter Einbeziehung des nichtärztlichen Pflegepersonals, in: *Heberer, Georg et al.* [Hrsg.], Ärztliches Handeln – Verrechtlichung eines BerufsstandeS. Festschrift für Walther Weißauer zum 65. Geburtstag, Berlin, Heidelberg 1986, S. 71 (zit.: *Kern*, FS Weißauer)

Kern, Bernd-Rüdiger/ Laufs, Adolf: Die ärztliche Aufklärungspflicht, Berlin, Heidelberg 1983.

Kewitz, Helmut: Patientenaufklärung, in: *Bock, Klaus D.* [Hrsg.], Arzneimittelprüfung am Menschen, Wiesbaden 1980, S. 135 ff.

Kienapfel, Diethelm: Das erlaubte Risiko im Strafrecht, Frankfurt am Main 1966. (zit.: *Kienapfel*, Erlaubtes Risiko)

ders.: Körperliche Züchtigung und soziale Adäquanz im Strafrecht, Karlsruhe 1961. (zit.: *Kienapfel*, Soziale Adäquanz)

Kienle, Gerhard: Arzneimittelsicherheit und Gesellschaft, Stuttgart 1974.

ders.: Ethik-Kommissionen, MMW 1981, S. 494 f.

Kienle, Gerhard/ Burkhardt, Rainer: Der Wirksamkeitsnachweis für Arzneimittel, Stuttgart 1983.

Kienzle, Hans-Friedrich: Arzneimittel und Medizinprodukte – Die Haftung des Arztes als Anwender aus ärztlicher und juristischer Sicht, in: *Arbeitsgemeinschaft Rechtsanwälte im Medizinrecht e. V.* [Hrsg.], Arzneimittel und Medizinprodukte: neue Risiken für Arzt, Hersteller und Versicherer, Berlin, Heidelberg 1997, S. 147 ff.

Kieser, Alfred/ Oechsler, Walter A.: Unternehmenspolitik, 2. Auflage, Stuttgart 2004.

Kieser, Alfred/ Walgenbach, Peter: Organisation, 5. Auflage, Stuttgart 2007.

Kindhäuser, Urs: Erlaubtes Risiko und Sorgfaltswidrigkeit – Zur Struktur strafrechtlicher Fahrlässigkeitshaftung, GA 1994, S. 197 ff.

ders.: Strafgesetzbuch, Lehr- und Praxiskommentar, 3. Auflage, Baden-Baden 2006. (zit.: *Kindhäuser*, LPK)

ders.: Strafrecht. Allgemeiner Teil, 2. Auflage, Baden-Baden 2006. (zit.: *Kindhäuser*, AT)

ders.: Strafrecht. Besonderer Teil I: Straftaten gegen Persönlichkeitsrechte, Staat und Gesellschaft, 2. Auflage, Baden-Baden 2005. (zit.: *Kindhäuser*, BT/1)

ders.: Zur Unterscheidung von Einverständnis und Einwilligung, in: *Rogall, Klaus et al.* [Hrsg.], Festschrift für Hans-Joachim Rudolphi zum 70. Geburtstag, Neuwied 2004, S. 135 ff. (zit.: *Kindhäuser*, FS Rudolphi)

Kindhäuser, Urs et al. [Hrsg.]: Nomos Kommentar zum Strafgesetzbuch, 2. Auflage, Baden-Baden 2005. (zit.: NK-*Bearbeiter*)

Kirchhoff, Ulrich: Konsequenzen für die Ethikkommissionen nach dem novellierten Arzneimittelgesetz, in: *Toellner, Richard/ Wiesing, Urban* [Hrsg.], Wissen – Handeln – Ethik: Strukturen ärztlichen Handelns und ihre ethische Relevanz, Stuttgart u. a. 1995, S. 129 ff.

Kirchner, Heino: Die Unterlassungshaftung bei rechtmäßigem Vorverhalten im Umweltstrafrecht, Göttingen 2003.

Kirschbaum, Klaus: Der Vertrauensschutz im deutschen Straßenverkehrsrecht, Berlin 1980.

Kleine-Cosack, Eva: Kausalitätsprobleme im Umweltstrafrecht, Berlin 1988.

Kleinsorge, Hellmuth: Die Bedeutung der Forschung am Menschen aus der Sicht der klinischen Pharmakologie, in: *Kleinsorge, Hellmuth et al.* [Hrsg.], Forschung am Menschen, Berlin, Heidelberg 1985, S. 43 ff. (zit.: *Kleinsorge*, Forschung) *ders.:* Die Zusammenarbeit von Arzt, Arzneimittelindustrie und Ethik-Kommissionen, in: *Dengler, Hans J./ Schwilden, Helmut* [Hrsg.], Ethik-Kommissionen bei klinischen Prüfungen, Bonn 1989, S. 49 ff. (zit.: *Kleinsorge*, Zusammenarbeit)

ders.: Spezielle Probleme der Ethik-Kommissionen im Zusammenhang mit der Arzneimittelprüfung, MedR 1987, S. 140 ff.

Kloepfer, Michael: Die Verantwortlichkeit für Altlasten im öffentlichen Recht, NuR 1987, S. 7 ff.

Kloesel, Arno/ Cyran, Walter [Hrsg.]: Arzneimittelrecht, Kommentar, 3. Auflage, Stuttgart 2004. Stand: Juni 2006.

Klug, Ulrich: Sozialkongruenz und Sozialadäquanz im Strafrechtssystem, in: *Bockelmann, Paul/ Gallas, Wilhelm* [Hrsg.], Festschrift für Eberhard Schmidt zum 70. Geburtstag, Göttingen 1961, S. 249 ff. (zit.: *Klug*, FS Eb. Schmidt)

Knauer, Christoph: Ärztlicher Heileingriff, Einwilligung und Aufklärung – Überzogene Anforderungen an den Arzt?, in: *Roxin, Claus/ Schroth, Ulrich* [Hrsg.], Medizinstrafrecht, 2. Auflage, Stuttgart u. a. 2001, S. 11 ff.

ders.: Die Kollegialentscheidung im Strafrecht, München 2001.

ders.: Strafbarkeit wegen Totschlags durch Unterlassen bei Nichtherbeiführung eines Beschlusses des SED-Politbüros, NJW 2003, S. 3101 ff.

Knopp, Lothar: Zur Strafbarkeit von Amtsträgern in Umweltverwaltungsbehörden unter besonderer Berücksichtigung der BGH-Rechtsprechung, DÖV 1994, S. 676 ff.

Koch, Hans-Georg: Arzneimittelrecht und klinische Prüfung, in: *Wagner, Wolfgang* [Hrsg.], Arzneimittel und Verantwortung, Berlin u. a. 1993, S. 187 ff.

Köck, Wolfgang: Kausalität und Zurechnung im Haftungsrecht – Klassische und moderne Problemkonstellationen, in: *Lübbe, Weyma* [Hrsg.], Kausalität und Zurechnung: über Verantwortung in komplexen und kulturellen Prozessen, Berlin, New York 1994, S. 9 ff. (zit.: *Köck*, Kausalität)

ders.: Risiko-Information – Zur Diskussion um produktbezogene behördliche Informationstätigkeit im Umwelt- und Gesundheitsbereich, in: *Damm, Reinhard/ Hart, Dieter* [Hrsg.], Rechtliche Regulierung von Gesundheitsrisiken, Baden-Baden 1993, S. 215 ff. (zit.: *Köck*, Risiko-Information)

Köhler, Michael: Strafrecht, Allgemeiner Teil, Berlin u. a. 1997. (zit.: *Köhler*, AT)

Kohlhaas, Max: Medizin und Recht, München u. a. 1969.

Kohlhoff, Christian: Kartellstrafrecht und Kollektivstrafe, Berlin 2003.

Kollhosser, Helmut: Haftungs- und versicherungsrechtliche Fragen bei Ethik-Kommissionen, in: in: *Toellner, Richard* [Hrsg.], Die Ethik-Kommission in der Medizin, Stuttgart, New York 1990, S. 79 ff. (zit.: *Kollhosser*, Ethik-Kommissionen)

Kollhosser, Helmut/ Krefft, Max: Rechtliche Aspekte sogenannter Pilotstudien in der medizinischen Forschung, MedR 1993, S. 93 ff.

Kollwitz, Arne A.: Kontrolle medizinischer Forschung durch Ethikkommissionen, Dortmund 1999.

Koriath, Heinz: Kausalität, Bedingungstheorie und psychische Kausalität, Göttingen 1988. (zit.: *Koriath*, Kausalität)

ders.: Kausalität und objektive Zurechnung, Baden-Baden 2007. (zit.: *Koriath*, Zurechnung)

Körner, Harald Hans: Betäubungsmittelgesetz, Arzneimittelgesetz, 5. Auflage, München 2001.

Korte, Mathias: Juristische Person und strafrechtlice Verantwortung, Bonn 1991.

Koyuncu, Adem: Das Haftungsdreieck Pharmaunternehmen – Arzt – Patient, Berlin, Heidelberg 2004. (zit.: *Koyuncu*, Haftungsdreieck) *ders.:* Das Mitverschulden des Patienten in der Arzneimittelhaftung, PharmR 2005, S. 289 ff.

ders.: Der pharmaceutical informed consent – Das Modell zur Aufklärung und Information des Patienten vor der Arzneitherapie, A/ZusR 2006, S. 151 ff.

ders.: Die Aufklärung des Patienten vor der Arzneitherapie durch Arzt und pharmazeutischen Unternehmer, A/ZusR 2005, S. 95 ff.

ders.: Die Aufklärung des Patienten vor der Arzneitherapie durch Arzt und pharmazeutischen Unternehmer, KHuR 2005, S. 75 ff.

ders.: Die Aufklärung vor der Arzneimitteltherapie: Eine Gemeinschaftsleistung von Arzt, pharmazeutischem Unternehmer und dem Patienten, PatR 2005, S. 106 ff.

ders.: Haftungs- und Versicherungsfragen in der Medizinischen Forschung, PHi 2005, S. 86 ff.

Kraatz, Erik: Die fahrlässige Mittäterschaft, Berlin 2006.

Kramm, Viola: Verschreibungspflicht für Arzneimittel – Grundlagen, Entwicklungen, Ergebnisse, BGesundhBl 1989, S. 480 ff.

Kratzsch, Dietrich: Aufgaben und Risikoverteilung als Kriterien der Zurechnung im Strafrecht, in: *Herzberg, Rolf Dietrich* [Hrsg.], Festschrift für Dietrich Oehler zu, 70. Geburtstag, Köln u. a. 1985, S. 65 ff. (zit.: *Kratzsch*, FS Oehler)

ders.: Verhaltenssteuerung und Organisation im Strafrecht, Berlin 1985.

Krauskopf, Dieter/ Marburger, Horst: Die Haftung des Arztes für Behandlungsfehler, Sankt Augustin 2001.

Krekeler, Wilhelm: Brauchen wir ein Unternehmensstrafrecht?, in: *Ebert, Udo et al.* [Hrsg.], Festschrift für Ernst-Walter Hanack zum 70. Geburtstag, Berlin, New York 1999, S. 639 ff. (zit.: *Krekeler*, FS Hanack)

Krekeler, Wilhelm/ Werner, Elke: Unternehmer und Strafrecht, München 2006.

Kreß, Manfred: Die Ethik-Kommission im System der Haftung bei der Planung und Durchführung von medizinischen Forschungsvorhaben am Menschen, Karlsruhe 1990.

Kretschmer, Joachim: Das Fahrlässigkeitsdelikt, Jura 2000, S. 267 ff.

Krey, Volker: Besprechung von *Preuß*, Untersuchungen zum erlaubten Risiko im Strafrecht, Berlin 1974, ZStW 90 (1978), S. 189 ff.

ders.: Deutsches Strafrecht. Allgemeiner Teil; Band 1: 2. Auflage, Stuttgart 2004 (zit.: *Krey*, AT/1); Band 2: 2. Auflage, Stuttgart 2005 (zit.: *Krey*, AT/2).

Krey, Volker/ Heinrich, Manfred: Strafrecht Besonderer Teil, Band 1: Besonderer Teil ohne Vermögensdelikte, 13. Auflage, Stuttgart 2005. (zit.: *Krey/Heinrich*, BT/1)

Kriele, Martin: „Stand der medizinischen Wissenschaft" als Rechtsbegriff, NJW 1976, S. 355 ff.

Krieter, Simone: Grenzfälle der Patienteneinwilligung in ärztliche Eingriffe, München 2000.

Kröger, Tina Marie: Die Rechtfertigung des ärztlichen Heileingriffs sowie die juristische Bewertung sonstiger ärztlicher Behandlungsmaßnahmen, Diss. Göttingen 2004.

Kröll, Wolfgang: Von der Erstellung des Prüfplans zur Zulassung des Prüfpräparates: Zielsetzungen, Koordination und praktischer Ablauf, in: *Bernat, Erwin/ Kröll, Wolfgang* [Hrsg.], Recht und Ethik der Arzneimittelforschung, Wien 2003, S. 1 ff.

Krudop-Scholz, Kristin: Die ärztliche Aufklärung bei der Arzneibehandlung, Frankfurt am Main 2005.

Krüger, Carsten: Haftung des pharmazeutischen Unternehmers bei Off-Label-Use, PharmR 2004, S. 52 ff.

ders.: Juristische Fallstricke bei klinischen Prüfungen, KHuR 2005, S. 137 ff.

ders.: Rechtliche Grundlagen der klinischen Prüfung von Arzneimitteln am Menschen, KHuR 2005, S. 24 ff.

Krümpelmann, Justus: Die Verwirkung des Vertrauensgrundsatzes bei pflichtwidrigem Verhalten in der kritischen Verkehrssituation, in: *Küper, Wilfried* [Hrsg.], Festschrift für Karl Lackner zum 70. Geburtstag, Berlin, New York 1987, S. 289 ff. (zit.: *Krümpelmann*, FS Lackner)

Krych, Matthäus/ Hiddemann, Wolfgang: Die Problematik der Durchführung von Therapieoptimierungsstudien im hämatologisch-onkologischen Fachgebiet nach dem Inkrafttreten der geplanten 12. Novelle des AMG aus Sicht des klinisch tätigen Onkologen, PharmR 2004, S. 73 ff.

Kubink, Michael: Strafrechtliche Probleme des Rechtsschutzverzichts im sportlichen Grenzbereich – soziale Adäquanz, erlaubtes Risiko, Einwilligung, JA 2003, S. 257 ff.

Kudlich, Hans: Anmerkung zu BGH 4 StR 289/01, JR 2002, S. 468 ff.

Kühl, Kristian: Probleme der Verwaltungsakzessorietät des Strafrechts, insbesondere im Umweltstrafrecht, in: *Küper, Wilfried* [Hrsg.], Festschrift für Karl Lackner zum 70. Geburtstag, Berlin, New York 1987, S. 815 ff. (zit.: *Kühl*, FS Lackner)

ders.: Strafrecht. Allgemeiner Teil, 5. Auflage, München 2005. (zit.: *Kühl*, AT)

Kuhlen, Lothar: Ausschluss der objektiven Erfolgszurechnung bei hypothetischer Einwilligung des Betroffenen, JR 2004, S. 227 ff.

ders.: Ausschluß der objektiven Zurechnung bei Mängeln der wirklichen und der mutmaßlichen Einwilligung, in: *Britz, Guido et al.* [Hrsg.], Festschrift für Heinz Müller-Dietz zum 70. Geburtstag, München 2001, S. 431 ff. (zit.: *Kuhlen*, FS Müller-Dietz)

ders.: Die Abgrenzung von Täterschaft und Teilnahme, insbesondere bei den so genannten Betriebsbeauftragten, in: *Amelung, Knut* [Hrsg.], Individuelle Verantwortung und Beteiligungsverhältnisse bei Straftaten in bürokratischen Organisationen des Staates, der Wirtschaft und der Gesellschaft, Sinzheim 2000, S. 71 ff. (zit.: *Kuhlen*, Betriebsbeauftragte)

ders.: Die Pflicht zum Rückruf in der strafrechtlichen Produkthaftung, in: *Arnold, Jörg et al.* [Hrsg.], Menschengerechtes Strafrecht. Festschrift für Albin Eser zum 70. Geburtstag, München 2005, S. 359 ff. (zit.: *Kuhlen*, FS Eser)

ders.: Fragen einer strafrechtlichen Produkthaftung, Heidelberg 1989. (zit: *Kuhlen*, Fragen)

ders.: Grundfragen der strafrechtlichen Produkthaftung, JZ 1994, S. 1142 ff.

ders.: Hypothetische Einwilligung und „Erfolgsrechtfertigung", JZ 2005, S. 713 ff.

ders.: Objektive Zurechnung bei Rechtfertigungsgründen, in: *Schünemann, Bernd et al.* [Hrsg.], Festschrift für Claus Roxin zum 70. Geburtstag, Berlin, New York 2001, S. 331 ff. (zit.: *Kuhlen*, FS Roxin)

ders.: Strafhaftung bei unterlassenem Rückruf gesundheitsgefährdender Produkte, NStZ 1990, S. 566 ff.

ders.: Strafrechtliche Produkthaftung, in: *Roxin, Claus/ Widmaier, Gunter* [Hrsg.], 50 Jahre Bundesgerichtshof – Festgabe aus der Wissenschaft. Band IV: Strafrecht, Strafprozessrecht, München 2000, S. 647 ff. (zit.: *Kuhlen*, FG BGH IV)

ders.: Umweltstrafrecht – auf der Suche nach einer neuen Dogmatik, ZStW 105 (1993), S. 697 ff.

ders.: Umweltstrafrecht in Deutschland und Österreich, Linz 1994. (zit.: *Kuhlen*, Umweltstrafrecht)

ders.: Zum Strafrecht der Risikogesellschaft, GA 1994, S. 347 ff.

ders.: Zum Umweltstrafrecht in der Bundesrepublik Deutschland, WiVerw 1991, S. 181 ff., 1992, S. 215 ff.

Kühn, Hermann Christoph: Moderne Verwaltung und Strafrecht: Risiko und Chance, wistra 2002, S. 41 ff.

Kühne, Hans-Heiner: Die strafrechtliche Relevanz eines auf Fehlvorstellungen gegründeten Rechtsgutsverzichts, JZ 1979, S. 241 ff.

ders.: Strafprozessrecht, 7. Auflage, Heidelberg 2007. (zit.: *Kühne*, StPO)

ders.: Strafrechtliche Produkthaftung in Deutschland, NJW 1997, S. 1951 ff.

Kullmann, H. J.: Die Bedeutung der „Apfelschorf"-Urteile des Bundesgerichtshofs für die Pharma-Industrie, PharmR 1982, S. 6 ff.

Kunz, Jürgen: Die Produktbeobachtungs- und die Befundsicherungspflicht als Verkehrssicherungspflichten des Warenherstellers, BB 1994, S. 450 ff.

Küper, Wilfried: „Autonomie", Irrtum und Zwang bei mittelbarer Täterschaft und Einwilligung, JZ 1986, S. 219 ff.

ders.: Ein „neues Bild" der Lehre von Täterschaft und Teilnahme, ZStW 105 (1993), S. 445 ff.

ders.: Mittelbare Täterschaft, Verbotsirrtum des Tatmittlers und Verantwortungsprinzip, JZ 1989, S. 935 ff.

ders.: Strafrecht Besonderer Teil: Definitionen und Erläuterungen, 6. Auflage, Heidelberg 2005. (zit.: *Küper*, BT)

ders.: Überlegungen zum sog. Pflichtwidrigkeitszusammenhang beim Fahrlässigkeitsdelikt, in: *Küper, Wilfried* [Hrsg.], Festschrift für Karl Lackner zum 70. Geburtstag, Berlin, New York 1987, S. 247 ff. (zit.: *Küper*, FS Lackner)

Küpper, Georg: Strafrecht. Besonderer Teil 1. Delikte gegen Rechtsgüter der Person und Gemeinschaft, Berlin, 3. Auflage, Heidelberg 2007. (zit.: *Küpper*, BT/1)

ders.: Strafvereitelung und „sozialadäquate" Handlungen, GA 1987, S. 385 ff.

ders.: Zur Abgrenzung der Täterschaftsformen, GA 1998, S. 519 ff.

Kupjetz, Jörg: Moderne Produktions- und Absatzformen im Spiegel strafrechtlicher Verantwortlichkeit, Diss. Heidelberg 2002.

Kurth, Frowin Jörg: Das Mitverschulden des Opfers beim Betrug, Frankfurt am Main 1984.

Kutzer, Klaus: Strafrechtliche Grenzen der Sterbehilfe, NStZ 1994, S. 110 ff.

Kutzner, Lars: Die Rechtsfigur des Täters hinter dem Täter und der Typus der mittelbaren Täterschaft, Frankfurt am Main 2004.

Lackner, Karl/ Kühl, Kristian: Strafgesetzbuch, 26. Auflage, München 2007. (zit.: *Lackner/Kühl*, §)

Lampe, Ernst-Joachim: Die Kausalität und ihre strafrechtliche Funktion, in: *Dornseifer, Gerhard et al.* [Hrsg.], Gedächtnisschrift für Armin Kaufmann, Köln u. a. 1989, S. 189 ff. (zit.: *Lampe*, GedS Kaufmann)

ders.: Systemunrecht und Unrechtssysteme, ZStW 106 (1994), S. 683 ff.

ders.: Täterschaft bei fahrlässiger Straftat, ZStW 71 (1959), S. 579 ff.

Landrock, Gisela: Das Produkthaftungsrecht im Lichte neuerer Gesetzgebung und Rechtsprechung, JA 2003, S. 981 ff.

Landry, Klaus: Inverkehrbringen und Herstellen gesundheitsschädlicher Gegenstände (§§ 324, 326 StGB, 3 und 11 LMG), Kiel 1966.

Landscheidt, Christoph: Zur Problematik der Garantenpflichten aus verantwortlicher Stellung in bestimmten Räumlichkeiten, Berlin 1985.

Lang-Hinrichsen, Dietrich: Verbandsunrecht, in: *Geerds, Friedrich/ Nauke, Wolfgang* [Hrsg.], Beiträge zur gesamten Strafrechtswissenschaft – Festschrift für Hellmuth Mayer zum 70. Geburtstag, Berlin 1966, S. 49 ff. (zit.: *Lang-Hinrichsen*, FS Mayer)

Langneff, Katja: Die Beteiligtenstrafbarkeit von Hintermännern innerhalb von Organisationsstrukturen bei vollverantwortlich handelndem Werkzeug, Aachen 2000.

Lascuraín, Juan Antonio: Grund und Grenzen der Garantenpflicht des Unternehmers, in: *Schünemann, Bernd/ Suárez González, Carlos* [Hrsg.], Bausteine des europäischen

Wirtschaftsstrafrechts – Madrid-Symposium für Klaus Tiedemann, Köln u. a. 1994, S. 35 ff. (zit.: *Lascuraín*, Madrid-Symposium)

Laufs, Adolf: Arzneimittelprüfung, NJW 2001, S. 3381 f.

ders.: Arztrecht, 5. Auflage, München 1993.

ders.: Das deutsche Recht der klinischen Arzneimittelprüfung: europakonform oder anpassungsbedürftig?, in: *Bernat, Erwin/ Kröll, Wolfgang* [Hrsg.], Recht und Ethik der Arzneimittelforschung, Wien 2003, S. 51 ff. (zit.: *Laufs*, Das deutsche Recht)

ders.: Die neue europäische Richtlinie zur Arzneimittelprüfung und das deutsche Recht, MedR 2004, S. 583 ff.

ders.: Grundlagen und Reichweite der ärztlichen Aufklärungspflicht, in: *Jung, Heike/ Schreiber, Hans Wilhelm* [Hrsg.], Arzt und Patient zwischen Therapie und Recht, Stuttgart 1981, S. 71 ff. (zit.: *Laufs*, Grundlagen)

Laufs, Adolf/ Reiling, Emil: Ethik-Kommissionen – Vorrecht der Ärztekammern?, Berlin, Heidelberg 1991.

Laufs, Adolf/ Uhlenbruck, Wilhelm [Hrsg.]: Handbuch des Arztrechts, 3. Auflage, München 2002. (zit.: *Bearbeiter* in: Laufs/Uhlenbruck, Handbuch)

Lege, Micha Alexander: Strafbarkeitsbegründende Rechtspflichten zur Abwendung von Schäden durch gefährliche Produkte, insbesondere zum Rückruf rechtsgutsgefährdender Produkte, Tübingen 2000.

Lemmer, Björn: Ethische Probleme bei klinischen Studien: Wissenschaftliche Grundlagen und rechtliche Aspekte, in: *Bauer, Axel W.* [Hrsg.], Medizinische Ethik am Beginn des 21. Jahrhunderts, Heidelberg, Leipzig 1998, S. 72 ff.

Lenckner, Theodor: Behördliche Genehmigungen und der Gedanke des Rechtsmißbrauchs im Strafrecht, in: *Gamm, Otto Friedrich Freiherr von et al.* [Hrsg.], Strafrecht, Unternehmensrecht, Anwaltsrecht – Festschrift für Gerd Pfeiffer, Köln u. a. 1988, S. 27 ff. (zit.: *Lenckner*, FS Pfeiffer)

ders.: Die Rechtfertigungsgründe und das Erfordernis pflichtgemäßer Prüfung, in: *Geerds, Friedrich/ Naucke, Wolfgang* [Hrsg.], Beiträge zur gesamten Strafrechtswissenschaft – Festschrift für Hellmuth Mayer zum 70. Geburtstag, Berlin 1966, S. 165 ff. (zit.: *Lenckner*, FS Mayer)

ders.: Technische Normen und Fahrlässigkeit, in: *Bockelmann, Paul et al.* [Hrsg.], Festschrift für Karl Engisch zum 70. Geburtstag, Frankfurt am Main 1969, S. 490 ff. (zit.: *Lenckner*, FS Engisch)

Lerch, C.: Der arzneimittelrechtliche Rahmen der Beurteilung der Wirksamkeit von Arzneimitteln, in: *Frölich, Jürgen Christoph* [Hrsg.], Wirksamkeitsnachweis von Medikamenten aus ärztlicher und juristischer Sicht, München 1992, S. 74 ff.

Lesch, Heiko H.: Die Begründung mittäterschaftlicher Haftung als Moment objektiver Zurechnung, ZStW 105 (1993), S. 271 ff.

ders.: Gemeinsamer Tatentschluß als Voraussetzung der Mittäterschaft?, JA 2000, S. 73 ff.

Letzel, Heinz/ Wartensleben, Herbert: „Begründeter Verdacht" und „Jeweils gesicherter Stand der wissenschaftlichen Erkenntnisse", PharmR 1989, S. 2 ff.

Lewandowski, Günter: Sicherheitsentscheidungen bei Arzneimitteln zwischen Wissenschaft und Politik, PharmR 1980, S. 106 ff.

ders.: Sicherheitsurteile über Arzneimittel und ihre rechtlichen Grundlagen, PharmR 1983, S. 193 ff.

ders.: Zulassungsfragen, in: *Kleinsorge, Hellmuth et al.* [Hrsg.], Forschung am Menschen, Berlin, Heidelberg 1985, S. 79 ff.

ders.: Sicherheitsentscheidungen im Zulassungsverfahren und bei der Risikoabwehr – Rechts- und Verfahrensfragen, PharmR 1982, S. 132 ff.

Liedtke, Rainer: Risikoverteilung beim kontrollierten Arzneimittelversuch, NJW 1977, S. 2113 f.

Lilie, Hans: Forschung am Menschen in Deutschland – Rechtsgrundlagen und Rechtsentwicklung, in: *Lippert, Hans-Dieter/ Eisenmenger, Wolfgang* [Hrsg.], Forschung am Menschen: Der Schutz des Menschen – die Freiheit des Forschers, Berlin, Heidelberg 1999, S. 1 ff.

Ling, Michael A.: Die Unterbrechung des Kausalzusammenhangs durch willentliches Dazwischentreten eines Dritten, Berlin 1996.

Lipp, Volker: Selbstbestimmung und Humanforschung, in: *Brudermüller, Gerd et al.* [Hrsg.], Forschung am Menschen, Würzburg 2005, S. 187 ff.

Lippert, Hans-Dieter: Die Einwilligung in die Teilnahme an klinischen Prüfungen von Arzneimitteln und Medizinprodukten und ihr Widerruf, VersR 2001, S. 432 ff.

ders.: Die klinische Prüfung von Arzneimitteln nach der 12. Novelle zum AMG – eine erste Bestandsaufnahme, VersR 2005, S. 48 ff.

ders.: Die zustimmende Bewertung einer Ethikkommission bei der klinischen Prüfung von Arzneimitteln nach dem novellierten Arzneimittelgesetz und der GCP-Verordnung, in. *Kern, Bernd-Rüdiger et al.* [Hrsg.], Humaniora. Medizin – Recht – Geschichte. Festschrift für Adolf Laufs zum 70. Geburtstag, Berlin, Heidelberg 2006, S. 973 ff. (zit.: *Lippert*, FS Laufs)

ders.: Rechtsfragen bei Forschungsprojekten am Menschen, VersR 1997, S. 545 ff.

ders.: Regelungen für klinische Prüfungen von Arzneimitteln und Medizinprodukten – ein Geniestreich des Gesetzgebers, DMW 1995, S. 1296 ff.

Lippert, Hans-Dieter/ Adler, Katja: Forschung am Menschen, VersR 1993, S. 277 ff.

Lippert, Hans-Dieter/ Strobel, Eva-Susanne: Die Überwachung klinischer Prüfungen nach dem AMG, VersR 1995, S. 637 ff.

Löffeler, Peter: „In dubio pro reo" – einheitliche Antwort auf alle Zweifelsfragen?, JA 1987, S. 77 ff.

Löwe, Ewald/ Rosenberg, Werner [Begr.]: Die Strafprozeßordnung und das Gerichtsverfassungsgesetz. Großkommentar, Band 4: §§ 213-295, 25. Auflage, Berlin, New York 2001. (zit.: L/R-*Bearbeiter*)

Loose, Andrea: Strafrechtliche Grenzen ärztlicher Behandlung und Forschung, Berlin 2003.

Losse, Heinz: Aufgaben und Zusammensetzung von Ethik-Kommissionen, in: *Dengler, Hans J./ Schwilden, Helmut* [Hrsg.], Ethik-Kommissionen bei klinischen Prüfungen, Bonn 1989, S. 21 ff. (zit.: *Losse*, Aufgaben)

ders.: Ethikkommissionen für die klinische Prüfung, in: *Wagner, Wolfgang* [Hrsg.], Arzneimittel und Verantwortung, Berlin u. a. 1993, S. 265 ff. (zit.: *Losse*, Ethikkommissionen)

ders.: Ethische Probleme der medizinischen Forschung am Menschen, in: *Toellner, Richard* [Hrsg.], Die Ethik-Kommission in der Medizin, Stuttgart, New York 1990, S. 19 ff. (zit.: *Losse*, Ethische Probleme)

Louven, Klaus: Prima-facie-Beweis im Strafprozeß?, MDR 1970, S. 295 f.

Lüderssen, Klaus: Primäre oder sekundäre Zuständigkeit des Strafrechts?, in: *Arnold, Jörg et al.* [Hrsg.], Menschengerechtes Strafrecht. Festschrift für Albin Eser zum 70. Geburtstag, München 2005, S. 163 ff. (zit.: *Lüderssen*, FS Eser)

Luhmann, Niklas: Organisation und Entscheidung, Opladen/Wiesbaden 2000. (zit.: *Luhmann*, Organisation)

ders.: Soziologie des Risikos, Berlin, New York 1991. (zit.: *Luhmann*, Soziologie)

Madea, Burkhard: Rechtliche Aspekte der Arzneimittelbehandlung – Aufklärung über Arzneimittel-Neben- und Wechselwirkungen, in: *Madea et al.* [Hrsg.], Innere Medizin und Recht, Berlin, Wien 1996, S. 28 ff. (zit.: *Madea*, Arzneimittelbehandlung)

Madea, Burhard/ Staak, Michael: Haftungsprobleme der Arzneimitteltherapie aus rechtsmedizinischer Sicht, in: *Deutsch, Erwin et al.* [Hrsg.], Festschrift für Erich Steffen zum 65. Geburtstag, Berlin, New York 1995, S. 303 ff. (zit.: *Madea/Staak*, FS Steffen)

Maiwald, Manfred: Grundlagenprobleme der Unterlassungsdelikte, JuS 1981, S. 473 ff.

ders.: Kausalität und Strafrecht, Göttingen 1980.

ders.: Zur Leistungsfähigkeit des Begriffs „erlaubtes Risiko" für die Strafrechtsdogmatik, in: *Vogler, Theo* [Hrsg.], Festschrift für Hans-Heinrich Jescheck zum 70. Geburtstag, 1. Halbband, Berlin 1985, S. 405 ff. (zit.: *Maiwald*, FS Jescheck)

ders.: Zur strafrechtssystematischen Funktion des Begriffs der objektiven Zurechnung, in: *Kühne, Hans-Heiner* [Hrsg.], Festschrift für Koichi Miyazawa, Baden-Baden 1995, S. 465 ff. (zit.: *Maiwald*, FS Miyazawa)

ders.: Zurechnungsprobleme im Rahmen erfolgsqualifizierter Delikte, JuS 1984, S. 439 ff.

Malchow, H. et al.: Aufgabe und Arbeitsweise einer Ethikkommission am Beispiel der Tübinger Ethikkommission, PharmR 1982, S. 224 ff.

Mandry, Tilo: Die Beauftragten im Pharmarecht, Stuttgart 2004.

Marx, Claudius: Die behördliche Genehmigung im Strafrecht, Baden-Baden 1993.

Maschke, Günter: Aufsichtspflichtverletzungen in Betrieben und Unternehmen, Berlin 1997.

Mathias, B./ Piper, C./ Lasek, R.: Ziele und Grenzen der Spontanerfassung unerwünschter Arzneimittelwirkungen, Internist 1990, S. 448 ff.

Maurach, Reinhart/ Gössel, Karl Heinz/ Zipf, Heinz: Strafrecht, Allgemeiner Teil. Teilband 2. Erscheinungsformen des Verbrechens und Rechtsfolgen der Tat, 7. Auflage, Heidelberg 1989. (zit.: *Maurach/Gössel/Zipf*, AT/2)

Maurach, Reinhart/ Schroeder, Friedrich-Christian/ Maiwald, Manfred: Strafrecht Besonderer Teil; Teilband 1: Straftaten gegen Persönlichkeits- und Vermögenswerte, 9. Auflage, Heidelberg 2003 (zit.: *Maurach/Schroeder/Maiwald*, BT/1); Teilband 2: Straftaten gegen Gemeinschaftswerte, 8. Auflage, Heidelberg 1999 (zit.: *Maurach/Schroeder/Maiwald*, BT/2).

Maurach, Reinhart/ Zipf, Heinz: Strafrecht, Allgemeiner Teil. Teilband 1. Grundlehren des Strafrechts und Aufbau der Straftat, 8. Auflage, Heidelberg 1992. (zit.: *Maurach/Zipf*, AT/1)

Maurer, Hartmut: Allgemeines Verwaltungsrecht, 16. Auflage, München 2006. (zit.: *Maurer*, Allg. VwR)

Mayer, Hellmuth: Strafrecht. Allgemeiner Teil, Stuttgart u. a. 1967. (zit.: *H. Mayer*, AT (1967))

ders.: Strafrecht. Allgemeiner Teil, Stuttgart, Köln 1953. (zit.: *H. Mayer*, AT (1953))

Mayer, Max Ernst: Der Allgemeine Teil des deutschen Strafrechts, 2. Auflage, Heidelberg 1923. (zit.: *M. E. Mayer*, AT)

Meckel, Fritz: Die strafrechtliche Haftung für riskante Verhaltensweisen, Wiesbaden 1968.

Meier, Bernd-Dieter: Verbraucherschutz durch Strafrecht?, NJW 1992, S. 3193 ff.

Meinberg, Volker: Amtsträgerstrafbarkeit bei Umweltbehörden, NJW 1986, S. 2220 ff.

ders.: Anmerkung zu AG Frankfurt 92 Js 34929/80 – 933 Schö. 226, NStZ 1986, S. 224 f.

Meinecke, Boris: Haftungskriterien für Injektionsschäden, Aachen 1997.

Merkel, Reinhard: Tödlicher Behandlungsabbruch und mutmaßliche Einwilligung bei Patienten im apallischen Syndrom, ZStW 107 (1995), S. 545 ff.

Messer, Otto: Nochmals: Klinische Prüfung von Arzneimitteln, PharmR 1983, S. 207 ff.

Meurer, Dieter: Arzneimittelprüfung in strafrechtlicher Sicht, in: *Marburger Arbeitskreis für Sozialrecht und Sozialpolitik* [Hrsg.], Arzneimittel in der modernen Gesellschaft: Hilfe oder Risiko für den Patienten?, Köln u. a. 1985, S. 217 ff. (zit.: *Meurer*, Arzneimittelprüfung)

ders.: Strafrechtliche Verantwortung und zivilrechtlicher Vergleich, in: *Meurer, Dieter* [Hrsg.], Die Haftung der Unternehmensleitung: Risiken und ihre Vermeidung, Frankfurt 1999, S. 113 ff. (zit.: *Meurer*, Verantwortung)

Meuser, Stephan/ Platter, Julia: Die Bewertung der klinischen Prüfung von Arzneimitteln durch die Ethik-Kommission – eine Verwaltungsentscheidung besonderer Art?, PharmR 2005, S. 395 ff.

Meyer, Evelyn: Die Haftung des Klinikträgers, zfs 2003, S. 49 ff.

Meyer, Florian/ Grunert, Gordon: „Off-Label-Use“: Haftungs- und Regressrisiken für Ärzte, Apotheker und Pharmaunternehmen, PharmR 2005, S. 205 ff.

Meyer, Maria-Katharina: Ausschluss der Autonomie durch Irrtum, Köln u. a. 1984.

Meyer-Goßner, Lutz: Strafprozessordnung, 49. Auflage, München 2006.

Michalke, Regina: Anmerkung zu BGH 2 StR 620/93, StV 1995, S. 137 f.

dies.: Die Strafbarkeit von Amtsträgern wegen Gewässerverunreinigung (§ 324 StGB) und umweltgefährdender Abfallbeseitigung (§ 326 StGB) in neuem Licht, NJW 1994, S. 1693 ff.

Michalski, Lutz: Produktbeobachtung und Rückrufpflicht des Produzenten, BB 1998, S. 961 ff.

Mikus, Rudolf Alexander: Die Verhaltensnorm des fahrlässigen Erfolgsdelikts, Berlin 2002.

Mitsch, Wolfgang: Die „hypothetische Einwilligung“ im Arztstrafrecht, JZ 2005, S. 279 ff.

ders.: Fahrlässigkeit und Straftatsystem, JuS 2001, S. 105 ff.

ders.: Rechtfertigung und Opferverhalten, Hamburg 2004.

ders.: Strafrechtlicher Schutz gegen medizinische Behandlung, Baden-Baden 2000.

Mohrbotter, Kurt: Bindung des Strafrichters an das Handeln der Verwaltung?, JZ 1971, S. 213 ff.

Möhrenschlager, Manfred: Neuere Entwicklungen im Umweltstrafrecht des Strafgesetzbuches, NuR 1983, S. 209 ff.

Molitoris, Michael: Deutschland: Praktische Erfahrungen und rechtliche Überlegungen zur Produktbeobachtungspflicht, PHi 1999, S. 214 ff., 2000, S. 33 ff.

Möllering, Jürgen: 10 Thesen zur Strafbarkeit von juristischen Personen und Personenmehrheiten, in: *Hettinger, Michael* [Hrsg.], Reform des Sanktionenrechts. Band 3: Verbandsstrafe, Baden-Baden 2002., S. 71 ff.

Mosbacher, Andreas: Anmerkung zu BGH 3 StR 120/03, JR 2004, S. 390 ff.

ders.: Strafrecht und Selbstschädigung, Berlin, Heidelberg 2001.

Müller, Roland: Die Einschränkung des Vertrauensgrundsatzes bei typischen Verkehrswidrigkeiten, Mainz 1987.

Müller, Wolf: Gewässerstrafrecht und Amtsträgerstrafbarkeit, ZfW 1999, S. 288 ff.

Müller-Gugenberger, Christian/ Bieneck, Klaus [Hrsg.]: Handbuch des Wirtschaftsstraf- und -ordnungswidrigkeitenrechts, 4. Auflage, Köln 2006. (zit.: *Bearbeiter* in: Müller-Gugenberger/Bieneck, WiStR)

Mumberg, Joachim: Der Gedanke des Rechtsmißbrauchs im Umweltstrafrecht, Göttingen 1989.

Mummenhoff, Winfried: Erfahrungssätze im Beweis der Kausalität, Köln u. a. 1997.

Muñoz Conde, Francisco: Willensherrschaft kraft organisatorischer Machtapparate im Rahmen „nichtrechtsgelöster“ Organisationen?, in: *Schünemann, Bernd et al.* [Hrsg.],

Festschrift für Claus Roxin zum 70. Geburtstag, Berlin, New York 2001, S. 609 ff. (zit.: *Muñoz Conde*, FS Roxin)

Munter, Karl-Heinz: Arzneimittelzwischenfälle in der Bundesrepublik Deutschland – Aufgaben und Tätigkeiten der Arzneimittelkommissionen der deutschen Ärzteschaft, in: *Arbeitsgemeinschaft Rechtsanwälte im Medizinrecht e. V.* [Hrsg.], Arzneimittel und Medizinprodukte: neue Risiken für Arzt, Hersteller und Versicherer, Berlin, New York 1997, S. 1 ff.

Münzberg, Wolfgang: Verhalten und Erfolg als Grundlagen der Rechtswidrigkeit und Haftung, Frankfurt am Main 1966.

Murmann, Uwe: Die Nebentäterschaft im Strafrecht, Berlin 1992. (zit.: *Murmann*, Nebentäterschaft)

ders.: Die Selbstverantwortung des Opfers im Strafrecht, Berlin, Heidelberg 2005. (zit.: *Murmann*, Selbstverantwortung)

ders.: Tatherrschaft durch Weisungsmacht, GA 1996, S. 269 ff.

Murswieck, Axel: Die staatliche Kontrolle der Arzneimittelsicherheit in der Bundesrepublik und den USA, Opladen 1983.

Müssig, Bernd: Rechts- und gesellschaftstheoretische Aspekte der objektiven Zurechnung im Strafrecht – Zu Ansätzen einer Systematisierung –, in: *Rogall, Klaus et al.* [Hrsg.], Festschrift für Hans-Joachim Rudolphi zum 70. Geburtstag, Neuwied 2004, S. 165 ff. (zit.: *Müssig*, FS Rudolphi)

Nagel, Eckhard/ Gantner, Tobias D.: „Die Entdeckung der Sorgfaltspflicht" – Der Ärztliche Behandlungsauftrag und die Weiterentwicklung medizinischer Behandlungsverfahren, in: *Amelung, Knut et al.* [Hrsg.], Strafrecht, Biorecht, Rechtsphilosophie – Festschrift für Hans-Ludwig Schreiber zum 70. Geburtstag, Heidelberg 2003, S. 745 ff. (zit.: *Nagel/Gantner*, FS Schreiber)

Naucke, Wolfgang: Über das Regreßverbot im Strafrecht, ZStW 76 (1964), S. 409 ff.

Nehm, Kay: Produkthaftung im Strafrecht, in: *Arbeitsgemeinschaft Verkehrsrecht im Deutschen Anwaltverein* [Hrsg.], Produkthaftung, Bonn 2001, S. 7 ff.

Nepomuck, Lutz: Zur Abgrenzung von Tun und Unterlassen nach dem „Schwerpunkt der Vorwerfbarkeit", StraFo 2004, S. 9 ff.

Neudecker, Gabriele: Die strafrechtliche Verantwortlichkeit der Mitglieder von Kollegialorganen, Frankfurt am Main 1995.

Neumann, Ulfrid: Die Strafbarkeit der Suizidbeteiligung als Problem der Eigenverantwortlichkeit des „Opfers", JA 1987, S. 244 ff.

Neumeister, Hanna: Arzneimittel und Patient – Das Arzneimittelgesetz als Mittel der Gesundheitspolitik, in: *Marburger Arbeitskreis für Sozialrecht und Sozialpolitik* [Hrsg.], Arzneimittel in der modernen Gesellschaft: Hilfe oder Risiko für den Patienten?, Köln u. a. 1985, S. 1 ff.

Niedermair, Harald: Körperverletzung mit Einwilligung und die Guten Sitten, München 1999. (zit.: *Niedermair*, Gute Sitten)

Niese, Werner: Die moderne Strafrechtsdogmatik und das Zivilrecht, JZ 1956, S. 457 ff.

ders.: Ein Beitrag zur Lehre vom ärztlichen Heileingriff, in: *Bockelmann, Paul/ Gallas, Wilhelm* [Hrsg.], Festschrift für Eberhard Schmidt zum 70. Geburtstag, Göttingen 1961, S. 364 ff. (zit.: *Niese*, FS Schmidt)

ders.: Streik und Strafrecht, Tübingen 1954.

Nink, Katrin/ Schröder, Helmut: Zu Risiken und Nebenwirkungen: Lesen Sie die Packungsbeilage?, PharmR 2006, S. 118 ff.

Noll, Peter: Übergesetzliche Milderungsgründe aus vermindertem Unrecht, ZStW 68 (1956), S. 181 ff.

Nord, Dietrich: Aufklärung aus der Sicht des Arzneimittelherstellers, RPG 1997, S. 29 ff.
Nowak, Oliver: Leitlinien in der Medizin, Frankfurt am Main 2002.
Nüßgens, Karl: Zwei Fragen der zivilrechtlichen Haftung des Arztes, in: *Caemmerer, Ernst von et al.* [Hrsg.], Festschrift für Fritz Hauß zum 70. Geburtstag, Karlsruhe 1978. (zit.: *Nüßgens*, FS Hauß)
Odenwald, Steffen: Die Einwilligungsfähigkeit im Strafrecht unter besonderer Hervorhebung ärztlichen Handelns, Frankfurt am Main 2004.
Odersky, Walter: Zur strafrechtlichen Verantwortlichkeit für Gewässerverunreinigungen, in: *Jescheck, Hans-Heinrich/ Volgler, Theo* [Hrsg.], Festschrift für Herbert Tröndle zum 70. Geburtstag, Berlin, New York 1989, S. 291 ff. (zit.: *Odersky*, FS Tröndle)
Oehler, Dietrich: Die erlaubte Gefahrsetzung und die Fahrlässigkeit, in: *Bockelmann, Paul/ Gallas, Wilhelm* [Hrsg.], Festschrift für Eberhard Schmidt zum 70. Geburtstag, Göttingen 1961, S. 232 ff. (zit.: *Oehler*, FS Eb. Schmidt)
Ohm, Karin-Heide: Der Giftbegriff im Umweltstrafrecht, Köln 1985.
Ortwein, Ingeborg: Das Arzneimittel, 3. Auflage, Aulendorf 2001.
Ostendorf, Heribert: Die strafrechtliche Rechtmäßigkeit rechtswidrigen hoheitlichen Handelns, JZ 1981, S. 165 ff.
ders.: Grundzüge des konkreten Gefährdungsdelikts, JuS 1982, S. 426 ff.
Ostermeyer, Helmut: Kollektivschuld im Strafrecht, ZRP 1971, S. 75 f.
Otto, Harro: Anmerkung zu BayObLG 4 St RR 4/97, JZ 1997, S. 522 ff.
ders.: Die Haftung für kriminelle Handlungen in Unternehmen, Jura 1998, S. 409 ff.
ders.: Die objektive Zurechnung eines Erfolges im Strafrecht, Jura 1992, S. 90 ff.
ders.: Die Strafbarkeit von Unternehmen und Verbänden, Berlin, New York 1993. (zit.: *Otto*, Unternehmen)
ders.: Die strafrechtliche Haftung für die Auslieferung gefährlicher Produkte, in: *Weigend, Thomas/ Küpper, Georg* [Hrsg.], Festschrift für Hans Joachim Hirsch zum 70. Geburtstag, Berlin, New York 1999, S. 291 ff. (zit.: *Otto*, FS Hirsch)
ders.: Die Unterbrechung des Zurechnungszusammenhangs als Problem der Verantwortungszuschreibung, in: *Dölling, Dieter* [Hrsg.], Ius humanum – Festschrift für Ernst-Joachim Lampe zum 70. Geburstag, Berlin 2003, S. 491 ff. (zit.: *Otto*, FS Lampe)
ders.: Eigenverantwortliche Selbstschädigung und -gefährdung sowie einverständliche Fremdschädigung und -gefährdung, in: *Jescheck, Hans-Heinrich/ Vogler, Theo* [Hrsg.], Festschrift für Herbert Tröndle zum 70. Geburtstag, Berlin, New York 1989, S. 157 ff. (zit.: *Otto*, FS Tröndle)
ders.: Einwilligung, mutmaßliche, gemutmaßte und hypothetische Einwilligung, Jura 2004, S. 679 ff.
ders.: Grenzen der Fahrlässigkeitshaftung im Strafrecht – OLG Hamm 4 Ss 1602/72, JuS 1974, S. 702 ff.
ders.: Grundkurs Strafrecht, Allgemeine Strafrechtslehre, 7. Auflage, Berlin, New York 2004. (zit.: *Otto*, AT)
ders.: Grundkurs Strafrecht. Die einzelnen Delikte, 7. Auflage, Berlin 2005. (zit.: *Otto*, BT)
ders.: Grundsätze der strafrechtlichen Produkthaftung nach dem „Holzschutzmittel"-Urteil, WiB 1995, S. 929 ff.
ders.: Grundsätzliche Problemstellungen des Umweltstrafrechts, Jura 1991, S. 308 ff.
ders.: Kausaldiagnose und Erfolgszurechnung im Strafrecht, in: *Schroeder, Friedrich-Christian/ Zipf, Heinz* [Hrsg.], Festschrift für Reinhart Maurach zum 70. Geburtstag, Karlsruhe 1972, S. 91 ff. (zit.: *Otto*, FS Maurach)
ders.: Kausalität und Zurechnung, in: *Zaczyk, Rainer et al.* [Hrsg.], Festschrift für E.A. Wolff zum 70. Geburtstag, Berlin, Heidelberg 1998, S. 395 ff. (zit.: *Otto*, FS Wolff)

ders.: Mittäterschaft beim Fahrlässigkeitsdelikt, Jura 1990, S. 47 ff.

ders.: Risikoerhöhungsprinzip statt Kausalitätsgrundsatz als Zurechnungskriterium bei Erfolgsdelikten, NJW 1980, S. 417 ff.

ders.: Selbstgefährdung und Selbstverantwortung – BGH NJW 1984, 1469, Jura 1984, S. 536 ff.

ders.: Täterschaft kraft organisatorischen Machtapparats, Jura 2001, S. 753 ff.

ders.: Täterschaft und Teilnahme im Fahrlässigkeitsbereich, in: *Seebode, Manfred* [Hrsg.], Festschrift für Günter Spendel zum 70. Geburtstag, Berlin, New York 1992, S. 271 ff. (zit.: *Otto*, FS Spendel)

ders.: Vorangegangenes Tun als Grundlage strafrechtlicher Haftung, NJW 1974, S. 528 ff.

ders.: Wahrscheinlichkeitsgrad des Erfolgseintritts und Erfolgszurechnung, Jura 2001, S. 275 ff.

Otto, Harro/ Brammsen, Joerg: Die Grundlagen der strafrechtlichen Haftung des Garanten wegen Unterlassens, Jura 1985, S. 530 ff., 592 ff., 646 ff.

Paeffgen, Hans-Ullrich: Verwaltungsakt-Akzessorietät im Umweltstrafrecht, in: *Küper, Wilfried/ Welp, Jürgen* [Hrsg.], Beiträge zur Rechtswissenschaft – Festschrift für Walter Stree und Johannes Wessels zum 70. Geburtstag, Heidelberg 1993, S. 587 ff. (zit.: *Paeffgen*, FS Stree/Wessels)

Palandt, Otto [Begr.]: Bürgerliches Gesetzbuch, 66. Auflage, München 2007. (zit.: Palandt-*Bearbeiter*)

Papier, Hans-Jürgen: Der bestimmungsgemäße Gebrauch der Arzneimittel – die Verantwortung des pharmazeutischen Unternehmers –, Baden-Baden 1980.

ders.: Die Verantwortlichkeit für Altlasten im öffentlichen Recht, NVwZ 1986, S. 256 ff.

Pawlik, Michael: Der Polizeibeamte als Garant zur Verhinderung von Straftaten, ZStW 111 (1999), S. 335 ff.

Peglau, Jens: Strafbarkeit von Personenverbänden, JA 2001, S. 606 ff.

ders.: Unbeantwortete Fragen der Strafbarkeit von Personenverbänden, ZRP 2001, S. 406 ff.

Peine, Franz-Joseph: Die Legalisierungswirkung, JZ 1990, S. 201 ff.

Pérez-Barberá, Gabriel: Kausalität und Determiniertheit, ZStW 114 (2002), S. 600 ff.

Peter, Anne-Marie: Arbeitsteilung im Krankenhaus aus strafrechtlicher Sicht, Baden-Baden 1992. (zit.: *Peter*, Arbeitsteilung im Krankenhaus)

Peter, Jörg: Die strafrechtliche Verantwortlichkeit von Kollegialorganmitgliedern der AG und der GmbH für das Nichteinschreiten bei Gründungsschwindelhandlungen anderer Kollegialorganmitglieder, Rheinfelden 1990. (zit.: *Peter*, Kollegialorganmitglieder)

Peters, Karl: Sozialadäquanz und Legalitätsprinzip, in: *Stratenwerth, Günter et al.* [Hrsg.], Festschrift für Hans Welzel zum 70. Geburtstag, Berlin, New York 1974, S. 415 ff. (zit.: *Peters*, FS Welzel)

Pfeiffer, E. F.: Fortschritt und/oder Sicherheit in der medizinischen Forschung, in: *Rohrmoser, Günter/ Lindenlaub, Elke* [Hrsg.], Fortschritt und Sicherheit, Stuttgart, New York 1980, S. 25 ff. (zit.: *Pfeiffer*, Fortschritt)

Pfeiffer, Gerd: Die Bedeutung der Ethik-Kommissionen bei klinischen Prüfungen von Arzneimitteln am Menschen, in: *Eser, Albin et al.* [Hrsg.], Straf- und Strafverfahrensrecht, Recht und Verkehr, Recht und Medizin – Festschrift für Hannskarl Salger, Köln u. a. 1995, S.699 ff. (zit.: *Pfeiffer*, FS Salger)

ders.: Die gegenwärtige und künftige Problematik der Ethik-Kommissionen, VersR 1991, S. 613 ff.

ders.: Fünftes Gesetz zur Änderung des Arzneimittelgesetzes, VersR 1994, S. 1377 ff.

ders.: Strafprozessordnung, 5. Auflage, München 2005. (zit.: *Pfeiffer*, §)

ders.: Zur gesetzwidrigen Regelung über die Einschaltung von Ethik-Kommissionen bei der Arzneimittelforschung, ZRP 1998, S. 43 ff.

Pfeiffer, Stefan: Notwendigkeit und Legitimität der fahrlässigen Mittäterschaft, Jura 2004, S. 519 ff.

Pfleiderer, Klaus: Die Garantenstellung aus vorangegangenem Tun, Berlin 1968.

Pflüger, Frank: Krankenhaushaftung und Organisationsverschulden, Berlin, Heidelberg 2002.

Pfohl, Michael: Strafbarkeit von Amtsträgern wegen Duldung unzureichender Abwasserreinigungsanlagen, NJW 1994, S. 418 ff.

Philipps, Lothar: Dolus eventualis als Problem der Entscheidung unter Risiko, ZStW 85 (1973), S. 27 ff.

Pieper, Helmut: Verbraucherschutz durch Pflicht zum „Rückruf" fehlerhafter Produkte?, BB 1991, S. 985 ff.

Pietzcker, Jost: Mitverantwortung des Staates, Verantwortung des Bürgers, JZ 1985, S. 209 ff.

Pilz, Hannelore: Zur strafrechtlichen Verantwortung von Krankenanstalten nach dem neuen Unternehmensstrafrecht, RdM 2006, S. 102 ff.

Plagemann, Hermann: Das neue Arzneimittelrecht in der Bewährung, WRP 1978, S. 779 ff.

ders.: Der Wirksamkeitsnachweis nach dem Arzneimittelgesetz von 1976, Baden-Baden 1979.

Pollandt, Andreas: Off-Label-Use, ArztR 2005, S. 314 ff.

Popp, Stephan: Sittenwidrigkeit der Tat im Sinne von § 226a StGB, Nürnberg 1993.

Popper, Karl Raimund: Logik der Forschung, 11. Auflage, Tübingen 2005.

Poseck, Roman: Die strafrechtliche Haftung der Mitglieder des Aufsichtsrats einer Aktiengesellschaft, Baden-Baden 1997.

Preuß, Wilhelm: Untersuchungen zum erlaubten Risiko im Strafrecht, Berlin 1974.

Prittwitz, Cornelius: Die Ansteckungsgefahr bei Aids, JA 1988, S. 427 ff.

ders.: Funktionalisierung des Strafrechts, StV 1991, S. 435 ff.

ders.: Strafbarkeit des HIV-Virusträgers trotz Aufklärung des Sexualpartners?, NJW 1988, S. 2942 f.

ders.: Strafrecht und Risiko, Frankfurt am Main 1993. (zit.: *Prittwitz*, Risiko)

Puppe, Ingeborg: „Naturgesetze" vor Gericht, JZ 1994, S. 1147 ff.

dies.: Anmerkung zu BGH 1 StR 319/03, JR 2004, S. 470 ff.

dies.: Anmerkung zu BGH 2 StR 221/94, JZ 1996, S. 318 ff.

dies.: Anmerkung zu BGH 2 StR 226/82, NStZ 1983, S. 22 ff.

dies.: Anmerkung zu BGH 2 StR 549/89, JR 1992, S. 30 ff.

dies.: Der Erfolg und seine kausale Erklärung im Strafrecht, ZStW 92 (1980), S. 863 ff.

dies.: Die Beziehung zwischen Sorgfaltswidrigkeit und Erfolg bei den Fahrlässigkeitsdelikten, ZStW 99 (1987), S. 595 ff.

dies.: Die Erfolgszurechnung im Strafrecht, Baden-Baden 2000. (zit.: *Puppe*, Erfolgszurechnung)

dies.: Die strafrechtliche Verantwortlichkeit des Arztes bei mangelnder Aufklärung über eine Behandlungsalternative, GA 2003, S. 764 ff.

dies.: Strafrecht Allgemeiner Teil im Spiegel der Rechtsprechung; Band 1: Die Lehre vom Tatbestand, Rechtswidrigkeit, Schuld, 1. Auflage, Baden-Baden 2002 (zit.: *Puppe*, AT/1); Band 2: Sonderformen des Verbrechens, 1. Auflage, Baden-Baden 2005 (zit.: *Puppe*, AT/2).

dies.: Wider die fahrlässige Mittäterschaft, GA 2004, S. 129 ff.

dies.: Zurechnung und Wahrscheinlichkeit, ZStW 95 (1983), S. 287 ff.

Putz, Sarah Antonia: Strafrechtliche Produktverantwortlichkeit, insbesondere bei Arzneimitteln, Frankfurt am Main 2004.
Quaas, Michael/ Zuck, Rüdiger: Medizinrecht, München 2005.
Quillmann, Hella-Regina: Die Bedeutung der Einwilligung in riskantes Handeln bei der Fahrlässigkeitstat, Tübingen 1978.
Rademacher, Martin: Die Strafbarkeit wegen Verunreinigung eines Gewässers (§ 324 StGB), Frankfurt am Main 1989.
Rahn, Karl Heinz: Bedeutung und Grenzen des Doppelblindversuchs, in: *Bock, Klaus D.* [Hrsg.], Arzneimittelprüfung am Menschen, Wiesbaden 1980, S. 124 ff.
Ramsauer, Martin: Die staatliche Ordnung der Arzneimittelversorgung, Stuttgart u. a. 1988.
Randt, Karsten: Mittelbare Täterschaft durch Schaffung von Rechtfertigungslagen, Baden-Baden 1997.
Ranft, Otfried: Anmerkung zu BGH 5 StR 281/01, JZ 2003, S. 582 ff.
ders.: Garantiepflichtwidriges Unterlassen der Deliktshinderung, ZStW 94 (1982), S. 815 ff.
ders.: Strafprozeßrecht, 2. Auflage, Stuttgart u. a. 1995.
ders.: Zur Unterscheidung von Tun und Unterlassen im Strafrecht, JuS 1963, S. 340 ff.
Ransiek, Andreas: Strafrecht im Unternehmen und Konzern, ZGR 1999, S. 613 ff.
ders.: Unternehmensstrafrecht: Strafrecht, Verfassungsrecht, Regelungsalternativen, Heidelberg 1996.
ders.: Zur deliktischen Eigenhaftung des GmbH-Geschäftsführers aus strafrechtlicher Sicht, ZGR 1992, S. 203 ff.
Räpple, Thilo: Das Verbot bedenklicher Arzneimittel, Baden-Baden 1991.
Ratajczak, Thomas: Der „begründete Verdacht" in § 5 AMG und § 4 MPG, in: *Arbeitsgemeinschaft Rechtsanwälte im Medizinrecht e. V.* [Hrsg.], Arzneimittel und Medizinprodukte: neue Risiken für Arzt, Hersteller und Versicherer, Berlin, Heidelberg 1997, S. 75 ff. (*Ratajczak*, Begründeter Verdacht)
Rautenkranz, Nadine: Anmerkung zu BGH 5 StR 66/03, JA 2004, S. 190 ff.
Rebmann, Kurt et al. [Hrsg.]: Münchener Kommentar zum Bürgerlichen Gesetzbuch, Band 5: Schuldrecht – Besonderer Teil III. §§ 705-853, 4. Auflage, München 2004. (zit.: MüKo-BGB-*Bearbeiter*)
Rehberg, Jürg: Zur Lehre vom „Erlaubten Risiko", Zürich 1962.
Rehmann, Wolfgang A.: Arzneimittelgesetz (AMG), 2. Auflage, München 2003.
Rengier, Rudolf: Das moderne Umweltstrafrecht im Spiegel der Rechtsprechung – Bilanz und Aufgaben, Konstanz 1992. (zit.: *Rengier*, Umweltstrafrecht)
ders.: Die öffentlich-rechtliche Genehmigung im Strafrecht, ZStW 101 (1989), S. 874 ff.
ders.: Strafrecht. Besonderer Teil II: Delikte gegen die Person und die Allgemeinheit, 8. Auflage, München 2007. (zit.: *Rengier*, BT/2)
Renzikowski, Joachim: Anmerkung zu BGH 1 StR 638/99, JR 2001, S. 248 ff.
ders.: Notstand und Notwehr, Berlin 1994.
ders.: Restriktiver Täterbegriff und fahrlässige Beteiligung, Tübingen 1997.
ders.: Verantwortlichkeit in Hierarchien, in: *Kaufmann, Matthias/ Renzikowski, Joachim* [Hrsg.], Zurechnung als Operationalisierung von Verantwortung, Frankfurt am Main 2004, S. 147 ff. (zit.: *Renzikowski*, Hierarchien)
Rettenbeck, Stephan: Die Rückrufpflicht in der Produkthaftung, Baden-Baden 1994.
Reyes, Yesid: Theoretische Grundlagen der objektiven Zurechnung, ZStW 105 (1993), S. 108 ff.
Riedelmeier, Sabine: Ärztlicher Heileingriff und allgemeine Strafrechtsdogmatik, Baden-Baden 2004.

Rieger, Hans-Jürgen: Verantwortlichkeit des Arztes und des Pflegepersonals bei der Dialysebehandlung, NJW 1979, S. 582 ff.

Röckrath, Luidger: Kausalität, Wahrscheinlichkeit und Haftung, München 2004.

ders.: Kollegialentscheidung und Kausalitätsdogmatik, NStZ 2003, S. 641 ff.

Rodríguez Montañés, Teresa: Einige Bemerkungen über das Kausalitätsproblem und die Täterschaft im Falle rechtswidriger Kollegialentscheidungen, in: *Schünemann, Bernd et al.* [Hrsg.], Festschrift für Claus Roxin zum 70. Geburtstag, Berlin, New York 2001, S. 307 ff. (zit.: *Rodrígez Montañés*, FS Roxin)

Roeder, Hermann: Die Einhaltung des sozialadäquaten Risikos und ihr systematischer Standort im Verbrechensaufbau, Berlin 1969.

Rogall, Klaus: Bewältigung von Systemkriminalität, in: *Roxin, Claus/ Widmaier, Gunter* [Hrsg.], 50 Jahre Bundesgerichtshof – Festgabe aus der Wissenschaft, Band IV. Strafrecht, Strafprozessrecht, München 2000, S. 383 ff. (zit.: *Rogall*, FG BGH IV)

ders.: Die Strafbarkeit von Amtsträgern im Umweltbereich, Berlin 1991. (zit.: *Rogall*, Strafbarkeit von Amtsträgern)

ders.: Die Verwaltungsakzessorietät des Umweltstrafrechts – Alte Streitfragen, neues Recht –, GA 1995, S. 299 ff.

ders.: Dogmatische und kriminalpolitische Probleme der Aufsichtspflichtverletzung in Betrieben und Unternehmen (§ 130 OWiG), ZStW 98 (1986), S. 573 ff.

ders.: Gegenwartsprobleme des Umweltstrafrechts, in: Festschrift der Rechtswissenschaftlichen Fakultät zur 600-Jahr-Feier der Universität zu Köln, Köln u. a. 1988, S. 505 ff. (zit.: *Rogall*, FS Uni Köln)

Röh, Lars: Die kausale Erklärung überbedingter Erfolge, Frankfurt am Main 1995.

Röhl, Klaus F.: Praktische Rechtstheorie: Die Abgrenzung von Tun und Unterlassen und das fahrlässige Unterlassungsdelikt, JA 1999, S. 895 ff.

Rolinski, Klaus: „Statistische Kausalität" im Strafrecht?, in: *Kühne, Hans-Heiner* [Hrsg.], Festschrift für Koichi Miyazawa, Baden-Baden 1995, S. 483 ff. (zit.: *Rolinski*, FS Miyazawa)

Rönnau, Thomas: Die Einwilligung als Instrument der Freiheitsbetätigung, Jura 2002, S. 597 ff.

ders.: Voraussetzungen und Grenzen der Einwilligung im Strafrecht, Jura 2002, S. 665 ff.

ders.: Willensmängel bei der Einwilligung im Strafrecht, Tübingen 2001. (zit.: *Rönnau*, Willensmängel)

Ronzani, Marco: Erfolg und individuelle Zurechnung im Umweltstrafrecht, Freiburg 1992.

Rosenau, Henning: Strafrechtliche Probleme bei der klinischen Prüfung von Humanarzneimitteln nach der neuen europäischen Richtlinie, RPG 2002, S. 94 ff.

Rotberg, Hans Eberhard: Für Strafe gegen Verbände!, in: *Caemmerer, Ernst von et al.* [Hrsg.], Hundert Jahre deutsches Rechtsleben – Festschrift zum hundertjährigen Bestehen des Deutschen Juristentages, Band 2, Karlsruhe 1960, S. 193 ff. (zit.: *Rotberg*, DJT-FS)

Rotsch, Thomas: Anmerkung zu BGH 1 StR 453/02, JR 2004, S. 248 ff.

ders.: Die Rechtsfigur des Täters hinter dem Täter bei der Begehung von Straftaten im Rahmen organisatorischer Machtapparate und ihre Übertragbarkeit auf wirtschaftliche Organisationsstrukturen, NStZ 1998, S. 491 ff.

ders.: Individuelle Haftung in Großunternehmen, Baden-Baden 1998.

ders.: Neues zur Organisationsherrschaft, NStZ 2005, S. 13 ff.

ders.: Tatherrschaft kraft Organisationsherrschaft?, ZStW 112 (2000), S. 518 ff.

ders.: Unternehmen, Umwelt und Strafrecht – Ätiologie einer Misere, wistra 1999, S. 321 ff., 368 ff.

Röttger, Wolfgang: Unrechtsbegründung und Unrechtsausschluss nach den finalistischen Straftatlehren und nach einer materialen Konzeption, Berlin 1993.

Roxin, Claus: Anmerkung zu BGH 1 StR 168/83, NStZ 1984, S. 71 ff.

ders.: Anmerkung zu BGH 1 StR 808/83, NStZ 1984, S. 411 f.

ders.: Anmerkung zu BGH 5 StR 327/03, StV 2004, S. 485 ff.

ders.: Anmerkung zu BGH 5 StR 98/94, JZ 1995, S. 49 ff.

ders.: Bemerkungen zum „Täter hinter dem Täter", in: *Oehler, Dietrich* [Hrsg.], Festschrift für Richard Lange zum 70. Geburtstag, Köln 1976, S. 173 ff. (zit.: *Roxin*, FS Lange)

ders.: Bemerkungen zum Regreßverbot, in: *Jescheck, Hans-Heinrich/ Vogler, Theo* [Hrsg.], Festschrift für Herbert Tröndle zum 70. Geburtstag, Berlin, New York 1989, S. 177 ff. (zit.: *Roxin*, FS Tröndle)

ders.: Bemerkungen zur sozialen Adäquanz im Strafrecht, in: *Kohlmann, Günter* [Hrsg.], Festschrift für Ulrich Klug zum 70. Geburtstag, Band 2, Köln u. a. 1983, S. 303 ff. (zit.: *Roxin*, FS Klug)

ders.: Die Abgrenzung von Täterschaft und Teilnahme in der höchstrichterlichen Rechtsprechung, in: *Roxin, Claus/ Widmaier, Gunter* [Hrsg.], 50 Jahre Bundesgerichtshof – Festgabe aus der Wissenschaft, Band IV. Strafrecht, Strafprozessrecht, München 2000, S. 177 ff. (zit.: *Roxin*, FG BGH IV)

ders.: Die durch Täuschung herbeigeführte Einwilligung im Strafrecht, in: *Hauser, Robert et al.* [Hrsg.], Gedächtnisschrift für Peter Noll, Zürich 1984, S. 275 ff. (zit.: *Roxin*, FS Noll)

ders.: Die Mitwirkung beim Suizid – ein Tötungsdelikt?, in: *Jescheck, Hans-Heinrich/ Lüttger, Hans* [Hrsg.], Festschrift für Eduard Dreher zum 70. Geburtstag, Berlin, New York 1977, S. 331 ff. (zit.: *Roxin*, FS Dreher)

ders.: Die Sterbehilfe im Spannungsfeld von Suizidteilnahme, erlaubtem Behandlungsabbruch und Tötung auf Verlangen, NStZ 1987, S. 345 ff.

ders.: Pflichtwidrigkeit und Erfolg bei fahrlässigen Delikten, ZStW 74 (1962), S. 411 ff.

ders.: Probleme von Täterschaft und Teilnahme bei der organisierten Kriminalität, in: *Samson, Erich et al.* [Hrsg.], Festschrift für Gerald Grünwald zum 70. Geburtstag, Baden-Baden 1999, S. 549 ff. (zit.: *Roxin*, FS Grünwald)

ders.: Strafrecht: Allgemeiner Teil; Band 1: Grundlagen, der Aufbau der Verbrechenslehre, 4. Auflage, München 2006 (zit.: *Roxin*, AT/1); Band 2: Besondere Erscheinungsformen der Straftat, 1. Auflage, München 2003 (zit.: *Roxin*, AT/2).

ders.: Straftaten im Rahmen organisatorischer Machtapparate, GA 1963, S. 193 ff.

ders.: Strafverfahrensrecht, 25. Auflage, München 1998. (zit.: *Roxin*, StPO)

ders.: Täterschaft und Tatherrschaft, 8. Auflage, Berlin, New York 2006. (zit.: *Roxin*, TuT)

ders.: Verwerflichkeit und Sittenwidrigkeit als unrechtsbegründende Merkmale im Strafrecht, JuS 1964, S. 373 ff.

ders.: Zum Schutzzweck der Norm bei fahrlässigen Delikten, in: *Lackner, Karl et al.* [Hrsg.], Festschrift für Wilhelm Gallas zum 70. Geburtstag, Berlin, New York 1973, S. 241 ff. (zit.: *Roxin*, FS Gallas)

Rudolphi, Hans-Joachim: Anmerkung zu BGH 2 StR 321/93, NStZ 1994, S. 433 ff.

ders.: Anmerkung zu BGH 4 StR 150/86, JR 1987, S. 162 ff.

ders.: Anmerkung zu BGH 4 StR 301/86, JR 1987, S. 336 ff.

ders.: Der Dienstvorgesetzte als Garant für die gesetzmäßige Bestrafung seiner Untergebenen, NStZ 1991, S. 361 ff.

ders.: Die Gleichstellungsproblematik der unechten Unterlassungsdelikte und der Gedanke der Ingerenz, Göttingen 1966. (zit.: Rudolphi, Gleichstellungsproblematik)

ders.: Primat des Strafrechts im Umweltschutz?, NStZ 1984, S. 193 ff., 248 ff.

ders.: Probleme der strafrechtlichen Verantwortlichkeit von Amtsträgern für Gewässerverunreinigungen, in: *Hanack, Ernst-Walter et al.* [Hrsg.], Festschrift für Hanns Dünnebier zum 75. Geburtstag, Berlin 1982, S. 561 ff. (zit.: *Rudolphi*, FS Dünnebier)

ders.: Strafrechtliche Verantwortlichkeit der Bediensteten von Betrieben für Gewässerverunreinigungen und ihre Begrenzung durch den Einleitungsbescheid, in: *Küper, Wilfried* [Hrsg.], Festschrift für Karl Lackner zum 70. Geburtstag, Berlin 1987, S. 863 ff. (zit.: *Rudolphi*, FS Lackner)

ders.: Zur Tatbestandsbezogenheit des Tatherrschaftsbegriffs bei der Mittäterschaft, in: *Kaufmann, Arthur et al.* [Hrsg.], Festschrift für Paul Bockelmann zum 70. Geburtstag, München 1979, S. 369 ff. (zit.: *Rudolphi*, FS Bockelmann)

Rudolphi, Hans-Joachim et al. [Hrsg.]: Systematischer Kommentar zum Strafgesetzbuch, 7., teilweise 8, Auflage, Neuwied u. a., Stand: Oktober 2006. (zit.: SK-StGB-*Bearbeiter*)

Rudolphi, Hans-Joachim et al. [Hrsg.]: Systematischer Kommentar zur Strafprozessordnung und zum Gerichtsverfassungsgesetz, 1., 2., teilweise 3. Auflage, Neuwied u. a., Stand: Oktober 2006. (zit.: SK-StPO-*Bearbeiter*)

Rühl, Ulli F. H.: Grundfragen der Verwaltungsakzessorietät, JuS 1999, S. 521 ff.

Rumler-Detzel, Pia: Arbeitsteilung und Zusammenarbeit in der Chirurgie, VersR 1994, S. 254 ff.

Rupp, Hans Heinrich: Sind Ethik-Kommissionen Rechtsausschüsse und ihre Voten Verwaltungsakte?, in: *Kästner, Karl-Hermann et al.* [Hrsg.], Festschrift für Martin Heckel zum 70. Geburtstag, Tübingen 1999, S. 839 ff. (zit.: *Rupp*, FS Heckel)

Rüther, Werner: „Immanente" oder „radikale" Reform des Umweltstrafrechts?, KritV 1993, S. 227 ff.

Sach, Karsten: Genehmigung als Schutzschild?, Berlin 1994.

Sack, Rolf: Produzentenhaftung und Produktbeobachtungspflicht, BB 1985, S. 813 ff.

Saliger, Frank: Legitimation durch Verfahren im Medizinrecht, in: *Bernat, Erwin/ Kröll, Wolfgang* [Hrsg.], Recht und Ethik der Arzneimittelforschung, Wien 2003, S. 124 ff.

Salje, Peter: Zivilrechtliche und strafrechtliche Verantwortung des Betriebsbeauftragten für Umweltschutz, BB 1993, S. 2297 ff.

Samson, Erich: Begehung und Unterlassung, in: *Stratenwerth, Günter et al.* [Hrsg.], Festschrift für Hans Welzel zum 70. Geburtstag, Berlin, New York 1974, S. 579 ff. (zit.: *Samson*, FS Welzel)

ders.: Probleme strafrechtlicher Produkthaftung, StV 1991, S. 182 ff.

ders.: Rechtliche Modelle zur Regelung des Risiko-Nutzen-Problems, in: *Rohrmoser, Günter/ Lindenlaub, Elke* [Hrsg.], Fortschritt und Sicherheit, Stuttgart, New York 1980, S. 289 ff. (zit.: *Samson*, Modelle)

ders.: Typische Rechtsprobleme bei der Planung und Durchführung von kontrollierten Therapiestudien, in: *Victor, Norbert et al.* [Hrsg.], Therapiestudien, Berlin, Heidelberg, S. 1981, S. 129 ff. (zit.: *Samson*, Therapiestudien)

ders.: Über Sinn und Unsinn von Ethik-Kommissionen, DMW 1981, S. 667 ff.

ders.: Zur Strafbarkeit der klinischen Arzneimittelprüfung, NJW 1978, S. 1182 ff.

Samson, Erich/ Wolz, Birgit: Bedenklichkeit von Arzneimitteln und Gebrauchsinformationen, MedR 1988, S. 71 ff.

Sander, Axel: Arzneimittelrecht, Kommentar, Stuttgart, Stand: März 2006. (zit.: *Sander*, §)

ders.: Das Arzneimittelgesetz aus der Sicht der pharmazeutischen Industrie, in: *Marburger Arbeitskreis für Sozialrecht und Sozialpolitik* [Hrsg.], Arzneimittel in der modernen Gesellschaft: Hilfe oder Risiko für den Patienten?, Köln u. a. 1985, S. 45 ff. (zit.: *Sander*, Pharmazeutische Industrie) *ders.:* Die klinische Prüfung der Phase IV, in: *Kleinsorge, Hellmuth et al.* [Hrsg.], Klinische Arzneimittelprüfung – medizinische und rechtliche Grundlagen, Stuttgart u. a. 1987, S. 84 ff. (zit.: *Sander*, Phase IV)

ders.: Rechtsprobleme der klinischen Prüfung, PharmInd 1988, S. 145 ff.

Sander, Horst P.: Rechtsstellung und Rechtsschutz des Betriebsbeauftragten für Gewässerschutz aus der Sicht der Industrie, NuR 1985, S. 47 ff.

Sangenstedt, Christof: Garantenstellung und Garantenpflicht von Amtsträgern, Frankfurt am Main 1989.

Savigny, Friedrich Carl von: Die Prinzipien in Beziehung auf eine neue Strafprozeßordnung, GA Band 6, S. 469 ff.

Sax, Walter: Zur rechtlichen Problematik der Sterbehilfe durch vorzeitigen Abbruch einer Intensivbehandlung, JZ 1975, S. 137 ff.

Schaal, Alexander: Strafrechtliche Verantwortlichkeit bei Gremienentscheidungen in Unternehmen, Berlin 2001.

Schaffstein, Friedrich: Die Risikoerhöhungslehre als objektives Zurechnungsprinzip im Strafrecht, insbesondere bei der Beihilfe, in: *Barth, Eberhard* [Hrsg.], Festschrift für Richard M. Honig zum 80. Geburtstag, Göttingen 1970, S. 169 ff. (zit.: *Schaffstein*, FS Honig)

ders.: Handlungsunwert, Erfolgsunwert und Rechtfertigung bei den Fahrlässigkeitsdelikten, in: *Stratenwerth, Günter et al.* [Hrsg.], Festschrift für Hans Welzel zum 70. Geburtstag, Berlin, New York 1974, S. 557 ff. (zit.: *Schaffstein*, FS Welzel)

ders.: Soziale Adäquanz und Tatbestandslehre, ZStW 72 (1960), S. 369 ff.

Schall, Hero: Grund und Grenzen der strafrechtlichen Geschäftsherrenhaftung, in: *Rogall, Klaus et al.* [Hrsg.], Festschrift für Hans-Joachim Rudolphi zum 70. Geburtstag, Neuwied 2004, S. 267 ff. (zit.: *Schall*, FS Rudolphi)

ders.: Möglichkeiten und Grenzen eines verbesserten Umweltschutzes durch das Strafrecht, wistra 1992, S. 1 ff.

ders.: Probleme der Zurechnung von Umweltdelikten in Betrieben, in: *Schünemann, Bernd* [Hrsg.], Deutsche Wiedervereinigung, Band 3: Unternehmenskriminalität, Köln u. a. 1996, S. 99 ff. (zit.: *Schall*, Probleme)

ders.: Umweltschutz durch Strafrecht: Anspruch und Wirklichkeit, NJW 1990, S. 1263 ff.

ders.: Zur Strafbarkeit von Amtsträgern in Umweltverwaltungsbehörden, JuS 1993, S. 719 ff.

Scheele, Rolf: Zur Bindung des Strafrichters an fehlerhafte behördliche Genehmigungen im Umweltstrafrecht, Berlin 1993.

Scheffold. Stefan: Haftungsfragen im Zusammenhang mit der Tätigkeit von institutional review boards und von Ethik-Kommissionen, Frankfurt 1992.

Scheler, Fritz: Spontanerfassung unerwünschter Arzneimittelwirkungen in der Bundesrepublik Deutschland, in: *Wagner, Wolfgang* [Hrsg.], Arzneimittel und Verantwortung, Berlin u. a. 1993, S. 281 ff.

Schellenberg, Frank: Non-Compliance und Arzthaftung, VersR 2005, S. 1620 ff.

Scheu, Gerhard: Deliktische Produktverantwortung für Hepatitis C-Infektionen hömophiler Patienten, Baden-Baden 1999. (zit.: *Scheu*, Produktverantwortung)

ders.: In Dubio Pro Securitate: Contergan, Hepatitis-/ AIDS-Blutprodukte, Spongiformer Humaner Wahn und kein Ende? Baden-Baden 2003. (zit.: *Scheu*, In dubio)

Schewe, G.: Sind kontrollierte Therapiestudien aus Rechtsgründen undurchführbar?, in: *Victor, Norbert et al.* [Hrsg.], Therapiestudien, Berlin, Heidelberg, S. 1981, S. 143 ff.

Schild, Wolfgang: Die strafrechtsdogmatischen Konsequenzen des rechtsfreien Raums (3. Teil), JA 1978, S. 631 ff.

ders.: Täterschaft als Tatherrschaft, Berlin, New York 1994.

Schilling, Georg: Abschied vom Teilnahmeargument bei der Mitwirkung zur Selbsttötung, JZ 1979, S. 159 ff.

Schimikowski, Peter: Experiment am Menschen: Zur strafrechtlichen Problematik des Humanexperiments, Stuttgart 1980. (zit.: *Schimikowski*, Experiment)

Schirrmacher, Gesa: Anmerkung zu BGH 2 StR 321/93, JR 1995, S. 386 ff.

Schiwy-Bochat, Karl-Heinz/ Althoff, Helmut/ Müller, Heike: Erfahrungsspektrum einer Ethik-Kommission einer Medizinischen Fakultät, MedR 1997, S. 68 ff.

Schlacke, Sabine: Die Pflicht zur Anrufung von Ethik-Kommissionen bei multizentrischen Arzneimittelprüfungen nach der 8. AMG-Novelle, MedR 1999, S. 551 ff.

Schlechtriem, Peter: Haftung bei „weiterfressendem Mangel", JA 1983, S. 255 ff.

Schlösser, Jan: Soziale Tatherrschaft, Berlin 2004.

Schlüchter, Ellen: Der Kaufmann als Garant im Rahmen der unerlaubten Gewässerverunreinigung, in: *Eser, Albin et al.* [Hrsg.], Straf- und Strafverfahrensrecht, Recht und Verkehr, Recht und Medizin – Festschrift für Hannskarl Salger, Köln u. a. 1995, S. 139 ff. (zit.: *Schlüchter*, FS Salger)

dies.: Grundfälle zur Lehre von der Kausalität, JuS 1976, S. 312 ff., 378 ff., 518 ff., 793 ff., JuS 1977, S. 104 ff.

dies.: Zusammenhang zwischen Pflichtwidrigkeit und Erfolg bei Fahrlässigkeitstatbeständen, JA 1984, S. 673 ff.

Schlund, Gerhard H.: Aufklärungspflicht des Arztes über Nebenwirkungen von Arzneimitteln, JR 2006, S. 69 f.

ders.: Juristische Überlegungen bei der Verwendung von zugelassenen Arzneimitteln in einem (noch) nicht genehmigten Bereich, PharmR 2000, S. 371 ff.

ders.: Umfang und Grenzen der ärztlichen Aufklärungspflicht, ArztR 2004, S. 32 ff.

ders.: Zur rechtlichen Verantwortung des ärztlichen Assistenzpersonals, KHuR 2005, S. 19 ff.

ders.: Zur rechtlichen Verantwortung des Assistenzpersonals: Arzthelferin – Krankenschwester, A/ZusR 2005, S. 1 ff.

Schmid, Hugo: Die Grenzen der Therapiefreiheit, NJW 1986, S. 2339 ff.

Schmid, Niklaus: Von der zivilrechtlichen zur strafrechtlichen Produktehaftung, in: *Forstmoser, Peter et al.* [Hrsg.], Festschrift für Max Keller zum 65. Geburtstag, Zürich 1989, S. 647 ff. (zit.: *Schmid*, FS Keller)

Schmidhäuser, Eberhard: Selbstmord und Beteiligung am Selbstmord in strafrechtlicher Sicht, in: *Stratenwerth, Günter et al.* [Hrsg.], Festschrift für Hans Welzel zum 70. Geburtstag, Berlin 1974, S. 801 ff.

ders.: Strafrecht. Allgemeiner Teil: Studienbuch, 2. Auflage, Tübingen 1984. (zit.: *Schmidhäuser*, AT)

ders.: Zur Frage nach dem Ziel des Strafprozesses, in: *Bockelmann, Paul/ Gallas, Wilhelm* [Hrsg.], Festschrift für Eberhard Schmidt zum 70. Geburtstag, Göttingen 1961, S. 511 ff. (zit.: *Schmidhäuser*, FS Schmidt)

Schmidt, Eberhard: Der Arzt im Strafrecht, Leipzig 1939.

ders.: Schlägermensur und Strafrecht, JZ 1954, S. 369 ff.

Schmidt-Salzer, Joachim: Anmerkung zu BGH VI ZR 194/70, NJW 1972, S. 2219 ff.

ders.: Entscheidungssammlung Produkthaftung, Band IV: Strafrechtliche Entscheidungen, München 1982. (zit.: *Instanz*, ES)

ders.: Konkretisierungen der strafrechtlichen Produkt- und Umweltverantwortung, NJW 1996, S. 1 ff.

ders.: Massenproduktion, lean production und Arbeitsteilung – organisationssoziologisch und -rechtlich betrachtet, BB 1992, S. 1866 ff.

ders.: Produkthaftung, Band I: Strafrecht, 2. Auflage, Heidelberg 1988.

ders.: Strafrechtliche Produktverantwortung, NJW 1988, S. 1937 ff.

ders.: Strafrechtliche Produktverantwortung, NJW 1990, S. 2966 ff.

ders.: Strafrechtliche Verantwortung von Herstelleitern, Vorgesetzten und Mitarbeitern für das Inverkehrbringen fehlerhafter Arzneimittel, PharmR 1989, S. 20 ff.

ders.: Verbraucherschutz, Produkthaftung, Umwelthaftung, Unternehmensverantwortung, NJW 1994, S. 1305 ff.

Schmitt, Rudolf: Euthanasie aus der Sicht des Juristen, JZ 1979, S. 462 ff.

Schmitz, Roland: Verwaltungshandeln und Strafrecht, Heidelberg 1992.

Schmoller, Kurt: Fremdes Fehlverhalten im Kausalverlauf, in: *Schmoller, Kurt* [Hrsg.], Festschrift für Otto Triffterer zum 65. Geburtstag, Wien, New York 1996, S. 223 ff.

Schmucker, Andrea: Die „Dogmatik" einer strafrechtlichen Produktverantwortung, Frankfurt am Main 2001.

Schneider, B.: Kontrollierte Arzneimittelstudien in Klinik und Praxis, in: *Kleinsorge, Hellmuth* [Hrsg.], Kontrollierte Arzneimittelstudien und ihre Alternativen, Stuttgart, New York 1986, S. 7 ff. (zit.: *Schneider*, Kontrollierte Arzneimittelstudien)

Schneider, H.: Anmerkung zu BGH 2 StR 531/02, NStZ 2004, S. 91 ff.

Schnieders, Bernhard: Arbeitsweise des Instituts für Arzneimittel an Beispielen im Vollzug des Arzneimittelgesetzes 1976, BGesundhBl 1985, S. 194 ff.

ders.: Arzneimittelzulassung, in: *Kleinsorge, Hellmuth et al.* [Hrsg.], Klinische Arzneimittelprüfung – medizinische und rechtliche Grundlagen, Stuttgart u. a. 1987, S. 128 ff. (zit.: *Schnieders*, Arzneimittelzulassung)

ders.: Das Arzneimittelgesetz in der praktischen Anwendung, in: *Marburger Arbeitskreis für Sozialrecht und Sozialpolitik* [Hrsg.], Arzneimittel in der modernen Gesellschaft: Hilfe oder Risiko für den Patienten?, Köln u. a. 1985, S. 19 ff. (zit.: *Schnieders*, Arzneimittelgesetz)

Schnieders, Bernhard/ Schuster, Jörg: Probleme der Wirksamkeitsbeurteilung bei der Zulassung von Arzneimitteln und bei der Aufarbeitung von wissenschaftlichem Erkenntnismaterial, PharmR 1983, S. 43 ff.

Scholl, Claus: Strafrechtliche Verantwortlichkeit und zivilrechtliche Haftung eines Reifenhändlers, NJW 1981, S. 2737 f.

Scholz, Karsten/ Stoll, Tonio: Bedarfsprüfung und Wirksamkeitskontrolle durch Ethik-Kommissionen?, MedR 1990, S. 58 ff.

Scholz, Rupert: Strafbarkeit juristischer Personen?, ZRP 2000, S. 435 ff.

Schönhöfer, Peter S.: Risikoabschätzung bei Arzneimittelsicherheitsentscheidungen aus medizinischer Sicht, in: *Damm, Reinhard/ Hart, Dieter* [Hrsg.], Rechtliche Regulierung von Gesundheitsrisiken, Baden-Baden 1993, S. 95 ff.

Schönke, Adolf/ Schöder, Horst [Begr.]*:* Strafgesetzbuch: Kommentar, 27. Auflage, München 2006. (zit.: S/S-*Bearbeiter*)

Schreiber, Hans-Ludwig: Ärztliche Aufklärung – Zweck, Grenzen und Modalitäten, in: *Madea, Burkhard et al.* [Hrsg.], Innere Medizin und Recht, Berlin, Wien 1996, S. 17 ff. (zit.: *Schreiber*, Aufklärung)

ders.: Die Nutzen-Risiko-Abwägung in der medizinischen Forschung am Menschen, in: *Deutsch, Erwin/ Taupitz, Jochen* [Hrsg.], Forschungsfreiheit und Forschungskontrolle in der Medizin, Berlin, Heidelberg 2000, S. 303 ff. (zit.: *Schreiber*, Nutzen-Risiko-Abwägung) *ders.:* Juristische Aspekte des therapeutischen Versuchs am Menschen, in: *Martini, Gustav Adolf* [Hrsg.], Medizin und Gesellschaft. Ethische Verantwortung und ärztliches Handeln, Frankfurt am Main 1982, S. 181 ff. (zit.: *Schreiber*, Aspekte)

ders.: Recht und Ethik, in: *Doerr, Wilhelm et al.* [Hrsg.], Recht und Ethik in der Medizin, Berlin, Heidelberg 1982, S. 15 ff. (zit.: *Schreiber*, Ethik)

ders.: Strafrecht der Medizin, in: *Roxin, Claus/ Widmaier, Gunter* [Hrsg.], 50 Jahre Bundesgerichtshof – Festgabe aus der Wissenschaft, Band IV. Strafrecht, Strafprozessrecht, München 2000, S. 503 ff. (zit.: *Schreiber*, FG BGH IV)

Schreiber, Michaela/ Schäfer, Marion: Arzneimittel in der Erprobung, A & R 2006, S. 117 ff.

Schröder, Antje: Die personelle Reichweite öffentlich-rechtlicher Genehmigungen und ihrer Folgen für das Umweltstrafrecht, Baden-Baden 2000. (zit.: *Schröder*, Personelle Reichweite)

Schröder, Horst: Eigenmächtige Heilbehandlung im geltenden Strafrecht und im StGB-Entwurf 1960, NJW 1961, S. 951 ff.

Schroeder, Friedrich-Christian: Besondere Strafvorschriften gegen Eigenmächtige und Fehlerhafte Heilbehandlung?, Passau 1998.(zit.: *Schroeder*, Besondere Strafvorschriften)

ders.: Der Sprung des Täters hinter dem Täter aus der Theorie in die Praxis, JR 1995, S. 177 ff.

ders.: Der Täter hinter dem Täter, Berlin 1965.

Schroth, Hans-Jürgen: Unternehmen als Normadressaten und Sanktionssubjekte, Gießen 1993. (zit.: *Schroth*, Unternehmen)

Schroth, Ulrich: Strafrecht. Besonderer Teil, 4. Auflage, Stuttgart u. a. 2006. (zit.: *Schroth*, BT)

Schubert, Gernot: Zur Einführung: Arzneimittelrecht, JuS 1983, S. 748 ff.

Schüler-Springorum, Horst: Über Victimologie, in: *Bart, Eberhard* [Hrsg.], Festschrift für Richard M. Honig zum 80. Geburtstag, Göttingen 1970, S. 201 ff. (zit.: *Schüler-Springorum*, FS Honig)

Schultz, Michael: Amtswalterunterlassen, Berlin 1984.

Schulz, Joachim: Gesetzmäßige Bedingung und kausale Erklärung, in: *Küper, Wilfried* [Hrsg.], Festschrift für Karl Lackner zum 70. Geburtstag, Berlin, New York 1987, S. 39 ff. (zit.: *Schulz*, FS Lackner)

Schulz, Lorenz: Kausalität und strafrechtliche Produkthaftung. Materiell- und prozessrechtliche Aspekte, in: *Lübbe, Weyma* [Hrsg.], Kausalität und Zurechnung: über Verantwortung in komplexen kulturellen Prozessen, Berlin, New York 1994, S. 41 ff. (zit.: *Schulz*, Kausalität)

ders.: Perspektiven der Normativierung des objektiven Tatbestands (Erfolg, Handlung, Kausalität) am Beispiel der strafrechtlichen Produkthaftung, in: *Lüderssen, Klaus* [Hrsg.], Aufgeklärte Kriminalpolitik oder Kampf gegen das Böse?, Band III: Makrodelinquenz, Baden-Baden 1998, S. 43 ff. (zit.: *Schulz*, Perspektiven)

Schulz, Uwe: Die mittelbare Täterschaft kraft Organisationsherrschaft – eine notwendige Rechtsfortbildung?, JuS 1997, S. 109 ff.

Schumacher, Willi: Gruppendynamik und Straftat, NJW 1980, S. 1880 ff.

Schumann, Heribert: Rezension von *Schmidt-Salzer*, Produkthaftung, Band I: Strafrecht, 2. Auflage, Heidelberg 1988, StV 1994, S. 106 ff.

ders.: Strafrechtliches Handlungsunrecht und das Prinzip der Selbstverantwortung der Anderen, Tübingen 1986.

Schünemann, Bernd: Anmerkung zu BGH 4 StR 266/84, StV 1985, S. 229 ff.

ders.: Die deutschsprachige Strafrechtswissenschaft nach der Strafrechtsreform im Spiegel des Leipziger Kommentars und des Wiener Kommentars – 1. Teil: Tatbestands- und Unrechtslehre, GA 1985, S. 341 ff.

ders.: Die kriminalpolitischen und dogmatischen Grundfragen der Unternehmenskriminalität, in: *Rogall, Klaus et al.* [Hrsg.], Festschrift für Hans-Joachim Rudolphi zum 70. Geburtstag, Neuwied 2004, S. 297 ff. (zit.: *Schünemann*, FS Rudolphi)

ders.: Die Strafbarkeit von Amtsträgern im Gewässerstrafrecht, wistra 1986, S. 235 ff.

ders.: Die Unterlassungsdelikte und die strafrechtliche Verantwortlichkeit für Unterlassungen, ZStW 96 (1984), S. 287 ff.

ders.: Die Zukunft der Viktimo-Dogmatik: die viktimologische Maxime als umfassendes regulatives Prinzip zur Tatbestandseingrenzung im Strafrecht, in: *Zeidler, Wolfgang et al.* [Hrsg.], Festschrift für Hans Joachim Faller, München 1984, S. 357 ff. (zit.: *Schünemann*, FS Faller)

ders.: Einige vorläufige Bemerkungen zur Bedeutung des viktimologischen Ansatzes in der Strafrechtsdogmatik, in: *Schneider, Hans Joachim* [Hrsg.], Das Verbrechensopfer in der Strafrechtspflege, Berlin, New York 1982, S. 407 ff. (zit.: *Schünemann*, Bemerkungen)

ders.: Fahrlässige Tötung durch Abgabe von Rauschmitteln?, NStZ 1982, S. 60 ff.

ders.: Grund und Grenzen der unechten Unterlassungsdelikte, Göttingen 1971.

ders.: Moderne Tendenzen in der Dogmatik der Fahrlässigkeits- und Gefährdungsdelikte, JA 1975, S. 435 ff., 511 ff., 575 ff., 647 ff.

ders.: Plädoyer zur Einführung einer Unternehmenskuratel, in: *Schünemann, Bernd* [Hrsg.], Deutsche Wiedervereinigung, Band 3: Unternehmenskriminalität, Köln u. a. 1996, S. 129 ff. (zit.: *Schünemann*, Unternehmenskuratel)

ders.: Riskanter Geschlechtsverkehr eines HIV-Infizierten als Tötung, Körperverletzung oder Vergiftung?, JR 1989, S. 89 ff.

ders.: Strafrechtsdogmatische und kriminalpolitische Grundfragen der Unternehmenskriminalität, wistra 1982, S. 41 ff.

ders.: Über die objektive Zurechnung, GA 1999, S. 207 ff.

ders.: Unternehmenskriminalität und Strafrecht, Köln u. a. 1979.

ders.: Unternehmenskriminalität, in: *Roxin, Claus/ Widmaier, Gunter* [Hrsg.], 50 Jahre Bundesgerichtshof – Festgabe aus der Wissenschaft, Band IV. Strafrecht, Strafprozessrecht, München 2000, S. 621 ff. (zit.: *Schünemann*, FG BGH IV)

ders.: Unzulänglichkeiten des Fahrlässigkeitsdelikts in der modernen Industriegesellschaft, in: *Graul, Eva/ Wolf, Gerhard* [Hrsg.], Gedächtnisschrift für Dieter Meurer. Berlin 2002, S. 37 ff. (zit.: *Schünemann*, GedS Meurer)

ders.: Zum gegenwärtigen Stand der Dogmatik der Unterlassungsdelikte in Deutschland, in: *Gimbernat, Enrique et al.* [Hrsg.], Internationale Dogmatik der objektiven Zurechnung und der Unterlassungsdelikte, Heidelberg 1995, S. 49 ff. (zit.: *Schünemann*, Unterlassungsdelikte)

ders.: Zur Stellung des Opfers im System der Strafrechtspflege, NStZ 1986, S. 193 ff., 439 ff.

Schürer-Mohr, Wiebke: Erlaubte Risiken: Grundfragen des „erlaubten Risikos“ im Bereich der Fahrlässigkeitsdogmatik, Frankfurt am Main 1998.

Schutzbach, Axel: Die strafrechtliche Verantwortung für Betriebsunfälle, Berlin 1983.

Schwab, Hans-Jörg: Täterschaft und Teilnahme bei Unterlassungen, Frankfurt am Main 1996.

Schwartz, Martina: Strafrechtliche Produkthaftung, Frankfurt am Main 1999.

Schwarz, Andreas: Anmerkung zu BGH 2 StR 86/92, NStZ 1993, S. 285 f.

ders.: Zum richtigen Verständnis der Verwaltungsakzessorietät des Umweltstrafrechts, GA 1993, S. 318 ff.

Schwarz, Joachim A.: Leitfaden Klinische Prüfungen von Arzneimitteln und Medizinprodukten, 3. Auflage, Aulendorf 2005. (zit.: *Schwarz*, Leitfaden)

Schwerdtfeger, Gunther: Die Bindungswirkung der Arzneimittelzulassung, Baden-Baden 1983.

Seebode, Manfred: Anmerkung zu BVerfG 2 BvR 2202/01, JZ 2004, S. 305 ff.

Seeling, Rolf Otto: Die „Rückrufpflicht" des Warenherstellers, Fürth 1993.

Seelmann, Kurt: Buchbesprechungen – Bereich: Verbandsstrafrecht, ZStW 108 (1996), S. 652 ff.

ders.: Kollektive Verantwortung im Strafrecht, Berlin 2002.

ders.: Paternalismus und Solidarität bei der Forschung am Menschen, in: *Brudermüller, Gerd et al.* [Hrsg.], Forschung am Menschen, Würzburg 2005, S. 107 ff. (zit.: *Seelmann*, Paternalismus)

ders.: Privatrechtlich begründete Garantenpflichten?, in: *Schmidt, Karsten* [Hrsg.], Vielfalt des Rechts – Einheit der Rechtsordnung?, Berlin 1994, S. 85 ff. (zit.: *Seelmann*, Garantenpflichten)

Seier, Jürgen: Probleme des Umweltstrafrechts, JA 1985, S. 23 ff.

Seiler, Walter: Strafrechtliche Maßnahmen als Unrechtsfolgen gegen Personenverbände, Freiburg (Schweiz) 1967.

Sickmüller, Barbara: Anzeige von Nebenwirkungen, Wechselwirkungen mit anderen Mitteln und Arzneimittelmißbrauch nach § 29 Abs. 1 Satz 2-8 AMG, PharmR 1996, S. 315 f.

Sieber, Ulrich: Strafrechtliche Verantwortlichkeit für den Datenverkehr in internationalen Computernetzen, JZ 1996, S. 494 ff.

Siebert, Arvid: Strafrechtliche Grenzen ärztlicher Therapiefreiheit, Diss. Münster 1982.

ders.: Strafrechtliche Grenzen ärztlicher Therapiefreiheit, MedR 1983, S. 216 ff.

Sieger, Jürgen: Probleme der Nutzen-Risiko-Abwägung des § 84 AMG, VersR 1989, S. 1014 ff.

Sobota, Katharina: Die Ethik-Kommission – Ein neues Institut des Verwaltungsrechts?, in: *Deutsch, Erwin et al.* [Hrsg.], Festschrift für Erich Steffen zum 65. Geburtstag, Berlin, New York 1995, S. 229 ff. (zit.: *Sobota*, FS Steffen)

Sofos, Themistoklis I.: Mehrfachkausalität beim Tun und Unterlassen, Berlin 1999.

Sousa Mendes, Paulo de/ João Miranda, António: Kausalität als heuristisches Kriterium – dargestellt am Beispiel von Kursmanipulationen am Finanzmarkt, in: *Schünemann, Bernd et al.* [Hrsg.], Gerechtigkeitswissenschaft – Kolloquium aus Anlass des 70. Geburtstags von Lothar Philipps, Berlin 2005, S. 329 ff. (zit.: *Sousa Mendes/João Miranda*, FS Philipps)

Sowada, Christoph: Die Garantenstellung aus vorangegangenem Tun (Ingerenz), Jura 2003, S. 236 ff.

ders.: Strafbares Unterlassen des behandelnden Arztes, der seinen Patienten nach einem Selbstmordversuch bewußtlos auffindet?, Jura 1985, S. 75 ff.

ders.: Täterschaft und Teilnahme beim Unterlassungsdelikt, Jura 1986, S. 399 ff.

Spann, Wolfgang/ Liebhardt, Erich/ Penning, Randolph: Übermaßaufklärung, in: *Heberer, Georg et al.* [Hrsg.], Ärztliches Handeln – Verrechtlichung eines Berufsstandes. Festschrift für Walther Weißauer zum 65. Geburtstag, Berlin, Heidelberg 1986, S. 143 ff. (zit.: *Spann/Liebhardt/Penning*, FS Weißauer)

Spendel, Günter: Der „Täter hinter dem Täter" – eine notwendige Rechtsfigur?, in: *Oehler, Dietrich* [Hrsg.], Festschrift für Richard Lange zum 70. Geburtstag, Köln 1976, S. 147 ff. (zit.: *Spendel*, FS Lange)

ders.: Fahrlässige Teilnahme an Selbst- und Fremdtötung, JuS 1974, S. 749 ff.

ders.: Zum Begriff der Täterschaft, in: *Prittwitz, Cornelius et al.* [Hrsg.], Festschrift für Klaus Lüderssen zum 70. Geburtstag, Baden-Baden 2002, S. 605 ff. (zit.: *Spendel*, FS Lüderssen)

ders.: Zur Unterscheidung von Tun und Unterlassen, in: *Bockelmann, Paul/ Gallas, Wilhelm* [Hrsg.], Festschrift für Eberhard Schmidt zum 70. Geburtstag, Göttingen 1961, S. 183 ff. (zit.: *Spendel*, FS Schmidt)

Spickhoff, Andreas: Die Entwicklung des Arztrechts 2004/2005, NJW 2005, S. 1694 ff.

Spitz, Philippe: Strafrechtliche Produkthaftung – Übertragbarkeit zivilrechtlicher Betrachtungsweisen?, Basel 2001.

Staak, Michael: Das Humanexperiment in der klinischen Forschung – Notwendigkeit und Grenzen, in: *Madea, Burkhard et al.* [Hrsg.], Innere Medizin und Recht, Berlin, Wien 1996, S. 202 ff. (zit.: *Staak*, Humanexperiment)

ders.: Humanexperiment und Kriterien ärztlicher Sorgfaltspflicht, MMW 1979, S. 513 ff.

Staak, Michael/ Weiser, Alfons: Klinische Prüfung von Arzneimitteln, Stuttgart 1978. (zit.: *Staak/Weiser*, Klinische Prüfung)

dies.: Wesen und Bedeutung der Unterscheidung zwischen therapeutischen und rein wissenschaftlichen Versuchen, in: *Deutsch, Erwin/ Taupitz, Jochen* [Hrsg.], Forschungsfreiheit und Forschungskontrolle in der Medizin, Berlin, Heidelberg 2000, S. 273 ff. (zit.: *Staak/Weiser*, Unterscheidung)

Stamer, Katrin: Die Ethik-Kommissionen in Baden-Württemberg: Verfassung und Verfahren, Frankfurt am Main 1998.

Staudinger, Julius von [Begr.]: Kommentar zum Bürgerlichen Gesetzbuch, 15. Auflage, Berlin 2003 ff. (zit.: Staudinger-*Bearbeiter*)

Steffen, Erich: Arzt und Krankenpflege: Konfliktfelder und Kompetenzen, MedR 1996, S. 265 f.

Stegers, Christoph-M.: Die Haftung des Arztes für Aufklärung und Beratung beim Einsatz von Arzneimitteln und Medizinprodukten, in: *Arbeitsgemeinschaft Rechtsanwälte im Medizinrecht e. V.* [Hrsg.], Arzneimittel und Medizinprodukte: neue Risiken für Arzt, Hersteller und Versicherer, Berlin, Heidelberg 1997, S. 137 ff. (zit.: *Stegers*, Haftung des Arztes)

Stegmüller, Wolfgang: Probleme und Resultate der Wissenschaftstheorie und Analytischen Philosophie, Band I: Wissenschaftliche Erklärung und Begründung, Berlin u. a. 1974.

Steindorf, Joachim: Verbote und behördliche Gestattungen im deutschen Waffenstrafrecht, in: *Eser, Albin et al.* [Hrsg.], Straf- und Strafverfahrensrecht, Recht und Verkehr, Recht und Medizin – Festschrift für Hannskarl Salger, Köln u. a. 1995, S. 167 ff. (zit.: *Steindorf*, FS Salger)

Sternberg-Lieben, Detlev: Anmerkung zu BGH 5 StR 474/00, JZ 2002, S. 153 ff.

ders.: Die objektiven Schranken der Einwilligung im Strafrecht, Tübingen 1997. (zit.: *Sternberg-Lieben*, Schranken)

Stock, Meike: Der Probandenschutz bei der medizinischen Forschung am Menschen, Frankfurt am Main 1998.

Stoffers, Kristian F.: „Schwerpunkt der Vorwerfbarkeit" und die Abgrenzung von Tun und Unterlassen, JuS 1993, S. 23 ff.

ders.: Die Abgrenzung von Tun und Unterlassen in der neueren Rechtsprechung, Jura 1998, S. 580 ff.

ders.: Die Formel „Schwerpunkt der Vorwerfbarkeit“ bei der Abgrenzung von Tun und Unterlassen?, Berlin 1992. (zit.: *Stoffers*, Abgrenzung)

ders.: Die vorrechtlich-ontologische Unterscheidung der Verhaltensformen positiven Tuns und Unterlassen, GA 1993, S. 262 ff.

Stooss, Carl: Operativer Eingriff und Körperverletzung; abgedruckt in: *Eser, Albin/ Künschner, Alfred* [Hrsg.], Recht und Medizin, Darmstadt 1990, S. 55 ff.

Stratenwerth, Günter: Arbeitsteilung und ärztliche Sorgfaltspflicht, in: *Bockelmann, Paul/ Gallas, Wilhelm* [Hrsg.], Festschrift für Eberhard Schmidt zum 70. Geburtstag, Göttingen 1961, S. 383 ff. (zit.: *Stratenwerth*, FS Schmidt)

ders.: Bemerkungen zum Prinzip der Risikoerhöhung, in: *Lackner, Karl et al.* [Hrsg.], Festschrift für Wilhelm Gallas zum 70. Geburtstag, Berlin, New York 1973, S. 227 ff. (zit.: *Stratenwerth*, FS Gallas)

ders.: Strafrechtliche Unternehmenshaftung?, in: *Geppert, Klaus et al.* [Hrsg.], Festschrift für Rudolf Schmitt zum 70. Geburtstag, Tübingen 1992, S. 295 ff. (zit.: *Stratenwerth*, FS Schmitt)

ders.: Zukunftssicherung mit den Mitteln des Strafrechts?, ZStW 105 (1993), S. 679 ff.

Stratenwerth, Günter/ Kuhlen, Lothar: Strafrecht, Allgemeiner Teil I: Die Straftat, 5. Auflage, Köln u. a. 2004. (zit.: *Stratenwerth/Kuhlen*, AT)

Sträter, Burkhard: Klinische Prüfung von Arzneimitteln – Rechtliche Anforderungen. Änderungen nach der 5. AMG-Novelle, in: *Witte, Peter Uwe et al.* [Hrsg.], Ordnungsgemäße klinische Prüfung, 4. Auflage, Berlin 1995, S. 69 ff. (zit.: *Sträter*, 5. AMG-Novelle)

ders.: Zur Mitwirkung lokaler Ethikkommissionen an multizentrischen Studien, PharmR 1997, S. 337 ff.

Stree, Walter: Anmerkung zu BGH 2 StR 505/03, NStZ 2005, S. 40 f.

ders.: Beteiligung an vorsätzlicher Selbstgefährdung – BGHSt 32, 262 und BGH NStZ 1984, 452, JuS 1985, S. 179 ff.

ders.: Garantenstellung kraft Übernahme, in: *Geerds, Friedrich/ Nauke, Wolfgang* [Hrsg.], Beiträge zur gesamten Strafrechtswissenschaft. Festschrift für Hellmuth Mayer zum 70. Geburtstag, Berlin 1966, S. 145 ff. (zit.: *Stree*, FS Mayer)

Struensee, Eberhard: Grundlagenprobleme des Strafrechts, Berlin 2005.

ders.: Handeln und Unterlassen, Begehungs- und Unterlassungsdelikt, in: *Küper, Wilfried/ Welp, Jürgen* [Hrsg.], Beiträge zur Rechtswissenschaft – Festschrift für Walter Stree und Johannes Wessels zum 70. Geburtstag, Heidelberg 1993, S. 133 ff. (zit.: *Struensee*, FS Stree/Wessels)

ders.: Verursachungsvorsatz und Wahnkausalität, ZStW 102 (1990), S. 21 ff.

Stürzbecher, Klaus: Medikamentenabgabe und Selbstbestimmung, in: *Marburger Arbeitskreis für Sozialrecht und Sozialpolitik* [Hrsg.], Selbstbestimmung und Selbstverantwortung des Patienten, Köln u. a. 1986, S. 165 ff.

Suárez González, Carlos: Zur Strafbarkeit von Kollegialorganen des Unternehmens, in: *Schünemann, Bernd/ Suárez González, Carlos* [Hrsg.], Bausteine des europäischen Wirtschaftsstrafrechts – Madrid-Symposium für Klaus Tiedemann, Köln u. a. 1994, S. 49 ff. (zit.: *Suárez González*, Madrid-Symposium)

Sung-Ryong, Kim: Die Analyse des „gemeinschaftlichen Begehens“ im Sinne des § 25 Abs. 2 StGB und die Mittäterschaft beim Fahrlässigkeitsdelikt, Aachen 2001.

Tag, Brigitte: Beihilfe durch neutrales Verhalten, JR 1997, S. 49 ff.

dies.: Der Körperverletzungstatbestand im Spannungsfeld zwischen Patientenautonomie und Lex artis, Berlin, Heidelberg 2000. (zit.: *Tag*, Körperverletzungstatbestand) *dies.:* Zum Verhältnis von Medizin, Recht und Ethik, in: *Bauer, Axel W.* [Hrsg.], Medizinische Ethik am Beginn des 21. Jahrhunderts, Heidelberg, Leipzig 1998, S. 207 ff. (zit.: *Tag*, Verhältnis)

Taupitz, Jochen: Ethik-Kommissionen in der Politik: Bleibt die Ethik auf der Strecke?, JZ 2003, S. 815 ff.

ders.: Landesbericht Deutschland, in: *Deutsch, Erwin et al.* [Hrsg.], Die klinische Prüfung in der Medizin, Berlin Heidelberg 2005, S. 139 ff.

ders.: Schutzmechanismen zugunsten des Probanden und Patienten in der klinischen Forschung, in: *Lippert, Hans-Dieter/ Eisenmenger, Wolfgang* [Hrsg.], Forschung am Menschen: Der Schutz des Menschen – die Freiheit des Forschers, Berlin, Heidelberg 1999, S. 13 ff. (zit.: *Taupitz*, Schutzmechanismen)

Thiele, Axel: Das nationale Risikoverfahren (Stufenplanverfahren), BGesundhBl 1997, S. 11 ff.

Thiemann, Werner: Aufsichtspflichtverletzung in Betrieben und Unternehmen, Bochum 1976.

Thomas, Heinz/ Putzo, Hans: Zivilprozeßordnung, 27. Auflage, München 2005. (zit.: *Thomas/Putzo*, §)

Tiebe, Susann: Strafrechtlicher Patientenschutz, Frankfurt am Main 2005.

Tiedemann, Inge: Voraussetzungen und Grenzen rechtlicher Regelungen für die Tätigkeit von Ethik-Kommissionen bei Forschungsvorhaben am Menschen, ZRP 1991, S. 54 ff.

Tiedemann, Inge/ Tiedemann, Klaus: Zur strafrechtlichen Bedeutung des sogenannten kontrollierten Versuches bei der klinischen Arzneimittelprüfung, in: *Geppert, Klaus et al.* [Hrsg.], Festschrift für Rudolf Schmitt zum 70. Geburtstag, Tübingen 1992, S. 139 ff. (zit.: *Tiedemann/Tiedemann*, FS Schmitt)

Tiedemann, Klaus: Besprechung von Kuhlen, Fragen einer strafrechtlichen Produkthaftung, NJW 1990, S. 2051 f.

ders.: Körperverletzung und strafrechtliche Produktverantwortung, in: *Weigend, Thomas/ Küpper, Georg* [Hrsg.], Festschrift für Hans Joachim Hirsch zum 70. Geburtstag, Berlin, New York 1999, S. 765 ff. (zit.: *Tiedemann*, FS Hirsch)

ders.: Wirtschaftsstrafrecht, Allgemeiner Teil, Köln u. a. 2004.

Tiedemann, Klaus/ Kindhäuser, Urs: Umweltstrafrecht – Bewährung oder Reform?, NStZ 1988, S. 337 ff.

Toellner, Richard: Problemgeschichte: Entstehung der Ethik-Kommissionen, in: *Toellner, Richard* [Hrsg.], Die Ethik-Kommission in der Medizin, Stuttgart, New York 1990, S. 3 ff. (zit.: *Toellner*, Problemgeschichte)

Toepel, Friedrich: Kausalität und Pflichtwidrigkeitszusammenhang beim fahrlässigen Erfolgsdelikt, Berlin 1992.

Triffterer, Otto: Umweltstrafrecht, Baden-Baden 1980.

Tröndle, Herbert: Verwaltungshandeln und Strafverfolgung – konkurrierende Instrumente des Umweltrechts?, in: *Geppert, Klaus/ Dehnicke, Diether* [Hrsg.], Gedächtnisschrift für Karlheinz Meyer, Berlin, New York 1990, S. 607 ff. (zit.: *Tröndle*, GedS Meyer)

ders.: Warum ist die Sterbehilfe ein rechtliches Problem, ZStW 99(1987), S. 25 ff.

Tröndle, Herbert/ Fischer, Thomas: Strafgesetzbuch, 54. Auflage, München 2007. (zit.: *Tröndle/Fischer*, §)

Trüg, Gerson: Anmerkung zu BGH 2 StR 204/00, JA 2001, S. 365 ff.

ders.: Anmerkung zu BGH 3 StR 120/03, JA 2004, S. 597 ff.

ders.: Ungewöhnliche Verwendung des PKW, JA 2002, S. 214 ff.

Ulsenheimer, Klaus: Anmerkung zu BGH 4 StR 668/84, JR 1986, S. 250 f.

ders.: Anmerkung zu BGH 4 StR 760/94, NStZ 1996, S. 132 f.

ders.: Arztstrafrecht in der Praxis, 3. Auflage, Heidelberg 2003.

ders.: Aus der Praxis des Arztstrafrechts, MedR 1984, S. 161 ff.

ders.: Erfolgsrelevante und erfolgsneutrale Pflichtverletzungen im Rahmen der Fahrlässigkeitsdelikte, JZ 1969, S. 364 ff.

ders.: Pflichtwidrigkeitszusammenhang und Vertrauensgrundsatz in ihrer praktischen Bedeutung für die strafrechtliche Haftung des Arztes, in: *Heberer, G. et al.* [Hrsg.], Ärztliches Handeln – Verrechtlichung eines Berufsstandes. Festschrift für Walther Weißauer zum 65. Geburtstag, Berlin, Heidelberg 1986, S. 164 ff. (zit.: *Ulsenheimer*, FS Weißauer)

ders.: Zur zivil- und strafrechtlichen Verantwortlichkeit des Arztes unter besonderer Berücksichtigung der neueren Judikatur und ihrer Folgen für eine defensive Medizin, MedR 1992, S. 127 ff.

Umbreit, Hans-Werner: Die Verantwortlichkeit des Arztes für fahrlässiges Verhalten anderer Medizinalpersonen, Frankfurt am Main 1992.

Unger, Ulrike: Kausalität und Kausalitätsbeweis produktverursachter Gesundheitsschädigungen, Regensburg 2001.

Urban, Carolin: Mittelbare Täterschaft kraft Organisationsherrschaft, Göttingen 2004.

Utsumi, Tomoko: Fahrlässige Mittäterschaft, Jura 2001, S. 538 ff.

Vanderbeke, O.: Die klinische Prüfung – Beispiel interdisziplinärer Zusammenarbeit, in: *Victor, Norbert et al.* [Hrsg.], Therapiestudien, Berlin, Heidelberg, S. 1981, S. 452 ff.

Vassilaki, Irini E.: Ist eine alternative Tatsachenfeststellung bei fahrlässiger Beteiligung möglich?, in: *Amelung, Knut et al.* [Hrsg.], Strafrecht, Biorecht, Rechtsphilosophie – Festschrift für Hans-Ludwig Schreiber zum 70. Geburtstag, Heidelberg 2003, S. 499 ff. (zit.: *Vassilaki*, FS Schreiber)

Virchow, Rudolf: Kunstfehler der Ärzte; abgedruckt in: *Eser, Albin/ Künschner, Alfred* [Hrsg.], Recht und Medizin, Darmstadt 1990, S. 43 ff.

Vogel, Daniel: Die Produkthaftung des Arzneimittelherstellers nach schweizerischem und deutschem Recht, Zürich 1991. (zit.: *Vogel*, Produkthaftung)

Vogel, Joachim: Norm und Pflicht bei den unechten Unterlassungsdelikten, Berlin 1993.

ders.: Stand und Entwicklung der strafrechtlichen Produkthaftung, in: *Rauscher, Thomas/ Mansel, Heinz-Peter* [Hrsg.], Festschrift für Werner Lorenz zum 80. Geburtstag, München 2001, S. 65 ff. (zit.: *Vogel*, FS Lorenz)

ders.: Verbraucherschutz durch strafrechtliche Produkthaftung, GA 1990, S. 241 ff.

Vogeler, Michael: Die speziellen Haftungsvoraussetzungen des § 84 Satz 2 AMG, MedR 1984, S. 18 ff., 57 f.

Vogler, Theo: Zur Bedeutung des § 28 StGB für die Teilnahme am unechten Unterlassungsdelikt, in: *Warda, Günter et al.* [Hrsg.], Festschrift für Richard Lange zum 70. Geburtstag, Berlin, New York 1976, S. 265 ff. (zit.: *Vogler*, FS Lange)

Volk, Klaus: Anscheinsbeweis und Fahrlässigkeit im Strafprozeß, GA 1973, S. 161 ff.

ders.: Kausalität im Strafrecht, NStZ 1996, S. 105 ff.

ders.: Reformüberlegungen zur Strafbarkeit der fahrlässigen Körperverletzung im Straßenverkehr, GA 1976, S. 161 ff.

ders.: Grundkurs StPO, 5. Auflage, München 2006. (zit.: *Volk*, StPO)

ders.: Zur Abgrenzung von Tun und Unterlassen, in: *Jescheck, Hans-Heinrich/ Vogler, Theo* [Hrsg.], Festschrift für Herbert Tröndle zum 70. Geburtstag, Berlin, New York 1989, S. 219 ff. (zit.: *Volk*, FS Tröndle)

ders.: Zur Bestrafung von Unternehmen, JZ 1993, S. 429 ff.

Voll, Doris: Die Einwilligung im Arztrecht, Frankfurt am Main 1996.

Wabnitz, Heinz-Bernd/ Janovsky, Thomas [Hrsg.]: Handbuch des Wirtschafts- und Steuerstrafrechts, 3. Auflage, München 2007. (zit.: *Bearbeiter* in: Wabnitz/Janovsky, HWSt)

Wagner, Gerlinde: Arzneimittel-Delinquenz, Lübeck 1984.

Wagner, Heinz: Amtsverbrechen, Berlin 1975.

Wagner, Thomas A.: Arzneimittelsicherheit als Risikomanagement, in: *Wagner, Wolfgang* [Hrsg.], Arzneimittel und Verantwortung, Berlin u. a. 1993, S. 295 ff. (zit.: *Wagner*, Arzneimittelsicherheit)

Wagner, Wolfgang: Ethik der Arzneimittelprüfung am Menschen, in: *Wagner, Wolfgang* [Hrsg.], Arzneimittel und Verantwortung, Berlin u. a. 1993, S. 151 ff. (zit.: *Wagner*, Ethik)

ders.: Güterabwägung als Methode der Pharmaethik, in: *Wagner, Wolfgang* [Hrsg.], Arzneimittel und Verantwortung, Berlin u. a. 1993, S. 22 ff. (zit.: *Wagner*, Pharmaethik)

Wahl, Rainer: Das Öffentliche Recht als Fundament und dritte Säule des Medizinrechts, in: *Arnold, Jörg et al.* [Hrsg.], Menschengerechtes Strafrecht. Festschrift für Albin Eser zum 70. Geburtstag, München 2005, S. 1243 ff. (zit.: *Wahl*, FS Eser)

Walter, Stefan: Die Pflichten des Geschäftsherrn im Strafrecht, Frankfurt am Main 2000.

Walter, Tonio: Positive und negative Erfolgsdelikte – Handeln und Unterlassen, ZStW 116 (2004), S. 555 ff.

Walter-Sack, Ingeborg: Aufgaben und Arbeitsweise einer Ethikkommission nach der Änderung der Berufsordnung der Ärzte in Baden-Württemberg und Inkrafttreten des Medizinproduktegesetzes sowie der 5. Novelle des Arzneimittelgesetzes, MedR 1997, S. 301 ff.

dies.: Probleme des Patienten- und Probandenschutzes aus ärztlicher Sicht, in: *Lippert, Hans-Dieter/ Eisenmenger, Wolfgang* [Hrsg.], Forschung am Menschen: Der Schutz des Menschen – die Freiheit des Forschers, Berlin, Heidelberg 1999, S. 99 ff. (zit.: *Walter-Sack*, Probleme)

dies.: Regularien der klinischen Prüfung – Innovationshemmer oder ethische Notwendigkeit?, MedR 1997, S. 504 ff.

Walther, Susanne: Eigenverantwortlichkeit und strafrechtliche Zurechnung, Freiburg 1991.

Wartensleben, Herbert: Einführung einer vierten Hürde für die Verordnungstätigkeit zugelassener Fertigarzneimittel zu Lasten der GKV durch ein „Zentrum für Qualität in der Medizin", PharmR 2003, S. 73 ff.

Weber, Ulrich: Einwände gegen die Lehre von der Beteiligung an eigenverantwortlicher Selbstgefährdung im Betäubungsmittelstrafrecht, in: *Seebode, Manfred* [Hrsg.], Festschrift für Günter Spendel zum 70. Geburtstag, Berlin, New York 1992, S. 371 ff. (zit.: *Weber*, FS Spendel)

ders.: Konzeption und Grundsätze des Wirtschaftstrafrechts (einschließlich Verbraucherschutz), Dogmatischer Teil II, ZStW 96 (1984), S. 376 ff.

ders.: Objektive Grenzen der strafbefreienden Einwilligung in Lebens- und Gesundheitsgefährdungen, in: *Arzt, Gunther et al.* [Hrsg.], Festschrift für Jürgen Baumann zum 70. Geburtstag, Bielefeld 1992, S. 43 ff. (zit.: *Weber*, FS Baumann)

Weezel, Alex van: Beteiligung bei Fahrlässigkeit, Berlin 2006.

Wehnert, Anne: Überlegungen zur Entwicklung der strafrechtlichen Risiken im Unternehmensmanagement, in: *Hanack, Enst-Walter et al.* [Hrsg.], Festschrift für Peter Rieß zum 70. Geburtstag, Berlin, New York 2002, S. 811 ff. (zit.: *Wehnert*, FS Rieß)

Wehrle, Stefan: Fahrlässige Beteiligung am Vorsatzdelikt – Regressverbot?, Basel 1986.

Weigend, Thomas: Grenzen strafbarer Beihilfe, in: *Eser, Albin* [Hrsg.], Festschrift für Haruo Nishihara zum 70. Geburtstag, Baden-Baden 1998, S. 197 ff. (zit.: *Weigend*, FS Nishihara)

ders.: Über die Begründung der Straflosigkeit bei Einwilligung des Betroffenen, ZStW 98 (1986), S. 44 ff.
ders.: Zum Verhaltensunrecht der fahrlässigen Straftat, in: *Dölling, Dieter/ Erb, Volker* [Hrsg.], Festschrift für Karl Heinz Gössel zum 70. Geburtstag, Heidelberg 2002, S. 129 ff. (zit.: *Weigend*, FS Gössel)
Weißauer, Walther: Ethikkommissionen und Recht, MMW 1979, S. 551 ff.
Weißer, Bettina: Gibt es eine fahrlässige Mittäterschaft?, JZ 1998, S. 230 ff.
dies.: Kausalitäts- und Täterschaftsprobleme bei der strafrechtlichen Würdigung pflichtwidriger Kollegialentscheidungen, Berlin 1996.
Welp, Jürgen: Anmerkung zu BGH 5 StR 56/72, JR 1972, S. 427 ff.
ders.: Vorangegangenes Tun als Grundlage einer Handlungsäquivalenz der Unterlassung, Berlin 1968.
Welzel, Hans: Das Deutsche Strafrecht, 11. Auflage, Berlin 1969.
ders.: Studien zum System des Strafrechts, ZStW 58 (1939), S. 491 ff.
Wemhöner, Gabriele/ Frehse, Michael: Haftungsrechtliche Aspekte bei der ärztlichen Arzneimittelverordnung und Arzneimittelanwendung, DMW 2004, S. 327 ff.
Wernicke, Konrad: Anmerkung zu AG Frankfurt 92 Js 34929/80 – 933 Schö. 226, NStZ 1986, S. 223 f.
Wesch, Martin W.: Die Haftung des Pharmazeutischen Packmittelherstellers – Exkulpationsmöglichkeit durch Zertifizierung?, PharmR 1995, S. 2 ff.
Wessels, Johannes/ Beulke, Werner: Strafrecht. Allgemeiner Teil, 36. Auflage, Heidelberg 2006. (zit.: *Wessels/Beulke*, AT)
Wessels, Johannes/ Hettinger, Michael: Strafrecht. Besonderer Teil/1: Straftaten gegen Persönlichkeits- und Gemeinschaftswerte, 30. Auflage, Heidelberg 2006.
Westhofen, Martin: Experiment am Menschen – Selbstbestimmung, Paternalismus, Fremdbestimmung –, in: *Brudermüller, Gerd et al.* [Hrsg.], Forschung am Menschen, Würzburg 2005, S. 175 ff.
Westphalen, Friedrich Graf von [Hrsg.]: Produkthaftungshandbuch, Band 1: Vertragliche und deliktische Haftung, Strafrecht und Produkt-Haftpflichtversicherung, 2. Auflage, München 1997. (zit.: *Bearbeiter* in: von Westphalen, Produkthaftungshandbuch)
Wiedey, Klaus D.: Ordnungsgemäße klinische Prüfung (GCP), in: *Wagner, Wolfgang* [Hrsg.], Arzneimittel und Verantwortung, Berlin u. a. 1993, S. 212 ff.
Wilhelm, Dorothee: Probleme der medizinischen Arbeitsteilung aus strafrechtlicher Sicht, MedR 1983, S. 45 ff.
dies.: Strafrechtliche Fahrlässigkeit bei Arbeitsteilung in der Medizin, Jura 1985, S. 183 ff.
dies.: Verantwortung und Vertrauen bei Arbeitsteilung in der Medizin, Stuttgart 1984.
Wilkening, Almut: Der Hamburger Sonderweg im System der öffentlich-rechtlichen Ethik-Kommissionen Deutschlands, Frankfurt am Main 2000.
dies.: Zur aktuellen Praxis der Ethik-Kommissionen – Verbreitung, Besetzung und Beratungsinhalte, MedR 2001, S. 301 ff.
Wille, Marion/ Kleinke, Sören: Klinische Prüfungen von Arzneimitteln an einer deutschen Hochschule: Was ist bei der Gestaltung des Prüfarztvertrages zu beachten?, PharmR 2004, S. 300 ff.
Windeler, Jürgen: Rechtliche und ethische Konfliktbereiche bei der Planung und Durchführung klinischer Studien, in: *Lippert, Hans-Dieter/ Eisenmenger, Wolfgang* [Hrsg.], Forschung am Menschen: Der Schutz des Menschen – die Freiheit des Forschers, Berlin, Heidelberg 1999, S. 66 ff.
Winkelbauer, Wolfgang: Die behördliche Genehmigung im Strafrecht, NStZ 1988, S. 201 ff.

ders.: Die strafrechtliche Verantwortung von Amtsträgern im Umweltstrafrecht, NStZ 1986, S. 149 ff.

ders.: Umweltstrafrecht und Unternehmen, in: *Eser, Albin et al.* [Hrsg.], Festschrift für Theodor Lenckner zum 70. Geburtstag, München 1998, S. 645 ff. (zit.: *Winkelbauer*, FS Lenckner)

ders.: Zur Verwaltungsakzessorietät des Umweltstrafrechts, Berlin 1985.

Winkemann, Thomas: Probleme der Fahrlässigkeit im Umweltstrafrecht, Frankfurt am Main 1991.

Witte, Peter Uwe: Monitoring klinischer Studien, in: *Witte, Peter Uwe et al.* [Hrsg.], Ordnungsgemäße klinische Prüfung, 4. Auflage, Berlin 1995, S. 187 ff. (zit.: *Witte*, Monitoring)

Wohlers, Wolfgang: Der Erlaß rechtsfehlerhafter Genehmigungsbescheide als Grundlage mittelbarer Täterschaft, ZStW 108 (1996), S. 61 ff.

ders.: Generelle Kausalität als Problem richterlicher Überzeugungsbildung, JuS 1995, S. 1019 ff.

Wölk, Florian: Risikovorsorge und Autonomieschutz im Recht des medizinischen Erprobungshandelns, 1. Auflage, Baden-Baden 2004.

ders.: Zwischen ethischer Beratung und rechtlicher Kontrolle – Aufgaben- und Funktionswandel der Ethikkommissionen in der medizinischen Forschung am Menschen, EthikMed 2002, S. 252 ff.

Wolski, Sabine: Soziale Adäquanz, München 1990.

Wolter, Jürgen: Adäquanz- und Relevanztheorie, GA 1977, S. 257 ff.

ders.: Objektive und personale Zurechnung von Verhalten, Gefahr und Verletzung in einem funktionalen Straftatsystem, Berlin 1981.

ders.: Strafwürdigkeit und Strafbedürftigkeit in einem neuen Strafrechtssystem, in: *Wolter, Jürgen* [Hrsg.], 140 Jahre Goltdammer's Archiv für Strafrecht: eine Würdigung zum 70. Geburtstag von Paul-Günter Pötz, Heidelberg 1993, S. 269 ff. (zit.: *Wolter*, FS Pötz)

ders.: Verfassungsrecht im Strafprozeß- und Strafrechtssystem, NStZ 1993, S. 1 ff.

ders.: Verfassungsrechtliche Strafrechts-, Unrechts- und Strafausschließungsgründe im Strafrechtssystem von Claus Roxin, GA 1996, S. 207 ff.

Wolter, Udo: Die Reform der Haftung des pharmazeutischen Unternehmers und der Verbraucherschutz, ZRP 1974, S. 260 ff.

Wolz, Birgit: Bedenkliche Arzneimittel als Rechtsbegriff: der Begriff der bedenklichen Arzneimittel und das Verbot ihres Inverkehrbringens in den §§ 95 I Nr. 1 iVm § 5 AMG, Frankfurt am Main 1988.

Wussow, Robert-Joachim: Umfang und Grenzen der ärztlichen Aufklärungspflicht, VersR 2002, S. 1337 ff.

Zaczyk, Rainer: Strafrechtliches Unrecht und die Selbstverantwortung des Verletzten, Heidelberg 1993. (zit.: *Zaczyk*, Selbstverantwortung)

ders.: Zur Garantenstellung von Amtsträgern, in: *Rogall, Klaus et al.* [Hrsg.], Festschrift für Hans-Joachim Rudolphi zum 70. Geburtstag, Neuwied 2004, S. 361 ff. (zit.: *Zaczyk*, FS Rudolphi)

Zeitler, Stefan: Anmerkung zu GenStA Hamm, 2 Zs 1636/83, NStZ 1984, S. 220.

ders.: Die strafrechtliche Haftung für Verwaltungsentscheidungen nach dem neuen Umweltstrafrecht, Tübingen 1982.

Zielinski, Diethart: Handlungs- und Erfolgsunwert im Unrechtsbegriff, Berlin 1973.

Ziethen, Jörg: Grundlagen probalistischer Zurechnung im Strafrecht, Frankfurt am Main 2004.

Zipf, Heinz: Einwilligung und Risikoübernahme im Strafrecht, Neuwied 1970. (zit.: *Zipf*, Risikoübernahme)

ders.: Probleme eines Straftatbestandes der eigenmächtigen Heilbehandlung (dargestellt an Hand von § 110 öStGB), in: *Kaufmann, Arthur et al.* [Hrsg.], Festschrift für Paul Bockelmann zum 70. Geburtstag, München 1979, S. 577 ff. (zit.: *Zipf*, FS Bockelmann)

ders.: Rechtskonformes und sozialadäquates Verhalten im Strafrecht, ZStW 82 (1970), S. 633 ff.

Sachverzeichnis

T

SPRINGER NATURE

GPSR Compliance

The European Union's (EU) General Product Safety Regulation (GPSR) is a set of rules that requires consumer products to be safe and our obligations to ensure this.

If you have any concerns about our products, you can contact us on ProductSafety@springernature.com

In case Publisher is established outside the EU, the EU authorized representative is:

Springer Nature Customer Service Center GmbH
Europaplatz 3
69115 Heidelberg, Germany

Kolibri 360 GmbH
Ferdinand-Jühlke-Straße 7
99095 Erfurt, Deutschland
produktsicherheit@kolibri360.de